KB270883

한국
정당통합
운동사

한국 정당통합 운동사

김현우 지음

한국학술정보(주)

저자는 바람 부는 가을날 낙엽을 주우러 다니는 아이들과 같은 심정으로 이 책을 내게 되었다. 낙엽을 주워 크기나 모양 색깔을 알 수는 있으나 바람과 낙엽, 그리고 나무를 있게 한 자연의 숨결과 순환이치, 그리고 그 거대한 진리는 알지 못한 채 여기저기 널려 있는, 때로는 흙 속에 묻혀 가고 있는 낙엽을 줍는 마음으로 정당사 자료를 수집·정리하였다. 저자는 경험과 식견이 부족하여 정당정치의 난마처럼 얽힌 사실과 그 사연들을 다 알지는 못한다. 다만 기록으로 남겨진 사실을 취합하는 데 만족하였다. 설령 발표되어 기록으로 남겨진 것들이 사실관계나 진실을 그대로 보여 주는 것은 아니라고 하더라도 저자는 그러한 기초 자료의 수집과 정리가 중요하다는 것을 새삼 깨닫게 되었기에, 가능한 한 많은 기초 자료들을 인용하고자 하였다.

'이론'의 언어적 의미는 '사물의 관찰'로 기억되는데, 장기간 동안 사물이나 현상에 대한 관찰 결과 반복되는 유형이 있다면, 또는 특이한 점이 발견된다면 그때 비로소 이론화 작업이 가능할 것으로 보인다. 저자는 아직 이론화 작업에는 미치지 못하였으나 자료 수집을 시작한 지 여러 해가 지났기 때문에 먼저 자료집의 형태로나마 정당정치에 대한 저자의 생각을 전하고 싶었다.

한국의 정당은 오랜 기간 분열과 통합을 거듭해 왔다. 어떤 시기에는 정당정치라고 하기보다는 '혼돈'이라 부르는 것이 적절할 것 같은 상황이 전개되기도 하였다. 이와 관련하여 우리 근대 역사의 상흔, 정당 내 계파정치, 정치문화, 지역정서 등 여러 가지 요인을 상정할 수 있는데, 그러한 요인 중

한두 가지가 정당정치를 혼돈 속에 몰아넣었을 수도 있고 여러 가지가 중첩되어 혼돈으로 이끌었을 수도 있다.

어떠한 요인이 크게 작용하였든 간에, 한국에서는 정당이 본래의 기능과 역할을 제대로 하지 못하고 있으며 정치인들은 정치 상황과 개인적인 환경의 변화가 있을 때마다 다른 정당으로 옮겨 다니고 있어, 국가정책수립 및 국정업무수행에 불연속과 괴리, 그로 인한 비효율성과 비생산성을 누적시켜 왔다. 이에 시민들은 제도적, 정서적으로 그 피로의 도를 더하고 있는 실정에 있다.

지난 2008년 4월의 제18대 국회의원선거를 앞두고 정당공천파동이 일어났고, 그 후유증으로 정당이 분열되기도 하였는데 이는 앞으로 또 다른 합당가능성을 예고하는 것이기도 하다. 불투명한 공천과정은 분열을 낳고 분열은 다시 필요에 의해 합당 혹은 대안세력 규합의 길로 갈 것으로 보인다.

이제 시민들이 정치발전을 위하여 정당문제에 큰 관심을 가져야 할 것으로 보인다. 법과 제도의 정비, 그리고 민주시민교육을 통하여 정당정치발전을 도모해야 할 것으로 생각된다.

이 책은 한국의 정당정치 특히 정당통합운동에 관한 사실기록과 설명을 목적으로 쓰였다. 수록범위는 해방 당일부터 1999년 12월까지이며 이 기간 동안 한국정치를 움직여 온 행위, 사건, 법과 제도의 변동 등을 정당통합이라고 하는 현상을 중심으로 하여 기술하였다. 이 책은 정당사 자료, 정당 관련 문헌, 정당생산 자료, 신문기사 등의 자료에 의존하며 역사적, 기술적 접근방법을 사용하였으며 각 통합사례별로 그 배경과 경과, 그리고 통합 이후의 상황 전개를 사실적으로 기록하였다. 기록 속에는 커다란 문제제기가 내포되어 있기 때문에 이 책은 사실기록이면서 동시에 문제제기이기도 하다는 점을 강조하고 싶다.

이 책에서는 과연 우리가 그동안 정당통합의 측면에서 한국정치사를 바라본 적이 있는가? 또 섣부른 정당통합이 한국정치를 후진성의 늪에서 헤어나지 못하게 하고 있는 경험적 사실을 우리가 애써 외면해 온 것은 아닌가 하는 의문들을 제기함과 동시에 정당통합문제 해결을 위한 대안을 제시하고자 한다. 말할 수 있는 것은, 정당통합을 알면 한국정치를 알 수 있으며, 정당통합에 성공하면 정치발전은 물론 통합당사자들이 갈구하는 정권의 획득, 유지 혹은 정치자원의 분배에 있어서 주도권을 쥘 수 있다는 것이다. 정당통합 성공의 비결은 바로 당원들 간의 토론과 동의 그리고 적절한 절차가 공개적으로 이루어지는 민주적인 과정에 있다고 할 수 있다.

이 책은 제1장 정당통합론에서 앞서의 문제의식을 전개하고 구체화시키기 위하여 먼저 정당 관련 법규를 소개하였으며, 정당통합현상을 분석한 후 정당정치 발전을 위한 미시적인 해결방법으로서 정당법 개정 등의 개선방안을 제시하였다. 제2장 미군정기(美軍政期)의 정당통합운동부터 제8장 제6공화국의 정당통합운동까지는 각 공화국을 분기점으로 삼아 정당통합운동을 발생순서대로 서술하였으며 필요한 부분에는 간단한 해석을 달았다. 제1장에서 제시된 분석틀을 염두에 두고 제2장부터 제8장까지의 통합사례들을 보면 한국정당의 위상과 현주소, 그리고 문제점을 인식하게 될 것이다.

과거에 대한 올바른 이해와 인식 없이 미래를 이야기하는 것은 사상누각을 짓는 일과 같다. 정당사의 일부분을 간추려 적은 이 책이 한국의 정당을 연구하고자 하는 이들에게 도움이 되고, 정당정치발전에 조금이라도 기여할 수 있게 되기를 기대한다.

막상 책자로 엮어 내게 되니 여러모로 부족하고 미진하다는 생각을 떨쳐버리기 어렵다. 부족하고 미진한 부분은 기회가 되면 다시 보완, 정리하고자 한다.

이 책은 본래 을유문화사에서 2000년에 출간한 것이나, 그동안 긴 세월

이 흘렀기에 한국학술정보(주)에서 다시 책을 내게 되었다.

원고 파일이 없는 관계로 한국학술정보(주) 편집팀 여러분들이 이 책의 사본을 떠서 복원하는 과정에서 상당한 분량의 글자가 깨졌다고 하는데 원고상의 모든 글자를 책의 본문과 하나하나 대조하여 원고 내용을 복원해 준 그 분들에게 감사드린다.

끝으로 이 책의 복원 출간에 힘써 주신 한국학술정보(주)의 채종준 사장님과, 초기 원고를 읽고 도움말을 준 경희대학교 사회학과 송재룡 교수에게 감사드린다.

2009년 9월

김 현 우

1. 정당의 명칭은 정식 명칭을 사용하였다.
2. 인물에 대한 존칭은 생략하되 직함이 붙는 경우에는 직함을 사용하였다.
3. 정당법에서는 '합당'이라는 용어를 사용하고 있으나, 이 책에서는 둘 이상의 정당을 합치는 행위의 정치성을 부각시키기 위하여 '통합'이라는 용어를 '합당'과 병용하였다. 정당법 제정 이전 흔히 사용된 '합동'이라는 용어도 넓은 의미에서 합당 혹은 통합과 같은 의미로 사용되었다.
4. 해방 정국과 건국 초기의 신문자료는 주로 국회도서관 소장 마이크로폼 신문자료 및 국사편찬위원회, 『자료 대한민국사』를 이용하였다.

차 례

제3장　제1공화국의 정당통합운동

제4장 제2공화국의 정당통합운동

제5장 제3공화국의 정당통합운동

제8장 제6공화국의 정당통합운동

제1장

정당통합론

제1절 | 개관

1. 정당통합현상

1) 왜 정당통합인가?

한국의 경우 거대 여당의 독주에 대한 견제를 위해서라면, 혹은 정권획득을 위해서라면 선거연합이나 정당연합이 가능할 텐데 정당들은 왜 굳이 통합(합당)을 하려는 것일까?

역사적 경험에 의하면 외국의 식민통치를 받은 국가 혹은 민족이 해방되었을 때 정당이 난립하는 경향이 있었고, 거의 동시에 난립된 정당을 통합하여 자주독립국가 수립을 촉진하려는 통합운동이 발생하였다. 열악한 환경 속에서 정부 수립을 담당해야 할 정치세력이 여러 갈래로 나뉜다면 소기의 목적을 달성하기 어려울 것이므로 자연히 정당통합 혹은 정당연합운동이 전개되어 경쟁적 소수 정당체제가 들어서는 경우가 많았는데 경우에 따라서는 단일정당체제가 들어서기도 하였다.

특히 제2차 세계대전 후 아시아, 아프리카 등지의 여러 신생독립국가 정치지도자들에게 있어서 난립하는 정당·단체를 통제, 조정하는 일은 가장 시급한 문제로 대두되었다. 그들은 초당적 입장에서 정당통합에 성공해야만 국민통합을 이루어 국가의 틀을 세우고 국가를 경영할 수 있다고 믿었기 때문이다. 인도의 네루, 통일아랍의 나세르, 말레이시아연방의 라만 등 제3세계권의 정치에 있어서 성공한 정치인들은 대부분 범국민운동 혹은 정당통합에 성공한 사람들이다.[1] 정당통합이 국민통합과 신생국가 건설에 정치

---

[1] 제2차 세계대전 후 정당통합 혹은 연합운동에 성공한 몇몇 나라의 사례를 보면 무엇보다도 중도적인 대내외 정책의 표방, 모든 계급의 이해관계 조정, 비이념적 성향 등의 특징이 있다. 이에 관해서는 Samuel Huntington, *Political Order in Changing Societies*(New Haven: Yale University Press, 1968). 제

이념으로서 기능하였음을 보여 주는 사례들이다.

외국의 경우에서 보는 것처럼 정당통합은 한국에서만 볼 수 있는 현상은 아니다. 따라서 해방 이후의 정당통합은 신생 독립국가에서 흔히 볼 수 있는 하나의 정치과정으로 간주되어 온 것이 사실이다.

해방정국의 정당통합운동을 보면 그 기간 동안 수많은 정당·사회단체가 명멸하였는데 그렇게 된 현상은 크게 2개의 요인으로 나누어 볼 수 있다. 첫 번째는 일제(日帝) 치하에서 정치활동을 억압받던 한국인들이 해방과 함께 정치에 대한 관심과 독립국가 수립에 대한 의욕이 넘쳤다는 것이고, 두 번째는 38도선 이남지역에 진주한 미군정청(美軍政廳)에서 정당설립을 권유하였던 점을 들 수 있다.[2]

정당과 각종 정치 관련 단체가 난립하고 정당 간 이합집산이 빈번하게 되자 미군정청에서는 정당 간 통합을 권유하였으며, 정당 지도자들 사이에서도 과다한 정당·단체 등의 설립은 자주정부 수립에 저해요인이 될 것이라는 인식을 공유하게 되어 통합에 나서게 되었다. 미군정 당국으로서는 조직과 당원, 정강정책 등 정당의 기본 요건이 제대로 갖추어지지 않은 이른바 간판정당들이 난립하는 상황에서 연합보다는 통합을 시키는 것이 정국을 안정시키는 데 있어, 그리고 정치과정을 통제함에 있어서 효과적인 방법이었을 것이다. 정당지도자들로서도 좌익 혹은 우익세력에 대항하기 위하여 자신이 속해 있는 진영의 정당의 수효를 줄여 당세를 확장할 수 있는 정당통합을 하는 것이 바람직하다고 판단되었을 것이다. 이렇게 정당통합은 미군정 당국의 정책판단과 정당들 스스로의 통합운동 전개, 그리고 그 후 대통령제 정부형태를 채택하게 되면서 하나의 정치운동으로 굳어지게 되었다.

7장: 이호재, 『한국외교정책의 이상과 현실』(서울: 법문사, 1986), 93-95쪽 참조.

2) 예를 들면 군정청은 3인 이상이면 정당을 설립할 수 있도록 하여 정당설립의 조건을 처음부터 완화시켰으며, 또 조직화된 정당만을 상대하겠다고 발표함으로써 정당난립의 분위기를 조성하여 주었다는 점이다.

2) 정당통합과 정당연합

대의제 민주주의 국가에서는 정당은 불가결한 존재이다. 정당은 정치과정에 있어서 자유로운 시민의사의 형성, 이익결집 및 이익표출 기능을 담당하며 정통성과 권위의 근거를 선거에서 찾는 공적인 정치집단이다. 대의정치는 다수결의 원리를 기초로 하고 있으므로 정치인은 그의 개인적인 주의·주장에도 불구하고 일정한 동지적 결합에 의하여 원내(院內)에서 다수를 점하지 않는다면 그들의 의사를 정치에 반영시키기 어렵다.

대의제 민주정치체제하에서 비슷한 정치이념이나 정책프로그램을 갖는 집단이 있다면 그들은 이념 혹은 정책의 유사성으로 인하여 인적·물적 결합 혹은 제휴를 이룩하여 행동단위수를 감소시키는 경향을 갖게 되는데 이러한 경향이 '과반수의 지배(50 플러스 1)'라고 하는 의회정치의 기본규칙을 만들어 냈다고 할 수 있다. 이 조건을 충족시키는 진영이 승자가 되기 때문에 정당통합이나 정당연합행위가 발생하게 된다. 이 '50 플러스 1'이 갖는 매력 때문에 유럽이나 일본에서는 정당연합(연합정권) 형성을 위하여 각 정당이 종래의 정치신조나 기본정책을 상당부분 삭제하거나 변경하는 경우가 발생하기도 한다.[3]

개별 정당 상호간의 본질은 결국 경쟁이다. 하지만 여러 정당들이 정립하여 있는 구도하에서 정당 간의 관계를 보면 반드시 의석 기준 제1당이 정국 운영을 주도하고 의석이 적은 정당은 항상 종속적인 관계에 있다고는 말하기 어렵다. 그것은 한 정당이 선거에서 압도적인 승리를 거둔 경우를 제외하고는 선거에서의 승리가 바로 정국의 안정으로 이어지지 않는 경우가 있어서 양자 혹은 다자간 연합 혹은 통합을 요구하기 때문이다.

이러한 정당통합이나 정당연합은 정부를 형성하거나 정부를 유지하겠다

---

3) 예를 들면 아일랜드에서는 극우인 통일당과 극좌인 노동당이 '이념의 차이를 넘어서서' 하나의 진영으로 연합한 경험이 있다. Peter Mair, *The Changing Irish Party System: Organization, Ideology, and Electoral Competition*(London: Frances Pinter, 1987). 197–202쪽. 정부형성의 유형 및 정당연합에 관해서는 다음의 글을 참조. Lawrence C. Dodd, *Coalitions in Parliamentary Government*(Princeton: Princeton University Press, 1976): J. R. Frears, *Political Parties and Elections in the French Fifth Republic*(London: C. Hurst, 1977; Geoffrey Pridham, ed., *Coalitional Behavior in Theory and Practice: an Inductive Model for Western Europe*(Cambridge: Cambridge University Press, 1986).

는 목적의식에서 나오는 의도적 정치행위이다. 흔히 이루어지고 있는 정당
통합행위는 정당 간의 정치거래(political bargaining)라는 점에서 정당연합과
공통점을 갖는다. 정당은 이러한 거래를 통하여 과반수 세력을 확보하여 안
정된 의석을 유지하려는 강한 속성을 갖기 때문이다.

내각 책임제를 채택하고 있는 서유럽의 다당제 국가에서 흔히 성사되는
정당연합은 그 내부에 구조적 모순을 안고 시작한다. 선거 전에는 서로 경
쟁하고 비방하기도 하던 정당들이 선거 후에는 의석 기준 제1당의 주도하
에 공통의 목적을 설정하여 협력관계에 들어가 내각을 담당하고, 운영하게
되는 모순이다. 이 모순은 처음부터 정당연합에 참여하는 모든 행위자들이
인지하고 있기 때문에 후에 정권 내부에 갈등이 발생하여 제휴관계가 파기
되더라도 언제든지 다른 정당과 제휴하여 그 공백을 메울 수 있으므로 그
충격이 크지는 않다. 정국 운영에 부정적인 영향이나 위기감은 줄지언정 정
국의 파탄을 초래하는 경우는 흔하지 않다.

이처럼 정당연합은 둘 또는 그 이상의 정당들이 고유의 정당명과 조직을
유지한 상태에서 한시적으로 정책적 협력관계를 설정하는 행위이며 궁극적
으로 정당연합은 권력의 공유 및 유지에 더 비중을 두고 있다. 이에 반하여
둘 또는 그 이상의 정당들이 정당명과 조직을 새로 설정, 재편하여 항구적
결합을 전제하고 이루어지는 정당통합은 정권획득에 더 큰 비중을 두어 왔
다. 정당연합과는 달리, 정당통합에 의하여 결성되는 통합신당은 내부 갈등
을 진정시키지 못할 경우 당 운영의 마비나 분당 등 심각한 합당 후유증을
경험하게 되며, 집권여당인 경우에는 국정의 공백 또는 정치혼란을 유발하
여 국민의 정치에 대한 불신을 초래할 수 있다.

2. 정당통합연구의 필요성

그런데 한국의 경우에는 그 동기나 형태에 관계없이 정당통합운동이 반
복되고 있다는 점에 유의해야 할 필요가 있다. 정당 간의 통합 혹은 통합

시도는 해방 이후 허다히 이루어져 왔으나 정당통합에 관한 자료정리나 연구는 아직 충분히 이루어지지 않고 있는 실정이다. 지난 1990년의 3당 합당에 관해서는 여러 편의 연구논문이 발표된 바 있으나 해방 이후부터 지금까지의 사례를 총체적으로 다룬 자료집이나 연구서는 거의 없는 것으로 파악되고 있다. 정당통합이 정치구도에 지대한 영향을 미쳐 왔고 또 정치사회에 미치는 영향이 컸음에도 이 분야의 연구는 아직 미진한 편이다.

따라서 이 책에서는 정당통합 관련 자료를 정리하여 정당사 연구에 기여하고, 한편에서 정당정치의 안정과 발전을 위한 기본정책방향을 제시하고자 한다. 이를 위하여 먼저 해방 이후 우후죽순식으로 난립하였던 수많은 정당들이 어떠한 과정을 통하여 통합 혹은 분열되어 왔고, 정치 환경변화에 따라 어떻게 변모해 왔는가를 볼 것이다.

정당정치발전은 정당과 선거 관련 법·제도의 정비와, 체계적인 시민교육 및 홍보에 의한 시민의 민주의식 함양에 달려 있다. 시민교육 및 홍보에 의한 시민의 민주의식 함양은 가장 바람직한 방안임에 틀림이 없으나 그것이 장기적인 과제임을 전제할 때 여기서는 단기적으로 그 실행이 가능한 정당 관련 법·제도의 정비에 무게를 두고 몇 가지 개선방안을 제시하고자 한다.

제2절　정당의 발생

1. 정당의 발생

정당통합은 이제 한국정당정치의 중요한 부분이 되어 있는 만큼 이에 관한 체계적인 연구가 필요하다. 정당통합 사례 정리 및 연구를 위하여 먼저 정당의 발생부터 살펴보기로 한다.

1) 정당의 정의

정당의 성립과 발전단계가 시대별, 국가별로 다르기 때문에 정당의 개념에 대한 학자들의 정의도 다양하다. 프리드리히는 정당에 관하여 "정당의 지도자로 하여금 정부의 통제권을 획득, 유지토록 하고, 당원들에게는 목표를 갖도록 하는 집단"이라고 정의하였고, 사르토리는 "선거에 후보자를 내세우고 선거를 통해서 후보자들을 공직에 오를 수 있게 하는 여하한 정치집단"을 정당이라고 정의하였다.[4]

정당의 본연의 모습과 관련된 정의로서는 김성희, 라이프홀츠, 그리고 레벤슈타인의 것을 예로 들 수 있다. 김성희는, 정당은 "국가의 정치일반에 관한 일정의 의견을 자기의 행동강령으로서 공시하며 공연히, 직접으로 정치적 권력을 통제 또는 획득하기 위하여 자주적, 영속적으로 결성된 정치적 결사"라고 하였다.[5] 라이프홀츠(G. Leibholz)는 정당이란 "다수의 사람들이 특정한 정치적 목적을 달성하기 위하여 이룬 견고하고 장기간에 걸친 결합"이라고 정의하였고, 레벤슈타인(K. Loewenstein)은 "공통적인 이데올로기적 견해를 가진 사람들의 결합으로서 정치권력에의 참여 또는 그 획득을 목적으로 하고 이 목적의 실현을 위하여 항구적 조직을 이용하는 인적 결합"이라고 정의하였다.

이상의 정의에서 미루어 볼 때 정당은 그 속성상 단순히 공직자들을 배출하는 데 그치지 않고 지속적으로 공직을 유지하려고 노력할 것이기 때문에 지속성은 정당의 구성요소 중에서도 불가결한 부분임을 일 수 있다. 따라서 정당이라고 하는 조직은 지속성을 전제로 하는 결사체임을 알 수 있다.[6]

그러면 한국의 정당법에서는 정당을 어떻게 정의하고 있는지를 보자. 먼저 제1조를 보면, "정당은 국민의 정치적 의사형성에 참여하는 데 필요한

---

4) Carl J. Friedrich, *Constitutional Government and Democracy: Theory and Practice in Europe and America*(Boston: Ginn & Company, 1950), 419쪽; Giovanni Sartori, *Parties and Party Systems: a framework for analysis*(Cambridge: Cambridge University Press, 1976), 64쪽.

5) 김성희, 『정당론』(서울: 박영사, 1970), 24–25쪽.

6) 볼(Ball)도 이러한 견해를 밝히고 있다. Alan R. Ball, *British Political Parties*(London: Macmillan, 1981), 5쪽.

조직을 확보하고 정당의 민주적인 조직과 활동을 보장함으로써 민주정치의 건전한 발달에 기여함을 그 목적으로 설립되는 조직"이라고 규정하고 있으며, 그 제2조에서는 "국민의 이익을 위하여 책임 있는 정치적 주장이나 정책을 추진하고 공직선거의 후보자를 추천 또는 지지함으로써 국민의 정치적 의사형성에 참여함을 목적으로 하는 국민의 자발적 조직"이라고 정의하고 있다.

현행 헌법(제8조 제2항)에서도, 정당은 그 목적, 조직과 활동이 민주적이어야 하며, 국민의 정치적 의사형성에 참여하는 데 필요한 조직을 가져야 한다고 규정하고 있다.[7] 헌법과 정당법에서 정당에 관하여 규정(정의)하고 있는 바를 보면, 그 어느 것도 정당의 민주성과 지속성이 요구되고 있음을 알 수 있다. 국민의 정치적 의사를 형성하기 위해서도 또 책임 있는 정치적 주장이나 정책을 수립하고 추진하기 위해서도 정당의 민주성과 지속성이 요구되는 것이다.

정당은 정권획득 과정에서 혹은 정권획득 후 국가자원의 배분권 획득 및 국민에 대한 봉사를 목표로 하여 이념을 채택하고 정강·정책을 수립하여 정치활동을 벌이는 집단이다. 정당은 통상 정책프로그램을 수립하고 실천함을 목적으로 하여 정권획득 혹은 정권유지를 위한 조직적 활동을 수행한다.

오늘날 정부조직과 기능이 증대되고 정보통신의 발달 등으로 인하여 이익집단 혹은 시민운동단체의 시민운동이 의미 있게 받아들여지고 있는 것이 사실이나, 대의제 민주주의 체제하에서 국가의 정책과 진로를 설정하는 데에 있어서 가장 중요한 역할을 하는 것은 역시 정당이다.

그런데 한국정당들에 있어서는 문제점이 발견되고 있다. 그 첫 번째는, 헌법의 정당조항에서 정당의 운영은 민주적이어야 한다고 명시적으로 규정하고 있음에도 불구하고 실제로는 비민주적으로 운영되고 있다는 것이 일반적인 인식이며 그 두 번째는, 한국의 주요 정당들은 국민의 의사를 대변

---

7) 1979년에 개정된 서독 정당법 제2조 제1항에서도 정당의 항구성(지속성)이 언급되고 있다. 또 서독 기본법 제21조 제1항에서는 정당의 내부질서는 민주적 원칙에 적합하지 않으면 아니 된다고 했고, 제2항에서는 정당의 목적 또는 당원의 행위가 자유로운 민주적 기본질서를 침해하거나 제거하거나 또는 국가의 존립을 위태롭게 하려는 정당은 위헌이라고 규정하고 있다.

하고 국민의 이익을 지키기 위하여 자발적으로 발생한 조직이 아니라는 데에 있다. 예를 들면 최초의 집권당이었던 자유당은 정당형성 후 스스로 권력을 창출한 것이 아니라 이승만 대통령의 권력 강화 및 유지 필요성에 의하여 창당되었으며, 그 후 생겨난 다수의 주요 정당도 권력자 혹은 정당 지도자의 의사에 따라 그 경력에 변화를 일으키고 있는 실정이다.

2) 정당의 발생

정당 이전의 형태라고 할 수 있는 파벌(당파)은 정당 발생 훨씬 이전부터 형성되어 있었으며 일부 국가에서는 아직도 정당정치의 주요한 동인으로 작용하고 있다. 어떠한 나라, 어떠한 시대에서나 지배계급과 피지배계급 간에 혹은 동일한 계급 내부에서 정권획득을 위한 정치활동은 파벌(당파)의 형태로 계속되어 왔다. 그러나 인구가 증가하고 국민들의 정치의식 수준이 높아지고, 계급의 분화가 이루어지면서 당파의 형태와 활동내용에 있어서 변화를 보여 왔다. 따라서 그 나라 그 사회의 정치상황과 정치문화적 특징은 정당의 발생에 영향을 미치고 있다고 볼 수 있다.

신분제도의 붕괴와 근대사회의 성립, 봉건적 분열과 민족적 통일, 전제정치의 소멸과 입헌주의의 확립이라고 하는 사회의 근대성에의 전환과정에서 정당의 공공성이 등장하게 되었는데, 정당이 공공성을 띠게 되었다는 것은 전제군주정권의 부패에 대한 국민적 반항을 의미함과 동시에 국가정책 결정에 있어서 군주가 갖는 독점적 권한에 대한 도전자의 등장을 뜻한다.

이렇게 근대적 의미의 정당은 서구 여러 나라에서 발생되어 전 세계적으로 보급되었으며 오늘날 정당이 존재하지 않거나 그 기능이 정지되어 있는 국가는 전 세계적으로 극히 소수에 불과하다.[8] 이처럼 정당의 보편화가 이루어진 것은 인구의 증가, 교통통신의 발달, 국가 간 교류의 확대, 교육 및 홍보에 의한 정치의식 수준의 향상 등으로 인한 대의제 민주정치의 발달에

---

8) 이들 국가들은 모두 아시아·태평양과 중동지역에 분포되어 있는데 아시아·태평양지역의 국가들은 부탄을 제외하고는 인구 30만 미만의 섬나라들이며, 중동지역 국가들은 모두 회교국이라는 공통점이 있다. 김현우, 「각국 의회제도 분석」 ≪국회보≫ 제371호(1997), 116-146쪽.

기인한다.

한편 라팔롬바라와 와이너는 정당발생의 상황적 요인으로 정통성의 위기와 같은 정치상황을 들고 있다.[9] 이들은 첫째, 초기 의회와 정당출현과의 상호관계에서 볼 수 있는 제도적 이론, 둘째, 역사적인 위기와 사명감에 부딪혔을 때에 정당이 출현한다는 역사적·상황적 이론, 셋째, 보다 광범위한 근대화 과정과의 관계에서 나타나는 발전론적 이론을 주장하였다. 특히 정당의 발생에는 정치적 위기가 중요한 작용을 한다고 하는 이들의 포괄론적 정당발생론은 비교적 높은 공감대를 형성하고 있다. 이들에 의하면 정치권력을 장악하거나 유치하기 위하여 보다 많은 국민적 지지를 필요로 할 때 정당이 발생한다는 것이다. 이들이 제시한 정당발생론은 한국정당들의 발생, 특히 자유당, 민주공화당, 민주정의당 등 집권여당의 발생을 설명하는 데에 있어서 좋은 이론적 근거를 제공하고 있다.

3) 정당의 발생계기

정당의 발생계기로는 정치적 경합체제의 도입, 민족주의운동, 개혁의 수단, 외국사상이나 지배구조 침투에의 대응, 국민의 정치의식 동원과 통제 등을 들 수 있다.[10]

---

9) Joseph LaPalombara and Myron Weiner(eds.), *Political Parties and Political Development* (Princeton: Princeton University Press, 1966), 19–21쪽.

10) 정당의 발생기반에는 종족·클라이언트, 인종집단, 종교, 계급, 지역 등이 있다.
  종족: 어떤 집단이 다른 집단과의 관계에 있어서 상호간 연합하거나 혹은 적대시하지 않으면 안 된다고 느꼈을 때 그 종족 중에서 지도자가 나와 정당을 결성한다. 일부 아시아, 아프리카, 그리고 라틴 아메리카의 일부 국가에서 찾아볼 수 있다.
  인종: 여러 소수파 인종이 연합을 형성하여 정당으로 발전할 수 있는데 특히 하나의 국가 혹은 주권 아래 여러 인종이나 민족이 동거하는 경우 자신들의 권익보호를 위하여 당을 결성하는 경우가 있다.
  종교: 교회 혹은 사찰의 영향력이 강력한 곳에서는 기독교 혹은 불교의 가르침을 기초로 하는 정당이 발생하기도 한다. 일본의 공명당(公明黨)은 본래 창가학회(創價學會)라는 불교의 한 분파를 지지기반으로 출범하였으며, 과거 유럽에서는 가톨릭당이나 프로테스탄트당이 등장한 적이 있고 현재에도 기독교민주당 등 종교색채를 띠는 정당들이 활동하고 있다.
  계급: 노동조합운동을 기초로 한 사회주의 정당을 전형적인 예로 들 수 있다. 그런 의미에서 계급정당을 생성하는 자연적인 배양기인 노동조합을 기초로 하는 정당이 발생하기도 한다.
  정당의 발생 및 발생계기는 주로 다음의 책을 참고하였으며 저자가 부분적으로 내용을 수정하였음. Jean Blondel, *An Introduction to Comparative Government*(New York: Praeger Publishers, 1969), 99–118쪽.

① 정치적 경합체제의 도입: 근대 정당은 경쟁적인 선거를 촉진하는 정치제도나 선거법의 도입을 계기로 발생하였다. 영국에서는 1832년에 선거법이 개정되었으나 이때까지도 근대정당체계는 수립되지 않았다. 그로부터 30여 년이 지난 1867년 선거법이 다시 개정되면서 유권자가 크게 증가하고 도시노동자집단도 선거권을 갖게 되면서 정당발전에 가속도가 붙게 되었다. 이렇게 참정권의 확대, 보통선거권 획득을 위한 투쟁은 많은 국가에서 근대 정당의 발생을 촉진하였다.

② 민족주의운동: 반식민지정책, 민족자결주의를 제창하고 독립운동을 지도한 지도자들은 독립 후 자신들을 중심으로 하는 정당을 결성, 정권을 담당하게 된 경우가 많았다. 그러나 이들은 자기 진영 내의 정치적 반대세력에 관용적이지 않았으며, 일당제를 강행한 경우가 많았다. 일부 국가에서는 정치·경제적 도전에 대처하기 위해서는 정당통일이 무엇보다도 필요하였기에 일당제는 합리적 필연적인 해답인 것으로 간주되는 경향이 있었다.

③ 개혁의 수단: 개혁적 정치노선에 동조하는 이들을 규합, 조직하고 교육하기 위하여 정당이 결성되는 경우가 있다. 때로는 개혁의 수준을 넘어서 혁명의 수단이 되기도 한다. 사회주의 국가에서의 혁명이나 변혁을 예로 들 수 있다.

④ 외국사상이나 지배구조 침투에의 대응: 한국의 경우 일본제국주의의 침탈 및 지배구조에서 벗어나기 위하여 독립운동조직을 결성한 후 투쟁하는 과정에서, 그리고 독립 후의 정부 수립을 위하여 임시정부와 임시의정원(臨時議政院)을 설치하는 과정에서 정당이 발생하였다.

⑤ 국민의 정치의식 동원과 통제: 정치의식의 성장을 동원하고 통제할 필요성도 정당 발생의 계기가 된다. 제2차 세계대전 후 아시아·아프리카의 여러 국가에서 이러한 동원 및 통제의 필요성을 느껴 정당을 결성하였다. 한편에서 권위주의 체제가 위기에 직면할 때 정당은 보다 중요한 정치적 행위자로서 소생하는 경향이 있다.

⑥ 정부의 정책설정에 대한 거부 혹은 정책대안의 제시: 미국 대통령선거에서 정당이 등장한 것은 1796년의 선거였고 당시 연방당 (Federalists)과

공화당 (Republican)의 후보들이 경합하였다. 이보다 1년 앞선 1795년에 실시된 연방의회 선거에서도 연방당과 공화당이 경합하였다. 미국에 정당조직을 가져온 것은 정부의 재정계획이었는데, 반대파에서는 그 계획에 반대하기 위한 효과적인 방안으로 대항조직을 만들게 되었고, 이때부터 미국의 정당들은 조직을 재정비하고 정당으로서의 특성을 분명히 하기 시작하였다.[11]

2. 정당의 발생형태

2개 이상의 복수정당제를 인정하는 나라에서는 창당, 분당, 합당과 같은 3가지의 정당발생형태를 찾아볼 수 있다. 기존의 문헌[12]에서는 정당의 발생형태를 창당, 분열, 혁신, 합당의 4가지로 분류하고 있으나 여기서는 창당, 분당, 합당의 3가지로 분류하였다.

1) 제1형태: 창당

창당(創黨)은, 아직 정당이 없는 상황에서 정당을 결성한다든가 또는 기존의 정당에 구애받지 않고 새로운 정당을 설립하는 경우이다. 이런 경우에는 주로 정치적 문제를 중심으로 하여 정당이 발생한다.

정당이 아직 조직되어 있지 않은 시기에 국가 혹은 민족의 존립에 관계된 중대한 정치문제가 발생하였다면 이 경우 다수의 동조자를 모아 이들을 통솔하여 정치활동을 계속할 수 있는 명성 혹은 카리스마를 갖는 인물이 대두하여 그를 중심으로 새로운 정당이 조직되는 경향이 있다.[13]

---

11) 김현우, 『미국연방의회론』(서울: 한국학술정보, 2009), 148쪽.

12) 백상건·배성동·김영철, 「기본문제편」, 중앙선거관리위원회 편, 『정당론』(1966), 18-19쪽; 조일문, 『새정당론』(서울: 삼화출판사, 1974), 122-125쪽.

13) 독일의 나치, 이탈리아의 파시스트의 경우는 정치문제의 해결을 둘러싸고, 기존 정당을 근본에서부터 부정하는 사람들이 모여 새로운 정당을 결성한 것이다.

2) 제2형태: 분당

분당(分黨)은, 기존의 정당에서 분리되어 새로운 정당을 창당하는 경우이다. 정당이 이미 조직되어 있는 경우에, 그 정당에 국가의 중대 문제 처리 해결을 기대하였으나 좋은 결과가 얻어지지 않는다면 이에 불만을 품은 사람들은 새로운 정당의 결성을 기도하게 된다. 당내의 기본문제에 관하며 일부 간부들의 의견이 다른 간부들의 그것과 맞지 않는다든가, 당내의 지위에 만족하지 않거나 혹은 원하는 정치적 자원에의 접근이나 그 활용이 여의치 않을 경우 간부들이 탈당하여 신당을 결성하는 경우이다.

분당에는 ① 분열되는 기존 정당의 일부와 함께 다른 정당이 합류하는 경우, ② 분리하는 기존 정당의 일부가 다른 비정당적 단체와 함께 새로운 정당을 결성하는 경우, ③ 분리하는 기존 정당의 일부가 단독으로 정당을 결성하는 경우 등 세 가지가 있다.

기존의 문헌에서 4가지로 분류된 것 중의 하나인 '혁신(革新)'은 결국 분당의 범주에 포함되는 것으로 볼 수 있다. 기존의 당 구조, 인적 구성, 정책 등으로는 혁신을 기하기 어렵다고 판단될 때 당에서 이탈하여야 새로운 정당이 출현할 수 있기 때문이다.

3) 제3형태: 합당(통합)

합당(合黨)은, 둘 또는 그 이상의 정당이 통합하여 하나의 정당으로 합쳐지는 의도적 행위이다. 합당은 이념이나 정강·정책의 유사성에 의한 경우, 정강·정책의 비유사성에도 불구하고 정권획득이나 유지를 위하여 불가피하게 하는 경우가 있다. 정당 내에는 주요 간부들을 중심으로 하는 계파집단이 존재하는 경우가 많은데 이러한 집단이 정당의 합당, 분열, 혹은 새 정당의 결성에 있어 기본단위가 되고 있다.

제3형태인 합당에서는 ① 기존 정당을 탈당한 사람들이 다른 정당에 합류, 통합하여 신당을 결성하는 경우, ② 기존 정당들이 통합하여 새로운 정당을 결성하는 경우가 있다. 정당지도자들은 국민의 동의와 지지를 구하고 이들의 효율적인 조직화를 통하여 되도록 많은 유권자들을 자신들의 정당에 규합, 결속시키려 한다.[14] 정당지도자들은 경우에 따라서는 합당을 시도하는데 여기서 얻고자 하는 것은 당세 확장을 통한 상위수준의 정치적 자원이다. 상위수준의 정치적 자원(political resources)이란 대통령직, 국무총리직, 장관직, 국회의원직 등을 포함하는 고위관직과, 대통령후보 지위나 당대표직 등 당직을 들 수 있다. 이러한 정치적 자원에의 접근을 통하여 권력과 사회적 지위 그리고 명예를 얻을 수 있기 때문이다.

3. 한국에서의 정당발생

1) 발생기원

한국정당의 발생기원에 대해서는 관점에 따라 여러 가지 견해들이 제시되고 있다.[15] 구한말의 사대당과 개화당을 한국정당의 기원으로 보는 견해, 조선시대 말 윤치호가 신민회를 조직하였을 때로 보는 견해, 그리고 서재필이 독립협회를 조직하였을 때부터 시작된다고 보는 견해, 일본의 식민통치에 대항하여 독립운동을 벌이던 시기부터 잡아야 한다는 견해, 1927년 3월의 대한민국 임시정부 제3차 개헌 당시로 보는 견해, 미군정청이 1946년 11월 23일 발표한 미군정 법령 제55호 '정당에 관한 규칙'에서 시작된다는 견해, 제헌국회의원선거법이 제정·공포된 시기로 보는 견해 등이 그것이다.

---

14) 키르크하이머는 제2차 세계대전 이후의 정당을 중도통합정당(the Catch-All Party)이라 규정하고 정당의 이념성으로부터 자유스러워지고자 하였다. 정당의 이념이 하나의 짐(burden)이 될 수밖에 없었던 다원화 사회의 변화하는 정치 환경을 정면으로 수용한 그의 중도통합정당 개념은 아직도 유용한 개념으로 사용되고 있다. 유럽 여러 나라에서는 정당의 이념이 퇴색되어 가고 있는데 무엇보다도 이념의 바탕이 되는 빈부의 격차가 좁혀지고 신분의 구분, 차별이 사라져 가고 있기 때문이다. 유럽에서는 이미 1960년대에 이 개념이 도입되어 이념의 준수나 확산 못지않게 정권의 획득에 커다란 관심을 가지게 되었다. 정권의 획득 없이는 자신들이 내세운 이념의 전파라든지 정책프로그램의 실현이 어렵기 때문이다. Otto Kirchheimer, "The Transformation of the Western European Party System", in Joseph Lapalombara and Myron Weiner, eds., *Political Parties and Political Development*(New Jersey: Princeton University Press, 1966), 177-200쪽.

15) 김수갑, 「정당의 역사적 발달」, 심천계희열박사화갑기념논문집 간행위원회, 『정당과 헌법질서』(서울: 박영사, 1995), 64-93쪽.

세계 여러 나라에 근대적 의미의 정당이 출현하여 의회제도가 발달하고 있을 시기에 일본에 의한 식민통치를 경험하게 된 한국의 경우에는 정당의 출현을 어느 시기로 잡을 것인가에 관하여 이처럼 다양한 견해가 제시될 수 있다. 이들 견해는 모두 정치 상황이나 제도 혹은 규칙(법령)의 제정 등을 기준으로 하여 기원을 설정하고 있기 때문에 나름대로 의미를 가진다고 볼 수 있다.

정당을 어떻게 정의 하느냐에 따라 그 기원은 달라질 수 있다. 시기적으로는 적어도 중국 상해(上海)의 대한민국 임시의정원에서 주권재민의 임시헌법을 제정, 공포한 1919년 4월 이후로 보는 것이 타당하다.

2) 전개

해방 이전에도 당(黨)이 없었던 것은 아니다. 식민통치 기간 동안 항일투쟁을 벌였던 단체들 중 일부는 명칭을 당으로 칭하기 시작하였다. 그 후 식민통치로부터의 해방은 다른 독립국가 혹은 제3세계 국가에서와 마찬가지로 한반도 남쪽에 근대적 정치체제를 수립할 수 있는 환경을 제공하였으며, 이러한 당은 곧 서구개념의 '정당'으로 바꾸었다.

이렇게 제3세계 국가 여러 나라나 한국에 있어서의 정당발생은 역사적, 정치적 상황에 기초를 두고 있다. 그러므로 '당(黨)'이란 용어는 서구사회의 'party'란 용어보다 그 기원에서 더 현저한 정치적 의미를 가지게 되며 아시아 여러 나라에 있어서의 'party'는 처음부터 서구의 'party'보다 이익집단의 특징을 덜 갖는다는 견해가 제시되고 있다.16)

서구에서의 정당의 발달은 선거권의 확대와 의회의 발달에 기인하지만 한국의 경우에는 선거권과 새로운 정치제도가 해방 후 갑자기 주어진 상태에서 정당정치가 시작된 만큼 정당정치의 전개는 선거권이나 의회제도에 의하여 설명될 수도 있겠으나 더 중요한 다른 요인에 의해서도 설명될 수 있다.

듀베르제는 근대적 의미의 정당의 발생과 관련하여 정당의 행태는 그 정

---

16) 최한수, 『현대정당론』(서울: 을유문화사, 1993), 54쪽.

당의 발생기원에 의하여 영향을 받는다고 말한 바 있다.[17] 그의 견해를 염두에 둘 때 한국 정당들의 행태는 그 발생과정에 주목함으로써 상당부분 파악이 가능해진다. 15세기 말엽부터 이탈리아의 문예부흥, 독일의 종교개혁, 그리고 상업자본 계급의 발흥이 서유럽의 국민들에게 정치적 자아를 가져다준 반면 한국의 경우에는 일본에 의한 식민통치를 경험하면서 정치적 자아와 민족의식이 자라나는 과정에서 정당에 대한 인식이 싹트기 시작하였다. 해방 이전 해외에서의 유일당(唯一黨) 운동이나 해방정국에서의 초기 정당통합운동은 정치적 자아의 발현이라는 측면에서 이해되어야 할 것이다.

한국정당의 발생과 전개를 보기 위해서는 먼저 식민통치 시절 열악한 환경과 자유롭지 못한 정치 상황에서 민족지도자, 독립투사들 사이에서 그것도 외국의 영토에서 힘겹게 발생한 태생적 특성을 보아야 한다. 뿐만 아니라 국회가 개설되고 정부가 수립된 지 2년이 채 되지 않은 시기에 한국전쟁이 발발하여 정상적인 정당활동 및 국정운영을 불가능케 한 것은 장기간 정당의 발전과정에 적지 않은 부정적 영향을 미쳐 왔다.

과거 민주정치 경험의 결여, 불안정한 정국과 경제적 빈곤, 속에서 보인 일부 정치지도자들의 권위주의적 행태에 대해서는 긍정적인 평가는 할 수 없으며 매도 일변도의 평가 또한 적절하지 못하다. 어찌되었든 정당사 측면에서 보았을 때 정부 수립 이후의 정당들은 권력자의 의지에 의하여 혹은 조정에 의하여 결성되곤 하였고, 특히 여당은 정당을 통하여 권력을 획득한 것이 아니라 권력을 통하여 정당을 결성하여 왔다.

3) 정리

해방이라고 하는 사건은 시대의 획을 긋는 분기점으로서 이를 전후하여 움직인 사람과 단체는 적어도 근대적 의미의 정부와 의회를 상정하고 정당활동을 시작하였을 것으로 간주된다. 때문에 여기서는 해방을 맞아 자주정부

---

17) Maurice Duverger, *Political Parties: Their Organization and Activity in Modern State*(Barbara and R. North trans.)(London: Methun and Co., 1978), 23쪽.

수립을 위한 정치적 의사가 결집되기 시작하고 정당·단체가 자유로운 환경 속에서 결성되기 시작한 시기인 1945년 8월 15일을 정당통합논의의 출발점으로 삼았으며, 한국에서의 정당발생에 관하여 다음과 같이 정리하였다.

정당의 발생

해방 이전: ① 국가주권 회복을 위한 임시정부 수립을 위하여 정당을 결성, ② 임시정부 수립 및 주권회복 후의 의회구성에 대비하여 정당을 결성

미군정기(해방정국): ① 해방 후의 정치과정에서 주도권을 선점하기 위하여 정당을 결성
② 미군정 하 군정당국의 정당설립 권유에 의한 정당 결성, 그리고 자주정부 수립을 위한 미소 공동위원회의 협의대상이 되기 위하여 정당을 결성
③ 제2차 세계대전 후 민주주의 진영과 공산주의 진영 간의 이념대립과 냉전조류의 한반도 전이에 의한 좌익 및 우익정당의 발생

정부 수립 전후: ① 제헌의원선거에 참여하여 국회를 구성하고 정부를 수립하기 위한 정치적 주체가 되기 위하여 정당을 결성
② 이승만 초대대통령의 국정운영에 반발하는 내각책임제 지지세력의 야당 결성
③ 대통령중심제 지지세력의 집권연장과 안정적 국정운영을 위한 여당 결성
④ 혁명이나 군사정변 등 정치적 변혁기에 기존의 정당 활동이 정지되고 이들 혁명이나 정변주체들의 필요에 의한 새로운 정당의 급조 필요성에 의하여 발생
⑤ 이념이나 정강·정책과는 무관한, 혹은 유권자의 의사가 무시된 채 정당 지도자들이 정권에서의 접근 혹은 유지를 위하여 합당 혹은 분당함으로써 발생

1. 헌법에 규정된 정당조항

1) 미군정기 · 제1공화국

해방 후 정당에 관한 최초의 법규는 1946년 11월 20일에 공포된 미군정 법령 제55조 '정당에 관한 규칙'이다. 이 규칙은 정당의 설립에 관한 기준과 단서를 제공하였으며, 정당의 설립요건과 관련해서는 '3인 이상이면 정당을 설립할 수 있다.'고 규정하였다.

그 후 대한민국헌법안이 1948년 7월 12일 제헌국회에서 가결되고 7월 17일에 공포되어 제1공화국이 출범하였으나 여기에는 정당에 관한 어떠한 규정이나 법규도 포함되어 있지 않았다. 따라서 미군정청이 제정한 '정당에 관한 규칙'은 정부가 수립된 후에도 계속하여 적용되었다. 헌법에서 정당에 대하여 일체의 규정을 두지 않음으로써 정당은 일반사회단체의 하나로서 정치적 주장을 하는 결사체로 계속 취급받게 되었는데, 1956년 창당된 진보당(대표자 조봉암)에 대하여 정부가 1958년 2월 25일 '정당에 관한 규칙'을 적용하여 정당등록취소를 결정한 사례를 예로 들 수 있다.

2) 제2공화국

국회가 개설되고 정부가 수립된 후 최초로 헌법에 정당조항이 등장하였다.[18] 4 · 19혁명 후 수립된 제2공화국에서는 헌법(1960. 6. 15. 공포)에서 정당조항을 처음으로 규정하였다. 헌법 제13조는 "모든 국민은 언론 · 출판의 자유와 집회 · 결사의 자유를 제한받지 아니한다. 정당은 법률이 정하는 바에 의하여 국가의 보호를 받는다. 단 정당의 목적이나 활동이 헌법의 민주적 기본질서에 위배될 때에는 정부가 대통령의 승인을 얻어 소추하고 헌

---

18) 제2차 세계대전 이후 서독헌법과 이탈리아헌법에 이어 한국헌법에 세 번째로 정당조항이 포함되었다.

법재판소가 판결로써 그 정당의 해산을 명한다.”고 규정함으로써 정당에 대한 국가의 보호적 태도를 분명히 하였다.

민주당 정권이 헌법에서 정당을 보호대상으로 한 것은 자유당(自由黨) 정권의 전철을 밟지 않기 위하여 정당의 해산소추권과 해산판결권을 분산시킨 것이다. 정당해산소추권은 행정부에만 부여하고, 그 소추에도 대통령의 동의를 얻게 하였으며, 정당의 해산은 오로지 헌법재판소의 판결로써만 명할 수 있게 하였다. 이 정당조항은 단지 정당을 보호할 것만을 규정하고 그 세부규정은 모두 법률에 위임하였다.

3) 제3공화국

1961년 5월 16일 혁명(5·16 군사정변)에 성공한 군부는 군사혁명위원회 포고 제4호를 발하여 6일 후인 5월 22일 정당 등 정치사회단체를 해산하였다. 군사혁명위원회는 곧 국가재건최고회의로 확대 개편되었으며 그 후 정치활동정화법을 제정(1962. 3. 16.)하여 정치인들의 정치활동을 전면적으로 규제하였다.

제3공화국헌법(1962. 12. 26. 공포)에서는 제2공화국헌법보다 더 적극적인 정당조항을 두었다. 새 헌법에서는 정당조항을 제1장 총강으로 옮기는 동시에 새로 1개조(제7조)를 배당하였는데 정당에 관하여 제7조에 일반원칙을 규정하고, 제36조 제3항, 제64조 제3항 등에도 이에 관한 규정을 하는 등 그 내용이 구헌법보다 상세히 구성되었다. 제7조는 다음과 같이 규정하였다: “정당의 설립은 자유이며, 복수정당제는 보장된다. 정당은 그 조직과 활동이 민주적이어야 하며, 국민의 정치적 의사형성에 참여하는 데 필요한 조직을 가져야 한다. 정당은 국가의 보호를 받는다. 다만 정당의 목적이나 활동이 민주적 기본질서에 위배될 때에는 정부는 대법원에 그 해산을 제소할 수 있고, 정당은 대법원의 판결에 의하여 해산된다.”

이처럼 헌법은 소정의 절차를 밟아 등록된 정당에 대해서는 국가 차원에서 보호할 것을 규정하였다. 정당은 그 목적이나 활동이 민주질서에 위배될 때를 제외하고는 행정권의 간섭을 받지 않으나 민주질서에 위배될 때에는 행정부는 대법원에 그 해산을 제소할 수 있고 정당은 대법원의 판결에 의해서 해산되도록 하였다. 다시 말하면 정당은 대법원의 판결에 의해서 위헌이라고 단정되지 않는 한 정치활동에 대한 행정부의 간섭을 받지 않으며, 정당이 국가의 안전을 위태롭게 할 목적을 가지거나 민주적인 방법으로 정치목적을 추구하려 하지 않는 활동을 감행할 때에는 정당해산에 관한 소(訴)를 제기할 수 있도록 한 것이다.

제3공화국헌법 공포 5일 후인 12월 31일 최초의 정당법안이 국회에서 가결, 공포되었으며 1963년 1월 1일부터는 정치인과 정당의 활동이 재개되었다. 그러나 이때의 정당법에는 합당의 형태와 절차에 관한 규정은 없었다. 앞에서 언급한 헌법 제7조에 그 근거를 두고 있는 이 정당법의 주요 골자는 ① 정당등록제, ② 정당성립요건의 강화, ③ 창당준비위원회에 관한 사항, ④ 당원 자격의 제한, ⑤ 정당의 내부질서에 관한 사항, ⑥ 회계보고제도, ⑦ 외국인 등으로부터의 기부금지, ⑧ 정당의 정기보고, ⑨ 정당의 소멸, ⑩ 정당해산 소송, ⑪ 정당의 보호, ⑫ 제1야당 대표자에 대한 수당지급 등이다.[19] 이 법은 복수정당을 보장하고 군소정당의 난립방지를 의도한 것이다. 이후 정당조항은 제6공화국헌법에까지 계속 존속되어 오고 있다.

4) 제4공화국

제3공화국헌법의 정당에 관한 규정은 제4공화국헌법(일명 유신헌법)에서도 헌법위원회의 신설에 따른 내용변경 이외에는 별다른 개정 없이 수용되었다. 앞에 제시된 제3공화국헌법 제7조의 내용 중 대법원이 헌법위원회로 대체되었을 뿐이다. 다만 제4공화국헌법은 중앙선거관리위원회에 법령의 범위 안에서 정당 사무에 관한 규칙을 제정할 수 있도록 최초로 규정하였다.

---

19) 정당법은 1963년부터 제1야당의 대표자에게 예우 차원의 수당지급을 규정하고 있다. 당시 정당법 제43조는 "대통령이 속하지 아니하는 정당으로서 국회에서 최다수의 의석을 가진 정당의 대표자 1인에 대해서는 국회의장의 세비에 해당하는 액을 지급한다."고 규정하였다.

5) 제5공화국

제5공화국헌법에서는 제3공화국헌법에서 규정한 정당에 관한 기본적인 규정을 그대로 수용하였다. 제7조 제3항에서 "정당은 법률이 정하는 바에 의하여 국가의 보호를 받으며 국가는 법률이 정하는 바에 의하여 정당의 운영에 필요한 자금을 보조할 수 있다."고 명문화하여 정당에 대한 국고보조금제도를 새로 도입하였다. 이 제도를 채택한 것은 정치자금에 관한 법률을 전면 개정하여 당비, 후원금, 기탁금 등 모든 정치자금이 적정히 제공되도록 보장하는 한편 그 회계는 공개하여 정치활동의 공명화를 촉진하려는 데에 있다. 그러나 정당에 대한 국고보조금액의 결정과 그 지급시기를 법정화하지 아니하고 정부의 결정에 일임, 예산의 범위 안에서만 지급하도록 하여 정부의 자의적인 개입 소지를 남겨두었다.[20]

6) 제6공화국

1987년 10월 29일 대통령직선제를 기본골격으로 하여 전문 개정된 제6공화국헌법에 있어서 정당에 관한 기본조항은 제8조인데 그 내용은 다음과 같다. 정당의 설립은 자유이며, 복수정당제는 보장된다(제1항). 정당은 그 목적·조직과 활동이 민주적이어야 하며, 국민의 정치적 의사형성에 참여하는 데 필요한 조직을 가져야 한다(제2항). 정당은 법률이 정하는 바에 의하여 국가의 보호를 받으며 국가는 법률이 정하는 바에 의하여 정당운영에 필요한 자금을 보조할 수 있다(제3항). 정당의 목적이나 활동이 민주적 기본질서에 위배될 때에는 정부는 헌법재판소에 그 해산을 제소할 수 있고, 정당은 헌법재판소의 심판에 의하여 해산된다(제4항).

여기에서 제2항의 내용은 특히 정당조직의 지속성과 공고성을 규정하고 있다. 정당조항인 제8조의 전체 내용은 제5공화국헌법 제7조의 내용과 거의 일치하나 제4항 부분에서 헌법위원회가 헌법재판소로 변경된 점이 다르다.

---

20) 국회사무처, 『대한민국법률안연혁집(제9권)』(1992), 9080-9082쪽 참조.

이처럼 헌법상의 정당의 지위는 헌법이 바뀔 때마다 약간씩 변화가 있었으나 정당보호에 관한 기본적인 사항은 그대로 유지되고 있다. 정당의 해산과 관련하여 구헌법에서는 대법원의 판결 혹은 헌법위원회의 결정에 의해서 정당이 해산될 수 있도록 하였으나 제6공화국헌법에서는 헌법재판소의 심판에 의하여 정당의 해산이 가능하도록 규정하였다.

앞부분의 제3공화국헌법, 제4공화국헌법, 제5공화국헌법과 현행 제6공화국헌법의 정당조항은 제6공화국헌법이 정당에 대한 국고보조금을 규정한 것과, 정당을 대법원의 판결 혹은 헌법위원회의 결정에서 헌법재판소의 심판에 의하여 해산시킬 수 있도록 개정한 점에서 차이를 보이고 있다.

제4절 정당법상의 합당절차

1. 정당법의 주요 내용

정당법은 정치적 격변기마다 정치개혁의 명목하에 개정되어 왔으나 실질적으로는 시대의 정치 상황에 부응하여 실세 혹은 집권세력의 이익을 보장하는 쪽으로 개정되어 왔다. 혁명과 정변 이후의 정치혼란기에 정당정치발전을 위하여 제정된 정당법은 당초의 취지와는 달리 시간이 흐르면서 당대의 정치구도와 그 이념을 보호해 주며 반정부, 반체제운동을 규제하는 쪽으로 운용되어 왔다.[21]

1961년 5월의 군사정변으로 권력을 장악한 군부로 구성, 설치된 국가재건최고회의는 제3공화국에서 시행될 정당법안을 마련하였는데, 1962년 12월 29일 법제사법위원장에 의하여 제안되고 12월 31일 본회의에서 원안 가결된 정당법안의 제안이유와 주요 골자는 다음과 같다.[22]

---

21) 정당법 이외에도 정치변혁기에는 기성 정치인들의 활동을 규제하기 위한 법률들이 제정 · 시행되었다
　　(예: 정치활동정화법, 정치풍토쇄신을 위한 특별조치법).

정당법안

Ⅰ. 심사 경과
국가재건최고회의 제96차 상임위원회(1962. 12. 31.) 상정·의결

Ⅱ. 제안 이유
지난 12월 17일에 실시된 국민투표에 의하여 확정된 개정헌법에 의하면 건전한 정당정치
의 구현을 위하여 정당설립의 자유, 복수정당의 보장, 정당의 민주적인 조직과 활동의 요
구, 정당의 조직의 범위, 정당에 대한 국가의 보호와 대통령후보나 국회의원후보는 정당의
추천을 받아야 하도록 규정하고 있으므로 이러한 헌법에 부합하도록 건전한 복수정당의
보장과 군소정당의 난립방지를 기하고자 이를 제안하는 것임.

Ⅲ. 주요 골자
1. 정당은 중앙선거관리위원회에 등록함으로써 성립하도록 함.
2. 정당은 국회의원지역선거구에 소재하는 지구당과 수도에 소재하는 중앙당으로써 구성
   하게 하고 특별시·부산시·시·도·구·군에는 지부를 둘 수 있도록 함.
3. 정당의 창당은 30인 이상의 발기인으로 조직하는 창당준비위원회가 담당하며 지구당의
   창당에는 10인 이상의 발기인이 있어야 하도록 함.
4. 등록신청사항으로는 정당의 명칭, 지구당과 당지부의 소재지와 명칭, 사무소의 소재지,
   강령과 당헌, 대표자·간부·회계책임자의 주소성명, 당원의 수 등을 규정함.
5. 등록신청에는 그 대표자, 간부, 회계책임자의 취임동의서를 첨부하도록 함.
6. 등록신청을 받은 당해 선거관리위원회는 형식적 요건을 구비하는 한 이를 거부하지 못
   하도록 함.
7. 지구당에는 당원명부를 비치하게 하고 법원이 재판상 요구하는 경우와 관계 선거관리
   위원회가 당원에 관한 사항을 확인하는 경우를 제외하고는 공개를 강요당하지 아니하
   도록 함.
8. 지구당은 서울특별시·부산직할시와 도(道) 중 5 이상으로 분산되어야 하도록 하고 각
   지구당은 50명 이상의 당원을 가져야 하도록 함.
9. 지구당에는 탈당원 명부를 비치하도록 함.
10. 정당은 국회의원선거법에 의한 지역구선거구 총수의 3분의 1 이상에 해당하는 지구
    당을 가져야 하도록 규정함.
11. 정당의 공직선거후보자 공천은 민주적이어야 함.
12. 정당은 그 재산 및 수입·지출에 관한 명세서를 연 1회 공개하고 중앙선거관리위원
    회에 보고하도록 함.
13. 정당은 외국의 정부, 단체, 개인, 국가 또는 공공단체, 금융기관, 학교재단 등으로부터
    는 기부·보조 등의 재산상의 출연을 받지 못하도록 함.
14. 정당은 등록요건을 갖추지 못하게 된 경우에는 해당 선거관리위원회는 그 등록의 취

---

22) 국회사무처, 『대한민국법률안연혁집』(1992), 8859–8860쪽. 법안이 아닌 공포된 정당법 본문 내용 및
   그 개정에 관해서는 한국법제연구원, 『대한민국법률연혁집』(1994), 212(1–19)쪽 참조.

소를 할 수 있도록 함.
15. 제1야당의 대표자에 대해서는 상당한 수당을 지급하도록 함.
16. 정당의 일정한 수입 및 재산에 관하여는 면세하도록 함.

여기에서 보는 것처럼 무소속입후보가 금지되고 정당의 후보공천제도가 법제화되었으며, 국회의원의 당적이탈이나 변경이 금지되는 등 정당국가를 지향하는 내용을 담고 있다.[23] 정당법에서는 법적·제도적인 규제를 통하여 군소정당의 난립을 막고자 하였는데 특히 혁신정당의 출현을 막고자 한 것이다.

그런데 정당법안의 내용 중 합당의 경우에는 의원직이 상실되지 않으나 분당의 경우에는 분당되는 정당에 소속된 국회의원은 그 의원직을 상실한다는 내용 또한 포함되어 있었다. 불합리한 내용으로 지적된 이 조문은 그 후 '정당의 합당절차 등에 관한 법률안'에서 합당에 반대하는 의원들에 대한 구제조항 신설로 해소되었다. 또 제3공화국헌법과 정당법에 정당공천제를 둠으로써 무소속출마를 금지하고 있음에도 불구하고 국회에는 소속 정당으로부터 제명된 무소속 국회의원이 실존하는 기현상이 나타나기도 하였다.[24]

2. 정당법상의 합당절차

1) 합당절차 관련 규정

국가재건최고회의 제96차 상임위원회에 상정, 의결(1962. 12. 31.)되고 당일 공포된 정당법에는 합당의 절차와 형태에 관한 규정은 없었으나 정당은 중앙선거관리위원회에 등록함으로써 성립하도록 하는 등 보다 구체적인 정당조항이 삽입되었다.

---

23) 이에 관해서는 1962년 8월 26일 국가재건최고회의 법사위원장이 군소정당 난립방지를 위한 정당법 제정에 관하여 연구하겠다고 말하였고, 8월 23일에는 박정희 의장이 정당난립과 반국가적 정당활동방지를 위한 정당법이 필요하다고 발언한 것에서 정당법 제정의 기본취지를 알 수 있다.

24) 당시 스스로 당적을 이탈, 변경하는 경우에는 의원직을 상실하게 되나 당에서 제명당하는 경우에는 무소속으로서 의원직을 유지할 수 있도록 되어 있었다.

제3공화국헌법 제38조에 정당의 합당으로 인한 국회의원의 자격에 관한 사항은 규정되어 있었으나 정당법에서 합당의 절차 및 합당에 수반되는 법적 효력에 관한 규정이 결여되어 정당의 합당이 사실상 불가능하였다.

이를 보완하기 위하여 정명섭 의원(자유민주당) 외 54인은 1964년 5월 26일 '정당의 합당절차 등에 관한 법률안'을 발의하였으며, 이 법률안은 다음 날인 27일 국회내무위원회에 회부되었다. 동 위원회는 5월 28일의 제5차 회의에서 정명환 의원으로부터 제안설명을 청취한 다음 이를 심사하였는데 5월 29일 열린 제6차 위원회에서는 "다만 국회의원이 합당된 정당의 당원이 되기를 거부하는 경우에는 합당과 동시에 합당 전의 소속 정당에서 제적된 것으로 본다."라는 내용을 삽입하자는 수정안을 만장일치로 가결하였다.

이렇게 국회에서 정당의 합당절차 및 합당에 수반되는 법적 효력 규정을 위하여 '정당의 합당절차 등에 관한 법률안' 심의를 하는 도중 중앙선거관리위원회가 국회에 제출된 법률안의 미비점을 보완한 수정의견을 작성하여 제출하였다. 위원회 수정의견의 제출로 이 법률안은 위원회의 의견이 반영되고, 합당을 반대하는 국회의원의 신분을 보장할 수 있는 구제조항이 추가된 수정안으로서 국회에서 가결되었다.

국회는 6월 1일 제42회 국회(임시회) 본회의 제16차 회의에서 내무위원회 위원장대리(신윤창)로부터 심사보고를 청취한 다음 수정안대로 이 법률안을 이의 없이 가결하였다.[25] 6월 12일 공포된 이 법률안의 제안 이유와 주요 골자 및 수정사항은 다음과 같다.

정당의 합당절차 등에 관한 법률안

Ⅰ. 제안 이유
헌법 제38조에는 정당의 합당으로 인한 국회의원의 자격에 관한 사항이 규정되어 있어서 정당이 합당하는 경우를 규정하고 있으나 정당법 기타 법령에 합당의 절차 및 합당에 수반되는 법적 효력에 관한 규정이 결여되어 있어 현실적으로 정당의 합당을 이룩할 수 없

---

25) '정당의 합당절차 등에 관한 법률안' 및 이 법률안에 대한 수정안 내용에 관해서는 국회사무처, 『국회회의록(제6대 국회본회의)』(제42회 제16호, 1964년), 1–3쪽 참조.

으로 합당을 가능케 하기 위해서는 정당의 합당에 관한 절차 및 그에 수반되는 효력을
규정하는 법률 제정을 필요로 하므로 이 법안을 제안하는 것임.

Ⅱ. 주요 골자
1. 정당이 새로운 당명으로 합당(신설합당)하거나 다른 정당에 합당(흡수합당)할 때에는 각
   당의 대표기관이나 그 수임기관의 합동회의 결의 또는 그 각 기관이 선정한 대표자의
   합동회의의 결의로써 합당할 수 있게 함(제2조 합당의 절차).
2. 정당이 합당되었을 때에는 그 합당의 구성원인 당원은 합당된 정당의 당원이 되며 이 경우에
   합당 전의 입당원서는 합당된 정당의 입당원서로 간주함(제3조 당원 자격의 취득).

Ⅲ. 수정 사항
1. 위원회
가. 수정 이유
합당절차, 합당시기, 합당등록 또는 합당신고 기간 등에 관하여 법해석상 또는 법운영상
의문의 여지가 있는 부분을 시정하고 합당에 찬성하지 아니하는 국회의원의 신분을 보장
할 수 있는 규정을 삽입함과 아울러 선거에 관한 후보자등록효력 지속에 관한 규정을 현
실에 부합하도록, 수정하려는 것임.
나. 수정 주요 골자
① 합당을 결의할 수 있는 기관을 규정한 용어를 정리함(제2조 합당의 절차).
② 합당의 효력이 발생하는 시기를 명백히 규정함(제2조 합당의 절차).
③ 합당에 반대하는 국회의원의 신분을 보장할 수 있는 규정을 신설함(제3조 당원 자격의
   취득).
④ 합당등록 및 합당신고 기간의 기산점을 명시함(제4조 합당등록신청).
⑤ 합당등록신청사항 중 유보사항에 대한 보완 기간을 준수하지 아니하였을 때에 대처할
   수 있는 규정을 신설함(제4조 합당등록신청).
⑥ 선거에 관련된 후보자등록효력을 선거무효, 일부 재선거 등 사례별로 지속할 수 있게
   개별적으로 규정함(제5조 권리의무의 승계).

 당초 발의된 법률안 원안에는 합당에 반대하는 의원들은 그 의원직을 상
실토록 되어 있었는데 수정안에는 합당에 반대하는 의원들은 의원직 상실이
아니라 제명 조치되어 의원직을 유지할 수 있는 내용으로 바뀐 것이다.[26]

---

26) 이 법률안의 심의과정에 대한 내무위원회 위원장대리(신윤창)의 주요 심사결과 보고내용은 다음과 같다.
   이 법률안의 제안취지는 헌법에 합당의 경우의 국회의원자격에 관한 특례규정이 있음에도 불구하고 현
   행 정당법 기타 선거관계법령에 합당에 관한 하등의 규정이 없으므로 이를 보완하자는 것이고 그 제안
   내용의 골자는 관계정당의 대의기관 또는 그 수임기관의 합당결의로 중앙선거관리위원회에 신설합당인
   경우에는 등록을 하고 흡수합당인 경우에는 신고를 함으로써 합당할 수 있게 함과 동시에 합당한 경우
   의 종전의 정당에 의한 입후보자의 등록효력을 지속시키게 하려는 것입니다.
   이에 대하여 내무위원회로서는 본 법률안은 체계상 정당법과 선거관계법을 개정함이 타당한 것으로 인
   정하면서도 그와 같은 정당법 및 선거관계법의 개정에는 시일을 요한다는 점으로 본 법률안과 같은 독

정당정치의 발전은 건전한 정당의 육성 및 보호에 의존하는데, 한국과 같이 군소정당이 난립하여 정당발전이 저해되고 있는 실정에 비추어 볼 때 합당을 가능케 하는 합당절차와 그 효력 등에 관한 법률제정의 필요성이 인정되었다. 이 '정당의 합당절차 등에 관한 법률(1964. 06. 12. 공포)'의 주요 골자에 제시되어 있는 것처럼, 정당이 새로운 당명으로 합당(신설합당)하거나 다른 정당에 합당(흡수합당)될 때에는 각 당의 대의기관 또는 수임기관의 합동회의의 의결로써 합당할 수 있으며, 합당하기 전 정당의 당원은 합당된 정당의 당원이 되며 합당된 정당은 합당 전의 권리·의무를 승계하도록 되어 있다.

이 법률에서는 신설합당과 흡수합당이 구분되는 등 합당의 형태와 절차가 명시되었다.[27] 신설합당은 2개 이상의 정당이 대등한 입장에서 서로의 기존당명, 간부, 조직 등을 백지화하고 하나의 새로운 정당으로 출발하는 것이고, 흡수합당은 어떤 정당이 당명이나 구성원, 조직을 그대로 둔 채 다른 정당을 합병하는 것을 말한다. '정당의 합당절차 등에 관한 법률안'은 1969년 1월 23일 정당법이 개정될 때 합당 관련 내용이 개정된 정당법에 수용되면서 폐지되었다.

그 후 합당 관련 내용은 거의 변하지 않았다. 정당법 제1차 개정(1969. 01. 23.)에서는 군소정당의 난립을 방지하고 건전한 양당제도의 확립을 기한다는 취지 아래 정당의 설립요건과 설립절차 등 여러 조항이 강화되었다.

립 법률의 판정도 의의가 있다고 인정하는 동시에 본 법률안의 제안취지 및 내용에 대하여 대체로 이의가 없었습니다. 그러나 본 법률안에는 합당성립의 시기가 명백히 규정되어 있지 않으며 합당의 경우 종전의 정당에 의한 선거후보자 등록효력지속에 관한 규정이 예상되는 여러 가지 사태를 망라하지 못하고 있다는 등 미비점이 있을 뿐 아니라, 합당을 반대하는 국회의원의 신분을 보장할 수 있는 구제규정이 결여되고 있다는 점 등이 발견되어 내무위원회로서는 수정안을 마련하기로 하고 실무자로 하여금 수정안을 작성케 하여 5월 29일 제6차회의에서 다시 본 법률안을 심사 토의한 결과 여러분에게 유인물로 배부되어 있는 수정안과 같이 만장일치로 의결하였습니다.
내무위원회가 마련한 수정안은 그 취지나 내용에 있어서 정명섭 의원 외 54인이 제안한 법률안과 동일한 것이고 다만 앞에서 말씀드린 바와 같이 원안의 미비점을 보충하는 데 그친 것입니다. 이 점에 관하여는 본 법률안의 제안자인 정명섭 의원도 완전히 동의하였습니다.

27) 이 법이 공포됨에 따라 이의 시행을 위한 '정당의 합당절차 등에 관한 법률 시행요강'이 제정, 시행되었는데(1964. 09. 30. 훈령 제13호) 신설합당등록 접수처리, 흡수합당신고 접수처리, 등록 및 신고의 공고 등 4개 조문과 합당등록신청(신고)서식, 공고서식 등 6개 서식이 규정되었다. 동 법률시행요강은 정당법 시행규정 제정으로 폐지되었다.

다음은 정당관계법령 중 합당 관련 법조항을 발췌 한 것이다.

정당법 중 합당 관련 조항(1969. 01. 23.)

5. 합당(합당결의, 합당신고, 합당과 변경등록, 권리의무승계)
(1) 정당이 새로운 당명으로 합당(신설합당)하거나 다른 정당에 합당(흡수합당)될 때에는
    합당을 하는 정당들의 대의기관이나 그 수임기관의 합동회의의 결의로써 합당할 수
    있다(제4조의 2 ①).
(2) 정당의 합당은 제11조 제2항, 제3항 및 제5항의 규정에 의하여 중앙선거관리위원회
    에 등록 또는 신고함으로써 성립한다. 다만 정당이 후보자를 추천할 수 있는 공직선거
    의 선거 기간 개시일부터 동 선거일까지의 사이에 정당이 합당된 때에는 선거일 후
    20일에 그 효력이 발생한다(제4조의 2 ②).
(3) 제1항 및 제2항의 규정에 의하여 정당의 합당이 성립한 경우에는 그 소속지구당도 합
    당한 것으로 본다. 다만 신설합당인 경우에는 합당등록 신청일로부터 3개월 이내에 지
    구당 개편대회를 거쳐 변경등록을 하여야 한다(제4조의 2 ③).
(4) 신설 합당된 정당이 제3항 단서의 규정에 의한 기간 내에 변경등록이 없는 경우에는
    당해 지구당은 소멸된 것으로 본다(제4조의 2 ④).
(5) 합당으로 신설 또는 존속하는 정당은 합당 전 정당의 권리의무를 승계한다(제4조의 2
    ⑤).

7. 정당의 등록[(1) 신설 합당 가. 등록 나. 보완 기간 다. 등록취소 (2) 흡수합당신고]
(1) 정당이 새로운 당명으로 합당할 때에는 그 대표자는 제4조의 2 제1항의 규정에 의한
    합동회의의 결의가 된 날로부터 2주일 이내에 그 회의록 사본을 첨부하여 중앙선거관
    리위원회에 제12조의 규정에 의한 등록신청을 하여야 한다(제11조 ②).
(2) 전항의 경우에 제12조 제1항 제2호와 제7호 및 제2항의 사항은 등록신청일로부터
    120일 이내에 보완할 수 있다(제11조 ③).
(3) 전항의 경우에 있어 그 기간 내에 보완이 없을 때에는 중앙선거관리위원회는 2회 이
    상 상당한 기간을 두어 보완을 명하고 그 기간 안에 보완이 없을 때에는 제38조의 규
    정에 의하여 그 등록을 취소할 수 있다(제11조 ④).
(4) 합당(흡수합당)으로 존속하는 정당의 대표자는 제4조의 2 제1항의 규정에 의한 합동
    회의의 결의가 된 날로부터 2주일 이내에 그 회의록 사본을 첨부하여 합당된 사유를
    중앙선거관리위원회에 신고하여야 한다(제11조 ⑤).

8. 당원(나. 합당으로 인한 당원 자격)
(1) 제4조의 2의 규정에 의한 합당의 경우 합당 전의 정당의 당원은 합당된 정당의 당원
    이 된다. 이 경우에는 합당 전의 입당원서는 합당된 정당의 입당원서로 본다(제17조의
    2 ①).
(2) 국회의원인 당원은 이 법에 의한 합당의 등록 또는 신고가 될 때까지 합당될 정당의
    당원이 되기를 거부하는 의사를 종래의 소속 정당에 통고한 경우에는 합당과 동시에

합당 전의 소속 정당에서 제명된 것으로 본다(제17조의 2 ②).

　9. 정당의 활동(다. 서면결의의 금지)
　(1) 정당의 창당 및 합당에 관한 대의기관의 결의와 소속국회의원의 제명에 관한 소속국회
　　　의원의 결의는 서면이나 대리인에 의하여 의결할 수 없다(제29조의 2).

참고로 1964년 4월 16일 유치송 의원 외 24인이 발의한 '정당법 중 개정 법률안'에는 합당절차에 관한 조항이 최초로 포함되어 있었다. 합당과 관련이 있는 이 정당법 개정안은 '정당법 및 선거관계법 개정 법률안 심사특별위원회'에서 1966년 11월 29일까지 22차의 심사를 거쳤으나 그해 12월 3일 폐기된 바 있다.[28]

2) 합당사무절차의 변화

정당법은 합당절차와 관련된 사무 처리에 관하여 비교적 상세한 언급을 하고 있는데 이는 과거에 정당통합이 흔히 발생하였고 또 앞으로 발생할 것을 염두에 두고 그 절차를 규정해 둔 것이다.

1968년 말 여야 간의 합의로 가결된 이른바 보장입법(1968. 12. 29.)[29]의 정당법 개정에서는 법정 지구당 수와 지구당의 법정 당원 수를 대폭 상향 조정하였을 뿐 아니라 전에는 서면결의로도 가능한 것으로 해석되어 온 창당 및 합당절차를 공개회의의 의결에 의해서만 할 수 있도록 규정하였다. 합당 과정의 공개성을 제고하였다는 점에서 평가할 수 있으나 여전히 다수

---

28) 정당법 중 개정 법률안의 제안 이유와 주요 골자는 다음과 같다.
　　제안 이유: 정당의 설립과 활동은 헌법 제7조에 의하여 민주적 기본질서에 위배되지 않는 한 국가의 보호를 받아야 함에도 불구하고 현행 정당법에는 다수의 불필요한 강제규정을 두어 정당의 설립활동에 제한을 가하고 있음으로써 헌법정신에 입각하여 정당의 자유스러운 설립과 활동을 보장하려는 것임.
　　주요 골자: ① 창당준비과정에 있어서의 요식신고제는 불필요하므로 관계조항을 삭제 내지 개정함(제4조 성립, 제8조 신고), ② 입당수속에 대한 강제규정을 삭제함(제19조 강제입당 등의 금지), ③ 법정 당원 수 등록제한규정을 삭제함(제27조 지구당의 법정 당원 수), ④ 정당 내부규정을 침해하는 제한규정을 삭제함(제29조 정당의 기구, 제30조 활동의 자유, 제33조 재산상황 등의 보고), ⑤ 합당절차조항을 신설함(제40조 해산과 등록말소 등), ⑥ 등록취소규정을 완화함(제38조 등록의 취소).
29) 1968년 12월 29일 국회 본회의는 1년간에 걸친 여야 간 협상결과인 합의의정서에 따라 국회의원선거법 중 개정법률안, 대통령선거법 중 개정법률안, 정당법 중 개정법률안 등 5개 보장입법안 및 법원조직법 중 개정법률안 등 30여 의안을 가결하였다.

당원들의 의사를 반영할 절차가 마련되지는 않았다.

그 후 정당법이 '정당의 합당절차 등에 관한 법률'을 흡수하여 개정 (1969. 01. 23.)됨에 따라 정당법 시행요강과 '정당의 합당절차 등에 관한 법률시행요강'이 통합되었다. 또 정당법 개정 관련 조항의 개정과 아울러 단순히 사무처리 절차만을 규정한 시행요강을 보완하여 정당관계 법령해석 및 예규로서 사무 처리에 필요한 사항 등을 삽입, 정당사무의 통일과 원활을 도모하기 위하여 1970년 7월 10일 정당법시행규정을 제정하였다.

제4공화국헌법(유신헌법, 1972. 12. 27. 공포)에서는 중앙선거관리위원회에 선거관리, 국민투표관리 및 정당 사무에 관한 규칙제정권을 위임하였으며, 1972년 12월 30일 정당법이 개정됨에 따라 정당법 시행규정을 일부 보완, 1973년 1월 10일 규칙 제24호로 정당법 시행규칙을 제정하였다. 정당법 시행규칙은 정당법의 개정에 맞추어 5차례의 개정을 하였는데 특히 1980년의 제3차 개정 시에는 당 지부·당 연락소의 등록 처리에 관한 규정이 신설되었고, 정당의 재산상황 등의 보고와 접수 처리에 관한 규정이 삭제되면서 '정치자금에 관한 법률 시행규칙'에서 규정되도록 하였다.[30]

제5절 정당통합운동 분석

1. 문제의 제기

정당이 민주주의를 창출하였다고 한 샤트슈나이더(Schattschneider, 1942)의 말처럼 정당은 현대 민주주의 국가에서는 다른 어떠한 조직보다도 중요한 정치적 조직이다. 정당은 국민의 정치적 의사형성에 참여하는 데 필요한 조직을 확보하고, 민주적인 조직과 활동을 통하여 민주정치의 건전한 발달에 기여함을 그 설립목적으로 삼고 있기 때문이다.

---

30) 중앙선거관리위원회, 『선거관리위원회사(1963–1993)』(1994), 462–463쪽.

　그런데 한국의 정당은 세계에서 유례를 찾아보기 힘들 정도로 빈번하게 이합집산을 거듭하였다. 지난 60여 년의 헌정사에 있어 주요한 정치적 변혁이 정당에 의하여 주도되지 않은 것[31]과 정당이 민의를 제대로 수렴하지 못한 것[32]은 이러한 정당의 이합집산과 결코 무관하지 않다. 뿐만 아니라 정치인들의 당적 변경도 빈번하게 그리고 무절제하게 이루어지고 있으며, 정당의 명칭도 유권자들의 혼란을 야기할 정도로 변경되어 왔다.[33] 이런 상황에서는 설령 정당들이 책임 있는 주장이나 정책을 가지고 있다고 하더라도 그러한 주장이나 정책이 온전히 유지되고 시행되며, 정당이 순기능을 할 것이라고는 기대하기 어렵다. 그런 의미에서 정당통합은 극히 한국적인 정치현상이라고 할 수 있다. 다른 나라에 정당통합사례가 없어서가 아니라 비민주적으로, 비합리적으로, 그리고 빈번히 행해졌기 때문이다.

　정당통합은 오래전부터 한국정당정치에 있어서 중요한 부분을 이루어 왔다. 그럼에도 관련 연구는 미진한 편이었으며, 연구가 있다고 하더라도 단일 사례 분석에 그치는 경우가 많았다.[34] 이제까지의 정당통합 관련 논의는 1990년의 3당 합당(민주정의당, 통일민주당, 신민주공화당의 합당)을 논한 것이 대부분이었으며 연구경향은 통합의 원인, 사태의 전개 및 권력의 향방에 초점을 맞추고 있었다. 여기에서 다루고자 하는 정당통합과정의 민주성과 그 절차에 관하여 문제시했거나, 해방 직후부터 계속되어 온 정당통합을 그 시기와 유형별로 나누어 분석하였거나, 통합신당 결성 이후의 지속상태 등을 전반적으로 관찰하여 기록한 연구는 거의 없었던 것으로 파악되고 있다.[35]

　이는 그간의 정당연구에 있어서 여당이나 주요 야당이 주된 연구대상이 되어 왔으며 군소정당이나 정당의 통합 혹은 분열, 소멸 등 정당의 경력변

---

31) 윤형섭, 「한국정치과정」, 한운태 외, 『한국정치론』(서울: 박영사, 1982), 381쪽.

32) 김수진, 「민주이행기 한국정당정치의 비판적 분석」, ≪의정연구≫ 제2호(1996), 19쪽.

33) 김현우, 「국회의원의 당적변경과 정당의 의미」 ≪의정연구≫ 제3호(1996), 41-42쪽.

34) 3당 합당에 관한 연구는 김재한 편, 『정당구도론』(서울: 나남, 1994), 김희민, 「한국 3당 합당의 원인과 결과」, 김재한 편, 『정당구도론』(서울: 나남, 1994), Jin Pak, "Political Change in South Korea", *Asian Survey* 30(December 1990), 1154-1168쪽 등의 연구 참조.

35) 합당과 선거 시기에 초점을 맞춘 연구로는 최한수, 「한국정당의 합당에 관한 연구」, ≪사회과학논총≫ 제3집(건국대 사회과학연구소, 1998) 참조.

화에 관해서는 심층적인 연구가 이루어지고 있지 않음을 의미한다. 무엇보다도 정당통합이 한국의 정당정치를 이해함에 있어서, 또 정치과정에서 차지하는 비중에 비하여 연구가 미진하였음을 보여 주는 것이다.

이제 정당통합의 본질을 생각하여 보자. 대의제 민주정치체제하에서 정당은 다른 정당과의 경쟁이나 대항 속에서 그 존재근거와 동기를 찾게 되며 한편에서 통합을 통하여 정치권력에 접근하고자 하는 조직이다. 투쟁하지 못하거나 경쟁력을 갖지 못한 정당은 권력에의 접근이 어려워지며, 정당 간 제휴를 거부하는 정당은 당면하였거나 예측되는 상황을 극복하기 어려워진다. 정당의 속성상 경쟁이나 대항, 통합이나 연대는 정당의 존재근거이자 활로개척의 공간인 것이다. 현실적인 의미에서 통합은 곧 생존이다. 여기에 정당통합을 제도화 수준이 아직 낮은 한국정치에 있어 하나의 동학(dynamics)으로 인식해야 할 이유가 발견된다.

그렇다면 정당통합의 본질은, 누가 무엇 때문에 어떤 방법으로 통합을 결정하였으며, 통합 이후에는 어떠하였느냐 하는 문제로 압축된다. 한국에서의 정당통합과 관련하여 제기될 수 있는 문제점은 많은 경우 정당의 지도자들이 임의적으로 합당을 결정하기 때문에 유권자나 당원들의 의사가 제대로 반영되지 않는다는 것과, 합당협상 과정이 비공개적이며 합당 후에도 합의내용 중 공개되지 않는 부분이 있다는 것,[36] 합당의 명분이 약하다는 것, 그리고 합당을 위한 환경조성이 되어 있지 않은 상태에서 무리하게 합당을 시도하고 있다는 것 등이다.

여기서는 해방 이후부터 2000년까지 발생한 정당통합사례들을 분석하여 통합과정에서 드러나는 문제점들을 적시하고, 합당과 관련된 정당법 조항의 개정에 관하여 살펴보고자 한다.

---

36) 예를 들면 1990년 3당 합당(민주정의당, 통일민주당, 신민주공화당) 당시 3당의 대표들은 합당 후 내각제 개헌을 추진한다는 내용의 각서를 작성하여 보관하고 있었는데 그 후 각서가 합당 당사자 한쪽에 의하여 유출되어 그 내용이 밝혀진 적이 있다.

2. 정당통합의 개념과 분석의 틀

1) 개념

경쟁적으로, 공개적으로 실시되는 선거를 통하여 권력을 획득하는 일은 쉽지 않은 일이다.[37] 기존의 체제 안에서 정권교대의 가능성이 낮다면 더욱 그러하기 때문에 정당의 통합이 이루어질 수 있는 초기 환경이 조성되는 것이다.

일반적으로 '통합'이란 어떠한 목적을 달성하기 위한 통일화 행위의 총칭으로서 세 확장을 통한 안전공동체 형성과정을 가리킨다.[38] 어떠한 행위를 막론하고 행위 그 자체에 목적성이 있다고 하겠으나, 목적성을 순수목적성과 의도목적성으로 나누는 분류를 따른다면 정당론에서 말하는 통합(merger)은 의도목적성의 범주에 든다고 할 수 있다.

정당통합은 그 행위자들이 소유하고 있는 자원을 투입하여 자체의 이익을 극대화하거나 지속적인 존속을 담보하려는 의도목적성을 띤 정치행위이다. 다시 말하면 정당통합(합당)은 더 강력한 정치력을 형성하려는 정당들의 자구(自救) 차원의 합침인 것이다.

이러한 인식하에 여기서는 '둘 또는 그 이상의 정당이 어떤 공통의 목표를 추구하기 위하여 공동의 자원을 투입하여 하나의 당명 아래 구조적으로 합쳐져 새로운 형태의 관계를 구축하는 과정'을 정당통합이라 정의하고자 한다.

---

37) Walter H. Slack, *The Grim Science: The Struggle for Power*(Port Washington, NY: Knikat Press, 1981), 50쪽.

38) 도이치는 국제정치학에서 통합(integration)이라고 칭할 수 있는 조건으로 제시한 것 중에서 공동체 의식을 중요한 요인으로 보았다. 도이치의 공동체의식 개념이 그대로 정당통합(merger)에 적용되기는 어렵겠으나 적어도 통합신당 내에서 공동체 의식을 갖느냐 그렇지 못하느냐에 따라 정당통합의 성패 여부가 가려질 수 있다는 점에서 의미를 부여할 수 있다. Karl W. Deutsch et el., *Political Community and the North Atlantic Area*(Princeton: Princeton University Press, 1957), 5–8쪽.

2) 분석의 틀

그러면 어떤 잣대를 가지고 정당통합현상에 접근한 것인가. 여기서는 민주성과 효율성, 그리고 환경(통합분위기 존재 혹은 조성 여부)이라고 하는 세 가지 잣대를 설정, 적용하고자 한다.

① 민주성: 정당통합과정에서 특정인이나 특정집단이 영향력을 행사한다면 정당통합의 적실성이 저하될 수 있다. 한국의 정당은 헌법과 정당법 등 관련 법규에 의하여 보호받고, 국가로부터 정치자금을 보조받는 조직일 뿐만 아니라, 당원들의 당비와 후원자들의 후원금 등으로 운영되는 조직이기 때문에 당의 진로(합당, 분당, 해산 등 당 경력의 변화)를 결정짓는 의사결정 과정에 당 지도부의 의사가 일방적으로 관철되어서는 안 될 것이다. 법규를 떠나 민주주의의 본질과 의의를 생각하더라도 임의적인 당의(黨意) 해석이나 결정은 정당정치와 민주주의의 발전을 저해하는 요인이 된다.

통합신당이 통합상태를 지속적으로 유지하기 위해서는 무엇보다도 소속당원들로부터 정당에 대한 헌신(devotion)과 정당지도자들에 대한 존경심(deference)을 이끌어 내야 하는데 이를 위해서는 통합과정의 민주성이 반드시 확보되어야 한다. 통합과정에서 합당을 찬성 혹은 반대하는 의원 및 당원들의 의견이 어떤 경로로 어떻게 수용되고 있느냐 하는 것이 통합과정에 있어서 민주성의 정도를 가늠하는 척도가 될 것이다.

이와 관련하여 린제이의 견해를 소개하고자 한다. 그는 민주주의의 본질에 관하여 여러 가지 생각을 가지고 있으나 민주주의의 조건 중에서도 동의(consent)와 토론(discussion)을 불가결한 것으로 보았다. 그는 동의의 중요성을 인식하면서도 토론을 더욱 중시하였는데 그 이유는 민주주의에 있어서 중요한 것은 반대입장을 인정하고, 각각의 견해가 명백히 표명된 후 충분한 토론을 거치는 과정 다시 말하면 입장 차이를 가진 사람들의 평등한 참여를 통하여 공동생활의 원칙을 발견할 수 있어야 한다는 것이다.[39]

---

39) 이와 관련해서는 Alexander D. Lindsay, *The Essentials of Democracy*(London: Oxford University Press, 1929), 제3장 참조.

루소나 밀, 버크와 같은 사상가들은 바로 이러한 토론(토의)과정에서 발견되는 공통영역과 거기에서 연유되는 의사결정 및 집행에서 민주주의의 본질을 찾고자 하였다. 따라서 토론(토의)의 본질은 처음부터 존재하는 공통부분을 발견하는 작업과정에 있는 것이 아니라 당초 존재하고 있지 않던 공통의견영역의 창출과정에 있다고 보는 것이 타당하다는 것이다. 이는 곧 인간의 불완전성과 편협성을 자각함으로써 자신과 자신이 속해 있는 집단의 완성을 향하여 나아갈 수 있도록 하는 원동력이 되는 것이다. 물론 토론 결과에 대한 다수 이해관계자들의 동의를 구하는 일 또한 중요하다. 민주성이란 바로 이러한 과정의 소유에 있다.

② 효율성: 정당통합과정에서 가장 적은 비용과 희생으로 정당통합을 이룰 수 있도록 효율성이 확보되어야 할 것이다. 둘 이상의 정당들이 통합에 임하게 되므로 자신의 지역구를 상실하는 의원 혹은 지구당 위원장이 나오기 마련인데 이러한 예민한 문제를 포함한 여러 사후 문제를 합리적으로 처리할 것이 요구되기 때문이다.

합당 후 현실적인 문제로 대두되는 것 중의 두 가지는 채권·채무관계와 흡수당하는 정당의 인력처리문제이다. 정당법(제4조의 2)에는 합당으로 신설 또는 존속하는 정당은 합당 전 정당의 권리·의무를 승계하도록 되어 있기 때문에 당내 자원의 재분배, 흡수되는 정당의 채권·채무인수 및 정산 등 복잡한 문제를 효율적으로 해결해야 한다.

따라서 통합교섭과정에서 혹은 통합 후에 이러한 관계가 원만하게 해결되고 있는지, 그리고 흡수된 정당의 인력이 합당 시의 합의대로 적절히 재배치되고 있는지도 살펴보아야 할 것이다.

여기에서 통합과정은 물론 통합 이후에도 관심을 두고자 하는 것은 바로 통합의 비용과 희생, 그리고 사후 분쟁이 최소화되어야 합당효과를 극대화시킬 수 있다고 보기 때문이다.

정당통합은 정부형성 및 국가경영의 주도권을 장악하기 위한 하나의 게임이기 때문에 통합을 희망하는 정당에서는 상대 정당과의 통합에 따르는 효율성을 고려하지 않을 수 없다. 효율성 평가를 위하여 블랙(G. Black,

1972)이 제시한 합리적 공직 희망자 방정식[40]을 원용하여 정당통합 의사결정 과정을 설명하고자 한다. 먼저 하나의 정당이 다른 정당(들)과의 합당을 결정함에 있어서 기본이 되는 몇 개의 변수를 정리하면 다음과 같다.

B＝합당이 성사되었을 때 돌아오는 혜택
P＝합당을 시도하였을 때의 합당 가능성
C＝합당운동 기간 중 요구되는 비용(다음 선거에서의 지지율 변동 예측 등 합당 후 유권자들로부터 받게 될 평가 포함)
U(M)＝합당성취 전 각 정당이 예측하는 합당의 효율성

합당을 희망하는 정당들의 손익계산은 다음의 식으로 나타낼 수 있다.

$$U(M) = (PB) - C$$

여기에서 합당을 희망하는 정당들은 다음과 같은 두 가지 조건하에서 합당을 추구하는 것이 합리적일 것이다. 조건 1: 합당이 성사되었을 때 돌아오는 혜택(B)에 합당이 성사될 가능성(P)을 계산한 것이 합당운동 기간 중 요구되는 비용(C)보다 클 때

조건 2: 합당의 효율성 U(M)이 합당을 희망하는 정당들이 그들의 자원을 다른 대안에 투자하였을 때 얻어지는 효율성보다 가치가 있을 때 첫 번째 조건은 단순히 합당의 효율성이 긍정적이어야 한다는 것이고, 두 번째 조건은 합당의 효율성이 다른 대안에 의하여 얻어지는 효율성보다 커야 한다는 것이다.

따라서 합리적인 정당(지도자)이라면 U(M), 즉 합당의 효율성이 긍정적이어야 하고, 그들의 자원을 다른 대안에 투자하였을 때 얻어지는 효율성보다 크다고 판단되어야만 합당을 시도할 것이다.

---

40) Gorden Black, "A Theory of Political Ambition: Career Choices and the Role of Structural Incentives", *American Political Science Review* vol. 66(March 1972), 147쪽.

이 책에 제시되는 여러 합당 사례들을 보는 데 있어서 합당에 임하는 정당들이 제대로 효율성 평가를 행하고 합당에 임하는 것인지 아니면 단기적 혜택 혹은 효과만을 염두에 두고 합당에 임하는 것인지를 보아야 할 것이다.

③ 환경 - 통합분위기의 존재 혹은 조성 여부: 정당통합에 즈음하여 과연 통합을 이룰 만한 실질적인 이유가 있는지를 물어야 할 것이다. 명분 없는 행위는 없을 것이나 문제는 실질적이냐 아니냐 하는 데에 있다. 예를 들어 선거 결과 여소야대(與小野大)의 국회가 구성되었기 때문에 국정운영에 어려움이 있다는 이유로 합당을 시도한다면 통합 후의 통합신당의 안정성, 지속성은 보장하기 어렵다. 여소야대 국회는 일시적인 현상이거나, 여당에 있어서 있을 수 있는 위기라고 볼 수는 있어도 정당을 통합하지 않으면 해결할 수 없는 절체절명의 위기로 보기는 어려운 것이다.

진보이념을 가진 정당들이 여럿 존재하는데 이들이 통합하여 세를 확대한다면, 또는 보수이념을 가진 정당들이 통합하여 국리민복을 위한 정책프로그램을 시행하고자 한다면 실질적인 통합의 명분이 서는 것이다. 명분이 약한 통합을 시도하여 눈앞의 난국만을 극복하려고 하기보다는 국민의 지지를 받는 정책정당의 길로 나아가는 것이 바람직하다.

그러나 어차피 정당 자체가 존속을 도모하는 조직이고, 정당통합을 통하여 세 확장을 기도할 수 있는 조직체라고 본다면 실질적인 통합의 명분이 다소 약하더라도 당해 정당들이 합당을 위한 사회적 분위기를 조성할 수도 있는 일이다. 정당통합을 해야겠다는 것을 당원들과 국민들에게 널리 홍보하여 많은 사람들이 그 필요성에 공감하도록 하는 일은 통합신당의 인지도와 지지율 확보를 위해서도 중요하다. 결과론이 되겠으나 1990년의 3당 합당의 경우에도 합당하기 전에 합당에 참여하는 3당이 소속 당원들의 다수 합의를 공개적으로 도출해 냄과 동시에 국민에 대한 홍보를 통하여 합당분위기를 조성하고 설득한 후 통합에 임했더라면 성공적인 통합을 이룰 수 있었을 것이다.

각 합당사례에서 이러한 환경이 이미 조성되어 있는지 아니면 조성되어 있지 않았다 하더라도 합당합의를 전후하여 당원 및 유권자들에 대한 적극적인 홍보와 설득 노력이 있었는지를 보아야 할 것이다.

3) 합당의 유형

① 신설합당: 신설합당은 둘 또는 그 이상의 정당이 그 대의기관의 결의로써 서로 대등한 입장에서 서로의 기존 당명, 간부, 조직 등을 백지화하고 하나의 새로운 정당으로 출발하는 경우이다. 현실적으로는 합당 단위정당의 세력관계가 무시될 수 없기 때문에 정당 명칭은 새것으로 하더라도 당권 및 지분분할 등 통합신당의 자원배분은 합당 당시의 의석 수, 지구당 조직 규모 등으로 조정되는 경우가 많다. 때로는 의석수나 조직, 구성원이 열세에 있는 정당이 과다한 당직을 요구하는 경우도 있다.

정당법은, 신설합당을 할 때에는 합당을 하는 정당들의 대의기관이나 그 수임기관의 합동회의로써 합당할 수 있다고 규정하고 있다. 정당법 제정 이후 최초의 신설합당은 1965년 5월 11일 민정당(대표 윤보선)과 민주당(대표 박순천)이 합당하여 설립된 민중당(대표 윤보선·박순천)이다.

② 흡수합당: 흡수합당은 하나의 정당이 당명이나 구성원, 조직 등을 그대로 둔 채 1개 이상의 다른 정당을 흡수, 합병하는 것을 말한다. 대등한 관계에서 양자가 합당하는 것이 아니라 흡수당하는 쪽의 조직과 구성원, 자금력이 열세에 있는 경우가 많으므로 당권분할은 합병 당시의 비율로 조정되는 경우가 많다.

정당법은 흡수합당의 경우, 하나의 정당이 다른 정당과 합당하려고 할 때에는 합당에 관하여 권위 있는 대의기관의 결의가 있어야 하고, 합당을 하고자 하는 정당들은 대의기관이나 그 대의기관으로부터 합당에 관한 권한을 명시적으로 위임받은 수임기관의 합동회의를 개최하여 합당에 관한 결의를 해야 한다고 규정하고 있다. 1964년 10월 5일 '국민의 당'(대표 김병로)이 민주당(대표 박순천)에 흡수되면서 민주당의 당명을 그대로 사용하기로 한 것이 정당법 제정 이후 최초의 흡수합당 사례이다.

③ 의사합당: 정당법상 합당의 유형은 신설합당과 흡수합당 두 가지로

분류된다. 그러나 어떤 경우에는 합당을 하였다는 발표는 있었지만 법적으로는 합당으로 볼 수 없는 사례들이 적지 않다. 두 정당(혹은 그 이상)의 대표자들이 합당을 발표하기는 하였으나 한 정당 혹은 그 이상의 정당 모두가 아직 중앙선거관리위원회에 정당등록이 되어 있지 않은 상태, 즉 창당단계에서 합당을 발표한 것이라면 정당법상의 합당은 성립되지 않는다.

이렇게 정치적으로는 합당 혹은 통합으로 불리면서도 정당법상 합당으로 인정받지 못하는 사례들이 있는데 법적인 정당성립요건을 갖추고 있지 않은 창당준비위원회 혹은 '가칭 ○○당'이 합당에 참여하는 경우가 바로 그것이다.

십 여년 전 원내 의석을 갖는 모 정당의 통합수권위원회 위원 1인이 합당과 관련하여 중앙선거관리위원회에 유권해석을 의뢰하였다. 내용은, 자신이 소속하여 있는 정당이 어느 당을 창당하려는 정당법상의 창당준비위원회, 즉 '가칭 ○○당'과 합당을 하고자 하는데 가능하겠느냐는 것이었다. 이에 대하여 중앙선거관리위원회 위원장은 정당법상의 합당은 중앙선거관리위원회에 등록된 정당 간의 합당을 말하는 것이라고 회답함으로써 합당이 성립될 수 없음을 명백히 하였다.[41]

그런데 정당법상의 합당 성립 여부에 관계없이 이들 정당들이 정치적 효과를 노리고 합당을 발표하였다면 이런 경우를 의사합당이라는 유형으로 분류하고자 한다. 의사합당은 위법적인 정치행위는 아니나 민주주의의 규범과 원칙을 경시함은 물론 유권자들을 현혹시키고 판단력을 흐리게 한다는 점에서 정당정치발전을 가로막는 하나의 '정치공해'라고 할 수 있다. 신설합당, 흡수합당 그리고 의사합당의 유형구분은 정당법이 제정된 제3공화국 이후부터 적용하기로 한다.

---

41) 중앙선거관리위원회 위원장의 회답 내용(1995. 10. 16.)

3. 정당통합운동 분석

1) 시대별 경향[42]

① 미군정기(1945 - 1948): 미군정 기간 동안 수많은 정당과 단체가 난립하였는데 이러한 현상은 2가지 측면에서 생각해 볼 수 있다. 첫째는 일제치하에서 정치활동을 억압받던 한국인들이 해방을 맞아 정치에 대한 관심과 자주정부 수립에 대한 기대감이 넘쳤다는 것이고, 둘째는 미군정청에서 정당설립을 권유하였던 점을 들 수 있다.

미군정청은 1946년 11월 20일 미군정 법령 제55조 '정당에 관한 규칙'을 공포하여 정당의 설립에 관한 기준과 단서를 제공하였는데 이 규칙에서는 3인 이상이면 정당을 설립할 수 있도록 하였다. 미군정청은 또 조직화된 정당만을 상대하겠다고 하였고, 각 정치단체의 지도자들과 주 2회의 정례회견을 갖겠다고 발표함으로써 정당난립 분위기 조성에 일조하였다. 그러나 예상 밖으로 많은 정당과 단체가 난립하게 되자 미군정청은 정당지도자들에게 정당 간 통합을 해 줄 것을 요청하기에 이르렀다.

정당난립현상이 나타나자 조속한 자주독립국가 수립에 장애가 될 것으로 판단한 좌익과 우익 양 진영 역시 정당통합 논의를 시작하게 되었는데 여기에서 중요한 것은 정당통합이 국민적 일체감 형성과 신생국가건설에 정치이념으로서 역할을 하게 될 계기와 사회적 분위기가 조성되고 있었다는 것이다.

그러나 정당통합운동은 정부 수립 후 어느 진영이 주도권을 장악할 것인가 하는 문제와, 미국과 소련의 냉전구도가 굳어지기 시작한 해방정국의 좌우익 이념 성향문제와 결부되면서 복잡하게 얽히기 시작하였다.[43] 이 시기의 정당통합운동은 복잡하기는 하였으나 적어도 외견상으로는 이념정향에

---

42) 시대별 경향은 이 책의 각 공화국 개판부분에서 좀 더 구체적으로 서술된다.

43) 송남헌, 『한국현대정치사(Ⅰ)』(서울: 성문각, 1986); 심지연, 『해방정국논쟁사(Ⅰ)』(서울: 한울, 1986); 김철수, 「해방 직후의 정당통합운동에 관한 고찰」, ≪해군제2사관학교논문집≫ 2집(1980), 235-260쪽 참조.

따라 움직이는 경향을 보였고 다른 한편에서는 중앙당 간부들의 합당의사
만 있으면 다른 정당과 쉽게 통합을 이룰 수 있었다. 물론 이 시기에는 지
방의 정당조직이 아예 없거나 취약한 경우가 많았다.

② 제1공화국(1948 - 1960): 이승만정부하에서 자당(自黨)의 인사들이 내
각에 다수 포함될 것으로 기대하였던 한국민주당은 기대에 미치지 못한 조
각결과가 나오자 대통령에 대한 지지를 철회하고 야당세력을 결집하기 시
작하였다. 야권세력이 결속하자 이에 대응하기 위하여 원내외로 양립되어
있던 자유당은 1953년 5월 하나의 자유당으로 통합되었다. 자유당 통합 이
후 비대해진 자유당 정권의 국정운영 독주에 대항하여 야권 특히 혁신정당
간의 정당통합이 여러 차례 시도되었으나 실패한 경우가 많았다. 미군정기
의 그것과 다른 점이 있다면 정당의 조직이 전국적으로 다져지고 있었다는
것이며 이에 수반하여 중앙당과 지방당 조직 간의 대화통로가 다소 넓어졌
다는 것이다.

이 기간 동안의 정당통합은 정당이 국민들로부터 유리되어 있었고, 지방
당 조직이 취약한 상태였기 때문에 중앙당 간부들의 합당의사만 있으면 쉽
게 다른 정당과의 통합교섭에 임할 수 있었다. 제1공화국 기간뿐만 아니라
1960년대에 이루어졌던 야당 간의 통합은 강한 여당과 정부의 독주를 견제
하기 위하여 시도되었다. 분열되어 있는 야당은 정부·여당의 국정운영독
주 및 권력남용을 견제하기 어렵기 때문이다.

③ 제2공화국(1960 - 1961): 제2공화국은 9개월이라고 하는 짧은 기간
동안 존속하였는데 이 기간 동안 모두 3건의 합당 시도가 있었다. 반공(反
共)을 기조로 하는 자유당 정권의 압제에서 벗어난 시기라 그런지 3건 중
2건은 혁신계열정당들에 의한 합당 시도였다. 첫 번째 사례는 사회대중당,
한국사회당, 혁신동지총연맹, 한국독립당, 독립노동당에 의한 합당인데 성사
되어 1961년 1월 통일사회당이 결성되었다. 두 번째 사례는 보수 7개 정당
이 통합하여 공화당을 결성한 것이고, 세 번째 사례는 사회당과 통일사회당
의 합당 시도였는데 5·16 군사정변이 발생하면서 협상이 중단, 실패로 끝
났다.

④ 제3공화국(1961 - 1972): 해방 이후 계속되어 온 정치혼란을 제도화되지 못한 정당정치 탓으로 본 제3공화국 헌법기초자들은 안정된 정당체제를 확립하기 위하여 법적 규제라는 방법을 택하였다.[44] 군소정당의 난립을 막고자 대통령후보와 국회의원후보의 정당추천제를 채택하고, 법정 지구당 수 및 지구당 법정 당원 수를 대폭 증가시켰는데 이러한 법적 규제는 혁신계열 정당들의 출현과 세 확장을 저지하는 효과 또한 가지게 되었다.[45] 군사정변을 주도한 군부는 헌법을 기초하는 과정에서 처음으로 '합당'과 관련한 규정을 두었고 이를 근거로 제정된 정당법에서는 합당에 관한 세부절차가 마련되었다.

제3공화국에서는 군사정권 혹은 정부·여당의 독주에 대항하기 위해서 과거 어느 때보다도 강력한 정당통합운동이 전개되었다. 그렇지만 중앙당 지도부의 합당의사만 있으면 쉽게 다른 정당과의 통합을 시도할 수 있었다는 점에서는 과거와 다를 바 없었다. 권위주의 정권과의 투쟁 기간 동안 야당 간의 정당통합은 마치 당연한 것처럼 여겨지던 때가 바로 이 시기였으며 여론도 야권통합을 독려하는 논조가 주류를 이루고 있었다.

이 기간 중의 정당통합운동은 1963년 6월부터 군정종식을 내걸고 시작되었으며, 1965년 5월 한일협정 비준을 반대하기 위하여 민주당과 민정당이 통합하여 민중당이라고 하는 통합신당을 결성한 것이 대표적인 사례이다. 그러나 민중당은 창당대회 당시부터 당 지도권문제를 둘러싸고 불협화음을 내기 시작하였는데 한일협정 비준을 둘러싼 강경파와 온건파 간의 입장이 조율되지 못하자 통합신당은 끝내 분열되었다.

⑤ 제4공화국(1972 - 1980): 정당정치가 숨을 죽이고 있던 이 기간 동안에는 신민당과 민주통일당의 합당이 시도되었다. 양당의 통합 시도과정에서 민주통일당은 국민당을 일부 흡수하였으나 신민당과의 통합에는 실패하였다. 야권의 통합이 추진된 것은 통합이 늦어질수록 재야세력의 결속력이 약

---

44) 윤형섭, 「한국정치과정」, 한운태 외 공저, 『한국정치론』(서울: 박영사, 1982), 368쪽.

45) 안철현, 「제1-2공화국 정당정치의 전개과정과 특성」, 안희수 편, 『한국정당정치론』(서울: 나남, 1995), 281-282쪽 참조.

화될 것이라는 인식과, 그동안 각 세력이 산발적으로 추진해 온 개헌투쟁을 단일화하여 수권태세를 갖추겠다는 의지가 표출되었기 때문에 가능하였다. 그런데 당시 원내 52석의 신민당과 2석을 가진 민주통일당의 합당은 절차를 갖춘 흡수합당이 제격이었으나, 신민당은 절차를 갖추지 않은 채 민주통일당을 흡수하려 하였고, 민주통일당은 절차는 갖추려 하였으나 당세보다 과다한 당권, 당직, 지구당 위원장직 배분을 요구함으로써 협상이 결렬, 실패하였다.

⑥ 제5공화국(1980 - 1988): 박정희대통령시해사건(1979. 10. 26.) 이후 시국 경색이 이어지던 중 1980년 5월 전국에 비상계엄이 선포되고 정치활동이 중지되는 상황을 맞았다. 그러다가 제5공화국 출범을 앞둔 그해 11월 25일 정당설립 요건을 완화한 정당법이 개정·공포되자 불과 2주일 만에 19개에 달하는 정당들이 창당을 선언하고 나섰다가 이합집산을 거듭하는 등 정당설립요건 완화의 부정적 효과가 나타나기도 하였다. 이 기간의 정당통합운동은 그 대상과 방법, 절차 등에 있어서 제3, 제4공화국 시기와 크게 다를 바 없었다.

⑦ 제6공화국(1988 -): 과거에는 정당통합이란 정권으로부터 억압받고, 자원결핍으로 인하여 어려움을 겪는 야당 간의 세 규합으로 인식되고 있었고 실제로 야권에서만 정당통합이 성사되었다. 여당으로서도 단독으로 국정운영이 가능했기 때문에 야당과의 통합은 생각하기 어려웠다. 그러나 민주화가 진전되고 제6공화국이 출범한 이후에는 여당이 권력유지를 위하여 야당과의 합당을 모색하는 등 과거와는 다른 양태를 보였다. 야당 또한 여당이나 다른 야당에 대하여 합당 모색을 적극적으로 시도하였다. 1990년의 3당 합당은 한 정당이 선거에서 압도적으로 승리하지 않고서도 합당을 통하여 계속해서 집권할 수 있거나 집권세력에 합류할 수 있음을 보여 주었고 앞으로도 그러한 종류의 정당통합이 발생할 수 있는 선례를 남겼다. 선거에 의하지 아니한 정계개편이 주는 함의를 깨닫게 한 이 '사건'은 그간의 합당 사례에서 문제시하지 않았던 합당 과정상의 비민주성과 불투명성을 더 이상 불문에 부칠 수 없다는 인식을 심어 주는 계기가 되었다. 국고보조금과

당비 그리고 후원금을 받아 운영되는 정당이기 때문에 그들의 경력변화, 즉 여기서 논의되고 있는 합당은 정당지도자들의 의사에 의해서만 이루어져서는 안 된다는 인식을 갖게 만든 것이다.

무질서하긴 하였지만 그런대로 이념정향에 따라 움직였던 미군정기의 정당 합당과는 다른 종류의 혼란스러운 정당통합 특히 의사합당이 제6공화국 들어 증가하였다는 점과 여당과 야당 간의 통합이 성사된 점이 주목할 만하다. 이 기간 동안 여러 정당통합이 성사되었기는 하나 대부분의 경우 곧바로 통합신당이 분열되고 있어 국민들에게 합당에 대한 부정적 인식을 심어 주고 있다.

2) 통합의 시기와 유형

군사정변이나 유신헌법 제정 등의 정치적 변혁은 정치활동을 중지시키고 헌법과 정당법의 틀을 바꿀 것이므로 정치변혁 이후에는 정당통합 시도가 평상시보다 증가할 것이라는 가정이 가능하다. 미군정기를 예외로 할 때, 1950년의 한국전쟁, 1961년의 군사정변, 1972년의 유신헌법 제정, 1980년의 헌정사 중단 등 정치변혁기 직후에는 평상시보다 많은 합당 시도가 있을 것으로 예상되었으나 조사결과 국회의원선거와 대통령선거를 전후한 시기에 집중도가 높은 것으로 나타났다. 따라서 정당통합은 분포도를 단순 해석함에 있어서 주로 선거를 전후한 시기에 시도되었음을 알 수 있는데 선거 전에는 당세를 확장하여 득표에 도움이 되게 하기 위하여, 선거 후에는 부진한 성과를 자책하고 유사정당 간 활로 모색을 위하여 시도된 것으로 판단된다.

정당통합운동의 발생을 미군정기와 각 공화국별로 구분하여 보면 미군정기에는 12건, 제1공화국 기간 중에는 7건, 제2공화국 3건, 제3공화국 11건, 제4공화국 1건, 제5공화국 8건, 그리고 제6공화국은 2000년 4월 현재까지 20건으로 모두 62건으로 집계된다. 이를 합당 관련 규정이 신설된 정당법 제정 이후부터 보면 모두 40건 중 신설 8건, 흡수 5건, 의사 11건, 실패 16

건으로 나타났다.[46]

이러한 경향은 결국 국민 앞에 정당 간의 결합을 보임으로써 세를 과시하고, 국민들의 '통일화 심리'에 호소하여 지지를 얻겠다는 의지의 반영에 다름 아니다. 특징적인 것은 정당의 설립요건이 강화된, 권위주의적 정권하인 제3공화국 기간 동안에 합당 시도가 많았고, 또 정당의 설립요건이 비교적 완화되고 민주화가 성취되기 시작한 제6공화국 기간 동안에도 합당 시도가 많았다는 것이다. 이에 관하여 여러 가지 해석이 가능하겠으나 제6공화국에 들어서면서 정당통합의 본질이 변화하고 있음은 분명하다. 그것은 자주정부 수립을 위하여, 정부·여당의 독주 및 야당억압에 대항하기 위하여 혹은 민주화를 촉진시키기 위하여 합당을 시도하였던 과거의 경향과는 다른, 달리 말하면 정당통합의 명분이 더욱 약화되면서 정당통합은 정권의 획득이나 유지, 또는 당세를 과대 포장하는 방편으로 이용되고 있는 것이다. 의사합당이 증가하고 있는 사실이 이를 뒷받침하고 있다.

3) 통합 이후

지난 60년간의 정당통합운동을 정리하면, 대부분의 통합신당들은 결성 후 안정을 유지하지 못하였으며 장기적으로 지속되지도 않았다. 통합(합당)으로 인하여 권력에의 접근이나 권력유지가 용이해지는 것이 사실이나 합당에 임하는 당사자들은 통합 이후에 발생할 수도 있는 상황 예를 들면 통합신당 내 계파 간 당권다툼으로 인한 불협화음의 발생소지나 분당 등을 신중하게 고려해야 한다. 하지만 대부분의 경우, 그러한 예견되는 상황에 눈을 돌리기보다는, 우선 존속에 유리한 고지를 무조건 먼저 확보해야 한다는 결과 우선주의적 사고방식 때문에 처음부터 의식적으로 최악의 상황을 상정해 보지 않거나, 아니면 애당초 그런 일은 발생하지 않을 것이라는 단선적 사고에 머물러 있는 것으로 생각된다. 그렇기 때문에 더욱 통합 이후

---

46) 이 수치에는 소수이기는 하나 합당으로 분류할 것인지 아니면 단순한 합류로 분류할 것인지 애매한 사례가 포함되어 있다. 저자의 초기논문(1998. 12. 4.)과 통계가 다소 상이한 것은 이러한 분류상의 문제가 있고, 여기서는 일부 지류 통합사례를 본류 통합사례에 포함시켰기 때문이다.

가 문제시되는 것이다.

　과거의 정당통합운동을 볼 때 정당통합을 추진하고자 하는 당 지도부와 교감을 이룬 일부 인사들로 수임기관을 형성하여 통합교섭에 임하였는데 그 결과 대부분 사후에 문제가 발생하였다. 한국에서의 정당통합은 그것이 자연스럽고 합리적인 것이었느냐 보다는 통합의 성사 여부에 더 큰 관심을 두어 왔기 때문에 통합이 성사되었다 하더라도 사후에 문제가 발생하여 다시 당이 분열되는 바람직스럽지 못한 사례들이 많았다.

　정당통합은 성사 그 자체가 중요한 것이 아니라 통합에 참여한 세력 간의 융화와 장기간의 통합 상태 지속이 중요하기 때문에 정당통합을 평가함에 있어서 그 기준은 무엇보다도 안정성과 지속성에 두어야 할 것이다. 1990년의 3당 합당과 1991년의 야권통합사례를 보면 결과적으로 정당정치 발전에 기여하지 못한 채 당내 계파 간 갈등과 분열상만을 부각시키고 말았다. 당내 파벌을 자율적으로 통제, 조정하지 못함으로써 통합신당이 분열되고 통합 이전의 정당구도로 되돌아간 것은 국민과 당원에 대한 책무 불이행, 그리고 국가자원의 낭비 이외에 아무것도 아니다.

　이처럼 몇몇 지도자에 의하여 구상되고 단행되는 정당통합은 통합 후의 내부 불협화음으로 인하여 얼마가지 못하고 분열되곤 하였는데 이는 통합 당시 내세웠던 거창한 명분을 무색하게 하는 데 그치지 않고 유권자를 혼란시키고 있다. 섣부른 정당통합이 정당정치를 파행으로 몰고 가는 중요한 원인을 제공하여 온 것이다. 해방 이후 70여 건의 정당통합 시도가 있었는데 성사된 사례 중 대부분 3년 미만에 통합신당이 와해되었다는 사실은 정당통합의 문제점을 그대로 보여 주는 것이다.

　정당통합이 성사되지 못하거나 붕괴되는 경우 그 원인은 ① 비합리적인 '무조건 통합'이 추진될 때, ② 당원들의 합당 찬반의사가 반영될 제도적 장치가 마련되어 있지 않을 때, ③ 정당통합의 실질적인 명분이 약할 때, ④ 정당통합의 과제와 부담을 극복하기 어려울 정도로 통합신당 내 정치엘리트의 능력이 감소할 때, ⑤ 국민들이 요구하고 기대하는 정치사회적 개혁을 통합신당에서 성사시키지 못할 때, ⑥ 통합 이전의 정치·문화적 균열이 통합 후의 새로운 조건과 환경에 적응하지 못할 때 등으로 정리할 수 있다.

4) 의사결정자

거창한 구호와 명분을 내세우고 출범한 통합신당들이 얼마 가지 못하고 와해되고 있다면 어디엔가 문제가 있을 것이다. 여기서는 합당의사결정자와 의사결정 과정의 절차에 주목하고자 한다. 누가 합당결정을 내렸으며 통합의 절차가 민주적이었느냐 하는 것이다.

이제까지의 사례를 볼 때 대부분의 정당지도자들은 권위주의적이며 유권자들에 대하여 특히 소속 당원들에 대하여 무책임하였다. 정당의 통합과정을 보면 당 간부들이나 당원들이 모르는 사이에 당의 최고 지도자들이 회동하여 통합 여부를 결정한 후에 공식적인 합당절차를 밟는 경우도 있고, 최고 지도자들이 비밀리에 합당 여부를 결정하여 당의 조직이나 당원들의 의사는 묻지도 않은 채 통합선언을 해 버리는 비합리적인 행태도 있었다. 많은 경우 당 내부에는 합당 그 자체에 반대하는 당원들도 있고, 또 합당절차가 잘못되었음을 문제시하는 당원들도 있었지만 이들 반대자들의 의견은 반대 이유와 그 사정이 어떻든 대개의 경우 무시되곤 하였다.

정당법 제정 이후 정당법상 합당이 성사된 사례들 중 합당절차가 민주적으로 이루어진 사례, 즉 당원들이 합당결정 과정에 참여할 수 있었던 사례는 한 건도 없었으며 통합을 결정한 이들은 대부분 당 총재 등 당의 최고위 지도자들이었다.

통합과정을 보더라도 정치적 성숙함은 보이지 않는다. 근년의 예를 들어 보자. 3당 합당(통합신당 민주자유당)에 참여하는 통일민주당의 당 해체 및 3당 합당수임기구 결정을 위하여 1990년 1월 30일 열린 임시전당대회는 당권파 측의 치밀한 비주류 견제로 인하여 파행적인 행사가 되었으며, 해체 및 합당결의는 찬반토론조차 없이 박수로 처리되었다. 일부 의원과 당원들이 절차의 문제성을 지적하면서 이의를 제기하였으나 전당대회 의장은 이를 묵살하고 '당 해체 및 3당 합당결의의 건'의 가결을 선포하였다. 이의 제기자들은 청년당원들에 의하여 출입이 철저히 통제되는 회의장 밖으로 끌려 나갔다. 신민주공화당의 경우 역시 마찬가지로 합당결의 도중 일부 지구당 위원장들이 발언권을 요구하다가 청년당원들에 의하여 밖으로 끌려 나가기도 하였다.

민주적 절차와 당원들의 합의가 도출되지 않은 상태에서 이루어지는 이러한 정당통합은 정당정치발전에 도움이 되지 않는다. 적어도 소속 당원들의 의사가 반영될 수 있는 절차나 제도적 장치가 마련된다면 무분별한 합당과 다수의 의사에 반하는 정당통합행위는 감소할 것이다.

4. 외국의 합당 사례

이상의 분석내용을 염두에 두고 외국에서의 합당 사례를 소개하고자 한다.[47] 영국에서는 1988년 3월 3일 자유당과 사회민주당이 통합되어 사회자유민주당(the Social and Liberal Democratic Party)이 결성되었는데, 통합 전의 상황을 보면 양당은 이미 1983년과 1987년의 국회의원선거에서 공동의 정책프로그램을 가지고 선거에 임했던 경험을 가지고 있었다.[48] 양당은 주요 정책 및 쟁점에 있어서 공통적인 접근태도를 보였으며, 양당의 관계자들은 정당통합에 관한 토론회도 개최하였다.

이 사례에서 더욱 중요한 점은 양당이 당원들의 합당 찬성 여부를 묻기 위하여 투표를 실시하였다는 데에 있다. 사회민주당의 경우를 보면 1988년 3월 2일 실시된 당원 투표결과 65.3%는 합당에 찬성하였고 34.7%는 반대한 것으로 나타났다.[49] 양당 간 합당 찬성 여부를 묻는 당원 투표결과 찬성

---

47) 정당통합은 서구 여러 나라에서도 발생하였는데 이들 나라에서의 정당경력 변화(통합, 소멸, 분당)에 관해서는 다음의 글을 볼 것. Richard Rose and Thomas T. Mackie, "Do Parties Persist or Fail? The Big Trade-off Facing Organizations", in Kay Lawson and Peter H. Merkl, eds., *When Parties Fail*(Princeton: Princeton University Press, 1988), 539-559쪽.

48) British Foreign & Commonwealth Office, Organization of Political Parties in Britain(London, 1990), 7쪽.

이 다수의견으로 나타남에 따라 사회민주당과 자유당의 통합은 무리 없이 이루어졌다.

영국에서는 이보다 훨씬 앞선 1946년 6월 12일에도 노동당 전당대회에서 공산당과의 합당안이 투표에 부쳐진 적이 있다. 투표결과 합당안은 267만 8천 표 대 46만 8천 표의 다수차로 부결되었는데, 추밀원 의장 모리슨은 이에 대하여 "공산당은 독재주의를 다분히 조성시키고 있으며 공산당과의 합동은 이로 인하여 다수투표로 거부되었다."고 합당이 성사되지 못한 이유를 설명하였다.

이제 일본에서 성사된 정당통합사례를 보기로 하자. 1955년 11월 15일 자유당과 민주당이 통합되었는데 '보수대합동(保守大合同)'이라 불린 두 보수정당 간의 합당은 당시의 정치경제적 상황을 고려할 때 명분이 서는 통합이었다. 당시 일본의 보수 계열 정당들은 혁신계열 정당들의 급속한 성장과 제휴관계 설정에 위기의식을 느끼고 보수 세력의 통합과 지배체제 유지를 기도한 것이다. 관심이 가는 부분은, 보수정당인 자유당과 민주당이 통합을 앞두고 수십 차례의 간사장 및 총무회장 회담을 개최하였으며 양당은 '보수합동'을 하부조직에까지 철저히 하기 위하여 신당조직위원회보(新黨組織委員會報)를 발행하기도 하였다. 양당은 또 공동주최로 대도시에서 '보수합동 대연설회'를 개최하였으며 지부당별로 보수합동간담회를 열어 보수정당의 통합과 관련한 당위성을 설명하는 등 통합을 위한 사회적 분위기를 조성하였다.[50] 이런 과정을 거쳐 당시 분열되어 있던 보수 계열 정당들이 통합하여 신당 자유민주당을 출범시켜 그 후 장기간 국정을 담당하였다.

영국과 일본에서의 합당 사례는 그 과정과 절차, 통합을 위한 사회적 분

---

49) Anthony Seldon, *UK Political Parties Since 1945*(New York: Philip Allan, 1990), 61–62쪽.

50) 自由民主黨 編, 『自由民主黨史』(東京, 1987), 66–68쪽. 1955년 2월 17일 실시된 총선거 결과 민주당 185석, 자유당 112석, 좌파사회당 89석, 우파사회당 67석, 노동당 4석, 공산당 2석, 제파 및 무소속 4석으로 나타났다. 민주당은 하토야마(鳩山)의 인기에 힘입어 제1당이 되었으나 절대다수당이 되지 못하였기 때문에 보수합동은 지상과제가 되었다. 이러한 정치상황을 일찍 간파한 것은 민주당 총무회장 三木武吉로서 그는 5월 15일 자유당 총무회장 大野伴睦와의 극비회담을 시작으로 합동을 위한 교섭에 돌입하였다. 자유당과 민주당 양당의 통합에 있어서 인사문제, 즉 통합신당의 총재를 누가 맡을 것인가가 가장 큰 문제였다. 상세한 내용은 松山治郎, 『近代日本政治史』(東京: 白桃書房, 1976), 339–345쪽 참조.

위기의 조성 등 사전 정지작업의 중요성, 그리고 무리하게 서두르지 않고 단계를 밟는 정당통합이 정치통합과 국민통합에 얼마나 긍정적인 영향을 미칠 수 있는가를 보여 주었다는 점에서 그 시사하는 바가 자못 크다고 할 수 있다.

5. 정당법 개정과 정당정치 발전

한국은 정당법을 가지고 있는 흔치 않은 나라 중의 하나이다. 여기에서의 논의는 정당법의 폐지 혹은 존치에 관한 것은 아니고, 합당문제와 관련하여 기존의 정당법을 어떻게 개정할 것인가에 국한된다.

유권자와 당원들의 뜻이 제대로 반영되지 못하고 있는 정당정치를 바로 잡기 위한 가장 좋은 방법은 교육과 시민의식 함양을 통한 자율적인 정치통제일 것이다. 하지만 집단적 이기주의가 다수의 의식뿐만 아니라 사회 곳곳의 조직 및 집단의 내면적 원리로 자리 잡고 있는 한국적 현실은 이의 실현을 더디게 할 뿐 아니라 높은 사회비용을 수반한다.[51] 한국의 선거제도, 선거과정, 여론 형성 및 전달, 정당통합 등과 같은 정치행위과정에는 이러한 특성이 반영되어 국민과 당원들의 의사가 왜곡되어 왔다.

시민의식의 함양을 통한 정당통합문제의 해결은 절실하고 근본적이기는 하지만 오랜 시간과 에너지가 소요되는 거시적인 해결방안이다. 그러한 조건과 환경 속에서는 미시적 차원에서의 개혁방안을 강구하는 것이 보다 효율적일 수 있다. 정당법 중 합당 관련 조항의 개정을 통한 정당정치 개혁을 시도하는 것이 그것인데, 다음과 같은 3가지를 제시하고자 한다.

첫째, 정당등록을 하기 전의 조직인 창당준비위원회 혹은 가칭 'ㅇㅇ당'의 자격으로는 합당에 참여할 수 없도록 정당법에 명문화하는 것이다. 즉 중앙선거관리위원회에 정당등록을 한 후 일정 기간이 지난 정당에 한해서

---

51) 김현우·송재룡, 「한국정치와 정당통합의 문제」, 한국사회이론학회 엮음, 『민주주의와 우리 사회』(서울: 현상과 인식, 1999), 191쪽.

만 다른 정당과의 합당이 가능하도록 하는 규정을 두는 것이다. 이렇게 되면 기존의 정당이 극소수 인사들로 구성된 '가칭 ○○당'과의 합당을 추진, 마치 정당세력을 배가라도 하는 것처럼 국민들 앞에 발표하는 전시 및 선전행위를 억제할 수 있을 것이다. 명분과 겉치레를 중시해 온 정치문화풍토에서 '당대당 통합'이라고 발표한 사례들 중 상당부분은 어느 한쪽에의 개별입당이었거나, 아니면 '가칭 ○○당'과의 합당인 경우가 있었기 때문이다. 어떤 경우에는 기존 정당과의 통합을 위하여 창당준비위원회가 급조되기도 하였다.

대의제 민주국가에서 복수정당의 설립과 그들 간의 정책대결은 정치의 기본원리이며 복수정당의 건전한 발전은 민주정치의 신장을 의미한다. 그러나 앞에서 본 것처럼 제6공화국에 들어서서 정당의 설립기준이 과거 어느 때보다 완화된 것과 무절제한 합당 시도가 크게 증가하는 경향을 보인 것은 우연의 일치라고는 보기 어렵다. 의사합당을 포함한 합당 시도가 증가한 것은 더 이상 '민주화'가 정치적 쟁점이 되기 어려워진 시점에서 각 정당들이 정책개발·연구보다는 세 규합을 도모하고 있는 것으로 보이는데 차제에 정당법 개정을 통하여 정당질서를 바로잡아야 한다는 것이다.

둘째, 정당법에 당원들에 의한 합당 찬반투표 규정을 신설하는 것이다. 정당법에 규정된 기존의 합당절차를 정리하면, 법적 통합수임기구 구성 ⇨ 통합협상 ⇨ 통합선언 ⇨ 선거관리위원회 등록 ⇨ 지구당 개편대회 ⇨ 통합신당 전당대회 개최의 순서가 된다.[52] 정당지도자들 간의 임의적인 합당 합의행위를 견제하기 위해서는 통합협상이 타결된 후 바로 통합선언을 할 것이 아니라 합당 단위정당이 각각 전당대회를 개최하고 비밀투표로써 합당에 대한 당원들의 의사를 확인하는 절차를 거치도록 하는 것이 바람직하다.

중요한 것은 합당에 관한 정당법의 규정을 고쳐 당비를 낸 모든 당원들이 투표에 참여할 수 있도록 하며 적어도 과반수 찬성표가 나와야만 다른

---

52) 정당법 중 합당 관련 조항은 1969년 1월 23일 개정, 공포된 정당법에 포함되었는데 그 내용을 보면, 정당이 새로운 당명으로 합당(신설합당)하거나 다른 정당에 합당(흡수합당)될 때에는 합당을 하는 정당들의 대의기관이나 그 수임기관의 합동회의의 결의로써 합당할 수 있다고 되어 있으며, 합당 전의 정당의 당원은 합당된 정당의 당원이 되며 입당원서는 합당된 정당의 입당원서로 간주하도록 되어 있다.

정당과의 합당이 가능하도록 하자는 것이다. 찬반투표제도는 정당법에 명문화하되 찬성비율은 각 정당이 당헌이나 당칙에 자율적인 판단 하에 설정, 명기하도록 할 수도 있을 것이다.

셋째, 당비(黨費)문제의 현실화 및 개선이다. 정당법(제22조의 2)에는 정당은 당원의 정예화나 당의 재정자립을 도모하기 위하여 당비 납부제도를 설정, 운영하도록 되어 있고, 당비 납부의무를 이행하지 않는 당원에 대한 권리행사의 제한, 제명 등 필요한 사항은 당헌으로 정한다고 되어 있다. 하지만 현실적으로 정당이 당원들의 당비 납부 등에 의하여 운영되는 의회민주주의 선진국에 비하여 한국에서는 당원등록이 되어 있는 당원의 당비 납부비율이 미미하다는 데에 문제가 있다.[53] 그나마 당비를 내는 당원들도 지구당 위원장이 대납하는 경우가 적지 않은 것으로 알려져 있다.

이는 정당법의 당비 관련 규정의 취지가 각 정당의 당헌에 제대로 반영되지 않았음을 뜻한다.[54] 따라서 사문화되다시피 한 당비 납부규정이 현실화되도록 방안이 강구되어야 한다. 하나의 방안으로서는 당 총재·당직자와 일반당원 사이의 당비 납부액 격차를 대폭 줄이고 일정기간 이상 당비를 낸 모든 당원들에게 공직선거 피선거권·선거권 자격부여는 물론 지구당 운영에 참여할 수 있도록 하는 것이다.[55]

현재 당비를 내는 당원들에게 지구당 운영 및 공직선거 후보선출 등과 관련하여 실질적인 권리나 기회가 주어지고 있다고는 볼 수 없기 때문에

---

53) 당비 납부율과 관련한 1998년도 국정감사자료에 의하면 각 정당의 당비 납부율은 평균 0.5%에 불과하였다. 1997년 말 당시 여당인 신한국당의 법정 당원 수는 3,725,138명이었으나 당비를 낸 당원은 0.6%인 22,793명에 불과하였고, 새정치국민회의의 경우는 당비 납부율이 0.5%, 자유민주연합은 0.03%, 신한국당과 통합되기 전의 민주당은 0.1%였다.

54) 1993년 12월 1일 가결된 '정당법중개정법률안'은 자의에 의한 정당의 가입이나 탈퇴를 제도적으로 보장하며 정당설립을 보다 용이하게 하고 당비 납부제도의 도입 등 재정자립과 정당의 안정적인 활동을 보장하였다.

55) 1998년 12월 현재 당 총재(월 1천만 원)와, 일반당원(월 1천 원 이상) 간의 당비 납부액 격차가 큰 것은 비합리적이며, 당비를 고액 납부하는 이가 당 운영을 좌지우지할 수 있는 근거가 될 수 있다. 또 각 정당의 당헌에는 당비를 체납한 일반당원에게 어떤 자격제한이 주어지는지에 관한 규정이 없는 것도 문제점으로 지적될 수 있다. 새정치국민회의의 당비규정을 보면, 일반당원은 월 1천 원 이상의 당비를 납부하도록 되어 있고(제3조 1항), 당비를 성실히 납부한 당원에 대해서는 당직의 선임과 공직선거 후보추천에 있어서 우선적으로 배려한다(제9조 1항)고 되어 있다. 한나라당의 경우에는, 모든 당원은 당비를 납부할 의무가 있다(제2조)고 되어 있다.

당비 납부제도의 현실화와 국회의원 공천권의 지역구 이양을 연계시키는 방안을 고려할 때가 되었다. 지역구의 당협 위원장 선출도 당비를 납부한 당원들이 자체 선거를 통하여 선출 혹은 승인할 수 있도록 하자는 것이다. 당비를 납부한 당원에게 실질적인 권한과 기회가 부여될 때 정당의 하부조직이 튼튼해지고, 하부조직의 의사결정이 정당성을 갖게 될 것이다. 당비를 성실히 납부한다는 것은 결국 당 운영에 대한 관심과 권한을 갖는 당원들이 증가한다는 뜻이며 이는 곧 당내 민주주의가 대폭 신장될 수 있음을 의미하는 것이다.[56]

정당법을 제대로 손질하면 정당지도자들이 밀실에서 합당을 약속하였다 하더라도 당원 다수를 설득하지 못하는 한 다수의 의사에 반하는 합당을 성사시키기 어려울 것이다.

정당통합은 선거에 의하지 아니한 인위적인 정계개편 행위이기 때문에 그 과정에 적어도 당원들의 의사를 반영시켜 정당통합의 정당성을 드러내 보일 필요가 있다. 앞으로의 정당통합은, 불가피하게 해야 하는 경우가 있다면 당 지도부에 의해서만 결정될 것이 아니라 해당 정당의 당원들이 투표로써 찬반 여부를 결정하도록 하는 것이 바람직하다. 뿐만 아니라 국민이나 해당 당원들이 합당을 수긍할 수 있도록 합당 분위기를 조성하는 준비와 시간적 여유를 갖는 일도 중요하다.

6. 소결론

앞에서의 논의를 정리하면 정당통합은 다음과 같은 조건이 충족되면 성사 혹은 시도되는 경향이 있다.

---

56) 정당재정문제를 통하여 정당정치를 분석한 Christine Landfried는 그의 저서 『정당재정과 정치권력(1998: 128-131)』에서 당원들의 성실한 당비 납부가 당내 민주주의를 진척시킬 수 있음을 보여 주는 사례들을 제시하고 있다.

정당의 통합조건

① 주요 가치나 정향이 일치될 때

② 합당이 이루어졌을 때 돌아올 이익에 대한 기대감이 고조되었을 때

③ 정치적인 상황변화에 따른 위기의식이 발생할 때

①번 통합조건의 경우, 이론적으로 정당 간의 통합은 이념이나 정책프로그램이 근접거리에 있을 때 훨씬 용이해진다. 즉 주요 가치나 정책정향이 유사한 정당 간에 통합이 시도될 때 성사 가능성이 높다.

②번 통합조건의 경우, 합당이 이루어졌을 때 돌아올 이익이나 성과 예를 들면 민주화 성취, 정권 혹은 당권의 획득, 당세 확장에 따른 지지도 상승 등을 기대하고 시도하는 경우가 많다. 지난 60 년간의 경험이 이를 뒷받침한다.

③번 통합조건의 경우, 정당은 상황변화에 민감한 조직이기 때문에 정당의 통합은 정당지도자들이 불확실성 관리의 필요성을 느낄 때, 예를 들면 그들이 선거에서 부진을 경험하거나, 낮은 수준의 정당충성도가 감지되거나 정당충성도가 하락할 때 발생할 수 있다. 따라서 정당통합은 정당지도자들이 다른 정당과 통합함으로 해서 그들의 정치적 입지가 강화되거나, 정치생명 존속에의 담보가 설정된다고 판단될 때 발생한다고 할 수 있다.

이렇게 볼 때 정당통합 행위 그 자체가 민주주의의 발전을 저해한다거나 민의 특히 당원을 포함한 정당지지자들의 뜻을 왜곡하고 있다고 보기는 어렵다. 그런데 그동안 계속되어 온 정당통합운동은 그 성사 여부를 떠나 당원들과 유권자들의 뜻을 저버린 경우가 많았으며 시간과 귀중한 국가자원을 낭비한 결과를 초래하였다. 해방 이후 발생한 70여 건의 합당(시도 포함)은 대부분의 경우 합당당사자들이 내세운 거창한 명분에도 불구하고 사회적 위기를 배경으로 삼고 있지 않았으며, 합당을 하지 않으면 보수 계열 정당이 공멸한다든가, 혁신계열 정당이 공멸한다든가 하는 이념적 극한상황도 없었다. 또 어렵게 합당을 성사시켰다 하더라도 엄숙하고 숭고했던 합당 정신과 그 결의와는 관계없이 당권 및 당내 자원분배 등에 있어서 계파 간

알력이 심화되고 극단적인 경우에는 다시 분당되는 사례도 있었다. 합당협상과정과 통합신당 결성 후 공히 합당의 성패를 가늠했던 가장 중요한 요인은 바로 통합신당의 당권문제, 당직 및 지구당 지분문제였다는 점에서 과거의 정당통합의 본질을 보게 된다.

일시적 제휴관계인 정당연합과는 달리 정당통합은 말 그대로 합일의 정신으로 행해지는 정치행위인 만큼 자연스러운 제휴세력이 되기 위해서는 통합 전에는 통합을 위한 정지작업, 즉 공감대 형성과 분위기 조성 작업이 필요하며, 통합과정에 있어서는 민주성과 효율성이 확보되어야 하고, 통합 후에는 공동체 의식의 공유가 있어야 할 것이다.

일단 통합이 성사된 후에는, 당원들은 통합신당의 지도체제를 수락하고 이를 따라야 견고한 통합신당체제를 유지할 수 있으며, 한편에서 당 지도부는 통합신당의 보전을 위한 당원들의 정당충성심 배양을 위하여 노력해야 한다. 통합신당에 참여하는 각 참여단위가 역할을 분담하고 능력을 발휘한다면 지속적인 통합상태를 유지할 수 있을 것이다.

이제 다른 조직도 아닌, 유권자의 지지와 국가의 보호 및 정치자금 보조를 받는 정당이 몇몇 정당지도자의 임의적인 당의 및 민의 해석과 판단에 따라 비민주적으로 합쳐지거나 소멸되는 일은 없어야 할 것이다.

제6절 결론

1. 정당통합운동의 특징과 평가

1) 특징

① 반복성: 정당통합은 주로 대통령후보 선출, 국회의원후보 공천, 당직 배분, 정치적 이해관계 등에 의하여 이루어졌다. 따라서 그 시기는 주로 대통령선거, 국회의원선거 및 전당대회를 전후한 시기에 걸려 있다. 정당통합

을 정치적 자원의 분배에 있어서 주도권을 잡으려는 권력다툼의 한 형태라고 보았을 때 왜 합당이 그러한 시기에 주로 시도되었는지를 알 수 있다.

1945년 8월 해방 이후 계속되어 온 정당 내의 파벌대립과 정당 간의 정국 주도권을 둘러싼 분쟁은 통합되었던 여러 정당을 분열시켰으나 분열된 정당들은 다시 어떠한 형태로든 통합되든가 아니면 소멸되는 과정을 되풀이하고 있다. 정당통합현상은 한국에서만 볼 수 있는 현상은 아니지만 한국에서는 그 동기나 형태에 관계없이 통합운동이 반복되고 있다는 점에서 특기할 만하다.

② 비민주성: 해방 후 50여 년이 지난 지금까지 숱한 정당과 정치집단이 명멸하였다. 정당들은 저마다 구색을 갖추기 위하여 나열식으로 정강·정책을 제시하여 왔지만 그러한 정강·정책이 실현 가능성은 말할 것도 없고 상당부분 구현되기 전에 당명이나 지도자들이 바뀌었으며, 그렇지 않으면 정당 자체가 다른 정당과 통합, 분열 혹은 소멸되곤 하여 정책우선순위가 크게 변경되거나 아예 시행되지 않는 경우가 많았다.

특히 정당통합을 포함한 정당의 진로 및 경력변화 문제에 있어서는 많은 정당 지도자들이 당원과 유권자들에 대하여 무책임하다고 할 수 있다. 합당 사례들을 볼 때 의외로 무조건 통합 주장이나 당수의 임의적인 합당결정 혹은 그러한 시도가 많았기 때문에 비민주성과 무책임성을 더하고 있다. 정당의 경력변화문제가 공개적으로 거론되고 진행되기보다는 밀실에서 논의, 합의된 후 결과만이 발표되는 잠행적 행태가 계속되어 왔다.

정당통합과정에서 당원들은 의사표시를 제대로 하지 못하였거나 의사표시를 하였어도 묵살당하기 일쑤였다. 이는 바로 정당 내부의 의사결정체계 속에 비민주성이 지배적으로 작용하여 왔음을 의미하는 것이며 상의하달의 일방통행식의 의사소통구조를 부각시켜 주는 것이다. 국정운영 참여와 당운영에 자신이 있는 정당, 정당지도자라면 과감히 당내의 비민주적 관행이나 제도를 고칠 것이며, 또 그렇게 함으로써 그 정당, 그 지도자의 입지는 더욱 확장, 강화될 것으로 보인다.

③ 피동성: 건국을 전후한 시기의 초기 정당통합운동은 소련과 미국의

영향을 크게 받았다. 해방 직후부터 북한 지역에서의 정당통합은 소련군의 지시에 의하여 이루어졌는데 그것은 점령정책의 효율적인 시행과, 남한지역을 점령하고 있는 미군당국과의 경쟁이라고 하는 이유에서 시작되었다.

북조선공산당과 조선신민당의 합당(1946. 08. 29.)은 이그나체프 소련군대령의 지시에 따른 것이었다. 양당의 통합 후 소련군 당국과 김일성은 다시 남한 내 좌익 3당의 통합을 지시, 이들 3당의 통합신당인 남조선노동당을 결성토록 하였다. 그런데 남한에 남조선노동당 이외에 좌익 3당 통합과정에서 이탈한 인사들이 또 다른 좌익 3당 합당을 하게 되었는데 그것은 사회노동당이었다. 북조선노동당은 남조선노동당을 지원함으로써 사회노동당을 해체에 이르게 한 후 다시 남조선노동당을 흡수 통합하여 조선노동당을 결성하기에 이르러 정당구도와 정치정세 전반에 커다란 영향을 미치게 된다.

한편 남한지역에서는 미군정당국이 정당의 설립과 통합을 권유하였다. 그 후 정당의 통합이나 분열상이 나타날 때마다 미국은 어떤 형태로든 영향력을 행사해 오고 있다.

미군정기의 정당통합권유는 말할 것도 없고 정부 수립 후에도 미국의 영향력 행사는 직·간접적으로 이어졌다. 정부 수립 이전에는 미군 사령관, 군정장관의 계속된 정당통합권유가 있었고 정부 수립 후에도 간접적으로 영향력 행사가 있었던 것으로 판단된다.[57] 하지 중장의 정당통합권유와 매카나기 주한 미국대사의 민주당 분당조짐에 대한 관심표명 등을 그 예로 들 수 있다. 1960년 8월 4일 오후 6시 민주당구파가 사실상 분당을 의미하는 결별선언을 발표하자 다음 날인 5일 오후 12시 30분 매카나기 주한 미국대사는 민주당대표 최고위원 장면과 동당구파의 김도연을 비롯한 민주당 신·구파의 중진들을 대사관저로 초청한 자리에서 민주당 신·구파의 분당 문제에 대한 관심과 우려를 표명하였다.

---

57) 1990년의 3당 합당은 미국의 영향을 받았을 것이라는 주장이 있다. 3당 합당은 1990년대 한국에서의 친미우파정권의 유지를 위한 미국의 정책에서 나온 기본 작품이라는 주장이다. 김경재, 「3당 합당 미국커넥션」, ≪월간 다리≫(1990. 4), 116-123쪽. 이와 비슷한 논의로는 김세균, 「정계개편 배후조종자는 미국?」, ≪월간 다리≫(1990. 3), 52-57쪽, 윤석인, 「3당 합당의 의미」, ≪창작과 비평≫ 67(1990. 3), 321-322쪽을 볼 것.

이렇게 남북한에서의 정당통합 및 정치과정에 미국과 소련의 지시 혹은 권유가 있었던 것은 분명하나 그러한 영향력의 행사가 그 후의 정당통합 행태 나아가서는 한국의 정당정치에 미친 영향에 관해서는 별도의 연구가 필요한 것으로 보인다. 말할 수 있는 것은 해방정국의 공간 속에서 미국과 소련의 관할지역 정부·정치에 대한 영향력 행사는 절대적이었으며 그것이 초기에는 정당통합지시 또는 권유의 형태로 나타났다는 것이다.

④ 중층구조(重層構造)의 통합신당 생성: 합당이 성사된 경우, 그것이 정당법상의 합당이건 정치적 의미의 합당이건 간에 공통적으로 찾아볼 수 있는 특징이 있다. 그것은 당 내부 구성원 간의 이질적 성분에 따른 대립요인과 분리성향이 상존하는 중층적 구조를 갖는 정당화 경향이 나타난다는 것이다.

정당연합의 경우, 각 정당은 고유의 당명과 정강정책은 그대로 유지하면서 국정에 참여하게 된다. 그러나 합당의 경우, 참여정당들의 당명은 소멸되며 계파 또한 공식적으로는 없는 것으로 간주된다. 그럼에도 통합신당 내부에는 합당 당시의 당명을 따른 각 계파가 생성되어 정치자원 배분을 둘러싸고 갈등 속에 암투를 벌인다. 그 결과에 따라 당권의 향방이 달라지고 때로는 분리해 나가는 계파가 있기도 하다.

이러한 현상은 정당통합운동이 참여정당들이 내세운 그럴듯한 명분에도 불구하고 상당부분 위기타개책의 일환으로 전개되었거나, 작은 정당 비싸게 팔기 차원에서 전개되었거나, 당세 과대포장 차원에서 전개되었기 때문이다.

2) 평가

정당통합운동을 평가함에 있어서 앞에서 제시한 분석의 틀을 각 합당 사례에 적용해 본다면, 그리고 통합신당의 지속성과 안정성 측면에서 결과를 판정한다면 정당통합실험은 실패한 것으로 평가된다. 예를 들어 국내외의 크나큰 관심을 모으며 성사된 1990년의 3당 합당과, 1991년의 야권통합사례를 보면 결과적으로 정당정치발전에 기여하지 못한 채 당내 계파 간 갈등과 분열상만을 부각시키고 말았다. 이들 두 통합신당은 당내 파벌을 자율적으로 통제조정하지 못함으로써 합당 이전의 정당구도로 되돌아간 것이다. 정당통합실험이 실패하였다는 전제하에 정당통합의 긍정적인 측면을 보면 다음과 같다.

과거 권위주의 정권시절, '야당' 하면 탄압받는 정치집단이라는 등식이 통용되던 때가 있었다. 그렇기 때문에 그 야당들이 통합한다고 하면 관심 있는 국민들은 지지와 성원을 아끼지 않았다. 정당지도자 개개인의 잘못보다는 보다 큰 의미에서 여당의 독주를 견제하고자 함이었다. 따라서 때로는 정당통합운동은 국민들에게 힘과 용기를 불어넣는 활력소 역할을 하기도 하였다. 물론 대부분의 경우 정당통합이 실패하여 통합신당이 붕괴되거나 통합 자체가 성사되지 않은 경우도 있어서 실망과 좌절감을 주기도 하였으나 적어도 통합교섭 기간 중 혹은 통합 후 일정 기간 국민들은 권위주의 정권을 견제할 강력한 야당의 출현을 기대하고 또 성원하였다는 점에서 한 정적이기는 하지만 국민통합 역할을 하였다고 평가할 수 있다.

결론적으로 정당통합운동은 권위주의 정권을 견제하고 국민통합을 이루는 데 일정 부분 기여했다고 말할 수 있다.

2. 정당의 위기

어떠한 상황을 정당의 위기로 볼 것인가 하는 문제는 논자의 시각에 따라 다를 것이다.58) 정당의 위기를 논할 때 규범적, 이론적 논의가 있을 수

---

58) Daalder는 정당의 위기에 관한 토론에 영향을 미칠 수 있는 4가지의 논의를 정리, 제시하였다. ① 정당은 좋은 사회(good society)에 대한 위험한 조직이라는 견해, 이 견해는 입법행위자로서의 정당의 존재를 부정한다. ② 어떤 유형의 정당들은 좋고, 다른 유형의 정당들은 나쁘다는 신념. ③ 어떤 특정한 정당체제는 좋고, 다른 정당체제는 나쁘다는 명제, 이 명제는 정당체제에 대한 선택적 거부행위를 유발한다. ④ 정당의 수가 과다하다는 주장, 각 나라에 군소정당들이 과다하게 발생하고 있어 문제가 된다는 주장이다. 이 주장은 여러 가지 측면에서 설득력을 얻고 있다. 예를 들면 정당은 민주화의 일시적인 대리인이라는 생각, 단순한 시장 세력으로서의 정당분석, 정당은 더 이상 정책형성과는 관계가 없다는 가정, 그리고 정당은 불가피하게 그들의 기능을 다른 정치행위자들에게 빼앗기고 있다는 견해 등. 상세한 것은 Hans Daalder, "A Crisis of Party?" *Scandinavian Political Studies* Vol. 15, No.4(1992), 269-299쪽 참조.

있고 역사적, 경험적 논의가 있을 수 있는데 여기서는 역사적, 경험적 의미에서의 정당의 위기를 논하고자 한다. 한국의 경우 다음과 같은 상황을 위기국면으로 설정하여 논의를 전개하고자 한다.

1) 제1의 위기 - 행정권의 비대

브라이스(J. Bryce, 1921)가 일찍이 거론한 고전적 의미의 '의회정치의 위기'는 이른바 행정국가(administrative state)의 등장에 따른 행정권의 비대와 강화에 따르는 의회와 정당의 상대적 약화였다. 이런 의미에서 의회의 약체화는 바로 정당의 기능과 역할의 약화 혹은 축소로 이어져 정당의 위기로 간주되었다. 민주정치란 곧 대의정치를 뜻하고 대의정치는 바로 정당정치임을 인식한다면 행정권의 강화, 비대가 의회정치와 정당에 미치는 영향이 크다는 것을 알 수 있다. 예를 들어 한국의 제3, 제4공화국에서처럼 비정상적으로 행정권의 강화가 이루어진다면 정당의 입지는 그만큼 좁아질 수밖에 없다.

2) 제2의 위기 - 정당·정치인의 이합집산

행정권의 비대, 강화에 따르는 의회정치 및 정당의 위기론 대두 이후 구미 각국의 여러 민주국가에서는 오랜 세월을 거치면서 의회와 정당이 제자리를 찾아가고 있으며 실제로 정당정치의 제도화를 이루어 안정된 의회민주주의제도를 운용하고 있다.

이에 비하여 민주주의제도 도입 이후 60년이 경과한 한국에서는 지금껏 정당정치가 개인과 정파의 이합집산으로 표현되고 있는 실정이다. 물론 그동안 전쟁, 정변, 혁명 등 여러 차례의 국가적 변동을 경험하기는 하였지만 이러한 변동을 경험한 지도 꽤 오랜 세월이 흘렀음에도 불구하고, 민주화가 진전되었음에도 불구하고, 그리고 정치발전을 뒷받침할 수 있을 정도로 경제가 성장하였음에도 정당정치의 제도화 및 안정은 아직 먼 거리에 있다.

정당인들은 수시로 당적을 이탈, 변경하거나 정당을 창당, 분열 혹은 소멸시키고 있다.[59] 야당은 그들의 역량과 가용한 자원을 제대로 활용하기도 전에 당이 해산되거나, 다른 정당으로 흡수되거나 아니면 소멸해 버리는 경우가 많았다. 여당과 겨루기도 전에 야당 간의 반목이나 동일정당 내에서의 지도권과 노선문제 때문에 탈진해 버리는 경우도 있었다. 그러나 야당 간의 주도권 경쟁이나 동일정당 내에서의 지도자들 간의 대립, 분열이 야당의 실패를 말하여 주는 유일한 이유는 아니다. 새로운 합리적인 정책개발의 결여, 가용자원의 결핍, 비민주적인 당내 의사결정체계 등도 야당의 저발전(低發展) 상태를 말하여 주는 중요한 이유들이 될 것이다. 여당 또한 그들이 갖게 된 국가적 자원과 정보를 국가발전보다는 정권유지를 위한 정치조작과 야당탄압에 쏟아 부은 것이 과거의 경험이다.

정당·정치인의 이합집산은 이렇게 정당정치를 정상궤도에서 이탈케 하여, 스스로를 약체화함은 물론 정치제도화를 가로막고 있는 것이다. 정당의 비계속성은 국민들에게 정당이나 정치인은 원래 그런 것이라는 식의 체념적 인식을 심어 주게 되는데, 이러한 현상과 정치풍토에 대한 자성이나 제동장치 마련 없이는 한국사회는 정체성의 위기, 국가경쟁력 약화의 위기에 봉착하게 될 것이다.

3) 제3의 위기 – 의사합당과 정당통합 시도의 증가

이제는 행정권의 비대나, 헌정중단사태 혹은 정치이념상의 문제가 아닌 정당의 존립 자체가 문제가 될 수 있는 시대가 오고 있다. 정당정치의 제도화가 이루어져 있거나 어느 정도 제도화를 이룬 나라에 있어서 정당을 연구하는 학자들은 정당이 과연 21세기에 그 존재가치를 인정받을 수 있을지를 우려하고 있다.[60] 정당정치에 큰 문제가 없어 보이는 나라에서도 이처럼

---

59) 정당정치가 안정되지 못하여 원만한 국회운영에 지장을 초래한 것은 이루 말할 수 없다. 정당과 정치인의 이합집산으로 인하여 국회법이 개정되고 다시 개정되곤 하였는데 한 예를 들어 보자. 1953년 1월 22일 제4차 국회법 개정에서 정당체제가 정비되지 못하여 각 교섭단체 소속 의원의 이합집산이 거듭됨에 따라 상임위원의 빈번한 이동을 현실화한다는 이유로 상임위원의 임기를 2년에서 1년으로 단축하였다. 그러나 국가재건최고회의 기간인 1963년 11월 26일의 제10차 국회법 전문 개정에서는 상임위원의 임기를 1년에서 2년으로 다시 연장하였다. 상임위원의 개선이 연례행사가 되고 빈번한 이동으로 인하여 위원회의 효율적 운영에 지장을 초래한다는 이유로 이를 연장한 것이다.

정당의 위기가 논란이 되는 상황인데 정당·정치인의 이합집산이 거듭되고 정당정치가 제도화되지 못하여 흔들리는 한국에서는 정당이 이제 제3의 위기를 맞고 있다.

그것은 바로 제2의 위기, 즉 정당과 정치인의 이합집산에서 연유되는 의사합당 및 정당통합 시도의 증가이다. 1980년대 후반 제6공화국이 들어서면서 민주화가 크게 진전되었으나 한편에서는 정당정치의 거품이라 할 수 있는 의사합당이 증가하여 정치질서를 어지럽히고 있는 것으로 보인다. 제6공화국의 경우 의사합당은 제3공화국 이후 가장 높은 비율로 기록되고 있으며 정당통합 시도 또한 가장 높은 빈도수를 보이고 있다.

정당이 무책임하게 분열과 통합을 거듭하고 있는 점, 정치개혁능력과 의지가 부족하여 시민운동단체나 언론에 의하여 끌려 다니고 있는 점, 당원들의 의사를 왜곡하거나 국민의 뜻에 적절히 대응하고 있지 못한 점 등은 시민의 정치 불신 및 탈정치화(脫政治化)를 유발하여 정당의 위기를 증폭시키고 있다. 의사합당 사례의 증가는 정당정치의 위기상황조성에 한몫을 하고 있으며, 정당과 국민, 유권자 간의 유기적인 관계설정을 방해하는 요인으로 작용할 수 있다는 점에서 우려할 만하다.

4) 제4의 위기 - 공천심사의 공정성·건전성 확보

정당의 이합집산이나 국회의원의 당적이탈 사유를 보면 일정부분 당내 공천심사의 공정성 부재가 늘 거론된다. 국회의원 후보자 공천문제는 각 정당은 물론 정당정치의 발전여부를 판가름하는 중요한 사안이다. 이 책의 본문에서 볼 수 있는 것처럼 공천문제는 수십 년 전부터 내려온 한국 정당의 고질적인 병폐의 하나이다. 그럼에도 몇 번씩이나 정권이 바뀌어도 공천문제는 해결되고 있지 않다.

공천제도를 개선하는 것은 각 정당의 몫이지만, 공천심사위원으로 참여하

---

60) 이에 관해서는 Kay Lawson and Peter H. Merkl, eds., *When Parties Fail*(Princeton: Princeton University Press, 1988) 등의 여러 연구 참조.

는 인사들의 소신있는, 객관적인 태도 또한 요구된다. 특히, 외부에서 참여하는 이들은 대부분 사회지도급 인사들인데 이들이 때로는 거수기 역할을 해왔다는 것은 널리 알려진 공공연한 비밀이다. 그들이 향후 4-5년간은 공직 취임을 자제하도록 하는 것도 고려해 볼수 있을 것이다. 이런 조치를 취할수 있는 정당이야 말로 크게 성장할수 있는 정당이다.

누가 지지하느냐에 따라 공천을 받게 되기도 하고 못 받게 되기도 하는 구태의연한 관습과 행태는 버려야 할 때가 되었다.

3. 위기를 넘어서

근대적 의미의 정당설립은 그 이전에 대의제 민주주의라고 하는 제도적 장치의 존재를 전제로 한다. 국가의 권력은 국민으로부터 발생하며 국민들의 정치 참여 및 권력행사에 의하여 의회와 행정부가 구성된다. 이때 정당은 국민의 의사를 받들어 정치지도자들을 선발, 공직에 취임토록 노력하며 국회의석의 다수 또는 행정부 수반의 직을 얻은 정당은 국정운영을 주도하게 된다. 다원화된 현대사회에서 정당은 끊임없는 정책개발과 차별화된 정책 및 대안을 제시할 수 있어야 하며 그래야 정국을 주도하고 국가발전에 기여할 수 있게 된다.[61]

구미 각국에서는 이미 오래전부터 정당의 기능을 부분적으로 대체할 수 있는 기구로서 이익단체나 언론단체 등이 거론되어 왔다. 따라서 기능을 제대로 수행하지 못하는 정당은 '그들 중의 하나' 정도로 취급되는 경향이 생겨나고 있다. 그럼에도 불구하고 대의제 민주주의 하에서 정당의 기능을 완벽하게 대행할 수 있는 기구는 없기 때문에 정당이 순기능과 역할을 할 수 있도록 환경을 조성해 주는 일이 시급하다.

한국에서의 정당통합과정상의 문제점을 한눈에 볼 수 있도록 <그림

---

61) 과거 인기에 연연한 비현실적이고 비합리적인 정책들이 선거 직전에 급조되었다가 선거 후에는 상당부분 사장되거나 폐기되어 왔다.

1-1>을 제시하였다. 그림에 제시된 정당통합 분열모형에서는 정당의 통합이 분열로 이어지고 분열은 통합모티브를 재생산하여 다시 정당통합이 시도될 수밖에 없는 정당통합 재생산과정을 보여 주고 있다.

정당들은 그 속성상 정치자원을 획득하려는 동기와 유권자의 지지를 받는 정당으로서 존속해야 한다는 동기를 부여받기 때문에 일부 정당들은 통합을 모색하게 된다. 첫 번째 단계인 통합모색과정에서 당시의 정치환경을 평가하게 되는데 이 환경평가를 무시한다면 이들의 통합교섭은 무리하게 전개될 가능성이 큰데 이때 비민주성이 개입되기 시작한다. 이 경우 왜곡된 당의(黨意)가 교섭과정에 투영될 것이기 때문에 통합이 결정되었다 하더라도 당내에는 합당반대파가 생겨 이탈하게 되고, 통합 후에도 통합신당 내에 내분이 발생하여 이탈파가 나올 수 있다.

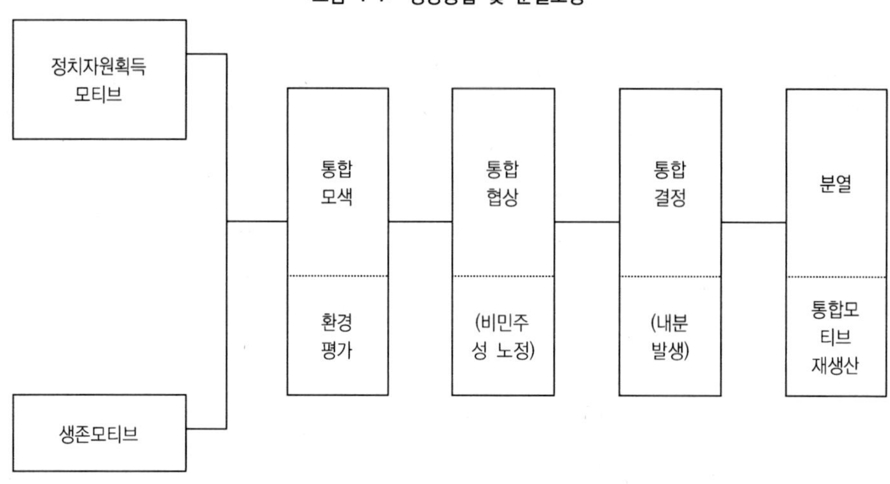

<그림 1-1> 정당통합 및 분열모형

통합과정에서의 이탈세력이나 통합신당 내에서 불만을 갖게 되어 이탈하는 세력은 자신들의 세력을 확장시켜야 생존할 수 있다는 강한 의식을 갖게 될 것이고 또 위기감을 갖게 될 것이기 때문에 이 시점에 이르면 통합모티브가 재생산될 수밖에 없는 것이다. 통합모티브가 재생산된다고 하는 것은 다시 이 모형의 처음으로 돌아가서 정치자원획득과 생존을 위한 동기

를 부여받아 정당통합에 임하게 됨을 뜻한다. 따라서 환경평가단계에서의 신중한 심의와 의사결정이 중요하다.

경험적으로 볼 때, 정당통합운동은 역설적이게도 정당분열을 수반하면서 전개되어 왔다. 따라서 환경 및 효율성 평가가 이루어지고 비민주성과 당의(黨意) 왜곡이 사라진 후 통합이 성사된다면 지속성과 안정성을 수반하는 정당통합이 이루어질 수 있을 것이다. 달리 말하면 정당통합의 새로운 모형이 마련되어야 한다는 것이다. 새로운 모형은 결국 앞에서 언급한 것처럼 장기적으로는 교육과 시민의식 함양에 의해서, 단기적으로는 법과 제도의 정비를 통해서 마련될 수 있을 것이다.

반복이 되겠으나 <그림 1-1>의 통합모색단계에서 환경평가가 무시되거나 잘못되어 그다음 단계로 진행된다면 정당 간의 통합협상에는 필연적으로 비민주성이 개입될 수밖에 없는 것이다. 협상을 진행시켜 합당결정에 이르더라도 그 후의 관련 정당들의 내분은 피하기 어렵다. 따라서 법과 제도의 정비보다도 더 가까운 것은 바로 '열린 정치'의 시행에 있다고 할 수 있다. 여기에서 민주적이고 투명한 의사결정 장치가 마련되고, 당 지도부와 당원 간에 토론과 대화가 이루어져 동의를 이끌어 낸다면 강력하고 안정적인 통합신당의 모습을 볼 수 있을 것이다.

정당은 이제 위기와 함께 우리 곁에 다가와 있다. 정당이 거듭나지 않는다면 새 시대의 정치사회적 구조와 현실 그리고 정보통신기술의 발달에 부응하기 위하여 결성되는 새로운 정치집단이나 정치구조에 의하여 대체될 가능성이 높다. 근년 들어 사이버정당의 등장, 인터넷이나 전화에 의한 투표 및 정치참여 방법의 강구, 유권자대표단체나 시민운동단체의 조직적, 적극적인 정당·국회의원에 대한 감시 및 평가활동 전개 등은 그러한 가능성을 높여 주는 하나의 전조(前兆)라고 받아들여야 할 것이다.

결국 정당문제는 사회적인 문제이며 국가적인 문제이기 때문에 정당정치의 왜곡을 방관할 수만은 없는 일이다. 정당문제를 해결하지 않고서는 안정적인 국가정책수행 및 국가경영은 기대하기 어려우며, 국회와 의회정치의 발전 또한 기대하기 어렵다고 할 수 있다.

　정당통합은 결과적으로 한국의 정치발전을 가로막아 온 주요 원인행위가 되었다. 정당통합행위가 정치발전에 기여하고 유권자들로부터 신뢰를 회복하기 위해서는 명분과 절차, 그리고 당원들의 합의라고 하는 3박자가 맞아떨어져야 한다. 단순히 수사적인 명분이 아닌 실질적인 이유 혹은 필요성이 있어야 하며, 합당결정과 합당교섭과정에 공개성과 민주성이 확보된 절차가 있어야 하고 마지막으로 다수 당원들의 합의를 이끌어 내야만 성공적인 통합을 이룰 수 있다. 따라서 정당통합을 해야 하는 경우가 있다면, 당원들의 찬반의사가 적절히 반영되는 민주적인 절차를 거쳐 통합에 임하는 것이 통합 후 신당의 안정과 발전에 밑바탕이 된다는 점에 유념해야 할 것이다.

제2장

미군정기의 정당통합운동

1. 해방정국

해방 후 국내의 지도자들에게 주어진 두 가지 시급한 과제는 첫째, 자주
독립국가를 수립하는 일, 둘째, 일제(日帝)에 동조하거나 협력한 친일파세력
을 척결하는 일이었다. 그런데 이 두 가지 과제는 서로 분리해서 쉽게 해결
할 수 있는 성질의 것은 아니었다.

그 이유는, 주권이 완전히 회복되지 않은 해방정국에서 궁핍한 인적·물
적 자원을 가지고 정부 수립 준비 및 국가건설을 시작하자니 행정기술과
경험 그리고 자본설비를 운용할 수 있는 자본이나 기술을 보유하고 있는
인적자원, 즉 행정관료, 기술관료, 기업인 등 일부 친일경력 인사들의 존속
혹은 재기용 필요성이 인식되었던 것에 있다. 부일·친일 인사들을 완전히
제거하게 되면 이들이 만든 빈 공간을 메우기 위하여 해방정국을 선도하고
나선 좌익인사들이 대거 등장하여 정국을 장악하고 국가건설의 방향을 새
로 설정하게 될 것이라는 것이 충분히 예측되었기 때문이다.

38선의 획정과 그 선을 경계로 각각 남과 북에 진주하여 결과적으로 대
치하게 된 미군과 소련군 당국이 갖는 서로 다른 이념과 주도권 다툼은, 미
군당국으로 하여금 친일파 척결보다는 우익 반공이념의 앙양 및 친일파 행
정경험·기술보유자들의 존속을 허용케 만든 것이다. 미군당국이 당초 일
제강점기의 관료나 기술자들을 부분적으로 존속시키고자 했던 것이나, 정부
수립 후 이승만 초대대통령이 그가 그토록 경멸하였던 부일·친일인사 일
부를 재기용하였던 것은 이러한 해방정국의 국내환경과 미·소 대립이라고
하는 국제정세의 한 부산물이라고 할 수 있다.[1]

결국 부일·친일인사들 중 일부는 해방 후 좌·우익의 대립과 경쟁 속에서 연명할 수 있었고, 정부 수립 이후에도 계속된 냉전의 국제조류 속에서 그들이 사회 각 분야에 잔류함으로써, 그리고 곧 이은 전쟁과 혁명, 정변 등 급변하는 상황 속에서 그들에 대한 단죄는 제대로 이루어지지 못하였다. 일견 무질서해 보이는 해방정국의 정당통합 움직임은 이러한 국내외 정세를 염두에 두고 볼 때 좀 더 쉽게 이해할 수 있을 것이다.

2. 정당난립현상

해방 이후부터 대한민국 정부 수립을 전후한 시기까지는 정당의 난립과 소멸이 심한 시기였다. 자연히 정당 혹은 정치성을 띤 집단 상호간에 통합되는 사례가 많았다. 이 기간 동안 수많은 정당과 단체가 난립하였는데 이러한 현상은 2가지 측면에서 생각해 볼 수 있다. 첫째는, 일제치하에서 정치활동을 억압받던 한국인들이 해방을 맞아 정치에 대한 관심과 자주정부 수립에 대한 기대감에 넘쳐 각종 정치 관련 단체를 설립하거나 가입하게 되었다는 것이다.[2] 둘째는, 미군정청에서 정당설립을 권유하였던 점을 들 수 있다. 미군정청은 1946년 11월 20일 미군정법령 제55조 '정당에 관한 규칙'을 공포하여 정당의 설립에 관한 기준과 단서를 제공하였는데 이 규칙에서는 3인 이상이면 정당을 설립할 수 있도록 하였다. 미군정청은 또 조직화된 정당만을 상대할 것이며 각 정치단체의 지도자들과 주 2회의 정례회견을 갖겠다고 발표하였는데 발표 후 예상 밖으로 많은 정당과 단체가 난립하게 되자 미군정청은 정당지도자들에게 정당 간 통합을 해 줄 것을

---

1) 당시의 상황은 다음의 글에서도 볼 수 있다. "조병옥은 반일주의자였으며 동시에 철저한 반공주의자였다. 그는 공산주의자들이 남한을 장악하는 것을 막는 유일한 방법은 경찰력을 육성하는 데 있다고 보았다. 일본경찰 출신 한인들을 기용했던 그는 공산주의자들의 격렬한 반대를 받았고, 자유주의적 좌익으로부터도 반민족적인 인사들과 친일세력을 비호한다는 비판을 받았다." 한승주, 「제1공화국의 유산」, 진덕규 외, 『1950년대의 인식』(서울: 한길사, 1981), 29–33쪽.

2) 그러나 일부 단체들은 때로는 단결하고 때로는 자신들의 그것과 생각이 다른 특정 정당·단체를 파괴하기도 하였기 때문에 사회적 혼란이 야기되고 있었다.

요청하기에 이르렀다. 정당이 난립하게 되자 조속한 자주독립국가 수립에 장애가 될 것으로 판단한 좌·우 양 진영은 정당통합 논의를 시작하게 되었는데 중요한 것은 정당통합이 국민통합과 신생국가건설에 정치이념으로서 기능하게 될 계기와 사회적 분위기가 조성되고 있었다는 사실이다. 그러나 정당통합운동은 정부 수립 후에 어느 진영이 주도권을 장악하느냐 하는 문제와 미국과 소련 간의 냉전구도 고착화, 그리고 해방정국의 좌·우익 이념성향 문제와 결부되면서 복잡하게 얽히기 시작하였다.

3. 정당통합운동의 성격과 경향

미군정기의 정당통합운동은 복잡하기는 하였으나 대체로 이념정향에 따라 움직이는 경향을 보였다. 이러한 경향은 일본제국을 패망시킨 것이 미국과 소련이었다는 사실과,[3] 해방 이후 한반도에 대한 미국의 기본정책인 반공·냉전정책, 그리고 소련의 북한점령정책과 결부시키면 이해가 된다. 미국은 이미 1930년대 세계공황을 경험하면서 대외정책의 기조를 반공산주의 정책에 두어 왔다. 제2차 세계대전 기간 동안에는 추축국을 상대로 싸우기 위하여 소련과 공동전선을 펼쳤으나 추축국이 패하고 세계대전이 종료되면서 사정은 달라지기 시작하였다.

세계대전 종료 직후 미국은 아시아 특히 주적이었던 일본과 일본의 통치를 받았던 한반도를 주목하기 시작하였다. 그러나 한국의 역사, 정치, 문화에 전문적 지식이나 경험을 가진 전문가나 연구업적을 축적하지 못하고 있던 미국으로서는 시의적절한 대한(對韓)정책수립에 부심할 수밖에 없었고 때로는 군정시행에 있어서 시행착오를 겪기도 하였다.[4]

---

3) 해방의 의미, 김일성의 등장 및 그의 정치권력 장악과정에 관해서는 서대숙, 『현대북한의 지도자: 김일성과 김정일』(서울: 을유문화사, 2000), 제2장과 제3장을 볼 것.

4) 미행정부의 대한(對韓)정책은 어떠한 준비도 되어 있지 않은 상태에서 시작된 것이기에 주둔 초기부터 비합리적이었고 한국인들의 정서를 외면하는 측면이 있었다. 예를 들어 하지 중장이 점령 초기 일인관료들을 그대로 존속시키려 했던 것은 해방을 맞은 한국인들에게 있어서는 통탄할 만한 일이었다. 이 무렵의 상황은 Carl Berger, *The Korea Knot: A Military-Political History*(Philadelphia: University of

<표 2-1> 미군정기 정당통합운동 결과표

연번	통합시기*	참여정당	통합여부	통합신당명	비고
1	1945. 9.	조선국민당, 민중공화당, 근우동맹, 협찬동지회, 사회민주당, 자유당	성사	국민당	
2	1945. 9.	조선민족당, 한국국민당	성사	한국민주당	
3	1945. 11.	건준세력, 고려국민동맹, 인민동지회, 일오회	성사	조선인민당	
4	1945. 12.	국민당, 신조선당 등 17개 군소정당	성사	신한민족당	
5	1946. 3.	한국독립당, 국민당	성사	–	
6	1946. 4.	한국독립당, 국민당, 신한민족당, 급진자유당, 대한독립협회, 자유동지회, 애국동지회	성사	한국독립당	
7	1946. 8.	북조선공산당, 조선신민당	성사	북조선노동당	
8	1946. 9.	신한민족당, 신한민주당, 조선혁명당, 재미한족연합회, 청우당, 무소속	성사	신진당	
9	1946. 11.	조선공산당, 조선인민당, 남조선신민당	성사	남조선노동당	
10	1946. 10.–1947. 2.	조선공산당, 조선인민당, 남조선신민당 3당 내의 합당 반대파	성사	사회노동당	1947. 2. 해체결의
11	1946. 11.–1947. 2.	남조선노동당, 사회노동당	실패	–	
12	1947. 10.	민주통일당, 민중동맹, 신한국민당, 신진당, 건민회	성사	민주독립당	

*통합이 시도로 끝난 경우에는 통합운동 기간 혹은 교섭결렬시기를 가리킨다.

미군정기의 정당통합운동은 해방정국의 혼란과 정당난립이라고 하는 내부요인, 소련의 한반도 정책 그리고 이에 맞서는 미국의 외교정책 이라고 하는 외부요인이 맞물리면서 전개되었다. 특히 1946년 초부터 그리스에의 공산게릴라 침투문제, 유엔안전보장이사회에서의 미·소 대립, 인도차이나 문제를 둘러싼 미·소 대립 등에서 기인하는 인식과 입장의 차이는 미국과 소련 간의 깊은 불신과 대립을 피할 수 없게 만들었다.[5] 미국과 소련은 한반도의 남쪽과 북쪽에 자신들의 영향력 행사가 가능한 세력이 정권을 장악할 수 있도록 하기 위하여 해방정국 내내 움직였다.

해방 후 미군정 기간 동안 12건의 합당 시도가 있었으며 그중 11건이 성사되었고, 1건은 시도로 끝났다.

Pennsylvania Press, 1957), 48–50쪽 참조.

5) 제2차 세계대전 후의 국제정치정세는 이기택, 『국제정치사』(서울: 일신사, 1983) 제2장, 냉전의 기원에 관해서는 Frederick L. Schuman, *International Politics*(New York: McGraw-Hill, 1969) 제12장 참조.

1. 결성 배경

　　일본은 무조건 항복을 하기에 앞서 1945년 8월 9일 조선총독부의 아베 노부유키(阿部信行) 총독과 엔도 류사쿠(遠藤柳作) 정무총감을 통하여 항복 후의 치안유지 및 일본인의 생명과 재산에 대한 보호책 강구를 위하여 당시 민족주의자 세력 중 여운형, 안재홍, 송진우 등 3인과 접촉, 치안유지권을 위임하고자 의사를 타진하였다. 3인 중 상황을 관망하고 있던 송진우는 9일부터 13일까지 조선총독부 측의 수차례의 간청이 있었음에도 이들의 위임제의를 거절하였다.[6) 엔도 정무총감은 8월 14일 밤 여운형과 다시 접촉하였으며, 15일 새벽 6시 30분 여운형은 안재홍과 함께 엔도의 관저를 방문하였다.[7) 여운형은 연합군이 진주할 때까지 국내에 민족기관 설치의 필요성이 있다고 생각하고 정치범의 석방을 포함한 5개항의 요구조건을 제시하였는데 총독부 측이 이를 수락하자 바로 과도적인 치안을 담당할 준비를 시작하였다.[8) 이날 정오 히로히토 일본국왕은 무조건 항복 방송을 하였고, 한민족은 기나긴 질곡의 고통에서 벗어나게 되었다.

　　해방 당일 여운형, 안재홍 등은 치안유지 차원을 넘어서는 과도적인 독립 정부의 수립을 준비하기 위하여 조선건국준비위원회의 조직 작업을 개시하였다.[9) 한편 해방 다음 날인 16일 이영, 최익한, 정백 등은 경성(서울)시내

---

6) 조선총독부가 송진우, 여운형, 안재홍 3인과 접촉하여 일본 항복 후의 행정권 이양문제에 관하여 교섭을 한 것은 사실이고, 송진우가 그들의 행정권 이양제의를 초지일관 거부한 것도 사실이다. 다만 조선총독부 측이 3인 중 누구와 먼저 접촉하였는지, 아니면 송진우와 여운형 두 사람에게 동시에 접촉을 시도한 것인지에 관해서는 논의가 계속되어 왔다. 이 논의는 김학준, 『고하 송진우평전』(서울: 동아일보사, 1990), 281-300쪽에 정리되어 있다.

7) 김철수, 앞의 글, 241쪽.

8) 여운형의 5가지 요구조건: 정치범, 경제범 즉시 석방, 3개월분 식량의 확보 명도, 치안유지와 건설사업 불간섭, 학생훈련과 청년조직에 대하여 불간섭, 노동자와 농민의 건국사업 조직 동원에 불간섭.

9) 조직위원장 여운형, 부위원장 안재홍, 총무부장 최근우, 재무부장 이규갑, 조직부장 정백, 선전부장 조동호, 무경부장 권태석.

장안빌딩에서 조선공산당(장안파)을 발족시켰다. 좌익계열 인사들은 이렇게 치안조직과 정당을 먼저 결성하고 해방정국에서의 정당운동을 주도하기 시작하였다.[10] 여운형은 그 후 조선건국준비위원회의 성격과 사명을 밝히는 담화에서 여러 갈래의 정치현상은 그 목적이 좋다고 하더라도 일원적으로 통일할 방침이며 합류되지 않은 부문에 대해서는 성의를 다하여 협력을 구할 것이며, 시일이 지나면 가까운 것끼리 통합되어 2, 3개의 정당으로 정리될 것이라고 전망하기도 하였다.[11]

2. 결성 과정

1) 결성 주도세력

일본의 연합국에 대한 항복 선언에도 불구하고, 항복을 받아들일 주체가 없어서 정식으로 항복을 하지 않고 있던 조선총독부와 조선주재 일본군은 1945년 8월 16일 비밀리에 경성에 도착한 미군요원들로부터 북위 38도선 이남 지역은 미군이 점령한다는 사실과, 미군이 진주할 때까지 현 체제를 유지하다가 정식으로 항복할 때 일본 통치기구를 그대로 미군에 인도하라는 미국 측의 요청을 받았다.

해방은 맞았으나 정국을 주도할 지도자 집단과 자체 행정기관을 갖고 있지 않았던 남한에서는 혼돈상황이 이어지고 있었다. 8월 16일 홍남표의 사회로 시내 덕성여고 강당에서 재경 혁명자대회를 개최하던 중 해방의 기쁨에 젖은 일부 시민들이 소련군이 도착한다는 오보(誤報)를 접하고 태극기와 적기(赤旗)를 흔들며 경성역으로 향하였는데 도중에 일본헌병이 보는 앞에서 일장기를 찢고 희롱하다가 그들로부터 살해당하는 사건이 발생하기도 하였다. 일본군대는 1개 사단 병력을 풀어 경성을 포위하고 시민들에게 위협

---

10) 좌익의 정국주도권 선점에 편승, 언론계에도 좌익지가 다수 등장하여 여론조성에 앞장섰다. 조선일보사, 『조선일보60년사』(서울, 1980년), 157–163쪽.

11) ≪조선인민보≫, 1945년 10월 3일자.

을 가하는 한편, 조선총독부에 대해서는 왜 미리부터 행정권을 이양하였느냐며 질책하였다.[12] 상황이 이렇게 전개되자 아베 총독은 아직 조선에는 일본의 통치권이 유효하다는 논리를 내세워 8월 17일부터 조선건국준비위원회의 활동을 견제하기 시작하였으며 18일에는 행정권 이양을 취소하였다.[13]

과도적인 치안을 담당하기 위하여 조직된 조선건국준비위원회는, 여운형을 중심으로 조동호 등이 독립운동을 전개하기 위하여 조직한 비밀결사인 조선건국동맹(1945. 8. 10. 결성)을 모체로 하여 8월 17일에 중앙조직 결성을 완료하였는데 이 조직에는 진보적인 세력과 민족주의적인 세력이 결집되어 있었다. 조선총독부 측과 일본군의 견제에도 불구하고 조선건국준비위원회는 방송국과 신문사 등 선전홍보부문을 장악하기 시작하였으며 8월 31일까지는 140여 개의 전국적인 조직망을 갖게 되었다.

2) 조직개편

조선건국준비위원회는 중앙조직 결성완료 불과 5일 후인 1945년 8월 22일 새로 확대 개편된 부서와 간부명단을 발표하였다. 개편을 하게 된 것은 첫째, 공산주의자들이 주도권을 장악하고 있는 동 위원회의 중앙간부진에 조선공산당 내의 주류인 박헌영파가 본격적으로 참여하기 위한 공작이 있었고, 둘째, 급속히 확대되고 있는 동 위원회의 지방조직들을 효과적으로 지도하기 위한 필요성이 있었기 때문이었다.[14]

여운형은 조선건국준비위원회를 조직함에 있어서 좌익만을 끌어들이지 않고 안재홍, 송진우 등 우익인사들과의 합작을 모색하였으나 여운형의 사상성향과 과거경력 때문에 동 위원회에 참여한 인물 중에는 좌익인사가 많

---

12) 한국민주당 선전부, 『한국민주당소사』(서울: 한국민주당, 1948), 2–3쪽.

13) 이에 김석황을 중심으로 하는 인민정치당, 원세훈을 중심으로 한 고려민주당 등은 일단 간판을 내리게 되었다. 조선건국준비위원회의 경우 '건국' 2자를 삭제하라는 명령을 받았으나 일본인세화회(日本人世話會, 1945. 08. 24. 설립)의 모 씨가 여운형을 만나 거금(액수 미상)을 주며 일본인의 거류권을 인정하여 달라는 청탁을 하였는데 여운형이 이를 수락하였으며 이 사실을 즉시 엔도 총독에게 알리자 엔도는 '건국' 2자의 존치를 묵인하였다고 한다. 한국민주당 선전부, 앞의 책, 2–3쪽.

14) 양동안, 「건준인공의 정체와 결성과정」, 건국50주년기념사업준비위원회 편, 『대한민국 건국과정과 정통성』(1998), 63쪽.

았다.[15] 조선건국준비위원회는 9월 3일 제1회 위원회를 개최하였으며 중앙위원을 확대하였지만 동시에 그 내부에서 좌·우 이념대립에 의한 균열이 발생하고 있었다. 이 위원회의 분열은 위원회의 주도권을 장악하고 있는 여운형과 온건 민족주의자인 안재홍 사이에서 시작되었다. 부위원장직을 맡고 있던 안재홍은 민족주의자들의 조선건국준비위원회 참여를 적극 주선하였으나 여운형은 안재홍의 그 같은 노력에 소극적으로 대응하였기 때문에 동 위원회 내부에서 안재홍의 입장이 어려웠음을 짐작할 수 있다.[16]

조선건국준비위원회를 형성한 중심세력은 이영, 최익한 중심의 조선공산당(장안파), 박헌영 중심의 건국동맹 및 안재홍 일파의 우익세력이었으나 안재홍이 탈퇴하고 임시정부 지지세력의 반대에 봉착하게 되면서 더욱 좌경화하였다. 이들은 안재홍이 이탈한 이틀 후인 9월 6일 밤 좌익계 세력만을 규합, 이른바 전국인민대표자회의를 시내 제동의 경기고녀(京畿高女)에서 개최하고 '조선인민공화국임시조직법안'을 상정하여 가결시킨 다음 중앙인민위원 55명, 후보위원 20명, 고문 12명을 선출하고 선언과 강령을 발표하였다. 이로써 주권을 행사하는 정부로 자처하고 종래의 각 지방 조선건국준비위원회 지부는 조선인민공화국 지방인민위원회로 개칭하여 행정사무를 처리하는 전국적인 조직망으로 삼고자 하였다. 그런데 이날 회의에 참석한 사람들은 어떠한 절차를 밟아 선출된 것이 아니라 조선공산당 및 조선건국준비위원회가 동원한 공산주의자, 사회주의자 및 그에 동조하는 사람들이 대부분이었기 때문에 이른바 조선인민공화국은 심각한 정통성 시비에 휘말리게 되었다.

---

15) 이기형, 『몽양 여운형』(서울: 실천문학사, 1984), 184–185쪽.
16) 한태수, 『한국정당사』(서울: 신태양사, 1961), 59쪽.

3. 결성 이후

조선건국준비위원회는 '조선인민공화국' 수립 선언 다음 날인 1945년 9월 7일 공식해체를 선언하였다.[17] 동 위원회가 조선인민공화국 수립을 선포하자 큰 충격을 받은 민족진영의 여러 정당 및 정파는 조선인민공화국 수립의 부당성을 지적하고 민족진영의 대동단결을 촉구하기에 이르렀다.

제3절　조선국민당·민중공화당·근우동맹·협찬동지회·사회민주당·자유당의 합당(국민당)

1. 합당 배경

여운형 등 좌익인사들을 중심으로 하는 조선건국준비위원회가 결성되자 이에 대항하기 위하여 송진우를 중심으로 하는 우익인사들이 대한민국임시정부환국준비회를 조직하였다.

한편 조선건국준비위원회에서 이탈하고 임시정부를 지지하며 중간우파를 지향한 안재홍은 자신의 정치적 기반을 마련하기 위하여 1945년 9월 1일 오후 5시 시내 영보빌딩옥상에서 100여 명의 당원이 모인 가운데 조선국민당을 발족시켰다. 이날 김응두가 의장이 되어 경과보고, 선언, 정강, 강령, 규약을 제정한 다음 임원을 선출하였는데, 위원장에는 조선건국준비위원회 부위원장인 안재홍이 추대되었다. 안재홍 위원장은 9월 3일 조선국민당 결성에 관하여 다음과 같은 성명을 발표하여 자신의 입장을 피력하였다.[18]

---

17) 완전한 해체는 그로부터 한 달 후인 10월 7일 이루어졌다.
18) ≪매일신보≫, 1945년 9월 4일자.

정당 결성 관련 성명서

지난 1일 종로 영보빌딩에서 결성된 조선국민당에 관하여 내가 그 위원장으로 임명되었으므로 나의 공인으로서의 성명을 하여 두기로 한다. 나는 방금 조선건국준비위원회의 한 사람이면서 그 직책을 다하지 못하므로 거기에 대하여서도 즉시 태도를 표명할 필요가 있거니와 나로서의 정견은 정치적 현 단계에서 가장 긴급한 사항은 민족주의 공산주의 하는 사상문제를 정치공작의 최상층에 올려놓고 마찰을 일으킴과 같은 것은 절대로 배제하여야 할 것이다. 이 양대주의가 대중 사이에 병립 쌍행할 것은 필연한 형세라 하고 목하 건국준비의 처음에서는 절대로 공고한 협동정신을 맺어 통일민족국가를 완성하는 데에 전 민족의 총역량을 집결하는 것이 결정적인 목표가 되어야 한다. 통일민족국가를 하루바삐 완성한다는 것은 통일된 중앙정부로서 하루바삐 조선국가 내부에서의 그 통치력을 발휘하는 데 있고 그리하여야 조선에 막대한 호의를 가지는 연합국에 대한 의리상 문제로도 만사가 파란 없이 결말될 것이라고 본다.

정당 결성문제에 있어서도 이상으로서는 전 민족 단일당에 있겠지만 그것이 불가능하다면 민족주의 진영은 반드시 대동단결하여 그 방면의 총역량을 집결하는 것이 절대 필요한 것은 두말할 바 아니다. 나와 평시부터 신뢰 깊은 동지들이 국민당 결성문제로 가끔 모여 토의하는 중인데 그도 머지않아 구현될 줄 믿거니와 서로 연락하면서 신민족주의에 의한 결당을 협의하고 나에게 그 지도자가 되라고 하는데 나는 워낙 지도자의 자격도 없고 그 의사도 없으나 상당한 다수의 인사들이 모처럼 일심을 가지고 움직이는 그 주장과 태도인즉 나의 그것과 잘 합치되는 터이므로 그대로 중지할 바도 아니고 또 나의 말로 지금 각 방면의 유력한 분들이 국민당을 결성하려고 모두 노력하고 있는 중이니 그들과 합류하여 민족주의 정당으로서 대동단결할 용의를 하자고 하였더니 그편의 여러분도 전원 일치로 그 용의 있음을 표명하므로 나도 우선 그 위원장의 자리를 맡아두게 된 것이다.

한동안 소당분립은 필연한 현세이나 하루바삐 집중 통일함을 요하는 터이요 통일 도정에서 상호의 지장이 안 되도록 각각 선입적인 수견은 가지지 말아야 할 것이다. 대동단결을 완성하는 날에는 나는 한 개의 졸오로 나가겠고 협동통일을 항상 신조로 삼아 나가려고 한다.

성명을 발표한 안재홍은 9월 4일 조선건국준비위원회를 탈퇴하였다. 그는 여운형과 합세하여 조선건국준비위원회를 조직하고 부위원장직을 맡았으나 동 위원회의 좌경화에 불만을 품고 있던 중 좌·우 양측으로부터 비난을 면치 못하게 되자 동 위원회를 이탈한 것이다. 안재홍의 이러한 거취는 조선건국준비위원회 운영에 있어서 우익 성향의 그가 중심인물의 하나가 아니었음을 말하여 주는 것이며 동시에 민족주의자들로 구성되는 정당을 결성하고자 한 그의 의도를 알 수 있게 해 주는 대목이다. 그가 조선국민당 결성 후 민족진영의 6개 정당과 단체들과의 통합을 시도한 것은 민족의 정치훈련과 자주독립실현을 위한 민족세력 규합에 그 목적이 있었다고 볼 수 있다.

2. 합당 경과 및 합당 이후

조선국민당을 결성한 안재홍은 해방정국에서 별다른 구심적 역할을 하지 못하다가 그 후 명제세를 중심으로 조직된 민중공화당,[19] 박용희를 중심으로 조직되고 기독교에 기반을 둔 사회민주당, 자유당, 근우동맹, 협찬동지회 등 6개 정당·단체를 흡수 통합하여 1945년 9월 24일 국민당을 발족시켰다. 이들 6개 정당·단체는 각각 발전적인 해산을 하고 자주독립을 표방하면서 국민당으로 발족하였는데 이날 발표된 합동선언의 내용은 다음과 같다.[20]

6개 정당·단체의 합동선언(요지)

우리들 하명 6단체의 의사를 대표하는 합동위원들은 집중 통일을 요청하는 현 단계에 있어서의 역사적 요청에 따라 각자의 소속한 정당을 발전적으로 해체하고, 국민당의 명칭으로 민족정당으로서의 이념과 의도에서 집결 재출발을 하였다. 금후도 우리들은 이 자연 생장적인 역사적 전향을 따라 더욱 의식적 공작을 함으로써 종국적인 대동집결을 실천하면서 하루바삐 통일국가의 창업을 완성하는 신정부존도의 날을 맞이하기로 한다. 최종으로 우리들은 각계 지도자들의 엄정한 객관성의 파악과 공명한 실천적 협동이 현 단계에서 존귀한 과제로 되어 있는 무용한 계급적 대립을 지양 회통하면서 전 민족적 집결이 조만 성취될 것을 의도한다.

---

19) 민중당과 공화당은 1945년 9월 8일 합당하여 민중공화당으로 당명을 개칭하고 위원장에 명제세를 추대하였다.

20) 국민당 지도부 명단: 위원장 안재홍, 부위원장 박용희·명제세, 총무부장 이승복, 재무부장 이정진, 조직부장 이의식, 선전부장 백홍균, 조사부장 이긍종, 정치문화부장 안재홍(겸직), 기획부장 민대호, 노동부장 이두열.

군소정당과 사회단체를 흡수 통합한 후 정책결정에 부심하던 국민당은 자주독립 실현, 민족국가의 발전, 국민개로, 의회제도 수립, 국방군 편성, 최저임금제의 8시간 노동, 신민주주의의 실현 및 민족문화의 앙양 등을 정강·정책으로 내걸어 우파 온건노선을 지향하였으며 지지기반 확충에 나서 10여 개의 군소정당을 흡수하려 하였으나 성취하지는 못하였다. 그 후 정당 간의 통합추진과정에서 김구가 이끄는 한국독립당에 흡수되었다가 후에 다시 분열되었다.[21)]

국민당은 같은 해 11월 초순 시대적 요청인 국내 통일전선결성의 필요성을 강조하고 독립촉성중앙협의회를 유일한 통일협의기관으로 지지할 것을 표명, 전면적 통일정당 결성이 진척되는 경우에는 당을 무조건 해체할 용의가 있다고 발표하기도 하였다. 그 후 여러 정당통합운동에 참여하던 국민당은 1947년 7월 안재홍이 군정청 민정장관에 취임함으로써 사실상 소멸되었다.

제4절 조선민족당 · 한국국민당의 합당(한국민주당)

1. 합당 배경

정국을 주도하고자 한 조선건국준비위원회의 적극적인 움직임에 자극을 받은 우익세력은 이에 대항하기 위하여 여러 세력이 결집하는 형태로 한국민주당을 결성하게 된다. 한국민주당의 결성 배경은 동당의 발기인 명의로 발표된 성명서에서 표명된 것처럼 조선건국준비위원회가 선포한 '조선인민공화국'의 타도와, 새 정부하에서의 주도권 선점에 있었다. 이처럼 한국민

---

21) 이 과정에 대해서는 이 책의 제2장 제12절 참조.

주당의 창당은 민족주의자들이 집결하여 대동통일의 명분하에 단일정당을 이루고자 한 의도가 강하게 작용하여 성사되었다.

우익진영의 3대 정파(조선국민당, 한국국민당, 고려민주당)는 단일정당을 지향하여 한국민주당으로 발족하기로 하였으며, 창당 전인 9월 8일에는 발기인 명의로 성명서를 발표하여 조선인민공화국의 수립은 질서를 착란시키는 행위라고 비난하였다.[22]

이렇게 해방 직후의 정치권은 조선건국준비위원회를 내세운 사회주의 및 공산주의 세력집단과, 중국 중경(重慶)에 있는 임시정부를 새로운 정치질서 수립의 중심으로 삼으려는 보수 민족주의 세력집단의 두 갈래로 통합되고 있었다.

2. 합당 경과

1) 조선민족당 결성

원세훈은 1945년 8월 18일 시내 계동 한학수의 집 사랑에 모인 동지들을 중심으로 우익진영으로서는 해방 후 최초의 정당인 고려민주당을 발기시켰다. 그 후 원세훈은 고려민주당을 발전적으로 해산하고 조선건국준비위원회의 활동에 대하여 비판적이던 김병로, 백관수, 조병옥 등과 함께 8월 28일 오성학교 강당에서 발기인 총회를 개최, 민주정치의 구현과 반공정책의 강화를 주된 내용으로 하는 정강·정책을 발표하면서 조선민족당을 발족시켰다.[23] 9월 27일에는 김병로, 원세훈, 이인, 백관수, 조병옥 등 우익 지도자

---

22) 조선건국준비위원회와 관련해서는, ① 해방정국의 혼란을 다소 수습하였다는 점, ② 해방 이후의 건국의 방략과 지향가치에 대하여 국민적인 관심을 모은 점, ③ 당시 보수 우파의 참여거부로 건국을 위한 민족 전체의 준비위원회도 조직하여 발전시킬 수는 없었지만 사회주의 세력, 중도세력, 일부 보수세력에 의한 연대성을 모색한 신간회 해체 이후 최초의 좌우통합을 시도하였다는 점 등에서 그 기능적 의미를 찾으려는 시도도 있다. 진덕규, 「해방 직후 좌우세력의 성격」, 안청시 편, 『현대한국정치론』(서울: 법문사, 1992), 96-97쪽.

23) 발기인 명단: 김병로, 백관수, 정광호, 원세훈, 조병옥, 이인, 나용균, 함상훈, 김약수, 박찬희, 김용무, 박명환, 신윤국, 현동완, 송남헌, 『시베리아의 투사 원세훈』(서울: 천산산맥, 1990), 244-250쪽. 이는 조선민족당에 앞서 해방 직후 원세훈 중심의 고려민주당이 존재하다가 김병로 등과 민족적 단합을 하기

들이 다수 포함된 조선민족당 발기총회가 개최되었다. 발기총회에서는 한국국민당과의 합당교섭대표로 백관수, 김병로, 원세훈 3인을 선출하였다.

2) 한국국민당 결성

조선민족당과는 별개로 백남훈, 김도연, 허정, 최윤동, 이운, 장덕수, 홍성하, 이순택, 구자옥, 유억겸, 윤치영, 최승만[24] 등은 1945년 9월 1일 한국국민당을 조직하기 위한 발기인 총회를 시내 안국동 윤보선의 집에서 개최하였다. 한국국민당은 국체(國體)는 공화정(共和政)으로 하며, 민주정치, 자유경제, 반공통일, 국민개병주의, 우방과의 친선, 한국문화의 향상 등의 정책목표와 노선을 내세우고 9월 4일 발기하였다. 조선민족당과의 합당대표로는 백남훈, 장덕수, 정노식 3인을 선출하였다.

3) 조선민족당과 한국국민당의 합당 교섭

우익진영에서는 정당 결성을 위한 움직임이 몇 갈래로 진행되고 있었다. 장덕수, 백남훈, 윤치영, 윤보선 등이 한국국민당을 결성하였고, 김병로, 백관수 조병옥, 함상훈, 김약수, 이인 등은 원세훈이 발기한 고려민주당과 합쳐 조선민족당을 결성하였다. 이들은 해방 직후부터 적극적인 활동을 펼치고 있는 좌익을 견제하기 위해서는 우익진영의 단결이 필요하다는 인식하에 한국국민당 측에서 3인, 조선민족당 측에서 3인씩을 선출, 합당교섭을 추진하였다. 합당교섭단은 당명을 한국민주당으로 정하고 합당작업을 서둘렀는데 이 과정에서 국민대회준비회의 송진우, 김성수, 서상일, 김준연 등도 가세하여 우익진영의 단결을 도모하였다.

1945년 8월 28일과 9월 1일의 조선민족당, 한국국민당의 발기모임에서 각각 선출된 양당 합당교섭대표 6인은 9월 2일 시내 한학수의 집에서 회합을 갖고 양당의 합당에 합의하였으며, 통합신당의 정강·정책 작성을 위임

위하여 합당된 것이다.

24) 이들은 해방을 전후하여 윤보선의 집에 자주 출입하던 해외유학파 인사들이다.

받은 후 실무 작업에 착수하였다. 양측은 또 통합정당의 창당발기인 인선기준 및 당원가입 허용기준과 관련하여 친일파 배제를 원칙으로 하되 어느 정도의 융통성을 두기로 하였다. 이러한 인선원칙 때문에 한국민주당은 후에 당의 일각을 친일파가 점령하고 있었다는 비판을 받게 된다.[25] 양당의 합당교섭은 양당의 창당 작업과 동시에 전개되었다.

3. 한국민주당 창당

1) 국민대회준비회

미군의 상륙 이전 조선건국준비위원회가 이른바 조선인민공화국 수립을 선포하고 한편에서 한국민주당의 결당이 준비되고 있던 중 정세를 관망하며 정당시기상조론을 주장하던 송진우는 미군이 장차 서울에 입성한다는 소식과 한반도에 대한 연합군의 조치내용을 파악한 후 정치활동을 시작하였다. 그는 1945년 9월 1일 '대한민국임시정부 귀국환영준비회'를 조직, 머지않아 귀국하게 될 임시정부에 대한 지지를 표명하였다. 송진우, 김성수, 김준연, 서상일, 장택상, 설의식 등 송진우의 측근 인사와 동아일보관계자들이 중심이 되어 임시정부 지지와 당면한 문제들에 대한 결정을 국민총의로 결정하기 위한 국민대회의 소집을 준비하는 국민대회준비회를 결성, 9월 7일 오후 3시 발기인 330명의 명의로 동아일보사 강당에서 대회를 개최하였다. 이날 결의된 내용 중 핵심 요지는 중경(重慶)에 있는 임시정부 절대 지지였다.

이렇게 미군의 상륙을 앞두고 국민대회준비회가 모습을 드러냈다. 국민대회준비회는 그에 앞서 조선민족당을 발기한 김병로, 백관수, 원세훈, 조병

---

25) 한국민주당은 대중으로부터 지탄을 받을 만한 악성 친일행위자는 제외하되 참여문호를 개방, 인선원칙을 너무 엄격하게 적용하지 않는다는 입장을 취하였다. 따라서 동당은 당시 유일한 세력집단인 조선건국준비위원회에 대항하기 위하여 반공세력이면 누구를 막론하고 포섭하려 하였고 여기에 과거 친일파 인사들이 집결하게 되었다. 양동안, 『대한민국건국사』(서울: 건국대통령이승만박사기념사업회, 1998), 104-123쪽; 한태수, 『한국정당사』(서울: 신태양사, 1961), 13쪽.

옥, 이인, 나용균, 함상훈, 김약수, 박찬희, 김용무, 박명환, 신원국, 정광호, 현동완 등과, 또 한국민주당을 발기한 백남훈, 김도연, 허정, 최윤동, 이운, 장덕수, 홍성하, 이순택, 구자옥, 유억겸, 윤치영, 윤보선, 최승만 등과 합류하여 뒤에 한국민주당을 형성하는 핵심이 되었다. 국민대회준비회(1945. 09. 07. 발기)는 그 조직이 정당이 아니었으므로 송진우, 김성수, 서상일, 김동원, 김준연, 장택상, 안동원 등은 곧 한국민주당에 입당하였다.

2) 한국민주당 창당

조선민족당과 한국국민당의 합당합의에 따라 한국민주당 발기총회가 1945년 9월 4일 개최되었다. 이날 김병로가 발기총회 수석총무가 되고, 4개 단체 대표 82명이 중심이 되어 시내 종로 국민학교에서 발기총회를 개최하였다. 이날 총회에서는 조선민족당과 한국국민당의 정강·정책을 발췌하여 손질한 새 정강·정책을 채택, 발표하고 당명을 한국민주당으로 결정하였다.[26]

좌익세력의 정당조직과 정권기관이 대중적 기반을 획득하여 가는 형세를 나타낼 무렵인 9월 8일 송진우의 주도로 민족진영 3대 정파인 조선민족당, 한국국민당, 국민대회준비회 인사들이 민족진영 통합정당인 한국민주당을 결성하기로 합의함과 동시에 임시정부를 절대 지지하는 결의를 하였으며, 조선건국준비위원회와 조선인민공화국을 비난하는 성명을 발표하였다.

한국민주당 창당대회는 9월 16일 오후 2시부터 시내 종로구 경운동 천도교 기념회관에서 1,600여 명의 발기인이 참석한 가운데 개최되었다. 이날 식순에 의하여 백남훈의 개회사가 있었으며 김병로가 의장으로 선출되어 의사진행을 하였고, 이인의 경과보고, 조병옥의 국내외 정세보고가 있은 후 김도연으로부터 합동경과보고가 있었다. 이날 대의원 300명을 선출하였고, 7명의 중앙당 간부(이승만, 김구, 이시영, 문창범, 서재필, 권동진, 오세창)를

---

26) 민족진영이 두 갈래로 나뉜다는 것은 곤란하므로 양측은 합당을 전제로 한 모임을 한학수의 집에서 가졌다. 그런데 통합정당의 당명이 문제가 되어 새 당명을 결정하기 위하여 각기 대표 3명씩을 선정하였다. 장시간의 절충 끝에 한국국민당에서 '한국'을 따고, 고려민주당에서 '민주'를 따서 한국민주당으로 결정하였다. 백남훈, 「한국민주당 창당비화」, ≪진상≫(1960년 4월호), 14-17쪽.

추대하였으며 수석총무에는 송진우를 선출하였다.[27] 이렇게 조선민족당, 한국국민당, 국민대회준비회, 임시정부 및 연합군환영준비위원회 등 민족진영의 정당과 단체가 결집되어 한국민주당의 이름으로 단일정당화를 이루었다.

한국민주당은 조선건국준비위원회의 이념과 노선에 반대하는 민족진영 지식인과 국내외의 항일투사 및 민족주의적 민주사회주의자로 구성되었으나 그 저변에는 급격한 사회개혁과, 민족진영인사들에 의한 친일인사들에 대한 숙청공언에 위협을 느낀 친일세력 또한 대거 합류하였다.[28]

임시정부를 지지하며 조선건국준비위원회를 타도하겠다고 선언한 한국민주당의 출범은 보수진영의 세력화라는 점에서 그 이후의 정치 상황과 정당 통합운동에도 영향을 미치게 되었다.

3) 당 지도체제

한국민주당은 당 지도체제 면에 있어서 합당 초기에는 집단지도체제를 채택하였다.[29] 우익진영의 여러 정당·단체가 좌익세력에 대항하기 위하여 '우익의 대동단결'이라는 대의하에 모여 결성한 정당이기 때문에 집단지도체제가 적합하였다. 각 정파를 따라, 균배하여 총무제도라고 하는 집단지도체제로서 1명의 수석총무와 8명의 총무를 선출하였으며 이들 9명이 일종의 합의제를 구성, 당의 최고의사를 결정하였다. 1945년 9월 21일에는 한국민주당의 당무를 맡아볼 총무 9명을 선출하였는데 1도(道) 1총무 원칙을 적용하였다.[30] 9월 22일에는 중앙집행위원회를 개최하여 11개 부서장과 중앙감찰위원 30명을 선출, 조직구성과 인선을 마쳤다(09. 27. 정당등록).[31]

---

27) 한국민주당의 정강정책: 자주독립국가 완성, 민주주의 정체 수립, 근로대중의 복리증진, 주요 산업의 국영 또는 통제관리, 토지제도의 합리적 재구성, 국방군 창설.

28) 김민하, 『한국정당정치론』(서울: 대왕사, 1976), 49쪽.

29) 해방 초기에 결성된 정당 중 조선인민당, 한국민주당, 한국독립당, 국민당의 주의, 정책, 당책에 관한 간략한 소개는 ≪개벽≫ 제73호(1946. 01), 12—25쪽 참조.

30) ≪매일신보≫, 1945년 9월 21일자.

31) 한국민주당은 미군정청에 정당 등록할 당시 시내 종로국민학교에 당 본부를 설치하였으며 당원의 수는 서울에 5,000명, 전국에 50,000명이라고 기재하였다. 또 당원 5,000명을 가진 고려청년당과는 제휴관계에 있다고 기재하였다. 고려청년당은 주로 한국민주당의 '전위대' 역할을 하였다. 홍원길, 『청곡회고록』

한국민주당에는 당의 의사를 결정하는 중앙집행위원회가 있고 이들을 선출하는 대의원대회가 있었으나 실질적으로는 당의 주요 정책이나 노선은 이들 각 계보를 이끌었던 유력인사들로 구성된 총무단에서 결정하였고 중앙집행위원회는 정해진 방침을 인준하는 성격이 짙었다. 그러나 정세가 시시각각으로 변하고 있던 때라 당 운영에 있어서 민주적인 제반 절차를 밟는다는 것은 당시로서는 비능률적이고 시간적으로도 여유가 없었기 때문에 시간이 경과하면서 단일지도체제로 바꾸어 정착되고 당 위원장 한 사람에게 당권이 집중되었음이 관찰되었다.[32]

4. 합당 이후

1) 합당의 의의와 정책의 변화

해외에 있던 지도자들이 귀국하기 전에 결성된 한국민주당은 국내의 지도자들이 좌익의 세력화 및 정국주도 움직임에 대항하는 우익의 집단적 존재를 보여 주는 계기가 되었으며 동시에 해방정국을 자신들이 주도하겠다는 의지를 표현한 것으로 볼 수 있다.

한국민주당은 당사를 시내 종로 초등학교에서 조선제련 건물로 옮겨 임시로 사용하다가 동아일보사 사옥을 당사로 제공받아 건물의 일부를 사용하게 되었다.[33] 통합신당이기는 하나 한국민주당은 근본적으로 중앙당과 지구당의 연계가 약하였기 때문에, 조직상으로는 외곽단체를 당 주위에 만들어 이를 대중동원과 여론형성에 활용하였고, 동아일보를 대변기관으로 활용하였다. 동당은 창당 이후 조직 확대에 주력하였는데 특히 지방조직확장에는 동아일보의 지사망을 활용하였다.

(대전: 제일문화사, 1978), 99쪽.

32) 심지연, 『한국민주당연구 Ⅰ』(서울: 풀빛, 1982), 57쪽.

33) 동아일보 사옥은 국민대회준비회에 이어 한국민주당의 당사로 제공되었다. 동아일보사, 『동아일보사사 (1945-1960』 권2(서울: 동아일보사, 1978), 33쪽.

한국민주당은 결성 이후 조선건국준비위원회와 임시정부 측 인사들로부터 공격을 받았는데 전자로부터는 일제 치하에서 적극적인 반일투쟁을 하지 않았다는 것 때문에, 후자로부터는 당 구성원들의 사회·경제적인 성격이 지배계급적이라는 것 때문에 공격을 받았다.[34] 한국민주당은 임시정부에 대한 절대지지 입장을 내걸고 출발하였으나 국내의 조직기반이 확대되고, 군정당국이 임시정부를 합법적인 정부로 인정하지 않자 임시정부에 대한 종래의 지지방침을 철회하기 시작하였다.

2) 조선민족당계열 인사들의 이탈과 우익 정당화

민족진영의 조직적인 정치활동은 조선민족당으로부터 시작되었다고 볼 수 있는데 조선민족당의 성격과 그 조직을 배경으로 한 한국민주당은 초기에는 진보적 요소까지 수용하고 있었다. 조선민족당은 조선건국준비위원회 반대노선을 분명히 하였으며 북조선공산당의 간부였던 김약수, 유진회에게는 전향각서를 제출토록 하였다. 동당의 발기인에는 일제 치하에서 민족운동을 전개하였던 우익인사와 지식인 공산주의자로서 해방 후 우익에 전향한 인사 등 비교적 높은 지명도와 신망이 높은 인물들로 구성되어 있었다.[35]

그러나 좌우합작의 토지개혁문제 등을 둘러싸고 1945년 10월을 전후하여 2, 3차에 걸친 한국민주당의 탈당사태 때 이들 조선민족당계열 인사들이 거의 모두 떠났으며 한국민주당이 최소한의 진보적 요소마저 상실하고 우익정당화하는 계기가 되었다.[36]

---

34) 심지연, 『한국현대정당론』(서울: 창작과비평사, 1984), 70쪽.

35) 김재홍, 『한국정당과 정치지도자론』(서울: 나남, 1992), 281쪽.

36) 10월 9일 원세훈, 한홍, 이민용 등이 탈당한 데 이어 10월 21일 김약수 외 90명의 당원들이 대거 탈당하였으며 12월 17일 박원식 등 당원 58명이 탈당하였다.

1. 미군 진주

1945년 9월 2일 북위 38도선을 경계로 미·소 양국군이 한반도를 분할 점령한다고 발표한 맥아더 사령부는 9월 7일 태평양미육군총사령부 포고 제1호를 발하여 북위 38도선 이남 지역의 일체의 행정권을 맥아더 사령부의 군정하에 두었다. 맥아더 사령부가 포고를 발한 다음 날인 8일 하지(John R. Hodge) 중장이 이끄는 미군 제24군단이 인천에 상륙하였다.

한편 중국 중경(重慶)에 있던 임시정부는 일본의 항복선언과 함께 귀국준비를 하였으나 지위문제, 의전문제 등을 포함하는 현실적 문제해결이 여의치 않았다. 미군이 한반도에 진주하기 전까지는 조선총독부가 남한지역을 통치하고 있었기 때문에 귀국하기가 어려웠고, 미군 진주 후에는 조선건국준비위원회가 전국적으로 세력을 확장하고 있었고 임시정부의 지위문제는 해결되지 않은 상태에 있어 귀국하기 어려웠다. 미군정청은 임시정부요인들이 개인 자격으로 귀국할 것을 주장함으로써 임시정부의 귀국은 더욱 늦어질 수밖에 없었다.

미국정부와 미군정청은 남한에 있어서의 정부는 미군정(美軍政)뿐이라는 입장을 고수, '조선인민공화국'을 부인한 것처럼 임시정부의 정부 자격도 부인하였다. 미군정청은 좌익세력을 제압할 수 있는 세력인 임시정부 요인들의 귀국필요성을 인식하면서도 정부로서가 아닌 개인 자격으로 귀국한 것을 약속할 때까지 그들의 입국을 거부하였다.

2. 하지 중장의 정당·단체 대표 면담 및 정당통합 권유

하지 중장은 1945년 9월 12일 오후 2시 30분 시내 부민관으로 정치·문화단체 대표 600여 명을 초청하였다. 그는 조선에는 일본 항복 후 수많은 정치·문화단체가 설립되었는데 모두 대동단결하여 조선의 장래에 의미 있는 역할을 하여 주기를 바란다고 말하였다. 이 무렵 남한에는 50~60개의 정당단체가 난립하고 있었는데 그중 비교적 광범위한 조직을 가진 4대 정당은 한국민주당(송진우·김성수), 중간우파의 국민당(안재홍), 중간좌파의 조선인민당(여운형), 좌파의 조선공산당(박헌영)이었다. 그러나 각 정당의 강령은 당초부터 공산정권 수립을 의도한 조선공산당의 그것을 제외하고는 대동소이하였다.

　해방 이후 정당이 난립하게 된 요인 중의 하나는 미군정당국의 정당정책이라고 보인다. 하지 중장은 9월 17일 기자회견을 통하여 정당의 건전한 발전이 새 정부 수립의 기본조건이라는 신념을 갖고 있다면서 각 정치단체 대표들과 흉금을 터놓고 대화하기 위하여 정기적으로 만나겠다고 밝히고, 정당의 대표가 군정청에 면담을 신청하여 정부 수립에 관한 구상을 피력할 수 있는 절차를 발표하였다. 그는 한인지도자들과 대화의 폭을 넓히고자 국내 각 정당 대표자와의 주 2회 정례회견 계획을 발표하면서 면담을 원하는 주요 정당 대표에게 당명, 조직, 정견을 서면 제출토록 하였다. 이와 관련하여 미군정청 정보부장 헤이워드 중좌가 발표한 내용은 다음과 같다.

하지 중장의 정당단체 대표자회견방침

　조선주둔군 최고사령관 죤 알 하지 중장은 조선에 있는 각 단체가 중요한 정치단체라고 인정하는 것에 한하여 그 대표자를 회견하기로 되었다. 물론 군정의 사무가 분망하여 장시간에 걸쳐 면담 못 하는 것은 유감이나 매 단체 대표 1인에 5분씩을 제공할 터인데 이에 참가할 수 있는 사람은 각 정치단체라고 인정되는 곳의 당수 혹은 부당수로 예컨대 매주 월요일, 화요일 2일간 아침 9시부터 11시까지 2시간이 허락될 것이다. 또한 중장에게는 전속 통역관이 있으므로 통역은 대동치 않아도 좋으며 특히 이 면담에 참례하고자 하는 당 대표자는 다음 사항을 서면으로 제출하기 바란다.

　1) 정당의 명칭
　2) 정당의 조직
　3) 정당의 정확한 정견 혹은 정강
　4) 자기 정당으로서 하기 직무를 감당할 수 있는 사람의 명칭을 명기할 것
　　　① 학무국장대리
　　　② 법무국장대리

③ 재무국장대리

④ 교통국장대리

⑤ 광공국장대리

⑥ 경기도지사대리

⑦ 경성부윤대리

⑧ 고양군수대리

　이렇게 미군 사령관이 정당 대표자 면담용의를 밝히자 정당이 더욱 난립하게 되었다. 이때 지주, 친일파, 매판자본가 등의 일부 인사들이 정상배와 결탁, 자신들의 신분보장을 확보하기 위하여 한국민주당 등 특정 정당에 정치자금을 제공하기도 하였다.[37] 정당과 단체의 난립으로 인하여 조속한 자주국가의 수립이 어려워질 것으로 예측되면서 좌익과 우익 양 진영에서는 점차 정당통합분위기가 조성되기 시작하였다.

　미군정청은 조선건국준비위원회, 조선인민공화국, 임시정부 그 어느 쪽에 대해서도 그 권위를 인정하지 않았으나 그들의 정치활동은 제한하지 않았다. 정당이 난립하는 가운데 군정장관대리 쉬츠(J. R. Sheetz) 준장은 10월 13일 오전 10시 각 정당통일기성회 이갑성 대표를 초청하여 조선 내 정당통일운동을 촉진해 줄 것을 희망하는 내용의 메시지를 전달하였다.

쉬츠 군정장관대리의 정당통합 관련 메시지

　어느 나라를 막론하고 그 정치적 체제가 성공을 기하려 할진대 이는 반드시 그 나라 역사적 전통, 지리적 환경, 경제적 조건, 정치적 경험의 자연스러운 소산이어야 할 것이다.

　조선민족은 유려하고 풍요한 국토를 가졌으며 가히 남에게 자랑할 만한 깊은 역사와 전통을 가지고 있다. 조선민족은 그러므로 기필코 민족 전체의 진정한 대표될 정부체제를 꾀할 것이며 그러함으로써 개개인의 정치적 욕구를 공동의 이상에 종속시켜야 될 것이다. 여기 소관의 의견을 개진컨대 조선민족 제위는 정당을 최소수로 통일강화할 필요가 있다고 본다. 정당의 수효가 너무 많다는 것은 각 정당의 수뇌자에게는 이롭겠으나 그 외의 사람에게는 추호만치도 이가 없을뿐더러 또 협동합치라는 점에 있어서도 성과가 결코 없을 것이다.

　조선민족 제위는 모름지기 각자의 직무, 광산, 공장, 농장에서 소임에 매진할 것이며

---

37) 건국십년지간행회, 『대한민국건국십년지』(서울, 1955), 186쪽.

이것이 조선의 번성을 초래하는 유일의 방도요 확고유력한 민주적 정부가 달성되는 도리
인 줄 안다.

이 무렵 워싱턴으로부터 태평양방면 미군 최고사령관에게 보낸 기본훈령
에는 남한 내에 현존하는 모든 정당, 단체 및 정치적 결사에 관한 행정업무
를 최고사령관의 통제하에 두라는 내용이 포함되어 있었다. 또 정당의 활동
이 군사점령의 목표 및 요구와 일치하는 단체는 그 활동을 장려하고 그렇
지 않은 단체들은 해산토록 하며, 점령군의 안보유지라는 필요에 따라 결사
의 권리 및 공개토론권을 가지는 민주적 정당의 구성과 활동은 장려하라고
지시하였다.[38] 이때부터 미군정청의 정당정책이 더욱 미국의 의도에 부합하
도록 변경되기 시작하였다.

하지 중장은 9월 18일 오전에 가진 정례기자회견에서 한국인 위주의 법
률제정 원칙과, 조선은행권으로의 화폐통일방침, 38선 철폐문제 및 신문의
역할을 언급하였으며 신생 한국의 건설을 위하여 '영웅주의'를 버리고 각
정당이 단합할 것을 요망하였다.

좌익 측은 정국을 주도하기 위하여 이른바 조선인민공화국의 수립을 선
언(1945. 09. 06.)하였으나 미군정장관 아놀드는 10월 10일 조선인민공화국
을 부인하는 성명을 발표하였고 하지 사령관도 10월 16일 성명을 발표하여
'공화국'의 존재를 부인, 군사정부 이외의 어떠한 정부도 인정할 수 없다고
언명하였다. 미군정청의 이러한 입장변화는 그때까지 논의되던 정당통합 혹
은 정당연합논의에 제동을 걸고, 좌익을 배척하고 우익을 옹호하겠다는 의
지의 표현으로 받아들여졌다. 그 후 한국민주당이 미군정의 직·간접적인
지원을 받아 당세를 확장할 수 있었던 것은 결코 우연이 아니라고 할 수
있다.

이후 각 정당의 행동통일 모색움직임이 주춤해진 가운데 조선인민공화국

---

38) 이 훈령의 초안은 3성(省) 조정위원회 극동분과소위원회에 의하여 작성되어 9월 1일 회람되었다. 제3부
는 동 소위에서 수정되어 9월 27일 회람되었으며 이 두 개의 초안은 3성(省)조정위원회에 의하여 수정
된 후 10월 13일 승인되었다. 미국무성 비밀외교문서(김국태 역), 『해방3년과 미국 Ⅰ: 미국의 대한정
책 1945-1948』(서울: 돌베개, 1984), 84-93쪽.

의 여운형은 다른 10명의 한인지도자들과 함께 군정장관 고문직을 사임하였으며 모처럼 조성되었던 정당·정치단체 통합운동은 원점으로 돌아가고 있었다.

하지 중장은 미국과 소련 양국군 대표의 예비회담이 시작된 1946년 1월 9일 아침 여운형과 회동한 자리에서 다음과 같이 발언하였다. 쉬츠 준장의 발언(1945. 10. 13.)에 이은 하지 중장의 다음 발언은 미군정청에서 국내의 정당난립상황을 매우 우려할 만한 것으로 판단하고 있었다는 증거이며 상황에 따라서는 별도의 대책이 강구될 수 있음을 시사한 것이었다.

하지 중장의 정당통합 관련 발언(요지)

조선독립의 사다리를 올라가려면 각 정당이 합해야 한다. 미소 공동위원회가 열리기 전에 완전한 통일을 하면 두 개의 사다리, 즉 미국과 소련의 계단만을 올라가면 될 것이지만 만약 그렇지 못하면 네 개의 사다리, 즉 4개국의 계단을 올라가야만 독립을 하게 될 것이다. 그리고 조선사람이 자숙적으로 통일을 못할 경우에는 강제로 통일을 시킬 작정이다.

3. 정당에 관한 규칙 제정

1) 규칙제정 배경

정당이 난립하고 정당통일운동이 혼란스러운 상황에 이르자 미군정청은 혼란스러운 정당질서를 바로 세우기 위하여 정당을 법제화하여 남한의 민주정당 육성 및 민주정치체제의 기반을 다지고자 하였다. 미군정청은 점령 초기에는 좌익과 우익 정당의 자유로운 활동을 인정하였으나 제1차 미소 공동위원회가 실패로 돌아가고, 정치적 목적을 가진 단체들이 다수 결성되자 1946년 2월 20일 법령 제55호로서 정당의 등록, 관리규정, 당원의 자격 및 활동제한을 내용으로 하는 '정당에 관한 규칙'을 제정, 공포하였다.[39] 이 규칙은 좌익계열 정당들이 파괴활동을 계속함에 따라 이를 규제할 목적으

---

39) 법제처, 『군정법령집』(1962), 21-24쪽.

로 정당등록을 통하여 정당의 인적·물적 기초상황을 파악함과 동시에 부적절한 정당 활동을 제한하려는 목적이 있었다. 이 규칙의 시행은 한편에서는 정당 활동에 관한 제도적 틀을 마련하는 계기가 되었다.

2) 규칙의 주요 내용

정당에 관한 최초의 법령인 이 규칙에서는 정치활동을 행할 목적으로 단체 또는 협회를 조직하려는 사람은 정당의 명칭, 정당의 목적, 간부의 성명, 사무소의 소재지 등을 명기하여 등록할 것을 요구하였다. 미군정청은 다음의 조문에서 보는 것처럼 '어떤 형식으로나 정치적 활동에 종사하는 자로써 된 3인 이상의 각 단체'를 정당으로 규정하였다. 정당의 개념을 제시한 것은 아니나 적어도 정당설립을 위한 외형상의 형식요건을 제시하였다는 데 그 의미가 있다.

이 규칙에서 흥미로운 점은 제1조 (나)항의 등록 장소 부분에 있다. 미군정청은 남한에 진주한 지 5개월여 만에 정당통합(합동)과 관련하여 초기 제도화를 시도, 합당하려는 정당들이 등록해야 할 장소를 지정한 것이다. 활동영역이 도계(道界)를 넘거나, 도계를 넘는 합당의 경우에는 서울의 군정청 정무국에 등록하고, 그렇지 않은 경우에는 각 도(道) 도청을 등록 장소로 한 것이다. 또 (다)항의 등록사항 ⑥에서도 과거 60일간 자기 정당과 합동 또는 협력한 정당의 명칭 주소 및 정당기구를 기재할 것을 규정함으로써 정당조직 및 인맥 등 정당구도를 파악하고자 하였다. 따라서 이 규칙의 제정이 갖는 의미는 좌익정당에 대한 규제와 각 정당 실태 파악 이외에도 합동(합당)의 경위 및 내용을 파악하기 위하여 합당 관련 조항을 두었다는 것에 있으며, 이 조항이 정부 수립 후의 헌법과 정당법에 포함되었다는 점에서도 의미를 찾을 수 있다.

미군정청 법령 제55호 정당에 관한 규칙(USAMGIK Ordinance No.55)

제1조 정당의 등록

(가) 등록의무자

정치적 활동을 행할 목적으로 단체 또는 협회를 조직하여 어떤 형식으로나 정치적 활동에 종사하는 자로써 된 3인 이상의 각 단체는 이전 등록 보고한 이외에 정당으로서 등록할 것.

단체 또는 협회의 명의로나 단체 또는 협회가 행한 활동이 공론, 서면 혹은 구두 형식의 일반선전 또는 일반적 행동을 포함하여 그것이 법률, 정체기구(政體機構), 역직원(役職員)의 선발, 추천, 선임 및 임면, 시정, 제반 수속법률의 제정, 집행, 시행을 포함한 정부의 정책, 대외관계와 국민의 권리, 권력, 의무, 자유 및 특권에 대하여 통치와 관련하여 영향을 미치는 경향이 있을 때는 정치적 활동이 됨. 이러한 정치적 영향을 미치기 쉬운 활동을 은밀히 행하는 단체 또는 협회는 자(玆)에 금지함.

(나) 등록 장소

정당이 일도(一道)의 구역을 초월하여 그 활동력을 확충하거나 각자의 도계를 초월하여 활동하는 타 정당 또는 타당분파로써 여하한 방법으로든지 합동할 경우에는 서울군정청 공무국이 등록 장소가 되고 만약 정당이 자당의 활동을 도 외에 확충치 아니하거나 일도의 구역을 초월하여 활동하는 타 정당 또는 타 정당분파와 합동치 아니하는 경우에는 해도 도청을 등록 장소로 함.

(다) 등록사항

각 정당은 당수의 서명 날인으로써 정확함을 증명한 좌기 사항을 등기우편으로 제출할 것.

① 정당의 명칭 또는 칭호 및 기호
② 당헌 또는 당의 목적을 표명하는 포고문, 공연히 또는 은밀히 당과 결합한 인원을 표시하는 기왕 발부한 각종 서류 일부를 포함한 것.
③ 당내에서 보통당원 이상 다른 직무를 처리하거나 다른 권능과 세력을 행사하는 당원의 당내지위 및 성명, 만약 정당이 일 개소 이상에서 활동할 때에는 그 장소에서 행한 행동에 책임담당 당원의 성명과 그 지위, 정당이 지부 또는 소속 단체를 통하여 활동할 때에는 그 장소 및 그 당원의 성명 및 지위를 개별적으로 기입할 것. 이 지부 또는 소속 단체라 함은 그 정당이 지배하거나 또는 금품물질 기타 원조를 제공함을 말함.
④ 정당 또는 정당의 일부가 제반 회합재료의 준비사업 수행 및 기타 목적을 위하여 과거 60일간 실제로 사용할 제 사무소의 정확한 주소 및 장소의 기재, 정당이 우편물을 접수할 장소 또는 정당본부로 등록할 장소도 기입할 것.

⑤ 정당의 조직시일 및 정치적 활동 개시일

⑥ 과거 60일간 자기 정당과 합동 또는 협력한 정당의 명칭, 주소 및 정당기구의 명확한 기재.

⑦ 정당원 수. 지부가 있을 때에는 각 지부의 당원 수, 정확한 숫자를 알 수 없을 때에는 현재 활동하고 있는 인원의 개략적인 수, 정당에 대해 현금을 각출한 자의 수와 별도로 재정적으로 그 당의 활동을 원조한 자의 수와는 구별하여 보고하여야 함.

(라) 등록 시일

본 조에 의한 등록은 상술 제반 신고사항을 기입한 등기우편으로 1946년 2월 28일 이전에 등록관서에 우송 완료할 것.

제2조 정당관리규정

(가) 정당사무소

각 정당은 공칭하는 당명을 보유할 것.

신본부사무소는 정확한 주소와 제반 기재사항이 등기우편을 통하여 등록될 때까지 등록부에 기록한 본부를 이전치 못함.

각 정당은 각 지부 또는 합동된 정당의 사무소를 등록할 것.

각 정당본부가 신주소의 등록 없이 본부 혹은 지부의 사무소를 이전하는 경우에는 공보국장은 해당 정당의 해체를 명할 수 있음. 해체명령 후에 행한 해당 정당간부 또는 당원의 정치활동은 본령에 위배됨. 단 해체사무 또는 공보국장이 발부한 규칙에 의하여 정당의 등록을 갱신할 때에는 차한에 부재함. 본 조 규정을 준수치 아니하고 공연히 또는 은밀히 정치적 활동을 하는 단체에 가담한 자는 본령에 위배함.

(나) 당 자금 회계

각 정당은 전 자금과 재산에 대한 정확한 회계를 장부에 기입할 것. 이 회계부는 당사무소에 안전히 보관하여 서명 날인한 이 검열담당위임장을 소유한 관리가 공보국의 권한을 대행하여 검열할 때는 집무시간 중 하시라도 이용할 수 있게 할 것. 당은 재산과 수입 지출에 관한 정확한 보고서를 당년 각기 최후일 이전에 등기우편으로 관할등록관서에 제출할 것. 이 보고서에는 당에 대하여 자금 또는 가치 있는 물자를 기부한 각 인의 성명주소(또는 기부의 타 출처)와 각 기부금액을 기입할 것. 제반 수입의 실제출처와 제반 지출의 최후 수납자도 알 수 있으면 특기할 수 있음.

(다) 부칙

공보국은 정당관리부칙을 발포할 수 있음.

제3조 당원

(가) 무자격자

법률상 공직에 임할 자격을 상실한 자는 누구든지 정당의 당원이 됨을 불허함. 외국에 국적을 둔 자는 당원이 됨을 불허함. 은밀 입당은 위법이 됨. 당원 이외 타 출처로 오는 기부 또는 직접간접의 재정상 원조는 결코 합법적으로 수락할 수 없음. 이 금령을 공모하여 범한 자는 이 법령에 위반됨.

(나) 제출시일

각 정당은 당원거주지 각 도지사에게 당원의 정확한 주소를 기입함. 해당 도거주당원의 정확한 명부를 등기우편으로 제출할 것. 이 명부에는 각 당원이 서명 날인할 것. 이 제출은 1946년 3월 30일 이전에 등기로 우송 완료할 것.

제4조 민·형사책임

보통당원 이상의 직무를 처리하거나 다른 권능세력을 행사하는 당원은 각각 연대하여 이 법령에 위반하는 행위에 대하여 민사책임 또는 형사책임을 부담함. 등록 또는 당 보고에 고의로 허위의 진술을 하는 것은 이 법령에 위반함.

제5조 이 법령의 규정에 위반하는 자는 관할재판소에서 치죄하여 재판소에서 언도하는 형벌에 처함.

제6조 이 법령은 자에 공포시일 야반에 효력이 발생함.

　　1946년 2월 20일
　　조선군정장관 미국육군소장 A. L. 러치(Archer L. Lerch)

이 규칙의 내용을 정리하면 ① 정당등록제 ② 비밀정당의 결성 및 은밀 입당 금지 ③ 당 자금회계 보고 ④ 행정처분에 의한 정당해산 ⑤ 당원 자격 규정 ⑥ 당비 외의 정치자금 불인정 ⑦ 당원명부 및 당원주소 제출 ⑧ 당원의 민·형 사상의 연대책임제 등이다. 이 중에서 정당등록제와 비밀정당의 결성 및 가입금 지는 현재까지 정당법의 기본골격으로 유지되고 있다.[40]

---

40) '정당에 관한 규칙'은 제공화국이 성립된 후에도 계속하여 적용되었다. 제헌헌법에서 정당에 대하여 일
　　체의 규정을 두지 않음으로써 정당은 일반사회단체의 하나로서 정치적 주장을 하는 결사체로 계속 취급

4. 규칙제정 이후

'정당에 관한 규칙' 제정 이후 두 가지 현상이 나타났다. 하나는 좌익계열정당·단체들의 반대결의가 이어진 것이고 다른 하나는 정당의 결성이 이어진 것이다. 규칙 발표 후 불원간 정부가 수립되고 통치권의 이양이 있을 것을 예상한 정치인들이 정당 결성에 나서게 되면서 정당의 설립이 이어졌다. 이 규칙에 대하여 좌익계열은 정당등록제가 정치활동을 규제할 뿐만 아니라 민족통일운동을 분열시킬 위험성이 있다고 비난하였다.

특히 규칙의 내용 중 제1조의 (가) 등록의무자 부분에서는 정치적 영향을 미치기 쉬운 활동을 은밀히 행하는 단체 또는 협회에 대해서는 정치활동을 금한다고 규정하였기 때문에 부정적 영향을 받게 될 것을 우려한 독립동맹 등 민주주의민족전선 산하 40여 개 좌익계열 정당·단체는 공동성명을 발표, 정당등록제를 반대하였다. 이들은 시내 남산공원광장에서 개최된 3·1운동기념시민대회에서 동 규칙에 대한 반대결의를 하기도 하였다.[41]

하지 중장은 '정당에 관한 규칙'을 발표한 후 등록된 여러 정당에 대하여 "대부분의 경우, 이들 정당의 목적은 멍청하기 이를 데 없는 것이며, 공통의 견해라고 한다면 일본인 재산의 압수, 조선으로부터 일본인의 즉시 추방, 즉시 독립과 자치의 실현 정도였다."고 논평하였다. 국민들의 자주독립에의 열망은 뜨겁지만 대다수의 지도자들은 공산주의에 대항할 만큼의 자유민주주의에 관한 지식도 없거니와 사상적 무장도 되어 있지 않았으며 정부형태 등 정부 수립 및 정책 등에 관해서는 언급이 없어 실망스럽다는 뜻으로 해석할 수 있다. 하지 중장은 또 본국에 보낸 보고서에서 "여론조사에 의하면, 급진적 선전이 부분적으로 성공을 거두고 있으며, 보수주의자들의 삐라나 팸플릿은 실로 멍청한 것으로서 구체적 강령이나 명확한 행동 하나 규정하고 있지 않다."고 지적, 당시의 좌익·우익정당들의 활동상황을 간접

받게 되었다. 예를 들면 1956년 창당된 진보당(대표자 조봉암)은 1958년 2월 25일 정부가 동 규칙을 적용하여 취소를 결정함에 따라 그 등록이 취소되었다.

41) 미군정청은 1946년 4월 26일 정당등록법 일부를 수정하여 당원명부제출 조항을 삭제하였다.

적으로 전해 주고 있다.[42]

제6절 독립촉성중앙협의회

1. 결성 배경

1) 결성 전의 상황

이승만이 귀국하기 전 국내에는 2개의 기구가 중심이 되어 크고 작은 정당·단체의 통합운동을 주도하고 있었다. 하나는 고찬, 오기열, 백남신, 손공린, 현우현, 송병무, 김려식 등이 조선건국협찬회를 중심으로 결성한 정당합동준비위원회(각정당통일전선)이고, 다른 하나는 이갑성, 명제세, 김성숙, 박문희, 이극로, 임화 등이 비정치단체를 중심으로 하여 모인 정당통일기성회이다.

조선건국협찬회 등 27개 정당 및 사회단체(24개의 가맹단체와 3개의 지하운동단체)는 1948년 9월 26일 동 협찬회를 중심으로 정당난립을 막고 정당의 통합을 위하여 시내 종로 기독교청년회관 강당에 모여 각 정당, 통일전선 결성대회를 개최하였다.[43] 이들 27개 단체는 10월 5일 시내 영락정 소재 통일전선결성 본부회관에서 35인의 결성준비위원회를 열고 선언과 결의안을 작성하고 각 부서의 임원을 결정하였으며 정당의 통합을 기초로 민족통일전선을 결성할 것이라고 선언하였다. 통일전선운동 전개방침에는 정당통합의 제1기에는 주의, 정강, 정책이 유사한 정당의 급속한 합동을 촉진하라는 내용이 포함되어 있었다.

---

42) Supreme Commander for the Allied Power(SCAP), *Summation* no.1, 180쪽.

43) 조선건국협찬회는 12개 정당단체를 건의단체로 하여 1945년 9월 12일 기독교청년회관에서 각 당 통일전선 결성을 호소하는 성명대회를 마쳤으며, 다시 15개 가맹단체 대표를 추가하였다.

민족통일전선운동 전개방침

가. 민족통일전선구성을 목표로 한 제 집결체의 단일화를 기함.
나. 민족통일전선의 결성을 목표로 하고 좌기와 여한 수단계의 운동을 전개함.
제1기 : 주의정강, 정책이 유사한 정당의 급속한 합동을 촉진할 것.
제2기 : 조선건국의 기초적인 중심집결체(제1기 합동단체)를 모체로 하여 당면의 공동
　　　　투쟁목표인 조선자주독립의 완성을 위하여 민족통일전선의 결성을 기함.

10월 20일 시내 국일관에서 각 정당단체 및 대표 50여 명이 모여 각 정당의 해체를 전제로 하는 합동안이 상정되었다. 이 자리에서 정당합동준비위원회의 결성이 결의되었으며 다음 날인 21일 개최된 준비위원회에서도 이 안건이 가결되었다. 이들 정당 대표는 10월 25일 시내 모처에서 개최된 제3차 회의에서 단일당 결성에 의견이 일치되어 14개 정당은 해체를 전제로 하여 하나의 신당조직을 추진하기로 하고 신당의 당명, 정강정책, 규약 등을 작성하기로 합의하였다.[44]

한편 각당통일기성회 주최 각정당행동통일위원회는 10월 14일 오후 2시부터 시내 경운정의 천도교 강당에서 43개 정당 대표자회의를 개최하였다. 각 정당 및 단체 대표 120명이 참석한 이 자리에서는 일본인 재산의 매매 금지 및 거주 제한, 38선 문제, 소작료 문제 등 여러 현안 등을 논의한 뒤, 국민당대표 명제세, 조선공산당대표 오태석, 민주당대표 오하영의 3인을 선정하여 각 정당통일을 기하는 같은 성질의 4개 단체에 대하여 합류하기를 권고할 것을 위탁하고, 주의와 정책에 있어서는 대동소이한 정당의 합류를 종용할 것을 결의하였다. 이갑성이 사회를 본 이날 회의에서는 '정당행동통일위원회'를 발족시켰다.

이처럼 미군정청은 '조선인민공화국'을 무력화시키기 위하여 한국민주당을 주축으로 정당 간 통합분위기를 조성하고자 43개의 정당 대표들이 모인 가운데 정당행동통일위원회를 조직하도록 하였다.[45] 그러나 이 중 33개 정당이 탈퇴한데다 한국민주당이 조선인민공화국이 존재하는 한 참석할 수

---

44) ≪자유신문≫, 1945년 10월 27일자.
45) 김운태, 『미군정의 한국통치』(서울: 박영사, 1992), 98쪽.

없다고 하여 결국 10월 말에 이르러 조선인민공화국과 한국민주당의 통합은 성사되지 못하였고 더 이상 진전되지도 않았다.

난립된 각 정당·단체를 통합하려는 미군정 측의 계획이 실패로 돌아가자 하지 중장은 해외에서 독립운동에 헌신한 이승만과 김구 등 지도자들을 귀국시켜 정당통합을 추진하는 쪽으로 방향을 바꾸고 이들의 조속한 귀국을 미국 국무성에 건의하였다.[46] 이후 각 당파는 이승만과 김구의 귀국에 즈음하여 이들 지도자들을 서로 자기편으로 영입하려 하였다.

2) 이승만 박사의 귀국과 정당통합 필요성 역설

국내의 정당·사회단체들이 독립정부 수립을 촉진하기 위하여 입장을 정리하고 광범한 정당통합운동이 전개되고 있는 중에 이승만 박사가 미국에서 귀국하였다. 이승만은 일본항복 후 바로 귀국하려 하였으나 남한 내 미군의 정책수행에 여러 가지 문제가 야기될 수 있다고 판단한 미국 국무성의 귀국일정 조정으로 인하여 귀국이 늦어졌다. 귀국길에 오른 그는 일본 도쿄(東京)에서 3일간 체류하는 동안 연합국 최고사령관 맥아더를 만났으며 10월 16일 오후 5시 맥아더 사령관의 전용기를 타고 33년 만에 귀국하였다.

10월 17일 하지 중장의 안내를 받은 이승만은 군정청 제1회의실에서 국내외 기자단과 회견하는 자리에서 자신은 개인 자격으로 왔다고 밝히고 독립을 위하여 모두가 초당파적으로 대동단결하자고 강조, 정당통합의 필요성을 강조하였다. 그는 오후 7시 30분부터는 경성중앙방송을 통하여 귀국보고를 하면서 모든 정당과 당파가 협동하여 조선의 완전무결한 자주독립을 찾는 것이 자신의 희망이라고 말하여 정당통합운동에 임하겠다는 의지를 표명하였다.[47]

이승만 박사가 귀국하자 각 정당행동통일위원회의 활동은 이승만을 중심으로 하는 민족통일전선 결성으로 방향이 옮겨지게 되었다. 당시 국민들은

---

46) 견학필, 「미군정과 한국의 정치발전에 관한 연구」, 40쪽.

47) ≪매일신보≫, 1945년 10월 18일자.

이승만이 개인 자격으로 귀국하였음에도 불구하고 미국정부의 주선으로 귀국한데다가 맥아더와 하지의 환대를 받았기 때문에 그가 미국의 지지와 원조를 얻어 남한 정부를 이끌어 나갈 것이라고 보았다. 이승만의 귀국 후 각 정당에서는 그의 명성과 영향력을 빌려 당세를 확장하고 정당통합운동의 기선을 잡고자 하였으며 이승만 또한 '국민의 단합과 정당통합'을 정치이념으로 내세우고 정당통합운동에 앞장서게 되었다.

2. 결성 경과

1) 정당합동준비위원회 결성

이승만 박사의 귀국을 계기로 이전부터 활동하던 각 정당 행동통일위원회는 더욱 적극적인 움직임을 전개하여 1945년 10월 17일과 18인 양일간에 걸쳐 위원회를 속개하여 정당통합을 논의한 결과 '중요정당 당수회합의 건'을 의결하였으며 그 후 이갑성, 명제세, 박문희 외 다수의 교섭위원들이 각 정당의 당수를 상대로 정식 교섭을 시작하였다. 이들은 한국민주당의 송진우, 조선공산당의 박헌영, 국민당의 안재홍, 건국동맹의 여운형의 4자 회담을 주선하였는데 조선공산당의 박헌영, 국민당의 안재홍, 건국동맹의 여운형 등 3인은 참석하겠다고 하였으나 한국민주당의 송진우는 여운형이 조선인민공화국을 해체하지 않고 중경(重慶)의 임시정부를 지지하지 않는 한 그들과 회합, 회동할 수 없다고 답하였다.[48]

이승만의 귀국을 계기로 한국민주당이 임시정부 지지로 급선회함에 따라 정당통합운동에 균열이 생기는 듯 하였으나 각 정당통일기성회 주최로 4개 중요 정당의 영수회합이 실현되었다. 조선공산당의 이현상(박헌영은 신병을 이유로 불참), 한국민주당의 총무 원세훈·김약수, 건국동맹의 여운형, 국민당의 안재홍과 주최 측인 각 정당 통일기성회의 이갑성 등이 10월 19일 오

---

48) ≪매일신보≫, 1945년 10월 19일자.

후 2시 시내 황금정(현재의 을지로) 일본생명빌딩 2층에서 회동, 조선 전체의 이해문제에 관해서는 앞으로 각 정당이 행동을 같이하고 합심하여 독립을 촉진하자는 데 의견의 일치를 보았다. 그리고 그 행동에 있어서는 이승만의 의견을 들어서 실행하기로 하였다.

국민당, 신조선당, 대한인민정치당, 조선혁명당 등 14개 정당은 민족통일전선결성을 목표로 추진하여 오던 중 통일전선결성준비위원회의 주최로 10월 20일 오후 4시 시내 국일관에서 각 정당 당수 및 대표 50여 명이 회동, 연석회의를 열고 정당합동에 관한 논의를 하였다. '정당합동간담회'라는 이름하에 신조선당 이규갑의 사회로 진행된 회의에서 각 당 대표는 정당합동의 구체화를 위하여 논의를 전개하던 중 국민당 당수 안재홍이 민족통일전선의 구체화는 각 정당의 해체를 전제로 한 합동이 아니면 안 된다는 취지의 합동안(각 정당의 해체 및 통합안)을 제의하여 가결되었으며, 이어서 정당합동준비위원회의 결성안을 만장일치로 가결하였다. 이어 10월 21일 오후 1시부터 통일전선결성본부회관에서 제1차 위원회를 개최하여 각 정당의 해체를 전제로 한 합동을 결의하였다.[49)

2) 독립촉성중앙협의회 발기

정당통일에 노력하여 오던 정당통일기성회와 각 정당단체들은 이승만 박사의 귀국을 계기로 각 정당·단체 대표들이 모여 회담을 거듭하였다. 그 결과 1945년 10월 23일 오후 2시 시내 조선호텔에서 각 성낭 빛 사회난체 대표 200여 명이 회합을 갖고 통일과 자주독립촉구를 위하여 각 정당을 규합하는 대표기구로서 독립촉성중앙협의회를 결성할 것을 만장일치로 가결하였다. 이날 이승만은 60에 가까운 수의 정당이 난립하고 있는 상황을 의식한 듯 연설에서 각 정당 및 단체는 각기의 주의·주장을 내세우지 말고 한 덩어리로 뭉치자고 역설하였다.

---

49) 이날 대표를 내보낸 정당은 국민당, 신조선당, 대한인민정치당, 조선혁명당, 조선건국협찬회, 한국공화당, 삼일당, 한민자유당, 조선해방동맹, 조선건국협찬회, 한국공화당, 대한독립협회, 통일전선준비위원회 등이다.

이날 국민당, 건국동맹(후에 조선인민당으로 개편), 한국민주당, 조선공산당 등 각 정당과 문화단체에서 200여 명이 참가하였는데 이들은 초당적 이념에서 독립촉성중앙협의회의 결성에 합의하였다. 이날 조선의 즉시독립, 38선의 철폐, 신탁통치 절대반대 등 3개 항의 결의안이 채택되었다. 이에 이승만은 각 정당단체에서 대표 1명씩을 선출하여 합동위원회를 조직, 수일 내에 구체적 방법을 강구하자고 제안하였다. 이날 회합에서는 각 정당 대표 1명씩을 선출하여 후일 재회하기로 하고 회장에 이승만을 선출하였으며 간부 인선과 소집 및 기타 일체를 이승만에게 일임하였다.

그동안 각 정당·단체에서는 이승만을 각기 영수로 추대하겠다는 의사를 표명하였고, '조선인민공화국'에서도 그를 주석으로 추대하고 있었다. 이러한 추대에도 불구하고 이승만은 어느 단체에도 소속하지 않고 자신의 기반을 구축하기 위하여 각 정당·사회단체들로 구성된 독립촉성중앙협의회를 발족시키게 된 것이다.

국민대회준비회 대표의 알선으로 10월 17일 한국민주당, 조선공산당, 국민당의 3당대표가 회합하여 전선통일에 대한 회담에 합의한 바 있다. 이어 임시정부 지지와 이승만의 독립촉성중앙협의회와 동조할 목표하에 노력하던 한국민주당, 국민당, 조선공산당(이영을 당수로 하는 장안파)의 3당대표와 국민대회준비회 대표가 10월 24일 오후 2시 시내 동본사(동아일보사 건물)에서 회합, 회담을 거듭한 결과 중경(重慶)의 임시정부를 절대 지지할 것과 이승만을 회장으로 하는 독립촉성중앙협의회와 보조를 같이하기로 합의하였으며 다음 날인 24일 다음과 같은 공동성명서와 결의문을 발표하였다.[50]

3당 공동성명서

단기 4278년 10월 24일 오후 2시경 경성부 광화문통 동본사에서 한국민주당·국민당·조선공산당의 3당 대표와 알선자인 국민대회준비회 대표가 연석하여 지난 17일의 명월관 회담을 계속한 결과 만장일치로 좌와 여히 결의되었다(가나다 순).

　　국민당대표: 안재홍, 백홍균, 엄우룡, 한규연, 박용희, 김인현. 민대호
　　조선공산당대표(장안파): 이영, 최익한, 황욱, 윤형식, 서병인, 주진경

---

50) ≪자유신문≫, 1945년 10월 25일자.

한국민주당대표 : 송진우, 김병로, 백관수, 원세훈, 홍성하
알선자 : 김준연, 서상일, 강병순, 장택상, 설의식

　결의
○ 우리는 재중경 대한임시정부의 정치적, 외교적 활동을 전면적 적극적으로 지지함.
○ 우리는 재외 제 혁명단체의 수십 년간의 우리 민족 해방투생에 공헌한 위대한 업적을
　 지지함.
○ 우리는 대한임시정부의 환국을 촉진하야 국내 국외의 반민족분자를 제외한 민주주의적
　 인 각 당 각파와 제휴 연락하야 한민 총의에 의한 정식정부의 급속한 수립을 기함.
○ 한국민주당, 국민당, 조선공산당은 전 조선민족의 통일된 완전한 민주주의적 자주독립
　 적 정부 수립을 위한 준비로 국민의 총의가 반영되고 결집될 수 있는 국민대회준비위
　 원회를 구성함.

　부대결의
○ 우리는 독립촉성중앙협의회의 강력한 발족을 위하여 적극적으로 협력할 방법을 강구함.
○ 국민대회준비회 기구구성 연구위원 : 김준연, 최성환, 엄우룡, 최익한, 김병로

　정당합동준비위원회는 10월 25일 시내 제동 모처에서 제3차 회합을 열고 구체적인 민족총력집결체인 단일당 결성에 의견이 일치되어 14개 정당은 해체를 전제로 하고 하나의 신당 조직을 추진하기로 하였으며 당명과 정강·정책 규약 작성위원은 각 당에서 대표 1명씩 추천하여 전형위원이 결정하기로 하였다.[51]

　이처럼 주요 정당 대표들이 정당통일에 진력하여 왔으나 전선통일에 있어서 난관에 봉착하게 되었다. 그것은 국내 좌·우익 양대 진영이 임시정부 지지 또는 조선인민공화국 지지로 입장을 달리함으로써 이해관계가 상반되고 있었기 때문이다. 또 신탁통치문제까지 대두된 시점에서 어떻게 양대 진영을 합류시키느냐 하는 문제와 관련하여 각 정당 행동통일위원회에서는 10월 26일 오후 2시 30분 시내 황금정(黃金町) 일본생명빌딩 내 위원회본부에서 전체 위원회 회의를 개최하여 약 4시간 정도 토의하고 양대 진

---

51) 결의사항은 다음과 같다. ① 대한임시정부 절대지지 ② 조선신탁통치에 대한 반대 ③ 조선독립촉성중앙협의회에 대한 독립촉성정책 결의 ④ 민족통일전선을 목표로 하고 주의, 정강정책이 유사한 정당은 신단일당에 귀일하게 하는 방법론 ⑤ 신당조직운동에 대한 적극 추진책 ⑥ 민족전체대회소집건. 한편 10월 24일 현재 54개의 정당이 군정청에 등록하였다. Gregory Henderson, *Korea The Politics of the Vortex*(Cambridge: Harvard University Press), 131쪽.

영이 모두 납득할 수 있도록 독립촉성중앙협의회를 조직하여 달라는 내용
의 결의문을 이승만에게 전달하였다.

3) 조선공산당의 탈퇴

이승만의 귀국 후 그가 민족의 대동단결을 강조하자 정당통일운동은 더
욱 활기를 띠게 되었다. 이에 여운형은 이승만이 정당의 통일을 위하여 노
력해줄 것을 강력히 희망하였으며 실제로 그와 여러 차례 만나 정당통일문
제를 토의하기도 하였다.

그러던 중 이승만이 주도하는 독립촉성중앙협의회가 그 구성에 있어서
문제가 있다는 지적이 조선공산당으로부터 제기되었다.[52] 그러자 여운형이
이끄는 조선인민당도 중앙위원회를 열고 독립촉성중앙협의회 참가 단체의
성격에 대한 심사를 요청할 것과, 동 협의회에 북한의 정당 대표와 도(道)
행정위원장이 참가하도록 요청할 것을 결의하는 등 이승만이 주도하는 정
당통일운동에 견제를 가하게 되었다.

이승만은 1945년 10월 31일 박헌영 조선공산당대표를 시내 돈암장으로
초청하여 통일전선결성에 관하여 논의하였는데 두 사람은 동 협의회에서
친일파를 제외시키면 협력할 수 있다는 데 원칙적인 합의를 보았다. 한편
국민당에서는 11월 1일 동 협의회를 유일한 통일협의기관으로 하여 통일정
당의 결성이 이루어진다면 무조건 당을 해체할 용의가 있음을 선언하였다.

독립촉성중앙협의회의 결성을 위한 제2차 각 정당 단체 대표자회합이 11
월 2일 오후 2시 시내 경운정 천도교 강당에서 열렸다(사회자 이승만). 이
모임에는 4대 정당 대표들과 50여 군소정당 및 단체 대표들 수백 명이 참
가하였다. 이날 모임은 회원 자격에서 민족반역자를 제외시키기로 하고 이
승만에게 집행부의 구성을 일임하였으며, 조선의 즉시 독립과 38선의 철폐
및 신탁통치 절대반대 결의서도 채택하였다.[53] 그런데 조선공산당은 다음

---

52) 심지연, 『인민당연구』(서울: 경남대학교 극동문제연구소, 1991), 46쪽.

53) 재일본 정치고문 대리 애치슨이 11월 12일자로 작성하여 미 국무장관에게 보낸 전문에는 독립촉성중앙
협의회가 11월 2일 경성(서울)에서 회합을 갖고 4대 연합국에 보낸 결의문의 내용과 관련하여 명목상

날인 11월 3일 전날 있었던 제2차 독립촉성중앙협의회에서의 논의 내용에 대하여 이의를 제기하는 반대성명을 발표하였다.

조선공산당은 자신들이 이승만과는 정치적 입장에 큰 차이가 있음을 밝히고 일본제국주의 세력과 친일파를 완전히 제거한 후에 통일정부를 수립할 것을 새삼 강조하였다. 이에 따라 독립촉성중앙협의회가 채택하였던 3개항의 결의문은 이승만, 안재홍, 여운형, 이갑성, 박헌영 등 당시 국내 각 정파의 최고 지도자들로 구성되는 수정위원회를 거쳐 각 연합국에 발송하기로 하였다.

독립촉성중앙협의회는 11월 3일 비공식으로 수정위원회를 열어 11월 2일 결정된 결의서의 자구(字句)를 수정한 후 4일 미국, 영국, 중국, 소련 4개국에 발송하였다(수정위원회에 박헌영은 불참). 이 경우에 있어서도 좌·우익의 정파 간 의견대립이 이어지자 이승만은 서로 합심하여 하나가 될 것을 호소하였으나 박헌영은 이를 반박하면서 무조건 하나로 뭉치자는 것은 통합의 무원칙론이라고 말하고 그러한 통합은 친일파, 민족반역자들까지 들어가는 것이니 친일파, 민족반역자들을 제거해야 한다고 주장하였다. 박헌영은 또 이승만이 뭉치자고 하면서 오히려 좌파진영의 항일투쟁사들을 배격한다고 주장하였다. 이처럼 보수적, 반공적 사고를 가진 이승만과 공산주의 이념을 가진 박헌영은 이념적 측면에서 볼 때 서로 힘을 합치기 어려웠다.

조선공산당은 민족통일전선의 강령 중 특히 세 번째 조항을 문제시했다.

으로는 4대 연합국에 보낸 것이지만 그 내용은 미국에 보낸 것이라 볼 수 있으며 주요 내용의 하나는 임시정부의 승인을 촉구하는 것이라고 보고하고 있다. 미 국무성 비밀외교문서(김국태 역), 137–138쪽.

일제(日帝) 잔존세력과 친일파 민족반역자에 대한 투쟁 관련 언급이 없으며 있다 하더라도 애매모호한 표현인 반민족적 분자 제외 운운해 놓고는 덮어 놓고 한데 뭉치라고 하였다는 것이다.[54] 조선공산당은 11월 5일 독립촉성 중앙협의회를 탈퇴한 후 이승만을 공격하기 시작하였는데 이러한 좌익의 이승만 공격은 10월 20일의 미군환영대회에서 그때까지 침묵을 지키고 있던 이승만이 소련군의 북한점령을 공격한 것도 주요한 요인으로 작용한 것으로 지적되고 있다.[55]

조선공산당이 결의서의 내용에 대하여 이의를 제기한 지 4일 후인 11월 7일 이승만은 중앙방송을 통하여 '조선인민공화국'이 자신을 주석으로 선정한 것에 대해서는 감사하나, 자신은 임시정부의 한 사람으로서 임시정부와의 타협 없이는 관계할 수 없다며 조선인민공화국 주석 수락을 거부하였다.

해방 직후부터 좌익과 우익으로 나뉜 크고 작은 정당들이 통합운동을 전개하면서 이승만과 임시정부 쪽으로 우왕좌왕하다가 이승만의 좌익배척선언과 임시정부 요원들의 조선인민공화국 각료직 취임거부로 정국은 보다 분명하게 좌·우로 갈라지게 되었다.

4) 독립촉성중앙협의회의 결성 및 변모

박헌영이 이끄는 조선공산당이 독립촉성중앙협의회에서 친일파, 민족반역자를 제거하라는 명분을 내세워 이탈함으로써 정당통일전선은 붕괴되었다.

독립촉성중앙위원의 좌익과 우익의 비율은 우익 24명, 좌익 15명으로 되어 있었다. 이에 좌익은 처음부터 독립촉성중앙협의회를 반대하고 독자적 태도를 표명하고 나섰다. 좌익 측이 조선인민공화국 지속론을 주장하고 독립촉성중앙협의회 결성반대 입장을 취하자 이승만은 모든 좌익세력을 배척하게 되었다.

---

54) 조선산업노동조사소 편, 『옳은 노선을 위하야』(서울: 우리문화사, 1945), 6쪽. 이 책자의 내용은 萩原 療(編), 『北朝鮮の極秘文書(1945年 8月－1951年 6月』(大阪: 夏の書房, 1996)에 전재되어 있다. 참고로 조선산업노동조사소는 조선공산당의 외곽단체이다.

55) 이기하, 「광복정국과 정당의 홍수」, 이기하 외, 『한국의 정당』(서울: 한국일보사, 1987), 99쪽.

조선인민공화국이 미군정과 이승만에 의하여 배척되자 좌익 측은 고립을 면하기 위하여 새로운 책략을 펴기 시작하였다. 조선인민공화국의 허헌은 임시정부 요인들이 환국하자 바로 이들을 방문, 임시정부와 조선인민공화국의 통일공작을 시작하였다. 그러나 김구, 김규식이 조선인민공화국의 중앙위원 취임을 거부함에 따라 이들의 의도는 어긋나게 되었다. 이승만이 좌익을 배척하자 조선공산당과 조선인민당은 물론 임시정부의 조소앙, 그리고 공산주의자로서 신한민족당 결성을 추진 중이던 권태석 등이 이승만을 비난하고 나섰다.

이승만은 자신과는 별도로 민족통일운동을 구체화시키고 있는 임시정부 계열 인사들에게도 동참을 요구하고 12월 17일에는 독립촉성중앙위원회를 열어 민족통일정권 수립을 논의하였으나 좌익은 물론 임시정부 측에서도 외면하였다.[56] 김구는 임시정부가 독립촉성중앙협의회와 합류한다면 임시정부의 기본정책이 변한다는 점을 들어 이 기구의 합류를 거부하였다.

이처럼 처음 가담하였던 좌익진영이 분리되어 나가고 임시정부마저 외면하자 이승만을 중심으로 하는 우익세력이 주축이 되어 독립촉성중앙협의회를 구성하였다. 그러나 이 기구는 통합된 정당단체가 아니었고 다만 각 단체의 정치적 연합체이기 때문에 산하단체에 대하여 통제를 할 수는 없었다. 따라서 각 산하 정당단체들은 그들의 당리당략에 따라 그 뒤 이합집산을 거듭하게 되었는데 이러한 사정 때문에 이승만은 국민적 인기에도 불구하고 어느 지도자들보다도 확고한 정치기반을 갖지 못하게 되었다.

해방정국에서 주도권을 장악하기 위하여 이승만은 확고하게 자신을 지원하는 세력이 필요하였으나 처음부터 좌우 양 진영이 자신을 지지하고 나오자 어느 한쪽만을 받아들이는 식의 편파적 입장을 취할 수는 없었다. 무엇보다도 그는 이미 귀국 일성을 통하여 초당파적 입장을 견지하겠다고 밝혔

---

56) 이승만은 12월 17일 오후 3시 30분 돈암장에서 기자단과 회담하는 자리에서 독립촉성중앙협의회에 대하여 세상에는 동 협의회의 중앙위원이 선출된 것처럼 이야기하고 있으나 자신은 거기에 관계되지 않았을 뿐 아니라 자신의 의견이 반영되지 않았다고 말하였다. 이승만은 독립촉성중앙협의회는 정부가 아니며 임시정부가 승인받고 국권을 회복할 때까지 국권회복을 위하여 각 정당이 대동단결하여 뭉친 단체라고 말하였다.

기 때문이다. 그래서 좌익 측에서 요청하는 조선인민공화국의 수반직도 거부하고 한국민주당의 당수 추대 제의까지도 마다한 채 중립적 태도를 견지한 것이다.

좌익 측은 이승만이 자신들의 요청을 묵살하자 그가 친일파, 민족반역자를 옹호한다며 매도하였다.[57] 이에 이승만은 친일파와 민족반역자는 일소해야 하지만 우선 힘을 합해야 하며, 주권회복 후 재판을 해야 할 것이라고 반박하였다. 상황이 이렇게 되자 이승만은 한국민주당이 일부 친일파 인사 및 적극적으로 항일투쟁을 하지 않은 인사들로 구성되어 있어 마음이 내키지는 않았으나, 그들이 미군 당국과 손을 잡고 있는데다 국내 최대의 민족주의 세력의 집결체라는 점에서 그들(한국민주당)과 제휴하게 되었으며 독립촉성중앙협의회 간부진에 다수의 한국민주당 소속인물을 기용하였다.

이승만은 12월 17일 '공산당에 대한 나의 입장'이라는 방송을 통하여 조선공산당의 파괴주의에 대하여 다시 경고하였다. 그는 방송에서 조선(한국)은 현재의 형편상 공산당을 원치 않는데 이는 공산주의를 배척하는 것이라기보다는 공산당 극렬분자의 파괴주의를 원치 않는 것이라고 말하고, 그 이유는 공산주의 명목을 빙자하여 사익과 사욕을 위하여 국민을 기만 위협, 약탈하며 이른바 공화국을 조직하여 국민의 분열을 획책하기 때문이라고 하였다. 이러한 방송내용이 좌익계열의 반격을 받게 됨에 따라 독립촉성중앙협의회의 정당통일운동은 다시 난관에 봉착하게 되었다.[58]

그러는 가운데 12월 22일 김려식 중심의 정당합동준비위원회 산하 17개 정당단체만의 합동원칙이 결정되었다. 그러나 여기서도 각 정당 간에 당수 선출문제를 놓고 논란을 벌이다가 한국민주당과 국민당이 이탈하였다.

한편 미군정청의 방침에 의하여 개인 자격으로 귀국한 임시정부 요인들은 시내 경교장에 본부를 두고 당분간 정세를 관망하였다. 임시정부는 먼저

---

57) 조선인민당은 독립촉성중앙협의회가 정치적 공정성을 잃었다고 주장하고 그에 대한 대책 마련에 나서 12월 17일 중앙위원회를 개최, 대책위원으로 이여성, 이걸소, 김세용, 김오성 등 4인을 선출하였다. 그러나 결국 조선인민당은 이승만이 주도하는 정당통일운동에는 참여하지 않았다.

58) 이승만이 조선공산당을 비난하자 임시정부의 국무위원 성주식은 12월 20일 기자단과 회견하고 임시정부는 조선인민공화국은 물론 독립촉성중앙협의회와도 합작할 필요를 느끼지 않는다고 언명하였다.

130

김구, 김규식 등이 좌익 측이 급조한 조선인민공화국 중앙위원 취임을 거부한 것을 비롯하여 이승만의 독립촉성중앙협의회와의 합류도 거부한 뒤 독자적으로 특별정치위원회를 구성, 조소앙, 김붕준, 김성숙(金星淑), 최동오, 장건상, 유림, 김원봉 등 7명을 중앙위원으로 선임하였다. 고문에는 국내의 좌·우 양편의 각 정당의 지도급 인사들을 망라하였다.

우여곡절을 거치면서 독립촉성중앙협의회는 일부 우익세력만이 모인 가운데 1945년 12월 23일 결성되었다. 이날 밤 임시정부의 김붕준, 최동오, 김원봉, 김성숙 등과 국민당의 안재홍 위원장과 간부 10명이 제1차 회합을 가졌다.[59] 우익진영의 통합체인 독립촉성중앙협의회는 이 무렵 각 지방에 지부를 결성하여 전국적인 조직확대를 강화하고 있었다.

조선공산당은 이날 독립촉성중앙협의회와 지금까지 가져온 관계를 파기한다고 발표하였으며, 조선인민당 당수 여운형도 다음 날인 24일 이여성을 통하여 독립촉성중앙협의회가 반통일적 노선을 걷고 있으므로 통일전선의 결성은 임시정부에 기대할 수밖에 없다는 내용의 성명을 발표하였다.

3. 결성 이후

1) 미군정의 이승만 평가

독립촉성중앙협의회의 결성으로 지금까지 활발히 움직이던 국내 통일전선은 새로운 방향을 모색하게 되었고 일단 국내 정치활동의 발판을 굳히게 된 이승만은 정당단체의 통합작업에 나섰다. 이승만의 이러한 움직임은 미군정당국의 요구에 의한 것이었다. 물론 이승만 자신이 혼미한 정국을 어떻게든 정리하고자 하였던 의사를 가지고 있었으나 미군정당국은 독립촉성중앙협의회 조직을 배경으로 당시 국민적 지지를 받고 있던 이승만을 주축으로 남한 내의 모든 정치세력을 통합한 조직을 만들어 미군정의 자문기구로

---

59) 송남헌, 『한국현대정치사(1)』(서울: 성문각, 1980), 196쪽.

활용하고 나아가 과도정부 수립을 위한 권력기관으로 발전시킬 복안으로 발전시킬 계획을 가지고 있었던 것으로 밝혀졌다.[60]

이처럼 이승만 박사가 1945년 10월 16일 미국에서 귀국한 후 활발한 정당통합운동을 벌이자 일본 도쿄에 있던 맥아더 사령관은 미군참모총장 마샬에게 보낸 전문에서 이승만의 등장이 한국 내에서의 다양한 정당의 통합과 사상적 통일에 바람직한 영향을 미치고 있다고 평가하였다.[61]

2) 조선공산당과의 결별 이후

독립촉성중앙협의회는 그 후 모스크바 3상회의(1945. 12. 27.)에서 조선신탁통치안이 채택된 후 1946년 2월 반공단체와 우익정당을 규합한 대한독립촉성국민회에 합류함으로써 소멸되었다.

독립촉성중앙협의회 총본부는 2월 6일 시내 인사정(仁寺町) 중앙교회에서 지방도지부대표회의를 개최하였다. 이날 동 협의회 선전부원 김명동으로부터 이승만, 김구 두 사람이 독립촉성중앙협의회와 탁치반대국민총동원중앙위원회와의 합동문제에 대하여 전폭 지지한다는 발언을 하자 전원이 만장일치로 무조건 합동할 것에 찬성하였다.[62]

독립촉성중앙협의회와 탁치반대국민총동원중앙위원회는 2월 8일 시내 중앙 교회에서 개최된 지방대표회의를 계기로 이승만, 김구 두 영수의 승인하에 무조건 합체를 단행하고 대한독립촉성국민회로 새롭게 발족하였다.

---

60) 중앙일보사. 『발굴자료로 쓴 한국현대사』(서울: 중앙일보사, 1996), 178쪽.
61) 미 국무성 비밀외교문서(김국태 역), 앞의 책, 127-128쪽.
62) ≪조선일보≫, 1946년 2월 8일자.

 건준 세력 · 고려국민동맹 · 인민동지회 · 일오회의 합당(조선인민당)

1. 합당 배경

조선인민당은 조선건국준비위원회(건준)의 조직과 세력을 모체로 하여 고려국민동맹, 인민동지회, 일오회가 합당하여 결성된 정당이다. 합당 시 완전독립과 민주주의 국가의 실현 그리고 근로대중의 해방을 위하여 신당을 창당한다고 그 동기를 밝혔다. 실질적인 합당 배경은 박헌영 등 공산주의자들이 별도의 당 조직으로 세력을 확장하는 가운데 미군정당국이 '조선인민공화국'의 존재와 그 정통성을 부인하자 여운형이 이에 대처하기 위하여 정당단체를 규합, 또 다른 좌익세력의 집단화를 기도한 것으로 볼 수 있다.

2. 합당 경과

이른바 '조선인민공화국'이 성립(1945. 09. 06.)되면서 조선건국준비위원회가 해산되고 박헌영 등을 중심으로 하여 조선공산당이 결성되었다. 조선공산당이 결성되자 여운형계의 건국동맹은 조선건국준비위원회 세력과 고려국민동맹, 인민동지회, 일오회 등의 군소정당과 합당하여 조선인민당으로 발족하였다.[63] 발당식은 1945년 11월 12일 시내 경운정 천도교 강당에서 수천 명의 당원과 관계자, 방청객이 참석한 가운데 여운형의 사회로 진행되었다. 조선인민당은 좌파 극렬분자를 제거한 후 좌익과 우익 양 진영의 인사들로 조직되어 민주적 사회주의 노선을 취하고 대중정당을 표방하며 출범하였다.[64]

---

63) ≪중앙신문≫, 1945년 11월 13일자.

64) 조선인민당의 3대 강령: ① 조선민족의 총역량을 집결하여 진정한 민주주의 국가의 건설을 기함. ② 계획경제제도를 확립하여 전 민족의 완전해방을 기함. ③ 진보적 민족문화를 건설하여 인류문화 향상에

여기서 흥미로운 점은 조선인민당의 창당에 미군정당국이 관여, 창당을 권유하였다는 점이다.[65] 따라서 동 당은 성격상 좌익정당이면서도 조선공산당과는 일정한 거리를 둘 수밖에 없었고, 성향도 온건좌익을 지향하며 출범하였다.

3. 합당 이후

1) 조선인민당의 분열

조선인민당은 모스크바3상회의, 민주주의민족전선, 미소 공동위원회문제 등에 대처하는 과정에서 조선공산당과 보조를 맞추었으나 1946년 5월 좌우합작운동이 일어나자 좌익을 대표하여 그 운동에 참여함으로써 조선공산당과 민족진영 양측으로부터 비난을 받았다. 조선인민당은 온건좌파 성향을 보였으나 당내에 박헌영의 영향을 받는 급진좌파가 형성되면서 조선공산당의 영향력이 점증하였고 곧 조선공산당과 남조선신민당에 대하여 좌익 3당 합당을 제의하게 되었다.

그런데 3당 합당 과정에서 통합절차와 주도권을 둘러싸고 이들 3당은 각기 당 내부에서 합당찬성파와 합당반대파로 분열되었으며, 합당 찬성파는 좌익 3당의 통합신당인 남조선노동당으로 합류하고, 이들 3당 내의 반대파는 여운형과 함께 사회노동당 결성에 나서게 되었다. 조선인민당을 이끄는 여운형이 좌익 3당 합당 운동에서 이탈한 후 사회노동당을 조직함으로써 조선인민당은 창당 1년 만에 일부는 남조선노동당으로, 다른 일부는 사회노동당으로 흡수되면서 해체되었다.

<hr>

공허함을 기함.

65) Bruce Cumings, *The Origins of the Korean War: Liberations and the Emergence of Separate Regimes, 1945–1947*(Princeton, N. J.: Princeton University Press, 1981), 114쪽.

 임시정부 중심의 정당통합운동

1. 배경

이승만, 김구 등 해외 독립운동지도자들의 귀국을 계기로 우익진영의 정당통합운동이 전개되었다. 그러나 미군정당국이 후원하고 이승만이 중심이 되어 결성(1945. 12. 23.)된 독립촉성중앙협의회가 국민통합을 갈망하는 국민의 기대에 부응하지 못하자 여운형과 안재홍은 임시정부가 새로운 국민통합운동의 중심이 되어 줄 것을 기대하였다. 임시정부는 김구를 중심으로 조소앙, 김붕준, 김성숙(金星淑), 최동오, 장건상, 유림, 김약산(김원봉) 등 7명의 중앙위원과 좌익과 우익 양 진영의 국내인사를 망라하여 특별정치위원회를 조직하고 별도의 정치통합체를 모색하기 시작하였다.

2. 경과

1) 임시정부 요인 귀국

국내의 좌·우 여러 정당 및 단체가 행동통일문제와 임시정부 지지 여부문제로 대립되고 있던 중 1945년 11월 23일 대한민국임시정부요인 제1진(김구 주석 외 일행 15인)이 정부 자격으로 귀국하기를 포기하고 개인 자격으로 귀국하였다. 이때 미군정당국은 임시정부환영준비위원회 측에 김구 일행의 귀국사실을 사전 통고하지 않았기 때문에 환영행사나 환영인파는 없었다.

임시정부 요인들이 귀국하자 11월 24일 이들을 방문한 여운형은 방문 후일차적으로 이들에 대한 신뢰를 표명하였으나, 임시정부 측에서는 여운형이 '조선인민공화국'을 선포하여 임시정부의 법통을 부인한 데 대한 '불쾌함' 때문에 그를 신뢰하지는 않았다. 김구 주석은 이틀 후인 26일 이승만 박사를 만났으며 이어 여러 정당의 당수를 개별적으로 만나기 시작하였다. 김구는 이승만과의 회담이 끝난 후 가진 기자회견에서 정당들의 단일정당으로의 대동단결을 주장하는 다음과 같은 정치적 견해를 밝혔다.

김구 주석의 정당통합 관련 발언(요지)

① 조선 내의 정당 수를 몇 개의 유력한 정당으로 통합, 감소할 필요가 있다.
② 조선을 위해서는 민주주의 정체가 좋으나 공산주의가 될 가능성에 대해서는 무어라 말할 수 없다.
③ 미국과 중국에 경의를 표하며 조국의 북부를 해방해 준 소련에도 경의를 표한다.

임시정부 요인들의 귀국을 계기로 민족진영세력의 통합운동이 재개되었다.[66] 한국민주당은 11월 24일 임시정부의 핵심정치세력을 중심으로 당면한 자주독립국가 체제수립을 위한 국내 정당의 결합을 촉진시켜 단일정당 결성을 추진하자는 성명을 발표함으로써 임시정부 지지의사를 밝혔다.

임시정부의 귀국(제1진)과 함께 김구가 영도하는 한국독립당, 민족혁명당, 독립동맹 등 임시정부의 주축세력이 입국하자 '조선인민공화국'의 허헌은 임시정부를 방문하고 조선인민공화국과 임시정부의 통일공작을 시작하였으나 김구, 김규식 두 사람은 조선인민공화국 중앙위원에 취임하기를 거부하였다.[67]

여운형은 11월 27일 허헌과 함께 다시 임시정부 요인 숙소를 방문, 조선인민공화국의 탄생경위를 설명하고 김구, 김규식 두 사람이 조선인민공화국의 중앙위원으로 취임하여 줄 것을 요청하였으나 거절당하였다. 이로써 조선인민공화국과 임시정부의 통일공작 시도는 무위로 끝났다.

임시정부 요인 제2진(임시의정원장 홍진 외 22인)이 1945년 12월 2일 귀국하여 한미호텔에 여장을 풀었다. 이들은 다음 날인 3일 오전 경교장에서

---

66) 하지의 정치고문이었던 랭던(William R. Langdon)이 1945년 11월 20일자로 번스 미 국무장관에게 보낸 전문에서 제시한 '정무위원회 구상'(Governing Commission)에 의하면, 미군정당국은 임시정부세력을 중심으로 정무위원회를 구성하여 과도정부 자격을 부여하고 이들이 미군정을 계승토록 하며, 선거를 통하여 정권을 합법화시키려는 것이 당시 미국의 복안이었다. 미 국무성 비밀외교문서(김국태 역), 앞의 책, 150–151쪽.

67) 조선인민공화국에서는 전국인민위원회 대표자대회를 11월 20일부터 22일까지 시내 천도교회관에서 대표 100여 명이 참석한 가운데 개최하였다.

전 국무위원이 참석한 가운데 '첫 국무회의'를 개최하였다. 이날의 국무회의 개최는 군사정부 이외에 그 어떤 정부도 인정하지 않겠다는 미군정의 방침에 정면으로 도전한 것이다. 이날 오후 임시정부 간부들은 군정청으로 하지 사령관과 아놀드 군정장관을 방문하고 임시정부의 지위보장 여부를 타진하였으나 합법적인 정부로 인정할 수 없다는 부정적인 답변을 들었다.[68]

2) 정당통합운동의 역학

임시정부 요인들의 귀국은 새로운 정당행동통일을 위한 계기를 마련하였다. 특히 이갑성 중심의 정당통일기성회와 김려식을 중심으로 한 정당합동준비위원회는 유기적인 유대 위에서 각각 크고 작은 정당의 통합에 대하여 연일 신중한 토의를 거듭하였다.

임시정부 요인의 전원 귀국으로 정당통합운동이 활기를 띤 가운데 1945년 12월 4일 오후 1시부터 시내 황금정(黃金町) 입구 일본생명빌딩에 있는 정당통일기성회 사무실에 국민당, 한국민주당 등 39개 민족주의 정당·단체 대표 60여 명이 모여 정당통합을 위한 협의회를 개최하였다. 이날의 가장 중요한 의제는 '각 정당의 해체와 통인정당 결성에 관한 건'이었는데 토의결과 각 정당의 해체 및 통일안을 가결하였다.[69] 이갑성의 사회로 진행된 이날 회의에서 임시정부 외무부장 조소앙과 국무위원 장건상은 정당통일의 필요성을 절감한다는 연설을 하였다. 이들은 다음 날인 5일에도 모여 정당합동방법을 논의하였으며 10일에는 최종 결정권을 가진 13명의 전형위원(명제세, 오하영, 허강, 손봉조, 전공우, 이갑성, 박문희, 김법린, 남상철, 전진한, 김려식, 이규갑, 원세훈)을 선정하여 발표하였다. 이들 전형위원들은 구체적인 정당합동방법, 당명, 강령의 작성 등을 위임받았다. 그 후 이들은 정당합동준비위원회를 구성하였으나 곧 이갑성과 김려식 두 계파 간의 주

---

68) 이때 미군정당국이 임시정부를 승인하지 않은 것은 임시정부 내에서 공식적으로 '주미대사'의 자격밖에 없는 이승만에게는 오히려 유리한 측면이 있었다. 이승만이 독립촉성중앙협의회를 결성한 것은 바로 새롭게 국민적 대표성을 인정받으려는 계산이 깔려 있었다는 주장이 있다. 이한우, 『이승만 90년』(서울: 조선일보사, 1995), 228쪽.

69) ≪자유신문≫, 1945년 12월 5일자.

도권 다툼으로 벽에 부딪쳤다.

김구 주석과 임시정부 측의 움직임에 대하여 조선공산당 박헌영은 12월 12일 비판적인 발언을 하였는데 조선공산당의 이러한 태도는 김구와 임시정부의 정당통합노력이 결실을 맺지 못하게 된 하나의 요인이 되었다.

이승만의 귀국과 함께 전개된 정당통합운동은 독립촉성중앙협의회라는 기구를 성립시켰고, 김구의 귀국과 함께 전개된 정당통합운동은 특별정치위원회라는 기구를 성립시켰다. 좌익은 처음에는 이 두 개의 정당통합운동기구에 모두 참여하다가 나중에는 탈퇴하였으며 그 후 정치세력은 좌·우로 양분되었다.

김구는 임시정부의 법통문제를 이유로 이승만의 독립촉성중앙협의회와의 합류를 거부하고 자파 중심으로 비상정치회의를 결성하였으며, 일부 온건 좌익세력과는 합작을 시도하기도 하였다.

제9절 군소정당의 합당(신한민족당)

1. 합당 배경

해방 이후 난립한 정당단체들은 시간이 지나면서 그 독자적인 존립의 의미가 감소되고 조직유지에 적지 않은 비용과 다대한 노력이 필요하다는 현실적인 문제에 직면하게 되었다. 또 정당의 난립이 조속한 자주정부 수립에 장애가 될 것으로 생각하는 정당지도자들이 증가하면서 정당통합분위기가 일부에서 조성되기 시작하였다. 그 한편에서 군소 민족진영정당들의 통합이 모색되었는데 이들 정당들은 민족적 역량을 집결하며 자주독립을 기하기 위하여 합동을 하게 되었다고 그 배경을 밝혔다. 이러한 명분 이외에도 앞에서 언급된 별립의 의미 감소 및 조직유지비용에 대한 부담감이라고 하는 현실적인 이유가 적지 않게 작용하였다.

2. 합당 경과

1) 신한민족당 결성

정당의 난립과 이에 따른 정당통합운동은 이승만 박사의 귀국과 임시정부 요인들의 귀국을 계기로 정비되기 시작하였는데 그 경과는 다음과 같다. 대한인민정치당, 조선민주당, 대한신민당 등 3당의 대표자들이 1945년 10월 초순 시내 제동 모처에서 회합하고 민족단일당 결성을 협의하였는데 이것이 계기가 되어 그 후 국민당, 신조선당, 대한독립협회, 삼일당, 조선혁명당, 한국자유당, 한국공화당, 고려사회민주당, 사회민주당, 한국독립당, 조선해방동맹, 조선건국협찬회, 고려청년동맹, 혁명당 등 14개 정당이 민족단일당 결성운동에 합류함으로써 참여 정당·단체는 모두 17개가 되었다.

이들 정당·단체는 임시정부에 대한 지지 입장이나 서로의 정강·정책이 유사하다는 것을 발견하고 정당난립상황을 극복하여 합동하기로 의견의 일치를 보아 그간 시내 종로의 대한인민정치당 내에 정당합동준비위원회를 설치하고 임시의장 김규식 이하 각 정당 대표 1명이 위원이 되어 구체적인 방법을 토의하였다. 토의결과 11월 초에 각 정당에서 대표 10명씩 참가하여 결당식을 거행하기로 하였으며 각 정당은 신당 결당과 동시에 해체하기로 하였다. 정당합동준비위원회는 11월 25일 민족주의 진영의 단일정당 결성을 위하여 비참여정당들과도 교섭하였다.

이갑성 중심의 정당통일기성회와 김려식 중심의 정당합동준비위원회가 상호 유대관계 속에 각각 크고 작은 정당의 통합에 관하여 원칙적인 합의를 보았다. 약 4개월간 계속되어 온 우익진영의 정당통일운동은 김려식 중심의 정당합동준비위원회가 주체가 되어 대한인민정치당을 비롯한 18개 정당 대표가 참가한 가운데 1945년 12월 5일 합동에 관하여 의견의 일치를 보았다.[70]

12월 14일 오전 11시 민족단일당을 추진하여 온 18개 정당으로 구성된

---

70) 이기하, 『한국정당발달사』(서울: 의회정치사, 1961), 83–85쪽.

정당합동준비위원회와 정당통일기성회 소속 정당 등 민족진영의 22개 군소
정당 대표 155명을 포함한 200여 당원, 군정장관 아놀드 소장, 이승만, 홍
진, 조소앙 등 내빈이 참석한 가운데 시내 기독교청년회관에서 신한민족당
결당식이 거행되었다.[71]

먼저 김려식의 개회사가 있었고 각 당 대표 소개에 이어 임시전당대회
의장 선거를 실시하였는데 선거 결과 의장에 이규갑, 부의장에 김려식·이
갑성이 선출되었다. 이어 손공린의 경과보고, 각 당 공동해체선언문 낭독,
신한민족당 결당선언문 낭독이 있었으며 송공린의 경과보고에서는 한국민
주당 및 조선국민당과의 교섭 경위가 보고되었다.

그 다음 아놀드 군정장관, 이승만, 홍진, 조소앙 등의 축사가 있었고, 내
외정세 보고에 이어 정강·정책과 당헌을 가결하였고 당수 추천에 들어가
당수에 권동진, 부당수에 오세창을 추대하였다. 정강으로는 민족민주주의적
자주독립국가의 건설, 국가계획경제의 수립, 세계평화에의 협력 등을 내세
웠다. 이로써 약 4개월간 계속된 합당운동 끝에 일부를 제외한 우익진영의
통합이 성사되었다.[72]

2) 한국민주당과 국민당의 이탈

그러나 신당 신한민족당은 간부 구성에 있어서 일부 공산주의자들과 고
려청년당 등 좌익계열 인사들이 끼어들어 당 노선과 성격이 애매하다는 평
을 들었다. 이를 반증하듯 한국민주당은 임시정부를 절대 지지하는 정당 이
외에는 어느 당과도 통합하지 않겠다며 신한민족당으로의 통합에 참여를
거부하였고, 국민당도 임시정부를 중심으로 국내외의 혁명세력이 손을 잡아
야 한다고 주장하며 통합운동에서 이탈하였다.

---

71) 신한민족당은 민주한독당의 전신이다. 민주한독당은 권태석과 김일청 등을 중심으로 한국독립당 탈당파
   가 조직한 정당이다.
72) 발전적 해산을 하고 합당에 참여한 정당: 고려사회민주당, 신조선당, 조선혁명당, 대한신민당, 대한독립
   협회, 민일당, 조선민주당, 조선건국협찬회, 한국공화당, 신민당, 삼일당, 농민당, 한국자유당, 고려청년당,
   대한민정당, 조선해방동맹, 대한인민정치당(이상 17개).

3. 합당 이후

22개 정당의 합동으로 신한민족당(권동진, 오세창)이 1945년 12월 14일 결성되었으나 조선혁명당은 신한민족당 결성 불과 10일 후인 12월 25일 탈퇴하였다.

제10절 모스크바3상회의가 정당통합운동에 미친 영향

1. 모스크바3상회의

1945년 12월에 들어서면서 외신은 연합국이 한국을 비롯하여 과거 일본에 의해 점령되었던 지역을 신탁통치기구하에 둘 것을 토의할 것이라고 보도하기 시작하였다. 이러한 신탁통치계획보도는 국내에서 정당통합운동에 박차를 가하는 하나의 촉진제 역할을 하였다.

이승만·송진우·원세훈·백관수·함상훈 등 한국민주당 대표, 최익한·최성환 등 조선공산당(장안파) 대표, 국민당의 안재홍, 그리고 국민대회준비회의 서상일·김준연 등은 시내 돈암장에서 비밀리에 회합을 갖고 정당의 통일과 통일전선의 결성 및 신탁통치에 대한 대처방법을 협의하였다. 임시정부의 혁신계열인사인 성주식과 장건상은 이승만에 의한 좌익 배제와, 정당통합 실패에 대하여 좌익을 무시하고는 통일이 될 수 없다고 말하고 좌우 통합이 임시정부의 방침임을 확인하였다.[73] 12월 25일 열린 14개 정당의 정당합동준비위원회 제3차 회합에서는 임시정부에 대한 절대 지지, 신탁통치 반대를 위한 단일당 결성과 14개 정당의 해체를 결의하였다.

이러한 움직임에 아랑곳하지 않고 전후(戰後)문제를 토의하기 위하여 12월 27일 모스크바에서 개최된 3상회의(미국, 영국, 소련 3국의 외무장관회

---

73) ≪서울신문≫, 1945년 12월 21일자.

의)에서는, '한반도에 주둔하는 미국과 소련 양국군 사령관이 2주일 이내에 조선임시민주정부 수립을 원조하기 위한 회담을 열어 미소 공동위원회를 설치한다. 미국, 영국, 중국, 소련 4개국에 의한 최고 5년간의 신탁통치를 실시하도록 한다. 조선을 독립국가로 재건설한다.' 등의 내용을 담은 협정 문안 작성에 합의하였다.

2. 회의 합의내용이 준 파장

1) 신탁통치 반대운동

3상회의에서의 합의내용이 전해지자 좌익과 우익을 가리지 않고 모든 정당·단체가 즉시 신탁통치 반대운동에 돌입하였다. 임시정부는 각 정당과 사회각계를 망라하여 탁치반대 국민총동원위원회를 조직, 거족적인 반탁운동을 시작하였다. 그러나 좌익은 곧 신탁통치 찬성 쪽으로 태도를 변경(1946. 01. 02.), 찬탁운동에 나섰다.

임시정부는 비상국민회의를 통하여 남조선 대한국민대표 민주의원(약칭 민주의원)을 구성함으로써 비록 의결기관은 아니지만 자주적으로 선출된 국민대표 기관을 형성하는 한편, 신탁동치를 배격함으로써 독립국가를 건설하고자 하였고, 좌익은 '민주주의민족전선'을 결성하여 과도적 임시국회로 자처하는 한편 3상회의에서의 결정 사항인 신탁통치를 실현하여 그들의 정권 획득을 도모하였다.

2) 미군정의 정책전환 – 남조선과도정부 구성 및 입법의원 설치결정

임시정부 요인들은 비상국민회의를 소집, 신탁통치 반대를 위한 투쟁위원회를 결성하기로 하고 외국군정의 철폐 등을 주장하였다. 임시정부 요인들은 1945년 12월 29일 이래 미군정청 관리들이 결근을 하고 총사직할 태세를 보이자 이를 기회로 미군정을 접수 인계하고 미국 군인들을 축출하고자 하였다.

임시정부가 주도하는 반탁국민운동이 극치에 달한 12월 31일 오후 하지 중장은 조병옥에게 자신의 연락관을 보내 만나자고 전하였다. 그는 조병옥을 만난 자리에서 임시정부 요인들을 처치해야겠다고 말하고 그날 저녁에 방송될 원고를 보여 주었다. 원고의 내용은, 중국 중경(重慶)에 있던 임시정부 요인들이 귀국할 당시 미군정의 법규를 준수하고 질서유지에 협력하겠다는 서약을 하였음에도 불구하고 반탁운동을 빙자하여 미군정을 접수하고 미군의 축출을 획책하고 있기 때문에 당일 밤 0시를 기하여 인천소재 전(前) 일본군 포로수용소에 수용하였다가 중국으로 추방하겠다는 것이었다. 조병옥은 이를 반대하여 방송을 취소토록 하였고 하지 중장과 김구의 회담을 알선하였다.

하지 중장과 김구는 1946년 1월 1일 오후 2시 시내 반도호텔에 있는 미군사령부에서 회담을 가졌는데 회담결과 반탁운동은 계속 전개하되 질서파괴행위는 자제한다는 조건으로 합의를 보았다.[74] 한국독립당 선전부장 엄항섭은 방송을 통하여 질서를 파괴하는 반탁운동을 즉시 중지하라고 촉구하였으며 그 후 시내의 공공질서는 회복되기 시작하였다.

미군정은 이번 사태를 계기로 군정정책을 전환하게 되었다. 즉 '미군정부'(미군정청)라는 명칭을 폐지하고 '남조선과도정부'라고 개칭하는 동시에 군정 행정기관과 병립하는 입법의원을 설치하여 군정 의결기관으로 발족시킬 것을 결정하였다. 군정기구의 변혁에 따라 국(局)은 부(部)로 승격시키고 각 국(局)의 미국인 국장은 순수한 고문 격으로 두도록 하며 남조선과도정부의 각 부장이 자문하는 형식을 취하여 군정을 운영하기로 한 것이다. 미군정 행정기구의 변혁에 따라 남조선과도정부에는 성조기와 함께 태극기도 계양되기 시작하였다.[75]

---

74) 경찰관 대표들은 1월 1일 경교동 임시정부 요인 숙소를 방문하고 금후 모든 경찰관이 임시정부의 지령 하에 치안에 전력하겠다는 결의를 표명하였다.

75) 조병옥, 『나의 회고록』(군산: 해동, 1986), 159-161쪽.

3) 임시정부와 한국민주당과의 관계

그동안 임시정부는 주로 한국민주당과 연계를 맺고 우선적으로 정당통일을 위하여 노력하였으나 3상회의에서 신탁통치결정이 내려진 후 임시정부를 중심으로, 반탁운동이 전개되면서 한국민주당과 임시정부 사이에는 균열이 발생하기 시작하였다. 그러던 중 한국민주당의 송진우 수석총무가 1945년 12월 30일 일본의 동서연맹 조선지부의 후신인 사회민주주의위원회 주재자인 한현우에게 피살되는 사건이 발생하였다.[76] 한현우는 송진우를 신탁통치안의 주창자로 보고 살해하였다.

4) 정부 차원의 합작운동

조선공산당은 중국에서 간부진 다수가 돌아온 임시정부와 협력하는 데 진력하였다. 조선인민공화국 중앙인민위원회대표 홍남표, 정백, 홍증식, 이강국 등 4인은 1946년 1월 1일 임시정부대표 최동오, 성주식, 장건상 등 3인과 만나 통일정부 수립을 위한 통일위원회의 즉시 수립을 제의하였다.[77] 정당·사회단체들이 반탁운동에 돌입하자 조선인민공화국이 이날 임시정부 측에 공문을 보내 양측 전권위원회를 선정, 통일정부의 구체안을 추진할 통일위원회를 설치하자고 제의한 것이다. 그러나 임시정부 대변인은 이를 거부하는 성명을 발표하였다. 임시정부는, 송부된 공문이 '조선인민공화국 중앙인민위원회'로 되어 있어 서식상 접수할 수 없다며 반송하였다.

모스크바3상회의 협정에 대한 노선 차이 때문에 정치적 합의와 통합을 이루지 못하고 있는 가운데 조선공산당이 1월 2일 돌연 3상회의 결정지지를 선언하였다. 1월 3일에는 서울시 인민위원회와 반파쇼공동투쟁위원회가 민족통일촉진대회를 공동으로 개최, 3상회의 결정지지를 표결하고 시가행진

---

76) 송진우 수석총무는 이날 오전 6시 10분경 시내 원서동 자택에서 취침 중 괴한 5~6명의 피습을 받아 사망하였다. 그 후 송진우에 이어서 외무부장 장덕수도 신탁통치에 관한 의견과 관련하여 암살(1947. 12. 02.)당함으로써 김구가 이끄는 한국독립당과 한국민주당의 관계는 더욱 소원해지고 있었다.

77) Robert A. Scalapino and Chong—Sik Lee. *Communism in Korea—Part Ⅰ : The Movement*(Berkerly: University of Califomia Press, 1972), 350—364쪽.

144

을 벌였다. 좌익정당들이 이처럼 태도를 바꾸어 신탁통치결정을 지지하는 운동을 전개하면서 우익과 정면으로 대립하게 되었다. 각 정당들은 1월 3일의 반탁시민대회를 찬탁대회로 돌변시킨 조선공산당과 조선인민공화국의 처사를 비난하는 반박성명서를 발표하였다.

이러한 상황 속에서 반탁운동을 주도하여 온 임시정부의 김구 주석은 1월 4일 과도정권 수립을 위하여 ① 모든 정치세력이 참여하는 비상정치회의의 즉각적인 소집 ② 임시정부의 확대 강화 ③ 비상정치회의에서 과도정권이 확립되면 임시정부를 해체하고, 과도정권은 민주정신의 토대 위에서 국민대표대회를 소집하여 정식 정부를 조직해야 한다는 내용의 성명을 발표하였다.

이 내용은 결국 임시정부 특별정치위원회가 비상정치회의를 소집하여 친일파와 민족반역자를 제외한다는 원칙하에 남북의 좌우 각 정당단체는 물론 종교, 문화, 기타 사회단체까지 망라하여 진정한 민족 총의가 결집되는 연립기구를 구성하고 그 기구를 장차 과도기적 정권형태로까지 발전시키겠다는 것이다. 그래서 특별정치위원회에서는 김약산(김원봉의 다른 이름)과 김성숙(金星淑)을 교섭위원으로 파견, 임시정부와 조선인민공화국 중앙인민위원회 대표 간에 통합교섭을 시작하였다. 좌우합작을 강화해야 한다는 필요성에 따라 임시정부 측에서는 이들 두 사람 외에 조소앙, 조완구, 장건상 3인을 추가 파견하여 1월 4일 조선인민공화국 측과 교섭하게 하였다.

그러나 김구 주석의 비상정치회의 소집 등에 관한 성명에 대하여 조선인민공화국의 홍남표 대표는 1월 5일 조선인민공화국과 임시정부의 통합을 위한 교섭은 임시정부의 무성의한 태도로 결렬되었다고 주장하였다.[78]

---

78) 임시정부는 2일 오후 조선인민공화국 측의 제안을 둘러싸고 긴급 국무회의를 개최하고 성의 있는 태도로 합작하기로 원칙적인 방침을 결정하였다. 이날 저녁 시내 모처에서 김약산과 김성숙이 임시정부를 대표하여 조선인민공화국 측과 회견하고 각 정당, 각 단체를 총망라하여 연합회의를 개최하고 그 석상에서 통일위원을 선거하도록 제의하였다. 이에 대하여 조선인민공화국 측에서는 3일 오전 9시부터 10시 사이에 그 태도를 확답하기로 약속하였는데 이에 앞서 3일 오전 9시경 조선인민공화국 측에서는 재회담을 요청하였다. 이에 임시정부 측은 대표로 김약산과 김성숙을 다시 보내어 시내 모처에서 그들과 만나 의견을 교환하도록 한 바 있다.

5) 정당 차원의 합작운동

'정부' 차원의 통합논의가 무산되자 조선인민당은 정당 차원의 행동통일을 모색하였다. 이러한 모색이 공감대를 이루어 1946년 1월 6일 조선공산당, 국민당, 한국민주당, 조선인민당 등 4개 정당의 대표들이 모여 신탁통치문제를 계기로 발생한 국내 정계의 분열과 대립을 완화하고 모스크바3상회의 결정서의 진의를 파악함으로써 민족통일의 분위기를 조성키로 하였다.

임시정부를 중심으로 신탁통지를 반대하는 우익진영정당과 3상회의를 지지하는 좌익진영정당 간에 개별적 회합이 여러 차례 있던 중 1월 7일 시내 죽첨장(뒤에 경교장으로 개칭)에서 조선인민당대표 이여성·김세용·김오성, 한국민주당대표 원세훈·김병로, 국민당대표 안재홍·백홍균·이승복, 조선공산당대표 이주하·홍남표 등 4당 대표 10명이 모여 간담회를 열고 현안문제를 토의한 후 4당공동성명서를 발표하였다. 조선인민공화국 측에서는 이강국, 임시정부 측에서는 김약산·장건상·김성숙이 옵서버로 참석하였다.

4당 공동성명서의 내용을 요약하면, 신탁통치는 배격하되 연합국의 우의와 협조는 거절하지 않겠다는 것이다. 신탁통치문제와 폭력적 행동 배제에 대한 4당의 공동성명에 이어 임시정부가 신한민족당을 참가시켜 5당 대표회의를 열게 되었다. 4당회담은 1월 9일 오전 시내 모처에서 신한민족당이 새로 참가하고 임시정부 측에서 김약산 등의 인사들까지 참가하여 5당회의로 발전하였다. 회의에서는 주로 민족통일촉성에 대한 기본방책을 중심으로 의견교환과 토의를 계속하였다. 옵서버로 참석한 임시정부 측은 5당회의를 자신들이 준비하고 있던 비상정치회의주비회 예비회의로 유도하고자 하였고, 조선공산당 측에서는 끝까지 4당회의의 연장으로 끌고 가려고 주장함으로써 의견이 대립, 회담이 결렬되어 별다른 성과는 거두지 못하였다. 좌익세력은 이미 3상회의의 결정내용에 대하여 전폭적인 지지를 표명하고 찬탁으로 입장을 바꾼 뒤여서 회담이 결렬된 것이다.

그동안 3상회의의 결정에 대하여 찬반으로 대립되었던 좌익과 우익이 서로 양보하여 4당공동성명까지 발표하게 되어 국민의 기대를 모았으나 결국 입장의 차이를 좁히지 못하고 다시 대립상태로 들어갔다.

미국과 소련 양국군대의 대표는 불원간 개최될 미소 공동위원회를 앞두고 1월 9일부터 예비회담을 시작하였고 국내 정당 간의 민족통일전선 결성은 최종 단계에 접어들었다. 조소앙 임시정부 외무부장은 1월 10일 오후 1시 30분 시내 경교동 임시정부 숙소에서 가진 기자 회견에서 9일 열린 5당 대표회합에 관한 경과를 발표하였다. 그는 9일의 회합은 임시정부에서 성명한 비상정치회의 소집 예비회합으로 열렸는데 좌익 측은 회의의 성격문제를 5당 회합에 앞서서 열렸던 4당 회합의 연장으로 하자고 주장하였다고 밝혔다. 결국 국민당, 한국민주당, 신한민족당 3당은 임시정부에서 성명한 바의 비상정치회의 소집을 위한 예비회합으로서 참석할 자격으로 왔다고 하여 의견이 일치되었으나 좌익 측의 반대주장으로 회의는 유회되었다.

이날의 회합에 이어 1월 11일 임시정부를 제외한 5당회의가 개최될 예정이었으나 성사되지 않았고 1월 14일과 16일 양일에 제3차 5당회의가 열렸으나 이 자리에서는 당면한 찬탁, 반탁을 둘러싼 토론이 벌어졌다. 5당회의(조선공산당, 국민당, 한국민주당, 조선인민당, 신한민족당)는 1월 14일 조선인민당에서 이여성·김오성, 한국민주당에서 장덕수·서상일, 국민당에서 안재홍·이의식, 신한민족당에서 권태식·김일성, 조선공산당에서 이주하·홍남표·이강국이 참석한 가운데 토의를 벌였으나 의견의 일치를 보지 못하고 결렬되었다. 조선인민당의 알선으로 1월 16일 다시 5당회의가 소집되었으나 한국민주당의 불참과 국민당의 반대로 아무런 결론을 내지 못하고 산회되었다. 조선인민당이 절충안을 제시하기도 하였으나 국민당 측이 반탁운동을 막으려는 의도라고 비난함으로써 회담은 결렬되었다.

5당 회담이 실패하자 임시정부 측은 1월 17일 죽첨정에서의 국무회의와 한미호텔회담 등을 통하여 대책을 논의하였고 조선인민당 선전부는 국민의 절대적인 기대 속에 개최된 5당 회담이 한국민주당, 국민당 등 우익정당의 비상정치회의 지지와 반탁주장으로 결렬되었다고 비난하였다.[79]

---

79) 김성수 한국민주당 수석총무는 1월 22일 5당회의의 결렬 원인에 대하여 한국민주당에는 책임이 없다는 내용의 담화문을 발표하였다.

　　정부 간 합작에서 정당 간 합작으로 운동노선을 변경하고 정당 차원에서 행동통일을 모색하였으나 성과를 거두지 못하자 조선인민당은 진보진영을 중심으로 통일전선 결성에 매진하겠다고 밝혔다.

제11절　비상정치회의 · 독립촉성중앙협의회의 통합(비상국민회의)

1. 결성 배경

　　해방 이후 좌익과 우익 간의 이념 및 정국 주도권을 둘러싼 대립이 격심한 가운데 이승만, 김구, 김규식, 이시영, 안재홍 등이 좌우합작을 통한 범국민적인 과도정부 수립을 위하여 노력하였다. 그러나 양 진영 간의 정당합작 시도가 실패하자 우익진영은 좌익인사들이 불참한 가운데 1946년 2월 1일 독립촉성중앙협의회와 비상정치회의주비회를 통합하여 자주적 과도정부의 수립을 목표로 하여 비상국민회의를 결성하였다.[80]

2. 결성 경과

1) 비상정치회의

　　신탁통치안을 놓고 좌익세력이 소련의 정책을 찬성, 추종하고 있을 때 남한의 우익단체들은 임시정부 요인을 중심으로 자율정부 수립을 위한 운동을 전개하였다.

　　조소앙 임시정부 외무부장은 1946년 1월 17일 시내 죽첨정 임시정부 요

---

80) 해방정국 초기에 기선을 장악한 것은 좌파인 조선건국준비위원회와 조선인인공화국이었는데 이에 대응하는 입장에서 우파가 주도한 것이 국민대회준비회, 독립촉성중앙협의회, 그리고 비상국민회의였다. 이에 좌파는 민주주의민족전선이라는 별개의 단체를 결성하여 우익진영과 대립하였다.

인숙소에서 비상국무회의를 열고 비상정치회의를 소집하기로 하였으며, 1월 20일에는 오전 9시부터 같은 장소에서 각계 대표 20명을 소집, 과도정권 수립의 전 단계로서 비상정치회의 제1차 주비회를 개최하였다. 그러나 주비회원으로 선임된 일부 좌익계열 정당인 조선인민당, 독립동맹, 조선공산당은 주비회부터 참석을 거부함으로써 이 주비회는 우익 및 중도파 정당들로만 구성되었다.

임시정부는 반탁운동을 전국적으로 전개하는 한편 국론통일, 정당통일을 위하여 각 정당과 개별적으로 절충도 시도하여 보고, 여러 정당을 단위로 회의를 개최하기도 하였으나 만족할 만한 결과를 얻지 못하자 비상정치회의를 소집하기 위하며 이날 예비회의를 가진 것이다. 초청을 받은 집단 중 좌익 측은 21개인데 그중 38도 선 이남의 조선인민당과 조선공산당 및 연안혁명단체로서 평양에 들어간 독립동맹의 3단체를 제외한 국내외 18개 단체의 대표자 각 1인과, 임시정부 측 위원으로 조소앙, 장건상. 최동오 3인이 옵서버로 참석하였다.[81]

이 자리에서는 비상정치회의가 대한민국의 과도적 최고입법기관으로서 임시의정원을 계승, 정식 국회가 성립될 때까지 존속할 것이고 각 단체 대표자는 전권을 위임받은 사람이어야 할 것이며 친일파, 민족반역자는 참여치 못하도록 하자는 조소앙의 발언을 중심으로 토의가 진행되었다. 임시정부 주최로 소집된 비상정치회의소집주비회는 20일에 이어 21일에도 죽첨장 회의실에서 속개되었다.

2) 비상국민회의 결성

기성의 정당통합추진체인 독립촉성중앙협의회를 무시하고 별도의 정당통합 추진체를 구성하려는 임시정부 측에 불만을 갖고 있던 독립촉성중앙협

---

81) 주비회 참가자 - 한국민주당 서상일, 국민당 안재홍, 신한민족당 권태석, 조선민주당 이종현, 한국독립당 조완구, 조선민족혁명당 성주식, 신한민주당 김붕준, 조선민족해방동맹 김성숙, 무정부주의자총연맹 유림, 재미 혁명단체의 한족연합회 한시대, 한국동지회 장덕수, 조선혁명당 김돈(이상 정당 및 단체), 대종교 정관, 천주교 남상철, 기독교 김관식, 천도교 백세명, 불교 박윤진, 유교 이재억(이상 종교단체).

의회의 이승만이 1946년 1월 22일 비상정치회의 주비회에 합류하여 왔다.

이승만은 임시정부와 독립촉성중앙협의회는 아무 관계가 없다고 공언하여 왔으나, 상황의 변화는 그로 하여금 김구의 비상정치회의를 더 이상 외면할 수 없게 하여 통합에 이르게 한 것이다. 이에 따라 김구가 주도하는 비상정치회의 주비회는 독립촉성중앙협의회를 합류시키고 이승만과 김구가 공동 지도하는 비상국민회의로 명칭을 바꾸고 회장에 이승만과 김구를 추대하였다. 이렇게 해서 독립촉성중앙협의회와 비상정치회의가 통합되고 민족진영의 두 지도자가 손을 잡았다.

1월 23일에는 임시정부 내의 혁신세력을 대표하였던 조선민족혁명당의 김약산, 성주식과 조선민족해방동맹의 대표로 이 주비회에 참석하였던 김성숙이 이 주비회가 우익진영으로만 형성되어 기대하였던 민족통일전선을 이룰 수 없고 오히려 민족의 분열을 심화시키고 있다면서 회의 도중에 퇴장하였다. 그들은 좌익을 제외한 우익만의 회합과 통일은 민족의 통일이 조급히 요구되는 현시점에서 민족의 분열을 초래하고 그 결과는 연합국으로 하여금 신탁통치를 실시하게 하는 구실을 주는 것이기 때문에 임시정부는 책임을 져야 한다고 주장하였다.[82]

조선민족혁명당과 조선민족해방동맹의 이탈에 이어 무정부주의총연맹도 이날 탈퇴를 선언하였는데 이들 3당은 이승만이 이끄는 독립촉성중앙협의회가 합류해 온 것에 반발한 것이다. 이렇게 좌익계열 정당들은 처음에는 동의 명분에 눌려 호응하는 듯하였으나 우익 측의 반탁주장에 반대하여 비상정치회의 주비회부터는 불참하게 되었다.

한편 1월 24일 장덕수, 남상철, 권태석, 안재홍, 이재억, 김철, 이종현, 서상일, 김붕준, 김관식 등 비상국민회의 본회의 준비위원들이 나서서 각종 준비와 각 단체 대표선정에 나섰다. 이 본회의 준비회에서 작성한 강령 제2조에는 "본회의는 임시정부에서 발표한 당면정책 제14강령 중 제6조에 의한 과도정부 수립에 관한 일체의 권한을 가지며 대한민국 임시의정원의 직

---

82) ≪중앙신문≫, 1946년 1월 23일자.

능을 계승한다.”고 하였고, 제10조에서는 “본회의는 과도정부 수립에 의한 국회가 성립될 때까지 존속한다.”고 하여 비상국민회의의 성격과 직무를 밝혔다.[83]

임시정부는 특별정치위원회 구성 당시의 계획대로 비상국민회의를 추진하였는데 이 기구는 임시정부 내의 유림, 김약산, 성주식, 장건상, 김성숙 등이 이탈하고 여운형과 조선인민당도 참가를 거절함으로써 결국 우파세력의 결집체가 되었다.

비상국민회의 주비회는 정당, 임시정부·임시의정원, 사회단체와 종교, 교육, 문화, 부녀, 직업, 노동 및 일반단체 등 61개 단체 대표 201명에게 초청장을 보냈으며 2월 1일 오전 11시 시내 명동 천주교 대강당에서 167명의 대표들이 참석한 가운데 안재홍의 사회로 비상국민회의를 개최하였다.[84]이 날 각 단체 대표들이 참석한 가운데 개최된 본회의에서는 자주적 민주주의 과도정부 수립과 기타 현안문제들을 해결하기 위한 필요한 조치들을 행할 기구로서 행정부 격인 최고정무위원회의 설치를 결정하고 이승만, 김구 두 사람에게 인선을 위임하였다.

회의 이틀째인 2월 2일에는 대의원 137명이 출석한 가운데 헌법과 선거법 문제로 논란을 벌인 끝에 위원장 김병로, 부위원장 이인 등 법제위원회 6인을 중심으로 헌법, 선거법 및 의원법 등을 기초하였는데, 특히 헌법은 임시정부의 헌장을 그대로 계승하여 기초하기로 하였다. 따라서 정권 수립의 관련된 일체의 권한을 임시정부로부터 비상국민회의가 계승하게 되었다. 그러나 이 기구는 미군당국의 작용으로 인하여 자주적 과도정부의 수립이라는 당초의 목적에서 벗어나 미군 사령관의 과도정부 수립 노력에 자문하는 기관으로 변질된다.

---

83) 이날 채택한 비상국민회의 조성대강 제1조의 내용: 대한민국 임시정부 당면정책 제6항에 의한 각 정당 대표, 각 종교단체 대표, 각 문화단체 대표, 각 노농단체 대표. 각 산업단체 대표, 각 부녀단체 대표, 각 청년단체 대표, 기타 혁명단체 대표 등 저명한 민중지도자를 소집하여 비상국민회의의 개최를 준비하기 위하여 각 정당 대표 각 혁명단체 대표로 주비회를 조직함.

84) 의장단: 의장 홍진, 부의장 최동오, 위원장단: 정무 안재홍, 외교 조소앙, 재정 김활수(조완구), 국방 유동열, 법제 김병로(신익희), 교통 백관수(장건상), 문교 김관식(이극로), 예산 이운(김병경), 노동 유림, 후생 유진동, 선진정보 엄항섭, 청원징계 조경한.

3. 결성 이후

1) 남조선대한국민대표민주의원 설치

비상국민회의는 전국대의원대회의 성격을 갖는 회의체였기 때문에 의결에 있어서 여러 가지 불편한 점이 나타나기 시작하였다. 이에 이승만·김구 두 사람은 앞서 위임받은 바에 따라 1946년 2월 13일 이승만, 김구, 김규식, 여운형, 조소앙, 안재홍 등 28명의 최고정무위원을 선출하였다. 하지 중장은 최고정무위원이 선임된 다음 날인 14일 미군정청의 최고자문기관인 남조선대한국민대표민주의원(약칭 민주의원)을 설치하고 비상국민회의 최고정무위원 28명 전원을 동 민주의원의 의원으로 임명하였다.[85]

비상국민회의에서의 의결에 따라 이날 미군정청 제1회의실에서 남조선대한국민대표민주의원이 발족 개원하였다(의장 이승만, 부의장 김구·김규식, 의원 25명). 동 민주의원의 발족은 정권인수를 목표로 한 우익진영의 움직임, 즉 비상국민회의의 활동을 견제하고 미소 공동위원회의 협의대상이 될 우익진영의 통일기구를 설치하려는 하지 중장의 뜻에 따라 그의 고문 굿펠로우(P. Goodfellow)의 알선으로 이루어졌다.[86]

동 민주의원의 구성원 28명 중 중간좌파로는 조선인민당의 여운형, 백상규, 황진남이 선임되어 있었고 나머지는 모두 우파인사였다. 그러나 여운형은 민주의원 결성식부터 불참하였을 뿐 아니라 조선인민당은 당일 민주의원에의 불참을 발표하였다. 이렇게 여운형은 처음에는 이 자문기관에 참여할 것을 응낙하였으나 구성원 대부분이 우익인사들로 구성된 것을 알고는 응낙의사를 철회한 것이다. 여운형 등 조선인민당계열이 이탈함으로써 민주

---

85) 비상국민회의에서 남조선대한국민 대표민주의원 의원을 선임한 것에 대해서는 '엄청난 논리적 비약'이라는 비판이 제기되기도 하였다. 이강국, 「비상국민회의의 해부」, ≪신세대≫ 1권 2호(1946. 05.), 782-786쪽 참조.

86) 비상국민회의 최고정무위원회가 갑자기 미군정청의 자문기관인 민주의원으로 개편된 배경은 ① 미군 당국의 국내 정치상황 판단에 따른 것으로서 임시정부의 해체를 염두에 둔 것이며, ② 미소 공동위원회를 겨냥한 미국 측의 전략과 관련이 있다는 견해가 있다. 손희두, 「미군정의 대한정책과 의회제도에 관한 연구」(성남: 한국정신문화연구원 박사학위논문, 1993), 47쪽.

의원은 우파만의 기구로 전락하였고 미군정 측도 그만큼 동 민주의원의 대표성을 덜 인정하게 되었다.[87] 민주의원이 미군정에 대하여 비협조적이었다는 점이 지적된다.

민주의원은 민주적인 임시정부를 구성하여 연합국과 협의하는 것을 목적으로 하여 설치되었으나 의결기관이 아닌 미군정의 자문기관에 그침으로써 그 활동에 있어서 한계를 보였다. 민주의원은 군정청에 대한 자문기관의 기능을 수행하면서 제헌국회가 개원될 때까지 존속하기는 하였으나 1946년 12월 12일 남조선과도입법의원이 개원하면서부터는 그 기능에 있어서 유명무실한 존재로 전락하게 되었고 따라서 그 모체인 비상국민회의도 유명무실해졌다.

민주의원이 구성된 후 미국의 한국에 대한 정책은 변화를 보여 정식 입법기관을 설치하기에 이르렀다. 민주의원이 대표성을 갖추지 못하여 협의역할을 제대로 하지 못한 것과, 우익인사 일색으로 구성되어 좌익과 우익이 대립, 정국을 조정하고 수습하기에 어려움이 있었기 때문에 미국의 정책변화를 가져오게 되었다는 지적이 설득력을 얻고 있다.[88]

2) 비상국민회의 명칭 변경 – 국민의회

1946년 2월 1일 개최된 비상국민회의에서의 의결에 따라 구성된 최고정무위원회는 2월 14일 남조선대한국민대표민주의원으로 개편되어 미군 사령관의 자문기관 역할을 하게 되었고, 비상국민회의는 그대로 존속되어 창덕궁 인정전 서향각에 그 본부를 설치하고 동 민주의원과는 수시로 합동회의를 개최하면서 유대관계를 지속하였다.

그러던 중 1년이 지난 1947년 2월 14일 비상국민회의 제2차 전국대의원대회가 152명의 대의원 중 87명이 참석한 가운데 개최되었다. 대회에서는 남조선과도입법의원에 당선된 대의원과 미군정청 고위관리로 취임한 대의

---

87) 김재홍, 『한국정당과 정치지도자론』(서울: 나남, 1992), 356쪽.

88) 이러한 논의는 김석준, 『미군정시대의 국가와 행정』(서울: 이화여대출판부, 1996), 245–246쪽과 서금석, 『한국현대민족운동연구』(서울: 역사비평사, 1991), 344쪽을 참조.

원 등에 대해서는 그 자격을 취소하였다. 의장·부의장 선거에서는 의장에 조소앙, 부의장에 유림이 각각 당선되었고, 의안정리문제 및 추인안·반탁안 처리, 그리고 분과위원 보선을 마치고 폐회하였다. 또 대회 마지막 날인 2월 17일의 회의에서는 김구의 제안으로 민족통일본부, 대한독립촉성국민회, 비상국민회의 등 3단체의 통합안이 가결되었으며, 그의 실현은 신임 상임위원회에 일임하였다. 또 동회(同會)의 명칭을 '국민의회'로 개칭하자는 황홍수 외 21인의 공동발의가 있어 이를 가결하였다.

3) 임시정부 확대 강화

국민의회 전국대표자대회는 1947년 3월 1일 "대한민국 임시정부를 봉대하는 동시에 국민의회로 하여금 임시정부를 확대 강화하라."는 내용의 건의문을 제출하였다. 이에 국민의회는 3월 3일 시내 운현궁에 있는 대한독립촉성국민회 회의실에서 긴급 대의원대회를 비공개로 소집하고 임시정부 확대 강화에 대하여 토의한 결과 우선 임시정부 주석에 이승만, 부주석에 김구를 각각 추대하는 동시에 신임 국무위원에는 오세창, 김창숙, 박렬, 이청천, 조만식, 이을규 등 6인을 보선하였다. 각 부장(장관)의 개선은 주석과 부주석에게 일임하였다.

국민의회 중앙상임위원회는 5월 29일 미소 공동위원회 대책 및 임시정부 추진문제에 대하여 토의한 결과 임시정부문제는 종래의 임시정부추진회를 대한국민회로 개편하는 동시에 국민운동을 전개하기로 하였다. 국민의회는 그해 9월 1일 제43차 임시대회를 소집하였으며 대회 4일째인 9월 5일 ① 미·영·중·소 4대국의 회의 절대 지지와 남한단독선거 반대 긴급제의의 건 ② 조직 대강 ③ 국민의회 임시선거법 ④ 주석·부주석 및 국무위원 보선의 건 등을 토의, 결정하였다.

4) 비상국민회의 이탈파의 동향

① 민주주의민족전선 결성: 모스크바3상회의(1945. 12. 27.)에서 한반도에

대한 신탁통치가 결정되자 민족진영에서는 일치단결하여 반탁운동을 전개하였다. 3상회의에서의 협정내용을 둘러싸고 빚어진 갈등 때문에 좌익세력은 정당통합운동에서 이탈하게 되었다. 좌익진영은 우익의 반탁운동에 맞서 신탁통치를 지지하고 나섬과 동시에 남조선대한국민 대표민주의원에 대항하고 좌익세력의 결속을 다지기 위하여 민주주의민족전선을 결성하였다.

좌익세력은 임시정부가 주도하는 비상정치회의를 거부하고 조선인민당과 조선공산당의 공동주최로 1946년 1월 19일 시내 안국동의 실업자동맹에서 29개 정당·사회단체 대표 100여 명이 모여 회의를 열고 전 민족적 민주주의적 규합체를 결성하였다.

홍남표의 사회로 진행된 이날 회의에서는 임시정부와 조선인민당의 교섭경과, 4당 내지 5당회담의 결렬 경과보고, 그리고 전날인 18일에 있었던 신탁통치 반대군중들의 인민보사와 조선인민당사, 서울시 인민위원회, 학병동맹사무실 등에 대한 습격사건 진상을 보고한 후 민주주의민족전선 결성을 결의하였다.[89] 이날 회의에서는 민주주의민족전선(약칭 민전) 결성준비를 조선인민당과 조선공산당 양당에 일임하였다.

양당대표는 전형과 교섭을 통하여 1월 24일 준비위원회를 구성하였으나 각계각층을 망라한 광범위한 토대 위에서 출범하자는 의도에서 발표를 보류하고 교섭을 진행하였다. 그 결과 정당 및 각계각층을 망라한 준비위원 24인을 전형하여 준비위원회를 구성하고 1월 31일에 이를 발표하였다.[90] 민주주의민족전선 준비위원회는 민주주의민족전선은 과도적 임시국회의 역할을 하며 임시적 민주정부를 조직함에 있어 조선민족의 유일한 정식대표라고 강조하고 남북한의 각 좌익세력을 망라한 준비위원을 선정, 발표한 것이다. 동 준비위원회는 2월 4일 결성대회 개최를 2월 18일로 결의하는 한편 5개 부서와 7개 전문위원회를 구성하였다.

---

89) 각 정당 대표자회의 참가 단체(29개): 조선인민당, 조선공산당, 사회과학연구소, 국군준비대, 재일조선인연맹, 실업자동맹, 서울시인민위원회, 조선여론사, 전국농민연맹, 반일운동자구원회, 조선좌익서적출판협의회, 협동조합서울시연맹, 노동조합전국평의회, 충북인민위원회, 전국협동조합, 응징사동맹, 조선문화협회, 조선공산청년동맹, 산업의학연구회, 문학동맹, 과학자동맹, 조선정치교양동지회, 조선신문기자회, 부녀동맹, 영화동맹, 한국민주당(일부), 반파쇼공동투쟁위원회, 유도회, 천도교청우당.

90) 민주주의민족전선 선전부, 『민주주의민족전선결성대회 의사록』(1946), 19-21쪽.

조선인민당이 민주주의민족전선 결성 4원칙[91]을 발표한 것은 2일 4일이며 조선공산당이 참가성명을 발표한 것은 2월 13일이었음을 볼 때 민주주의민족전선은 초기에는 정통좌파보다도 중간좌파인 조선인민당이 주도한 것을 알 수 있으나 곧 조선공산당이 주도권을 쥐게 된다.

2월 15일 시내 종로의 기독교청년회관에서 남한 지역 좌경정당 및 단체 대표 468명이 참가한 가운데 조선공산당이 주축이 된 좌익세력의 통일전선체인 민주주의민족전선 결성대회가 개최되었다. 식순에는 비상국민회의를 이탈한 김약산, 김성숙, 장건상, 성주식 등 임시정부 요인 4인의 민주주의민족전선 참가성명서 낭독도 있었다.[92] 이날 의장에 여운형·박헌영·허헌·김약산이 선출되었다.

민주주의민족전선은 최고기관인 중앙위원 밑에 중앙집행부를 두고 그 아래에 사무국을 두었으며 허헌, 김약산, 성주식 등이 헌법을 기초하는 등 활동을 전개하였다. 민주주의민족전선은 토지문제 해결 등 7개 항의 강령을 발표하고 모스크바3상회의 결정지지와 함께 산하 동맹원들을 부추기며 신탁통치를 관철시키려는 미소 공동위원회의 협조자로 나섰다.[93]

이로써 좌익과 우익의 정당 간 통합운동은 우익의 비상국민회의에서 조직된 남조선대한국민대표민주의원과 좌익의 민주주의민족전선으로 양립되게 되었다. 이렇게 결성된 남조선대한국민대표민주의원과 민주주의민족전선은 각기 좌익과 우익의 한쪽 부분만을 대표하였을 뿐 국민 전체를 대표하지는 못하였다.

② 민주주의민족전선 결성 이후: 임시정부를 구성하는 5개 당파 중 좌익계열 3개 당파가 1946년 1월 23일 비상국민회의에서 탈퇴하였다. 탈퇴한 당파는 김약산·성주식의 조선민족혁명당, 김성숙의 조선민족해방동맹, 유

---

91) 친일파 민족반역자 제외, 3상회담 협정의 원칙 하에서 민주주의 독립국가 건설에 노력할 것, 기성 정부의 법통을 고집하지 말 것, 명실상부한 단체의 비례대표제를 승인할 것.

92) 이날 발표된 성명서의 내용은 민주주의민족전선 선전부, 앞의 책, 15–16쪽 참조.

93) 민주주의민족전선 강령의 주요골자는 ① 모스크바 3상회의 결정 지지 ② 우익과 같이하는 5당연합체로 부터의 탈퇴 ③ 비상국민회의 반대 ④ 미소 공동위원회 지지 ⑤ 친일파와 민족반역자 처단 ⑥ 토지문제의 민주적 해결 ⑦ 8시간 노동제 채택 등이다.

림의 무정부주의연맹 등이다. 조선민족혁명당에는 임시정부 요인들이 가입되어 있었는데 이들은 임시정부 부주석 김규식이 당 주석인 것을 비롯하여, 군무부장 김약산이 총서기, 문화부장 김상덕과 국무위원 성주식이 소속 당원이다.[94] 또한 김성숙은 조선민족해방동맹의 총서기장이다. 이들 탈퇴자들은 조선인민당 · 조선공산당 양당이 별도로 추진하고 있는 좌익집단인 민주주의민족전선에 참여하게 되는데 이때부터 좌익과 우익이 갈라지게 되었다. 정당사적으로 볼 때 ‘미군정 반대’와 ‘한반도의 공산화’를 의도하였던 민주주의민족전선의 발족은 국내 정당 구도에 있어서 이념적 양극화가 이루어지는 분기점이 되었다고 할 수 있다.

민주주의민족전선은 그 후 조선공산당, 조선인민당, 남조선신민당의 3당 합동체인 남조선노동당의 폭력행사, 폭동, 파괴활동을 후원하는 한편 좌우합작을 내세우면서도 입법의원선거를 방해하였는데 미군정당국이 박헌영, 이강국, 이주하, 이현상 등 주요 간부에게 체포령을 내리고 규제와 탄압에 나서자 이들 간부들이 북한으로 도주하면서 소멸되었다.

제12절　한국독립당 · 국민당 · 신한민족당 등의 합당(한국독립당)

1. 합당 배경

1946년 1월 미소 공동위원회 예비회담이 시작된 이래 민족진영 정당 · 단체들 사이에서는 과도정부 수립에 대처하기 위하여 다시 정당통합운동이 전개되었다. 그 결과 그해 4월 한국독립당, 국민당, 신한민족당 3당이 통합하여 한국독립당을 결성하였는데 이 당은 우익진영에서 한국민주당에 이은 또 하나의 대규모 정당이었다.[95] 이로써 우익진영은 모스크바 3상회의에서

---

94) 조선민족혁명당의 주석 김규식은 1946년 2월 18일 동당을 탈퇴한다는 내용의 성명을 발표하였다.
95) 한국독립당의 주류인 해외독립운동 당시의 한국독립당의 인맥 구성은 다음과 같다. 남만주(南滿洲) 조선

결정된 신탁통치안에 대한 반대운동으로 광범위한 대중적 지지기반과 여러
사회단체의 세력을 결집, 초기 해방정국에서 좌익세력에 대한 열세를 역전
시키는 발판을 구축하였다. 이번 합당은 반탁운동을 주도한 임시정부계열
한국독립당인사들이 정국을 주도하는 중심적 위치에 서게 되면서 거의 모
든 우익정당과 단체가 한국독립당을 구심점으로 하여 통합운동을 전개하기
위한 결집 필요성을 느끼고 있었기 때문에 가능하였다.

2. 합당 경과

1) 우익정당 간의 합당방법 논의

여러 우익정당들이 합당함에 있어서 각 정당의 주의·주장이 상반되어 4
당 동시합당 주장(한국민주당과 신한민족당)과, 개별적으로 합당 과정을 밟
아서 단일당으로 발전시키자는 주장(국민당)이 제기되었다.

우익정당 간 합당 분위기는 1946년 3월 초순부터 무르익어 3월 16일 우
익 각 정당 대표의 첫 회합이 있었다. 한국민주당과 신한민족당에서도 이에
호응하였으며 3월 23일의 회담에서 4당 대표인 김구, 조완구, 조경한, 김성
수, 안재홍, 김려식 등이 모여 정당통합문제를 논의하였다. 이 자리에서 한
국독립당은 반수 이상의 중앙위원들이 해외에서 귀국하지 않았다는 이유를
들어 한국독립당의 당명과 정강·정책은 번경할 수 없다고 강조하고 한국
민주당이 이를 받아들일 경우 새 당의 총재에 이승만, 부총재에 김구·김
규식을 영수로 추대할 수 있다는 의견을 제시하였다.

2) 한국독립당과 국민당의 합당

국민당(1945년 9월 1일 발족)은 그 지지기반이 명확하지 않거나 미약하

혁명당계: 양기택, 현익철; 상해(上海) 임시정부계: 이동녕, 안창호, 이시영, 김구, 조소앙, 엄항섭; 북만
주(北滿洲) 한국독립당계: 여준, 홍진, 이청천. 조선통신사, ≪조선연감≫(1948년 판)(서울: 조선통신
사, 1947), 160쪽.

였다. 정당통합 흐름속에서 국민당의 일부는 임시정부의 주축인 한국독립당과 합류하였는가 하면, 또 다른 일부는 1946년 3월 오세창과 권동진이 중심이 되어 결성한 신한민족당에 합류하였다.

이런 상황에서 안재홍이 이끄는 국민당은 1946년 3월 20일 국내외 정세가 민족의 완전통일 결성을 요망하는 때이므로 한국독립당과 무조건 합당할 것을 결의하였다. 당의 발전적 해체를 결의한 국민당은 합당실행위원으로 안재홍 등 8인을 선출하고 다음과 같은 요지의 결의문을 발표하였다.

국민당의 합당 결의문

아당은 작년 11월 1일부 결의문 제3항의 "아당은 민족통일전선의 전면적 완전통일 결성이 적정 타당한 형태에서 진취된다면 이에 적응하기 위하여 무조건 통합할 용의가 있다."는 선언을 중외에 천명하였던 것이다. 이래 아당은 완전한 통일결성을 위하여 이 방면으로 매진하였던 것도 사실이다.

목하 국가의 내정 외세가 날로 민족적 완전통일결성을 절실히 요청하고 있어 정계의 일반 동향이 통일전선을 향하여 비상히 태동하고 있는 이때 아당이 본래부터 주장 강조하는 정신으로써 해내 해외에서 조국광복을 위하여 풍상 20여 년을 혁명운동으로 일관하여 온 빛난 역사를 가졌고 또 그 정치이념이나 정강정책이 아당과 혼연일치할 뿐만 아니라 혁명의 선배가 지도하는 한국독립당과 합동하기로 하고 아당은 발전적 해소키로 자에 결의함.

이날 한국독립당이 개편되어 위원장에 김구, 부위원장에 조소앙이 선출되었다. 다음 날인 21일 재미한족연합회와 통합을 논의 중이던 한국독립당은 국민당의 합당제의를 받아들였다. 양당은 무조건 합당하기로 하고 3월 22일 다음과 같은 내용의 합동선언을 발표하였다.

한국독립당 · 국민당의 합동선언

한국독립당과 국민당은 지금 무조건 합동을 단행하고 좌의 선언을 발표한다. 포악한 일본제국주의는 도궤되었건만 우리 민족 해방은 아직 성취되지 못하였고 자유인 조국의 광휘 있는 재건설을 위해서는 전 민족 총력의 집결로써 정체 없는 감투가 요청되고 있다. 국민당은 작년 9월 6단체의 합동으로 신출발을 할 때 이미 이 의도에서 귀일 집중을 지향하고 왔었다. 한국독립당은 3·1운동이 있은 이후 거의 30년 동안 해외에 본거를 둔 민족해방의 지도단체로서 다수한 혁명전사가 집결되어 있다. 그 혁명의 대의는 거론할 바 없고 정강정책에 있어서도 한국독립당과 국민당은 대부분이 일치되어 관여한 바 없다. 여기에서 우리들은 무조건 합동으로써 그 질과 양에서 앙양 발전함을 꾀한다. 우리들은 온 것을 방하함에서만 모든 것을 전취할 것이다. 대중적이고 진취적인 그리고 전투적인 회통종합의

이 선언서를 보면 양당의 대의(大義), 정강·정책이 대부분 일치하기 때
문에 합당에 무리가 없으며 무엇보다도 민족통합과 자주독립의 정신으로
합당 자세를 견지할 것임을 강조하였다.

양당의 합동선언 이후 국민당에서는 안재홍, 박용희, 이의식, 이정복, 백
홍균 등 8명의 합동실행위원이, 그리고 한국독립당에서는 조소앙, 조완구,
엄항섭 등이 합동실행위원으로 선출되어 연일 합당에 관한 구체적 방안을
협의하여 신당 발족 후의 조직대강에 관하여 토의하였다.

한국독립당과 국민당의 합당과 더불어 한편에서는 한국민주당·국민당·
신한민족당 등 우익정당과. 대한독립당, 김붕준 중심의 신한민주당 및 조선
민족혁명당에서 이탈한 김규식이 정당통일공작을 진행하고 있었다.

이때 한국민주당에서는 서상일, 장덕수 등 5인의 교섭위원이 앞의 우익정
당과 절충을 벌이고 있었는데 1946년 3월 22일에는 동당 본부에서 총무회
를 개최하고 이승만, 김구, 김규식 3인을 영수로 하여 그들의 영도하에 앞
의 각 정당들이 동시에 통일을 완수하려는 통일공작에 관한 대강을 결정하
였다. 이어서 동당 간부가 여러 차례 한국독립당의 김구를 방문하고 절충을
계속하던 중 3월 25일 서상일과 장덕수가 김구의 초청을 받고 그의 경교장
(京橋莊) 숙소를 방문하여 통합문제를 협의하였다.

3) 신한민족당의 합당결의

한편 신한민족당은 합당과 관련하여 관망하는 태도를 취하다가 1946년 3
월 26일 오후 1시부터 합당문제에 대한 가부간의 토의결정을 위한 중앙상
무집행위원회를 당 본부에서 개최하였다. 이날 위원회에서는 우익정당 합당
조건에 관하여 토의한 결과 소시민층 옹호를 당시(黨是)로 하여 온 자당(自

黨)의 노선과 합치한 정강을 세울 것과, 간부인원은 각 정당의 당원 수 비례에 의하여 배치할 것을 조건부로 한국독립당과 합당하기로 의결하고 합당교섭위원에 권태석, 김려식, 최익환 등을 선임하였다.[96]

4) 한국독립당과 한국민주당의 합당논의

제1차 미소 공동위원회가 개회되어 회의가 진행되는 가운데 동 위원회의 설치목적인 과도정부 수립에 대처하기 위하여 국내 정계에서는 1946년 3월부터 한국민주당, 국민당, 신한민족당, 한국독립당 등 우익정당 합당 분위기가 조성되어 구체적인 토의가 이루어지고 있었다.

그런데 한국민주당 선전부장 함상훈은 3월 29일 한국독립당의 고집으로 인하여 한국민주당이 열망하는 우익정당의 대동단결 및 합당은 당분간 이루어지기 어렵다는 내용의 담화를 발표하였다. 그는 담화에서, 한국민주당은 신당의 명칭을 독립당으로 하자는 한국독립당의 요구는 수용할 수 있으나, 중앙위원의 반수 이상이 아직 귀국하지 않았다는 이유로 당시·당칙을 모두 변경할 수 없다는 한국독립당의 합당조건에 대해서는 이승만, 김구 두 사람을 총재 및 부총재로 추대하고 당시·당칙도 각 정당이 모두 수용할 수 있는 것으로 개정하자고 하였다. 그는 한국민주당이 한국독립당의 주장대로 무조건 합동을 수락한다면 이승만을 추대하기가 곤란해질 것이며 무조건 합동의 간판 밑에 한국민주당의 세력은 배제될 것이라고 주장하였다. 또 한국독립당은 중앙위원의 대다수가 귀국지 않았다는 것을 이유로 당시·당칙의 변개가 있을 수 없다고 하나 그러한 일방적인 조건을 고집한다면 한국민주당이 열망하는 대동단합은 당분간 무망(無望)할 것이라고 밝혔다.

한동안 답보상태에 있던 정당통합문제는 3월 30일 이승만, 김구의 회담을 계기로 난관이 타개되었으며 이승만을 중심으로 하는 독립촉성중앙협의회의 국민운동에 병진하여 김구도 정당운동에 적극적인 활동을 시작, 한국민주당 수석총무 김성수와 여러 차례 회담을 가졌다.

---

96) ≪서울신문≫, 1946년 3월 29일자.

이렇게 한국독립당의 김구·조완구·조경한과 한국민주당의 김성수·백남훈·장덕수가 양당 합당을 논의, 추진하였다. 그러나 이미 여러 당과의 통합으로 비대해진 한국독립당은 국내파가 다수파를 이루어 당을 거의 장악한 상태였는데 이들 국내파들은 한국민주당과의 합당을 거부하고 나섰다. 한국독립당 내 소장파는 합당방식에 있어서도 다른 정당의 당원들이 한국독립당에 개인 자격으로 입당하기를 고집하였다.[97] 한편 한국민주당에서도 미군정과 비협조적인 관계에 있는 한국독립당과의 합당이 어렵다는 것과 과도정부 수립에 커다란 견해 차이가 있음을 확인하기에 이르렀다.

국민당이 독자적으로 한국독립당에 무조건 합류를 결의(1946. 03. 20.)한 이후 동시 합당을 목표로 한 한국민주당과 신한민족당의 각 준비위원회의 역할은 일시 상실되어 합당운동이 난관에 봉착하였다. 한국독립당은 그 후 한국민주당·신한민족당 양당과 개별적으로 혹은 공동으로 교섭하여 오다가 진전을 보게 되어 4월 7일 오전 10시부터 장시간에 걸쳐 시내 경교통(京橋通)에 있는 김구의 숙소에서 한국독립당, 국민당, 한국민주당, 신한민족당 등 4당의 합동교섭위원들이 모여 합당에 관하여 다음과 같이 합의하였다.

합동을 위한 최종합의 결과(요지)

① 당명과 총재문제는 한국독립당의 주장대로 할 것. ② 정강정책은 현실에 입각하여 적정히 세울 것. ③ 중앙위원과 부서를 증원 증설할 것.

합동교섭위원

한국독립당: 조완구, 조경한, 조소앙	국민당: 엄우룡, 백홍규, 김홍진
한국민주당: 김성수, 김병로, 김약수	신한민족당: 권태석, 김려식, 최익환

합당에 있어서 각 정당의 주의·주장이 다르고 이해관계가 상반되어 혼선을 빚던 중 이날 4당 합동교섭위원회에서는 의견의 일치를 보아 그 타협안에 대하여 한국민주당과 신한민족당 양당은 4월 9일까지 태도를 결정하기로 하였다. 신한민족당에서는 4월 9일 중앙상임집행위원회를 개최하여 이

---

97) 심지연, 『한국민주당연구 Ⅰ』(서울: 풀빛, 1982), 188쪽.

문제를 토의한 결과 소수의 반대의견이 있기는 하였으나 원칙적으로 합당을 가결하였다.

한편 한국민주당은 이날 중앙집행위원회에서 총재·부총재로 추대하려는 이승만과 김구가 앞으로 정당과는 일체 관계를 끊을 것으로 보이는 점, 4당 합동만으로는 우익진영의 단일화라고 볼 수 없다는 점 등을 이유로 이후 합당교섭을 백지화하고 강력한 단일당 실현을 도모하기로 결의하였다. 그리고 제2차 교섭위원으로 김성수, 김병로, 김약수, 백남훈 4인을 재선임하여 한국독립당과 통합교섭을 벌이도록 하였으나 역시 실패하였다.

이미 국민당과 신한민족당은 한국독립당에의 합류를 선언하였기 때문에 한국민주당의 합동교섭위원들은 '대의적인 입장에서 무조건 합동을 표명'한 바 있다. 그러나 한국민주당의 중앙집행위원회에서는 이에 대하여 "이것은 합당이 아니고 한국독립당에 한국민주당을 바치는 헌당"이라고 반대하였다.[98]

김구는 4월 9일 돈암장으로 이승만을 방문한 자리에서, 정당통합운동이 결실을 맺기 위해서는 이승만이 한국독립당의 중앙집행위원장으로 나서서 난국을 수습하여 주기를 요청하였다. 이에 이승만은 정황으로 보아 정당에 얽매지 않는 거국적, 초당적인 국민운동의 필요를 역설하였다. 이때 국민운동을 위해서는 정당에 불참해야 한다는 이승만의 소신에 호응한 김구는 한국독립당 중앙집행위원장직 사임의사를 표명하였다.

이승만과 김구를 총재, 부총재로 추대하려던 한국민주당은 4월 9일 중앙집행위원회를 열고 우익 4개 정당의 통합움직임에 대하여 '무조건 합당'을 반대하기로 결의하였다.[99] 중앙집행위원회가 무조건 합동반대결의를 함으로

---

98) 한국민주당과 임시정부의 첫 번째 충돌은 반탁(反託)문제를 둘러싸고 발생하였다. 임시정부 측은 반탁운동을 계기로 하여 미군정을 부인하고 주권행사를 하려고 한 데 반하여 한국민주당의 송진우는 미군정과의 충돌은 피해야 한다고 주장하였기 때문이다.

99) 한국독립당은 국민당과 신한민족당을 통합한 이후에도 한국민주당과의 합당을 시도하였다. 한국독립당과 한국민주당은 1947년 2월 26일 오후 1시부터 시내 필동에서 김구, 안재홍, 조소앙, 신익희 등 중앙간부 외 30여 명이 참가한 가운데 동일한 노선의 반탁진영 내 일부에서 모 단체를 배격 혹은 모 요인을 중상하는 언사와 필요 없는 한계의 문제까지 간섭하는 경향이 있으므로 이에 대한 규명과 반탁방법문제, 합당문제 등에 관하여 토의하고 오후 8시경 산회하였다. 양당은 2월 27일 오후 2시부터 시내 충정로 모처에서 한국민주당 측에서 김상수, 장덕수, 김준연, 백남훈 등이, 한국독립당 측에서는 김구, 조소앙 등이 회합하여 합당문제에 관하여 토의하였다. 한국민주당 측에서는 이미 2개월 전부터 합당에 대해서 중앙위원 측에 일임하여 합당의사가 있음을 표명하고 있으나 한국독립당 측에서는 중앙당부를 비롯하여

써 한국민주당은 통합운동에서 이탈하게 되었다.

한국민주당의 합당반대결의로 우익 4당합동이 무산된 후 한국독립당, 국민당, 신한민족당 3당의 합당교섭위원들은 4월 10일과 11일 양일간 회동한데 이어 12일에는 오후 2시 30분부터 시내 경교동 김구의 숙소에서 장시간에 걸쳐 조경한, 안재홍, 권태석, 김려식 등의 합당교섭위원들이 3당만이 합당한다는 전제하에 주로 인사문제를 협의하였다.

5) 한국독립당 · 국민당 · 신한민족당 등의 합당선언

김구 중심의 민족진영 정당통합운동이 한국독립당을 보강하는 성격을 띠게 되자 한국민주당이 4당합당만으로는 우익진영의 단일화를 기할 수 없다는 이유를 들어 이탈한 가운데 1946년 4월 18일 오후 2시 시내 장교동의 국민당 본부에서 한국독립당, 국민당, 신한민족당 및 군소정파인 급진자유당, 대한독립협회, 자유동지회, 애국동지회 등 7개 정파가 한국독립당(위원장 김구, 부위원장 조소앙)의 당명하에 확대, 재편성되었다.[100] 이날 대동단결의 이념으로 한국독립당과 합동하고 민중의 애국적 역량을 집결하여 민족통일에 매진하겠다는 내용의 공동성명서가 발표되었다.

한국독립당 · 국민당 · 신한민족당 등의 합동성명

자유조국의 광휘 있는 재건설을 위해서는 전 민족 총력의 집결로써 정체 없는 감투가 요청되고 있다. 그렇기 때문에 한국독립당과 국민당은 벌써부터 무조건 합동을 결의하고 대중에게 합동을 성명한 바 있었다. 이와 공통한 취의로써 한국민주당과 신한민족당도 모두 무조건 합동을 협의하게 되었으나 한국민주당은 중도에서 그 당론을 협의치 못하므로 한동안 보류되었고 신한민족당은 수차의 회동에서 그 당위가 귀결되어 이에 한국독립당, 국민당, 신한민족당 등 3당 합동은 실현되었다. 따로 급진자유당, 대한독립협회, 자유동지회, 우국동지회 등 동일한 원칙에서 합동 귀일함에 있어 한국독립당은 이에 모든 혁명적 전투적 애국적 진보적인 역량을 집결하면서 획기적 신출발을 하게 되었다. 금후 외타의 제 당

80여 지부당이 반대를 하고 있었다. 우익단체 간의 합당문제로 한국민주당과 한국독립당의 연석회의는 2월 28일에도 개최되었다. ≪조선일보≫, 1947년 2월 28일자.

100) 국민당은 당초부터 한국독립당에의 무조건 합류 태도를 표명하여 왔으며, 신한민족당에서는 여러차례에 걸쳐 합동안을 협의한 결과 결국 합동파와 반대파로 분열되어 반대파에서는 무조건 합류는 거부하여 불합동의 성명서까지 발표하였으나 결국 합동파 인사들만 한국독립당에 합류하게 되었다.

파와는 더욱 동지적 신합동과 행동통일 등으로써 전 민족 총력집중의 전투적 실천을 기하고 있다. 이것만이 가일층 중대하여지는 역사적 국면에 대응하는 최선의 방략인 것을 강조하여 둔다.

대한민국 28년 1월 18일

한국독립당 · 국민당 · 신한민족당 · 급진자유당 · 대한독립협회 · 자유동지회 · 애국동지회

이렇게 반탁의 열기 속에 1개월에 걸쳐 당명, 당시 · 당칙, 정강 · 정책 그리고 당 간부 인사문제 등을 둘러싸고 국민적 관심 속에 전개된 우익정당의 합당운동은 4개 정당과 3개 단체가 한국독립당을 중심으로 통합되었다. 이날 발표된 합동성명은 '임시정부'가 주권행사기관으로서 실질적 활동이 어려우므로 한국독립당의 활동에 의존할 수밖에 없다고 밝히고 그런 장애요인으로서 미군정의 존재와 좌익세력의 반대를 지적하였다.

그런데 이들 주요 정당 내에는 합당에 반대하는 인사들이 있었지만 이들의 의사는 대체로 무시되었다. 합당반대자들은 자신들의 의견을 표출할 방법을 모색하게 되었는데 당내에 마땅한 의견표출 경로, 즉 언로가 없어 결국 분당(分黨)으로 방향을 잡았다. 언로가 마땅치 않았다는 것은 당내에서 정책을 결정함에 있어서 토론과 동의를 구하는 민주적 절차의 경험과 인식이 부족하였음을 의미한다.

3. 통합 이후

1) 한국독립당 · 국민당 · 신한민족당 내 합당반대파의 동향

3당이 합당하게 되자 신한민족당 내의 합당반대파는 불순한 위장된 정당통합을 반대한다는 성명을 발표하였다. 이들은 또 이전부터 추진하여 오던 제3당 결성을 위하여 1946년 6월 12일 재미한족연합회 회의실에서 김려식 · 손공린 · 이용 중심의 신한민족당, 김붕준 · 김진성 · 신영삼 중심의 신한민주당, 김진호 · 김재덕 · 최천 중심의 조선혁명당, 한시대 · 김호 · 김원용 중심의 재미한족연합회, 송중곤 중심의 청우당, 무소속의 정병건 등 각

파 대표가 참석한 가운데 합동교섭위원회를 구성하여 정강, 정책, 재정의 3 분과위원회를 조직하였다. 이들은 3분과위원회의 초안 구상을 토대로 6월 17일의 최종대표대회를 거쳐 제3당 결성 실현(신진당 창당)에 매진하였다.

2) 한국독립당의 분열 - 미소 공동위원회 참가 및 좌우합작문제

통합신당 한국독립당은 다양한 인맥과 이념을 수용한 결과 그 부작용으로 조직이 취약해져 통합신당 한국민주당의 경우와 같은 분열상을 보이게 되었다. 기본적으로 한국독립당의 구성은 중국에서 임시정부를 중심으로 독립운동을 하던 해외파와, 국민당계열 및 신한민족당계열인 국내파로 구분되었고, 이들 해외파와 국내파 사이에는 이념과 정치노선에 차이가 있었다.

부분적이나마 신한민족당 및 국민당 등과의 합당으로 큰 정당으로 발전하여, 국내 기반을 넓힌 한국독립당은 1946년 8월 12일 합당 후 처음으로 제1차 중앙집행위원회를 개최하였는데 중앙위원 132명 중 95명이 참석하여 농촌정책안, 청년운동문제, 공업 및 광업문제, 노동정책 등 광범한 문제와 토지정책 등을 토의하였다. 그러나 회의 제3일째인 14일에는 동당과 남조선대한국민대표민주의원, 민족통일총본부, 대한독립촉성국민회 등과의 관계에 대하여 규명을 하는 과정에서 동당 간부진 사이에서 의견대립이 있었다. 이와 관련하여 김구 위원장은 사표를 제출하였으나 그의 사표는 심사위원회에 의하여 반려되었다.

한국독립당은 8월 23일 전형위원 7인을 선정하여 당 조직개편을 단행하였다.[101] 당 중앙집행위원회는 집행부를 개선하면서 중앙당 조직 12부를 일신하였는데 이때 임시정부계열 인사들이 후퇴함으로써 통합에 따른 내분은 일단 진정되었다.

한국독립당은 1947년 1월부터 미소 공동위원회의 재개를 앞두고 한국민주당과 35개 단체로 조직된 애국단체와 더불어 반탁운동을 주도하였으며 한편에서는 우익정당들의 통합운동을 추진하였다. 당내의 의견이 통일되고

---

101) ≪동아일보≫, 1946년 8월 25일자.

있지 않은 가운데 한국독립당은 1월 24일 한국민주당과 함께 반탁운동의 최고기관으로 반탁투쟁위원회를 조직하여 대대적인 반탁운동을 전개하기 시작하였다.

김구 위원장은 2월 8일 우익정당의 통일을 촉구하는 성명을 발표하면서 만약 우익합동이 성취되지 않으면 한국독립당위원장직을 사퇴하겠다고 말하였다.

그 후 당내 일부 당원들의 반대에도 불구하고 김구, 조완구, 조경한 등이 한국민주당의 김성수, 백남훈, 장덕수 등과 합당교섭을 벌였으나 별 성과 없이 끝났다. 앞에서도 언급되었듯이 3당 합당 후 한국독립당 내에는 해외파(임시정부계열)가 퇴조하고 국내파가 다수파로 등장하였는데 국내파는 한국민주당에 대하여 정치이념으로나 감정상 융화가 곤란하다며 당내에서 합당반대 태도를 취하여 위원장의 합당주장을 철회하라고까지 주장하였다.

한국민주당 측에서도 애로가 있었는데 그것은 당시 미군정청과 비타협적 노선을 견지하고 있던 임시정부계열이 이끄는 한국독립당과의 합당은 미군정당국과 협조관계에 있는 한국민주당으로서는 껄끄러운 일이었다. 또 한국민주당은 남한단독정부(南韓單獨政府)를 추진하는 이승만의 노선을 추종하고 있었기 때문에 양당 간에는 약간의 '거리'가 있었다.

신한민족당, 국민당, 한국독립당이 합당(1946. 04. 18.)된 후 합당에 따른 내분이 진정될 무렵 남조선과도입법의원과 남조선과도정부수립론이 정가에 나돌자 그에 대한 대비책으로 다시 민족진영정당 간의 통합운동이 고개를 들었다. 한국독립당에서는 김구가 1947년 3·1절을 맞이하는 시점에서 한국민주당과의 합당 추진을 지시함에 따라 양당은 다시 통합문제에 접근하였다.

1947년 4월 9일 한국독립당 상임위원회에서 당론 통일을 기하려 하였으나 남조선과도입법의원 선거문제로 오히려 대립이 격화되었다. 그 후 김구를 비롯한 조소앙, 조완구, 엄항섭, 황해수 등의 해외파 간부들이 4월 12일 개최된 중앙위원회에 당내 갈등을 이유로 정식으로 사표를 제출하였다. 그러나 중앙위원회에서는 이를 모두 반려하였다.

당 내분이 계속되던 중 한국독립당은 5월 9일 1천여 명의 당원이 참석한

가운데 창당 17주년 기념식을 거행하였다. 합당 이래 임시정부계열, 국민당
계열 및 신한민족당계열의 3파 간 대립으로 임시정부계열 요인의 간부직
사표제출 등 감정적 대립으로 인하여 귀국 후 처음 맞이하는 기념식에는
동당의 초창기 원로 김구, 조완구, 조경한, 엄항섭 등이 불참하였을 뿐만 아
니라 다음 날의 전당대회에도 불참하였다. 10일 개최된 전당대회에서는 신
한민족당계열의 권태석이 부의장으로 선출되자 "문제가 있는 인물을 임시
집행부에 선출할 수 없다."며 일부 당원들이 반대함으로써 그는 취임하지
못하였다.

전당대회는 5월 10일 시작되어 12일까지 계속되었는데 12일 오후 그동안
침묵을 지키던 김구 위원장이 회의에 참석하여 자신이 위원장직을 사퇴한
동기는 당의 간부들이 임시정부 요인들을 무시하는 경우가 있으며 선거비
용에 부위원장 결재도 없이 거액의 예산을 결정하는 등 위원장인 자신으로
서는 책임질 수 없는 일이 많기 때문에 다만 평당원으로서 최후까지 당을
고수하겠다고 말하였다. 그는 또 "기왕에 결정된 모스크바 3상결정을 우리
가 이행함으로써 독립을 전취할 수 있다."고 말하여 당 내외로부터 주목과
경계를 받게 되었다.

전당대회에서는 해외파인 임시정부계열과 국내파인 국민당계열, 신한민족
당계열 간의 3파전이 벌어졌다. 또 당과 별개의 행동을 취하여 오던 신한민
족당계열의 권태석, 김일청 두 사람에 대하여 지방대표들이 강력하게 제명
을 요구함으로써 표결로 이들의 제명 처분을 결정하였다(표결 결과 제명찬
성 135, 반대 113).[102] 이 대회는 중앙집행위원 150명(기타 지방대표 50명)
과 중앙감찰위원 20명을 새로 선출하였으며, 13일의 중앙상무집행위원회에
서 위원장에 김구, 부위원장에 조소앙을 선출하고 각 부서 개편은 위원장과
부위원장에게 일임하였다.

창당 17주년기념식(1947. 05. 09.)을 계기로 한국독립당의 내분이 수습되
는 듯하였으나 4월 6일 이후 무기 휴회 중이던 미소 공동위원회가 재개되

---

102) 이들은 제2차 미소 공동위원회 시기인 1947년 5월 모스크바 3상협정을 이행함으로써 독립을 취할
    수 있다고 의사를 표명한 바 있다.

자 동 위원회에의 참가 여부를 놓고 당내에서는 참가하자는 국내파와 보류하자는 해외파가 논란을 벌인 끝에 결국 보류하게 되었다. 그러나 동당 서울시 지부가 5월 23일 미소 공동위원회 참가를 결의하고 중앙당부에 건의서를 전달하였으며, 동당에서는 이 문제와 관련하여 임시정부계열, 국민당계열, 신한민족당계열의 3파전이 전개되었다. 국민당계열과 신한민족당계열, 즉 국내파의 간부 다수는 별도의 회합을 갖고 상임위원회에 중앙집행위원회 소집을 건의하고, 불응 시에는 중앙간부 불신임안을 제출하든가 집단탈당을 하기로 하였다.

이틀 후인 5월 25일 한국독립당은 미소 공동위원회 불참을 선언하였다. 이에 당내 국내파는 대거 탈당계획을 수립함과 동시에 해외파 중심으로 구성된 상임위원회의 결의에 불만을 토로하고 안재홍, 박용희, 임우룡, 구철회 등 85명의 중앙위원 연서로 6월 2일 성명을 발표하는 동시에 미소 공동위원회에 적극 참가할 것을 주장하고, 참가문제를 결정하기 위하여 6월 5일 이내에 중앙집행위원회를 소집할 것을 김구 위원장에 건의하였다.[103]

그러나 해외파(임시정부계열)는 국내파의 요구를 무시하였고 감찰위원회에서는 연서 제출자들을 제명 처분할 뜻을 밝혔다. 이에 대하여 국내파는 간부 불신임안으로 맞섰다. 결국 동당은 분열되어 합당 이전의 한국독립당(임시정부계열), 국민당, 신한민족당으로 복귀할 형편에 처하였다.[104]

상황이 이렇게 전개되자 국민당계열을 중심으로 한 한국독립당 혁신파는 1947년 6월 5일 시내 태평로 민우사회관에서 혁신파 중앙집행위원회를 소집하고 대책을 논의하였다. 이에 앞선 전당대회에서 제명된 바 있는 권태석, 김일청을 중심으로 하는 신한민족당계열은 이날 대표 150명으로 민주파(신한민족당계열)와 한국독립당파를 규합하여 '민주파 대회'를 개최하고 혁신파와 호응하여 미소 공동위원회에 적극 협조하는 동시에 보수파와의 투쟁을 다짐하기에 이르렀다.

쉽지 않게 3당이 통합되었음에도 한국독립당은 미소 공동위원회 참가문

---

103) 노경채, 『한국독립당연구』(서울: 신서원, 1996), 206쪽.
104) 이기하, 앞의 책, 124쪽.

제와 좌우합작위원회 문제로 분열상을 보이기 시작하였다. 한국독립당 국내
파는 6월 13일부터 6월 16일까지 3일간 중앙집행위원회 회의를 개최하고
임시정부계열에 대한 불신임결의만은 보류한 채 별도로 신당운동을 제기하
였으며, 표결 결과 22 대 16으로 나타남에 따라 혁신파(국민당계열)를 중심
으로 신당운동을 전개할 것을 결의하였다.

한국독립당에서는 당 내분을 수습하지 못한 책임을 지고 당 부위원장 조
소앙 등 간부들이 사표를 제출하였다.[105] 당 중앙당부는 분규를 수습하지
못한 채 6월 19일 중앙위원 제명 처분을 단행, 민주파(신한민족당계열)의
주해, 장지필, 김상순, 임헌도, 민중식, 정종식, 신영달, 이중환과 혁신파(국
민당계열)의 안재홍, 박용희, 조헌식, 유기열, 현경, 최흥국, 김기환, 유을준,
김종량, 강준표, 유기태, 이선근, 이승복, 엄우룡, 구철회 이외에 22명을 제
명 처분함으로써 한국독립당은 3파로 분열되었다.[106]

이렇게 되자 한국독립당은 3당 합당(1946. 04. 18.) 이전의 상태로 되돌아
갔으며 김구 위원장은 6월 23일 '당원 제위에게 고함'이라는 제목 하에 당
내 국내파(민주파와 혁신파) 당원에 대한 대량 제명 처분의 경위 및 당원의
공동투쟁을 촉구하는 성명을 발표하였다.

3) 한국독립당의 분열 – 신한국민당과 민주한독당의 발족

한국독립당 내에서 국내파 대량 제명처분(1947. 06. 19.)을 당한 혁신파
(국민당계열)에서는 이틀 후인 6월 21일 "우리는 국제협력에 의해서만 자주
독립을 달성할 수 있다는 굳은 신념에서 미소 공동위원회에 참가하고 또 우

---

105) 한국독립당을 비롯한 김구 등 임시정부계 인사들의 정치이념으로 기능한 대표적인 정치이념은 조소앙
   의 삼균주의였다. 삼균주의는 1920년대 말 국내에서 민족유일당운동이 전개됨에 따라 상해(上海) 등
   지의 독립운동단체에서 향후 정치독립운동의 정향을 밝히기 위하여 설정한 이념으로서 당시 좌우합동
   이 요구되는 시대적 배경 속에서 형성된 정치사상의 하나이다. 삼균주의의 특징: ① 좌우 양극 이데올
   로기적 대립의 중화에 초점을 두고 사회개혁을 주장 ② 민족의 전통적 가치와 사상의 현재화에 치중
   하였기 때문에 동양과 한국의 전통적 가치이념 함유 ③ 민족과 계급의 문제와 국가와 세계를 합일하
   여 대동주의적 이상사회로 지향하려는 정치적 낭만주의 함유. 상세한 것은 홍선희, 『조소앙사상』(서울:
   태극출판사, 1975) 참조.
106) 송남헌, 『한국현대정치사 1』(서울: 성문각, 1980), 349쪽.

리의 실천행동에서 민주과업을 실행하기 위하여 이념을 같이하는 도·군·당지부와 함께 단연 한국독립당을 결별하고 신한국민당으로 신당 발족함을 선언한다.”는 내용의 성명을 발표하고 신한국민당 발족을 선언하였다.[107]

이렇게 당내 혁신파(박용희 등)는 신한국민당으로, 민주파(권태석 등)는 민주한독당으로 각각 발족, 미소 공동위원회에 참가하기로 하였으며, 한국독립당은 조직을 재정비하는 한편 미소 공동위원회 불참과 반탁독립(反託獨立)을 고수키로 함으로써 한국독립당은 신한국민당, 민주한독당, 한국독립당으로 분열되었다.

미소 공동위원회 참가 여부 문제로 진통을 겪고 있던 한국독립당은 한국민주당이 반탁운동을 포기하고 미소 공동위원회 참가를 선언하게 되자 반탁투쟁위원장 김구가 사퇴하는 등 반탁진영에는 내분이 발생하였다.

제13절 북조선공산당·조선신민당의 합당(북조선노동당)

1. 합당 배경

1) 소련군 당국의 정당통합 지시

북한 지역에 진주한 소련군은 북한에서 어떠한 정치단체도 인정하지 않았다. 한인공산주의자들의 과거 기록을 갖고 있지 않은 북조선 주둔 소련군 당국은 그들의 지지자 가운데서 한 사람을 발굴, 지원하였는데 그가 곧 김일성이었다.[108] 김일성은 1945년 10월 10일 조선공산당 북조선분국(조선공산당 북조선조직위원회)을 설립하였으며 10월 14일 평양에서 열린 환영군

---

107) 신한국민당의 부서: 위원장 박용희(부위원장직은 유보), 총무부장 이상준, 조직부장 정영우, 선전부장 엄우룡, 연락부장 김수철, 재정부장 조헌식, 정책위원회 안재홍, 엄우룡, 조헌식, 유기열, 김기환, 김약산, 윤석구, 허간룡, 중앙집행위원 박용희, 안재홍, 김익동 외 45명. 이기하, 앞의 책, 125쪽.

108) Dae-Sook Suh, *Kim IL Sung The North Korean Leader*(New York: Columbia University Press, 1988), 56쪽.

중대회에 처음으로 모습을 나타냈다.

12월 17일 제3차 조선공산당 북조선분국[109] 중앙위원회 확대회의가 개최되었는데 이날 김일성은 김용범 현 위원장을 물리치고 분국 위원장에 취임하였다.[110] 김일성은 이날 북부 조선에 있어서의 당 공작의 착오와 결점에 대하여 보고하였는데 그는 조선공산당원의 성분이 노동자 30%, 농민 34%, 지식분자·상업가·기타 성분이 36%임을 밝히고 올바른 당의 발전을 위해서는 우선 노동자계급과 도시 및 농촌의 군중을 토대로 성장해야 할 것이라고 지적하였다. 또 현 단계에 있어서 북조선공산당의 활동은 모든 반일(反日)민주주의 정당들과 정치적 단체들의 폭넓은 연합의 기초 위에 부르주아 민주주의 정권을 수립해야 한다고 언명하였다.[111] 그는 또 반일민주주의 정당 및 단체들과의 통일전선을 만방으로 강화시켜야 한다고 말함으로써 북한에서도 정당 및 단체의 통합이 시급한 과제임을 시사하였다.

김일성은 소련군으로부터 공산청년동맹을 해체하고 민주청년동맹이라는 청년조직을 결성하라는 지시를 받았다. 강제성을 띤 새로운 청년조직을 결성함에 있어서 저항이 있기도 하였으나 민주청년동맹은 1946년 1월 17일 창립을 선언하고 출범하였다. 김일성은 2월에는 조선공산당 북조선분국의 명칭을 북조선공산당으로 변경하였다.

북한의 모든 청년조직을 통합시킨 소련군은 이번에는 정당통합에 나서 조선신민당에 대하여 먼저 조치를 취하여 조선신민당으로 하여금 북조선공산당에 대하여 정당통합을 제의하도록 하였다.[112] 신민당은 7월 23일 조선공산당 북조선분국 측에 대하여 합당을 제의하는 서신을 띄웠다. 다음 날 조선공산당 북조선분국은 중앙위원회를 소집하여 이 문제를 논의한 후 조

---

109) 분국이라 이름 붙인 이유는 해방 직후 이북 지역의 공산주의자들은 정예, 비정예를 가리지 않더라도 모두 몇 백 명에 불과하였기 때문이라고 한다. 이동준, 『역사의 증언』(서울: 내외문제연구소, 1969), 113쪽.

110) 서대숙, 『현대북한의 지도자 김일성과 김정일』(서울: 을유문화사, 2000), 64-65쪽.

111) 「당의 정치노선 급 당사업총괄과 결정」(당 문헌집 1), 萩原 療(編), 『北朝鮮の極秘文書』(1945年 8月-1951年 6月)(大阪: 夏の書房, 1996), 119-128쪽.

112) 김주현, 「북조선노동당의 탄생」, ≪근로자≫ 제1호(1946년 10월), 35-48쪽; Robert A. Scalapino and Chong-Sik Lee, *Communism in Korea: The Movement*(Berkeley and Los Angeles, CA: University of California Press, 1972), 358-359쪽.

선신민당의 제안에 원칙적으로 동의한다는 뜻을 동당에 통보함으로써 합당 교섭이 시작되었다. 통합과 관련한 북조선공산당의 공식 결정은 7월 26일 의 제8차 전원회의에서 이루어졌으며 통합창립대회는 그해 8월 28일부터 8 월 30일까지 개최되었다. 양당의 통합은 실질적으로는 북한에 주둔하고 있 던 소련군 대령 이그나체프의 지시에 따른 것이었으며 그는 창립대회의 모 든 과정에 참여하였다.[113] 조선공산당 북조선분국과 조선신민당의 합당은 이그나체프의 통합지시 이외에도 당시 양당이 이념면에서 공통점을 가지고 있었기 때문에 가능하였다. 그 첫째는 당시 양당의 강령이 일치하였다는 점 을 들 수 있고, 둘째는 양당의 지도부가 내세운 주장, 즉 '긴급한 현하 정 세'에 있다. 이 '긴급한 현하 정세'는 노동자, 농민, 근로대중을 광범하게 연합해야 할 것을 요구하고 있었는데 긴급한 현하 정세의 내용은 결국 자 본주의 진영과 사회주의 진영이 각국에서 대립하고 있는 상황을 말하는 것 이다.

이러한 소련군 당국의 북한 지역 내 정당·단체 통합지시는 비슷한 시기 미군정청이 남한 지역 내 정당·단체의 통합을 권유한 것과 같은 맥락에서 이해될 수 있으며 각기 자국 군대가 관할하고 있는 군정 지역 내에서의 영 향력 행사에 주안점을 두고 있다는 공통점이 있다.

2. 합당 경과

1) 합당작업의 전개

조선공산당 북조선분국(북조선공산당)과 조선신민당의 합동문제가 공개적 으로 거론되기 시작한 것은 1946년 7월 하순부터였다.[114] 표면적으로는 조 선신민당대표 김두봉이 북조선공산당 책임비서 김일성에게 합당제의 서한

---

113) Dae-Sook Suh, 앞의책, 74-77쪽.
114) 조선신민당은 1946년 2월 16일 조선독립동맹이라는 명칭하에 조직활동을 하여 오던 연안파가 결성 한 정당이다.

을 보냄으로써 시작되었는데 동당은 7월 23일 중앙위원회 상임위원회를 열어 '현 단계의 조선신민당의 과업과 목적이 북조선공산당의 과업목적들과 합치'되기 때문에 양당의 합동을 제안하기로 결정한 것이다. 이 결정에 의거하여 김두봉 위원장은 '북조선공산당 책임비서 김일성 장군 및 제위 중앙위원' 앞으로 양당의 합동을 제안하는 서신을 보냈다. 합당제의를 받은 북조선공산당은 다음 날인 24일 중앙위원회 상임위원회를 열어 토의한 결과 합동제의를 수락하기로 하고 답신을 조선신민당으로 보냈다.

그로부터 4일 후인 7월 28일 북조선공산당과 조선신민당은 합동문제를 토의하기 위하여 양당 중앙당 상임위원회 연석회의를 개최하였다. 양당은 다음 날인 29일 다시 양당 중앙위원회 확대연석회의를 열어 양당의 대표인 김일성과 김두봉의 보고를 듣고 토론을 벌인 결과, '조선 근로대중의 이익을 옹호하기 위하여' 양당을 합동하여 '북조선노동당'으로 호칭하기로 결의하였다. 그리고 양당은 '조선신민당과 북조선공산당이 북조선노동당으로 합동함에 대한 선언서' 및 강령을 채택하였다. 『김일성 선집』에는, 합당결의 후 세포총회로부터 시, 군당 및 도당대표회와 전당대회에 이르기까지 토의를 거쳐 한 달이라고 하는 짧은 기간에 합동이 승리적으로 완수 되었다고 전하고 있다.

짧았던 공식 합당교섭 기간과 당시의 정황을 볼 때 양당의 합당은 양당의 하부조식에서부터 토론과 다수의 합의를 통하여 결정된 것은 아니었고 중앙당 지도부에서 먼저 합당이 결의되고 합당교섭을 마친 후에 하부조직의 동의를 구하는 방식으로 진행되었다. 실제로 양당의 대표들이 합당을 결정한 직후인 8월 7일 양당은 김일성, 김두봉, 김용범, 허가이, 최창익으로 '북조선로동당합당대회준비위원회'를 구성하는 한편 하부조직에서의 통합작업을 전국적으로 시작하였다. 통합작업은 시, 군, 면, 구 단위 조직까지 진행되어 8월 20일에 마무리되었으며 8일 후 신당 북조선노동당이 결성되었다.

2) 북조선노동당 창립대회

해방 후 남과 북에서 조직된 좌익정당들은 제각기 좌익정당 합당운동을 통하여 각기 노동당으로 발족하게 되었다. 북한에서는 1946년 8월 27일 조선신민당과 북조선공산당 중앙위원회대표가 양당의 합당을 재차 논의하였으며 28일의 양당 합병사무위원회를 거쳐 양당 대표인 북조선공산당 책임비서 김일성과 조선신민당 주석 김두봉 간에 최종 결정을 보고 북조선노동당을 결성하게 되었다.[115]

그동안의 통합작업이 마무리되자 양당은 8월 28일부터 30일까지 3일간 평양에서 약 37만 명의 당원을 대표한 801명의 대표자들이 참가한 가운데 북조선노동당 창립대회를 개최하였다. 창립대회에서 북조선노동당 책임비서 김일성과 조선신민당 위원장 김두봉은 각각 기조연설을 하였다. 김일성은 남조선의 정세 전반에 대하여 비난한 후, 노동당 창립이유를 설명하였는데 근로인민의 권리를 대표하고 보호하는 국가를 수립하기 위하여 근로대중의 민주적인 역량을 총 집결하는 것이 합당의 목적이라고 말하였다. 그는 조선신민당과의 합당을 반대한 북조선공산당의 일부 당원들을 비난하였으며, 통합신당은 강력한 전위정당이 되어야 하고, 두 정당의 이념이 통합되어야 하며, 노동자들의 이익을 위하여 일하고, 다른 사회단체를 지도하고, 새로운 간부들의 교육에 최대한 관심을 기울여야 한다고 말하였다. 김두봉도 조선신민당 내의 합당반대론자들을 비난하고 많은 사람들이 우익 기회주의의 오류를 범하고 있다고 지적하였다.

양당의 합당 배경과 관련하여 김일성은 창립대회 첫날인 8월 29일 다음과 같이 발언하였다.[116]

---

115) 이기하, 앞의 책, 138쪽.

116) 「근도대중의 통일적 당의 창건을 위하여」 북조선노동당창립대회에서 한 보고(1946. 08. 29.), 『김일성 선집』 제1권(평양: 조선노동당 출판사, 1967) 76–80쪽(국회도서관 소장본).

근로대중의 통일적 당의 창건을 위하여
(두 당의 합동은 필연적이며 가장 적절하다.)

> 대표동지들!
> 현 시기 우리나라 민주역량의 단결을 강화하는 데서 공산당과 신민당의 합동은 노동자, 농민, 근로 인텔리의 광범한 대중을 튼튼히 결속시키는 데 있어서 커다란 전진으로 됩니다. … 우리 당은 친일파, 민족반역자, 지주, 예속자본가들을 타도하고 조국을 외래 제국주의의 예속에서 완전히 해방하며 민주주의 자주 독립국가를 건설하기 위하여 투쟁합니다. 이 목적은 공산당이나 신민당이 다 통일하게 추구하여 왔습니다.

그는 또 "북조선공산당과 조선신민당은 조선근로대중의 절실한 요구의 관철을 위하여 투쟁하여 왔으며 또 투쟁하고 있다. 그렇기 때문에 동일한 목적과 과업을 갖는 두 당의 합당은 필연적이다. … 조선인민 앞에 제기된 위대한 민주과업을 완수하는 데서 가장 결정적인 것은 근로대중의 통일적인 참모부, 근로인민의 유일한 전투적 선봉대를 꾸리는 것이다. 이 문제는 오직 노동당을 창립함으로써만 해결될 수 있다."고 말하였는데, 이 발언에 정당통합의 정치적 의도가 그대로 담겨 있다고 볼 수 있다. 이날 조선신민당 중앙위원회가 양당의 합당을 제기하였고 북조선공산당 중앙위원회도 이에 전적으로 동의, 양당 중앙위원회 확대연석회의에서 두 당이 합쳐 북조선노동당의 당명하에 합당할 것을 정식으로 결정하였다(위원장에 김일성, 부위원장에 김두봉·주영하 선출).

창립대회 마지막 날인 8월 30일에는 남한에서 진행되고 있는 좌익 3당 합당공작 상황을 심의하고 대회의 입장을 밝히는 결정서를 채택하였다. 조선신민당의 부위원장이었던 최창익은 서울에서의 좌익 3당 합당 진행과정을 구체적으로 설명하는 한편 조선공산당 내에서 대회파와 박헌영파의 분열과, 그로 인한 박헌영파의 대회파에 대한 정권처분 경위를 상세히 보고하였다. 대회에서는 최창익의 보고에 이어 토론이 전개되었는데 박헌영파 지지, 대회파 지지로 나뉘어 갑론을박하다가 결국 박헌영파의 주장이 옳다는 데 의견이 모였다.[117] 남한 지역 내 좌익 3당의 조직 내분이 증폭되어 좌익

____

117) ≪독립신보≫, 1946년 9월 2일자.

진영의 분열 가능성이 증대되었다고 판단을 내린 북조선노동당 창립대회는
이날 '남조선공산당 중앙위원회 결정에 따라' 즉시 통합하라는 내용의 결정
서를 채택하였다.[118]

북조선노동당 창립대회 결정서(요지)

남조선에 있어서 3당의 합동사업은 비상히 지연되고 있다는 것을 지적하지 않을 수 없다.
3당의 합동을 반대하여 반동적 역량을 강화하고 3당 안에 의식적으로 반대하는 분자가
존재하며 그들은 자기의 종파적 분열적 반당행위를 일으켜서 반동파를 원조하고 있다는
것은 유감 된 일이다... 당내의 종파적 분열행동을 일으킨 반동분자를 중앙위원회에서 제명
한 남조선중앙위원회 결정은 가장 정당하다고 인정한다. 인민당, 신민당도... 반동분자를 숙
청하는 그러한 결정적 대책을 완전히 실시할 것을 우리는 믿는다. 본 대회는 합동을 지연
시키려는 반당분자에 대한 결정적 대책을 세우고 3당 합동 사업을 신속히 진행시킬 것을
남조선 3당 당원에게 호소하며 근로대중의 역량을 약화시키려는 반당분자는 조선인민의
원수라는 것을 본 대회는 지적한다.

이처럼 평양 측이 서울의 조선공산당 대회파에 대하여 강경한 입장을 취
한 것은 남한 내에서의 좌익 3당 합동을 하루라도 빨리 성사시키자는 데
그 의도가 있었다. 대회파의 주장인 '당 대회를 먼저 소집하여 당 중앙을
민주적으로 개선한 뒤 그 중앙에서 대표를 선출하여 3당 합당공작을 추진
시켜야 한다.'는 논리는 당시 지방당, 특히 서울 영등포 공장지구, 전북·경
남·부산지구 등에서도 상당수가 지지하고 있었기 때문에 이러한 분위기를
깨고 박헌영파를 지지하기 위하여 결정서가 채택된 것이다.

창립대회가 있은 후 약 1개월이 지난 9월 26일 김일성은 북조선노동당의
창립과 남조선노동당의 창건문제에 대하여, "... 공산당은 노동계급의 선봉
대로서 로동계급의 이익을 대표하여 투쟁하여 왔다. 신민당은 주로 농민과
근로인텔리의 이익을 옹호하는 당으로서 활동하였다. 이와 같이 공산당과
신민당은 각이한 계급의 이익을 대표함에도 불구하고 조직된 당초부터 공
통적 강령을 들고 싸웠다. 이것은 노동자, 농민, 근로인텔리가 다 근로하는
대중이며 그들의 리해관계가 일치한다는 것으로써 설명된다..."고 말하였다.

---

118) 남조선 '조선로동당'에 관한 결정서 전문과 남조선노동당 강령 전문은 ≪민주주의≫ 제9호(1947.
01.), 5-6쪽 참조.

그는 또 남조선에서는 합당준비위원회가 조직되어 합당에 대한 강령초안
을 작성 발표하였는데 아직껏 진전이 없다며, '미군정이 지지하는 반동분자
들의 적대적 활동과 파괴음모가 조성하는 난관과, 합당 참여정당 내부의 반
동분자들의 분파적 행위'가 그 지연 원인이라고 밝혔다. 그가 말한 난관이
란 좌익 정당단체에 대한 박해, 진보적 출판물에 대한 정간 혹은 폐간을 가
리키며, 분파적 행위란 남조선공산당 중앙위원회 내 반당파 6인의 언동을
가리키는 것이다.

3. 합당 이후

1) 합당의 의의

북조선공산당과 조선신민당의 합당이 갖는 의의는, 무엇보다도 합당으로
인하여 북한 지역에서 북조선노동당이라고 하는 강력한 좌파이념정당이 탄
생하여 실질적인 정치통합과 단일지도체제 구축에 성공하였다는 데에 있다.
또 북한 지역 내의 권력 장악과 개혁추진을 위해서는 무엇보다도 강력하고
통일된 조직으로서의 단일정당이 절실히 요구되고 있었던 시기에 성사되었
다는 점에 있다. 당시 각 정당의 당세를 보면 조선공산당원 약 3만 명, 조
선신민당원 약 12만 명, 민주당원 약 20만 명, 천도교 청우당원 약 2만 명
등으로 조선공산당은 조선신민당이나 민주당에 비하면 당원 수에 있어서
크게 열세에 있었음을 알 수 있다.

2) 남조선노동당 창립지시

양당 내에 합당과 관련하여 상당한 이견 혹은 불만이 있었음을 알고 있
던 김일성과 김두봉은 자신들의 연설에서 합당반대론자들을 강하게 비난하
면서 합당 분위기를 조성하였다. 두 사람의 연설에 대하여 15명의 대표들
이 토론을 벌였으며 김일성은 합당 지지 결론을 내렸다.

대회에서는 합당을 승인하고 근로대중을 위한 단일정당을 결성하며 새로운 당의 명칭을 북조선노동당이라고 명명하는 결정서가 채택되었다. 조선신민당의 지도자인 최창익은 13개조의 당 강령을 제의하였는데 대회는 이에 관하여 간단한 토론을 거친 후 강령을 채택하고 정회하였다.

대회 사흘째인 8월 30일 최창익은 남한의 정세와 남조선노동당의 창립을 위한 3당 합동의 진척 상황에 관하여 서울의 조선공산당원들 중 좌익 3당 합동을 반대하는 6명(김철수, 이정윤, 강진, 서종석, 문갑송, 김근)의 반당분자들이 당에서 축출되었다고 보고하였다. 그는 이 6명의 축출을 북조선노동이 승인할 것을 제의하였으며 대회는 그대로 승인하였다.

앞에서 본 것처럼 양당의 합동은 실제로는 각 당 내부의 반대와 상호의심 속에서 이루어졌다. 특히 서울에 있는 남조선공산당의 동의도 없이 조선신민당과 합당하는 것에 대하여 북조선공산당 내에서는 커다란 저항이 있었는데 이런 분위기 때문에 김일성과 김두봉은 양당의 구성원들의 의심을 일소하고 통합분위기 조성을 위하여 당대회 연설에서 더욱 강한 어조로 반대자들을 비난하였다. 조선신민당 또한 서울에 있는 남조선신민당 측과 합당과 관련하여 협의를 거쳤다는 근거를 찾아보기 어렵다.

합당 결정 이후 김일성이 주도하는 북조선노동당은 남한의 좌익정당들에 대하여 합당할 것을 지령하였다. 합당을 통하여 좌익세력 신장을 도모함은 물론 자신의 영향력 행사를 극대화하고자 한 것이다.

 신한민족당 · 신한민주당 · 조선혁명당 · 재미한족연합회 ·
청우당 · 무소속 · 삼우구락부 · 국민당 일부의 합당(신진당)

1. 합당 배경

우익정당 대동단결운동은 그간 각 정당의 입장과 견해 차이로 인하여 4당(한국독립당, 국민당, 한국민주당, 신한민족당) 합당은 백지화되고 3당(한국독립당, 국민당, 신한민족당)의 합당이 실현되어 통합신당 한국독립당이 결성되었다(1946. 04. 18.). 그런데 이들 3정당도 당원들이 모두 합당에 찬성한 것은 아니었으며 특히 신한민족당 내 합당반대파들은 합당결정 과정에 문제가 있다며 반발하고, 신당 결성을 준비하게 되었다.

독립운동가 출신들을 중심으로 하는 신진당은 이렇게 우익정당 합당 과정에서 이탈한 신한민족당의 합당반대파가 신당 결성을 추진하던 중 1946년 6월 조선혁명당, 신한민주당, 청우당, 재미한족연합회 등의 정당 · 단체와 통합된 것이다. 신진당의 창당 배경에는 적어도 이러한 합당결정 과정에 있어서의 절차와 이해관계가 문제시되었는데 이들 합당반대세력들은 세를 규합, 신당을 창당함으로써 활로를 개척하고자 하였다.

2. 합당 경과

1) 신한민족당 내 합당반대파의 움직임

신한민족당 내의 우익 4당(한국독립당, 국민당, 한국민주당, 신한민족당) 합동반대파에서는 제3당 결성을 목표로 그간 개별적으로 신한민주당, 조선혁명당, 재미한족연합회와 교섭을 해 오고 있었다. 한국민주당측이 합당에 대해 유보적인 태도를 보임으로써 우익 4당의 합당이 무산된 후 한국독립당, 국민당, 신한민족당 3당의 태도가 주목되는 가운데 3당 합동위원은

1946년 4월 10일과 11일에 이어 12일에는 오후 2시 30분부터 장시간에 걸쳐 조경한, 안재홍, 권태석, 김려식 등의 교섭위원이 시내 경교정(京橋町) 김구의 숙소에서 3당만이 합동한다는 전제하에 주로 인사문제를 협의하였다. 그러나 4월 9일 신한민족당이 중앙상임집행위원회에서 다수결로 합동을 결의한 것은 4당 합동 실현을 전제로 한 것인 만큼 3당 합당 교섭에 관하여 상임위원회에서 다시 논의 하지 않을수 없게 되었다.

한편 신한민족당 내의 우익 4당 합동반대파에서는 제3당 결성을 목표로 하여 개별적으로 중경(重慶)에 있던 신한민주당, 만주에 있던 조선혁명당, 재미한족연합회와 활발한 교섭을 하여 오던 중 각각 개인 자격으로, 교섭위원이 한곳에 모여 협의하는 단계까지 이르렀다.

그러던 중 4월 14일 오후 1시 신한민족당에서는 중앙집행위원회를 개최하고 3당 합동타협안을 중심으로 토의하였으나 4당 합동문제가 대두된 후 이에 반대하던 일파에서는 이를 거부하고 신한민주당, 조선혁명당, 재미한족연합회와 합동하자는 동의가 있었으나 동 집행위원회는 다수결로 앞의 2당(한국독립당, 국민당)과 합동하기로 결정하였다.

3당(한국독립당, 국민당, 신한민족당)이 합당에 합의하였지만 신한민족당 내의 합당반대파에서는 4월 17일 중앙집행위원회의 회의 결의를 거부하고 전당대회를 개최하여 합당 가부(可否)를 결정해야 한다고 주장하였다. 우익 3당이 4월 18일 합당성명을 발표하자 이들 합동반대파는 다음 날인 19일 "전 민족진영의 대동단결에 이의는 없으나 본당 합동위원회의 교섭전말보고는 처음부터 허위사실을 다수 개재하였을 뿐 아니라 당의 최고기관인 중앙집행위원회와 당대회의 순서를 밟지 않고 돌연 합동을 결정한 것은 민주국가를 수립하려는 정치인의 취할 태도가 아니므로 불순 가장합동은 절대 반대한다."라는 요지의 성명을 발표하여 반대 입장을 표명하였다. 그 후 동 당에서는 합동문제를 당의 총의로써 결정하기 위하여 4월 23일 대의원 210명 중 89명이 참석한 가운데 전당대회를 개최하고 결의안을 채택하였다.

이 결의안에서 보는 것처럼 합동반대파는 3당 합동성명을 거부하는 동시에 총재 권동진과 권태석, 김려식, 최익환에게 합동결의의 무조건 철회를 권고할 것 등을 결의하여 합동문제를 당분간 보류하기로 하였다. 그렇지만 이러한 당내 합동반대파의 별도 행동에도 불구하고 합동찬성파는 국민당, 한국독립당과 합동을 강행 실현하였다.

2) 신진당 결성

한편 여러 정당 대표들이 재미한족연합회 회의실에서 여러 차례에 걸쳐 정당합동에 관한 토의를 진행하여 오던 중 1946년 6월 12일 동 회의실에서 신한민족당(김려식, 손공린, 이용), 신한민주당(김붕준, 김진성, 신영삼), 조선혁명당(김진호, 김재덕, 최천), 재미한족연합회(한시대, 김호, 김원용), 청우당(송중곤), 무소속(정병건) 등 각 당 대표가 연석한 가운데 신당 결성을 위한 합동교섭위원회를 구성하였다. 이날 동 위원회를 중심으로 정강, 정책, 재정의 3분과위원회를 조직하였으며 이 분과위원회에서 작성된 초안을 토대로 하여 6월 17일 각 당 대표 대회를 동 회의실에서 개최하기로 하는 등 향후 일정을 조정하였다.

이런 과정을 거친 8당 합동준비위원회의 합당운동이 결실을 맺게 되었다. 8개 군소정당 및 단체(신한민족당, 신한민주당, 조선혁명당, 재미한족연합회, 청우당, 무소속, 삼우구락부, 국민당 일부)가 통합된 신진당 결성대회는 9월 15일 오후 2시부터 시내 천도교 대강당에서 1천여 당원과 각계 인사가 참석한 가운데 개최되었다.[119] 김붕준의 개회사가 있었고 임시집행부 선정에

---

119) ≪중외신보≫, 1946년 9월 16일자.

있어 김호를 의장, 김령·조기엽을 부의장으로 선출하였으며 최천으로부터 8개 정당·단체가 합동하여 신진당을 결성하기까지의 경과보고가 있은 다음 이응진의 취지설명이 있었다. 이날 대회는 5백 명의 중앙위원과 9명의 감찰위원을 선거한 후 폐회하였다. 이날 김규식은 "분열일로만을 걸어온 오늘의 정계에 있어서 경하로운 일이며 나아가서는 민족통일에 큰 공헌이 있기 바란다."는 요지의 축사를 하였고 하지 중장을 대리한 스티븐슨 소좌와 러치 장관을 대리한 위임스 소령이 한국어로 축사를 하였다.

3. 합당 이후

통합신당 신진당의 제1회 중앙위원회는 1946년 9월 17일 개최되었는데 위원장에 유동세가 선출되었다. 이어 상임위원 37명을 선정한 후 상임위원회에서 각 부서 및 책임자 선임을 토의하였으나 각기 합당 전(前) 자파의 주장·주의를 고집함으로써 부서 결정에 난항을 겪다가 어렵게 결정을 보게 되었다.[120] 그리고 12월 7일 제1회 정기총회에서 중앙위원을 보선하는 한편 중앙집행위원회를 강화하기 위하여 동 위원들을 모두 개선(改選)하고 각 부서를 재개편하여 발표하였다.

신진당은 그 후 중간세력의 연합체인 13정당협의회(신진당, 민족사회당, 사회민주당, 한국독립당, 천도교청우당, 천도교보국당, 근로인민당 등)에 참여하였으며 1948년 3월 9일과 3월 14일 두 차례에 걸쳐 제헌의원선거 불참을 선언하였다. 신진당은 제헌의원선거 후인 1948년 6월 29일부터 7월 5일까지 1주일간 평양에서 개최된 남북조선 제정당사회단체협의회(南北朝鮮諸政黨社會團體協議会)에 참가하였으며 그 후 군소정당의 하나로서 활동하다가 소멸하였다.

---

120) 이기하, 『한국정당발달사』, 119–121쪽.

제15절 조선공산당 · 조선인민당 · 남조선신민당의 합당(남조선노동당)

1. 합당 배경

1) 좌우합작 반대

1946년 7월 10일 여운형과 김규식을 의장으로 하는 제1차 좌우합작위원회가 발족되었다.[121] 제1차 좌우합작위원회는 이념통합문제에 있어서 중간파를 중심으로 구성하여 성공적이었다고 볼 수 있으나 조직체라기보다는 하나의 협의체였다고 볼 수 있다.

남한 내 정치세력을 대부분 포함하고 있던 좌우합작위원회는 미소 간의 이해가 상충되고 있던 미소 공동위원회에 맞서 주체적인 입장에서 미소 공동위원회를 재개시키고 이 공동위원회와 협의할 수 있는 유력한 정치세력으로 발전하게 되었다.[122] 그러나 조선공산당이 좌우합작 반대로 입장을 바

---

121) 좌익세력이 조선건국준비위원회와 조선인민공화국을 통하여 정국을 주도하자 우익진영은 송진우를 중심으로 한 국민대회준비회와 이승만을 중심으로 한 독립촉성중앙협의회로 결집되었다. 이들 기구도 처음에는 전국적 정치기구를 목표로 하여 이념통합을 시도하였으나 그 목표가 실패하면서 우익단체화하였다. 그 후 좌우익의 결합체가 양립된 것이 1946년 2월 이후 좌익에 의한 민주주의민족전선과 우익에 의한 남조선대한국민대표민주의원이었고 이 양대 집결체를 바탕으로 하여 좌우합작운동이 전개되었다.

122) 좌우합작위원회의 그간의 경과는 다음과 같다. 미군정청의 알선으로 1946년 5월 25일 김규식, 여운형 등이 좌우합작을 위한 접촉을 시작하였다. 민주의원의 김규식과 민주주의민족전선의 여운형 사이에 시작된 좌우합작운동은 하지 중장이 5월 8일 밝힌 바 있는 정책을 실현하기 위한 것이었다. 좌우합작위원회 첫 모임은 5월 25일 버치 중위의 집에서 우파를 대표하여 김규식, 원세훈, 좌파를 대표하여 여운형, 황진남이 참석한 가운데 열렸다. 이 자리에는 버치 중위 이외에 배재중학교 교장인 아펜셀러가 옵서버 자격으로 자리를 같이하였다. 이날 첫 예비회담은 신탁통치문제와 북한 실정에 대한 의견 차이로 인하여 결렬되었다. 5월 30일에는 같은 장소에서 원세훈과 허헌 사이에 제2차 예비회담이 열렸고 6월 14일에는 김규식, 원세훈, 여운형, 허헌 등의 참석하에 제3차 예비회담이 개최되었다.
하지 중장은 6월 30일 좌우합작을 지지하는 성명을 발표하였다. 좌우합작위원회는 5월 25일 첫 회합을 가진 이래 비공식 접촉을 거쳐 7월 1일 공식회담이 열렸다. 좌우합작추진을 당면의 목표로 하여 좌우 주요 정당의 중견인사들이 개인 자격으로 시내 금초정에서 회합을 거듭하다가 7월 8일 오전 한국민주당(서용길), 조선인민당(함봉석), 한국독립당(김관오), 조선공산당(한사), 신한민족당(박근실), 신민당(박동철), 사민당 준비위원회(이영근) 등 7개 정당의 중견 청년 7인이 회합하였다. 그 결과 종래의 좌우익의 대립은 정견의 차이보다 감정적 요소가 많았으니 이제 허심탄회하게 의견교환을 하자는 취지하에 금후 매주 화요일마다 정기회합을 갖기로 하였다. 좌우합작은 그 발족 후 비교적 순조롭게 진행되어 7월 9일 입법기관 설치에 관한 하지 중장의 성명발표가 있었다.

꾸면서 좌우합작운동은 난관에 봉착하였다.

한편 소련군 당국의 영향을 받은 김일성은 정판사위조지폐사건[123]으로 더욱 위축된 조선공산당의 당세 확장을 꾀하기 위하여 박헌영에게 남한의 3대 좌익정당을 통합하도록 지시하였다. 좌익정당통합은 박헌영이 비밀리에 평양과 모스크바를 방문하고 1946년 7월 12일 서울로 돌아온 직후 여운형에게 3당 통합문제를 통보하면서 시작되었다.[124]

조선공산당은 1946년 7월 말부터 우익과의 합작에 의한 정부 수립 및 민족통일 시도를 반대하는 한편 좌익세력만의 단결을 목표로 하는 3당 합당을 추진하였다. 당시 남한의 좌익정당은 조선공산당, 조선인민당, 남조선신민당의 3개 정당으로 분립되어 있었고 이들 3당 내부에 파벌 간 알력이 작용하고 있기는 하였으나, 미소 공동위원회와 좌우합작운동의 소용돌이 속에서 민족진영과 대항하기 위하여 이들 3정당 사이에 통합운동이 전개되었다.

김일성의 지시에 따라 이들 조선공산당, 조선인민당, 남조선신민당 3당은 8월 4일부터 3당 합당 교섭을 시작하였는데 이 교섭이 성공적으로 진행되어 조선공산당, 조선인민당, 남조선신민당의 3당이 통합하여 남조선노동당으로 발족하게 되었다.

좌익 3당의 합당 배경으로는 좌익진영 자체의 역량을 강화하고 미군정에 대한 대항능력을 강화하기 위해서 3당 합당이 필요하였던 점과, 소련군 당국과 북조선노동당의 합당지시를 들 수 있다.

2) 소련군 사령부와 북한 내 정당의 합당 영향

북한에서 북조선공산당과 조선신민당의 합당(1946. 08. 29.)으로 북조선노동당이 창립되면서, 북조선노동당 창립대회에서 남한의 조선공산당, 조선인

---

123) 해방 직후 정국을 주도하던 조선공산당은 우익진영으로부터 견제를 당하면시 고립상태에 처하게 되자 이를 타개하기 위하여 당세 확장에 나섰나. 이들은 친일파 자금, 적산(敵産) 처분금 등으로 활동을 강화하다가 자금이 떨어지자 재정확보와 동시에 경제혼란을 초래하기 위하여 1945년 10월 하순 그들의 기관지인 ≪해방일보≫가 입주하여 있는 조선정판사(조선공산당 소유의 인쇄공장)에서 1,200만 원의 위조지폐를 인쇄하여 사용하다가 1946년 5월 발각되었다.

124) 중앙일보사, 『발굴자료로 쓴 한국현대사』(서울: 중앙일보사, 1996), 248쪽.

민당, 남조선신민당 3당이 합당하는 것이 거대한 역사적 의의를 가진다는 내용의 결의문을 채택하자, 남한의 좌익진영은 크게 자극을 받아 좌익 3당 합동을 적극 추진하게 되었다. 이 과정에서 소련군 당국과 김일성의 영향력은 절대적이었다고 할 수 있다.

북한에서의 합당은 남한의 정치상황에도 영향을 미쳐 좌우합작과 같은 정치활동이 일시 중지되었으며, 좌익진영에서는 합당을 먼저 실현시키지 못한 것을 유감으로 생각하여 합당의 실현을 최우선의 과제로 삼았다.[125]

북한정세의 영향도 있었지만 남한 지역에서도 나름대로 합당의 이유와 필요성이 있었다. 합당의 필요성을 절실하게 느낀 것은 조선공산당의 간부파였다. 이들은 정판사위조지폐사건 등으로 조선공산당이 국민으로부터 고립되는 분위기를 느꼈고, 미군정과 우익세력으로부터의 압박을 받았으며, 또 미군정에 대한 반대를 강화하기 위해서는 좌익진영 내의 영도력을 강화해야 하는 이유 때문에 3당 합동에 적극적으로 나서게 되었다.[126]

2. 합당 경과

1) 조선인민당의 3당 합당 제의

조선인민당은 1946년 8월 1일과 2일 이틀간 중앙정치위원회를 개최하여 좌익정당 합당문제를 논의하였으며, 8월 3일 오후 2시에는 당 본부 사무실

---

125) 박헌영은 남한에서도 3당 사이에 합당 분위기가 어느 정도 있기는 하였지만 실현을 먼저 하지 못한 것이 유감이라고 표명하였다. 또 조선인민당의 김오성도 합당문제는 벌써부터 고려해 온 것이나 북한보다 솔선하지 못한 것이 유감이라고 밝혔다. ≪조선인민보≫, 1946년 8월 2일자 및 8월 3일자.

126) 해방 후 2년 동안 남조선노동당 조직의 일선에서 활동하던 박일원은 『남로당 총비판』(1948)을 발간하였는데 그가 보는 좌익 3당 합동 추진이유는 다음과 같다. ① 위조지폐사건, 미소 공동위원회 휴회 등으로 조선공산당이 군중으로부터 고립되어 나가는 경향이 보이자 또다시 군중을 기만하여 새로운 간판으로 대중으로부터의 고립화를 방지하려는 것, ② 좌우합작 반대와 입법의원 반대 등 미군정에 대한 반대투쟁을 강력하게 전개하기 위하여 공산당노선에서의 이탈과 좌익계열 역량의 분산을 방지하고 공산당의 좌익계열 내의 영도력을 일층 강화하려는 것, ③ 박헌영의 '신전술' 채용과 동시에 좌익계열 제당(諸黨)을 통합하고 새로운 간판으로써 조직을 확대하여 전국적이고 대중적인 폭동을 야기할 수 있는 태세를 갖추려는 것, ④ 공산당 내의 대립이 격화하여 콤그룹파에 대한 반대파가 형성되자 콤그룹파의 조직적 지반을 유지 강화하는 반면에 반대파의 존재를 말살하려는 것, ⑤ 공산당의 비합법적 파괴행위로 인하여 공산당의 합법성을 획득하기 곤란함에 이르러 새로운 간판 하에 합법성을 전취하려는 것.

에서 부위원장인 장건상의 사회로 중앙집행위원회를 개최하고 좌익 3당의 합당을 제안하기로 만장일치로 결의하였다.[127) 합당교섭위원으로는 여운형, 장건상, 이만규, 이여성, 김세용, 김오성, 송을수, 신철, 도유호 등 9인을 선출하였으며, 여운형 위원장의 명의로 '조선민족의 통일과 민주진영의 주도체 완성', 그리고 근로인민의 이익을 옹호하기 위한 남조선신민당, 조선공산당, 조선인민당의 3당 통합을 제의하는 제안문을 조선공산당 책임비서인 박헌영과 남조선신민당 위원장 백남운 두 사람에게 발송하기로 하였다.

이에 앞서 박헌영으로부터 좌익 3당 통합문제를 통보받은 여운형은 이와 관련하여 북쪽의 진의파악을 위하여 1946년 7월 31일 방북, 3당 합동과 좌우합작문제를 논의하고 돌아왔으며, 8월 3일 자신이 이끄는 조선인민당으로 하여금 3당 합동제안을 하도록 하였다.

조선공산당은 이렇게 조선인민당의 여운형으로 하여금 좌익 3당 합당을 제창하도록 유도한 뒤 이틀 후 이 합당제의를 수용하는 형식을 취하게 되는데 이는 북한에서 북조선공산당과 조선신민당의 통합(1946. 08. 29.) 당시 소련군 당국이 조선신민당으로 하여금 북조선공산당에 합당을 제의토록 한 후 북조선공산당이 그 제의를 수락하게 한 것과 같은 맥락이었다.[128)

조선인민당 중앙집행위원회의 결정에 따라 합당교섭위원들은 합당제안문을 작성하여 남조선신민당과 조선공산당에 당일 발송하였다. 이로써 외견상 여운형의 주도로 남한의 좌익정당(조선공산당, 조선인민당, 남조선신민당) 합당운동이 시작되었다.

합당제안문

우리 현 단계의 민족적 과업은 자주독립의 완수와 민주주의 국가의 건설에 있다. 이것은 오로지 민주주의적 세력의 강대화에 의하여서만 가능한 것이다. 우리나라는 아직 자주독립을 달성치 못하였으나 연합국의 호의로 자주독립이 보장되어 있으며 불과 1년간에 민주주

---

127) 한편 서울 종로경찰서는 8월 1일 민주주의민족전선 의장단인 장건상, 이수하, 이여성 3인에게 구인장을 발송하고 형사대를 출동시켰으나 이들은 이미 피신한 뒤였다. 조선인민당의 간부이기도 한 이여성은 피신 중 5일 오전 11시 자택에서 형사대에 체포되었다.

128) 중국 연안에서 활동하던 독립동맹의 당원들은 해방 후 귀국, 1946년 3월 20일 조선신민당으로 개편하였다(위원장 김두봉).

의 발전은 커다란 성과를 보여 주고 있다. 북조선에 토지개혁, 중요 산업의 국유화, 노동법, 남녀동등권법 등의 실시로써 민주주의의 근본과업을 실현하는 도정에 있으며 남조선에 있어서도 민주주의민족전선을 중심으로 한 8백여 만의 인민대중이 집결되어 진정한 민주주의 운동의 거대한 세력을 형성하여 그 과업 완수에 매진하고 있다. 이에 반하여 조선의 반동세력은 민주주의를 가장하고 온갖 위선적 수단을 농하면서 우리 민주진영의 파괴와 대중을 오도하기에 급급하면서 화급한 민생문제는 오히려 도외시하고 있다.

이러한 정세는 우리 애국적 민주진영으로 하여금 한층 더 강고한 결속을 요청한다. 우리는 민주주의적 건설을 현 단계의 과업으로 하고 있는 이상 그 세력을 분산시키는 때로는 무용의 마찰을 빚을 우려가 없지 않은 정당의 별립은 무의미하다고 생각한다. 더욱이 반동배들의 이간과 모략을 분쇄하는 의미에 있어서도 우리 민주주의 각 정당은 별립할 것이 아니라 한 개의 거대한 정당으로 합동되어야 한다고 인정하는 바이다. 진정한 애국자들은 조선민족의 통일을 위해서 노력해야 할 것이다. 노동자, 농민, 소시민, 인텔리 등 모든 근로인민의 이익을 옹호하는 신민당, 공산당, 인민당의 합동은 조선민족통일의 기초를 구축하고 민주진영의 주도체를 완성하는 것이다.

이러한 견지에서 인민당 중앙집행위원회는 신민당 중앙위원회와 공산당 중앙위원회에 3개 당을 1개 대정당으로 통일할 것을 제안하는 바이니 우리의 제안을 토의한 후 이에 회답이 있기를 요망하는 바이다.

조선인민당은 지난 1년의 경험을 볼 때 민주주의 과업을 달성하기 위한 주도체가 여러 개의 단위로 분립하여 있는 것은 비능률적이기 때문에 정치강령상 공통점이 있는 정당들이 통합해야 할 필요를 절감하게 되었기에 조선공산당과 남조선신민당에 합당을 제의하게 된 것이라고 밝혔다. 이렇게 해서 좌우합작운동이 제대로 전개되지 못하는 중에 좌익 3당 통합운동이 시작되었다.

그런데 조선인민당 내부에서는 합당문제를 놓고 좌파와 우파 사이에 대립분위기가 형성되고 있었다. 동당은 조선공산당과 남조선신민당에 합당할 것을 제안한 뒤 그들로부터 원칙적인 찬성을 얻게 되자 구체적인 추진대책을 협의하였는데 합당방법론에 있어서는 좀처럼 합의를 이루지 못하였다. 장건상과 이여성으로 대표되는 당내 우파는 합당의 원칙으로 미군정에 협력할 것과 좌우합작을 촉진할 것 등 조건부 합당론을 제시하였으나 김오성으로 대표되는 좌파는 좌우합작을 중지할 것을 주장하였다. 좌파의 주장은 좌익 역량의 전면적 확대 강화를 위한 조선공산당과의 무조건 합당을 염두에 둔 것이다.[129)]

좌익 3당 합당과 관련하여 먼저 당론이 심각하게 분열되기 시작한 것은 조선공산당이었다. 그러자 조선인민당과 남조선신민당 내부에서도 합당문제는 신중하게 접근해야 한다는 의견이 힘을 얻기 시작하였다.

여운형은 합당의 구체적인 방법에 대하여, 각 정당 중앙이 최종 합의를 이끌어 내는 데 필요한 적절한 준비기간을 두고 문제의 규정과 경위를 각 정당의 당원 전체에 제시하여 각 지방 단위조직에서부터 합당을 결의한 후, 대표들이 모인 전체회의에서 다룰 때 비로소 민주주의적 정당의 결당을 보게 될 것이라고 밝혔다.[130] 사전에 합당의 의의를 충분히 홍보하고 인식시킴으로서 지방의 단위조직부터 일차적으로 합당을 결의하고, 그 대표들이 모인 전체대표회의에서 합당을 결의하여 민주적인 합당이 되도록 할 것을 주장한 것이다.

합당의 필요성을 인식시키고 민주적 방식에 따라 합당이 이루어져야 한다는 여운형의 이러한 입장은 당대회의 소집을 요구한 조선공산당 대회파의 논리와 유사한 것이었기는 하나 여운형이 제시한 이러한 합당절차는 그 의도는 불문하더라도 적어도 당 내부의 민주적 절차를 강조하였다는 점에 유념할 필요가 있다.

2) 조선인민당 내 우파 및 좌파의 입장

① 31인파(우파)의 입장 - 좌우합작 추진: 당내 합당파 중에서도 방법론(무조건 합당, 당 대 당 합당)을 둘러싸고 이견이 노정되었고 여운형 당수의 사표처리문제를 둘러싸고 논란이 거듭되었다.

조선인민당은 1946년 8월 16일 오후 1시부터 시내 광화문통(光化門通)에

---

129) 한국여론협회에서는 조선공산당 해체에 따르는 좌익 3당 합당에 대한 문제와 해방 1년을 맞이하는 시점에서 미군정에 대한 민중의 관심을 조사하였다. 8월 11일 오전 11시부터 시내 3개소에서 행인 4,282명을 대상으로 설문조사를 하였는데 그중 합당문제에 관해서는 다음과 같은 결과를 얻었다. (설문) 좌익 합당에 대해 어떻게 생각하십니까? ① 퇴세를 만회하기 위한 모략이다(2,703인, 63.1%). ② 합당은 부득이한 사정일 것이다(622인, 14.5%). ③ 합당은 당연한 노선이다(383인, 8.9%). ④ 기권(무응답)(574인, 13.4%). ≪대동신문≫, 1946년 8월 13일자.

130) ≪조선인민보≫, 1946년 8월 12일자.

있는 당 본부에서 중앙집행위원회 긴급확대위원회를 개최하고 3당 합당문
제를 토의하였다. 주류파는, '현 단계에서는 미군정과의 협력과 좌우합작을
추진하는 것이 당면한 중대과업'임을 이유로 합당반대의사를 표명하였다.
여운형의 불참으로 부위원장 장건상이 의장이 되어 진행된 이날 회의에서
는 합당방법론에 있어서 서로 엇갈린 주장으로 격렬한 논쟁이 전개되었다.
결국 합당문제를 표결에 부친 결과 참석위원 90여 명 중 48명이 합당에 찬
성하고 31명이 반대함으로써 합당 추진이 결정되었다. 이에 장건상계열의
황진남 등 31명은 퇴장하고, 무조건 합당파인 현우현 등이 회의를 강행하
였다. 이때부터 이들은 48인파(좌파)와 31인파(우파)라는 이름으로 불리게
되었는데 31인파는 뒤에 조선공산당 대회파와 제휴하게 된다.[131]

　　표결에서 패배한 당 서기국장 이만규는 다음 날인 17일 중앙집행위원회
의 결정에 따르도록 합의를 보았다고 발표하였다. 이어서 당 확대위원회에
서는 합동준비위원으로 9인을 선정하고 몇 사람을 보선하여 조선공산당, 남
조선신민당과의 합동준비에 착수하였다. 상황이 이렇게 전개되자 8월 21일
에는 여운형 위원장과 장건상 부위원장이 사표를 제출하였다.

　　② 48인파(좌파)의 입장 - 합당 추진: 조선인민당 좌파는 민주주의민족전
선에서 제시한 5원칙이야말로 민주주의 건설을 위한 절대적인 것이며 남북
과 좌우(左右)를 통일할 수 있는 기본조건이라고 인식하였다. 그리고 남북의
통일 없이는 좌우합작도 무의미한 것이라고 언명함으로써 좌우합작을 먼저
추진한 후 남북의 통일을 추진하려 한 여운형의 노선과 차이를 보였다.

　　조선인민당 31인파(우파)는 좌우합작을 이룬 후에 이를 북한에까지 확대
한다는 여운형의 노선을 따르고 있었으며 좌익 3당의 합동이 이루어진 후
에라도 군정에 협력하여야 한다는 생각을 견지하였다. 이에 반하여 48인파
(좌파)는 앞에서 언급된 것처럼 좌익 3당의 합당 추진이 급선무라는 입장을
취하고 있었다.

---

131) ≪독립신보≫ 1946년 8월 18일자는 투표결과를 47 대 31로 적고 있으나 ≪대동신문≫ 1946년 8
　　월 18일자는 48 대 31로 적고 있다. 또 장복성의 『조선공산당파쟁사』(서울: 대륙문화사, 1949) 67
　　쪽에서는 47파, 31파로 적고 있다.

3) 좌익진영의 역학관계

조선인민당 내에 이처럼 합당문제를 계기로 좌파와 우파 사이에 의견 차이가 노정되었다. 좌파는 좌우합작보다는 3당 합당에 더 비중을 두었으며, 우파는 좌우합작과 군정에의 협력에 더 큰 비중을 두었다. 표결결과 48 대 31로서 합당추진파가 다수로 나타남에 따라 여운형은 좌파중심의 합당작업 추진 과정에서 소외되기 시작하였고, 그가 추진하던 좌우합작운동도 상당 기간 중지될 수밖에 없었다.

당초 여운형은 3당 합동을 박헌영파에 대한 반격과 조직탈환의 기회로 삼으려 하였다.[132] 조선인민당은 합당의 조건으로 당 운영에 있어서 대등한 지위가 보장되는 당 대 당 합당 자색주의(自色主義), 즉 종파주의 내지 분파주의 배격 등을 제시하였다. 그러나 이 3당 합당은 각 정당 내부의 갈등 관계와 맞물려 '3당 6파'라는 분열을 보이며, 크게는 박헌영 중심의 무조건 합당파와 그 반대파로 나뉘는 양상을 보였다. 조선공산당 내에서는 박헌영 파의 주도권에 반발하는 이른바 반간부파(대회파)가 3당 합당문제를 당대회 에서 논의하자며 이의를 제기하였고, 남조선신민당 내에서도 합동문제 등을 다루기 위한 대회소집을 요청하는 세력이 형성되었다. 박헌영파는 즉시 무조건 합당을 주장하면서 통합작업을 서둘 것을 종용하였지만 좌익 3당은 각기 박헌영 반대파와 지지파로 갈려 대립하였다.

---

132) 여운형은 통합신당의 최고지도부를 여운형, 백남훈, 박헌영으로 하고자 하였으나, 박헌영은 백남훈을 제외하고 대신 이주하를 고집하였으며, 또한 백남훈을 3당 합당과 관계없는 민족혁명당(김약산)이 영입 하도록 주선하였다. 이에 백남훈은 이것을 공산당의 탄압으로 간주하였다고 한다. 한편 사회노동당은 노동자, 농민, 청년, 부녀 등 각 기성단체에 대하여 거의 영향을 미치지 못하였으며, 새로운 분야를 개 척하지도 못하였다고 한다. 사회노동당이 그 무력함을 천하에 알리게 된 것은 1946년 12월 1일 훈련 원에서 개최한 민중대회에서 시작되었다. 사회노동당의 실력을 바로 평가할 수 있는 기회라 하여 각계 의 관심이 집중되고 있는 훈련원 마당에 모인 불과 천여 명의 대중은 거의 '절망적'인 숫자였다. 민중대 회의 실패가 사회노동당의 운명을 결정하는 내적 요인의 하나였다면 북조선노동당의 결정서는 강력한 외 적 요인으로 작용하였다. 전석용, 「사로는 왜 패배했는가」, ≪신천지≫ 3-4 합병호(1947), 112쪽.

4) 조선인민당의 당론 분열

여운형에게 있어서 보다 큰 문제는 조선인민당 자체 내에 일어난 조직갈
등이었다. 3당 합당을 계기로 좌익의 주도권을 장악하고자 한 여운형은 박
헌영계열 공산당그룹 내의 반간부파(대회파), 그리고 남조선신민당의 대회파
와 연대하여 당 대 당 통합을 통하여 당내 조직상의 우위를 점하고자 하였
으나, 조선인민당 내의 자파가 약세일 경우에 대비하여 확대위원회에 위원
장 사표를 미리 제출함으로써 회의진행을 어렵게 한 뒤 회의를 연기시켜
후일을 기하고자 하였다. 그러한 전술을 알아챈 무조건 합동파(48인파, 좌
파)가 표결을 강행(1946. 08. 16.), 통합추진을 결정하였다.[133] 무조건 합당
안과 당 대 당의 대등한 합당안이 대립되어 투표에 부쳐진 결과 48 대 31
로 무조건 합당안이 가결된 것이다. 조선인민당 내에 박헌영파 세력이 얼마
나 강한가를 보여 준 결과였다.

48인파(좌파)가 승리하였다 하여 합당이 순조로워진 것은 아니었다. 조선
인민당은 다시 당론을 하나로 모으기 위하여 1946년 8월 27일 오후 2시부
터 당 사무실에서 위원장 여운형, 부위원장 장건상, 서기장 이만규, 동 차장
조한용, 정치국장 이여성, 사무국장 이림수, 감찰위원장 김진우, 그리고 도
유호, 권영호, 현우현 등 중앙위원 50여 명이 참석한 가운데 당 확대위원회
를 개최하였다. 여운형 당수는 이 자리에서 지난 8월 14일 현우현의 집에
서 열린 합당추진파 비밀회담사건과 박헌영이 김세용, 김오성 두 사람에게
보낸 합당추진회 밀서사건 등을 폭로하였다. 이로써 합당추진파와 합당보류
파의 의견이 첨예하게 대립되었다.

여운형 위원장과 장건상 부위원장은 며칠 전에 당의 분열에 책임을 지고
사표를 제출한 바 있는데 당 확대위원회는 정원 133명 중 100명이 참석한
가운데 반대파와 찬성파 간의 사표철회와 책임문제로 갑론을박하다가 결론
을 보지 못한 채 8월 28일 제3차 확대회의를 열었다.[134] 이날의 회의에서

---

133) 정태영, 『한국사회민주주의정당사』(서울: 세명서관, 1995), 228쪽.
134) 이기하, 앞의 책, 139쪽.

양측 간에 논란을 벌였으나 결론을 보지 못하여 다음 날인 29일 오후 2시 확대위원회가 속개되었다. 이날도 전날 회의에서 논의된 당내 분파문제로 격렬한 논쟁이 전개되었는데, 간부 총사퇴를 제안하였던 측에서는 분파행위를 감행한 위원들의 책임을 추궁하였다. 특히 중앙위원 이걸소가 "건국동맹 당시부터 이를 조직한 것도 우리요, 조선인민당도 우리가 지도·운영하지 않으면 안 된다. 오히려 청당파(淸黨派)가 탈당 퇴진하는 것이 지당하다."고 발언하자, 장내는 일시 소란해져 오후 4시경 일단 휴회하였다. 그 후 다시 열린 확대위원회는 쌍방의 의견대립으로 타협을 보지 못하였는데, 중앙위원 이상백이 분파행동자 측의 책임을 추궁하는 이미 준비된 성명서를 낭독하자, 장내의 분위기가 다시 악화되어 결국 폐회되었다.[135]

당 감찰위원장 김진우는 8월 30일 조선공산당 책임비서 박헌영 앞으로 '조선인민당에 잠입하여 당의 질서를 문란시키는 합당프락치를 철수시키기 바란다'는 요지의 통고문을 발송하였는데 이 시점에 이르러서는 서로 돌이키기 어려운 관계에 접어들고 있었다.

혼란에 빠진 좌익 3당 합동문제를 해결하기 위하여 조선인민당의 좌파(48인파) 및 남조선신민당의 간부파(중앙파)와 연일 협의하여 오던 박헌영의 조선공산당 간부파(합당추진파)는 합당을 지지하는 세력만을 규합하여 남조선노동당준비위원회를 구성하였다.

9월 4일 오후 6시부터 남조선신민당 회의실에서 3당 합동준비위원회 연석회의를 열었는데 이 회의에서는 각 당의 대표로부터 합당에 대한 최종보고가 있은 다음, 합당결정서를 정식으로 가결하고 기초위원이 제출한 선언 및 강령초안도 토의하였다. 그리고 이미 조직된 3당 합동준비위원회 위원으로 남조선노동당준비위원회를 구성하고 창당을 적극 추진키로 합의하였으며 토지의 무상몰수·무상분배 등 12항에 달하는 강령을 발표하였다.

---

135) 김남식, 『남로당연구』(서울: 돌베개, 1984), 253–255쪽; 장복성, 『조선공산당파쟁사』(서울: 대륙출판사 1949), 67쪽.

3당 합동준비위원회 연석회의 결정서

3당 합동결정서

조선인민당, 조선공산당, 남조선신민당의 3당 합동준비위원 연석회의는 각 당 대표의 합동 결정에 대한 보고를 듣고 그것을 전면적으로 찬성하는 동시 3당의 다음과 같은 선언 및 강령(초안)을 기본으로 하여 남조선노동당으로 합동할 것을 결정한다.

1946년 9월 4일 조선인민당 조선공산당 남조선신민당 3당 합동준비위원연석회의

강령 초안(요약)

① 민주주의 자주독립국가를 건설한다. ② 모든 권력을 인민정권의 기관인 인민위원회에 넘겨주기 위해 투쟁한다. ③ 지주의 토지를 무상 몰수하여 농민에게 무상 분배하는 토지개혁을 실시한다. ④ 8시간 노동제, 사회보험제 및 남녀의 동등임금제 실시를 위해 투쟁한다. ⑤ 주요 산업과 금융기관, 상업기관, 문화기관의 국유화를 주장한다. ⑥ 언론, 출판, 집회, 결사의 자유와 조직 시위 파업 및 신앙의 자유를 주장한다. ⑦ 20세 이상의 국민에게 선거권과 피선거권을 부여한다. ⑧ 여자에게 남자와 동등한 권한을 부여한다. ⑨ 교육받을 권리를 보장하고 초등의무교육과 문화예술과학의 발전을 위해 투쟁한다. ⑩ 진보적 세금제를 실시한다. ⑪ 민족군대를 조직하고 의무병제를 실시한다. ⑫ 평화애호국가 및 민족과의 친선을 강화한다.

남조선노동당 준비위원회

남조선노동당 준비위원회의 발족에 대하여 당수직을 대행하고 있던 조선인민당 부위원장 장건상은 9월 5일 기자단과의 회견에서 '조선인민당을 대표하여 다른 정당과 교섭할 권한을 가진 사람은 당수 자신 이외에 아무도 없다.'고 말하였다.[136] 또 당수의 사임문제와 당내 분열문제는 논의를 통하여 타결해야 될 것이라면서 "합당추진파의 합당결정 발표에 대하여 당수와 주요 간부도 모르는 합당은 있을 수 없다."며 남조선노동당의 결당을 부정하였다.

조선인민당 확대위원회(1946. 08. 16.)에서 48 대 31로 합당추진파와 합당 보류파 간의 대립이 표면화된 이래 합당추진파의 활동으로 조선공산당 및 남조선신민당과의 3당 합동결정서가 9월 4일 발표되자 합당 보류파는 그날로 이를 반대하는 성명서를 발표하는 등 대응에 나섰다.

---

136) ≪동아일보≫, 1946년 9월 7일자.

5) 소련군 당국의 개입과 당 내분 수습

조선인민당과 남조선신민당 내에 합동반대파가 있음에도 불구하고 조선
인민당 내 합동추진파(좌파)의 적극적인 활동으로 3당 합동결정서가 발표되
자 당내 합동보류파(우파)에서는 1946년 9월 8일, 3당 합동결정서는 비법적
(非法的) 처사이며, 신생할 통합신당의 성격은 자유로운 진퇴와 공고성과
융통성을 동시에 소유할 수 있는 정당으로서의 원칙을 제시하여야 한다는
내용의 반대성명을 발표하였다.

조선인민당 합동보류파의 반대성명

① 3당 합동결의서는 3당 합동 제안자인 본 인민당으로서 비법적인 것이라고 규정한다.
② 신생 합동당의 성격은 진퇴를 자유롭게 할 수 있고 공고성과 융통성을 동시에 소유할
수 있는 기동적 인민의 전투부대로 규정될 것이니 미·소군이 현실적으로 주둔하고 있는
한 협조할 때 협조하고 투쟁할 때 투쟁하되 협조와 외교도 투쟁의 일부분이라는 변증법적
파악 하에 당당한 정당으로서 실천성 있는 구체적 혁명방법을 제시하여야 될 것이다.

사태가 이렇게 되자 조선인민당은 중앙간부가 총사직하고 합동문제와 당
내분 수습문제에 대한 일체의 처리권을 당수에게 일임하였다.

한편 조선인민당(당수 여운형)과 남조선신민당(당수 백남운) 내부의 합당
보류 혹은 반대움직임에 당황한 소련군 당국은 이틀 후인 9월 10일 북조선
노동당 위원장 김두봉을 호출하여 남한의 좌익 3당 통합문제에 대한 지원
책을 논의하였다고 한다.[137]

합당문제를 둘러싼 당내 분규로 일시 혼란에 빠졌던 조선인민당에서는 9
월 21일 여운형 당수의 주재 하에 31인파(우파)와 48인파(좌파) 간의 최종
간담회에서 합동문제와 당 내분 수습문제에 대한 일체의 처리권을 여운형
당수에게 일임키로 결정하였는데 여 당수는 다음과 같은 결정을 내렸다.

여운형 당수의 당 내분 수습을 위한 결정

① 당수 사표봉환을 수락함. ② 합동준비위원 중 5씨는 그 직에서 소환하고 이를 개선하
여 합동 추진케 함(개선된 임원은 장건상, 이만규, 이여성, 이임수, 조한용, 홍순엽, 이상백,

---

137) 중앙일보사, 『발굴자료로 쓴 한국현대사』(서울: 1996), 249쪽.

함석봉, 송을수). ③ 간부의 총사직은 이를 수리하되 조직국장, 선전국장을 보선할 뿐 기타 부서는 전부 유임시키기로 함(조직국장 조한용과 선전국장 장건상 2인은 겸임). ④ 확대위원회에서의 범칙자 처벌은 중앙감찰위원장에게 일임함.

어떻게 해서든지 좌우합작을 성사시키려던 여운형은 당 중앙집행위원회 간담회를 개최하여 3당 합동문제와 당 내분 수습문제에 대한 일체의 처리권을 위임받은 후, 비법적으로 3당 합동을 결정하여 당내 분규를 일으킨 3당 합동준비위원 9명을 전원 소환하여 교체한 후 다시 3당 합동을 추진하기로 하였다. 여운형 당수는 자신의 사의표명을 철회함과 동시에 합동준비위원 중 김세용, 김오성, 신철, 도유호 등을 해임하고 이임수, 이상백, 조한용, 함봉석, 홍순엽 등 주류계 인사들을 다시 선출하여 합동작업을 추진토록 하였다. 그리고 간부의 총사직을 받아들이되 조직국장 조한용, 선전국장 장건상을 보선할 뿐 기타 부서의 장은 전원 유임시켰다.

한편 조선인민당 합동준비위원회에서는 10월 17일 3당 합동의 대상에 관하여 다음과 같이 발표하였다: 3당 합동은 각 정당 내 상극성을 완전히 배제하고 전 당원을 포섭한 원만한 합동을 하는 것이 여운형 당수의 근본방침이었다. 그러나 일부의 독선적 종파행동에 의하여 본당 합동준비위원회로서는 양 우당 내(友黨內) 각 분파의 법적 정통성, 합동방법 및 당면 정치노선의 일치성이라고 하는 2개의 관점에서 합동대상을 결정하기로 하였다. 그리하여 남조선신민당에 대해서는 백남운 위원장을 중심으로 한 현 중앙기관을 그 대상으로 결정하고 조선공산당은 전 당원의 7할의 지지와 5할을 대표하는 대의원의 출석으로 성립된 당대회에서 선출 구성된 현 중앙기관을 합동대상으로 결정하였다.[138]

6) 조선공산당의 내부 상황

조선인민당으로부터 합당제안문을 받은 조선공산당에서는 당의 입장을 결정하기 위하여 1946년 8월 4일 약 20명의 위원이 출석한 가운데 중앙위

---

138) ≪조선일보≫, 1946년 10월 18일자.

원회를 열고 합동제안문을 수락할 것을 결정하였으나 회의석상에서 반간부파 인사들이 합동방법론에 있어서 의견을 달리함으로써 의견의 일치를 보지는 못하였다. 이 회의에서는 합동제안에 대하여 전적인 찬성을 결의하는 동시에 조선인민당과의 합동교섭을 즉시 개시하기로 결정하고 합동제안을 수락하는 내용의 회답을 같은 날짜인 8월 4일부로 보냈다.

조선공산당 중앙위원회 정치국위원 강진과 중앙위원 서중석 등 반간부파 6인은 8월 5일 '합당문제에 대하여 당내 동지제군에게 고함'이라는 제목의 성명서를 발표, 합당을 하기 전에 당대회를 열고 당 지도체제를 개편해야 한다고 주장하며 현 간부진을 비난하였다.

합당문제에 대하여 당내 동지제군에게 고함

① 작금의 내외정세는 민주진영의 근본적 재검토를 요구한다. 이것은 민주주의 각 정당의 무조건적 합동에 의하여 달성될 것이다. 이때 3당 합동문제가 제출된 것은 당연한 것이고 기어이 실현하지 아니하면 안 될 것이다. ② 그러나 이 중대한 과제는 정당한 방법에 의하여서만 성취될 것이다. 정당한 원칙일지라도 부정당한 방법에 의하여서는 부정당한 결과를 가져오는 것이다. ③ 그런데 우리 당의 지도부를 장악하고 있는 관료주의적 트로츠키적 경향은 우리 당의 발전을 저해하고 분열의 위기에 몰아넣었다. 그러다가 오늘날 민주진영이 비약적 발전단계에 도달한 이때 그들 분파주의자들은 이런 중대한 순간을 오히려 그들의 관료적 지위를 강화하고 확대하려는 수단으로 이용하려는 것이 명백하게 표명되었다. 그러면 그들은 무엇을 하였던가? ④ 당내 분파주의자의 대표적 인물이며 원산운동 혼란의 책임자 동지 이주하. 영등포 지구의 참담한 분열도 주저하지 않는 동지 김삼룡. 소위 국제노선설을 날조하여 조선공산당을 마치 자기의 사유같이 주장하는 동지 이현상 등은 금번 합당문제를 계기로 하여 다시 그들 일파에 우당을 흡수하려는 책략을 일삼고 있다. 이것은 어디서 표현되었는가? ⑤ 첫째, 합당문제를 우리 당 중앙위원회에 부의하기 전에 그들 일파가 전횡적으로 우당에 대한 교섭을 개시하고 내외적으로 표명한 데서 보여 주었고, 둘째, 작 4일 중앙위원회에서 관료주의자 파벌주의자는 합당교섭급 준비위원에 참가하지 못한다는 우리의 제안을 완강히 거부한 데서 보여 주었고, 셋째 동지 박헌영은 "우리 파만으로 합당공작을 수행하지 않으면 안 된다."고 명백하게 선언한 데서 보여 주었다. 이리하여 장래 할 합동당은 그들 일파에게 전횡되려는 위기에 직면하였다. ⑥ 우리들은 우리의 합동을 급속히 원만히 수행하기 위하여 최후의 안으로 동지 이주하, 동지 김삼룡, 동지 이상현을 합동교섭 급 준비위원에서 제외하자는 것을 제의하였다. 그러나 그것까지 일축되고 말았다(약). ⑦ 동지제군은 소속기관에서 자숙적 토론을 전개하여 제군의 태도를 표명하라. 이리하여 이 위급한 사태에서 파벌주의를 청산하고 우리 민주진영에 철통같은 단결을 가져오기 위하여 제군은 제군의 의견을 대담하게 표시하라. 우리는 제군의 의사에 의하여서만 행동할 것이다.

조선공산당은 해방 후 박헌영 중심의 재건위원회에서 장안파 공산당을 흡수하였으나 박헌영과 그를 따르는 세력의 편협한 독선주의와 장안파의 종파성 때문에 당내의 통일과 단결을 이루지 못하고 있었다. 더욱이 당 지도부가 당대회에서 정식으로 선출된 것이 아니고 박헌영 추종자들로만 구성되었기 때문에 많은 간부들은 이에 불만을 가지고 있었다.[139] 그러던 차에 3당 합동문제가 제기되자 반박헌영 세력은 당 지도체제의 대폭적인 개편을 기도하였다.

조선인민당에 의한 합당제의가 있기 전에 박헌영파가 당직을 독점하다시피 하고 있던 조선공산당 내에서는 합당방법을 둘러싸고 심한 당 내분이 시작되었다. 당내 반당(反黨)세력은 3당 합동문제가 제기되자 당내 주도권을 탈취할 수 있는 기회라고 보고 회합을 가져 충분히 토의한 후 강진, 서중석, 문갑송, 김근, 이문홍, 김철수 등 6인이 반간부파를 대표하여 다음과 같은 요구조건을 제시하였으나 거절당하였다.

조선공산당 반간부파 세력의 3당 합동 관련 요구사항

① 3당합작공작 일체는 강진, 서중석, 문갑송, 김근, 이문홍, 김철수 등 6인에게 위임하라.
② 조선공산당 당대회를 열어서 당 중앙을 민주적으로 개선한 후 그 중앙에서 대표를 선정해서 3당 합동공작을 진행해야 된다.

강진 등 6인은 8월 7일 다시 좌익 합당의 원칙과 방법을 정하고 당내의 일파 전제체제를 극복하기 위하여 당원대회의 조속한 소집을 주장하였다. 조선공산당 내에서 박헌영파와 의견이 대립된 대표적 인물들인 이들은 자신들의 주장을 밝힌 전단을 만들어 각 지방당에 보내는 등 박헌영파에게 정면으로 도전하였다.

강진 등 반간부파는 당원대회소집을 주장하였다 하여 '대회파'로도 불리게 되는데 이들의 대회소집요구 성명에 대하여 조선공산당은 이날 중앙위원회를 개최하고 단호한 태도를 보이기로 하였다.

박헌영은 '3당합작공작 진행을 방해하는 어떤 의견이나 행동도 절대 배

---

139) 김남식, 앞의 책, 249쪽.

격한다. 합당문제는 현 단계에서 가장 중요한 정치적 의의를 가지는 문제이
므로 신속히 해결되어야 한다. 반대파의 주장과 같이 당대회를 열고 합당이
옳으냐 그르냐를 거쳐서 결정한 뒤에 할 것이라고 주장하는 것은 결국 합
당을 지연 내지 방지하기 위한 것이다. 그리고 반대파는 현 중앙간부와 정
치노선을 부인하는 반당행위를 감행하여 우익의 손에 놀고 있어, 이적행위
를 하고 있기 때문에 이러한 반당분자에 대해서는 단연히 처치하지 않으면
안 된다.'는 요지의 발언을 하였다.140) 그리고 이정윤을 제명하고, 김철수,
서중석, 강진, 김근, 문갑송에 대해서는 무기정권조치를 취하였다.

강진 등 대회파(반간부파)는 당 중앙을 형성하고 있는 박헌영파 인사들의
당권 독점을 배제한 후라야 비로소 명실 공히 합당이 되어 민주과업을 이
룰 수 있다고 생각하고 행동하였기 때문에 조선공산당은 조기 합당에 반대
하는 이들 대회파를 제명하거나 정권처분 등의 방법으로 압박을 가하였다.

3당 합당을 계기로 표면화된 조선공산당 안의 파쟁은 대회파 6인에 대한
징계조치로 더욱 격화되었다. 박헌영파로부터 무기정권통고를 받은 강진,
이정윤 등 대회파(반간부파) 인사들은 8월 9일 기자회견을 갖고 이를 전면
거부하는 담화를 발표하였다.141)

박헌영파는 이러한 반대파의 도전에 대하여 어떠한 타협점을 찾아 해결
하려 한 것이 아니라 당 중앙위원회를 열어 그들을 반당적 이적행위자로
규정하고 정권처분을 내렸다. 반대파에 대한 이러한 강력한 제재는 그 여파
가 중앙으로부터 지방당에까지 확대되어 당이 분열되고 커다란 반박헌영
세력의 형성으로 이어졌다.

박헌영파는 1946년 8월 중순, 강진을 비롯한 반박헌영파가 당직 개편을
목적으로 대회소집을 주장하자 이를 저지하기 위하여 10월로 계획하였던
총파업을 9월로 앞당길 것을 지시하였다. 가장 중요한 3당 합당문제를 시
급하게 해결하자면 총파업과 같은 격렬한 투쟁은 이미 계획하였다 하더라
도 일단 중지시켜야 하였을 것이나 이와는 반대로 무모한 파업투쟁을 서두

---

140) ≪대동신문≫, 1946년 8월 10일자.
141) 담화내용은 ≪독립신보≫, 1946년 8월 6일자를 볼 것.

르게 한 것이다.[142]

앞에서 언급한 것처럼 북조선노동당 창립대회에서 남조선 좌익 3당 합당에 대한 결정서가 채택된 후 3당 합당을 위한 공작이 한창 진행되고 있던 9월 6일 이주하가 경찰에 구속되었고 9월 7일에는 박헌영 등에 대하여 체포령이 내렸는데 이러한 검거선풍에 빌미를 제공한 것은 폭력을 수반한 조선공산당의 투쟁이었다. 이후 남한 지역의 공산당은 지하로 들어가게 되었다. 9월 7일 대회파에서 추진 중인 '당대회 소집준비위원회' 결성을 위하여 상경한 각 도 대표 40여 명이 참석한 가운데 윤일 위원장은 합당을 둘러싼 당 문제를 언급하였으며 합당원칙으로서 다음을 주장하였다.

3당 합동에 대한 성명서

지난 5일에 반포한 합당이란 것은 아당과 우당의 당수 및 당내 대중의 절대다수를 배제하고 각 당내 소부분만이 분열적 합동을 발표한 것이다.

이러한 것은 사실에 있어서 3당 전체를 분열하게 하는 것이고 합당을 방해하는 것이라고 인정한다. 이때 우리는 합당에 있어서 가장 중요한 원칙을 다시 한 번 주장하려고 한다. ○ 우리의 합당은 3당 당원의 전체적 합당이 되어야 할 것. ○ 우리의 합당은 각 당 및 각 당 내부의 자색주의와 분파를 청산하여야 할 것. ○ 우리의 합당은 한 개의 당이 타당을 흡수하고 영도하는 것이 아니라 3당이 평등한 위치에서 공평하게 합당할 것.

이러한 원칙은 어느 일파는 완전히 무시하고 합당의 이름으로 기실은 분열을 실천하고 있다. 우리는 완전하고 전체적인 합당을 급속히 수행하기 위하여 이상의 원칙에 의한 기존방침대로 추진할 뿐이다.

조선공산당 당대회소집준비위위장 윤일

7) 남조선신민당의 내부 상황

조선인민당으로부터 3당 합동제안을 받은 남조선신민당 중앙위원회는 이

---

142) 1946년 7월 중순 조선공산당은 '신전술'이라 하여 '피는 피로써', '테로는 테로로', '정당방위의 역공세'라는 슬로건을 내세우고 산하단체들에 폭력과 비폭력을 병행시키는 양면전술을 전개하도록 지시한 바 있었다. 조선공산당은 그 후 9월 총파업을 강행시킴으로써 3당이 합법적, 전체적, 민주주의적 방법에 의한 연합을 불가능하게 만들자는 데 있었다고도 볼 수 있다. 폭력을 겸한 파업투쟁을 전개하면 좌익 간부들은 더욱 지하로 들어가게 되므로 대회파의 당대회 소집은 포기하지 않을 수 없는 것이다. 이렇게 되면 박헌영파도 자기들 방법으로 합당을 추진시켜 조선인민당과 남조선신민당을 쉽게 흡수할 수 있다고 계산한 것이다. 또한 전국적인 총파업으로 자기들의 세력을 과시함으로써 조선공산당대회파, 조선인민당, 남조선신민당에 위압감을 느끼게 하여 3당 합동에서 박헌영파가 주도권을 장악하자는 데에도 그 목적이 있었다. 김남식, 앞의 책, 259쪽.

200

를 토의한 결과 남조선의 노동자, 농민, 소시민, 지식계급 등 근로대중의 권익을 대표하는 조선공산당, 조선인민당, 남조선신민당이 합동함으로로써 민주역량을 총집결할 수 있을 것이며 민주독립을 위한 정치적 기동성을 일층 더 발휘할 만한 구체적 조건을 갖게 될 것이라며 합동제안을 원칙적으로 수락하였다. 백남운 위원장이 1946년 8월 7일 3당 합동문제를 구체화하는 교섭에 응할 용의가 있다는 답신을 조선인민당의 여운형 당수에게 전달함으로써 좌익 3당의 통합운동은 일단 순조로운 시작을 보였다.

그러나 3당 합동반대파는 조선인민당과 조선공산당 내에만 있는 것이 아니라 남조선신민당 내에도 있었기 때문에 곧 남조선신민당도 합당문제를 둘러싸고 당론이 분열되었다. 백남운 위원장은 8월 24일 3당 합당의 기본방침으로서 '당 대 당 통합' 원칙을 분명히 하였다.

백남운 남조선신민당위원장의 합동원칙

① 다수당(조선공산당)이 소수당을 병합하는 것이 아니다. ② 일당이 타당에 흡수되는 것도 아니다. ③ 민주적 협동에 의해야 한다. ④ 평등적으로 되어야 한다.

백남운 위원장의 합동원칙 발표 이후 그와 뜻을 같이하는 이장하, 송태형, 김창련, 신동일, 최영유, 변중식, 최윤엽, 문중현 등 8인이 주동이 되어 남조선신민당 중앙위원회, 경성(京城, 서울) 각 지구·각 당부 및 각 지부 책임자대회 실행위원회를 구성하여 합동반대성명을 발표하였다.

이처럼 남조선신민당은 조선인민당의 경우와 같이 합당추진파와 합당신중파로 분열되었는데 특히 남조선신민당은 본부가 평양에 있었기 때문에 그쪽의 본부와 사전협의를 하지 않으면 안 되었다. 당초부터 조선공산당 박헌영과의 제휴를 꺼렸던 백남운 위원장은 3당 합동을 원칙적으로는 동의하였으나 합동방법에 있어서는 신중한 태도를 보였다. 그리고 3당 합동으로 인한 조선공산당과 조선인민당의 내부혼란이 수습될 때까지 기다리며 평양의 본부와도 연락을 취하면서 합당교섭을 해야 한다는 입장이었다. 그러나 당내 중진급인 정노식(부위원장), 심운(조직부장), 고찬보(선전부장), 구재수(비서실장) 등은 백남운 위원장과는 달리 합당교섭을 적극 추진한다는 입장을 보였다. 그렇기 때문에 백남운을 지지하는 각 지구당에서는 이들에 대한 불신임안을 제출하기에 이르렀다.

좌익 3당 내의 합당추진파는 9월 4일 오후 6시 남조선신민당 회의실에서 합당추진파만의 합당을 결정하였다. 이러한 3당 합동결정에 대하여 백남운 위원장은 9월 5일 시내 혜화동 자택에서 기자들에게 자신은 합당결정을 발표한다는 기미는 알고 있었으나 합당추진파가 결정 발표한 신당의 선언·강령 등은 신문을 보고 알았다고 말하고 합당을 추진시키기 위하여 신민당에서는 다음과 같이 4단계로 나누어 노력하였다고 밝혔다.

백남운 위원장의 합당 관련 담화내용

① 합당은 절대 필요하다. 그러므로 이를 찬동하여야 한다는 것을 지방지부에 주지시키도록 노력하였다. ② 합당의 시기는 양 우당의 내부적 통일을 기다려 합당을 촉진할 것. ③ 우당 내부의 분규가 확대되고 있으므로 양 우당 중 어느 우당이고 먼저 내부가 통일되는 대로 신민당으로서 합당준비를 개시하려고 하였다. ④ 지난 3일 신민당 상임위원회 석상에서 합당촉진책으로서 두 가지를 결정한 바 있었다. 첫째, 이미 구성된 준비위원회로서는 합당촉진을 위한 문서를 작성할 것. 둘째, 대외적으로는 양당 내부의 대립관계를 되도록 거중 조정할 것.

남조선신민당은 반간부파(합당신중파)를 중심으로 이날 각 지구 긴급대표자 대회를 개최하고 백남운 위원장의 합당정책을 지지하는 내용의 결의문을 채택하였다.[143] 지방지부에까지 합당의 필요성을 역설한 바 있던 백남운 위원장도 당 내부의 반대세력을 무마한 후에 합당하려던 뜻이 관철되지 않자 합당 과정에 대하여 비판적인 태도를 보이기 시작하였다. 그는 3당 합당 문제와 관련하여 3당 합당이 거당적인 것이 아닌 개인적인 행위라고 언명함으로써 자신의 합당 추진책과는 배치되는 점이 있어 이를 거부한다는 의사를 표명하였다.

---

143) 결의문은 《독립신보》, 1946년 9월 7일자 참조.

3. 남조선노동당 창당

1) 합당결정

조선공산당은 자당은 물론 조선인민당과 남조선신민당 내 일부 당원들의 합당반대 주장에도 불구하고 합당지지자들을 모아 3당을 통합, 신당 남조선노동당을 결성하였다. 참여세력은 조선공산당 간부파, 조선인민당 48인파, 남조선신민당 간부파이다.

1946년 9월 4일 오후 6시 남조선신민당 회의실에서 조선인민당, 조선공산당, 남조선신민당 3당 합동준비위원 연석회의에서 각 정당 대표의 합동결정에 대한 보고 청취 후 '남조선노동당'의 당명하에 3당을 합동키로 결정하였다. 동 연석회의에서 3당의 선언과 강령을 기본으로, 남조선노동당으로 합동할 것을 발표한 이날 이후 3당은 당 내부의 반대투쟁세력을 배제하고 하부조직 정비에 들어갔다.

2) 창당대회

남조선노동당 창당대회(합당대회)는 1946년 11월 23일과 24일 이틀 동안 시내 견지동 시천교당에서 개최되었다. 대회 첫날인 23일 오후 2시부터 하지 중장을 대리한 범펠러 소좌와 허헌, 김약산 등과 각 지방에서 선출된 대의원 628명 중 558명이 참석한 가운데 이걸소(조선인민당계열)의 사회로 시작되었다. 애국가와 해방의 노래 제창, 그리고 자격심사보고에 이어 허헌의 개회사가 있었다. 허헌은 근로인민의 역량을 집결하고 좌익진영이 통일을 강화하여 반동세력을 분쇄하고 조국의 민주독립을 전취할 수 있는 강력한 정당을 창건할 것을 역설하였다. 임시집행부 선거에서는 여운형(불참), 허헌, 이기석, 정노식, 이석구, 구재수, 최원택, 유영준, 김형선, 김광수, 안기성, 김상철, 정칠성 등을 의장으로 선출하였다(1946. 12. 10. 지도부 선출, 위원장 허헌, 부위원장 박헌영·이기석).

대회는 식순에 따라 이기석으로부터 합당 경과에 대한 보고를 들은 다음 강령규약을 만장일치로 가결하였으며, 중앙위원 및 중앙감찰위원회 선출은 긴급동의를 받아들여 허헌 외 4명의 의장에게 일임하기로 하였다. 회의에서는 구재수의 국내외 정치정세 보고가 있었고, 여운형의 축사를 조한용이 대독하였다. 그리고 민주주의민족전선을 대표한 사무국장 박문규의 축사를 끝으로 첫날 모임은 종료되었다.

남조선노동당 합당경과보고

국제, 국내 모든 정세는 민주세력의 단결을 무조건적으로 요청하여 남조선 3대 민주정당의 합당운동이 시작되었다. 즉 지난 8월 6일 조선인민당에서는 합당에 대한 제안을 조선공산당과 남조선신민당에 보내어 동월 8일에 조선공산당에서, 동월 9일에 남조선신민당에서 각각 동의를 얻게 되었다. 이와 동시에 각 당에서는 각 당 준비위원 9명씩을 선임하여 합당사업을 일임하였다. 이래 3당 합당준비위원은 5차에 걸쳐 연석회의를 열어 구체적 수행방침을 토의한 후 9월 4일에 정식으로 남조선노동당준비위원회를 구성하고 선언, 강령, 규약초안을 결정하였다. 이 강령, 규약초안에 준하여 각 도 각 부, 군에 합당준비위원회를 구성하고 하부세포로부터 합당을 추진하기 시작하였다. 그러나 때마침 남조선 전역에 뻗친 인민투쟁에 대한 탄압과 당내 옳지 못한 분자의 합당공작방해로 인하여 조직상 지장이 많았으나 전 당원은 이 모든 악조건을 극복하고 합당운동에 매진하여 군합당과 도합당이 예기대로 성공하게 된 것이다. 이에 남조선노동당결당대회를 개최하여서 근로인민의 유일 최대한 정당이 발족하게 된 것은 민주건국을 위하여 실로 경하하여 마지않는 바이다.

대회 이틀째 모임은 24일 오전 11시부터 같은 장소인 시천교당에서 속개되었다. 축사가 이어지고, 사회노동당계열의 시내 영등포 15공장 당 대표가 "우리 영등포 각 공장 열성자 일동은 사회노동당 해체를 주장하고 남조선노동당의 옳은 노선에 통일한다."는 요지의 결의문을 낭독하였다. 대회는 대의원 이경희로부터 '미소 공동위원회에 메시지를 보내자.'는 긴급동의가 있어 이를 채택하고, 9개 사회분과단체를 대표한 박찬모의 남조선노동당에 대한 충성의 맹세선언과 오장환의 시 낭독을 들었다.

이어 북조선노동당 중앙위원회에서 남조선노동당 결성대회에 보내온 축하·격려 메시지를 최원택이 낭독하였다.[144] 이어 이 메시지에 대한 회답과

---

144) 북조선노동당 중앙위원회가 보낸 메시지의 요지는 《독립신보》, 1946년 11월 26일자를 볼 것.

남조선인민봉기(10 · 1 대구폭동) 성원에 대한 감사 메시지를 북조선노동당에 보내자는 긴급동의를 가결하였다. 대회는 애국가 및 해방의 노래 합창에 이어 허헌의 선창으로 남조선노동당, 북조선노동당, 미소 공동위원회 속개, 조선민주주의 임시정부 수립 만세 등을 3창하고 막을 내렸다.

남조선노동당 결성대회는 미군정(美軍政)의 허가를 받아 개최된 합법적인 대회였기 때문에 경찰의 보호를 받았다. 그런데 대회 2일째인 이날 오후 12시 30분경 대회를 마친 대의원들이 스크럼을 짜고 '해방의 노래'를 부르면서 퇴장하기 시작하였을 때, 대회장 서기부석에 투척된 수류탄이 폭발, 그 자리에서 기사를 정리하고 있던 조선통신사와 합동통신사 기자들이 부상을 입었다. 이때 투척된 수류탄이 미제(美製)라는 것이 알려지자 좌익에서는 수사당국에 강경한 항의와 결의문을 제출하였다.

4. 합당 이후

남조선노동당의 결성은 크게는 소련과 북한의 남조선전략의 일환이었고, 작게는 조선공산당 내 박헌영파가 자신들의 조직 기반을 공고히 하고자 했던 좌익정당 재편성 작업이었다. 1946년의 9월 총파업과 10월 폭동이 좌익 3당 합당공작과 병행되었으므로 합당공작은 완전히 지하공작으로서 형식적으로 수행되었는데 이 과정에서 박헌영파(콤그룹파)는 남조선노동당의 영도권을 쉽게 장악할 수 있었다.[145]

남조선노동당 중앙본부는 결당식이 끝난 뒤 1946년 12월 10일 3당 합동준비위원 연석회의를 개최하고 중앙위원 29명, 중앙감찰위원 11명을 선출하고, 위원장 허헌(남조선신민당 계열), 부위원장 박헌영(조선공산당 계열) · 이기석(조선인민당 계열) 등 각 당에서 1명씩을 뽑았다. 남조선노동당 중앙간부의 구성을 보면 조선공산당 · 조선인민당 · 남조선신민당 계열의 인물들을 적당히 안배한 것처럼 보이나 이들은 모두 조선공산당 내의 박헌영파이

---

145) 박일원, 『남로당 총비판』(서울: 극동정보사, 1948), 55쪽.

거나 남조선신민당, 조선인민당 내 공산주의자들이었다. 그렇기 때문에 각 계각층을 포용할 수 있는 대중정당으로서의 면모를 찾아보기 어렵다는 지적을 받을 수 있다.

남조선노동당은 1947년에 접어들면서 조직과 체제를 정비, 강화하는 한편 합당문제로 분열 끝에 결성된 사회노동당의 구성원들을 흡수하는 데 주력하였다. 남조선노동당원들은 한편에서 남조선과도정부의 경찰당국 등 각 부처와 사법부의 일부 판사들에게까지 침투, 포섭하려다 1948년 1월 체포되는 등 당의 진로와 관련하여 심각한 난관에 봉착하게 되었다. 남조선노동당은 1949년 6월 북조선노동당과 합당하여 조선노동당으로 발족하였다.

제16절 좌익 3당 내 합당반대파의 합당(사회노동당)

1. 결성 배경

1) 통합좌익정당의 주도권 문제

좌익진영의 3당 합동이 벽에 부딪치면서 좌우합작은 3당 합동문제가 일단 결말을 본 후라야 재추진될 수 있을 것으로 전망되었다. 좌우합작위원회의 좌익 측 대표이며 좌익 3당 합동의 제안자인 조선인민당 당수 여운형은 1946년 8월 21일 기자회견을 통하여 좌·우익의 정치적 분열현상에 회의와 책임을 느껴 정계를 은퇴하겠다는 뜻을 표명함과 동시에 3당 합동의 긴요성을 다시 역설하였으며 다음 날인 22일 사표를 제출하였다.[146] 남조선신민당 백남운 위원장은 8월 24일 여운형 당수의 사임은 좌익 전체로 보아 유감이며 3당 합동은 평양에 있는 당 본부의 통지를 기다려 민주적, 평등적으로 추진하겠다고 말하였다.

---

146) 여운형은 8월 19일 밤 돌연 귀경하였으며 20일과 21일에 버치 중위와 김규식, 장건상을 방문하여 요담하였다.

이 무렵 좌익정당은, 조선공산당은 간부파(합당추진파)와 대회파, 조선인민당은 48인파(합당추진파)와 31인파, 남조선신민당은 간부파(중앙파, 합당추진파)와 반간부파로 대립되어 있었는데 3당 합당의 주도권을 장악하려는 박헌영파에 대항하여 조선인민당의 여운형·장건상 계열과 조선공산당 내의 대회파(반간부파) 및 남조선신민당 일부가 연합, 새로운 합당을 모색하고 있었다.

결국 좌익정당은 3당이 6개 파로 갈라졌는데 6개 파 중 조선공산당 간부파(합당추진파), 조선인민당 48인파(합당추진파), 그리고 남조선신민당 간부파(합당추진파)가 합세하여 합작공작을 진행, 1946년 9월 4일 남조선노동당 준비위원회를 구성하고 23개 강령초안을 발표하였다. 이에 조선공산당대회파(반간부파)는 조선인민당 내 31인파 측과 남조선신민당 내 반간부파와 긴밀한 연락을 취하고 남조선노동당의 방향과는 다른 노선을 채택, 또 하나의 좌익 신당 사회노동당을 결성하게 되었다.

이처럼 좌익진영이 3당 합동문제를 둘러싸고 우왕좌왕하다가 그 일부가 남조선노동당을 결성하자 이에 대항하는 세력이 사회노동당의 이름으로 발족하게 된 것이다.

2. 결성 경과

1) 제2의 좌익 3당 합당 결정

여운형은 합당문제를 둘러싸고 분열된 좌익진영을 정비, 수습하고 좌우합작 거부에 대한 박헌영의 태도를 변화시키기 위하여 1946년 8월 23일 박헌영을 만나 사태를 수습하고자 하였다. 이러한 여운형의 노력에도 불구하고 8월 30일 북조선노동당 창립대회에서 남한 좌익 3당 합동에 관한 결정서가 발표되었으며 그 직후인 9월 4일 박헌영 계열과 조선인민당의 48인파, 남조선신민당의 합당지지파들이 모여 좌익 3당 합동준비위원 연석회의를 열고 합당을 전격적으로 결정하였다. 통합신당인 남조선노동당의 강령이 발표

된 것은 9월 4일이었는데 그 발족이 11월 23일에야 된 것은 여운형과 31
인파 등 조선인민당 내부의 합당반대 움직임 때문이었다.

한편 조선공산당 내의 대회파는 자신들의 본래 주장대로 당대회 소집을
준비하면서 신당 조직을 준비하고 있었다. 대회파는 1946년 8월 말 조선공
산당대회 준비위원회를 구성하고 위원장에 윤일을 선출하였다. 이 위원회는
3당 합동의 기본원칙을 결정한 다음 9월 2일 대표 2명을 남조선신민당 반
간부파 측과 조선인민당 31인파 측에 파견, 정식으로 합당교섭을 시작하였
다. 이들 대회파는 다음 날인 9월 3일에는 합동 8원칙과 성명서를 발표하
였다.

합당 8원칙

① 3당 합동은 화급히 실현되어야 한다. ② 합당은 자색주의를 청산하고 평등한 입장에
서 해야 한다. ③ 각 당 안의 그룹 간의 합당이 돼서는 안 된다. ④ 신당의 지도부에는
각 당의 총의가 반영되어야 한다. ⑤ 신당은 프락치적 행동을 배격해야 한다. ⑥ 신당에
는 과거, 현재의 투사를 모두 집결시켜야 한다. ⑦ 신당은 분파를 허용치 않는다. ⑧ 합당
공작은 위로부터의 합당지도와 아래로부터의 통일이 되어 올라가야 한다.

성명서(요지)

북조선노동당 창립대회 결정서 중 우리 6인에 대한 비난의 견해가 언급되었다. 우리들은
대국적 견지에서 이 결정의 정치적 의의를 충분히 이해하고 남조선문제에 대한 성의와 고
충에 대하여 경의와 사의를 드린다. 누구보다도 박헌영 일파는 이 결정을 숙독 완미하고
대오하여 먼저 이주하, 이현상, 김삼룡, 홍남표, 최원택, 이승엽, 강문석 등이 퍼뜨려 놓은
허언, 중상, 이간, 불신, 등의 추악한 이적행위를 당장 일소시켜야 한다. …… 만일 자색주
의 및 그 지지자들이 이 결정을 부끄러운 태도로 정당하게 이해하지 못하고 도리어 이것
을 자색주의를 위하여 이용한다면 이 결정을 모독하는 것이 되고 더욱 혼란해질 것이다.

좌익 3당 합당에 대한 북조선노동당의 결정서가 발표(1946. 08. 30.)되자
조선공산당의 징계대상이 된 강진, 김철수, 이정윤, 서중석, 김근, 문갑송
등 6인은 그 결정서를 자신들의 합당원칙에 유리하게 해석하면서 앞의 합
당 8원칙을 만들어 박헌영 일파에게 제시한 것이다. 이들이 발표한 8원칙
은 조선인민당(31인파)과 남조선신민당(반간부파)의 주장과 상당부분 일치되
는 내용이다.

2) 좌익 3당 합당반대파의 움직임

1946년 9월 4일 조선인민당(48인파)·남조선신민당(간부파, 합동추진파)·조선공산당(간부파)이 3당 합당을 발표하였다. 박헌영파의 3당 합동준비위원 연석회의에서 남조선노동당으로 합동한다는 결정이 발표되자, 조선공산당대회파는 물론 조선인민당의 31인파, 남조선신민당의 반간부파(합당신중파)는 크게 반발하였다. 이들은 제2의 좌익 3당 합당을 위한 각 당 준비위원(27명, 각 당 9인씩)을 구성하여 수시로 모임을 갖고 자신들의 3당 합당을 적극 추진하였다.

통합신당의 당수설(黨首說)까지 나돈 여운형 당수는 당시 서울 근교에서 요양 중에 있었는데, 9월 5일 오후 5시경 방문한 기자들에게 "합당 결정의 발표가 있었다는 것은 처음 듣는 말이다. 나는 9월 1일 서울을 떠나왔기 때문에 그런 사실은 전혀 알지도 못하며, 그 경과도 듣지 못하였다. 나는 누구에게 지지 않게 화급한 합당의 필요를 주장한 사람이다. 이러한 결정과 발표에는 무어라고 말하기 딱한 것이 있다."고 말하였다.[147] 여운형의 발언에서 그는 성급하고 무원칙한 합당결정에 부정적인 입장에 있었음을 알 수 있다.

조선인민당은 여운형 당수의 이러한 입장표명에 따라 9월 7일 합당결정에 대한 공식태도를 밝히는 다음과 같은 결정서를 발표하였다.[148] 이는 곧 박헌영 일파의 결정을 부정하는 당의 입장을 명백히 한 것이다.

조선인민당의 합당결정 관련 결정서(요지)

인민당 안의 공산당과 내통한 일부 종파분자들이 북조선노동당 결정서를 방패삼아 고압적 폭군의 태도로써, 인민당 안에서는 여운형 당수 이하 주요 간부들은 알지도 못하는 합당결정서를 발표하였다. 3당 합당은 서로 평등한 입장에서 우당적 신의와 전 당원을 포섭하는 태세에서 결정돼야 할 과업임에도 불구하고 신생할 동당의 지도권을 자기 일파에서 장악하려는 심산에서 모략적 합당중앙결정서를 발표한 것은 신의와 정치적 양심을 몰각한 행위라고 생각하고, 조선인민당으로서는 이 결정서를 비법적인 것이라고 규정한다.

---

147) 《독립신보》, 1946년 9월 7일자.

148) 사회노동당은 남조선노동당이 합당문제에서 양보하지 않자 실력으로 자기들에게 유리한 합당을 이끌어 내기 위하여 '미소 공동위원회 속개 촉진 민중대회'를 주도하기도 하였으나 남조선노동당의 방해로 동 대회에 극소수의 군중만이 참집함으로써 실패하였다.

3) 조선공산당의 파업

좌익 3당 합동을 추진하기 위하여 폭동을 일으키라는 김일성의 지령을 받은 조선공산당은 1946년 9월 23일 용산철도파업을 시작으로 10월 1일에는 '남조선총파업 대구시투쟁위원회'의 주도하에 10·1 폭동(대구폭동)을 야기하였다.[149] 이에 미군정당국은 사태수습책의 하나로 남조선노동당의 불법화를 선포하였으며 정부 수립까지의 과도조치로 1946년 12월 초에 입법의원선거를 실시하기로 결정하였다.

10·1 폭동사태로 인하여 조선공산당 대회파가 주장하던 당대회 소집을 통한 좌익 3당 합당은 거의 불가능한 상황에 빠졌다. 9월 총파업과 10·1 폭동은 3당 합당문제와 관련하여 박헌영파가 대회파 세력을 견제하기 위한 수단의 하나로 이용한 것이다. 따라서 대회파는 9월 총파업을 반대하였을 뿐만 아니라 자신들의 영향 하에 있는 지방당에 대하여 파업을 거부하라는 지시를 내렸다. 그리고 강진을 중심으로 한 이들 반(反)박헌영파는 조선공산당 중앙위원회 서기국의 이름으로 10·1 폭동을 반대하는 성명을 발표하였다. 반박헌영파는 9월 총파업이 진행 중이던 28일 당대회 준비모임을 갖고 총파업 반대와 당대회 소집을 재차 주장하기도 하였다.

4) 좌우합작문제

김일성과 김두봉의 의사를 타진하기 위하여 1946년 9월 23일부터 30일까지 북한을 방문하고 10월 1일 귀경한 여운형은 도착 즉시 김규식과 버치를 방문하였으며 2일과 3일에는 당 긴급회의를 소집, 당면한 문제를 협의하였다. 그는 3일 오후 현안문제와 관련한 담화를 발표하였는데 합당과 관련해서는 "한동안 합당의 급추진 공작으로 말미암아 발생된 당내의 의견대립은 9월 21일 雙方의 의견을 대표하는 간담회 석상에서 雙方의 찬동을 얻어 완전히 해결되었다. 조선인민당은 조선인민당이 뜻하는 정당한 합당을

---

149) 이 폭동은 왜관, 부산, 마산, 창녕 등지로 번져 공장, 철도, 전선 등의 파괴와 살인, 방화 등이 자행되었으며 미군까지 출동한 끝에 진압되었다.

실현하기 위하여 그 공작을 원만한 방법으로 추진하는 것이며 간판개도식 합당이나 기계구합식 합당을 해서는 안 된다. 그러기 위해서는 선행조건으로 각 당이 내포하고 있는 상극성을 제기하여야 할 것이다. 합당된 우당에서도 점차 원만한 진척이 있는 모양이므로 불원 새로운 대당이 탄생될 것을 기대한다."는 내용이었다.[150]

한편 남조선신민당의 백남운 위원장도 10월 5일 가진 기자회견에서 좌익 합당은 민주원칙에 의한 정당한 방법으로 이루어져야 하며 좌우합작은 과도적 단계에서 불가피하다고 언명하였다.

조선인민당 내에는 좌우합작 참가문제로 3당 합당과는 다른 또 하나의 시빗거리가 생겼다. 여운형 당수는 10월 6일 오후 개최된 확대위원회의 주류파(우파, 31인파)에 의하여 조선인민당의 좌우합작위원회 참가가 승인된 후 7원칙에 서명을 하게 되자 박헌영 계열 조선공산당은 여운형 당수와 합작 7원칙과는 관계가 없다는 내용의 비난성명을 발표하였으며 조선인민당 내 합동추진파(좌파, 48인파) 측은 여운형 당수의 처사에 대하여 확대위원회로서는 7원칙을 승인한 바 없다고 부인성명을 내면서 여운형 당수와 대립하게 되었다. 이렇게 해서 좌우합작위원회에는 조선인민당 우파만이 참가하였으며, 여운형 당수는 좌우합작위원회의 좌파 측 의장으로 취임하였다.

1946년 5월부터 중도우파세력을 주도한 김규식과 중도좌파세력을 주도한 여운형에 의하여 추진되어 오던 좌우합작운동은 박헌영 계열 조선공산당이 불참한 가운데 조선인민당, 근로대중당, 해방동맹, 사회민주당 등 온건 우익을 상대로 하여 결실을 보게 되었다. 10월 7일 좌우합작위원회(의장 여운형·김규식)는 미군정과 절충을 벌여 타협, 합작 7원칙에 합의하였다. 남조선대한국민대표민주의원과 조선인민당 확대위원회의 승인까지 얻어 10월 7일 발표된 좌우합작 7원칙의 내용은 다음과 같다.

좌우합작 7원칙(1946. 10. 07.)
본 위원회의 목적(민주주의 임시정부를 수립하여 조국의 완전독립을 촉성할 것)을 달성하

---

150) ≪조선일보≫, 1946년, 10월 4일자.

기 위하여 기본원칙을 하와 여히 의정함.

① 조선의 민주독립을 보장한 3상회의 결정에 의하여 남북을 통한 좌우합작으로 민주주의 임시정부를 수립할 것. ② 미소 공동위원회의 속개를 요청하는 공동성명을 발할 것. ③ 토지개혁에 있어서 몰수, 유조건 몰수, 체감매상 등으로 토지를 농민에게 무상으로 분여하며 시가지의 기지 및 대건물을 적정 처리하며 중요산업을 국유화하며 사회노동법령 및 정치적 자유를 기본으로 지방자치제의 확립을 속히 실시하며 통화 및 민생문제 등을 급속히 처리하며 민주주의 건국과업 완수에 매진할 것. ④ 친일파 민족반역자를 처리할 조례를 본 합작위원회에서 입법기구에 제안하여 입법기구로 하여금 심의 결정하여 실시케 할 것. ⑤ 남북을 통하여 현 정권하에서 검거된 정치운동자의 석방에 노력하고 아울러 남북좌우의 테러적 행동을 일절 즉시로 제지토록 노력할 것. ⑥ 입법기구에 있어서는 일절 그 기능과 구성방법 운영을 본 합작위원회에서 작성하여 적극적으로 신행을 기도할 것. ⑦ 전국적으로 언론, 집회, 결사, 출판, 교통, 투표 등 자유가 절대 보장되도록 노력할 것.

좌우합작 7원칙에 서명한 사람은 김규식, 여운형, 박건웅, 장권, 원세훈, 안재홍, 김붕준, 최동오 등이었지만 서명자의 대표성이 문제가 되었다. 그것은 우익의 경우 남조선대한국민대표민주의원과의 비상국민회의의 대표성을 인정할 수 있었지만 좌익 측의 여운형, 박건웅, 장권 등은 개인 자격이거나 조선인민당 31인파의 대표일 뿐이었기 때문이다.[151] 이를 정리하면 좌우합작 7원칙은 좌익과 우익 양 진영의 합작원칙으로 발표된 것이 아니라 중도좌익과 우익진영으로 구성된 좌우합작위원회의 합작원칙이 된다.

좌우합작 7원칙은 또 다른 의미에서 극좌, 극우 양 세력의 공격을 받았는데 특히 ③항에 대하여 한국민주당은 유상 매수한 토지를 무상으로 분배한다는 안이 불합리하다고 반대하였고, 민주주의민족전선은 그 내용이 미흡하다고 반대하였다. 이 두 가지 이유로 인하여 극좌, 극우 세력이 이탈하게 되면서 좌우합작운동은 여운형과 김규식이 중심이 된 중도파 세력의 운동으로 축소되었다.

조선인민당의 합당추진파는 10월 7일 동당의 확대위원회가 불법임을 주장하였고 조선공산당 또한 좌우합작위원회의 7원칙을 비난하고 나섰다. 각 정당은 10월 8일 7원칙에 대한 담화를 발표하였는데 한국민주당은 이 원칙에 대하여 관념주의의 소산이며 결국 남조선노동당을 돕는 형국이 되었다

---

151) 정병준, 「1946-1947년 좌우합작운동의 전개과정과 성격변화」(서울대 국사학과 석사학위논문, 1992), 64쪽.

고 비난하였다.[152]

5) 사회노동당 결성

여운형 위원장은 좌우합작 7원칙에 서명하고 과도입법의원 구성을 위한 좌우합작위원회를 가동시킨 뒤 좌익 3당 합당문제 처리에 나섰다. 남조선노동당 결성준비위원회와는 별도로 조선인민당의 여운형, 남조선신민당의 백남운, 조선공산당의 강진(반간부파, 대회파) 3인은 1946년 10월 15일 3당 합당을 결정하고, 신당 사회노동당 결성을 목표로 준비위원장 여운형 이하 27명의 준비위원을 선정하였다. 이날 3당 당수(조선공산당은 윤일이 대리참석)가 합석하여 기자단과 회견하고 3당 합당결정서와, 근로인민의 이익과 자유 보장, 조선민주공화국 수립, 토지의 무상몰수 무상분배를 골자로 하는 사회노동당강령(초안) 등에 관한 문서를 발표하였다.[153]

3당 합동 결정서

1946년 10월 15일 조선인민당 남조선신민당 조선공산당은 3당 합동에 대하여 아래와 같이 결정한다.

① 현하 복잡 미묘한 내외정세는 민주진영의 굳은 약속을 무조건적으로 요청한다. 강화된 반동공세를 분쇄하고 조국을 위기로부터 구출하여 민주독립을 달성하기 위하여 근로인민 대중을 단일한 체계와 통일된 지도하에 단결하여야 한다. ② 지난 1년간에 우리 3당은 실천과정에서 투쟁목표와 그 방법의 공통성을 이해하게 되었고 동지적 전우적 결맹을 얻게 되었다. ③ 동일한 목표와 동일한 요구를 가진 우리 3당이 분립되어 있는 데서 얻은 것은 지도계통의 혼잡과 역량의 분산과 당파의식의 조장과 불필요한 정력의 낭비란 것을 과거의 투쟁경험으로써 체득한 바이다. ④ 더욱이 현금 남조선 전체에 일어나고 있는 대중적 투쟁은 조국의 완전독립을 위한 혁명적 궐기이다. 역사는 외래독점자본과 결탁한 반도진영의 공세에 대하여 거족적 단결과 투쟁을 요청한다. 이때 근로인민을 지도하는 3당의 급속한 조직의 종합은 보다 광범한 민주적 통일과 반파쇼전선의 강화를 논한 기초가 될 것을 확신한다. ⑤ 조선인민당 남조선신민당 조선공산당은 국내, 국외에서 일본제국주의와 또는 그 잔재에 대하여 역사적으로 가장 용감하게 싸워 온 조선민족의 훌륭한 자손과 애국자들의 집결체이다. 이러한 역사적 전통과 혁명가적 긍지와 인적 구성의 전체를 들

---

152) 한국민주당선전부, 『한국민주당소사』(1948), 35쪽.

153) 사회노동당의 강령(초안) 및 창립준비위원명단은 ≪조선일보≫, 1946년 10월 17일 및 10월 18일자를 볼 것. 이 결정서에 강진이 조선공산당 책임비서로 되어 있는 것은 3당 합동을 앞두고 대회파 중심인 약식 당대회를 비공식적으로 개최하였는데 이때 강신을 임시 책임비서로 선출하였기 때문이다.

어 신당으로 융합될 것을 이에 엄숙히 선언한다.

1946년 10월 15일

조선인민당위원장 여운형 조선신민당위원장 백남운 조선공산당 책임비서 강진

이렇게 해서 좌익 3당 통합운동은 남조선노동당준비위원회(1946. 09. 04.)와 상대적으로 온건한 좌익우파의 사회노동당준비위원회(1946. 10. 15.)로 양립 진행되었다.

조선공산당(대회파), 조선인민당(31인파), 남조선신민당(반간부파) 3당의 합당교섭위원 27명은 다음 날인 16일 오전 11시 30분 여운형이 입원하여 있는 서울대학교 병원 병실에 모여서 3당 합당문제를 토의한 후, 사회노동당을 결성키로 하고 결정서와 강령(초안)을 발표하였다.[154] 그러나 사회노동당준비위원회는 강령과 함께 채택한 좌우합작문제, 입법기관문제 등에 관한 문서에서 좌우합작에 대한 지지의사와 입법기관 설치에 대한 반대의사를 표명하였다. 이들의 입법기관 설치 반대는 여운형의 견해와는 다른 것이며 오히려 남조선노동당준비위원회의 견해에 가까운 것이었다.

조선공산당이 합당을 추진하자 이에 대하여 반기를 들었던 강진 등 대회파는 당대회를 소집할 것을 주장하다가 여의치 않자 조선인민당과 남조선신민당 내의 합당반대세력과 손잡고 제2의 좌익 3당 합당작업을 진행시켜 사회노동당 결성을 추진하기에 이르렀다.

6) 남조선노동당 결성과 사회노동당 측의 합당노력

남조선노동당에 대하여 그동안 여러 차례 무조건 합당하겠다고 선언하고 교섭을 시도한 바 있는 사회노동당준비위원회는 여운형 위원장의 명의로 메시지를 보내 "현하 정세는 좌익진영의 무조건적 통일을 요청하고 있으며 분열의 책임은 근로대중이 아니라 지도자에게 있으므로 대중을 농락하지 않으려거든 다시 한 번 통일결성을 고려하라."고 요구하였다. 사회노동당 측의 이러한 요구는 남조선노동당에 의하여 계속 거부되었다.

---

154) ≪독립신보≫, 1946년 10월 17일자. 이때 조선공산당은 윤일 위원장대리가 참석하였다.

남조선노동당 결성 당일 사회노동당준비위원회는 다시 "좌익진영의 통일은 무조건으로 요청될 뿐만 아니라 좌익분열의 책임은 일부 지도층에 있지 조직대중에 있는 것이 아니므로 합당하자."며 대회에 참석하려 하였으나 남조선노동당 측은 이들의 대회장 입장을 허락하지 않았다.

박헌영파가 남조선노동당준비위원회를 결성하면서 수습기미를 보였던 좌익 3당 합당은 1946년 10월 16일 박헌영 중심의 합당에 반대하는 여운형, 강진, 백남운 등 중도좌파인사들이 독자적으로 반대파를 규합하여 사회노동당 창당을 위한 창립준비위원을 선정하면서 다시 혼미를 거듭하게 되었다(1946. 11. 01. 위원장 여운형, 부위원장 백남운·강진 추대).

사회노동당의 강령(초안)은 남조선노동당의 그것과 별다른 차이는 없었으나 강령 제1항인 투쟁과업 규정에서 남조선노동당은 '조선민주주의인민공화국'인 데 반하여 사회노동당은 '인민'을 삭제한 '조선민주공화국'으로 규정한 점이 다르다.[155]

3. 결성 이후

1) 소련의 영향과 사회노동당의 와해

박헌영파는 사회노동당의 출현에 대하여 동당을 조직한 것은 이적행위라며 공박하고 나섰다.[156] 이처럼 좌익 3당 운동은 합당방법과 주도권 문제를

---

155) 김남식, 『남로당연구』(서울: 돌베개, 1984), 260쪽. 그러나 당시 남조선노동당 측 인사들이 각종 잡지에 기고한 글의 내용을 보면, 남조선노동당과 사회노동당의 노선은 서로 크게 다르다는 논조가 주류를 이루었다. 양당 노선의 차이는 이태진, 「남조선노동당과 사회노동당—무조건 합동론의 비판」, ≪신조선≫ 1권 1호(1947. 02.), 1–14쪽 참조.

156) 남조선노동당준비위원회의 주장: ① 사회노동당 창립결정은 조선인민당 안의 우경파인 31인 측과 남조선신민당에서 제외당한 분자와 조선공산당 안의 반당분자 등 소수 분자의 야합이며 이는 적이 갈망하는 우리 민주진영의 파괴분열이고, 민주개혁에 대한 반역이다. ② 방금 전개되고 있는 인민의 투쟁을 방관 압살하고 반동세력과 군정에 굴복하는 것과 같다. ③ 이들은 기회주의자로서 '합법적 활동'을 주장한 자들이다.
조선공산당 서기국(박헌영파): 사회노동당 결성을 발표한 것이야말로 근로인민에 대한 최악의 반역, 민주진영에 대한 최대의 모반, 조선민족에 대한 막대한 죄악으로서 인민대중은 이를 배격할 것이다. 그들은 입으로는 합당을 찬성하면서도 행동으로는 합당을 지연, 방해하여 왔다. 근로대중의 투쟁을 냉관하고 합법만을 주장하여 우리 진영의 무장해제를 기도하였다. 당명을 도용하며 마치 우리 당의 행동인

둘러싸고 각 당이 심한 내부분열을 노정하면서 좌익진영이 분열되었다.

좌익정당들이 두 개의 집단으로 나뉘어 별도의 통합운동을 전개하는 과정에서 양측은 주도권을 장악하기 위하여 경쟁적으로 북한을 방문, 소련군 당국의 지시를 받으려 하였다. 소련군 당국은 남조선노동당의 편을 들어줌으로써 남조선노동당이 남한 좌익진영의 주도권을 장악하게 되었다.

좌익 3당 합당 후 조선공산당책임비서 강진(대회파)은 김두봉과의 협의차 북한을 방문하였고, 남조선신민당의 백남운도 평양본부로 떠났다. 강진은 김일성과 김두봉으로부터 합당사업이 실패한 것에 대하여 책임을 추궁당하였고, 백남운은 김두봉으로부터 왜 북조선의 지시를 이행하지 않았느냐고 추궁 당하였다.[157)

그 후 사회노동당준비위원장으로 선출되었던 여운형은 취임도 하지 않고 있다가 1946년 12월 4일 '좌우합작과 합당공작을 단념하면서'라는 일종의 자기비판서를 발표하고 백의종군하겠다고 선언하였다.[158)

여운형의 은퇴선언 발표 일주일 후 사회노동당에 잔류하고 있던 31인파 중 11명은 사회노동당의 성격이 대중정당이 아닌 것을 지적함과 동시에 이제는 무의미하게 된 제2의 좌익 3당 합동을 부정하고 여운형 당수가 건재한 조선인민당 기치하에 계속 분투하겠다는 내용의 성명을 발표하고 사회노동당을 탈퇴하였다. 사회노동당 부위원장인 백남운도 12월 7일 그 직책에서 물러난다는 내용의 성명을 발표하였다.

남조선노동당과의 합당문제로 부심하던 사회노동당준비위원회는 12월 25일 당 중앙위원회를 소집하였다. 합당문제와 당 존속문제 토의를 위하여 열린 이 위원회에서는 해당파(解黨派)인 강진, 이우적, 강병도 등과 합당추진파인 김대희, 고철우 등이 격론을 벌인 끝에 투표에 들어가 합당추진파가

것처럼 민중을 기만하고 현혹하려 하나, 인민은 속지 않을 것이다.

157) 중앙일보사, 『발굴자료로 쓴 한국현대사』(서울: 중앙일보사, 1996), 255쪽.

158) 자기비판서 요지: 좌익 3당 합동문제에서 좌익의 분열을 초래케 한 것은 누구보다도 내 자신이 그 책임을 느끼게 된다. 남조선노동당과 사회노동당의 무조건 통일, 그리고 사회노동당을 해체하고 남조선노동당에 통일할 것을 간청했으나, 이것마저 실패했다. 이는 내가 역량 없는 탓이며, 과오 많은 내가 차라리 민중 앞에 사과하고 중책에서 물러감이 옳다고 생각한다.

18 대 13(기권 2)으로 우세하여 일단 합당추진 쪽으로 결말이 났다. 회의가 끝난 뒤 당의 해체를 주장하던 이우적, 정희영, 강병도, 하필원 등 해당파 10여 명이 탈당계를 제출하였고, 부위원장 강진, 감찰위원 장건상, 최익한도 곧 사표를 제출하였다.[159]

한편 사회노동당을 해체하고 남조선노동당에 무조건 합동해야 한다고 주장하던 당내 중앙위원 20명은 1947년 1월 6일 "모든 좌익요소는 남조선노동당으로 집중되며, 그것을 확대, 강화하는 것만이 우리 동지들의 임무이다."라는 내용의 탈당성명을 발표하였다.[160] 이렇게 2월 말일까지 당원 다수가 탈당함으로써 사회노동당의 당세는 크게 약화되었다.

4. 사회노동당의 해체

소련군 당국과 북조선노동당의 질책을 받은 강진과 백남운은 남한으로 내려오자마자 사회노동당이 자신들과 관계가 없다는 내용의 성명서를 발표하고 사회노동당의 해체에 적극 나섰다.[161] 사회노동당의 부위원장이며 조선공산당대회파의 지도자였던 강진이 1947년 1월 초순 탈퇴성명을 발표함으로써 사회노동당은 위기에 처하였다. 강진은 성명에서 "1946년 12월 하순 사회노동당을 해체하고 남조선노동당에 집결할 것을 주장하였으나 관철되지 못하였다. 일반 당원은 남조선노동당에 합류되었고 또 마땅히 합류되어야 할 것이다. 대회파를 중심으로 한 공산당 체계는 해소해야 한다."라고 밝히면서 사회노동당을 탈퇴하였다.[162]

남조선노동당의 사회노동당 와해공작은 북조선노동당의 지원 때문에 더욱 쉽게 진행되었다. 북조선노동당이 사회노동당을 종파주의로 비판하면서

---

159) ≪동아일보≫, 1946년 12월 25일자 및 12월 31일자.

160) 사회노동당 중앙위원: 강병도, 이우적, 주진원, 권유근, 반상규, 정희영, 최학, 하필원, 신용우, 백원흠, 윤희보, 온낙중, 인학윤, 채백수, 이명수, 박본연, 이은우, 문중현(동 후보위원: 박봉우, 황경원).

161) 『스티코프비망록』에는 좌익 3당 합당 과정에 소련군 당국이 직접 간여하였음을 보여 주는 사실들이 상세히 기록되어 있다. 이 책은 신민당 내부의 갈등을 해소하기 위하여 좌익 3당 합당에 비판적인 백남운을 물러나게 하고 합당에 적극적인 정노식을 신민당위원장으로, 무소속이며 박헌영 지지자였던 허헌을 부위원장으로 추대하는 작업이 소련군 당국과의 교감하에서 추진되었음을 보여 주고 있다.

162) ≪독립신보≫, 1947년 1월 7일자.

사회노동당의 중앙위원들은 대부분 탈당하여 정계 은퇴, 남조선노동당 입당 또는 조선인민당재건파로 나뉘어 각각 제 갈 길을 찾아갔다.

사회노동당은 위원장, 부위원장, 그리고 여러 중앙위원들이 탈퇴한 가운데 제1회 전당대회를 개최하였다. 당의 새로운 방향모색보다도 해체를 목적으로 개최된 이 대회는 1947년 2월 27일 오전 11시 30분 시내 시천 교당에서 대의원 570명 중 378명이 참가한 가운데 열렸는데, 오후 회의에서 대의원들의 긴급제의에 의하여 사회노동당의 '발전적 해체'를 만장일치로 가결하였다. 그리고 이 대회의 이름으로 북조선노동당에 보내는 메시지, 남조선 좌익진영을 분열시킨 역할을 하였다는 내용의 자기비판, 3상회의 결정에 대한 결의문을 가결하고 오후 4시 30분에 폐회하였다.

실권을 상실할 위기에 처하였던 박헌영파는 사회노동당의 해체와 함께 다시 당의 영도권을 장악하게 되었다. 그러나 어렵게 결성된 남조선노동당은 합법적으로 존재해야 한다는 소련군 당국의 기대와는 달리 10·1 폭동을 겪으면서 이미 불법화된 상태에 있었다. 당의 대중적 기반도 약화된 상태에 있었으며 당원 일부는 근로인민당 창당에 참여하였다.

 남조선노동당 · 사회노동당의 합당 시도

1. 합당 시도 배경

1946년 8월 초에 시작된 좌익 3당 합동과정에서 좌파세력의 요소요소를 점거하고 있던 조선공산당 박헌영파는 신속한 선제활동으로 여운형을 정점으로 하는 온건좌파 연합세력을 제압하고 있었다.

한편 여운형은 통일독립정부가 좌우 연립내각정부로 구성될 것이라는 생각을 가지고 남조선노동당과 사회노동당과의 '당 대 당 통합'을 계속 추구하였는데 이는 통합신당에서 자신이 이끄는 사회노동당이 주도권을 잡기 위한 것이었다. 그러나 제2의 좌익 3당 합당(사회노동당)에 임하였던 강진 등 조선공산당대회파 역시 그 기회를 이용하여 당의 주도권을 장악하려 하였다.[163]

여운형은 1946년 9월 초순 좌익 3당 합당(남조선노동당)에 참여하지 않은 조선인민당 내의 잔류파 조직 및 당원에 대한 개편 및 정리 작업에 착수하여 당의 핵심기구인 조직 및 선전책임자를 경질함과 동시에 남조선노동당준비위원회에 파견하였던 통합교섭대표도 소환하였다. 여운형으로서는 기성조직을 근본적으로 흩뜨려 놓아야 박헌영파를 소수파로 전락시키고 새로 들어서는 지도부가 당의 주도권을 장악할 수 있다고 본 것이다. 통합신당의 당수로 여운형이 거론되었던 점으로 미루어 볼 때 여운형은 좌익정당들의 역량을 하나로 묶은 후 자신의 온건사회민주주의 노선으로 전환시키기 위하여 3당 합당과 남조선노동당 · 사회노동당의 합당에 총력을 집중하였던 것이라 할 수 있다.

---

163) 고영민, 『해방정국의 증언』(서울: 사계절, 1987), 115−127쪽.

2. 합당 시도 경과

1) 사회노동당의 '무조건 합당' 제의

　여운형은 박헌영이 중심이 된 남조선노동당이 결성되고 자신이 중심이 된 사회노동당준비위원회가 결성되는 과정과 그 결성 후에도 남조선노동당과 사회노동당이 무조건 합당할 것을 요구하였으며, 심지어 사회노동당을 해체하여 남조선노동당에 합류하겠다고까지 통합에 집념을 보였다.

　조선공산당, 조선인민당, 남조선신민당의 좌익 3당이 대동단결하느냐 또는 사회노동당과 남조선노동당의 양당으로 분립되느냐에 대하여 관심이 고조된 가운데 사회노동당준비위원회는 1946년 11월 초순 남조선노동당준비위원회에 대하여 무조건 합당을 제의하였으나 사회노동당의 해체를 요구하는 남조선노동당 측은 회답시한인 11월 11일 정오까지 회답하지 않음으로써 사회노동당 측의 무조건 합당제안을 거부하였다.

　여운형이 양당의 무조건 합당을 제의한 것은 '당 대 당 합당'을 기본으로 한 것이었으나 남조선노동당준비위원회 측에서는 사회노동당준비위원회 측을 당 대 당 합당이 아니라 개별적으로만 영입한다는 종래의 태도를 견지함으로써 통합 시도는 다시 벽에 부딪쳤다.

　사회노동당 측은 11월 12일 임시중앙위원회를 열고 남조선노동당 측과의 합당문제를 중심의제로 하여 토의하였다. 이날 오전 11시부터 조선인민당회의실에서 백남운과 위원 90여 명이 참가한 가운데 사후대책을 논의하기 위한 제1회 사회노동당 임시중앙위원회가 열렸는데, 이 회의에서 여운형은 남조선노동당 측에 다음과 같은 합당방안 3가지를 제안하였다.[164]

> 여운형이 제시한 합당방안
> ① 민주역량을 총집결하기 위하여 사회노동당을 해체함으로써 남조선노동당과 합동할 것.
> ② 합동교섭위원을 선출하여 남조선노동당과의 합동을 재교섭할 것. ③ 그렇지 않으면 기정방침대로 나갈 것.

---

164) 김남식, 『실록 남로당』(서울: 신현실사, 1975), 309쪽.

이날 여운형은 만일의 경우 사회노동당을 해체하고 남조선노동당에 합류할 용의를 가지고 재교섭에 대하여 토의하자는 제의를 하고 퇴장하였으며 그의 퇴장 후 백남운도 비슷한 취지의 인사말을 하였다. 이러한 여운형, 백남운의 주목할 만한 발언으로 인하여 오후 2시경부터 이 문제를 중심으로 토의에 들어갔다.

제시된 합당방안에 대하여 회의에서 각 위원들 간에 의견이 분분하였으나 결국 둘째 안을 채택, 합당교섭위원을 선출하여 다시 합당협상을 하기로 하였다. 토의결과 여운형, 백남운, 윤일 3인을 교섭위원으로 선출하여 여전히 '무조건 합당'의 원칙 아래 1주일 기한부로 남조선노동당 측과 재교섭할 것을 결정하였다. 그리고 동당 중앙부서 결정에 있어서 여운형을 위원장, 백남운과 강진을 부위원장으로 추대하고 중앙집행위원 30명을 선출하기 위한 한일대 외 8인의 전형위원을 선임하고 이날의 회의를 마쳤다.

백남운은 곧 남조선노동당준비위원회에의 동참을 발표하였지만 여운형은 바로 좌우합작위원회를 소집, 좌우합작 추진방안을 토의하였다. 이는 자신의 좌우합작노선이 어떠한 경우에도 변동이 있을 수 없다는 의사표시였다. 그러나 여운형이 앞서 남조선노동당준비위원회 측에 제의한 '무조건 합당' 문제는 남조선노동당준비위원회의 이승엽으로부터 거부당하고 대신 그로부터 사회노동당준비위원회를 해산할 것을 요구받았다.[165]

사회노동당준비위원회 측은 신당을 발족시킴으로써 '당 대 당 합당' 원칙을 표명함과 동시에 합당교섭을 계속하는 전술을 구사하였다.

이러한 여운형의 노선투쟁과 조직 정비에도 불구하고 사회노동당에 대한 남조선노동당의 조직파괴공작은 도를 더하여 사회노동당에 합류한 대회파 공산당의 주요 구성원들을 이탈케 함과 동시에 남조선신민당계열과 조선인민당계열에도 포섭공작을 하여 이탈을 유도하였다. 게다가 사회노동당준비위원회 내부에는 당의 노선과 관련하여 다시 혼선이 발생, 여운형이 추진하

---

165) 여운형은 1946년 11월 자신의 좌익 3당 통합구상에 따라 사회노동당준비위원회 위원장의 자격으로 남조선노동당준비위원회의 이승엽을 만나 양당의 '무조건 합당'을 정식 제의한 바 있다. ≪서울신문≫, 1946년 11월 10일자.

는 좌우합작운동을 반대하고 입법기관 설치에도 반대하는 성명을 내는 등
여운형과 보조를 맞추지 못하였다. 당내 대회파공산당계열이나 남조선신민
당계열에 반박헌영파이기는 하였지만 대다수가 근본적으로는 공산주의자였
기 때문에 노선의 불일치를 초래한 것이다.

여운형은, 재개된 좌우합작위원회에의 참여는 개인 자격으로 한 것이며
민주주의민족선전 의장단과는 관계없다고 발표함과 동시에 민주주의민족전
선 의장단에게 자신의 수석 의장직 사표를 제출함으로써 좌우합작운동이
자기의 변함없는 소신임을 재천명하였다. 남조선노동당과 사회노동당의 합
당이 지연되면서 조선인민당(31인파) 중앙위원 염정권 외 10인이 반발, 탈
당하였다. 남조선노동당 측은 사회노동당 측의 합당요구를 다시 거부하고
남조선노동당 결당식을 당초 계획대로 진행하였다. 여운형은 마지막으로 남
조선노동당 결당식에 참석한 대의원들에게 사회노동당 위원장 자격으로 좌
익진영의 무조건 통일을 강조하는 메시지를 보내기도 하였다.

여운형계열 세력이 크게 위축된 사회노동당준비위원회는 11월 18일 집행
부서를 선출하였다. 집행부서를 선출한 동 준비위원회는 남조선노동당준비
위원회에 계속 합당제의를 하였으나 회답을 접하지 못하자 미소 공동위원
회의 속개 촉진운동 등에 공동보조를 취할 것을 촉구하였다.

2) 남조선노동당의 결성과 파급효과

남조선노동당과 사회노동당의 통합작업이 부진한 가운데 1946년 11월 16
일 북조선노동당은 박헌영 중심의 정치노선 지지와 강진·백남운 등을 분
열주의자로 규정하는 사회노동당에 관한 북조선노동당의 '결정서'를 발표하
였다.166)

사회노동당에 대한 결정서(요지)

남조선공산당의 정치노선은 조선인민의 자주독립국가 창설과 민주주의 발전을 보장한 모

---

166) 이는 북조선노동당 중앙상임위원회가 발표한 사회노동당에 관한 결정서를 11월 28일 남조선노동당
    선전부에서 발표한 것이다.

스크바 3상회의의 결정을 실행하기 위한 정확한 노선으로서 그 투쟁 조직 영도에 있어서 가장 정당한 노선임을 시인하여 이를 절대 지지한다. 또 그 정치노선만이 조선의 자주 민주 독립국가 건설을 보장할 수 있는 것임을 지적한다.
1. 북조선노동당은 공산당, 인민당, 신민당에서 분열되어 사회노동당을 조직하고 그 당에 가입한 분자들의 행동을 토의한 결과 그들의 행동은 소위 '좌우익 합작'을 찬의하며 남조선에 식민지적 통지를 합리화시키는 입법기관 창립을 지지하는 분자들에게 도움을 주는 것이라고 지적한다. 그리고 좌익정당의 분열을 조직한 것이며 민족반역자 진영의 공고를 방조한 행동이라는 것을 여실히 대중 앞에 나타내었다는 것을 지적한다.

이에 대하여 사회노동당준비위원회 선전부장 이우적은 "합당 및 정치노선의 집행에 있어서 부동의 신념으로 관철해 나아가겠다."고 강조함으로써 북조선노동당의 지시에 불복종할 것을 분명히 하였다. 그러나 남조선노동당 측은 '당 대 당 합당'이 아닌 '개별적 남조선노동당 복귀'라는 기존의 입장에서 한 치도 물러서지 않았다.

일련의 사회적 혼란을 노린 폭동을 획책한 끝에 11월 23일과 24일 좌익 3당이 통합, 남조선노동당을 결성하고 위원장 허헌과 부위원장 박헌영이 선출되었다. 11월 23일의 결성대회를 전후하여 사회노동당 안에는 큰 변화가 생겼는데 그것은 당의 중요기반이었던 서울 영등포지구 당원은 물론 일부 중앙위원들까지도 당에서 이탈, 남조선노동당에 가입하기 시작한 것이다. 이는 '과거를 반성(자기비판)만 하면 포용하겠다.'는 남조선노동당 측의 포섭공작과 11월 16일 북조선노동당에서 사회노동당을 부정하는 결정서가 발표된 것에 크게 기인한다.

이처럼 북조선노동당 중앙위원회의 결정서 발표는 사회노동낭원들을 크게 동요시켰다. 당을 탈퇴하는가 하면 자기비판을 통하여 남조선노동당에 입당하는 당 간부들이 속출하였다. 대회파의 주동인물(6명 중의 한 사람)이며, 박헌영으로부터 정권처분을 받은 바 있는 서중석은 11월 20일 자기비판을 한 후 남조선노동당 결당식에 참가하였다.

여운형을 더욱 난처하게 만든 것은 그동안 3당 합당문제에 있어서 여운형과 보조를 함께해 오던 남조선인민당의 백남운 위원장이 방북 후 돌아와서 가진 기자회견을 통하여 북한 측을 높이 평가하면서, 종래 주장하였던

'당 대 당 합당' 원칙에서 후퇴하여 남조선노동당준비위원회에의 흡수통합을 수용할 수 있다는 '원칙적 무조건 통일합당'을 주장한 것이다.[167] 이는 백남운이 북행하기 전 여운형과 공동보조를 취하여 왔던 '당 대 당 합당' 원칙을 벗어나는 것이었다.

3. 합당 시도 이후

1) 사회노동당 해산

남조선노동당에 대하여 여러차례 무조건 합당을 교섭해 온 사회노동당은 1946년 11월 23일 다시 여운형 위원장의 명의로 남조선노동당 결성대회에 메시지를 보내고 좌익진영의 통일이 무조건적으로 요청되고 있다면서 합당을 요청하였으나 남조선노동당 측에서는 이를 거부하고 이날 단독으로 남조선노동당을 창당하였다. 사회노동당준비위원회가 신당 결성을 하기도 전에 남북의 노동당으로부터 비난을 받게 되자 동당 선전부는 11월 25일 남조선노동당과의 합당교섭 경과를 발표하였다.

그런데 사회노동당준비위원회는 좌우합작위원회를 전면 부정하는 성명을 발표하여 여운형의 의도와 완전 배치되는 입장을 노정함으로써 여운형은 사회노동당 내부로부터 도전을 받게 되었다. 여운형은 11월 23일 사회노동당선전부를 통하여 담화를 발표하고 입법기관 설치에 대한 반대태도를 표명하였다.[168] 사회노동당준비위원회 집행부가 남조선노동당준비위원회와의 합당을 위하여 남조선노동당과 정책적 접근을 모색한 결과라고도 볼 수 있다.

결국 북한 지역은 물론 남한 지역 내 좌익정당운동은 단일화되어야 한다는 소련군 당국과 북조선노동당의 뜻이 작용하여 사회노동당은 소멸되었다.

---

167) 정태영, 『한국사회민주주의정당사』(서울: 세명서관, 1995), 254쪽.

168) 그러나 여운형은 사회노동당위원장으로 추대만 되었지 스스로 취임한 사실이 없음에 비추어 이것은 명의만 빌린 것일 뿐 그의 입장을 반영한 것이라고는 볼 수 없다는 견해도 있다. 정태영, 앞의 책, 255-258쪽.

2) 근로인민당 결성

① 결성 배경: 남조선노동당은 사회노동당의 강령과 주장이 조선공산당과 동일하면서 그 행동이 지나치게 타협적이라고 공격하였으며, 북조선노동당까지 사회노동당에 대한 결정서를 채택(1946. 11. 16.)하여 강진·백남운 등을 매도하자 사회노동당준비위원회는 더 이상 창당작업 추진이 어려워지고 해산의 기로에 서게 되었다.

1947년 1월 28일 여운형의 평양방문도 별 효과 없이 당원들이 대거 사회노동당준비위원회를 탈퇴함으로써 사회노동당은 자연히 해소되고 이들 중 일부는 근로인민당 창당으로 활로를 찾게 되었다.

이들은 여운형을 중심으로 결집, 근로인민당을 결성하고 위원장 여운형, 부위원장 백남운·강진을 선출하였다. 근로인민당은 조선인민당계열, 남조선신민당계열, 근로대중당, 해방동맹 등의 여러 정파가 합류하여 좌파정당인 남조선노동당에 대립하는 중간좌파정당으로 발족하였다.[169]

② 사회노동당계의 근로인민당 결성 경과: 자기비판 성명발표(1946. 12. 04.) 후 침묵을 시키던 여운형은 종래의 태도를 바꾸어 3당 합당 실패 후 발생한 좌익 부동층(남조선노동당에 불만을 가진 좌익층)을 포섭하여 민족을 토대로 하는 좌익정당조직에 착수하였다. 그는 광범위한 민주세력의 집결이라는 명분을 내걸고 신당조직에 착수하여 1947년 2월 26일 근로인민당 준비위원회의 이름으로 근로인민당 창립선언 초안을 발표하였다. 이 선언에서는 근로인민당의 성격을 '조선노동자, 농민, 소시민, 전 근로인민과 애국적 정의인사의 전위당'으로 규정하였다.[170]

여운형은 제1단계로 이만규, 이여성, 이상백 등 구 조선인민당 31인파(좌익 3당 합당반대파)로 하여금 조선인민당 재건위원회를 조직시켜 구 조선인

---

169) 이렇게 사회노동당의 해체 직후 결성된 근로인민당은 조선공산당 반간부파 계열이 장안파–조선공산당 대회파–사회노동당–근로인민당으로 이름을 바꾸어 변화한 것이다.

170) 근로인민당의 정치노선: 미소 양국의 협조에 의한 원조를 요구하는 것이 우리 민족의 의무이다. 우리 나라 재건은 일체 민주세력을 망라한 광범한 민족통일을 기초로 한 진보적 신흥국가로 표현되어야 한다. 봉건적 생산관계의 철저한 소탕과 이윤의 자극과 개인적 창의를 허용하는 신경제 체계를 수립한다. 민족문화의 계속 발전과 선진문화를 흡수한다.

민당을 정리토록 하고, 제2단계로 사회노동당을 해체하였다. 그 후 사회노동당 해체파가 "우리도 해체하였으니 조선인민당 재건위원회도 해체하여 동격으로 신당을 조직하자."고 강하게 요청함으로써 3월 11일 조선인민당 재건위원회도 해산시킨 후 신당결성준비위원회를 조직하여 조선인민당, 근로대중당 및 해방동맹 등을 모두 영입하는 좌익정당을 결성하게 되었다.

사회노동당 해체파인 조선공산당계열의 강진, 이우적, 강병도는 중간당이나 제3당으로서가 아닌 제1계급 정당을 조직하여 남조선노동당과 정면으로 투쟁하자고 주장한 반면 조선인민당계열은 중간노선을 주장, 상호 간에 갈등이 발생하기도 하였다.

그 후 주로 조선인민당재건파와 사회노동당계열의 내부적인 마찰로 인하여 신당출현이 지연되다가 3월 29일 7명의 전형위원은 사회노동당계열에서 12명, 조선인민당 재건파에서 9명, 남조선신민당, 해방동맹 기타로부터 10명 등 합계 31명의 임시중앙위원의 역할을 가진 준비위원을 전형, 선출하였다.

그동안 준비 중에 있던 신당 근로인민당 제1차 준비위원회가 4월 7일 개최되었는데 이때 당명이 근로인민당으로 확정되었다. 4월 12일에는 신당발기인대표 여운형의 명의로 여운형, 장건상, 이만규, 이여성 등 11명의 정치협의회와 38명의 중앙준비위원회조직이 정식으로 발표되었으며 동 준비위원회는 4월 26일 창당선언문을 발표하였다.[171]

③ 근로인민당 결성: 사회노동당은 1947년 2월 27일 제1회 전국대회에서 '발전적'으로 해체되었으나, 이들 중 대부분은 여운형이 주도하는 근로인민당 결성에 참여하였다. 근로인민당의 성격과 정치노선은 남조선노동당과 별다른 차이점이 없으나 과격한 투쟁을 반대하여 온 당시의 좌익계열 지식인들은 근로인민당 노선에 적극 호응하였다. 조선인민당계 인사들은 5월 21일 다시 여운형을 당수로 하여 근로인민당을 결성, 5월 24일 시내 광화문의 준비위원회 회관에서 결당대회를 개최하였다. 이날 대회는 오전 11시

---

171) ≪경향신문≫, 1947년 4월 26일자.

준비위원인 서병인의 사회로 시작되었으며 중앙 및 지방 대의원 3백여 명이 참가하였다. 임시의장단으로는 여운형, 이영, 백남운, 장건상, 이만규, 김대희, 강광진 등 7명이 선출되었다.

근로인민당 결당대회는 5월 25일 동당 회의실에서 속개되었다. 이날 결당선언 후에 제반 문제를 장시간 토의한 결과 원칙적으로는 민주주의민족전선에 가입하되 시간과 방법에 대해서는 중앙위원회에 일임하고 농민, 노동자, 부녀문제 등은 남조선노동당의 외곽단체인 전농, 전평, 민주여성동맹과 각각 협의하기로 결정하였다.

3) 결성 이후

이처럼 여운형이 주도한 조신인민당이나 그 후신인 근로인민당은 당의 전략에 따라 어느 세력과도 연합 혹은 제휴를 시도하였기 때문에 우익은 물론 좌익계열부터도 비난을 받았다.[172]

근로인민당은 주로 서울을 비롯한 주요 도시에만 그 지부를 조직할 수 있었으며 노동자, 농민들 속에는 남조선노동당 조직 때문에 뿌리를 내리기 어려웠다. 당의 진용은 정비되었으나 당 내부에서는 정치노선문제를 둘러싸고 조선인민당계열과 사회노동당계열 간의 알력이 심화되고 있었다.

당 내분 와중에 여운형은 1947년 7월 19일 오후 1시 15분경 시내 성북동 김호의 집에서 미국으로 돌아가는 재미조선사정협의회장 김용중과 작별인사를 나누고 계농 자택으로 돌아가는 노중 혜화동 로너리에서 한시근의 저격을 받고 사망하였다.

여운형 당수 피살 이후 당내 사회노동당계열 간부들이 제1선에서 퇴진하고, 장건상이 위원장 대리를 맡는 한편 사무국장에 이림수, 조직국장에 김성숙, 선전국장에 조한용 등 비공산·비사회주의 인물들을 기용함으로써 조선인민당계열이 당의 주도권을 장악하였다. 근로인민당은 장건상, 이영, 백남운 등 부위원장의 합의제를 강화하기도 하였으나 미소 공동위원회가

---

172) 김민하, 『한국정당정치론』(서울: 대왕사, 1976), 51쪽.

결렬된 뒤부터는 활동을 거의 하지 못하였다.[173]

해방 직후부터 이념적 극단주의와 정치적 과열을 피하여 온건 중도노선을 걷고자 한 여운형의 정치노선 실험은 그의 피살과 함께 끝나고 근로인민당은 와해되기 시작하였다. 게다가 8월 11일 밤부터 시작된 좌익세력에 대한 검거에서 장건상, 백남운, 이여성, 정백, 조한용 등이 구속되자 당세는 더욱 쇠퇴하였다.[174] 검찰과 경찰은 8월 14일 허헌 등 좌익계열 인사 1,000여 명을 검거하였으며 8월 24일에는 좌익인사 500여 명을 포고령 위반 등으로 검거, 처벌하였다.

제18절 남조선과도입법의원

1. 설치 배경

미군정당국은 제1차 미소 공동위원회가 무기 휴회(1946. 04. 18.)에 들어간 후 여운형, 김규식 등 좌파와 우파의 지도자들이 좌우합작운동을 추진하는 것을 지원하는 한편 입법기관 설립을 위한 준비를 하였다.

입법기관을 설치하게 된 이유는 첫째, 한국인들에게 민주주의제도에 대한 인식과 자치훈련의 기회를 주기 위한 것이고, 둘째, 법령초안 작성 등 실무적인 법제기술 지원에 있으며, 셋째, 소련의 영향 하에 있는 북한체제에 대항하기 위한 남한정부 수립을 위해서는 입법기관의 설치가 급선무라는 필요성이 인정되었다는 점을 들 수 있다.

미군정청의 정치고문 랭던은 1946년 5월 24일 "공산주의자들의 개입 없

---

173) ≪서울신문≫, 1947년 7월 20일자. 여운형이 사망하기 전에는 그 영도권이 근로인민당 우파, 조선인민당계, 여운형 직계 순으로 이어지고 있었으나 그의 사망 후에는 지리멸렬해졌다. 그러나 근로인민당 좌파는 40개의 세포조직을 확대 강화하면서 근로인민당 우파에 상관없이 남조선노동당과 보조를 맞추었다.

174) ≪조선연감≫(1948년 판), 163쪽. 8월 11일 밤부터 12일에 걸쳐 수도경찰청은 관내에서 일제 행동 검색 및 대량 검거에 나섰다.

이 애국적 정당들 간의 만족할 만한 통합이 이루어진다면 하지 장군은 그의 최고 권한 하에서 모스크바 결정에 의한 통일된 임시정부가 수립되기 전까지 법령을 제정하게 될 비행정적 조선인 내각 및 입법기구를 창설함으로써 정부사업에 그들의 참여를 증진시키자고 제안할 예정"이라고 밝히면서 입법기구 설치문제에 대하여 미국 국무부에 지침을 줄 것을 요청하였다. 그가 5월 하순부터 6월 초순에 걸쳐 미국 국무장관에게 보낸 보고서에는 임시정부가 수립되기까지 법령을 제정하게 될 비행정적 내각 및 입법기구를 창설하고자 한 계획이 구상되고 있었다.[175]

미군정장관 러치는 한국인이 요구하는 법령을 한국인 스스로 제정할 수 있는 입법기관 창설을 주한미군 사령관 하지 중장에게 건의하여 동의를 받아냈다. 입법기관은 1946년 8월 24일 미군정청 법령 제118호 '조선과도입법의원의 창설에 관한 법령'을 통하여 구체화되기 시작하였다(1946. 10. 12. 공포). 이 법령 제1조에서 남조선과도입법의원은, '모스크바3상회의의 협정에 규정된 대로 조선 전체의 임시 민주정부를 수립한 통일조선국가가 속히 건설되기를 기하여 과도입법기관을 건설함으로 정부에 민주적 요소의 참가를 증가하여 민주주의 원칙 위에 국가의 발전을 조성함을 목적'으로 한다고 밝히고 있다.[176] 미군정청은 9월 23일 좌우합작위원회 회담에 과도입법기구안을 최초로 제안하기도 하였다.

2. 설치 경과

1) 입법의원선거 및 선출방법

과도입법의원의 선출방법은 의원 정수 90인 중 45인은 선거(민선의원)에 의하여, 나머지 45인은 임명(관선의원)에 의하도록 규정하였다. 선거에 의한

---

175) 이에 관해서는 『재한국 정치고문(랜던)이 국무장관에게』(1946. 05. 24.), 미국무성 비밀외교문서(김국태 역), 『해방3년과 미국 Ⅰ: 미국의 대한 정책 1945–1948』(서울: 돌베개, 1984), 283–288쪽 참조.

176) 남조선과도입법의원의 구성, 기능, 운영에 관해서는 김혁동, 『미군정하의 입법의원』(서울: 범우사, 1970) 및 국회사무처, 『대한민국국회50년사』(1998), 63–93쪽 참조.

45인의 의원선출 절차는 먼저 리·정 대표를 선출하고, 리·정 대표가 당해 읍·면·구 대표를 선출하며, 읍·면·구 대표는 당해 시·도에 배정된 수의 입법의원을 선출하도록 하였다.

정치범들이 석방되고 친일파들이 제거된 기초 위에서 과도입법의원이 설치되는 것은 좌우합작에 지장을 초래하지 않을 것이라는 여운형의 생각과는 관계없이 좌익정당들이 입법기관 설치를 반대하는 가운데, 민선의원 45명에 대한 입법의원선거가 1946년 10월 21일부터 10월 31일까지 실시되었다. 선거는 남한 전역에 걸친 소요사태로 인하여 원만히 진행되지는 못하였으나 이날 밤까지 민선의원 전원을 선출하였다. 과도입법의원 설치를 저지하고자 한 남조선노동당의 격렬한 9월 총파업과 10월 폭동에도 불구하고 소요사태 속에 입법의원선거가 완료되었다.

김규식은 11월 4일 하지 중장에게 서한을 보내어 입법의원선거에서 유능한 애국자가 나오지 못하였으며 좌익인사들은 피선될 기회가 없었고 친일파로 지목되는 자가 다수 선출되는 등 선거가 원만하게 치러지지 못한 까닭에 민선의 전부 혹은 일부를 무효로 하고 재선거를 할 것을 건의하였다.[177] 상황이 이렇게 되자 한국민주당은 11월 하순 좌우합작위원회와 같은 단체 혹은 소수 인사의 진정이나 건의에 의하여 민선 투표결과를 파기하는 것은 선거의 권위를 실추시켜 장차 혼란을 초래할 것이라고 비난하였다. 그러나 좌우합작위원회에서 파견한 선거감시위원으로부터 일부 지역 선거과정에 적합지 못한 사례가 있었다는 보고와 여론의 압력에 따라 하지 중장은 서울과 강원도 선거구 일부에서 재선거를 실시한다고 발표하였다.

2) 남조선과도입법의원 개원

미군정청이 지원한 좌우합작운동은 신탁통치와 토지개혁문제 때문에 조선공산당과 이승만, 김구 등의 좌익과 우익세력을 모두 끌어들이지 못하고 중간세력의 통합으로 막을 내렸다. 그러나 미군정은 이를 바탕으로 남조선

___

177) ≪동아일보≫, 1946년 11월 6일자.

과도입법의원을 한국인으로 구성하여 출범시켰다(1946. 11. 02. 민선입법의원 45명 확정, 1946. 12. 06. 관선입법의원 45명 결정). 군정 포고령 제11호에 의하여 각 도별로 간선(間選)방식으로 선출된 남조선과도입법의원은 1946년 12월 12일 정식으로 발족하였다. 동 입법의원의 발족은 상호간 의견 개진과 토론, 그리고 타협을 이루어 내는 민주주의 훈련의 장이 마련되었다는 점에서 의정사적 의미가 크다고 할 수 있다.

3. 설치 이후

좌우합작을 이루어 박헌영으로부터 좌익 주도권을 탈환하여 건국사업에 매진하려던 여운형의 구상은 남조선과도입법의원이 설치됨에 따라 일단 좌절되었다.

미국이 남조선과도입법의원을 설치한 이유는 법령초안 작성과 조선의 민주화에 있다고 공식으로 밝힌 바 있다. 그러나 김규식은 1946년 12월 12일의 남조선과도입법의원 개원식 연설에서 이 입법기구를 통하여 행정권을 이양받겠다는 의지를 강하게 표명하였다.

미군 당국은 1947년 2월 5일 민정장관에 안재홍을 임명하였고, 그해 6월에는 군사정부를 남조선과도정부로 개칭하는 등 군정 이후를 대비하는 정책적인 포석을 두었다. 입법의원의 설치는 법령초안 작성과 민주화는 물론 그 이상의 목적을 가지고 이루어진 것이다.

남조선과도입법의원은 헌법의 골격이라 할 수 있는 '남조선 임시 약헌'을 제정한 후 군정법령 제12호 남조선과도입법의원해산령에 의하여 1948년 5월 20일 해산되었다. 남조선과도입법의원(의장 김규식)은 활동 기간 동안 국회의원선거법 등 법률안 34건, 결의안 20건, 건의안 18건, 청원 11건을 처리하였다.[178]

---

178) 김혁동, 앞의 책, 65-141쪽.

제19절 미소 공동위원회와 정당통합운동

1. 미소 공동위원회 설치 배경

모스크바 3상회의의 결정(1945. 12. 27.)에 입각하여 한반도에 임시정부를 수립하고 신탁통치 실시문제를 협의하기 위하여 한반도에 주둔하는 미군과 소련군 대표들로 구성된 미소 공동위원회(美蘇 共同委員會)가 설치되었다.

2. 회의 경과

1) 예비회담

좌익계열의 찬탁운동과 마찰을 일으키면서 우익진영의 반탁운동이 전국적으로 전개되는 가운데 미소 공동위원회 예비회담이 1946년 1월 16일 미군정청에서 개최되었다. 예비회담은 2월 16일까지 1개월간 계속되었는데 이 회담에서는 본회담에서의 의제와 회의진행절차를 논의하였다. 회의에서 미국 측은 경제적, 행정적인 문제 논의에 국한하자고 주장하였고, 소련 측은 정치적인 문제를 우선 논의하자고 주장하였다. 예비회담은 개회식을 제외하고는 비공개로 진행되었다.

한편 미소 공동위원회의 개최를 계기로 그동안 교착상태에 빠졌던 5당회담에서는 정당통합에 관하여 보다 구체적인 협의를 시작하였다. 국민당의 안재홍, 한국민주당의 김성수·장덕수, 신한민족당의 권태석은 1월 16일 오전 하지 중장을 방문, 미소 공동위원회 본회담을 앞두고 자율적 정권의 수립을 위하여 5당이 민족통일을 도모하고 있으며, 한민족은 신탁통치를 결사반대하고 있음을 이 회담에서 감안할 것을 요망하였다.

미소 공동위원회는 2월 6일 제2차 공동커뮤니케이션을 통하여 미국·소련 각 5인으로 공동위원회를 조직, 서울에 본부를 두고 조선임시민주정부 수립을 위하여 남북의 여러 정당 및 사회단체와 협의할 것이라고 발표하였다.

2) 제1차 미소 공동위원회

임시정부 수립 실현방안을 논의하기 위한 제1차 미소 공동위원회가 1946년 3월 20일 덕수궁 석조전에서 개최되었으나 임시정부조직에 대한 참여범위문제로 결렬되었다. 동 위원회는 모스크바3상회의 협정의 제2항(정당·사회단체와의 협의에 의한 임시정부 수립의 준비)을 제1단계로 하고, 제3항(임시정부 참여하의 4개국 신탁통치 협약의 작성)을 제2단계로 삼아 순차적으로 그 실천을 도모하되, 먼저 제1단계를 위하여 3개의 분과위원회를 설치하기로 하였다.

그런데 이때는 아직 정당의 개념에 대한 정의가 명확히 내려지지 않은 상태였기 때문에 협의의 대상이 될 정당·사회단체를 어떻게 선정하느냐 하는 문제를 둘러싸고 양측 간 의견이 대립되었다. 동 위원회 공동성명 제2호가 3월 23일에 발표되었는데 그 내용 중에는 각 정당대표는 미·소 양국 수석대표의 상호 협의에 의한 특별초대로 공동위원회에 참여할 수 있다고 되어 있다.[179]

미소 공동위원회는 3월 30일 제3호 성명을 발표하였는데 바로 이날 하지 중장은 미국정부에 미소 공동위원회가 성공적이 아니라고 보고하였고, 이승만은 각 단체가 통일하여 독립을 촉성하자는 내용의 성명서를 전단으로 만들어 발표하였다.

---

[179] ○ 미소 공동위원회 공동성명(제1호~제7호) 내용
제1호(1946. 03. 21.): 모스크바3상회의에서 결정된 제3조 제2, 제3항의 조항을 성취하기 위하여 회담을 시작하였다. 제2호(1946. 03. 23.): 각 정당대표는 양국 수석대표의 상호협의에 의한 특별초대로 참석할 수 있다. 제3호 (1946. 3. 30.): 모스크바3상회의에서 결정된 제3조 제2항, 제3항에 관하여 연구, 검토하였다. 제4호(1946. 04. 08.): 공동위원회에서는 이미 발표된 여러 문제들을 계속 토의 중이다. 제5호(1946. 04. 18.): 각 민주주의정당과 협의할 조건을 결정하였다. 제6호(1946. 04. 24.): 공동위원회와 협의할 각 정당단체에 제출할 설문서를 작성 중이다. 제7호 (1946. 05. 01.): 각 민주주의 정당과 사회단체에 대하여 설문할 심문항목을 채택기로 결정하였다.
○ 제3조 제2항, 제3항의 내용
제2항-정당사회단체와의 협의에 의한 임시정부 수립 준비. 제3항-임시정부참여하의 4개국 신탁통치 협약의 작성.

　　4월 5일 오후 1시부터 덕수궁 석조전에서 미소 공동위원회 전체회의가 개최되었다. 그중에서도 임시정부 수립을 전제로 각 민주주의정당과 사회단체와의 협의에 관한 순서와 방법을 토의한 제1분과위원회의 토의결과가 관심의 대상이 되었다.

　　이에 앞서 4월 1일부터 3일까지 개최되었던 제1분과위원회에서는 임시정부 수립에 관하여 협의하였는데 이른바 민주주의정당과 사회단체의 정의 및 그 지정에 있어서 양측 대표의 제안에 다소의 차이가 있었다. 미국 측은 남북을 통하여 좌익·우익 각 민주주의정당·단체의 대표를 망라한 공동위원회 자문기관의 설치를 희망하였으나 소련 측은 진정한 민주주의적인 정당·단체를 개별적으로 만나 협의할 것이며 모스크바 3상회의의 결정에 반대하는 정당 및 단체는 제외할 것을 주장하였다.[180]

　　미소 공동위원회는 4월 18일, 과거 반탁을 주장하였다 하더라도 모스크바 3상회의 결의 중 조선에 관한 ①, ②항을 지지하고 ③항(신탁통치)의 제안 작성에 협력한다는 선언서에 서명하는 정당과 개인을 조선임시정부 수립에 관한 협의 대상으로 한다는 내용의 제5호 공동성명을 발표하였다. 이 성명이 발표되자 김규식은 남조선대한국민대표민주의원을 대표하여 과거 찬탁, 반탁을 불문하고 합작하자는 요지의 성명을 발표하고 우익진영의 협력을 요망하였으며 다음 날인 19일 조선공산당은 제5호 성명 지지선언서를 미소 공동위원회에 제출하였고, 좌익계열 정당, 사회단체와 북조선인민위원회 또한 그 지지를 표명하였다.

　　이는 반탁운동을 계속하여 온 우익진영으로 하여금 향후 진로와 관련한 중대한 결단을 촉구하는 계기가 되었다. 우익진영은 성명의 내용을 둘러싼 논란으로 회의를 거듭하면서 서명을 주저하였다. 제5호 성명(협의의 대상이

---

180) 이와 관련하여 미 국무장관이 4월 5일자로 한국주재 정치고문인 랭던에게 보낸 비밀전문의 내용을 보면, 미국이 현재로서 신탁통치에 관한 논쟁에 개입하는 것은 도움이 되지 않는다고 말하고, 미국은 모스크바협정의 관련 규정에 대한 한국인의 반대가 협의대상으로부터 한국의 정당들을 배제시키는 기준이 될 수 없다는 랭던의 견해에 동의하고 있다. 또한 신탁통치에 관한 최종결정은 위원회에 달려 있는 것도 아니고, 한국인들에게 달려 있는 것도 아니며, 오직 모스크바협정 제3항의 후반부에 따라 동 위원회에서 제안을 제출하기로 되어 있는 4대국 정부에 달려 있다고 되어 있다. 미 국무성 비밀외교문서(김국태 역), 239~250쪽.

될 정당·사회단체는 신탁통치조항을 포함한 모스크바 3상회의 결정을 수락한다는 내용의 선언서에 서명을 해야 한다.)에 대하여 민족진영이 태도를 결정짓지 못하자 하지 중장은 4월 22일 성명을 발표, 민족진영 정당단체들이 모스크바 3상회의 결정내용을 신중하게 검토하여 미소 공동위원회에 협력해 줄 것을 요청하였다. 하지 중장은 4월 27일 미소 공동위원회가 요청한 정당 및 사회단체의 선언 서명식에 관한 담화에서 선언서를 제출하더라도 찬탁, 반탁의 의사표현의 자유는 있다고 발표하였다. 이날 현재 민주주의민족전선, 조선공산당, 조선인민당, 전평 등 좌익 32개 단체는 모두 미소 공동위원회에 선언서를 제출하였으나 우익진영은 27일 하지가 발표한 성명에서 선언서 제출이 반탁의 조건을 유보할 수 있음이 보장되자 4월 30일에 비상국민회의, 남조선대한국민대표민주의원이 각각 제5호 성명에 서명할 것을 결정하였다. 비상국민회의, 한국민주당, 한국독립당 등 우익 20여 개 단체는 5월 1일 일제히 선언서를 제출하였으며 그 과정에서 선언서 제출이 임시정부 수립에 참가하여 신탁통치를 반대할 수 있는 계기임을 확인한다는 점을 강조하였다.

미소 공동위원회 제7호 공동성명이 5월 1일 발표되었다. 그러나 미소 공동위원회는 제5호 공동성명에 관한 해석을 둘러싸고 의견이 대립, 5월 6일 무기 휴회에 들어갔다. 공동위원회가 무기 휴회에 들어가자 미군정은 좌익세력을 약화시키기 위하여 두 가지 작업에 들어갔는데 하나는 정치공세이고 다른 하나는 물리적인 탄압이었다.[181] 정치공세란 중간 좌파와 우파 지도자들을 중심으로 좌우합작운동을 벌여 이들 세력을 미군정의 지지기반으로 삼고자 하였던 노력이고, 물리적 공세란 좌익정치세력에 대한 해체 및 소멸노력이었다.

제1차 미소 공동위원회가 임시정부조직에 대한 참여범위를 둘러싸고 결렬 되어 무기 휴회에 들어가자 하지 중장은 5월 8일 오전 10시 30분 결렬에 즈음한 성명을 발표, 임시정부 수립 이전에 자신의 권한 하에 법령을 제

---

181) 김봉우, 「박헌영노선비판」, 이수인 편, 『한국현대정치사 1』(서울: 실천문학사, 1989), 400쪽.

정할 권한을 갖고 한국인이 참여하는 비행정적 내각과 과도적인 입법기관을 설치할 계획을 밝혔다. 이러한 계획은 대의제 민주주의의 핵심이 되는 의회를 설립하여 국가의 골격을 기초하게 하고 정당을 육성하여 정당정치를 활성화시키려는 시도였다. 여기에는 중도 진영이 주도하는 과도입법기구를 설립함으로써 소련 측과의 한국문제 협상에 있어 미국 측의 협상지위를 높이려는 의도도 있었다.

<표 2-2> 제1차 미소 공동위원회 회의경과

구분	회의 경과
회의 기간	1946. 03. 20.–1946. 05. 09.
수석대표	미국 측: 육군소장 A. V. 아놀드, 소련 측: 육군중장 T. F. 스티코프
의제	장차 수립될 임시정부의 행정체계 및 그 구성원
내용	쟁점: 제5호 공동성명은 미·소공동위원회의 협의대상이 되고자 하는 정당과 사회단체는 3상회의 결정의 목적을 지지하고 이를 실현하기 위하여 협력한다고 서약한 선언서 제출 요구. 미·소공동위원회와 협의할 정당과 사회단체의 자격문제를 놓고 의견 대립. 양측 입장: 미국–남한의 행정체계가 장차 수립될 임시정부의 행정체계로서 채택되고 확대되어야 함. 소련–임시정부는 3상회의 결정을 지지하는 민주적인 정당과 사회단체를 망라한 토대 위에서 수립되어야 함.
경과	• 제5호 공동성명의 해석을 둘러싸고 의견 상충, 무기 휴회(1946. 04. 18.) • 임시정부조직에 대한 참여문제로 의견이 대립되어 회담 결렬, 휴회(1946. 05. 06.) • 회담결렬 후 소련대표단 평양으로 철수(1946. 05. 09.)
결렬원인	양측 입장: 미국–반탁운동자도 당연히 협의의 대상이 된다는 입장 고수 소련–신탁통치를 반대하는 우익정당과 사회단체를 협의대상에서 제외하고, 임시정부 수립에도 참여하지 못하게 한다는 입장 고수

3) 제1차 미소 공동위원회 결렬 이후

소련 측 대표단은 1946년 5월 9일 반탁운동을 계속할 의사를 표명하는 단체와는 협의할 수 없다며 평양으로 철수하였으며 이로써 제1차 미소 공동위원회는 공동성명 제7호를 마지막으로 사실상의 결렬상태에 들어갔다. 제1차 미소 공동위원회를 전후한 시기에 미군정당국이 시행한 정책 가운데 관심을 끌었던 것 중 두 가지는 신한공사 설립과 정당등록법 제정이다.

그 뒤 정국은 남한만이라도 단독정부를 수립하여 독립을 이루자는 노선(이승만), 반탁을 고수하면서 끝까지 통일정부를 수립하고자 하는 노선(김구), 미소 공동위원회 재개를 촉구하며 중간 좌우파의 합작을 꾀하는 노선(김규식, 여운형), 공동위원회 재개를 촉구하면서 민생문제를 구실로 폭력적인 반미(反美) 행동에 들어간 노선(박헌영, 허헌) 등이 복잡한 구도를 형성하고 있었다.[182]

여운형은 5월 24일 군정장관을 방문하고 미소 공동위원회의 휴회로 정부의 수립이 지연되는 데 대하여 우려를 표명하였고 다음 날 군정장관의 알선으로 여운형, 김규식 등이 좌우합작을 위한 접촉을 개시하였다. 여운형은 미군정당국과 협의하여 좌우(左右)를 통일한 대표기관을 만들어 공동위원회의 속개를 요구하려 한 것이다.

1946년 6월 6일 오후 2시 창덕궁 비상국민회의 회의실에서 남조선대한국민대표민주의원 대표 8인, 비상국민회의 대표 5인, 대한독립촉성국민회 대표 6인이 참석한 가운데 연석회의가 개최되었다. 비상국민회의, 비상국민회의의 최고정무위원회인 남조선대한국민대표민주의원, 이승만과 김구를 최고지도자로 하고 3백여 지부와 수많은 회원으로 국민운동을 주도하고 있는 대한독립촉성국민회 3자의 최초 연석회의였다. 이날 대한독립촉성국민회는 미소 공동위원회의 재개를 요청하고 전국대표대회의 개최를 선언하는 성명서를 발표하였다.

4) 제2차 미소 공동위원회

미소 공동위원회 소련 측 대표단은 1947년 5월 20일 서울로 돌아왔으며 다음 날인 21일 제2차 미소 공동위원회가 덕수궁에서 개막되었다. 공동위원회는 남북의 각 정당 및 사회단체와의 협의에 관한 규정을 발표하였는데 그중 일부를 보면 다음과 같다.

---

182) 이러한 구도는 1947년 5월의 제2차 미소 공동위원회까지 계속되었다. 동 위원회의 진행과정 및 제기된 논쟁, 그리고 관련 자료는 심지연, 『미·소공동위원회연구』(서울: 청계연구소, 1989) 참조.

정당·단체와의 협의규정 내용

① 공동위원회가 조선민주제정당 및 사회단체와 협의할 시 본 공동위원회는 1947년 5월
13일부 미 국무장관 마샬 씨가 자기의 서한을 통하여 수락한 1947년 5월 7일부 소련외
상 모로토프 씨의 서한에 기재된 제 조건을 지침으로 함. 이에 해당한 모로토프 씨의 서
한을 인용하면 다음과 같음.
가. 공동위원회는 반드시 조선에 관한 모스크바 결의를 완전히 지지하는 민주주의 제 정당
과 사회단체만을 협의대상으로 할 것.
나. 공동위원회협의에 초청된 제 정당 및 사회단체는 모스크바 결의에 적극 반대의사를 표
명함으로써 자기의 위신을 손상한 사람들을 협의대표로 선발치 말 것.
다. 협의에 초청된 제 정당 혹은 사회단체는 이후 모스크바 결의 또는 본 위원회의 업무
에 반대의사 표시를 하지 말며 또한 타인에게 같은 의견을 선동하지 말 것.
이상의 조건을 위반하는 제 정당 혹은 사회단체는 양국 대표단의 합의에 의하여 공동위원
회와의 협의에서 제외시킴.

미소 공동위원회가 개막되자 한국독립당은 동 위원회 참여 문제를 둘러
싸고 내분이 다시 표면화되었다. 당론은 찬반으로 갈렸으나 5월 25일 불참
을 선언하는 담화를 발표하였다.

민주주의민족전선을 비롯한 60여 개 정당 및 사회단체는 미소 공동위원
회대책 각 정당 사회단체협의회를 결성하고 주석에 김규식, 부주석에 이극
로를 추대하였다.[183] 민주주의민족전선은 6월 4일 특별성명을 발표하여 미
소 공동위원회의 협의대상에 좌익과 우익의 비례는 5 대 5가 되어야 한다
고 주장하기도 하였다.

5월 21일 재개된 미소 공동위원회는 6월 4일 공동위원회와의 협의대상문
제로 논란을 벌이다가 통일정부 수립을 전제로 남북한 정당 및 사회단체
대표를 초청하자는 데까지 합의를 보았다. 미소 공동위원회의 질문서가 각
단체에 배부되고 동 위원회에 대한 청원서 제출기일이 6월 22일로 다가오
자 한국민주당을 비롯한 반탁진영은 참여 여부를 놓고 논란을 벌이던 중
민족대표자회의에서 이승만이 공동위원회에 참여하거나 불참하는 것은 자
유이나 반탁운동은 불변이라는 요지의 발언을 하자 반탁진영의 170여 정당
및 사회단체가 행동통일을 기하고 공동위원회에 참가하였다. 협의등록단체

---

183) ≪독립신보≫, 1947년 5월 29일자 및 5월 30일자.

로서 임시정부 수립을 위하여 공동위원회의 초청에 응하여 청원서를 제출한 정당 및 사회단체의 수는 463개였다. 6월 9일 공동위원회 본회의는 당분간 휴회하기로 미국과 소련 측 대표 간에 합의가 이루어졌다.

한편 한국민주당은 6월 10일 당 상임위원회에서 미소 공동위원회에 참가할 것을 결의하고 "본당은 민주주의적 방법에 의한 자주적 임시정부 수립을 기하여 공동위원회와의 협의에 참가할 것을 결정하고 중외에 선포한다."는 요지의 성명을 발표하고 반탁진영에서 이탈하였다. 이러한 움직임은 동당이 최고영수로 추대하고 있던 이승만 박사나 김구 주석의 의사와는 상반되는 것이었다.[184]

조선 전체에 지부를 두고 활동하고 있는 정당 및 사회단체의 실제 숫자는 파악하기 어려우나 6월 10일 현재 미군정청 여론국에 등록되어 있는 수는 90여 개 단체에 달하였다.[185]

6월 11일 공동위원회 공동성명 제11호가 발표되고 미소 공동위원회의 질문서가 배포되었으며 6월 23일 오후 1시까지 선언서에 서명한 단체는 269단체였다.[186] 미소 양국 대표와, 선언서 및 서명서를 제출하여 참가를 청원한 정당 및 사회단체 대표가 남한지역에서 처음으로 회합한 미소 공동위원회의 예비회의가 6월 25일 오후 1시 30분부터 남조선과도입법의원 회의실에서 거행되었다.

민주주의민족전선 산하 70여 개 단체는 7월 7일 미소 공동위원회 협의대상에서 제외시킬 '4대 원칙'을 발표하였고 7월 9일에는 민중동맹, 민주한국당, 사회민주당, 신진당, 신한국민당 등 5개 정당에서 한국민주당 등 반탁 혹은 유령 단체 제외에 대한 공동성명을 발표하였다.[187] 그런데 소련 측이 7월 10일 우익단체를 협상대상에서 제외하자고 주장함으로써 제2차 미소

---

184) 문창성, 「한민당은 어데로 가나?」, 《신천지》(1948. 08.), 25-30쪽.

185) 그중 최고는 4백여만 명, 최저는 15명을 포섭하고 있다. 도합 1,000명 이하는 40여 단체이고, 1,000명 이상은 55개 단체로 파악되었다. 《경향신문》, 1947년 6월 11일자.

186) 《서울신문》, 1947년 6월 25일자.

187) 미소 공동위원회 결의 제5호 및 제6호로 발표된 자문에 대한 답신서는 마감일인 7월 5일 오후 5시까지 남한에서 399개 정당과 단체가 제출하였다.

공동위원회는 사실상 결렬되었다.

미소 공동위원회에 청원서를 제출한 정당단체 수는 7월 12일 현재 463개이며 그중 남한은 425개 단체, 북한은 38개 단체로 집계되었다. 미소 공동위원회는 7월 14일 위원회의 협의대상문제를 논의하였으나 합의에는 이르지 못하였다.[188] 7월 16일에도 공동위원회 제43차 본회의가 개최되어 정당·사회단체의 개념 규정문제에 관하여 토의하였으나 양측의 입장 차이는 좁혀지지 않았다.[189]

<표 2-3> 제2차 미소 공동위원회 회의 경과

구분	회의 경과		
회의 기간	1947. 05. 21.-1947. 10. 18.		
수석대표	미국 측: 육군소장 브라운, 소련 측: 육군중장 T. F. 스티코프		
의제	미·소공동위원회와의 협의에 참가할 정당과 사회단체의 자격문제		
내용	쟁점: 공통위원회와의 협의대상 비율문제		
	양측 입장: 미국-신청단체 가운데서 서로 합의한 단체만을 배제, 소련-제5호 성명에 서명하기 전에 반탁운동을 한 것은 관계없으나 반탁위원회에 가입한 정당과 단체는 반탁위원회에서 탈퇴하지 않는 한 협의대상에서 배제		
경과	• 서울과 평양에서 각 단체와 회의(1947. 06.) • 소련 측, 협의대상에서 우익단체 제외를 주장-사실상 회의 결렬(1947. 07. 10.) • 소련 측, 남한에서 공동위원회 참가등록 425개 단체를 118개로 제한하자고 제안 • 공동위원회의 자문에 응할 것을 신청한 단체 수 남한 425, 북한 38(1947. 07. 12.) • 공동위원회 완전 결렬, 소련대표단 평양으로 철수(1947. 10. 21.)		

한편 8월 11일부터 남한에서 대대적인 좌익인사 검거가 시작되자 소련 측은 이를 문제시하기도 하였다. 10월 18일 열린 공동위원회 제62차 본회의에서 미국 측 수석대표 브라운 소장은 유엔에서 조선문제 토론이 끝날 때까지 공동위원회 업무를 중단하자고 제의하였다. 이에 대하에 스티코프 소련 대표는 소련 대표단의 서울철수를 발표하였고 10월 21일 서울에서 철수하였다.

---

188) 정당의 수는 1945년 11월 1일에는 250여 개였으나 1947년 7월 제2차 미소 공동위원회에서 협의대상으로 정당단체의 참가신청을 받았을 때 425개로 급증하였으며, 그 연 회원 수는 무려 7천만 명(당시 남한인구는 약 2천만 명)으로 집계되었다.

189) 미국과 소련 측 대표 간의 협의대상문제 특히 '사회단체'에 관한 개념규정에 관한 입장의 차이에 관해서는 ≪서울신문≫, 1947년 7월 17일자 참조.

5) 제2차 미소 공동위원회 회의 결렬 이후

해방정국에서 각 정치세력은 권력을 장악하기 위하여 치열하게 다투었다. 현실적으로 미군과 소련군이 한반도의 남쪽과 북쪽에 주둔하고 있는 상황에서 이들 외세는 국내정치에 절대적인 영향을 미쳤고 미군과 소련군은 각기 자국의 정치이념과 체제에 부합되는 정치세력을 지원하였다.

미국과 소련 양측은 장차 한반도에 수립될 정부에 참여할 수 있는 정당 및 사회단체의 자격문제를 놓고 협상을 벌이는 과정에서 자국의 이익을 위하여 한 치의 양보도 하지 않았다. 공동위원회 회담과정에서 본 것처럼 양국군은 자국의 정치이념과 부합하는 정당·사회단체가 장차 수립될 임시정부의 주도권을 장악하기를 바랐기 때문에 참여할 정당과 자격문제를 둘러싸고 서로 다른 입장을 보여 타협에 실패하였다.

제1차 미소 공동위원회 회의가 그렇게 끝났기 때문에 양측이 합의에 이르기는 쉽지 않았다. 회의 결렬 후 제2차 미소 공동위원회가 시작되기까지 1년의 공백이 있었다. 이 기간 동안 좌익 및 중간파 군소정당들이 세 결집을 위하여 정당통합운동을 전개하였다. 남조선노동당, 사회노동당, 근로인민당이 결성되었으며 한편에서 남조선과도입법의원이 개원되는 등 적지 않은 정세변화가 있었고 국제적으로도 미국과 소련 간의 대립과 경쟁이 확산되고 있었다. 이런 상황에서 재개된 제2차 미소 공동위원회가 소기의 목적을 달성하기는 어려웠다.

1947년 7월 10일 소련 측이 협의대상에서 우익단체 제외를 주장함으로써 사실상 회의가 결렬된 이후 상황은 크게 변하고 있었다. 이승만은 9월 4일 우익정당·단체의 대표자들을 초청한 자리에서 제헌의원선거에 관하여 논의하였다. 그는 9월 8일에는 한국민주당 등 13개 정당·단체의 대표들을 시내 마포숙소로 초청, 제2차 회의를 열어 제헌의원선거 실시 시에는 우익진영이 공동보조를 취하기 위하여 단일 정강·정책을 수립하자는 내용과 지방세포조직 구성문제 등도 토의하였다. 이승만은 귀국(1945. 10. 16.) 이후 초당파적인 행태를 보였기 때문에 그가 중립적인 정치관을 가진 것으로 비쳐지기도 하였으나 그가 근본적으로 보수우파적인 정치관을 가진 사람이 었음을 인식한다면 이러한 일련의 움직임은 이미 예정된 것이었다고 볼 수 있다.

　제2차 미소 공동위원회 역시 양측의 입장 차이가 좁혀지지 않자 미국정부는 9월 17일 한반도문제를 유엔에 상정하였다. 이로써 더 이상 찬탁·반탁의 의미는 사라지고 남한에서의 단독정부 수립이 실현되게 되었다. 그러나 이번에는 이승만과 김구 간에 갈등이 발생하였다.

제20절 민주통일당·민중동맹·신한국민당·신진당·건민회의 합당(민주독립당)

1. 합당 배경

　미소 공동위원회 회담에서 소기의 성과를 거두지 못하고 있던 중 중간파 정당들은 세 결집을 위하여 광범위한 통합운동을 전개하였다. 이들 중간파가 세력을 형성하기 시작한 것은 1946년 5월 6일 제1차 미소 공동위원회가 휴회를 한 후 좌익과 우익의 대립이 더욱 심각해지는 가운데 제기된 좌우합작운동 이후부터이다. 그러나 조선공산당이 좌우합작운동을 거부함으로써 합작운동이 진통을 겪는 가운데 중간파는 극좌세력을 배제하고 온건 좌익세력을 상대로 1946년 10월 7일 좌우합작 7원칙에 합의하였다.

　합작 7원칙 중 토지문제에 관한 원칙에 대하여 강한 반발을 보인 한국민주당 내 보수파와의 대립으로 동당을 탈당한 원세훈 이하 중진급 인사들은 김규식을 중심으로 하여 민중동맹을 결성함으로써 정계에 중간파 세력이 형성되었다. 동시에 이 세력의 주축인 좌우합작위원회는 1946년 12월 12일 발족한 남조선입법의원의 토대가 됨으로써 중간파의 세력 확대를 위한 계기가 되었다. 극좌·극우세력의 대립 속에 중간파 세력은 활동영역과 영향력을 확장시키고자 합당에 임한 것이다.

2. 합당 경과

1) 민중동맹 결성

좌우합작 7원칙상의 토지문제 및 신탁통치문제에 대한 의견대립으로 한
국민주당은 당론이 양분되어 탈당이 이어졌다. 당내 중간파 인사들은 1946
년 10월 8일 원세훈을 비롯한 제1차 탈당파(고려민주당계열 전원)와 김약
수, 이순택, 김상규 등 제2차 탈당파(김병로 계열, 김약수 계열)는 극좌와
극우의 편향을 지양하고 김규식을 영도자로 추대하였으며 그의 의향에 따
라 정당의 성격을 떠난 민생문제 해결을 위한 추진체적 단체로서 민중동맹
의 결성을 의도하였다. 김약수, 고창일, 서세충, 이순택, 한홍, 나승규, 남상
학, 김상덕, 송남헌 등 31명은 10월 29일 시내 을지로 2가 을유회관에서
민중동맹결성준비위원회를 구성하고 5개조의 기본강령을 발표하였다.

한국민주당 내 보수파와의 대립으로 당을 이탈한 원세훈, 김약수 등 31
명을 중심으로 하는 800여 명의 대의원들은 12월 22일 시내 천도교 강당에
모여 민중동맹을 창립하였다. 이날 대회에서는 선언과 강령을 가결하고, 원
세훈, 김약수 등 135명의 중앙위원과 한홍, 문무술, 김철 등 15명의 중앙감
찰위원을 선출하였으며 좌우합작 지지와 함께 미소 공동위원회의 속개를
요구하는 내용의 결의문을 채택하였다.[190]

그런데 민중동맹은 남조선과도입법의원의 성립을 계기로 대두되어 좌우
합작위원회와 남조선과도입법의원 내에서 여당적 역할로 두각을 나타내기
시작하더니 결국 주도권을 둘러싸고 내분이 발생하였다.[191] 원세훈, 김약수

---

190) 민중동맹이 결성됨으로써 우익세력은 시련을 겪게 되었는데 특히 한국민주당과의 관계가 주목을 받았다.

191) 민중동맹은 정당이 아닌 통일전선거구의 성격을 띠었지만 남조선과도입법의원 개원 시 7명(김규식, 원
　　세훈, 김약수, 장자일, 고창일, 이순택, 문무술)이 관선의원에 선임되어 입법의원 내의 여당적 역할을
　　하였다. 정영훈, 「광복후의 중도파와 통일운동」, 『광복후의 정치세력: 중도파와 좌파』(성남: 한국정신

의 2파, 그리고 김규식의 중간파 등 3파가 연합하여 조직된 민중동맹 내에서 원세훈파가 주도권을 장악하게 되자 김약수파가 불만을 품게 된 것이다.[192] 두 계파가 각축전을 전개하던 중 김약수가 돌연 사표를 제출함으로써 사태는 원세훈파에 유리하게 전개되었다.

상황이 이렇게 되자 민중동맹의 총재였던 김규식은 민중동맹과의 관계를 끊게 되었다. 원세훈은 한국민주당을 탈퇴한 후 김약수, 이순택, 나승규 등으로 하여금 민중동맹을 결성케 하고 자기는 표면에 나서지 않고 배후에서 조종하다가 이 조직체가 어느 정도 형태를 갖추자 나승규파와 손을 잡고 김약수파를 배격, 민중동맹의 주도권을 장악한 것이다. 그러나 김약수와 그를 따르는 일파가 이탈하면서 원세훈은 민중동맹을 유지하는 데 어려움을 겪게 되었다. 민중동맹은 1947년 4월 27일 서울시 동맹결성을 비롯하여 세포조직 확장에 노력하다가 통합신당 민주독립당 결성에 참여하였다.

2) 신한국민당

제2차 미소 공동위원회 재개(1947. 05. 21.) 후 한국독립당 내의 국내파 즉 국민당 계열과 신한민족당 계열은 동 위원회 참가 여부에 대하여 해외파(임시정부계열) 중심으로 구성된 상임위원회가 불참을 결의하자 이에 불복하였다. 안재홍, 박용희, 엄우룡, 구철회 등 중앙위원 85명은 연서로써 1947년 6월 2일 성명을 발표, 미소 공동위원회에 참가할 것을 주장하고 이 문제를 해결하기 위하여 6월 5일까지 중앙집행위원회를 소집할 것을 김구 위원장에게 건의하였다. 그러나 해외파는 국내파의 이러한 요구에 불응하였으며 감찰위원회에서 동안 제출자들에 의한 제명 처분론까지 대두되자, 국내파는 간부불신임까지 거론함으로써 한국독립당은 분열위기에 직면하게 되었다.

국내파는 결국 불신임안 결의를 포기하고 대신 혁신파(국민당계열) 중심

문화연구원, 1995), 14-15쪽.
192) 원세훈파에는 고창일, 장자일, 서세충 등 이북출신자가 많고 김약수파는 진우구락부원들이었다.

으로 신당운동을 전개하였다. 이에 한국독립당 상임위원회는 6월 19일 민주파(신한민족당계열) 9명과 혁신파(국민당계열)의 박용희, 안재홍, 조헌식, 유기열, 현경 등 22명에 대하여 제명처분을 단행하였다.

국민당은 한국민주당, 한국독립당과 함께 우익진영정당의 하나로서 1946년 4월 한국독립당과 통합함으로써 당명이 없어졌으나, 국민당계열 인사들은 통합신당 한국독립당 내에서 혁신파로 존속하며 한국독립당의 미소 공동위원회 참여를 주장하다가 한국독립당 계열과 결별하고 민주독립당 결성에 참여하게 된 것이다.

국민당은 이념적 유사성과 우익진영 통합의 명분 아래 신한민족당과 함께 한국독립당으로 통합되었으나, 국민당계열은 임시정부 법통문제에 집착하며 반탁과 미소 공동위원회 불참을 고집하는 해외파(임시정부계열)와 대립하였으며, 제2차 미소 공동위원회 참가를 주장하다가 해외파에 의하여 제명당하였다. 제명된 국민당계열와 신한민족당계열 인사들은 1947년 6월 21일 신한국민당을 결성하였다가 민주통일당, 건민회, 민중동맹, 신진당과 함께 중간파 5당 통합에 합류하여 10월 19일 민주독립당을 결성하였다.

3) 민주통일당의 합당주도

민주통일당은 각 지방에 대표를 파견하여 지방세포조직 만들기에 나섰으며 당 대표 홍명희는 남조선입법의원 의원직(官選)도 사퇴하고 당 조직 정비에 진력하던 중 신한국민당과의 합당운동에 개입하게 되었다. 그리고 앞의 신한국민당준비회에서는 그간 5당(민주통일당, 신한국민당, 신진당, 민중동맹, 건민회) 통합운동에 참여하게 되었는데 이 통합운동은 민주통일당의 홍명희 위원장을 중심으로 전개되었다.

민주통일당, 신한국민당, 민중동맹 등이 합당공작을 추진 중 각 당에서는 연락준비위원을 선출하여 홍명희를 중심으로 합당발기인회를 구성하여 합당을 추진하였다. 각 정당 대표들은 1947년 9월 8일 개인 명의로 다음과 같은 요지의 공동성명을 발표하였다.

각 당 대표 공동성명

오늘날 우리 민족에게는 오직 뚜렷한 하나의 목표가 있다. 그 목표란 무엇이냐? 민족국가로의 독립이며 정치적 경제적 완전자주를 확보하는 독립이니 이 목표를 향하여 왕생 매진하는 것이 우리 민족의 절대적인 사명이다. 지금 우리들은 민족독립의 절대적 사명을 다시 한 번 선양코자 소이를 버리고 대동을 취하여 한 기치 아래 모이기로 약속하였다. 하루바삐 큰 세력으로 성장하여 절대적 사명을 완수하려 하니 민족독립을 염원하는 동지여 우리와 함께 뭉치어 함께 나아가자.

김병로(민중동맹), 김호(신진당), 김원용(신진당), 안재홍(신한국민당), 박용희(신한국민당), 이극로(건민회), 홍명희(민주통일당)

4) 통합신당 민주독립당 결당

제1차 미소 공동위원회 휴회(1946. 05. 06.) 이후 정계개편 과정에서 홍명희를 중심으로 유석현, 이원혁, 최용진, 이갑섭, 이봉하, 정운기 등 각계 인사 중 20명의 발기준비위원으로 구성된 민주독립당 발기준비위원회는 동당 발기준비위원회 대표 홍명희가 입법 의원직(관선의원)의 사퇴까지 단행하고 당 결성을 추진하던 중 김병로, 김호, 김원용, 박용희, 안재홍, 이극로, 홍명희 등 7인의 공동성명에 의거하여 민주통일당, 신한국민당, 신진당, 민중동맹, 건민회 등 5당 통합에 합의를 보아 1947년 9월 11일 시내 조선일보사 2층 민주통일당 본부에서 통합신당발기대회를 개최하였다(신당준비위원장 홍명희).

신당준비위원회에서는 9월 14일 제2회 조선정기전체회의를 개최한 데 이어 9월 20일 전체회의를 갖고 당명은 민주독립당으로 결정하고 강령·정책에 관한 초안을 중심으로 토의한 후 이를 발표하였다.

민주통일당, 민중동맹, 신한국민당, 신진당, 건민회 등 우익 중간노선을 걷는 5정당을 통합한 민주독립당은 10월 19일 오후 2시부터 시내 천도교 강당에서 발기대회를 겸한 결당대회를 가졌다. 홍명희의 개회사로 시작된 대회는 임원선거에서 의장에 박용희, 김호, 이극로, 홍명희, 김원용 5인과 서기에 강준표 외 2인, 사찰위원에 김두호 외 9명을 각각 선출한 후 선언, 강령·정책 낭독을 청취하였다.

미소 공동위원회 미국 측 수석대표 브라운 소장의 대리로 위임스(George

Z. Weems), 김규식의 대리로 한국민주당 조헌영, 근로인민당 부위원장 장건상, 독로당 이인철 등의 축사가 있은 다음 경과보고와 규약 의결이 있었으며 중앙집행위원회 감찰위원선거는 의장 5인이 7명의 전형위원을 선출하기로 하였다.

결당대회 2일째인 10월 20일 오후 1시 30분부터 전날과 같은 장소에서 1,500여 명의 발기인과 당원 및 관계자 등 다수가 참석한 가운데 김호의 사회로 대회가 속개되었다. 먼저 김상규의 축전 낭독, 박일래의 국제정세 보고, 김창엽의 국내정세 보고가 있은 다음 정강·정책 및 선언에 대한 토의로 들어가 약간의 문구수정을 중앙집행위원회에 일임키로 하였다. 이어서 중앙집행위원 전형위원으로부터 중앙집행위원 250명과 감찰위원 30명을 선발하기로 하고 중앙집행위원에 한해서 170명을 중앙에서 선출하고 나머지 80명은 지방에서 선출하되 후일 전형하기로 하였다는 보고를 들은 후 이를 가결하였다. 이어 기타 토의사항으로 들어가 재정문제 및 결의문 등을 둘러싸고 토의가 있은 후에 이를 중앙집행위원회에 전부 일임할 것을 전원일치로 가결하고 이틀간의 결당대회를 마쳤다.

이 대회에서 위원장 홍명희, 총무 유석현, 선전 엄우룡, 재정 윤용기, 연락 장자일, 정책 이순택 등의 부서와 의장 박용희 등 5인과 중앙집행위원 167명, 중앙감찰위원 28명을 선출하였다. 이어 중앙집행위원회 소집은 1947년 10월 25일 내로 소집할 것을 결정하고 기타 당 운영문제는 중앙집행위원회에 일임하였다. 이로써 통합신당 민주독립당은 중간 우파정당의 성격을 띠고 출범하였다.

3. 합당 이후

1) 합당반대파의 동향

그런데 5당 통합의 일익인 신진당 당내에는 김붕준 등 통합반대파가 있어, '신당조직에 대하여 아당은 동당의 노선도 부지(不知)하고 현 정세 하

에 중간당이라는 것이 존재할 수 없으니 아당은 종전대로 민족진영의 일당
으로서 지향하겠으며 동당 합동에 대하여 본당의 일부 개별집단이 가입했
는지 부지하나 본당은 신당 민주독립당과는 무관하다.'는 요지의 합동반대
성명을 발표하였다.

2) 각 정당협의회 동참

1947년 9월부터 한국독립당의 조소앙을 중심으로 각 정당협의회 구성이
추진되고 있었다. 동당 중앙상무위원회는 10월 16일에 열린 중앙집행위원
회의 결의를 거친 후 그 실천방법으로 남한 각 정당협의회를 결성하기로
하고 교섭위원으로 정형택, 성낙훈, 김경태, 조각산을 선정하였다. 결당대회
(10. 19. – 10. 20.)를 마친 민주독립당은 1947년 11월 4일 한국독립당이 주
도하는 각 정당협의회(12정당협의회)에 참여하여 활동하였다.

제1공화국의 정당통합운동

1. 정부 수립 전후의 상황

1) 유엔임시한국위원단의 입국과 활동

미국정부는 1947년 3월 21일 한반도통일에 대한 소련의 협력을 단념하고 남한 단독정부 수립계획을 준비 중에 있다고 입장을 밝혔다. 또 미국 국무부장관대리 애치슨은 미국 상원 외교위원회 회의석상에서, 한국통일문제가 난관에 봉착한 것은 소련 측이 신탁통치에 반대하는 정당은 미소 공동위원회의 협의대상에서 제외시켜야 한다고 주장하고 있기 때문이라고 말하였다.

국내에서의 좌우합작과 미소 공동위원회의 실패는 결국 한국통일문제로 옮겨지고, 한국통일문제는 유엔으로 이관(1947. 09. 17.)되었다. 유엔총회에서 한국 총선거 실시를 결의하였으나 북한주민의 선거참여에 대한 소련 측의 거부로 인하여 남한지역만이라도 총선거를 실시하자는 여론이 비등하였다.

유엔총회는 1947년 11월 14일 '한국총선거안', '유엔임시한국위원단설치안', '정부 수립 후 양국군 철수안' 등을 가결하였다. 이러한 결의에 따라 유엔임시한국위원단(대표 V. K. Menon)이 1948년 1월 8일 한국에 도착하였다. 동 위원단은 1월 12일 북한 지역을 관할하고 있는 소련군 사령부에 입북허가를 요청하였으나 소련군 측은 1월 23일 이들의 요청을 거부하였다. 따라서 상황은 남북한 총선거를 상정하고 있던 김구의 희망과는 달리 남한만의 선거를 상정한 이승만의 희망대로 전개되고 있었다.

2) 유엔총회의 남한단독선거 결의

한국독립당의 김구 위원장은 1947년 11월 24일 남한 단독선거는 국토양
분의 비극을 초래할 것이라고 경고하였으며, 12월 22일에는 남한 단독정부
수립을 반대하는 성명을 발표하였다. 김구 위원장은 1948년 1월 27일 유엔
임시한국위원단에서 남북조선에 주둔하고 있는 외국군이 철수한 후 자유선
거를 실시할 것을 주장하였다.[1] 그는 또 2월 10일 '삼천만 동포에 읍고함'
이라는 남한단독정부 수립 반대성명을 발표하였다.

김구는 김규식과 함께 단독정부 수립은 냉전체제가 굳어져 가는 국제환
경 속에서 민족의 분단을 장기화할 위험이 내포되어 있다고 주장하고 2월
16일 김일성과 김두봉에게 남북정치지도자 간의 정치협상을 개최할 것을
제의하였다.

한편 유엔 소총회는 1948년 2월 26일 유엔임시한국위원단이 접근할 수
있는 지역에서 '결의 제2호에 기술된 계획을 실행하는 것은 유엔임시한국
위원단의 책임'이라고 결의하였다. 이에 유엔임시한국위원단은 3월 12일 서
울에서 회의를 열고 유엔 소총회의 결의에 따라 동 위원단의 접근이 가능
한 지역인 남한에서만 총선거를 실시한 것을 결의함으로써 남한만의 단독
선거가 가시화되었다.

유엔의 결의 이후 제헌의원선거일이 1948년 5월 10일로 확정되고 단독정
부 수립계획이 추진되었다. 이 무렵 남북협상론이 대두되어 3월 12일 김구,
김규식, 김창숙, 조성환, 홍명희 등 7인은 공동성명을 발표, 제헌의원선거
불참을 선언하고 남북협상을 추진하고 있었다. 이와는 달리 이승만은 남한
지역에서만이라도 선거를 실시하여 과도정부를 수립, 유엔의 승인을 받도록
하자는 입장이었으므로 남북협상을 반대하였다. 중간입장에 있던 한국민주
당은 현실을 중시하여 이승만의 노선을 지지하게 되었다.

한국독립당과 좌익세력의 불참 속에 남한지역에서 제헌의원선거가 실시

---

1) 남조선 각 정당협의회(12정당협의회)는 1948년 1월 29일 유엔의 결정은 조선독립의 성격과 배치된다는
   것과 미소 양국군 동시 철수를 주장하는 내용의 서한을 유엔임시한국위원단에 전달하였다.

되었는데 선거과정에 김구, 김규식 등 남북협상파 세력이 참여하지 않은 것은 결과적으로 한국의 정당정치에 있어 이념공간을 좁히는 결과를 초래하였다. 이승만이 혁신계열 정당·단체 및 남북협상파의 불참 하에 구성된 제헌국회에서 초대대통령으로 선출되면서 중간세력이나 남북협상파와의 경쟁은 사실상 끝났으며 그 후 이승만은 반공·친미 노선을 더욱 강화하였다.

미국 대외정책의 기조를 이루는 반공·냉전정책은 대한민국정부 수립을 전후한 시기에도 계속되었으며 미국의 이러한 정책은 한국에서의 정부 수립과 그 후의 정당의 이념성향에 커다란 영향을 미치게 되었다.

3) 국회프락치사건

1949년 3월부터 제헌국회 내에서 외국군 철수, 남북통일협상 등 공산당의 주장과 일맥상통하는 주장들이 제기되기 시작하였다. 이에 검찰과 경찰은 그러한 주장을 하는 소장파 의원들의 동향점검에 나서 김약수·노일환·이문환 의원의 뒤를 한 달 이상 추적하였다. 그 결과 이들의 배후에는 남조선노동당 특수공작원인 이삼혁, 이재남, 김사복 등이 있음을 알게 되었으며, 시내 중구 충무로 2가의 한 건물이 이들 공작원의 아지트임을 밝혀냈다.[2]

이 무렵 수사진은 그 건물의 주인이며 남조선노동당 특수공작원인 중년의 여인 정재한이 북행열차를 탔다는 보고에 접하고, 미행 끝에 개성에서 하차하여 38선을 넘으려던 그녀를 불심검문으로 검거하였다. 수사진은 그 여인의 신체 속에서 국회 내 남조선노동당 관련 의원들의 비밀공작보고가 담긴 암호문을 찾아냈다. 수사진이 암호해독에 성공하면서, 검찰은 노동당과 관련된 증거를 면밀히 검토한 후 1949년 5월 17일 제1차로 이구수·최태규 의원, 5월 18일 이문원 의원을 체포하였다.

1개월 후인 6월 19일 시내 필동에 있던 헌병사령부에 국회프락치사건 특별수사본부가 설치되고 검거된 국회의원들은 문초를 받았다. 김병회 의원은 6월 21일 시내 중구 영락호텔에서, 김옥주 의원은 서대문구 북아현동에서

---

2) 이 사건에 관해서는 오제도, 『전환기의 내막』(서울: 조선일보사, 1982), 377-397쪽 참조.

각각 체포되었고, 박윤원·강욱중·황윤호·노일환 의원은 6월 22일 체포되었다.

김약수 의원은 6월 25일 시내 운니동에서 체포되었다. 이날 서용길·신성균 의원에게도 체포령이 내렸으나 이들은 가족과 함께 도피하였다가 후에 체포되었다.

4개월에 걸쳐 검거된 국회프락치사건 관련 의원은 모두 13명에 달했는데, 공보처는 제2차 검거가 있은 후인 1949년 7월 1일 동 사건 관련 국회의원들의 체포경위를 공식 발표하였다. 이들에 대한 선고공판은 1950년 3월 14일 오전 10시 대법원 법정에서 열렸다. 이날 재판에 계류된 국회의원 13명 전원에게 징역 3년에서 10년까지 실형이 선고되었다. 판결 이유의 핵심을 이루는 요지는 외국군 철수요구, 대(對)유엔한국위원단 진언서 제출과 미국 군사고문단 설치반대 등이다.

국회프락치사건은 관련 의원들이 1심 판결에 불복항고, 2심에 계류 중에 한국전쟁(1950. 06. 25.)을 맞았다. 관련 의원들은 당시 서대문형무소에 수감되어 있었으나 전쟁의 와중에서 출옥하여 뿔뿔이 흩어졌다. 이 사건에 관한 재판이 피고인들의 상소에 의해서 계속 진행 중이었으나 전쟁으로 인하여 기록이 멸실되고 재판은 중단되었다.

그 후 동 사건 관련 의원 중 서용길 의원만은 '법원재난에 기인한 민형사사건 임시조치법'(1950. 03. 22.)의 적용으로 관용이 베풀어져 사실상 무죄가 되었다. 그는 당시 오성근 변호사에게 의뢰하여 '법원재난에 기인한 민형사사건 임시조치법'에 따라 동 사건에 관한 소명서를 제출하였다고 하는데, 그 후 동 사건에 대한 재판은 더 이상 진행되지 않았다.[3]

---

3) 서용길 전 의원은 그 후 국회도서관에서 발간한 국회회의록 색인(제헌-제3대) 중 국회프락치사건 관련 의원(제헌의원 10명: 강욱중, 김병회, 김약수, 김옥주, 노일환, 배중혁, 박윤원, 이구수, 이문원, 최태규)들이 1950년 2월 10일 동 사건으로 인하여 '자격상실'로 수록되어 있는 사실에 대하여 '소위 프락치사건은 부산 임시수도 당시 대한민국 법원에서 백지화한 사건'이라고 이의를 제기하면서 이 부분의 잘못을 시정하여 달라고 요청하였다. 서용길 전 의원이 국회에 제출한 요청서의 내용.

2. 정당통합운동

여러 정당과 정파를 통합하고 남북정치협상을 주도하였으나 제헌의원선거에 참여하지 않은 한국독립당(남북협상파 세력이 주도)의 당세는 약화될 수밖에 없었다. 당 내부에서는 '현실 인정론'이 대두되기도 하였으나 새 야당 건설을 주장한 조소앙과, 종전의 노선을 유지하려는 조완구·엄항섭의 의견이 서로 엇갈려 타협점을 찾지 못하였다. 이에 조소앙은 정부 수립 직후인 1948년 9월 4일부터 신익희, 안재홍, 이청천, 박용희, 명제세 등과 회합을 갖고 9월 23일 새로운 야당결성에 합의하였다. 조소앙이 한국독립당을 탈당하고 10월 11일 사회당 창당을 선언함으로써 한국독립당의 당세는 더욱 약화되었다.

<표 3-1> 제1공화국 정당통합운동 결과표

연번	통합(운동)시기	참여정당	통합 여부	통합신당명
1	1948. 06	조선민주당, 대중당	성사	–
2	1948. 10	한국민주당, 대동청년당	실패	–
3	1949. 02	한국민주당, 대한국민당	성사	민주국민당
4	1949. 06	북조선노동당, 남조선노동당	성사	조선노동당
5	1953. 05	원내자유당, 원외자유당	성사	자유당
6	1956. 04	진보당, 민주당	실패	–
7	1958. 06	민주혁신당, 노농당	실패	–

한국독립당은 1949년 5월 13일부터 16일까지 개최된 비상집행위원회에서 사회주의 정당을 포함한 여러 정당과의 제휴를 모색함과 동시에 남북화해를 모색해 왔던 기존의 노선을 포기하고 대한민국정부를 지지하는 민족주의적 정강을 채택하였다.

한편 이승만 정권하에서 자당(自黨)의 인사들이 초대 내각에 다수 포함될 것으로 기대하였던 한국민주당은 자신들의 기대에 미치지 못한 조각결과가 나오자 대통령에 대한 지지를 철회하고 야당세력을 결집하기 시작하였다. 야권세력이 결속하자 원내외로 양립되어 있던 자유당은 이에 대응하기 위하여 1953년 5월 대전에서 개최된 전당대회를 계기로 하나의 자유당으로 통합되었다. 자유당 통합 이후 비대해진 자유당 정권의 국정운영 독주에 대항하여 혁신정당을 포함한 야권의 정당통합이 시도되었으나 실패하였다.[4] 결국 제1공화국 초기의 정당통합운동은 반이승만(反李承晩)을 기치로 내건 야당들의 통합운동이었으며, 후기의 정당통합운동은 혁신정당들의 세력화 운동이었다고 할 수 있다.

제1공화국 기간 동안의 정당통합은 일부 정당의 경우 전국적인 조직망을 갖추고 있기도 하였으나 대부분의 정당들이 지방당 조직이 취약한 상태에 있었고, 시민과 유리되어 있었기 때문에 중앙당 간부들의 합당의사만 있으면 쉽게 다른 정당과의 통합교섭에 임할 수 있었다. 이 기간 중에는 7건의 합당 시도가 있었는데 그중 4건이 성사되고 3건은 시도로 끝났다.

제2절 제헌의원선거(1948. 05. 10.)

1. 선거 전의 상황

1) 국회의원선거법 공포

남조선과도정부는 1948년 3월 17일 입법의원선거법안을 개정하는 절차를 거치지 않고 일부 조항을 수정한 후 딘 소장의 승인을 받아 군정법령 제175호로 국회의원선거법을 공포하였다. 전문 57조로 구성된 이 선거법은 자유·평등·비밀·보통선거를 원칙으로 임기 2년, 정원 200명을 규정하였으며 선거권은 한국국적 소지자로서 만 21세, 피선거권은 만 25세에 달한

---

4) 자유당 정권의 야당탄압이 극심해지고 있던 1960년 1월 20일 국회에서는 '야당활동의 자유보장에 관한 건의안'이 채택되었다. 정부는 야당의 존재가치를 새로이 인식하고 민주정치와 양당정치의 발전을 위하여 야당가입이나 그 탈퇴에 대한 국민의 자유를 보장하고, 정당을 지지하는 자유를 국민에게 허용하는 등의 조치를 취해 줄 것을 건의하는 내용이다.

자에게 부여하였고, 각 선거구마다 1인의 의원을 선출하는 소선거구제를 채택하였다.

2) 제주도 4·3폭동

남조선노동당은 1948년 2월 7일 남한 단독선거에 반대하여 전국적 총파업을 단행하였다. 그 후 파업과 선거방해공작이 전개되었는데 특히 제헌의원선거를 한 달여 앞둔 4월 3일 제주도에서 좌익 주도하에 선거방해공작이 무장폭동으로 나타나 군경 및 제주도민 수만 명이 사상하는 사태가 발생하였다. 제주도의 2개 선거구(북제주갑, 북제주을)에서는 치안관계상 선거가 실시되지 못하고 1년 후인 1949년 5월 10일에 실시되었다.

2. 선거 결과

유엔임시한국위원단의 감시하에 1948년 5월 10일 제헌의원선거가 실시되었다. 제헌의원선거에는 유권자 784만 871명이 등록, 그중 748만 7,649명이 투표하여 96.4%의 유효투표율을 보였다.

선거 결과 이승만 노선을 지지해 오던 대한독립촉성국민회와 한국민주당이 다수의 의석을 차지하였다. 의석분포를 소속 정당·단체별로 보면 대한독립촉성국민회 55석, 한국민주당 29석, 대동청년단 12석, 조선민족청년단 6석, 기타 정당단체가 13석, 무소속 85석이었다.

선거가 끝나자 당시 주요 정당이었던 한국민주당 소속 의원을 비롯하여 각 사회단체에 속하는 의원 및 무소속 의원들은 자파(自派)의 이념과 의도를 제정될 헌법에 반영시키기 위하여 노력하였다. 정당으로서는 가장 많은 의석을 획득한 한국민주당은 대한독립촉성국민회, 무소속 등의 의원영입에 나섰다. 당초 일부 정치세력의 선거불참으로 이번 선거는 한국민주당의 독무대가 될 것으로 예상되었으나 선거 결과 한국민주당의 기치를 내걸고 당선된 이는 29명에 불과하였다. 한국민주당은 선거 직후 자기 당의 당원이면서 무소속 혹은 대한독립촉성국민회의 간판으로 입후보하여 당선된 이들을 영입, 200의석 중 80석을 차지하게 되었다.

<표 3-2> 제헌국회의원선거 결과

정당	의석	정당	의석	정당	의석
무소속	85	대한노동총연맹	1	대성회	1
대한독립촉성국민회	55	조선민주당	1	유도회	1
한국민주당	29	대한청년단	1	민족통일본부	1
대동청년단	12	한국독립당	1	조선공화당	1
조선민족청년단	6	교육협회	1	부산일오구락부	1
대한독립촉성농민총연맹	2	단민당	1	(의원 정수 200)	

주: 제주도에서의 선거 결과를 포함. 출처: 중앙선거관리위원회, 『대한민국선거사(제1집)』(1973), 616-617쪽.

정당의 기능이나 역할에 대한 이해의 정도가 낮았고, 소속 정당에 대한 충성심이나 정당귀속 의식이 배양되기 전의 시기였기에 선거 후 쉽게 소속 정당을 변경하는 의원들이 많았다.[5]

3. 선거의 특징

① 유엔의 주관 하에 미군정 당시 제정한 국회의원선거법(1948. 03. 17. 미군정법령 제175호)이 적용된 선거였다. ② 이 선거는 본래는 남북한 총선이었다.[6] 다만 북측은 현실적인 문제 때문에 참여할 수 없었고, 단독정부 수립을 반대하는 김구, 김규식 등 중간노선의 정치세력과 좌익계열이 선거에 불참한 절반의 선거가 되었다.[7] ③ 좌익계열에 의한 선거방해 및 파괴

---

5) 정당귀속 의식에 관한 논의는 Richard G. Neimi and Herbert F. Weisberg(eds.), *Controversies in Voting and Behavior*(Washington, D. C: CQ Press, 1984)의 여러 논문 특히 106-131쪽과 393-405쪽 참조.

6) 제헌의원들은 제헌의원선거가 근본적으로는 남북총선이었다는 인식을 갖고 있다. 원장길 제헌국회의원동지회 회장의 제52주년 제헌절 경축식 기념사 내용 중 일부(2000. 07. 17. 국회의사당 로턴다 홀).

7) 1948년 4월 3일 김구, 김규식 이하 100여 군소정당단체 대표들이 참석한 가운데 통일독립운동자협의회가 구성되었다. 이날 평양방송은 '남조선단독정부 수립을 반대하는 남조선정당사회단체에 고함'이라는 방송을 통하여 남북정당사회단체대표자 연석회담을 제안하였다. 남조선 각 정당협의회와 통일독립운동자협의회 간에 통합이 모색되었다. 한편 민주독립당 중앙집행위원회는 남한단독선거에 반대하여 4월 11일 남

공작행위가 극심하였으며, 경찰은 향보단을 조직, 삼엄한 경계를 함으로써 이들의 방해공작에 대비하였다. ④ 여성후보 18명이 출마하였으나 한 사람도 당선되지 못함으로써 아직 여성후보에 대한 인식과 지지가 낮음을 보여주었다. ⑤ 48개나 되는 많은 정당·단체가 후보자를 세워 선거에 참여하였으며 이 중 16개 정당·단체가 의석을 획득하였다. ⑥ 부정투표, 부정개표, 유권자 매수 등의 선거타락상은 거의 보이지 않았다.[8] ⑦ 한국민주당 소속 당선자는 공식적으로는 29명이었으나 무소속 당선자의 상당부분은 한국민주당계열 인사들이었다. 이러한 세력분포는 제헌국회 구성 이후 정부형태 변경 및 그 후의 정치상황에 적지 않은 영향을 미치게 되었다. ⑧ 이번 선거는 국가정책의 기본방향과 정부 수립 후의 권력 장악세력을 결정지은 한국 최초의 국정선거였다.

4. 선거 이후

1) 남조선과도입법의원 및 남조선대한국민대표민주의원 해산

남조선과도입법의원은 1948년 5월 19일 동 입법의원의 해산을 가결하였으며 다음 날인 20일 해산되었다. 동 입법의원에 이어 남조선대한국민대표민주의원이 5월 25일 최종회의를 개최하고 발전적 해산을 결정하였으며 제헌국회가 개원되기 이틀 전인 5월 29일 해산되었다. 이 두 개의 입법기구는 자주적 의결권을 갖는 입법기구는 아니었으나 과도기에 의회 민주주의의 제도적 초석을 깔았다는 점에서 의미를 부여할 수 있다.

북연석회의에 참가하기로 결정하였는데 이 회의에 참석하기 위하여 남조선노동당, 인민공화당, 전평, 민주한독당, 전농, 여맹, 문련, 사회민주당, 근로인민당, 조선어연구회, 민중동맹 등의 대표들이 평양에 들어갔다. 4월 19일에는 김구를 비롯한 한국독립당 대표 일행이 38선을 넘어 북한에 들어갔다.

8) 허정, 『내일을 위한 증언』(서울: 샘터사, 1979), 149쪽.

2) 국회법 제정

1948년 5월 21일 국회법 제정을 위하여 신익희 의원을 중심으로 '국회소집을 위한 준비위원회'가 결성되었다. 이 위원회의 결의에 따라 5월 27일 당선 의원 중 143명이 참석한 가운데 국회의원 예비회의가 소집되어 국회 소집일자를 5월 31일로 정하고 개원식 절차 등을 포함한 국회법이 제정될 때까지 국회운영에 관한 규칙의 제정을 준비위원회(위원장 신익희)에 위임하였다.

5월 31일 제헌국회가 개원되었다. 제헌국회 제1차 본회의에서 국회선거위원장(노진설)의 추대로 선임된 이승만 임시의장의 사회로 의장선거를 실시한 결과 총 투표 수 198표 중 188표를 얻은 이승만 의원이 초대 국회의장으로 선출되었다(부의장 신익희·김동원 의원).

제헌국회는 곧 국회법과 헌법제정 작업에 착수하여 6월 1일 헌법 및 정부조직법기초위원회(30인)와 국회법기초위원회를 설치하였다. 국회법기초위원회는 6월 3일부터 6일까지 법안기초에 착수하여 전문 10장 107조로 된 국회법안의 기초를 완료하여 이를 보고하였으며, 6월 9일 열린 제6차 본회의에서 모든 독회(讀會)를 생략하고 원안 가결하였다. 국회법은 제헌국회 개원일 8일 후인 6월 8일 국회법특별위원장에 의하여 제안되고 이틀 후인 6월 10일 본회의에서 가결되었다.

3) 헌법 제정

헌법 제정을 위하여 1948년 6월 3일 헌법기초위원 30명과 전문위원 10명(유진오, 권승렬, 윤길중, 고병국, 임문항, 한근조, 노진설, 노용호, 차윤홍, 김용근)으로 국회헌법기초위원회가 구성되었다. 이 위원회는 유진오 원안과 권승렬 참고안을 중심으로 토의를 진행하였으며 다음 날인 4일 유진오 전문위원이 입안한 초안(내각책임제·양원제·3권 분립)을 중심으로 하여 법전편찬위원회의 헌법초안, 임시정부 헌장, 민주의원에서 제정한 임시헌장, 입법의원에서 제정한 약헌 및 구미 각국의 헌법을 참고로 하여 기초 작업에 착수하였다.

위원회 구성 이래 6월 22일까지 20일간에 걸쳐 유진오 원안과 권승렬 참고안을 중심으로 토의가 진행되었는데 두 개의 안이 모두 권력구조 면에서 양원제 의회와 내각책임제 정부형태, 위헌법률의 사법심사 등 같은 내용을 포함하고 있었다.[9]

이러한 골격의 헌법초안이 국회본회의에 상정되었으나 토의과정에서 이승만 국회의장은 단원제 의회, 대통령제 정부형태, 위헌심사를 위한 헌법위원회의 설치를 강력히 주장하였다. 이에 한국민주당은 당론인 내각책임제 주장을 철회하고, 이승만 국회의장의 주장에 동조함으로써 6월 22일 제17차 헌법기초위원회에서는 내각책임제안이 대통령중심제안으로 수정되었다.[10] 결국 단원제 국회, 대통령중심제, 위헌심사를 위한 헌법위원회의 설치 등이 결정되었다.

국회는 6월 30일에는 제1독회, 7월 11일에는 제2독회, 7월 12일의 제28차 본회의에서 제3독회를 마치고 헌법안을 의결하였다. 헌법안은 7월 17일 국회의장이 서명, 공포함으로써 그날부터 시행되었다.

4) 조선민주당과 대중당의 합당

그동안 합당을 준비 중이던 조선민주당과 대중당의 합당대회가 1948년 6월 5일 오후 3시부터 시내 종로 기독교회관에서 개최되었다. 이윤영의 개회사로 시작된 대회는 식순에 따라 선우훈의 경과보고와 이건웅의 선언문 낭독 그리고 양당 대표의 악수례가 있은 다음 축사에 들어가 이승만 박사를 비롯한 내빈의 축사가 있은 후 오후 5시 30분 폐회하였다.[11]

---

9) 유진오 전문위원의 헌법기초안 작성 및 내용 변화과정은 유진오, 『헌법기초회고록』(서울: 일조각, 1980)을 참조.

10) 헌법기초위원회가 한국민주당이 추진하여 온 양원제, 내각책임제를 원칙으로 한 헌법초안의 심의를 거의 완료하여 1948년 6월 23일에 초안을 국회본회의에 제출하려는 무렵 한국민주당의 일부 이승만 추종세력은 만약 내각책임제 원안이 가결되면 한국민주당의 김성수가 국무총리가 될 것이므로 이승만의 실권이 없어질 것이라며 이승만을 충동하였다. 내각책임제 정부형태안은 이런 경과를 거쳐 하룻밤 사이에 단원제 대통령제안으로 바뀌어 제출되었다. 윤천주, 『한국정치체계』 개정판(서울: 서울대학교출판부, 1987), 117쪽.

5) 반한국민주당 세력의 연계공작

제헌국회 출범 후 국회에서는 80석을 갖게 된 한국민주당을 누르기 위하여 반한국민주당 세력 연계공작이 전개되었다. 3·1구락부와 무소속구락부는 1948년 6월 29일 두개의 구락부를 통합하여 무소속구락부를 결성하였다.

6) 초대 대통령선거

한국민주당은 당초 이승만을 국가원수로 하고 행정수반은 자당(自黨)에서 점하고자 내각책임제를 기도하였으나 이승만 국회의장이 국가와 행정의 수반인 미국형 대통령제를 염두에 둔 대통령이 되기를 원하였기 때문에 내각책임제 헌법초안을 수정하여 대통령제가 채택되도록 작용하였다.

1948년 7월 20일 제1회 국회(임시회) 제33차 본회의에서 대통령 간접선거를 실시한 결과 초대 대통령에 이승만 의원, 부통령에 이시영 의원이 선출되었다.

1948년 8월 15일 0시를 기하여 대한민국정부 수립이 선포되었다.[12] 이승만 대통령은 미군 당국과 협력하여 당시 혼란스러웠던 정국을 바로잡고자 하였는데 대통령의 보수우익 성향과 제헌의원선거를 전후한 제주도 등 전국 각지에서의 좌익항쟁은 제1공화국정부의 이념적 경직성을 더하는 계기가 되었고, 그 후의 국정운영에도 영향을 미치게 되었다.

<표 3-3> 초대대통령선거 결과

재적 의원 수	투표 수	후보자별 득표수			무효
		이승만	김구	안재홍	
198	196	180	13	2	1

출처: 중앙선거관리위원회, 『대한민국선거사(제1집)』(1973), 736쪽.

---

11) 양당의 합당선언 이후의 자료는 확보되지 않았다.

12) 국회본회의는 1948년 7월 1일 국호를 대한민국으로 결정한 바 있다.

제3절 **한국민주당 · 대동청년단의 통합 시도**

1. 통합 배경

해방 이후 한국민주당의 행적은 민주주의의 구현을 위하여 노력한 점이 인정되지만 대체로 외세의존적인 태도를 보였으며 기득권 유지를 위하여 활동하였다는 평가를 받고 있다.[13] 국내에서 이렇다 할 조직기반이 부족하였던 이승만은 한국민주당의 후원을 받아 어렵지 않게 정권을 장악할 수가 있었다. 이승만의 귀국을 환영하고 그의 정치권력에의 접근을 도운 한국민주당은 제1공화국의 내각 구성과정에서 이승만 대통령에게 국무총리직과 내각의 과반수를 배려해 줄 것을 요구하였다. 그러나 이승만으로서는 군정 하에서 실정(失政)의 책임이 있던 한국민주당이 권력을 장악해서는 안 된다고 생각하였다. 또 한때나마 미소 공동위원회에 한국민주당이 참여하였다는 사실은 이승만에게는 신의 없는 변절행위로 보였다.[14]

결국 한국민주당은 초대 내각 구성과정에서 배제된 후 위축되기 시작하였으며 국민들로부터도 신망을 상실하게 되자 새로운 진로를 모색하지 않을 수 없었다. 그래서 한국민주당은 상해(上海) 임시정부의 지도자였던 신익희와 대동청년단의 단장인 지청천 등을 포섭, 세력을 통합하여 민족주의 정당으로서의 지위를 확보하고자 하였다. 따라서 이 두 정당·단체의 통합 시도는 이승만 정권을 견제하기 위한 야당세력 결집의 제1단계 시도였다고 할 수 있다.[15]

---

13) 심지연, 『한국현대정당론』(서울: 창작과비평사, 1984), 126쪽.

14) 심지연, 앞의 책.

15) 이승만 대통령은 조각 초에 한국민주당으로부터 당한 경험 때문에 강력한 여당 조직을 결심하게 되었다. 그는 먼저 일부 각료를 중심으로 국회 내의 태백구락부, 한국민주당탈당파, 민족청년단계 독촉정통파, 대통령무조건추종파 등을 규합하는 한편 명제세, 배은희, 유진산 등에게 민간 신당조직을 결성하도록 밀령을 내렸다고 한다. 문창성, 앞의 글.

2. 통합 시도 경과

1) 원내 정치세력의 배열

제헌국회 개원(1948. 05. 31.) 이후 한국민주당은 대한독립촉성국민회와 무소속이 포함되어 있던 친한국민주당계열 의원들을 규합함으로써 무소속 의원의 수는 60여 명이 되었으나 1948년 6월 22일 대한독립촉성국민회와 한국민주당 소속 의원 중 영남 출신 의원 30여 명은 태백구락부(일명 영우회)라는 친목단체를 결성하였다. 기타 대한독립촉성국민회 잔류의원과 대동청년단 일부는 3·1구락부를, 무소속 의원들은 무소속구락부를 결성하였다. 곧 이 두 개의 구락부는 하나로 통합되어 무소속구락부를 형성하고 원내 활동에 있어서의 편의와 세 규합을 도모하였다.

그러던 중 8월 8일 새 정부 조각과정에서 소외당한 한국민주당이 '야당 세력'임을 자처하는 성명을 발표하자 3·1구락부와 무소속구락부의 통합체인 무소속구락부에서 대한독립촉성국민회 소속 50명이 이탈, 이정회(윤치영, 임영신, 이종린, 유성갑 등 중심)를 만들어 여당적인 입장에 서게 되었다. 남게 된 의원 중 한국독립당계열 의원들은 동인회를, 10여 명의 급진적 이론파는 성인회를, 민족청년단계열 20여 명은 청구회를 구성하게 됨으로써 무소속구락부는 완전 해체되었다. 이로써 여야 정파 간의 구별이 나타나기 시작하였다.

이 무렵부터 정국이 긴장되었으며 원내 각파는 원외 인사 또는 원외 정치세력을 규합, 정당운동을 전개하게 되었다. 이정회는 이승만이 주창한 일민주의의 구현을 당시(黨是)로 하여 대한국민당과, 동인회는 사회당과 각각 연결되었고, 무소속 의원들 중 10여 명은 원내를 중심으로 대한노동당을 결성하였으며, 성인회와 동인회의 일부 의원들은 민족공화당(가칭)이란 당명 아래 신당운동을 전개하였다.[16]

---

16) 국회사무처, 『국회사(제헌국회-제3대국회)』(1971), 12-13쪽.

2) 대동청년단 결성과 한국민주당의 합당추진

대동청년단은 전국 청년단체의 대동단결을 목표로 하여 1947년 9월 21일 18개 청년단체가 통합하여 결성된 조직이다. 대동청년단(단장 지청천, 부단장 이성주·오강선)은 튼튼한 조직을 갖추고 반공 및 단독정부 수립을 주장한 이승만 노선에 동조하여 활동하다가 제헌의원선거에 참여하였다. 선거에서 29석을 획득한 한국민주당은 정치노선이 비슷한 대동청년단이 12석을 획득하자 통합을 시도하게 되었다.

제헌의원선거에서 대한독립촉성국민회가 55석을 획득하였으나 이 단체는 좌익단체를 제외한 범정당적 기구로 분류되기 때문에 의석수를 기준으로 할 때 한국민주당이 1위, 대동청년단이 2위를 한 것으로 나타났다.

1948년 9월 25일 오전 11시 시내 중앙중학교 대강당에서 한국민주당 창당 3주년 기념식 및 제4회 대의원대회가 개최되었다. 이날 원내 각 정파와 한국민주당은 회합을 갖고 당세 확장을 위하여 당헌의 일부를 개정하고 대동청년단 등과의 통합을 추진한다는 데에 의견이 접근하였다. 한국민주당은 당헌의 일부를 개정하고 대동청년단과 한국독립당의 일부 인사와도 접촉하였는데 특히 대동청년단과는 통합을 위한 구체적인 문제를 토의하였다.

당시 원내에서 정당 간 대립이 심각해지고 각 정치세력이 이합집산을 보이고 있는 가운데 한국민주당과 대동청년단은 무의식적이었기는 하나 원내에서 반정부적 공동전선을 펴고 있었다. 양당의 최고책임자인 김성수(한국민주당)와 지청천(대동청년단)은 수차례 회동, 통합을 논의하여 오다가 10월 7일 오전 10시에 다시 회담을 갖고 통합에 관하여 구체적으로 의견을 교환한 결과 대동 합동한다는 데 의견의 일치를 보았다.[17]

---

17) 당시 국회와 정부 사이의 대립은 심각한 상태에 있었고 국내 각 정치세력은 이합집산을 거듭하였다. 한국민주당과 대동청년단은 국회 내에서 반정부적 공동전선을 형성하고 있고 있었다. 양측의 최고책임자인 김성수와 지청천(이청천)은 누차에 걸쳐 회동하여 합동문제를 논의하였는데 10월 7일 오전 10시경 지청천은 당 선전부장을 대동하고 김성수 위원장을 자택으로 방문, 수 시간 동안 합당의 구체적 문제에 관하여 의견을 교환하였다. 《동아일보》, 1948년 10월 8일자.

3. 통합 시도 이후

김성수와 지청천의 회담 다음 날인 1948년 10월 8일 제주도에 계엄령이 선포되고 10월 19일 여순반란사건이 발생하는 등 사회적 혼란과 시국의 경색화가 초래되고 있었다.[18]

대동청년단을 이끌던 지청천은 2개월여가 지난 12월 21일 대한청년단을 결성하였다. 대동청년단은 제헌의원선거 후 해산되었는데 그 일부는 이날 결성된 대한청년단에 합류함으로써 명맥을 이어 갔다.

제4절 한국민주당 · 대한국민당의 합당(민주국민당)

1. 합당 배경

한국민주당과 대한국민당은 1949년 1월 26일 합당성명을 발표하였다. 합당성명에 나타난 명분상의 합당이유는 국토의 통일, 민생문제 해결 등의 과업을 수행하기 위한 것으로 되어 있다. 그러나 실질적인 합당 배경을 알기 위해서는 한국민주당이 헌법제정 과정에서 정부형태를 이승만 국회의장의 뜻에 따라 내각책임제에서 대통령제로 변경한 경과를 보아야 할 것이다. 이승만이 초대대통령에 취임한 후 국무총리를 지명하고 국무위원을 임명하기 전까지만 해도 한국민주당은 그에게 기대하는 바가 있었으나 초대 내각 조각과정에서 그로부터 외면당하였다.

이에 한국민주당은 '민족진영의 대동단결'이라는 기치를 내걸고 국회 내

---

18) 여순반란을 일으킨 제14연대는 1948년 5월 14일 광주의 제4연대에서 차출된 1개 대대를 기간으로 여수 인근에 창설된 부대이다. 4연대에서 차출된 1개 대대의 병사들 중에는 좌익계 청년들이 다수 포함되어 있었다. 제주도 토벌작전을 위하여 출동 대기 중이던 제14연대는 10월 19일 오후 8시를 기하여 출동하라는 전보명령을 받았으나 오후 8시경 연대 인사계 지창수가 40여 명의 당세포원들로 하여금 병기고와 탄약고를 점령시킨 다음 사병들을 집합시켜 경찰타도, 제주도출동거부, 그리고 남북통일을 위하여 인민군으로 행동하자고 선동하여 반란을 일으켰다. 김남식, 『남로당연구』(서울: 돌베개, 1984), 381쪽.

의 각 정당과 광범위한 접촉을 시도하였다. 한국민주당은 내각책임제 개헌을 기도하는 한편 미군정 기간 동안의 국민의 동당에 대한 불신과 민원을 완화 혹은 해소하고 당세를 확장하기 위하여 대한국민당 일부(대한독립촉성 국민회의 신익희 세력)와 대동청년단 계열(대한청년단)의 지청천 등을 영입, 통합신당 민주국민당을 창당하게 된 것이다.

2. 합당 경과

1) 한국민주당의 합당결의

해방정국에서 임시정부 지지와 조선건국준비위원회(건준) 타도를 선언하면서 창당된 한국민주당은 진보적이고 민주적인 강령과 정책들을 표방하였다. 뿐만 아니라 미군정의 정책에 적극 협력하여 미국의 대한(對韓)정책 나아가서는 미국의 대외정책까지 호응하였다. 이렇게 미군정과 밀착하게 된 한국민주당은 사대주의라는 비판을 받기도 하였으며 반민족행위자처벌법안 처리과정에서 보인 미온적인 태도로 인하여 친일집단이라는 비난을 받기도 하였다.

이러한 행적은 창당이념과 배치되어 당내 일부 인사들의 반발을 사게 되어 당론의 분열을 초래하였고 성장과정에서 많은 이탈자를 낳게 하였다. 게다가 정부 수립 후 권력에서 소외된 한국민주당의 이미지는 실추하였고 당세 또한 계속 위축되었다. 한국민주당은 헌법개정 불가피론을 주장하는 등 이승만 정권 타도를 외치게 되었는데 동당이 불과 몇 달 전까지만 해도 헌법초안을 내각책임제에서 대통령중심제로 변경시키는 데 앞장섰던 것을 생각하면 큰 변화라고 할 수 있다.[19]

그러던 중 한국민주당과 대한국민당은 1948년 10월 25일 합당에 합의하

---

19) 이렇게 한국민주당의 정권도전을 받게 된 이승만 대통령은 건국 초기 민족국가의 건설이라는 과업에 바칠 시간과 정력을 정권유지에 소모하지 않을 수 없었다. 한승주, 「제1공화국의 유산」, 진덕규·한배호 (외), 『1950년대의 인식』(서울: 한길사, 1981), 39-40쪽.

였으며 다음 날인 26일 양당 대표 20명이 오후 2시부터 한국민주당본부에서 전체회의를 개최하고 합당대회와 이에 따르는 제반 절차를 토의하였다.

한국민주당은 11월 20일 상무집행위원회를 열고 대한국민당과의 합당에 따르는 당면 문제를 토의하였다. 동당은 또 1949년 1월 21일 오후 2시부터 당 회의실에서 김성수 위원장이 참석한 가운데 긴급 중앙집행위원회를 개최하고 합당문제를 논의한 결과 만장일치로 양당의 무조건 합동을 결의하고 다음 날인 22일 정식으로 대한국민당 측에 합당동의서를 전달하였다. 한국민주당은 1월 23일에는 다시 긴급 상무집행위원회를 열고 당내 소장파들의 합동거부문제를 토의하였으며, 1월 24일 오후 2시부터는 합당문제를 다시 토의하였다.

2) 대한국민당의 합당결의

조각 직후 일시 사면초가의 곤경에 빠졌던 이승만 대통령은 그간 구상해오던 큰 여당 설립을 위하여 원내 영남 출신 인사들을 망라한 태백구락부를 중심으로 절대다수 세력의 규합에 나섰다. 그런데 이 신당공작을 둘러싸고 독립촉성국민회 내에서 정치위원회와 목요회 두 계열 간에 알력이 계속되다가 1948년 10월 2일 목요회 인사들을 중심으로 하여 대한국민당(가칭) 발기준비위원회가 발족되었다.[20] 동 위원회는 10월 9일 발기총회를 개최하였는데 임시의장에 배은희가 선출되었다.

대한독립촉성국민회계열 인사들을 중심으로 이승만 대통령이 주창한 일

---

20) 강영수, 「정당재편은 어데로?」, ≪신천지≫(1948년 10월호), 27–33쪽.

민주의의 구현을 당시(黨是)로 하는 대한국민당이 1948년 11월 12일 결성되었다. 동당은 그 후 여당 조직운동을 전개하였으나 이승만 대통령의 지지를 받지 못하면서 내각제 개헌문제와 관련하여 한국민주당과 공감대를 형성하게 되었다.

대한국민당에서는 여러 차례에 걸쳐 부장·차장회의를 개최하고 한국민주당과의 합당문제에 신중하게 접근하던 중 1949년 1월 20일에 개최된 부장·차장 정례회의에서 합당에 관하여 완전한 의견일치를 보았다.[21]

대한국민당 상임집행위원회는 한국민주당과의 합당문제를 다루기 위하여 1월 23일 오후 2시 동당 회의실에서 개최하였으나 합의점에 도달하지 못하였다. 합당문제에 있어서 최고위원 신익희는 합당하지 않으면 탈당하겠다는 뜻을 밝혔으며, 지청천도 같은 견해를 가지고 있었다. 동당은 1월 24일 오후 3시부터 속개된 상임집행위원회에서 한국민주당과의 합당을 결정하고 합당전권위원으로 이종근, 이규갑, 한호홍, 채택용, 최규설, 박영생, 정자산, 이정규, 김여원, 박재영의 10인을 선출하였으며 이날 오후 6시 이종근, 최규설, 채택용 등 4인이 한국민주당 김성수 위원장을 방문하고 최초의 합당회담을 가졌다.[22]

3) 양당 합당 - 민주국민당

한국민주당·대한국민당 양당은 '긴박한 국내정세에 대처'하기 위하여 양당 합당의 필요성을 느끼고 그간 쌍방의 대표가 수차에 걸쳐 교섭을 거듭하고 있던 중 각기 당의 합당결의를 얻게 되었다. 양당 합당교섭회의는 1949년 1월 25일 오후 2시부터 한국민주당 본부에서 양당 대표 20명이 참석한 가운데 개최되었는데 이날 최종적인 절충을 거쳐 합당에 합의하였다.

그동안 양측 대표가 교섭을 하는 과정에서 어려웠던 점은 합당 후의 당

---

21) 이날의 상임집행위원회 석상에서는 다음의 두 가지 조건을 걸고 합당에 합의하였다: ① 대한국민당의 '대한'을 삭제하고 국민당으로 할 것, ② 8인의 최고위원은 한국민주당 5인, 대한국민당 3인으로 할 것. ≪조선중앙일보≫, 1949년 1월 26일자.

22) ≪한성일보≫, 1949년 1월 25일자 및 1월 26일자.

명과 최고간부 및 기타 간부의 인적 구성 비율이었다. 이날의 최종교섭에서
는 양측이 서로 양보하여 당명은 '민주국민당', 인적 구성 비율은 일대일로
하고 최고위원은 8명, 상무위원 30명, 당무위원 100명으로 각각 결정하였다.

양당은 다음 날인 26일 오전 11시 대한국민당본부에서 최고위원 신익희,
배은희, 지대형, 우덕순과 한국민주당 중앙집행위원장 김성수, 부위원장 백
남훈 등 6인의 공동명의로 '국토의 통일, 민생문제의 해결 등 중대한 과업
을 달성하기 위하여 합당한다.'는 내용의 합당성명서를 발표하고 결의사항
을 채택하였다.

한국민주당 · 대한국민당의 합당성명서

국가의 독립과 민족의 자주는 국제적 승인만으로는 완성되는 것이 아니니 우리는 우리의
앞에 놓여 있는 국토의 통일, 민심의 귀일, 민생문제의 해결 등 더욱 중대한 과업을 완전
히 달성하여야 비로소 국가의 독립을 태산반석같이 완고케 하고 민족의 번영을 자손만대
에 누리게 할 것이며 아울러 세계만방의 후의에 보답하게 될 것이다.
그러나 오늘의 현실은 왜적이 물러가고 신탁문제가 해소됨으로 인해서 밖으로 향해서 일
치단결하는 마음은 해이하고 안으로 분열과 파쟁이 더해질 조짐이 없지 않으니 이 얼마나
우려할 일이랴. 원래 우리 민족은 피가 같고 전통이 같고 언어가 같고 습속이 같고 생활
방식이 같은 단일민족이다. 단일민족이 한 덩어리가 되어서 통일된 민주주의 국가를 세우
고 만민번영의 사회생활을 영위하려는 일민주의는 전 민족이 같이 나아가야 할 길이다.
대한국민당과 한국민주당은 이 민족적 진로와 정치, 경제, 사회의 모든 정책에 있어서 합
치됨을 깨닫고 국민의 절대적 요망이요 민족적 지상명령인 통일과 단결을 실행하기 위하
여 합당을 결정하고 이에 천하에 성명하는 바이다. 뜻을 같이하는 단체는 다 같이 와서
힘을 합하기를 바란다.

한국민주당 · 대한국민당의 합당 결의사항

최고위원 8명을 선출하고 최고상무위원 1명은 호선으로 선출할 것, 2월 2일에 양당 대표
자회의를 개최하여 정강정책을 통과시킬 것, 정강정책 기초위원에 대한국민당 측에서 최규
설 외 2명, 한국민주당 측에서 홍성하 외 2명을 선출할 것, 2월 5일에 당무위원회를 개최
하고 발당준비위원으로 양당에서 각각 5명을 선정할 것, 2월 10일 오전 10시부터 시공관
에서 발당대회를 개최하고 당사는 한국민주당 빌딩을 사용할 것.

양당의 통합은 당 대 당 통합으로서 새 당명은 한국민주당의 '민주'와 대
한국민당의 '국민'을 결합하여 민주국민당(약칭 민국당)으로 정하였다. 양당
의 대표 20명은 이날 오후 2시부터는 한국민주당 본부에서 전체회의를 개

최하고 합당대회와 이에 따르는 제반 절차를 토의하였는데 합당대회 준비위원으로는 한국민주당의 이상돈 외 4명이 선임되었다.

그런데 대한국민당의 일부 각도(各道) 대표들이 대한국민당과 한국민주당의 합당을 반대하는 성명을 발표(1949. 02. 03.)하였는데 이들의 반대이유는 다음과 같다. ① 당의 최고기관인 중앙집행위원회가 모르는 합당이다. ② 상임집행위원회의 소집도 일부 위원에 국한되었으므로 이 상임집행위원회의 의결도 인정하지 않는다. ③ 지난 1월 24일 상임집행위원회에서나마 합당 절대조건부였던 '당명을 국민당으로 할 것, 일민주의를 당시로 할 것' 등을 대표위원이 위약하였다. ④ 본당 창건이념을 합당신당에서 살리려 하지 않는다.

이렇게 반발이 있는 가운데 한국민주당과 대한국민당의 제2차 합동교섭 대표자회의에서 민주국민당의 최고위원으로 신익희, 지청천(지대형), 김성수, 백남훈을 선출하였다. 이에 배은희와 우덕순은 신당 불참을 표명하였다.[23] 대한국민당 감찰위원회에서는 중앙집행위원회의 소집을 최고위원 측에 건의하였지만 최고위원 측에서 이에 불응하므로 2월 5일 오후 2시부터 감찰위원회를 개최하고 토의한 결과 당 규정에 의하여 긴급중앙집행위원회를 개최하고 합당에 대한 중요 안건을 상정키로 하였는데 이로 인하여 대한국민당 내 합당반대파와 합당추진파 간에 알력이 커지고 있었다.[24] 구 대한국민당은 2월 7일 합당반대파의 합당반대 행위를 경고하는 담화를 발표하기도 하였다.

이런 과정을 거쳐 한국민주당은 1949년 2월 10일 대한국민당의 신익희 세력과 대동청년단(대한청년단)의 지청천 세력을 흡수, 당을 발전적으로 해체하고 민주국민당을 창당하였다.[25] 한국민주당과 대한국민당이 무조건 합동키로 합의를 본 후 신당 민주국민당 결당대회가 2월 10일 오후 2시부터 시공관에서 이승만 대통령을 비롯한 각계 내빈의 참석하에 거행되었다. 결

---

23) 《서울신문》, 1949년 2월 5일자.
24) 《연합신문》, 1949년 2월 6일자.
25) 신익희, 지청천 두 사람 모두 한국독립당계 인사들이다.

당식은 한민홍의 사회로 시작되어 국기배례, 서정희의 개회사, 이규설의 경과보고, 조병옥의 국제정세보고, 김우평의 국제경제정세보고, 이종근의 국내정세보고 등이 있은 다음 함상훈으로부터 선언낭독, 이정규로부터 정강정책 낭독이 있었다. 그리고 민주국민당 최고위원으로 선출된 김성수, 백남훈, 신익희, 지청천(지대형) 4인의 취임인사가 있었고 이승만 대통령, 이시영 부통령을 비롯한 내빈, 정계 요인들의 축사가 있은 다음 결당대회를 마쳤다. 합당으로 당세를 확장한 이들은 이승만과의 투쟁에 있어서 새로운 국면을 맞게 되었다.

4) 합당반대파

그런데 1949년 1월 중순부터 본격화된 한국민주당과 대한국민당의 합당과정을 보면 양당 내부에 합당에 대한 반발이 적지 않았음을 알 수 있다. 대한국민당의 경우를 보면, 한국민주당과의 합당운동 전개과정에서 합당반대파가 세력을 형성함에 따라 합당파와 합당반대파로 양분되어 대립하다가 합당반대파 국회의원 이유선, 송진백, 최헌길, 황호현, 최규각, 이요한, 진헌식, 박준 등 23명은 한국민주당과의 합당을 반대하고 1월 26일 탈당하였다.

대한국민당과 한국민주당의 합당대회를 하루 앞둔 2월 9일 오후 2시 대한국민당에서는 중앙집행위원회를 소집하였으나 법적 인원 400명 중 93명만 출석하였다. 개회 벽두부터 합당추진파인 대한청년단계열과 합당반대파가 장시간의 격렬한 논쟁을 벌인 끝에 ① 합낭에 대한 성과보고, ② 내한국민당 출신 국회의원의 의견 청취, ③ 지방대표들의 합당에 대한 실정보고를 듣기로 하였다. 회의 도중 중앙집행위원회의 결의를 득하지 않은 합당의 부당성을 통렬히 지적하는 반대론이 전개되면서 장내가 소연해졌다. 그런 가운데 이번 합당은 비법(非法)이니 무효를 선포하고 대한국민당의 엄연한 존재를 내외에 성명하자는 결의를 한 후 오후 7시 30분 폐회를 선언하였다.

그러나 합당추진파인 대한청년단계열에서 동 결의의 부당성, 비합법성을 지적하고 의장을 맹공격하자 의장은 동 결의를 취소하고 10일 오후 10시

속개한다고 선언하고 산회하였다. 합당반대 측은 대한청년단과의 합동에 있어서나 이번 한국민주당과의 합당에 있어서 문제가 복잡해진 것은 최고위원의 독재와 무책임에 기인하며 모든 절차를 합법적으로 순서를 밟지 않고 단독적으로 해 놓고서는 책임을 지지 않고 있다고 공박하였다. 이에 대하여 합당추진파 측은, 합당추진은 최고위원 4인이 완전 합의를 보고 한국민주당 측과의 각서에도 서명 날인한 것이며 부장·차장회의와 상임집행위원회에서도 가결하여 합당성명서에 4인의 최고위원이 서명 날인한 것인데 이제 와서 합당을 반대하는 것은 새로운 부서(部署)에서 누락된 자들의 반동행위라고 받아쳤다.

2월 10일 신익희, 지청천 등 합당파가 이탈하여 한국민주당과 합당함으로써 대한국민당은 침체상태에 빠지게 되었고 일부 잔류파가 겨우 명맥만을 유지하게 되었다.

3. 합당 이후

1) 당 운영 및 합당의 여파

통합신당 민주국민당은 신익희와 지청천이 대한국민당 측의 최고위원이 되고, 김성수와 백남훈이 한국민주당 측의 최고위원이 되어 4인 최고위원 체제를 갖추고 당을 이끌어 나갔다.[26]

민주국민당은 원내에서 행정부에 의한 국회 경시(輕視) 문제를 쟁점화하여 원내에서뿐만 아니라 행정부 내의 교두보를 통한 영향력을 행사하여 유리한 정치적 위치를 확보하려고 노력하였다. 동당의 창당은 대통령에 대한 견제세력의 성장이면서 동시에 제헌국회 이후 정당분열의 시작이라고 할 수 있다. 민주국민당의 주요 인물과 정강·정책은 한국민주당의 그것과 큰

---

26) 민주국민당 부서 및 간부: 위원장 신익희, 부위원장 김도연·이영준, 고문 백남훈·서상일·조병옥, 총무부장 이정래, 조직부장 조한백, 섭외부장 정헌주, 의원부장 소선규, 정책위원장 나용균·김종훈, 『한국정당사』(서울: 서울고시학회, 1983), 35쪽.

차이는 없었으나 이승만과의 투쟁을 전개하기 위하여 각 정파가 합동, 결성
된 정당이기 때문이다.

2) 대한국민당계열 세력의 이탈

대한국민당 일부에서는 구 한국민주당과의 합동은 동당 중앙집행위원회
를 무시한 일부 최고위원들의 소행이라 하여 대한국민당의 존립을 합법적
으로 규정할 것을 기도하였다. 이들은 1949년 2월 22일 오후 2시부터 종로
기독교청년회관에서 제2차 중앙집행위원회를 개최하였는데 400명 중 212명
이 참석한 가운데 예정대로 회의석상에서 한국민주당과의 합의를 부인하고
일부 최고위원 및 상임집행위원에 대한 불신임안, 당 간판 및 당인(黨印)을
회수할 것 등을 만장일치로 가결하였다. 그리고 신임 상임집행위원으로 김
중학, 박재영 외 78명을 선출한 다음 최고위원 선출은 당분간 보류하기로
하고 오후 5시 산회하였다.

민주국민당이 1949년 2월 10일 발족할 당시 합당에 불만을 품은 세력이
있었다. 신익희와 지청천이 당의 주도권을 장악하게 되는 것에 불만을 갖고
있던 중 문호개방에 따라 다수 인재들의 영입에 더 큰 불만을 품게 된 반
대세력이 암암리에 형성되고 있었다.[27]

대한국민당사수파는 3월 10일 다음과 같은 요지의 담화를 발표하였다.

내한국민당 사수파의 담화내용

대한국민당은 한국민주당과의 합동문제로 일시 지장이 있었다. 그러나 그 결과로는 민주국
민당이 새로 생겼을 뿐 대한국민당은 대한국민당대로 새로운 진용으로 재출발하게 되었다.
그럼에도 불구하고 일부에서 본당의 존재를 부인하는 것은 유감천만이다.

오랫동안 민주국민당 교섭단체 대표였던 임흥순과 동료의원 12명은 1953
년 7월 19일 탈당성명서를 발표하였다. 따라서 원내에 28석을 가지고 교섭
단체를 구성하고 있던 동당은 원내교섭단체권을 상실하였다. 그런데 이때의

---

27) 신창현, 『해공 신익희』(해공신익희선생기념회, 1992), 592쪽; 유치송, 『해공 신익희일대기』(서울: 해공
　　신익희선생기념회, 1984) 555–557쪽.

당내 상황을 보면 정부 수립 후 신익희, 지청천 등을 중심으로 한 대한국민당과 합동하여 발족한 이후의 세력 중 대한국민당계열은 대부분 탈당하였으므로 민주국민당은 사실상 합당 이전의 구 한국민주당으로 남은 셈이 되었다.

그로부터 2년여가 지난 1955년 9월 18일 민주국민당은 시내 천도교체육관에서 중앙위원회를 개최하고 당을 발전적으로 해체하였다. 당의 해체는 9월 19일로 예정된 신당 민주당 창당대회를 앞두고 이루어진 것이다.

제5절 북조선노동당 · 남조선노동당의 합당(조선노동당)

1. 합당 배경

유엔에서 남한지역 단독 총선거 실시가 결정되자 소련군 당국과 북한지도자들은 북한 지역의 정부 수립에 적극적으로 나서게 되었다. 북한 지역에 '전국적인 대표성'을 주장하는 정부 수립이 준비되면서 남 · 북조선노동당의 병존이라고 하는 기존질서에 일대 변화를 가져오게 되었다.[28] 곧 양쪽 노동당의 합당론이 전개되기 시작하였으며 본부를 평양에 두고 있는 북조선노동당은 남조선노동당을 흡수 통합하는 구상을 하게 되었다.

소련의 군사적 · 외교적 확장정책과 이에 대응하는 미국의 반공정책이 세계 도처에서 맞서고 있는 가운데, 소련의 영향을 받는 북한의 대남정책도 적극성을 띠기 시작하였다. 이러한 일련의 상황을 종합하여 볼 때 남 · 북조선노동당의 합당 구상은 크게는 소련의 한반도정책의 일환으로 추진된 것이며, 작게는 북한 대남정책의 적극적인 전환이라고 할 수 있다.

---

28) 초기 북한의 문헌들은 합당의 배경에 관하여, '남조선노동당이 지하로 들어가고 민주진영에 대한 반동의 공격이 강화되었으며 남북노동당 사이에 이간을 일으키려는 수파이 파괴분자들의 행동이 적극화되고 민족분열의 위험이 박두한 조건' 때문이었다고 설명하고 있다. 「조국의 자유독립과 민주건설을 위한 조선노동당의 투쟁」, 인민경제대학 통신교재(제2학년용) 제3호, 42쪽; 이종석, 『조선로동당연구』(1995), 209–210쪽에서 재인용.

2. 남·북조선노동당 합당 경과

1948년 4월 평양에서 열린 남북조선 제 정당·사회단체대표자연석회의와 같은 해 8월 해주에서 열린 '남조선인민대표자대회'에 여러 명의 남조선노동당 간부가 참석하였는데 이들은 그대로 북한에 잔류하여 북한의 각 행정기관이나 사회단체에 들어가 활동하게 되었다. 따라서 남조선노동당에 대한 실질적인 지휘는 평양에 있는 박헌영의 원격지시에 의하여 김삼룡을 책임자로 하고 이주하를 부책임자로 하는 서울지도부가 담당하고 있었다.[29]

1948년 7월 들어서는 '남북조선노동당 연합중앙위원회'가 조직되어 남·북조선노동당의 합당준비를 진행시키고 있었다.[30] 양쪽 노동당의 합당 필요성은 9월 9일 북한에 이른바 조선민주주의인민공화국이 수립되었을 때부터 본격적으로 제기되었다. 조선민주주의인민공화국정부의 중앙기구에 남조선노동당 간부인 박헌영(부수상 겸 외상), 이승엽(사법상), 허성택(노동상), 박문규(농업상) 등이 취임해 있었으며 조선 최고인민회의에도 여러 명의 대의원과 의장 허헌을 비롯하여 여러 명의 남조선노동당 간부가 취임해 있었다는 사실에서도 어렵지 않게 상황을 파악할 수 있다.

북조선노동당과 남조선노동당의 공식적인 합당교섭은 제1차 전원합동회의가 개최된 1949년 6월 24일에 있었다. 양당 간의 합당은 실질적으로는 북조선노동당에 의한 남조선노동당의 흡수였기 때문에 북조선노동당의 창당대회가 조선노동당 제1차 대회로 간주되고 있다.[31]

6월 30일부터 7월 2일까지 평양에서 남·북조선노동당 합동대회가 개최되어 '남북조선노동당의 전체 당원의 의사'라 하여 통합신당 조선노동당을 결성하였다(위원장 김일성, 부위원장 박헌영·허가의). 비공개리에 진행된

---

29) 高峻石, 『朴憲永と朝鮮革命』(東京: 社會評論社, 1991), 181–184쪽.

30) 북조선노동당이 남조선노동당을 흡수하기 위하여 이 기구의 구성을 강요하였다는 것이 통설이었으나 『스티코프비망록』(1946. 12. 12.)에는 박헌영이 남북조선노동당의 단일한 비합법적 중앙을 창설해야 한다는 문제를 제기하였고 이에 대하여 김일성도 동의하였다는 사실이 밝혀졌다. 중앙일보사, 『발굴자료로 쓴 한국현대사』(서울: 중앙일보사, 1996), 257쪽.

31) Dae-Sook Suh, *Korean Communism, 1945-1980*(Honolulu: The University Press of Hawaii, 1981), 74-78쪽.

양당 간의 통합협상은 형식상으로는 대등한 지위에서 실현된 당 대 당 합당이었지만 실질적으로는 남조선노동당의 북조선노동당에의 흡수 통합이었다.[32] 통합 이후 남한에 있어서의 모든 노동당조직은 조선노동당 남반부당으로 개칭되었으며 남조선혁명운동에 대한 모든 최고의 지시는 평양의 지도부에서 나오기 시작하였다.

3. 남·북조선노동당의 합당과 그 이후

1) 남·북조선노동당 합당의 의미

양당의 합당은 남조선노동당이 북조선노동당에 흡수된 것임에도 불구하고 통합신당 내에서 남조선노동당 출신들은 강력한 분파로 등장하게 되었다. 그것은 당시 북조선노동당 내의 상황이 김일성을 중심으로 단일 세력화되어 있지 못하여 당내 역학구도가 불안정하였기 때문이다.

따라서 합당 이후 각 세력의 파벌화 현상이 두드러지게 나타났고 김일성은 자신의 영향권 내에 있는 내각이나 군부와는 달리 당내에서는 경쟁자들로 둘러싸여 있었다. 당내 김일성의 지위 약화는 소련계 한인들과 박헌영의 남조선노동당 계열이 부상하는 새로운 질서 형성으로 이어졌다.[33] 당이 정치를 주도하는 공산주의 체제하에서 이러한 질서의 형성은 조신노동당 내의 계파 간 갈등과 주도권 투쟁으로 이어지게 된다.

양당의 합당은 공산주의운동사 측면에서 볼 때 중요한 의미를 지닌다. 남북한에 존재하던 두 개의 노동당이 하나로 통합되어 조선공산주의 운동의 유일성이 실현되었기 때문이다. 합당시기인 1949년 6월 시점에서 북조선노동당은 단일정당체제하에서 강력한 지배정당이 되어 있었던 것에 비하여 남조선노동당의 조직은 거의 궤멸적인 타격을 입고 있었다.[34]

---

32) 조선노동당의 중앙위원 수에 있어서 남조선노동당계열은 3분의 1, 북조선노동당계열이 3분의 2를 점유하였으며 북조선노동당계열은 주로 조직을 담당하였고 남조선노동당계열은 주로 이념을 담당하였다.

33) 소련계 한인들이 1948년 9월 24일에 열린, 북조선노동당 중앙위원회 제3차 회의에서 당을 장악하게 된다. 당시의 경과는 Dae-Sook Suh, *Korean Communism*, 1945-1980, 319-320쪽 참조.

2) 남북한 지역 정세

남조선노동당은 학생동맹휴업, 동맹파업, 8·15폭동 음모, 2·7폭동, 3·1폭동, 제주 4·3폭동, 여순반란사건, 대구 6연대 반란사건, 나주 군반란사건(軍反亂事件) 등을 야기하였다. 경찰은 1949년 9월 21일 남조선노동당 서울시당부를 급습, 시 당위원장 홍태식, 부위원장 홍민표 등 200여 명을 체포하였다. 그 후 남조선노동당은 김삼룡과 이주하 마저 체포됨으로써 붕괴되기 시작하였다.

지난 1946년 11월 23일 좌익 3당이 합당한 남조선노동당의 세력관계를 보면 조선공산당의 조직세력에 비하여 조선인민당과 남조선신민당은 커다란 열세를 보이고 있었으며 더욱이 조선인민당·조선신민당 양당은 모두 조선공산당에서 파견된 프락치들에 의하여 실권을 빼앗기고 있었다.[35]

한국정부는 1949년 10월 18일 공산주의 정당·단체를 불법화하였으며 다음 날인 19일에는 남조선노동당 및 민주주의민족전선 산하 133개 정당·단체의 등록을 취소하였다.

---

34) 1949년 6월 21일과 22일 이틀에 걸쳐 국회의원 6명이 군 헌병과 경찰당국에 의하여 체포되었다. 이와 관련하여 김태선 서울시 경찰국장은 6월 23일 이들 국회의원이 남조선노동당과 관계가 있어 국가보안법 위반혐의로 체포했다고 발표하였다.

35) 남·북조선노동당의 합당은 남조선노동당 내에서의 박헌영의 세력을 억제하여 궁극적으로는 김일성의 당내 지도권 확립을 위해서 취해진 조치로 보인다는 해석도 있다. 이동준, 『역사의 증언』(서울: 내외문제연구소, 1969), 126쪽.

 제2대 국회의원선거(1950. 05. 30.)

1. 선거 전의 상황

1) 민주국민당의 내각제 개헌안 제출

정부 수립 이래 이승만 대통령에 대한 투쟁과 당세 확장에 진력하던 야권세력은 합당을 통하여 민주국민당을 창당, 원내에서 제1당의 지위에 오르게 되었다. 민주한국당은 그 후 무소속 의원 일부와 제휴하여 이승만 정권에 정면 도전의 기치를 들었는데 그 대표적인 것이 곧 서상일 의원 외 78인의 명의로 1950년 1월 27일 제출한 내각책임제 개헌안이다.

2) 대한국민당 재건

대한국민당(1948. 11. 12. 창당)은 여당조직운동을 전개한 바 있으나 이승만 대통령의 후원을 받지 못하여 소기의 성과를 거두지 못하던 중 한국민주당과의 합당에 임하게 되었다. 그러나 당내에 있던 합당반대파는 합당에 참여하지 않고 잔류, 겨우 명맥만을 유지하고 있었는데 그 후 제헌국회의 임기종료가 가까워짐에 따라 친여성향의 정당이라는 점 때문에 당의 조직과 운영에 있어서 활기를 띠기 시작하였다.

원내 제1당인 민주국민당이 반이승만운동을 전개하여 대통령제를 내각책임제로 변경하는 내각책임제 개헌안을 국회에 제출하자 대통령을 지지하는 친정부적 정당과 인사들이 민주국민당에 대항하기 위하여 대한국민당을 재결성하게 된 것이다.

원내에서 민주국민당의 독주에 대한 견제세력 구축 필요성을 절감하고 있던 대한국민당은 일민구락부,[36] 신정회, 대한노동당 소속 일부 의원들과

---

36) 헌법 제정 당시 3·1구락부와 같이 있던 무소속구락부 의원들 중 본래 국민회에 소속되었던 의원을 중심으로 한 약 50여 명의 의원이 이정회를 구성하여 여당적 역할을 하였으나 1948년 12월 20일에 개

무소속 일부 의원들의 호응을 얻어 1949년 11월에 소집된 전당대회를 계기로 4정파 합당의 원칙에 합의함으로써 그 당세가 크게 확장(사실상 창당)되었다.

12월 20일 제6회 국회(정기회)가 시작됨과 동시에 민주국민당의 개헌운동의 적극화는 이들 4정파 간의 합당 추진을 가속화시켜 12월 22일에는 공식적으로 합당이 선언되었으며 이를 계기로 개헌반대파 의원들은 대한국민당에 집결하였다.[37]

3) 내각제 개헌안 부결

1949년 12월부터 1950년 1월 말까지 실시된 국정감사결과에 의거하여 국회는 정부의 경찰행정, 불법체포, 재판지연, 정부 공무원의 부패, 국회를 무시한 예산 외의 경찰 및 군대에 대한 경비지출, 부흥사업의 부진과 토지개혁·지방자치·귀속재산처리에 관한 개혁령의 불이행, 쌀값 통제에 대한 정부의 무능력을 문제 삼아 정부를 비판하였다.

한편에서 민주한국당에 의한 내각책임제 개헌안 제출 움직임이 가시화됨에 따라 이승만 대통령은 1950년 1월 24일 내각책임제 개헌안 반대의사를 표명하였다. 그럼에도 민주국민당은 무소속 의원 일부와 제휴하여 서상일 의원 외 78인의 이름으로, 내각책임제 개헌안(공식 의안명칭은 대한민국헌법개정안)을 1월 27일 국회에 제출하였다.[38]

대한국민당이 제시한 헌법 개성 반내 이유는 국토가 양분된 상황에서 개헌은 시기상조이다. 제헌의원의 임기 중 개헌은 부당하니 선거 후 국민의 의사를 들은 후 실시해야 한다.

1월 28일 현재 원내 세력분포는 일민구락부 소속 의원 54명 중 김효석파를 주류로 하는 40명의 의원이 대한국민당에의 합당을 반대하여 그대로 교

회된 제2회 국회 때 또다시 분열하여 그 후 일부의 사람들이 여당성향의 일민구락부를 조직하였다.

37) 국회사무처, 『국회사(제헌국회~제3대국회)』(1971), 240쪽.

38) 헌법개정안 제출이유(민주국민당): 1년 반 동안의 허다한 실정을 책임질 당사자가 없으므로 개제(改制)하여 민심을 수습하고 혁신정치를 해야 한다.

섭단체를 유지하였고, 70명을 보유하고 있던 민주국민당은 1명이 대한국민당으로 이적함으로써 69명으로 감소하였으며, 23명을 보유하고 있던 신정회는 전원이 대한국민당에 가입함으로써 소멸되었다. 23명의 소속 의원이 있던 대한노동당은 그중 11명이 대한국민당으로 이적, 12명밖에 남지 않아 교섭단체가 해체되었다.[39]

개헌안이 제출되자 대한국민당은 민주국민당에서 1명, 신정회에서 23명, 일민구락부에서 14명, 대한노농당에서 11명, 무소속에서 3명을 흡수하여 모두 52명으로 교섭단체 등록을 하였다. 그 후에도 동당에의 입당의원은 증가하여 개헌안을 심의 중인 1950년 3월 9일에는 일민구락부에서 10명, 무소속 9명이 입당하는 등 대한국민당 소속 의원은 모두 71명이 되면서 원내 제1당이 되었다.

1950년 3월 10일 현재 민주국민당(69명)과 일민구락부(30명)에 대하여 제1당의 지위를 차지하게 된 대한국민당(71명)은 원내외에 공포분위기를 조성하면서 개헌반대의 여론을 주도하였으며 원내 중간파 인사들에게는 기권을 권유하는 공작을 전개하였다.

민주국민당은 내각제 개헌안을 제출한 후 법정공고기간이 경과된 후인 3월 9일 이를 국회본회의에 상정하였다. 이 개헌안은 처음부터 민주국민당이 무리하게 추진한 것이다. 일요일을 제외한 연 5일간의 격론을 거치고 난투극까지 벌인 끝에 3월 14일 제51차 국회 본회의에서 표결에 부친 결과 개헌안은 재석 179인 중 찬성 79, 반대 33, 기권 66, 무효 1로 부결되었다.[40]

내각제 개헌안을 부결시키기 위하여 급조된 대한국민당은 결국 동 개헌안을 부결시킴으로써 성공을 거두었는데 이와 관련해서는 두 가지 평가가 있을 수 있다. 첫째, 대한국민당이 개헌안 부결이라고 하는 특수 단기목적

---

39) 한국민주당과 이정회가 유력하던 시기에 세칭 소장파가 있었는데 이 정파는 단일집단이 아니고 무소속 구락부가 분열하였을 때 분출한 동인회(한국독립당계), 성인회(급진적 이론파), 청구회(민족청년단계)의 의원들과 이정회의 일부 의원들로 구성되어 있었다. 이와 같이 한국민주당계를 제외한 국회 내의 여러 정치집단은 모두 임기응변식으로 소속 단체를 변경하는 의원들로써 구성되었으며, 이들은 조직상으로 볼 때 어떠한 원칙 또는 정강정책보다 정치상황이나 정치권력을 둘러싸고 유력한 인물을 중심으로 이합집산을 거듭하고 있었다.

40) 헌법개정을 둘러싼 국회에서의 논의내용은 국회도서관, 『헌법개정회의록(제헌의희)』(1968) 참조.

을 가지고 급조되었다는 점에 대해서는 그 자체 부정적인 평가가 내려질 수밖에 없고 또 현실적으로도 급조된 정당인만큼 당의 조직적 기능은 개헌 안 부결 외에는 찾아보기 어려웠다. 둘째, 정부 수립 후 1년 6개월이 채 되지 않은 시점에서 정부형태를 변경하고자 한 민주국민당의 개헌안 제출은 감정적이고 비합리적인 것이 있다.

4) 선거법 개정

제헌국회는 제2대 국회의원선거를 위하여 1950년 4월 국회의원선거법을 제정하였다. 그 이유는 제헌의원선거에 적용된 선거법이 한시적이었고 미군 정과 함께 소멸되었기 때문이다. 미군정하의 선거법과 비교할 때 의석수 조정(200석에서 210석으로)과 선거권, 피선거권 조정을 제외하면 크게 달라진 내용은 없다.

2. 선거 결과

이승만 대통령은 1950년 5월 31일로 임기가 만료되는 제헌국회에 이어 제2대 국회를 구성하기 위한 국회의원선거 일시를 6개월 후인 11월 말로 연기한다는 발표를 하였다. 이 발표로 인하여 야권이 강하게 반발하는 등 정국이 위기상태에 이르게 되었는데, 4월 2일자 유엔임시한국위원단으로부터 선거의 연기는 대의정치의 원칙에 반하는 것이며, 또 그로 인한 정치적 분쟁은 군사 분쟁을 원하고 있는 분자들에 의하여 이용당하게 된다는 내용의 통고가 있었다. 또 미국정부가 인플레경제의 안정책 마련 및 5월로 예정된 국회의원선거를 실시하지 않는다면 대한(對韓) 군사·경제원조를 재고하겠다는 요지의 각서를 보내옴에 따라 정부는 선거일 연기결정을 번복하였다. 제2대 국회의원선거는 이런 경과를 거쳐 1950년 5월 30일 실시되었다.

선거 결과 정당별 의석수 분포는 총 210의석 중 대한국민당 24석, 민주국민당 24석, 국민회 14석, 대한청년단 10석, 대한노동총연맹 3석, 일민구락부 3석, 사회당 2석, 민족자주연맹 1석, 대한부인회 1석, 중앙불교위원회 1석, 애국단체연합회 1석, 여자국민당 1석, 무소속 126석으로 나타났다.

선거에서 각 정당이 내세운 정책 중에는 유명무실한 것이 많았는데 보수적 성격을 띤 민주국민당이 내세운 당의 정책 중 ① 중요한 기본산업의 국유화, 또는 통제·관리, ② 근로대중 본위의 사회입법 등이 포함되어 있었다는 점이 주목을 끌었다.

<표 3-4> 제2대 국회의원선거 결과

정당	당선자 수	정당	당선자 수	정당	당선자 수
무소속	126	대한청년단	10	민족자주연맹	1
대한국민당	24	대한노동총연맹	3	대한부인회	1
민주국민당	24	일민구락부	3	중앙불교위원회	1
국민회	14	사회당	2	여자국민당	1

출처: 중앙선거관리위원회, 『대한민국선거사(제1집)』(1973), 626쪽.

3. 선거의 특징

① 한국정부가 주관하여 시행한 최초의 국회의원선거로서, 제헌국회에서 제정된 국회의원선거법(1950. 04. 12. 법률 제121호)이 적용되었다. ② 제헌의원선거에 불참하였던 중간파세력과 혁신세력이 참여함으로써 각 정치세력이 모두 참가한 선거로 기록되었다. ③ 보수·혁신정당 간의 정책적 차별화 시도가 엿보였다. 그러나 실제로는 유명무실한 정책의 나열이 많았다. ④ 민주국민당, 대한국민당 등 주요 정당에서 공인후보제도를 채택하였다. ⑤ 제헌의원선거에서는 여성 당선자가 1명도 없었으나 이번 선거에서는 최초로 2명의 당선자가 배출되어 여성의 정치참여와 여성후보자에 대한 유권자의 인식이 바뀌기 시작하였음을 보여 주었다. ⑥ 무소속 후보가 126명이나 당선되어 의석비율 60%를 차지하면서 제헌의원선거에 이어 대다수를 점하였다. 이승만 정권에 비판적인 성향을 가진 무소속 후보의 대거 당선은 무소속 의원들의 당적 변경과 그에 따른 당세 판도, 정당구도에 영향을 주

게 되는데 60%라고 하는 비율은 원내에서 이승만 정권을 위협할 수도 있는 수준이다. ⑦ 대한국민당 최고위원 윤치영과 민주국민당의 서상일, 조병옥, 김준연, 백남훈, 김동원, 백관수, 이영준 등 주요 간부들(주로 한국민주당 계열)이 낙선, 정치지도자들의 부침이 두드러졌다. 무엇보다도 보수정당인 한국민주당의 후신인 민주국민당 내의 역학구도가 제2대 국회의원선거를 맞이하면서 상당부분 변화하였음을 알 수 있다.

4. 선거 이후

제2대 국회의원선거에서 의석을 획득한 정당 중 대한국민당, 국민회, 대한청년단, 일민구락부, 대한노동총연맹, 대한부인회, 애국단체연합회, 중앙불교위원회는 연합여당의 역할을 하였으며 민주국민당, 사회당, 민족자주연맹은 서로 제휴하여 연합야당의 역할을 하였다.

선거 결과에서도 보았듯이 이승만 대통령은 자신과 정부를 지지하는 여당 세력이 미약한 것에 불안해하다가 제2대 국회 개원 직전에 여당 격인 대한국민당이 보수·혁신의 두 파로 분열되자 대한국민당과는 무관하다는 입장을 보이기도 하였다.

제2대 국회는 개원 6일 만에 한국전쟁(1950. 06. 25. 발발)을 맞게 되어 정상적인 의정활동을 펼치지는 못하였다. 민주국민당은 당세 확장을 위하여 노력하였으나 제헌국회에서는 친정부세력인 대한국민당으로부터, 제2대 국회에서는 새로운 여당인 자유당으로부터 견제를 받음으로써 그 세력이 쇠퇴하였다.

한국전쟁 후 이승만 대통령의 1인체제가 구축되고, 자유당의 강경파가 당의 전면에 배치되면서 정권의 권위주의적 정치행태가 사회 전반에 영향을 미치기 시작하였다.

1. 창당 배경

　한국전쟁에 개입한 중공군이 1951년 1월 1일 38선을 넘어 남하하기 시작하자 정부는 1월 4일 서울을 내주고 피난길에 올랐다. 전란의 와중에 3월 29일 국회에서는 국민방위군사건이 폭로되었다.[41] 전쟁을 수행 중인 이승만 대통령이 절차보다는 자신의 정책판단을 중시하게 되면서, 또 대통령의 국정운영 독주와 거창학살사건 및 국민방위군사건 등의 처리에 있어서 그의 의사결정 방식에 불만을 품은 이시영 부통령이 5월 9일 국회에 사표를 제출하였다. 국회는 5월 11일 사표 반환을 결의하였으나 5월 13일 부통령이 재차 사표를 제출하게 되자 다음 날 사표를 수리하였다.

　국회는 5월 15일 제1차 내각책임제 개헌안 제출 이래 이승만 대통령과 정면으로 대립하여 온 야당 민주국민당의 실질적 지도자인 김성수를 3차례의 투표 끝에 후임 부통령으로 선출하였다. 이로써 국회 내에 야당제가 우세한 형세가 되었고 부통령 선출 이후부터 정계는 대통령지지파와 부통령지지파로 갈라져 대립하게 되었다.

　한편 국민방위군사건 관련 여부로 국민의 신망을 잃게 된 친여집단인 신정동지회는 그 사건의 처리에 있어서 공화구락부와 더불어 5월 19일 비민주국민당계열 원내 안정세력의 규합에 착수, 5월 29일 원내교섭단체인 공화민정회를 발족시켰다.[42] 그러나 이 규합에 반대하던 의원들과 친민주국민

---

41) 정부는 1·4후퇴 당시 북한에서 남하한 청장년과 서울, 경기, 강원, 충청지방의 장정 50만 명을 안전지대로 후송시켜 병력자원으로 활용하고자 국민방위군을 설치하였다. 이들 50만 장정은 부산까지 걸어가는 동안 식량과 피복을 제대로 공급받지 못하여 굶어 죽거나 동사하는 자가 속출하였다. 그럼에도 군 고위간부들은 53억여 원(당시 화폐)의 방위군예산을 횡령하였는데 이 사건을 국민방위군사건이라 부른다. 국회는 1951년 3월 29일 국민방위군의혹사건조사위원회를 구성하여 조사한 결과 국민방위군 고위층의 횡령사실을 밝혀냈으며 4월 30일 국민방위군 해체를 결의하였다. 사건의 상세는 부산일보사, 『임시수도천일』(1985), 111-188쪽 참조.

42) 공화민정회는 1952년 1월 17일까지 활동하였다. 국회사무처, 『제2대 국회 경과보고서』(1986), 24-27쪽.

당의원들은 공화민정회를 이탈하여 민우회 혹은 무소속으로 되돌아갔다. 그리고 민우회 소속 의원들과 일부 무소속 의원들은 민주국민당과 제휴하여 공화민정회와 대립하였다.

국민방위군사건을 계기로 발족한 공화민정회는 결성 당초부터 정당화(政黨化)를 기도, 신당 준비위원 25명을 선출하였으나 국민방위군사건 처리를 둘러싼 원내 각파 간의 대립으로 인하여 별 진전을 보지 못하였다. 국민방위군사건과 거창양민학살사건 등 사회적 혼란과 의혹이 가중되고 정부·여당에 대한 민심 이반이 계속되고 있는 가운데 이승만 대통령은 1951년 8월 15일 광복절기념사에서 노동자와 농민을 위한 새로운 정당조직의 필요성과, 대통령직선제 및 국회 양원제를 내용으로 하는 헌법개정의 필요성을 강조하였다. 이것이 동기가 되어 원내 공화민정회는 8월 17일 원외의 국민회, 대한부인회, 대한청년단, 대한노동조합총연맹, 대한농민조합총연맹 등 각 단체의 연락대표자들, 기타 사회단체 대표, 대한국민당이 파견한 대표 등으로, 신당발기협의회를 구성하였다. 이 협의회는 곧 신당발기준비위원회로 발전하였으며 원내, 원외 동수(同數)로 구성되었다.

원내에서 신임을 잃어 가는 이승만 대통령으로서는 대통령 간선제로는 대통령에 재선되기 어려운 상황에 있었기 때문에 직선제를 채택하여 자신의 재선을 확실하게 하고자 하였다. 이러한 이유로 이승만은 자유당을 조직하는 한편 헌법개정안 제출과 국민운동을 전개하게 되었다.

2. 창당 경과

1) 신당 조직준비

자유당의 창당과정은 혼란스러웠다. 우선 원내 공화민정회 인사들이 신당발기에 참여하였는데 이들과는 별도로 초대 국무총리를 역임하고 중국주재 대사로 재임 중이던 이범석이 귀국하여 과거 자신이 구축한 조선민족청년단(族靑) 조직을 중심으로 전국을 돌며 신당운동을 전개하였다.[43] 이러한 요인도 있고 해서 신당발기에 참여한 원내 및 원외 인사들은 여러 가지 면에서 의견이 대립되고 있었다.

각 도, 각 시·군을 단위로 발기인회가 조직되어 당원준비조직이 진행되는 중에 중앙발기준비위원회는 원내·원외로 분열되었다. 한때는 통일노동당이라는 가칭으로 창당을 준비하던 이 신당발기조직위원회가 원내외로 분열된 이유는 여러 가지가 있으나 그중 가장 중요한 것은 신당의 정부형태를 둘러싼 정책설정문제였다. 원외 측 대표들은 대통령·부통령의 국민직선제와 양원제를 주장하였으나 원내 측 대표들은 이를 반대한 것이다.

당시 헌법은 대통령·부통령은 국회에서 간접선거로 선출하도록 하였고, 국회구성은 단원제를 규정하고 있었다. 원내 측 의원들은 당시의 헌법규정대로 대통령·부통령을 국회에서 선거하고 단원제를 그대로 유지하자고 하였으나 원외 측 인사들의 입장은 헌법 개정을 전제로 하는 것이었다. 이런 상황에서 이승만은 원외자유당에 자신의 세력기반을 두게 되었다.

이승만 대통령은 1951년 8월 25일 신당조직에 관한 담화를 발표함으로써 신당조직 의도를 명백히 하였다.[44] 대통령이 신당조직 의사를 밝히자 그동안 원외에서 이승만을 지지해 온 대한독립촉성국민회, 대한농민조합총연맹, 대한노동조합총연맹, 대한청년단, 제헌동지회, 대한부인회 등 각 단체 대표들이 그의 의도를 받들어 9월 3일 신당발기준비위원회 구성협의회(약칭 신협)를 조직하였다. 공화민정회의 신당발기회 원내준비위원회는 9월 6일 원내의 발기회 구성을 위한 협의를 가진 후 부서를 개편하고 활동을 개시하였다.

한편 원내에서도 이 신당운동에 공화민정회와 민우회의 일부가 가담하여 활발한 움직임을 보였다. 공화민정회의 양우정, 조경규, 이재형 등이 주도적인 역할을 하였으며 9월 7일에는 신당준비위원 25인을 30인으로 증원, 개

---

43) 조선민족청년단은 1946년 10월 9일 청년들을 훈련시키기 위하여 결성되었으며 이범석이 단장에 취임하였다. 이범석이 초대 총리에 임명되면서부터 정치색을 띠게 되었는데 특히 자유당이 발족하고 이범석이 부당수에 취임하면서 자유당 내에서 중심세력을 형성하였다. 이승만 대통령은 1949년 1월 6일 조선민족청년단을 해산하고 대한청년단과 합류할 것을 담화하였고 1월 15일 조선민족청년단은 자진 해체하고 대한청년단과 합류하였다.

44) 관련 담화내용은 공보처, 『대통령 이승만박사 담화집』(1953), 61–63쪽 참조.

선(改選)하였다. 신당운동은 초기에는 원외발기인 선출문제를 둘러싸고 공
화민정회 내부의 민정동지회, 국민구락부, 공화구락부 등이 주도권 장악을
놓고 다투었으나 나중에는 정책책정문제를 놓고 원내, 원외가 대립하였다.

2) 신당조직운동 분열

1951년 10월에는 민우회가 원내에서 정당준비회를 구성하여 신당발족준
비에 나섰으며, 10월 23일에는 신당 준비 작업을 일단락 지은 공화민정회
가 국회의사당에서 원내 신당 발기인회를 결성하였다. 그 후 공화민정회 내
의 3계열인 민정동지회 계열, 국민구락부 계열 및 공화구락부는 원외 발기
인 선출문제를 둘러싸고 주도권을 장악하기 위하여 암투를 계속하였다.

공화민정회는 신당발기준비위원회로 하여금 원내 의원 수와 동수로 원외
발기인 95명을 추천케 하여 11월 13일 원내외 합동신당발기준비위원회를
개최하였는데 이날 발기인대회와 발당식 일정을 잠정적으로 결정하였다. 이
에 따라 통일노동당(가칭)의 당명 하에 각 지방의 도, 시, 군 단위까지 발기
인대회를 조직하고 준비를 하는 가운데 11월 30일에는 제2차 준비위원회를
열어 조직요강 및 조직기준 등을 채택하였으나 당명과 정책문제를 둘러싸
고 또다시 원내외가 대립하였다.

3) 정부·여당의 헌법개정안 제출과 민주국민당의 반정부 공세

신당발기준비위원회가 원내와 원외로 분열되어 통합을 이루지 못하고 있
을 때 민주국민당을 비롯한 무소속 의원들은 반정부 공세를 취하고 있었다.
이러한 야당의 공세를 견제하기 위하여 정부·여당은 1951년 11월 30일
대통령직선제와 양원제를 골자로 하는 헌법개정안을 국회에 제출하였다. 이
개정안의 내용은 국회를 상원과 하원으로 구성되는 양원제로 하고, 상원의
구성은 각 도 단위의 대선거구 지역대표로서 임기 6년 중 2년마다 3분의 1
을 개선(改選)하여 하원과 동등한 권한을 부여하며, 하원에 대해서는 예산
안의 선심권(先審權)을 부여하고, 대통령·부통령을 국민이 직접 선거하며

대통령 궐위 시에는 부통령이 대통령을 대행하되 전부 궐위 시는 국무총리가 대통령 직무를 대행하면서 즉시 그 후임을 선출하는 것으로 되어 있다.

정부에서 이러한 골격의 헌법개정안을 제출한 이유는 '입법과정에서 단원제의 경솔을 피하기 위하여 노년층으로 구성되는 상원을 구성하고, 상하 양원으로 하여금 신중하게 입법을 하도록 하며 다수당의 전횡을 방지하자'는 데에 있다.[45] 또 대통령 선출방법과 관련해서도 국가의 원수인 대통령을 국회에서 간접 선출할 것이 아니라 주권을 가진 국민이 직접 선출하여 국민의 대표자로서 국가책임을 위임하자는 것이었다.

국회로서는 국회의 권한으로 되어 있는 대통령선거권을 양보하기 어려웠고 입법권을 독점할 수 있는 단원제의 특권을 포기해야 할 이유가 없었다. 국회 측이 내세운 반대이유로서 양원제는 국민의사를 양분하여 국회기능을 약화시키거나 국정처리를 지연시키며, 대통령직선제는 교육수준이 미약한 국민으로서는 집권당의 권력이용 대상이 되기 쉽다는 것 등이었다.

4) 원내외 자유당 창당

원외자유당은 민족청년단계열이 중심이 되어 3개 친여(親與) 사회단체를 그 기반으로 삼았으며 이승만 대통령을 재선시키고 이범석을 부통령으로 앉혀 실권을 장악하고자 하였다. 한편 원내자유당은 공화민정회 소속 의원을 중심으로 확보된 원내 의석 93석을 바탕으로 내각책임제 개헌을 성사시킴으로써 이승만 대통령을 상징적인 국가원수에 그치도록 하고 국무총리직에 있는 장면을 내각책임제하의 국무총리로 옹립, 실권을 잡으려 하였다.

이승만 대통령은 직선제 개헌안을 제출한 직후부터 자신의 세력을 원내 세력화하기 위하여 정당 결성을 적극 추진하였다. 원내외 합동신당발기준비위원회는 1951년 12월 2일 부산 송도의 중앙대학에서 제3차 준비위원회(원내 준비위원 80명, 원외 준비위원 90명)를 열어 그 합의점을 모색하려 하였으나, 당명과 정강·정책 등에 있어서 의견이 대립되었다. 정강·정책에 대

---

45) 이는 국내외를 막론하고 양원제를 주장하는 이들의 일반적인 견해이다.

통령직선제를 삽입하자는 원외의 주장과 당분간 그 문제는 보류하자는 원내의 주장이 엇갈려 결론을 얻지 못하였으며, 통일노동당(가칭)이라는 당명이 공산주의적인 냄새가 풍긴다는 의견이 제시되어 '자유당'이라는 당명을 채택하기로 합의하였다.

그러나 정부형태를 내각책임제로 고쳐야 한다는 원내 공화구락부 계열 인사들의 주장에 대하여 원외 측은 이승만 대통령을 절대시하고 그의 정치노선만을 지지함으로써 타협점을 찾지 못하였다. 부산 송도에서 위원 전체회의가 개최되었지만 정부형태 등을 둘러싼 입장 차이는 조정되지 못하였고 원내외 양측은 격한 논쟁을 벌인 끝에 갈라서게 되었다.

당시 원내에서 다수를 차지하고 있던 원내 측 신당발기인회는 국회를 좌우할 수 있었으므로 신당 추진과정에서 굳이 자기 세력을 분리시킬 필요가 없었을 뿐만 아니라 원내외의 신당 추진세력은 선거구에서 서로 대립, 경쟁할 처지에 놓이게 된다는 인식 때문에 서로 영입작업에만 열중하게 됨으로써 이 회의는 결렬될 수밖에 없었다. 이로 인하여 신당운동은 두 갈래로 추진되었다. 이승만 대통령은 원내 측 인사인 공화민정회의 오위영 의원을 불러 통합작업 추진을 종용하기도 하였으나 대통령의 뜻과는 달리 원내 측의 신당운동은 독자적으로 추진되어 갔다.

이렇게 야권의 통합움직임에 대응하기 위하여 결성이 추진된 자유당은 노동자, 농민대중의 이익과 서민의 권리를 옹호한다는 동일한 이념 아래 집결, 조직되었으나 정부 측이 대통령직선제 개헌안을 제출함으로써 원내외 두 갈래로 분리되었다.

5) 원내자유당

원내자유당 설립추진인사들은 1951년 12월 3일 독자적으로 '자유당'의 이름 아래 발당준비위원회를 구성하고, 12월 23일에는 경남도청 내 국회의 사당에서 중앙과 지방의 대표 360명이 참석한 가운데 창당대회를 개최하였으며 중앙위원회 부의장에 이갑성, 김동성, 김승환 3인을 선출하였다. 공화민정회를 모체로 출범한 원내자유당은 당헌과 당 강령을 채택하고 중앙위원을 선출하였으나 당 대표는 선출하지 않았다.

당시 원내에서 이승만을 지지한 공화민정회는 신정동지회(민정동지회와 국민구락부의 합동체)와 공화구락부가 통합된 교섭단체로서 94명의 의원을 포용하고 있음에도 불구하고 의견조정을 이루지 못하였고, 그 조직 면에서 통일성을 가져오지 못하였기 때문에 실질적으로 민주국민당과 투쟁하기에는 역부족이었다.

6) 원외자유당

1951년 12월 휴전협상은 교착상태에 빠지고 시중의 화제는 온통 전쟁과 휴전 성사 여부로 채워지고 있었다. 그 와중에 원내 의원 측은 부산 송도회의 이후 별도로 정당결성준비를 하였으며 원외 역시 의원 없는 순수 원외 인사들로 결당을 추진하였다. 민족청년단 계열이 중심이 된 원외 측은 1951년 12월 17일 부산 시내 광복동의 동아극장에서 발기인대회를 개최, 당명을 '자유당'이라 고정하고 선언, 강령, 당헌 등을 채택하였으며 원내와 합동공작을 추진할 것을 조건으로 12월 23일에 결당식을 열기로 하였다. 그러나 합동공작은 성과가 없었고 원외 측은 예정대로 12월 23일 오후 2시 동아극장에서 대표 400여 명이 참석한 가운데 자유당 결당대회를 가졌다. 자유당이 결당되어 당수에 이승만, 부당수에 이범석이 각각 선출되었다. 결국 2개의 자유당이 12월 23일 원내 측은 국회의사당에서, 원외 측은 동아극장에서 각각 발족하였다. 당명은 양측이 모두 자유당으로 하였다.

1. 원내외 자유당의 합당 배경

야당의 견제를 넘어 장기 집권을 희망하였던 이승만 대통령은 자신의 뜻을 이해하고 따르는 새로운 정당조직 결성의 필요성을 절감하게 되었다. 그런데 신당 자유당이 조직되는 과정에서 대통령 중심제(직선제)와 내각책임제를 둘러싸고 원내, 원외 측 인사들의 이해관계가 엇갈리면서 자유당은 원내자유당과 원외자유당으로 분립, 결성되었다.

이승만 대통령은 원외자유당을 자신의 정치적 기반으로 삼았는데 그 이유는 과반수의 국회의원들이 정부 측 개헌안(대통령직선제, 양원제)에 반대하는 원내자유당보다는 원외자유당을 중심으로 대중동원을 통한 대(對)국회 간접압력으로 개헌운동을 전개하는 것이 유리하다고 판단하였기 때문이다. 이승만 대통령의 의도는 원외자유당을 이용하여 직선제 개헌안을 관철시킴으로써 차기에도 집권하려는 것이었다.

그러나 자유당이 둘로 분립되어 있는 상황에서 대통령의 국정운영이 여의치는 않았다. 1952년 1월 18일 정부가 제출한 헌법개정안이 부결된 후 원내, 원외자유당의 통합운동이 다시 전개되기 시작하였다.

2. 합당 경과

1) 헌법개정 문제

이승만 대통령은 1952년 1월 14일 '정당에 관한 담화'를 발표하였다.[46]

---

46) 담화의 내용과 관련하여, 이는 이승만 대통령이 의회주의는 정당의 기반 위에서만 가능하다는 인식을 갖게 되었고, 또 한국민주당의 지주특권층적인 부분적 성격을 비판하여 이제 창당되는 정당이야말로 국민적인 정당이라는 것을 강조한 것으로 볼 수 있다는 견해가 있다. 진덕규, 「이승만시대 권력구조의 이해」, 진덕규 외, 『1950년대의 인식』(서울: 한길사, 1981), 11-28쪽.

대통령의 담화에도 불구하고 정부가 국회에 제출한 대통령직선제와 양원제 국회를 주요 내용으로 하는 헌법개정안은 1952년 1월 18일 표결결과 부결되었다. 개정안의 제출 당시 원내 세력분포는 원내자유당 93석, 민주국민당 39석, 민우회 25석, 무소속 18석 등이었으며, 원외자유당은 양우정, 박영출, 이진수 의원 등 소수에 불과하여, 국회의원의 절대다수가 야당적 성격을 띠고 있었기 때문에 개헌안 표결은 재석의원 163명 중 찬성 19, 반대 143, 기권 1표로 부결되었다. 이를 계기로 정부와 국회 간에 알력이 심화되기 시작하였으며 이승만 대통령은 2월 6일 개헌안의 부결은 민의를 배반한 일이라고 비난하였다.

개헌안 부결 이후 원내외 자유당의 통합작업이 재개되었다. 원외자유당은 발족 이래 원내자유당과 합동공작을 추진하는 과정에서 당헌 규칙대로 정규조직을 보류시키고 임시소위원회를 설치하여 당무행정 및 합동운동을 전개하였다. 그러나 합동공작이 실패함에 따라 원외자유당은 3월 20일 제1차 전당대회를 개최하여 당수에 이승만, 부당수에 이범석을 선출함으로써 정식으로 정당조직의 체제를 갖추었다.

한편 원내자유당은 원내 각 정파 간에 비밀리에 태동한 내각책임제 개헌 공작에 대한 찬성과 반대로 입장이 갈려 마침내 합동추진파(삼우장파＝신정동지회파)와 합동반대파로 분열하였다. 합동추진파는 3월 31일 원외자유당, 대한국민당, 조선민주당, 여자국민당 등 5당 대표자와 5당 합동준비위원회를 구성하고, 4월 초에는 조선민주당을 제외한 4당이 합동에 완전 합의하였으며, 5월 19일에 내각(국무원)책임제 개헌안이 표면화함에 따라 이를 계기로 하여 신교섭단체를 구성하고 소속 의원 명부를 국회에 제출하였다. 이로써 이승만 대통령은 그의 의도를 받드는 강력한 힘을 원내외에 갖게 되었다.

국회가 정부로부터 제출된 개헌안을 부결시키고, 4월 17일 내각책임제 개헌안을 제출하자 정부는 5월 14일, 지난 1월 18일에 부결되었던 안을 약간 수정한 개헌안(대통령・부통령 직선제, 양원제 국회)을 다시 제출하였다. 5월 19일을 전후하여 민족자결단, 땃벌떼, 백골단 등 정체불명 단체의 국회

해산요구 시위가 연일 발생하였다.

제1차 개헌운동은 야당이 제기한 것이고 이를 계기로 민주국민당이 조직, 정비되었다. 그러나 여당의 성립과정은 민주국민당의 그것과는 다르게 자발적인 것이 아니고 이승만 대통령과의 개인적인 친분관계와 그의 정치력에 의존하였다. 그 과정을 보면 원외자유당이 원내자유당을 분열시켜 그중 합동파를 포섭, 원내합동파로 하여금 대통령직선제의 개헌안을 가결시키는 데 앞장서도록 하였다.

2) 개헌안 부결 이후의 통합운동

개헌안이 부결(1952. 01. 18.)된 후 원외자유당은 원내자유당과의 합류를 위하여 계속 노력할 것을 공언하였다. 이에 대하여 원내자유당은 정부제출 개헌안을 반대하며 이승만과 대립상태에 있었으나, 1952년 2월의 총회에서의 표결결과 원내자유당 측 정강·정책의 채택을 비롯한 8개 원칙의 수락을 조건으로 원외와의 합동을 29 대 25로 가결하였다. 원내외의 합동추진 교섭위원회는 원내 측이 제시한 합동원칙에 합의까지 하였으나 원칙에 관한 구체적인 해석 차이로 다시 난관에 봉착하게 되었다.

개헌안 표결에서 패한 대통령 지지파인 원외자유당과 대한청년단(한청), 국민회를 중심으로 한 산하 각 단체는 6월에 실시될 대통령 간접선거가 임박하자 각 지방부 조직체에 지령하여 개헌안부결반대민중대회를 개최하고 항의연판장을 받는 한편 민의를 배반한 국민대표를 소환하는 이른바 국회의원소환운동을 전국 각 지역에서 전개하였다. 2월 15일에는 부산시내에 이른바 애국단체의 명의로 국회의원 소환을 운운하는 벽보가 붙었다. 이승만 대통령은 다음 날인 16일 유권자들이 자기 대표를 소환한다는 것은 법이론적으로 부당한 일이 아니라는 내용의 담화를 발표하기도 하였다. 2월 18일에는 수백 명의 청년들이 국회의사당 주변에서 개헌안 부결에 대한 항의시위를 벌였다. 국회는 이에 대하여 '국회의원 소환운동은 위헌적인 처사'라며 2월 19일 호헌을 위하여 결사 항쟁한다는 서약을 하는 등 상황이 급박해지고 있었다.

국회의 요청을 받아 대통령의 주장에 대하여 의견을 피력하게 된 김병로 대법원장은 2월 21일 국회증언에서 "헌법에 규정되었더라도 반드시 절차법이 있어야 한다."고 답변하였다. 국회는 대법원장의 견해에 따라 2월 29일 현행 관계 법률의 해석으로는 국회의원을 소환할 법적 근거가 결여하고 있다고 밝히고 개헌안 부결의 경위와 진상을 발표하기로 결의하였다.[47]

국회는 벽보부착 및 시위의 진상과 관련하여 정부에 대하여 질의를 하였으나 정부는 방관적 태도를 취하였다. 신익희 국회의장은 2월 20일 '대통령께 보내는 질문 요항' 즉 질문서를 발송하였다. 대통령의 답변서는 2월 26일 오후 12시 40분경 국회에 도달하였는데, 대통령은 답변에서 국회의원 소환의 근거로 '민의가 적당히 발표된 후에는 이를 막을 수가 없다.'는 점을 강조하였다. 이승만 대통령은 또 국회가 제출한 12항목에 걸친 서면질의에 대하여 헌법개정안을 부결한 것은 헌법정신에 위배되기 때문에 이를 국민들이 교정하려는 것이라고 회답하였다.[48]

대통령과 국회 사이에 불신과 대립이 심화되어 가는 가운데, 원외자유당은 원내자유당의 내각책임제 개헌세력에 대한 와해공작과 의원포섭공작에 본격 착수하였으며 때를 같이하여 원내자유당을 비롯한 내각책임제 개헌 지지자들이 서명공작에 착수하였다.[49]

포섭공작 결과 원외자유당은 원내자유당 내의 신정동지회 출신 삼우장파 의원 45명을 영입하게 되었다.[50] 신정동지회 출신 의원들은 대부분 대한청년단 출신으로서 초대 단장을 지낸 신성모 전 국방부장관과 관계가 있었으며, 국민방위군사건의 정치자금수수설에 연루된 세력들이었다. 이승만 대통

---

47) 국회는 1952년 2월 29일 '국회의원소환설에 관한 대통령 언명에 관한 결의안'을 가결하였다. 결의안 요지: 정부가 제출한 헌법개정안을 부결하였다는 이유로 강행된 국회의원소환운동에 관하여 국회로서는 이를 민주주의의 육성을 저해하는 '조작된 민의'로 보고 우려하지 않을 수 없다.

48) 대통령에게 보내는 질문서, 대법원장의 국회증언, 국회질문서에 대한 대통령의 회답 등의 내용은 국회사무처, 「개헌안 부결과 호헌결의까지의 진상」(1952. 3.), 국회사무처 문서철.

49) 한정일, 「야당으로의 정비, 민국당」, 『한국의 정당』(서울: 한국일보사, 1987), 235쪽.

50) 경남도청 앞의 임시수도 정치1번가였던 부민동, 보수동 일대의 몇 안 되는 식당 겸 요정은 정치인들의 모임터가 되었다. 요정 신성에 자주 모이던 원내자유당 의원들을 신성파, 요정 삼우장에 자주 모이던 자유당 합당파의 위원들을 삼우장파라고 불렀다.

령은 당초 원외자유당을 대한청년단장을 지낸 신성모에게 맡기려 하였으나 국민방위군사건과 거창양민학살사건에 따른 부정적인 국민여론을 무시할 수 없어 초대 국무총리 겸 국방장관을 지낸 민족청년단의 지도자인 이범석을 발탁하였다.

3) 원외자유당 전당대회

혼란스러운 정국이 계속되던 중 원외자유당 전당대회가 1952년 3월 20일 오전 11시 40분부터 부산 동아극장에서 개최되었다. 이날 당수에 이승만, 부당수에 이범석이 각각 선출되었고 당헌, 정강 등도 채택되었으며, 당원 총수는 265만 4,258명으로 보고되었다. 원외자유당은 3월 21일 중앙집행위원회를 개최하고 대통령직선제와 양원제 국회 등 12항목에 걸친 대정부건의안을 만장일치로 가결하였다.

같은 날(1951. 12. 23.) 동시에 출범한 2개의 자유당은 1952년 3월까지 합당공작을 계속하여 왔는데 원내 측이 내각책임제 개헌 등을 요구함으로써 합당교섭은 난관에 봉착하였다. 원내자유당은 위원장제를 채택하고 편제를 개편한 반면 원외자유당은 1951년 12월의 결당 시부터 1952년 3월까지는 정규편제를 보류하고 임시소위원회제로 당무를 집행하면서 합동을 추진하다가 후에 이를 단념하고 정규편제로 전환하였다.

원외자유당은 초대 지방선거(1952. 04. 25., 1952. 05. 10.)를 통하여 지방조직을 확대하였으며, 한편에서 원내자유낭 인사에 대한 개별직 포섭을 시작하였다. 그 결과 원내자유당은 분열상을 보이기 시작하여 원외자유당과의 합동을 주장하는 합동파와 이를 반대하는 잔류파로 양분되었다. 그러나 합동파가 합동을 주장하고 원내자유당에서 이탈하기는 하였으나 합동절차는 밟지 않고 이갑성, 박영출 등을 중심으로 하여 잔류파와 원외자유당의 중간 위치에 자리 잡고 합동파 자유당이란 정당체제를 갖추었다.[51] 합동파는 세

---

51) 한태수, 『한국정당사』(서울: 신태양사, 1961), 191-192쪽. 자유당(합동)은 1952년 11월 27일 교섭단체 명칭을 자유당(원외)으로 변경하였다. 자유당(원외)은 동 교섭단체가 주축이 되어 1953년 4월 14일자로 자유당으로 명칭을 변경하였다.

칭 삼우장파라는 의원구락부를 조직하고 훗날 헌법개정운동에 중요한 역할
을 하게 된다.

4) 원내자유당 간부파의 내각제 개헌안 제출

원내자유당은 원내 각 정파가 성안, 추진 중에 있던 내각제 개헌안에 찬
동하였는데 여기에 서명한 의원은 1952년 4월 3일에 60여 명이던 것이 증
가하여 4월 8일에는 120명이 되었다.

원내에서는 민주국민당과 원내자유당의 잔류파(간부파)가 결합하여 내각
책임제 개헌안 작성과 서명공작을 진행하였으며 4월 10일에는 개헌안 서명
의원간담회를 개최하여 내각책임제 개헌추진위원회를 구성하고 본격적인
개헌운동을 추진하였다. 야당의 의도는 야당이 결합, 장차 다수당 내각을
조직하고 국무총리가 실권을 장악하며 대통령은 형식적인 국가원수로 추대
하는 내각제의 채택에 있었다.

원내자유당 합동추진파는 내각책임제 개헌에 대항하기 위하여 신교섭단
체를 구성하려 하였고, 국민회를 비롯한 12개 정당·사회단체 대표들은 4
월 16일 내각책임제반대 전국정당사회단체 공동투쟁위원회 준비위원회 구
성을 결정하였다.

여당과 야당 간 대립 속에 민주국민당(39명)을 비롯한 원내자유당 잔류파
(48명)와 민우회(21명)는 4월 17일 오전 11시 곽상훈 의원 외 122명의 연명
으로 내각책임제 개헌안을 국회에 제출하였다. 이는 이승만 대통령의 일방
적인 권력행사에 대한 도전이었으며 이를 계기로 정부와 국회 간의 대립은
더욱 심화되었다.

5) 원외자유당의 내각제 개헌반대와 원내자유당의 분열

원외자유당 등 전국 18개 단체 대표 400명은 개헌안이 제출된 1952년 4
월 17일 내각책임제 개헌반대투쟁공동위원회를 구성하고 개헌반대선언서를
발표하였다.

원내외 자유당의 합당공작이 수포로 돌아간 후 원외 인사들을 규합하여 중앙상무위원회 간부를 불신임하고 개선(改選)하기에 이른 원내자유당은 합동파(삼우장파)와 잔류파(간부파)로 분열되어 두 계파는 각기 자파세력 유지 및 확장에 주력하였다. 이처럼 개헌안을 둘러싼 여야 간의 대립격화와 자유당 내 두 계파 간의 대립은 입법부와 행정부 간의 대립 양상으로 나타나 국회는 국회대로 행정부는 행정부대로 각기 개헌안을 제출하게 되었다.

내각책임제를 주요 내용으로 하는 헌법개정안이 1952년 5월 7일 국무원공고 제35호로 공포되었다. 이에 대하여 이승만 대통령은 1월 18일에 부결되었던 것과 대동소이한 개헌안(대통령직선제, 양원제)을 국무회의의 의결을 거쳐 5월 14일 국무원공고 제36호로 공고함으로써 국회는 두 개의 개헌안을 같은 시기에 심의하게 되었다.

원내자유당은 결국 5월 19일 헌법개정문제를 둘러싸고 분열되었다. 김정실 등 합동파(삼우장파)는 정부와 원외자유당에 동조하였고, 홍익표 등 잔류파(간부파)는 내각책임제 개헌안 지지입장을 고수하였다. 원내자유당의 분열은 바로 자유당의 통합으로 이어지는데 합동파는 5월 19일 잔류파로부터 이탈하여 52명이 '자유당(합동)'이라는 교섭단체로 국회에 등록하였다.[52]

이날 부산 충장로광장에서는 자유당과 대한청년단의 주최로 '반민족국회의원 성토'라는 이름의 집회가 있었다. 군중들은 도청 앞에서 반민족국회의원 타도 시위를 전개, 장택상 국무총리에게 건의서를 전달한 후 국회의장에게도 전달하려 하였으나 접수시키지는 못하였다.[53]

6) 부산정치파동

시위운동은 날로 격렬해지고 있었다. 이승만 대통령은 1952년 5월 24일

---

52) 그러자 그 전 자유당은 자유당(합동)과의 구별을 위하여 12월 23일 자유당(원내)으로 명칭을 변경하였다. 한편 자유당합동파는 11월 17일 자유당(합동)에서 다시 자유당(원외)으로 명칭을 바꾸었다.

53) 5월 21일과 23일에는 임시중앙청 앞에서 같은 시위가 발생하였다. 23일에는 오후 3시경부터 시위대가 노상에서 반민족국회의원 규탄 국민대회를 개최하여 대통령, 국회의장, 대법원장에게 청원서를 제출하고 청원서에 대한 회답을 받으려고 중앙청 앞 노상에서 대기까지 하였으며, 오후 7시 30분경 신익희 국회의장 댁으로 행진하던 중 미군 헌병의 교통정리로 오후 8시 20분경 해산하였다.

이러한 정치적 혼란에 언급함이 없이 민족청년단장이었으며 원외자유당의 부당수였던 이범석을 내무부장관으로 임명하고 5월 26일 영시를 기하여 부산지역일원에 비상계엄령을 선포하였다. 이로써 부산정치파동이 시작되었는데 정부는 비상계엄령의 선포를 '후방 지역 내에 출몰하고 있는 공비를 소탕하고 후방치안을 확보하기 위한 군사상의 필요성에서'라는 이유로 정당화하였다.

5월 26일 아침 임시수도 부산의 동래온천장을 출발한 국회통근버스는 광복동 동아극장 앞에서 국회의원 30명을 더 태워 모두 47명을 싣고 임시의사당이 있는 경남도청 정문을 들어서려다 헌병들의 검문을 받았다. 헌병들은 5월 26일 0시를 기하여 선포된 계엄령 아래에선 어떠한 차량이라도 검문을 받아야 한다고 주장하였고 국회버스는 이에 맞서 1시간을 버텼으나 결국 국회버스는 국회의원들이 탑승한 채 군용크레인에 의하여 헌병대로 강제 이동되었다. 국회의원들은 이틀간 억류되었으며 그중 몇 사람은 국제공산당음모사건의 혐의자로 구속되었다. 연행 다음 날인 27일 공보처는 특별발표를 통하여 국회의원 수명이 국제적인 비밀공작에 관련되어 공산당 측으로부터 거액의 공작자금을 받았기 때문에 일부 국회의원을 구속하였다고 밝혔다.[54]

사태를 지켜보던 유엔임시한국위원단은 28일 부산시의 계엄령을 해제할 것과, 모든 국회의원이 장애와 위협을 받지 않고 참석함으로써 국회가 정상적으로 그리고 자유스럽게 기능을 할 수 있도록 현재 체포 또는 구금 중에 있는 모든 국회의원을 석방할 것을 촉구하는 성명서를 발표하였다. 이승만 대통령은 이에 대하여 세력다툼은 전 국민과 일부 국회의원 사이에 벌어지고 있기 때문에 자신은 무관하며 오히려 헌법과 기본법의 정신을 망각하고 왜곡하고 있는 것은 바로 국회라고 말하였다.[55] 한편 국회는 5월 30일 '국

---

54) 이승만 대통령에게 반기를 들었던 야당 의원 30명은 그 후 경찰의 지명수배를 받게 되었다. 이로부터 30일 만인 7월 4일 야당 의원이 제안한 내각책임제 개헌안과 정부가 제안한 대통령직선제 개헌안을 혼합 절충한 발췌개헌안이 가결되었다. 이 39일간의 정치적 혼란을 부산정치파동이라 부른다. 이 사건은 후일 내무부에 의하여 공산당 자금으로 국체변혁과 요인살해를 흉모한 '대한민국정부혁신 전국지도위원회사건'으로 규정되었다. 부산일보사, 『임시수도 천일』(부산, 1985), 189–403쪽.

55) 이승만 대통령은 1952년 6월 3일 전달된 트루먼 미국대통령의 각서에 대하여 '정치파동은 대통령 대

회의원석방요구에 관한 결의안’을 가결하여 구속된 국회의원의 석방을 요구하였다.[56]

자유당합동파 소속 의원 52명은 6월 2일 대통령의 입장에 호응하여 민의를 거부하는 국회의원을 공개적으로 성토한 후, 본래의 기능이 회복될 때까지 국회출석을 거부한다는 내용의 성명서를 발표하였다.

정부가 제출한 개헌안의 채택만이 사태해결의 길이라는 이승만 대통령의 설득과 압력이 작용하여 지방의회의원을 중심으로 국회해산궐기대회가 이어지고 국회 주변에서의 시위도 이어지고 있었다. 이런 가운데 각 정파 의원들 간에는 두 개의 개헌안을 놓고 서로의 타협점을 모색하려는 노력이 있었다. 장택상 국무총리를 축으로 하는 신라회가 중심이 되어 6월 5일 다음과 같은 내용의 절충 개헌원칙을 제시하였다.[57]

절충 헌법개정 원칙

① 국무위원의 임명은 국무총리의 제청으로 대통령이 임명한다. ② 국무원에 대한 불신임 결의는 하원의원 3분의 2 이상 출석에 출석 의원 3분의 2 이상의 찬성으로 한다. ③ 상·하 양원제로 한다. ④ 대통령직선제를 채택한다.

이처럼 구체적인 개헌안은 제시하지 않고 다만 4개 원칙만을 제시함으로써 당시 공고 중에 있던 대통령직선제, 상하 양원제 국회의 정부개헌안과, 1952년 6월 6일 공고 기간이 만료되는 내각책임제 개헌안 중에서도 절충 가능한 것만을 채택하여 두 개헌안을 분할 표결한다는 제안을 한 것이다. 그러나 계엄령 해제를 선행조건으로 내세운 개헌 추진파에 대하여 자유당 합동파(삼우장파)는 정부가 제안한 개헌안을 가결 처리하는 것만이 국회해산을 모면하는 길이라고 주장함으로써 여야는 타협점을 찾지 못하였다.

이승만 대통령의 이러한 문제해결 태도에 반대하던 민주국민당 계열 인

국회관계가 아니고 국민 대 국회 간의 투쟁’이라는 내용의 서한을 이틀 후인 6월 5일 보냈다.

56) 이 ‘국회의원석방요구에 관한 결의안’은 소선규 의원 외 9인이 1952년 5월 28일 제출한 것으로, 지난 5월 25일 오전 0시 비상계엄이 선포된 이후에 체포된 11명의 국회의원을 즉시 석방할 것을 요구하는 내용이다.

57) 장택상 국무총리는 원내자유당잔류파의원(삼우장파, 40명)과 민우회 소속 의원들로써 정부를 지지하기 위한 비민주국민당계 친목단체인 신라회를 1952년 5월 20일에 구성하였다.

사들을 중심으로 한 세력은 6월 8일 국회의장과 부의장으로 하여금 대통령을 방문케 하여 구금 중에 있는 국회의원의 석방을 요구하였으나 성과를 거두지는 못하였다.

그러던 중 6월 12일 국회에서 '대통령출석 요청에 관한 결의안'이 가결되었다. 이승만 대통령은 국회가 긴급 결의한 대통령의 국회출석 요청에 대하여 '파동은 대통령선거제를 둘러싸고 민중과 국회 사이에 생긴 것'이므로 도의회 대표들이 전하는 민의에 따라 국회를 즉시 해산하려 하였으나, 초대 대통령이 그러한 선례를 남겨서는 안 된다는 이유와 원내자유당 합동파에 대한 신뢰감에서 해산령을 중지하고 며칠만 참아서 순조로이 문제가 해결되기를 바라며 해결이 잘 안 되면 민의대로 해산령을 공포할 것이라고 회답하였다.

이러한 국회와 대통령 사이의 대립 속에 5월 29일 국회의 질의응답에서 국회의원 수난사건은 통수권문제이니 자기 책임 외의 문제라고 답변한 바 있는 장택상 국무총리는 6월 10일의 국무회의에서 대통령 직선제안을 가결시켰다. 그리고 그가 지도하는 신라회는 6월 13일 성명을 발표, 국회와 정부는 협조정신으로 위급한 사태를 자율적으로 해결하는 데 노력해야 한다고 언명하였으며, 6월 15일에는 두 개헌안의 발췌안에 서명한 의원이 자유당합동파의 찬성으로 104명이 된다고 발표하였다.

자유당 합동파에서는 그간 국회에 지속적으로 전해져 오는 관제 민의와 행정부의 강력한 뒷받침에 힘입어 당시 수난 중이던 개헌파와 부동의원 포섭에 전력을 기울여 제3의 개헌안인 발췌개헌안의 서명공작에서 의석 과반수를 차지하게 되었다. 발췌개헌안의 과반수 찬성날인에 성공한 자유당은 이때까지의 국회 출석거부 태도를 바꾸어 6월 18일을 기하여 국회에 출석하기 시작하였다. 이날 국회에서는 6월 18일로 임기가 만료되는 의장·부의장선거를 사태(정국 불안)가 수습될 때까지 보류하기로 하고, 임시의장이 국회를 운영할 수 있도록 임시의장 3인을 선출할 것을 결의하였다. 투표 결과 임시의장에 신익희·조봉암·김동성이 선출되었다.

관제 시위대가 국회를 포위하고 있는 가운데 국회는 6월 21일 정부와 국회가 각각 제출한 두 개의 개헌안을 일괄 상정하고 토의를 시작하고자 하였다. 그러나 민주국민당의원들이 "국회결의에 입각한 정치적 자유분위기가 보장될 때까지 개헌안의 심의에 응할 수 없다."는 통고문을 국회에 제출하고 출석을 거부하였기 때문에 국회는 다시 유회(流會)를 거듭하였다.

정부는 발췌개헌안을 처리하기 위한 시간적 여유를 갖기 위하여 1952년 6월 23일 개헌추진파의 강한 반대를 무릅쓰고 자유당 합동파와 신라회[58]로 하여금 대통령 임기를 연장하는 내용의 '대통령임기만료에 관한 결의안'을 가결하였다.[59]

한편에서 정부는 내각책임제 개헌안 제출을 주도한 세력을 말살하려고 두 가지의 사건을 기도하였는데 그것은 국제구락부사건과 대통령저격사건이다.[60] 이러한 일련의 사태가 발생하면서 야당 측은 더욱 위축되었고 자유당합동파와 신라회는 감언이설과 위압으로 발췌개헌안의 찬성날인을 강요하여 자유당합동파 63인, 자유당잔류파 29인, 민우회 11인, 무소속 4인, 민주국민당 6인의 날인을 얻었다.

원외자유당을 비롯한 사회 각 단체는 이에 보조를 맞추어 국회 즉시 해산 및 총선거 단행을 요구하며 정부개헌안을 지지하는 민중자결전국대표자대회, 현 국회해산선포 전국지방의원대표자대회, 국회해산 총궐기대회를, 그리고 지방의원들은 국회의사당 앞에서 국회해산 성토대회, 전국농민대표자대회를 개최하였다.

6월 30일 민중자결단이 국회를 포위하고 의원 80여 명을 연금하는 사건이 발생하였는데 이승만 대통령은 이날 대통령직선제와 양원제 국회를 골자로 하는 발췌개헌안의 국회 가결처리를 요구하면서 국회가 이를 거부할

---

58) 신라회는 1952년 5월 20일부터 활동을 시작하였으나 정식으로 교섭단체 명부가 국회에 제출된 것은 1952년 10월 21일이다. 신라회의 해체일자는 『국회사』에서는 1953년 2월 21일로 되어 있으나 『국회경과보고서』에는 국회법 제14조에 의거하여 1953년 2월 18일로 기재하고 있다.

59) 조주영 의원(무소속) 외 35인이 1952년 6월 23일 발의하고 동일 가결한 이 결의안은, 국회가 헌법 제56조에 의한 대통령선거를 시행치 못할 경우에는 차기 대통령이 취임할 때까지 현 대통령이 대통령의 직무를 집행한다고 결의하였다. 한편 이종영 의원(국민회)이 이날 발의한 '대통령임기에 관한 결의안'은, 현 대통령의 임기는 1952년 8월 10일로써 종료한다고 결의하였다.

60) 대통령에 대한 저격사건은 1952년 6월 25일 발생하였다. 국회에서는 이 사건에 국회의원의 관련 여부 및 그 진상을 조사하기 위하여 특별조사위원회 구성을 결의하였다.

경우 국회를 해산하겠다고 위협하였다.

야당 의원들은 생명의 위험을 느껴 피신하지 않을 수 없었으므로 7월 1 일 개회된 제13회 국회(임시회)의 제1차 본회의는 성원 미달로 유회되었다. 결국 국회는 비공식 회의를 개최하여 출석거부 의원의 출석권유와 출석 의 원의 철야대기를 결의하였다. 국회 측의 요청을 받은 정부는 의원들을 출석 시키기 위하여 방송 및 수사기관 등을 총동원하였으며, 공보처는 긴급공지 사항을 발표하여 결석 중인 국회의원들의 출석을 요청하였고 내부부장관은 국회의원의 신분을 보장할 것임을 강조하였다.

자유당합동파와 신라회는 7월 1일부터 2일간 국회의사당에서 숙식하면서 경찰력을 동원, 출석을 거부하고 있는 의원들을 강제로 국회에 출석시켰으 며 일단 끌려온 의원들은 자유당합동파의 남송학 의원이 발행하는 출입허 가증 없이는 출입도 자유로이 할 수 없게 하였다. 또한 발췌개헌안을 가결 처리하기 위하여 7월 3일 오후에는 당시 국제공산당사건에 연루되어 공산 주의자라는 혐의로 구속되었던 10명의 의원들을 보석시켜 개헌안 심의에 출석시켰다.

경찰의 삼엄한 경비 속에 야간국회가 속개되었다. 국회는 7월 4일 전날 각파 비율에 따라 구성한 9인소위원회를 속개하여 개헌안에 대한 구체적 검토를 진행하였다. 행정부 수반문제로 의견이 계속 대립되었으나 결국 민 주국민당과 무소속 의원들의 양보로 대통령직선제와 양원제 국회 개헌안에 합의하였다. 이날 오후 7시 40분 신익희 의장의 사회로 열린 국회 본회의 는 9시 20분에 발췌개헌안에 대하여 기립 표결한 결과 재석의원 166인 중 찬성 163, 반대 0, 기권 3으로 가결하였다.

3. 합당 및 그 이후

원내자유당과 원외자유당의 합당은 1952년 8월의 제2대 대통령선거 당시 까지 성사되지 않다가 이승만 대통령이 재선되고 당의 조직 정비작업에 가

속도가 붙으면서 합당문제에 다시 접근하게 되었다. 양당의 완전한 통합은 1953년 5월 대전에서 열린 자유당 제4차 전당대회를 계기로 완결되었다.

그 후 자유당은 1955년 7월 15일 경상남도 김해 갑구 출신인 박재홍 의원(호헌동지회)을 국회법 제103조 제3항을 적용하여 60일간의 국회출석을 정지하는 징계처분을 내렸다. 야당은 이에 맞서 개헌안을 반대하고 자유당을 탈당한 민관식 의원 외 50명의 찬성으로 제출한 임철호 농림부장관 불신임안을 발의(1955. 07. 27)하고, 자유당 내 비주류파 의원들의 합세에 힘입어 재석 184석 중 찬성 103, 반대 73, 무효 1, 기권 3으로 가결시켰다.[61] 자유당 정권 이래 최초로 장관이 물러나게 되었는데 이때부터 자유당의 비주류파는 공공연하게 주류파에 대하여 반기를 들게 되었다.

제9절 **제2대 대통령선거(1952. 08. 05.)**

1. 선거 전의 상황

앞 절에서 보았듯이 이승만 대통령은 직선제 개헌을 위하여 서둘러 지방의회의원선거(1952. 04.)를 실시하였고 이어 계엄령(1952. 05.)을 선포하는 등 조치를 취하였다.[62] 계엄령 하에서 내각제 개헌에 앞장선 국회의원들이 공안당국에 의하여 검거되는 등의 혼란을 겪은 후 이른바 발췌개헌 정국으로 접어들게 되었다.

국회는 1952년 7월 7일 공포된 개정헌법에 의하여 민의원과 참의원의 양원으로 구성되어야 하나 전시(戰時) 중이라 정세가 혼란스럽고 복잡하다는 이유로 참의원은 구성하지 않았다. 발췌개헌안은 정부안과 야당안 중에서 일부분씩을 발췌하여 만든 것으로 정부안의 대통령직선제와 야당안의 국무

---

61) 국회사무처, 『국회사(제헌국회―제4대 국회)』(1971), 1184쪽.
62) 길승흠 · 김광웅 · 안병만, 『한국선거론』(서울: 다산, 1987), 34쪽.

원연대책임제가 절충된 것이다. 그런데 이번 헌법 개정은 그 과정에서 공고의 절차가 무시되었을 뿐만 아니라 투표의 자유를 무시한 채 기립표결을 실시하였다는 점 등이 문제로 나타났다.[63] 헌법 개정으로 종전에는 국회에서 간접선거로 선출하던 대통령과 부통령을 국민이 직접 선출할 수 있게 되었다.

개헌안이 가결된 후 자신은 대통령후보자가 되기를 원하지 않는다는 내용의 담화를 발표하였던 이승만 대통령은 재출마를 종용하는 유권자 300여 만 명의 연판장을 시·군 대표들로부터 받았으며 신라회로부터는 재추천 응낙요청을 받았다. 이승만 대통령은 7월 19일 대전에서 개최된 자유당 전당대회에서 후보공천을 받았다.[64] 대통령의 입후보 승인서는 7월 26일 중앙위원회에 제출되었으나, 자유당은 이미 7월 24일에 승인서도 없이 당수 이승만을 대통령후보자, 부당수 이범석을 부통령후보자로 하여 등록서류를 중앙위원회에 제출하였다. 중앙위원회는 미비서류를 추후 보충하기로 하고 등록서류를 접수하였다.

2. 선거 결과

제2대 대통령선거는 1952년 8월 5일 실시되었다. 선거 결과 자유당의 이승만 후보가 유효투표 총수 702만 684표의 74.6%인 523만 8,769표를 얻어 대통령에 당선되었다. 조봉암 후보(무소속)는 79만 7,504표를 얻었으며, 이시영 후보(무소속)는 76만 4,715표, 신흥우 후보(무소속)는 21만 9,696표를 각각 획득하였다.

같은 날 실시된 제3대 부통령선거에서는 자유당의 이범석·이갑성, 민주국민당의 조병옥, 조선민주당의 임영신, 대한노동총연맹의 전진한, 무소속의 함태영·백성욱·정기원 등 모두 9인이 출마하여 경합하였으나 무소속의

---

63) 제1차 헌법개정(발췌개헌)의 주요 내용: 양원제 국회, 대통령 부통령 직선제, 국회의 국무원 불신임제, 국무총리의 국무위원 제청권 등

64) 이승만 대통령은 7월 27일 입후보하게 된 경위를 '재출마에 관한 성명서'에서 밝혔다.

함태영 후보가 유효투표 713만 3,297표의 41.3%에 해당하는 294만 3,813
표를 얻어 부통령에 당선되었다.

심계원장을 지낸 함태영 후보가 자유당의 이범석 후보를 누르고 부통령
에 당선된 것은 이승만 대통령이 선거 도중 자유당 소속 이범석 후보가 아
닌 함태영 후보를 지지한 것에 기인하는 바 크다.[65] 실제로 이승만 대통령
은 자유당의 후보자 지명 건에 대해서는 승인 여부에 대한 입장을 표명하
지 않았다. 투표일을 이틀 앞둔 8월 3일 장택상 국무총리, 김태선 내무부장
관은 경찰로 하여금 선거에 관여토록 하여 이범석 반대, 함태영 지지 입장
을 취하였다. 이런 연유로 함 후보가 부통령에 당선된 것이다.

<표 3-5> 제2대 대통령선거 결과

유효 투표 총수	후보자별 득표수						
	자유당		무소속				
	이승만	비율(%)	조봉암	이시영	신흥우	계	비율(%)
7,020,684	5,238,769	74.6	797,504	764,715	219,696	1,781,915	25.4

출처: 중앙선거관리위원회, 『대한민국선거사(제1집)』(1973), 736쪽.

3. 선거의 특징

① 최초의 직선제로 실시된 이번 대통령선거는 자유당에 의한 최초의 부
정선거로 기록되었다.[66] ② 부통령 선거에서 여당계열에서는 이갑성을 비
롯한 6명의 후보자들이 제각기 자유당 전당대회에서 부통령후보로 지명된
이범석을 무시하고 이승만 대통령을 지지하고 나서 자유당 선거대책에 적

---

65) 원래 이범석은 중국주재대사로 부임해 있었으나 민족청년단원들이 이범석을 귀국하게 하여 자유당의 영
도권을 장악하게 하기 위한 공작에 의하여 부당수로 추대되었다.

66) 자유당은 선거자금을 마련하기 위하여 불법을 행하였는데 중석불사건이 그것이다. 중석불사건이란, 비료
나 양곡을 매입할 수 없는 중석불(重石弗－은행弗, 정부보유弗)로써 비료와 양곡을 도입하였으나 중간
간상배들의 폭리로 말미암아 농민과 도시영세민들의 손에는 입수되지 않은 사건이다. 이 사건은 1952
년 3월 하순 재무부에서 대한중석회사에 노동자의 양곡도입용으로 중석불 20만 달러를 불하한 것에서
시작되는데 이를 계기로 6월 말까지 미진상사, 남한무역, 영동기업, 신한산업, 보금장 등의 14개 상사에
각각 15－20만 달러의 중석불을 불하해 준 사건이다.

지 않은 혼선을 초래하였다.[67] ③ 선거과정을 보면 이승만은 결국 개헌공작을 위하여 민족청년단 계열 중심의 원외자유당을 이용하고는 당은 남기고 사람은 버린 셈이 되었다. ④ 선거법 개정과 선거실시일 사이의 기간 즉 선거운동 기간이 가장 짧았던 선거로 기록되었다. 헌법개정(1952. 07. 07. 공포)과 대통령의 임기만료일과의 사이에 불과 39일밖에 남지 않은 촉박한 기일 내에 선거를 실시하게 된 관계로 정부는 개정헌법에 따르는 대통령·부통령선거법을 불과 10일 만에 기초, 제정하여 7월 18일 공포하는 동시에 18일밖에 남지 않은 8월 5일을 선거일로 공고하였다. ⑤ 행정조직의 힘이 거의 절대적으로 작용한 행정선거였다.[68]

4. 선거 이후

1) 자유당 내 당권 다툼

선거전에서 이범석 후보는 약 2개월 전의 정치파동 때 자신의 휘하에 있던 경찰이 자신의 부통령 피선을 방해하기 위하여 선거운동원들을 체포하였다며 정부를 비난하였다. 또 그의 자유당 중앙당부는 장택상 국무총리 및 김태선 내무부 장관이 함태영 후보자의 당선을 위하여 전국 경찰을 동원하였다며 경찰의 선거간섭을 규탄하였고 1952년 8월 4일에는 이 두 사람과 치안국장을 대통령·부통령선거법 및 공무원법 위반으로 대검찰청에 고발하기도 하였다.

그러나 이범석은 8월 8일 선거 결과를 수용하고 관권선거에 대한 고소를 추진하지 않을 것이며 대통령에게 충성할 것이라고 말하였다. 부통령선거에서 패한 민족청년단계열은 훗날에 대비하기 위하여 자유당의 당권을 장악

---

67) 과거 민족청년단세력이 강대해지자 이승만은 모든 청년단체를 '대한청년단'으로 통합시켜 소멸시키고자 하였다. 한국혁명재판사편찬위원회, 『한국혁명재판사』 제1집(1962), 44쪽.

68) 장택상 총리는 이범석에게 쏠리고 있던 대세를 뒤엎기 위하여 각 지역 순회에 나서는 등 선거 진두지휘에 나섰다. 이 무렵 국회는 관권의 선거개입에 대하여 침묵하고 있었다.

하고자 한 것이다.[69]

그렇지만 이승만 대통령은 곧 자유당 내에서 민족청년단 세력을 도태시키기 시작하였다. 민족청년단 계열 세력이 커지자 이승만은 제2대 대통령선거가 끝나고 1개월이 지난 1952년 9월 12일 민족청년단 계열 세력을 해당분자로 규정하고 숙청을 선언하였다. 자유당은 9월 26일 부산에서 제3차 전당대회를 개최하여 이승만을 총재로 추대하고 자유당의 확장과 강화를 기도하였으나 당내 분파문제는 조정되지 못하였다. 이승만 총재는 이날 대회에서 "정권욕에 의하여 분열 상쟁하지 말고 정부 반대분자를 제거한 모든 우국지사들이 자유당을 진정한 정당으로 육성하라."는 요지의 담화를 발표하였다.[70]

10월 15일부터 제14회 국회(임시회)가 개회되면서 각 정파는 차차 정비되기 시작하였다. 국회는 10월 17일 이승만 대통령이 지명한 이윤영에 대한 국무총리 인준을 표결한 결과 재석 166명 중 찬성 35, 반대 128, 기권 3으로 부결하였다. 그 후 대통령은 정치파동 때 국회의 자율적 해산에 관한 결의안을 제출하여 개헌안 가결처리 시 공을 세운 자유당합동파의 이갑성을 다시 국무총리로 지명하였으나 11월 20일의 표결결과 재석 173명 중 찬성 76, 반대 94, 무효 3으로 다시 부결되었다.

지난 7월 4일 163 대 0으로 개헌안을 가결시킨 국회도 '동원된 민중의 압력'이 없는 상황에서는 대(對)정부관계에 있어서 힘을 발휘하기 어려웠다. 개헌안 심의 때 불투명한 조직 상태에 있던 원내 세력 구성도 차츰 분명해졌다. 이승만 대통령이 자유당과 국민회 조직에 관한 담화를 발표한 직후인 1952년 11월 17일 개헌안 가결처리에 수훈을 세운 원외자유당이 원내자유

---

69) 1951년 12월 23일 자유당이 원내외로 분열되어 발족할 당시 민족청년단 계열(族青系)은 원외파가 주동이 되고 부당수직을 이범석이 차지하면서 민족청년단계열 세력이 크게 확장되었다. 이범석 세력은 그 후 장택상 국무총리와 김태선 장관의 실각공작을 전개하였고, 자유당은 반민족청년단계열 인사들을 정리하는 숙당작업에 돌입하였다. 결국 두 명의 각료는 경질되었고, 숙당작업은 1952년 7월 5일의 전당대회에서 그 절정을 맞았다.

70) 민족청년단(단장 이범석)은 1946년 10월 13일 이승만을 후원자로 하여 조직되었으나 그 조직이 강대하여지자 이승만 대통령은 1949년 1월 15일 이를 대한청년단(단장 이청천)에 통합시켜 이들 민족청년단세력(族青系)의 세력약화를 시도하였다.

당을 합동하여 국회에 교섭단체로 등록하였다.[71] 11월 29일에는 내각(국무원)책임제 개헌안 제출 시 대표 역을 맡았던 곽상훈 외 20명이 '무소속구락부로' 교섭단체 등록을 마쳤다.[72]

2) 신라회의 원외자유당 합류

한편 1952년 9월 30일 국무총리직을 사임한 장택상이 이끄는 신라회(21명)가 10월 21일 친목단체의 성격을 벗고 교섭단체로서 국회에 등록하였으나 신라회는 그 후 회원이탈로 인하여 교섭단체권을 상실하였다. 교섭단체권 상실로 인하여 원외자유당과 합류하느냐 또는 교섭단체를 유지하느냐의 기로에 서게 된 신라회는 자유당과의 합류 여부 결정을 대표 격인 장택상에게 일임하였다.

장택상은 1953년 2월 8일 자유당의 양우정과 회담하였으며 다음 날인 9일에는 양측 대표가 회합한 결과 합동하기로 하였다. 자유당 측에서는 2월 10일 상임집행위원회 회의에서 신라회의 영입을 가결하였으며, 신라회에서는 이날 오후 5시 원외자유당과의 합류 여부에 관한 회의 끝에 장택상 등 18명의 의원이 입당원서에 서명날인하고 입당하였다. 신라회가 원외자유당에 합류함으로써 원외자유당은 94석을 보유하는 원내 다수파가 되었다.[73]

자유당은 자유당(원내), 자유당(원외), 신라회 및 무소속구락부 소속 일부 및 무소속 의원으로 교섭단체 자유당을 구성하였는데 4월 25일 현재 원내 의석분포는 자유당 105석, 무소속 49석, 민주국민당 29석이다.

---

71) '자유당(합동)'은 11월 17일 교섭단체 명칭을 '자유당(원외)'으로 변경하였다. '자유당(원외)'은 동 교섭단체가 주축이 되어 1953년 4월 14일자로 자유당으로 명칭을 변경하였다. 국회사무처, 『제2대국회 경과보고서』(1986), 34–37쪽.

72) 무소속구락부는 1953년 4월 15일까지 활동하였으며 그 이후 소속 의원들은 자유당에 입당하거나 교섭단체 무소속으로 흡수되었다.

73) 원내 세력 분포: 원외자유당 – 배은희 이하 94인, 민주국민당 – 소선규 이하 29인, 원내자유당 – 홍익표 이하 25인, 무소속구락부 – 곽상훈 이하 20인, 무소속 – 15인.

3) 자유당 제4차 전당대회

1952년 12월 20일 제15희 국회(정기회)가 개회될 무렵 원외자유당 소속 의원은 70명 정도였으나 그 후 개별적으로 노동당에 가입하는 의원이 약간 있었고 1953년 2월에는 장택상이 이끄는 신라회 소속 의원들이 대거 가입, 원외자유당은 원내에서 과반수 안정 세력을 이루었다. 그 후 각 계파의 동요는 계속되어 4월 15일에는 자유당이 103명으로 제1당이 되고 원내자유당과 무소속구락부는 각각 교섭단체로서는 해소되어 결국 자유당과 민주국민당의 2단체만 남게 되었다. 이때 자유당이 득세하는 것을 보고 동당에 가입하지 않으면 재선 못 하리라는 생각에 자유당으로 당적을 변경하는 의원들이 많았다.

정치세력이 통합되어 가고 있는 한편에서 이승만 대통령을 둘러싼 민족청년단계열(족청계열)과 비민족청년단 계열(비족청 계열)의 파벌싸움은 노골화되었다. 전당대회를 이틀 앞둔 1953년 5월 8일 자유당의 기간단체인 국민회, 전국농민조합총연맹, 노총, 대한청년단 등 4개 단체 대표자들은 중앙청에서 가진 기자단과의 회견에서 민족청년단계열이 자유당 주류세력을 자파 중심으로 개편하려 하고 있다고 비난하였다.

이에 대하여 민족청년단 계열은 5월 10일 오전 10시 20분부터 대전시공관에서 1,570명의 대의원이 모인 가운데 자유당 제4차 전당대회를 개최하였다. 이날 오후에는 긴급동의로 장택상의 입당 분규 경위를 청취하자는 안이 가결되어 감찰부장으로부터 설명이 있었다. 또 불순분사 및 반당분자 숙청에 대한 긴급 동의안이 제출되어 모두 21명의 징계위원으로 하여금 조속한 시일 내에 숙청하자는 안이 가결되었다. 당의 장기적 발전을 간곡히 요청한 이승만 총재의 치사에도 불구하고 주도권을 장악한 이범석 계열(민족청년단 계열)은 비민족청년단 계열을 반당분자로서 숙청할 것을 결의하였다. 이때는 당내에 민족청년단계의 세력이 절정에 이르렀을 때였다.

정치파동 시 세운 공으로 정계의 주도권을 장악하였던 민족청년단계열이 부통령선거와 관련하여 이승만 대통령과의 사이에 균열을 일으켰으며, 5월

10일 거행된 당대회에서는 총재의 간곡한 요청에 어긋나게 비민족청년단 계열을 반당분자로 규정하여 이의 숙청을 결의하고 중앙 및 지방당부의 조직을 독점하게 되었다.

이에 대하여 비민족청년단 계열은 5월 15일 동 대회를 일방적이고 독단적인 대회라고 비난하는 성명서를 공동명의로 발표하였다. 이처럼 당 외에서는 민족청년단계열과 비민족청년단 계열의 국민회파와의 사이에, 당내에서는 전자의 중앙당부(中央黨部)와 후자의 의원부(議院部)와의 사이에 심한 대립이 벌어졌다. 이 대립은 일반적으로는 민족청년단 계열 대 전국사회단체중앙협의회파 간의 대립을 의미한다.

자유당 제4차 전당대회에서 반(反)이범석 계열에 속한 인물을 숙청하기 위하여 신형식을 위원장으로 하는 특별징계위원회를 구성하고 노총의 조경규, 대한청년단의 진승국, 유화청, 손창섭, 김창민, 박용만 등 6인을 반동분자로 규정하고 이승만 총재의 재가를 요청하였으나 승인을 받지는 못하였다.[74]

민족청년단계열 인사들이 당권을 장악하자 이승만 총재는 이범석을 비롯한 민족청년단계열 인사들을 제거하기로 결심하고 ① 당수·부당수제를 폐지하고 총재제로 한다. ② 중앙상무집행위원회, 중앙감찰위원회 등을 폐지하고 단순한 소수 집행 부서를 설치한다. ③ 중앙위원제로 한다. 등의 내용을 담은 선언을 발표하였다. 이 조치로 인하여 민족청년단계열은 서리를 맞았으며 부당수 이범석의 위상은 평당원으로 격하되었다.

정치파동 이후 원외자유당은 신라회 및 원내자유당 소속 의원을 비롯하여, 무소속구락부와 민주국민당 소속 의원 등 35명을 영입하였다. 1953년 5월 30일 현재 원외자유당은 모두 103석을 확보함으로써 제2대 국회 개원 이래 3여 년 동안 행정부에 대하여 비판적 입장을 취해 온 국회가 이제는 여당인 원외자유당의 지배하에 놓이게 되었다. 그동안 원내자유당, 신라회, 공화구락부 계열에 소속한 의원들로 구성된 무소속구락부에 소속하여 있던

---

74) 5월 10일의 대회에서 이범석계가 주도권을 장악하고 비민족청년단 계열의 숙청을 결의하였다. 그해 9월 이승만 대통령은 민족청년단 계열 제거성명을 발표함으로써 당내 역학구도가 반전되는 계기를 만들었다. 또 11월에는 이기붕계가 당의 주도권을 장악하기 시작하였다.

의원들이 대거 원외자유당으로 이적함으로써 이 구락부는 자동 해체되었고 원외자유당은 5월 30일 '원외' 자를 떼어 버리고 명실 공히 통합 자유당이 되었다. 이 변동으로 인하여 민주국민당은 29석이 되었고, 신라회, 원내자유당, 무소속구락부는 해체되었다.

그런데 자유당 내의 대립이 날이 갈수록 격화되던 중 6월 30일 자유당 징계위원장 신형식의 망언사건과 광주, 여수 등지에서 일어난 자유당 간부의 공산당 내통문제를 조사하기 위한 조사위원회가 구성되었다.[75] 이로써 거세될 위기에 처하였던 비민족청년단 계열에게는 재기의 기회가 주어지고 자유당 내 양 계파 간 알력은 재연되었다.

8월 15일 새벽 서울거리에는 개헌추진국민대회 및 행동대, 대한청년단, 여청 등의 단체명으로 '개헌에 대한 국민의 주장'이라는 인쇄물을 비롯한 여러 종류의 격문이 수없이 나붙었다. 또 이날 오전 10시부터 중앙청 광장에서 거행된 정부 수립 5주년 및 이승만 대통령 재취임 기념식전에서 한 청년의 긴급동의로 이 대회에 참가하였던 군중에게 개헌론을 제출함으로써 이 장소는 국민대회의 형식을 취하여 의사를 진행하였는데 이날 이승만 대통령에게 보내는 11개 항목의 메시지를 채택하였다.[76]

이승만 대통령은 9월 10일 진헌식 내무부장관(족청 계열)과 신중목 농수산부장관(족청 계열)을 해임한 후 자유당과 민족청년단계열(족청 계열)의 분파주의를 비난하였다.[77] 당시 국민회를 두둔하여 온 이승만 대통령은 이틀 후인 12일 민족청년단 계열을 제거하고 자유당을 정화·재건하라는 요지의 자유당정화 특별담화를 발표하였다. 결국 민족청년단 계열 장관은 정부로부터 이탈한 민심의 수습과 행정쇄신을 위한다는 이유로 파면되었으며 그 후

---

75) 신형식이 청주시에서 거행된 6·25사변기념식장에서 행한 연설 끝 무렵에 "위대한 영도자 이범, 김일성 장군을 따르라."고 발언하였음이 당시 충북도지사와 청주검사장 등의 증언에 의하여 확인되었다. 다만 김일성 장군 다음 언구(言句)에 대해서는 증인들 간에 '따르라' 또는 '뭉쳐라' 등으로 증언내용이 엇갈리기도 하였다. 「신형식 반역언동 및 광주·여수공비내통사건조사보고서」의 내용 중 일부.

76) 메시지의 주요 내용은, 대통령 3선 제한 철폐, 정부에 국회해산권 부여, 조속한 참의원선거 실시, 정체변동 등 국가의 중대 문제는 국민 표결로 결정, 반민의(反民意)국회의원의 소환 및 개선(改選) 보충 규정 등이다. 11개 항목의 내용은 ≪조선일보≫, 1953년 8월 16일자 참조.

77) ≪평화신문≫, 1953년 9월 11일자.

11월의 전당대회에서 이기붕이 당 중앙위원회 의장으로 선출되었다. 자유당의 지도체제는 이승만·이범석에서 이승만·이기붕 체제로 개편되었으며 자유당은 권위주의적인 정당체제로 전환되기 시작하였다.

제10절 제3대 국회의원선거(1954. 05. 20.)

1. 선거 전의 상황

1) 이기붕 체제의 정립

제2대 대통령선거(1952. 08. 05.)를 거쳐 제3대 국회의원선거 전까지 자유당 내의 상황을 보면 원내외 자유당이 1953년 5월을 전후하여 통합을 이루었고 당내 역학구도는 이범석 체제에서 이기붕 체제로 전환되고 있었다. 통합 자유당은 국회의석 과반수를 점하게 되었고 이에 대항하는 민주국민당은 그 세력이 크게 약화되었다.

2) 정당후보공천제 도입

자유당과 민주국민당은 제3대 국회의원선거(1954. 05. 20)를 3개월 앞두고 당 조직 정비를 완료하였다. 자유당은 선거에 대비하여 3월 10일 제5차 혁신강화 전국대의원대회를 개최하였다. 이 대회에서는 지방에서 선출된 대의원을 상급당부에서 인준하는 방식을 취하여 민족청년단 계열 인사들을 걸러냈으며, 또 차기 선거에 입후보공천제를 실시할 것을 결의하였다.

자유당의 경우 공천후보자를 선정하는 전제조건으로서 '국민투표제, 3권 분립주의에 입각한 국무총리제 폐지, 현 대통령의 3선 개헌(三選改憲)을 지지해야 한다.' 등의 조건을 제시한 후 이를 수락하는 각서를 받은 후에야 공천을 해주었다. 정당공천제도의 시행으로 정당의 소속 의원 및 당원에 대한 통제력이 강화되기 시작한 것이다.

이승만 대통령은 1950년 초 내각책임제 개헌문제로 곤궁에 빠졌을 때부터 정치·사회단체 등을 움직여 자유당을 결성하기 시작하였으나 이때의 그의 권력은 불안정하였다. 그는 1953년 전반기에 자유당이 원내에서 의석 과반수를 차지하게 된 후 1년간 즉 제2대 국회의 마지막 1년 동안 집권 이후 처음으로 안정세를 유지하였다. 이승만은 그러한 정당세력을 제3대 국회에서도 유지하기 위하여 국회의원선거에 각별한 관심을 보였다. 따라서 이승만의 관심사항과 의중을 읽을 수 있는 이기붕이 지도하는 자유당은 선거를 앞두고 조직을 강화하였으며 처음으로 의원후보자공천제를 채택하였다.

자유당은 원외파와 원내파의 갈등을 빚어낸 공천대회를 선거구 단위로 개최하고 도당의 심사, 중앙당부의 심사, 총재 이승만의 재가를 거쳐서 전국 203개 선거구의 후보자를 공천하는 등 통합 자유당 결성 후 처음 치르게 되는 국회의원선거에 대비하여 전국적인 조직을 가동시켰다.

제1야당인 민주국민당도 의원후보자공천제를 도입하였다. 민주국민당은 전국 203개의 선거구 중 77개 구에 공천후보자를 세웠으나 선거운동이 시작되면서 야당후보자들에 대한 탄압, 선거운동방해가 전개되어 특정한 선거구에서는 후보등록조차 못 하는 경우도 있었다.[78] 야당 측은 입후보 난립을 방지하고 여당의 공천제에 대항하려는 목적에서 야당의 연합전선을 기도하였으나 실패하였다.

2. 선거 결과

제3대 국회의원선거는 1954년 5월 20일 실시되었다. 이번 선거는 휴전협정에 따라 휴전선 이북지역으로 편입된 7개 선거구에서 선거시행이 불가능하였기 때문에 210개 선거구 중 203개 선거구에서만 의원이 선출되었다.

초기 이기붕 체제의 자유당은 중앙당 부장제도를 채택하여 각 부의 부장

---

78) 국회사무처, 『국회사(제헌국회-제3대 국회)』(1971), 1062-1063쪽.

을 이승만 총재가 직접 임명하였으며 1954년 3월 당내의 민족청년단계열을
일소하고 당 조직을 정리하였다.[79] 이렇게 선거 전에 당 조직 정비를 마친
자유당은 이번 선거에서 과반수의 의석을 확보, 이승만 대통령의 권력강화
를 뒷받침할 수 있는 발판을 마련하였다.

　선거 결과 의석분포는 자유당은 203의석 중 114석, 민주국민당 15석, 국
민회 3석, 대한국민당 3석, 그리고 제헌의원동지회 1석, 무소속 67석으로
나타났다. 자유당이 공천한 후보 중 당선자는 99명이었으나, 당의 공천을
받지 못한 채 입후보하여 당선된 후보를 합하면 114명으로서 자유당은 과
반수 의석을 차지하였다.

<표 3-6> 제3대 국회의원선거 결과

정당	당선자 수	정당	당선자 수	정당	당선자 수
자유당	114	국민회	3	제헌의원동지회	1
민주국민당	15	대한국민당	3	무소속	67

출처: 중앙선거관리위원회, 『대한민국선거사(제1집)』(1973), 1125-1126쪽.

3. 선거의 특징

　① 한국 선거사상 최초로 여당인 자유당과 야당인 민주국민당이 후보공
천제를 채택, 실시하여 정당정치 제도화에의 의지를 보였다. 후보공천제도
의 채택으로 정당의 의원 및 당원에 대한 통제력이 강화되었다. ② 정당
간 정책대결 양상이 보이기도 하였으나 한편에서 야당 소속 입후보자들은
공포분위기 속에서 선거운동을 하는 등 무거운 선거분위기였다. ③ 제1대
및 제2대 국회의원선거에서 난립상을 보인 정당·단체들이 대폭 정비되었
다. ④ 여당인 자유당은 소선거구 다수대표제도의 이점을 살리면서 전국
각 지역에서 후보자들을 골고루 당선시켜 압도적인 승리를 거두고 원내 안

---

79) 안철현, 「제1-2공화국 정당정치의 전개과정과 특성」, 안희수 편, 『한국정당정치론』(서울: 나남, 1995),
　　260쪽.

정 세력을 구축하였다. ⑤ 여성은 9명의 후보자 중 1명이 당선되어 제2대
국회의원선거에 이어 여성의원의 맥을 이었다.[80] ⑥ 선거과정 전반에 걸쳐
조직적인 부정이 개입되었다. ⑦ 제2대 국회의원선거 당시 126명이었던 무
소속 당선자의 수가 67명으로 대폭 감소, 입후보자 난립 및 이들에 대한
지지가 크게 감소되었다. 이는 후보공천제도 채택의 영향을 받은 것으로 볼
수 있다.

4. 선거 이후

1) 자유당 내의 헌법 개정 논의

선거에서 승리한 자유당은 양대 정당구도의 확립을 위하여 국민투표제
및 국회의원소환제 등의 내용을 담는 헌법 개정을 단행해야 한다는 당론을
정하였다.

2) 민주국민당의 중흥 시도

국회의원에 당선된 조병옥(대구 을)은 민주국민당의 중흥방안을 강구하였
다. 민주국민당은 부산 피난시절뿐만 아니라 서울 수복 후에도 문호개방 성
명서를 발표하였으며, 재야세력을 규합하기 위한 대동추진위원회를 구성하
였다. 그런데 대동추진위원회는 구성되었으나 별다른 성과를 얻지 못하고
있었기에 민주국민당의 당세 확장은 지지부진하였다.[81]
이에 조병옥은 이 위원회의 기능을 정지시키고 새로 신당발족 가능성 여
부를 탐색하는 특별위원회를 구성하자고 제안하였다. 이 제안은 당 중앙당
무위원회에서 표결에 부쳐진 결과 가결되었으며 조병옥을 위원장으로 하는

---

80) 역대 여성국회의원의 선출 및 사회적 배경에 관해서는 김현우, 「역대 국회의원의 구성과 사회적 배경」,
≪국회보≫ 제351호(1996. 1.), 96-97쪽 참조.

81) 당시 민주국민당의 형편은, 당사는 남대문 쪽 신문로 2가에 있었으며 그 사무소는 보잘것없는 건물을
사용하고 있었다. 조병옥, 『나의 회고록』(군산: 해동, 1986), 305-307쪽.

특별위원회가 구성되었다. 중앙당무위원회에서 선출된 5명의 특별위원회는 당분간 비밀을 보존하기 위하여 그 명단을 공개하지 않았다.

조병옥은 먼저 곽상훈을 면담하고 그로부터 신당 가입 승낙을 받았으며, 장면과도 여러 차례 면담하여 신당가입 승낙을 받았고, 박순천 여사 등 각계 인사들로부터도 신당참여를 확약 받았다. 조병옥은 이러한 신당추진 과정을 당 중앙당무위원회에 여러 차례 보고하였다. 그는 또 신당 발기준비에 관하여 곽상훈과 의논한 결과 당시 제출되어 있던 개헌안이 처리된 후에 신당발기준비회 또는 신당발기인대회를 개최하자는 데 합의하였다. 그런데 그 후 4사5입 개헌파동이 발생, 정국의 변화를 가져오면서 야당단일화 운동으로 이어지게 되었다.

제11절 4사5입 개헌과 호헌동지회 결성

1. 4사5입 개헌 배경

국회의원선거에서 압승을 거둔 자유당은 제3대 국회 개원식(1954. 06. 09.)이 거행될 때까지 개헌선인 원내 의석 3분의 2인 136석을 확보하기 위하여 당의 공천을 받지 못한 채 입후보하여 당선된 옛 자유당 당적자 15명과 무소속 의원 등을 적극 영입하였다. 자유당은 제3대 국회 첫 임시국회인 제19회 국회 기간 중인 1954년 6월 15일 현재 개헌선 136석을 확보하였는데 이 세력은 원내 세력구성을 일변시키기에 충분하였으며 선거를 이끈 이기붕은 원내 소장파를 기반으로 하여 당을 장악하였다.

관권부정선거 및 야당·무소속 의원 영입을 통하여 원내 다수 의석을 확보한 자유당은 집권연장을 기도하였다. 자유당은 9월 6일 대통령중심제, 국무총리제 폐지, 국민투표제 채택, 초대대통령의 중임제한 철폐(3선 허용) 등을 주요 내용으로 하는 개헌안을 국회 본회의에 제출하였다.

　야당은 이에 반발하여 개헌저지운동을 전개하였다. 민주국민당(대표최고위원 신익희)은 9월 20일 자유당이 제출한 개헌안을 반대하는 성명을 발표하였는데 그 요지는 다음과 같다.

민주국민당의 개헌안 반대성명

　헌법 제98조에 의하면 헌법 개정에는 양원 각각 재적의원 3분의 2 이상의 찬성을 얻어야 한다고 규정되어 있다. 오늘에 이르기까지 참의원을 구성하지 않고 있음에도 불구하고 최근 여당에서는 부칙에 참의원이 구성될 때까지는 민의원의 의결만으로 국회 전반의 의결로 한다는 취지의 경과규정이 있음을 기화로 민의원만으로 국가기본조직법인 헌법을 개정하려 함은 헌법정신과 정치도의에 위반되는 것이다. 그러므로 개정의 필요가 있더라도 참의원을 구성한 후에 헌법소정의 절차대로 양원의 의결을 얻어서 하여야 할 것이다. 또한 미증유의 국가적 곤란에 직면하여 있는 상황에서 헌법 개정은 국난타개에 별 연관이 되지 않는다.

　한편 자유당 의원부(議院部)의 총무·정책·운영 등 연석회의에서는 10월 8일 동당 중앙당부에 대한 불신임안 및 경제관계 4개 부처장관에 대한 인책사임권고결의안을 상정하기로 하였는데, 10월 9일 오전 개최된 자유당 의원부 총회에서는 이 2개의 결의안에 찬성하는 파와, 개헌안 표결을 앞두고 당내외 문제에 신중을 기하자는 파로 대립되어 일대 논쟁이 전개되었다. 결국 동당 간부로 하여금 수일 내에 이승만 총재를 방문토록 하여 이 두 가지 문제에 대한 총재의 의향을 타진한 후 의원부 총회에 다시 상정하기로 하였다.

　자유당에서는 이처럼 당내 주두권 장악문제로 중앙당부와 의원부 간에 갈등이 생겨 공고 기간이 지난 지 10여 일이 지나도록 개헌안의 상정조차 못 하고 있던 중 10월 19일 이승만 총재가 소속 의원 전원을 경무대(지금의 청와대)로 초청한 자리에서 개헌안을 조속히 국회에 상정하여 가결 처리하도록 종용함으로써 방향을 잡게 되었다.

2. 4사5입 개헌 경과

1) 개헌안 표결

자유당은 1954년 11월 18일 이승만 대통령의 3선(三選)을 기도한 개헌안을 국회에 상정하였다. 여야 의원들은 10일간에 걸친 찬반토론을 벌인 후 11월 27일 오후 4시 20분경 무기명 비밀투표에 들어갔는데 투표 결과 재적의원 203명, 출석 202명 중 찬성 135, 반대 60, 기권 6, 무효 1, 결석 1로 나타났다.

개헌에 필요한 재적의원의 3분의 2 이상은 135.33명 이상이어야 하므로 정족수 계산에 있어서는 찬성표가 136표가 되어야 하는데 1표가 미달되는 135표가 나오자 사회를 맡은 최순주 부의장은 개헌안의 부결을 선포하였다.

개헌안의 부결은 자유당 의원들 중 반대나 기권을 한 의원들이 있었던 것이 중요한 원인이 되었다. 자유당에서는 표결에 들어가기 전에 소속 의원들에게 1인당 50만 환씩의 보증수표를 돌렸다고 하는데[82] 이러한 회유책에도 불구하고 일부 의원들이 이탈, 뜻하지 않은 상황이 발생한 것이다. 산회 후 자유당 간부들은 즉시 긴급회의를 소집하고 재적 3분의 2의 법정 정족수문제를 논의하였다.

한편 개헌안이 부결된 직후 이승만 대통령의 충복으로 자처하던 장경근이 수학자인 최윤식 서울대 교수를 대동하고 경무대로 들어와 대통령에게 4사5입의 원리에 대하여 설명하였다.[83] 두 사람이 경무대를 떠난 후 이기붕 의장이 최순주 부의장 및 자유당 간부들과 함께 경무대로 들어가 개헌안이 부결되었다고 보고하자 대통령은 찬성표가 135표 나왔으면 가결된 것이니 알아서 하라고 말하였다.

다음 날인 28일은 일요일이었지만 자유당 의원부에서는 긴급의원총회가 소집되어 전날 찬성 135표의 부결문제와 관련하여 대책이 강구되었다. 회

---

82) 대한민국인물사편찬위원회, 『정치수난사』(서울: 역사편찬회, 1989), 837쪽.

83) 203명의 3분의 2는 135.33명이지만 4사5입을 하면 3분의 2는 135명이 된다는 논리이다. 한국혁명재판사편찬위원회, 『한국혁명재판사』제1집(1962), 61쪽.

의결과 개헌안의 부결선포는 계산상의 착오로서 재직의원 203명 중 135명의 찬성은 3분의 2선을 확보한 것이며 따라서 개헌안은 가결된 것으로 확인하고 이를 29일의 본회의에서 보고하고 의사록을 정정하기로 하였다. 자유당은 이재학 원내총무 명의로 개헌안은 가결된 것이라는 내용의 담화를 발표하였다.

최순주 부의장은 11월 29일 국회본회의에서 야당 의원들이 퇴장한 가운데 헌법개정안 부결선언은 정족수의 계산착오였다고 말하고 번복가결동의를 만장일치로 가결하였다.

여당의원들이 4사5입의 숫자원리를 논하면서 개헌안이 가결되었음을 선포하자 야당 의원들은 고함을 지르며 항의하였고 그중 이철승 의원은 의장단상에 올라가 최순주 부의장의 멱살을 잡아 끌어내리려 하였으며, 곽상훈 부의장은 사회봉을 빼앗은 후 "개헌안이 부결된 것을 국민 앞에 선포한다." 고 말하고 사회봉을 두드렸다. 최순주 부의장에 이어 이기붕 의장이 사회를 교대하고 회의록 정정을 요구하자 야당 의원들은 모두 퇴장하였는데 무소속 강세형 의원만은 끝까지 야당석에 남아 있다가 회의록 정정에 손을 들어 찬성하여 이 결의는 재석 125인 중 만장일치로 가결되었다.[84]

4사5입 개헌에 대한 여론이 악화되자 손권배, 현석호, 김영삼, 민관식, 성원경, 유옥우, 김홍식, 김재황, 황남팔, 한동석, 이태용, 김재곤, 신태권, 신정호, 도진희 등 14명의 동 개헌안 발의서명의원은 헌법개정안 심의과정에 불만을 표명하고 자유당을 탈당하였다.[85] 4사5입 개헌은 원내 의석 대다수를 차지하고 있던 자유당 수뇌부가 당 소속 의원들에 대한 통제력을 가지고 있었음을 보여 주는 동시에 당 지도부로 하여금 통제의 필요성을 다시 한 번 일깨워 준 계기가 되었다.

---

84) 제2차 헌법개정의 주요 내용: 초대대통령에 한하여 3선 제한 폐지, 국무총리제 폐지, 국무위원에 대한 개별적 불신임제 채택, 주권의 제약, 영토변경 시 국민투표 실시, 국회 정기회 집회일의 법정화 등.

85) 이형, 『사건중심으로 본 3대 국회』(서울: 한국일보사, 1958), 57쪽.

2) 호헌동지회 결성

개헌안이 가결되자 총퇴장한 민주국민당과 자유당 탈당 의원, 무소속 의원 60명은 국회의사당 2층에 있는 곽상훈 부의장실에 모여 범야연합전선을 구축하고 대여(對與)투쟁을 강화하기 위한 민의원위헌대책위원회를 조직하는 동시에 성명서를 발표하여 자유당을 규탄하였다.

곽상훈 부의장실에서 선임된 7인의 위원들은 바로 장택상 의원의 집에 모여 대책을 논의한 결과 원내 통일교섭단체 구성과 신당 결성에 합의하였으며 이 두 가지 수습방안을 야당연합총회에 보고하였다. 총회에서는 원내 교섭단체로서 '호헌동지회'라는 명칭으로 국회에 등록하기로 하였으며, 신당운동은 호헌동지회를 매체로 하여 신당발기준비위원회를 구성하기로 만장일치로 결의하였다. 이 결의에 의거하여 신당발기준비를 위한 9인위원회가 구성되었다. 이로써 민주국민당, 무소속동지회, 순무소속 의원 등 60명이 합세하여 1954년 11월 30일 호헌동지회를 구성한 후 교섭단체등록을 하였으며, 이를 기반으로 원내외의 모든 야당세력을 규합하여 단일야당 결성을 서두르게 되었다.

호헌동지회는 12월 2일 야당연합신당의 결성을 결의하고 12월 3일 지도부 7명의 의원으로 신당촉진위원회를 구성하였다. 호헌동지회는 국회에 교섭단체로서 등록한 이후 자유당에 대항하기 위한 야권 단일화를 이루려고 노력하였다. 4사5입 개헌의 부산물인 호헌동지회는 비자유당계열 의원들이 대부분 결집하여 구성되었기 때문에 야당통합운동의 기반이 되었으며 후에 진보당과 민주혁신당의 결성에 영향을 미쳤다는 점에서도 의미를 갖는다.

3) '평화통일 호소문' 투입사건

야권의 연합운동이 활발해지자 여당인 자유당은 신당이 통합야당으로 발전될 것에 위기감을 느낀 나머지 이를 사전에 저지하기 위한 의도에서 헌병기관을 사주, 1954년 12월 18일 신익희·곽상훈·김상돈·김준연·정일형·소선규 의원 등 6인의 야당 중진인사들의 집에 '북조선 중앙위원회' 명

의의 '평화통일 호소문'을 투입하였다. 김준연 의원(민주국민당)은 12월 20
일 국회에서, 12월 18일 오후 9시경 동아일보와 함께 불온문서가 투입되었
는데 국회의장단과 국회운영위원회는 특히 주의하여 이 문제를 조사하여 달
라고 보고발언을 하였다. 김준연 의원의 발언이 있자 신익희·곽상훈·김상
돈·정일형·소선규 의원도 역시 같은 불온문서가 투입되었다고 보고 발언
하였다. 이 사건을 경찰과 국방부가 조사한 결과 헌병총사령부의 김진호 중
령 등이 '야당 의원들의 충성심을 시험하고 제3세력(중립화통일방안)의 실체
를 파악하기 위하여' 조직적으로 계획한 정치공작이었음이 밝혀졌다.[86]

3. 호헌동지회 결성 이후

1) 신당발기위원회 결성

호헌동지회는 1954년 12월 24일 신당발기취지서를 발표하였다. 12월 27
일 오후 2시 30분부터 시내 서린장에서 개최된 호헌동지회 총회에서는 종
전 7명으로 구성되어 있던 신당촉진위원회를 해체하는 동시에 이들 위원 7
명과 새로 11명을 선정하여 모두 18명으로 된 원내 신당발기준비위원회를
구성하기로 결정하였다. 동 준비위원회는 반독재 및 반공원칙에 동의하는
인사라면 무조건 신당에 참여시키기로 결정하였다.[87]

신당촉진위원회의 재경(在京)위원인 장택상, 곽상훈, 임흥순, 정일형, 유진
산, 조병옥, 신도성 등은 1955년 1월 6일 곽상훈 국회부의장실에서 회의를
개최하고 신당준비위원회 구성을 위한 구체적인 논의를 개시하였다. 이 자

---

86) 이 사건을 맡은 국회조사단은 불온문서투입사건과 관련하여 원용덕 헌병총사령관으로부터 공작지시를
시인하는 증언을 듣고 1955년 3월 9일 이번 사건을 직접 지령한 원용덕 사령관의 의법 처단을 요구하
는 내용의 '불온문서투입사건 등에 관한 건의안'을 채택하였다. 그러나 이승만 대통령은 3월 23일 오히
려 원용덕을 비호하였으며, 군사재판에 회부되어 있는 김진호 중령 등을 석방하라고 지시하였다. 이 사
건조사단에 참여한 의원명단: 유지원, 조경규, 안동준, 신행용, 박영출(이상 자유당), 유진산, 양일동, 김
의준(이상 호헌동지회), 김영삼, 김재곤(이상 무소속).

87) 18인 위원은 윤병호, 곽상훈, 유진산, 조병옥, 소선규, 장택상, 정일형, 임흥순, 최갑환, 송방용, 김수선,
신도성, 윤형남, 김영선, 윤제술, 이철승, 권중돈, 김동욱 등이다. 이들 중 장택상, 송방용, 윤제술 위원은
조봉암에 대한 교섭위원을 맡았다. ≪동아일보≫, 1954년 12월 28일자.

리에서는 1월 15일을 전후하여 결성될 준비위원회의 위원선임과 관련하여 특히 원외 인사에 대한 각자의 추천이 있었으며 각자가 추천한 원외 인사들에 대한 준비위원으로서의 적합성 여부를 심사하였다. 신당촉진위원회는 연일 회의를 열고 150인 정도로 구성되는 신당준비위원회의 비율을 원외 70, 원내 80으로 하는 원칙에 합의하였다. 이들은 1955년 초 신당발기취지문을 발표하고 신당조직촉진위원회를 구성하여 위원 18인을 선출하고 신당운동추진에 관한 전권을 일임하였다.

신당준비위원회의 결성은 예정하였던 150인 이상이 추천되었기 때문에 이의 원만한 해결을 위하여 결성이 연기되었다. 또 다른 지연 이유가 있었는데 그것은 신당조직촉진위원회가 결정한 신당조직원칙에는 누구라도 개인 자격으로만 입당이 허가되도록 되어 있는데 민주국민당에서 집단 입당을 희망하였기 때문에 이를 둘러싸고 논의가 벌어진 데에 있다. 결국 민주국민당은 1월 18일 신당은 그 원칙이나 이념이 민주국민당과 합치되고 있기 때문에 신당 발족을 위해서는 언제든지 당을 해체할 용의가 있다고 밝힘으로써 신당운동은 진전을 보였다.

2) 보수 · 혁신계열의 분립

야권통합운동 기간 중 신익희, 조병옥, 곽상훈 등을 중심으로 한 국민당 계열 보수파와, 조봉암을 비롯한 장택상, 신도성 등을 중심으로 한 민주대동파가 신당의 지도권 문제 때문에 갈등을 빚었다.

호헌동지회를 중심으로 단일야당 추진을 위한 신당운동에 참여한 인사들은 민주국민당의 김성수 · 신익희 · 조병옥 · 김도연 · 윤보선 · 김준연, 원내 무소속동지회의 곽상훈, 무소속의 장택상, 제2대 국회의 원내자유당 세력이 었던 장면 · 오위영 · 김영선, 혁신세력의 조봉암 · 서상일, 대한부인회의 박순천, 조선민주당의 한근조 등이었다. 그러나 이들은 자유당 정권에 반대한다는 목표에는 입장이 같았으나 정치이념이 다르고 그 성분이 각양각색이어서 신당운동은 시작부터 어려움을 겪게 되었다.

1955년 2월 신당촉진위원회에서 구상한 신당 정강·정책의 4대 원칙은 자유와 민주발전, 법의 수호와 책임정치, 자유경쟁과 적절분배, 국제평화와 협조였다. 그런데 이 중에서 '자유경쟁과 적절분배' 조항과 관련하여 의견이 분분하였다. 일부 인사들은 "창의와 경쟁의 원칙 하에서 생산의 누적적 증가를 도(圖)하기 위하여 노동기술 및 자본에 대한 권장적인 보수를 인정하는 동시에, 모든 국민의 생존과 생활향상의 기초적 수요를 보장하기 위한 수탈 없는 부의 분배와 후생복지의 제도를 택하여 사회정책에 입각한 경제정책을 수립한다."는 문구를 둘러싸고 이는 생산과 분배의 문제인데 일파에서는 후단인 분배문제만을 이념강령으로 택하자고 하였고, 다른 일파에서는 후단인 분배문제와 전단인 생산문제도 함께 이념강령으로 채택하자고 주장하였다. 다시 말하면 신당발기취지문을 기초함에 있어서 '수탈 없는 경제체제를 발전시켜야 한다.'는 혁신세력의 주장과 '소이(小利)를 버리고 대동(大同)에 따르며 호양상겸으로 기성조직을 초월하고 혼연 결속할 것을 강력히 호소한다.'는 보수세력의 주장이 대립된 것이다.

신당운동세력은 결국 보수 세력인 신익희, 조병옥, 김도연, 장면, 곽상훈 등의 자유민주파와 혁신세력인 조봉암, 서상일의 민주대동파로 분립되었다. 이처럼 신당 조직과정에서 정치이념과 단합의 범위를 둘러싸고 대립이 발생, 정치노선을 같이해 온 범야민주주의 세력의 규합만을 주장하는 자유민주파(일명 보수파)와, 재야 모든 세력의 집결을 주장하는 민주대동파(일명 혁신파)로 갈라서게 되었다.

3) 조봉암에 대한 신당가입 거부

그간 침체상태에 있던 신당운동은 제20회 국회(정기회)가 1955년 2월 20일 개회됨과 동시에 최고조에 달하였다. 찬반 논의 속에 신당 창당 참여 교섭을 받은 조봉암은 2월 22일 성명을 통하여 "공산당과 독재와 독점자본을 반대하고 호헌동지회와 협조하여 신당을 위하여 진력하겠다."며 신당참여 의사를 밝혔다. 그러나 그의 가입문제를 둘러싸고 각 정파 간에 의견이 대립되었다. 조봉암의 신당 가입을 찬성하는 측은 그가 신당의 이념에 찬의를 표하고 가입을 희망하는 성명을 발표한 이상 문호개방 원칙을 국민에게 공약한 신당으로서 이론상 그를 거부할 이유가 없다고 하였으며, 반대하는 측은 국민 앞에 문호개방을 공언하였다 하더라도 현실적으로 조봉암과의 영구한 제휴는 불가능할 뿐 아니라 제휴하였다 하더라도 향후 정책수립문제나 기타 이념문제 등으로 균열을 초래할 염려가 충분히 있다며 거부감을 표시하였다.

3월 들어 신당준비위원회의 구성이 구체화되고 있는 가운데 조봉암에 대한 입당거부가 거의 확정단계에 이르렀다. 신당준비위원회는 조봉암을 신당에서 배제하였고 이에 반발한 민주대동파 인사들이 신당에 참여하지 않게 되면서 국민당계열 인사들이 야권통합 및 신당운동의 주도권을 잡게 되었다.[88]

당초 1955년 1월 중으로 신당창당준비위원회를 발족시키려던 신당촉진위원회의 목표는 조봉암의 참여의사 표명 성명에도 불구하고 조병옥, 장면의 반대에 부딪혀 3월 4일 민주국민당 내에 '신당 결성 재검토론'이 대두되었다. 마침내 이날 민주국민당 상임집행위원회에서는 '신당은 야당연합이 아니므로 통일된 이념을 가져야 하며 일관된 주의·주장과 노선을 가진 인사들이 규합되어야 한다는 결의를 함으로써 호헌동지회 발족 당시 제시되었던 범야민주대동 신당의 취지에서 훨씬 후퇴한 입장을 표명하였다.

이처럼 조봉암의 참여문제를 둘러싸고 신당운동은 초기부터 난관에 봉착하게 되었다. 조봉암 옹호론자들은 그를 참여시켜야만 민주대동의 신당이 이룩될 수 있고 수권정당이 될 수 있다는 입장이었고, 그의 참여를 반대하는 유진산, 정성태, 조영규, 이철승, 조병옥, 김준연, 장면 등은 조봉암의 사상이 의심스럽다는 입장을 굽히지 않았다.

신당운동이 결렬상태에 빠진 상황에서 호헌동지회는 3월 25일 위기를 극복하기 위하여 신당촉진위원회를 해체하고 새로 9인위원회를 구성하였다. 특히 광범위한 가톨릭 계통의 배경과, 흥사단계열 및 북한 출신 등의 조직

---

88) 손봉숙, 「이박사와 자유당의 독주」, 이기하 외, 『한국의 정당』(서울: 한국일보사, 1987), 269쪽.

을 배경으로 삼고 있는 자유민주파인 장면 측에서는 공산주의자에서 전향한 조봉암이 가담하면 신당운동에서 손을 떼겠다는 태도를 보였다.

상황이 이렇게 되자 민주대동파인 조봉암과 서상일은 자유민주파와의 제휴를 단념하고 별도의 조직을 결성하게 되는데 이것이 후에 진보당의 모체가 된다. 이때 민주국민당의 선전부장이었던 신도성·김수선·송방용 의원 등은 민주대동파에 가담하고자 자유민주파에서 이탈하였으며, 장택상도 자유민주파에서 추진하는 신당운동에서 이탈하였다. 이로써 단일야당 결성운동은 실패로 막을 내렸다.

제12절 민주당

1. 창당 배경

자유당에 의한 4사5입 개헌파동은 민주당 창당의 발단이 되었다. 이승만 대통령의 대통령직 연임 등을 주요 골자로 하는 개헌안은 1954년 11월 27일 표결에 부쳐졌는데 표결결과 찬성표(135표)가 가결 선에서 1표 미달하여 부결되었다. 이에 자유당 간부들은 203표의 3분의 2는 135.33이므로 수학상의 4사5입(4捨5入) 원칙을 적용하면 135표로 개헌안이 가결된 것이라고 주장, 이틀 후 야당 의원들이 퇴장한 가운데 번복결의를 하여 최순주 부의장이 가결을 선포하였다.

개헌안이 이렇게 가결된, 후 야당 간 연합전선이 구축되어 호헌동지회라는 교섭단체가 구성, 등록되었으며 이 교섭단체를 중심으로 신당발기준비위원회가 구성되었다. 호헌동지회가 중심이 되어 범야세력을 결집하려던 신당운동은 정강정책상의 문제와 조봉암 영입문제로 인하여 단일야당에는 이르지 못한 채 자유민주파가 1955년 9월 민주당을 창당하였다.

2. 창당 경과

신당운동은 민주국민당의 자유민주파가 주축이 되었는데 여기에 홍사단과 한국민주당 일부, 자유당탈당파, 대한부녀회 일부와 제2대 국회 말의 무소속구락부 회원 중 일부가 합류하여 '민주세력의 대동단결을 지향하는' 신당 민주당으로 개편되기에 이르렀다.

신당운동은 발당선언문과 정강·정책에서 "각자의 창의에 의한 기업의 자유를 보장한다."는 경제정책을 내걸어 자유경제체제 원칙을 분명히 하였다. 개헌파동 직후에 재야세력을 총망라하기 위하여 채택된 4개 원칙은 다음과 같다.

신당추진 4개 원칙

① 비민주세력을 일제히 배격한다. ② 책임정치의 구현을 기한다. ③ 사회정의에 입각한 균등 경제주의 실시에 힘쓴다. ④ 평화원칙에 입각한 외교정책을 추진한다.

이 중 ③항이 수정되어 자유경제체제를 확립한다는 원칙하에 창당선언문과 정강·정책을 채택하게 된 것이다.

당시 야당은 신익희, 조병옥, 곽상훈 등을 중심으로 한 민주국민당 보수층의 이른바 자유민주파와, 조봉암 등을 포함하는 대야당을 구성하자는 장택상, 신도성 등을 중심으로 한 민주대동파로 양분되어 있었다.

민주국민당의 신익희, 조병옥 등과 자유당탈당파 및 재야인사들로 구성된 단일야당 규합을 위한 지도체제가 구성되어 운동을 개시하였으나 파벌 간의 불화와 대립으로 정당통합운동에 장애가 되었다. 1952년 8월의 대통령선거 때 이승만의 정적이었던 조봉암, 신라회의 장택상 및 1953년에 반목이 심하였던 이범석, 전진한 등의 반이승만파 인사들은 이 운동에 동참하기를 거부하였다. 신당 조직과정에서 분열된 민주국민당의 자유민주파(보수파)는 1955년 7월 7일 신당발기준비위원회를 구성, 야당지도자들 간에 통일전선 형성을 모색하였다.

신당조직을 위하여 민주국민당에서는 9월 18일 시내 서울체육관회의실에서 중앙집행위원회를 개최하고 서울, 충남, 전북, 전남, 경남 등 5개 도당(道黨) 위원장이 연서로 제안한 '발전적인 민주국민당의 해체와 신당에 거당적 참가를 요청하자'는 제안에 대하여 중앙집행위원회 367명 중 219명이 참석한 가운데 개인적인 참여냐 거당적인 참여냐를 놓고 논란을 벌이던 중 기립표결에서 서상일, 나용균, 이석주, 박명환 등 몇 사람을 제외하고는 전원이 찬성하였다. 서상일 등의 반대 이유는 '10년의 전통을 지닌 정당을 신당이 발족하기 전에 해체하는 것은 경솔하며 시기상조'라는 데에 있었다. 이에 반하여 찬성 측 입장은 '신당의 정강·정책은 민주국민당의 이념과 대동소이하며 또한 신당 발기인의 대다수가 민주국민당원으로서 신당의 주도적 입장에 있다.'는 것이다. 결국 민주국민당을 해체하고 신당에 거당적으로 참여한다는 결의가 이루어졌다.

경제적 사회주의를 들고 나온 민주대동파와 결별한 자유민주파(조병옥, 장면, 박순천 등)는 7개월간의 진통 끝에 1955년 9월 19일 오전 9시 서울시공관에서 전국의 대의원 1,150명이 참석한 가운데 민주당 발기인대회를, 오후에는 창당대회를 각각 개최하였다. 이날 선언, 강령 및 정책을 가결하였으며 400명의 중앙위원을 선출하였다. 대표최고위원 선거에서는 신익희 후보가 234표를 얻어 당선되었고, 최고위원에는 조병옥, 장면, 곽상훈, 백남훈 등 4인이 선출되었다. 민주당의 선언문 요지는 다음과 같다.

민주당 선언문

민주정치의 요체는 2개 이상의 정당이 자유롭고 건전하게 병존 발전하여 상호 비판, 견제함으로써 국리민복을 보장하고 국정에 대한 책임을 명백히 하는 동시에 국민의 의사에 따르는 정권의 원활한 이동으로 정치광정과 청신을 기함에 있다.
우리는 반공 반독재 투쟁과 책임정치의 구현으로 자유경제체제의 균형분배정책을 실시함으로써 국리민복을 기하련다. 우리는 이 역사적 과업을 수행하기 위하여 상호 겸양으로써 기성조직과 소절에 구애됨이 없이 혼연 결속하여 오늘 민주당을 결성하여 우리와 염원을 같이하는 국민대중과 함께 과감한 전진을 계속하여 그 목적을 달성할 것을 만천하 동포에게 엄숙히 선언하는 바이니 애국동포 제현은 절대한 지지와 성원이 있기를 바란다.

이날 대회에서는 내각책임제 구현, 관권에 의한 선거간섭 배제, 근로대중의 복리향상 등의 정강·정책이 채택되었다.[89] 이후 민주당의 조직은 현석호 등 자유당 탈당파와 구 민주국민당의 조직은 물론 미주 및 국내의 반이승만 정치노선을 지향하는 정치세력까지 성공적으로 규합하였다.

3. 창당 이후

1) 당권 쟁탈 – 신파의 주도권 장악

민주당의 구성은 주로 민주국민당 계열 보수파 인사들이 중심이 되고 흥사단계열 및 관료 출신 등이 가세하여 이루어졌다. 나중에 한국민주당 – 민주국민당을 거쳐 온 인사들은 '민주당 구파', 흥사단 측에서 새로 들어온 인사들은 '민주당 신파'라고 불리게 된다.

민주당 창당 이후 내부 파벌투쟁이 계속되었는데 그 주된 이유는 당 이념이나 정책·강령상의 견해 차이가 아닌 당권 쟁탈에 있었다. 앞에서 본 것처럼 민주당은 혼란 속에서도 군소 보수 세력을 반자유당의 기치 아래 단합시켰는데 야당결속이 가능했던 것은 자유당이 이승만 대통령에 한하여 3선을 허용하는 헌법개정안을 가결(1954. 11. 29.), 처리하였기 때문이다.

민주당은 1958년 1월 7일 오후에 열린 상무위원회에서 협상선거법안의 국회처리에 있어서 당의 공약을 어기면서 자유당과 동조한 배신행위를 수습하는 방법의 하나로서 대표최고위원 조병옥의 사표를 수리하기로 결정하였다. 그러나 구파에 속한 조병옥의 사표수리는 결과적으로 구파가 몰락하고 신파가 주도권을 장악하는 결정적인 계기가 되었다.

---

89) 민주당의 정강정책: ① 일체의 독재주의를 배격하고 민주주의의 발전을 기한다. ② 공정한 자유선거에 의한 대의정치와 내각책임제의 구현을 기한다. ③ 자유경제 원칙하에 생산을 증강하고 사회주의에 입각하여 공정한 분배로 건전한 국민경제의 발전을 기하며 특히 농민, 노동자 기타 근로대중의 복리향상을 기한다. ④ 민족문화를 육성하며 문화교류를 촉진하여 세계문화의 진전에 공헌함을 기한다. ⑤ 국력의 신장과 민주우방과의 제휴로 국토통일과 국제주의의 확립을 기한다.

1. 합당 시도 배경

4사5입 개헌 이후 호헌동지회가 결성되고 호헌동지회를 모체로 하여 통합신당운동이 전개되었으나 단일정당화는 이루지 못하고 보수야당인 민주당과 혁신야당인 진보당 및 민주혁신당의 3당으로 분리, 결성되었다. 같은 혁신세력인 진보당과 민주혁신당이 단일화를 이루지 못한 가운데 이번에는 보수당인 민주당과 혁신정당인 진보당의 합당이 시도되었다.

성패 여부를 떠나 진보당과 민주당의 합당 시도는, 혁신세력 중에는 처음부터 사회주의자의 입장에서 참여한 인사보다는 진보적 민주주의자, 청렴하고 양심적인 인사, 독립운동가, 애국지사, 사명감을 가진 지식인들이 다수 포함되어 있었고 진보당이 이념정당이 아니라 대중정당을 목표로 한 정당이었기 때문에 가능하였다는 견해가 제시되었다.[90] 진보당의 구성과 정향이 이러하기 때문에 비록 실패하기는 하였어도 세 규합을 위하여 보수세력인 민주당과의 통합을 시도한 것으로 볼 수 있다.

조봉암 등 진보당을 결성한 인사들은 한때 자유당의 국정운영 전횡에 대항하여 민주당의 당명하에 모여 세력을 형성하고자 하였으나 민주당 결성 과정에서 보수 계열 인사들에 의하여 민주당 참여를 거부당한 적이 있다. 그러나 이번 대통령선거를 앞두고 민주당 지도부는 국가권력을 배경으로 하는 자유당과의 힘겨운 싸움에서 승리하기 위하여 자신들이 거부하였던 진보당인사들과의 제휴관계 설정에 나섰고 진보당 또한 이에 참여하고자 하였다.

---

90) 김운태, 『한국현대정치사(제2권)』(서울: 성문각, 1986), 118~119쪽.

2. 합당 시도 경과

1) 진보당 결성 과정

신익희와 조병옥을 중심으로 한 자유민주파가 민주당을 창당(1955. 09. 19.)하자 민주당에 가입하지 않고 있던 조봉암 등 민주대동파의 인사들이 1955년 10월 24일 시내 대관원에서의 회합을 통하여 신당조직 3원칙(혁신 세력 규합, 정치혁신, 계획성 있는 경제정책 구현과 민주주의 승리하의 평화적 남북통일) 수립과 가칭 진보당발기준비위원회를 결성하였다.[91]

보수 계열 인사 중심의 신당운동에서 이탈한 조봉암과 서상일 등 12명은 사회주의 경제체제 확립을 모색하였으며 혁신정당 진보당(가칭)의 결성을 서두르게 되었다.[92] 보수여당인 자유당과 보수야당인 민주당이 양립하여 있는 가운데 이념적·정책적 차별화를 시도한 것이다. 이들의 신당운동은 12월 22일 발기준비위원회가 구성되고 다음과 같은 발기취지문과 강령초안을 발표함으로써 급진전되었다.[93]

진보당의 취지문(요지)

우리 민족의 자주독립과 민주주의 쟁취의 역사적 성업인 3·1운동의 숭고한 정신을 다시금 환기 계승하여, 우리가 당면한 민주수호와 조국통일의 양대 과업을 수행할 수 있는 혁신적 신당을 조직하고자 이제 분연히 일어섰다. 우리는 진정한 혁신은 오로지 피해를 받고 있는 대중 자신의 자각과 단결 위에서만 실현될 수 있다는 것을 깊이 인식하고, 관료적 특권정치의 배격과 대중본위의 균형 있는 경제체제를 확립할 것을 기약하고, 국민대중의 토대 위에 선 신당을 발기하고자 한다.

강령

○ 우리는 공산독재는 물론 자본가와 부패분자의 독재도 이를 배격하고, 민주주의 체제를 확립하여 책임 있는 혁신정치를 실현한다. ○ 생산 분배의 합리적 통제로 민족자본을 육

---

91) 추진위원 서상일, 조봉암, 이동화, 김성숙, 박기출, 박용희, 신숙, 신백우, 양운산, 장지필, 정구삼, 정인태 등 12명, 총무대표위원 최익한, 선전대표위원 윤길중, 이동화, 「한국적 사회주의의 길(중)」, ≪사상계≫ (1961년 1월), 112쪽.

92) 그러나 후에 서상일과 그의 세력은 조봉암의 좌파적 성행을 비판하면서 진보당 창당과정에서 이탈하여 민주혁신당을 결성하게 된다.

93) ≪한국연감≫(1957년 판), 169쪽.

성한다. ○ 민주우방과 제휴하여 민주세력이 결정적 승리를 얻을 수 있는 조국통일의 실현을 기한다. ○ 교육체제를 혁신하여 국가보장제를 수립한다.

2) 선거연합 시도

진보당발기준비위원회는 1956년 3월 31일 시내 중앙예식장에서 대표 113명 및 다수의 추진위원들이 참석한 가운데 대통령선거 전국추진위원회 대표자회의를 개최하였다. 이날 신당의 정강·정책안을 채택하고 창립추진위원회를 구성하는 한편 대통령후보에 조봉암, 부통령후보에 서상일을 지명하였으나 서상일이 후보수락을 거절함에 따라 박기출을 부통령후보로 추대하였다.

선거운동 과정에서 민주당 신익희 후보의 인기에 힘입어 정권교체를 해야 한다는 분위기가 조성되면서 야당연합전선 형성이 모색되었다. 선거 기간 중에 원내 헌정동지회는 자유당의 이승만 후보를 패배시킬 목적으로 민주당과 진보당을 중간에서 알선하여 범야당 단일후보를 내기 위한 야당연합을 시도하였다.[94] 신익희, 조봉암 두 사람의 비밀회담까지 주선되었으나 진보당 측에서 민주당 내의 미군정 요소를 제거하라는 조건을 제시함으로써 협상은 실패로 돌아가고 민주당과 진보당은 각각 선거운동을 전개하였다.

결렬된 것으로 보였던 야당연합운동은 다시 추진되어 4월 25일 신익희, 조봉암 두 대통령후보가 비밀회담을 가져 단일후보를 내세울 것에 합의하였다. 그러나 이틀 후인 27일의 제2차 회담에서는 진보당 측으로부터 대통령입후보를 사퇴할 테니 민주당 측에서는 부통령후보를 진보당 측에 양보하라는 요구가 있었다. 민주당 측이 이 요구를 거부함으로써 야당선거연합은 성사되지 않았다. 민주당 측은 대통령·부통령후보를 모두 세우겠으니 진보당 측에서 양보해야 한다는 주장이었고, 진보당 측은 대통령후보를 민주당에 양보하였으니 부통령후보는 진보당에서 내야 한다는 주장이었다.

---

94) 무소속구락부가 1955년 12월 6일 헌정동지회로 등록하였다. 헌정동지회는 1957년 1월 24일 정우회가 발족하면서 해체되었는데 이 정우회는 1957년 12월 23일 구성원 미달로 자연 해체되었다. 국회사무처, 『국회경과보고서』(1975), 22-23쪽.

진보당은 정식으로 출범하기 전에 대통령선거(1956. 05. 15.)에 참여, 조봉암을 대통령후보, 박기출을 부통령후보로 내세웠다. 진보당은 선거가 끝난 후인 11월 10일 서울시공관에서 창당대회를 개최하고 위원장에 조봉암, 부위원장에 박기출·김달호를 선출하였다.

3. 합당 시도 이후

진보당(가칭)은 민주당과 합당을 시도하였으나 실패하였다. 실패한 이유로서 진보당이 민주당과는 이념상으로 거의 이질적으로 맞서는 사회주의자들의 정당이었다는 견해[95]도 설득력이 있으나 실제로는 선거연합 과정에서 대통령·부대통령후보 조정에 실패한 것이 크게 작용하였다고 볼 수 있다.

진보당은 대한민국의 정통성과 주권을 모든 정책의 전제로 시인하였음에도 불구하고 좌경적인 정당이라는 인상을 주게 되어 탄압을 받았다.[96] 진보당은 조직 면에서 일반조직(평당원)과 특수조직(비밀당원)으로 나뉘었는데, 특수조직 사업을 위한 7인 서클과 번영회라는 2개의 하부조직이 있었다.[97] 이러한 진보당의 치밀한 조직과 젊은 구성원들, 그리고 급진적인 이념은 자유당과 민주당 모두에게 위협적인 존재로 인식되었다.

결국 1958년 1월 13일 진보당위원장 조봉암 외 동당의 간부 7명이 국가보안법 위반혐의로 공안당국에 의하여 체포되었다. 검찰은 다음 날 조봉암이 북한에서 밀파된 김경태, 오중환과 접선하고 북한의 지령에 따라 평화통일론을 주장하였다고 발표하였다.

정부는 이어 2월 25일 미군정법령 제55호 '정당에 관한 규칙'에 의거, 진보당의 정당등록을 취소하였다. 그 사유는 유엔결의에 위배되는 통일방안

---

95) 한태수, 『한국정당사』(서울: 신태양사, 1961), 245쪽.

96) 진보당과 민주혁신당이 모두 혁신정당이었고, 정강정책이 동일하였는데 진보당이 심한 탄압을 받은 것은 정강정책보다도 그 당시 국민에 대하여 어느 정도의 영향력을 가지고 있었는가, 또 얼마만큼 집권당에 위협의 존재로 되고 있었는가에 달려 있었다는 주장이 설득력을 갖는다. 이상두, 「제3정치세력의 역정」, ≪사상계≫(1968년 8월호), 111–113쪽.

97) 배순길, 『한국사회주의정당사』(서울: 한마음, 1995), 90–91쪽.

지지, 북한이 밀파한 간첩과의 접촉, 대한민국 전복 음모 등이었다. 대법원은 2월 27일의 최종판결에서 진보당 당수 조봉암 피고에게 간첩 및 간첩방조죄를 적용, 사형을 언도하였다. 이로 인하여 진보당은 불법화되고 와해되었다.

이 사례에서 주목하고자 하는 것은 당시 정당법이 제정되지 않은 상태였기 때문에 진보당을 규제할 근거가 없어 주권 이양 이전에 공포된 '정당에 관한 규칙'이 적용되었다는 점이다. 이 규칙 적용의 적실성 여부는 좀 더 신중한 법이론적 논의를 필요로 한다.

제14절 제3대 대통령선거(1956. 05. 15.)

1. 선거 전의 상황

1) 민정당(공화당) 창당

제3대 대통령선거일이 다가옴에 따라 정부는 대중집회 및 정치성을 띤 토론회에 대한 통제를 강화하기 시작하였다. 야당은 공공집회장소 사용에 대한 사전허가제로 인하여 어려움을 겪었으나 허가를 받은 후에도 경찰의 삼임한 감시밍 속에 있었다.[98] 이리힌 분위기와 정치상황은 당시 야권세력으로 하여금 권위주의적이고 강압적인 형태를 보이는 자유당에 대항할 수 있는 강력한 조직을 필요로 하였다.

자유당 재건작업에서 제외된 이범석 세력(민족청년단 계열, 세칭 족청파)인 신태악, 윤재욱, 여운홍 등은 1955년 10월부터 장택상 계열 및 배은희 계열과 제휴, 제2여당 또는 온건 야당의 노선을 내걸고 신당운동을 전개하였다.

---

98) 김종훈, 『한국정당사』(서울: 서울고시학회, 1983), 82쪽; 한태연, 「정권교체에 대한 기대」, ≪사상≫ (1960년 3월호), 20–27쪽.

이범석과 조봉암이 각각 신당운동을 계속하자 이승만은 담화를 발표하였다. 담화의 내용은 대통령선거(1956. 05. 15.)를 앞두고 공산당과 일본침략자들의 모략과 음모에 빠지지 말 것을 경고하고, 이범석과 장택상이 추진하는 신당조직 문제에 관해서는 국가를 위하여 해산되는 것이 마땅하다는 내용이었다. 담화가 발표되자 신당조직운동은 일시 주춤해졌다.

그러나 이범석은 다시 신당조직에 나섰으며, 그와 장택상은 12월 23일 제2여당촉진회를 구성하자는 데까지 어렵게 합의하였다. 자유당에서 '천대'를 받아 오던 배은희, 신중목, 오성환, 주종필, 이성주 등이 자유당에서 탈당하여 온 것이 자극제가 되어 촉진회 구성에 합의하게 된 것이다. 그런데 이날 '이조(李朝) 전제시대를 무색게 할 정도로 기본자유와 인권이 억압당하고 있고 탐관오리의 횡행 등 혼란을 극하고 있는 정치를 바로잡아 민주정치의 근거를 확립하는 데 신당의 목표를 둔다.'는 내용의 취지문을 발표하고 난 직후 기자회견을 하면서 약간의 차질을 빚었다. 기자회견에서 이범석은 대통령중심제를 지지한다고 말하였고, 장택상은 내각책임제를 지지한다고 말한 것이다.[99]

이러한 불합치 발언이 있기는 하였으나 이범석과 장택상이 추진한 신당운동이 결실을 맺어 1956년 1월 2일 민정당 발기대회가 개최되었다. 이 대회에서 최고위원에 이범석과 장택상이 선출되었다.

제2여당의 기치를 내걸고 창당준비를 해 온 민정당(가칭) 발기준비위원회는 3월 29일 서울시공관에서 발기인 2,020명 중 1,750명이 참석한 가운데 발기인대회 및 공화당 결당대회를 개최하였다. 이날 중앙위원 선출 비율문제를 둘러싸고 민족청년단 계열(족청 계열)과 비민족청년단 계열의 대립이 격화되자 민족청년단 계열은 그 후 독자적으로 중앙위원회를 소집, 이범석을 동당의 부통령후보로 지명함으로써 비민족청년단 계열과 결별하였다. 즉 4월 1일 오후 민족청년단 계열 인사들이 일방적으로 당 중앙위원회를 소집하였는데 75명의 중앙위원 증선(增選)문제를 논의하다가 증선안을 부결시키

---

99) 대한민국인물사편찬위원회, 앞의 책, 845–846쪽.

고 이범석을 부통령후보로 선출한 것이다.

이에 대하여 장택상은, 중앙위원회는 당헌 제56조에 의하여 최고위원회가 소집하게 되어 있는데 4월 1일의 중앙위원회는 최고위원회가 소집한 것이 아니니 위법이라고 주장하였다. 비민족청년단 계열인 장택상은 또 중앙위원은 442명이므로 이날 투표에 참가한 213명만을 가지고는 합법적인 중앙위원회라고 인정할 수 없다고 주장하였다. 이런 상황의 전개로 인하여 불만을 품게 된 공화당의 비민족청년단 계열 인사 박수경 외 150명이 4월 25일 대거 탈당하였다. 이러한 사태 발생으로 민정당(가칭)에서 공화당으로 당명을 개칭하고 출범한 공화당은 와해 위기에 처하였다.

2) 자유당 전당대회

4사5입 개헌으로 초대 대통령에 한하여 연임제한규정을 적용하지 않기로 하는 내용의 개헌안을 가결시킨 자유당은 1956년 3월 5일의 전당대회에서 이승만과 이기붕을 기립표결에 의하여 대통령과 부통령후보로 각각 선출하였다. 그러나 이승만은 대통령후보 불출마를 선언하였고 이기붕은 이승만이 다시 대통령에 출마하도록 압력을 넣기 위하여 각계각층의 '민의'를 대통령에게 보이라고 동원령을 내렸다. 그 후 이승만의 재출마를 요구하는 각종 관제시위가 경무대 앞을 비롯한 각지에서 벌어졌다. 이승만 총재는 3월 23일 '민의'에 따라 재출마를 결심하게 되었다는 내용의 담화를 발표하였고, 그 이틀 후인 25일에는 이기붕 부의장을 자신의 선거동반사(러닝메이트)로 삼겠다고 말하였다.

3) 민주당

민주당은 1956년 3월 28일 전당대회를 개최하고 대통령후보에 신익희, 부통령후보에 장면을 지명하였다. 그런데 신익희 후보가 전국 선거유세 도중이던 5월 5일 새벽 전라북도 이리에서 뇌일혈로 사망하였다. 그 이틀 후인 7일 대통령후보 조봉암은 '우익 군부세력의 책동'을 두려워하여 피신하였고, 부통령후보인 박기출은 5월 9일 출마를 사퇴하고 재야세력의 통합을 위하여 민주당후보인 장면을 지지한다는 내용의 성명을 발표하였다.[100]

대통령·부통령선거 과정에서 민주당 신익희 후보의 사망으로 자유당의 이승만 후보, 무소속 조봉암 후보의 2파전 양상을 보였다. 신익희 후보의 사망으로 선거전 양상이 급변하면서 민주당은 "못 살겠다. 갈아 보자"라는 구호를 내세웠고 이에 대항하는 자유당은 "갈면 더 못 산다."의 구호로 맞섰다.

2. 선거 결과

1956년 5월 15일 제3대 대통령선거 및 제4대 부통령선거가 실시되었다. 대통령선거에서는 이승만 후보가 504만 6,437표를 얻어 216만 3,808표를 얻은 조봉암 후보를 물리치고 당선되었으며, 8명의 후보가 나선 부통령선거에서는 민주당의 장면 후보가 자유당의 이기붕 후보를 물리치고 당선되었다.

<표 3-7> 제3대 대통령선거 결과

선거인 수	유효투표 총수	득표수			
		자유당		무소속	
		이승만	비율(%)	조봉암	비율(%)
9,606,870	7,210,245	5,046,437	70.0	2,163,808	30.0

출처: 중앙선거관리위원회, 『대한민국선거사(제1집)』(1973), 740쪽.

3. 선거의 특징

① 선거과정에서 불법, 부정, 관권 개입, 그리고 폭력이 난무하는 등 선거질서가 와해되었다. ② 대통령·부통령선거 사상 처음으로 여당과 야당

---

100) 이때 조봉암 후보는 무소속이었다. 선거 당시 진보당은 진보당추진위원회를 구성하였을 뿐 창당대회를 개최하지는 않았기 때문이다.

이 후보지명에 있어서 선거동반자(러닝메이트)제도를 채택하였다. ③ 조봉암 후보는 악화된 선거환경 속에서, 그리고 자유당에 비하여 당 조직과 선거자금이 극히 열세에 있었음에도 불구하고 200여만 표를 획득, 그의 인기와 지명도가 높았음을 보여 주었다. ④ 선거 결과 무효표가 185만 6,818표나 나왔는데 이는 제2대 대통령선거(25만여 표), 제4대 대통령선거(122만여 표), 제5대 대통령선거(95만여 표), 제6대 대통령선거(58만여 표), 제7대 대통령선거(491만여 표)에서의 무효표와 비교하면 월등히 높은 수치이기 때문에 이번 선거의 무효표에는 민주당 신익희 후보에 대한 추모표가 다수 포함된 것으로 추정된다.[101] ⑤ 대통령에는 자유당의 이승만 후보, 부통령에는 민주당의 장면 후보가 당선된 결과는, 무엇보다도 대통령후보와 부통령 후보에 대하여 별도로 투표하게 한 제도적 결함에 의하여 행정부 수뇌부가 처음부터 정책적으로 협조하기 어려운 환경에 빠지게 되었다. ⑥ 관권 개입과 여당 자유당의 전국적인 조직망 형성 및 동원으로 인하여 여촌야도 현상이 두드러졌다.[102]

4. 선거 이후

부정선거로 인식된 이번 선거가 끝난 후 자유당 내에는 동요가 일어 일부에서 당 혁신을 주장하기 시작하였는데 이 과정에서 6명의 의원이 제명되었다. 한편 야당은 이번 선거를 부정선거로 규정하고 여당에 대한 공세를 강화하였으며 한편에서 정부의 예산안 제출 지연에 대한 위헌론을 제기하기도 하였다. 제3대 대통령 및 제4대 부통령선거를 앞두고 민주당이 출현함으로써 2개의 정당을 축으로 하는 양대 정당구도가 구축되었다.

---

101) 무효표에 관한 통계는 중앙선거관리위원회, 『대한민국선거사(제1집)』(1973), 991-1066쪽에서 발췌한 것임.

102) 여촌야도 현상이란 여당은 시골, 비도시 지역에서 강세를 보이고 야당은 도시지역에서 강세를 보이는 투표행태를 가리킨다.

제15절 민주혁신당과 혁신정당들의 동향

1. 민주혁신당 결성 배경

민주혁신당의 본줄기는 1954년 11월의 4사5입 개헌파동 후의 범야권 신당운동에서 시작된다. 4사5입 개헌 이후 야권에서는 신당운동이 전개되어 재야 보수 세력이 결집한 민주당이 창당되고, 다른 한편에서는 혁신계열 인사들이 중심이 된 민주혁신당 및 진보당의 결성으로 이어진다.

보수정당인 민주당이 창당되자 혁신계열 인사들은 혁신정당 결성을 시도하게 되었다. 조봉암 등의 혁신 세력은 1956년 1월 26일 신당 결성을 위하여 12인으로 구성된 '진보당 추진준비위원회'를 구성하였으며, 준비위원회 대표로 조봉암, 김성도, 박용희, 서상일, 박기출, 신숙, 신백우, 이동화, 양운산, 장지필, 정구삼, 김인태 등을 선출하였다.

제3대 대통령선거(1956. 05. 15.) 이후 진보당추진위원회 내에서는 서상일과 조봉암의 대립 양상이 나타나기 시작하였다. 서상일은 비혁신 계열 정치인들과의 광범한 제휴를 주장한 반면 조봉암은 순수혁신계열 인사들만의 정당 결성을 주장하였기 때문이다. 결국 서상일은 진보당추진위원회를 탈퇴하고 민주혁신당을 창당하게 되는데 민주혁신당의 창당은 조봉암파와의 이념적 차이보다는 혁신계열의 주도권을 쟁취하려는 개인적 갈등과 당 조직 원칙에 대한 견해차에 기인하는 바가 큰 것으로 지적되었다.[103]

대통령선거에서 216만여 표를 획득한 바 있는 조봉암은 1956년 6월 초순 자신과 진보당(가칭)에 대한 국민의 지지를 토대로 하여 범야당 혁신세력을 규합하려는 통합운동을 시작하였다. 진보당추진위원회의 조봉암은 먼저 공화당을 이탈한 장택상과 며칠 동안 합당회담을 가졌으며 이 밖에도 일부 보수계열 인사들과도 영입교섭을 시도하여 당세를 확장시키고자 하였다.

---

103) 윤형섭, 『한국정치론』 증보판(서울: 박영사, 1992), 486쪽.

2. 민주혁신당 결성 경과

1) 혁신계열 통합회의(광릉회합)

1955년 9월 1일 조봉암, 서상일, 장건상, 최익환, 서세충, 박용희, 정이형, 남상철, 양우조 등의 노장층과 신도성, 윤길중, 김기철, 김경태, 이명하, 김수선 등 청년층을 포함하여 40여 명이 광릉에서 모여 혁신계열 통합회의를 개최하였다. 이날의 회합에서는 현실정치의 보수성에 대한 비판과 신당운동의 필요성이 개별적인 의견으로 제시되었는데 이날 정화암은 민주사회주의를 정치이념으로 하자고 주장하였다.

제2차 회의는 서울시내 음식점 대관원에서 있었으나 광릉회합 참석자 중 몇 사람은 불참하였다. 제3차 회의는 시내 명륜동 서상일의 집에서 열려 신당준비위원회가 구성되고 부서까지 결성되었는데 일부 인사들이 물러난 가운데 조봉암이 앞장서고 서상일이 적극적으로 추진하였다.[104] 이 회합에서는 민주대동운동에 대한 중간평가가 행해지고 혁신 신당조직을 모색하기로 의견이 모였다. 정부 수립 이후 최초로 사회민주주의가 이념 차원에서 논의되었다는 점에서 평가를 받고 있다.[105]

그러나 이 과정에서 장건상, 장화암 등은 발족될 혁신정당이 이념의 결집체가 되어야 한다고 주장하였으나 조봉암은 민주사회주의 또는 사회민주주의라는 기본노선을 중심으로 당을 결성한 뒤 투쟁과정에서 자연스럽게 분파가 발생해야 한다고 주장하는 등 이념과 노선문제가 표출되었다.[106] 즉 장건상, 정화암 등은 '선 이념통일, 후 창당'을 요구하였고, 조봉암은 '선

---

104) 정화암은 광릉회합 이후 혁신정당운동 과정에서 물러난 일부 인사들과 함께 민주사회주의를 이념으로 하는 정당 결성을 위하여 움직였다. 1956년 10월 진보당준비위원회에서 탈퇴한 서상일이 민주혁신당을 추진하였다. 당시의 혁신세력을 간추려 보면 서상일을 중심으로 한 민주혁신당, 정화암의 민주사회당, 정건상의 혁신동지총연맹, 그리고 진보당 잔류 세력 등이 있었다. 주류를 이루고 있던 민주혁신당과 민주사회당은 이를 혁신세력을 하나로 결집시켜 통합신당을 만들기로 하였다. 그러나 정화암은 그 후 정치자금상의 어려움도 있어서 새로 창당된 사회대중당에 합류하였다. 정화암, 『이 조국 어디로 갈 것인가 – 나의 회고록』(서울: 자유문고, 1982), 308–309쪽.

105) 정태영, 『조봉암과 진보당』(서울: 한길사, 1991), 214–215쪽.

106) 정화암, 앞의 책, 310–312쪽.

창당, 후 이념통일'을 주장한 것이다.

광릉회합을 계기로 건국과정에서 이탈하였던 혁신세력의 재규합운동은 민주국민당 이탈파인 서상일, 신도성 등이 합류하면서 본격적인 혁신정당 결성운동으로 발전하게 되었다.

2) 혁신정당의 구성 및 주도권 문제

혁신세력 대동단결의 초점은 제3대 대통령선거(1956. 05. 15.)에서 216만 여 표를 획득한 조봉암을 당의 지도적 지위에 올려놓을 것인가 하는 것과, 이미 발족한 진보당을 토대로 확대시킬 것인지 아니면 진보당 발족을 백지로 돌리고 새롭게 출발한 것인지의 두 가지였다.

진보당추진위원회는 대통령선거 후 모든 진보세력을 총집결시키기 위한 특별위원회를 구성하고 선거 결과에 나타난 국민의 지지를 토대로 새로운 혁신정당운동을 도모하게 되었지만 좌익 전력이 있는 조봉암의 일선지도 여부를 둘러싸고 난관에 봉착하였다. 결국 새 정당의 주도권 문제가 통합의 걸림돌이 되었는데 이러한 파벌주의와 주도권 다툼은 범혁신세력의 통합을 가로막는 요인이 되었다.

비자유당·비민주당의 혁신세력 대동단결을 표방하고 태동 중인 민주혁신당운동은 이에 참여하고 있는 각 집단 간에 의견일치를 보지 못하고 난관에 봉착하면서 여러 차례에 걸쳐 앞서 언급한 12인위원회를 중심으로 추진되었다. 12인위원회가 국회 속개와 동시에 추진할 창당준비사무를 담당케 할 소위원회를 구성할 단계에 들어설 무렵 진보당의 강령 수정문제 등을 논의하기 위하여 1956년 9월 2일 소집된 진보당추진위원회는 민주혁신당운동의 3대 원칙을 재확인하는 반면 신당운동의 추진체인 12인위원회는 일개의 협의체에 불과한 것이며 또한 진보당의 강령은 수정 또는 변경되지 않았다고 발표함으로써 민주혁신당운동에 큰 혼란을 초래하였다.[107]

---

107) 앞서 12인위원회 회동에서 이 운동에 참여하겠다는 공화당 측(민족청년단 계열)에서는 진보당의 앞서
　　와 같은 주장에 동조하지 않겠다는 주장을 하였고, 한편에서 원외 측 인사들 사이에서도 진보당 측의
　　조봉암 및 공화당 측의 이범석을 신당에 참여시키되 제2선에 유임토록 하자고 주장 함으로써, 민주혁

진보당대변인 윤길중은 진보당의 기초를 말살하며 조봉암의 후퇴를 요구하는 12인위원회는 파열된 것으로서 인정할 수 없으며 이 위원회의 모체인 7인유지위원회를 신당운동주비체라고 주장하는 한편 7인유지위원회의 2인인 진보당 측 조봉암, 서상일 두 사람을 보좌할 윤길중, 이명하, 최회규, 송재규, 고정훈 등 5인을 선정하였다고 발표하였다.[108]

신당운동은 9월 3일 민주혁신당을 진보당의 확대판이라고 발표한 진보당의 처사 때문에 일시 교착상태에 빠지기도 하였으나 9월 7일의 7인유지간담회에서 공화당 측 위원은 제외된 채 서상일을 대변인으로 진보당연락위원 조봉암, 원내연락위원 김홍식, 원외연락위원 김성숙·조헌식 등 5인위원회가 구성되어 7인위원회 및 12인위원회가 해체된 채 신당운동의 전권을 위임받아 추진협의회를 구성하였다. 추진협의회는 9월 9일 제1차 회합에서 발기준비위원회 구성문제 등을 논의하고 9월 12일과 13일 두 차례의 회합을 가졌다. 이 회합에서는 5인위원회를 확대하여 공화당 소속 육완국, 김영기 두 사람을 개인 자격으로 참여시켜 7인의 연락협의회를 구성하였고 9월 15일에는 창당성명서 및 5개 항의 정강초안을 검토하였다.

3) 진보당 창당대회

신당운동에 참여하던 진보당 상임위원회는 1956년 10월 2일 신당 창당준비선언문 발표 및 준비위원 구성단계에 이르러 돌연 태도를 바꾸어 서명부진 운운을 이유로 민수혁신당에 참여할 것을 거부하고 난독으로 진보당 창당을 추진하기로 결정하였다고 발표하는 동시에 동당의 교섭대표 서상일과 조봉암을 소환하였다. 이로써 혁신세력의 대동단결은 혁신정당 발기 전에 분열되어 두 개의 신당 결성으로 이어졌다.

진보당추진파의 이러한 단독행동선언에 뒤이어 진보당 추진파 내에는 10

신운동은 3파전이 되었다.

108) 혁신세력의 규합을 표방하고 시작된 신당운동은 처음의 7인유지간담회에서 김홍식, 서상일, 윤길중, 육완목, 최익환, 김성숙, 안정용, 김경봉, 조완식, 김영기, 신태권 등으로 발기준비12인위원회를 구성한 바 있었다.

월 초순에 이르러 대동파와 고수파 간에 분열이 발생하였다. 민주혁신운동
을 추진하여 오던 진보당은 서상일, 조봉암 두 사람 간의 이념과 입장의 차
이로 조봉암계열이 민주혁신당운동에서 이탈, 단독 진보당을 추진하여 문제
가 발생한 것이다.

1956년 11월 진보세력 중 조봉암계열이 진보당 결성을 목표로 삼고 이탈
하였다. 진보당이 중심이 되어 추진하던 혁신연합운동은 진보당의 독자적
개별행동으로 와해된 채 동당의 이탈파인 우파사회주의자를 중심으로 11월
8일 창당준비선언문과 강령 및 창당준비위원명단을 발표하였다. 진보당은
11월 10일 전국의 대의원 900명 중 853명이 참석한 가운데 서울시공관에
서 창당대회를 개최하였다. 이날 위원장에 조봉암, 부위원장에 박기출·김
달호 두 사람을 무기명 투표로 선출하였으며, 통제위원회 위원장에 김위제,
부위원장에 김기출을 선출하였다.[109]

당시 자유당의 행태에 염증을 느낀 시민들에게 있어서 진보당의 혁신적
구호는 호감을 갖게 하였으며 이로 인하여 진보당은 창당 1년 만에 자유당,
민주당과 함께 3대 정당이 되었다. 이러한 움직임이 있는 한편에서 서상일,
이동영, 주기형, 유천, 안재환, 이기림, 최익환, 고정훈, 김욱진, 김성주, 안
도명, 고시현, 정구참, 최재방, 박재호, 박노수, 백영달, 김황식, 박용철, 김
기태, 장지필, 신용순, 선우기준 등 중앙상임위원 23명은 "진보당과 결별하
여 민주혁신당 결성에 초지일관한다."는 내용의 성명과 함께 이탈하였
다.[110] 이에 진보당에서는 이들의 제명을 결의하였다.

4) 민주혁신당과 대중당의 합동

민주혁신당추진위원회(가칭)에서는 1956년 12월 26일 오후 동 위원회 위
원장에 장건상, 부위원장에 서상일을 선출하였다. 동당 추진위원회는 1957

---

109) 조봉암은 공화당 이탈파인 장택상과의 합작을 시도하였으며, 다시 김창숙, 이명룡, 서상일, 박용희, 장
   건상, 이범석 등 재야 거물급 인사를 망라한 민주혁신당을 1956년 8월에 조직하려다가 영도권 경합
   에서 조봉암의 일선지위 격하로 인하여 합작공작이 실패한 바 있다. 한태수, 『한국정당사』(서울: 신태
   양사, 1961), 245쪽.
110) 한태수, 앞의 책, 246쪽.

년 3월 15일 지방당 조직에 앞서 이 위원회 기구를 중앙집단지도체제로 개편하는 한편 총무위원회 부위원장 보궐선거를 비롯한 사무장 선임 등 인선을 하였다. 현 총무위원회를 집단지도제로 개편하자는 서상일 계열과 소수 영도제를 주장하는 장건상 계열 간의 장기간 동안의 의견대립 끝에 이날 실질적으로 서상일, 장건상의 2인 지도제인 현 총무위원회를 집단지도제로 변경시키고 동 위원회 부위원장에 총무위원인 박용희, 신숙 두 사람을 추대하였다. 또 정원 95명의 당무위원회 위원 수를 50명 이내로 하여 재정정책, 선거대책 및 심사 등 4개 특별위원회를 설치하였다.

이처럼 정당설립을 준비하고 있던 민주혁신당 창당준비위원회에서는 당의 중심이 되고 있는 서상일, 장건상 두 사람 간에 즉 근로인민당 계열과 비근로인민당 계열 간의 주도권 장악문제로 두 계파간의 대립이 격화하여 분열 상태에 이르렀다.[111] 8월 8일 동당 창당준비위원회 상무집행위원회는 만장일치로 총무위원 장건상·김성숙(金星淑)·오중환, 상무위원 김일천·양재소·윤방우 등 6명을 지하세력과 합작하였다는 이유로 제명 조치하였다.

한편에서 진보당(조봉암, 윤길중, 김달호, 이명하, 김기철, 조규희, 최희규)과 근로인민당잔류파(김성숙, 양재소, 김일우 등 10여 명)는 혁신세력의 통합을 시도하였다. 당초 서상일파가 진보당에서 이탈, 민주혁신당의 결성을 준비하고 있던 중 당세 확장을 기도하여 장건상파와 합작하였던 것인데 이후 장건상파에서 혁신세력 대동단결을 외치며 진보당 및 일부 다른 정파와의 합작공작을 추진함으로써 서상일과 장건상 간의 대립이 격화되었고 서상일 측에서 장건상 등을 제명 처분함에 이르렀다.

민주혁신당(가칭)에서 나온 장건상 등은 그 후 계속하여 진보당을 등에 업고 각 혁신세력의 대동단결을 도모하여 진보당, 민주혁신당이탈파, 노동당 일부, 전 한국독립당계 등을 연합하여 1957년 9월 28일 혁신세력 통일준비회를 발족시켰다.

---

111) 김운태, 『한국현대정치사(제2권)』(서울: 성문각, 1986), 136쪽.

5) 민주혁신당 창당

서상일, 조봉암, 김성숙, 조헌식, 김홍식 등이 1957년 9월 9일 신당 추진 협의회를 구성한 다음 창당선언문 초안까지 채택, 신당 결당이 추진되었으나 주도권 쟁탈로 인하여 진보당추진위원회가 그해 10월 2일 민주혁신운동과의 결별을 결정함으로써 당초 시도하였던 민주혁신운동은 일단 좌절되었다.

한편 장건상 일파를 제명한 민주혁신당준비위원회에서는 서상일, 신숙, 김성주 등이 중심이 되어 노력한 결과 1957년 10월 15일 오전 10시 시내 시립극장에서 대의원 596명 중 515명이 참석한 가운데 민주혁신당 창당대회를 개최하였다(위원장 서상일). 오전 회의는 조병옥, 장택상, 윤길중 등 다른 정당 간부들의 축사를 비롯하여 식순대로 진행한 다음 오후 회의에서 선언, 강령, 정책, 당헌 등의 안건을 가결하였고, 임원선거에서는 정치위원회 위원장·부위원장 및 위원, 통제위원회 위원장·부위원장 및 위원선거와 중앙위원 선정 또는 중앙위원회에 대한 위임사항, 재야민주세력 대동단결추진에 관한 건 등을 결의하고 폐회하였다. 동당에서는 당 기구는 상임집행 최고기관으로 정치위원회를 설치하고 간사장, 상무(常務), 조직, 선전 등 3국과 15개 부서를 설치하였으며, 고문회의, 통제위원회, 재정위원회, 정책위원회, 국회대책위원회, 선거대책위원회 등 각 위원회와 정훈원, 의회국 등을 설치하였다.[112] 민주혁신당의 선언문과 강령은 다음과 같다.

민주혁신당 선언문(요지)

우리 민주혁신당은 어느 일부 소수집단의 정치단체가 아니라 광범한 근로대중의 이익실현을 위하여 투쟁하는 혁신된 진보적 민주정당이다. 우리는 민주수호와 부패독재정치의 제거는 물론 국토통일에 매진하고 복지사회를 건설하련다.

강령

○ 우리는 공산독재, 관료압제, 자본전제 기타 일체의 부패세력을 배격하고 내각책임제 실시로써 혁신정치의 실현을 기한다. ○ 우리는 합리적이고 계획성 있는 경제체제를 확립하여 민족자본을 육성하며 농민, 노동자, 봉급생활자 및 소시민의 생활을 보장하는 복지사회의 실현을 기한다. ○ 우리는 안으로 방위태세를 확립하고 밖으로 민주우방과 긴밀한 제휴하에 민주세력에 결정적 승리를 얻을 수 있는 민주방식에 의한 조국통일과업의 완수를

---

112) 이기하, 『한국정당발달사』(서울: 의회정치사, 1961), 287–292쪽.

기한다. ○ 우리는 교육제도를 쇄신하여 점차적으로 국가보장제를 실시한다. ○ 우리는 민족의 자주성을 견지하고 호혜원칙에 의한 우방과의 외교를 강화한다.

3. 결성 이후

민주혁신당은 조봉암과 서상일이 서로의 정치이념 차이와 당내 주도권을 둘러싸고 대립하다가 조봉암이 먼저 진보당을 창당함에 따라 남아 있던 인사들이 모여 결성한 정당이다. 혁신정당운동이 진보당과 민주혁신당으로 분열된 이유는 물론 이념이나 소신의 차이 문제도 있겠으나 당내 주도권과 대통령·부통령 입후보문제를 주요한 원인으로 들 수 있다.

보수정당, 혁신정당을 막론하고 정당정치나 정당운동이 확고한 정치적 이념이나 정책적 신념에 의한 것이 아니었기 때문에 정치적 혼란은 계속될 수밖에 없었다. 혁신정당의 경우, 자유민주주의와 시장경제를 규정한 헌법과 치안관계 법령의 테두리 안에서의 제한된 혁신운동이었기 때문에 혁신세력 사이에서는 이념노선의 불일치, 혁신운동 주도권 다툼, 당직 배분 등의 문제에 직면하게 되었다. 따라서 때로는 혁신의 이름을 내건 비혁신적 집단 혹은 인물들의 이합집산으로 국민들의 눈에 비쳐지기도 하였다.

제16절 제4대 국회의원선거(1958. 05. 02.)

1. 선거 전의 상황

1) 선거법 개정

선거 전에 여야는 헌정사상 처음으로 국회의원선거법 여야협상위원회를 구성하고 여야가 각각 제출한 두 개의 개정안을 절충하여 단일안을 작성하

였다. 1957년 9월의 여야 대표회담과 10월 15일의 여야 10인선거법협상위
원회의 합의를 거쳐 작성된 협상선거법은 소선거구제, 정당추천위원의 선거
관리위원회 참가, 기탁금제, 선거공영제 강화, 참관인의 권한 확대, 선거사
범 엄단 등을 규정하였다. 제3대 대통령선거(1956. 05. 15.) 이후 여야는 제
4대 국회의원선거를 대비한 선거법 개정에 착수하여 1958년 1월 1일 국회
에서 협상선거법안을 가결하였다. 개정된 주요 내용은 소선거구제 채택, 선
거위원회에 야당 측 인사 참여, 추천인제, 기탁금제, 선거운동원 수의 제한
및 참관인의 권한 확대 등이다.

2) 자유당 공천

당시 정국은 제3대 대통령선거를 계기로 보수정당 내부에서도 분열상이
노정되었다. 자유당 내부에서는 주류 대 비주류 간의 난기류가 형성되고 있
었기 때문에 제4대 국회의원선거를 앞두고 후보자 선정 작업이 일찍부터
시작되었음에도 공천 작업은 쉽지 않았다.

자유당은 1957년 3월 1일 116명을 제1차로 공천하였고, 3월 11일에는
제2차로 76명을 공천하였으며 3월 15일 18명의 공천후보와 9개의 무공천
지구 설정 등 27개 지구에 대한 제3차 공천결과를 발표함으로써 모두 210
명에 대한 공천자를 결정하였다.

자유당은 야당의 영수급인 조병옥(서울 성동 을), 김준연(전남 영암), 장택
상(경북 칠곡) 등 3의원의 선거구에 대해서 무공천 지구를 설정하였으며 무
소속 송방용 의원에 대해서도 무공천 지구를 설정하였다. 자유당 당무회의
는 3월 20일 오후 내무부장관과 차관이 출석한 가운데 제4차 공천후보자
심사를 진행하였으며, 3월 31일 제4차로 6명의 공천자와 4개 구의 무공천
지구를 발표하였다. 경상남도 울산 을구와 3인의 국회의장단 선거구 등 4
개 구는 제5차 발표로 미루어졌는데 이에 대한 결정은 이기붕 의장, 이재학
부의장과 서울근교에 선거구를 가지고 있는 당무회의 위원들이 결정하기로
하였다. 자유당은 4차에 걸쳐 216명을 공천하였고 모두 13개의 무공천 지

구를 설정하였다.[113)

자유당은 이렇게 선거를 1년이나 앞둔 1957년 봄부터 경찰과 군 정보기관을 포함한 여러 정보망을 동원하여 소속 당원 중 입후보 예상자들의 당성(黨性)과 당선 가능성 등을 조사하여 왔음에도 불구하고 공천자 확정에는 어려움을 겪었다. 제4대 국회의원선거를 몇 달 앞둔 이 무렵 정국은 자유당의 숙당[114) 및 공천, 민주당의 공천 혼선, 그리고 진보당 간부들의 구속 등 일련의 사태로 인하여 혼란 속에 있었다.

3) 민주당 공천 및 자유당·민주당의 선거구 교환 논의

이와는 별도로 자유당과 민주당 양당은 오래전부터 비공식적으로 논의되어 오던 영수급 인사의 출마선거구에 대한 무공천 지구 설정에 관하여 검토를 계속하고 있었다. 그러나 민주당은 1957년 3월 3일 자유당에서 정당 영수급 간의 선거구 교환(barter) 문제를 수차 시사하였지만 이는 부당하다는 내용의 성명을 발표하였다. 이에 자유당은 3월 5일 10개 지구 내외가 될 무공천 지구의 윤곽이 야당 영수급에 국한하는 것이 아니라 일부 야당 의원 및 무소속 의원에 대해서도 정치적 배려를 하기 위하여 무공천 지구를 고려할 수 있다고 언명, 선거구 교환이 성사되기를 희망하였으나 민주당에서 응하지 않아 논의는 더 이상 진전되지 않았다.

한편 민주당은 3월 17일 최고위원회와 선거대책위원회 연석회의를 열고 공천후보자 명단을 발표함으로써 12자에 걸친 공천심사를 완료하였나. 자유당의 공천 심사과정에는 어려움이 많았는데, 민주당 역시 후보공천이 쉽지 않았다. 그것은 무엇보다도 당내 민주국민당계열(구파)과 흥사단계열(신파) 간의 대립이 계속되고 있었기 때문이다.

그런데 이때 실행되지는 않았으나 국회의장단이나 여야 영수 급 인사에 대한 예우로서 무공천 선거구를 설정하는 문제에 관해서는 앞으로 좀 더

---

113) ≪조선일보≫, 1958년 3월 21일자 및 4월 1일자.

114) 자유당은 1958년 1월 13일 숙당을 공식 발표하고 당의 위신을 추락시켰다는 이유로 정해영 의원, 황경수 의원, 김차호 위원장을 제명하였다.

논의하여 실현시켜도 좋을 것으로 보인다.

2. 선거 결과

제4대 국회의원선거가 1958년 5월 2일 실시되었다. 선거 결과 총 233의석 중 자유당 126석, 민주당 79석, 무소속 27석, 통일당 1석의 의석분포로 나타났다. 이번 선거에서는 자유당, 민주당 양당의 공천이 없이는 당선이 어려웠을 정도로 정당이 중요한 역할을 하였다. 여당인 자유당은 과반수인 126석을 획득, 원내 안정 세력을 이루게 되었으나 개헌 선에는 미치지 못하였다.

<표 3-8> 제4대 국회의원선거 결과

정당	당선자 수	정당	당선자 수
자유당	126	통일당	1
민주당	79	무소속	27

출처: 중앙선거관리위원회, 『대한민국선거사(제1집)』(1973), 1148–1149쪽.

선거 결과 지난 제3대 국회의원선거(1954. 05. 20.)에서 46석을 획득하였던 민주당은 반이승만 정치세력을 자당에 규합, 자유당의 126석에는 미치지 못하였으나 79석을 차지하여 양당 구도의 기반을 마련하였다. 민주당은 선거 직후 당락번복으로 2석을 추가하였고 또 무소속 의원 1명을 영입함으로써 모두 82석을 확보하였다.

3. 선거의 특징

① 무소속 후보자들의 출마 및 당선이 대폭 감소하였고, 과거 난립하였던 정당·단체가 자유당과 민주당을 양축으로 정비되었다. ② 투표일을 전후하여 각 지방에 부정투표, 탈법행위 등으로 인한 폭력사태가 다수 발생하

였다.[115] ③ 군소정당들이 저조한 성적을 거두면서 퇴조하였다. ④ 여촌야도(與村野都)의 투표행태가 나타났다. 여당인 자유당은 주로 소도시와 시골 지역에서, 야당인 민주당은 대도시에서 승리하였다. ⑤ 정당의 후보자 공천이 선거 실시 1년 전부터 이루어졌으며 그것도 여러 차례에 걸쳐 이루어졌으나 후보자 인선작업이 쉽지 않았다. 또 정당의 공천 여부가 당락에 중요한 요인으로 작용하였다. ⑥ 이념정당에 대한 거부감 때문에 혁신계열 정당들은 의석을 획득하지 못하였다. 특히 진보당사건으로 조봉암 위원장 등 혁신계열 지도자들이 검거되면서 군소정당들의 선거활동은 크게 위축되었다. 진보당은 이번 선거 전에 해체되었고, 민주혁신당의 일부 간부들은 진보당사건 연루혐의로 구속되었다. ⑦ 112명의 초선 당선자가 배출되었는데 이에 관해서는 기성 정치인에 대한 불신과, 여당과 야당의 공천과정에서 신인들이 다수 공천을 받았다고 하는 두 가지 이유를 들 수 있다.

4. 선거 이후

민주당과 자유당 간의 부정선거공방은 선거 후 여야 관계의 경색화를 초래하였다. 민주당은 자유당의 견제를 받아 가면서도 부정선거가 강행된 것에 항거하여 전국적인 투쟁을 전개하였으나 당내 신파와 구파 간의 알력은 그대로 계속되어 신익희, 조병옥을 중심으로 한 구파(민주국민당 계열)와 장면, 곽상훈 등의 신파(원내자유당 계열, 조민당 계열, 흥사단 계열) 간에 당 주도권 장악을 둘러싼 갈등이 심하였다.[116] 이러한 신파와 구파 간 알력과 당 주도권 다툼은 선거가 끝난 지 1년 6개월이 지나도록 계속되어 자유당 견제, 부정선거 진상규명, 정책개발 면에 있어서 부정적인 결과를 가져

---

115) 이번 선거 기간 중 발생한 선거사범은 총 1,065건에 2,442명이 관련되었다. 이 중에는 당선무효소송 44건, 선거무효소송이 32건이나 제기되었다. 국회사무처, 『국회사(제헌–제3대 국회)』(1971), 9쪽.

116) 신파의 경우, 원내자유당을 중심으로 일본 도쿄나 서울에서 교육을 받고 일본의 고등문관시험을 통하여 관료, 법조계 또는 금융계에 진출하였던 이들이 많으며 주로 도시지식층과 상업자본 층을 대변하였다. 한편 구파는 대체로 한국민주당, 민주국민당으로 이어진 당료들로서 일제치하에서 지주 또는 항일투사 등이 많았다. 김민하, 「한국야당의 파벌분석」, ≪의정뉴스≫(1989년 12월호), 35–48쪽.

왔다. 민주당은 1959년 10월 7일 본격적인 당 정화운동 전개를 위하여 신파13인위원회를 구성하였으나 구파는 신파13인위원회의 활동을 무시하기로 결정하는 등 불협화음이 계속되고 당 분열의 위기감이 깊어지고 있었다.

한편 자유당은 선거 결과 나타난 대도시에서의 실세를 만회하기 위하여 민심수습을 위하여 노력하는 한편 1960년의 대통령·부통령선거에 대비하여 이기붕 중앙위원장을 실질적인 지도자로 하여 당 지도체제를 강화하였다.

제17절 민주혁신당·노농당의 합당 시도

1. 합당 시도 배경

제4대 국회의원선거(1958. 05. 02.)에서 패배한 혁신계열 군소정당들은 합당을 통한 활로개척을 모색하였다. 특히 선거과정에서 당 조직의 빈약성을 절감한 민주혁신당(서상일)과 노농당(전진한)의 대표들은 1958년 6월 7일 양측의 합의로 합당에 대한 공동성명을 발표하였으며 양당의 합당주비위원으로 민주혁신당에서는 박노수, 우문, 안정용, 김철 외 1명을, 노농당에서는 변동조, 김상덕, 백근옥, 유화룡, 김무진 등을 선정하였다.[117] 합당이 시도된 배경은 선거 후 세 규합을 통한 혁신정당의 활동 공간 확장에 있다고 볼 수 있다.

---

117) 이기하, 『한국정당발달사』(서울: 의회정치사, 1961), 294쪽.

2. 합당 시도 경과

1) 민주혁신당과 노농당의 공동성명

전진한이 중심이 되어 "노동자, 농민, 소시민의 권익을 보호한다."는 구호를 내건 노농당은 1955년 2월 15일 결성되었다. 그 후 제4대 국회의원선거에서 7명의 후보를 세웠으나 1명도 당선시키지 못한 노농당은, 6명의 후보를 출마시켰으나 역시 단 1명의 당선자도 내지 못한 민주혁신당과 제휴하여 제3당의 출현을 강조하고 1958년 6월 7일 다음과 같은 공동성명을 발표하였다.[118]

민주혁신당 · 노농당과의 공동성명(요지)

우리 양당은 혁신세력의 결속태세가 갖추어지지 못한 탓으로 참패한 지난 선거의 결과에 깊이 반성한 바 있으며 이 나라가 직면하고 있는 내외정세는 정치적 자유와 아울러 경제적 균등을 이념으로 하는 혁신세력이 하루바삐 집결되어 커다란 집단적 역량을 축성하기를 촉구하고 있다.

이 공동성명에서 우파 혁신세력의 결집을 희망하였지만 기대하였던 바와는 달리 양당의 통합운동은 결실을 맺지는 못하였다. 그해 11월 초 제3당 추진위원회는 전진한·김상덕(노농당), 신숙·김성도(민주혁신당), 이인·이규갑(전 국민당), 김준연(통일당), 조백래(사회당), 조경한(한국독립당) 등으로 조직되어 민주혁신당, 독립노농당(유림) 및 대한국민당계열을 포섭하는 제3당 결성에 합의하고 1959년 4월 중순에 발기준비위원회를 구성할 예정이었으나 별도의 혁신세력(우파) 통합운동 즉 민주사회당의 발족선언으로 인하여 난관에 부딪쳐 동 위원회는 구성되지 않았다.

---

118) 한태수, 앞의책, 220쪽.

3. 합당 시도 이후

1) 노농당의 당명 변경 – 민족주의 민주사회당

대통령·부통령선거(1960. 03. 15.)를 앞두고 일시 범야혁신정당조직운동을 서두르던 노농당의 전진한은 군소정당의 당원들을 일부 흡수하여 1959년 11월 20일 노농당 전당대회를 개최하였다. 이날 대회에서는 당명을 민족주의 민주사회당으로 개칭하고 대통령후보에 전진한, 부통령후보에 이훈구를 지명하는 한편 대표최고위원에 이훈구, 최고위원에 전진한·성낙훈을 각각 선출하였다.

2) 민주사회당 발기준비

1958년의 2·4파동[119]의 산물인 민권수호국민총연맹(민총)은 1959년 3월 20일 민주당계열을 제외한 간부들이 이탈하면서 와해위기를 맞았다. 이에 3월 21일 고의동, 백남훈, 김기철, 이석기, 천세기 등 민주당 소속 잔류간부들이 회합하여 본래의 사명을 관철하기 위하여 계속 투쟁할 것을 천명하였다.

한편 이탈파인 신숙, 전진한, 조경한, 이인, 정화암, 김창숙, 서상일, 김승학 등은 혁신정당발기준비위원회를 구성하고 3월 중 약 50명의 발기위원들의 참가서명을 얻어 민주사회당(가칭) 발기선언을 준비하였다. 이 신당운동은 사회주의 이념을 떠난 혁신세력은 있을 수 없다고 전제하고 반공을 좌

---

119) 1958년 12월 24일 9시 50분경 자유당 의원들이 의사당에 나와 제자리에 앉자 야당 의원들은 이날의 사회자인 한희석 의원이 입장하기를 기다렸다. 9시 53분 의사당 오른쪽 둘째 문으로 한희석 의원이 아닌 무술경위들이 입장하였다. 국회의장의 경위권(警衛權) 발동으로 동원된 무술경위들은 의사당의 문을 모두 폐쇄하고 출구 하나만을 남겨 둔 채 저항하는 야당 의원들을 한 사람씩 끌어내어 휴게실과 지하실식당에 연금하였는데 이 과정에서 8명의 부상자가 발생하였다. 야당 의원들을 연금한 후 자유당 의원들은 무술경위의 호위 아래 한희석 의원의 사회로 국회를 개회하여 국가보안법개정안을 가결하였으며, 오후에는 박종길 의원에 의하여 내무분과위원회에서 폐기되었던 지방자치법개정안을 자유당 30의원의 서명, 날인으로 즉시 본회의에 상정하여 가결시킨 파동이다. 한국혁명재판사편찬위원회, 『한국혁명재판사』 제1집(1962), 96쪽. 한편 이날 동원된 임시 경위 300명에 대한 채용경위와 경비지출의 출처를 조사하기 위하여 7인으로 구성되는 특별위원회를 설치하는 내용의 '무술경위채용 및 경비출처에 대한 국정감사실시에 관한 결의안'이 1959년 5월 19일 윤명운 의원 외 12인으로부터 발의되었으나 부결되었다.

우명으로 하는 우파 사회주의를 지향할 것에 합의한 후 급속도로 추진되었다.

이전부터 우파 혁신세력 통합운동으로 민주혁신당과 노농당의 합당을 추진하여 오던 양당합당준비위원회는 민주사회당의 발기선언과 동시에 해체될 입장에 처하였다. 그러나 이 민주사회당추진위원회에서는 신당의 이념 및 성격 등에 대한 이론(異論)으로 민주혁신당계열과 이인 등 일부 무소속계열은 가담을 주저하였다. 민주사회주의적 노선을 택하자는 신숙·정화암·조경한계열과 서민적인 대중정당을 조직하자는 민주혁신당원 및 일부 무소속계열 간의 의견 차이로 창당추진이 지연되었는데, 노동당위원장 전진한은 헌법 범위 내에서 정강·정책을 채택하는 정당을 추진하고자 신숙, 정화암, 조경한, 박기운 등의 제헌의원들과 제휴하면서 민주혁신계열의 합류를 종용하였다.

그러나 민주혁신당 내에서도 분열과 대립이 격화되었다. 원래 민주혁신당은 진보당과 더불어 해방 이후 성장된 혁신세력을 기반으로 한 것으로서 전자는 특히 우파 사회주의 성격이 현저하였다.

3) 혁신연맹 결성 실패 및 사회대중당 발기

혁신세력은 1960년 5월 7일 그 세력을 규합, 김병로, 서상일, 정화암, 전진한, 장건상, 신숙, 이인, 유림, 유경한 등을 지도위원으로 하여 혁신연맹준비위원회의 결성을 시내 조계사에서 개최하려 하였으나 계엄사령부의 집회불허로 무산되었다. 이어 5월 9일에는 시내 태고사에서 있을 예정이던 혁신연맹결성대회를 연맹결성준비대회로 하자는 혁신연맹추진체와 의견이 달라 타협점을 찾지 못하였다. 3일 후인 5월 12일 김달호, 윤길중, 서상일, 박기출, 이훈구, 이동화, 김성숙, 최근우 등 12인의 발기인이 가칭 사회대중당 발기취지문을 발표함으로써 혁신연맹 결성시도는 실패로 끝났다.[120]

4·19혁명 이후 이합집산을 거듭하던 혁신세력 중 사회대중당이 가장 먼저 활동을 시작하였는데 동당은 1960년 5월 13일 진보당계열, 근로인민당

---

120) 배순길, 『한국사회주의정당사』(서울: 한마음, 1995), 117쪽.

계열, 민주혁신당계열 인사들이 중심이 되어 발기한 것이다. 한편 민주혁신당은 이날 서상일, 이동화 두 사람이 사회대중당 발기준비위원회에 참가한 것은 당의 기본정책에 위배되므로 이들을 제명한다고 발표하였다.

이렇게 혁신세력은 김달호, 윤길중, 서상일, 박기출, 이동화, 김성숙, 이훈구, 유병묵 등의 진보당계열, 민주혁신당계열, 그리고 근로인민당계열 세력이 결집한 가운데 6월 17일 사회대중당 창당준비위원회 결성대회를 가졌다.[121] 대회에서는 집단지도체제인 총무위원회를 두어 책임총무위원에 서상일, 간사장에 윤길중을 선출하였다. 대회를 마친 동당 창당준비위원회는 "공산독재와 극우독재를 엄격히 배격하고, 민족적 입장을 고수하며 평화적 남북통일을 추진한다."라는 강령을 가지고 출발하였으나 당세 확장을 위하여 혁신세력이 아닌 자유당계열 인사들까지 무리하게 영입함으로써 그 이념이 퇴색하였으며, 또한 당내에서 진보당계열과 민주혁신당계열 간에 치열한 당 지도권 다툼이 있었다.

4) 한국사회당 발기

제5대 국회의원선거(1960. 07. 29.)를 전후한 시기에 한국에는 혁신세력이 2개의 주류로 형성되었는데 하나는 앞에서 언급된 사회주의이념 성향의 사회대중당이고, 다른 하나는 민족주의 이념을 토대로 하는 한국사회당이다.

한국사회당은 1960년 5월 21일 민족주의민주사회당(전 노농당)의 전진한 계열과 김성숙(金星淑)을 지지하는 민주혁신당계열(反서상일계열), 기타 재야 혁신세력이 모여 발족한 정당인데, 6월 14일에는 결성준비위원회 전국대표자대회를 개최하여 제5대 국회의원선거에 나설 21명(민의원 19명, 참의원 2명)의 공천후보를 선출하였다.

이 무렵 사회대중당이나 한국사회당 그 어디에도 속하지 않은 혁신세력

---

121) 혁신동지총연맹은 1960년 5월 12일 김창숙, 장건상, 정화암, 유림, 조경한, 권오순 등이 국회의원선거에 대비하기 위하여 재야세력을 망라, 정당이 아닌 연맹체를 조직하였으나 도중 정화암의 민주사회당계가 사회대중당에 합류함에 따라 국회의원선거에서 후보자 전원이 낙선하였다. 그 뒤 일부는 사회대중당 비진보당계와 함께 독립사회당 결성을 추진하였으며, 일부는 윤길중과 혁신당 결성을 추진하였다. 국회사무처, 『국회사(제4대국회–제6대국회)』(1971), 231쪽.

이 제5대 국회의원선거에 대비하여 혁신동지협의회의 이름으로 모였다. 이 모임은 당초 김창숙, 장건상, 유림, 조경한, 정화암, 권오돈 등 여러 재야 민주세력을 총망라한 혁신동지총연맹(가칭)을 결성하려던 것이나 각 정파 간의 이념성향이 다르고 당 주도권을 둘러싼 반목 때문에 결성이 유산되자 그 범위를 축소시킨 것이다. 이들 혁신계열 정당이 정립되면서 선거전에서의 혼전이 예상되자 연합공천운동을 펴자는 주장도 있었으나 혁신세력의 주류를 이루고 있던 사회대중당의 불참으로 인하여 성과를 거두지 못하였다.[122]

이처럼 혁신세력은 4·19혁명으로 자유당 정권이 와해된 이후에도 성장할 만한 조직기반을 갖추지 못한데다가 혁신세력 자체의 분파작용으로 통일된 혁신정당을 갖지 못하게 되어 약세를 면치 못하였다.

---

[122] 김종훈, 『한국정당사』(서울: 서울고시학회, 1983), 146–147쪽.

제4장

제2공화국의 정당통합운동

1. 4·19혁명의 발생과 정부형태 변경

앞부분의 선거 결과에서 보았듯이 제4대 국회는 여당인 자유당과 야당인 민주당이 전체 의석의 88%를 차지하는 등 양당이 정당정치의 축을 이루는 듯하였으나 관권 개입과 불법·부정으로 얼룩진 3월 15일의 대통령·부통령선거 및 그동안의 자유당 독재를 규탄하는 혁명이 1960년 4월 19일 발생하였다.[1]

혁명의 발생은 한반도의 냉전구도 자체를 완화시킨 것은 아니었으나 국내정치에 있어 경직된 정치구도와 권위주의적 통치 질서를 완화시키는 데는 커다란 영향을 미쳤다.

국회는 1960년 4월 26일 이철승 의원 외 15인이 발의한 '시국수습에 관한 결의안'을 채택하고 허정 외무부장관에게 과도내각 구성을 요청하였다 (결의안의 주요 내용: 이승만 대통령 하야, 대통령·부통령선거 재실시, 내각제 개헌 단행, 개헌 후 국회 자진해산 등). 이승만 대통령은 이날 하야성명을 발표하였으며, 27일 국회에 사표를 제출, 수리되었다. 이로써 제1공화국은 막을 내리고 제2공화국 수립을 위한 선거내각의 성격을 띤 허정 과도정부가 구성되었다.

제2공화국헌법은 헌정사상 유일하게 내각책임제 권력구조를 채택하였으며 국민의 기본권 보장을 강화하였다. 제1공화국 시절 자유당 정권은 정당에 대하여 일방적으로 해산조치를 취하기도 하였으나 제2공화국헌법에서는 정당조항을 헌법에 포함시켜 정당과 정당 활동을 보호하고자 하였다.

---

1) 혁명 전 도시영세민과 전국 각지의 농어민들이 식량부족으로 기근상태를 면치 못하고 있는 가운데 정치권에서는 파쟁과 이합집산, 합종연횡이 계속되고 있었다.

민주당은 내각책임제와 양원제 의회라고 하는 새로운 정부형태와 변화된 국회 구성으로 의욕을 가지고 국정을 담당하였으나 정치지도력 부재, 새로운 제도에의 준비 및 적응 미숙, 권력과 정치자원 분배를 둘러싼 당내 분규 등으로 인하여 난국을 헤쳐 나가지 못하고 좌초하였다. 민주당 정권 9개월 동안 내각은 세 차례 개각되었고, 당내에는 당과 내각을 주도하려는 소집단 들이 여럿 결성되어 당권 쟁탈전을 벌였다.

2. 정당정치 상황

정당정치를 보면 집권당인 민주당 내 신파·구파 간의 갈등과 대립이 국 민들을 식상하게 하고 있었고, 다른 한편에서는 제1공화국 기간 동안 그 세 력이 약화되거나 지하에 들어가 있던 남북협상파와 혁신계열 인사들의 목 소리가 높아지고 있었다. 제2공화국의 성립은, 정부형태 변경 등 외형상의 변혁을 이루기는 하였으나 실질적으로는 제1공화국에서 정치활동을 하던 보수적 인사들이 정권을 이어받은 말하자면 보수 성향을 가진 정치지도자 들 간의 정권교대에 불과하였다. 따라서 새로운 정권담당자들이 학생, 시민 등 혁명주도세력과 일반시민의 개혁기대에 미치지 못함으로써 사회혼란의 요인을 추가하게 된 것이다.

제2공화국이 존속한 9개월 동안 여당은 신파와 구파, 노장파와 소장파로 대립되어 소모전을 벌였고, 야당은 야당대로 뚜렷한 정책과 대안 없이 정부 를 공격하였다. 정국이 불안정해지면서 혁신정당들은 남북협상을 전개할 것 을 요구하였고, 새 정권의 국정운영에 불만을 가진 학생들의 시위는 증가하 고 있었다.

자유당 정권이 무너지자 발 빠르게 혁신세력의 규합에 나선 것은 혁신연 맹결성준비위원회였다. 이 위원회는 각 혁신정당의 중견 12인으로 구성되어 지도위원으로 서상일, 전진한 등 10명을 선임하였다(본인들의 승낙 여부 불 명). 혁신연맹의 결성이 모색된 것은 당시 보수·혁신세력 간의 이념대립이 있었고, 혁신세력 내에서도 다양한 이념적 주장이 제기되어 통일된 방향으로 나아가지 못하고 있었기 때문이다.

혁신세력규합운동은 1960년 5월 13일에 이르러 각 정파별로 분열되었다. 4·19혁명 이후 생성된 자유로운 정치 환경 속에서 혁신세력의 정당운동이 전개되었으나 이들 혁신정당들은 이념상의 통일을 이루지 못한 데서 오는 내부 분열과, 유권자들의 경계심 때문에 제5대 국회의원선거(1960. 07. 29.)에서 저조한 성적을 거두었다. 이 선거를 전후하여 보수진영에서 세력 재편성이 진행되자 혁신진영에서도 세력재편 움직임을 보였다.

제2공화국의 혁신세력은 크게 사회대중당과 한국사회당의 양대 세력으로 나뉘었는데 그 어느 세력에도 가담하지 않은 혁신계열 인사들이 혁신동지총연맹을 결성하려 하였으나 행동통일이 이루어지지 않아 정식으로 노선을 밝히기도 전에 소멸되었다.

국제정치상의 냉전구도는 완화되지 않은 채 국내의 정부형태 변경, 경직되고 제한되었던 이념영역의 완화 및 확대, 그리고 기본권 보장이 강화되면서 민주당 정부는 예기치 못한 상황 즉 과도하고 전반적인 민주화, 자유화 요구 시위에 봉착하게 되었다. 사회혼란이 가중되는 가운데 궁핍한 정치·경제적 자원 속에서 국정운영을 담당한 민주당으로서는 당내 신파와 구파 간의 해묵은 대립이 심각해지고, 또 선거공약으로 내세운 감군계획을 추진하는 과정에서 5·16군사정변을 맞게 되었다.[2]

3. 정당통합운동

제2공화국 9개월의 기간 동안 3건의 합당 시도가 있었다. 반공을 기조로 하는 자유당 정권의 압제에서 벗어난 시기라 그런지 3건 중 2건은 혁신계

---

2) 4·19혁명과 5·16군사정변 전의 국민생활 특히 농어민의 생활은 극히 궁핍하였다. 한 예를 들어 보면, 국회는 1956년 4월 20일 '절량농가(絶糧農家) 구호대책에 관한 건의안'을 채택하였는데 그 내용은 1956년 3월 26일 현재 전국 22만여 호의 가구에 양곡이 떨어져 이들에 대한 긴급구호와 제반 대책을 수립하여 농어민들을 기아상태에서 구제해 줄 것을 정부에 건의하는 것이다. 이와 비슷한 내용의 건의안과 결의안이 이 시기를 전후하여 국회에 제출되고 있었다. 국회사무처 의안문서(건의안, 결의안).

열정당들에 의한 합당 시도였고 1건은 보수정당 간의 합당운동이었다. 첫
번째 사례는 사회대중당, 한국사회당, 혁신동지총연맹, 한국독립당, 노농당
에 의한 합당인데 성사되어 1961년 1월 21일 통일사회당이 결성되었고, 두
번째 사례는 보수 7개 정당이 통합하여 공화당을 결성한 것이다. 세 번째
사례는 통일사회당과 사회당의 합당 시도였는데 1961년 5·16군사정변이
발생하면서 협상이 중단, 실패로 끝났다.

<표 4-1> 제2공화국 정당통합운동 결과표

연번	통합운동시기	참여정당	통합 여부	통합신당명	비고
1	1960. 10.–1961. 01.	사회대중당, 한국사회당, 혁신동지총연맹, 한국독립당, 독립노농당	성사	통일사회당	
2	1960. 11.	통일당, 조민당 등 7개 정파	성사	공화당	
3	1961. 01.	사회당, 통일사회당	실패	—	

제2절 제4대 대통령선거(1960. 03. 15.)

1. 선거 전의 상황

　여당 자유당과 제1야당 민주당이 대통령선거를 앞두고 준비에 바쁜 가운
데 혁신계열 군소정당들은 일시적이나마 정당통합운동을 전개히였다. 자유
당의 횡포를 막고 유권자들의 지지를 얻고자 제각기 '혁신'을 들고 나왔던
혁신세력은 진보당이 와해된 이후부터는 점차 기세를 잃고 국민으로부터
멀어지게 되었다.

　대통령·부통령선거(1960. 03. 15.)를 앞두고 대통령후보 지명 등의 문제
로 신파·구파 대립이 계속되던 민주당은 1959년 9월 13일의 경남도당 분
규사건으로 당이 분열위기에 처하게 되었으며, 10월 1일에는 곽상훈·박순
천 최고위원이 사의를 표명하였다. 신파는 10월 6일 당풍정화운동을 위하

여 13인위원회를 구성하고 의원 30명이 공동성명을 발표하였다. 신파와 구파는 10월 17일에는 각각 5명씩으로 당 분규 수습을 위한 10인위원회를 구성, 가동시켰다.

민주당은 11월 26일 대통령·부통령후보자 지명대회에서 대통령후보에 조병옥, 부통령후보에 장면을 선출하였으며 다음 날인 27일의 전당대회에서는 대표최고위원에 장면, 최고위원에 조병옥, 윤보선, 백남훈, 박순천, 곽상훈을 선출하였다.

그 후 민주당 대통령후보인 조병옥의 병세가 악화되어 1960년 1월 29일 수술차 도미한 후 민주당은 정부·여당의 조기선거계획을 규명하기 위하여 2월 2일 국회소집을 요구하였으나 정부는 그 다음 날인 3일 대통령·부통령선거를 3월 15일에 실시한다고 공고하였다. 조기선거계획에 불만을 가진 민주당은 즉시 확대간부회의를 열고, 장면 대표최고위원의 명의로 5월 중순경에 선거를 실시하여 줄 것을 요청하는 서한을 이승만 대통령에게 전달하였으나 대통령은 이에 대한 회신에서 농번기를 피해야 한다는 이유를 들어 3월 15일로 결정된 선거일을 변경할 수 없다고 밝혔다. 그 와중에 민주당 대통령후보인 조병옥 박사가 선거를 한 달 남겨 둔 시점인 2월 15일 사망하였다.

2. 선거 결과

제4대 대통령 및 제5대 부통령선거가 1960년 3월 15일 실시되었다. 선거결과 대통령에는 단일후보가 된 자유당의 이승만 후보가 유효투표 총수 1,086만 2,272표의 88.7%인 963만 3,376표를 얻어 당선되었다. 부통령선거에서는 자유당의 이기붕, 민주당의 장면, 통일당의 김준연, 여자국민당의 임영신 등 4명의 후보가 경합한 끝에 자유당의 이기붕 후보가 당선되었다.

그러나 선거과정에서 자유당은 전국적으로 5만여 명의 경찰을 동원하여 야당 참관인들을 투표소 밖으로 몰아내는 등 광범위한 선거부정행위, 불법행위를 하였다.

3. 선거 이후

　민주당은 선거 직후 관권이 개입하고 불법과 폭력이 난무한 이번 선거는 무효라고 선언하였다. 당내에서는 대여(對與) 투쟁방법을 둘러싸고 구파는 의원직 총사퇴를 주장한 반면 신파는 이를 보류하자고 주장하였다. 이 부정선거에 항의하여 선거 당일인 1960년 3월 15일 밤 경상남도 마산에서 학생시위가 발생, 이를 저지하는 경찰과 충돌하여 유혈사태를 빚었다. 이 사태 이후 각 지방에서는 학생시위가 더욱 빈발하였다.

　4월 11일 밤 선거일인 3월 15일의 마산학생시위 때 행방불명되었던 김주열 군의 시신에 최루탄 파편이 꽂힌 채로 바닷물 위로 떠올랐다.[3] 이를 계기로 마산의거가 시작되었는데 마산의거는 전국의 대학생시위를 유발하는 도화선이 되었다.

　4월 19일 학생 5-6만 명이 국회의사당 앞에 집결하여 경무대로 진출하면서 반부정선거, 반이승만 정권 구호를 외쳤다. 학생과 경찰의 충돌이 계속되는 가운데 경무대 부근에서 시작된 경찰의 발포로 인하여 120여 명이 사망하고 7천여 명이 부상하였으며 667명이 연행되었다.[4] 정부는 이날 오후 1시 서울지구에 경비계엄령을 선포하였고 오후 5시에는 다시 비상계엄령을 선포하여 부산, 대구, 광주, 대전까지 비상계엄을 확대시켰다. 이렇게 선거과정에서 발생한 관권 부정선거를 규탄하는 학생들의 시위가 전국으로 확산되면서 4·19혁명이 발생하였다.

　제1공화국 기간 동안 억압을 받던 정치세력들이 4·19 이후 적극적인 활동을 시작하는 한편에서 자유당은 그 조직이 거의 해체되었고, 제1야당이던 민주당은 자유당 조직을 대체하면서 조직을 전국적으로 확대하였다. 민주당

---

3) 아이젠하워 미국 대통령은 이번 선거폭력사태와 관련하여 유감의 뜻을 표명하였다.

4) 국회사무처, 『국회사(제헌−제3대국회)』(1971), 227−228쪽.

세력이 국회를 지배하게 된 관계로 민주당의 지론인 내각책임제론이 급부상하였으며 자유당 또한 당의 존속을 위하여 당론을 내각제 개헌으로 변경하였다.

국회는 4월 26일 본회의를 열어 3월 15일 실시된 대통령선거를 무효 처리하기로 결의하였다. 국회의 사임압력을 받은 이승만 대통령은 다음 날인 27일 '국회의 결의를 존중하여' 대통령직을 사임한다는 내용의 사직서를 국회에 제출하였으며, 국회는 이날 대통령 권한대행에 허정 외무부장관을 지명하였다. 다음 날인 28일 허정 과도내각이 출범하였으며 동 내각은 5월 1일 지난 3·15선거의 무효를 확인하였다. 한편 내각책임제 개헌이 이루어진 후 제4대 대통령선거를 실시하기로 한 국회는 4월 28일 내각책임제 개헌을 위한 기초위원을 선임하여 기초 작업을 시작하였는데 이 작업은 6월 초에 완료되어 6월 11일 헌법개정안이 국회에 제출되었고 6월 15일 가결되었다.[5]

이승만 대통령의 사직서는 5월 3일 개의된 국회 본회의에서 정식으로 수리되었다. 이승만 대통령의 하야가 정당사에 있어서 갖는 의미는 세 가지가 있다. 그것은 첫째, 이념정당들의 활동 공간 확장이다. 이승만 정권기간 중 제한된 이념공간에서 침체되었던 혁신정당운동의 숨통이 트이기 시작한 것이다. 둘째, 이승만 대통령의 집권기간 중 야당들은 정부·여당을 견제하고 대항하기 위하여 지속적으로 정당통합운동을 벌여 왔는데 이러한 통합운동은 강력한 정부·여당에 대항하기 위해서는 야권이 결속해야 한다는 인식을 각인시킨 것이다. 셋째, 권위주의 정권의 국정운영 미숙과 위기관리능력의 부재가 시민적 저항에 부딪쳤다는 것이다.

---

5) 제3차 헌법 개정의 주요 내용: 내각책임제로 권력구조 변경, 기본권의 수정, 보완 및 강화, 복수정당제 보장 및 정당의 헌법상 지위 고양, 중앙선거관리위원회 설치

4. 제4대 대통령선거 재실시

1960년 8월 12일 민의원·참의원 양원합동회의에서 제4대 대통령선거가 다시 실시되었다. 재적의원 263명 중 259명이 출석한 가운데 실시된 표결에서 윤보선 후보(민의원, 민주당 구파)가 재적의원의 3분의 2 이상인 208표를 얻어 대통령에 당선되었다.

선거 다음 날인 13일 양원합동회의에서 대통령에 취임한 윤보선은 대통령과 부통령은 국무총리 또는 국회의원을 겸할 수 없도록 규정한 당시의 헌법 규정(제53조)에 따라 민의원 의원직과 민주당 최고위원직을 사임하고 탈당하였다. 국회에서는 대통령 선출 후 민주당 구파와 신파가 국무총리 지명과 인준을 둘러싸고 갈등을 보였다.

8월 19일 민의원에서 민주당 신파 소속의 장면이 국무총리로 선출되었다. 자유당에 대항하기 위한 파벌 간 연합으로 이루어진 민주당은 집단지도체제를 채택한 관계로 그동안 장면 1인의 의사에 의한 당 운영방식은 채택하지 않았다. 무엇보다도 민주당 창당 시 당 대표최고위원은 신익희였고, 장면은 최고위원이었기 때문에 장면은 국무총리로 취임하고 나서야 당의 최고정책결정자가 되었다.[6]

<표 4-2> 제4대 대통령선거 결과(간접선거)

후보자	득표수	후보자	득표수	후보자	득표수	재적의원 수	투표 수
윤보선	208	김도연	2	나용균	1		
김창숙	29	허정	2	박순천	1	263	259
백영준	3	김병로	2	유옥우	1		
변영태	3	김시현	1	이철승	1		

출처: 중앙선거관리위원회, 『대한민국선거사(제1집)』(1973), 748쪽.

---

6) 각 정당 지도자들의 사회적 배경과 정강정책 결정 과정에서의 역할에 대해서는 양무목, 『한국정당정치론: 정강정책결정과정을 중심으로』(서울: 법문사, 1983) 참조. 장면의 가정환경, 생활, 성격 등에 관해서는 송원영, 『제2공화국』(서울: 샘터, 1980) 참조.

 제5대 국회의원선거(1960. 07. 29.)

1. 선거 전의 상황

1) 민주당 공천 - 하향식 공천

민주당 내 신파와 구파 간의 암투는 계속되다가 4·19혁명 이후 과도기에 절정에 달하였다. 신파와 구파는 사사건건 대립하였는데 특히 촌지사건,[7] 내각책임제 개헌, 국회의원 입후보 공천, 제2공화국의 조각문제 등을 둘러싸고 심각한 갈등을 보였다. 촌지사건보다 더 큰 문제는 공천문제였다. 민주당은 자유당이 와해된 상황에서 사실상 차기 정권을 인수할 후계자적 지위를 확보하고 있었기 때문에, 신파나 구파의 입장에서 볼 때 누가 득세하느냐 하는 문제와 직결되는 것이었다. 따라서 신파와 구파의 관심은 자파의 당원이 한 사람이라도 더 공천을 받도록 하는 일이었다. 선거전에서 두 계파는 어느 한쪽이 분당해 나갈 것 같은 분위기였으나 분당으로 이어지지는 않았다. 곧 여당의 지위에 오르게 될 민주당에서 분당하여 나가기란 쉽지 않았기 때문이다.

신파와 구파는 최대 관심사인 당의 공천업무에 관련된 잡음을 줄이기 위한 방안을 모색하였다. 두 계파는 그 방안으로 말썽 많은 핵심당부를 기점으로 하는 상향식 공천방법 대신에 당의 공천권을 중앙에 부여하는 하향식 공천방법을 채택하자는 데 의견을 모았다.

이에 따라 1960년 5월 20일 열린 당 확대간부회의에서는 공천요강에 관한 최종합의가 이루어졌다. 그 내용은 현직 국회의원과 현직 핵심당부의 위원장으로서 지난 제4대 국회의원선거 시 차점자나 기탁금을 몰수당하지 않은 자(129명)는 무조건 공천하고, 기타 지구에 대해서는 공천대회를 개최하되 핵심당부와 도당부(道黨部)의 의견이 일치하는 경우에는 공천하나, 의견

---

7) 유홍, 조한백, 조영규 등 몇몇 구파 의원들이 자유당 말기의 재무부장관이었던 송인상으로부터 30만 환의 촌지를 받아썼다는 내용의 사건을 말한다.

이 일치하지 않을 때에는 중앙공천심사위원회에서 최종 결정하기로 하였다. 이로써 일부 핵심당부의 반발과 지엽적인 사고에도 불구하고 민주당은 당 내 파쟁을 일단 진정시키고 국회의원선거에 총력을 기울이게 되었다.

233개 선거구 중 104개 선거구의 경우 공천경쟁률은 평균 2.4 대 1이었 으며 이 중 대부분은 치열한 공천분쟁에 휘말려 중앙의 최종결정을 기다렸 다. 그런데 중앙심사위원회는 당선 가능성이나 덕망, 실력, 당성과 같은 기 준에 입각하여 공천심사를 하기보다는 두 계파 간의 정치거래를 위주로 하 였다. 신파·구파는 서로 당선 가능성이 희박한 상대방 측의 후보공천에는 적극적으로 동의하고 당선 가능성이 있는 선거구를 내놓아야 할 때에는 반 대급부로 다른 선거구와 맞바꾸는 방식을 취하였다.

이와 같은 무원칙한 중앙의 공천심사는 결국 당의 공천은 받지 못하였으 면서도 민주당 소속으로 출마하는 다수의 낙천출마자를 내게 되었다. 이러 한 상황하에서 당의 공천이란 별 의미가 없었다. 선거 전, 당 내부에서는 신파의 세력이 구파보다 다소 강한 편이었으며 민주당은 신파 113명, 구파 108명, 중도파 8명을 공천하였다.[8]

제2공화국에서의 집권을 목전에 둔 민주당은 전국적으로 입후보자를 내 세웠으나 이 기본 선거 전략은 파벌을 중심으로 이루어진 것이었기에 종국 에 가서는 민주당의 분당론 마저 일게 하였다. 분당론은 보수양당제의 필요 성이라고 하는 민주당 구파 지도층(유진산)에 의하여 제기된 것으로서, 그 내용은 절대다수 의석을 차지한 보수당을 일당으로 방치한다면 그것이 바 로 독재가 될 것이므로 그러한 상태를 미연에 방지하기 위해서는 보수양당 제가 필요하다는 논리였다. 보수양당제를 이루는 주축은 민주당의 신파· 구파가 되고 여기에 무소속이 합세하여 여야(與野)로 분립되는 형식을 취해 야 한다는 것이다. 이에 대하여 신파 측(주요한)은 그것을 반당, 해당행위로 보고 당이 양분될 필요가 없다고 주장하였다.

후보공천 후에는 민주당은 신파와 구파 간의 지역안배가 무시되기도 하

---

8) 한승주, 「제2공화국」, 안청시 편, 『현대한국정치론』(서울: 법문사, 1992), 202쪽.

였다. 즉 구파가 공천된 지역구에 신파가, 신파가 공천된 지역구에 구파가 대항후보를 세워 전국 110여 개 구가 신파·구파의 경합의 장이 되어 민주당의 명의로 출마한 입후보자의 수는 민의원에 301명, 참의원에 60명이나 되었다.[9]

선거기간 중에도 신파와 구파는 별도의 선거대책본부를 차려 놓고 자파의 당선을 위하여 노력하였다. 1960년 7월 11일 구파의 지도자인 유진산, 서범석 두 의원은 기자회견에서 보수양당제를 위해서는 신파·구파의 분당이 불가피하다는 주장을 펴 파문을 일으키기도 하였다. 보수정당이 필요하다며 분당을 주장하는 구파의 주장에 대하여 신파는 민주당이 분당되면서까지 보수양당제를 추구해야 할 필요가 없다고 일축하였다.

2) 자유당의 쇠퇴

과도정부는 1960년 5월 26일 제4대 대통령선거(1960. 03. 15.)에서의 부정을 조사하고 이재학을 포함한 몇몇 자유당 의원들을 체포하였다. 이에 자유당은 원내 총무를 지냈고, 이기붕의 주류와 그 관계가 비교적 소원하였던 조경규를 대표로 내세웠는데 이때부터 조경규 중심의 당 재건파와 그에 반대하는 혁신파의 대립이 본격화되었다. 자유당은 전당대회를 며칠 앞둔 시점에서 의원 138명 중 105명이 탈당함으로써 당세가 극도로 쇠약해졌는데 의원 및 당원들의 탈당은 특히 이승만 대통령의 사직과 출국에 따르는 당 와해 우려에 의하여 촉발되었다.

3) 헌법개정 – 내각책임제 권력 구조

내각책임제 개헌안 기초특별위원회 구성에 관한 결의안을 가결(1960. 04. 26.)한 국회는 원내 각파 대표 9인으로 동 특별위원회를 구성하였다. 이 위원회는 1960년 5월 1일부터 민주당과 자유당 혁신파가 제시한 2개의 시안

---

9) 중앙선거관리위원회, 『대한민국선거사(제1집)』(1973), 1196–1197쪽.

을 놓고 토의에 들어갔으며 5월 10일에 헌법초안 작성을 완료하였다.

헌법초안은 정헌주 의원 외 159인의 명의로 5월 11일 국회에 발의되었고 곽상훈 국회의장은 그날로 개헌안을 정부에 회부하였으며 정부에 이송된 개헌안은 과도정부에 의하여 즉시 공고되었다. 공고일로부터 30일간의 공고기간이 끝난 6월 10일 이 개헌안은 국회본회의에 상정되어 독회를 마치고 6월 15일 국회본회의에서 표결이 이루어졌다. 표결 결과 출석 의원 211인 중 찬성 208, 반대 3의 압도적인 표 차로 국민의 기본권을 대폭 신장시킨 내각책임제 개헌안이 가결되어 제2공화국의 권력구조가 확정되었다.[10] 이에 수반하는 법·제도의 개혁으로 민의원·참의원의 양원제 국회에, 국무총리가 책임을 지며, 국회의 대정부 불신임권과 정부의 국회해산권이 부여된 내각책임제가 실현되기에 이르렀다. 내각제 개헌안이 국회에서 의결된 지 일주일 후인 6월 22일 새 국회의원선거제도가 채택되었고 동시에 선거경쟁이 시작되었다.

2. 선거 결과

1960년 7월 29일 새로운 선거법에 의거하여 제5대 민의원(의원 정수 233)과 초대 참의원(의원 정수 58) 선거가 시행되었다. 투표과정에서 경상남·북도 지역 13개 선거구에서 개표 시 난동사태와 투표함 파괴 및 소각 등의 소동이 있었다.[11]

민의원선거에서는 표에서 보는 것처럼 총 233의석 중 민주당이 175석을 획득하여 집권당이 되었고, 무소속 49석, 사회대중당 4석, 자유당 2석, 한국

---

10) 이렇게 압도적으로 가결된 것은 ① 제4대 국회가 해산되지 않은 상태에서 자유당이 자신들의 정치적 생명을 유지하기 위하여 4월 26일 내각제 개헌으로 당론을 변경한 것과, ② 민주당 역시 국회를 해산하고 새로 선거를 실시하기보다는 기존의 위상을 유지한 채 개헌을 추진하는 것이 안전하다고 판단을 하였기 때문에 가능하였다. 신명순, 「허정 과도정부하의 내각책임제 개헌연구」, 석호한배호박사화갑기념 논문집간행위원회, 『한국의 자본주의와 민주주의』(서울: 법문사, 1991), 136-137쪽.

11) 13개 선거구: 괴산, 대전 갑, 서천, 광산, 김천, 고성, 영양, 밀양 갑, 진도, 남원 갑, 삼천포, 산청, 창녕. 이 선거에서 741명의 선거사범이 적발, 입건되었으며 8월 13일과 23일 두 번에 걸쳐 재선거가 실시되었다.

사회당 1석, 통일당 1석, 헌정동지회가 1석을 차지하였다. 참의원선거에서
는 민주당 31석, 무소속 20석, 자유당 4석, 사회대중당 1석, 한국사회당 1
석, 민족진보연맹 1석으로 나타났다.

<표 4-3> 제5대 국회의원선거 결과

(민의원)					
정당	당선자 수	정당	당선자 수	정당	당선자 수
민주당	175	한국사회당	1	무소속	49
사회대중당	4	통일당	1	–	–
자유당	2	헌정동지회	1	–	–

출처: 중앙선거관리위원회, 『대한민국선거사(제1집)』(1973), 1176–1177쪽.

(참의원)					
정당	당선자 수	정당	당선자 수	정당	당선자 수
민주당	31	사회대중당	1	민족진보연맹	1
자유당	4	한국사회당	1	무소속	20

출처: 중앙선거관리위원회, 『대한민국선거사(제1집)』(1973), 1192–1193쪽.

이번 선거에서 사회대중당은 전 진보당(박기출, 김달호, 윤길중), 전 근로
인민당(김성숙, 유병묵), 전 민주혁신당(서상일, 이동화)의 3파가 합작, 민의
원·참의원에서 모두 5석을 획득하였다. 혁신계열 전체 차원에서 보면 사
회대중당(민의원·참의원후보 197명)이 5명, 민족진보연맹이 1명, 한국사회
당에서 2명 등 모두 8명의 민의원과 참의원을 당선시켰으나 득표율은 7%
에 미치지 못하였다.

자유당이 쇠퇴한 상태에서 민주당이 압승을 거둘 수 있었던 것은, 무엇보
다도 민주당 이외의 주요한 정치세력인 혁신정당들이 전국적인 수준에서
조직력을 갖지 못하였다는 데에 있다. 혁신세력은 조직력의 절대적 열세뿐
만 아니라 자체의 이념적 통일 또한 기하지 못하여 파벌대립 양상을 보여
실패하였다.

3. 선거의 특징

① 자유당이 몰락하고 있는 가운데 민주당 신파와 구파 간의 치열한 정국 주도권 경쟁이 선거과정 내내 계속되었다. ② 여러 혁신계열 정당들이 이념을 둘러싼 갈등 때문에 단일정당으로 통합되지 못하였고, 또 조직의 열세를 극복하지 못한 채 선거에 참여하였기 때문에 이들의 의석획득은 제한적이었다. ③ 선거운동 및 개표과정에서 많은 선거부정과 폭력사태가 발생하였다. 3·15부정선거로 인하여 4·19혁명이 유발되었고 부정선거 원흉들에 대한 재판이 진행되고 있는 가운데 실시된 선거임에도 불구하고 일부 입후보자와 운동원들에 의하여 불법부정행위가 자행되었다. ④ 통일정책을 둘러싼 민주당과 혁신계열 정당 간의 정책대결 양상이 전개되었다. ⑤ 이번 선거부터 릴레이투표 방지를 위하여 투표지에 일련번호를 부여하였으며, 군인의 부재자 투표제도가 채택되었다.

4. 선거 이후

1) 민주당의 분당 조짐

선거 결과 민주당이 압승하면서 신파와 구파의 대립은 더욱 노골화되었다. 선기 직후 민주당 소속 당선자 세력분포를 보면 구파 측은 민의원 84명, 참의원 17명이었고, 신파 측은 민의원 75명, 참의원 13명이었다. 중도파는 10여 명이 민의원 내에 있었다.

선거에서 승리하여 정권을 담당하게 된 민주당은 국민적 염원과 혁명적 합의를 무시하고 실권을 장악하기 위한 신파와 구파의 대립으로 치달았다. 이번 선거는 사실상 여당 세력이 없는 상황 하에서 실시된 선거였기에 민주당이 압승하였으나 민주당의 압승은 당의 분열로 이어질 수밖에 없는 구조적 요인을 안고 있었다. 이승만 정권에 반대하던 정파의 통합에 의하여 결성된 민주당은 공동의 타도대상인 이승만이 대통령직을 사임한 후 출국하고 자유당 의원 다수가 탈당, 와해된 상태에서 당내 주도권 확보다툼에 나서게 되어 분열에 이른 것이다.[12]

당선자가 상대적으로 많은 구파는 분당하여 대통령과 국무총리를 자신들이 차지하려 하였고, 신파는 대통령과 국무총리직의 안배를 주장하였다. 구파의 전략은 원내 세력의 우세를 이용하여 분당을 하더라도 실권을 장악할 수 있다는 계산을 하게 된 것이며, 다소 약세에 있던 신파는 중도파와 무소속을 끌어들여 실세를 강화시키려 하였다.

문제는 선거 전에 20억 원이라고 하는 거액의 정치자금이 은행에서 인출되어 선거에 사용되었다는 데에 있다. 부정정치자금이 유출되었다는 설이 나돌자 국회에서는 '부정정치자금유출설조사특별위원회'를 구성하여 조사에 나섰으나 동 위원회는, 그 자금은 부정정치자금이 아니며, 또 인출된 돈이 선거에 사용되었다는 것도 확인할 수 없다고 애매한 결론을 맺었다.[13]

2) 매카나기 주한 미국대사의 민주당 분당조짐에 대한 관심 표명

선거가 끝난 지 1주일이 채 되지 않은 1960년 8월 4일 오후 6시 민주당 구파는 사실상 분당을 의미하는 결별선언을 발표하였다. 다음 날인 5일 오후 12시 30분 매카나기 주한 미국대사는 민주당 대표최고위원 장면과 동당 구파의 김도연을 비롯한 민주당 신파·구파의 중진들을 대사관저로 초청한 자리에서 민주당 신파와 구파의 분당문제에 대한 관심과 우려를 표명하였다.

그러나 민주당은 신파·구파 간의 집권을 둘러싼 분규와 대립, 원내교섭단체의 별도 구성, 분당, 각종 시위의 속출로 정국의 안정을 기하지 못하고 1961년 5·16군사정변으로 해산을 맞이하게 되었다.

---

12) 이갑윤, 「제2공화국의 선거정치」, 백영철 편, 『제2공화국과 한국민주주의』(서울: 나남, 1996), 90쪽.
13) 부정정치자금유출설조사특별위원회, 「부정정치자금유출설조사보고서」(1960. 11. 21.).

제4절 　사회대중당 · 한국사회당 · 혁신동지총연맹 · 한국독립당 · 독립노농당의 합당 시도

1. 합당 시도 배경

1) 국회의원선거 패배의 영향

4 · 19혁명 직후의 혁신세력은 사회대중당(서상일 · 윤길중 · 김달호 중심)과 한국사회당(전진한 · 김성숙 중심)을 양 축으로 하고 여기에 혁신동지총연맹(장건상 중심)이 결성움직임을 보이고 있었다.

혁신계열 정당들은 제5대 국회의원선거(1960. 07. 29.)에서 부진한 성적을 거두어 제도권 진입에 실패한 후 원외 중심의 정치활동을 전개하였으나 곧 선거패배의 원인과 책임을 둘러싸고 조직분규를 겪게 되었다. 사회대중당에서는 김달호가 이끄는 진보당 계열과 서상일이 이끄는 비진보당 계열 간에 내분이 발생하였는데 윤길중 등 중도파의 중재에도 불구하고 비진보당 계열은 1960년 9월 1일 결별선언을 함으로써 당이 양분되었다.

창당 초기부터 갈등관계를 보였던 진보당계열 김달호와 민주혁신당계열(비진보당계열) 서상일 사이의 다툼은 이념논쟁으로 번지고 이념논쟁은 다시 조직분규로 이어졌다. 이에 유림은 한국독립당, 독립노농당, 한국사회당, 혁신동지총연맹, 사회대중당의 5당이 통합해야 한다며 '5당 통합에 대한 통일방안'을 제시하여 혁신세력의 결속을 주장하였다.[14]

이렇게 제5대 국회의원선거 이후 3개월 정도가 지나면서 가장 먼저 사회대중당이 동요하기 시작하였다. 선거패배의 원인을 밝힌다는 구실 하에 진보당계열의 김달호 · 윤길중과 비진보당계열의 서상일이 서로 주도권 쟁탈전을 벌인 것이다.

---

14) 통합방안 내용은 단주유림선생기념사업회, 『단주 유림 자료집(1)』(서울: 백산, 1991), 140−141쪽 참조.

2) 혁신세력의 분열

국회의원선거 결과 민주당은 절대다수 의석을 획득하여 승리하였고, 4·19혁명 이후 정계에 다시 대두한 혁신세력은 기대하였던 것만큼의 성적을 거두지는 못하여 사회대중당은 5석, 한국사회당은 2석, 민족진보연맹 1석(참의원)에 그쳤다. 자유당 정권하에서 억압받던 혁신세력이 여러 개의 정당을 결성하여 선거에 임하였으나 커다란 지지를 받지 못한 것이다.

사회대중당준비위원회와는 별도로 전진한과 일부 민주혁신당 간부들은 한국사회당을 결성하였고, 장건상을 비롯한 혁신계열 원로들은 혁신동지총연맹을 조직하였다. 이 중 사회대중당이 주도적인 위치를 점하고 있었는데 동당 내부에서는 당수제(黨首制) 당헌 개정문제를 둘러싸고 새로운 분규가 발생하였다.

국회의원선거에서 패한 사회대중당은 창당 당초부터 진보당 계열과 비진보당 계열 사이의 갈등이 표면화되던 중 선거의 패인을 규명한다는 구실 아래 대립상태를 보이다가 진보당계열이 주도권을 장악하였다. 윤길중, 김기철 등 중도파의 중재에도 불구하고 비진보당 계열의 최근우, 김창섭, 송남헌, 이동화, 유병묵, 정화암 등의 총무위원들은 1960년 9월 15일 '진보당의 양분을 일삼는 김달호 계열과 당을 같이할 수 없다.'는 이유를 들어 결별을 선언하였다. 상호 간 제명하겠다고 위협한 끝에 1960년 10월로 예정된 각급 지방의원선거를 불과 1개월 앞둔 이날 비진보당 계열 모든 간부진이 혁신세력의 최대결집체이던 사회대중당 창당준비위원회를 이탈하였다. 주도권 다툼의 조직투쟁이 이념문제로 이어지면서 복잡한 양상을 띠게 되었다.

그런데 사회대중당에서 분열해 나온 이들 비진보당 계열 사회대중당은 또다시 내부분열에 직면하였다. 그것은 전 노농인민당 출신의 최근우, 유병묵, 유한종 등이 제3세력을 자처하고 11월 27일 시내 경기여관에서 인도식 민주자주노선에 입각한 통일을 표방하는 사회당을 결당할 것을 표방하였기 때문이다.

　그 후 이들은 진보당계열 사회대중당을 제외한 한국사회당, 혁신동지총연맹, 한국독립당, 노농당 등과 제휴, 5개 혁신정당 통합을 추진, 그해 12월 25일 각 단체별 5인씩의 대표로 혁신 5당 추진위원회를 구성, 독립사회당으로 당명을 정하고 결당을 서둘렀다.

3) 사회대중당 창당준비위원회의 분열

　허정이 이끄는 과도정부기간에 가장 먼저 조직된 혁신정당은 과거 진보당계열 인사들과 민주혁신당의 서상일, 이동화 등이 참여한 사회대중당창당준비위원회였다. 그러나 이 창당준비위원회는 <표 4-4>에서 보는 것처럼 1960년 9월의 분열에 이어 11월에는 진보당계열과 민주혁신당계열로 분열이 일어나고 뒤이어 진보당계열이 다시 윤길중계열, 김달호계열, 비윤길중·김달호계열의 3계파로 분열되었다. 혁신계열은 이들 이외에 한국사회당, 독립노농당, 한국독립당, 혁신동지총연맹(이 세력은 진보당계열의 비윤길중·김달호계열이 중심) 등 문자 그대로 사분오열되었다.

<표 4-4> 사회대중당(가칭) 분열 경과

시기	분열 경과
1960. 5. 13.	진보당계, 근로인민당계, 민주혁신당계가 중심이 되어 사회대중당 발기.
1960. 6. 17.	사회대중당창당준비위원 대표자대회(책임총무위원 서상일, 간사장 윤길중).
1960. 9. 15.	서상일 등 비진보당계 간부진 이탈-혁신통합 신당결성준비위원회결성(1960. 10. 15. 서상일)
1960. 11. 18.	사회대중당창당준비위원회(김달호계)-윤길중 등의 축출을 결의.
1960. 11. 24.	진보당계 분열: ① 사회대중당고수동지회(김달호계)-사회대중당 결당대회. ② 사회대중당 창당준비위원회(윤길중계)-김달호를 이탈분자로 규정한 결의 재확인.
1960. 12. 25.	혁신 5당 추진위원회-독립사회당(서상일) 당명 확정. 창당준비 시작.
1961. 1. 21.	독립사회당 창당준비세력 재편(분열, 진보세력 추가영입)-통일사회당 창당.

　사회대중당창당준비위원회의 김달호는 사회대중당 고수동지회를 결성하였으며 1960년 11월 18일에는 윤길중, 김기철, 이명하 등에 대한 축출을 결의하였다. 이로써 4·19혁명을 계기로 통합사회민주주의 정당으로 출범한 사회대중당창당준비위원회는 민주혁신당계열의 결별과, 진보당계열의 절

대다수파인 윤길중계열을 불법 제명함으로써 김달호가 절대적인 당권을 행사하게 되었다.

사회대중당에 그대로 남아 있던 진보당계열은 비진보당계열이 1960년 9월 15일 분가하고 난 뒤 약 2개월 반인 11월 24일 또 다른 분열을 자초하게 되었는데 김달호와 윤길중 간의 결별이 그것이다. 김달호 중심의 사회대중당 고수파는 11월 24일 사회대중당의 결당대회를 가졌다. 과거 진보당 시절부터 반목을 지속하여 오던 두 사람은 '혁신통합운동의 방법상 차이'라는 이유로 결별하게 되었지만 실제로는 당내 주도권 문제로 결별한 것이다. 이로써 사회대중당은 진보당 계열과 비진보당 계열로 양분되었다.

윤길중계 사회대중당 창당준비위원회는 이날 김달호를 이탈분자로 규정한 제8차 중앙상임위원회 결의를 재확인하고 김달호계열 사회대중당창당준비위원회 명의의 창당을 비롯한 일체의 행동은 분파행동이니 그에 현혹되지 말라는 내용의 성명을 발표함으로써 김달호가 주도하는 사회대중당의 정통성을 부인하였다.[15]

4) 한국사회당

한국사회당은 전진한 등 민족주의민주사회당 세력을 중심으로 하여 1960년 5월 21일 발기하였고 6월 14일 결성준비위원회 전국대표자대회를 개최하였다. 동당은 제5대 국회의원선거에 민의원 19명, 참의원 2명 모두 21명의 공천후보를 냈으나 민의원과 참의원에서 각각 1명씩 당선되었다. 이들은 '자유와 번영을 지향하는 민주적 사회주의 정당' 결성을 목표로 하였으며, 거액탈세자 처단 및 관기(官紀)의 쇄신으로 보수독재와 싸우는 것을 주요 정강·정책으로 내세웠다.[16]

동당의 중진이던 전진한은 서울(성동 갑)에서 낙선하였는데 낙선 후인 1960년 8월 3일 당에서 이탈하겠다고 발표하였고, 당원 중 일부는 사회대

---

15) ≪민국일보≫, 1960년 11월 25일자.
16) 중앙선거관리위원회, 『정당의 기구, 기능과 정강정책』(1965), 200쪽.

376

중당 일부(비진보당 계열)와 합작하여 독립사회당 창당을 추진하였다.[17) 한국사회당은 이날 오후 총무위원회, 재경 간부회의를 열고 향후 대책을 논의한 결과 혁신정파 소속 의원들을 중심으로 순수 무소속 의원들을 포섭하여 연합전선을 펼 것을 추진하기로 하였다.

5) 혁신동지총연맹

김창숙, 장건상, 유림, 정화암, 조경한, 김학규, 권오순 등 혁신동지총연맹(가칭) 발기인대표 7인은 국회의원선거를 앞둔 1960년 5월 12일 7인공동성명서를 발표하고 혁신세력의 일치단결을 강조하였다. 2주일 후인 5월 27일에는 혁신동지총연맹 결성대회준비위원회(유림, 장건상, 권오순, 박석홍, 최천택)의 이름으로 모든 혁신세력이 혁신운동에 동참할 것을 호소하는 선언문을 발표하였다.[18)

이러한 움직임에 대하여 사회대중당의 유병묵 선전위원장은 8월 3일 혁신세력의 단일화라는 명분하에 한국사회당이나 혁신동지총연맹 측과 간판을 한데 뭉치는 식의 통합은 있을 수 없다고 말하였다. 그는 진정한 혁신세력의 성장은 이번 국회의원선거에서 얻은 경험을 토대로 혁신의 주류인 사회대중당을 모체로 하여 광범위하게 뭉쳐야 한다고 말하고 자유당계열이나 민주당계열이라도 양심적인 인사는 받아들일 것이라고 덧붙였다.

혁신동지총연맹은 처음부터 정당이 아닌 연맹체로서 조직되었기 때문에 정화암의 민주사회당계열은 곧 사회대중당에 합류하였다. 민주적 사회주의 세력이 분열을 거듭하자 잠잠하던 혁신동지총연맹 위원장 장건상은 10월 1일 대단결로써 공신력을 회복한 단일정당을 이룰 것, 사회대중당 두 계파의 단결로써 단일화를 이룰 것, 경제 제1주의를 지향할 것 등을 내걸고 이들의 단일화를 촉구하였다.[19)

장건상 위원장의 촉구에 따라 10월 10일 혁신정당대표자회의가 열렸는

<hr>

17) 국회사무처, 『국회사(제4대 국회-제6대 국회)』(1971), 231쪽.
18) 단주유림선생기념사업회, 『단주 유림 자료집(1)』(서울: 백산, 1991), 136-141쪽.
19) ≪민국일보≫, 1960년 10월 1일자.

데, 이 회의에서는 '협의체 구성' 문제가 제기되어, 협의체에는 사회대중당 준비위원회의 민주혁신당계열, 한국사회당, 혁신동지총연맹, 한국독립당, 독립노농당 등이 적극적으로 참가하는 한편, 사회대중당준비위원회의 진보당계열은 배제되어 마치 진보당 창당 직전의 양상이 재연되었다. 군소정파연합으로 진보당계열로부터 주도권을 탈취하자는 것이었다. 이에 진보당계열은 '혁신세력 대동통일추진위원회'를 조직하여 맞섰다. 장건상 등 일부는 윤길중과 혁신당 추진에 나섰다.

6) 독립노농당

독립노농당은 1946년 7월 7일 시내 필동 역경원(譯經院)에서 창당되었다. 임시정부 국무위원을 지낸 유림이 주도하여 창당된 이 정당은 무정부주의자들 다수와 당의 기본정책에 찬동하는 많은 농민과 노동자들이 참여하였다. 독립노농당은 유엔에서 남한지역 단독선거 실시가 결정되자 이에 반대하여 제헌의원선거에 참여하지 않았다. 그 후 이승만 정권에 항거하다가 1960년 5월 혁신동지총연맹 발기를 위한 '7인 공동성명서'를 발표하였다.

2. 합당 시도 경과

1) 혁신통합 신당결성준비위원회

비진보당 계열 인사들은 1960년 9월 15일 김달호 계열과 사회당을 같이 할 수 없다는 결별선언을 한 이후 진보당 계열 사회대중당을 제외한 한국사회당, 혁신동지총연맹, 한국독립당, 독립노농당, 사회대중당준비위원회(비진보당계열, 민주혁신당계열) 등과 제휴, 5개 혁신정당·단체의 통합을 추진하였다.

이들 5개 정당·단체들은 10월 15일 합동선언을 발표, 단일정당을 결성하여 보수혁신의 양당제를 지향할 것을 표방하고 '혁신통합 신당결성준비위원회'를 결성하였다. 진보당 계열이 분열을 거듭하는 동안 비진보당 계열 '혁신통합 신당결성준비위원회' 측은 10월 25일 민족적 주체성에 입각한 민주사회주의의 실현을 기하는 국민대중정당을 발족한다고 선언하였다.[20]

온건세력인 이들 비진보당 계열은 앞에 나열된 5개 혁신정당의 통합을 추진하고 10월 29일 각 단체별로 5인 대표로 구성된 '5인 통합추진위원회'를 구성, 정당 명칭을 독립사회당으로 결정하였다. 12월 25일 각 단체별로 5인 대표를 회원으로 '혁신 5당 추진위원회'를 구성하고 독립사회당으로 당명을 정하는 한편 결당을 서둘렀다.

3. 합당 시도 이후

그런데 독립사회당을 결성하기로 한 비진보당 계열 내에 다시 균열이 발생하였다. 독립사회당은 다시 고정훈의 사회혁신당 등 진보세력을 추가로 영입하여 1961년 1월 21일 통일사회당으로 재편되었다. 혁신정당들 내부의 온건파와 급진파 간의 대립이 심각해져 결국에는 통일사회당의 결성을 보게 된 것이다.

1960년 12월 초순 혁신계열은 서상일계열의 독립사회당(가칭), 장건상·윤길중의 혁신당, 최근우의 사회당, 김달호 계열의 사회대중당의 4파로 분열되어 있었다. 그러나 이때의 혁신통합운동에서 김달호 계열의 사회대중당은 배제되었다. 혁신당의 윤길중과 독립사회당(비진보당 계열)의 송남헌 등이 중심이 되어 추진하던 재야 혁신정당통합운동은 1960년 하반기에 이르러 사회당 최근우의 반대로 무산되었다. 결국 당 주도권 장악문제와 당직 안배문제가 통일되고 확고한 혁신통일운동의 발목을 잡은 것이다.

---

20) 이에 맞서 진보당 계열은 정당단체연합이 아닌 개인의 규합운동을 전개하여 민의원, 참의원과 지도급 인사중심의 혁신세력단일화운동을 전개하여 11월 중순경 창당대회를 개최하기로 하였다고 발표하였다. 그러나 진보당 내부의 갈등은 그 후 노골화되었다.

 민주당 신파 · 구파 간의 통합 시도 및 분열

1. 통합 시도 배경

1) 헌법개정 문제

　민주당은 신파와 구파 간의 대립과 갈등으로 인하여 여러 차례 분열위기를 맞았으나 자유당에 대한 투쟁이라고 하는 공통된 과제 때문에 대립과 갈등을 어느 정도 극복할 수 있었다. 그러나 4 · 19혁명으로 자유당이 몰락하자 당 내분이 점차 표면화되기 시작하였으며 특히 조병옥 박사의 사망 이후 구심력을 잃은 구파 의원들은 크게 동요하기 시작하였다.

　4 · 19 이후 내각책임제 개헌안을 제시한 자유당의 혁신파 의원들은 이를 추진하기 위하여 민주당 구파와의 제휴를 추진하였으나 구파는 자유당과의 개헌공동추진을 거부하였다. 1960년 4월 하순, 당시 국회에서 개헌문제에 관하여 논의의 초점이 되었던 것은 국회가 개헌을 하고 난 다음 총선거를 실시할 것인가 아니면 국회를 해산하여 총선거를 실시한 후 구성되는 국회로 하여금 개헌을 하게 할 것인가 하는 문제였다. 신파 측은 먼저 총선거를 실시할 것을 주장하였으나 구파와 무소속 및 자유당은 국회가 먼저 개헌을 하고 난 다음에 총선거를 실시하자고 주장하였다. 결국 4월 26일 국회는 시국수습결의안에서 '선 개헌, 후 선거'의 원칙 즉 국회가 먼저 개헌을 하고 난 다음에 국회의원선거를 실시한다는 원칙에 합의하였다.

　국회는 9인의 기초위원과 박일경, 한태연 등의 전문위원을 포함하는 개헌기초위원회를 구성하고 국가의 권력구조를 대통령제에서 내각책임제로 변경하는 부분적인 개정만을 가능케 하는 권한을 헌법개정기초위원회에 부여하였다. 그러나 이 위원회에서는 가능한 한 개정의 범위를 확대하여 기본권의 수정, 내각책임제로의 권력구조 개정을 비롯하여 정당의 헌법적 보장, 법관선거제, 헌법재판소의 신설 등 55개 항목에 달하는 개정을 하였다.

내각책임제 개헌안이 가결되고 제5대 국회의원선거(1960. 07. 29.)가 다가오자 신파와 구파는 자파의 당선을 위하여 서로 치열한 경쟁을 하였고 선거가 끝나자 두 계파는 서로 별개의 정당처럼 행동하였으며 국회에서의 대통령선거와 국무총리 인준을 둘러싸고 첨예하게 대립하였다.

민주당 구파 간부 20명은 국회의원선거가 끝난 후인 8월 3일 오전 시내 모 씨 자택에서 선거 후 첫 회합을 갖고 제2공화국의 초대 대통령과 국무총리를 신파에 안배하지 않고 구파인 김도연과 윤보선을 추대하기로 합의하였다. 이날 민주당 확대간부회의에서 신파는 대통령과 국무총리, 양원 의장 선출을 신파가 우세한 중앙상무위원회에서 결정할 것을 제의하였으며, 구파는 공천에서 탈락하였지만 무소속으로 출마하여 당선된 인사들의 복당이 선행되어야 한다고 맞섰다.

신파와 구파 간의 대립이 표면화되면서 선거과정에서부터 분당을 주장하여 온 구파는 신파와의 협력관계가 어려울 것이라 판단하고 다음 날인 4일 중진들로 구성된 구파 20인위원회의 결의에 따라 신파와의 결별을 선언하는 성명서를 발표하였다. 구파 간부들은 이날 오전 시내 견지동에서 회동, 신파 측이 낙천당선자의 복당에 응하지 않는 한 의장단후보를 선출하기 위하여 소집되는 7일의 의원총회에 참석하지 않기로 하였다. 이날 구파 20인위원회는 다음과 같이 구파가 요직을 겸점해야 하는 이유를 밝혔다.

요직(대통령 · 국무총리) 겸점 이유

① 한 정당이 의석의 3분지 2를 차지하게 되면 1당 독재의 우려가 없지 않다는 내각책임제하에서는 2개 이상의 정당정치가 확립되어야 한다. 건전한 야당이 없는 이 정국에서는 너무 비대해져 있는 민주당은 앞으로 두 개의 정당으로 갈라져야 한다. ② 민주당은 그동안 신 · 구파 안배로 구차한 당 운영을 하여 왔으나 오늘의 위기에 직면한 국정운영에 있어서는 강력한 국정의 수행을 기하기 어렵다. … 이제 우리 구파로서는 국민의 여망에 따라 책임지고 정권담당에 매진한다. ③ 이번 7 · 29총선에 있어서 4월 혁명의 정신을 말살한 폭력, 파괴, 방화 및 부정개표 등 민주반역행위에 대하여 어느 일파나 어느 개인을 막론하고 국회 개회벽두에 엄중히 규탄하려 하거니와 사직당국에도 철저 규명을 촉구한다.

요직 겸점 이유를 밝힌 구파 측 의원들은 8월 6일에 소집된 민주당 당선자총회에 참석지 않고 별도의 모임을 가짐으로써 신파와의 결별을 행동으로 옮겼다. 민주당이 국회의원선거에서 다수의 의석을 차지하기는 하였으나 낙천당선자의 복당과 요직 후보선출방법을 둘러싼 당내 파벌 간의 대립은 당 최고위원회를 비롯한 확대간부회의 및 당의 기타 기관의 기능을 마비시켰다.

2) 민주당 당선자대회 별도 개최

신파와 구파는 당선자대회를 별도로 개최하였다. 신파 측은 1960년 8월 6일 시내 종로 3가 대명관에서 85명(민의원 75명, 참의원 10명)의 당선자가 참석한 가운데 당선자대회를 열었다. 이날 신파는 13인소위원회를 조직하였는데 위원으로는 김상돈, 홍익표, 이상철, 이철승, 양병일, 조재천, 김용진, 계광순, 오위영, 한통숙, 정일형, 이태용, 현석호 등 중진의원들이 선출되었다. 13인소위원회를 구성한 신파는 민의원 의장에 곽상훈, 부의장에 이영준·이재형을 후보로 천거하였다. 이날의 당선자대회에서는 신파의 주도하에 당의 통합을 위하여 지속적인 노력을 하기로 하고 대통령후보로 구파의 윤보선, 국무총리후보로는 자파(自派)의 장면을 추대하기로 결정하였다.[21]

한편 구파 측은 8월 7일 서울시청 옆 아서원에서 당선자대회를 개최하였다. 구파 측 대회에는 95명(민의원 83명, 참의원 12명)의 당선자가 참석하였다. 이날 구파는 20인위원회가 결정한 '분당 확인 선언(分黨確認宣言)'을 추인한 후 대통령후보와 국무총리후보 결정을 일단 유보하고 참의원 의장에 소선규, 민의원 의장에 곽상훈을 후보로 결정하였다. 이어 20인위원회를 해체하고 각 도 대표와 중진들로 23인위원회를 구성하였으며, 이영준을 민의원 부의장후보로 추대하였다.[22] 구파는 신익희, 조병옥 등의 지도자를 잃었음에도 불구하고 분당계획 실천에 나서고 있었다.

---

21) 장면, 『장면 회고록: 하나의 밀이 죽지 않고는』(서울: 가톨릭출판사, 1967), 62–63쪽.

22) 23인위원회 위원 - 김산, 민관식, 홍길선, 강영훈, 신각휴, 이민우, 진형하, 유진령, 조한백, 윤제술, 조영규, 유옥우, 권중돈, 박해정, 정헌주, 김영삼, 신인우, 정순웅, 고담룡, 유진산, 소선규, 이정래, 서범석, 중앙선거관리위원회, 『대한민국정당사(제1집)』(1981), 249쪽.

3) 국회의장 및 대통령선거

헌법 부칙(1960. 06. 15. 개정)은, 헌법 시행 후 처음으로 집회한 민의원에서 집회한 날로부터 5일 이내에 양원합동회의를 열어 대통령을 선거하며, 대통령은 선거된 날로부터 5일 이내에 국무총리를 지명할 것을 규정하고 있었다.[23] 이러한 헌법상의 정부수립일정에 따라 1960년 8월 8일 민의원·참의원 합동개원식이 거행되었으며 이어 양원은 각각 첫 회의를 열어 의장단을 선출하였다.

민의원 의장단선거에서는 신파와 구파가 동일하게 추천한 의장 곽상훈, 부의장 이영준이 대립 없이 선출되었으나, 나머지 부의장 자리를 놓고 신파에서는 무소속의 이재형을, 구파에서는 서민호를 내세웠는데 투표결과 서민호가 당선되었다. 민의원 부의장 선출에서 패배한 신파는 참의원 의장단선거를 연기하려 하였으나 구파가 무소속과 제휴, 신파의 연기론을 일축하고 투표에 들어갔다. 투표결과 참의원 의장에는 무소속의 백낙준, 부의장에는 구파의 소선규가 당선되어 민의원과 참의원에서의 의장 및 부의장 선출에서는 구파가 승리를 거두었다.

관심은 대통령과 국무총리에 어느 파의 누구를 선임하느냐 하는 문제로 좁혀졌다. 당시 원내의 세력 분포상 우위에 있던 구파는 대통령과 국무총리직 즉 요직을 모두 점유한다는 목표 하에 당외 인사까지를 망라한 거국내각을 구성할 것을 주장하였고, 신파는 대통령은 구파에서 차지하고 국무총리는 신파에서 차지하되 내각구성은 50 대 50으로 할 것을 주장하였다.

이처럼 신파와 구파는 내각책임제 헌법 하에서 권력의 핵심인 국무총리 자리를 놓고 치열하게 경쟁하였는데 신파는 대통령에 구파의 윤보선을, 국무총리에는 신파의 대표인 장면을 지지하기로 하였다. 신파가 이같이 결정하자 구파는 대통령에 김도연, 국무총리에 윤보선으로 내정한 당초의 계획을 변경하여 대통령 윤보선, 국무총리 김도연으로 하였다.

구파는 민의원·참의원 의장단 선출의 여세를 몰아 정권을 장악하려 하

였으며, 신파는 마지막 남은 요직인 국무총리직을 확보하기 위하여 총력을 기울였다. 두 계파의 세력이 팽팽하였기에 주도권은 무소속 의원이 쥐고 있는 셈이었는데 양측은 무소속 의원들의 협조를 얻기 위하여 국회와 정부의 주요 직책을 사전 약속하는 등 잡음이 일기도 하였다. 이 같은 분위기 속에서 당의 분열을 막기 위하여 열린 윤보선, 장면, 곽상훈의 3자회담도 성과를 거두지 못하였다.

신파와 구파 간의 의견대립 속에서 8월 12일에 열린 제2차 양원합동회의에서 민주당의 구파 계열 의원이며 동당의 최고위원인 윤보선이 재석 259명 중 208표를 얻어 제2공화국의 초대 대통령에 당선되었다.

2. 통합 시도 경과

1) 국무총리 인준

윤보선 대통령은 1960년 8월 16일 자신과 같은 구파에 속하여 있는 김도연을 국무총리로 지명하고 국회의 인준을 요청하였다. 김도연은 정치, 국방, 외교, 경제 등의 분야에 걸쳐 18개 항목에 달하는 정책안을 발표하고 자신이 인준될 경우 거국내각을 원칙으로 신파·구파, 무소속 또는 원외 인사를 기용하겠다고 밝혔다. 이에 대하여 신파는 대통령이 같은 구파인 김도연을 국무총리로 지명한 것은 편파적인 정치행동이라고 비난하였다.

8월 17일 오전 민의원 본회의에서의 투표결과 재석 224명 중 찬성 111, 반대 112, 무효 1표로 김도연의 국무총리 인준이 부결되었다.[24] 당시 민의원의 재적 인원수는 227명이었고, 총리 인준 선은 재적 과반수인 114표였다. 윤보선 대통령은 다음 날인 18일 제2차로 신파의 장면을 국무총리에 지명하였고 19일의 인준투표에서 찬성 117, 반대 107, 기권 1표로 총리 인

---

24) 이러한 결과에 대하여 윤보선은, 총리 인준이 부결된 것은 구파 의원 일부가 시내 모처에서 회합을 갖고 신파에 협력하기로 합의하였기 때문이라고 보았다. 윤보선, 『구국의 가시밭길』(서울: 한국정경사, 1967).

준을 받았다.

장면이 국무총리 인준을 받아 내각책임제하의 총리직을 맡게 됨으로써 허정 과도내각은 사퇴하고 민주당 신파가 주도하는 내각이 조직되었다. 일부 무소속 의원의 협력을 얻어 인준을 받은 장면 국무총리는 8월 20일부터 조각에 착수하였는데 무소속 의원회의에서 약속한 대로 인물본위로 거국내각을 구성, 민주당 신파 5명, 민주당 구파 5명, 무소속 2-3명의 비율로 조각할 것을 제시하였으나 두 계파 간의 이해가 상충하여 그대로 실현되지는 않았다.

2) 민주당 신파 내각의 성립

신파와 구파간의 집권경쟁에서는 국무총리직을 얻은 신파가 일단 승리하였다.[25] 구파의 90여 의원들은 1960년 8월 19일 보수양당제의 확립을 선언하고 신당을 발족시킬 때까지 별개의 원내교섭단체를 등록하기로 하고 장면 내각에의 입각을 거부하기로 결의하였다.

장면이 국무총리 인준을 받은 후 구파 의원들은 회합을 갖고 민주당과 분리된 정당을 즉각 결성할 것, 신파로 이탈한 구파 의원들을 처벌할 것, 신당 결성과 관련하여 국회 밖의 인사들과 접촉할 것 등을 결의하였다. 구파 측은 8월 20일 시내 동원예식장에서 단합대회를 갖고 입각거부를 결의하는 한편 '민주당구파동지회'로 독립된 교섭단체를 구성, 등록할 것을 결의함으로써 민주당은 사실상 분당상태에 놓이게 되었다.

이에 당내 두 계파의 지지를 받아 국회의장으로 선출된 곽상훈은 분당위기를 극복하기 위하여 계파지도자 회합을 주선하였다. 윤보선, 장면, 곽상훈, 유진산이 참석한 8월 21일의 경무대 회합에서 장면 국무총리는 최소한

---

25) 민주당은 신파와 구파로 나뉘었는데 구파는 1945년 창당된 한국민주당의 맥을 이어받고 있으며, 신파는 1955년 9월 민주당 창당 시 한국민주당의 후신이며 민주당 창당의 주역이었던 민주국민당에 합류하여 온 세력이다. 밖에서 들어온 신파 인사들이 당권을 장악하게 되자 구파 인사들이 불만을 가지게 되었으며 이러한 불만은 민주당 분당의 한 요인이 되었다. 민주당 정권이 제시한 이념의 핵심은 이승만의 '독재'에 항의하고 내각책임제를 지지한다는 것이 전부였다. 따라서 이승만 정권이 무너지고 내각책임제가 도입된 시점에서는 더 이상 민주당원들을 결속시킬 이념이 없었다.

5명의 구파 인사들을 그의 내각에 포함시키겠다고 약속하였다.

장면 총리는 거국내각의 구성을 공약하였으나 구파계열 민의원·참의원들이 8월 20일 합동의원총회를 열고 건전야당을 표방하면서 장면 내각에의 입각을 거부키로 결의한 것과, 신파 내의 소장의원들의 반대 때문에 약속을 이행하지는 못하였다. 결국 8월 21일과 22일에 열린 연립내각 구성 모색을 위한 신파·구파 영수회담은 결렬되었고, 8월 23일 구파의 정헌주 의원 및 무소속의 박제환·오천석 의원만을 포함하는 신파중심 내각이 구성되었다.

제2공화국 제1차 내각명단은 외무 정일형, 내무 홍익표, 재무 김영선, 법무 조재천, 국방 현석호, 문교 오천석, 부흥 주요한, 상공 이태용, 보사 신현돈, 교통 정헌주, 체신 이상철, 국무원 사무처장 오위영, 무임소 김선태 등이다. 이들의 면모를 보면 민주당 신파 중에서도 13인 위원들이 대부분이어서 구파는 물론 신파 내의 소장의원들의 반발을 사게 되었다. 그 후 소장층의 이철승, 김재순 등 18명은 '소장동지회'를 구성하여 별도의 규약을 만들기도 하였다. 이렇게 새 내각이 발표되자 구파 의원들은 새로운 교섭단체로 등록하고 민주당의 모든 회합에는 참석하지 않기로 결의하였다.

3) 연립정부 구성 논의

신파중심의 내각구성은 구파와의 관계를 더욱 악화시켰으며 구파는 단독으로 교섭단체를 구성하기에 이르렀다. 1960년 8월 26일 오전 10시 10분에 속개된 민의원 본회의는 구파에 소속하여 있다가 장면 내각에 입각함으로써 민주당 구파 의원들로부터 배신자로 지탄받게 된 정헌주 의원이 "민주당 신파·구파란 개인적인 친소관계로 나뉜 정파일 뿐이므로 장면 박사를 지지한 것은 구파로서의 지지가 아니라 개인적인 입장에서 지지한 것."이라고 신상해명발언을 하자 구파 의원들이 반발, 난투극으로 이어졌다.[26] 정헌주 의원이 민주당 구파의 분당론에 반기를 든 이유와 장면 내각에 참여한 경위를 설명하기 시작하자 격분한 구파의 양일동 의원이 단상에 뛰어올라

---

26) ≪경향신문≫, 1960년 8월 26일자.

정 의원의 멱살을 잡고 따지면서 신파와 구파 의원 간에 육탄전이 벌어져 장내는 아수라장이 되었다.

김도연 의원 등 민주당 구파 의원 86명은 제36회 국회(임시회) 회기 만료일인 8월 31일 오전 '민주당구파동지회'로 국회에 원내교섭단체 등록을 하고 건전야당을 표방하면서 장면정권에 대항하였다.[27] 이어 9월 3일에는 원내총무에 유진산, 부총무에 이민우·김영삼을 선출하였다. 무소속 의원 46명은 8월 31일 민정구락부로서 원내교섭단체 등록을 하였다. 이로써 신파중심의 민주당, 무소속 의원의 모임인 민정구락부, 구파중심의 민주당구파동지회의 세 원내교섭단체가 의정활동을 전개하였다.

제36회 국회(1960. 08. 08. - 08. 31.)에서 손을 대지 못한 혁명과업 수행이 시위수단에 의한 영향을 받아 제37회 국회(정기회, 1960. 09. 01. - 12. 31.)의 주요 과제로 떠올랐다. 원내의 세력분포는, 9월 1일 국회가 소집되자 민주당구파동지회로 등록된 교섭단체의 민의원 수가 86명, 민정구락부로 등록한 무소속이 46명이었으며 잔여 99명은 신파 측으로 볼 수 있었는데 이 가운데서도 신파와는 달리 단독행동을 취한 의원 20여 명은 후에 이철승 의원의 주도하에 '신풍회'라는 소장그룹을 형성하였다.[28]

신파는 9월 7일 구파와의 정쟁을 지양하고 정국의 안정을 위하여 부득이 당시의 내각을 백지화하고 구파와 제휴하여 연립내각을 구성하기 위하여 국방·내무·상공·국무원 사무처장 등 국무위원의 사표를 제출받았다. 이날 장면, 백남훈, 곽상훈, 박순천 등 4인이 참석한 최고위원회의에서는 구파가 등록한 교섭단체를 인정하고 연립내각을 구성할 것에 합의하였다. 다음 날인 8일 제1차 당 중앙상임위원회가 소집되었으나 구파는 참석하지 않았다.

9월 9일 열린 장면, 김도연의 두 계파 지도자회담에서 거국내각구성에

---

27) 민주당 구파의 7인위원회는 1960년 8월 24일 오후 3시부터 서울 시내 전업회관에서 회의를 갖고 구파의 원내교섭단체명을 '민주당구파동지회'로 결정하였다.

28) 이철승 의원, 김재순 의원 등을 중심으로 하는 민주당소장파 의원 32명은 1961년 1월 26일 총회를 열고 '신풍회'를 발족시켰다. 지금까지의 친목단체 성격에서 벗어나 '정치의 정화'를 위한 정치적 단체로 성격을 바꾼 것이다.

합의하였다. 장면 총리는 정국의 안정과 분당사태를 막는다는 명분으로, 제 1차 내각구성을 백지화하고 9월 12일 제2차 개각명단을 발표하였다. 이날 발표된 조각명단에는 권중돈(국방), 김우평(부흥), 나용균(보사), 박해정(교통), 조한백(체신) 등 5인의 구파 소속 의원이 포함되었다. 이러한 상황의 전개에 따라 정국은 안정을 되찾은 듯하였으나 구파 내에서는 김도연을 중심으로 한 즉시 분당론자와 유진산을 주축으로 한 기한부 분당론자, 민관식을 중심으로 한 협상론자들 간에 의견이 맞서 구파 내부에서도 혼선이 계속되었다. 구파는 조각 후에도 여전히 중앙상임위원회의 출석을 거부하였기 때문에 당의 기능이 마비되고 있었다.

신파 의원 91명은 9월 17일 구파 의원들이 불참한 가운데 중앙상임위원회를 개최하고 마비상태에 빠진 당 기구가 정상화될 때까지 원내외 통합기구로 '당운영임시대책위원회'를 설치할 것을 결의하였다. 이날 구파 역시 당 내분 수습을 위한 신파와의 교섭을 위임받을 13인 위원을 선출, 민주당 내분 수습 조건을 작성하여 신파와의 본격적인 협상에 나섰다.[29] 그러나 신파와 구파 대표들은 현상을 타개한다는 원칙에는 의견접근을 보았으나 구체적인 문제에서는 합의를 보지 못하였다. 그 후 곧 신파와 구파 간의 타협을 위한 협상이 다시 진행되어 9월 20일에는 양측에서 각각 7명이 회동하여 문제를 수습하기로 합의하였다.

4) 민주당 신파 · 구파 간의 내분 수습 협상

구파의 김도연, 유진산 두 사람은 신파와 구파 양측이 현상 타개에 합의한 지 이틀 후인 1960년 9월 22일 기자회견을 통하여 10월 초에 신당을 발족시키겠다고 선언함으로써 신파와의 협상이 결렬되었음을 밝혔다. 그러나 구파 내의 협상파들이 반발, 신파의 소장파들과 간담회를 갖고 분당반대에 합의함으로써 구파의 전열이 다소 흐트러졌다. 구파가 분당을 선언함에 따라 신파는 9월 22일 '민주당'의 이름으로 민의원에 원내교섭단체를 등록

---

29) 이정식, 『한국현대정치사(제3권)』(서울: 성문각, 1986), 318–319쪽.

(95명)하였다. 이로써 민주당 신파는 '민주당'으로, 구파는 '민주당구파동지회'라는 이름으로 국회에서 자리를 따로 하게 되었다.[30] 신파와 구파 간의 제2차 협상회의는 9월 27일에 다시 열렸는데 이날은 상호 간에 의견을 교환하였고 28일에는 양측이 협상조건을 제시하였다.

민주당 두 계파의 협상조건(1960. 09. 28.)
구파가 제시한 조건: ① 장면 박사는 대표최고위원직을 사임하고 이를 구파에 넘길 것
② 최고위원 1인을 구파로 보충시킬 것
③ 중앙당 부서는 구파가 우위를 가질 것
신파가 제시한 조건: ① 대표최고위원직은 총리 겸직
② 최고위원 1인을 구파로 보충
③ 당 부서의 균형 유지
④ 구파 교섭단체의 해체
⑤ 전당대회를 1961년으로 연기할 것

이러한 조건들이 제시되었으나 9월 29일의 제4차 협상회의에서 신파가 구파의 첫 번째 조건 즉 대표최고위원직을 구파에 넘기라는 요구를 거부함으로써 양측의 협상은 사실상 결렬되었다. 9월 30일 다시 구파의 민관식 의원 등 31명의 합작파 의원들이 4개의 협상조건을 제시하자 이날 중앙상임위원회는 구파의 민주당 가입을 조건으로 이를 수락하였다. 그러나 상황은 이들 합작파가 의도하는 대로 전개되지는 않았다. 동료 구파 의원들과 장면 총리로부터 호응을 받지 못한 것이다. 합작파 의원들이 요구한 4개 협상조건은 다음과 같다.

민주당 구파 합작파 의원들이 제시한 협상조건(1960. 09. 30.)
① 파벌의식이 해소될 때까지 우선 신·구파 동수로(장면 총리를 포함하여) 가칭 정치자문위원회를 구성하여 당 운영, 정부 중요인사 및 정책을 협의, 결정하는 데 임하게 할 것.
② 낙천당선자의 복당과 무소속 의원(신·구파에 가담한)의 입당을 무조건 허용할 것. ③

---

30) 제5대 국회 초기의 몇 개월 동안 각 정당은 국사(國事)보다 당파와 정당이익에 더 관심이 많았다. 국제연합한국통일부흥위원단은 이 기간 동안의 각료경질은 각 당파와 집단의 공동협력을 보장하기 위하여 취해졌으나 국회의 행정부는 당파조성 및 정당의 불안정으로부터 오는 어려움 때문에 국사를 효과적으로 처리하지 못하였다고 유엔에 보고하였다. 국회도서관 입법조사국, 『국제연합한국통일부흥위원단보고서』(1964), 12쪽. 이 무렵의 교섭단체 의석분포는 민주당 95석, 민주당구파동지회 86석, 민정구락부 41석, 무소속 9석이었다.

당내 분규의 요인을 제거키 위하여 민의원은 자동적으로 출신구당부의 위원장이 되도록 당헌을 개정할 것. ④ 분당준비를 서두르는 당원들에 대하여 제명처분 등의 조치를 보류할 것

5) 혁명유족의 특별법 제정 요구

1960년 10월 4일 민주당 구파와 민정구락부가 새해 예산안의 법정기일 내 가결처리조건으로 재차 개각을 주장하고 부정선거의 원흉인 장경근의 해외도피에 대한 인책공세를 하면서 정국의 혼란이 빚어졌다. 여기에 부정축재자들에 대한 처벌이 지지부진하고, 이들에게 한국은행에서 할인된 52억 원이 융자되었다는 소문이 떠돌았으며, 혁명입법이 소급법인 만큼 곤란하다는 일부 법률가들의 의견이 나오자 혁명유족들은 법원에 몰려들어 "혁명정신을 모독한 법조인을 규탄한다", "국회는 특별법을 제정하여 영령 앞에 보답하라!"는 등의 플래카드를 들고 시위를 벌였다.

그러나 10월 8일의 법원 언도공판은 검찰의 공소를 묵살하고 발포명령책임자 유충렬에게 사형, 백남규에게 무기징역의 언도가 내려졌을 뿐 다른 피고인들에 대해서는 법률상 이유를 들어 경미한 징역 또는 공소기각, 형 면제, 심지어는 집행유예 등 의외의 선고가 내려졌다. 그러자 정계는 바로 개헌과 혁명입법을 서둘러 부정선거 원흉들에게 극형을 내릴 수 있도록 입법조치하려는 움직임을 보였다.

이렇게 법원에서 내려진 3·15부정선거 원흉들에 대한 판결이 경미하였고, 또 지탄의 대상이 된 반민주행위자들이 국회와 행정부에 다시 진출하여 있는 것에 불만을 품은 4·19부상학생들과 유가족들이 10월 11일 오전 11시 30분 민의원 본회의장을 점거, 항의하는 사건이 발생하였다.[31]

곽상훈 국회의장은 시위의 원인은 국회에 있으며 이를 정파싸움 때문이라고 말하고 의원 전원과 더불어 시위대원들에게 혁명입법을 하지 못한 것을 공개 사과하였다. 그는 조속한 시일 내에 헌법을 개정하여 원흉처단을 위한 특별법을 제정하겠다고 약속하는 동시에, 신파와 구파 대표가 정쟁을

---

31) 국회사무처, 『국회사(제4대 국회 − 제6대 국회)』(1971), 322쪽.

그치고 혼란한 정국을 수습하는 데 노력하겠다고 다짐함으로써 시위사태는 일단 진정되었다.

민주당 구파 내에서는 소장파들이 당의 중진들에 의하여 서서히 소외됨에 따라 신파의 구파 의원에 대한 포섭작업은 다소 수월해지고 있었다. 시간이 흐름에 따라 구파의 합작파 내부에서는 즉시 합작하자는 의견이 득세하였다. 결국 11월 21일에는 21명의 구파 의원이 민주당에 재입당함으로써 장면 국무총리가 이끄는 민주당은 11월 24일 현재 국회에서 126명의 의원을 확보하게 되었다. 한편 합작을 주도하던 구파의 민관식 의원은 9명의 잔류 의원들과 함께 합작운동에서 이탈하였다.

그런데 민주당 내에는 다른 문제가 발생하고 있었다. 구파에서 되돌아온 의원들과 신파 내의 소장파 의원들은 내각이나 당에서 자신들에게 어떤 혜택이 돌아오지 않을 것이 확실시되자 점차 당 지도층에 대하여 비우호적인 태도를 취하기 시작한 것이다.[32] 당내 소장파들의 불만을 해소하기 위하여 장면 국무총리는 4차에 걸친 개각을 하였지만 이들을 만족시키지는 못하였으며 따라서 그들의 협력도 얻어내지 못하였다.

3. 통합 시도 이후

1) 민주당 구파의 탈당 및 신민당 결성

민주당 구파가 분당을 선언하였음에도 불구하고 불명확한 태도를 보이던 중 10월 11일 4·19혁명부상자들에 의한 국회의사당 앞 시위와 단상점거 사태가 발생하였다.

이에 민주당이라고 하는 동일 간판 하에 원내에서 상이한 교섭단체를 만들어 여당과 야당의 역할을 하는 기묘한 관계에 있던 신파와 구파는 분당

---

32) 장면은 자신에게 가까운 동료들만으로 구성된 배타적 내각과 다른 계파인사들이 포함된 연립내각 중 어느 것을 택할지에 대해 결단을 내리지 못하였으며 이러한 우유부단이 바로 구파나 신파 내의 이탈집단으로부터 지지를 받지 못한 주요 원인이라는 지적이 있다. 한승주, 「제2공화국」, 안청시 편, 『현대한국정치론』(서울: 법문사, 1992), 209—210쪽.

에 앞서 타협의 길을 모색하려는 노력을 두 갈래로 전개하였다. 그 하나는 두 계파의 지도층에 의하여 이루어졌고 다른 하나는 구파의 민관식 의원을 중심으로 하는 협상파 의원들에 의하여 이루어졌다. 그러나 이러한 노력에도 불구하고 1960년 10월 12일의 구파동지회 의원총회에서는 신당발기추진을 재결의하였다.

이처럼 장면 내각과 민주당이 4·19혁명세력으로부터 비판을 받게 되자 구파의 분당파는 10월 13일 협상파와 결별을 선언하는 성명을 발표, 신당 '신민당'의 발족을 선언하였다. 신당발족을 선언한 민주당구파동지회는 같은 날짜로 신당발기주비위원 서명운동에 착수하였다. 또 10월 18일에는 시내 동원예식장에서 원내외 연석회의를 열어 신당발기를 결의하고 신당발기주비위원회를 구성하는 '23인 전형위원회'를 구성하였으며, 11월 8일에는 357명의 신당발기주비위원 중 321명이 참석한 가운데 시내 삼일당에서 신민당발기준비대회를 개최하고 보수야당의 기치를 내걸었다. 이날 위원장에 백남훈, 부위원장에 김도연, 간사장에 유진산을 선출하였으며 선언, 강령, 정책 등을 채택하였다.

한편 구파동지회가 신당발족을 선언하자 신파가 중심이 된 중앙상임위원회는 구파 합작파가 제시(1960. 09. 30.)한 4개 조건을 수락함으로써 구파 합작파(18명) 의원이 10월 20일의 중앙상임위원회에 참석하게 되었다. 이 회의에서는 전국 각급 당부를 개편하기 위한 임시연차대회 요강을 채택하여 구파 측과 결별할 것을 확인하였다. 구파의 합작파 의원들이 신파 민주당에 가세함으로써 민주당은 적어도 표면상으로는 원내 안정 세력을 구축하였다.

민주당 구파는 1960년 11월 24일 자신들의 원내교섭단체인 민주당구파동지회를 해체하고 의원 65명의 서명을 받아 신민당으로 원내교섭단체 명칭을 변경하여 등록하였다. 신당의 당명은 12월 12일 당 기획위원회가 '신민당'으로 결정하여 12월 14일에 신민당(가칭)으로 중앙선거관리위원회에 등록하였다. 신민당의 성격은 자유민주주의 이념을 기조로 하는 민주당의 성격과 대동소이하였다.

구파가 분당하여 나간 이후 민주당 내부에서는 조각(組閣)을 둘러싸고 노장파와 소장파의 대립이 심화되었으며 구파 출신 의원과 일부 무소속 의원들, 그리고 합작파 간의 파쟁으로 진통을 겪고 있었다. 제1차 조각에서 소외된 소장파들은 제5대 국회의원선거(1960. 07. 29.) 때부터 신파의 선봉역할을 한 사실과, 국무총리 인준 당시 무소속과 중도파 의원 포섭에 노력한 사실을 내세워 당 요직 배분을 강력히 주장, 당 기구개편을 위한 전당대회 조기 소집을 요구하였다. 그리고 노장파에 대항하기 위하여 '소장동지회'를 조직하였다. 이 같은 소장파의 반발에 대하여 노장파는 소장동지회의 해체를 요구하는 한편 와해공작을 폈지만 성과는 별로 없었다. 민주당 소장동지회 소속 의원 32인이 1961년 1월 26일 오후 '신풍회'를 정식으로 결성하고 독자적인 위상을 확보한데다가 합작파에서도 각료직을 요구하고 나와 장면 국무총리는 더욱 난처한 입장에 놓였다.

민주당 수뇌부는 각 계파의 분파작용을 무마하고 구파 소속 장관의 신민당 복귀에 따른 결원을 보충하기 위하여 1월 30일 제3차 개각을 단행, 장면의 측근세력을 보강하였다. 합작파에서는 김판술을 기용하였으며 신풍회의 간부급인 김재순, 김준태를 정무차관으로 임명하였다.[33] 그러나 당초부터 장면내각은 4·19혁명으로 해체되다시피 한 약체 경찰진용과 신파·구파 간의 정쟁 때문에 확고한 치안유지와 원내 기반을 구축할 수 없는 입장에 있었다.

분당 및 신당 발족을 선언(1960. 10. 13.)하였던 민주당 구파는 결국 1961년 2월 20일 오전 10시 서울시공관에서 결당대회를 열고 신민당을 창당하였다. 이로써 구파는 신파와 결별하고 제1야당으로서 출범하게 되었다. 총 175개의 핵심당주비위원회와 58개 핵심 당부조직위원회에서 선발된 873명의 대의원이 모인 가운데 개최된 창당대회에서 위원장에 김도연, 부위원장에 신각휴·안동원, 간사장에 유진산, 그리고 전당대회 의장에 백남훈,

---

33) 그러나 제3차 개각도 민주당 내의 불만을 해소시키지는 못하였다. 신풍회에서는 여전히 전당대회 개최를 요구하였으며, 합작파는 '정안회'라는 계보를 만들어 노장파에 반기를 들었다. 1961년 5월 3일 장면은 제4차 개각을 단행하였지만, 신풍회는 불만을 표시하고, 이탈할 움직임을 보였는데 신풍회의 불만은 노장파가 계속 실권을 장악, 소장파를 푸대접하고 있는 데 원인이 있었다.

부의장에 서범석이 추대되었다.

신민당 창당선언문

4·19의 감격도 실로 일순간이었을 뿐 이 정권의 뒤를 이은 장 정권 역시 혁명정권으로서의 본연의 임무에 대한 자각이나 실천은커녕 구정권(舊政權)의 부패독소를 고스란히 물려받아 한갓 정권유지에만 급급한 판이니 민족역사의 명맥을 위하여 이에 더 통한스러울 데가 어디 있으랴. 정부 또는 정당과 국민대중과의 사이가 이렇듯 불신이라는 이름의 무서운 장벽으로 가로막혀 있고 있는 한 민족국가의 운명은 암담하기 실로 저 국토양단의 비극으로도 견줄 바 못 된다. 그러나 어떠한 일이 있든 이 위기는 극복되지 않으면 안 된다. 우리들의 모든 경륜, 모든 노력은 오직 이 한 점, 조국을 위기로부터 구해 내는 일에 기울여지지 않으면 안 된다. 이제 우리는 민족사적 요청에 보답하고 조국의 영광을 수호하기 위하여 다음과 같이 선언한다.
○ 우리는 3·1정신의 정통적 승계자임을 스스로 재확인하고 민족정기의 현양을 위한 전위적 임무에 충성할 것을 다짐한다. ○ 우리는 당의 대선배이고 민족의 지도자인 인촌, 해송, 유석의 유업을 이어 구국제민사업을 이룩하기에 온갖 정성과 힘을 다하고자 한다. ○ 우리는 4월 혁명 정신을 몸으로 받들어 이 정권의 부패독소를 완전히 청소하고 민주주의의 신질서를 확립함으로써 제2공화국의 기조를 굳건히 하련다. ○ 우리는 국토통일과 멸공과업의 완수를 위한 거룩한 투쟁에 언제나 앞장설 것이다. ○ 우리는 이상과 같은 국가적, 민족적 기본과업을 수행하려면 국민 대중으로부터 두터운 신임과 협력을 얻어야 한다.

2) 신민당 결성 이후

신민당은 창당 선언문에서 김성수(인촌), 신익희(해송), 조병옥(유석)의 유업을 계승한 보수정당임을 분명히 하였다. 하지만 신민당의 정강·정책이나 당헌·당규 등이 민주당의 그것과 본질적인 차이가 있는 것이 아니고 양당이 모두 보수정당이라는 점에서도 차이점을 발견하기 어렵다. 신민당은 출범시점에서부터 당 지도체제문제(당수제 또는 집단지도제)와 정강·정책 작성문제로 인하여 내부갈등이 야기되고 있었다.

신민당은 제1야당의 위치에 서서 장면 정권이 붕괴될 경우 집권당으로 올라설 가능성이 있었고, 또 그렇게 되면 당의 실권자가 차기 국무총리로 지명되기 때문에 어떤 형태의 지도체제를 채택하느냐 하는 문제는 극히 중요한 문제였다. 따라서 당의 주류를 이루고 있던 유진산 계열에서는 백남훈을 당 대표로 내세우고, 김도연을 전당대회 의장으로 추대함으로써 유진산

체제를 확립하고자 하였으나 최종단계에서 두 계파의 타협으로 김도연-유진산 체제를 채택하게 되었다.

민주당 내의 파벌은 오위영, 김영선, 이철승 등이 중심적 인물이었고, 신민당 내에서는 김도연, 유진산, 서범석 등이 중심적 인물이었다. 당시 '신민당은 반쪽만 야당'이라는 말을 듣고 있었는데, 민주당에서 분당하여 나온 신민당의 성향, 구성 인물을 볼 때 신민당이 온전한 야당이 되기는 어려웠다. 신민당 창당 후 약 석 달 후인 1961년 5월 16일 군사정변이 발생하였으며 그 후 일체의 정치활동이 금지되었다.

제6절 보수 7개 정파의 합작(공화당)

1. 공화당 창당 배경

4·19혁명 이후 자유당 정권이 붕괴하자 자유당 의원들은 각기 활로를 모색하기 시작하였으며 다수의 의원들이 당을 떠났다. 당에 잔류한 일부 의원들은 자유당 정권의 과오를 시인하고 보수혁신 여러 정파들을 규합하여 자유당의 재건을 기도하였다. 이들이 보수 성향을 갖는 7개 정파를 통합하여 공화당을 창당한 것은 바로 이러한 의도에서 시작된 것이다.

2. 공화당 창당 경과

조경규 의원을 중심으로 하는 자유당잔류파는 1960년 6월 12일 열린 제10차 자유당 임시전당대회에서 "국민 앞에 사과하고, 새로운 정당으로 거듭나자"고 결의함으로써 과거를 반성하고 재기의 의사를 밝혔다. 당 간부의 투옥과 혁신파 의원들의 이탈로 타격을 받았던 조경규 의원 등 자유당 재건파는 이날 소속 의원들의 의원직 총사퇴 권고를 결의하고 33인의 전권위원회를 설치하여 제5대 국회의원선거(1960. 07. 29.) 이후 그들로 하여금 당조직을 재정비토록 한 후 해산하기로 하였다. 그러나 그 후 소속 의원들의 의원직 사퇴도 이루어지지 않았고 선거 후에도 유명무실한 존재가 되고 말았다.

이에 조경규, 이활 등이 이끄는 재건파가 주축이 되어 노농당 탈퇴파(전진한계열은 제외), 통일당, 조민당 중견파, 한국사회당탈당파, 한국독립당보수파 및 민족주의민주사회당 잔류파 등 7개 정파를 규합하여 1960년 11월 15일 시내 국일관에서 보수정당인 공화당을 창당하였다. 창당대회는 7개 정파로부터 각각 55명씩 추천된 총 385명의 대의원 중 353명이 참석하였으며 최고위원으로 김준연, 이갑성, 이윤영, 조경한, 조경규 등 5인을 추대하였다.

공화당의 결성으로 자유당은 소멸되었다. 공화당은 인권옹호, 정치경제적 민주주의 구현, 복지사회 건설 및 세계평화와 인류의 번영발전을 정강으로 민족자주정신에 입각한 국토통일, 반공태세의 확립, 정당정치의 확립, 집단 안보체제의 확립을 기본정책으로 채택하였다.

3. 공화당 창당 이후

공화당은 여러 정파가 제휴한 탓에 창당 후 3개월을 넘기지 못한 시점에서 김준연의 통일당 계열과 조경규의 자유당 계열 간에 내분이 시작되었다. 공화당은 다른 정당의 경우와는 달리 당권 다툼이 아니라 구 자유당의 유산인 당사(黨舍) 관리권을 둘러싼 분쟁을 벌였으며 사직당국에 맞고소를 제기하고 최고위원끼리 제명소동을 벌이는 등 스스로 속박하는 지경까지 전개되어 성공적인 합작을 성취하지는 못하였다.[34]

---

34) 김종훈, 『한국정당사』(서울: 서울고시학회, 1983), 218–219쪽.

제7절 사회당 · 통일사회당의 합당 시도

1. 합당 시도 배경

진보당계열이 김달호가 이끄는 사회대중당과 장건상이 이끄는 혁신당으로 분리되고, 나머지 윤길중이 이끄는 진보당 세력은 비진보당 계열에 속하는 민주혁신당 · 근로인민당 세력 등과 합작하여 새로운 혁신정당을 모색하는 등 세 갈래로 분열되는 한쪽에서 사회당과 통일사회당의 통합운동이 전개되었다. 양당이 통합을 시도하게 한 것은 바로 이러한 혁신세력의 분열에 기인하는데 혁신세력의 분열은 통합운동과 함께 계속 진행되었다.

2. 합당 시도 경과

1) 통일사회당 결성

제5대 국회의원선거(1960. 07. 29.) 전에 혁신세력이 결집하여 사회대중당을 결성하였으나 한국사회당과 혁신동지총연맹은 사회대중당에 합류하지 않고 선거를 치렀기 때문에 선거 후에도 상호간 시빗거리가 되었다.

혁신세력의 분열에도 불구하고 혁신정당 각 정파는 1961년 초부터 통합을 추진하여 오던 중 서상일 계열의 사회대중당 결별파, 윤길중의 사회대중당 결별파, 김성주 중심의 한국사회당, 정상구계열의 혁신연맹 및 고정훈의 사회혁신당이 1월 21일 단일기치 아래 모여 통일사회당 선언문과 부서를 발표하였다. 통일사회당 준비위원회는 2월 5일에는 당무위원회 실무부서를 발표하였고, 2월 18일에는 결당을 위하여 각 도당(道黨)의 조직책을 선출하였다. 원내 혁신계열 의원 전원(6명, 박환생과 최달희는 당선 후 이탈)과 혁신계열 원로와 중견인사들이 거의 총망라되어, 혁신계열 중추세력을 형성한 통일사회당준비위원회는 결당을 서두르지 않고 지방조직부터 다져 나갔다.

이로써 혁신계열은 1961년 1월 8일 결당준비대회를 가진 장건상의 혁신당,[35] 김달호 중심의 사회대중당, 최근우 중심의 사회당 등 4파로 나뉘었으나 이 중 통일사회당은 대부분의 혁신계열 인사를 포용하였다. 특히 통일사회당은 서상일, 김성숙, 정화암 등 노장층을 후견인으로 하여 이동화, 윤길중, 고정훈, 송남헌 등 40-50대의 중견층이 실권을 장악하고 새로운 혁신부흥운동을 전개하고자 하였다.

2) 사회당 결성

사회대중당에서 이탈한 비진보당 계열 인사들 사이에서 다시 내부분열이 발생하였다. 최근우, 유병묵, 유한종 등의 인사들이 제3세력을 자처하고 1960년 11월 27일 경기여관에서 인도식 민주자주노선에 입각한 통일을 표방하는 사회당을 결당할 것을 선언하였다. 이들은 사회당을 결당하게 된 동기로서 "코빼기도 모르는 사람과 5당 통합을 하느니보다는 차라리 서로 안면이 있는 동지끼리 당을 하겠다."는 이유를 들었다.

3. 합당 시도 이후

양당의 발족 이후 사회당 위원장 최근우와 통일사회당 위원장 이두산은 양당의 통합문제로 수차례 회동하여 양당통합에 대한 원칙적인 합의를 보았다.[36]

그러나 양당이 통합에 합의하고 협상을 진행하던 중 1961년 5·16군사정변이 발생하였다. 정변으로 인하여 모든 정치활동이 정지되었는데 혁신정당도 예외일 수 없었다. 5·16주도세력은 진보주의운동을 용공적이며 국가안보를 위태롭게 하는 활동으로 간주하였기 때문에 당시 혁신운동을 주도

---

35) 혁신당준비위원회에서는 1961년 1월 6일 윤길중을 제명하고, 1월 8일 근로인민당계, 신연맹계, 진보당계 등 일부 세력을 규합하여 시내 삼일당에서 혁신당 결당대회(대표위원 장건상)를 가졌다.

36) 배순길, 『한국사회주의정당사』(서울: 한마음, 1995), 121쪽.

하였던 대부분의 지도자들은 혁명재판에서 소급입법인 '특수범죄처벌에 관한 특별법' 제6조(반국가행위)에 의하여 사형을 비롯한 중형을 선고받았다.

1963년 정치활동이 재개되면서 김성도, 김철 등이 통일사회당을 결성하였다. 그러나 이는 구(舊)통일사회당준비위원회 지도부 대다수가 군사정변 주도세력에 의하여 제정된 소급법에 의하여 투옥되어 있던 상황하에서 이들의 지지와는 상관없이 한국사회당 계열 인사들에 의하여 조직된 것으로서 통일사회당준비위원회와는 동명이체의 정당이었다.

김달호의 사회대중당도 사회대중당의 이름만 차지하였을 뿐 구사회대중당준비위원회의 지도부 절대다수가 혁신계열 출신 민의원 및 참의원 전원과 함께 통일사회당준비위원회로 재집결되었으므로 조직상의 정통성은 오히려 통일사회당준비위원회에 있다고 볼 수 있다.[37]

---

37) 정태영, 『한국사회민주주의정당사』(서울: 세명서관, 1995), 584–588쪽, 한국혁명재판사편찬위원회, 『한국혁명재판사』 3집 및 4집(1962) 참조.

제5장

제3공화국의 정당통합운동

1. 제3공화국 수립 전후의 상황

제2공화국의 붕괴는 제1공화국의 붕괴를 이해하지 않고서는 설명되기 어렵다. 제1공화국은 궁핍한 정치·경제적 자원을 가지고 국가건설을 시작하였다. 그 과정에서 권력에서 소외되거나, 대안 없이 정부·여당을 공격하던 야당들은 대통령중심제하의 권위주의적 정치질서의 '폐해'를 뼈저리게 경험하였다. 부족한 자원, 제도화되지 못한 정치, 채 정비되지 않은 법·제도 속에서 국가건설을 추진하던 자유당 정부는 권위주의적인 행태를 보였다. 설상가상으로 정부·여당 내의 관료, 당료들이 저지르는 부정과 부패는 민심을 이반시키기에 충분하였다. 민심의 이반은 결국 1960년 4·19혁명의 발생으로 이어졌다.

4·19혁명 이후 정부형태가 바뀌고 정권이 바뀌었다고 해서 정치·경제적 자원이 갑자기 생성되거나 축적되지는 않는다. 민주당 정부는 국가운영의 큰 틀은 바꾸었으나 활용 가능한 자원의 결핍 속에서 공허한 자유와 민주주의를 구가하기 시작하였다. 정치적 정통성은 가졌으되, 국정의 대부분을 정파싸움에 바치게 된 민주당 정부는 민생문제 해결조차 제대로 못 하는 지경에 이르러 국민의 원성을 사게 되었다.[1]

제2차 세계대전 이후 신생독립국가 또는 제3세계에서는 정치과정이 제도화되지 못한 관계로 혁명과 군사정변이 빈번하게 발생하고 있었다. 한국군부에게 있어 정변 거사를 위한 내외부의 상황은 하루하루 숙성되고 있었고

---

1) 립셋은 민주주의를 실현하기 위한 사회적 조건으로서 경제발전과 정치적 정통성을 제시한 바 있다. S. M. Lipset, "Some Social Requisites of Democracy: Economic Development and Political Legitimacy", *American Political Science Review* vol. 53(March 1959), 69–103쪽.

거사를 위한 명분 또한 축적되고 있었다.[2] 결국 군부는 1961년 5월 16일 축적된 명분을 내걸고 거사에 나서, 뜻을 이루었다(5·16군사정변).

군사정변 후 설치된 국가재건최고회의는 제3공화국헌법을 기초하게 하면서 국회의 통제에서 벗어난 강력한 행정부의 출현을 기대하였다. 제3공화국헌법은 정부형태를 내각책임제에서 대통령중심제로, 양원제 국회를 단원제 국회로 복귀시키고 대통령의 권한을 강화하였다. 따라서 국회의 행정부에 대한 종속은 심화되었다. 민주공화당 정부는 기본권 보장과 자유·민주화 구호를 뒤로 돌리고 기본권을 제약한 후 경제개발에 최우선 순위를 두고 국정을 운영하였다.[3] 국가정책 면에서 경제개발에 우선순위가 주어지면서 그동안 이전투구, 합종연횡을 간단없이 벌여 온 정당정치는 국가정책을 주도하는 것이 아니라 그 정책을 추인 혹은 지원하는 보조적인 수단으로 전락하였다.[4]

2. 정치활동정화법과 정당법

5·16군사정변을 주도한 군부는 해방 이후 계속되어 온 정치혼란을 제도화되지 못한 정당정치 탓으로 보았으며 그들과 호흡을 같이한 제3공화국헌법기초자들은 안정된 정당체제를 확립하기 위하여 법적 규제라는 방법을

---

2) 1960년 8월 11일 참의원에서는 '부정정치자금수수설진상조사에 관한 특별위원회구성에 관한 결의안'을 가결하였다. 4·19혁명 후 새 국회를 구성하기 위하여 실시된 7월 29일의 국회의원선거를 전후하여 거액의 부정정치자금유출설이 항간에 떠돌고 있었는데, 그 진상을 규명하고자 특별위원회 구성을 결의한 것이다. 그로부터 약 1개월 후 민의원에서도 '부정정치자금유출설조사특별위원회구성에 관한 결의안'이 가결되었다. 대통령 선출, 국무총리 인준을 전후하여 부정정치자금이 유출되었다는 설이 유포되고 있었는데 이에 대한 진상규명을 위한 특별위원회를 구성키로 결의한 것이다. 이렇게 경제위기상황 속에서 정치과열 및 정치부정에 대한 시민의 불만과 의혹이 커지고 있었다.

3) 4·19혁명 이전에도 그러하였지만 5·16군사정변 이전에도 경제상황은 위기상태에 있었으며 국민생활 특히 농어민의 생활은 극히 궁핍하였다. 민의원은 1960년 8월 11일 '대한경제원조 감사 및 경제원조 복구 요청에 관한 결의안'을 가결하였다. 미국 상·하원과 미국 대통령에게 현 연도 한국에 대한 경제 원조를 2억 달러 선으로 부활시켜 한국이 경제적 위기를 극복할 수 있도록 요청하는 내용이다. 국회사무처 의안문서.

4) 박정희는 경제를 국정의 기본으로 간주하고 경제적으로 부강한 나라가 되어야 민생문제 해결은 물론 정치안정과 국방력 강화를 이룰 수 있다고 보았다. 김정렴, 『한국경제정책30년사』(중앙일보사, 1993); 정윤재, 「박정희대통령의 근대화리더십에 관한 한 연구」(1994년도 한국정치학회 연례학술대회 발표논문).

택하였다. 대통령후보와 국회의원후보의 정당추천제와, 법정 지구당 수 및 지구당 법정 당원 수의 대폭적인 증가는 군소정당의 난립을 방지하고자 하였던 것인데 이러한 법적 규제는 혁신계열 정당들의 출현과 세 확장을 저지하는 효과 또한 가지게 되었다. 제3공화국헌법안을 기초하는 과정에서 처음으로 '합당'과 관련한 규정이 포함되었으며 이를 근거로 제정된 정당법에서는 합당에 관한 세부절차가 마련되었다.

한국에서 정당법이 처음 등장한 것은 1962년 12월 31일인데 정당법과 이에 앞서 공포된 정치활동정화법(1962. 03. 16.)은 정당법과 한 조(組)를 이루면서 정당활동을 한쪽에서 보호하고 다른 한쪽에서는 통제할 수 있는 법률적 구도를 갖추었다.

정치활동정화법이 규제하는 피규제자 범위는 과거의 '반민주행위자공민권제한법'에 해당하는 자, 동법의 공민권 제한의 판정 결정을 받은 자, 1960년 7월 29일부터 1961년 5월 15일까지 국회의원의 직에 있던 자, 이 기간 중 국무총리·국무위원·심계원장·감찰위원장·대사 혹은 공사의 직에 임명된 자, 이 기간 중 민주당, 통일사회당, 민족통일당, 흥사단 등 군소정당의 간부급에 있던 자 등이다. 법은 이들 대상자 중 심사에서 부적격 판정을 받은 사람에 대하여 민정이양 후 5년간 정치활동을 못 하도록 규정하였다.

1962년 12월 공포된 정당법 중 제6조는 정당설립발기인 자격을 규정하였다. 국회의원선거권을 가진 자는 누구든지 발기인이 될 수 있다고 하였으나 단서조항에서 다른 법령에 의하여 정치활동이 금지되어 있는 자는 예외로 한다고 하였다. 이는 정치활동정화법에 연계된 조항으로서 정치활동부적격 판정을 받은 자는 정당설립 시 발기인이 될 수 없도록 한 것이다. 제17조의 당원 자격에 있어서도 앞의 부적격자는 정당의 당원이 될 수 없도록 하였다.

정당법에서는 정당활동에 관하여 세부적인 사항까지 규정하였는데 제25조에서는 "정당은 국회의원선거법에 의한 지역선거구 총수의 3분의 1에 해당하는 수의 지구당을 갖지 않으면 안 된다."고 하였고, 제27조에서는 "지구당은 50인 이상의 당원을 갖지 않으면 안 된다."고 규정하였다. 당시의 지역선거구는 131개였기 때문에 그 3분의 1인 44개 선거구에 최저 50인의 당원을 갖는다면 적어도 2,200명의 당원이 필요하다는 계산이 나오는데 이는 군소정당에는 벅찬 조항이었다.

정당법 공포에 5일 앞선 1962년 12월 26일 군부는 신헌법을 공포하였다. 군부는 신헌법이 공포되면 군정시대에 제정된 정치활동정화법에 대하여 개폐논의가 있을 것에 대비하여 헌법부칙 제4조에 정치활동정화법은 그 효력을 가지며 이에 대하여 이의를 제기할 수 없다고 미리 쐐기를 박았다. 이 법은 헌법에의 위배 여부에 관계없이 지속적으로 효력을 가지며 헌법에 의하여 개정 또는 폐지가 금지되었다는 점에 그 특징이 있다. 이후 정치활동정화법은 부정부패에 책임이 있는 정치인들을 판별하여 정치활동을 정지시킴과 동시에 군 출신과 새로운 인물들의 정치참여를 용이하게 함으로써 세력교체에 이르는 징검다리 역할을 하였다.[5]

3. 정당통합운동

군부의 정권 장악, 정부·여당의 독주에, 인권탄압사례가 증가하고, 정권교체의 가능성이 희박해지자 제3공화국 기간 동안 정부·여당의 독주에 대항하기 위해서 과거 어느 때보다도 강력한 야당통합운동이 전개되었다. 분열되어 있는 야당은 정부·여당의 국정운영 독주와 권력남용을 견제하기 어렵기 때문이다. 중앙당 지도부의 합당의사만 있으면 쉽게 다른 정당과의 통합을 시도할 수 있었다는 점에서는 과거와 다를 바 없었으나, 권위주의적 정권과의 투쟁 기간 동안 야당 간의 정당통합은 마치 당연한 것처럼 여겨졌으며 여론도 야권통합을 독려하는 논조가 주류를 이루고 있었다.

정치활동이 재개되면서 야권의 정치인들은 기회 있을 때마다 야당통합의 필요성을 강조하여 왔고, 수차에 걸쳐 통합운동을 벌이기도 하였다. 그러나

---

5) 김대중 의원 외 104인은 1964년 5월 9일 '정치활동정화법 계류자 전면 해제에 관한 건의안'을 발의하였다. 주된 내용: 김영선과 양일동 두 사람은 부정축재의 죄과로 처벌된 일이 없으며, 반혁명관계 및 혁신계열 인사 중 재감 중인 자를 구태여 정치활동정화법에 계류시킬 필요가 없다.

그때마다 야당통합운동은 파벌과 계보에 얽혀 와해되거나 변질되었다. 1963년 '국민의 당' 파동이 그러하였고, 1964년 8월의 민주당·자유민주당·'국민의 당' 3당 통합운동 역시 변질되었다.

정당의 난립이나 분열이 정치이념 혹은 정치철학의 차이, 아니면 적어도 당면과제에 대한 방법론상 이견에 의한 것이었다면 납득이 갈 것이나 대부분 계파 간 갈등과 정치자원의 배분을 둘러싼 내분에 의한 것이었다. 따라서 정당통합 또한 그 과정에 합리적인 판단보다는 다분히 감정적인 판단에 의한 행태가 노정되었다.

제3공화국 기간 중의 정당통합운동은 1963년 3월을 전후하여 '군정종식'을 내걸고 시작되었으며, 1965년 5월 한일협정 비준을 반대하기 위하여 민주당과 민정당이 통합하여 민중당이라고 하는 통합신당을 결성하면서 절정을 이루었다. 그러나 민중당은 창당대회 당시부터 당 지도권 문제를 놓고 불협화음을 내기 시작하였는데 한일협정 비준을 둘러싸고 강경파와 온건파 간의 입장이 조율되지 못하자 결국 당이 분열되었다.

제3공화국 기간 동안 모두 11건의 합당 시도가 있었으며 그중 6건이 성사되고 5건은 시도로 끝났다. 성사된 6건 중 단 1건만이 의사합당이었고 5건은 흡수합당 혹은 신설합당이었다.[6] 아쉬운 점은 통합 이후 통합신당의 지속이 오래가지 않았다는 점이다. 오래 지속되지 않은 것은 결국 통합과정상의 비민주적인 의사결정과 절차에 기인한다고 판단된다.

---

6) 신설합당, 흡수합당, 의사합당 등 합당의 유형에 관한 설명은 이 책 제1장 제5절을 볼 것.

<表 5-1> 제3공화국 정당통합운동 결과표

연번	통합(운동) 시기	참여정당	통합 여부	통합 신당명	합당 유형
1	1963. 3.	민주당, 신정당	실패	−	−
2	1963. 9.	민정당, 신정당, 민우당	성사	'국민의 당'	의사
3	1963. 6.	민주공화당, 자유민주당	실패	−	−
4	1964. 5.	민주당, 자유민주당, '국민의 당'	실패	−	−
5	1964. 9.	민주당, '국민의 당'	성사	민주당	흡수
6	1964. 11.	민정당, 자유민주당	성사	민정당	흡수
7	1965. 6.	민주당, 민정당	성사	민중당	신설
8	1967. 2.	민중당, 신한당	성사	신민당	신설
9	1967. 3.	민주사회당(대중당), 통일사회당	실패	−	−
10	1970. 1.	신민당, 자유당, 한국독립당	성사	신민당	흡수
11	1972. 8.	통일사회당, 대중당	실패	−	−

제2절 민주공화당

1. 창당 전의 상황

1) 5·16군사정변

자유당 정권의 몰락은 진보당사건 이후 침체되었던 혁신세력을 부상(浮上)시기는 직접적인 계기가 되었다. 그러나 정계는 새로운 정치질서가 수립된 지 1년도 되지 않은 짧은 기간에 보수, 혁신을 가릴 것 없이 무책임한 이합집산을 거듭하고 있었다.

4·19혁명 이후 약 1년간은 민주당 내부의 신파·구파 간 갈등과, 민주당을 중심으로 하는 보수 세력과 기타 혁신세력 간의 이념적 대립이 전개되었고, 혁신세력권 내에서도 다양한 주장이 분출되었으며 민주당 정권의 무기력한 국정운영 속에 혁신세력이 곳곳에서 세를 결집하고 있었다.

그러던 중 1961년 5월 16일 군사정변이 발생하였다. 정변의 직접적인 동기는 민주당 정권의 무능함과 이에 따른 정치·사회적 혼란에 있었다.[7] 사실 1961년 4월 1일 국회(민의원)에서는 '춘궁(春窮) 위기극복에 관한 결의안'을 채택해야 할 정도로 식량경제 사정이 악화되어 있었고 전반적인 상황 또한 위기국면에 도달하여 있었다. 정변의 간접적인 동기는 4·19 이후 민주당 정권에 의하여 국토건설사업의 일환으로 추진된 군(軍) 감축계획이라고 볼 수 있다. 이 계획은 군의 고급장교들에게 지위와 보직에 대한 불안감을 주게 되었으며, 결국 그것이 군이 정치에 관심을 갖게 하는 계기가 되었다.[8] 실제로 민주당은 국회의원선거(1960. 07. 29.)에서 군 감축을 선거공약으로 내세웠고, 집권 후에는 선거공약 실천의 일환으로 감군(減軍)을 단행하고 있었다.[9]

정변에 성공한 군부는 군사혁명위원회 포고 제4호를 발하여 모든 대의제 헌법기관을 해산시켰으며 반공태세 강화, 자주경제 재건 등의 혁명공약을 발표하였다.

군사혁명위원회 포고 제4호

① 현 장면정부의 일체 정권은 단기 4294년 5월 16일 하오 8시까지 완전 인수한다. ② 현 국회는 해산한다(지방의회도 포함). ③ 일체의 정당, 사회단체의 정치활동을 엄금한다. ④ 현 국무위원과 정부위원은 체포한다. ⑤ 국가기구의 일체 기능은 군사혁명위원회

---

7) 박정희, 『국가와 혁명과 나』(서울: 상문사, 1963), 33-70쪽. 그는 이 책의 제1장 '혁명은 왜 필요하였는가' 부분에서 상당부분을 경제문제에 할애하였다. 그는 거사를 하게 된 배경설명 제일 앞부분에서 많은 분량의 지면을 할애하면서 경제통계, 지표 등을 인용하고 왜곡되고 있는 경제구조와 경제파탄 상황을 지적, 경제실정(失政)이 거사의 가장 큰 요인 중의 하나임을 밝혔다. 인간생활에 있어서 경제는 정치나 문화에 앞선다는 인식을 가지고 있었던 그는 민주당 정권이 무능과 부패 속에서 헤어나지 못한다고 보았으며 민주당 정권은 간판만 다를 뿐 자유당과 조금도 다를 바가 없다고 결론지었다.

8) 장면내각의 군 통솔력이 미숙하였던 점에 관해서는 허정, 「과정100일」, ≪월간 중앙≫(1969년 7월호), 108쪽 참조.

9) 1960년 10월 15일 김석원 의원 외 24인은 '정군조사특별위원회 구성에 관한 결의안'을 발의하였다. 이들은 결의안에서, 군부의 특수성에 비추어 군 자체 내에 정군(整軍) 실행이 많은 난관에 봉착하여 있을 뿐 아니라 현재 실시되고 있는 것 자체가 지극히 미미하여 공정성을 잃고 있으므로 국회는 이러한 부진상태와 혼란을 막고 공정 신속한 정군을 뒷받침하는 특별조사기구를 설치할 것을 제안하였다. 이들은 군부의 혁명과업인 정군이 화급히 요청되고 있는 차제에 행정부의 정군방안이 무기력하고 무원칙한데다가 몰지각한 일부 장교들의 비양심적인 연명책동 등으로 정군에 차질과 혼란을 야기하고 있다며 다음과 같은 이유를 들었다. ① 군부를 잘 모르고 있는 국무총리와 국방장관이 3성 장군 이상의 처리권을 가진다는 점, ② 최근까지 동료적인 입장이었고 계급의 차가 없었던 각 군 참모총장이 3성 장군 이하의 처리권을 가진다는 점, ③ 미군 측에서 한국군의 성분파악을 그릇되게 하여 부당한 장성을 비호하고 있다는 여론, ④ 부정선거 원흉급 장성이 요직으로 전·보직되고 있다는 점 등.

408

에 의해 이를 정상적으로 집행한다. ⑥ 모는 기관시설의 운영은 정상화하고 여하한 유혈
적인 행위는 이를 엄금한다.

2) 국가재건최고회의

장면내각은 1961년 5월 18일 계엄령을 추인한 후 총사퇴하고 군사혁명위
원회에 정권을 이양하였다. 5·16주도세력은 5월 19일 30명의 혁명위원과
2명의 고문을 임명하여 군사혁명위원회를 국가재건최고회의로 개칭하고 5
월 20일 군정(軍政) 내각을 발족시켰다. 국가재건최고회의 직속기관으로 총
무처, 중앙정보부, 재건국민운동본부, 수도방위사령부가 설치되었으며 국가
재건최고회의 내에 외무, 내무, 재정, 문교, 상공, 농림, 행정, 법부, 보건사
회, 교통, 체신, 건설, 공안, 공보 등 14개 분과위원회가 설치되었다.

국가재건최고회의는 5월 22일 포고 제6호를 공포하여 비정치적 단체를
제외한 모든 정치·사회단체를 해산시켰다. 또 6월 6일에는 전문 4장 24조
부칙으로 된 국가재건비상조치법을 공포하여 제2공화국헌법 중에서 이 법
과 저촉되는 조항은 그 효력이 일부 정지되도록 하였으며 6월 9일에는 전
문 34조로 된 국가재건최고회의법을 제정하였다.[10]

국가재건최고회의 의장에 선출된 박정희는 1961년 8월 12일 혁명정부성
명을 발표하여 1963년 3월 이전에 새 헌법을 제정하되 정권이양 시기를
1963년 여름까지로 하고, 민정(民政) 이양 후의 정부형태를 대통령책임제로
할 것과 국회구성을 단원제로 할 것 등을 공약하였다.[11]

---

10) 전정구 편, 『국가재건최고회의 법령총집』(서울: 세원사, 1961), 2쪽.

11) 박정희는 군정을 유지하라는 군 내부 강경파의 압력, 민정으로 복귀시키라는 미국의 압력, 그리고 군정
을 종식하라는 야당의 압력 속에서 자신의 권력기반을 군에서 정당으로 옮김으로써 궁지로부터의 탈출
을 시도하였다. 헌팅톤은 박정희의 이러한 행태를 터키, 멕시코, 이집트, 파키스탄의 군 지도자들과 비교
하면서 박정희는 그들과 달리 선거를 실시하겠다고 공약하는 한편 자신들이 주도하여 기초한 신헌법에
서 정당을 허용하는 것은 물론 정당정치질서 확립을 위하여 정당에 관한 규정을 두었다고 평가하였다.
이에 관해서는 Samuel Huntington, *Political Order in Changing Societies*(New Haven: Yale
University Press, 1968), 제4장 참조.

3) 정치활동정화법

앞의 개관부분에서 정치활동정화법의 내용을 간략히 소개하였으나 여기
서는 법안 본문의 내용을 살펴보고자 한다. 실권을 장악한 군부는 1962년
3월 16일 국가재건최고회의 제3차 상임위원회를 열고 1961년 8월 12일 박
정희 의장이 발표한 성명 내용대로 정치인의 정치활동을 금지하는 정치활
동정화법안을 가결하였다. 국가재건최고회의는 이 법에 합법성을 부여하기
위하여 민주당 정권 때 제정된 반민주주의행위공민권제한법을 폐지하고 비
상조치법에 '5 · 16 이전 또는 이후에 특정한 지위에 있었거나 특정한 행위
를 한 자'의 정치활동을 일정기간 제한하는 특별법을 만들 수 있는 조항을
신설, 정치활동정화법을 제정한 것이다.[12]

정치활동정화법안

Ⅰ. 심사경과

국가재건최고회의 제3차 상임위원회(1962. 03. 16.) 상정 의결

Ⅱ. 제안이유

5 · 16혁명은 부패된 기성정치인을 제거하여 참신한 정치도의를 확립함으로써 국가의 건
전한 발전을 보장하는 것을 그 중요한 과업의 하나로 하고 있으므로 최고회의는 혁명과업
수행 기간 중에 있어서도 소극적이나마 일체의 구정당관계인의 정치적 활동을 금지하고
새로운 정치도의 확립을 위한 노력을 경주하고 있는바 정치도의 확립은 과거의 퇴폐된 기
간이 길면 길수록 그 쇄신이 단시일 내에 성취되기는 용이하지 않다는 사실을 재삼 발견
하게 되는 것임.
혁명정부는 5 · 16 이후에 있어서 1963년 여름에 민정이양을 이미 공약하였고 또한 동
년 봄부터는 정치활동을 허용하기로 하고 있으나 지금 이 시기에 있어서 그들 구정치인의
동태를 관망할 때에 과거 민생을 도탄에 빠뜨린 비정에 대한 자책은 조금도 없이 다시금
차기정권장악을 노리고 발호하는 징조가 점차 노골적으로 나타나고 있어 이러한 현상은
실로 국가와 민족의 장래를 위하여 통탄하지 않을 수 없는 것이며 만약 이러한 몰염치한
도들이 다시금 정권을 농하여 국민을 우롱하게 된다면 국가의 장래는 재차 과거로 환원하

---

12) 이 법안은 1962년 3월 14일 이석제 위원 외 11인에 의하여 제안되었으며 본회의에서 수정 가결되어
1962년 3월 16일 공포되었다. 국회사무처, 『대한민국법률안연혁집(제9권)』(1992), 9101-9102쪽.

여 혁명의 의의는 그 근본부터 말소되는 것이므로 혁명정부로서는 이러한 구악의 대두를 심히 경계하지 않을 수 없으므로 사회의 현 실정과 5·16혁명의 근본이념에 입각하여 다시는 부패 없고 부정 없는 참신한 정치사회를 기초하여 공약에 명시된바, 명년 여름에 있어서는 민정이양을 실천하고 건실하고 영구적인 국가발전을 보장하기 위하여 이 법안을 제안하는 바임.

Ⅲ. 주요 골자

1. 이 법은 정치활동을 정화하고 참신한 정치도의를 확립함을 목적으로 함(제1조).
2. 정치활동에 관한 적격심판을 청구할 수 있는 범위를 규정하고 구 정권하에서 제정된 공민권법에 있어서와 같은 의제규정도 일체 이를 배제하여 누구든지 공평한 심판을 받을 수 있도록 함(제3조).
3. 정치활동에 관한 적격심판을 하게 하기 위하여 최고회의에 정치정화위원회를 두도록 함(제4조).
4. 정치정화위원회는 1962년 5월 31일까지 정치활동에 관한 적격 여부를 판정하도록 함(제6조).
5. 정치활동적격심판청구 대상자로서 적격심판을 청구하지 아니하거나 적격심판을 신청하였으나 적격심판이 확정되지 아니한 자는 1967년 8월 15일까지 정치적 행동을 할 수 없도록 함(제8조).
6. 5·16혁명 이후 국가사회에 공로가 있다고 인정되는 사람에 대해서는 최고회의의 장의 재량으로 정치활동을 허용할 수 있도록 함(제9조).
7. 이 법에 의한 처분에 대해서는 행정소송 기타의 불복신청을 할 수 없도록 함(제10조).
8. 피심판자의 권익을 보장하기 위하여 이를 모해하는 행위에 대해서는 엄벌하며 공정을 기하도록 함(제12조).
9. 반민주행위자 공민권제한법은 폐지함(부칙 제3항).

Ⅳ. 수정사항

1. 상임위원회

가. 수정이유
정치활동적격심판청구자로서 1960년 8월 20일부터 1961년 5월 15일까지의 기간 중 재직한 심계원장, 감찰위원장, 대사 또는 공사를 추가하는 한편, 정치활동부적격자의 정치활동금지 기간을 1968년 8월 15일까지 1년간 연장시키려는 것임.

나. 수정 주요 골자
(1) 정치활동적격심판청구자로서 1960년 8월 20일부터 1961년 5월 15일까지의 기간 중 재직한 심계원장, 감찰위원장, 대사 또는 공사를 추가함(제3조, 제4조).
(2) 정치활동부적격자의 정치적 행동 금지 기간을 1968년 8월 15일까지로 함(제8조).

이 법은 국가재건최고회의 내에 설치된 정치정화위원회가 ① 과거에 공민권을 제한당한 자, ② 제5대 국회의원, ③ 제2공화국의 국무총리와 국무위원, 심계원장, 민주당과 신민당의 핵심 당원, 위원장·부위원장급 이상의 간부 ④ 기타 각 정당, 사회단체, 은행, 국영기업체의 간부 등에 대한 정치활동 적격 여부를 심사토록 규정하였다.

국가재건최고회의 본회의는 이날 이 법안을 가결시키기 위한 뒷받침으로 국가재건비상조치법을 개정하였다.

정치활동정화법이 공포(1962. 03. 16.)되자 윤보선 대통령은 3월 22일 대통령직 사임성명을 발표하였다.

대통령은 하야성명에서 자신의 대통령직 사임의 가장 중요한 동기는 정치인에 대한 정치활동규제라고 밝혔다. 국가재건최고회의는 3월 24일 윤보선 대통령의 사임을 받아들이기로 의결하는 한편 대통령권한대행을 박정희 최고회의 의장이 계속할 수 있도록 의결하였다.

국가재건최고회의는 3월 30일 제1차로 2,907명의 정치활동정화법 규제대상자 명단을 공고하였다.

해당자는 제5대 국회의원(민의원 240명, 참의원 56명 전원), 국무총리·국무위원·대사 등 15명, 민주당 간부 724명, 신민당 간부 605명, 공민권 제한 자동사례 601명, 심사사례 656명이었다.[13] 다음 날인 31일 제2차로 1,285명을 공고함으로써 해당자는 모두 4,192명이 되었다. 제2차로 공고된 인사는 정치부패가 현저한 자 321명, 혁명방해로 인정되는 자 50명, 군소정당·사회단체 간부 334명, 5·16 이전 서울특별시 의원 및 도의원 483명, 국립은행장 및 국영기업체의 장 38명, 부정축재자 32명 등이었다.

이 법은 공고 후 15일 이내에 정치정화위원회에 적격심판을 청구하도록 하였기 때문에 해당자는 1962년 4월 14일까지 적격심사를 청구할 수 있도록 하였으며 기간 안에 청구하지 않으면 무조건 6년간 정치활동을 규제받도록 되어 있었다. 4월 15일 추가로 공고된 수를 합치면 대상자는 모두

---

13) ≪동아일보≫, 1962년 3월 31일자.

4,374명이었으며 적격 심판을 청구한 사람은 그중 약 67%인 2,958명이었
다.[14] 정치정화위원회는 5월 30일 정치활동적격심판을 받은 인사들의 명단
(1,336명)을 공고하였다.

국가재건최고회의는 12월 31일 정치활동정화법에 의하여 정치활동이 금
지된 구정치인 중 171명을, 1963년 2월 27일에는 2,322명에 대하여 정치활
동 해금조치를 단행하였다.

2. 헌법 개정

1) 헌법공청회 및 국민투표

국가재건최고회의는 민정이양을 위한 준비로서 헌법 개정을 비롯하여, 정
당법과 선거관계법 등을 제정하기 시작하였다. 제3공화국헌법 초안을 작성
하기 위하여 국가재건최고회의 내에 구성된 헌법심의특별위원회가 1962년
7월 11일 구성되었는데 이 위원회는 곧 강력한 유기적 권력구조 등을 포함
하는 헌법심의계획을 발표하였다.[15]

헌법심의특별위원회는 1962년 8월 하순 전국 12개 도시에서 실시한 헌법
공청회 결과를 9월 5일에 발표하였는데 국회의 형태는 단원제(82.6%), 국회
의원 정수는 121-150인(47.0%), 정부형태는 대통령중심제(94.0%)에 대통령
의 임기는 4년이 바람직하다는 결과가 나왔다.[16] 공청회를 거친 후 개정된

---

14) ≪경향신문≫. 1962년 4월 16일자.

15) 국가재건최고회의 당국으로부터 헌법개정작업 자문에 응하여 달라는 요청을 받은 미국 하버드대학의 에
    머슨 교수(Rupert Emerson, 비교정치학 전공)는 1962년 8월 한 달 동안 하버드대학에 약 2주간의 학
    기 중 한국출장을 신청하는 한편 미 국무성의 한국관계자 및 학계의 동료교수들과 자신의 한국행 및 자
    신이 맡을 일 등에 관하여 의견을 교환하고 있었다. 에머슨 교수는 제3공화국헌법 작성과정에 어떤 형
    태로든 관여하였는데 그는 강력한 대통령제를 원하였으며 총리와 각료는 국회에 대하여 책임을 지지 않
    도록 해야 한다는 생각을 가지고 있었다. 11월 6일자로 미 국무성 동아시아과 한국담당 노리드
    (Christopher A. Norred, Jr.)가 에머슨 교수에게 보낸 서신 내용을 보면 에머슨 교수가 강력한 대통령
    과 국회로부터 자유로운 내각구성 등을 건의하였는데 이러한 건의가 한국의 새 헌법에 반영되었다고 전
    하는 내용이다. 강력한 대통령제. 국회로부터 비교적 자유스러운 내각이 제도적으로 확정되었는데 여기
    에는 에머슨 교수의 자문이 어느 정도 작용한 것으로 보인다. 국회도서관 소장 에머슨 관계자료 중 서
    신내용 일부.

16) ≪한국연감≫(1963년 판), 202-202쪽.

헌법에서는 국회의 형태는 단원제로 하고, 의원 정수를 150-200인으로 하였으며, 국회의 내각불신임권을 삭제하고 다만 국무위원에 대한 개별적인 파면건의권만을 인정하였다.

<표 5-2> 국민투표 결과

유권자 수	투표수	찬성(%)	반대(%)	무효표(%)	투표율(%)
12,412,798	10,585,998	8,339,333(78.8)	2,008,801(19.0)	237,864(2.2)	85.3

출처: 중앙선거관리위원회, 『국민투표총람』(1988), 20쪽.

2) 헌법 공포 및 정치활동정화법 개정

국가재건최고회의는 권력구조를 대통령책임제와 단원제 국회를 주요 골자로 하는 헌법개정안을 1962년 11월 5일에 의결하여 그날 바로 발의하였다. 공고 기간 30일을 경과한 헌법개정안은 12월 6일 국가재건최고회의에서 다시 의결되었다.

헌법개정안에 대한 국민투표는 12월 17일 실시되었는데 투표 결과 찬성률이 유효투표의 78.8%로 나타나 헌법개정안이 확정되었고, 새 헌법은 12월 26일 공포되었다.[17]

헌법내용 중 정당과 관련해서는 군소정당의 난립을 방지하기 위하여 무소속 입후보 금지조항을 삽입하여 대통령과 국회의원의 후보자가 되려는 사람은 반드시 소속 정당의 추천을 받도록 하였으며, 국회의원이 임기 중 당적을 이탈하거나 변경할 경우에는 의원직을 상실토록 규정하였다.

국가재건최고회의는 권력구조의 변경을 앞두고 정치활동정화법을 개정하여 지속적으로 구정치인들이 일정 기간 정치에 참여하지 못하도록 규제하였다. 이 법의 개정은 1963년 12월 10일 법제사법위원장으로부터 제안되었는데 제안이유는 개정된 헌법의 시행에 앞서 개정헌법하의 권력구조에 부응토록 하기 위한 것이다. 동 법률 제9조 제1항 및 제2항의 내용 중 '최고

---

17) 제5차 헌법 개정의 주요 내용: 단원제 국회로 환원, 기본권 보장 다소 약화, 정당국가 지향–소속 정당의 공천요건, 대통령중심제, 헌법 개정 시 국회의 의결을 거쳐 국민투표 실시.

회의의장'을 '대통령'으로 변경하는 것이 그 내용이다. 이 조항은 정치적 행동금지의 해제에 관한 것인데 제3공화국 출범 후 대통령이 국가재건최고회의하의 최고회의 의장의 권한을 그대로 이어받는다는 것이다. 이 개정안은 12월 11일 국가재건최고회의 제39차 상임위원회에 상정되어 원안 가결되었으며 12월 16일 공포되었다.

3. 민주공화당 창당 경과

1) 재건당(가칭)에서 민주공화당으로

국가재건최고회의는 1963년 1월 1일부터 정치활동 재개를 허용하였으며 5·16주도세력은 정치활동해금과 더불어 군정 말기부터 제3공화국으로 정권을 이어갈 신당운동을 전개하였다. 군사정부 하에서 정당 활동이 정식으로 허용되기 전부터 5·16주도세력 속에는 신당조직 움직임이 있었다. 1월 5일 김종필 중앙정보부장이 사임, 예편하였고, 이틀 후에 박정희 의장이 신당조직 방침을 밝힌 것을 계기로 신당 창당이 구체화되기 시작하였다. 그 모체는 중앙과 지방의 재건동지회, 학술단체, 지식인층, 소수의 옛 정치인 등으로 구성되었다. 박정희 의장은 1월 8일 "우리가 가질 정당은 만인에게 문호를 개방할 것이며 혁신동지들만의 정당이 아니라 온 국민의 정당임을 인식해야 할 것"이라고 말하여 범국민 정당을 지향하고 있음을 밝혔다.

김종필 등은 1월 10일 오후 2시 시내 세종로 삼영빌딩 4층의 임시사무실에서 가칭 재건당 발기인회 제1차 회의를 개최하였다.[18] 이 회의에서는 윤일선을 임시의장으로 하고 민주주의적 질서 하에 '혁명과업'을 수행해야 할 신당 출현의 필요성을 확인하였으며 그러한 필요성에 따라 과거의 정당, 파벌에 구애받지 않고 성실한 인물을 중심으로 포섭범위를 확대하여 범국민적 정당을 지향키로 하였다. 이틀 후인 12일에는 27인이 참석한 가운데 제

---

18) 이날 회의에는 다음의 12인이 참석하였다. 윤일선(임시의장), 윤주영(대변인), 김동환, 김성진, 김원전, 김재순, 김정렬, 김종필, 박현숙, 서태원, 이원순, 조응천.

2차 회의가 열렸으며 이날 발기인 상임위원과 발기선언 기초위원이 선출되었다. 그 후 제7차 회의는 1월 17일에 있었는데 이 자리에서 선언문기초위원회가 작성한 신당발기선언문을 채택하고 신당의 명칭을 '민주공화당'으로 확정하였다. 제7차 회의에 이르는 동안에도 발기인들이 계속 추가되었다. 발기인총회는 1월 18일 조선호텔 그랜드 홀에서 78명의 발기인이 참석한 가운데 개최되었는데 이날 발기인회를 민주공화당발기위원회로 개편하고 위원장에 김종필을 선출하였다. 이들은 대회에서 "자유, 민주, 자주, 공화의 헌정으로 민족중흥의 의기로써 오직 구국을 위하여 당을 발기하였으며, 과거의 정당처럼 말하는 정당이 아니라 일하는 정당이 될 것"이라는 내용의 발기선언을 하였다. 또 조직 요강안과 운영, 연락, 정책연구 등 3개 분과위원회위원을 결정하였다. 신당의 조직원칙은 다음과 같다.

신당조직 원칙

신당은 대의, 정책입안 및 사무조직의 3대 근간조직으로 한다. ① 대의조직: 일반당원으로 구성되는 각급 당위원회(중앙·도·선거구 및 분회)로서 하의상달 선거인 조직으로 한다. ② 정책입안조직: 정책의 조사, 연구, 심의 및 입안을 전담하는 기구로서 당 소속 국회의원과 사계의 전문가로 구성한다. ③ 사무조직: 행정의 공정성을 유지하고 효율적인 행정실무를 담당할 수 있는 자질을 가진 자로써 구성하여 중앙·시·도 및 선거구 단위로 조직을 둔다.

여기에서 보는 것처럼 민주공화당은 한국정당사상 처음으로 사무조직과 대의조직을 분리하여 원외의 사무조직이 원내의 국회의원 및 전문가집단에 영향력을 행사할 수 있도록 2원화된 조직을 갖추고 출범하였다.[19]

2) 민주공화당 창당

신당 민주공화당 결성과 관련하여 5·16주도세력 내부에 반발세력이 나

---

19) 그러나 제6대 국회의원선거(1963. 11. 26.)가 끝나고 지역구위원장들이 당선되어 원내에 진출하기 시작하면서 원외 사무국의 취약성이 노출되기 시작하였다. 당 수뇌부는 국회의원을 당 사무국 사무차장에 보하여 대의조직과 당 사무국 간의 유대강화를 도모하고자 하였으나 성공적이지 못하였다. 김영, 『당인』 (서울: 백미사, 1982), 57–58쪽.

타났다. 당 주도권을 둘러싸고 김종필 계열과 김동하 계열의 갈등이 표면화
된 것이다. 이에 박정희 의장은 1963년 1월 24일 다음과 같은 민주공화당
분규수습책 6개 항을 제시하였다.

민주공화당 분규수습책

① 최고회의와 당이 분리되어 있음을 재확인하고 최고회의는 당에 대해 간섭하지 않는다.
따라서 당에는 최고회의에서 지역대표로 나갈 최고위원과 거기에 일부 최고위원을 추가하
여 당에 참여시켜 당무에 전념케 한다. ② 당에 나갈 최고위원과 그리고 최고위원의 부족
수(不足數)를 보선할 것인지 또 당에 참여하는 최고위원은 완전히 최고위원의 신분을 떠
날 것인지 하는 세 가지 문제에 대해 운영위원회가 주관이 되어 연구 건의하라. ③ 최고
회의에 남을 최고위원들의 입당 시기에 대해서는 당에 나가 있는 최고위원들이 연구 건의
하라. ④ 당에 나갈 최고위원은 하루빨리 발기인 전체와 융화할 마음의 태세와 노력을 갖
추어라. ⑤ 당의 간부는 발기인회에서 의논하여 적재적소로 인재를 배치하도록 하라. ⑥
이러한 문제에 대한 세부를 구체화시키는 계획을 작성한다.

내분 속에서도 창당 작업은 김종필의 구상대로 진행되었다. 민주공화당은
발기선언을 한 지 15일이 지난 2월 2일 시내 삼일당에서 493명의 창당준비
위원이 참석한 가운데 창당준비대회를 개최하였다.[20] 대회에서 위원장에 김
종필, 부위원장에 정구영을 선출하였으며, 80명의 상임위원 선출을 위한 15
명의 전형위원이 승인을 받았다.

그러나 민주공화당의 사무국 부서가 김종필 계열에 의하여 장악되자 김
동하 등 일부 최고위원들이 반발하였으며, 세칭 4대 의혹사건[21]의 수사가
진전되고, 창당준비과정에서 당의 2원화 조직체계를 도입하였다는 비판을
받게 됨에 따라 김종필의 활동은 제약을 받게 되었다. 김종필이 당 기구의
2원화를 구상하자 김동하 최고위원을 중심으로 하는 세력은 당의 사무기구
가 대의기구를 조정하게 되는 당 체제에 반대하여 당 조직의 일원화를 강
력히 주장하였다. 창당 작업을 주도하던 김종필은 이렇게 사전조직문제로
김동하, 김재춘 등의 심한 반발을 사게 되어 2월 20일 일체의 공직을 사퇴

---

20) 김종필은 정당이 국회의원후보공천, 국회 내에서의 표결행위 등 모든 것을 지배하는 영국식 정당제도의
　　도입을 구상하였다고 한다. 최서영, 「공화당과 김종필플랜」, ≪사상계≫(1963년 3월), 178–183쪽.
21) 4대 의혹사건이란 증권파동, 워커 힐, 새나라자동차, 회전당구 등을 둘러싼 의혹사건을 가리킨다.

한 후 2월 25일 외유길에 올랐다.

대통령권한대행 박정희 의장은 이보다 앞선 2월 18일 자신의 민정 불참 및 정국수습안을 담은 중대 성명(2·18성명)을 발표하였는데 이 성명에서 재야지도자들에게 9개 항의 방안을 제시하고 각 정당은 수락 여부를 2월 23일까지 국민 앞에 밝혀 달라고 요구하였다. 박정희 의장은 9개 방안이 수락된다면 자신은 민정(民政)에 참여하지 않고 정치활동정화법에 의한 정치활동금지를 전면 해제하며, 선거일을 5월 이후로 연기하겠다고 제의하였다. 이에 대하여 재야 여러 정당이 이를 수락하자 2월 27일 정국수습을 위한 선서식이 서울시민회관에서 개최되었는데 이 자리에서 정당 대표와 정치인, 각 군 참모총장들은 박정희 의장이 2·18성명에서 밝힌 9개 방안을 수락, 준수할 것을 선서하였다.

한편 민주공화당은 하루 앞선 2월 26일 오전 10시 서울시민회관에서 1,399명의 대의원이 참석한 기운데 창당대회를 열고 총재에 정구영, 당의장에 김정렬을 선출하였다.[22] 정당의 위상이나 그 체제에 있어서 모양을 갖춘 민주공화당의 창당은 정당사에 하나의 획을 그은 사건이었다. 민주공화당은 창당 후 정당구조나 정당체제의 발전과 함께 이를 법·제도적으로 뒷받침하여 줄 정치자금법(1965. 02. 09. 공포) 제정을 주도하였다.

3) 박정희 의장의 3·16성명 발표 – 군정 연장

중앙정보부는 1963년 3월 11일 일부 군인들에 의한 쿠데타기도사건을 발표, 민주공화당 결성 과정에서 김종필 계열과 알력을 빚은 김동하(전 국가재건최고회의 외무국방위원장), 박임항, 박창암, 이규광 등 19인의 관련 혐의자를 검거하였고 3월 13일에는 김윤근, 최주종 등과 5명의 민간인을 포함한 10명을 쿠데타 관련 혐의로 구속하였다고 밝혔다.

야당 민정당이 지방조직을 확대하면서 강력한 단일야당으로 부상할 조짐을 보이고, 또 일부 군인들에 의한 쿠데타기도사건이 발각되자 수도경비사령

---

22) 민주공화당, 『민주공화당사』(1973), 47쪽.

부소속 현역장교 및 사병 60여 명이 3월 15일 낮 12시 20분경 창군 이래 처음으로 국가재건최고회의 청사 앞에서 군정을 연장하라며 시위를 벌였다.[23]

박정희 의장은 3월 16일 오후 4시 정당의 난립으로 인한 정계의 혼란과 일부 군인들의 반국가적 음모사건 등을 이유로 정치활동 중지와 군정을 4년 연장할 것을 제의하면서 국민투표로 가부를 결정하자는 내용의 성명(3·16성명)을 발표하였다.[24] 이 성명에서 박 의장은 "우후죽순 격의 정당 난립, 정치인의 무상한 이합집산, 추잡한 파쟁 등이 군정연장을 불가피하게 하였다."고 밝혔다.

국가재건최고회의는 3·16성명이 발표된 이날 제21차 상임위원회를 열어 '비상사태수습을 위한 임시조치법안'을 상정, 당일 가결하여 공포하였다.[25] 정부는 이 법을 공포하고 정치활동 금지, 언론·출판·집회 및 결사의 자유를 제한하는 조치를 취하였다. 한편 이날 국가재건최고회의는 일부 각료의 경질을 승인하는 한편 군정 4년 연장을 위하여 헌법개정안을 심의, 가결하였다.

버거 주한 미국대사는 3월 21일 오후 3시 30분 청와대로 박정희 의장을 방문, 3·16성명에서 밝힌 군정연장 등에 관하여 협의하였다. 버거 대사의 요청으로 마련된 이날 회담에서 박 의장은 3·16성명을 철회할 수 없다는 혁명정부의 방침을 명확히 하였으며, 버거 대사는 군정연장계획을 재고, 번의하고 2·27선서로 복귀할 것을 희망하는 미국정부의 공식견해를 전달하였다.

---

23) 이들은 민족반역자인 쿠데타 음모자를 직위고하를 막론하고 극형에 처하라, 곧 계엄령을 선포하라, 군정을 연장하라 등 7개 항목을 내세웠다.

24) 국민투표에서 '군정 연장안(軍政延長案)'이 가결되면 ① 과거의 당파나 계보에 구애됨이 없이 광범위하게 인재를 등용하여 거국정치의 실을 거두고, ② 직능대표, 지역대표 등 민간인이 참여한 입법기관으로 최고회의를 전면 개편할 것이며, ③ 초당적 정계 중진으로 구성한 자문기관을 두며, ④ 민정이양을 위한 초당적 연구기관을 두고, ⑤ 양당제도의 발전을 위한 의견을 들어 정치 분위기 조성을 위하여 노력하겠다. 등 5가지의 시책을 제시하였다. 민주공화당, 『민주공화당사』(1973), 53쪽.

25) 이 법안의 제안이유는, "일부 몰지각한 극렬분자들의 무책임한 언동으로 인하여 국내질서가 혼란에 빠졌음을 감안, 혁명정부는 민주정치를 수립하고 경제개발5개년계획을 강력히 추진하기 위하여 군정연장이 불가피하게 됨을 인정하게 되어 헌법 개정을 국민투표에 부치게 됨에 따라 정당 활동을 일시 중지시키고 언론, 출판, 집회, 결사의 권리를 필요불가결한 범위 내에서 제한하기 위함"으로 되어 있다. 이 법은 1963년 4월 8일 폐지되었다. 국회사무처, 『대한민국법률안연혁집(제6권)』(1992), 5346-5347쪽.

그로부터 9일 후인 3월 30일 청와대에서 군정연장을 둘러싼 혁명정부와 재야 정치세력과의 시국수습을 위한 협상이 박정희, 윤보선, 허정의 3자회담 형식으로 이루어졌고, 3월 31일에 제2차 회담이 있었으나 성과는 없었다. 야당 측은 4월 4일 3·16성명의 철회와 11월까지의 민정 이양 등의 대안을 제시하였다.

4) 민주공화당 당 해체 발표계획 번복

김종필이 외유를 떠난 뒤 민주공화당은 박정희 의장으로부터 해체명령을 받았다. 그러나 민주공화당은 잔무처리 등을 이유로 차일피일 당의 해체를 미루고 있었다.[26] 박정희 의장으로부터 당을 해체하라는 지시를 다시 받은 김정렬 당 의장은 1963년 4월 8일 오후 2시에 당 해체를 발표할 예정이었다. 이날 오후 2시 직전 박정희 의장이 서울역 앞 당사에서 기다리고 있던 김정렬에게 다시 전화를 걸어 발표하라는 지시를 하였다. 김정렬 당 의장이 방 밖에 대기하고 있는 20여 명의 출입기자들에게 연락을 하려는데 유양수 최고위원으로부터 전화가 걸려 왔다. 유양수 최고위원은 지금 박정희 의장 앞에 있는데 박 의장으로부터 민주공화당 해체 이야기를 들은 최고위원들이 당황하고 있으며 해체 후의 대안이 없어 더욱 당황하고 있다고 전하고 당의 해체를 재고하라는 진언을 하였더니 박 의장은 그러면 당 해체 결정은 김정렬 당 의장의 결심에 맡기라고 말하였다고 전하였다.[27]

상황을 파악한 김정렬 당 의장은 전화를 끊은 후 당무위원들에게 "오늘 최고회의에서 당 해체발표가 취소되었다."고 말하였다. 당시 유양수는 범국민정당 창당책임자로 있을 때인데 박정희 의장은 이날 민주공화당과 경쟁 관계에 있는 범국민정당의 유양수에게 민주공화당 해체성명서를 보여 주었다. 이를 본 유양수는 박정희 의장에게 "범국민정당의 성공적인 출범도 아직 자신할 수 없는 지금 민주공화당을 해체하게 되면 국가재건최고회의는

---

26) 김재춘, 「나의 혁명 전후」, ≪월간 중앙≫(1969년 5월호), 102-115쪽.
27) 조갑제, 「내 무덤에 침을 뱉어라」, ≪조선일보≫, 1999년 4월 28일자.

공중에 떠 버리게 될 것"이라면서 당 해체를 재고할 것을 권유, 민주공화당
의 해체를 막았다.[28]

박정희 의장은 민주공화당의 존속을 용인하는 동시에 김재춘 중앙정보부
장에게는 '자유민주주의를 표방하는 민족세력이 계보나 파벌을 떠나 한데
뭉친 애국정당'의 조직, 즉 범국민정당의 결성을 독려하였다. 두 여권조직
을 경쟁시켜 그 결과를 보고 선거에 나설 정당을 선택하겠다는 계산이었다.

5) 4·8성명

정국이 혼미 속에 있는 가운데 1963년 4월 8일 갑자기 3·16성명을 사
실상 철회하는 내용을 담은 성명이 발표되었다. 박정희 의장은 자신의 출마
를 전제로 한 정치활동 허용을 주된 내용으로 하는 성명(4·8성명)을 발표
한 것이다.[29]

4·8성명(요지)

① 3·16성명에서 제의한 헌법 개정을 위한 국민투표는 9월 말까지 보류한다. ② 정부
는 9월에 각 정당 대표들과 모든 정치정세를 종합 검토하여, 공고된 개헌국민투표를 실시
하든가, 또는 개정헌법에 의한 대통령 및 국회의원선거를 실시하든가를 협의 결정한다. ③
이 기간 중 정부는 행정기능의 강화를 기하고, 민생문제 해결에 전력을 집주한다. ④ 정치
활동을 다시 허용한다. 이 기간 중 모든 정당은 정계의 개편, 재정비를 단행하여 체질개선
과 정계의 정화를 기함으로써 새로운 정치풍토를 조성하여 건전한 민정이양의 토대를 구
축할 수 있게끔 과감한 조치 있기를 권고한다(비상사태수습을위한임시조치법 폐지).

군정 4년 연장을 제의하였던 박정희 의장의 3·16성명은 4·8성명을 통
하여 본질적인 궤도수정을 하게 되었다. 이로써 정계는 새로운 국면에 접어
들었다. 박정희 의장은 위에서 보는 것처럼 "……모든 정당은 정계의 개편,
재정비를 단행하여 체질개선과 정계의 정화를 기함으로써 새로운 정치풍토
를 조성하여 건전한 민정이양의 토대를 구축할 수 있게끔 과감한 조치 있

---

28) 조갑제, 앞의 글.

29) 이 성명은 군정도 민정도 아닌 서로가 대등한 입장에서 차기 정권을 결정하자는 내용이다. 민주공화당
기획조사부, 『민주공화당4년사』(서울, 1967), 66−67쪽; 박정희, 앞의 책, 147−149쪽.

기를 권고한다."라고 말하여 정계개편을 유도하였는데, 이는 범국민정당을 창당하여 정권이양을 하겠다는 의사표시로도 해석할 수 있다. 박정희 의장은 4월 10일 정국안정을 강조하고, 자유민주주의를 표방하는 민족세력이 하나로 뭉쳐 애국정당을 만드는 것이 필요하다고 언명하였는데 이러한 언명이 마치 일당정치를 표방하는 것처럼 보도되고 일부 당원들이 반발하는 등 잡음이 일자 4월 12일 이후락 공보실장을 통하여 범국민정당운동에 관여하지 않을 것이며, 또 일당정치를 강요하지도 않을 것이라는 요지의 해명담화를 발표하였다.[30]

제3절 민정당

1. 창당 배경

대통령중심제, 단원제 국회, 복수정당제 보장 등을 주요 내용으로 하는 제3공화국헌법이 공포(1962. 12. 26.)되고 1963년 1월 1일부터 대부분의 구 정치인에 대한 규제가 풀리자 정치활동은 활기를 되찾았다. 새 헌법에서는 대통령이나 국회의원선거에서 무소속출마를 허용하지 않았기 때문에 정당을 설립하기 위한 움직임은 더욱 활발해지고 있었다.

하야 후 침묵을 지키고 있던 윤보선 전 대통령은 제3공화국헌법안이 국민투표(1962. 12. 17.)에서 승인된 후인 1962년 12월 21일 정치활동정화법에 묶인 정치인들의 전면적인 해금을 요구하는 기자회견을 하였고 다음 날인 22일 시내 안국동 자택에서 범야세력이 집결된 단일야당의 창당을 선언하였다. 군정세력에 대항하기 위한 야권세력을 규합하기 위하여 먼저 신당 민정당 결성에 나선 것이다.

---

30) 민주공화당, 『민주공화당사』(1973), 60–61쪽.

2. 창당 경과

1) 단일야당건설 운동

5·16주도세력이 주동이 되어 추진하고 있던 신당 창당에 맞선 반군정(反軍政)세력은 범야권세력 결집을 목표로 하여 1963년 1월 3일 오후 김병로 전 대법원장의 시내 인현동 집에서 윤보선, 김병로, 이인, 전진한이 모여 4자 회담을 개최하였다. 이 모임에서 이들은 "민정의 기본을 확고히 하기 위하여 범야세력의 대동단결로서 꾸며지는 새 정당은 결코 기성그룹의 연합체가 아니다."라는 내용의 공동성명을 발표함으로써 곧 발족될 신당이 초파벌적인 정당이 될 것임을 시사하고 조속한 시일 내에 신당을 창당한다는 원칙에 합의하였다.[31]

한편 같은 날인 1월 3일 오후 박순천 여사(전 민주당 최고위원)의 집에서는 이상철, 홍익표, 현석호 등 30여 명의 전 민주당 당원들이 회동하여 다음과 같이 결의함으로써 또 한 갈래의 신당운동을 표면화시키고 있었다.[32]

> 민주당계열 주요 간부들의 결의사항
> ① 민주당계 세력을 중심으로 신진세력과 지식층을 광범하게 규합할 것. ② 야당 단일운동의 추진에 찬성하되 정책조절이 선행되어야 할 것. ③ 정치활동금지에서 해제된 박순천, 홍익표를 중심으로 행동을 통일할 것.

이들은 이같이 행동통일 등을 결의하고 옛 조직 재정비를 추진하였으며 동시에 범야단일정당운동에 참여하였다. 이인과 전진한은 1월 4일에 이어 5일에도 민주당계열, 자유당계열 인사 및 예비역 장성급과 접촉을 계속, 범야세력 형성에 적극적으로 참여하여 줄 것을 교섭하였다.

민주당의 간부였던 박순천과 홍익표는 1월 7일 국민의 투표로 민주정치를 수임받았던 자신들이 그 책무를 다하지 못하고 집권 9개월 만에 탈권당

---

31) ≪동아일보≫, 1963년 1월 4일자.
32) 중앙선거관리위원회, 『대한민국정당사(제1집)』(1981), 498–499쪽.

하고 헌정의 중단을 초래케 한 것에 대하여 사과하고 단일야당의 형성이 급선무라고 밝혔다. 이들은 단일야당 형성을 위해서는 각 당 기본노선의 책임 있는 조정과 각계의 실질적인 망라, 그리고 다수의 안전장치를 설치해야 할 것이라고 밝혔다.

1월 3일 김병로 전 대법원장의 집에서 시작된 4자 회담은 이들 민주당계열 인사들의 참여로 5자회담으로 발전되어 1월 9일 오후 2시 시내 김병로의 집에서 다시 모임을 가졌다. 여기에는 1월 3일의 4자 회담에 참석하였던 김병로, 이인, 전진한(무소속), 윤보선을 대리한 유청(전 신민당), 그리고 민주당계열을 대표한 이상규(전 민주당 간부) 등이 참석하였다. 민정당(가칭) 결성을 추진하는 이들은 4자 회담에 이어 민주당계열을 대표를 포함하는 각파 확대회의를 마련하여 범야단일정당결성문제 등을 협의하였다. 회의에서는 정치활동정화법에 의하여 정치활동이 제한된 옛 정치인 전원에게 정치활동을 허용할 것과 대통령 및 국회의원선거를 늦추어 실시할 것을 군정당국에 요청하기로 합의하였다.

이들은 4자 회담에서의 결정사항을 재확인하고, 자유당 계열까지 포함한 확대회의를 1월 11일에 열기로 합의하였다. 이에 따라 1월 11일 김병로의 집에서 열린 '범야 단일정당 형성 확대회의'에는 무소속의 김병로·이인·전진한·김재학·김대석·정진호·홍순우, 신민당 계열의 유청, 민주당 계열의 박순천·이상규, 자유당 계열의 김법린·이활·김종규 등 각 정파를 거의 망라한 13명의 대표가 참석하였다.

이 모임에서는 지난 5자회담에서의 합의사항을 재확인하는 한편 범국민 단일정당의 기본노선과 조직 원리를 검토, 연구하고 정강·정책을 기초할 5인위원회를 각 정파의 비율에 따라 구성하기로 하여 민주당계열 1, 신민당계열 1, 자유당계열 1, 무소속 2로 정하였다. 그러나 민주당계열, 신민당계열, 자유당계열, 무소속 등 범야 각파 대표 5인실무자회의가 대통령후보 선정문제와 발기인 선정 비율문제를 둘러싸고 서로 다른 주장을 피력함으로써 곤경에 처하였다. 민주당 계열과 자유당 계열은 4파 각 1인 비율을, 신민당 계열과 무소속 측은 3파 각 1, 무소속 2의 비율을 주장하였다. 범야규합운동에 천주교, 천도교 등 종교단체와 애국동지회, 구국동맹 등의 사회단체 13개가 1월 9일 참여하고, 11일에는 김법린을 중심으로 한 자유당계열이, 14일에는 민주당계열이 참여를 밝힘으로써 초기 단계에 있어서는 대부분의 범야세력이 단합하는 듯 보였다.

2) 단일야당건설운동 결렬

신당운동세력은 당명을 가칭 민정당(民政黨)으로 정한 후 김재학, 우갑린(무소속), 이상규(민주당 계열), 한몽연(신민당 계열), 김종규(자유당 계열) 등을 실무대표로 선정, 1963년 1월 12일부터 15일까지 4차례에 걸쳐 신중한 토의를 하였다. 이들 범야 각 정파대표 5인실무자들은 1월 15일 김병로의 집에 모인 자리에서 '자유민주주의'와 '평화적 정권교체'라는 기본노선에는 합의하였으나 당수와 대통령후보 선정문제 등에 부딪쳐 아무런 진전을 보지 못하였다.

단일야당결성을 위하여 1월 17일 오후 2시 40분경 다시 개최된 각 정파 대표자확대회의에서는 대통령후보문제를 먼저 논의하였다. 이 자리에서 민주당계열인 홍익표는 단일야당 형성의 선결조건으로서 대통령후보의 사전합의를 주장하였는데 이 주장에는 단일야당운동의 주축을 이루고 있던 신민당계열의 세력을 견제하고자 한 의도가 있었다. 이들은 '때 묻지 않은 순수 재야인사'를 대통령후보로 추대하자면서 각 정파의 대표인 윤보선, 김병로, 이인, 전진한, 박순천, 심법린 등 6인은 단일야당 형성을 위하여 교량석 역할만 하고 대통령에는 출마하지 않는다는 성명을 내자고 하였다. 이러한 주장에 대하여 무소속의 김병로·이인·전진한과 신민당계열의 유청 등은 대통령후보문제를 거론할 때가 아니라며 반대하였다. 민주당계열은 자신들의 주장이 관철되지 않자 3시 30분경 퇴장하였다.

범야단일정당 결성을 추진하여 온 자유당 계열, 신민당 계열, 무소속 계열 대표들은 민주당계열 대표가 퇴장한 뒤에도 회의를 진행, 논란이 된 대통령후보문제는 전당대회에서 결정하기로 하고 발기인 비율은 민주당 계열,

자유당 계열, 신민당 계열 각 1, 무소속 2로 하기로 결정하였다.

회의장에서 퇴장한 민주당계열의 박순천, 홍익표 두 사람은 이날 이상규, 송원영, 김수한, 홍관식 등이 참석한 가운데 시내 국제호텔에서 기자회견을 갖고 다음과 같은 요지의 공동성명서를 발표하였다.

박순천·홍익표의 단일정당 결성촉구 성명

① 자유민주주의를 신봉하며 대의정치를 통한 정권의 평화적 대체를 이 땅에 확립하려던 우리의 투쟁목표는 지금도 제1의적 사명이다. ② 우리의 당면한 목표는 군사적 통치의 실질적 종식이며 이를 위해 모든 민주적 역량을 효과적으로 결집해야 할 것이다. 특히 앞으로 형성될 정당은 구정치인(舊政治人)만의 복구적 조직이 아니라 양심적이고 유능한 지식인 청년층의 협력을 얻어 정당의 체질을 크게 개혁해야 한다고 믿는다. ③ 우리는 이 시기에 명실 공히 단일정당을 형성하는 것이 급선무라고 생각한다. 단일정당은 기본노선의 책임 있는 조정과 각계의 실질적 망라 그리고 많은 안전판의 설치 등 전제조건을 거쳐야 하는바 우리는 이 작업에 미력이나마 바치고자 한다. ④ 현 정권은 '공정한 선거'를 약속하기에 앞서 원천적 선거간섭인 정치활동정화법을 폐기함과 동시에 대통령선거와 국회의원선거를 불필요하게 앞당겨서 시행하지 말고 야당에 최소한 준비 기간이나마 부여해 줘야 할 것이다. 만일 이러한 조건이 무시된다면 앞으로 이 나라에는 장식품으로서의 야당과 연극으로서의 선거가 존재할 뿐이다.

3) 민정당 창당대회

민주당계열이 이탈한 다음 날인 1963년 1월 18일 각 정파의 대표들은 당의 지도체제를 집단지도제로 하고 발기인자격심사위원회를 구성하여 발기인심사에 착수, 1월 24일 창당발기인 150인을 선정하였다.

신민당계열, 무소속, 자유당 계열 및 군소정당 등이 가담한 민정당(가칭)은 1월 27일 시내 아스토리아호텔에서 발기인 150명이 참석한 가운데 창당발기인대회를 갖고 당명은 민정당, 당 지도체제는 집단지도제인 '6인 지도위원회'를 구성하여 총무·재정·선전·조직·정책·심사의 6개 부서를 설치키로 합의하고 군부정치가 가져온 정치적 과오를 비난하면서 군정의 주체가 민정에 참여함이 불가하다는 내용의 발기취지문을 채택하였다.[33] 이

---

33) 민정당의 창당은 이인에 의하여 주도되었다. 그는 1962년 봄부터 동지들과 서울과 지방의 동지들을 규합하여 머지않은 장래에 정치적 유기체를 결성할 것을 논의하였다. 당시 정치활동이 금지되어 있었기 때문에 10월 1일 시내 서린동에 임시사무실을 얻어 대철광업사라는 가짜 간판을 내걸고 정당조직결성

날 민정당 창당준비위원회의 대표 지도위원에 김병로, 지도위원에 윤보선, 이인, 김법린, 전진한, 서정귀 등을 선출하였다.

민정이양과정에서 통합야당을 표방하고 창당 작업을 활발하게 추진한 민정당은 2월 2일 제2차로 해금된 백남훈, 조한백, 이충환, 김영삼, 이상돈, 이정래, 송필만, 이종순 등 전 민의원·참의원과 신민당계열 주요 간부 등을 영입하여 세력을 확장하였다.

민정당 창당 전국대의원대회는 1963년 5월 14일 오전 서울시민회관에서 대의원 980명 중 850명이 참석한 가운데 개최되었다. 이날 대표최고위원에 김병로, 최고위원에 김도연, 백남훈, 이인, 전진한, 김법린, 서정귀가 선출됨으로써 신민당계열 2인, 비신민당 계열 5인으로 구성되었다. 중앙위원 전형에 있어서는 최고위원 7인과 시·도위원장 11인으로 전형위원회를 구성하자는 신민당계열의 주장이 받아들여져 신민당 계열 10, 비신민당 계열 8로써 신민당계열이 우위를 차지하였다. 대회는 곧 대통령후보 지명 순서에 들어갔는데, 서정귀 최고위원이 윤보선을 대통령후보로 지명할 것을 제의하자 당원들은 만장일치의 박수로 그를 대통령후보로 지명하였다.

민정당의 창당은 재건에 나선 민주당의 발족, 허정 중심의 신정당, 이범석 중심의 민우당, 그리고 범국민당의 창당준비와 30여 개 이상의 군소정당이 난립하는 가운데 실현되었다.

당시 분산, 분열되어 있던 재야세력은 단일야당 형성 작업을 추진하고 있었는데 이러한 통합작업이 진행되는 동안 재야정당 중에서도 제1정당으로서 통합야당을 자처하게 된 민정당 내에는 민정당의 법통(法統) 하에 기타 정당 흡수통합을 고집한 나용균, 신각휴 등의 현상고수파와 무조건 통합을 내세운 유진산, 서범석 등의 통합파로 갈라져 격심한 대립을 보임으로써 야당통합운동은 난항을 겪게 되었다.

---

3. 창당 이후

1) 민주당계열의 이탈 및 민주당 재건운동

제2공화국의 집권당이었던 민주당의 인사들은 5·16군사정변 이후 재기의 기회를 기다리고 있었다. 그러다가 정치활동금지가 해제되자 박순천과 홍익표는 기자회견을 통하여 당면 목표는 군사통치의 실질적인 종식이며 이를 위하여 단일야당의 형성이 급선무라는 입장을 표명하였다. 민주당 창당의 대표 격인 홍익표는 범야단일야당의 선행조건으로 대통령후보의 사전 합의를 제의하였으나 다른 단일야당추진세력들은 민주당 창당추진인사들의 제의를 수용하지 않았다.

민정당이 주도하는 범야단일정당 협상이 결렬되자 민주당계열인 박순천과 홍익표는 성명을 통하여 새로운 범야단일정당의 창당을 선언하고 독자적인 창당 작업에 착수하였다. 민주당은 1963년 2월 1일 오후 시내 시민회관 소강당에서 80명의 발기인이 참석한 가운데 창당준비대회를 열고 본격적으로 민주당 재건 작업에 들어갔다. 이날 신당의 지도체제를 집단지도제로 정하였으며 대표지도위원에는 노진설을 선출하였다.

그러나 다른 정파와는 달리 민주당계열은 지도자급 인물 대부분이 정치활동정화법에 묶여 있었기 때문에 창당에 앞서 당을 영도해 나갈 지도자를 외부에서 영입해야 할 필요성을 느끼고 있었다. 민주당 간부들은 허정 전 국무총리와 교섭하여 민주당 당수직을 수락하도록 교섭하였으나, 한편에서 정일형, 성태경 등 민주당의 정통을 고수하려는 세력은 허정의 영도력 부족을 이유로 허정 세력과의 합류를 반대하였다.

이처럼 창당준비위원회를 결성, 재건작업에 나선 민주당은 당 지도자 영입문제를 놓고 당 내부에서 서로 대립하고 있었다. 민주당고수파와 허정이 이끄는 신정당에의 합류파는 4월 20일 소집된 확대 중앙상무위원회에서도 타협점을 찾지 못한 채 결별성명을 발표하게 되었다.

 민주당·신정당의 합당 시도

1. 합당 시도 배경

　민주당(가칭)은 정치활동정화법의 제약으로 인하여 당 내부에 마땅한 지도자들이 부족하다고 인식하고 허정이 결성한 신정당(가칭)과의 통합을 추진하게 되었다. 허정 또한 자신이 결성한 신정당이 야당통합의 모태가 되기를 바랐기 때문에 어느 당과의 통합도 마다하지 않아 합당이 시도되었다.

2. 합당 시도 경과

1) 민주당 내 민주당고수파와 신정당합류파의 대립

　민주당 재건을 선두에서 지휘하였던 이상철이 1963년 3월 4일 "앞으로 총재로 모실 허정 전 국무총리에게 모든 것을 일임한다."는 백지위임성명을 발표하자 교착되었던 합류협상이 급진전되었다. 이날 오후 최희송 등 5명의 공식대표가 허정이 이끄는 신당 신정당(가칭)에 합류할 것을 통고하고 당 중앙상무위원회는 합류방침을 추가로 확인하기에 이르렀다. 그러나 국내외 정세에 대처하는 허정 신정당 창당준비위원장의 태도와 합류파의 교섭경위에 대하여 불만을 가진 정일형, 성태경 등은 민주당의 정통을 고수하자고 주장하면서 합류파와 맞섰다.

　그러던 중 박정희 의장이 군정연장을 주요 내용으로 하는 3·16성명을 발표하자 재야 정치인들은 강력한 반대의사를 표명하였다. 민정당은 군정연장 반대를 위한 초당적 국민운동을 전개하기로 하였으며 윤보선은 3월 19일 김도연, 김준연, 장택상, 이범석 등 재야 정치인과 함께 박정희 의장을 방문, 3·16성명을 철회할 것을 요구하였다. 윤보선 민정당 지도위원과 허정 신정당 발기위원회 대표는 3월 20일 서울시청 앞 광장에서 군정연장을 반대하는 시위를 벌였다.

2) 신정당 창당준비위원회

민주당은 1963년 3월 4일 신정당에 합류할 것을 결정하고 당의 해체를 결의하였으나 당의 고수를 주장하는 정일형 등 민주당 고수파는 이러한 결정에 불만을 품고 민주당 당명을 고집하였다.

허정을 중심으로 하는 자유당 계열 및 무소속 계열 일부와 민주당(가칭)이 3월 5일 극적인 합류선언을 하고 민주당이 발전적인 해산을 함으로써 신정당(가칭)이 출범하였다. 3월 7일의 신정당 발기준비위원회 제1차 회의에서는 위원장에 허정을 선출하고, 총부·조직·선전·정책·조사 등의 소위원회를 두기로 결정하였다. 그 후 신정당 창당준비대회가 4월 29일 개최되었는데 허정이 창당준비 위원장에 선출되었다.

3) 민주당 창당

박정희 의장의 3·16성명에 이은 4·8성명 발표 등 급변하는 국내 정치정세에 대처하는 허정 신정당(가칭) 창당준비위원장의 태도와, 합류파의 교섭경위에 대해서 노골적인 불만을 표명한 정일형, 성태경 등은 민주당의 정통성 고수를 주장하며 합류파와 대립하고 있었다. 1963년 4월 20일 소집된 민주당 확대중앙상무위원회에서도 고수파와 합류파는 타협을 보지 못한 채 결별성명서를 채택하게 되었다.

그 후 민주당(가칭) 창당준비위원회는 4월 22일 합류파로 들어간 노진설 대표 대신에 박순천을 동당의 창당준비위원회 대표로 중앙선거관리위원회에 신고하였으며, 5월 10일 기획위원회 위원과 중앙상무위원회의 8개 집행부 책임자를 고수파 일색으로 선정, 인사문제를 매듭지었다.

한편 합류파는 허정이 이끄는 신정당 창당준비위원회에 대거 참여하였으나 이들은 본래부터 허정을 추대하여 온 중심세력과 심한 충돌을 하게 되었다. 또 중앙상무위원의 선정 등에도 불만을 품게 되면서 이들 민주당계열 인사들은 5월 16일 오후 발기인 간담회를 개최, 신정당에서 탈퇴하여 민주당(가칭)으로 복귀할 것을 결정하였다. 이들 중 대부분은 5월 20일 집단 이탈하여 다시 옛집인 민주당에 복귀하였으며 이상철 등 20여 명은 신정당에 잔류하였다.

범국민단일정당운동에서 이탈한 박순천, 홍익표 등 민주당계열은 7월 18일 오전 서울시민회관에서 1,061명의 대의원 중 779명이 참석한 가운데 민주당을 창당하였다. 이날 한국정당사상 처음으로 여성인 박순천 여사가 당수로 선출되었으며, 다음과 같은 결의문을 채택하였다.

민주당 창당대회 결의문

○ 정부는 긴박한 식량난과 물가고에 의한 민생고를 시급히 해결하라. ○ 군정종식을 위하여 야당연합에 의한 단일 대통령후보 옹립과 승리를 위하여 본당은 모든 노력을 경주한다. ○ 공명선거의 보장은 군사정부 아닌 민간정부에 의하여 비로소 가능하므로 과도민간정부 수립을 강력히 요구한다. ○ 정부는 정치사찰에 낭비하는 정력을 반공사찰강화와 치안확보에 집중하라. ○ 한일회담에 있어서 지나친 양보나 저자세는 용인할 수 없다.

이 결의문에는 군정종식을 위하여 야당연합이 이루어져야 한다는 명제를 내걸었는데 여기서의 야당연합은 야당통합의 의미를 포함하는 당시의 표현으로 볼 수 있다. 대회에서 7명의 최고위원이 선출되었는데 이들 대부분이 사실상 신민당계열이기 때문에 신민당계열은 대통령후보와 김도연, 백남훈을 포함하여 지도부의 과반수를 차지하였다. 민주당은 야당통합대열에서 이탈, 현상유지에 주력하는 듯한 행태를 보였다.

3. 합당 시도 이후

1) 신정당의 불완전한 민주당 통합

박정희 의장이 3·16성명에 이어 자신의 대통령선거 출마를 전제로 한 정치활동 허용을 주된 내용으로 하는 4·8성명을 발표한 이후 친여세력과 범야 반군정(反軍政)세력이 각각 정당통합에 나서게 되었다. 재야세력은 35개 정당·단체가 참여한 가운데 4월 22일 군정연장 반대와 민정복귀의 조속한 관철을 위한 투쟁기구로서 군정연장반대전국투쟁위원회를 결성하였다.

앞에서 기술한 것처럼 민주당 합류파는 신정당에 합류하였으나 신정당 내에 그 조직비율 등에 합의가 이루어지지 않아 알력이 발생하였다. 그러자 다시 옛집인 민주당(가칭)으로의 복귀론이 등장한 끝에 이상철 등 20여 명은 신정당(가칭)에 잔류하고 나머지 대다수는 집단 이탈하여 민주당으로 복귀하였다.

신정당에 입당하였던 민주당계열 당원 400여 명은 결국 5월 22일 민주당에 복당, 당 조직 정비에 착수하였다. 이들은 민영수를 당 고문에 추대하는 한편 6월 4일에는 기획위원 10인을 추가 선정하는 등 당 조직을 확장하였다.

제5절 민정당·신정당·민우당의 합당('국민의 당')

1. 합당 배경

박정희 의장의 4·8성명(1963)으로 그의 민정참여가 확실해짐에 따라 군정세력에 대항할 강력한 야당출현의 필요성을 절감, 야당통합에 나섰던 재야정치권에서는 비슷한 시기에 여러 개의 야당이 창당됨으로써 야권이 분열되는 상황을 맞았다.

민주당(가칭)과의 온전한 합작에 실패한 허정 신정당(가칭) 위원장의 야당통합 제창에 대하여 김병로 민정당 대표최고위원과 이범석 민우당(가칭) 고문이 호의적으로 반응함에 따라 야당통합기운이 다시 무르익었다. 민정당의 유진산도 민정당, 신정당, 민우당의 3당을 통합하여 민주공화당에 대항하는 단일야당을 구성하자고 주장하였다.

야당단합을 주장해 온 민정당, 신정당, 민우당 3당의 영수들은 1963년 7

월 15일 급히 마련된 모임에서 우선 3당이 통합한다는 원칙에 합의하고 3당의 무조건 통합을 다짐하는 공동성명을 발표하였다. 이날의 모임은 먼저 이범석 민우당 고문이 허정 신정당창당준비위원장의 집을 찾아가 만나고 그 뒤 두 사람이 함께 시내 인현동의 김병로 민정당 대표최고위원 집을 찾아가 성사되었다. 이후 이들 3당과 무소속을 포함한 4정파 통합이 급진전되었다.

무조건 통합선언에 이어 8인의 통합실무위원회가 구성되고 통합7원칙이 천명되었다. 남은 과제는 대통령후보 조정과 조직책 선정이었다.

2. 합당 경과

1) 민정당 창당

4·8성명 발표 이후 정당 활동이 재개됨에 따라 일시 중단되었던 민정당의 창당 작업도 계속되었다. 정당법의 규제를 받는 가운데 재야세력은 민주공화당 창당에 대항하여 민주당과 신정당이 중심이 되어 범국민단일정당 결성을 위하여 수차례 회합하였으나 민주당의 반대로 결렬되었다.

이어 신민당계열, 자유당계열, 무소속 등의 세력이 1963년 5월 14일 서울시민회관에서 윤보선을 중심으로 하여 민정당 창당대회를 개최하였다. 대의원 980명 중 850명이 참석한 이날 창당대회에서는 윤보선 지도위원을 대통령후보로 추대하고 대표최고위원에 김병로 대표 지도위원, 최고위원에 백남훈, 김도연, 이인, 김법린, 전진한, 서정귀를 선출하였다.

민정당은 창당 후 당초 목적하였던 범야단일정당 형성을 위한 노력을 계속하였다. 민정당은 옛 정치세력 상당수를 망라하여 창당되었으나 민주당을 비롯한 일부 재야세력들이 내세우고 있던 제2공화국 수반의 정치 2선 후퇴요구, 즉 민정당의 대통령후보 윤보선의 2선 후퇴요구에는 난감할 수밖에 없었다.[34]

5월 16일의 민정당 기획위원회와 확대간부회의에서는 당의 기성조직과 대통령후보 지명 등 일체를 백지화하고 3당 합당에 거당적 참여방침을 확인하였으며, 신정당(가칭)과 민우당(가칭) 또한 통합원칙을 당론으로 확인하였기 때문에 3당 통합운동은 급진전을 보였다.

한편 민정당 내에서 윤보선과 유진산의 갈등으로 궁지에 몰린 비주류 소선규(김도연 계열)는 6월 9일 오후 자신을 지지하는 당원을 이끌고 민정당을 탈당하였는데 이들은 탈당성명에서 유진산이 주도하는 민정당이 사당(私黨)으로 전락하였기 때문에 탈당한다고 밝혔다. 이들 중 소선규, 조영규, 김산, 민영남, 허혁, 오상직, 강재량 등 14명과, 민주당계열 김준태, 이규영 등 11명, 자유당계열 김원태, 김달수 등 19명, 민주공화당계열 김용우, 김재순 등 5명은 6월 10일 오후 1시 30분 조선호텔 그랜드 홀에서 친여세력인 범국민정당(가칭) 발기준비위원회를 구성하여 위원장에 소선규, 부위원장에 김용우를 각각 선출하였다.

2) 민우당 발기인대회

한편 자유당 정권하에서 자유당으로부터 축출당한 일이 있는 민족청년단 세력(족청계열)이 중심이 되어 1963년 6월 12일 시내 다동(茶洞) 당사에서 45명의 발기인이 참석한 가운데 발기선언을 한 민우당(가칭)은 6월 19일 시내 아스토리아 호텔에서 발기인대회를 갖고 고문에 이범석, 이윤영을 추대하였다. 그리고 창당준비위원장에 안상호, 부위원장에 최재옥이 선출되었다. 위원장으로 피선된 안상호는 야당 단일체를 형성하여 민주공화당과의 대항에서 승리를 거두는 것이 당면과제라고 말하였다.

3) 재야세력의 통합 합의

1963년 5월 14일 창당되어 당초 목적하였던 범야단일정당 형성을 실현하

---

34) 이영석, 『야당40년사』(서울: 인간사, 1987), 129-131쪽.

기 위하여 노력하던 민정당은 6월 말 창당과정에 있던 민주당, 신정당 및 무소속과의 8인대표자회의에 참석하였으며, 또 민주당, 신정당, 민우당, 정민회, 무소속 등과 더불어 6정파회의 개최에 응함으로써 야당통합운동을 적극적으로 추진하였다.[35] 6정파회의의 개최를 계기로 일면 통합운동, 일면 연합운동이 표면화되어 여러 갈래로 분산되어 있던 재야세력의 정비작업에 착수하였다.

민정당의 전진한 최고위원은 6월 27일 시내 신교동에 있는 허정 신정당 당수의 집을 방문, 요담한 뒤 재야세력의 통합에 나서기로 합의하였다고 발표하였다. 윤보선은 이러한 움직임에 대하여 통합작업이 시기적으로 너무 늦고 성사 가능성이 적기 때문에 무모하다고 말하였다. 이때만 해도 민정당 내의 여론은 통합신중론이 우세하였으며 김병로, 신각휴, 정해영 등 주요 간부들도 신중론자였다.

윤보선의 신중한 입장과는 달리 유진산, 서정귀, 서범석, 권중돈 등은 통합에 적극적으로 나서 통합교섭은 유진산의 주도하에 막후에서 활발히 전개되었다. 민주당은 통합 그 자체에서는 비켜섰기 때문에 통합운동은 창당을 마친 민정당과 창당 중인 신정당, 민우당 등 3당 사이에서 진행되었다. 민정당에서 조한백・김수선, 신정당에서 송원영・김수한, 민우당에서 윤택중・민장식, 무소속에서 이병하・박제환으로 통합실무위원회가 구성되고, 이 위원회는 막후교섭에서 다듬어진 통합7원칙을 공식 채택하였다.

그러나 민정당 내의 나용균 전당대회의장, 신각휴 중앙위원회 의장은 '민정당고수동지회'를 구성하였다. 이들은 통합을 정면으로 반대하지는 않고 통합이 실패할 경우에 대비하여 민정당의 조직과 대의기구를 지키고자 하였다. 6월 이후 신정당은 특히 민정당, 민우당과 제휴하여 통일야당을 성취하는 데 주도적인 역할을 하였다.

친여세력인 범국민정당의 상승 기세에 눌리는 듯하던 재야세력은 대통령

---

35) 재야 주요 정파를 망라한 8인 대표자회의: 민정당(가칭)의 조한백・김수선, 신정당(가칭)의 송원영・김수한, 민주당(가칭)의 윤택중・민장식, 무소속의 박제환・이병하 등; 6정파회의: 민정당의 조한백・김수선, 신정당의 송원영・김수한, 민주당의 김대중・김학준, 민우당의 이영희・김창동, 정민회(가칭)의 윤재근(불참)・이옥동, 무소속의 박제환・이병하.

단일후보운동을 다시 벌인 결과 1963년 7월 5일 윤보선이 민정당의 대통령 후보를 사퇴하였다. 윤보선의 대통령후보 사퇴로 야당통합기운이 성숙되자 민정당(김병로), 신정당(허정), 민우당(이범석)의 3당은 다시 통합을 추진하였다. 7월 8일 당내에 특별위원회를 설치한 민정당은 같은 생각을 가지고 있는 정당 특히 신정당, 민우당과 7월 말까지 타결할 것을 목표로, 통합협상을 시작하게 될 통합추진위원회를 소집하였다.

민정당과 신정당 양당이 주도적 역할을 하여 추진하는 야당통합운동은 여러 간부들의 빈번한 접촉으로 공식화 단계에 접어들었다. 7월 8일 저녁 6시부터 열린 민정당, 신정당, 무소속의 비공식대표자 제3차 회의는 민주당, 민우당, 정민회의 대표들을 초청하여 7월 10일 오후 5당 예비회담을 열기로 하였다.

민주당, 민우당 그리고 정민회가 동 회담에 대표를 내보내기로 결정함으로써 야당통합을 위한 재야 5당(민정당, 신정당, 민주당, 민우당, 정민회) 및 무소속의 6개 정파의 실무대표들은 7월 10일 오후 시내 을지로의 삼오사 사무실에서 회동하였다. 통합교섭을 이끌어 온 민정당, 신정당 양당은 이날의 회의에서 통합원칙에 대한 결론을 내리고 7월 13일부터 공식회담을 열어 통합운동을 촉진할 계획이었으나 이날 회의에서 민주당과 민우당, 정민회 측이 야당통합보다는 연합전선을 펼 것을 주장함으로써 논란을 빚었다. 이날 야당단합방안협의회라는 비공식 명칭으로 민정당, 신정당, 민주당, 민우당, 정민회 및 무소속 대표 12인이 참석한 확대회의는 성명을 발표, "야당단합의 방법으로써 야당통합방안과 야당연합에 의한 단일대통령후보옹립방안 등에 대해 현시점하에서 최선의 방법을 모색하는 데 열과 성을 다하기로 합의했다."고 밝혔다.[36]

야당통합에 대한 논의가 표면화되자 민정당은 7월 10일 오후 중앙상임위원회를 열고 당의 야당통합방침을 승인하였으며, 또한 확대간부회의에서 선출된 야당통합추진위원을 추인하여 야당통합에 적극적인 자세를 보였다. 이

---

36) ≪한국일보≫, 1963년 7월 10일자 및 7월 11일자. 민우당은 7월 9일 야당통합7인소위원으로 신의식, 윤재욱, 김재황, 원택연, 김창동, 김근찬, 이정석을 선출하였다.

에 앞서 오전에는 야당통합17인위원회가 열려 7월 20일까지 통합에 대한 가부간의 결론을 내리기로 하고 정당연합보다는 정당통합을 추진키로 하였다. 이처럼 야당통합방법을 둘러싸고 의견이 일치되지 않자 신정당 일부와 민우당은 먼저 신정당과 민우당 양당을 통합시키자는 데 합의하여 7월 10일 저녁 양당 인사들이 만나 합당의 구체적 방안을 협의하였다.

그로부터 5일 후인 7월 15일 민정당, 신정당, 민우당의 재야 3당은 영수간 일련의 접촉을 거쳐 "3당은 무조건 통합한다는 데 원칙적인 합의를 보았다."고 발표하였다.[37]

6정파 중 민주당과 정민회는 야당통합운동에 대하여 달갑게 여기지 않았기 때문에 이탈하였고 나머지 4정파는 끝까지 참여하였다. 민주당은 통합에는 반대하지만 단일후보에는 찬성한다는 입장을 보였다.[38] 민주당의 불참 이유는 여러 가지가 있겠으나, 무엇보다도 민정당 주류인사들에 대한 불신이 가장 크다고 할 수 있다.

민주당은 대통령후보가 없는 자당의 약점을 가리고, 소선규 등 김도연 계열 당원들의 이탈 후의 민정당의 약세를 노려 재야세력의 주류화를 기도, 과도정부안을 여러 차례 재야 측에 제의하였으나 이 제의가 7월 2일의 김병로, 허정, 윤보선 3자회담에서 묵살되자 '선 지명, 후 통합'을 주장하는 등 통합공작의 와해를 위하여 전력을 기울였다. 이후 재야세력 통합공작에서 민주당을 대표하던 민장식, 윤택중 등도 당론의 압력을 받아 재야 각 당 비공식대표회의에 불참하게 되었다.

이렇게 되어 통합운동은 민정당, 신정당, 민우당의 3당 간에만 전개되었다. 민정당 김병로 대표와의 접촉을 통하여 단일야당 형성문제를 협의하여 오던 허정(신정당)과 이범석(민우당)은 김병로를 설득시켜 마침내 야당통합 원칙에 합의를 보았다. 3당의 통합추진대표들은 7월 18일 시내 을지로에 있는 삼오사에서 제1차 통합실무회의를 열고 3당 통합을 위한 방식과 절차

---

37) 《동아일보》, 1963년 7월 15일자.

38) 민주당은 과거 민주당 신파, 구파 싸움에서의 기억, 즉 민정당의 주류가 되어 있는 인사들에 대한 불만과 불신이 뿌리 깊다. 경험으로 볼 때 단일화는 안 될 것이라는 인식, 이번 야당통합이 결국 민정당의 당세 확장에 불과하다는 인식 등을 가지고 있었을 것이다.

를 본격적으로 협의하였다. 이날의 '3당 통합추진위원회' 회의는 아침에 있었던 김병로(민정당), 허정(신정당), 이범석(민우당) 3영수의 '3당 무조건 통합'에 관한 공동성명서의 정신을 확인하고 이를 달성하기 위한 방법의 협의에 들어갔다.[39] 이로써 이들 3당과 무소속을 포함하는 4정파 통합협상이 급진전, 단일야당을 목표로 삼은 '국민의 당' 창당 작업이 추진되었다.

민정당, 신정당, 민우당의 3당 대표들은 7월 19일 오후 민정당 4, 신정당·민우당 각 3의 비율로 지구당조직책 선정원칙에 합의하였고, 3당통합 실무자들은 다음 날인 20일 오후 제3차 실무회의에서 난제 중의 하나인 지구당 조직책임자 선정비율에 합의하였다. 3당 통합 제4차 실무회의는 7월 22일 오후 개최되었는데 이 자리에서는 통합신당의 법통 이용문제, 즉 민정당의 명칭으로 등록하는 문제에 대하여 논의를 계속하였으나 정당법상의 난점 때문에 해결책을 찾지 못하였다.[40]

3당 통합 협상실무자들은 7월 25일 오후 제6차 회의에서 통합성패의 관건인 법통이용이냐, 백지화냐 하는 문제는 합당절차에 관한 선거관리위원회의 유권 해석이 내려진 후에 하기로 하는 한편 신당의 당명을 한글로 '국민의 당'으로 하고 당의 기구는 집단지도제로 한다는 원칙에 합의하였다.

민정당은 다음 날인 26일 야당통합추진위원회에서 신정당 측 주장을 받아들여 민정당의 조직을 일단 백지화하기로 하였으며 신당의 명칭을 '국민의 당'으로 결정하고 당 기구를 집단지도체제로 하는 데 합의하였다. 이 문제를 해결하고 나니 대통령후보단일화 문제가 대두되었다.

---

39) 김병로, 허정, 이범석 등 3당의 영수는 회합을 가진 후 "과거의 파벌과 감정을 떠나 모든 것을 백지화하는 상태에서 통합하기로 합의하였다."고 성명을 발표하였다. 그러나 민정당은 신민당 계열을 중심으로 조직이 탄탄하였으며 김도연 계열과 유진산 계열이 주도권 다툼을 벌이고 있는 상황 때문에 백지화 통합에는 응하기 어려운 사정이 있었다.

40) 1963년 7월 24일 민정당, 신정당, 민우당의 3당통합실무자회의가 중앙선거관리위원회에 정당법에 관한 질의서를 제출한 데 이어 신정당 정책위원장 박세경은, 창당된 정당과 창당준비위원회를 구성한 정당이 합당결의를 하였을 때 새로이 창당준비위원회를 구성해야 하는지를 묻는 질의서를 제출하였다. 박세경은 개정헌법은 제38조에서 합당으로 인한 국회의원의 소속변경은 규정하였으나 정당법에는 합당에 관한 절차규정이 없으므로 각 당의 대의기관이 합당을 결의하면 새로운 창당준비절차가 필요치 않거나 이를 생략할 수도 있다고 보는 데 어떠냐고 질의하였다.

3. '국민의 당' 창당

1) '국민의 당' 창당발기인대회

김병로, 허정, 이범석 등은 통합방법 및 절차를 다루기 위하여 조한백, 김수선, 김익기, 이상돈, 권중돈(이상 민정당), 정운갑, 송방단, 박세경, 황호영(이상 신정당)을 각각 대표로 하는 3당통합추진위원회를 구성하였다. 이들은 7차례에 걸쳐 통합방법과 절차를 협의한 후 3당의 영수 3명(민정당 대표위원 김병로, 발기준비 중인 신정당 위원장 허정, 창당단계에 있던 민우당 고문 이범석)과 각 정파에서 15명씩 모두 63명을 발기인으로 선정하여 1963년 8월 1일 통합신당 '국민의 당' 창당발기인대회를 서울시민회관 소강당에서 개최하였다.

민정당, 신정당(가칭), 민우당(가칭) 및 기타 정파를 대표한 발기인들이 참석한 가운데 열린 대회에서는 "온 민족의 예지와 창의와 건곤일척의 용력의 총화로 국난을 타개하고 민주국가의 터전을 바로잡기 위하여 국민의 당을 창당한다."는 요지의 합당발기취지문을 발표하였다. 그리고 공명선거를 위한 투쟁 등을 선언하는 결의문을 채택하고 김병로 민정당 대표최고위원, 허정 신정당(가칭) 위원장, 이범석 민우당(가칭) 고문을 대표위원으로 선출하였다. 세 대표위원은 이날 오후 2시부터 시내 인현동 김병로 대표위원의 집에서 지도위원으로 김도연, 이응준, 이인, 안호상 등 4명을 선출하였으며 민정당계열에서 서범석·정성태·김종규, 신정당계열에서 송방단·정운갑·조흥만, 민우당계열에서 이영희·윤재욱·김근찬, 기타 정파에서 박제환·이병하 등을 선정하여 지구당조직책특별심사위원회를 구성하였다.

이날 대회에서는 창당발기선언문 작성과 인선 작업을 마치고 본격적인 창당 준비에 들어갔다.[41] 본격적인 창당활동에 들어간 '국민의 당'은 우여

---

41) '국민의 당' 창당발기인대회 인선내용: 공동대표위원 김병로, 허정, 이범석; 지도위원: 김도연, 이응준, 이인, 안호상, 전진한(8월 2일에 추가됨); 기획위원 유진산, 이상철, 정도영, 손원일, 최규옥, 황남팔, 박찬현, 김문평; 총무위원장: 김의택(민정당 계열); 조직위원장: 송방용(신정당 계열); 선전위원장: 이충환(민정당 계열); 재정위원장: 신태악(민우당 계열).

곡절을 겪으면서도 지구당조직책 선정을 마치고 8월 말의 창당목표를 향하여 전진하는 듯 보였으나, 통합의 최대 난관이었던 대통령후보 사전조정문제에 있어서는 타협을 보지 못하였다.

2) 대통령후보 지명

'국민의 당'은 지구당조직책 특별심사위원회와 그 위임을 받은 김병로, 허정, 이범석 세 대표위원이 여러 차례의 난관에 봉착하였으나 이를 극복하고 8월 16일 밤 131개 지구당 중 106개 지구당 조직책임자를 선정, 발표하였다. 그 결과 민정당 계열 47, 신정당 계열 32, 민우당 계열 17, 무소속 10으로 하였는데 이러한 조직책 인선에 대하여 과반수를 차지하지 못한 민정당계열 조직책 47명은 자파에서 대통령후보를 옹립할 수 없다는 생각에서 조직책 일괄 사퇴를 결의하고 '민정당 고수운동'을 전개하였다. 비민정당계열의 조직책 비율이 민정당계열의 그것을 압도한다는 이유 때문이었다.

민정당 고수운동이 전개되자 '국민의 당' 창당 작업은 위기에 직면하게 되었다. 그러자 '국민의 당' 창당준비위원회 측은 전국 131개 지구당 중에서 민정당계열 66, 신정당계열 38, 민우당계열 16, 그리고 무소속 11의 비율로 조정, 발표함으로써 범국민적인 단일야당이 실현되는 것 같았다.

민정당 고수 움직임이 있는 가운데 8월 17일 양당 간의 의견을 조정하기 위한 윤보선, 허정 두 사람의 단독회담이 있었고, 이틀 후인 19일 오후에 열린 당 기획위원회에서는 106개 조직책 중 일부 지역에 대한 재조정과 지구당 복수제 조직에 관한 논의가 있었다. 민정당 측은 조직책 재조정과 지구당 복수제 조직을 주장하였으나 신정당과 민우당 측은 재론될 수 없는 문제라고 반박하였다. 일단락된 듯 보였던 각 정파 간의 지구당조직책 선정 비율을 둘러싸고 심한 분규를 경험하게 되자 '국민의 당'을 추진하던 김병로, 허정, 이범석은 8월 20일 지구당조직책의 지명은 국회의원 공천과 관계없이 한다는 방침을 세웠다.

그 다음에는 다시 대통령후보단일화 문제가 쟁점으로 떠올랐다. 민정당계열의 대통령후보자로 지명되었던 윤보선은 8월 27일 대통령 불출마성명을 내고 김도연을 대통령후보자로 추천하였다. 민정당계열의 유진산은 대통령후보의 사전조정을 확약하였고, 신정당의 허정은 민정당계열에 지구당조직책의 과반수를 허용함으로써 조직책 인선파동은 일단락되었다. 그러나 대통령후보 사전조절문제와 민정당의 법통고수 등의 문제와 관련하여 양측 간 원만한 의견일치를 보지 못하여 '국민의 당'(가칭) 김병로 지도위원은 8월 24일 민정당 대표위원직을 사양하였으며 8월 30일에는 민정당의 나용균, 신각휴, 조한백 등 일부 인사들이 '선거관리위원 추천권 사수'라는 이유를 내걸고 민정당 고수를 선언하였다.

'국민의 당'은 구정치인들에 대한 정치활동이 허용되면서 재야정치세력이 단일야당 형성을 위하여 발기한 연합정당이었으나 창당과정에서 각 정파의 이해가 얽혀 세력이 약화되었다. 창당과정을 보면 지명도가 비교적 높은 인사들이 망라되어 있었지만 윤보선계열을 주축으로 한 민정당 주류들과 민주당계열 정통파 인물들의 이탈로 세력화 되지는 못하였다. 당초 '국민의 당'은 민정당계열, 신정당계열, 민주당계열, 민우당계열과 정민회, 무소속 등 이미 창당을 완료하였거나 창당 준비 중에 있는 정파들이 재야세력의 결속된 힘만이 군정세력과 맞설 수 있다는 인식을 가지고 추진한 통합운동이었다.

초기 통합작업은 민정당이 대통령후보를 비롯하여 이미 조직한 당 기구를 일단 백지화한다는 입장에서 참여하였기 때문에 순조롭게 진행되었다. 윤보선이 대통령후보를 사퇴함에 따라 허정, 김도연으로 후보가 압축되었지만 사전합의가 이루어지지 않자 김도연이 포기를 선언하면서 후보경쟁은 다시 윤보선과 허정 간에 전개되었다. 지구당조직책의 과반수를 확보한 민정당계열은 대통령후보지명대회에서 표 대결로 결정할 것을 주장한 반면 비민정당계열은 당초 약속대로 사전조정을 고수하였다.

'국민의 당' 자체의 사전조정을 기다리고 있던 야당협의회는 9월 3일 민주당 당사에서 제3차 회의를 열고 허정을 야당단일대통령후보로 추대하였으며, '국민의 당' 기획위원회의 위임을 받은 12인위원회는 8월 28일 오후부터 본격적인 사전조정 작업에 착수하여 '결백', '신망', '파벌 초월' 등 3개 항의 기준을 정하고 협의를 계속하였으나 성과를 거두지는 못하였다. 언급한 것처럼 민정당계열의 윤보선이 당의 의사를 어길 수 없다며 불출마 성명을 번복하고 나섬으로써 야권에는 커다란 혼선이 빚어졌다. 9월 4일 밤 김병로 위원의 집에서 열린 김병로, 허정, 윤보선, 이범석의 4자 회담도 결론을 얻지 못한 채 창당대회를 맞았다.

3) '국민의 당' 창당대회

군정 종식과 민주정치 재건이라고 하는 기치를 내걸고 단일야당을 표방하며 출범한 '국민의 당'은 대통령후보의 사전조정에 실패한 채 1963년 9월 5일 오전 9시부터 대의원 812명 중 803명이 참석한 가운데 서울시민회관에서 창당대회를 개최하였다. 이날 대회에서는 당 지도부인 최고위원으로 김병로, 허정, 이범석, 김도연, 이인 등 5인을 선출하고 중앙위원 68명을 선출하였다. 그 후 대통령후보 지명투표에 들어가려 하였으나 표 대결을 주장하는 다수파 민정당계열(윤보선 계열)와 사전조정을 요구하는 비민정당 계열(허정을 영수로 하는 신정당 계열) 사이의 대립으로 충돌이 벌어졌다. 이러한 대립으로 소란한 사태가 야기되자 대회는 오후 1시 30분에 산회하였다.

'국민의 당'은 대통령후보지명을 위하여 6일 오전과 오후에 걸쳐 전당대회를 속개하였으나 표결을 강행하려는 민정당계열과 사전조정을 바라는 비민정당(신정당, 민우당, 무소속) 측과의 대립으로 중단되었다.

9월 7일 속개된 대회에서도 민정당계열과 비민정당계열은 전당대회에서의 '표결'과 '사전조정'으로 맞서 대립하였다. 이날 박순천, 장택상, 이인, 이윤영과 민주당·민정당·신정당·민우당 4당 대표 9명이 모여 윤보선에게 마지막으로 입후보 경쟁을 포기하도록 권유하기로 하고 장택상 등이 윤보선을 방문하였으나 거절당하였다.

대통령후보지명문제로 9월 8일까지 나흘 동안 네 차례의 전당대회를 갖는 등 분규를 계속한 '국민의 당'은 9월 9일 오전 신정당계열, 민우당계열,

무소속 등 비민정당계열이 일방적으로 중앙위원회를 소집, 창당등록을 서둘자 이를 불법무효라고 주장하는 민정당계열과 정면으로 충돌함으로써 사실상 갈라서게 되었다. 민정당계열 소장 파 50여 명은 이날 오후 5시 시내 태화관에서 모임을 갖고 새로운 야당의 발족 가능성을 검토하였다. 이들은 '국민의 당'의 파탄이 보스 중심으로 움직이는 체제상의 문제와 파벌의식에 기인하는 것으로 판단하고 새로운 정치지도자를 중심으로 한 야당의 결성이 필요하다는 데 의견을 같이하였다.

한편 비민정당 계열은 9월 10일 중앙선거관리위원회에 정당등록신고서를 접수시켰고, 이에 맞선 민정당 계열은 정당등록을 거부할 것을 주장하는 요청서를 중앙선거관리위원회에 제출하였으며, 서울민사지법에 '국민의당등록정지가처분신청'을 제출하였다.

신정당계열·민우당계열·무소속 및 민정당계열 일부로 당 기구를 갖춘 비민정당계열 '국민의 당'은 9월 12일 오전 7시부터 시내 아스토리아 호텔에서 전국대의원대회를 속개하여 대통령후보지명을 처리할 방침을 세우고 이를 민정당계열에 통지하였다. 같은 시각에 서울시민회관에서 민정당 계열 전당대회를 열기로 한 '국민의 당' 민정당계열은 일단 비민정당계열 '국민의 당' 전당대회에 참석기로 방침을 세워 만약 윤보선을 대통령후보로 옹립하는 데 실패할 경우 민정당계열 독자적으로라도 윤보선을 대통령후보로 지명한다는 계획을 세웠다. 민정당계열은 11일 밤 시내 안국동에서 열린 간부 및 도당책임자연석회의에서 윤보선 지명을 재확인하는 동시에 아스토리아 호텔에서 열리는 '국민의 당' 전당대회에 대의원을 참석시켜 대회진행을 좌절시킨다는 방침을 세웠다.

한편 비민정당계열 간부들은 11일에 끝날 것으로 예상되었던 '국민의 당' 창당등록이 하루 지연됨으로써 비민정당계열만의 대통령후보지명은 일단 보류하기로 하였다. 이들은 10인위원회가 아무런 타협을 보지 못한 채 헤어지고 또 민정당계열이 대회에 참석하리라는 판단을 내려 우선 민정당 계열의 방해와 윤보선 지명 공작을 저지하는 데 전력을 기울이기로 하였다.[42] 비민정당 계열은 김병로를 지명할 것인지, 허정을 지명할 것인지를 결정하

지 않은 채 12일의 '국민의 당' 등록과 민정당 계열의 태도를 본 후 결정키
로 하였다.

　9월 12일 아침 시내 아스토리아 호텔 예식장에서 속개된 '국민의 당' 전
당대회는 민정당계열이 제출한 '당 해체 동의'를 계기로 또다시 난장판이
벌어져 수십 명이 연단 위에서 집단난투극을 벌였다. 예정보다 약 2시간 30
분 정도 늦은 오전 9시 30분경 시작된 대회는 민정당계열 의장인 유옥우가
속개를 선언(성원보고 501명)하고 민정당계열의 서범석이 대통령후보지명
문제를 위임받았던 10인위원회의 협상결렬을 보고한 다음 역시 민정당 계
열의 김세윤이 '국민의 당' 해체를 동의하였다. 이에 격분한 비민정당 계열
은 규칙발언 등을 요구하였으나 유옥우 의장이 이를 묵살하고 해체 동의의
처리를 서둘자 비민정당 계열 의장인 윤재욱이 마이크를 빼앗고 다른 비민
정당 계열 당원이 유옥우 의장을 연단 한쪽으로 떠밀었으며 곧 양쪽 당원
들이 연단으로 몰려들어 난투를 벌였다.

　아스토리아 호텔에서 있은 전당대회를 계기로 양분된 '국민의 당'은 비민
정당계열이 당명을 고수하기 위하여 민정당계열 인사들의 제명을 계획하고,
한편에서 민정당계열은 '국민의 당'에 대한 서면 해체 수속을 서둘렀기 때
문에 두 계파는 극심한 대립상태에 빠졌다. 민정당계열의 '국민의 당' 해체
동의가 발단이 되어 또다시 민정당계열과 비민정당계열의 집단난투극이 벌
어진 채 대통령후보등록 마감을 사흘 앞둔 이날 대회는 아무런 결정 없이
중단되었다.

4. '국민의 당' 창당 이후

1) 신정당 계열(비민정당 계열)의 '국민의 당' 간판 쟁취

비민정당 계열만으로 창당된 '국민의 당'은 통합은 이루었으되 단일야당

---

42) '국민의 당' 대통령후보 지명을 위임받았던 10인위원회는 11일 밤까지 연사흘째 협상을 벌였으나 윤보
　　선, 허정을 각각 지지하는 두 계열이 서로의 주장을 굽히지 않아 결렬되었다.

으로서의 통합정당은 되지 못하였다. 출범할 당시에는 상당한 의욕을 보였던 구정치인들은 당권을 비롯하여 대통령후보 지명 등 주도권 경쟁으로 인하여 야권의 단합이 아닌 분열상을 보였다.

‘국민의 당’ 창당운동에 참여한 민정당(1963. 05. 14. 창당)은 근 4개월 동안 불필요하게 자원을 소모하였으며 김병로 대표최고위원과 이인 최고위원 등의 탈당사태를 맞아서는 커다란 타격을 받았다. 민정당계열은 1963년 9월 9일에 강행된 ‘국민의 당’ 중앙위원회를 불법이라 규정하고 중앙선거관리위원회에 ‘국민의 당 창당등록기부요청의 건’을 9월 10일자로 접수시키는 한편 법원에 ‘국민의 당 등록정지 가처분신청’을 제기하는 등 법정투쟁을 벌였으나 실패하였다.

당 간판이라도 확보하겠다는 법정투쟁 끝에 신정당(가칭)을 주축으로 하는 비민정당 계열에서 ‘국민의 당’ 간판을 쟁취하였다. 결국 신정당계열의 승리로 끝났으나 당초 의도하였던 범야세력의 통합이라는 명제는 달성하지 못하고 신정당의 당명 개칭에 불과한 결과를 빚었다.

‘국민의 당’은 민정당계열 대의원들에게 자격정지처분을 내리고 9월 14일 비민정당 계열과 김병로 수석대표위원을 따르는 일부 민정당 계열 대의원만으로 전당대회를 강행하고 허정을 ‘국민의 당’ 대통령후보로 지명하였다.

2) 민정당 계열의 ‘국민의 당’ 이탈

민정당 계열 인사들은 통합야당인 ‘국민의 당(가칭)’에서 갈라서서 민정당을 재정비하기로 하고 1963년 9월 12일 오전 10시부터 서울시민회관 대강당에서 따로 임시전당대회를 개최하였다. 이날 대의원 1,095명 중 556명이 참석한 가운데 개최된 대회에서는 김병로 전 대표최고위원의 사표를 수리, 그 후임에 윤보선을 추대하고 결원 중인 최고위원에 나용균·신각휴를 선출하는 한편 대통령후보에 윤보선 대표최고위원을 대통령후보로 재지명, 제5대 대통령선거(1963. 10. 15.)에 대비하였다. 이날 대회는 먼저, “윤보선 씨는 국민의 당이 되도록 하기 위해 대통령후보를 사퇴한 것인데 야당통합의 희망이 없어진 지금 사퇴할 의의가 없어졌다."는 이유를 들어 윤보선의 후보지명사퇴서를 만장일치로 반려하였다. 대회는 이어 대표최고위원 김병로의 사퇴서를 접수한 후 윤보선이 그 자리를 겸임토록 하였으며 탈당한 이인·김법린 두 사람의 후임으로 나용균·신각휴를 최고위원에 선출하였다.[43]

'국민의 당' 창당은 흩어져 창당되고 있던 야당을 하나로 묶어 단일야당을 실현시키려는 야권세력의 노력이었으나 창당과정에서부터 문제점을 노정하면서 곧 와해되었다. 와해를 전후하여 군사정부는 야권의 흩어진 창당사태를 정치적 혼란 상태로 간주하고 있었으며 정국불안의 요인을 내포하는 상태에서 민정이양은 하기 어렵다는 입장을 취하고 있었다. 이렇게 볼 때 야권의 분열은 군사정부에 좋은 구실을 추가해 준 셈이 되었다.

제6절 **민주공화당·자유민주당의 합당 시도**

1. 합당 시도 배경

정계 개편의 필요성을 강조한 박정희 의장의 4·8성명 발표를 전후하여 정계에는 두 갈래의 커다란 움직임이 나타났다. 하나는 민족주체세력 형성을 목표로 하여 발생한 범국민정당운동(혁명주체세력 중심)이고, 다른 하나는 군정의 실질적인 종식을 목표로 하여 발생한 범야단일야당운동(재야 정치인 중심)이었다.

그런데 민주공화당이 창당과정에서 당 조직의 2원화 문제 등 잡음을 일으키자 박정희 의장은 국가적 난국을 수습하기 위해서는 정국안정이 중요하므로 범국민적 정당의 결성에 호응하여 달라고 요청하였다. 이에 창당을 서두르던 민주공화당은 창당 작업을 일단 유보하였으며 김재춘 중앙정보부

---

43) 중앙선거관리위원회는 9월 12일 오후 민정당의 대표 김병로를 윤보선으로 변경한다는 당대표변경신고서를 접수하였다.

장은 신당 범국민정당의 조직을 추진하였다.

그 후 민주공화당은 제5대 대통령선거(1963. 10. 15.)와 제6대 국회의원
선거(1963. 11. 26.)에 대비하여 당시의 친여세력으로서 창당을 서두르고 있
던 자유민주당(가칭)과의 통합을 시도하였다. 민정 참여를 결정한 군부세력
에게 있어서 친여세력과의 제휴 혹은 통합은 정권의 유지는 물론 5·16 거
사의 명분을 살리고 그 목적을 실현하기 위해서, 그리고 범야단일야당운동
에 대항하기 위해서도 그 필요성이 절실히 인식되었다. 민주공화당이 범국
민정당과의 통합을 시도하는 과정에서 국가재건최고회의가 중재에 나서기
도 하였다.

2. 합당 시도 경과

1) 민주공화당 전당대회

민주공화당은 창당과정에서부터 사전조직문제를 둘러싸고 혁명주체(정변
주체) 간에 반목과 대립을 보여 왔다. 문제는 정책이나 이념보다는 당 조직
에 관한 것이었다. 김종필은 평당원과 사무당원으로 구성되는 2원조직의 당
기구를 편제함으로써 자신의 정치적 기반을 굳히려고 하였다. 그러나 그의
조직구상에 반대하는 이들은 사무당원제 때문에 당 전체의 유지비가 커질
텐데 이러한 유지비를 조달하고 처리하기 위해서는 당 전체가 부정을 저지
르거나 부패해지기 쉽다는 점, 2원적인 조직을 만들어 사무당원이 행세를
하게 되면 특히 지방에서는 또 하나의 상전이 생겨 지방행정에 난맥상을
보이게 될 것이라는 점, 중앙에 있어서도 자칫하면 사무국 때문에 국회, 정
부, 당이 서로 보조가 맞지 않게 되면 혼란을 야기하기 쉽기 때문에 능률을
내세우는 당 조직이 오히려 비능률적으로 될 수 있다는 점 등의 이유를 내
세웠다.[44]

---

44) 한태수, 「한국정당의 병리적 생태」, ≪인물계≫(1964년 8월 창간호), 79-82쪽.

민주공화당은 3·16성명을 사실상 철회하는 내용을 골자로 하는 4·8조
치를 받아들인 각 정파와 비공식 접촉을 통하여 친여세력의 통합공작을 추
진하였다. 1963년 5월 초부터 민주공화당에서 이탈한 이동모 등의 정국수
습협의회 인사들을 중심으로 한 자유당 계열, 이필호 등의 민주당 계열,
정중섭 등의 민정당 계열, 박준규·김재순·민관식 등의 민주공화당 이탈
파 등 여러 계열과 범국민정당운동을 전개하였다.[45]

민주공화당의 제2차 전당대회(1963. 05. 27.)에서 박정희 의장이 대통령후
보로 지명되자 야당 측에서는 즉시 반발하고 나서 박정희 의장의 불출마,
선거일자의 공표, 재야 정당과의 합의에 의한 선거법 개정 등을 요구하였
다. 신정당과 민정당은 6월 3일 민주공화당의 해체를 촉구하였으며, 6월 5
일에는 14인의 재야 정치인들이 재야세력을 집결시켜 박정희 의장의 출마
를 저지한다는 내용의 공동성명을 발표하였다.

2) 범국민정당(자유민주당) 출범

범국민정당 관계자들은 1963년 6월 1일 첫 기획위원회를 개최하여 의장
에 김용우를 선출한 것을 시작으로 창당 작업에 돌입하였다. 6월 3일에는
김재춘 중앙정보부장이 범국민정당에 참여하였으나 박정희 의장은 이날 제
주도를 시찰하는 도중에 가진 기자회견에서 자신과 일부 최고위원들은 범
국민정당운동에서 손을 떼기로 하였으며, 국가재건최고회의 내 정책소위원
회도 그 운동에서 이미 손을 뗀 것으로 안다고 말하여 김재춘 중앙정보부
장을 비롯한 일부 최고위원들의 범국민운동 참여 혹은 지원에 일격을 가하
였다.[46]

---

45) 4·8성명은 3·16성명을 수정, 철회하는 데 그치지 않고 그보다 앞선 2·18성명조차도 수정한 것이
다. 각 성명의 주요 내용은 다음과 같다. ① 2·18성명 － 박정희 의장이 혁명주체와 각 정당 대표 및
일반국민에게 9개 항목에 달하는 수습방안 제시, 수락되면 민정 불참. ② 3·16성명 － 민정이양을 위
한 과도기적 군정 기간의 설정을 위하여 앞으로 4년간 군정 기간을 연장할 것을 제의, 이의 가부를 국
민투표에 부쳐 국민의 의사를 묻겠다. ③ 4·8성명 － 3·16성명에서 제시된 내용을 철회, 5개월 뒤
의 여야협상에서 국민투표를 그만두고 대통령선거를 실시하게 될 경우 박정희 의장의 출마 가능성을 열
어 두었다.
46) ≪조선일보≫, 1963년 6월 4일자.

　박정희 의장의 이 발언은 범국민정당운동의 방향을 전혀 다른 곳으로 향하게 하였다. 지금까지 이 운동을 주도하여 온 시국수습협의회(자유당 계열)를 중심으로 한 기획위원회는 친여세력의 주류화를 위한 실세의 구축과 범정파적 세력의 규합으로 재야 정당을 포섭하고, '박정희 의장 불출마'의 전제를 내세우기로 하였다.

　김재춘 중앙정보부장은 김종필이 주도하는 민주공화당에 맞서는 친여정당으로서의 범국민정당조직에 착수하였는데 범국민정당은 당의 성격과 진로 표명 시기를 놓고 두 갈래로 갈라졌다. 다수파인 시국수습협의회(자유당 계열)는 '박정희 의장 지지와 친여정당으로서의 기치를 하루속히 분명히 할 것'을 요구하였고, 소선규 등은 특정인의 옹립표명에 앞서 창당 작업을 서둘 것을 주장하였다.

　범국민정당의 친여세력 일부와 소선규 등 김도연 계열 참모들은 6월 6일 시내 견지동 모처에서 회합, 김도연계열의 대거 합류를 결정함과 동시에 종전까지 범국민정당운동을 추진하여 오던 범국민정당 창당준비기획위원회는 창당모체가 아니며, 범국민정당을 대표할 수 없다는 입장을 표명하였다.

　범국민정당운동의 주류는 민정당을 탈당한 소선규 등의 참여하에 활기를 띠어 오다가 6월 10일 오후 조선호텔에서 소선규를 비롯한 자유당계열의 강선명, 민주당계열의 엄민영, 민주공화당의 김용우, 기타 정파를 대표한 김준연 등 47명의 발기인(발기인 총수 57명)이 참석한 가운데 신당발기준비대회를 개최하였다. 가칭 범국민정당(뒷날의 자유민주당)의 발기를 선언한 이 날의 대회에서는 창당준비위원장에 소선규, 부위원장에 김용우를 선출하고 10개 위원회로 구성되는 당 조직체제도 결정하였다.[47]

3) 양당 합당 시도 경과

　민주공화당은 전당대회 이전부터 범국민정당과의 합류를 모색하였다가 여러 차례 실패하였고, 전당대회 이후에는 본격적으로 합류공작을 벌였다.

---

47) 《한국일보》, 1963년 6월 11일자.

서인석 민주공화당 대변인은 1963년 6월 8일 민정당 김도연 계열의 대거 참여로 기세가 오른 범국민정당 측에 대하여 합류해 줄 것을 다시 호소하고 친여당 세력의 단합을 촉구하였다. 한편 박정희 의장은 6월 11일 '혁명' 주체세력들에게 "민주공화당과 범국민정당이 합류하여 단일화가 성사될 때까지 범국민정당에 관계하지 않을 것"이라고 언명하고, 국가재건최고회의 정책위원들에게도 "범국민정당 발기준비위원회가 구성되어 표면화되었으니, 더 이상 접촉하지 말 것"을 지시하였다. 이러한 민주공화당의 막후교섭과 국가재건최고회의 측의 지원중지는 범국민정당 내부에 영향을 주어 소선규 계열 노선에 이끌려 가던 일부 친여세력 내에 소선규 등에 대한 견제와 함께 민주공화당에 대한 합류 모색론이 힘을 얻게 되었다.[48]

이러는 가운데 범국민정당 기획위원회는 6월 14일 당명을 자유민주당으로 변경하고 독자적인 창당을 서두르기 시작하였다. 자유민주당(가칭)은 처음부터 '군민(軍民) 합동의 안정 세력 지향'을 내걸었으며 '혁명' 주체의 일부와 재야 정치인들의 광범위한 규합으로 이루어져 친여성향을 띠고 출범하였다.[49] 김용우, 엄민영 등 당내 친여인사들은 '창당 전 민주공화당 합류' 원칙을 결정하고 6월 20일까지 타협원칙을 매듭짓자는 태도를 표명하였다. 민주공화당은 자유민주당 측의 이러한 창당 전 합류원칙을 환영하고 본격적인 합당교섭을 위하여 김동환 사무총장이 유양수 국가재건최고회의 정책소위원회 위원장과, 백남억 정책위원장이 소선규, 김용우 두 사람과 각각 회합을 갖는 등 통합협상을 벌였다.

국가재건최고회의의 박정희 의장은 6월 20일 다음과 같은 합류 5원칙을 제시하고 양당의 통합을 권유하였다.

합류 5원칙

① 자유민주당은 창당을 포기한다. ② 민주공화당의 사무처 조직은 그대로 둔다. ③ 기타 정치기구는 정당의 동일성을 유지할 정도로 개편하되 능력에 알맞은 요직을 자유민주계열에 안배한다. ④ 민주공화당의 당명은 바꾸되 될 수 있으면 약칭 공화당의 이름을 살린다.

---

48) 민주공화당 기획조사부, 『민주공화당4년사』(서울, 1967), 82-83쪽.
49) 김종훈, 『한국정당사』(서울: 서울고시학회, 1983), 266-267쪽.

⑤ 지금까지 민주공화당에서 결정지은 전당대회 및 지명대회의 결의사항을 유효한 것으로
본다.

이는 민주공화당을 중심으로 친여세력을 단일화하겠다는 의지의 표명이
었다. 그러나 자유민주당 측은 친여계열인 김용우마저 이 5원칙의 수락을
거부하고, 민주공화당의 창당이념과 밀접한 관계가 있고 또 당세를 유지하
는 데 근간이 될 사무처 조직의 백지화를 고집함으로써 양당 간의 통합교
섭은 다시 교착상태에 빠지게 되었다.

자유민주당의 소선규 위원장은 6월 21일 민주공화당의 백남억 정책위원
장 및 김동환 사무총장과 시내 모처에서 회합, 첫 번째 공식적인 통합협상을
벌였는데 자유민주당(가칭) 측이 합당조건으로 제시한 내용은 다음과 같다.

자유민주당 측의 합당조건
① 민주공화당의 당명을 바꿀 것, ② 지방조직을 정치당원 중심으로 개편할 것, ③ 양당
동일 비율로 창당준비위원회를 구성할 것.

민주공화당 당무회의는 자유민주당 측이 제시한 통합조건을 여러 차례
검토하였으며, 민주공화당의 김동환 사무총장과 김용우 자유민주당발기준비
위원회 부위원장은 7월 1일 재차 회합을 갖고 의견을 교환하였으나 양측
모두 종래의 입장을 철회하지 않았다.

이에 국가재건최고회의는 친여세력 단합을 위한 거중조정에 일단락을 짓
고 7월 4일 구체적인 통합방안을 민주공화당과 자유민주당의 간부들에게
통고하였다. 민주공화당은 이날 당무회의를 열고 통합문제를 검토한 끝에
자유민주당 측의 요구인 당명 변경, 2원제 조직 수정 두 가지 중 하나를 양
보해도 자유민주당 측이 협상에 응하지 않는다면 종전의 독자적인 노선을
계속하기로 하였다. 박정희 의장은 이날 특별담화(7·4단안)를 통하여 다음
과 같은 제의를 하였다.[50]

---

50) ≪한국일보≫, 1963년 7월 5일자.

박정희 의장의 합당 관련 특별담화(요지)
① 민주공화당은 그 본래의 명칭에 고집함이 없이 친여세력의 대동단결과 재출발을 다짐
하는 이 계제에 새로운 당명으로 바꾸는 것이 좋을 것이다. ② 당의 2원 조직은 선거 기
간 중에 있어서는 선거대책기구를 통해서 1원적인 기능을 갖게 하는 것이 좋을 것이다.
③ 민주공화당은 친여세력의 규합을 위하여 당 요직의 적절한 조정이 있어야 할 것이다.
④ 이러한 원칙하에 친여세력 규합은 급속히 실현되어야 할 것이다.

이 제의에 대하여 민주공화당은 수락한다고 발표하였으나, 자유민주당은 7월 6일 이갑성, 민병기, 엄민영, 안동준 등 친여인사가 불참한 기획위원회에서 이 제의에 대한 거부를 결의하였다. 당내 다수파인 엄민영 등은 적극적으로 민주공화당에 합류하자고 하였고 김용우는 사퇴하였으며 소선규 준비위원장은 박정희 의장을 지지할 수 없다고 선언하고 독자적인 창당 작업을 추진하였다.

민주공화당은 7월 6일 제54차 당무회의의 의결을 거쳐 5월동지회의 거중조정이나 김재춘 중앙정보부장의 조정역할을 일축하고 자유민주당으로 하여금 당론으로 박 의장의 제의를 수락도록 촉구하는 성명을 발표하였다.[51] 민주공화당은 자유민주당의 거부결의가 당의 전체 인사의 뜻이 아님을 지적하고, 친여노선으로 다시 복귀하여 줄 것을 대변인의 담화를 통하여 발표하는 한편 소선규 등 야당으로 이탈하려는 인사들의 영입에 적극적으로 나섰다.

민주공화당 당무회의는 7월 8일 박정희 의장의 제의에 따른 친여세력 통합교섭을 위하여 특별위원으로 백남억 정책위의장, 신윤창 사무차장, 주영만 중앙상임위원의 3인을 특별위원으로 선임하는 한편 박 의장의 제의에 대한 확대해석은 불가하다는 당의 입장을 명백히 하였다. 민주공화당은 자유민주당 내의 민정당이탈파와의 합류에 중점을 두기로 하고 김동환 사무총장이 소선규 계열의 중진 5-6인과 접촉을 가졌다.

자유민주당이 박정희 의장의 제의에 대한 확대해석을 고집하는 가운데

---

51) 그런데 이와 같은 친여세력 통합작업에 또 하나의 혼선을 야기한 것은 군사혁명주체와 혁명정신에 공감
하는 인사들의 집결체로 6월 13일 발족한 5월동지회 소속 일부 인사들의 움직임이었다. 5월동지회는
본래 친목을 위한 비정치단체로 출범하였으나 그 구성원 일부의 정치성향 때문에 일부 지방에서나 중앙간
부 중에는 친여세력 합류문제에 개입하여 은연중에 자유민주당 측을 비호하는 일이 발생하기도 하였다.

박정희 의장, 김재춘 중앙정보부장, 소선규 자유민주당 창당준비위원장, 김
산 기획위원 등이 7월 10일 오후 8시 10분부터 약 1시간 30분간 최고회의
의장공관에서 김재춘 부장의 주선으로 심야회담을 가져 합당교섭에 진전을
보였다.

자유민주당의 소선규를 비롯한 민정당계열이 김재춘 부장의 조정으로 민
주공화당과의 합류에 적극적인 움직임을 보이게 되자 이번에는 다수파인
자유당계열 합류조건에 회의를 표시하면서 반발, 7월 11일에 열린 당 기획
위원회에서는 민주공화당과의 협상재개의 길을 트지 못하였다.

이에 박정희 의장은 7월 12일 돌연 국가재건최고회의의 일부 개편과 중
앙정보부장, 감사원장 등을 경질하였다. 개편에 따라 지금까지 거중조정을
맡아 온 김재춘 중앙정보부장이 무임소장관으로 전임되면서 공식적인 통합
교섭은 일단 중단되었다. 김동환 사무총장은 이날 자유민주당과의 통합교섭
을 마무리라도 지으려는 듯 자유민주당에 대하여 하루 뒤인 13일까지 박정
희 의장의 제의(7월 4일의 특별담화)를 수락하라고 요청하였다. 자유민주당
의 반응이 없는 가운데 7월 13일 열린 민주공화당 당무회의에서는 친여세
력 단일화를 위한 노력을 끝내고 자유민주당의 일부 세력을 흡수하는 선에
서 매듭짓기로 하였다.

4) 자유민주당의 분열

이렇게 친여세력합류운동은 난관에 봉착하여 있었으나 자유민주당 내에
서는 조직적으로 합류협상을 진전시키려는 움직임이 있었다. 따라서 자유민
주당은 박정희 의장의 7·4단안 거부결의를 고수하는 세력과 합류협상을
서두르는 세력(엄민영, 안동준, 하태환, 최달희 등 시국수습협의회 및 민주
당계 합류파)으로 양분되었다.

국가재건최고회의 내 온건파의 실각으로 친여세력 주도권이 크게 바뀐
뒤 한층 고자세가 된 민주공화당은 7월 15일 당무회의에서 예정하였던 자
유민주당과의 합작포기 선언을 이날 밤 자정까지 보류하였다. 이는 자유민

주당 내에서 일부 당원들이 지난번 기획위원회의 결정을 번복하리라는 소식을 전해 듣고 취한 조치였다. 실제로 자유민주당 내의 비주류 측은 민주공화당과의 무조건 합당을 주장하였다. 비주류파(합류파)는 7월 15일 친여세력통합추진위원회의 발기를 선언하였다.[52]

자유민주당의 진로를 둘러싸고 당내 주류파(단독창당파)와 비주류파(합류파)는 7월 16일 오후 기획위원회에서의 논쟁을 마지막으로 사실상 결별하였다. 엄민영, 하태환 등이 중심이 된 비주류파는 7월 17일 친여세력통합추진위원회를 구성, 민주공화당과의 합당교섭을 시작하였고, 주류파는 이날 비주류파를 제거한 후 독자적으로 창당하겠다고 밝혔다.[53]

비주류파 중 일부는 7월 17일 자유민주당과 사실상 결별하고 민주공화당과의 합류를 선언하였다.[54] 이처럼 합류를 희망하는 비주류세력이 커지자 당황한 주류파는 7월 18일 갑자기 방향을 전환, 친여세력단일화대책위원회를 만들어 김봉재, 주도윤, 조영규, 김선기, 김원태 등을 그 위원으로 선정, 새로운 합류원칙의 검토를 개시하였으나 이번에는 민주공화당에 의하여 무시당하였다.

야권에서 민정당, 신정당, 민우당 3당의 통합운동이 전개되고 있던 같은 시기에 민주공화당과 자유민주당의 통합운동도 전개되고 있었는데 이들 정당 간 합작 혹은 통합운동은 극도의 난맥상을 노정하고 있었다.

자유민주당은 7월 18일 비주류파와 주류파가 결별하였는데 결별을 선언한 비주류파(합류파)는 자파에 속한 중견 대표급 인사 연석회의를 열고 친여세력통합추진위원회를 발족시켜 독자적 합류교섭을 시도하였다. 이 추진위원회는 이갑성, 민병기, 엄민영, 김준태 외 690명의 명단을 발표하고 협상위원장에 민병기, 부위원장에 엄민영, 안동준, 성두영을 선출하였다.

---

52) 이들은 박 의장의 특별담화(7월 4일) 내용을 원칙적으로 수락한다는 입장에서 ① 민주공화당 당명 변경, ② 핵심당부위원장을 중심으로 한 지방조직 개편, ③ 민주공화당 당무위원회를 비롯한 주요 기구의 개편 등을 조건으로 민주공화당과의 협상을 벌이겠다고 밝혔다.

53) 주류파는 합당추진파 기획위원인 엄민영, 하태환, 안동준, 최달희, 한종건 등 5명을 당료직에서 해임하였다.

54) 민주공화당에 합류를 선언한 인사는 하태환, 한종건, 강선명, 안용대, 안동준, 안상한, 김달수, 조정환, 엄민영, 최달희, 김준태, 정헌조, 이양호, 손치호 등 36명이다.

민주공화당 측 대표 전예용, 서인석, 김우경 등 3인과 자유민주당 측 대표 엄민영, 안동준, 하태환, 강선명, 김달수 등 5인은 7월 20일 시내 그랜드호텔에서 첫 회합을 가졌는데 이 자리에서 양당 간의 통합교섭을 매듭지었다.

자유민주당 내 비주류인 친여세력통합추진위원회는 7월 27일 민주공화당에 합류할 것을 결의하였다. 이 추진위원회의 민주공화당 합류선언에 이어 8월 1일까지 당내 천수봉 외 243명, 당내 민주당계열 손치호 외 114명, 범국민연맹의 김성조 위원장을 비롯한 상임위원 96명, 조선민주당의 중앙사무국장 임태정 외 다수, 기독교사회농민당에서는 등록된 지구당 45개가 전부 합류하였다. 뿐만 아니라 한국독립당의 홍순복, 이시찬 등 38명, 신정당의 김정기 외 75명, 대한청년단(한청)의 박승하 외 19명, 신조회의 김정식 외 18명, 민정당의 길정기 외 211명 등이 민주공화당에 입당하였다.[55]

이렇게 범국민정당운동을 벌이고 있던 여러 정파 내의 친여합류파는 범국민정당운동에서 이탈, 8월 7일까지 민주공화당에 대거 입당하였다. 6월 10일 발기를 선언하였던 자유민주당은 차기 대통령선거에서 박정희 의장을 배후로 하여 권력을 인수하는 것까지 생각하였으나 민주공화당과의 통합협상이 실패함에 따라 어려운 상황에 직면하게 되었고 게다가 당원 중 842명이 8월 7일까지 민주공화당에 대거 입당함으로써 당의 진로문제를 심각하게 고려하지 않을 수 없게 되었다.

3. 합낭 시도 이후

1) 통합협상 실패요인

자유민주당 내의 비주류파(합류파)가 민주공화당에 개별 입당하는 선에서 양당 간 통합 시도는 종료되었다. 자유민주당은 민주공화당에 대하여 통합 신당의 당명을 변경할 것과 지방조직을 정치당원 중심으로 개편할 것 그리

---

55) 민주공화당 기획조사부, 『민주공화당4년사』(서울, 1967), 78–87쪽.

고 창당준비위원회 구성에 있어서 양당이 동일한 비율로 참여할 것을 요구
하였으나 수용되지 않음으로써 실패하였다. 다시 말하면 민주공화당의 조직
백지화를 요구하는 자유민주당의 주장과 이를 거부하는 민주공화당의 강경
한 입장이 조정되지 못하여 양당의 통합운동은 수포로 돌아갔다. 성사 여부
를 떠나 사상 처음으로 여당과 친여정당 간에 합당이 시도되었다는 점에
의미가 있다.

2) 자유민주당 창당 및 야당으로의 전향

박정희 의장과 소선규 자유민주당창당준비위원장 간의 통합협상회담
(1963. 07. 10.)이 실패한 이후 창당준비를 하여 온 자유민주당은 박정희 의
장이 민주공화당에 입당하고 민주공화당 제3차 전당대회(1963. 08. 31.)에서
당 총재와 대통령후보지명을 수락하자 곧 야당으로 전향하였다. 자유민주당
은 김도연, 김준연, 서민호, 김재춘 등을 영입하고 1963년 9월 3일 서울시
민회관에서 981명의 대의원이 참석한 가운데 창당대회를 개최하였다. 김재
춘 전 중앙정보부장이 주축이 되고 송요찬, 소선규, 김도연 등이 규합하여
결성된 자유민주당의 창당대회에서 대표최고위원에 김준연이 추대되었다.
자유민주당은 송요찬 전 내각수반을 대통령후보로 지명하였으며 그 후 그
를 옥중 출마시켰으나 야당 대통령후보 단일화에 협조하여 송요찬 후보를
사퇴시켰다.

제5대 대통령선거(1963. 10. 15.)

1. 선거 전의 상황

1) 정부형태 변경 및 민정이양 사전 조치

5·16군사정변으로 인하여 그 효력이 정지되었던 헌법은 1962년 12월 6일 국가재건최고회의에서 헌법개정안이 가결되어, 그날로 발의 공고(1962. 12. 26. 공포)되었다.[56] 개정헌법은 종래의 내각책임제를 대통령제로 환원하였으며 단원제 국회, 그리고 국회의원입후보의 정당추천제, 선거공영제 등을 주요 내용으로 하고 있다.

새 대통령선거법이 1963년 2월 1일 공포되었다. 민정이양을 위한 이러한 일련의 조치와 때를 맞추어 정치활동정화법에 묶여 있던 구정치인 275명이 추가로 해금되었다. 이들 중 전 신민당원인 백남훈, 조한백, 이충환, 이상돈, 이정래, 김영삼, 이종순 등 3백여 명이 추가발기인으로 민정당에 입당하였다.[57] 대통령선거에 앞서 여러 갈래로 분열되어 있던 야권이 다시 규합 움직임을 보이기 시작한 것이다.

2) 민정당 내분 수습

유진산 의원에 대한 제명 여부를 묻기 위한 민정당 중앙위원회가 1963년 10월 8일 시내 종로예식장에서 열렸다. 이날 무기명 비밀투표 결과 재석 365명 중 찬성 189, 반대 171, 무효 4, 기권 1로 제명이 결정되었다. 이로써 2개월여를 끌어 오던 민정당 내분은 대통령선거 직전에야 일단락되었으며 동당은 윤보선을 후보로 내세워 대통령선거에 나설 채비를 차렸다. 한편

---

56) 국가재건최고회의는 12월 14일 정치활동정화법 해당자 192명을 추가로 해제한 후 12월 16일 해체되었다. 그러나 장면 등 74명에 대해서는 계속 정치활동을 금지하였다.

57) 김영빈, 「당인-파벌」, ≪월간 조선≫(1981년 3월호), 176쪽.

'국민의 당' 허정 후보는 선거운동 도중인 10월 2일 야권대통령후보단일화에 협조하여 대통령후보를 사퇴하였다.

<표 5-3> 제5대 대통령선거 결과

유효투표 총수	정당·후보자별 득표수				
	민주공화당	민정당	추풍회	정민회	신흥당
	박정희	윤보선	오재영	변영태	장이석
10,081,198	4,702,640	4,546,614	408,664	224,443	198,837

출처: 중앙선거관리위원회, 『대한민국선거사(제1집)』(1973), 753쪽.

2. 선거 결과

제5대 대통령선거가 1963년 10월 15일 시행되었다. 선거 결과 민주공화당의 박정희 후보가 유효투표의 46.6%인 470만 2,640표를 얻어 45.1%인 454만 6,614표를 얻은 민정당의 윤보선 후보를 근소한 차로 누르고 대통령에 당선되었다. 두 후보 간의 표 차는 불과 15만 6,026표였다.

그런데 이번 선거에서 야당 총재이자 당선 가능성이 있던 윤보선 후보가 투표가 끝난 후 이틀간이나 한국주재 미국정보기관원의 집에서 신변안전을 도모하였던 것으로 밝혀졌다.[58] 윤보선 후보의 당선 가능성이 대두되던 10월 4일 미국 국무부는 주한 미국대사관에 대하여 군사정부의 강경파가 극단적인 조치를 취할 것에 대비하여 모종의 비상계획을 세우도록 지시했었다고 한다.

3. 선거의 특징

① 이번 선거는 군사정변 자체에 대한 국민의 심판, 군사정변 이후의 국

---

58) 조갑제, 「내 무덤에 침을 뱉어라!」, ≪조선일보≫, 1999년 6월 3일자. 1952년 여름 부산정치파동 때에도 미국은 이승만 대통령에 도전하던 장면을 보호해 준 적이 있다.

정 수행에 대한 국민의 평가가 동시에 내려진 선거였다. ② 야당후보가 4명이나 출마하여 표를 분점한 것이 선거 결과에 영향을 미쳤다. 선거일을 앞두고 '국민의 당' 허정 후보와 자유민주당의 송요찬 후보가 각각 후보를 사퇴하면서 윤보선 후보 지지를 선언하였으나 역부족이었다. ③ 지역정서가 투표과정에 강하게 표출되지는 않았으나, 표의 남북현상이 나타났다. 충청도 이북은 윤보선 후보, 전라남·북도 및 경상남·북도 이남은 박정희 후보가 우세하였다. ④ 선거의 가장 큰 쟁점은 박정희 후보의 좌익사상 경력 시비였다.

4. 선거 이후

민정당은 1963년 11월 13일 박정희 당선자를 상대로 대통령당선무효소송 및 선거무효소송을 대법원에 제기하였고, 대통령선거 당시의 부정선거 사례를 들추었으며 박정희에 대한 사상 시비를 다시 제기하는 등 공세를 펴기도 하였다.

한편 민주공화당은 대통령선거에서의 승리 여세를 몰아 1963년 11월 26일로 예정된 제6대 국회의원선거 준비에 총력을 기울였다. 후보공천 과정에서 노정된 분열과 이탈을 막기 위하여 사무당원조직을 핵심으로 삼아 조직 확대와 정비에 주력하였다. 12월 17일 취임한 박정희 대통령은 제3공화국의 수립을 선포하고 군정을 매듭지었다.

1. 선거 전의 상황

1) 정치관계법 개정 및 폐기

1963년 1월 12일 국회의원선거법이 국가재건최고회의에서 가결, 통과되었다. 1월 16일 공포된 이 법의 주요 내용은 다음과 같다. ① 20세 이상의 국민에게 선거권, 25세 이상의 국민에게는 피선거권을 인정한다. ② 선거구는 전국선거구와 지역선거구로 구분한다(국회의원 총수 175명, 지역구 131명, 비례대표 44명). ③ 1지역구에서는 1인의 의원을 선거한다. ④ 공무원과 선거관리위원회의 위원이 의원으로 입후보하려고 할 때에는 의원의 임기만료일 180일 전에 그 직을 그만두도록 한다. ⑤ 지역구선거관리위원회는 합동연설회를 개최하도록 한다. ⑥ 1인 1투표제로 하고, 투표는 오전 7시부터 오후 6시까지로 한다. ⑦ 당선인 결정은 유효 투표의 다수를 얻은 자를 당선인으로 하고, 득표수가 같은 후보자가 2인 이상인 때에는 연장자 순으로 결정한다. ⑧ 당선인이 없거나 선거무효의 경우에는 재선거, 지역구 의원이 궐위된 때에는 보궐선거를 실시하도록 한다.

한편 정부는 대통령선거(1963. 10. 15.)가 끝나고 얼마 지나지 않은 시점인 1963년 10월 26일 선거운동 기간 중 후보자 및 선거운동원의 신분을 보장하는 '정치운동에 관한 법률'을 폐기·공포하였는데 그 시기가 국회의원선거일 한 달 전이라 야당으로부터 야당의 선거운동을 탄압하려는 행위라고 공격을 받았다.

2) 각 정당의 공천 파동

국회의원선거를 앞두고 민주공화당 내의 공천파동이 확대되어 1963년 11월 1일 낙천자들이 대거 탈당하였다. 제5대 대통령선거를 포기하고 제6대 국회의원선거에 대비하여 당의 간부진을 강화시킨 '국민의 당'은 전국구 후보와 지역구 공천을 놓고 허정 계열과 이범석 계열 사이에 심한 갈등이 표면화되어 진통을 겪기도 하였으나 허정과 이범석의 양자협상으로 수습한 뒤 전국구 후보 22명과 지역구 후보 120명을 선정하였다.

3) 민정당과 자유민주당의 합당선언

온건파인 유진산 의원을 제명한 민정당은 제1야당으로서의 명실상부한 기반을 굳히기 위한 합당공작을 전개하였는데, 그동안 추진하여 오던 민정당과 자유민주당의 통합협상이 급진전되어 선거 하루 전인 1963년 11월 25일의 민정당 제2차 전당대회에서 자유민주당과의 합당을 결의하였다. 이날 서울시민회관에서 열린 전당대회에서는 자유민주당과의 통합을 결의한 뒤 기타 재야 정당과의 통합촉진결의를 하려고 하였으나 이중재 의원이 유진산 의원의 복당결의도 함께 하자고 제의한 것이 발단이 되어 두 계파는 또다시 충돌하여 대회기능이 마비되고 대회는 무기 정회되는 사태가 발생하였다.

2. 선거 결과

제6대 국회의원선거가 1963년 11월 26일 실시되었다. 선거 결과 여당인 민주공화당은 총의석 175석 중 110석(지역구 88, 전국구 22)을 획득하였다. 민정당은 41석(지역 27, 전국 14), 민주당 13석(지역 8, 전국 5), 자유민주당 9석(지역 6, 전국 3), '국민의 당' 2석을 각각 획득하였다.

<표 5-4> 제6대 국회의원선거 결과

정당	당선자 수	정당	당선자 수	정당	당선자 수
민주공화당	110	민주당	13	국민의 당	2
민정당	41	자유민주당	9	−	−

출처: 중앙선거관리위원회, 『대한민국선거사(제1집)』(1973), 1244–1245쪽.

3. 선거의 특징

① 민주공화당이 과반수 의석을 확보하지 못할 것이라는 예상과는 달리 총 의석수의 3분의 2에 가까운 많은 의석을 획득하였다. ② 한국선거사상 처음으로 선거구를 지역구와 전국구로 구분하여 지역구에는 소선거구 다수대표제를, 전국구에는 비례대표제를 병용하였는데 전국구 의석은 정당별 득표비율이 아닌 의석비율에 따라 배분하였다. 여당에 안정의석을 주기 위한 변칙적인 비례대표제였다. 민주공화당은 33.5%의 지역구 득표로 전체 의석 중 62.8%의 의석을 차지함으로써 선거제도 조정이 정치구도에 미치는 영향이 크다는 것을 입증 하였다. ③ 후보자 추천에 있어서는 정당법과 국회의원선거법의 규정에 따라 정당추천제를 절대 요건으로 하여 무소속 입후보를 원천적으로 봉쇄하였다. ④ 여촌야도의 투표행태가 나타났다. 여당은 대구, 부산, 경상남·북도, 충청북도, 강원도, 제주도 등지에서, 야당은 서울에서 압승을 거두었다. ⑤ 통합신당인 '국민의 당'은 2명의 당선자(충남 청양·홍성의 이상철, 충남 예산의 한건수)밖에 내지 못하는 저조한 성적을 거두었다.

4. 선거 이후

제5대 대통령선거와 제6대 국회의원선거 이후 야권에서는 정당통합 기운이 고조되기 시작하였다. 정당의 난립으로 인하여 선거에서 패배하였다는 인식을 갖게 되면서, 특히 기대를 모았던 '국민의 당'이 국회의원선거에서 저조한 성과를 거두면서 야당통합 논의가 다시 본격적으로 전개되었다.

1. 합당 시도 배경

모든 야당의 집결만이 실질적인 군정을 종식시킬 수 있다고 믿어 온 민주당은 창당 초부터 야당연합을 부르짖었으나 실현을 보지 못하고 양대 선거를 치른 결과 패배하자 소장 층을 중심으로 당내에 야당통합론이 고개를 들기 시작하였다. 양대 선거 결과는 야당으로 하여금 후보 혹은 정당의 난립은 국민적 지지를 집결시킬 수 없다는 인식을 갖게 하는 계기가 되었다.

합당을 시도하게 한 다른 하나의 유인(誘因)은 원내교섭단체 구성에 있었다. 교섭단체를 구성해야 원내 의정활동에 있어서 대우를 받고 다른 교섭단체와 함께 국정심의에 능동적으로 참여할 수 있기 때문이다. 의석수가 20석이 넘는 민주공화당과 민정당은 각각 교섭단체를 구성할 수 있었으나 20석 미만인 민주당, 자유민주당, '국민의 당'은 독자적인 교섭단체 구성이 불가능하였다.[59]

민주당은 1963년 12월 19일 자유민주당, '국민의 당'과 더불어 원내에서 삼민회라는 단일교섭단체를 구성하였다. 3당의 대표인 조재천(민주당), 소선규(자유민주당), 이상철('국민의 당')은 공동성명을 통하여 지난 부정 · 부패 선거 결과 여당의 일방적인 비대만을 초래하게 되었는데 군벌정치의 등장을 저지하고 경제사회적 파탄에 대한 현실을 바로잡는 데 최선을 다하기 위하여 3당은 단일교섭단체를 구성, 원내에서의 행동을 통일하기로 합의하였다고 밝혔다.

---

59) 교섭단체를 두는 목적은, 원내에서 일정한 정당에 속하는 의원들의 의사를 종합, 통일하여 사전에 상호 교섭함으로써 국회 운영을 원활하게 하려는 데에 있다. 그 구성 요건에 있어서는 20인 이상의 소속 의원을 가진 정당은 하나의 교섭단체를 구성할 수 있도록 하고 있다. 정당 단위가 아니더라도 다른 교섭단체에 속하지 않는 20인 이상의 의원으로 따로 구성할 수도 있다.

2. 합당 시도 경과

1) 선거 패배의 수세에서 한일회담 반대 공세로의 전환

민주당의 함종빈·김학준, 자유민주당 김용성·하용도, '국민의 당'의 송원영·김수한 의원을 중심으로 하는 각 정당의 소장파가 주축이 되어 1963년 12월 하순부터 3당 통합 실현을 위한 비공식 접촉을 시작하였다.

민주당 중앙상임위원회가 1964년 1월 17일 자유민주당 및 '국민의 당'과의 통합원칙을 확인하는 결의를 한 것을 계기로 3당 통합이 실현되는 듯하였으나 민주당 내 일부에서 통합에 앞서 자체 정비를 단행해야 한다는 신중론이 대두하면서 3당 통합운동은 주춤해졌다.

5·16군사정변 이후 경제개발을 국정의 최우선 과제로 설정한 군사정부는 경제개발에 필요한 자금 확보를 위하여 보다 적극적으로 한일회담(韓日會談)에 임하였다. 정부는 제3공화국 출범 직후부터 한일 국교정상화회담의 조기타결을 중요 과제로 삼아 한일 국교정상화를 위하여 노력하였다. 정부·여당은 집권당의 제2인자이며 군정 때부터 이 회담에 주도적 역할을 하여 온 민주공화당 의장 김종필을 한일회담 조기 타결의 측면지원이란 명목으로 일본에 파견하였다.

그 결과 한일회담 일정이 3월 타결, 4월 초안, 5월 조약조인으로 가닥이 잡히자 야당은 이를 극력 반대하기 시작하였다. 무엇보다도 한일회담 교섭은 공식외교담당자가 아닌 제3자의 측면외교에 의하여 주도되었고, 저자세 외교라는 인식을 주게 되면서 여론의 비판과 야당의 강한 반대에 직면하였다. 정부가 공식적으로 한일 국교정상화 방침을 밝히자 야당은 일제히 반발하고 나섰으며 민주당은 1964년 3월 4일 재야 정당과 제휴, 민정당 당사에 모여 한일회담 일괄타결을 끝까지 저지하기 위하여 범야연합전선을 편다는 방침에 원칙적인 합의를 보았다.

한일 국교정상화를 위한 교섭이 급진전되자 이를 저지하려는 야당과 사회·종교 등 각계 인사를 망라한 200여 명이 3월 9일 시내 종로예식장에 모여 굴욕외교반대 범국민투쟁위원회를 결성, 전국적인 반대투쟁을 전개하였다. 3월 16일부터 투쟁위원회가 전국적으로 유세를 벌이는 가운데 3월 24일부터는 학생시위 또한 연일 계속되었다.

이러한 상황의 전개에 따라 원내에서 삼민회라는 단일교섭단체를 형성하여 대여투쟁을 전개하던 민주당, 자유민주당, '국민의 당'의 3당은 통합이라는 명제에 더욱 당력을 기울이게 되었다. 이들 3당 내의 소장파들은 여러 차례 회동하여 통합을 모색하였고 중견간부 일부도 개별접촉을 통하여 같은 길을 모색하여 오다가 3당은 3월 19일 각기 야당통합원칙을 확인하고 통합교섭위원 7명씩을 선정하였다.[60]

3당통합교섭위원 명단

민주당: 박해충, 함종빈, 이종남, 박영록, 최영근, 김원만, 성태경
자유민주당: 김삼, 김용성, 조영규, 이은태, 주도윤, 이필호, 민영남
'국민의 당': 박찬현, 박석교, 이필선, 채문식, 한기태, 한건수, 김문평

3당에서 선출된 이들 통합교섭위원 21명은 3월 20일 정오 시내 태화관에서 회합을 갖고 재야 정당통합추진위원회를 구성, 공식적인 통합협상에 들어갔다. 이날의 제1차 회합에서는 야당통합의 원칙을 재확인하였고 3월 24일의 제2차 회합에서는 ① 정책 및 당헌의 성안, ② 합당에 관한 법적 절차의 연구, ③ 조직 등 3개의 분과위원회로 구분하여 위원회를 구성하고 구체적인 통합절차를 논의하였다.

2) 3당 통합 선언

통합협상에 임하여 온 민주당, 자유민주당, '국민의 당' 3당은 1964년 5월 2일 자유민주당 당사에서 3당 영수(박순천, 김도연, 허정)의 이름으로 합당에 관한 성명서를 발표, "재야세력의 대동단결을 위한 과정으로서 우선 3

---

60) 통합을 추진하여 오던 3당의 소장 층은 비공식모임을 통하여 당명은 잠정적으로 민주당 당명을 사용한다. 지도체제는 집단지도체제로 한다. 지구당조직책은 제6대 국회의원선거에서의 득표수를 기준으로 결정한다는 3개 원칙에 합의하였다.

당이 합당하려는 것"이라고 선언하였다. 이들은 합당선언문에서 현행 정당
법의 장애를 극복하여 가능한 조속히 합당대회를 열겠다고 공약하였다. 이
날의 3당 영수 및 3당 중진간부와 21인 통합교섭위원의 연석회의에서는 다
음과 같은 합당원칙을 확인하였다.[61]

3당 합당 4원칙

① 통합과정에 있어서의 당명은 민주당으로 하고, 각 당은 실질적으로 해산 통합한다. ②
집단지도체제로 한다. ③ 지구당 조직책은 제6대 국회의원선거의 결과를 기준으로 선정한
다. ④ 정강・정책은 3당의 통합 원내교섭단체인 삼민회 기조연설문을 참고로 한다.

그런데 이러한 합당선언은 새삼스러운 것은 아니었다. 국회의원선거
(1963. 11.) 직후부터 야권의 통합이 이미 논의되고 있었으며, 제6대 국회
개원과 더불어 이들 3당 소속 국회의석 24석을 하나로 묶어 단일 교섭단체
삼민회를 구성, 원내에서나마 행동통일을 기하고 있었다. 원외에서도 주로
소장 정치인들이 중심이 되어 꾸준하게 합당공작을 진행시켜 온 것이다.

3당통합추진위원회는 당헌과 조직요강을 정하고 5월 18일 오후 시내 자
유민주당 당사에서 3당 영수와 연석회의를 개최, 그간에 합의된 사항에 대
한 동의를 얻는 한편 각 당에서는 1주일 이내에 각기 중앙상임위원회급 의
결기관의 추인을 얻어 늦어도 7월 15일 이전에 통합 전당대회를 개최한다
는 통합일정을 세웠다. 이러한 합의에 따라 자유민주당과 '국민의 당'은 당
해산작업에 착수하였다.

3) 정당의 합당절차 등에 관한 법률안

자유민주당은 원내교섭단체 삼민회에서 의석을 같이한 민주당, '국민의
당'과 합당문제로 계속 접촉하여 왔다. 특히 3당 통합의 법적 뒷받침을 마
련하기 위하여 자유민주당의 정명섭 의원 외 54인은 1964년 5월 27일 '정
당합당의 절차 및 효력에 관한 규정'을 골자로 한 '정당의 합당절차 등에

------

61) 국회사무처, 『국회사(제4대 국회─제6대 국회)』(1971), 622쪽.

관한 법률안'을 제안하여 6월 1일의 국회본회의에서 만장일치로 가결시키는 등 통합을 위하여 노력하였다.

그런데 이 법률안의 내용에는 약간의 미비점이 있어 중앙선거관리위원회가 실무적인 보완작업을 하였으며 그 후 국회내무위원회에서 수정, 가결하였다.[62] 이 법률안이 가결됨에 따라 민주당, 자유민주당, '국민의 당' 등 3당의 통합이 법적인 뒷받침을 받게 되었다.

3. 합당 시도 이후

학생시위가 과격화하자 정부는 1964년 6월 3일 비상계엄을 선포하였다. 앞에서 보았듯이 3당 통합을 위한 법·제도적인 정비는 되었으나, 비상계엄 선포로 인하여 중단상태에 빠졌던 3당 통합운동(민주당, 자유민주당, '국민의 당')은 1964년 7월 17일 3당통합추진위원회에서 각 당 영수 및 통합추진위원 7명을 포함하는 15인씩의 합당결의를 위한 수임기관을 구성, 이 수임기관의 합동회의의 결의로 합당토록 하는 합당절차를 결정함으로써 진전을 보였다. 그러나 통합 전당대회 대의원 비율문제를 둘러싼 이해의 충돌을 표면상의 이유로 자유민주당이 3당 통합의 대열에서 이탈, 통합운동에의 불참을 선언하였다.

---

62) 이 법률은 1969년 1월 23일 정당법에 의하여 폐기되었다. 이 법률의 미비점과 개선에 관해서는 이 책의 제1장 제4절 참조.

1. 합당 배경

한일회담 반대투쟁에서 민주당은 민정당과 공동보조를 취하였지만 언론윤리위원회법의 철폐와 학원안정법 저지를 위한 투쟁에서는 민정당보다 강경하게 대처하였다. 원내교섭단체인 삼민회의 활동을 주도하고 있는 민주당은 '국민의 당' 및 자유민주당과의 합당을 추진하였지만 3당은 완전한 합의에 이르지 못한 채 자유민주당의 중도 이탈로 민주당과 '국민의 당'만의 합당에 이르게 되었다.

일본에 대한 저자세외교 반대투쟁에 따라 야기된 학생시위, 비상계엄 선포, 언론윤리위원회법안 가결에 따른 언론법 파동 등 일련의 사건은 야권을 흔들어 놓고 있었다. 이는 한편으로 제1야당인 민정당과 제2야당인 민주당의 내분을 심화시키는 요인이 되었는가 하면, 다른 한편으로는 민주당과 '국민의 당'의 합당 및 민정당과 자유민주당의 합당을 촉진시키는 계기가 되었다.

2. 합당 경과

1) 통합선언

민주당과 '국민의 당'은 1964년 9월 17일 오전 10시 30분경 시내 종로예식장에서 열린 양당합동회의의 결의를 거쳐 합당을 선언하였다. 이 합당결의는 합당교섭을 위임받은 양당의 30인의 수임위원 중 25인이 참석한 가운데 만장일치로 채택되었다. 통합선언서의 내용은 다음과 같다.

민주당 · '국민의 당' 통합선언서

오늘 우리는 민주당과 '국민의 당'이 통합되었음을 선언한다. 우리 두 정당은 조국의 통일과 부흥을 전취하기 위하여 같은 대열에서 병진하여 왔는바, 이제 뜻과 힘을 더욱 효과적

으로 발휘하기 위하여 일체의 소아를 버리고 한 당으로 통합하기에 이른 것이다. 돌이켜보
건대 우리 재야 정치인들은 지금까지 전근대적 유습을 탈피하지 못하고 부질없는 분립을
일삼음으로써 크게는 역사발전에 기여치 못하였고 작게는 반민주세력에 우롱당하여 왔다.
우리는 이러한 과거를 자책하면서 각자의 마음 자세를 새로이 하고 정당의 근대화를 다짐
하면서 이제 재야 정당통합의 역사적 과업을 성취하려는 바이다.
민주당과 '국민의 당'의 통합은 우리가 당초에 포회하였던 목표보다 결여된 것이 사실이
다. 그러나 우리는 양당의 통합만으로 자족하려는 것이 아니라 보다 더한 노력으로 완미한
재야세력 대단합의 실을 거두기를 기약하면서 국민 여러분과 재야 정당 동지들의 양해를
구하는 바이다.
우리는 이제 민주당과 '국민의 당'의 통합으로 새로운 도약대에 서게 되었음을 자부하는
바이다. 오늘날 우리나라는 전례 없는 민생고와 격동하는 국제정세 속에서 몸부림치고 있
으며 모든 국민은 이 난국을 타개할 강력한 민족주체 세력의 등장을 고대하고 있다. 이러
한 역사적 시점에서 통합된 우리의 새로운 힘을 불같은 의욕과 사명감으로써 국민에게 봉
사할 것이며, 국민의 앞잡이로 줄기차게 전진할 것을 다짐하는 바이다. 바라건대 만천하
국민 여러분은 배전의 성원과 편달을 베푸시라!
민주당 대표 박순천 · '국민의 당' 대표 허정

9개월 이상 제1야당인 민정당을 포함한 4당 통합까지를 기대하면서 출발
한 3당 통합운동은 결국 민주당과 '국민의 당' 양당만의 통합이라는 결과로
끝을 맺었다. 이로써 '국민의 당'은 창당 1년 만에 발전적으로 해체되어 민
주당에 흡수 통합되었다. 민주당은 '국민의 당'이 민주당의 조건부 통합원
칙을 받아들임으로써 '국민의 당'을 흡수할 수 있었다.

2) 통합전당대회

'국민의 당'을 흡수한 후 당헌 개정을 둘러싼 주도권 쟁탈전을 벌여 온
민주당 내 정일형파와 조재천파는 1964년 12월 10일 아침까지도 "전당대회
에서 실력대결로 깨끗이 승자와 패자를 매듭짓자."고 다짐하였으나 중도파
의 막후교섭과 지방에서 상경한 당원들의 압력, 그리고 박수로 일관하는 전
당대회를 가져야겠다는 당내 인사들의 희망에 의하여 수습의 실마리를 찾
게 되었다.

각 계파 3인씩으로 구성된 6인 소위원회는 시내 서린호텔에서 이틀간에
걸친 회담에서 지도체제와 관련한 협상에 진전을 보지 못하다가 이날 오후

늦게 조재천파가 주장하는 1·5제(대의원 1명, 최고위원 5명)와 정일형파가 주장하는 2·3제(대의원 2명, 최고위원 3명)를 절충, 2·5제(대의원 2명, 최고위원 5명)에 서로 양해함으로써 대립은 고비를 넘기고 전당대회에 임하게 되었다.

민주당과 '국민의 당' 사이의 합당원칙에 따라 12월 12일 서울시민회관 대강당에서 660명의 대의원 중 642명이 참석한 가운데 통합전당대회가 개최되었다. 박정희 정권의 퇴진을 촉진하기 위하여 강력한 투쟁을 전개할 것을 다짐하면서 시작된 전당대회는 새 당헌에 따라 박순천을 최고대표위원에, 허정을 최고위원에 만장일치로 추대하고 홍익표, 조재천, 정일형(이상 민주당계열)을 지도위원으로 선출하였으나 '국민의 당' 계열 2명의 지도위원 선출에 있어서는 혼선이 빚어졌다.

임시운영위원회는 전날인 12월 11일 밤 홍익표, 조재천, 정일형, 이상철, 김성호 등 5인을 지도위원으로 내정한 후 이를 전당대회에서 보고하였으나 이상철과 김성호 대신 이재형과 이호를 '국민의 당' 계열 지도위원으로 선출할 것을 주장하는 일부 대의원들의 반대에 부딪혀 오후 대회에서 표결로 판가름하자는 실력 대결론이 대두되기도 하였다.

그 후 시내 종로예식장에서 속개된 대회에서 '국민의 당' 계열 지도위원으로 이재형과 이상철을 선출하여 민주당 계열 3인, '국민의 당' 계열 2인으로 지도위원 5인의 선출을 완료하였다. 이날 임시운영위원회가 마련한 당헌안 중 ① 중앙위원회에서 선출하는 중앙상무위원을 150인에서 180인으로 한다(당헌 제16조 2항). ② 최고위원을 약간 인으로 하고 지도위원을 7인으로 한다(당헌 제22조 1, 2항)는 최영근의 수정안을 만장일치로 채택하고 박정권 퇴진 등을 요구하는 결의문과 재야 정당통합에 관한 결의문 및 한일회담에 관한 결의문 등을 채택하였다.

대회 기조연설에서 박순천 대표최고위원은 "김·오히라 메모를 비롯한 모든 비밀 흑막적 합의를 재검토하고 정상적인 교섭경로를 통하여 공명정대한 회담을 추진한다면 이를 적극 지원할 용의가 있으며, 또한 정치활동정화법의 폐기 내지 전면 해제와 5·16 직후 구속된 정치범의 전면적 재심을 요구한다.”고 말하였다.

3. 합당 이후

민주당은 ‘국민의 당’을 흡수 통합한 이후 민정당과 공동으로 일본에 대한 굴욕외교반대 범국민투쟁위원회에 참여하여 투쟁을 전개하였다. 제2공화국 집권당 시절 한일 국교정상화를 실현시키고자 노력하였던 민주당으로서는 국교정상화 자체에 반대하는 것이 아니라 저자세 외교가 국가이익을 위하여 부당하다고 보아 대(對)정부투쟁을 전개하게 된 것이다.

제11절 민정당·자유민주당의 합당(민정당)

1. 합당 배경

3당 통합운동(민주당, 자유민주당, ‘국민의 당’)에서 이탈한 자유민주당은 곧 제1야당인 민정당 쪽으로 통합의 방향을 돌렸다. 1964년 11월 민정당과 자유민주당의 통합운동은 언론법 파동으로 표면화된 당내의 시국관 분쟁에서 싹이 트기 시작한 것으로 이른바 북계설을 구실로 온건론지인 유진산을 숙청하려는 강경론자인 윤보선 의원이 유진산 의원 제거를 선도하면서부터 양당 강경론자들은 막후에서 통합을 모색하기 시작하였다.

민정당의 김준하, 박철용 등과 자유민주당의 김용성, 하용도 등이 빈번히 만나 통합분위기를 조성하고자 고위간부와의 접촉을 위하여 다리를 놓았다. 이에 따라 민정당의 조한백, 유흥과 자유민주당의 김준연, 조영구 등이 회동하여 ‘순수야당의 대동단결’에 뜻을 모았고, 서민호는 윤보선을 만나 통합결의를 다짐하였다. 이처럼 민정당과 자유민주당의 통합은 각 당내 강경파 간의 단결운동이었으며 온건론자인 민정당의 유진산과 자유민주당의 소선규 등 중간 지도자의 거세가 전제되어 있었다는 데에 그 특징이 있다.

2. 합당 경과

1) 진산파동

여야의 견해 차이로 인하여 시국수습방안에 합의를 보지 못한 국회는 막후 절충을 통하여 1964년 7월 28일 여야 합의로 '계엄해제 요구결의안'을 의결함으로써 계엄은 그 다음 날인 29일 해제되었다.

박정희 대통령은 한일회담에 반대하는 학생시위에 대하여 보도하는 언론의 자세를 못마땅하게 생각하여 오던 중 계엄은 해제하되 해제 후의 안전장치로서 언론규제를 위한 법안을 국회에 상정하게 되었다. 여당 민주공화당은 7월 30일 학원보장법안과 언론윤리위원회법안을 단독으로 국회에 제출하였다. 언론윤리위원회법안이 민주공화당으로부터 제안되자 제1야당인 민정당은 독소조항이 많다는 이유로 반대하였으며 제2의 야당 격인 삼민회는 별도의 법안(수정안)을 제시하였다.[63] 민정당은 이 두 법안을 악법으로 단정하고 저지투쟁을 벌였으나 민주공화당은 8월 2일 야당 의원들이 퇴장한 가운데 언론윤리위원회법안을 가결시켰다.[64] 이 법안 처리 이후 제1야당이었던 민정당의 당수 윤보선과 당내 제2인자인 유진산 간의 2개월여에 걸친 대립상황을 '진산파동'이라 부른다.

---

63) 삼민회는 민주당·'국민의 당'·자유민주당이 합동하여 구성한 원내교섭단체이다.

64) 이 법안은 1964년 7월 3일 백남억 의원 외 45인에 의하여 제안되었다. 소관 문교공보위원회에서는 폐기되었으나 본회의에서 수정 가결되어 1964년 8월 5일 공포되었다. 국회법상 위원회에서 본회의에 부의할 필요가 없다고 결정된 의안은 본회의에 부의하지 않도록 되어 있다. 그러나 예외적으로 위원회의 결정이 본회의에 보고된 날부터 폐회 혹은 휴회 기간 중의 기간을 제외한 7일 이내에 의원 30인 이상의 요구가 있을 때에는 그 의안을 본회의에 부의하여야 한다고 되어 있다(국회법 제87조 참조).

2) 진산파동 경과

1964년 6월 3일 학생시위대 일부가 중앙청까지 진출, 몇몇 파출소를 파괴하는 등 한일회담을 반대하는 학생들의 시위가 격렬해지고 있었다. 급기야 학생들이 대통령의 하야를 주장하자 정부는 이날 오후 9시 40분 대통령 포고 제11호로 동일 오후 8시로 소급하여 서울시 전역에 비상계엄을 선포하였다(6·3계엄). 다음 날인 4일에는 전국에 비상계엄령이 내려졌다.

언론윤리위원회법안은 한일 국교정상화 교섭에 대한 반대 열풍 속에서 내려진 6·3계엄을 해제하기 위한 협상의 산물이었다. 계엄령을 해제하는 전제로서 여당은 또다시 계엄령으로 다스려야 할 혼란을 막기 위하여 언론의 보도활동과 학원의 정치참여를 규제하는 2개의 입법을 제의하였는데 야당이 이에 동의한 것이다.

민정당은 민주공화당 측의 법안을 반대한다는 데에는 의견이 일치되었으나 삼민회 측의 수정안에 대해서는 당론이 양분되었다. 당내 윤보선파는 삼민회의 수정안도 찬성할 수 없다는 강경한 자세를 보였으나 유진산파는 협상에서 입법원칙에 동의하였고 같은 야당인 삼민회의 온건한 규제입법안까지 반대하기 어렵다는 입장을 보였다. 민정당 의원총회는 양분된 당론을 조정하지 못한 채 윤제술 총무에게 전략을 위임하였다.

1964년 8월 2일의 국회본회의에서 민주공화당 원내총무 김진만 의원은 민주공화당 측 입법안을 철회하였고 이효상 국회의장은 바로 삼민회가 제시한 수정안의 표결을 선포하였다. 표결이 선포되사 민정당 소속 의원들은 전원 퇴장하였다. 이날 밤 10시 15분경 야당 의원들이 거의 퇴장한 후 실시된 표결에서 재석 149명 중 찬성 96, 기권 53(퇴장 39)으로 언론윤리위원회법안이 가결되었다. 이 법안은 민주공화당의원들만의 찬성으로 가결되었는데 가결 후 민정당은 후유증에 시달리게 되었다.

그 다음 날부터 민정당 원외 당원들은 소속 의원들을 변절자라고 규탄하였고 민정당 내에서는 이 법안의 가결처리를 계기로 잠재되어 있던 당 내분이 표면화되기 시작하였다. 윤보선을 옹립하고 있는 정해영계열은 유진산

의원의 묵계를 주장하였으며, 유진산계열은 대표최고위원인 윤보선의 양해 아래 퇴장한 만큼 그 책임은 대표최고위원에게 있다고 반박하였다. 그러나 윤보선 대표최고위원은 언론윤리위원회법안이 가결된 것에 대한 책임을 물어 유진산에 대한 제명의사를 밝혔다.

윤보선은 유진산의 제명을 의원총회에 통고하는 한편 정당법에 따라 소속 의원의 과반수 동의를 얻는 대로 제명을 강행한다는 방침을 정하였으며, 이에 맞선 유진산계열은 전당대회 소집을 요구하고 나섰다.

8월 3일 오전 11시 30분 국회의사당 3층에서 열리고 있던 민정당 의원총회 회의장이 아수라장이 되었다. 사무총장 조한백을 앞세운 20여 명의 원외당원들이 회의장에 난입하였는데, 당 조직국장 정해영 의원은 유진산 의원에게 언론윤리위원회법안의 표결이 선포되었을 때 적극적인 반대투쟁을 하지 않고 퇴장한 이유가 무엇이냐고 추궁하였다.

이날의 소요사태는 8월 5일 민정당 중앙상임위원회에서 논의되었다. 윤보선 대표최고위원은 "당내에 속칭 '사쿠라'가 있다는 풍설을 그대로 둔 채 더 이상 당의 대표 자리에 있을 수 없다."는 요지의 발언과 함께 사표를 제출하고 회의장을 떠났다. 중앙상임위원회는 즉석에서 사표 반려를 결의하였으며, 8월 7일 '묵계설 진상조사7인위원회'를 구성하였다.[65] 그 후 윤보선은 자신의 안국동 집으로 당 간부들을 소집한 후 묵계설의 장본인은 유진산이기 때문에 그를 제명하겠다고 발언하였다.

윤보선 측의 이러한 움직임에 대하여 유진산 측도 반응하였는데, 양측의 대결이 격화되자 정성태, 고흥문 등이 중재에 나서 윤보선과 유진산의 면담을 주선하였다. 유진산은 8월 7일 새벽 윤보선의 집을 방문하고 감찰위원회 소집중지를 요청하였으나 윤보선은 이를 거부하였다.

양측의 대결은 묵계설 진상조사7인위원회의 분열로 나타났다. 이 위원회의 윤보선파는 묵계의 증거를 제시할 수는 없지만 유진산의 석연치 않은 행동은 해당 행위라고 규정하였다. 조사위원회의 이러한 결론에 의거하여

---

65) 7인 위원: 조한백, 김의택, 권중돈, 신각휴, 신태악, 장영모, 김은호

유진산은 감찰위원회에 고발되었다.

묵계설 진상조사7인위원회는 유진산계열이 퇴장한 가운데 감찰위원회에 보고서를 제출하였으며, 동 7인위원회의 유진산계열은 이에 맞서 묵계설은 근거가 없다는 내용의 별도 보고서를 중앙상무위원회에 제출하였다. 서면으로 보고서를 받은 민정당 감찰위원회는 유진산 제명결정을 내렸으며 이어 당무회의에서도 제명을 결정하였다.[66]

한편 언론인들은 언론윤리위원회법 철폐투쟁위원회를 구성하고 8월 10일 전국언론인대회를 개최하였으며 8월 17일에는 일간신문 등 19개 언론사 기자들이 모여 한국기자협회를 구성하였다.

민주당과 자유민주당 내에서도 내분이 발생하였는데, 민주당은 8월 8일 오후 중앙상무위원회를 열고 3당 통합 문제와 언론윤리위원회법안 가결에 따른 소속 의원 인책문제를 둘러싸고 격론을 벌였다. 이날 자유민주당의 서민호 최고위원은 언론윤리위원회법안 가결에 대한 책임을 지고 사퇴하였다. 민정당 내에는 윤보선과 유진산 간의 분쟁이 전개되고 있었으며, 자유민주당 내에서는 8월 16일 언론윤리위원회법안 가결 등과 관련하여 서민호 계열과 소선규 계열 사이에 집단폭력을 수반한 분규가 있었다. 이렇게 1964년 8월 중순에 이르러서는 여당과 야당을 가릴 것 없이 모두 당내 분규를 심하게 겪고 있어 정당의 기능은 거의 마비상태에 있었다.

유진산과 정해영의 싸움으로 시작된 당내 불화가 유진산과 윤보선의 싸움으로 번지면서 민정당의 내분이 격화되었고, 윤보선 대표최고위원은 8월 22일 유진산 의원의 탈당을 요구하였다. 민정당 당무회의는 8월 24일 윤보선 대표의 집에서 열렸는데 21명의 당무위원 중 윤보선, 신각휴, 신태악, 조한백, 황남팔, 이정래, 송필만, 정해영, 김형일, 유옥우, 김익기 등 11명이 참석함으로서 성원이 되었다. 유진산, 윤제술, 김의택, 권중돈, 고흥문, 이충환, 김기옥 등 7명은 출석을 거부하였고 이상돈과 강문봉은 해외 체류 중이었다.[67]

---

66) 이기택, 『한국야당사』(서울: 백산서당, 1987), 189쪽.
67) 이영석, 『야당40년사』(서울: 인간사, 1987), 197–198쪽.

회의가 열리는 시각에 유진산 계열당원 30여 명이 윤보선 대표최고위원의 집으로 몰려왔다. 그들 중 대표 3명이 윤보선에게 면담을 신청하였으나 거절당하자 집 담장을 넘어 들어갔다. 이민우, 이중재 등이 윤보선 대표에게 유진산 제명 의사를 철회하여 줄 것을 요청하였으나 윤보선은 이를 다시 거부하였다. 이에 유진산계열 당원들은 25일 정오까지 당무위원들을 연금하다가 중앙상무위원회가 열리는 장소로 가기 위하여 이들을 풀어 주었다.

유진산계열이 8월 25일 상임위원회에 중앙상무위원회의 유진산 의원 제명 결정을 무효화시키고 '21인 수습대책위원회'를 구성한 데 대하여 윤보선계열은 이를 모두 불법으로 간주하고, 8월 26일 유진산 의원 제명징계결정을 양회수 당 대변인을 통하여 정식 발표함으로써 사실상 당내에 2개의 당이 존재하는 모양이 되었다.

중앙상무위원회는 재적 185명 중 94명이 참석함으로써 성립되었으며, 유진산계열은 자파만이 모인 자리에서 묵계설은 사실무근이라는 조사위원회 소수파(유진산파)의 보고서를 만장일치로 채택하였다. 또 감찰위원회의 유진산제명결의를 불법으로 규정하고 불법을 저지른 감찰위원회의 기능을 정지한다는 결의를 하였으며, 당무처리과정에서 발생한 일련의 사태에 대하여 당 대표최고위원은 국민에게 사과하고 감찰위원회의 유진산 제명결의가 무효임을 확인하라고 요구하였다. 또 1964년 9월로 예정된 전당대회까지 대회준비와 당무를 집행할 '21인 수습대책위원회 구성결의안'도 의결하여 중앙당의 사무기능을 정지시켰다. 회의에서는 이러한 중요한 결정들이 이의 없이 채택되었다.[68]

감찰위원회가 열렸으나 회의 도중 난투극이 벌어져 회의는 중단되었고 윤보선파는 서면결의의 형식으로 유진산 제명결의안을 가결하였다고 발표하였다. 남은 것은 당무위원회의 결의와, 당시 정당법상 소속 국회의원 제명요건인 의원총회 결의라고 하는 2단계 절차였다. 그러나 당무위원회에는 21명의 당무위원 중 10명만이 참석함으로써 회의는 성립되지 않았다.

---

68) 이영석, 앞의 책, 199-200쪽.

윤보선 대표최고위원은 중앙상무위원회의 결정을 무시하고 유진산의 제명을 확정하기 위한 마지막 절차인 의원총회 결의 준비에 착수하였다. 그는 의원총회를 열어 표결하는 방법 대신 의원들을 자신의 집으로 불러 찬성서명을 받는 서면결의라고 하는 변칙적인 방법을 채택하였다. 이에 서범석, 정성태, 김영삼, 고흥문 등 4인이 사태수습에 나섰다. 정성태는 9월 초 유진산의 시내 관훈동 집을 방문하고 다시 한 번 윤보선을 찾아가도록 권유하였고 권유를 받아들인 유진산은 윤보선을 재차 방문하였으나 윤보선은 당초의 뜻을 굽히지 않았다.

3) 파동 이후

정부의 압력에 대하여 언론계가 강하게 반발하는 가운데 1964년 10월 8일 박정희 대통령은 법철폐투쟁위원회의 대표들과 만나 문제를 협의하였다. 투쟁위원회 대표들은 언론자율규제를 강화하겠으니 법의 시행을 보류하여 줄 것과 윤리위원회의 소집을 중지해 줄 것 등을 건의하였고 대통령은 이를 수용함으로써 언론법 파동은 막을 내렸다.

4) 민정당 · 자유민주당의 합당교섭

한편 민주당 내에서도 조용하지만 줄기차게 내분이 계속되고 있었는데 특히 3당 통합 추진문제 때문에 더욱 그러하였다. 이른바 통합신중파(조재천 부총재)와 통합속결파(정일형 부총재)가 대립하였다. 박순천 총재는 1964년 8월 24일 "통합을 할 시기가 아니며 또한 통합이 되리라고 보지도 않는다. 통합을 하려는 당들(민주당, 자유민주당, '국민의 당')이 이렇게 시끄러운 판에 공연히 통합한다고 더 시끄러워진다면 무슨 꼴이 되겠는가."라는 요지의 발언을 하여 통합신중, 통합보류의 의중을 밝혔다.[69] 당내의 이러한 분쟁은 단순히 통합시기와 방법에 대한 견해 차이에서 발단되기는 하였지

---

69) ≪동아일보≫, 1964년 8월 26일자.

만 어느 것이 자파에 이로울 것인가 하는 당내 주도권 쟁탈의 의미가 더 크다고 할 수 있다.

민정당과 자유민주당 양당은 통합과정에서 각기 당내 시국관의 차이 등 이견과 파벌의 대립으로 마찰이 있었는데 특히 민정당 내의 사정은 심각하였다. 국회에서 언론윤리위원회법안이 가결된 시기(1963. 08. 02.)를 전후하여 민정당 내에 내분이 발생하기 시작하였는데, 윤보선 대표는 8월 26일 유진산 의원에 대한 제명을 발표하는 한편 이를 국회에 통보키로 하였다.[70]

유진산 의원은 즉각 반발, 서면결의의 무효 확인을 위하여 중앙상임위원회를 소집하였다. 원내총무 서범석 의원도 "의원총회의 표결이 아닌 서면결의는 정당하지 않다."며 국회에 대한 제명 통고를 거부하였다. 상황이 이에 이르자 세 번째 협상이 추진되었다. 전당대회기능을 대행하는 중앙위원회를 열어 그 결의에 최종적인 판단을 구한다는 해결방안이 제시되어 양측이 모두 동의하였다.

한편 윤보선 민정당 대표최고위원은 9월 21일 자유민주당과의 통합을 희망하였으며 김도연 자유민주당 대표최고위원은 이를 환영하였다. 윤보선의 통합용의 발언 이후 양당의 통합기운이 고조되어 9월 24일 자유민주당 최고위원회는 통합원칙에 동의하였다. 민주당, 자유민주당 그리고 '국민의 당'의 3당 통합이 결렬된 후 자유민주당의 진로결정에 전권을 위임받고 있던 김도연 대표최고위원은 이날 비공식으로 당 최고위원회를 소집하였는데 이 자리에는 김준연, 서민호 두 최고위원과 이희승 사무총장이 참석하였다. 회의에서는 다음과 같은 사항에 합의가 이루어졌다.

자유민주당 최고위원회의 통합원칙 합의사항(1964. 09. 24.)
① 야당단일화의 일환으로 민정당과 통합한다. ② 이를 위하여 우선 원내교섭단체인 삼민회에서 탈퇴한다.

---

70) 고흥문은 윤보선과 유진산 간의 알력을 다음과 같이 서술하고 있다. ① 윤보선은 유진산의 조직력 덕분에 지도자로 부상하였다. 대통령선거를 치른 후 국민적 인기를 얻게 되자 유진산의 당내 기반에서 벗어나려 하였다. 또 윤보선에게는 새로운 자금줄인 정해영이 있었다. ② 윤보선과 유진산의 시국관은 시간이 지날수록 격차를 보였다. 윤보선은 박정희 정권의 합헌성을 부인하고 정권 타도를 주장하였으나 유진산은 합리적인 대여전략이 필요하다는 입장을 견지하였다. 고흥문, 『못다 이룬 민주의 꿈』(1990), 161쪽.

한편 이날 윤보선 대표와 김도연 대표는 단독회담을 갖고 통합절차를 협의하였는데 두 영수 간의 합의사항은 다음과 같다.

민정당 대표최고위원·자유민주당 대표최고위원의 합당 합의사항
① 양당은 각각 4인씩 대표를 선출하여 8인위원회를 구성한다. ② 11월 25일의 민정당 전당대회를 전후해서 통합대회를 개최한다. ③ 이번 통합은 자유민주당이 민정당에 흡수되는 것이므로 당헌이나 정강정책은 민정당의 결정에 일임한다.

윤보선 민정당 대표최고위원은 10월 2일 유진산 의원에 대한 동당의 제명을 이효상 국회의장에게 통고하였다. 이에 대하여 10월 3일자로 유진산으로부터 국회의장 앞으로 이의서가 제출되었다. 유진산 의원은 이의서에서 민정당이 소정의 절차를 거치지 않고 자신을 제명하였으니 이는 무효라고 주장하였다.[71] 국회의장은 곧바로 윤보선 민정당 대표최고위원에게 이 이의서에 대한 소견을 밝혀 줄 것을 요청하는 서신을 발송하였다.

그 후 윤보선, 유진산 양측은 유진산 의원 제명문제와 관련하여 당 중앙위원회에서 표결로써 판정한다는 데 합의하였다. 합의에 따라 10월 8일 개최된 민정당 중앙위원회에서는 윤보선과 유진산의 연설을 청취한 후 유진산 제명 여부를 묻는 투표에 들어갔다. 무기명 표결결과 총 투표수 365표 중 찬성 189, 반대 171, 무효 4, 기권 1로 유진산의 제명이 결정되었다. 유진산은 중앙위원회의 결의에 승복하였으며 당을 떠나 무소속 의원으로 남게 되었다.

바로 이날 자유민주당은 민정당과의 합당원칙에 합의하였다.[72]유진산 제명문제를 마무리 지은 민정당은 제1야당의 위치를 확고히 하는 한편 윤보

---

71) 유진산 의원은 이의서에서 민정당 당헌 제70조를 들었는데 그가 1964년 10월 3일 국회의장에게 제출한 이의서의 내용은 다음과 같다. 제70조의 내용은 "중앙위원에 대한 징계는 서울특별시, 부산직할시 도지부 또는 시구당부의 요구에 의하여 중앙감찰위원회를 거쳐 당무회의가 결정한다. 국회의원에 대한 제명에 있어서는 전조의 규정 외에 소속 국회의원 전원의 2분의 1 이상의 찬성이 있어야 한다."로 규정되어 있는바 정당법 제32조에 명시된 소정의 절차를 거치지 않았음이 분명하며 따라서 윤보선 민정당 대표의 제명통고는 정당법 및 당헌에 위배되는 허위문서이다. 뿐만 아니라 서면결의라고 하는 비민주적인 방법에 의한 처리는 무효라고 주장하였다. 또 민정당 당헌 및 민정당 충청남도 지부, 충청남도 제13 지구당부에서 유진산을 제명한 사실이 없음을 증명하는 증명서 각 1통씩을 첨부하였다.

72) 자유민주당은 민주당, '국민의 당'과의 3당 통합협상을 벌이다가 지구당조직책 비율문제 등 이해관계가 얽히자 통합운동에서 이탈한 바 있다.

선계열은 세력 강화를 위하여 그동안 은밀히 추진하여 온 자유민주당과의 합당교섭을 본격화시켰다. 민정당의 윤보선 대표와, 민정당과의 통합에 관한 전권을 위임(중앙상임위원회 결의)받은 자유민주당의 김도연 대표는 10월 27일 양당 영수회의에서 연내에 양당을 통합한다는 데 합의하였다.

자유민주당은 11월 24일 오전 11시 개최된 전국대의원대회(전당대회)에서 민정당과의 흡수합당에 관한 결의문을 채택하고 발전적인 해체를 선언하였다. 이로써 1963년 9월 3일 창당된 자유민주당은 사실상 해체되었다.

윤보선과 김도연이 합당원칙에 합의한 다음 날인 11월 25일 소집된 민정당 제2차 전당대회에서 민정당은 자유민주당과의 흡수 통합을 결의(추인)하였다. 그러나 이날 대회에서 의장·부의장은 선출하였으나 다른 안건은 전혀 처리하지 못하고 산회하였다. 전당대회는 유진산계열에서 유진산의 복당(復黨) 문제를 제의하자 이를 저지하려는 윤보선계열과의 충돌로 인하여 대회의 속개가 무기 연기되고 합당 선언 자체는 연기되었기 때문이다.

민정당과 자유민주당은 11월 26일 오전 시내 종로예식장에서 합당을 위한 합동회의를 개최하고 합당선언을 발표하였다.

민정당·자유민주당의 합당선언문

우리는 지금 엄숙한 시점에 그리고 전 국민의 절실한 요청 앞에 있다. 민족, 민주의 역사철학이 명하는 야당통합의 기치 아래 모였다.

국내외 정세의 변화가 급격할수록 우리는 주체성을 갖고 그 역사적 핵을 투시하여 수응토록 해야 할 것이며 오늘의 제 이해관계의 개선조정은 물론 내일의 반공민주통일을 위해 민족, 민주진영의 대동단결이 시급히 이룩되어야 하겠다. 지난날의 불행했던 민주정치사와 이질적인 박 정권의 무능, 부패, 독선이 사상미증유의 극한점에 달한 이때 우리는 무엇을 어떻게 해야 할 것인가를 결단해야 한다.

이제 우리들의 반성과 회오가 없을 수 없거니와 더욱이 정치활동 재개에서 정당파동, 대통령선거, 국회의원총선거를 거쳐 6·3사태, 계엄, 언론법 파동에 이르러 온 박 정권의 무한정치수법의 난마 속에 휘말렸던 일련의 경험은 국민과 정치인 특히 우리 재야 정치인에게 각성과 새로운 지표를 마련해 주었다. 뿐만 아니라 박 정권이 국민에게서 오는 긍정적 효과 위에서 정권을 유지함이 아니고 야당의 착란에서 오는 반사적 효과에 의한 정권유지책을 선택하는 이 마당에 우리의 진로는 자명한 것이다. 지난날의 모든 연유를 청산하고 야당의 뜻과 힘을 한데 뭉침으로써 헌정을 수호할 것이요, 여기에서 횡포, 독재, 부패, 무능이 극복될 수 있고 나아가 질서가 조화 속에 항상 진보를 구함으로써 시대적 감각에 맞는 새로운 정치기풍을 조성하고 정책과 능력의 동반으로서 경제발전과 민주창달을 기하여 복지국가를 이룩해야 할 것이다. 이러한 방향은 역사와 국민이 선정해 준 숙명의 길임을 확신하고 전 재야동지에게 제의하면서 우리는 양당통합과 함께 다음을 선언한다.

○ 새로운 각오와 자세로써 나라와 겨레를 구하고 번영케 하는 길로 매진한다. ○ 자유·평등, 민주주의를 위해 싸우는 자 우리의 동지요, 이에 어긋나는 자, 그 누구나 우리의 적임을 선언한다. ○ 범국민적이고 강력한 전열 구축을 위하여 우리는 양당이 뭉치는 것이므로 파벌계보나 개인을 떠나, 이 국민전선 대열에 전원 참여하기를 기원한다.

만천하 애국동포들은 우리의 참뜻을 헤아려 협조와 성원이 있으시기를 바란다.

합당합동회의 양당 대표

민정당: 윤보선, 나용균, 신각휴, 조한백, 송필만, 신태악, 유홍, 박명환, 김의택, 권중돈(불참)
자유민주당: 김도연, 김산, 김선기, 조영규, 주도윤, 이은태, 정명섭, 이원홍, 김용성, 이희승

이날 윤보선 대표최고위원은 비윤보선 계열에 대한 숙청방침을 명백히 하였으며 속개 전당대회는 1965년으로 연기, 현행 당헌에 의한 새로운 간부진 개편을 서두르기로 하였다. 합당을 마친 민정당은 이날 중앙선거관리위원회에 흡수통합 신고를 마쳤다.

이에 반하여 비윤보선 계열은 "전당대회가 무기 정회상태로 속개 중인 이상 현행 당헌에 의한 대표최고위원 등 당 기구는 백지화되었으며 지난 25일의 전당대회에서 선출된 전당대회의장만이 당 대표권을 가지고 있다."고 주장하고, 연내에 권중돈 전당대회의장의 명의로 전당대회를 속개하여 유진산 의원의 복당을 결의할 태세로 맞섰다.

3. 합당 이후

1) 윤보선계열의 통합신당 장악

1964년 11월 25일의 전당대회에서 유진산 의원의 복당문제를 둘러싸고 양측이 격돌, 성과 없이 끝나고 대회속개가 무기한 연기된 다음 날인 26일 윤보선 민정당대표는 "당을 정비, 청소하겠다."는 요지의 발언을 하였다. 윤보선대표는 자유민주당에서 온 김도연, 김준연, 서민호를 11월 31일 당무위원으로 임명하였다.

　12월 7일 개최된 민정당 의원총회는 심각한 당 내분을 수습하기 위하여
두 계파와 중도계열의 간부회동을 갖고 타협안을 마련하였으나 윤보선의
거부로 뜻을 이루지 못하였다. 타협안의 내용은 ① 유진산 의원은 신상발
언을 통하여 그동안의 파동에 대하여 사과한다(묵계설은 시인하지 않는다.).
② 윤보선 대표최고위원을 중심으로 지도체제를 개편한다. ③ 유진산 의원
제명문제는 백지화한다. 등이다.

　악화일로에 있던 민정당의 내분은 연말에 이르러 당 중진들과 원내 소장
의원들의 노력으로 12월로 예정되었던 전당대회 일자를 1965년으로 연기하
는 등 냉각기를 갖게 됨으로써 일단 수습의 길로 들어섰다.

　자유민주당과의 합당으로 통합신당을 장악한 윤보선이 주도하는 민정당
은 1964년 12월 16일 지난번 전당대회장에서의 소란에 대한 책임을 묻기
위하여 윤보선 계열만의 감찰위원회와 당무회의를 소집, 비윤보선 계열 간
부 13명을 제명하고 권중돈 전당대회의장 등 7명을 2년간 정권 처분하는
등 전격적인 숙당을 단행하였다. 분당위기를 감수하고 간부 20명에 대하여
숙당을 단행한 윤보선 대표는 이날 총무국장에 이정래, 선전국장에 김영삼,
조직국장에 김재광, 재정위원장에 정해영을 각각 임명하였으나 김영삼 선전
국장은 비윤보선 계열에 대한 숙당 조치에 불만을 품고 즉각 사의를 표명
하였으며 정해영 재정위원장은 일신상의 이유를 들어 수락을 거부하였다.

2) 민정당 내분 봉합 및 야당통합 결의

　비윤보선 계열은 1964년 12월 26일 전당대회의 속개를 공고하였으나 순
조로운 전당대회가 되지 않을 것을 예측한 원내 중심의원들과 두 계파의
중진인사들이 조정에 나서 속개 전당대회를 1965년 1월로 연기할 것을 공
고하고, 윤보선계열이 비윤보선계열 간부들에게 내린 징계조치를 재고하기
로 타협함으로써 분당 직전에 위기를 모면하였다. 당내 중도파를 중심으로
다시 타협안이 마련되어 12월 31일 당무회의에서 지난 12월 16일의 징계조
치(숙당조치)를 백지화함으로써 1964년의 민정당 내분은 연말을 기하여 수

그러졌다.

민정당은 당 내분이 진정되자 무기 연기하였던 제2년차 전당대회를 1965년 2월 22일 서울시민회관에서 824명의 대의원 중 767명이 참석한 가운데 개최하였다. 이날 대회는 재야 정당과의 통합을 중앙상무위원회에 일임한 후 임명제 임원의 축소 등을 골자로 하는 단일지도체제 당헌 개정안을 채택하고 대표최고위원 윤보선을 투표 없이 만장일치로 총재로 추대하였으며, 부총재에 김도연, 윤제술, 전진한 의원을 각각 선출하였다. 또 이날 '재야정당과의 통합의 건'을 채택, 야당통합을 결의하였으며 공식통합수임기구 구성을 당 중앙상임위원회에 일임하였다.[73]

2월 23일 소집된 당 중앙상임위원회에서 윤보선 총재는 1965년도 당의 당면 2대 과제는 야당통합과 한일회담 저지라고 선언하였다. 이 무렵 민주공화당과 정부에 의하여 추진되어 오던 한일회담은 급진전을 보이고 있었다.

3) 야권의 정비

3당 통합과 관련하여 3당이 완전한 합의점을 찾지 못한 채 1964년 9월 17일 '국민의 당'이 민주당에 흡수 통합되었고, 통합과정에서 이탈한 자유민주당은 11월 26일 제1야당인 민정당에 흡수 통합되어 야권은 민정당과 민주당으로 정비되었으며 원내에서는 3개의 교섭단체(민주공화당, 민정당, 민주당)가 활동하게 되었다.[74] 야당통합운동은 야권 내의 부분적인 정계개편에 그치고 야권통합운동으로는 발전되지 않았다.

---

73) 국회사무처, 『국회사(제4대 국회-제6대 국회)』(1981), 828쪽.
74) 삼민회는 1964년 11월 29일 민주당으로 명칭을 변경하였다.

1. 합당 배경

'국민의 당'이 민주당에, 자유민주당이 민정당에 각각 흡수 통합됨으로써 야권은 크게 2개의 정당으로 정비되었으나 재야정당 단일화 여론이 고조되면서 1964년 말부터 민주당과 민정당의 소장파 의원들 간에 막후접촉이 빈번해졌다.

민주당과 민정당 양당은 한일회담이 급진전되자 양당을 통합하여 국회에서의 비준을 저지하는 방법이 있다고 판단하고 합당에 임하게 되었다. 그러나 선행되어야 할 양당 세력조정문제를 통합 후로 미루고 우선 통합하고 보자는 '선 통합, 후 조정' 원칙에 합의하고 민중당을 창당하게 되었다.

2. 합당 경과

1) 야당통합추진 전권대표 회담

민정당은 1965년 3월 15일 통합추진 전권대표 15인을 선정, 발표하였다. 민주당은 당내 통합적극파와 통합신중파 사이에 '선 통합, 후 조정'과 '선 조정, 후 통합'으로 의견이 대립되어 있었기 때문에 민정당에 비하여 전권대표를 선임하기가 쉽지 않았는데 동당은 3월 16일 오후 중앙상무위원회에서 재야 정당통합을 위한 전권대표를 선출하기로 결정하고, 이의 선출을 위한 전형위원단을 구성하였다. 이날 위원회에서는 대표선정을 위한 전형위원단의 구성방법과 대표의 권한 문제를 둘러싸고 논란이 있었으나 만장일치로 14인전형위원단을 구성, 여기에서 선정되는 15인의 대표에게 통합교섭의 전권과 함께 통합선언을 할 수 있는 수임기관으로서의 권한까지도 부여하기로 결정하였다.

양당통합추진전권대표 명단

민정당: 윤제술, 조한백, 김영삼, 유옥우, 김수한, 김은태, 이중재, 정해영, 이충환, 김익기, 김의택, 김재광, 김형일, 방일홍, 주도윤

민주당: 이재형, 이호, 이춘기, 태완선, 정헌주, 유성권, 한건수, 박영록, 김대중, 김판술, 윤명운, 조연하, 송원영, 이종남, 이교선

이런 과정을 거쳐 선출된 양당의 통합전권대표 30인위원회는 3월 25일 시내 서린호텔에서 양당통합을 위한 제1차 회의를 열어 조기 통합원칙을 확인하고 범야당세력의 통합만이 야당이 살고 국민이 살아나갈 유일한 길이라는 내용의 공동커뮤니케이션을 발표하였다.

30인위원회 제2차 전체회의는 4월 22일 오후 민정당 당사에서 개최되었다. 이날 회의에서는 실질적인 문제를 토의하였는데 '선 통합선언, 후 조정' 원칙을 결의하고 '정당의 합당절차 등에 관한 법률'에 따라 통합에 필요한 몇 가지 기본 사항을 조정한 후 바로 통합선언을 하기로 결정하였다. 통합선언에 앞서 조정해야 할 법률상 필요한 사항은 당명과 대표자 문제였는데 30인위원회는 이 두 가지 문제의 조정과 함께 통합선언문 작성과 통합 선언일을 결정하기 위하여 야당통합위원회 12인소위원회를 구성, 4월 27일 제3차 전체회의가 열릴 때까지 그 임무를 마치기로 하였다.

통합전권대표들은 늦어도 1965년 5월 초까지 통합선언을 단행하기 위해서는 야당통합위원회 12인소위원회에 맡긴 임무 중 지도체제, 지구당조직책 선정문제가 속히 타결되지 않더라도 이 때문에 통합선언을 늦추지는 않는다고 못 박았다. 이날 구성된 12인소위원회 민주당 측 위원은 이재형, 정헌주, 김대중, 한건수, 조연하, 송원영 등이다.

2) 야당통합위원회 12인소위원회

통합당명, 등록대표자 등 야당통합선언에 필요한 선결사항의 결정을 위임받은 12인소위원회는 1965년 4월 22일 시내 음식점 아서원에서 첫 회합을

갖고 통합선언에 필요한 당명과 등록대표자 등 문제를 협의하였다. 12인소위원회는 이날 제3의 당명을 모색하고 등록대표는 윤보선·박순천 두 의원으로 결정하였다. 공개리에 진행된 이날 회의에서 민정당·민주당 양당 대표 중 한 사람도 '선 통합선언, 후 조정원칙'에 이의를 제기하는 사람이 없었고 다만 민주당 측이 통합선언 전에 지도체제와 지구당조직책 선정원칙 등을 조정하여야 한다고 주장한 데 반하여 민정당 측은 이것까지도 뒤로 미루어 법률상 필요한 두 가지만을 조정한 후 통합선언을 하자며 맞서기도 하였다.

12인소위원회는 4월 24일 오후 8시 30분 시내 금수장 호텔에서 제2차 회합을 가진 끝에 통합신당의 당명을 '민중당'으로 한다는 데 합의하였다. 통합신당의 결당 전에 중앙선거관리위원회에 신고할 등록대표자를 민정당계열, 민주당계열 양측에서 각 1인씩으로 하고 당의 지도체제는 집단지도체제로 하되 대표최고위원을 두기로 결정하였다. 이 밖에도 통합선언문, 선언 일시, 당 조직 문제 등은 26일의 제3차 회합에서 마지막으로 손질하기로 하였다.

민주당 중앙상무위원회는 4월 26일 야당통합추진 전권대표 15인으로부터 그동안의 통합교섭 경위를 보고받고 통합선언 후 전당대회까지의 준비위원 선정권을 대표최고위원과 지도위원들에게 맡기기로 하였다. 이날 중앙상무위원회는 통합 전권대표 15인의 권한은 통합선언과 동시에 소멸한다는 앞서의 중앙상무위원회 결의에 따라 통합선언 후의 합당준비위원을 새로 뽑기로 하였다.

12인소위원회는 이날 밤 8시부터 27일 새벽 1시까지 시내 금수장 호텔에서 제3차 회의를 가졌다. 12인소위원회는 조직비율을 포함한 조직대강을 둘러싸고 양당 간의 이견으로 한때 격론을 벌였으나 100개 지구당의 조직책에 관하여 민정당 6, 민주당 4의 조직비율에 합의하였고 조직책 선정기준은 제6대 국회의원선거 결과를 원칙으로 하되 기타 여건을 참작하기로 하였다. 또 ① 통합전당대회에 한하여 조직책을 하향식으로 임명하되 나머지 지역구의 조직책 선정은 보류한다. ② 지역구 출신 현 국회의원은 자동적으로 조직책이 된다. ③ 전당대회 전까지 쌍방에 이의 없는 지구당 중에서 과반수를 선정한다. 등의 조직대강에 합의하고 통합선언문을 채택한 뒤 통합선언 일시를 결정하기로 하였다.

이와 같은 12인소위원회의 합의사항을 보고받은 야당통합30인전권위원회는 4월 27일 제3차 전체회의를 열고 12인소위원회가 합의한 통합원칙과 통합선언문 기초안을 보고받고 그대로 승인하였다. 지구당조직책 선정원칙에는 일부 내용을 첨가하여 ① 전국구 출신 국회의원, ② 앞으로 정치활동정화법에서 해금될 인사, ③ 민정당·민주당 양당 소속 국회의원 출신 지구 이외의 선거구에서 차점자 중 유력한 인사, ④ 민정당·민주당 양당 이외의 유능한 재야인사들에 대해서는 특별한 배려를 하기로 결정하였다. 이날 오후 민주당 당사에서 열린 '야당통합 30인 전권위원회'에서 승인된 통합원칙의 요지는 다음과 같다.

통합 5원칙

① 당명은 민중당으로 한다. ② 통합선언대회는 5월 3일에 개최한다. ③ 등록대표는 윤보선 민정당 총재와 박순천 민주당 대표최고위원으로 한다. ④ 지도체제를 집단지도체제로 하되 대표최고위원을 둔다. ⑤ 100개 지구당조직책에 관한 한 민정당 6, 민주당 4의 비율로 하고, 선정기준은 제6대 국회의원선거 결과를 참작한다.

이 통합원칙에서 보는 것처럼 통합합의에 이르게 된 중요한 요인 중의 하나는 민정당계열과 민주당계열의 조직책 안배문제가 6 대 4로 조정되어 합의된 것이다. 남은 문제는 유진산 의원의 낭원 자격 문제였다. 유진산은 무소속이었지만 그 무렵 내려진 법원의 '제명효력정지 가처분 결정'을 근거로 통합창당대회의 대의원 자격이 있다고 주장하였다. 그러나 윤보선은 유진산의 대회참석이나 통합정당인 민중당의 당원 자격도 인정하지 않았다.

당 운영위원회는 유진산 문제로 인하여 격론을 벌였다. 통합대회 하루 전 유진산 의원은 통합창당대회만은 출석하지 않겠다고 언명하였다. 당 운영위원회는 이를 해결책으로 받아들여 민주당 대표로 이춘기 의원, 민정당 대표로 고흥문 의원을 윤보선 대표최고위원의 집으로 보내 절충을 시도하였는데 절충안의 내용은 다음과 같다.

운영위원회가 윤보선 당수에게 제시한 타협안

① 유진산은 창당대회에 참석하지 않는다. ② 유진산은 당직은 일체 맡지 않는다. ③ 다만 유진산의 민중당 당원 자격은 인정한다.

윤보선은 이 타협안도 거부하였다. 법원의 제명효력정지가처분결정을 내세워 스스로가 인정하였던 제명조치를 불법이라고 단정하는 유진산의 정치행동을 이해하기 어렵다는 것이다. 이렇게 타협안을 둘러싸고 논의가 계속되고 있는 동안 유진산은 박순천을 내세워 윤보선을 통합야당인 민중당의 대표 자리에서 밀어내기 위한 반(反)윤보선연합전선을 협의하고 있었다.

3) 통합선언

통합선언대회를 1965년 5월 3일에 개최하기로 한 민정당과 민주당의 양당 통합위원회는 4월 28일 밤 시내 아서원에서 통합선언대회 '10인 준비소위원회'와 '임시 당운영 요강기초 6인 소위원회'를 각각 열고 윤보선·박순천 양 대표를 포함한 52인 이내의 운영위원회에 통합전당대회까지의 당 운영권을 맡기는 운영위원회 규약 초안을 채택, 4월 29일의 전체회의에서 확정 짓기로 하였다.[75]

한편 6인소위원회는 통합선언 후 구성될 단일 원내교섭단체의 총무 1인과 약간 명의 부총무는 의원총회에서 선임키로 합의하였다. 야당통합 30인위원회는 4월 30일 오후 6인소위원회가 기초한 민중당(가칭) 임시운영위원회 규정을 수정 없이 채택하였다.

마침내 민주당과 민정당은 5월 3일 오전 서울시민회관에서 양당통합과 민중당 창당을 선언함으로써 야권의 숙원이던 단일야당을 이룩하였다. 이날 대회는 야당통합 30인 전권대표들의 회의형식으로 소집되었지만 양당 소속

---

75) 10인 준비 소위원회 및 당 운영 요강 기초 6인 소위원회 위원 명단―10인준비소위원회: 태완선, 윤명운, 박영록, 이종남, 조연하(이상 민주당), 유옥우, 김재광, 이은태, 김수한, 방일홍(이상 민정당), 당운영요강기초소위원회: 이춘기, 김판술, 이교선(이상 민주당), 김의택, 이충환, 주도윤(이상 민정당).

의원들과 당원들이 대거 참석하여 마치 통합전당대회와 같았다. 이날 대회는 양당의 소집 책임자인 민정당의 윤제술 의원과 민주당의 이재형 의원이 공동사회를 맡았으며, 김대중 의원이 합당을 제의하자 30인 전원이 기립박수로 의결하였다. 그리고 이재형 의원이 낭독한 통합선언문도 만장일치로 채택하는 한편 통합선언대회의 이름으로 한국·일본 양국정부가 조인한 한일협정의 백지화를 요구하는 '대일매국외교저지투쟁에 관한 결의문'을 채택하였다.[76]

윤보선 총재는 인사말을 통하여 "해방 후 20년간에 걸친 정치인의 이합집산이 오늘날 민중당으로 그 끝을 맺고 단일야당의 결실을 보았으며, 도용된 민주주의를 되찾고 국민에게 희망을 주기 위하여 뭉친 민중당은 영원히 헤어질 수 없다."고 역설하였다. 이어 박순천 대표최고위원은 "원래 한집안이었던 우리니만큼 당을 합치는 것은 물론 마음도 한데 합쳐야 할 것이고 사욕과 사심을 버리고 나은 사람, 나보다 잘난 사람을 내세워서 다시는 국민들에게 실망을 주는 일이 없는 정당을 이룩하도록 맹세하자."고 호소하였다. 이날 채택된 합당선언문과 통합원칙은 다음과 같다.

민정당·민주당의 합당선언문(1965. 05. 03.)

오늘 우리는 민정당과 민주당이 합하여 새로 민중당을 창당하였음을 선언한다. 이를 디딤돌로 하여 앞으로 재야 전 민주세력이 총집결될 것을 믿고 그동안 많은 격려와 책정을 가해 주신 국민 여러분에게 감사를 올리는 바이다.

민중당은 민중을 위한 정당이다. 민중당은 이 나라 자유민주세력의 총집결체가 되기를 기약하는 정당이며, 민중당은 군사적 권력십난이사 부패한 득권도당인 박 정권과 정면 투쟁할 결의를 굳게 한 정당이다. 그러므로 민중당은 박 정권의 공포, 탄압정치로부터 국민의 자유를 전취하는 전위가 될 것이며 민중당은 박 정권의 무능부패와 특혜경제에 대한 준엄한 고발자가 될 것이며, 민중당은 오늘의 비정을 가차 없이 척결할 책임완수를 위한 청사진을 마련하여 참된 반공과 경제건설, 그리고 통일대업의 실현을 위한 민족의 주체가 될 것을 기약한다. 이제 민중당은 하나의 절박한 시련에 직면하고 있다. 반민족적인 자세로써 한일회담을 강행해 온 박 정권은 이제 항거하는 국민과 야당에 대하여 박해와 살상을 서슴지 않고 있다. 이 사태에 즈음하여 우리는 당과 우리 개개인의 운명을 걸고 박 정권의 테러정치로부터 국민의 생명과 권리를 수호하고 한일회담에 대한 그의 매국음모를 단호히 저지시키고야 말 것임을 엄숙히 맹세하는 바이다. 민중당은 가난 속에서 출발하였으며 형

---

76) 민정당 의원총회는 4월 28일 한일협정이 비준되면 의원직을 총사퇴하기로 결의한 바 있다.

극 속에서 싸워 나가야 할 운명을 지녔다. 그러나 받들어 용기와 예지로 사태를 결단한다
면 국민의 뜨거운 지지를 얻어 최후의 승리를 기필할 수 있다고 확신하는 바이다.

통합 원칙
① 당명은 민중당으로 한다. ② 지도체제는 집단지도제로 한다. ③ 조직비율은 제6대 국
회의원선거 결과에 따른다. ④ 신당의 등록은 양당의 영수명의로 한다.

통합선언 후 창당대회까지 통합신당의 운영전권을 맡을 임시당운영기구의 조직을 정한 규정에 따라 통합신당의 임시당운영기구는 민정당과 민주당 양당의 총재 및 대표최고위원 2명으로 구성되는 의장단과 양당 15인 전권위원회 소집책임자로 구성되는 부의장단을 정점에 두었다. 그 밑에 52명으로 구성되는 운영위원회와 다시 그 밑에 총무, 정책, 조직 및 선전의 4개 분과위원회를 두기로 한 민중당은 통합신당의 운영을 맡게 될 운영위원회의 민주당 측 위원으로 15인 통합교섭대표 외에 새로 10인을 선출하여 야당통합에 대비한 만반의 태세를 갖추었다(10인 명단: 조재천, 정일형, 홍익표, 이상철, 김원만, 홍영기, 김기철, 김용진, 황호영, 박석교).

민정당과 민주당의 통합교섭 30인 전권대표들은 이날 대회에서 기립박수로 합당을 의결, 신설합당선언을 채택하였으며 뒤이어 윤보선 민정당 총재와 박순천 민주당 대표최고위원이 합당선언문에 서명함으로써 통합야당 민중당을 발족시켰다. 양당의 통합교섭 30인 전권대표, 당 간부, 이효상 국회의장을 비롯한 내빈 및 3천여 명의 시민과 당원들이 참석한 가운데 윤보선·박순천 두 등록대표자의 인사말을 들은 후 한국과 일본 간의 각종 협정 백지화 등을 요구하는 내용의 결의문을 채택하였다. 앞의 통합원칙에서 주목할 것은 양당의 대표가 통합신당의 공동대표로 등록하기로 합의하였다는 점이다. 이 사례는 그 후의 기타 정당 간 통합협상에 있어서 대표자 등록 문제에 영향을 미쳐 법적 공동대표자가 나오기도 하였다.

4) 민중당 창당 및 합당전당대회

합당등록공고(1965. 05. 11.) 이후 본격적인 당 활동을 개시한 민중당은

각 분과위원회의 분야별 담당업무를 52인운영위원회가 총괄하여 만 1개월에 걸쳐 통합창당대회 준비 작업을 서둘렀다. 운영위원회는 난항을 거듭하여 온 지도체제에 관한 당헌 결정에 있어 표결로 최고위원 3인, 지도위원 12인의 2중 집단지도체제로 확정하였으며 조직요강, 정강·정책 등의 사안도 매듭을 지어 정당법에 규정된 통합절차의 보완작업을 끝낼 전당대회를 열게 되었다.

민중당 창당 및 합당전당대회가 1965년 6월 14일 오전 10시 30분 100개의 지구당대표 등 대의원 1,055명 중 991명이 참석한 가운데 서울시민회관에서 개최되었다. 자유민주세력의 총집결체로서 반민주세력과의 투쟁 및 중산층의 보호 확대 등을 선언한 민중당은 통합야당으로서 발걸음을 내딛었다. 이날 전당대회는 개최에 앞서 원내 투쟁을 통한 한일회담 저지가 끝내 불가능할 때에는 소속 의원 전원이 의원직을 사퇴한다는 결의문을 채택함으로써 민중당은 창당 시부터 강력한 대여(對與) 투쟁을 전개할 태세를 보였다.

민중당 창당선언문(1965. 06. 14.)

민중당은 이 나라 자유 민주세력의 집결체를 자부하는 정당이다. 민중당은 3·1정신을 계승하여 반공민주독립을 전취하였으며 반독재 민주수호투쟁으로 4월 혁명의 원동력이 되었으며 군사적 권력통치와 무한부패의 특권정치로부터 국민의 권익을 사수해 온 민정. 민주 양당의 빛나는 전통의 토대 위에 모든 민주세력의 총집결을 기약하는 정당이다.

민중당은 민중의 당이요. 민중을 위한 정당이다. 우리의 염원은 오직 국민의 자유와 행복을 구현. 보장하는 데 있다. 그러므로 미중당은 공산독재는 물론 일체의 반민주세력과 견결히 투쟁할 것이며 모든 부패와 특혜를 가차 없이 고발. 척결할 것이다. 또한 민중당은 중산층을 보호 확대시켜 민주정치의 토대를 튼튼히 할 것이며 근로대중의 지위를 향상시켜 사회정의를 실현할 것이다.

민중당은 한국이 자유세계의 일원으로서 책무를 명심하는 일방 아세아의 일원으로서 자각과 사명감을 새로이 하여 변천하는 국제사회 속에서의 지위를 굳건히 할 것이다. 민중당은 남으로 이 나라의 예속화를 반대하고 북으로 민주통일을 담당할 주체가 스스로를 두고 타에 구할 수 없다는 현실을 경각하여 그 책임완수를 위해 지모와 희생을 다할 것을 맹세한다. 민중당은 자유민주주의를 당시로 함과 아울러 전진적 자세를 지향하는 정당이다. 수구적 인습과 무원칙한 파쟁을 과감하게 지양하는 일방 대안과 청사진을 갖춘 정책정당의 자세를 확립함으로써 당과 한국정치의 근대화를 이룩할 것이다.

　대회에서는 3인 최고위원 및 12인 지도위원제를 근간으로 하는 집단지도 체제 당헌을 채택하였으며, 전당대회의장에 김의택, 부의장에 김용진·황인원을 선출하였다. 이어서 민중당 제1차 전국대의원대회의 대표최고위원 선출을 위한 무기명 비밀투표가 실시되었다.

　이 대회에서 당의 주도권을 장악하려는 윤보선 중심의 민정당계열 강경파와, 윤보선을 일선에서 물러나게 하려는 대부분의 민주당계열과 민정당계열 온건파가 세 겨루기를 하였다. 대회 당일 이른 새벽 유진산계열의 중견간부와 조직참모들 50여 명이 서범석 의원의 사무실에 집결하였다. 이 자리에서는 윤보선 대표최고위원의 독단적인 당 운영을 따를 수 없기 때문에 이번에 한하여 박순천을 당의 대표최고위원으로 옹립하라는 지령이 떨어졌다고 전해졌다.[77] 이날 새벽 또 다른 쪽에선 허정과 김도연에게 대표최고위원(당수) 경쟁을 포기토록 하는 설득이 진행되고 있었다.

　전당대회가 개회되고 대표최고위원 선거 순서에 이르자 허정과 김도연이 경선포기 의사를 밝혔다. 투표결과 총 투표수 994표 중 박순천 513표, 윤보선 460표, 기타 21표로 윤보선은 패배하고 반윤보선 연합전선을 편 박순천이 선출되었다.

　전당대회 전의 양당의 의석수는 민정당 47석, 민주당 15석이었다. 민정당은 의석수에 있어서나 당 조직 면에 있어서 우위에 있었기 때문에 형식적으로는 신설합당이었으나 실질적으로는 흡수합당이었다. 따라서 다수당인 민정당의 윤보선이 통합신당의 대표가 되는 것이 통합의 목적을 위해서도, 원만한 당 운영을 위해서도 바람직하였다.

　다수파인 윤보선이 소수파인 박순천에게 패배한 이유는 민주당계열이 자유민주당계열 일부와 민정당의 유진산계열과 연합전선을 형성하였기 때문이다. 이러한 과정을 거쳐 발족한 민중당의 진로는 처음부터 험난한 것이었는데 그 이유는 통합과정에서 다수파인 윤보선계열이 패배하여 당 운영의 주도권을 상실한 것과, 이들 다수파가 대(對)정부 투쟁방식의 차이 때문에

---

77) 이영석, 앞의 책, 241쪽.

박순천 지도체제에 대하여 협조하지 않을 가능성이 클 것으로 예상되었기 때문이다. 한일협정에 대하여 가장 강력한 반대투쟁을 전개한 윤보선은 한일협정에 보다 강력히 반대하기 위하여 통합되는 정당에서 당 대표직을 차지하지 못하였다.

최고위원선거에서는 총 투표수 839표 중 허정 353표, 서민호 354표, 김도연 269표, 정일형 152표, 서범석 142표로서 허정과 서민호가 최고위원으로 선출되었다. 최고위원 선출 후 권중돈 의원의 동의를 만장일치로 받아들여 최고위원직 수락을 거부한 윤보선을 당 고문에 추대하였다. 윤보선은 통합야당의 고문으로 물러나 대일(對日)굴욕외교반대투쟁위원회의 위원장을 맡았다. 이날 대회에서는 또 한일회담에 대한 박준운의 동의를 받아 "4·3 가조인 또는 이에 다소 수정이 있어도 민중당이 수긍할 수 없는 조약안이 국회에 상정되면 이의 저지를 위하여 끝까지 투쟁하다가 저지가 불가능할 때에는 야당이 이미 결정한 대로 의원직을 사퇴한다."는 것을 만장일치로 의결하였다.

5) 통합신당 민중당의 지도체제

민중당은 1965년 6월 14일의 합당전당대회를 사흘 앞둔 11일 심야에 개최된 운영위원회에서 마지막 난제였던 당헌안 작성을 완료하고 3인 최고위원회와 12인지도위원회를 병설하는 복수지도체제를 갖추기로 결의하였다. 이날 오후 3시부터 밤 12시 30분까지 계속된 52인 운엉위원회는 지도체제 문제로 민정당계열과 민주당계열간에 의견이 엇갈려 격론을 벌인 끝에 결국 무기명 비밀투표에 부쳐 찬성 25, 반대 23으로 2표 차로 복수지도체제를 갖추게 되었다.

전당대회에서 윤보선 전 민정당 총재가 유진산계열과의 불협화로 대표최고위원(당수) 선거에서 낙선되고 박순천 후보의 승리로 끝나자 민중당은 지도체제를 둘러싼 진통을 겪게 되었다. 민중당은 전당대회와 중앙위원회를 통하여 대표최고위원에 박순천, 최고위원에 허정·서민호, 그리고 지도위원

12인을 선출하였으나 지도위원회를 각 계파별로 안배하였기 때문에 어느 한 계파도 과반수의 세력을 확보하지 못하게 되었다.

윤보선 총재가 전당대회 이후 당 고문으로 물러나면서 당내에는 그 구심점이 상실되고 있었다. 박순천체제는 오로지 반윤보선 노선을 위하여 일시적으로 구축된 체제였기 때문이다.

3. 합당 이후

1) 한일협정 조인

제3공화국이 출범한 후 여야 간 정치적 쟁점의 핵이었던 한일협정에 1965년 6월 22일 일본 도쿄(東京)에서 정식 조인되자 민중당은 국회비준을 저지키로 방침을 정하고 실력행사에 들어갔다.[78] 시내 관훈동 민중당 당사에서 굴욕외교성토대회를 가진 민중당은 안국동에서 가두시위를 벌였으며, 6월 23일 오전 11시부터 국회본회의장에서 24시간 단식투쟁을 하면서 저지 결의를 다졌다.

전국의 대학에서 대일(對日)굴욕외교반대시위가 연일 계속되고 있는 가운데 민중당은 7월 5일 대일굴욕외교반대투쟁위원회와 공동으로 서울 효창운동장에서 성토대회를 가졌다. 제51회 국회(임시회)가 예정대로 7월 12일 개회되자 민중당은 한일협정 비준안의 국회본회의 보고를 저지하기 위하여 단상을 점거하고 이틀 동안 민주공화당과 대치하였다. 7월 14일 밤 민주공화당이 정부가 제안한 한일협정 비준안과 월남파병동의안을 전격적으로 보고, 발의하는 과정에서 여야 의원들이 충돌, 국회의사당이 아수라장이 되었으며 다수의 의원들이 부상하였다.

민중당은 국회본회의가 산회된 직후 민주공화당이 일방적으로 발의한 한일협정 비준 동의안을 무효라고 선언하고 이 동의안을 저지하지 못할 때에

---

78) 민중당 윤보선 고문은 6월 22일부터 단식에 들어갔으나 소속 의원들의 만류로 7일 만인 6월 28일 오전 단식을 중단하였다.

는 의원직을 사퇴하기로 결의하였으며 사퇴 시기는 대표최고위원에게 일임
하였다. 민중당 소속 의원 전원이 7월 16일 의원직 사퇴서에 서명, 대여투
쟁에 강경한 자세를 취함에 따라 정국은 경색되었으며, 민중당 내에서는 강
경파와 온건파가 대립하기 시작하였다.[79]

2) 여야 영수회담

시국수습을 위한 박정희 대통령과 박순천 대표최고위원 간의 여야 영수
회담이 1965년 7월 20일 오전 10시 청와대에서 개최되었다. 제3공화국 출
범 이후 처음으로 열린 여야 영수회담에서는 한일 국교정상화 문제를 포함
한 시국 전반에 걸쳐 2시간 동안 의견교환이 있었는데 국회의 조속한 소집
등 5개 항에 합의함으로써 정국은 일단 수습의 실마리를 찾게 되었다. 그러
나 그다음 날 박정희·박순천 간의 영수회담 합의내용을 둘러싸고 민중당
내에서는 격론이 벌어졌으며 이로 인하여 당 내분이 표면화되었다.

당내 민주당 계열의 주류 측 의원들은 한일 협정비준의 국회처리를 늦추
게 한 것은 큰 성과라고 평가하였으나 민정당 계열의 비주류 측 의원들은
매국적인 협정에 대하여 극한투쟁을 포기한 것은 국민을 기만하는 중대한
문제라고 비난하였다. 그리고 윤보선을 중심으로 한 비주류 측은 한일협정
비준동의안의 보고와 발의를 저지하지 못한 책임을 지고 전당대회 소집과
아울러 당 해체 서명 및 탈당계를 받기 시작하였는데 주류 측은 이 같은
비주류 측의 움직임을 해당 행위로 규정함으로써 대립이 너욱 격화되있다.

3) 민중당 강경파의 반발

민중당 강경파 의원 10인은 1965년 7월 23일 한일협정 비준 저지를 둘
러싸고 당 해체 및 탈당을 강조하는 성명을 발표하였다. 당 해체론과 탈당
서명 등으로 강경파와 온건파가 대립하고 있던 민중당은 7월 26일 중앙상

---

79) 유진산 의원은 이날 민중당에 복당하였다.

무위원회를 열어 한일협정 비준동의안을 저지하지 못할 때에는 의원직을 총사퇴하기로 결의하는 한편 당 해체는 거론하지 않기로 하였다. 그러나 윤보선계열은 중앙상무위원회의 결의에 상관없이 서면결의에 의한 당 해체를 계속 추진하면서 전당대회소집을 요구하고 나섰다. 특히 윤보선 의원이 7월 29일 박순천 대표최고위원에게 탈당계를 제출하고 탈당하자 당 내분은 더욱 격화되었다.

윤보선의 탈당계 제출로 민중당은 의원직을 사퇴하고 원외투쟁을 벌여야 한다는 강경파와, 국회에 남아 비준안을 저지하는 것이 국회의원으로서의 책임을 다하는 것이라는 박순천 중심의 온건파로 분열, 대립상태에 들어갔다. 윤보선은 자신의 탈당계가 박순천 대표에 의하여 반려되자 정당법에 따라 소속 지구당인 종로 지구당에 탈당계를 제출, 수리됨으로써 법 규정에 의하여 의원직을 상실하였다.

민중당 소속 국회의원 전원은 8월 8일 정오까지 탈당신고서를 제출할 것을 결의한 바 있으나 8월 6일 열린 민중당 의원총회에서 8월 8일 정오까지의 시한부 탈당결의를 수락하지 않기로 수정방안이 마련되었다. 이틀 후인 8일 민중당 상임위원회는 시한부 탈당결의를 백지화하고 의원사직서를 박순천 대표최고위원에게 일괄 제출하였다. 이에 민중당 소속 의원 61명이 의원직사퇴서를 제출하였으며 윤보선 계열과 자유민주당계열의 서민호 계열, 민주당계열의 정일형 계열 등 강경파는 당의 해체를 주장하면서 탈당계 제출을 주장하였다.

4. 통합신당 민중당의 붕괴

1) 한일협정 비준동의안 처리

1965년 6월 22일의 한일협정 조인에 이어 민주공화당은 8월 11일 국회 한일협정비준심의특별위원회에서 비준안을 원안대로 가결 처리하였다. 이에 민중당은 8월 12일 오전 8시 30분 긴급의원총회를 열고 의원직을 총사퇴키로 결의한 후, 박순천 대표최고위원이 61명의 당 소속 의원의 의원직 사퇴서를 이효상 국회의장에게 일괄 제출하였다. 61명 중 탈당서까지 첨부한 14의원의 사퇴서는 수리되고 나머지 47명의 사퇴서는 반려되었다. 63명의 전체 소속 의원 중 사퇴서 일괄제출을 거부한 의원은 최희송과 강문봉(외국여행 중) 두 사람이었는데 이들은 민중당 의원총회에서 즉각 제명되었으며, 그 후 최희송은 개별적으로 국회의장에게 사퇴서를 제출하였다. 8월 13일에는 윤보선에 이어 정성태, 김도연, 서민호, 정일형, 정해영, 윤제술, 김재광 의원 등 7명이 지구당에 탈당계를 제출, 접수됨으로써 민중당 소속 의원 중 모두 8명이 의원직을 상실하였다.[80]

민중당은 한일협정 비준 저지를 위한 비상대책을 논의하기 위하여 8월 14일 시내 종로에 있는 에덴예식장에서 중앙상무위원회를 열었으나 탈당범위를 확대시켜야 한다는 강경파(민정당계열)와 탈당을 거부, 원내투쟁을 주장하는 온건파(민주당계열)의 의견대립으로 결론을 내리지 못함으로써 분당 분위기는 한층 고조되었다. 한일협정비준동의안은 8월 14일의 제52회 국회(임시회) 본회의에서 야당 의원들이 불참한 가운데 가결, 처리되었다.[81]

한일협정 비준을 반대하던 대학가의 시위는 조기방학으로 누그러졌으나 개강과 더불어 전국의 대학생들이 다시 시위에 돌입하자 박정희 대통령은 위수령을 발동(1965. 08. 26.)하였고, 무장군인들이 대학 구내에 진주함으로써 정국은 극한상황으로 치달았다. 이 같은 사태에 대하여 민중당의 박순천 대표최고위원은 난국을 수습하는 길은 총선거 실시뿐이며 한일협정 비준안이 국회에서 가결된 것은 불법, 무효이므로 국회를 해산하고 새 국회에서 비준안을 다루어야 한다고 주장하였다.

제53회 정기국회(1965. 09. 01. 개회)에는 민주공화당 의원들만 참석하였으며 야당 의원들은 모두 출석을 거부하였다. 그러나 민주공화당만의 국회에서 민중당 소속 53명의 의원직 사퇴서를 일괄 반려하자 민중당은 다시

---

80) 당시의 정당법은 의원의 당적 이탈 시 의원직을 상실토록 규정하고 있었다.

81) 이 비준동의안의 정식명칭은 '대한민국과일본국간의조약과제협정및그부속문서의비준에관한동의안'이며 이 비준동의안에 대한 기립표결 결과 재석의원 111인 중 찬성 110, 기권 1로 가결되었다. 국회사무처, 『국회회의록』(1965년 제12호), 54쪽.

의원직 사퇴문제를 놓고 강경파와 온건파가 대립, 분당조짐을 보였다.

민중당의 당론이 양분되고 위수령이 발동된 가운데 9월 1일 당내 온건파인 김준연, 전진한, 이영준 의원이 등원하였다. 온건파 의원들이 원내에 복귀하기 시작하자 강경파는 장차 있을 분당에 대비하기 위하여 9월 3일 민족수호민중당정화동지회를 조직하였다.

유옥우 민중당 상임위원회 의장의 집이 폭파되는 사건(1965. 09. 09.)이 발생한 가운데 민중당에 대한 국민과 언론의 시선을 의식한 민중당 온건파 9인위원회는 9월 13일 무조건 원내 복귀한다는 데 원칙적으로 합의하였고 9월 17일 전체회의를 열어 원내복귀원칙을 확인하였다. 이 회의에서 원내 복귀 방침은 확인하였으나 그 방법과 시기에 있어서는 의견이 엇갈렸는데 다만 원외세력의 반발을 어느 정도 무마하고, 여야 영수회담을 통하여 위수령과 휴업령의 해제 등 정부의 성의가 표시된 후에 복귀시기를 정하기로 하였다. 온건파의 이러한 결정에 대하여 강경파인 민족수호민중당정화동지회(약칭 당정화동지회)는 크게 반발, 9월 21일 당사에서 민중당 의원의 원내 복귀반대 단식농성을 벌여 항의표시를 하였다.

9월 25일에 개최된 민중당 내분수습 제1차 회의에서는 '선 수습, 후 복귀' 원칙에 합의하였다. 비주류 계열의 의원직 사퇴 고수파들과는 달리 주류 온건파들은 9월 28일 최고위원회와 지도위원회 합동회의를 열어 "의원직 사퇴는 당초 잘못된 지도노선 때문이었으므로 사퇴서를 냈던 소속 의원은 원내에 복귀하여 독재 정치에 맞서 투쟁한다."는 요지의 결의문을 채택하고 원내 복귀를 선언함으로써 두 계파는 사실상 분열, 분당단계에 들어갔다.

민중당 최고위원회 및 지도위원회는 9월 28일 원내 복귀 등 4개 항을 결의하였으나 당내 강경파와 온건파는 다음 날인 29일 당사에서 충돌하였다. 강경파는 당사를 점거하고 원내 복귀 의원의 화형식을 벌이는 한편 기물을 파괴하기도 하였다.

민중당의 강경·온건 두 계파는 10월 2일 따로 모임을 갖고 전당대회에서 당 내분을 수습기로 결의하였다. 당 지도부의 원내 복귀방침에 따라 소속 의원 중 온건파 33명이 10월 11일 국회본회의에 출석하였다. 일단 국회에 복귀한 민중당 의원들은 10월 12일 의원총회를 열어 원내총무 정성태 의원 후임으로 김영삼 의원을 선출하는 등 당의 기구들을 정상화시켜 전열을 가다듬었으며 10월 20일에는 소속 의원 중 강경파 의원 14명도 원내에 복귀하였다. 이에 민중당 원외지구당의 당원 169명은 10월 23일 탈당하여 '민주구락부'를 결성하고 신당 발기 준비를 서둘렀다.

2) 민중당 강경파의 탈당 및 신당 창당

한일협정 비준안 반대방법론을 둘러싸고 민중당이 강경파와 온건파로 나뉘어 대립하던 중 윤보선 등 당내 강경파 의원 14명은 1965년 11월 1일 집단탈당 및 신당 참여를 선언하고 자파 조직인 민족수호민중당정화동지회를 해체함으로써 통합신당인 민중당은 창당 5개월여 만에 사실상 분당되었다. 이날 시내 대성 빌딩 강당에서 연린 민족수호민중당정화동지회 해체 및 탈당선언대회에서 채택한 결의문은 다음과 같다.[82]

> 결의문
> ① 매국적 한일협정 반대투쟁 과정을 통해 진정한 민족관과 헌정관을 찾을 길이 없게 된 현 민중당을 집단적으로 탈당키로 한다. ② 우리는 마키아벨리즘을 정치로 아는 무리들과 결별, 선명 정직한 민족적 이념 야당이 출범하면 이에 전원 개인 자격으로 참여키로 한다. ③ 우리는 범민족세력에 의한 신당 출현에 이바지하기 위해 정화동지회를 발전적으로 해체키로 한다.

이 결의문 ②항을 보면 민족적 이념 야당이 결성되면 전원이 개인 자격으로 참여하겠다고 되어 있으며 ③항에서는 신당 결성에의 적극적 의지를 강하게 표현하고 있다.

이들 민중당 탈당파는 11월 16일 첫 회합을 갖고 의견을 교환하였으나 당수와 대통령후보 분리 여부에 의견이 엇갈려 합의점을 찾지 못하였으며 12월 9일에는 '조국수호협의회' 관계 인사가 참여한 가운데 단일화된 신당을 설립하기로 의견을 모았다. 민중당 강경파, 민주구락부, 조국수호협의회

---

82) 중앙선거관리위원회, 『대한민국정당사(제1집)』(1973), 574쪽.

(守協), 자유당계열 4파 대표는 12월 9일 신당단일화원칙에 합의하였다.

민중당 강경파와 민주구락부 측의 학계, 언론계, 종교계, 예비역 장성 등은 12월 16일 11인발기인전형위원회를 구성하여 2-3일 내에 발기인을 선출키로 하였다. 이 결정에 따라 11인 전형위원회는 12월 21일 첫 모임을 갖고 각 계파 간에 얽힌 이해관계를 조절, 창당준비위원의 인선 기준을 협의하였으나 합의를 보지는 못하였다. 신당운동은 12월 30일 신인 측이 민중당 강경파가 참석지 않은 가운데 11인 전형위원회에서 독자적으로 발기인 인선원칙을 결정함으로써 양분 위기를 맞았다.[83]

신당운동의 주축이 되고 있는 민중당 강경파 김도연, 서민호, 윤제술, 정일형, 정해영, 정성태, 김재광 등 탈당 의원 7명과 민장식, 곽태진, 김철안 등 민족수호민중당정화동지회 의장단은 연내 신당발기를 목표로 파벌 간 이견조정을 시도하였다. 신당발기준비위원회 구성문제로 조국수호협의회, 민주구락부, 자유당 계열 등 비강경 연합파와의 의견대립으로 시간을 끌던 민중당 강경파는 1966년 1월 18일 일부 신인, 자유당 계열, 우파 혁신계열 인사들을 규합, 1월 말까지 신당발기 선언준비를 독자적으로 진행한다는 방침을 세웠다.

이와는 별도로 민주구락부 및 신인 측의 김재춘, 부완혁, 태윤기, 이갑식, 이춘기, 윤명운 등은 강경파 측에서 끝내 독자적인 창당 작업을 강행할 경우 별도의 신당 창당 작업에 나선다는 원칙을 세우기도 하였으나 1월 25일 "신당운동에서 손을 떼겠다."는 김재춘의 성명을 계기로 일부는 강경파의 신당운동에 가세하였고 또 다른 일부는 민중당에 복귀하였다.

1월 25일에는 참여세력 일부의 탈락에도 불구하고 독자적 창당을 서둘러 온 이들 강경파로 구성된 '신당발기 27인 추진위원회'가 열려 발기인 선정을 위한 '10인 전형위원회'가 구성되었다.[84] 신당운동이 강경파만으로 구체

---

83) 주요 신당운동 참여인사-윤보선, 윤제술, 김도연, 서민호, 정일형, 조한백, 정성태, 김재광(이상 안국동 계열), 이재형, 이춘기, 윤명운, 김원만, 황호영, 김기철, 신인계: 장준하, 김홍일, 김재춘, 부완혁, 권오순, 태윤기(이상 민주구락부), 임철호, 이갑식, 김철안, 전성천(이상 자유당 계열), 국회사무처, 『국회사(제3대 국회-제6대 국회)』(1971), 933쪽.

84) 1월 25일 서민호, 정화암, 임철호 등 혁신계열 및 자유당 계열 일부 추진위원들이 불참한 가운데 '발기 인 전형 10인 위원회'와 '재야세력 규합 교섭위원회'를 구성하여 발기인 선정기준을 결정하였고 일부

화되자 민주구락부는 1월 27일 이에 무조건 참여키로 결정하고 강경파와의 교섭을 위하여 대표를 선출하였다. 이러한 과정을 거쳐 민중당 강경파가 추진해 온 신당 신한당이 1966년 2월 15일 발족하였다(수석대표위원 윤보선, 대표위원 김도연·정일형).

3) 민중당 온건파의 원내 복귀

민중당은 1965년 12월 14일 오후 시내 건설회관에서 강경파가 탈당한 이후 처음으로 중앙상무위원회를 열고 창당 이래 구성하지 못하였던 주요 당직자 인선을 마무리하였다.[85] 민중당은 일단 원내에 복귀하였고 1966년 1월 20일에는 대표최고위원 박순천이 국회본회의에서의 기조연설을 통하여 물리적 투쟁이 아닌 정책대결을 선언함에 따라 여야의 대립은 다소 완화되었다.

제13절 민중당·신한당의 합당(신민당)

1. 합당 배경

민중당 내 강경파 의원들이 선명야당의 기치를 내걸고 당에서 이탈, 1966년 3월 30일 신한당을 결성하였다. 민중당은 4월 12일 신한당에 대하여 대통령후보 단일화를 제의하였으나 신한당은 4월 26일 한일협정 비준을 방조하고 월남파병을 지지한 정당이나 인사와는 단일대통령후보 문제를 논의할 수 없다고 결의함으로써 민중당과의 후보단일화협상을 거부하였다. 그러다가 양당은 제6대 대통령선거(1967. 05. 03.)와 제7대 국회의원선거

탈락된 비강경파 및 예비역 장성급의 포섭에 주력하였다.

85) 민중당 주요 당직자 명단: 중앙상무위원회 의장 유옥우, 원내총무 김영삼, 사무처장 김판술, 정책심의회 의장 이충환, 부의장 최영근.

(1967. 06. 08.)를 앞두고 야권통합의 공감대를 형성, 1966년 후반기부터 통합협상을 시작하였다.

2. 합당 경과

1) 민중당 분열 – 신한당 창당

1965년 11월 1일 민중당으로부터의 분당을 선언한 이래 발기준비위원 구성문제로 우여곡절을 겪어 온 새한당(가칭)은 1966년 2월 15일 발기인 105명이 참석한 가운데 서울시민회관 소강당에서 창당발기인대회를 개최하였다. 이날 대회에서는 새한당(가칭)이 당명을 신한당으로 변경한 후 정식 발족하였다. 대회는 장택상, 권오순, 김성숙(金星淑), 이춘기, 전성천, 조헌식 등 임시집행부에 의하여 진행되었는데 정당법에 따른 창당준비위원회 규약을 채택하고 창당준비위원회 수석대표위원에 윤보선, 대표위원에 김도연과 정일형을 선출하였다. 신한당 창당준비위원회 대표단으로 선출된 이들은 2월 18일 대표단회의를 열고 창당준비위원회의 15인 운영위원회를 구성하였다. 신당을 주도한 인물은 한일협정 비준 반대와 관련, 탈당으로 국회의원직을 상실한 서민호, 정일형, 정해영, 정성태, 윤제술, 김재광 등이었다.[86]

민중당의 분열은 민주당 계열·유진산 계열 세력이 민정당 계열과 다툼으로써 발생하였는데, 민정당 계열의 대여 강경투쟁이 쟁점이었다. 그러나 당 분열의 실제 원인은 민주당 계열과 유진산 계열 연합과 민정당 계열 간의 당 주도권 경쟁에서 민정당 계열이 패배한 것에 있다.

민중당 내에는 강경노선을 따르는 명정회(明政會)라는 모임이 있었는데 명정회는 헌법의 국회의원직 상실조항에 얽매여 탈당하지 못하고 민중당에 남아 있으면서 정신적으로는 신한당원임을 내세웠다.[87] 그럼에도 민중당은

---

86) 국회의원선거를 앞두고 활동을 시작한 혁신계는 신한당 창당과정에서 이탈한 서민호와 통일사회 당계의 정화암 등이 중심이 되어 1966년 2월부터 통합을 시도하였으나 서로 이념조율이 이루어지지 않게 되자 분열되었다. 강경파 탈당 의원인 서민호는 창당발기인대회 하루 전인 2월 14일 성명을 발표하여 붕당적 인상을 주는 신당에 참여할 수 없다며 새한당(가칭)과의 결별을 선언하였다.

502

이들을 제명하지 못하였는데 그 이유는 이들을 제명할 경우 신한당이 의도하는 원내교섭단체 구성이 가능해지기 때문이다.

신한당은 1966년 3월 30일 오전 서울시민회관에서 창당대회를 개최하였으며 윤보선을 총재로 추대하는 동시에 대통령선거후보로 지명하였다. 한일조약 비준 파동 후 국회의원직을 사퇴한 민중당 내 강경파 의원들인 윤보선계열(민정당계열) 인사들이 이탈하여 신한당을 창당함으로써 야권은 다시 민중당과 신한당으로 분열되었다.

1966년 7월 14일 현재 민중당은 175석의 국회의석 중 59석을 가진 원내 제1야당의 지위에 있었는데 이들 59명의 의원은 민주당계열 주류, 유진산계열, 중도계열의 3파로 나뉘어 있었다.

2) 야당대통령후보 단일화 운동

신한당으로서도 다가오는 제6대 대통령선거(1967. 05. 03.)에 대비하여 민중당과 야당통합 및 대통령단일후보 문제를 논의하지 않을 수 없었다. 정당등록을 마친 신한당은 1966년 5월 30일 정책심의회 의장에 이재형을 임명하는 한편 야당대통령후보단일화 문제를 검토하기 위하여 장택상, 윤제술, 이재형, 조한백, 정해영, 정성태 등으로 6인소위원회를 구성, 민중당과 단일화 문제를 협의하기 시작하였다.

지방유세를 위하여 마산에 도착한 윤보선 신한당 총재는 7월 23일 기자회견을 통하여 "단일야당과 단일후보는 나의 절실한 소망이며 신한당의 대통령후보를 사퇴할 용의가 있다."고 언명, 야당통합과 후보단일화 추진 가능성을 시사하였다. 이에 대하여 민중당의 박순천 대표도 환영의 뜻을 표명하고 윤보선과의 회담을 희망하였지만 신한당이 대화의 전제조건으로, 이른바 오도된 지도노선과 원내 복귀에 대한 국민에의 사과와 이에 따른 지도층의 인책, 그리고 집권자에 대한 불투명한 자세 청산 등을 요구함에 따라

---

87) 민중당 강경파 의원들로 구성된 원내 서클인 명정회는 1965년 12월 6일 발족되었다. 당시의 헌법은 당적을 이탈, 변경하거니 소속 정당이 해산된 때에는 의원직을 상실토록 규정하고 있었다(제3공화국헌법 제38조).

양당 대표회담은 즉각 이루어지지 않았다.

윤보선 총재는 9월 5일에도 야당통합과 야당대통령후보의 단일화는 변함 없는 소망이며 정권교체를 성취시킬 정직한 세력과는 기꺼이 제휴할 용의가 있다고 말하였다.

민중당의 야당세력통합대책위원회(소집책 유진산)는 1966년 9월 초순 교섭 대상을 ① 신한당, ② 민주동지회 등 민주당 계열, ③ 예비역 장성 등 조국수호협의회 계열, ④ 자유당 계열, ⑤ 기타 정파 등 5개 집단으로 나누어 12인의 대책위원들이 이들 집단을 각기 분담하여 통합교섭을 벌이기로 하였다.

한편 이인, 백남훈, 신숙, 박기출, 남상철, 안병주, 서병호 등 재야인사 20여 명은 9월 27일 아침 "우리는 결코 부패한 관료와 매국적인 악덕 재벌의 수중에 조국의 운명을 맡길 수 없으니 야당은 대동단결하라."는 내용의 시국선언을 발표하였다. 이인은 "재야정치세력 단일화 내지는 야당대통령후보 단일화를 위하여 협의체를 구성하여 기존 정당과 접촉하겠다."고 밝히고 "야당통합이 안 될 경우 현역 국회의원과 제6대 국회의원선거 차점자를 중심으로 한 연합공천의 방법도 모색할 수 있다."고 말하였다.[88]

대통령선거를 앞둔 민중당으로서는 대통령후보 선출문제가 절박한 관심사였다. 이 무렵 고려대학교 총장을 역임한 유진오 박사가 민중당 간부 사이에서 당의 대통령후보감으로 논의되고 있었다. 그 후 영입교섭과정을 거쳐 유진오는 10월 20일 민중당에 입당하였고 민중당은 당일 임시운영회의를 거쳐 유진오를 당의 대통령선거후보로 의결하였다. 또 당수에 박순천 의원, 부당수에 유진산 의원을 지명하였다.

그 이틀 뒤인 22일 오전 서울시민회관에서 열린 민중당 대통령후보공천 전당대회에서 유진오 후보는 1,048명의 대의원 중 872명의 지지를 받아 대통령후보가 되었다. 유진오 후보는 수락연설에서 야당대통령후보단일화를

---

88) 재야인사들의 시국선언 요지: ① 정부와 여당은 자체 내부의 혁명을 단행, 모든 부패적 요소를 척결하고 정책상 과오를 국민 앞에 솔직히 사과하라. ② 야당은 정권쟁탈만을 위한 추악한 싸움과 분열의 습성을 지양, 소이를 버리고 대동을 취해 단일화를 이룩하여 절망 속의 국민을 향도하라. ③ 모든 국민은 반독재 재야 민주세력 단일화 운동에 적극 호응, 민주적 헌정질서를 확립할 것을 호소한다.

주장, 신한당과의 협상의사가 있음을 밝혔다. 이날 대회에서 민중당은 선거공약으로 내세울 기본정책을 의결하였는데 선거공약 중 하나는 당이 야당통합에 앞장설 것이며 또 이를 성취하겠다는 것을 다짐하였다. 야당 상호간 화해단결을 꾀하고 야당세력단일화를 성취하겠다는 것을 선거공약으로 내세운 것에서 당시 야당 간의 반목과 갈등이 심각하였고 또 야권통합이 절실한 과제였음을 알 수 있다.

그 후 당 외의 백낙준, 이범석, 백남훈을 고문으로, 허정, 이상철, 홍익표(이상 민중당), 김도연, 장택상, 정일형(이상 신한당) 등 20여 명을 실행위원으로 하는 야당단일화후보추진위원회가 활동을 시작하였다.

민중당 대통령후보 유진오는 10월 28일 오후 시내 안국동에 있는 신한당 대통령후보 윤보선의 집을 방문하여 야당단일후보 옹립을 위한 상호협력방안과 야당연합전선 실현을 논의하였다. 이날의 회동은 구체적인 합의사항은 없었으나 오랜만에 대화의 통로를 마련하게 되었다는 의미를 갖는다.

이러한 움직임과 9월 27일에 있었던 일부 재야인사들의 '시국 및 야당단합 선언'이 또 하나의 계기가 되어 11월 13일 허정, 장택상, 김홍일 등 민중당과 신한당의 일부 지도자들 및 재야인사 10여 명이 야당통합운동을 적극 전개하기로 합의하였다.

3) 대통령후보단일화에서 합당 모색으로

야당대통령후보단일화 운동은 결국 양당통합운동으로 발전되었나. 민중당은 1966년 12월 9일 긴급운영회의를 열고 민중당과 신한당 일부 중견간부와 시국 선언파 재야인사들이 그동안 추진하여 온 야당대통령후보단일화를 위한 움직임을 검토한 끝에 후보단일화를 실현시키기 위하여 신한당을 포함한 재야정당의 통합을 제의하기로 하고 '야당통합대책 6인 소위원회'를 구성하였다(6인 위원: 서범석, 고흥문, 김의택, 김판술, 김영삼, 이병하).

1967년의 대통령선거 및 국회의원선거에서 승리하여 정권교체를 이루기 위하여 진행되고 있던 야당후보단일화 문제는 민중당이 12월 11일 돌연

'선 통합, 후 단일화' 주장을 함으로써 새로운 국면을 맞이하게 되었다. 민중당의 야당통합 제의에 대하여 신한당은 즉각적인 반응을 보이지 않고 신중한 진의 탐색 끝에 이를 민중당의 정략적인 저의로 단정하고 다음 날인 12일 민중당의 제의를 공식으로 거부하였다.

민중당 야당통합대책6인위원회는 12월 13일 오후 시내 조선호텔에서 야당후보단일화추진준비위원회에 참여하고 있는 당내의 비주류인사들과 회동하고 당에서 이틀 전에 제의한 야당통합원칙을 신한당이 수용할 것을 거듭 촉구하였다. 민중당은 신한당의 거부에도 불구하고 통합교섭을 계속 추진키로 하는 한편 12월 20일 당 운영회의에서 신한당에의 통합을 제의할 것을 결의하였다.

권중돈, 김판술, 고흥문, 이병하, 김산 등 5인을 통합교섭대표로 선출한 민중당은 통합제의에 관한 공문을 신한당에 발송하였으나, 신한당의 윤보선 총재는 12월 21일 여러 가지 여건으로 보아 실현 불가능한 양당통합을 거듭 제의함은 민중당에 의한 전략이며 신한당 내의 야당단일화대통령후보 옹립운동을 견제하려는 술책이라며 다시 거부하였다.

그러나 제3당 출현을 우려하는 민중·신한 양당의 냉담한 반응 속에 민중·신한 양당의 일부 인사와 시국수습선언파 재야인사 등 33명이 주동이 되어 12월 초순부터 본격적으로 '야당대통령후보 단일화추진위원회' 구성운동을 전개한 결과 민중당 55명, 신한당 47명, 재야 40명, 도합 142명의 찬성서명을 받아 12월 24일 오전 11시 시내 대성빌딩 강당에서 야당대통령후보 단일화추진위원회 발족대회를 가졌다.[89] 142명의 추진위원 중 130명이 모인 가운데 열린 이날 대회에서는 규약을 채택하고 고문단에 이범석, 백남훈, 백낙준 등 3인을 추대하였다. 또 실행위원 20인을 선임하여 4개월 앞으로 다가온 대통령선거에 야당단일후보를 내세워 민주공화당의 박정희 후보와 대결시키기 위한 구체적인 단일화 방법을 검토하도록 하였다.[90]

---

89) ≪중앙일보≫, 1966년 12월 24일자.

90) 실행위원: 허정, 장택상, 김도연, 김홍일, 임철호, 이인, 정일형, 홍익표, 정해영, 유옥우, 한통숙, 박연수, 태완선, 성태경, 정운갑, 이상돈, 신태악, 김기철, 최영근, 김선우.

당내 비주류가 대거 참여한 야당대통령후보 단일화추진위원회는 12월 27일 고문단과 실행위원 연석회의를 열고 동 추진위원회 6인위원회에 허정, 장택상, 김홍일, 홍익표, 신태악, 김기철 등을 추대하여 단일화를 위한 조정안 작성 작업에 착수하였다. 6인위원회가 작성한 조정안 내용은 다음과 같다.

대통령후보단일화 조정안 내용

① 민중당은 한일조약 파동에서 원내 복귀한 데 대하여 소속 의원의 이름으로 사과문을 발표한다. ② 신한당은 이 사과성명으로써 양해한다. ③ 대통령후보와 당수직은 분리하되 후보가 있는 당은 없는 당에 당수를 양보하고 당명은 후보가 사퇴한 당의 이름을 사용한다. ④ 단일화를 위한 여러 문제는 두 당에서 선출한 대표와 추진위원회의 연석회의에서 토의 결정한다. ⑤ 두 당은 이 안에 찬동하면 대표 3명을 뽑아 1월 20일까지 그 명단을 제출한다.

이 시안을 양당에 비공식으로 제시하자 민중당은 즉각 수락하였으나 신한당은 선행조건을 제시하며 사실상 이를 거부하였다. 신한당이 제시한 조건은 한일조약 비준 파동 당시 원내 복귀나 그 뒤의 비야당적 원내 활동에 대한 민중당 지도층 인책과 국회의원후보 공천에 있어서 현직 의원에 대한 심사였다. 이에 대하여 야당대통령후보 단일화 추진위원회는 다음과 같은 조정안을 만들어 양당에 통고하였다.

야당대통령후보 단일화 추진위원회의 조정안

① 민중당, 신한당 두 당의 대통령후보 가운데 1명은 사퇴하여 통합된 당의 당수가 된다. ② 대통령후보 및 당수의 조정과 통합되는 당의 당명, 당헌통합일시, 지구당 개편 및 기타 중요 사항의 사전조정을 위하여 두 당과 추진위원회의 각각 같은 수의 대표로 조성위원회를 구성한다. ③ 민중당은 한일조약 반대투쟁에서 원내 복귀한 것을 의원총회의 이름으로 국민 앞에 사과한다. ④ 민중당, 신한당 두 당이 이에 찬동하면 1월 12일까지 각 대표 3명을 파견하여 추진위원회 대표와 합동으로 조정에 착수한다.

단일화추진위원회의 새로운 조정안에 대해서도 신한당은 "민중당 지도층의 인책이 선행되지 않는 형식적인 야합은 국민에 대한 배신"이라고 주장하면서 수락을 거부하였다. 단일화추진위원회는 12월 30일 민중·신한 양당에 공한을 보내어 야당단합에 대한 당의 공식태도를 밝혀 줄 것을 요구하였으나 민중당은 "야당통합만이 야당단합의 길"이라는 종래의 방침을 밝힌 데 반하여 신한당은 "통합은 여러 여건으로 볼 때 지난한 것으로 보이며 추진위원회가 좋은 방안을 제시하면 응하겠다."고 답신하였다.

1967년에 들어서서 양당은 연초부터 본격적인 야당후보단일화를 추진, 야당대통령후보단일화 및 야당통합분위기가 다시 고조되었다. 그간 야당이 민중당과 신한당으로 분열되어 대립상태를 보여 왔으나 선거가 다가옴에 따라 야당대통령후보 단일화 추진위원회는 1월 7일 단일화 방안으로 양당 대통령후보 중 한 사람은 당수가 되고 당명은 대통령후보를 사퇴한 당으로 하며 민중당은 원내 복귀에 대한 사과를 한다는 구체적인 내용을 제시하였다.

단일화추진위원회는 1967년 연초에 6인소위원회를 구성하여 4개 항목의 단일화 시안을 마련하였으나 1월 8일 신한당 측 추진위원이 1차적으로 민중당의 원내 복귀에 대한 사과와 지도층의 인책이 선행되지 않고는 합당은 무의미하다는 이유로 시안수락을 거부하였고, 1월 10일 이인 등 재야 측 추진위원들이 제시한 타협안에 대해서도 거부태도를 보임으로써 단일화추진위원회는 1월 13일 고문단과 실행위원회 연석회의를 열고 조속한 시일 내에 전체회의를 소집하여 동 위원회를 해체토록 하자는 데 의견을 같이하였다.

한편 1월 12일 시내 안국동 윤보선 총재의 집에서 열린 신한당 회의에서는 조정위원회에 보낼 대표 3인까지 선정하였으나 정무·당무위원 합동회의에서 이를 거부, 야당통합이 무산된 것으로 보였다. 단일화추진위원회는 이날 오후 신한당이 단일화추진위원회의 단일화 방안을 거부하면서 사실상 와해되었다. 결과적으로 민중당은 통합을 위하여 노력하는 모습으로 국민들에게 비추어졌으며 신한당은 당파의 이익에 집착하여 야당통합을 반대하고 있는 모습으로 비추어졌다.[91]

민중당·신한당 양당은 야당대통령후보 단일화추진위원회에 의한 야당통합운동이 실패로 끝나자 각기 독자적인 대통령 및 국회의원선거체제 정비

---

91) 한국기자협회, 『언론에 비친 한국정치, 1945-1995』(1995), 355-361쪽.

에 착수하였다.

4) 4자 회담

야당대통령후보 단일화 추진위원회는 1967년 1월 23일 오후 전체회의를 열고 정식 해체결의를 할 예정이었다. 신한당의 통합거부로 난관에 빠졌던 야당대통령후보 단일화 추진운동은 신한당이 이날 돌연 당론을 변경하여 단일화에 대한 모든 문제를 양당의 대통령후보(유진오, 윤보선)와 재야의 백낙준, 이범석 등 4자 회담에서 협의, 결정하자는 내용의 단일화 방안을 윤보선 신한당 총재의 이름으로 단일화추진위원회에 서한으로 제의하면서 다시 재개되었다.

민중당에 대하여 '오도된 지도노선'과 '원내 복귀에 대한 사과'를 요구함으로써 단일화추진위원회가 지난 20일 동안 마련한 조정안이 실현되지 못한 채 단일화추진위원회의 해체절차가 논의된 이날 윤보선 총재의 통합방안이 전달되자 교착상태에 빠져 있던 양당의 통합운동은 돌파구를 마련하게 되었으며 동 추진위원회는 해체를 유보하였다.

윤보선 신한당 대통령후보는 4자 회담 제의에 이어 1월 24일 밤 유진오 민중당 대통령후보의 시내 필동 집을 방문하고 후보단일화 문제와 야당통합에 관하여 협의하였다. 두 사람은 1월 25일 오후에는 시내 안국동 윤보선 후보의 집에서 회동, 민중당과 신한당 양당이 조속한 시일 내에 합당하기로 합의하였다. 두 사람은 4자 회담에서 합당의 기본원칙을 정하기로 하였는데 윤보선은 25일과 26일 이범석과 백낙준을 순방, 4자 회담 참여를 수락 받았다.

와해 직전에서 다시 활기를 띠기 시작한 야당통합을 위한 제1차 4자 회담(유진오, 윤보선, 이범석, 백낙준)은 1월 26일 오후 6시 30분 시내 안국동 윤보선의 집에서 열렸는데 이날 통합9인실무위원회 구성에 합의하였다. 1월 27일 오후 6시 유진오 후보의 집에서 열린 제2차 4자 회담에서는 통합방식은 신설합당, 그리고 통합신당의 대통령후보와 당수는 윤보선과 유진오 두 사람에게 안배한다는 데까지 양해가 이루어졌다. 민중당과 신한당은 제2차 4자 회담에서 합의한 양당의 통합방안을 수락하고, 신한당은 29일의 정무위원·당무위원 합동회의에서, 민중당은 30일의 운영회의에서 각각 구체적인 합당대책을 논의하기로 하였다.

4자 회담의 합의에 따라 신설합당의 구체적인 절차방법 등을 검토하여 4자 회담을 실무 면에서 보좌할 9인실무위원회는 민중당의 서범석·김의택·김판술, 신한당의 조한백·정해영·신태악, 단일화추진위원회의 임철호·정운갑·이상돈으로 구성되어 1월 28일 정식으로 발족하였다.

9인실무위원회는 1월 30일부터 실무회의를 열고 2월 7일에 양당 합당선언대회 및 합당전당대회를 개최한다는 목표로 통합일정, 당헌, 전당대회 대의원수, 선거대책기구 등에 관한 요강을 마련하여 4자 회담에 제출하였다.[92] 한편 이날 시내 안국동에서 열린 제3차 4자 회담에서 양당은 늦어도 2월 중순까지 통합신당을 발족시킨다는 일정에 합의하였으며, 4자 회담은 신당 창당 시까지 존속시키기로 하였다.

9인실무위원회는 1월 31일 밤 신당의 지도체제를 단일지도체제로 하고 당의 의결기관으로 전당대회와 운영위원회만을 두며, 양대 선거(대통령선거,

---

92) 신한당은 1월 30일 야당통합문제를 연구 지원하는 기구로서 총재 밑에 8인 대책위원회를 구성하였으며, 이들과 9인위원회의 4대표가 연석회의를 갖고 2월 4일 윤보선 총재의 집에서 합당문제에 대한 수임기구를 구성하기 위하여 임시정당대회를 개최하기로 하였다. 민중당은 1월 30일 오후 운영회의에서 2월 4일 중앙상임위원회를 열어 수임기구를 구성키로 하였다. 당초 민중당은 4자 회담을 '자문기관'이라 하여 9인위원회에 역점을 두었고, 신한당은 이를 '의결기관'이라 하여 4자 회담에 역점을 두었다. 이렇게 의견이 대립되자 제2차 4자 회담을 의결기구로 못을 박았다.

국회의원선거)가 끝날 때까지 당무집행기관으로는 선거대책본부만을 두기로 결정하였다. 야당의 통합과 대통령후보단일화를 모색하여 오던 민중당과 신한당은 2월 2일 9인실무위원회에서 새 당명을 신민당으로 결정하고 당헌을 채택하는 등 통합협상은 큰 진전을 보았다.

민중당은 야당단일화 작업이 진전됨에 따라 2월 4일 오전 서울시민회관 소강당에서 임시전당대회를 열고 합당수임기관구성을 결의하였으며, 그 인선을 당수에게 위임키로 하는 등 통합절차를 진행시켰다.

합당전당대회를 이틀 앞둔 2월 5일 오후 2시 30분부터 시내 필동 유진오의 집에서 약 3시간 동안 제4차 4자 회담을 가졌는데 이 자리에서 야당통합의 가장 큰 고비였던 대통령후보의 사전 안배에 합의, 통합신당의 대통령후보에 윤보선, 당수에 유진오로 결정하였다. 또 2월 6일의 제5차 4자 회담에서 양당은 각각 통합을 위한 25명의 대의원 인선을 끝냈으며, 단일지도체제를 골자로 하는 통합신당의 당헌 채택을 마지막으로 야당단일화를 위한 정지작업을 모두 끝내고 대통령선거에서 제시할 공약 7장을 발표하였다.[93] 신민당은 대통령후보 윤보선, 당수 유진오로 한다고 결정하고 합당협상을 마무리 지었다.

통합신당의 지분협상은 민중당에서 고흥문, 신한당에서 정해영이 맡았는데 다가올 국회의원선거(1967. 06. 08.)에서는 5 대 5의 동등한 비율로 공천권을 행사하기로 합의하였다.[94]

---

93) 제4차 4자 회담에서는 이 외에도 통합야당이 재야인사들을 광범위하게 영입하기로 결정, 창당대회에 참석하게 되는 재야 측 대의원 수로 9인위원회에서 합의한 10명에서 15명 증원한 25명으로 합의하였다. 그러나 이 문제, 즉 재야 측 대의원 25명 문제는, 통합대회에는 10명만 참석시키고 나머지는 뒤에 보충하기로 양해하여 해소되었다.

94) 당시 통합야당인 민중당과 분당하여 나간 신한당의 조직비율은 7 대 3 정도였으나 고흥문은 윤보선(신한당) 측 공천자라도 결국 유진오 지지자로 만들 계획으로 5 대 5의 비율에 합의하였다고 한다. 고흥문, 앞의 책, 178쪽.

<표 5-5> 4자 회담 경과

구분	일시	내용
제1차 회의	1967. 1. 26.	통합9인실무위원회 구성 합의(민중당, 신한당, 추진위원회 각 3인)
제2차 회의	1967. 1. 27.	통합방식은 신설합당. 통합신당의 대통령후보와 당 대표는 민중·신한 양당의 대통령후보인 윤보선·유진오 양자 중에서 안배
제3차 회의	1967. 1. 30.	통합일정 합의. 2월 10일까지 통합선언대회. 2월 중순 신당 발족
제4차 회의	1967. 2. 5.	신당은 재야인사 광범 영입. 대통령후보의 사전안배 합의. 대통령후보 윤보선, 당 대표 유진오
제5차 회의	1967. 2. 6.	통합을 위한 대의원 인선작업 완료. 통합신당의 당헌 채택

3. 통합신당 신민당 창당대회

1) 합당선언

4자 회담을 정점으로 야당단일화 운동이 급진전되어 1967년 2월 7일 오전 서울시민회관에서 민중당과 신한당의 합당선언대회가 개최되었다. 이어 오후에는 통합신당인 신민당 창당대회 겸 대통령후보지명대회가 열렸다. 대회에는 민중·신한 양당에서 추천한 각 28명의 대의원(야당통합 수임기구 구성원이 대의원이 되었음)과 재야 측 대의원 4명 등 모두 54명이 참석하였는데 이들은 4자 회담에서 결정한 대로 대통령후보에 윤보선, 대표위원(당수)에 유진오를 만장일치로 추대하였다. 그리고 당 고문에는 박순천, 백낙준, 이범석을 추대하였으나 백낙준과 이범석은 즉석에서 수락을 거부하였다. 창당대회의 합당선언문과 결의문은 다음과 같다.[95]

합당선언문(1967. 02. 07.)

우리는 자유 숭고한 희생정신과 민족정기로써 불퇴전의 용기를 발휘하여 무아의 경지에 서서 만난을 극복하고 통합으로 살신 구국하는 수밖에 없다. 이 엄숙한 시점에서 신성한 역사의 심판대에 오른 우리는 무거운 사명을 자각하고 한결같이 떨리는 마음으로 동서고

---

95) 공약 7장 ① 의회민주주의의 실현, ② 국제신의의 엄수, ③ 공명선거의 확립, ④ 선명야당의 구현, ⑤ 보복행위의 배제, ⑥ 자유경제체제의 확립, ⑦ 민족국가의 완성
중요 당직—전당대회 의장: 김의택(민중), 부의장 정운갑(신한)
운영위원회 의장: 유진오(당수 겸직), 부의장 조한백(신한), 총무위원장 고흥문(민중), 조직위원장 김재광(신한), 선전위원장 김대중(민중), 재정위원장 김세영(민중), 감찰위원장 신태악(신한), 정책위원장 부완혁(재야).

금에 없는 한국정당사의 기적을 이룩했으니 그는 바로 신민당 창당이다. 신민당은 다음과
같은 정당임을 선언한다.
○ 범국민정당 – 신민당은 이 나라 자유 민주세력의 총집결체다. 참된 민주신념과 민족정
기에 서린 구국이념을 바탕으로 반일·반공·반독재투쟁의 피어린 전통을 자랑하는 민
중·신한 양당의 합당을 핵심으로 하고 모든 재야민주세력이 총집결한 범국민적 정당이다.
○ 자위정당 – 신민당은 이 나라의 반민주적인 군정횡포를 종식시키고 무자비한 수탈행
위로부터 국민을 보호하여야 할 자위정당이다.
○ 수임정당 – 기형성장. 강력안정. 가짜 질서 등 모든 군정의 때를 벗고 자애와 성실과
정직이 통하는 진정한 민주사회로 반정하는 정권교체를 이룩해야 할 수임정당이다.
○ 전진정당 – 신민당은 이 나라를 국제적 침략에서 보호하고 자유민주 기본체제에서 전
진적 자세로 발전 보완하며 뒤떨어진 경제적 후진성을 시급히 만회하고 민족자립경제를
목표로 하는 전진정당이다.
○ 정책정당 – 신민당은 수구적 인습과 무원칙한 파쟁을 지양하고 건설적이며 합리적 대
안과 창의에 찬 청사진을 갖고 생산과 분배를 동시에 중요시하는 정책정당이다.

합당 결의문

○ 우리는 다음 선거에서 기필코 정권교체를 성취시켜 민주정치를 재건하고 민생을 도탄
에서 구출한다. ○ 우리는 우리의 승리와 목적달성을 위해 철석같이 단결하고 봉사에의
신념과 불굴의 용기로써 투쟁한다. ○ 만일 부정선거의 경우 여기서 오는 불행한 사태발
생의 모든 책임은 박 정권이 져야 함을 사전에 경고한다.

이로써 1965년 6월 14일 창당되고 1966년 3월 3일에 분당된 민중당은
통합신당 신민당에로 그 법통이 승계되었다. 양당의 통합으로 이루어진 신
민당의 조직책 선정에 있어서는 모두 124개 지구당 조직책 중 민중당계열
60, 신한당계열 56으로 안배하였으며 나머지 8석은 통합 이전의 재야세력
몫으로 남겼다.

4. 합당 이후

1) 합당성사 요인

제6대 대통령선거를 앞두고 후보단일화가 쟁점이었는데 이번 합당이 성사된
것은 무엇보다도 협상과정에서 대통령후보(신한당 윤보선)와 당수(민중당 유진
오)를 분리시켜 접근한 것과, 조직책 안배에 양측이 합의한 것에 기인한다.

2) 당내 분규

민중당과 신한당의 합당은 대통령선거와 국회의원선거를 3－4개월 정도 남겨 놓은 시점에서 성사되었다. 그러나 통합신당 신민당은 조직책 안배에는 합의하였지만 국회의원후보공천권 행사를 둘러싸고 당내 분규를 겪게 되었다.

3) 합당반대파의 동향

5·16군사정변 전의 구민주당(舊民主黨) 재건을 표방하는 민주당이 1967년 4월 29일 시내 대성빌딩에서 창당되었다(대표 조재천, 고문 오위영·현석호). 민중당과 신한당의 합당을 반대하여 정계에서 은퇴하였던 조재천이 민주당계열 인사들을 규합한 것이다. 통합신당인 신민당 창당과정에서 이탈한 인사들의 결집체인 민주당은 5월 6일 정당등록을 하였으나 그 후 1970년 12월 15일 신민당에 합류하기 위하여 자진 해산하였다.

제14절 민주사회당(대중당)·통일사회당의 합당 시도

1. 합당 시도 배경

통일사회당(가칭)이 1965년 5월 1일 발기선언을 하였다. 통일사회당은 본래 1961년 1월 21일 창당되었으나 5·16군사정변으로 인하여 다른 정당들과 함께 해체되었다가 재건된 것인데 통합혁신정당을 지향하였던 5·16 이전의 통일사회당의 정신을 계승, 혁신정당의 통합을 위하여 노력하였다.

통일사회당은 1965년 9월 20일 오전 10시 시내 대성빌딩에서 300여 명의 대의원이 모인 가운데 창당대회를 개최하고 당 대표에 김성숙(金成淑)을 선출하였다. 김성숙 대표는 인사말에서 그동안 사회민주당과의 통합추진으

로 창당이 늦추어졌으나 통일사회당은 이제부터는 민주사회당과의 통합을 위하여 노력하겠다고 언명하였다.[96]

민주사회당과 통일사회당은 1966년 8월 15일을 기하여 정치활동정화법이 해제되자 혁신계열 인사들의 자유로운 정치활동이 이루어질 수 있을 것이라고 예측하였다. 그러나 그 예측이 빗나가면서 두 정당은 보수정당과의 대결을 위해서는 혁신정당의 통합이 이루어져야 한다는 데 뜻을 모으고 통합교섭에 임하게 되었다.

2. 합당 시도 경과

1) 민주사회당·통일사회당의 합당 시도

한일협정 비준을 반대하여 의원직을 사퇴(1966. 05. 05.)한 서민호는 민주사회주의를 표방하는 신당운동을 전개, 통일사회당과의 합작을 시도하였으나 계보 간의 다툼으로 인하여 통합을 이루지 못하고 정화암의 혁신계열과 제휴하여 가칭 민주사회당 준비대책위원회를 결성하였다. 그러나 서민호 중심의 보수계열과 정화암 중심의 혁신계열은 당 요직 안배에 대한 이견을 드러냄으로써 동 준비대책위원회는 끝내 혁신계열과 결별한 채 서민호 중심의 보수계열 인사 만으로 5월 9일 민주사회당(가칭) 창당준비위원회를 결성하였다.[97]

그런데 1966년 2월 발표된 민주사회당의 발기취지문이 문제화되었다. 남북 서신교환, 체육인 · 언론인 교류, 집권 후 김일성과의 면담용의 표명, 한일협정 폐기, 파월 한국군 철수 등의 주장에 대하여 서울지검은 그해 6월 3일 반공법위반혐의를 적용하여 서민호를 구속하였다.

민주사회당(가칭)은 역시 창당준비과정에 있는 통일사회당(가칭)과의 통합을 위하여 여러 차례 회합을 가졌는데 통일사회당에서는 구익균, 안필수,

---

96) ≪동아일보≫, 1965년 9월 20일자.
97) ≪조선일보≫, 1966년 5월 9일자.

김재훈 등 3인이 통합대표로 선임되었다. 그러나 민주사회당에서는 서민호 대표가 반공법 위반혐의로 수감 중이었으므로 당의 공식결의를 거치지 못한 채 당 간부들이 통합원칙만을 확인하였다.[98] 이들은 8·15를 기하여 혁신계열 인사들에 대한 사면과 정치활동정화법이 해금될 것으로 기대하였으나 이러한 조치들이 이루어지지 않자 보수 세력과의 대결을 위해서는 혁신 세력의 단결이 절실하다고 보고 통합교섭에 적극적으로 나서게 되었다.

민주사회당의 이필선 대변인은 1966년 9월 14일 민주사회당(대표 서민호)과 통일사회당(대표 金成淑)은 9월 13일 오후 양당의 통합원칙에 합의하고 9월 안에 통일민주사회당(가칭) 선언대회를 개최하기로 하였다고 발표하였다. 그러나 통일사회당의 김철 대변인은 이에 대하여 "13일의 모임은 비공식적인 것이며 비공식적인 합의내용을 발표하는 것은 파괴적인 결과를 가져올 것"[99]이라고 말하여 당이 정식으로 창당되기도 전에 합당이 논의되고 통합신당의 명칭이 발표된 것에 대한 당혹감을 표현하였다. 결국 양당의 통합은 그 후 난관에 봉착하게 되었다.

2) 민주사회당·한국독립당의 합당 시도

한편 혁신세력의 통합을 추진한 혁신계열 인사들은 한국독립당과의 통합을 시도하여 1966년 12월 8일에는 통일사회당 창당준비위원회 사무국장을 지낸 구익균을 임시 대변인으로 정하고 정책위원장에 김재연, 당규기초위원장에 송영섭, 당기위원장에 장현강을 각각 선임, 발표하였다. 한국독립당과 통합을 추진하여 오던 민주사회당(가칭)의 서민호 대표는 12월 20일 오전 신공제 한국독립당대표와 회담하고 공동기자회견을 통하여 양당이 통합원칙에 합의하였다고 발표하였다.

양당은 통합선언에서 "진정한 자유, 균등한 경제성장을 도모하여 통일을 성취하며 민주정치를 확립할 수 있는 새로운 이념정당으로 발전시키기로

---

98) 배순길, 『한국사회주의정당사』(서울: 한마음, 1995), 148쪽.
99) ≪동아일보≫, 1996년 9월 14일자.

했다.”고 밝혔는데, 그 시기와 절차는 민주사회당(가칭)이 창당대회를 마친 후에 구체적인 합당절차를 협의하기로 하였다.

민주사회당 창당발기대회가 1966년 12월 22일 오전 시내 대성빌딩에서 개최되었다. 대의원 560명 중 470명이 참석한 이날 대회에서는 ① 수감 중인 혁신계열 인사들의 즉시 석방과 정치활동정화법 해제 ② 반공법의 개정과 중앙정보부의 해체 ③ 반국가적인 재벌재산의 국가몰수 ④ 한일협정의 재조정과 주월 한국군의 조속한 철수 ⑤ 합법적인 남북교류의 실현을 위한 초당적인 협의기구 구성 등을 촉구하는 결의문을 채택하였다. 이날 대회에서는 당 대표최고위원 및 대통령후보로 서민호를 선출하였다.

창당작업이 진행되는 동안 서울형사지방법원은 12월 27일 반공법 위반사건에 계류 중이던 서민호 대표최고위원에 대하여 김일성과의 면담발언을 하였다는 이유로 징역 2년, 자격정지 2년의 실형을 선고하였다. 서민호 대표는 이에 불복하여 서울고등법원에 항소하였다.

3. 합당 시도 실패 – 양당 별도 창당

1) 대중당 창당

서민호가 이끄는 민주사회당(가칭) 창당준비위원회는 1967년 3월 2일 창당준비위원회의 명칭을 대중당(가칭) 창당준비위원회로 변경하였다.

정당통합운동에서 물러선 대중당(가칭)은 그 후 독자적인 발기인대회를 개최하였으나 서민호 대표가 구속되자 창당을 미루다가 3월 9일 시내 명동의 대성빌딩에서 전국의 대의원 200명 중 173명이 참석한 가운데 창당대회를 개최하였다.[100] 대회에서는 김인태의 사회로 임시의장에 김재훈, 이청천, 김상조를 전당대회의장에는 김재훈, 부의장에는 정해룡, 방만수를 각각 선출하였다. 또 정당 명칭을 대중당으로 결정하고 당헌, 정강·정책, 결의문

---

100) 대중당은 정의당, 통일사회당의 일부와 동학당이 통합하여 창당되었으며, 1966년 12월 조직된 민주사회당이 그 전신이다.

등을 채택하는 한편 대표최고위원 및 대통령후보로 서민호를 선출하였으며, 한국독립당과의 통합을 결의하였다. 그러나 서민호는 자신이 현재 대통령후보지명을 수락한다면 한국독립당·통일사회당 등 다른 정당과 통합의 문을 좁힐 우려가 있다는 이유로 후보수락을 유보하고 그 처리문제를 중앙상무위원회에 맡겼다.[101] 대중당은 창당등록(1967. 03. 22.) 후 한국독립당 및 통일사회당 등과 통합교섭을 추진하였으나 실패하였고 다만 통일사회당 대표위원 김성숙(金成淑)이 개인 자격으로 대중당에 입당하였다.

창당등록을 한 대중당은 이처럼 다른 혁신정당과의 통합에 실패하여 5월 3일 시행되는 대통령선거에서 야당단일후보 옹립이 어렵게 되자 서민호 대표는 대통령후보자 등록을 필하고 3월 25일 제3차 중앙상무위원회를 개최하여 선거대책위원회를 구성하였다.

2) 통일사회당 창당

통일사회당준비위원회(1965. 07. 20. 혁신계열 우파 중심으로 결성)는 1967년 4월 3일 대표위원 김성숙(金成淑)을 통합운동에 있어서 당의 공식결의에 불복하였다는 이유로 정권 처분하고 대표자 후임에 이봉학을 선임하였다. 통일사회당은 47개 지구당을 창당하고 대표위원을 정권 처분한 다음 날인 4월 4일 대의원 58명 중 40명이 참석한 가운데 창당대회를 개최하여 당헌을 채택하고 출범하였다.

---

101) 중앙선거관리위원회, 『대한민국정당사(제1집)』(1973), 835-836쪽.

1. 선거 전의 상황

민중당과 신한당의 합당교섭이 막바지 단계에 이르러 대통령후보와 당 대표 안배합의에 이를 무렵 여당 민주공화당도 대통령선거에 대비하여 1967년 2월 1일부터 4일까지 전당대회를 열고 대통령후보에 박정희를 지명 하였다. 여야의 선거전은 2월 2일 민주공화당이 시내 장충체육관에서 제4 년차 전당대회를 열고 박정희 대통령을 후보로 지명한 것을 계기로 가열되 기 시작하였다.[102)]

대통령 입후보 등록일까지 민주공화당의 박정희, 신민당의 윤보선, 대중 당의 서민호, 한국독립당의 전진한, 민중당의 김준연, 통한당의 오재영, 정 의당의 이세진 등 7명이 후보등록을 마쳤다.

대중당의 서민호 후보는 대통령선거일을 5일 앞둔 4월 28일 돌연 후보를 사퇴한다고 발표하였다. 그는 신민당과 제휴하여 공명선거투쟁위원회를 구 성하였는데 자신이 그 위원장에 취임하였고, 부위원장에는 신민당의 유진 오, 함석헌, 김도연 그리고 대중당의 김성숙, 김재호를 선출하였다. 그러나 이 위원회는 선거일 며칠 전에 구성되었으므로 상징적인 의미밖에는 가지 지 못한 채 선거를 맞이하였다.

2. 선거 결과

제6대 대통령선거가 1967년 5월 3일 시행되었다. 선거 결과 총 유효투표 1,105만 8,721표 중 박정희 후보가 568만 8,666표를 얻어 452만 6,541표를

---

102) 민정이양 직전 집권층과 결별하고 야권에 머물고 있던 김동하, 김재춘 등 재야의 5·16주체들이 1967년 3월 21일 박 대통령의 재집권을 위하여 민주공화당에 입당하였다.

얻은 윤보선 후보를 116만여 표 차로 누르고 당선되었다.

<표 5-6> 제6대 대통령선거 결과

선거인 수	투표수	후보자별 득표수					
		민주공화당	신민당	통한당	민주당	한국독립당	정의당
		박정희	윤보선	오재영	김준연	전진한	이세진
13,935,093	11,058,721	5,688,666	4,526,541	264,533	248,369	232,179	98,433

출처: 중앙선거관리위원회. 『대한민국선거사(제1집)』(1973). 758쪽.

3. 선거의 특징

① 제5대 대통령선거(1963. 10. 15.) 때와 같이 박정희 후보와 윤보선 후보가 여당과 제1야당의 후보가 되어 두 번째로 격돌한 선거였다. ② 박정희 후보의 사상문제가 중요한 쟁점의 하나가 되었던 제5대 대통령선거와는 달리 경제정책 등 정책적인 문제가 선거의 큰 쟁점이었다. 박정희 후보와 윤보선 후보가 경제문제를 둘러싸고 격론을 벌였는데 박정희 후보는 재임 기간 중 이루어 낸 경제발전업적이 유권자들로부터 많은 지지를 받아 재선되었다. ③ 제5대 대통령선거에서는 박정희 후보와 윤보선 후보의 득표 차이가 15만여 표에 불과하였고 야당후보들의 총 득표수가 여당후보의 득표수를 능가하였으나 이번 선거에서는 두 후보의 표차가 116만여 표로 크게 벌여졌다. ④ 투표행태 면에 있어서는 서울을 제외한 모든 지역에서 민주공화당이 우세하였으며 영남지역에서 민주공화당이 압승함으로써 표의 동서현상(東西現象)이 나타났다.

4. 선거 이후

선거가 끝난 직후인 1967년 5월 8일 대중당의 서민호 대표는 반공법 위반혐의로 다시 서울지방검찰청에 구속되었다. 검찰당국은 서민호 후보의 선거유세 내용 중 "현실적으로는 북한을 국가로 인정하지 않을 수 없으며, 인구비례에 의한 남북한 군축을 제의하겠다."고 발언한 것이 반공법에 저촉되었다고 발표하였다. 서민호 대표는 5월 27일 서울형사지방법원의 보석결정에 의하여 출옥하였다.

선거에서의 승리분위기를 눈앞으로 다가온 제7대 국회의원선거로 연결하려는 민주공화당과, 심기일전하여 좋은 성적을 거두려는 야당 간의 치열한 선거전이 전개되었다.

제16절 제7대 국회의원선거(1967. 06. 08.)

1. 선거 전의 상황

1966년 9월 22일 국회본회의에서 가결된 '정당법과 선거관계법개정법률안을 심사하기 위한 특별위원회구성결의안'에 의하여 구성된 정당법·선거관계법중개정법률안심사특별위원회는 장기간의 협상을 통하여 선거관계법개정안을 성안하였다. 이 개정안에 따라 동 위원회가 제안한 '국회의원선거법중개정법률안'은 12월 2일 국회에서 가결되고 12월 14일 공포되었다.

선거운동기간 동안 민주공화당은 안정세력 확보를, 신민당은 견제세력 구축을 목표로 총력전을 펼쳤는데 민주공화당은 특히 한 달 전에 있었던 대통령선거에서 취약한 지역으로 판명된 기호지역 및 호남지역에 대한 중점 관리에 들어갔다.

2. 선거 결과

제7대 국회의원선거가 1967년 6월 8일 시행되었다. 11개 정당의 후보들이 경합한 선거 결과 지역구 의석 131석 중 민주공화당 129석(지역구 102

석, 전국구 27석), 신민당 45석(지역구 28석, 전국구 17석), 그리고 대중당에서 1석(서민호 대표)을 획득하였다.

민주공화당은 총 의석 중 3분의 2 이상을 차지하여 원내 안정세력을 구축한 반면 신민당은 호헌 선인 56석 확보에 실패하였다. 혁신정당인 통일사회당은 이번 선거에 여러 후보를 내고 나름대로 이념적 노선을 견지하려 하였으나 단 1석도 획득하지 못하였다.[103]

<표 5-7> 제7대 국회의원선거 결과

구분	민주공화당	신민당	대중당	의석수 계
지역구	102	28	1	131
전국구	27	17	–	44
합계	129	45	1	175

출처: 중앙선거관리위원회, 『대한민국선거사(제1집)』(1973), 1302-1303쪽.

3. 선거의 특징

① 역대 국회의원선거에서 가장 낮은 투표율인 76.1%를 기록하였다. ② 선거에 참가한 정당이 11개이나 민주공화당과 신민당이 175석 중 174석을 획득하였고, 기타 정당 중에서는 대중당만이 1석을 얻어 양대 정당구도가 형성되었다. ③ 민주공화당은 3선 개헌에 필요한 3분의 2 의석을 확보하기 위하여 대리투표, 무더기표, 매표 등 광범위한 관권 개입 및 선거부정행위를 하였으며 전국적으로는 여야 모두 선거부정과 폭력으로부터 자유롭지 못하였다.[104] ④ 신민당의 경우 후보공천은 통합 당시 4자 회담에서 합의한 원칙에 따라 안배가 이루어졌으며, 지구당조직책과 입후보자 공천이 분리되었다. ⑤ 민주공화당후보자들은 전국의 각 지역에서 골고루 당선되었

---

103) 통일사회당 선전국, 『내일에의 민족노선』(서울: 삼오출판사, 1972), 9-20쪽.

104) 선거사범은 모두 2,472명(1,868건)에 달하였으며 이 중 46명이 구속되고 3명이 즉심에 넘겨졌으며 나머지는 모두 불구속 입건되었다. 구속된 46명은 신민당 10명, 민주공화당 3명, 자유당 2명, 대중당 1명, 그리고 일반인 30명으로 집계되었다. 『대한민국선거사』(제1집)(1973), 547-558쪽.

으나, 서울과 부산 등 대도시에서는 저조하였으며 특히 서울지역에서는 14의석 중 단 1석만을 획득하였다. 한편 신민당 후보자들은 충청북도, 전라북도, 제주도에서 참패, 이들 지역에서 단 1명도 당선자를 내지 못하였다. ⑥ 선거 결과를 의석획득 지역별로 보면 여당인 민주공화당은 농촌지역에서, 야당인 신민당은 도시지역에서 선전하여 여촌야도 현상이 나타났다. ⑦ 후보자들 중에는 소속 정당에서 공천을 받지 못하자 당적을 바꾸어 출마한 정치인들이 많았다.

4. 선거 이후

1) 대통령의 타락선거규탄 담화 발표

박정희 대통령은 1967년 6월 16일 이번 국회의원선거의 일부 타락상에 대하여 분개하고 또 이를 규탄한다는 내용의 담화를 발표하였다. 그리고 곧이어 민주공화당 공천으로 당선된 권오석(경기 화성), 양달승(전남 보성), 이윤용(경기 평택), 이원장(서천·보령), 차형근(군산·옥구), 신용남(고창), 기세풍(화순·곡성), 이원우(영천) 등 8개 선거구의 당선자를 제명 조치하였다.

2) 국회의장의 시국수습제안

선거과정에서의 부정사례가 다수 보고되면서 신민당은 부정선거지구로 보이는 선거구에 대한 재선거 실시를 요구하는 등 강력한 대응책을 세우고 선거일 다음 날부터 부정선거를 규탄하는 성토대회를 서울, 경기도, 강원도, 전라남도 등지에서 개최하였다. 신민당은 6월 17일 이번 선거를 '선거 쿠데타'로 규정하고 전면 재선거를 요구하였다. 또 대통령의 새로운 단안을 촉구하면서 ① 선거부정에 대한 시인 및 사과 ② 전면 재선거 ③ 선거부정 관련자 인책 ④ 부정방지 보장 등 4개 조건을 제시하고 신민당 소속 당선자들의 의원등록을 거부하기로 하였다.

선거부정으로 인한 여야 간의 극한적인 대치상황 속에서 야당 의원들이 당선자등록과 국회출석을 거부한 가운데 7월 10일 여당 민주공화당의원만으로 제7대 국회가 개원되었다.[105] 이날 국회의사당 주변은 선거무효화와 1당 국회 철회를 요구하는 유진오 신민당 총재를 비롯한 야당 소속 의원당선자들의 시위와 이를 저지하는 기동경찰대의 움직임으로 인하여 혼잡을 이루었다. 김종필 민주공화당 의장은 7월 6일의 유진오 총재와의 면담에 이어 7월 13일 낮에는 서민호 대중당대표와 국제호텔에서 회동, 시국대책에 관하여 의견을 나누었다. 유진오 총재는 이날 시국수습의 관건은 대통령에게 있다면서 신민당이 내건 4개 조건에 대하여 국민이 납득할 만한 조치를 취하라고 주장하였다.

신민당 소속 당선자들이 의원등록을 거부하고 있는 가운데 민주공화당과 무소속 의원들이 단독으로 개원하는 등 정세가 악화되자 이효상 국회의장은 7월 26일 국회의장 공관에서 여야 동수의 선거부정특별조사위원회 구성문제, 사과문제, 인책문제, 부정방지를 위한 제도상의 보장문제, 부정부패 일소, 국회정상화, 여야 중진회담 개최 등을 내용으로 하는 7개 항의 시국수습안(제1시국수습안)을 발표하였다. 그러나 신민당은 이 수습안이 알맹이가 없는 의제의 나열에 지나지 않는다며 거부하였다.

박정희 대통령은 8월 1일 지난 6월 8일의 선거가 부정으로 얼룩진 것에 대하여 미안하게 생각한다는 입장을 다시 한 번 밝혔으나 인책과 관련한 개각은 고려하지 않고 있다고 언명하였다. 대통령의 입장표명 후 8월 5일 신민당은 전국 131개 지역구 선거관리위원장을 상대로 제기하였던 선거무효 일괄제소를 취하하였다.[106]

이효상 국회의장은 8월 12일 오전 시국수습에 관한 담화(제2시국수습안)를 발표하고 당면 시국수습대책을 논의하기 위하여 8월 22일 국회의장 공관에서 여야 중진회담을 열 것을 제의하였다. 신민당은 제2시국수습안에 대

---

105) 이날 국회본회의는 '야당의원출석촉구결의안'을 채택하였다.

106) 제7대 국회의원선거의 부정과 타락성은 전국 131개 지역구에서 모두 266건의 선거소송을 유발시켜 선거사상 최고의 제소기록을 세웠다.

해서도 제1시국수습안과 다른 것이 없다며 거부하였다.[107]

이효상 국회의장은 9월 8일 제3시국수습안을 통하여 제1, 제2시국수습안을 백지화하고 8월 15일에 의장공관에서 여야 대표 국회의원 5명씩으로 여야 예비회담을 가질 것을 제의하였으나 신민당은 이효상 의장안으로는 해결될 수 없다며 다시 거부하였다.

3) 대통령의 국회정상화 촉구

1967년 9월 1일 소집된 제62회 국회(정기회)의 공전이 장기화되자 박정희 대통령은 9월 20일 이효상 국회의장에게 국회가 조속히 국정심의에 착수해 줄 것을 요망하는 내용의 공한을 보냈다. 민주공화당은 대통령의 공한에 따라 선거법 위반혐의로 기소된 의원들을 제명하였다.

이로써 대통령의 담화발표(1967. 06. 16.)로 제명된 5명(제명된 8명 중 권오석은 당선 무효, 기세풍·신용남은 의원직 사직)과 함께 민주공화당에서 제명된 의원은 모두 9명이 되었다. 민주공화당의 제2교섭단체 구성방침에 따라 이미 동당에서 제명된 의원들과 10월 3일 당기위원회에서 이동원, 이원엽, 이병주, 김익준 등 추가 제명된 의원들이 모여 10월 5일 십오구락부라는 교섭단체를 구성하였다.[108]

이효상 국회의장은 다시 10월 7일 오전 여야 협상준비회담을 열 것을 제의(제4시국수습안)하였는데 그동안 총재 책임하에 여당에 대한 접촉을 모색한다는 방침으로 당론을 모은 신민당은 대여(對與)접촉자분소위원회와 기획위원회 등에서 이 문제를 신중히 논의하였으나 조건부 수락방침을 결정함으로써 사실상 거부하였다.

---

107) ≪경향신문≫, 1967년 8월 12일자.

108) 십오구락부(十五俱樂部) 소속 의원 명단 — 김익준, 양찬우, 이병주, 이원엽, 이원장, 이호범, 이원우, 이윤용, 차형근, 이동원, 최석림, 양달승, 박병선(13인). 십오구락부는 1968년 12월 25일 해체되고 정우회로 개칭되었다. 총선후유증 수습과정에서 야당이 국회등원을 거부하자 민주공화당은 정당이 원내 교섭단체라는 용어로 표현되어 있는 점에 착안, 소속 의원 일부를 제명하여 십오구락부라는 정당이 아닌 교섭단체를 구성하여 단독국회가 아님을 가장하려 했다는 견해도 있다. 김종헌, 『한국제3공화정』 (서울: 송산, 1986), 74-76쪽.

4) 민주공화당·신민당 양당 전권대표자회담

　김종필 민주공화당 의장은 1967년 10월 30일 국회정상화를 위하여 신민당의 유진오 총재와 회담할 것을 제의하였다. 신민당은 이날 기획위원회를 열고 이 제의에 응할지의 여부를 총재에게 일임하였는데, 유진오 총재는 11월 1일 김종필 당의장의 제안을 일단 거부하고 민주공화당·신민당 양당 전권대표자회담을 개최하자고 수정 제의하였다. 이에 김종필 당의장은 11월 2일 오전 9시 시내 필동 유진오 대표위원의 집을 방문, 여야 전권대표회담을 열자는 유진오 총재의 제의를 수락하고 그 방법을 논의하였다.

　이렇게 국회의원선거 이후 5개월 만에 선거후유증을 매듭짓기 위한 여야 간 대화의 길이 트이고 시국수습을 위한 여야 전권대표자회담이 11월 6일 오전 10시 시내 세종호텔 504호실에서 시작되어 양당 전권대표인 백남억·김진만 의원(민주공화당)과 윤제술·김의택 의원(신민당)이 첫 회의를 가졌다. 이에 앞서 유진오 총재는 11월 3일 김종필 당 의장에게 공한을 보내 11월 6일부터 여야 대표 각 2인으로 전권대표회담을 열자고 통고하였으며 민주공화당은 이를 수락한 바 있다.

　제2차 회담은 11월 7일 오후 3시 세종호텔 510호실에서 열렸고 제3차 회담은 11월 8일 오후 2시 40분 같은 호텔 501호실에서 개최되었다. 제2차 회담에서 신민당 대표들은 5개 조건을 제시하였으나 민주공화당은 이를 거부하였고, 제3차 회담에서는 민주공화당이 제시한 대안을 중심으로 논의하였다. 민주공화당이 제시한 대안은 ① 부정시인 사과 ② 부정 시정 ③ 인책 ④ 제도 보장 ⑤ 단독 국회 사후조치 등이었다.

　양당 대표들은 11월 20일 6·8선거부정조사특별위원회법제정특별위원회 구성, 선거관계법등정치관계법개정특별위원회 구성, 특별국정감사 실시, 선거법·정당법 개정, 신민당 국회 등원 등 14개 항목에 대하여 합의하였다. 전권대표회담은 그동안 13회에 걸쳐 현안절충을 거듭한 끝에 이날 공동성명과 여야 합의 의정서에 각 당의 대표가 서명한 후 공표하였다.

　이로써 제7대 국회의원선거 이후 6개월 가까이 끌어 온 부정선거파동은 막을 내렸다. 이에 따라 신민당은 11월 27일 의원당선자 44명 전원이 국회에 등원하여 당선자 등록을 하였으며, 11월 29일에는 교섭단체등록을 마치고 선거 이후 계속된 국회등원 거부투쟁을 끝내고 개원 142일 만에 등원하기 시작하였다.

김진만·김영삼 의원 외 10인은 다음 날인 30일 '민주공화당·신민당 양당대표자회의에서 합의된 의정서에 관한 결의안'을 국회에 제출하였으며 이 결의안은 12월 1일 가결되었다.[109]

그러나 그 후 민주공화당이 선거부정조사입법에 난색을 표명하고 또 국회예산결산위원회에서 1968년도 예산안 부문별 심의를 변칙으로 처리함으로써 긴장상태가 조성되었다. 신민당은 12월 19일 저녁부터 민주공화당의 변칙처리에 항의하는 무기한 농성투쟁에 돌입하였다가 12월 28일 농성을 풀고 해산하였다. 12월 29일 국회의원선거법중개정법률안, 대통령선거법중개정법률안, 정당법중개정법률안 등 5개의 보장입법안이 여야의 합의 의정서에 따라 1년간의 협상 끝에 국회본회의에서 가결되었다.

제17절 신민당·자유당·한국독립당의 합당(신민당)

1. 합당 배경

신민당은 개헌안 저지실패(1969. 09.)와 유진오 총재의 신병치료를 위한 도일(渡日)(1969. 12. 02.) 등 당내의 분위기가 어수선한 가운데 1969년 12

---

109) 의정서(1967. 11. 20.)에 언급된 내용: ① 선거관리위원회법 개정 – 각급 선거관리위원회의 권한 강화 ② 선거법 개정 ③ 정당법 개정 – 군소정당의 난립을 방지하고 양당제도의 확립을 위한 방향으로 ④ 정치자금에 관한 법률 제정 ⑤ 경찰관 등 공무원의 선거관여행위 처벌에 관한 특별법 제정 ⑥ 입법조치의 기간 및 특별위원회 구성 ⑦ 국회 내에 상기 법률 개정을 위한 특별위원회 구성 ⑧ 6·8선거부정조사특별위원회법 제정 ⑨ 제 입법에 관한 문제 ⑩ 인책문제 ⑪ 국회운영에 대한 사후조치문제 ⑫ 신민당 소속 국회의원 등원문제 ⑬ 기타 사항 – 중선거구제로의 개정 여부, 지방자치제 조속 실시 여부 등을 국회에서 속히 취급할 것을 합의.

월 3일 중앙상무위원회를 열고 당 체제 정비를 위하여 임시전당대회를 1970년 1월 26일에 개최하기로 결정하였다. 일본에서 신병을 치료 중이던 유진오 총재는 1969년 12월 31일, 1970년 1월 26일로 예정되어 있는 임시전당대회를 연기하라고 당에 지시하였다. 이에 대회 강행을 주장한 유진산 부총재는 1월 2일 일본으로 건너가 유진오 총재와 협의하였으나 연기와 강행을 주장한 두 사람은 의견조정에 난항을 겪었다.

결국 유진오 총재는 1월 7일 일본 도쿄에서 신민당 총재직을 사퇴하였다. 유 총재는, 자신의 건강상의 이유로 총재직을 사퇴하며, 임시전당대회는 예정대로 1월 26일 개최하되, 대통령후보 지명은 9월로 미루기로 합의했다고 발표하였다. 이는 유진산이 유진오 총재로부터 당권을 받아내고자 한 사실상의 당권도전이었다.[110] 총재가 사퇴함으로써 신민당은 새로운 지도체제의 구성이 불가피해졌고 당내에는 유진산계열의 반유진산계열에 대한 지도체제 내용과 관련된 설득과, 반유진산세력 내의 단일후보 추대를 위한 각 계파 간 협상이 진행되었다. 반유진산 세력에서는 정일형, 이재형 두 부총재가 총재후보 출마의사를 비친 가운데 두 부총재의 단일후보 형성을 통한 연합전선의 통합작업이 진행되었다.

이 무렵 신민당 내에는 김영삼, 김대중 등 40대 정치인들이 급부상하기 시작하여 대통령후보경쟁에 나서는 등 역학관계가 변하고 있었고 재야 혁신계열, 자유당, 한국독립당 등이 신민당으로의 합류를 모색하고 있었다. 이들 3당이 신민당과 합당하게 된 것은 새로 구성될 신민당의 지도체제와 젊은 세대의 등장에 기대하는 바가 컸던 것으로 보인다.

---

110) 최한수, 『한국정당체제변동』(서울: 세명서관, 1999), 258-259쪽.

2. 합당 경과

1) 신민당 내 총재 단일후보 옹립

신민당은 1970년 1월 20일 오후 시내 아서원에서 유진산·정일형·이재형·조한백 부총재와 대통령후보 경쟁에 나선 김영삼·김대중이 참석한 가운데 연석회의를 열어 대통령후보지명 시기에 대한 이견을 조정하고자 하였으나 성과 없이 끝났다. 신민당 당헌개정9인위원회는 1월 21일 총재에게 당직자 임명권을 부여하는 등 총재의 권한을 강화시킨 단일지도체제안을 채택하였다. 한편 당내 반유진산 계열은 1월 23일 반유진산 계열 단일총재 후보 옹립에 실패하였으나 다시 연합전선을 구축, 총재 투표과정에서 상위 득표를 한 후보자로 단일화한다는 데 합의하였다.

2) 재야 혁신계열·자유당·한국독립당의 신민당 합류

이철승 등 민권투쟁위원회 인사 20명이 1970년 1월 22일, 정화암·윤길중 등 재야 혁신계열 인사 16명이 1월 23일 신민당에 각각 합류하였다. 또 자유당은 1월 24일 신민당 당사에서 신민당과의 통합을 위한 수임기구 합동회의를 개최, 신민당에 흡수 합당할 것을 결정한 후 이재학 등 자유당계열 인사 21명이 1월 26일 신민당에 합류함으로써 소멸되었다.[111]

한편 한국독립당의 이태구, 이명환, 김여산, 박수형, 뮤석부, 김두열, 오재식, 김세열, 노승삼, 방호석 등 10명이 1월 25일 신민당에 입당함으로써 한국독립당도 신민당에 흡수되었다. 한국독립당은 정당통합에는 소극적으로 임해 왔으나 구한국독립당을 재건하여 민족주의 이념을 상기시켰다는 점에서는 평가를 받을 수 있다.[112]

---

111) 4·19혁명으로 붕괴된 자유당계의 일부 인사들이 자유당 재건에 착수하여 '자유당 창당준비위원회'를 결성하고 대표위원에 이규갑을 선정하였다. 1963년 3월 3일 정치활동정화법에서 해금된 구 자유당 인사 중 약 400여 명이 모여 '47인 진로대책위원회'를 구성하고 군소정당의 단합과 지도자의 결속을 제창하였으나 내부 분열로 행동통일은 어려웠다. 그러나 같은 해 9월 7일 자유당 창당대회가 개최되고 장윤상 등을 최고위원으로 선출하고 구 자유당의 이념노선을 계승할 것을 표방하여 당 재건을 이루었다. 그 후 각 선거에 후보자를 내었으나 모두 낙선하였다.

3) 신민당 임시전당대회

1970년 1월 26일 오전 10시 10분 서울시민회관에서 신민당 임시전당대회가 개최되었다. 대회에서는 총 대의원 616명 중 606명이 참석한 가운데 대표위원(당수) 선거가 실시되었는데 제1차 투표결과 유진산 후보가 286표를 획득하여 1위를 하였으나 과반수 득표에 미달함에 따라 제2차 투표를 실시하게 되었다. 제1차 투표결과 발표 후 정일형 후보가 발언대로 나와 자신은 이재형 후보와의 신사협정에 따라 제2차 투표를 사양하겠으니 자신을 지지한 표를 이재형 후보에게 던져 달라고 말하였다.[113] 선거 결과 유진산 후보가 이재형 후보를 물리치고 대표위원으로 선출되었다.

<표 5-8> 신민당 대표위원(당수) 선거 결과

구분	후보자			대의원 수	투표수
	유진산	이재형	정일형		
제1차 투표	286	192	125	615	재석 606
제2차 투표	327	276	−		

유진산 신임 대표위원은 취임사를 통하여 "이번 전당대회는 좌로는 혁신계열, 우로는 자유당, 중도로는 한국독립당에 이르기까지 이 나라의 정치세력 전체와 대통합을 이루었다."고 말하였다. 이로써 신민당은 이들 정당과의 불편한 관계를 청산하고 자유당, 한국독립당을 흡수 통합하고 온건한 혁신세력, 4·19 및 6·3세력, 민권투쟁을 천명한 이철승 세력 등을 흡수하였다. 이번 임시전당대회를 통하여 신민당은 유진산체제를 갖추고 재야세력 일부를 흡수하여 당세를 확장하였다.

---

112) 한국독립당은 1963년 10월 13일 창당대회를 개최하여 김홍일을 대표최고위원으로, 조각산, 최용덕을 최고위원에 추대하는 등 구 한국독립당계 인물을 중심으로 당 조직을 정비한 바 있다.

113) 최인훈, 「신민당 전당대회방청기」, ≪월간 중앙≫(1970년 3월호), 188쪽.

3. 합당 이후

1) 제2신당 운동 – 국민당

그런데 신민당 임시전당대회가 끝난 지 1주일 만인 1970년 2월 2일 윤보선 신민당 고문이 탈당과 동시에 제2신당 운동을 표면화시켰다. 그는 탈당 성명에서 신민당이 이번 전당대회에서 용납할 수 없는 작풍(作風)으로 야당의 당위를 부정하여 민주공화당 통치 질서의 일부분으로 전락하고 말았음을 느끼게 되어 자신이 창당하여 2선에서나마 참여하고 있던 당을 떠나겠다고 밝혔다.

신민당은 윤보선 고문의 갑작스러운 탈당 및 신당운동을 충격으로 받아들였으며 급기야 3월 17일 윤보선의 제2신당 운동에 관여한 장준하·박재우 두 의원에게 무기정권 처분을 내렸다. 신당을 추진하는 인사들은 신민당이 선명하지 못하여 민주공화당의 들러리밖에 안 된다는 것과 그렇기 때문에 신민당으로서는 정권교체를 기대할 수 없다고 주장하였다. 이에 대하여 신민당 측은 신당추진 측에 상당액의 창당자금이 유입되었다는 정보가 있다는 것과 신민당에서 공천전망이 어두운 인사들의 무모한 장난이라고 비하하였다.

1966년 민중당에서 탈당한 인사들이 신한당을 창당할 때는 민중당의 대여투쟁이 온건하다는 주장이 설득력이 있었고 실제로 의원직을 사퇴한 인사들이 주동이 되었다. 그러나 이번 경우에는 신당 추진 측에서는 신민당을 '불투명'한 정당으로 몰아세웠고, 신민당 측에서는 신당 추진 측을 '이적(利敵)행위'로 몰고 가는 양상이 되었다.[114]

윤보선, 장준하, 이동화 등은 1970년 5월 6일 시내 사법서사회관에서 민주통일국민회의 발기준비위원회를 개최함으로써 제2신당 운동을 본격적으로 시작하였다. 그 후 민주통일국민회의(가칭)는 명칭을 국민당으로 변경하

---

114) 1963년 대통령선거 때 야당에서는 윤보선(민정당)과 허정('국민의 당') 두 사람이 입후보하였다. 그 당시 유진산은 후보 단일화 조정을 역설하면서 허정에게 사퇴를 종용하였고 윤보선에게도 경우에 따라서는 사퇴할 결의를 갖도록 권한 바 있다.

고 6월 18일 발기대회를 개최하였다.

국민당(가칭)은 1971년 1월 6일 서울시민회관에서 창당대회를 열고 총재에 윤보선을 선출하였으며 30명 이내의 위원으로 구성되는 정무회의를 설치하는 등 단일지도체제의 당헌을 채택하고 제3당으로 출범하였다. 국민당은 윤보선을 정점으로 조중서(민주당 계열), 신태악·이정래(신한당 계열), 정화암·이동화(혁신계열), 조한백·장준하·박재우·최석림·김우영·이현재·이진용(민주공화당과 신민당의 제7대 국회 현역의원) 등을 흡수하여 제3야당으로 등장하여 군소정당 중 가장 활발하게 활동하였다.

그러나 윤보선의 대통령후보 옹립 고사에 이어 국민당이 교섭하여 왔던 이범석도 3월 5일 대통령후보 수락을 거부함으로써 국민당은 대통령선거를 앞두고 창당 3개월 만에 난관에 직면하게 되었다. 국민당은 박기출을 대통령후보로 세웠으나 선거에서 패배하였다. 국민당은 그 후 당 대표인 조중서가 1973년 6월 11일 사망하자 6월 20일 당 정무회의의 해체결의에 따라 6월 20일자로 해체되었다.

제18절 제7대 대통령선거(1971. 04. 27.)

1. 선거 전의 상황

1) 신민당의 동향

이효상 국회의장은 1969년 1월 3일 3선 개헌은 불가능한 것이라 말할 수 없다고 언명하였으며 1월 6일에는 길재호 민주공화당 사무총장이 헌법 개정을 검토 중이라고 발언하였다. 윤치영 민주공화당 의장(서리) 또한 1월 7일에 가진 기자회견에서 3선 개헌 문제를 거론하였다. 박정희 대통령은 1월 10일 연두기자회견에서 헌법개정문제는 연말이나 1970년 초에 거론하여도 늦지 않을 것이라고 언명함으로써 3선 개헌 문제를 공론화시키고 있었다.

이렇게 여당의 주요 인사들과 대통령이 일련의 3선 개헌 발언을 하자 신민당은 1969년 1월 14일 3선 개헌 반대투쟁방안 마련을 위한 신민당 5인 위원회를 구성하였다. 야당의 개헌반대운동은 1월부터 시작되어 3선 반대 시국강연회, 3선 개헌반대 범국민투쟁위원회 구성 등 다방면에 걸쳐 이루어졌다. 그러나 이러한 개헌저지 움직임 속에 신민당의 성낙현·조흥만·연주흠 의원이 7월 하순 개헌을 지지하고 나섬으로써 신민당에 충격을 주었다.

신민당은 8월 5일 개헌저지대책위원회(유진오, 유진산 등 16명)를 구성하여 개헌반대투쟁에 임하였으나 성과를 거두지 못하던 중 9월 5일 총재단, 당 5역 회의, 의원총회 및 정무회의를 연속적으로 개최하여 3선 개헌 저지를 위한 최후의 수단으로 당을 해산하기로 결정하였다.

신민당은 9월 6일 3선 개헌을 주요 내용으로 하는 헌법개정안의 국회처리를 앞두고 여당 측의 '회유'에 넘어간 3인의 의원을 제명하기 위하여 의원총회를 열고 개헌에 찬성한 3의원을 제외한 소속 의원 44명을 일괄 제명키로 하고 9월 7일 시내 필동 소재 유진오 총재의 집에서 임시전당대회를 열어 당 해산을 결의하였다. 이에 따라 당의 방침을 어기고 개헌을 지지하여 무기정권 처분을 받은 성낙현·조흥만·연주흠 세 의원은 헌법규정에 의하여 의원직을 상실하였다. 이러한 당 해산은 정당이 해산된 때에는 의원 자격이 상실되도록 규정한 헌법 제38조의 규정에 따라 개헌에 찬성한 동당 소속 3의원의 의원직을 박탈함으로써 개헌을 저지하기 위한 고육책이었다.[115] 이로써 개헌가능 최저 선은 재적의원 171인의 3분의 2인 114표가 되었고, 최소 개헌 저지선은 그 3분의 1인 58표로 줄었다.

신민당의 나머지 소속 의원 44명은 전당대회에 앞선 의원총회에서 일괄 제명을 결의함으로써 당 해산 후 무소속으로 남게 되었다. 신민당은 해산과 동시에 신당발기준비위원회를 구성하였으며 즉시 원내교섭단체 신민회를 조직하였다. 신민당은 9월 9일 오전에는 창당준비위원회 실무소위원회 개최

---

115) 국회의원은 임기 중 당적을 이탈하거나 변경한 때 또는 소속 정당이 해산된 때에는 그 자격이 상실되나, 합당 또는 제명으로 소속이 달라지는 경우에는 예외로 한다.

를 시작으로 창당일정에 돌입하였다.

편법이기는 하지만 당을 해산함으로써 세 의원의 의원직을 박탈한 신민당은 당 해산 14일 만인 9월 20일 시내 관훈동 중앙당사에서 창당대회를 열고 총재에 유진오를 선출하였다.[116] 이날 해산 전의 당헌과 정강·정책이 수정 없이 채택되었다.

2) 헌법개정안 및 국민투표법안 변칙처리

민주공화당은 1969년 9월 14일(일요일) 새벽 2시 야당 의원들이 국회본회의장을 점거, 농성하는 가운데 헌법개정안과 국민투표법안을 국회 제3별관 특별회의실에서 제6차 본회의를 소집하여 야당 측이 모르게 전격적으로 변칙 가결시켰다. 헌법개정안 표결은 민주공화당 소속 의원을 비롯하여 동안 발의서명자 118명 전원과 무소속 의원, 정우회 의원 등 모두 122명(민주공화당 107명, 정우회 11명, 무소속 4명)이 참석한 가운데 참석의원 전원이 찬성, 개헌 가능 선인 114표를 넘었다.

제7대 국회는 선거부정시비 가운데 개원(1967. 07. 10.)되어 3선 개헌을 둘러싼 여야 간의 극심한 대립과 그 후의 '3선 개헌파동'으로 이어지는데, 3선 개헌파동이란 박정희 대통령의 계속 집권을 가능케 하기 위하여 3선 금지를 규정하고 있는 헌법을 개정하는 과정에서 발생한 사태를 가리킨다.

헌법개정안이 국회에서 가결된 뒤 정부는 10월 8일 국민투표를 10월 17일에 실시한다고 공고하였다. 이에 민주공화당과 신민당은 헌법개정안의 가결처리 직후부터 각각 국민투표 찬반운동에 들어갔다. 민주공화당은 각 지구당 위원장을 중심으로 구성한 국민투표대책위원회를 통한 조직 저변 확대 및 사랑방 좌담회 등을 통하여 설득작전과 당 중진 및 김종필 의원 등의 유세활동에 의한 득표 운동을 하였고, 신민당은 당과 '3선 개헌 반대 국민투쟁위원회'가 제휴하여 유세를 통한 개헌반대운동을 전개하였다.

헌법개정안 투표가 1969년 10월 17일 실시되었는데 투표결과 1,504만 명

---

116) 이호진·강인섭, 『이것이 국회다』(서울: 삼성출판사, 1988), 310쪽.

의 유권자 중 찬성 755만 3,655표(65.1%), 반대 363만 6,369표(34.9%)로 나타나 새 헌법이 확정되었다.[117]

3) 서민호 대중당 대표최고위원의 신민당 입당

대중당의 서민호 대표는 1970년 1월 20일 기자회견을 갖고, 신민당이 문호를 개방하여 선명한 통일야당을 만들겠다면 대중당을 탈당하거나 해체하여 평당원으로라도 참여하겠다고 말하였다. 또 3월 11일에는 "신당운동이 국민에게 새로운 비전을 줄 수 있는 선명야당을 만들겠다는 것이라면 대중당을 합당시키거나 연합전선을 펼 용의가 있다."고 언명하였다.

대중당은 1971년 3월 4일 서울시민회관 소강당에서 전당대회를 열고 서민호 대표최고위원을 대통령후보로 지명하였다. 그러나 평소 신민당에의 합류를 희망하였던 서민호 대표최고위원은 선거를 6일 앞둔 4월 21일 신민당에 입당하였다. 그는 "대중당이 신민당에 흡수 합당되는 것을 전제로 먼저 입당한다."고 밝히고, "온 국민이 박정희 정권의 장기집권에 권태와 증오심을 느껴 평화적 정권교체를 바라므로 정권교체에 조그마한 힘이라도 더하려고 백의종군의 심정으로 입당한다."고 말하였다.[118]

2. 각 당의 선거준비

1) 민주공화당의 대통령후보 지명

박정희 대통령은 집권연장을 위한 헌법개정안을 변칙적으로 처리한 후 3선 연임을 위한 작업에 나섰다. 당시 헌법 제69조 3항은 "대통령은 1차에 한하여 중임할 수 있다."고 되어 있었으나 이를 "대통령의 계속 재임은 3기에 한한다."고 개정된 것이다. 1971년 3월 17일 시내 장충체육관에서 개최

---

117) 제6차 헌법개정의 주요 내용: 대통령의 3선 허용(계속 재임 3기로 한정), 대통령에 대한 탄핵소추요건 강화, 국회의원의 국무위원 겸직 허용
118) 대중당은 1973년 6월 20일 정치위원회를 개최하고 당을 자진 해체하였다.

된 민주공화당 전당대회에서 박정희 대통령이 대통령후보로 지명되었다.

2) 신민당의 대통령후보 지명

신민당은 1970년 9월 3일 당의 대통령후보 지명을 위한 9인대책위원회를 구성하였다. 유진산 총재는 김영삼, 김대중, 이철승 등 40대 후보 3명에게 자신이 후보를 포기할 테니 자신에게 '후보 선택권'을 달라고 요구하였는데 이에 대하여 김대중 의원은 답변을 유보하다가 전당대회 직전, 총재의 후보 지명 선택권 요구를 거부하였다. 그 후 유진산 총재는 9월 28일 오후에 열린 중앙상임위원회에서 자신은 총재로서 김영삼 의원을 대통령후보로 추천한다고 밝혔다. 총재의 공개적인 추천으로 인하여 대세는 김영삼 쪽으로 기운 것 같았다.

대통령후보 경선 제1차 투표결과 총 투표수 885표 중 김영삼 421표, 김대중 382표, 백지투표 78표, 기타 4표로 김영삼 후보가 1위를 하였으나 과반수인 443표에서 22표가 모자라 지명획득에 실패하였다. 과반수에서 61표가 부족한 김대중 후보는 이철승 후보지지표로 보이는 백지투표 78표를 얻으면 제2자 투표에서는 역전할 수 있다고 보고 이철승 측과 교섭하여 '이철승 체제구축에 협력한다.'는 내용의 각서를 써 주고 투표연합을 성사시켰다. 다음 날인 29일 실시된 제2차 투표결과 총 투표수 884표 중 김대중 458표, 김영삼 410표, 기타 16표로 김대중 후보가 과반수 득표를 하여 상황을 역전시키며 대통령후보로 선출되었다.

신민당 대통령후보로 선출된 김대중은 다음 날인 9월 30일 오후 국민당 (가칭)창당주비위원회 위원장인 윤보선을 방문, 1971년의 대통령선거에서 평화적 정권교체를 이룩하기 위하여 단합된 야당대열에 참가하여 달라고 요청하였다.

<표 5-9> 신민당 대통령후보 경선 결과

구분	후보자			총 투표수	무효
	김영삼	김대중	기타		
제1차 투표	421	382	4	885	82
제2차 투표	410	458	16	884	16

3) 선거관계법 개정

1970년 11월 23일 민주공화당과 신민당은 지난 1년 동안 계속해 온 정치협상 끝에 32개 항목에 걸친 국회의원선거법, 대통령선거법, 선거관리위원회법의 개정내용에 최종 합의, 11월 30일 국회본회의에 상정하였으며 12월 22일 가결하였다.[119]

3. 선거 결과

제7대 대통령선거가 1971년 4월 27일 실시되었다. 모두 7명의 후보가 등록하였으나 선거전은 민주공화당의 박정희 후보와 신민당의 김대중 후보 간의 2파전으로 전개되었다. 신민당은 안보문제 제기를 당론으로 정하고 예비군 폐지와 항토 경비대 설치, 한미 상호방위조약 보완 등을 주장하였고, 민주공화당은 당시 관심의 대상이 되고 있던 미국정부의 주한미군 감축 방침에 대하여 감군신중론을 제시하는 등 국가안보상의 위협을 강조하는 전략으로 맞섰다. 미국정부는 곧 추가 미군철수가 없다고 발표함으로써 결과적으로 박정희 후보에게 유리한 환경을 조성하여 준 셈이 되었다.

선거 결과 민주공화당의 박정희 후보가 신민당의 김대중 후보를 물리치고 대통령에 당선되었다. 신민당 후보의 패인은 유권자들의 보수적 심리, 지역정서의 표출을 들 수 있으며, 그 외에도 당내 유력인사들이 국민당으로 당적을 바꾼 당 내부 결속결여도 들 수 있다.

---

119) 국회사무처, 『대한민국법률안연혁집(제3권)』(1992), 2341–2343쪽: 같은 책 제4권, 3729–3731쪽 참조.

<표 5-10> 제7대 대통령선거 결과

선거인 수	투표수	후보자별 득표수				
		민주공화당	신민당	정의당	국민당	자민당
		박정희	김대중	진복기	박기출	이종윤
15,552,236	12,417,824	6,342,828	5,395,900	122,914	43,753	17,823

출처: 중앙선거관리위원회, 『대한민국선거사(제1집)』(1973), 763쪽.

4. 선거의 특징

① 경상도와 전라도의 유권자들은 과거 어느 대통령선거 때보다도 자신의 지역 출신 후보자에게 투표함으로써 지역정서가 선거 결과에 강하게 투영되었다. 따라서 제6대 대통령선거에서처럼 표의 동서분할 현상이 나타났다. ② 선거에서 3선 조항 철폐문제와 안보문제가 주요 쟁점으로 부각되었다. 유권자들은 3선 조항 철폐문제보다는 안보문제에 더 큰 관심을 가지고 투표에 임한 것으로 보인다. ③ 관권선거의 영향이 무시할 수 없을 정도로 전국 특히 소도시, 농촌지역에 파급되었다.

5. 선거 이후

대통령선거에서 승리한 민주공화당은 곧바로 총선체제로 돌입하였다. 한편 신민당은 선거 다음 날인 4월 28일 당 중진회의에서 대통령선거를 전면적 부정 불법선거로 단정하고 단계적인 대여(對與)투쟁을 전개하기로 하는 등 당내 일각에서는 대통령선거 전면 무효화 및 제8대 국회의원선거 거부론이 일기 시작하여 당론이 분열되고 있었다. 그러던 중 전국구 파동이 발생, 당 기능이 마비상태에 빠졌다.

제19절 제8대 국회의원선거(1971. 05. 25.)

1. 선거 전의 상황

1) 선거법 개정

제7대 국회에서는 1969년 1월 23일 공포된 이른바 보장입법에 의한 선거법 개정과 1970년 12월 22일 공포된 협상선거법 등 두 차례 법을 개정하였다. 첫 개정(1969. 01. 23.)에서의 주요 내용은 ① 선거인 명부 작성을 위한 선거관리위원회의 감독권 명문화 ② 일부 선거운동제한규정을 완화하여 선거부정을 방지하기 위한 세부규정 보강 ③ 일부 지역선거구 재조정(지역선거구 15개 증설) 등이다.

그런데 1969년 9월 14일의 3선 개헌안 처리과정과 10월 17일 실시된 국민투표과정에서 발생한 일련의 정치적 상황으로 인하여 여야가 대립, 국회 운영의 공백을 초래하였다.

난국을 타개하기 위하여 1969년 11월 하순부터 여야 총무 간 물밑교섭이 진행되어 선거제도 개선에 합의하였다. 국회는 1970년 7월 20일 선거법개정소위원회를 구성하여 여야 총무 간에 합의된 사항을 중심으로 개정안을 심의하였으나 성과를 거두지 못하였고 여야 9인 중진회담을 열어 협상선거법에 대한 합의를 보아 그해 12월 17일 국회에서 선거관계법개정안을 가결하였다(1970. 12. 22. 공포).[120]

개정된 선거법의 주요 내용은 다음과 같다. ① 인구의 기준을 주민등록법의 주민등록표에 의하도록 한다. ② 국회의원인 국무총리 또는 국무위원은 그 직에 있으면서 입후보할 수 있도록 한다. ③ 정부투자 기업체의 임직원, 향토예비군 소대장 이상의 간부 및 리, 통, 반장도 선거운동을 할 수 없도록 한다. ④ 확성장치와 자동차 등의 사용제한을 강화한다. ⑤ 방송시

---

120) 9인 중진 명단: 김진만, 길재호, 오치성, 이상무(이상 민주공화당), 정해영. 고흥문, 이중재, 정일형(이상 신민당), 이동원(유신정우회).

설의 이용을 5회로 한정한다.

2) 전국구 파동

유진산 신민당 총재는 1971년 5월 6일 갑작스럽게 자신의 지역구(서울 영등포 갑)를 포기하고 자신을 전국구 1번으로 등재하였다.[121] 유진산은 당원들의 거센 항의를 받았으며, 당내에는 파문이 번졌고 각 계파 간의 이해상충으로 폭력사태까지 발생하였다(전국구 파동). 다음 날인 7일 오전 11시경 양일동 운영위원회 부의장이 중앙당 당사에 나오자 일부 당원들은 유진산 총재의 지역구 포기에 대하여 공동책임을 지고 탈당하라는 압력을 가하였다. 결국 양일동 부의장은 이들의 폭력에 굴복하여 탈당계를 써 주고서야 풀려날 수 있었다.

전 대통령후보 김대중은 이날 오후 3시 시내 동교동에서 6인위원회의 고흥문, 홍익표, 정일형과 회합한 뒤 유진산 총재를 제명하고 스스로 총재권한대행을 맡기로 결정하였다. 그러나 6인 위원회의 이러한 결정은 또 다른 반발에 부딪치게 되었다. 6인위원회의 결정을 논의하기 위하여 중앙당 운영위원회가 열리는 곳에 지구당원 1백여 명이 난입한 것이다. 양일동 부의장에게 탈당을 강요한 자를 가려내어 당의 질서를 바로 세우겠다는 명분이었다. 이들은 당헌에도 없는 전 대통령후보의 총재권한대행도 집어치우라고 주장하며 당사를 장악하였다.

사태가 이렇게 되자 김영삼 의원과 이철승 의원이 수습에 나섰는데 이들두 사람은 하루 동안의 간부진 접촉 후 김홍일 전당대회의장에게 총재권한대행을 맡길 것을 제안하였다. 유진산 총재는 당연히 사퇴해야 하는데 이경우 승계권은 운영위원회 부의장이 갖게 되나 그들 또한 분쟁에 휘말려 있기 때문에 당직 사퇴서를 함께 제출해야 하며 따라서 그 다음 서열인 전당대회의장에게 당권을 넘겨야 한다는 것이다. 이 수습안은 유진산 총재를

---

121) 등록마감시간인 6일 오후 5시 직전 접수된 신민당 전국구 공천은 등록 시 기동경찰까지 동원되는 사태가 발생하였다.

후퇴시키고 김대중 의원의 당권장악 또한 봉쇄하겠다는 의도가 담긴 중재안이었다.

결국 소요 발생 사흘째이자 국회의원선거를 2주일 앞둔 5월 9일 오전 유진산과 운영위원회 부의장인 양일동, 고흥문, 홍익표가 당직을 사퇴하고 중도파인 김홍일이 대표위원권한대행을 맡게 되었으며 외형상 주류와 비주류의 휴전이 이루어지게 되었다. 이렇게 신민당의 전국구 파동은 유진산 총재와 3인의 부의장이 사퇴하고 전당대회의장 김홍일이 총재권한대행을 맡기로 함에 따라 일단 수습되었다.

2. 선거 결과

제8대 국회의원선거가 1971년 5월 25일 실시되었다. 선거제도 면에 있어서 제7대 국회의원선거와 같이 선거구를 지역구와 전국구로 나누어 소선거구다수 대표제와 비례대표제를 병용하였다. 후보자 추천에 있어서 정당추천제와 전국구 후보자의 의석배분제도는 제7대 국회의원선거와 같았다.

지역구 의원 153인과 전국구 의원 51인을 합친 204인을 선출한 선거 결과 민주공화당은 113석(지역구 86, 전국구 27)으로 원내 안정 세력을 확보하였으며, 신민당은 89석(지역구 65, 전국구 24)이라고 하는 예상외의 좋은 성적을 거두었고, 국민당은 1석, 민중당은 1석을 각각 획득하였다.

〈표 5-11〉 제8대 국회의원선거 결과

구분	정당별 의석수			
	민주공화당	신민당	국민당	민중당
지역구	86	65	1	1
전국구	27	24	–	–
합계	113	89	1	1

출처: 중앙선거관리위원회, 『대한민국선거사(제1집)』(1973), 728쪽.

3. 선거의 특징

① 민주공화당의 경우, 현역 국회의원 102명 중 40명이 공천심사에서 탈락, 심각한 당내 갈등이 야기된 상태에서 선거가 치러졌다. ② 신민당의 경우, 유진산 총재가 지역구를 포기하고 전국구로 등록하는 바람에 당내에 혼선과 분열이 초래되었다. 당내 반발이 심각해지자 유진산은 총재직을 사퇴하였고, 김홍일을 총재권한대행으로 하여 선거에 임하였다. ③ 민주공화당은 제7대 국회의원선거에서 지역구 의석 102석을 얻었으나 이번 선거에서는 86석을 얻어 많은 의석을 상실하였다. 반면 신민당은 제7대 국회의원선거 때의 28석에서 37석이나 증가한 65석을 획득, 동당에 대한 유권자들의 지지도가 높아졌음을 보여 주었다. ④ 신민당은 서울에서 19석 중 18석을 획득, 대도시지역에서 강한 야당의 이미지를 심어주었다.

4. 선거 이후

1) 민주공화당 – 4인 체제 구축

대통령선거와 국회의원선거 후 민주공화당의 김종필 당의장은 국무총리로 임명되어 행정부를 맡게 되었다. 후속인사로 당의장에 백남억, 정책위원장에 길재호, 사무총장에 길전식, 중앙위 의장에 김성곤, 재정위원장에 김진만, 그리고 원내총무에는 김재순이 임명되어 이른바 '4인 체제'가 구축되었다.

2) 신민당 – 전국구 파동 수습

민주공화당의 조직이 강화되고 제7대 국회의원선거에 이어 제8대 국회의원선거에서도 동당이 다수당으로 등장하여 의정활동을 주도하게 되자 야당의 세 결집노력이 강화되었다.

신민당은 선거에서 89석을 획득함으로써 정부·여당을 견제할 수 있게 되었으나 당 내부에는 당권과 관련하여 합종연횡의 연합전선이 펼쳐지고 있었고 또 해결해야 할 문제도 많았다. 선거 후 신민당은 김홍일 과도체제를 정상화하기 위한 전당대회를 개최하고자 하였다. 그러나 그에 앞서 전국구 파동을 마무리해야 할 필요가 있었다. 당시 당내 분위기는 유진산 총재의 자발적인 후퇴로 파동을 조용히 처리하자는 것이 지배적이었다.

신민당의 '선거사후처리 7인 특별위원회'는 1971년 6월 17일 김홍일 총재권한대행, 김대중, 고흥문, 홍익표, 정일형, 윤제술, 김재광 등을 불러 유진산 제명결의 및 국회의원선거 거부론의 경위와 내용을 청취하였다.

유진산의 퇴진이 회의에서의 다수의견이었고 유진산 자신도 거취를 정하겠다고 하였으나 그는 거취표명에 앞서 사건의 진상을 해명할 수 있는 기회가 주어져야 한다고 주장하였다. 이런 경위로 김홍일체제는 '5·6전국구파동조사7인위원회'를 구성하였다. 그런데 이번 선거에서의 승리는 유진산의 책임을 덜어 주었으며 유진산의 지역구 포기 사실보다 그에 항의한 난폭하고 무질서한 소요 사태가 신민당에 더 큰 타격과 부담을 주었다는 주장들이 나오기 시작하였다.

이 무렵 열린 신민당 중앙상무위원회도 유진산 총재 집 난동사건과 양일동 부의장에 대한 폭행 및 탈당을 강요한 사건의 진상을 조사하여 전당대회 이전에 보고하라고 결의하였다. 조사는 6월 한 달 동안 계속되었으며 조사위원회는 다음과 같이 결론지었다.[122]

조사위원회의 결론

① 지역구 포기 이면에 있었다는 정치자금 수수설은 사실무근한 모함이다. ② 그러나 유진산은 당원의 난동사태와 국민의 의혹을 받게 된 지역구 포기에 책임을 져야 한다. ③ 김대중은 6일 오후 1시, 전국구 공천협의과정에서 유 당수의 지역구 포기를 확인하고도 만류하지 않은 데 대해 책임을 져야 한다. ④ 6인위원회의 유진산에 대한 제명과 당헌절차를 무시한 김대중의 당수권한대행 결정은 수습책이 아니었다.

신민당 '5·6 전국구 파동조사 7인 위원회'는 전국구 후보변경 및 결정

---

122) 이영석, 『야당40년사』(서울: 인간사, 1987), 296쪽.

에 유진산, 김대중 양자가 모두 책임이 있다고 결론지었다. 유진산 계열의 9인 위원들은 7월 1일 밤 회합을 열고 이 파동에 대한 김대중의 공동책임을 주장하였고 관철되지 않을 경우 전당대회를 연기해야 한다고 주장하였다. 신민당은 결국 7월 5일로 결정되었던 전당대회를 연기하였다.

전국구 파동 사후처리문제로 사흘째 격론을 벌여 온 신민당 중앙상임위원회는 7월 3일 밤 주류·비주류가 타협, 김대중 전 대통령후보가 이 파동에 연대책임을 지고 사과의 뜻이 담긴 해명발언을 하고 유진산 총재도 자진해서 송구스럽게 생각한다고 언명함으로써 사태가 일단락되었다. 이날 상무위원회는 오후 3시부터 8시까지 김대중의 책임을 묻는 최용은의 동의안에 대한 찬반토론을 계속, 이 동의안의 채택 여부를 표결로 판가름할 기세였으나 김홍일, 양일동을 비롯한 범주류의 고흥문, 김영삼, 이철승, 정해영, 김재광, 유옥우, 최용근과 비주류의 김응주, 윤길중, 정헌주, 김상현, 홍영기 등이 2시간 동안 절충을 벌인 끝에 김수한 의원의 중재안을 받아들여 밤 10시경 박수 속에 만장일치로 채택하였다.

이날 채택된 절충안은 "김대중 전 대통령후보는 5·6전국구파동으로부터 국회의원선거기간 중을 통하여 이 파동의 확대를 막고 수습할 지도적 책무가 있음에도 불구하고 유진산 총재에 대하여 너무도 과도한 정치적 비난을 함으로써 본의 아니게 당권투쟁의 인상을 주고 이와 같은 혼란을 초래한 데 대하여 국민과 유진산 총재와 전 당원에게 공개 사과할 것을 요구한다."고 되어 있다. 김대중은 이와 같은 내용으로 공개 사과하였으며 1975년의 집권을 위하여 국민의 신망을 얻는 데 헌신하겠다고 말하고 유진산 총재와 화해하였다.

이러한 화해에도 불구하고 신민당 내 계파 간 갈등은 격화되었다. 특히 7월 14일 오후 개최된 신민당 중앙당기위원회는 전국구 파동 관련자에 대하여 무더기 징계를 하였다. 유진산계열 인사가 다수를 차지하고 있는 당기위원회는 이날 오후 비밀리에 회의를 열어 김대중 계열 인사들을 전격 징계하였다. 김대중, 고흥문, 홍익표에게는 "지난 5월 7일 동교동 김대중 의원의 집에서 6인위원회를 소집하여 유진산 씨를 불법으로 제명키로 결의를

하였다."는 이유로 경고처분, 정일형, 서범석, 김원만 등에게는 "5월 7일 당
사에서 난동을 선동하고 가담하였다."는 이유로 2년간의 정권 처분, 이윤수
등 4명에게는 제명 처분을 내렸다.

<표 5-12> 신민당 총재 선거 결과

후보	후보자별 득표수			무효 · 기권
	김홍일	김대중	양일동	
제1차 투표	407	302	172	기권 1(1차 투표)
제2차 투표	425	340	111	무효 2(2차 투표)
제3차 투표	444	370	–	무효 61(3차 투표)

유진산계열과 양일동계열을 제외한 다른 계파들은 모두 이 징계결정에
대하여 반기를 들었다. 신민당은 7월 16일 오전 임시정무회의를 열고 7월
14일 당기위원회가 결정한 김대중, 고흥문, 홍익표에 대한 경고처분과 정일
형, 서범석, 김원만에 대한 2년간 정권 처분의 인준을 부결하였다. 다음 날
인 17일 김대중은 신민당 총재선거 출마를 선언하였다.

이로부터 사흘 후인 1971년 7월 20일 신민당 전당대회가 개최되었다. 이
날의 총재 선출 투표에서는 총 882표 중 김홍일 407표, 김대중 302표, 양
일동 172표, 무효 1표로 어느 누구도 과반수 득표를 하지 못하였다. 제2차
투표가 실시되었으나 역시 과반수를 넘는 후보가 없었다. 다음 날인 21일
의 총재선거 제3차 투표 끝에 유진산 계열, 중도 계열 및 반김대중 계열의
지지를 얻은 김홍일이 총재로 선출되었다. 김홍일의 당선은 여당에 대한 투
쟁보다는 당내 화합을 바라는 당내 안정희구세력이 연합한 결과로 볼 수
있다. 이날 아침부터 신민당 임시전당대회가 열린 서울시민회관 주위에서
소란을 피우던 4백여 명의 청년 가운데 대회 결과에 불만을 품은 1백여 명
의 청년들이 오후 2시 40분경 대회를 마치고 나오는 대의원들에게 욕설을
퍼붓고 몽둥이를 휘두르는 등 난동을 부려 최형우 의원 등 10여 명이 중경
상을 입는 사고가 발생하였다.

3) 신민당 전당대회 - 1당 2총재 체제

김대중, 김영삼, 이철승, 양일동 의원 등은 1972년 8월 12일 김홍일 총재의 집에서 회합, 전당대회문제를 논의하였으나 이견이 노정되었다.

이로부터 1개월여가 지난 9월 24일에 개최된 당 중앙상무위원회에서 김대중계열은 "전당대회 대의원을 지구당 위원장이 임명토록 한 당규는 당헌 위배이므로 이를 개정하지 않은 상태에서의 전당대회는 반대한다."는 이유를 들어 전당대회 연기를 주장하였고, 유진산계열이 대회 개최를 주장하자 김홍일 총재는 두 계파의 극한대립을 이유로 전당대회 연기를 선언하였다.

김홍일 총재는 9월 25일 김형일 사무총장, 김재광 원내총무, 박병배 정책심의회의장을 불러 대회 연기에 따른 조치를 협의하고 대의원증의 발급보류, 대회 연기, 대회장소인 서울시민회관의 해약 등을 지시하였다. 유청 전당대회의장 등 전당대회의장단은 이날 낮 김홍일 총재의 집을 방문하고 전당대회 연기를 재고하도록 요청하였는데 김 총재는 이들에게 김홍일, 김대중, 유진산, 양일동의 4자 회담이 추진 중에 있으므로 그 성패를 보아 결정하겠다고 답하였다.

신민당은 이날 밤 시내 세종호텔에서 4자 회담(김홍일, 유진산, 양일동, 김대중)을 열어 강행과 연기로 대립되고 있는 전당대회에 대비한 협상을 시작하였다. 이 자리에서 전당대회는 일단 성사시키고 대회에서 대의원들에게 연기 여부 문제를 논의하여 결정하기로 의견을 정리하기는 하였으나 4자 회담은 결국 결렬되었다.

4자 회담이 결렬되자 유진산은 서울시민회관에서 전당대회를 강행하였다. 전당대회 연기문제로 진통을 거듭하던 신민당 전당대회는 유진산, 고흥문, 김영삼, 이철승 등이 이끄는 구주류계열(舊主流系列)과 김홍일계열 일부 대의원과 유진산계열 대의원 443명이 참석한 가운데 9월 26일 낮 12시 40분 서울시민회관에서 강행되었다. 이날 상당수의 경찰병력이 서울시민회관 주변을 경호하는 가운데 개최된 전당대회에서 채규희 총무국장은 대의원 874명 중 445명이 참석, 성원이 되었다고 말하고 개회를 선언하였다. 이날 전당대회의장으로 권중돈을 선출하였으며 1시 12분경 김준섭이 유진산을 총재로 선출하자고 동의한 후 만장일치로 총재 선출을 마쳤다.

한편 반유진산세력인 비주류 3파 즉 김홍일·김대중·양일동 계열의 대의원들은 같은 날인 9월 26일 낮 시내 국일관에서 모임을 갖고 전당대회를 12월로 연기한다는 방침을 재확인하였다. 김대중은 이날 오후 유진산 총재 선출이 "과반수 미달의 대의원이었으며, 그것도 유청 전당대회의장이 유회 선포까지 한 대회를 진행한 것은 완전한 불법무효"라고 주장하였다. 신민당 전당대회가 이렇게 된 것은 유신산 계열(유진산, 고흥문, 김영삼, 이철승)과 반유진산 계열 연합(김대중, 양일동, 김홍일) 사이의 대립 때문이며 실제로 대의원 선임방법을 둘러싼 두 계파 간의 타협이 실패하였기 때문이다.

유진산계열은 9월 26일 오후 서류를 구비하여 신민당대표위원 명의변경 등록 신청서(김홍일을 유진산으로)를 중앙선거관리위원회에 접수시켜 일단 대외적으로 당수권한 행사의 길을 터놓았다. 그러나 김홍일 대표위원은 9월 27일 ① 대표위원 변경신청에 대한 이의신청서를 중앙선거관리위원회에 제출하고 ② 유진산을 상대로 정당대표위원 직무집행정지 가처분신청을 서울민사지방법원에 제출하였으며[123] ③ 총무간사 정재갑을 당 대표직인 등을 부정 사용하여 대표위원 변경 신청을 하였다는 이유로 검찰에 고발하였다. 또한 상무위원 이명환은 유진산을 전국구 헌금의 사용과 관련하여 업무상 횡령혐의로 서울지검에 고발하였다.

반유진산 계열은 9월 27일 김홍일 총재의 효창동 자택정원에서 별도의 전당대회를 가졌다. 이날 대회장에는 아침 8시부터 대의원들이 입장하기 시작, 11시에 박철용 중앙당 조직국장의 대의원증 발급으로 재석 874명의 대의원 중 483명의 성원이 보고되었고, 오후 1시 유청 전당대회의장의 사회로 개회가 선포되었다.[124]

---

123) 김홍일은 이 신청서에서, 9월 26일 오전 10시 서울시민회관에서 1972년도 신민당 전당대회가 개최된다고 유청 전당대회의장이 공고하였으나 사정에 의하여 전당대회를 9월 27일 개최한다고 당헌 제62조에 의해 적법하게 변경, 공고했는데 유진산이 이러한 합법적인 절차를 무시하고 유청 전당대회의장이 발행하지 않은 대의원 신분증을 소지하지 않은 정체불명의 다수인과 작당하여 9월 26일 정오 당대회 소집권이나 대리권이 없는 전당대회 부의장의 사회로 대회를 열고 유진산을 당수로 선출하였다고 말하였다.

이와 같이 신민당은 당의 법통시비와 법정투쟁, 두 계파의 별도 당무집행 태세 등 사실상의 분당상태까지 이르는 등 내분이 격화된 가운데 정기국회를 맞이하여 국정감사에 임하던 중 1972년 10월 17일 대통령 특별선언으로 일체의 정치활동이 중단되는 사태를 맞이하였다.

제20절 통일사회당의 대중당 흡수합당 분쟁

1. 분쟁배경

1) 통일사회당 창당

민주사회주의를 표방하는 혁신우파 발기인 49명이 1965년 7월 20일 시내 대성빌딩에 모여 발기인대회를 갖고 대표위원에 김성숙(金成淑)과 김성숙(金星淑)을 선출, 통일사회당 창당준비위원회를 결성하였다. 동 창당준비위원회는 혁신계열 정당 간의 단합을 목적으로 민주사회당과의 합류를 시도하였으나 실패함으로써 대표위원이 제명되고 정권 처분을 당하는 등 파란을 겪었다.

민주사회당과의 합류에 실패한 통일사회당 창당준비위원회는 기존조직을 토대로 지구당 창당에 주력하여, '민주사회주의 세력 총규합 대책위원회'를 구성하였다. 재야 혁신세력의 광범위한 규합을 위하여 김성숙(金星淑) 대표위원은 한 때 민주사회당의 서민호와 혁신계열의 정화암 등 3자를 공동대표로 한다는 구체적인 사항에까지 합의함으로써 통합을 위한 공동성명을 발표할 단계에 이르기도 하였으나 막판에 결렬되고 말았다.

통일사회당 창당준비위원회는 1965년 12월 16일 김성숙(金星淑) 대표위원에 대하여 보수정당 계열이 주도하는 신당운동에 참여하였다는 이유로

---

124) ≪조선일보≫, 1972년 9월 28일자.

제명 처분하였고, 1967년 4월 3일에는 김성숙(金成淑) 대표위원을 통합활동에 있어서 당의 공식 결의에 불복하였다는 이유로 정권 처분하였으며 그 후임에는 이봉학을 선임하였다. 동당은 다음 날인 4일 당사에서 대의원 58명 중 40명이 참석한 가운데 창당대회를 개최하고 당헌을 채택하였다.

통일사회당은 1970년 3월 2일 전당대회를 열고 위원장에 이동화, 부위원장에 김철을 선출하였다. 김철은 그해 12월 1일 전당대회에서 대통령후보 겸 당위원장으로 선출되었다. 5·16 군사정변 직전에 창당된 통일사회당준비위원회는 사회주의자 인터내셔널(Socialist International)에 가입신청을 해놓고 있다가 군사정변으로 인하여 해산된 바 있다. 1964년 말 일본에서 귀국한 김철은 통일사회당을 재건하고자 하였으나 많은 혁신계열 인사들의 호응을 얻지 못하고 주로 한국사회당계열의 전통을 이은 김성숙, 김철, 안필수, 구익균, 이봉학 등과 함께 혁신정당운동을 위하여 통일사회당을 결당하였다.

통일사회당 내부에서는 제7대 대통령선거와 제8대 국회의원선거가 끝난 1971년 여름부터 대중당과의 통합문제가 논의되기 시작하였다. 7월 25일 열린 통일사회당의 제7차 중앙상무위원회의 중요 의결사항 가운데에는 '대중당과의 통합의 건'이 포함되어 있었으며 8월 4일 열린 제27차 정치위원회에서도 대중 당과의 통합에 관한 논의가 있었다. 그 후 주로 정치위원회에서 대중당과의 통합문제가 토의되었으며 이 논의는 1972년 9월 1일의 제52차 정치위원회까지 계속되었다.[125]

2) 대중당의 통합 논의

대중당은 1967년 3월 22일 정당등록을 마친 후에도 한국독립당 및 통일사회당과의 통합운동에 나섰으나 성사시키지는 못하였다. 다만 통일사회당 대표 김성숙(金成淑)만이 개인 자격으로 대중당에 입당하였다. 대중당의 서민호 대표최고위원은 제6대 대통령선거기간 중인 1967년 4월 14일 대전유

---

125) 중앙선거관리위원회, 『정당의 활동개황 및 재산상황등 보고집』(1981), 53~67쪽.

세에서 행한 연설 내용이 반공법에 저촉된다 하여 구속되었다. 서민호 대표
는 옥중에서 출마(전남 고흥)하여 당선, 제7대 국회의 유일한 제3당으로서
1석을 확보하였다.

대중당의 이형연 대변인은 1968년 7월 13일 대중당과 통일사회당이 합당
에 합의하였다고 발표하였다. 또 이날 시내 종로호텔에 모인 양당 전권대표
자회의 대표들은 신당의 노선을 민주사회주의로 정하고 양당의 당명을 절
충하여 새로운 당명을 결정하며 재야인사와 정치활동정화법에 묶여 있는
인사들의 참여를 위하여 특별배려를 하기로 합의하였다고 대변인이 밝혔다.

이날 양당은 합당절차 등에 관한 계속적인 협의를 위하여 대중당에서 이
청천 외 5인, 통일사회당에서 손철 외 5인을 전권대표로 선출하였다.[126]

대중당·통일사회당의 통합원칙(1968. 07. 13.)
① 당 노선은 민주사회주의를 추구한다. ② 양당은 대등한 입장에서 통합, 필요한 법절차
를 밟는다. ③ 당명은 현재의 양당 이름을 반영하는 것으로 정한다. ④ 정치활동정화법
해금자의 대거 참여를 위한 문호를 개방한다.

그러나 합당교섭은 그해 9월 24일에 실시된 보궐선거에 대중당이 민주공
화당에서 제명된 신용남(고창), 기세풍(화순·곡성)을 당 공천후보자로 결정
한 것에 대하여 통일사회당이 반발함으로써 결렬되었다. 이념을 같이한다고
는 하지만 현실적으로는 상호이해관계가 잘 조정되지 않은 것이다.

서민호 대중당대표는 1970년 1월 20일 신민당이 문호를 개방하여 선명한
통일야당을 만들겠다면 언제든지 대중당을 탈당하거나 해체하여 평당원으
로라도 참여하겠다고 말하였다. 대중당에서는 1971년 3월 4일에 개최된 전
당대회에서 '통합에 관한 건'을 서민호 대표최고위원에게 위임하였고 3월
20일에 열린 제2차 중앙상무위원회에서 대표최고위원의 요청에 의하여 통
일사회당과의 합당에 관한 권한을 당무위원회에 위임키로 결의하였다. 그러
나 서민호 대표는 1971년 4월 21일 개인 자격으로 신민당에 입당하였다.

126) 전권대표 명단: 이청천, 김하경, 안정용, 김린, 이형연, 이원수(이상 대중당); 손철, 김철, 안필수, 류갑
　　　종, 유영봉, 김성식(이상 통일사회당).

3) 서민호 대표최고위원의 탈당 이후

대중당은 1972년 7월 6일 대표최고위원 권한대행으로 이동화를 선출하고 중앙선거관리위원회에 당 대표 변경등록을 신청하였다. 이런 과정을 거쳐 8월 7일에 열린 당무위원회는 함석희, 최회규, 박영완을 합동회의의 수임기관으로 선임하였다.

2. 분쟁경과

혁신계열 정당인 통일사회당(대표 김철)과 대중당(대표 이동화)은 1972년 8월 14일 수권위원합동회의를 열고 통일사회당이 대중당을 흡수 합당하기로 결의하였다. 이날 오후 각 3명씩 구성된 양당의 통합수권위원들은 통일사회당사무실에서 합동회의를 열고 흡수 합당의 형식으로 대중당을 통일사회당에 통합시키기로 결의하였다. 김철 위원장은 이날 합당신고서를 중앙선거관리위원회에 제출하였다.

합당 신고서의 내용

○ 1970년 12월 1일에 개최된 임시전당대회에서 대중당과의 통합문제를 포함한 모든 권한을 중앙상무위원회에 위임키로 결의하였다. ○ 1971년 7월 25일에 열린 제7차 중앙상무위원회에서는 대중당과의 합당을 결의하고 통합위원 선출 및 통합추진을 정치위원회에 위임 처리키로 하였다. ○ 1972년 8월 2일 열린 제49차 정치위원회에서 안필수, 백철, 박성택을 합동회의의 수임기관으로 선출하였다.

신고서의 요지는 이런 것이었다. 그런데 8월 16일 대중당 대표최고위원 권한대행 이동화로부터 양당의 합당신고서가 허위임을 주장하는 공문과 성명서가 중앙선거관리위원회에 제출되었다. 동 위원회는 이를 검토한 결과 대중당의 합당을 위한 전당대회 및 수임기관인 당무위원회 회의록 원본과 사본의 내용(통일사회당의 정치위원회와 대중당의 당무위원회 의결정족수)이 다르고 중앙위원회에 등록되지 않은 인사가 회의에 참석하는 등(위원 자격)의 하자가 있어 신고서의 처리를 유보하고 양당에 이를 보완 조치하도록 통보하였다. 통일사회당은 8월 21일 합당신고서의 보완에 시간이 필요하다는 이유로, 일주일 전인 14일 제출한 흡수합당신고서를 철회하였다.

3. 분쟁 이후

1972년 10월 17일 대통령 특별선언에 의하여 같은 날 19시를 기하여 국회가 해산되고 정당 및 정치활동의 중지 등 헌법의 일부 기능의 효력이 중지됨에 따라 통일사회당의 정당 활동도 중지되었다.

체제에 대한 도전이나 비판이 용납되기 어려웠던 유신체제하에서 혁신계열 정당 중 유일하게 명맥을 유지하고 있던 통일사회당은 12월 30일 법률 제2403호로 개정된 정당법 부칙 제2항의 규정에 의한 법정 지구당 수 25개 지구당의 구성요건의 보완을 이행하지 않았기 때문에 중앙선거관리위원회가 1973년 7월 2일 정당법 부칙 제2항 및 제3항의 규정에 의하여 직권으로 정당등록을 취소함으로써 소멸되었다(당시 23개 지구당 보유). 이 분쟁을 통하여 혁신세력의 분열상이 노정되었고, 대중당 내에서는 대통령선거 출마를 둘러싼 의견이 대립되어 민주사회주의운동에 가담한 경력이 있는 인사들이 대부분 당을 이탈하였다.

제6장

제4공화국의 정당통합운동

1. 국내외 정세

1) 대통령의 비상조치권

1960년대 후반부터 번지기 시작한 동서냉전체제(東西冷戰體制)의 해빙분위기는 강대국 간의 평화공존 및 상호협력 모색으로 이어지고 있었고 1970년대 들어서면서 미국, 소련, 중국(중공)을 중심으로 하는 한반도 주변의 정치정세는 급변하고 있었다. 그러나 남북한 간의 이념대립 및 경쟁 구도 하에 있던 민주공화당 정부는 닉슨독트린 발표(1970. 02. 10.) 이후, 특히 1970년 7월 미국정부로부터 주한미군 감축계획을 통보받으면서 체제존립과 국가안보를 우려하기 시작하였다.

박정희 대통령은 1971년 12월 6일 국가비상사태를 선언하였다. 그리고 곧이어 민주공화당은 12월 21일 구태회 의원 외 110인의 이름으로 비상사태 시 대통령에게 긴급조치권을 부여하는 '국가보위에 관한 특별조치법안'을 국회에 제출하였다. 신민당은 이에 반대의사를 밝히고 동 법안의 무효화투쟁을 선언하였다.

국회는 12월 27일 새벽 3시 국회 제3별관에 있는 외무위원회 회의실에서 민주공화당과 무소속 의원만으로 법제사법위원회와 본회의를 연속으로 개최하고 동 특별조치법안을 3분 만에 전격 처리하였다.[1] 신민당 의원들이

---

[1] 본회의에서 가결된 전문 12조 부칙의 동 특별조치법안의 주요 골자: ① 대통령은 국가보위를 위하여 국가안전보장회의의 자문과 국무회의의 심의를 거쳐 비상사태를 선포할 수 있다. ② 비상사태 하에서 대통령은 재정 및 경제 질서를 유지하기 위하여 필요한 경우에는 물가, 임금, 임대료 등에 대한 통제·기타 제한을 가하는 명령을 발할 수 있다. ③ 비상사태 하에서 필요한 경우 국가동원령을 발할 수 있다. ④ 대통령은 옥외집회를 금지할 수 있다. ⑤ 대통령은 언론출판의 자유와 단체교섭권을 규제할 수 있다. ⑥ 대통령은 예산의 세출범위 내에서 전용권을 갖는다. 이 법안의 연혁, 심의경과, 제안이유 등에 관해서는

국회본회의장과 제2별관을 점거하고 농성을 벌이고 있는 가운데 민주공화당 소속 111명과 무소속 2명 등 113명의 의원들은 외무위원회 회의실에서 제36차 본회의를 개의하고 이 법안의 제안 설명과 전문위원 심사보고를 서면으로 대체키로 하고 회의와 토론을 생략한 채 원안대로 의결한 것이다.

동 특별조치법안이 가결됨으로써 대통령은 이때부터 사실상 비상대권을 행사하기 시작하였고, 정부는 노동쟁의와 시위를 철저히 봉쇄하였다.[2] 시국 경색이 장기간 이어지던 중 여야는 제81회 국회(임시회) 개회식날인 1972년 5월 8일 두 차례에 걸쳐 총무회담을 갖고 정국운영에 관한 이견을 조정하려 하였으나 타협점을 찾지 못하였다. 회기 중인 5월 22일과 23일에도 장경순 국회부의장이 여야 총무회담을 주선하고 절충안을 제시하였으나 신민당의 거부로 성사되지 않았다. 이런 가운데 민주공화당은 5월 25일 청와대에서 정부·여당 연석회의를 열고 신민당이 소집한 제81회 국회에는 불참하기로 하고 제81회 국회가 폐회될 6월 6일 이후에 가능하면 야당과 공동으로 제82회 국회를 소집하되 야당이 불응할 경우에는 여당 단독으로 소집한다는 방침을 정하였다.

국회본회의가 개의되지 못하자 신민당 의원들은 5월 13일부터 19일까지 국회본회의장에서 의원총회를 개최하고 비상사태 철회, 국회정상화 문제 등에 대하여 논의하였으며, 김홍일 총재는 5월 31일 백두진 국회의장을 방문하고 국회를 조속히 정상화시켜 줄 것을 촉구하기도 하였다.

2) 제4공화국 헌법 (유신헌법) 공포

박정희 대통령은 1972년 10월 17일 특별선언을 발표, 국회를 해산하고 전국에 비상계엄을 선포하였다. 그리고 비상국무회의를 소집하여 제4공화국 수립을 위한 법·제도 정비작업을 시작하였다. 헌법 개정을 위한 국민투표는 11월 21일 실시되어 찬성률 91.5%로 확정되었고, 12월 27일 제4공화국 헌법이 공포되었다.

국회사무처, 『대한민국법률안연혁집』 제2집(1992), 1472–1479쪽 참조.

2) 김호진, 『한국정치체제론』(서울: 박영사, 1993), 361–362쪽.

유신헌법에는 민족의 생존권 보장, 평화적 통일, 국력 조직화, 국정운영 효율화의 정책적 이념이 강하게 반영되었는데, 이 중 특히 국정운영 효율화는 3권 분립주의를 탈피, 국회를 무력화하고 행정부에 무게중심을 두겠다는 의도에서 나온 발상이었다. 대통령의 권한을 더욱 강화함으로써 제3공화국보다 더한 권위주의적 정부형태를 택하여 국정운영을 주도하고자 하였다.

2. 정당통합운동

새 헌법 하에서 정당의 기능과 역할은 더욱 축소되었으며 특히 야당의 경우에는 지역구 선거에서 아무리 좋은 성적을 거두어도 정부·여당에는 대항하기 어려운 법·제도적 제약을 받게 되었다. 통일주체국민회의에서의 국회의원(유신정우회 의원) 선출이 대표적인 것으로서, 이들은 사실상 대통령의 지명에 의하여 선출되는 의원들이었다.

제4공화국기간 동안에는 정당 활동이 크게 위축되었던 탓인지 정당통합 움직임 또한 미미하였다. 이 기간 동안 유일하게 신민당과 민주통일당의 합당이 시도되었는데 민주통일당은 신민당과의 통합과정에서 먼저 국민당을 흡수하였다. 야권의 통합이 추진된 것은 통합이 늦어질수록 재야세력의 결속력이 약화될 것이라는 인식과, 그동안 각 세력이 산발적으로 추진해 온 개헌투쟁을 단일화하여 수권태세를 갖추겠다는 의지가 표출되었기 때문에 가능하였다. 합당 교섭경과를 보면 당시 원내 52석의 신민당과 2석을 가진 민주통일당의 합당은 절차를 갖춘 흡수 합당이 제격이었으나, 신민당은 절차를 갖추지 않은 채 민주통일당을 흡수하려 하였고, 민주통일당은 절차는 갖추었지만 당세보다 과다한 당권, 당직, 지구당 배분을 요구함으로써 협상이 결렬, 실패하였다.

신민당과 민주통일당의 합당교섭은 1979년 10월 박정희 대통령시해사건(10·26 사태) 이후 재차 시도되었으나 역시 결렬되었다. 결렬이유는 여럿 있겠으나 그중 주요한 것은, 신민당의 입장에서 볼 때 통일민주당이 갖고 있던 2개의 의석은 당세 확장에 크게 도움이 되지 않는다는 것과, 당세 이

상으로 과다하게 당직을 배분하였을 때 나타날 당내 반발을 고려하지 않을
수 없었던 상황을 들 수 있다.

〈표 6-1〉 제4공화국 정당통합운동 결과표

연번	통합(운동)시기	참여정당	통합성사 여부	통합신당명	합당유형
1	1975. 3.–1979. 8.	신민당, 민주통일당	실패	–	–

제2절 제8대 대통령선거(1972. 12. 23.)

1. 선거 전의 상황

1) 대통령 특별선언(10월 유신)

박정희 대통령은 제84회 국회(정기회)의 국정감사가 한창이던 1972년 10
월 17일 오후 7시를 기하여 특별선언을 발표하고 전국에 비상계엄을 선포
하였다(계엄사령관 노재현 육군참모총장). 이 선언에 의하여 국회는 해산되
었고 정당 및 정치활동이 중지되는 등 헌법의 일부 효력이 정지되었다.

대통령 특별선언(요지)
① 1972년 10월 17일 19시를 기하여 국회해산, 정당 및 정치활동 중지 등 현행 헌법
일부 조항의 효력을 정지한다. ② 정지된 헌법기능은 비상국무회의가 수행한다. ③ 1972
년 11월 27일까지 평화통일을 지향하는 헌법개정안을 공고하고 1개월 이내에 국민투표에
회부한다. ④ 헌법개정안이 확정되면 1972년 말 이전에 헌법질서를 정상화한다.

2) 비상국무회의, 헌법개정안 의결

비상국무회의는 1972년 11월 27일 대통령의 3권 통제, 임기 6년, 간접선
거, 중임제한 철폐, 통일주체국민회의 설치, 국회의원 3분의 1의 대통령지
명 등을 내용으로 하는 헌법개정안을 의결, 공고하였다. 이로써 통일주체국

민회의는 대통령의 추천을 받은 국회의원 정수의 3분의 1에 해당하는 의원(임기 3년)을 선출하게 되었다. 이들 의원을 통일주체국민회의로 하여금 선출케 한 의도는 무엇보다도 대통령의 권력을 견지하고, 국회에 대한 통제를 강화하며 나아가 정국안정을 기하자는 데 있었다.

통일주체국민회의는 또 국회가 발의, 의결한 헌법개정안을 최종적으로 의결, 확정하는 기능을 가지고 있었다.[3] 이를 위하여 대통령이나 국회의원의 입후보 요건으로 소속 정당의 추천을 필요로 한다는 종래의 헌법규정을 폐기하였다. 즉 군소정당의 난립을 방지하고 양당제를 지향한다는 기존의 헌법취지를 버리고 국회의원이 당적을 이탈하거나 변경한 때, 또는 정당이 해산된 때에는 국회의원의 자격이 상실되도록 규정한 조항을 삭제함으로써 의원들의 당적이탈 및 변경행위규제를 해제하였다. 이 헌법개정은 정당구도 면에서 본다면 정치인들의 이합집산과 정당 재편성이 다시 전개되는 계기가 되었다.

해산된 국회의 기능은 대통령 특별선언 ②항 및 비상국무회의법에 의거하여 대통령을 의장, 국무총리를 부의장으로 하고 국무위원으로 구성되는 비상국무회의에서 수행하였다. 비상국무회의는 국회에서 이관된 안건과 비상국무회의법 제5조의 규정에 의하여 대통령, 국무총리가 제출하는 안건을 대상으로 제9대 국회 개회 전날인 1973년 3월 11일까지 국회의 기능을 대행하였다.

3) 국민투표

1972년 11월 21일 실시된 국민투표에서 제4공화국헌법안(유신헌법안)이 찬성 91.5%의 지지를 받아 확정됨으로써 제4공화국 수립의 근거가 되었다. 이번 헌법 개정의 주요 내용(통일주체국민회의 설치, 헌법개정절차의 2원화, 공직선거 시 무소속 출마 허용, 대통령은 긴급조치권·국회해산권·법률안 거부권·국회의원 정수의 3분의 1의 추천권 보유, 국정감사권 부인否認)을 보면 대통령의 권한이 강화되고 국회의 기능이 무력화되었음을 알 수 있다.

---

3) 통일주체국민회의사무처, 『통일주체국민회의』(1975), 34-35쪽.

558

〈표 6-2〉 국민투표 결과

총유권자 수	투표자	투표율(%)	찬성(%)	반대(%)	무효	기권
15,676,395	1,441,714	91.9	13,186,559(91.5)	1,106,143(7.7)	118,012	1,265,681

출처: 유신정우회사편찬위원회. 『유신정우회사』(1981). 95쪽.

2. 선거 결과

비상계엄이 1972년 12월 13일 해제되었고 이틀 후인 12월 15일 제4공화국 헌법에 의거한 통일주체국민회의 초대 대의원 선거가 시행되었다. 통일주체국민회의는 12월 23일 처음으로 소집되어 2,359명의 대의원 전원이 참석한 가운데 대통령선거를 실시하였다. 서울시, 부산시, 각 도별로 마련된 11개 기표소에서 실시된 투표결과 단일후보로 등록한 박정희 후보가 2,357표, 무표 2표로써 재적 대의원 거의 전원의 찬성을 얻어 제8대 대통령에 선출되었다.

〈표 6-3〉 제8대 대통령선거 결과

대의원 수	재적 대의원	투표수	후보자 득표 박정희	무효	비고
2,359	2,359	2,359	2,357	2	

출처: 중앙선거관리위원회. 『대한민국선거사(제2집)』(1973). 295쪽.

3. 선거 이후

1972년 12월 27일 오전 8시 30분 중앙청에서 제4공화국헌법(유신헌법)이 공포되었으며, 오전 11시에는 시내 장충체육관에서 제8대 박정희 대통령 취임식이 거행되었다. 대통령 특별선언(1972. 10. 17.)에 의하여 중지되었던 정치활동은 새 헌법이 공포되면서 재개되었다.

1. 선거 전의 상황

1) 국회의원선거법 개정

국회의원선거는 헌법시행 6개월 이내에 실시한다는 제4공화국헌법(유신헌법) 부칙에 의하여 새로운 국회의원선거법과 정당법이 1972년 12월 20일 개정, 공포되었다. 제9대 국회의원의 임기는 종전의 4년에서 6년으로 연장되었으며 1개의 선거구에서 2인을 선출하는 중선거구제가 도입되었다.

선거법에서는 당적을 이탈, 변경하거나 정당이 해산한 경우에는 의원직을 상실하도록 한 제도를 폐지하여 국회의원이 아닌 자의 자유로운 입후보를 보장하고 당원인 국회의원도 당적의 자유로운 이탈이나 변경이 가능하도록 하였다. 이에 대한 후보난립 부작용을 의식하여 후보자에 대한 기탁금제도를 도입하였으며 낙선자의 기탁금은 국고에 귀속하도록 하였다. 또 통일주체국민회의에 의한 국회의원선거제를 신설하였다.

2) 민주공화당

민주공화당은 선거를 앞두고 전(全) 지구당 위원장회의, 시·도 연락실장 및 지구당연락소장회의, 지구당별 기간당별 기간당직자대회 등을 개최하는 등 당원의 결속을 도모하였다. 한편 박정희 민주공화당 총재는 계파에서 자유로운 정일권 전 국무총리를 7월 26일 당 의장 서리로 임명하여 당내 파벌을 제거하겠다는 의지를 보였다(1972. 07. 27. 임시당무회의 인준).

3) 신민당 분열

신민당은 유진산계열과 반유진산계열로 나뉘어 대립, 당이 분열위기에 처하여 있었다. 그러던 중 1973년 1월 17일 유진산 총재가 신임 정무위원명단을 발표하였는데 인선 내용에 반발한 반유진산계열 인사들은 양일동을 중심으로 민주통일당(가칭) 창당 작업에 돌입하였다. 민주통일당은 1월 27일 창당대회를 개최, 집단지도체제를 채택하였다(대표최고위원 양일동, 상임고문 김홍일).

2. 선거 결과

제9대 국회의원선거가 1973년 2월 27일 실시되었다. 73개 선거구에서 지역구 의원 146명을 선출하는 선거 결과 민주공화당 73석, 신민당 52석, 민주통일당 2석, 무소속 19석의 의석분포로 나타났다.

선거 전 당내 분열상을 보인 신민당은 비교적 좋은 성적을 거두었으며, 선거 약 1개월 전 양일동을 비롯한 신민당의 반유진산 계열 일부가 당을 떠나 결성한 민주통일당은 이번 선거에서 선명야당을 내세우며 50명의 후보를 공천하였으나 양일동, 김홍일마저 낙선하고 그중 2명(김녹영, 김경인)만 당선되었다. 민주통일당은 당의 이념을 정립하기도 전에 선거에 임하였다가 부진한 성적을 거두었다.

〈표 6-4〉 제9대 국회의원선거 결과

정당	당선자 수	정당	당선자 수	비고
민주공화당	73	민주통일당	2	전체 의석수 219
신민당	52	무소속	19	지역구 146, 지명 73

주: 경기지역에서 2인의 후보 무투표 당선.
출처: 중앙선거관리위원회, 『대한민국선거사(제2집)』(1973), 410쪽.

3. 선거의 특징

① 한국선거사상 처음으로 중선거구제가 채택되었다. 이 제도는 사표(死標)를 줄이고 소선거구제의 단점을 보완할 수 있는 제도이지만 시행결과 여당·야당 후보의 동반당선이라고 하는 새로운 현상이 나타났다. ② 대통령이 지명하고 통일주체국민회의에서 결정하는 국회의원 선출제도를 통하여 이미 국회 의석의 3분의 1을 확보하고 들어가는 정부·여당으로서는 지역구 선거에서 어느 정도의 당선자만 배출하여도 쉽게 국회를 장악할 수 있는 것으로 나타났다. 실제로 민주공화당은 4개 지역구를 제외한 모든 선거구에서 1명 이상이 당선되어 지역구 의원 50%에 해당하는 73의석을 확보하였다. ③ 민주공화당은 선거를 앞두고 과거 여당 지지도가 약한 도시지역 선거구를 45개에서 17개로 줄이고 농촌지역선거구를 도시지역선거구와 통합시키는 게리맨더링식 선거구 획정을 하였다.4) ④ 제9대 국회의원 지역구 의원의 임기는 6년, 대통령이 추천, 지명하는 유정회 의원의 임기는 3년으로서 지역구 의원은 한국선거사상 가장 긴 6년의 임기 동안 의정활동을 할 수 있게 되었다.

4. 선거 이후

1) 통일주체국민회의의 국회의원 선출

박정희 대통령은 1973년 3월 5일 통일주체국민회의에서 선출할 임기 3년의 국회의원 후보 73명을 지명하였다. 이틀 후인 7일 통일주체국민회의 대의원에 의한 국회의원선거가 실시되었으며, 대통령이 지명, 추천한 73명의 후보자들이 전원 국회의원으로 선출되었다. 이들 당선자들은 3월 10일 서울 신문회관에서 유신정우회 창립총회를 개최하고 전문 22조와 부칙으로

---

4) 윤천주, 『우리나라의 선거실태: 도시화와 투표행태』(서울: 서울대학교출판부, 1981), 122–126쪽.

된 규약을 채택하고 백두진 의원을 의장으로 선출하였다.

제9대 국회가 1973년 3월 12일 개원되어 의장에 민주공화당의 정일권 의원, 부의장에는 유신정우회의 김진만 의원이 선출되었다(야당 몫의 부의장은 1973년 5월 26일 이철승 의원 선출). 개원 당시 원내교섭단체 구성은 유신정우회 73명, 민주공화당 71명, 신민당 52명, 어느 교섭단체에도 속하지 아니하는 의원 23명이었다. 이러한 국회구성은 의회기능 면에 있어서 응답성과 실효성의 균형을 깨는 것이며 행정부의 정책수립 및 수행의 신속성과 실효성을 강조한 것이었다.[5]

2) 정당법 개정

국회내무위원회는 1973년 6월 2일 여야가 공동 제안한 '정치자금에관한 법중개정법률안'과 이에 관련된 '정당법중개정법률안'을 심사하여 만장일치로 가결하였다. 정당이 아닌 유신정우회에도 정치자금을 배분하기 위하여 민주공화당의 김용태, 유신정우회의 민병권, 신민당의 이민우 의원 등 원내교섭단체 총무 외 20인이 제안한 정치자금법중개정법률안은 6월 4일 법제사법위원회를 거쳐 6월 5일 국회본회의에서 가결되었다.

제4절 신민당 · 민주통일당의 합당 시도

1. 합당 시도 배경

1972년 10월 유신으로 국회가 해산된 뒤 양일동, 윤제술, 유청 등이 신민

---

5) 응답성(responsiveness)과 실효성(effectiveness) 개념은 관료제의 정책결정에 관한 기준의 하나로 제시된 개념으로서, 응답성이란 어떻게 하면 국민적 합의를 형성할 수 있는가를, 실효성이란 어떻게 하면 신속하고 효율적으로 정책을 결정, 수행할 수 있는가에 관한 것이다. 이에 관해서는 Francis E. Rourke, *Bureaucracy, Politics, and Public*(Little, Brown and Company, 1969) 참조.

당을 집단탈당, 1973년 1월 민주통일당을 창당함으로써 신민당이 분열되었다. 그 후 민주통일당은 유진산 신민당 총재의 사망과 김영삼 신임총재의 취임을 계기로 야권세력통합을 위하여 신민당과의 합당을 시도하게 되었다.

2. 합당 시도 전의 상황

1) 정치활동 재개

신민당은 1972년 9월 26일 서울시민회관에서 개최된 전당대회에서 유진산 계열과 반유진산 계열(김홍일 계열)로 나뉘어 분쟁이 격화, 당 기구를 구성하지 못한 채 당 운영에 난항을 겪고 있었다.[6] 이날의 전당대회에서는 유진산이 당수(대표최고위원)에 선출되었다.

김홍일, 김대중, 양일동 등 신민당 내 반유진산 연합은 전당대회 다음 날인 27일 낮 시내 효창동 김홍일 총재의 집 정원에서 별도의 전당대회를 개최, 서울시민회관대회를 불법무효라고 의결하고, 12월 중에 당직을 개편키로 하였다.[7] 그리고 서울지법에 유진산을 상대로 당수직무정지가처분신청, 중앙선거관리위원회에 당수명의 변경 등을 신청하였다.

이날 반유진산계열 전당대회에서는 유진산계열의 배제를 전제로 김홍일, 김대중, 양일동의 3자를 주축으로 하는 당의 과도체제와 김홍일, 김대중, 양일동, 윤제술, 유청 등 5인으로 구성되는 5인수권소위원회를 구성하였다. 이로써 신민당은 사실상 분당상태에 빠지게 되었다.

신민당을 분당상태에 이르게 한 전당대회 연기론과 강행론의 본질은 전당대회에서의 표의 향방이 걸린 대의원의 선임을 어떤 방식으로 하느냐 하

---

6) 상세한 것은 이 책 제5장 제19절의 내용 중 '신민당 전당대회' 참조.

7) 효창동대회 참석 대의원을 보면, 모두 39명의 이탈자 중에서 김대중 계열을 포함한 비주류가 33명을 얻고 6명을 서울시민회관 전당대회(유진산계 대회)에 빼앗긴 것으로 나타났다. 이는 김대중 계열이 당시 상향식 선출제를 왜 주장하게 되었는지를 짐작하게 해 주고 있다. 여기서 이탈자란 각 지구당이나 시, 도지부의 선출 대의원이 위원장과 행동을 달리하여 다른 전당대회에 참가한 경우를 말한다. 문용직, 「한국의 야당과 파벌(1963–1987)」, 서강대 대학원 석사학위논문(1986), 10쪽.

는 문제였다. 전당대회 대의원 선임방식의 결정은 곧 파벌세력의 증감문제였으며 당권과 직결된 문제이기도 하였다. 당시 전당대회를 주장한 유진산 계열은 지구당 위원장의 대의원 임명제를, 연기를 주장한 반유진산 계열은 지구당 상무위원회에서의 대의원 선출제를 주장하였는데, 반유진산 계열은 당시 지구당의 하부조직에 강점을 가지고 있었기 때문에 상향식 선출제는 자파에 보다 많은 대의원을 확보시켜 주리라고 판단한 것이다.

중앙선거관리위원회는 9월 28일 유진산계열의 신민당대표위원 명의변경 신청을 수리하였다. 이에 김홍일 의원은 9월 29일 서울지법에 당수직무대행자 가처분신청 및 전당대회(1972. 09. 26.)의 무효소송을 제기하였다. 그 후 김홍일 의원은 법원에 유진산을 상대로 낸 '정당대표위원 직무집행정지 및 직무대행자선임 가처분신청'을 취하하였다.

신민당은 파벌 간의 당권 경쟁이 치열하였으나 결정적인 단계에서는 협상을 통하여 혹은 표결 결과에 승복함으로써 파국을 모면하곤 하였다.

대통령 특별선언(1972. 10. 17.) 이후 중단되었던 정치활동은 1972년 12월 27일 제4공화국헌법(유신헌법) 공포와 함께 70일 만에 재개되었는데 유진산 총재는 1973년 1월 8일 당 요직 인선을 서둘러 조속한 시일 안에 당 기구를 정상화하고 선거대책기구를 구성한 뒤 총재직을 사퇴하겠다고 밝힘으로써 신민당의 내분은 일단 진정되었다.

유진산 총재는 1월 22일 당 5역 및 대변인을 임명하고 대표위원직을 사퇴하였으며 권한대행에 정일형 의원을 지명하였다. 당 중앙상임위원회에서 유진산 대표의 사임서를 반려하기로 결의함에 따라 유진산은 3월 11일 복귀하였고 그해 5월 7일 개최된 신민당 전당대회에서 총재에 선출되었다.

2) 김대중 납치사건

김대중 전 신민당 대통령후보가 1973년 8월 8일 오후 1시 30분경 일본 도쿄의 그랜드팔레스호텔로 양일동 민주통일당 총재를 만나러 갔다가 한국의 정보기관원 5명에게 납치되었다.[8] 납치된 김대중은 8월 13일 밤 10시

20분경 서울시내 동교동 그의 집 부근에서 풀려났다. 납치사건 이후 각계의 민주화 요구가 분출되기 시작하였으며 재야인사들은 12월 24일 개헌서명운동본부를 설치하고 100만 명 서명운동에 돌입하였다.

유진산은 1974년 1월 8일 본격적인 개헌운동을 전개하기 위하여 준비 작업에 착수, 신민당 긴급정무회의를 소집하고 개헌 결의안을 가결시켰다. 바로 이날 정부는 야권의 반체제운동을 제지하기 위하여 대통령긴급조치 제1호(헌법논의 금지)와 제2호(비상군법회의 설치)를 선포하였다. 정부는 1월 13일에는 국민생활안정을 위한 긴급조치 제3호, 4월 3일에는 대학 내에서의 반정부 움직임을 막기 위한 조치내용을 담은 긴급조치 제4호를 발하였고, 8월 23일에는 긴급조치 5호를 발하여 긴급조치 제1호와 제4호를 해제하였다. 이에 사회 각계와 야당권에서는 개헌운동을 다시 전개하기 시작하였다.

3) 신민당 임시전당대회 – 40대 기수론

와병 중이던 유진산 총재가 1974년 4월 28일 사망하였다. 그의 사망 후 8월 22일과 23일 이틀간 시내 서울 명동의 국립극장에서 신민당 임시전당대회가 개최되었다. 748명의 전국 대의원 중 729명이 참석한 이날 대회는 야당사상 최초로 총재선거에 후보등록제가 실시되었다. 총재선거 제1차 투표에서는 729명이 참가하여 김영삼 후보가 197표를 얻었으나 과반수 득표에는 미달하였다. 제1차 투표결과에 따라 각 후보들은 제휴협상을 전개하였다. 김영삼 후보와 고흥문 후보는 전당대회에 앞서 제1차 투표에서 표가 많은 사람을 지지하기로 한 약속에 따라 고흥문 후보가 사퇴하고 김영삼 후보를 지지하기로 하였으며, 김의택 후보와 이철승 후보의 제휴도 이루어져 이철승 후보는 김의택 후보를 지지하기로 하였다. 그런데 126표를 얻은 정해영 후보가 어느 후보와도 제휴를 거부함에 따라 제2차 투표는 김영삼, 김의택, 정해영의 3파전으로 압축되었다.

---

8) 당시의 상황은 현곡양일동선생문집발간위원회, 『민주통일당 반유신투쟁사』(서울: 을지문화사, 1995), 105–108쪽 참조.

〈표 6-5〉 신민당 총재 경선결과(1974. 08. 23.)

구분	후부자별 득표수					대의원 수	투표수
	김영삼	김의택	정해영	고흥문	이철승		
제1차 투표	197	142	126	111	107	729	46
제2차 투표	324	203	185	–	–	723	11

제2차 투표에는 723명이 투표하였는데 김영삼 후보 324표, 김의택 후보 203표, 정해영 후보 185표, 무효 11표로 나타나 아무도 과반수를 넘지 못하였기 때문에 김영삼 후보와 김의택 후보가 결선투표에 나서게 되었다. 결선투표를 앞두고 김의택 후보가 신상발언을 통하여 차점자로서의 지위를 포기한다고 선언하자 그를 지지하는 청년당원들이 결선투표를 하루 연기할 것을 주장하며 난동을 부리는 사태가 발생하였다. 김의택의 후보사퇴로 다음 날인 23일 속개된 전당대회에서 전당대회의장 이충환이 김영삼 후보의 당선을 선포하였다.

'40대 기수론'을 내건 김영삼 의원이 야당 사상 최연소 총재로 선출되면서 신민당은 선명성을 주창하며 개헌투쟁에 나섰다. 신민당은 유신헌법의 개정을 위하여 당내에 헌법개정 추진기구를 설치하고, 원내 대책으로 '헌법개정기초심의특별위원회구성결의안'을 제출하는 등 적극적인 헌법개정 움직임을 보였다.

김영삼 총재가 11월 14일 헌법개정대강을 발표하고 원외투쟁을 선언한 데 이어 12월 5일에는 신민당 소속 의원 55명이 헌법 개정을 요구하며 국회에서 무기한 농성에 돌입하는 등 개헌투쟁의 강도를 높여 갔다. 야권의 거부투쟁에도 불구하고 박정희 대통령은 1975년 2월 12일 유신헌법에 대한 찬반 여부를 묻는 국민투표를 실시하였는데 투표결과 찬성률 73.1%로 승인을 받았다.

4) 민주통일당 창당 및 국민당(가칭) 흡수 합당 합의

대통령특별선언(10월 유신)으로 국회가 해산된 뒤 유진산이 신민당의 당권을 장악하자 그의 정치노선에 반발하는 양일동, 유청, 운제술 등 반유진산 계열 일부 중진인사들이 탈당하여 신당 결성을 추진하였다. 이들은

1973년 1월 8일 서울시내 음식점 아서원에서 민주통일당 발기인대회를 열고 창당준비위원회를 구성, 준비위원장에 양일동을 선출하였다.

유진산 신민당 총재는 이날 기자회견을 갖고 당 기구를 정상화한 후에 당 대표위원직을 사퇴하겠다고 언명하였다. 이미 유진산계열과 반유진산계열로 나뉘어 분당(分黨)의 여건이 성숙된 신민당은 1월 17일 유진산 총재가 25명의 새 정무위원 명단을 발표하였는데 유진산계열이 거의 독점하고 있어 인선결과에 반발한 반유진산계열 인사들은 양일동을 중심으로 민주통일당(가칭)의 창당 작업을 계속 추진하였다.

양일동 창당준비위원장은 1973년 1월 19일 재야세력의 규합을 위하여 제1차로 국민당(당수 직무대행 조중서)을 흡수 합당하기로 합의하였다고 밝혔다. 민주통일당(교섭대표 이상돈·안균섭)과 국민당(교섭대표 고학환·이성렬) 사이에 추진되어 온 양당의 합당에 관한 최종 결정은 1월 18일 밤 시내 모 음식점에서 내려졌는데, 합당방식은 국민당이 일단 해산한 다음 신당인 민주통일당에 참여하는 방식을 택하였다. 이처럼 반유진산 계열 인사 일부가 보수계열의 김홍일·윤제술, 박병관, 혁신계열의 정화암·정상구·유갑종·박재우 등과 결합하여 민주통일당을 결성하게 된 것이다.

민주통일당은 1월 27일 시내 수운회관에서 대의원 225명 중 211명이 참석한 가운데 창당대회를 개최하고 대표최고위원에 양일동, 최고위원에 윤제술과 김의태를 선출하였다. 상임고문에는 윤보선과 김홍일이 선출되었으나 윤보선은 수락을 거부하였다.

3. 합당 시도 경과

1) 4자 회담

윤보선 전 대통령, 김대중 전 신민당 대통령후보, 김영삼 신민당 총재, 양일동 민주통일당 대표최고위원 등 야권지도자 4인은 1975년 3월 31일 낮 시내 외교 구락부에서 제1차 4자 회담을 열고 야권정치세력의 통합에 합의하였다. 합의의 요지는 '선 합당, 후 재야세력 영입'이었다.

이 회담에서는 윤보선과 김대중이 제의한 신민당과 민주통일당의 통합제의를 김영삼·양일동 두 총재가 수용함으로써 원칙적인 합의가 이루어졌다. 윤보선은, 야당통합은 개인의 의사라기보다는 국민의 의사라고 말하였으며, 김영삼 총재는 "야당통합은 가장 바람직한 일이고 개인적으로 찬성하며, 당 기구에서 논의해서 통합하는 방향으로 하겠다."고 하였으나 이러한 통합문제에 관하여 당내의 간부들과 사전에 논의하지는 않았다고 말하였다. 양일동 대표는 "개인적으로 통합원칙을 받아들이고 당론에 걸어 절차 등을 논의하겠으며 김영삼 씨와 내가 책임지고 성취시키겠다."고 말하였다. 또 김대중 전 대통령후보는 "형법 개정안 통과, 재야인사와 언론계에 대한 탄압이 가중되는 점 등을 보아서도 야당의 국면을 크게 전환할 필요가 생겼으며 총선 당시 두 당이 갈라선 여건도 달라졌다."고 통합합의의 배경을 설명하고, 양당의 통합에 이어 가급적 많은 재야 정치인도 포함시키는 것이 좋다는 데 의견의 일치를 보았다고 말하였다.[9]

이날 4자 회담에서의 통합합의는 하나의 충격으로 받아들여졌으며, 통합을 통하여 민주회복을 위한 새로운 계기가 마련될 것으로 기대되었다. 이 시점에서 어렵게나마 통합합의가 이루어진 것은 통합의 시기가 늦어지면 늦어질수록 재야세력 간의 경쟁과 대립으로 인하여 야권통합이 어려워질 가능성이 있다고 양측에서 판단하였기 때문이다.

2) 신민당과 민주통일당의 합당 논의

민주통일당은 1975년 4월 1일 최고위원회와 정치위원회를 각각 열어 신민당과의 합당에 관하여 윤보선, 김대중, 김영삼 신민당 총재, 양일동 대표 최고위원 등 4자 회담에서 합의한 야당통합원칙에 대하여 협의하고 이 원칙을 당론으로 결정하였다.[10] 이날 민주통일당의 연석회의에서는 양일동 대

---

9) ≪조선일보≫, 1975년 4월 1일자.

10) *The New York Times*지는 4월 1일 신민당과 민주통일당의 극적인 통합원칙합의에 관하여 보도하고 이것이 박 대통령의 현 정부에 대한 반대운동에 있어서 주목할 만한 진전이라고 논평하였다.

표최고위원에게 야당통합에 관한 모든 권한을 위임하기로 결의하였으며 신민당과의 통합협의를 위하여 실행위원 5명을 선출, 대표최고위원의 자문에 응하도록 하였다.

한편 이날 개최된 신민당의 제22차 정무회의에서는 '민주통일당과의 통합의 건'을 상정하고 '4자 회담'에서 합의된 민주통일당과의 흡수통합원칙에 동의하였다. 또 절차방법을 총재에게 일임하되 중진들과 광범위하게 공개적으로 숙의, 대처할 것을 만장일치로 의결하였다. 정무회의에서 대부분의 정무위원들은 "개헌투쟁을 효율적으로 전개하고 수권정당의 기틀을 마련하기 위한 민주통일당과의 합당은 전 재야세력 규합의 일 단계"라고 주장하였으나 이철승, 정운갑, 이민우 등은 "형식적인 통합만이 능사가 아니고 통합 뒤에 일어날 분파작용 등에 대한 대응책이 있어야 한다."고 주장하였다.

그러나 김영삼 총재는 "비록 지난날 분파작용으로 당을 함께하지 못한 전력이 있다손 치더라도 민주회복을 위한 전열을 확대하고 수권정당으로서의 체제를 갖추기 위해서는 보수야당의 통합은 절실하며 이에 따르는 다소의 부작용은 민주회복이라는 명분 앞에 인내로써 용해시킬 수밖에 없다."고 밝혔다. 이에 따라 정무회의는 민주통일당과의 통합을 적극 추진하기로 당론을 모으고 중앙상무위원과 정무위원의 정원을 늘려 민주통일당과의 통합에 대비하기로 하였다.

신민당과 민주통일당의 두 대표는 4월 4일 저녁 시내 숭례문(남대문) 부근 남문음식점에서 회동, 양당 당수 책임 하에 가장 간편한 방법으로 조속한 시일 내에 통합을 마무리 짓기로 하였다.[11]

신민당대표 · 민주통일당대표의 합의사항

① 조속한 시일 내에 통합을 결말짓는다. ② 통합방법은 가장 간편하고 쉬운 방법으로 한다. ③ 양당 당수가 전적으로 책임을 지고 합당을 추진한다.

---

11) 양일동 총재는 이보다 앞선 3일 중앙당사에서 가진 기자회견에서 "재야세력의 통합은 신민당과 민주통일당의 합당작업과 병행하여 추진되는 것이 바람직하다."고 말한 바 있다.

양당의 통합은 4자의 개인적인 입장에 비추어 볼 때 이해관계가 합치되는 부분이 있다. 김대중으로서는 민주통일당에 남아 있는 그의 지지 세력이 신민당에 들어감으로써 세력을 형성할 수 있고, 김영삼으로서는 당내 조직 기반이 다소 약한 점을 보완함과 동시에 통합야당의 영수로서 당 내외의 위상이 격상되는 것이다. 또 양일동은 한계가 뚜렷한 당세와 자신의 입장을 강화하면서 제1야당의 중요 당직을 맡을 수 있는 것이다.

4월 4일에 있었던 양당 대표회담의 결과를 토대로 윤보선, 김영삼, 김대중, 양일동은 4월 5일 저녁 윤보선의 집에서 제2차 4자 회담을 갖고 합당 방법을 논의한 끝에 흡수합당 형식으로 통합하되 재야인사 영입문제는 합당이 이루어진 후에 함께 추진한다는 '선 합당, 후 재야인사 영입', 그리고 합당을 빠른 시일 내에 간편한 방법으로 행한다는 합의를 재확인하고 야당 통합의 법적 절차를 논의하였다.

신민당은 4월 8일 제2차 합동회의를 개최하고 김영삼 총재로부터 민주통일당과의 통합을 위한 4자 회담 진척 상황을 보고받고 통합원칙에 합의하였으며, 절차방법은 흡수통합 또는 보다 간편한 방법으로 추진키로 합의하였다.[12]

정부에 의한 긴급조치 제7호가 4월 8일 포고된 가운데 김영삼 신민당 총재는 4월 9일 저녁 시내 남문음식점에서 양일동 민주통일당 총재와 제2차 양당 대표회담을 가졌다. 회담이 끝난 후 김영삼 총재는 "정당법 제4조 제2항에 규정된 수임기구는 전당대회를 열지 않고 정무회의에서 위임할 수 있으며 간편하고 효율적인 합당절차를 밟는다는 원칙에 합의하였다."고 말하였다. 그러나 양일동 총재는 전당대회를 열어 정당법상의 절차를 엄격히 거쳐야 한다는 입장을 보여 간편한 방법을 주장하는 신민당과 민주통일당 간에는 통합방법과 관련하여 이견이 노정되었다.

윤보선, 김영삼, 김대중은 4월 12일 3자 회담을 열고 합당문제는 늦어도 4월 안으로 결말을 짓기로 하고 합당방법은 전당대회를 치르지 않고 간편한 방법으로 하자고 못 박았다.

---

12) 중앙선거관리위원회, 『정당의 활동개황 및 재산상황등 보고집』(1981), 233–235쪽.

합당절차를 규정한 정당법 제4조 2항은, "신설합당 또는 흡수합당을 할 때에는 합당을 하는 정당들의 대의기관이나 그 수임기구의 합동회의의 결과로써 합당할 수 있다."고 규정하고 있는데 민주통일당은 이 조항의 대의기관은 전당대회라고 해석, 하자 없는 합당을 위해서는 전당대회를 열어 합당의 권한을 총재가 위임받아야 한다고 주장하였다. 이에 대하여 김영삼 총재는 전당대회가 중앙상무위원회, 정무회의 등에 차례로 권한을 위임하였기 때문에 정무회의에서 권한을 위임받은 총재가 합당절차를 합법적으로 끝낼 수 있다는 주장을 하였다.

김영삼 총재와 양일동 총재는 4월 14일 다시 회담을 갖고 합당절차를 간편한 방법으로 매듭짓는 문제, 인사문제 등 실질적인 문제에 관하여 절충을 벌였고 4월 17일에는 제4차 양자회담을 열어 합당에 따른 당직안배 등 인사문제를 놓고 절충을 계속하였다.

합당교섭과정에서 양일동 총재는 민주통일당 최고위원 5명, 정치위원 20명, 중앙상무위원 200명, 지구당 위원장 54명에 대한 적절한 대우를 요구하였다. 이에 대하여 김영삼 총재는 다른 문제는 양당 간 협의가 가능할 것이나, 지구당 위원장문제에 대해서는 난색을 표시하였다. 양당 총재는 4차에 걸친 접촉에서도 진전을 보지 못하자 이택돈 대변인과 유택형 대변인을 내세워 4월 21일부터 접촉하도록 하였다.

3) 민주통일당 정기 전당대회

민주통일당은 1975년 5월 7일 오전 시내 명동 예술극장에서 정기 전당대회를 개최하였다. 대회에서는 대표최고위원에 양일동을 만장일치로 재선출하였으며, 최고위원에 윤제술, 박병배, 김선태를 선출하고 김홍일, 정화암을 상임고문에 추대하였다. 대회에서는 또 야당통합추진원칙을 만장일치로 결의하고 신민당과의 합당을 위한 모든 권한을 양일동 총재에게 위임하기로 결의함으로써, 정당법상 통합요건으로 되어 있는 수임기관 구성에 대하여 그 인선과 규모 등 일체의 권한을 대표최고위원에게 위임하였다. 양일동 대표는 이날로 신민당과의 합당을 위한 통합수권기구를 25인으로 구성하고 그 명단을 발표하였다.

수권태세 확립이라는 명분을 내걸고 윤보선, 김영삼, 김대중, 양일동 4인이 야당통합에 합의(1975. 03. 31.)한 지 근 40일간 교착상태에 빠졌던 신민당과 민주통일당의 합당작업은 민주통일당의 전당대회를 계기로 새로운 국면에 접어들었다. 전당대회의 결의에 따라 양일동 대표는 김영삼 신민당 총재와 접촉을 가졌으나 신민당 내부사정과 민주통일당이 제시한 합당조건으로 인하여 통합이 지연되었다.

민주통일당은 재야인사 영입문제에 있어서 영입과 합당을 병행할 것을 주장, '선 합당, 후 영입'의 당초 4자 회담 원칙에 이의를 제기하였으나 그 후 김영삼 총재와의 회담에서 '선 합당'으로 돌아섰으며, 전당대회 없이 '간편하고 조속한 방법'을 통하여 합당을 실현한다는 4자 회담의 압력에도 불구하고 전당대회에서 수임기구를 구성, '하자 없는 합당'을 주장하게 되었다. 뿐만 아니라 당직 안배 등 인사문제에 있어서도 양일동 대표는 지구당 문제를 제기함으로써 낭의 골격을 바꾸지 않는 상태에서 합당하기를 원하는 신민당을 압박하였다. 양일동 대표는 인사문제에 있어서 최고위원 200명, 정치위원 25명, 대의원 500명, 중앙상무위원 200명, 그리고 54개 지구당 위원장의 명단을 김영삼 총재에게 넘겨주고 긴급조치로 수감되었던 당원들의 우대를 요구하였으나 김영삼 총재는 지구당 문제는 고려할 수 없다는 입장을 고수하였다.

양일동 총재는 통합작업은 단순히 정당 간의 통합에 의의가 있는 것이 아니라 모든 재야원로와 각 사회단체의 구성원, 긴급조치 제1호와 제4호에 의하여 구속되었다가 석방된 인사들의 지원이 뒷받침되는 범야세력의 통합이 되어야 한다고 말하였다. 실제로 민주통일당은 여러 요인이나 작용에 의하여 야당통합이 지연되거나 통합목적이 달성되지 못할 경우 그리고 통합이 실현될 경우 등에 대비하여 당의 기구와 인원을 재배치함은 물론 전당대회의 모든 권한을 중앙상임위원회에 위임하였다.

한편 박정희 대통령은 1975년 5월 13일 오후 긴급조치 제9호를 선포하여 헌법에 대한 비방 또는 반대 등을 금지시켰다. 양일동 대표는 5월 15일 낮 윤보선과 김대중을 차례로 만나 약 1시간씩 시국문제와 합당문제에 대하여 의견을 교환하였다. 양일동 대표는 다음 날인 16일 낮에는 시내 남산의 모 음식점에서 민주통일당 전당대회 이후 처음으로 김영삼 총재를 만나 긴급조치 제9호 선포 이후 재야세력 활동문제와 양당의 통합문제를 협의하였으나 통합절차를 둘러싼 견해차로 진전을 보지는 못하였다. 이날 양일동 대표는 김영삼 총재에게 신민당에서도 전당대회나 중앙상임위원회를 열어 총재가 통합의 전권을 위임받을 것을 요구하였다. 이에 김영삼 총재는, 민주통일당과 합당하는 것이 아니라 민주통일당을 흡수하는 것이기 때문에 그런 절차가 불필요하다고 말하였다. 김영삼 총재는 자신은 정무회의에서 합당에 필요한 수임을 다 받았는데 민주통일당에서 이제 와서, 수권절차를 따지는 이유를 모르겠으며 이런 상황에서 1 대 1의 합당이 아니라 흡수 합당이 될 수밖에 없는 것은 모두가 잘 아는 사정이 아니냐고 말하였다. 또 양일동 대표가 신민당은 최소한 중앙상임위원회라도 열어야 할 것 아니냐고 말하자 김영삼 총재는 그런 번거로운 절차는 처음부터 생각해 본 적이 없으며 더욱이 긴급조치 상황에서는 더욱 고려할 수 없다고 응수하였다. 이밖에도 양측은 지구당 위원장 조정문제, 중앙상무위원 및 정무위원 배정문제에 대해서도 협의하였으나 합의에 도달하지 못하였다.

양당의 합당문제가 정치권의 화두가 되고 있는 가운데 중앙선거관리위원회는 5월 22일 오후 전체회의를 열어 "두 당이 합당할 경우 합당결의를 위한 수임기관은 그 정당의 대의기관인 전당대회에서 합당에 관한 권한을 명시적으로 위임받아야 한다."는 유권해석을 내렸다. 동 위원회는 민주통일당이 합당방법 및 절차에 관하여 낸 질의에 대하여 이같이 답변하고 "수임기관은 2인 이상의 회의체는 물론 1인 단독으로도 될 수 있다."고 해석하였다. 이러한 유권해석은 전당대회가 포괄적으로 위임한 권한을 갖는 중앙상무위원회 또는 정무위원회에서의 결정만으로 합당수임기구를 구성할 수 있다는 신민당 측의 입장과는 근본적으로 다른 것이었다.

4. 합당협상 결렬 이후

1) 여야 영수회담

박정희 대통령과 김영삼 신민당 총재가 1975년 5월 21일 낮 청와대에서 여야 영수회담을 가졌다. 10월 유신 시행 후 첫 영수회담이었는데 이 회담은 차지철과 이택돈의 작품이라고 알려졌다. 그런데 영수회담의 구체적인 내용이 공개되지 않았고, 영수회담 후 김영삼 총재가 온건노선을 걷게 되면서 의혹을 사게 되었다. 영수회담 이후 신민당의 온건노선이 두드러지기 시작하면서 민주통일당 관계자들은 재야통합을 위한 4자 회담의 정신을 잊지 말 것을 촉구하기도 하였다.

영수회담 이후 구체적인 면담내용을 밝히지 않고 침묵을 지키던 김영삼 총재는 2주일이 지난 6월 5일 그간의 침묵을 깨고 신민당의 노선을 밝히는 기지회견을 가졌다. 회견내용 중 합당과 관련해서는, 민주통일당과의 합당은 가장 능률적이고 간편한 방법을 택한다는 원칙에 변함이 없으며 따라서 합당을 위한 전당대회는 개최할 수 없다고 밝혔다. 통합은 정치적 의미에서 신민당을 중심으로 한 흡수통합이기 때문에 전당대회를 열어 1 대 1의 바탕에서는 합당할 수 없다는 뜻이다.

야권세력통합의 제1단계 작업으로 추진되어 온 신민당과 민주통일당의 합당운동은 김영삼 총재의 기자회견 이후 난관에 봉착, 상호간 합당을 위하여 노력할 필요가 없다는 인식을 주게 되면서 일단 소멸되었다.

2) 신민당 내분 – 각목 전당대회

신민당 내에서는 1975년 10월의 김옥선 파동을 계기로 김영삼 총재를 중심으로 한 주류 측과 이철승 의원(국회부의장)을 중심으로 한 비주류 측의 당권 경쟁이 심화되고 있었다.[13]

김영삼 총재는 1976년 1월 19일 재야인사 2명을 정무위원에 임명한 데 이어 22일에는 당외 인사 30명을 중앙상무위원으로 임명하였다. 그러나 이철승 의원 등은 이에 강하게 반발, 2월 24일 비주류를 결성하고 김영삼 총재에 대항키로 하였다. 그러던 중 3월 1일 명동사건이 발생하였고 김대중은 긴급조치 9호 위반혐의로 다른 10명과 함께 구속되었다.[14]

이에 3월 11일에 열린 민주통일당 긴급정치위원회의에서는 거당적인 대여(對與)투쟁태세를 재확인하고 민주인사들을 과잉 단속한 처사를 비난하는 한편, 신민당에 대해서는 재차 이러한 일련의 사태에 대비한 연합전선 형성과 범야권 통합의 실현을 촉구하였다.[15] 김영삼 총재는 3월 12일 오후 야당통합을 요구하는 민주통일당의 공개서한에 대하여, "현시점에서 민주통일당과의 합당도 고려하고 있지 않으며 통합문제는 5월 전당대회 이후에 거론되어야 할 것"이라는 입장을 밝혔다.

한편 신민당의 당권경쟁은 김영삼 총재가 비주류 측의 의원총회 소집요구를 묵살하자 1976년 3월 하순부터 다시 가열되기 시작하였다. 5월 7일 신민당 내 주류·비주류 양측은 당헌 개정안을 성안하였는데 주류는 복수 부총재를, 비주류는 집단지도체제를 정무회의에 제출하였다. 신민당은 당권 경쟁이 격화되자 대화의 실마리를 찾기 위하여 당헌개정 7인소위원회를 구성하였으나 수습에 이르지 못하고 곧 전당대회를 맞이하게 되었다.

---

13) 김옥선 의원은 1975년 10월 8일 국회본회의 대정부질문 도중 체제비판발언을 하였는데 여당 측이 이를 문제 삼으면서 파문이 커졌다. 김 의원은 5일 후인 10월 13일 사직하였다.

14) 재야세력은 1976년 3월 1일 명동성당에서의 '민주구국선언' 발표 이후 본격적으로 결집되기 시작하였다. 한편 서울대학병원에 입원, 수감 중이던 김대중은 1978년 3월 29일 신민당에 탈당계를 제출하였다.

15) 중앙선거관리위원회, 『정당의 활동개황 및 재산상황등 보고집』(1981), 297–300쪽.

① 비주류 측 전당대회: 신민당의 비주류 측 청년당원 100여 명이 1976년 5월 22일 오후 4시 30분경 전당대회를 저지하기 위하여 시내 종로구 관훈동 중앙당사를 점거하고 난동을 부리는 사건이 발생하였다(밤 11시 15분 철수). 비주류 측은 그 후 전당대회 당일인 5월 25일 새벽 4시 30분부터 서울시민회관 별관(구 국회의사당) 대회장 앞에 청년당원을 배치시켰으나 뒤늦게 도착한 주류 측 청년당원들과 옥신각신한 끝에 주류 측에 밀려 대회장을 떠났다. 그러나 오전 7시 30분경 2백여 명의 비주류 측 청년들이 각목과 쇠파이프를 들고 정문으로 돌진하여 주류 측을 몰아내고 대회장을 차지하였다. 비주류 측은 오전 9시 8분경 서울시민회관 별관에서 34명의 의원과 372명의 대의원이 참석한 가운데 정일형 의원의 사회로 대회를 시작하여 집단지도체제 당헌 개정안을 채택하고 최고위원 5명의 선임을 10인 전형위원회에 위임하여 고흥문, 김원만, 신도환, 이철승, 정해영을 최고위원으로 선출하였다.

② 주류 측 전당대회: 신민당 주류·비주류 두 계파는 이처럼 5월 25일 서울시민회관 별관에서 서로 전당대회를 개최하려고 하였다. 주류 측이 대회장을 장악하여 전당대회를 개최하려 하자 비주류 측 청년당원들이 대회장을 점거하고 전당대회를 시작하였다. 비주류 측에 전당대회장을 내준 주류 측은 이날 오전 10시 시내 관훈동 중앙당사 4층에서 전당대회를 따로 열어 김영삼을 만장일치로 총재에 재선출하였다. 주류 측의 전당대회에는 21명의 의원과, 712명의 대의원 중 415명이 참석하였다.

폭력과 난동 속에 각각 별도로 전단대회를 강행한 끝에 주류는 단일지도체제 당헌안을 가결하여, 김영삼 총재를 재선출하였고, 비주류는 집단지도체제를 채택하였다. 이 대회는 주류 김영삼 계열과 비주류연합 간의 대결이 있는데 비주류연합이란 이철승, 신도환, 고흥문, 정해영, 정운갑, 김원만 등이 중심이 된 파벌연합이었다. 김영삼 총재의 노선에 대한 비주류연합의 비판이 표면화된 이 대회는 실제로는 사고 지구당의 조직책 임명문제 등 대의원 비율과 구성에 대한 양측의 타협이 실패하면서 발생하였다.

3) 신민당 내분 수습

이번 전당대회는 주류 김영삼 총재 측과 비주류연합 측 사이의 당권다툼이었다.

당내 주류와 비주류는 1976년 5월 25일 각기 당 대표 변경 등록신청을 중앙선거관리위원회에 제출하였지만 동 위원회는 5월 31일 오후 전체회의를 열고 정당법 제16조에 의거하여 양측의 신청을 모두 기각하였다.

비주류의 이철승, 고흥문, 정해영, 김원만, 신도환 의원 등 5명의 최고위원은 5월 27일 신도환 의원이 입원해 있는 서울순천향병원에서 모임을 갖고 대표최고위원 호선문제를 협의한 결과 김원만 의원을 대표최고위원으로 선임하고 이기택 의원을 대변인으로 임명하였다. 한편 주류 측은 이날 오후 비주류 김원만 등 5명의 최고위원의 이름으로 제출된 당 대표 변경등록 신청의 각하를 요구하는 이의서를 중앙선거관리위원회에 제출하였다.

신민당 비주류는 6월 4일 김영삼 총재의 지위와 자격에 대해서 중앙선거관리위원회에 유권해석을 의뢰하였는데 동 위원회는 6월 9일 김영삼 총재는 임기가 끝나 총재의 지위가 소멸되었으며, 공고되지 않은 장소(이 경우 급하게 결정된 신민당 중앙당사)에서의 대회는 불법이라는 유권해석을 내렸다.

김영삼 총재는 6월 11일 총재직 사퇴를 선언하고 권한대행에 이충환 전당대회의장을 지명하였으며, 당 수습을 위하며 당 수습위원회를 구성, 내분 수습에 필요한 모든 권한을 위임하였다. 당 수습 10인위원회는 6월 30일 당 지도부를 집단지도체제로 개편한다는 데 합의하였으며, 8월 20일에는 현안문제를 일괄 타결, 13항에 걸친 합의사항을 만장일치로 가결하였다.

신민당 당 수습 10인위원회 합의사항

① 전당대회는 1976년 9월 15일까지 소집 개최한다. ② 당헌은 수습위원회에서 합의한 대로 한다. ③ 전당대회 대의원은 수습위원회에서 합의한 대로 한다. ④ 최고위원을 먼저 선출하되 1회 단기명 투표로 하고 종다수 득표순으로 결정한다. ⑤ 최고위원(대표최고위원을 포함)은 7인 이내로 한다. ⑥ 대표최고위원은 최고위원에 피선되지 않은 인사도 선출할 수 있다. ⑦ 전당대회준비위원회는 주류, 비주류 동수의 10인으로 구성하고 위원장은 공동위원장으로 하되 현 수습위원회의 양측 소집책으로 한다. ⑧ 전당대회준비위원회의 최초회합은 8월 24일 오전 10시에 개최한다. ⑨ 전당대회준비위원회의 운영에 필요한

경우 운영규정을 정할 수 있다. ⑩ 수습위원회 또는 전당대회준비위원회에 합의 제출한 안건만을 의결키 위하여 정무회의를 1976년 8월 28일까지 소집한다. ⑪ 정무회의가 71 개 지구당(마포·용산, 달성·고령·경산 지구당 제외)을 재인준한 후 즉각 서울지법에 계류 중인 최극 씨 제소는 취하한다. ⑫ 전당대회를 원만하고 질서정연하게 진행하기 위하여 의제 외의 일체 발언을 금지하고 준비위원회에서 합의된 의사진행절차에 의하여 진행한다. ⑬ 차기 전당대회는 제10대 국회의원선거 종료 후에 개최한다.

당 수습 10인 위원 명단
유치송, 김은하, 김수한, 황낙주, 박용만, 이중재, 박영록, 송원영, 신상우, 김창환

4) 신민당 전당대회

① 1976년 전당대회: 당 수습 10인위원회에서의 합의(1976. 08. 20.)에 따라 1976년 9월 15일 오전 9시 30분 서울시민회관 별관에서 신민당 전당대회가 개최되었다. 이날 전당대회의장 선거에서는 의장에 정헌주 대의원이 선출되었으며 다음 날인 16일 정헌주의장의 사회로 두 계파 합동전당대회를 개최하고, 집단지도체제 당헌을 채택하였다.

대표최고위원 선출은 주류(당권파)의 김영삼, 비주류연합의 이철승, 그리고 또 다른 중도 비주류의 대표 정일형의 대결이었다. 제1차 투표결과 총 투표수 767표 중 김영삼 349표, 이철승 263표, 정일형 134표, 박용만 12표, 고흥문 1표, 김대중 1표, 문부식 1표, 무효 6표로 나타났으나 과반수 득표자는 없었다. 제2차 투표 직전 정일형은 경쟁을 포기하고 신상발언을 통하여 이철승 지지를 호소하였다.

제2차 투표결과 총 투표수 766표 중 이철승 389표, 김영삼 364표, 김대중 3표, 정일형 4표, 정해영 1표, 무효 5표로 역전되어 이철승 후보가 대표최고위원에 선출되었다. 이로써 신민당은 1974년 8월 전당대회(08. 22. – 08. 23.) 이후 2년 1개월 만에 김영삼 체제에서 이철승 체제로 당권이 교체되었다. 이철승 대표최고위원은 그 후 '참여하의 개혁'이라는 지도노선을 가지고 대여(對與)투쟁을 벌였으나 그의 온건노선은 점차 당내의 반발을 사게 되었다.

② 1979년 전당대회: 1979년 5월 신민당 내부에서는 이철승계열의 중도통합론과 김영삼계열의 대여투쟁선명론(유신반대)으로 대립하고 있었다. 그런데 당내 주류·비주류의 계보 구성이 정책의 차이가 아니라 지연이나 학연 등에 의한 파벌의 형성으로 이루어졌기 때문에 이해관계에 따라 소속 정당을 변경하는 의원 및 당원들이 많았다.

이철승 대표의 중도통합론에 따라 '참여 속의 개혁'을 내세우며 정부·여당과 중도적 제휴를 하여 오던 신민당 지도부와 '선명 야당'의 기치를 내건 김영삼 후보가 전당대회에서 총재직을 놓고 경합하였다. 각목이 난무하였던 전당대회사태(1976. 05. 25.)로 당 총재직에서 물러났던 김영삼 의원이 1979년 5월 30일 서울 마포구 도화동의 새 당사에서 개최된 전당대회에서 총재에 선출되었다.

<표 6-6> 신민당 총재 경선 결과(1979. 05. 30.)

구분	후보자별 득표수			비고
	김영삼	이철승	이기택	
제1차 투표	267	292	92	
제2차 투표	378	367	−	

총재 선출과정을 보면 제1차 투표결과 이철승 후보 292표, 김영삼 후보 267표, 이기택 후보 92표로 이철승 후보가 앞섰으나, 제2차 투표(결선)에서 이기택 후보가 김영삼 후보를 지지하였기 때문에 김영삼 후보가 378표를 얻어 367표를 얻은 이철승 후보를 근소한 차로 누르고 상황을 역전시키며 총재에 당선되었다.

이철승의 지도노선인 이른바 중도통합론이 비주류의 야당성회복투쟁동지회의 반발에 부딪혀 김영삼에게 당권을 내준 것이다. 김영삼 총재는 이날 취임사에서 '선명야당'의 기치를 내걸고 민주통일당과의 합당운동을 다시 전개하겠다고 선언하였다. 새 총재단은 김영삼 총재, 이기택·이민우·박영록·조윤형 부총재로 이루어진 강경성향의 인사들로 구성되었는데 신민당 지도체제 개편 이후 정국은 일층 긴장되었다.

5) 신민당 총재·민주통일당 총재의 합당원칙 합의

가발수출업체인 YH무역회사 여성근로자 약 170여 명이 1979년 8월 9일 회사운영의 정상화와 근로자 생존권 보장을 요구하며 시내 마포에 있는 신민당 당사 4층 강당에서 농성을 시작하였다.[16] 경찰은 8월 11일 새벽 1시 55분 신민당 당사에 진입, 농성 중인 여성근로자들을 강제 해산시켰다. 이 과정에서 여성근로자 1명이 숨졌으며, 신민당 소속 국회의원들과 취재기자 등 15명이 폭행을 당하여 중상을 입는 이른바 YH사건이 발생하였다.

신민당은 관계 장관의 문책 등 5개 항의 대정부 요구사항을 결의하고 비상대책회의를 구성하였다. 정부·여당의 미온적인 사태해결 자세에 항의하여 동당 소속 국회의원 전원이 중앙당 당사에서 농성투쟁에 들어감으로써 정국은 더욱 경색되었다.

신민당 의원들이 농성을 결의한 8월 13일 김영삼 총재와 신민당은 또 다른 도전에 부딪쳤다. 동당의 조일환(대구 중·서·북구 지구), 유기준(성남·여주·광주·이천지구), 윤완중(공주·논산지구) 등 3명의 원외 지구당 위원장들이 당원 자격이 없는 조윤형과 그가 임명한 5명의 지구당 대의원 표는 무효이며 따라서 지난 5월 전당대회에서 과반수 표를 얻어 당선된 김영삼 총재의 당선은 무효라고 주장하고 김영삼 등 신민당 총재단 전원을 상대로 직무정지 가처분신청을 서울민사지법에 제기하였기 때문이다.[17]

한편 양일동 민주통일당 총재는 8월 15일 농성이 계속되고 있는 신민당 당사를 방문하고 동조농성을 시작하였다. 양일동 총재가 민주통일당 간부들에게 신민당 당사를 방문한다는 것과 그곳에서 동조농성을 벌이겠다는 것

---

16) YH무역은 수출둔화와 업주의 자금유용 등으로 인하여 경영난을 겪던 중 1975년 노조가 결성되어 적극적인 활동을 개시하자 1979년 3월 30일 폐업을 공고하였다. 이에 여성근로자들이 기업주의 폐업에 반발하여 농성을 벌이다가 신민당사에 진입하여 농성을 시작하였다.

17) 박정희 정권은 김영삼을 당권과 국회에서 축출하려는 공작을 전개하였다. 첫 번째 공작은 김영삼 체제의 복귀를 가져온 1979년 5월의 신민당 전당대회를 무효화시키는 것이었으나 신민당의 내분으로 보이도록 비주류의 원외지구당 3인으로 하여금 법원으로부터 '총재단 직무집행정지 가처분신청'을 받아내고 정운갑을 총재직무대행자로 만들었다. 두 번째는 김영삼 총재의 미국 뉴욕타임스지와의 기자회견 내용을 문제 삼아 국회에서 의원직을 제명한 것이다. 상세한 것은 김용호, 「한국의 야당」, 윤정석, 신명순, 심지연 편, 『한국정당정치론』(서울: 법문사, 1996). 486-487쪽 참조.

을 협의하였는지의 여부는 밝혀지지 않았다.

서울민사지방법원은 1979년 9월 8일 지난 5월 30일의 신민당 전당대회
에 조윤형 등 일부 무자격 대의원이 참여하여 전당대회에 부당한 영향을
주었다고 주장한 조일환 등 신민당 3개 원외지구당 위원장의 '총재단직무
정지가처분신청'을 이유 있다고 받아들이고 본안소송판결 확정 시까지 신
민당 총재단의 직무를 정지시키고 이 기간 동안 전당대회의장인 정운갑이
총재직무대행자로 선임된다는 결정을 내렸다.[18]

6) 무조건 합당선언

신민당은 범야권의 통합을 서둘렀다. 구정치인들에 대한 사면조치(1978.
12. 27.)가 있은 후부터 정국의 주도권은 김영삼 총재가 이끄는 신민당으로
넘어오고 있었다. 신민당은 한편에서 유신체제의 피해자 즉 재야집단의 복
귀라고 하는 책임까지 떠맡게 되었는데 재야인사들이 정치에 복귀한 후에
는 다시 한 번 그들과의 대결이 불가피할 것이라는 것을 잘 알고 있었다.
따라서 신민당으로서는 재야인사들의 정지참여에 앞서 당 내부세력의 전열
을 정비해야 할 필요성을 느끼게 되었으며 제2야당인 민주통일당과의 통합
이 신민당의 우신적인 과제로 떠오르게 되었다.

김영삼 신민당 총재와 양일동 민주통일당 총재는 1979년 8월 27일 기자
회견을 열어 양당의 무조건 통합에 합의하였다는 내용의 공동선언을 발표하
였다. YH사건으로 시작된 야당 의원들의 신민당 당사 농성사태가 마무리되
던 날의 기습적인 정당통합선언이었다. 양일동 총재는, "아무 조건 없이 민
주통일당 간판을 내리고 신민당에 들어가기로 했다. 합당에 있어서 당직 등
아무런 조건도 논의된 것이 없으며 모든 문제는 전적으로 신민당 사정에 따
라 김영삼 총재가 처리하도록 일임하였다. 민주통일당 당원은 자동적으로
신민당 당원이 될 것"이라는 요지의 발언을 하였다. 이 통합발표는 당시 범
야권의 통합을 서둘던 김영삼 총재에 의하여 적극적으로 추진된 것이다. 민

---

18) 그 후 신민당 총재단직무정지가처분은 세 신청인의 소 취하로 백지화되었다.

주통일당의 입장에서 보면, 그동안 원내 의석확보 및 의정활동에 한계를 느끼다가 YH사건을 계기로 신민당과의 무조건 통합을 선언하게 된 것이다.

그러나 그 후 신민당과의 통합작업이 실효를 거두지 못하자 양일동 총재는 김대중의 신민당 입당포기선언(1980. 04. 07.)과 함께 범야권이 대통령 단일후보로 김대중을 지지해야 하며 이를 위하여 민주통일당을 해체, 새로운 정당을 만들 수도 있다는 입장을 밝혔다.

7) 민주통일당의 동향

민주통일당은 1977년 5월 26일 서울시민회관 별관에서 475명의 대의원들이 참석한 가운데 전당대회를 개최하였다. 대회에서는 집단지도체제를 규정한 당헌을 단일지도체제로 개장, 양일동을 총재로 선출하는 한편 야당통합을 위한 문호를 개방한다는 방침을 정하였으나 야당통합작업은 이루어지지 않았다. 민주통일당은 1979년 4월 25일에는 중앙상무위원회에서 민족동일과 민주회복을 위한 재야연합을 촉구하는 결의문을 채택하기도 하였다.

 제10대 국회의원선거(1978. 12. 12.)

1. 선거 전의 상황

1) 국회의원선거법 개정

제9대 국회가 구성된 후 행정구역 개편에 따라 1973년 3월 12일 국회의원선거법이 개정되었으며 1977년에 국회의원선거법이 다시 개정되었다. 이 시기는 유신 후기의 권위주의 체제가 강화되는 시기로서 긴급조치 제9조(1975. 05. 13.)에 의하여 유신체제에 관한 논의가 일체 금지된 상태였기 때문에 선거법의 큰 골격에는 변화가 없었고 지엽적인 내용의 개정에 그쳤다. 달라진 주요 내용은 ① 선거구 4개 증설(총 77개 선거구), 의원 정수 증원(지역구는 154인, 통일주체국민회의에서 선거하는 77인 등 219인에서 231인으로 증원) ② 후보자 기탁금 액수 인상(무소속 후보자 300만 원에서 500만 원, 정당추천후보자 200만 원에서 300만 원) ③ 정당추천 투표참관인제도 신설 등이다.

2) '민주주의와 민족통일을 위한 국민연합' 발족

유신반대를 지상과제로 삼아 온 재야단체 연합체인 '민주주의와 민족통일을 위한 국민연합'(약칭 국민연합)은 1978년 7월 4일 시내 종로 기독교청년회관 2층 강당에서 20여 명의 반체제인사들이 모인 가운데 발족하였다. 제10대 대통령선거가 통일주체국민회의에서 실시되기 이틀 전인 이날 윤보선 전 대통령을 구심점으로 하여 함석헌과 당시 서울대학병원에 입원하고 있던 김대중 등 3인이 국민연합의 공동의장으로 취임하였다.

3) 통일주체국민회의 대의원선거

제2대 통일주체국민회의 대의원선거가 1978년 5월 18일 시행되었다(투표율 78.9%). 이날 선출된 대의원들은 7월 6일 열린 대의원 첫 집회에서 재적 대의원 2,581명 중 2,578인이 참석한 가운데 제9대 대통령선거를 실시하였다. 헌법 제39조 및 통일주체국민회의법 제27조의 규정에 의하여 토론 없이 비밀투표를 실시한 결과 대의원 2,578명 중 찬성 2,577표, 무효 1표로 박정희 후보가 대통령으로 선출되었다.

2. 선거 결과

제10대 국회의원선거가 1978년 12월 12일 시행되었다. 정당별 의석 획득 상황을 보면 154개의 지역구 의석 중 민주공화당 68석, 신민당 61석, 민주통일당 3석, 그리고 무소속 22석으로 나타났다.

〈표 6-7〉 제10대 국회의원선거 결과

정당	당선자 수	정당	당선자 수	비고
민주공화당	68	민주통일당	3	전체 의석수 231,
신민당	61	무소속	22	지역구 154, 지명 77

출처: 중앙선거관리위원회, 『대한민국선거사(제3집)』(1980), 498-499쪽.

3. 선거의 특징

① 지역구 의석수에 있어서는 민주공화당이 신민당을 7석 앞섰으나 득표율에서는 선거사상 처음으로 야당인 신민당이 32.8%를 얻어 31.7%를 얻은 여당 민주공화당을 1.1% 앞섰다. ② 신민당은 선거제도상의 불리에도 불구하고 제주도를 제외한 각 지역에서 골고루 당선자를 배출하였다. ③ 여야 간 뚜렷한 정책의 제시나 쟁점이 부각되지는 않았다. ④ 탈법적인 선

거운동 양태가 만연하였다. 이 때문에 여야는 선거 후 비현실적인 규제 위주의 선거법을 개정할 필요가 있다는 데 인식을 같이하였다. ⑤ 제9대 국회의원선거(1973. 02. 27.)와 비교하면 원내 의석을 확보한 4개의 정당(민주공화당, 신민당, 민주통일당, 무소속)이 동일하였다. 다만, 민주공화당은 의석수에 있어서 5석이 감소한 반면 신민당은 9석, 민주통일당은 1석, 그리고 무소속은 3석이 각각 증가하였다. 전체 의석수는 증가하였으나 민주공화당은 획득 의석수가 감소한 반면 다른 정당과 무소속의 의석수는 증가하였다.

4. 선거 이후

1) 신민당 - 민주화투쟁노선 기치

득표율이 여당을 상회한 것과 의석수에 있어서 여당 민주공화당과 큰 차이가 나지 않은 선거 결과에 고무된 신민당은 보다 선명한 반독재 민주화 투쟁노선을 견지하게 되었다. 김영삼 신민당 총재는 1978년 12월 28일 범야세력을 총결집시킨 통합정당 구성문제에 관해서 오래전부터 생각해 왔으며 새해가 되면 구체화를 모색하겠다고 밝히고, 일부 재야인사들의 의사도 존중하여 범야세력의 통합추진에 참여시켜야 할 것으로 본다고 말하여 정당통합에 대한 결의를 밝혔다.

양일동 민주통일당대표도 이날 정당통합과 관련하여 신민당 지도층과 대화용의가 있음을 밝혔다. 그는 또 "범야당 통합이란 신민당, 민주통일당은 물론 통일사회당 및 중앙당 창당을 준비 중인 기민당, 재야원로, 학자, 성직자를 망라하는 것"이라고 설명하였다. 그러나 이철승 대표최고위원 등 신민당 지도층은 정당통합논의는 과거에도 있었으나 실패한 예가 있는 만큼 신중해야 한다는 견해를 밝힘으로써 야권통합논의는 더 이상 진행되지 않았다.

제6절 제9대 대통령선거(1978. 07. 06.)

1. 선거 전의 상황

민주공화당은 대통령선거를 앞두고 유신체제(維新體制)의 지속을 당의 기본정책으로 정하고 선거에 임하였다. 그러나 야당인 신민당은 1978년 연초부터 대통령선거에 당의 후보자를 낼 것인가를 둘러싸고 의견이 분분하였다. 명분론자들은 수권정당으로서의 자세를 국민 앞에 보여야 한다고 하였고, 현실론자들은 야당인사가 대통령후보자가 되기 위해서는 200인 이상의 통일주체국민회의 대의원의 추천을 받아야 하는데 추천을 받을 수 있을지, 또 추천을 받아서 후보자 등록을 하더라도 그 결과는 불을 보듯 자명하다고 하였다. 이철승 최고대표위원은 신민당이 그동안 축적하여 온 힘은 대통령선거가 아니라 민의가 반영될 수 있는 국회의원선거에 쏟아 국민의 지지를 받아야 한다고 주장하였다. 이 주장은 당론으로 결정되어 신민당은 대통령후보를 내지 않았다.

2. 선거 결과

제9대 대통령선거는 1978년 7월 6일 실시되었다. 제8대 대통령신거 때와 마찬가지로 통인주체국민회의에서 실시된 선거 결과 단독으로 입후보한 박정희 후보가 재적 대의원 2,581명 중 2,578명이 참석한 가운데 2,577표를 얻어 대통령으로 신출되었다.

〈표 6-8〉 제9대 대통령선거 결과

대의원 정수	사퇴·사망	재적 대의원	투표수	후보자 득표	무효	기권
				박정희		
2,583	2	2,581	2,578	2,577	1	3

출처: 중앙선거관리위원회, 『역대 대통령선거상황』(1980), 40쪽.

3. 선거 이후

1) 통일주체국민회의의 국회의원 선출(유신정우회 의원선거)

통일주체국민회의는 1978년 12월 21일 박정희 대통령이 일괄 지명, 추천한 국회의원 후보 77명의 당선을 확정지었다. 이어서 12월 27일에는 박정희 당선자가 제9대 대통령으로 취임, 유신 2기를 출범시켰다. 이날 정부는 긴급조치 제9호 위반자 106명을 포함하여 5,378명을 사면하고 석방하였는데 이때 김대중 전 대통령후보도 형집행정지로 석방되었다.

제7절 제10대 대통령선거(1979. 12. 06.)

1. 선거 전의 상황

1) 박정희 대통령 시해사건(10 · 26사태)

1979년 10월 26일 오후 6시 서울 종로구 소재 중앙정보부 궁정동 식당에 마련된 만찬에 참석한 박정희 대통령은 만찬 도중 김재규 중앙정보부장의 총격으로 중상을 입고 인근 군병원으로 이송 도중 오후 7시 50분경 서거하였다.[19] 정부는 10월 27일 새벽 4시를 기하여 전국에 비상계엄을 선포하였으며, 최규하 국무총리가 대통령권한대행에 취임한 후 국가비상시국에 관한 특별담화를 발표하였다. 최규하 권한대행은 11월 10일 헌법(유신헌법)에 따라 제10대 대통령을 선출하고 새 대통령이 조속한 시일 내에 헌법을 개정할 것이라는 내용의 특별담화문을 발표하였다.

---

19) 계엄사령부는 1979년 11월 6일 박정희 대통령시해사건의 전모를 발표하였다. 이 사건은 공식적으로는 김재규의 '우발적 단독범행'으로 규정되었다.

2. 선거 결과

　제10대 대통령선거는 1979년 12월 6일 헌법에서 규정한 절차에 따라 통일주체국민회의에서 실시되었다. 이 선거에서는 박정희 대통령시해사건 후 대통령권한대행을 맡아 온 최규하 권한대행이 통일주체국민회의 대의원 827명의 추천을 받아 단독으로 출마하였다. 이날 재적 2,560명 중 2,549명이 참석한 가운데 투표를 실시한 결과 최규하 후보가 2,465표를 획득, 대통령으로 선출되었다.

〈표 6-9〉 제10대 대통령선거 결과

대의원 정수	사퇴·사망	재적 대의원	투표수	후보자 득표	무효	기권
				최규하		
2,583	23	2,560	2,549	2,465	84	11

출처: 중앙선거관리위원회, 『역대 대통령선거상황』(1980), 141쪽.

3. 선거 이후

　최규하 대통령은 긴급조치 해제와 헌법 개정 등을 공약하고 헌법개정작업에 착수하였다. 국무회의는 1979년 12월 7일 긴급조치 제9호의 해제를 결의하고 구속자들을 석방하였다. 이 무렵 민주공화당은 유신정치에 대한 정치적 책임의 압력 속에 새로운 주류와 비주류로 분리되고 있었고, 신민당은 김영삼과 김대중 간에 갈등이 심화되고 있었다.

　긴급조치가 해제되자 헌법개정논의가 허용되었다. 국회와 정부는 헌법개정에 있어서 서로 주도권을 장악하려고 하였기 때문에 헌법개정안 단일안 작성이 어려웠다. 그러던 중 1980년 1월 18일 헌법개정안의 대통령 발의방침이 발표되었다. 대통령 직속기관으로 발족된 헌법개정심의위원회(각계 인사 68명) 제1차 회의가 3월 13일 개최되었고, 4월 4일 제2차 회의가 개최되었는데 이 자리에서 정부의 헌법 개정 주도가 확정되었다.

한편 국회헌법개정심의특별위원회는 5월 15일 공청회를 거쳐 국회안을 확정지으려 하였으나 헌법 개정의 주도권 문제와 개정안의 내용 때문에 혼선이 빚어졌다. 곧 이은 5·17비상조치로 정당 활동이 중지되면서 이 위원회는 자동 소멸되었다.

제7장

제5공화국의 정당통합운동

1. 제5공화국 수립 전후의 상황

제4공화국에서는 강력한 권한을 갖는 대통령과, 국회에서 여권이 다수 의석을 확보할 수 있도록 조정된 국회의원선거제도로 인하여 국정운영은 외견상 한층 안정되었다. 이 기간에는 제3공화국의 고도성장형 경제개발정책이 그대로 이어져 괄목할 만한 경제성장이 이루어지고 있었다. 한편에서는 사회적으로 빈부격차가 벌어져 노동자·서민층의 상대적 박탈감이 커지고 있었고, 잇따른 민주화 인사들과 야당에 대한 견제와 탄압이 사회적, 정치적 문제가 되고 있었다.

그러던 중 1979년 10월 18일 부산·마산지역에서는 대통령의 하야를 요구하는 부마사태가 발생하였고 정부는 군부대를 투입하는 등 강경책으로 대응하였다. 그로부터 8일 후인 10월 26일 박정희 대통령이 만찬 도중 중앙정보부장 김재규에 의하여 시해당하는 사건이 발생하였다.

계엄사령부는 11월 26일 오전 "지난 24일 오후 5시 45분경 서울시 중구 명동 기독교여자청년회(YWCA) 강당에서 결혼식을 가장하여 이른바 '통일주체국민회의 대의원에 의한 대통령 선출저지를 위한 국민대회'라는 불법집회를 주동한 전 국회의원 박종태, 양순직, 자유실천문인협의회 회원 김병렬, 국민연합 공동의장 함석헌 등 집회 참석자 96명을 포고령 제1호 제1항(불법 옥내외 집회금지) 위반혐의로 검거하여 수사 중"이라고 발표하였다(YWCA위장결혼사건).

박정희 대통령시해사건(10·26사태) 이후 사건을 수사 중이던 전두환 합동수사 본부장은 1979년 12월 12일 정승화 계엄사령관을 강제 연행하였는데 연행과정에서 총격전이 벌어지고 사상자가 발생하였다(12·12사태). 군 내부의 하극상인 12·12사태의 발생원인에 대해서는 여러 가지 설이 있으나, 10·26

사태 이후의 국가적 위기상황과 시해사건 수사진행 및 재판과정에서 정승화 계엄사령관과 전두환 합동수사본부장 간에 견해가 일치하지 않았다는 설, 군 내부에 잠재해 있던 세력 간의 갈등으로 인한 파벌 권력다툼이 작용하였다는 설, 전두환 합동 수사본부장의 권력추구설 등이 제시되었다.[1]

그 후 계속된 정치적 과도기에 시민들의 정치적 관심 및 정치참여 요구가 과열되기 시작하였고 국회와 정부는 헌법 개정에 있어 주도권을 잡고자 경합을 벌이게 되었다. 시국 경색이 이어지던 중 1980년 5월에 들어서면서 대학생들의 정치참여가 정점에 달하여 과격 가두시위로 이어지자, 정부는 5월 17일 시위의 배후조종혐의로 김대중 등 26인을 연행하였다(김대중내란음모사건). 그리고 5월 18일 0시를 기하여 비상계엄을 제주도를 포함하는 전국 비상계엄으로 확대, 선포하고 계엄포고령 제10호를 통하며 정치활동 중지, 대학교 휴교, 국회 폐쇄, 직장이탈 및 파업금지, 언론 사전검열 등의 조치를 취하였다.

정부의 이러한 조치에 반발, 광주(光州)에서 5월 18일 시민·학생들에 의한 시위가 시작되었는데 계엄군부대의 과잉진압과 시민·학생들의 무장저항은 결국 유혈참극으로 이어졌다(광주사태 - 후에 5·18 민주화운동으로 명명됨). 이른바 신군부(新軍部)는 5월 20일 오전 10시에 소집 공고된 임시국회를 무산시키기 위하여 수도군단 30사단 101연대 소속 장갑차와 군 병력을 동원하여 국회의사당을 봉쇄, 점거하고 국회의원들의 등원을 막았다.

광주사태가 진정되자 국무회의는 5월 27일 개혁을 주도하는 계엄당국과 행정부 간의 긴밀한 협조가 필요하다는 이유로 초헌법적인 기관인 국가보위비상대책위원회를 대통령 자문기관으로 설치하는 결의안을 가결하였다 (1980. 05. 31. 발족).[2] 국가보위비상대책위원회는 국회의 기능을 대신할 과

---

1) 박정희 대통령시해사건 이후 정승화 계엄사령관이 비정규 육사 출신 장성을 중용하는 군 인사를 단행한 가운데 청와대에서 발견된 비자금의 처리와, 직무유기혐의로 구속된 이재전 대통령경호실 차장의 석방, 수도경비사령관 등 군 요직 인사 등을 둘러싸고 정승화 계엄사령관과 소장파 군부세력의 리더 격인 전두환 합동수사본부장 사이에 마찰을 빚고 있던 중 12월 초순경 군 일각에서 정승화 계엄사령관이 계엄업무 수행과정에서의 월권행위 등을 이유로 전두환 합동수사본부장을 실권 없는 한직으로 좌천시킬 것이라는 설이 나돌고 있었다.

2) 신군부는 1980년 5월 17일 전국 주요지휘관회의에서 결의한 국가보위비상대책위원회(국보위)를 출범시키기로 하고 5월 27일 오후 4시 중앙청 국무회의실에서 박중훈 국무총리서리 주재로 열린 제46회 정기 국무회의에서 총무처에서 의안 제386호로 제출한 국가보위비상대책위원회설치령을 의안대로 의결, 5월

도입법기구인 국가보위입법회의를 설치하여 제5공화국 수립을 위한 법·제도적 기틀을 마련토록 하였다.[3]

2. 정치세력 교체를 위한 조치

1) 정치풍토쇄신을 위한 특별조치법

박정희 대통령시해사건을 수사 중이던 전두환 계엄사령부 합동수사본부장은 1979년 12월 12일 군 병력을 동원하여 정승화 계엄사령관을 연행하는 등 군 고위자 수십 명을 김재규와 관련이 있다 하여 체포하고 군 내부의 실권을 장악하였다. 전두환 합동수사본부장은 이듬해 4월 14일 보안사령관직을 겸임하면서 중앙정보부장직에 취임, 군을 장악하고 정보계통 통제하기 시작하였으며 5월 17일에는 군 병력을 동원하여 각의를 포위하고 최규하 대통령에게 압력을 가하여 전국에 비상계엄령을 공포토록 한 다음 군정을 실시하였다.[4] 그는 또 5월 27일에는 국가보위비상대책위원회를 설치하여 상임위원장에 취임하였다.

신군부는 1980년 10월 27일 전문(前文), 10장(131조). 그리고 부칙 10조로 된 새 헌법을 공포하였다. 헌법 부칙 제7조는 이 헌법 시행 당시의 모든 정당을 해산하고, 이 헌법에 의한 최초의 대통령선거일 3개월 이전에 새로운 정당들의 설립이 보장된다고 하였다. 또 그 제6조 제4항에서는 "정치풍토의 쇄신과 도의정치의 실현을 위하여, 이 헌법 시행일 이전의 정치적 또는 사회적 부패 또는 혼란에 현저한 책임이 있는 자에 대한 정치활동을 규

31일 대통령령 제9897호로 공고하고 국보위를 출범시켰다.

3) 국가보위입법회의와 관련해서는 제5공화국헌법 부칙 제6조 제2항에 의거, 국회가 제정해 준 법률에 의해서만이 잠정적인 국회대행기관인 '국가보위입법회의'를 설치 운용할 수 있음에도 불구하고 대통령자문기구에서 1980년 10월 27일(헌법 공포일) 법률 제3260호 국가보위입법회의법을 자의적으로 제정하여 1981년 4월 10일까지 위헌적인 기구를 운영하였다는 주장이 제기되었다. 『검찰총장(김도언)에 대한 탄핵소추안』(1994년 12월 19일 제171회 국회 제1차 본회의에서 부결된 의안 내용의 일부).

4) 중앙정보부법 제7조는 "부장, 차장 및 기획조정관은 일체 타직(他職)을 겸할 수 없다."고 규정하고 있다. 따라서 보안사령관의 중앙정보부장직 겸직은 겸직을 금지한 제7조의 규정을 위배한 것으로 보인다.

제하는 법률을 제정할 수 있다.”고 하였다. 이 조항에 근거하여 11월 5일 국가보위입법회의는 ‘정치풍토쇄신을 위한 특별조치법’을 공포하였다.5) 이에 따라 ‘정치적, 사회적 부패나 혼란’에 책임이 있는 인사 835명이 정계에서 추방되었는데 이들은 1988년 6월 30일까지 선거 입후보, 선거에서의 특정후보에 대한 응원이나 지지, 정당가입이나 정당 고문(顧問) 취임, 정치적 집회의 주최나 강연, 특정 정당, 정치단체 또는 타인의 정치활동 지원 혹은 반대 등의 활동에 규제를 받게 되었다.

신군부는 ‘정치풍토쇄신을 위한 특별조치법’에 제10대 국회의원, 제10대 국회기간 중의 정당 간부로서 정치적, 사회적 부패나, 혼란에 현저한 책임이 있는 자 등의 정치활동을 일체 금지하는 조항을 신설하였다(제4조). 그 내용을 보면 당원 자격이 없는 자는 정당 또는 정치·사회단체에 가담하거나 그 고문 기타 이에 준하는 직위 또는 정당 결성의 발기나 준비를 위한 직위에 취임하거나 정당활동에 영향을 미치는 행위를 할 수 없도록 되어 있다. 이 법에 의하여 추방된 인사는 정당에의 가입이 금지되기 때문에 ‘당원 자격이 없는 자’에 관하여 규정한 정당법의 이 조항이 그대로 적용되어 정당에 관여할 수 없게 된다. 뿐만 아니라 ‘정당활동에 영향을 미치는 행위’로서 공직선거에 있어서 특정정당의 득표 또는 감표에 영향을 주는 행위, 정당의 집회 또는 당원의 궐기집회 기타 당원의 집회의 주최자가 되거나 그 집회를 위한 정치적 행위, 특정정당에의 가입이나 탈퇴를 권유 또는 알선하는 행위, 특정정당의 정치활동을 원조하거나 방해하는 것으로 규정하고 이러한 모든 행위들을 금지하였다. 정치활동 규제를 받게 된 인사들은 정당의 집회에 참석하는 것만으로도 특정정당의 득표에 영향을 주는 것이 되기 때문에 아예 참석할 수 없도록 되어 있었다.

그러다가 제5공화국 출범을 앞둔 11월 25일 정당설립요건을 완화한 정당법이 개정, 공포되자 불과 2주일 만에 19개에 달하는 정당들이 창당을 선언하고 나섰다가 이합집산을 거듭하는 등 정당설립요건 완화의 부정적 효

---

5) 국회사무처, 『국가보위입법회의사료』(1995), 467-469쪽.

과가 나타나기 시작하였다. 정당 설립 요건을 완화한 것은 야당 지지표의 분산을 의도한 신군부의 집권 전략이었다. 한편 정부는 1981년 1월 24일 24시를 기하여 비상계엄을 전면 해제하였다.

3. 정당통합운동

정권을 획득한 신군부는, 제5공화국의 출범을 앞둔 시점에서 서유럽에서의 정치세력 절반 정도가 사회주의 정당이라고 하는 현실을 고려하여 대외적 이미지 쇄신은 물론 행정부 차원의 외교에서 이루기 어려운 외교를 정당 차원에서 보완하기 위하여 어떤 형태로든 사회주의 성향을 갖는 혁신정당을 육성하여 제도권 안으로 끌어들이고자 하였다. 정부는 혁신정당을 보호, 수용하여 이를 제도화하려는 정책을 취하였기 때문에 제5공화국 초기에는 제4공화국 기간 중 두드러지게 활동하지 못하였던 혁신정당들의 활동이 전개되었고 여러 차례 혁신정당 간 통합도 시도되었다.

이 기간의 정당통합운동은 그 대상과 방법, 절차 등에 있어서 제3, 제4공화국 시기와 다를 바 없었으며, 모두 8건의 합당 시도가 있었는데 4건이 성사되고 4건은 시도로 끝났다. 성사된 4건 중 1건은 신설합당, 1건은 흡수합당, 그리고 다른 2건은 개별입당 혹은 정당등록이 되기 전의 정당과의 합당이었기 때문에 정당법상의 합당요건을 충족시키지는 못한 의사합당이었다.

〈표 7-1〉 제5공화국 정당통합운동 결과표

연번	통합(운동)시기	참여정당	통합 여부	통합신당명	합당유형
1	1980. 4.	신민당, 민주통일당	실패	–	–
2	1980. 12.	민주사회당, 민주노동당	실패	–	–
3	1981. 1.	안민당, 민주독립당	성사	안민당	의사
4	1981. 3.	민주사회당, 사회당	실패	–	–
5	1982. 3.	민주사회당, 신정당	성사	신정사회당	신설
6	1985. 4.	신한민주당, 민주한국당	실패	–	–
7	1986. 5.	신정사회당, 사회민주당	성사	사회민주당	흡수
8	1987. 5.	신한민주당, 민중민주당	성사	신한민주당	–

제2절 신민당·민주통일당의 합당 재시도

1. 합당 재시도 배경

1) 김영삼 신민당 총재 의원직 제명

제4공화국기간 중인 1975년을 전후한 시기에 신민당과 민주통일당은 합당을 시도한 적이 있으나 당시 합당절차를 둘러싼 양당 수뇌부의 입장이 조율되지 못하여 합당은 성사되지 않았다. 그 후 1979년 8월 양당 총재들은 양당의 무조건 합당을 선언한 바 있다. 그런데 그보다 3개월 전인 5월 30일에 있었던 신민당 전당대회에서 무자격 대의원들이 참가하였다 하여 김영삼 총재는 곧 총재당선무효시비에 휘말리게 되었다.

총재단직무정지가처분파동에 휘말려 있던 신민당은 법원 결정 후 10일 만인 1979년 9월 17일 법원에 의하여 총재대행으로 선임된 정운갑 전당대회의장이 대행직을 수락하고, 한편에서 주류 측이 당 소속 의원 반수가 넘는 36명의 의원이 참석한 가운데 의원총회를 소집한 후 김영삼 총재의 법통지지를 결의함으로써 사실상 분당상태에 들어갔다.

정운갑 대행은 9월 21일 서울 민사지법의 당 총재직무정지가처분결정문 사본 및 직무대행취임동의서 등을 첨부하여 중앙선거관리위원회에 직무대행등록신청서를 접수시켰다.

신민당은 9월 25일 오전 1,200명의 당원이 참석한 가운데 시내 마포 중앙당사에서 전국당원대회를 개최하고 김영삼 총재가 유일한 정통임을 선언하는 등 김영삼 총재 지지를 표명하였다. 중앙선거관리위원회는 이날 오후 5시 전체회의를 열고 정운갑 총재직무대행의 등록신청을 심의한 후 등록을 수리하였다.

당 총재의 직무가 법원의 판결로 정지된 상태에서 직무대행이 선거관리위원회에 등록을 신청한 사례는 정당사상 최초의 일이다. 이날 선거관리위원회의 결정은 '대표변경신청'이 아닌 '대행등록신청'에 대한 등재결정이기 때문에 김영삼 총재의 명의는 그대로 선거관리위원회에 등재되어 있으되, 그 한편에서 정운갑 대행이 신민당 대표자로 등록되어 신민당은 법적으로 당수가 2명 존재하는 2원체제를 갖게 되었다.

서울민사지법 합의 16부는 세 차례에 걸친 심리 후 1979년 10월 1일 신민당 총재단에 대한 직무집행정지신청을 이유 있다고 판결하였다. 동시에 총재 직무대행으로 정운갑 전당대회의장을 지명하였다. 이에 신민당과 김영삼 총재는 법원의 판결에 승복하지 않는다는 내용의 선언과 성명을 발표하였다.[6]

한편 미국에서 발행되는 신문 뉴욕타임스(1979년 9월 16일자)에 "카터 미국 행정부에 대하여 박정희 대통령 정부에 대한 지지를 끝낼 것을 요구하였다."는 내용의 김영삼 총재 기자회견기사가 실리자 여당인 민주공화당은 회견내용을 '사대주의'로 규정하고 10월 4일 국회에 '국회의원(김영삼)에 대한 징계동의안'을 제출하였다.[7] 징계동의안은 이날 오전 국회본회의에서 경호권이 발동되고 여야 의원들이 난투극을 벌이는 가운데 보고, 발의되어 법제사법위원회에 회부되었다.

신민당 의원들이 국회본회의장을 점거하자 민주공화당과 유신정우회 소속 의원들은 이날 오후 4시 7분경 국회의사당 1층 146호실로 자리를 옮겨 비공개리에 본회의를 소집하고 동 징계동의안을 변칙처리, 4시 20분 백두진 국회의장이 출석 의원 159명 중 찬성 159표로 가결되었다고 선포함으로써 김영삼 의원이 제명되었다.[8]

신민당 의원 66명 전원이 10월 13일 국회의원직 사퇴서를 국회에 제출한데 이어 이날 김영삼 총재체제를 지지 서명한 신민당 의원들에 동조하기 위하여 민주통일당 소속 의원 3인(양일동, 김현수, 김녹영)이 모두 사퇴서를 제출, 공조관계를 과시하였다.

---

6) 신민당 중진의원들은 10월 2일 정운갑 대행을 배제하고, 주류와 비주류가 직접 당의 문제를 수습하기 위하여 양 계파에서 5인씩 '10인 전권수습위원회'를 구성하는 방안을 마련하기도 하였다.

7) 김영삼 신민당 총재는 9월 10일의 기자회견에서 박 정권 타도를 선언한 바 있다. 이를 둘러싸고 공방이 가열되자 미 국무부는 한국정부와 야당에 자제를 촉구하였다.

8) 김영삼 총재에 대한 징계동의 및 제명과정은 국회사무처, 『국회사(제10대)』(1992), 325-326쪽 참조. 미국 국무부는 김영삼 총재 제명과 관련하여 다음 날인 5일 글라이스틴 주한 미국대사를 소환하였다.

이 무렵 부산과 마산지역을 중심으로 반정부시위가 격하게 전개되고 있었는데 정부는 10월 18일 0시를 기하여 부산직할시 일원에 비상계엄령을 선포하였다. 계엄선포와 함께 공수단 병력이 투입되어 시위군중 진압작전에 돌입하였는데 시위가 다른 지역으로 번지자 정부는 10월 20일 마산·창원 일대에도 위수령을 발동하였다.

2) 신민당과 민주통일당의 합당교섭 재개

신민당과 민주통일당의 합당의사 표명에도 불구하고 양당의 통합은 통합발표 후 2달이 지난 1979년 10월 26일 박정희 대통령시해사건이 발생할 때까지도 이루어지지 않았다. 그 원인은 신민당 측에서 민주통일당 의원들에 대하여 개별적으로 신민당에 입당할 것을 희망하고 있었고, YH사건 이후 김영삼 총재에 대한 총재직무정지가처분신청, 김영삼 총재 국회의원직 제명, 양당 의원들의 의원직 사퇴 등으로 합당을 위한 후속 조치를 취하지 못한 데 있었다.

그 후 민주통일당과 신민당 사이에는 기본적인 성향에 차이가 있었지만 YH사건을 계기로 양당은 다시 통합을 이루게 될 기회를 맞았다.

2. 합당 재시도 경과

1) 기습적 합당선언과 그 이후

양당 총재가 무조건 통합을 선언(1979. 08. 27.)한 이후 양당 내부에는 반발이 일어났다. 신민당 내의 반대세력의 경우, 그 반대이유는 총재가 당내의 의견수렴절차를 거치지 않았다는 것과 합당 후 양일동 총재가 신민당으로 돌아오는 것에 대한 달갑지 않은 감정에 있다. 따라서 양당 간의 통합실무협상은 지지부진할 수밖에 없었다. 그럼에도 신민당은 재야인사들이 복권되기 전에 양당 통합을 성사시키기 위하여 서둘렀다.[9]

---

9) 재야인사들은 1980년 2월 29일 복권되었다.

합당과 관련하여 양당 내에 반발세력의 목소리가 커진 것은 신민당 내 사정이 급하게 돌아간 탓도 있지만, 두 총재 간의 기습적인 합당선언이 양당 내부에서 공감대를 얻어내지 못한 탓이 더 크다고 할 수 있다.

양당 간 통합이 이루어지지 않은 것은 앞에서 언급한 여러 가지 사정과, 두 총재가 당내의 의견을 수렴하지 않고 통합을 결정하였기 때문에 양당 내부에 역기류가 형성되고 있었기 때문이다. 민주통일당의 지구당 위원장들이 무조건 통합에 반발하였고, 신민당 역시 총재가 정당통합과 관련하여 당내 인사들에게 의견을 묻지 않았기 때문에 반발이 있었다. 이러한 요인이 결국 민주화가 크게 진전될 수 있었던 '서울의 봄' 시기에 야권의 통합을 어렵게 만들었다. 두 총재가 통합에 합의한 시기는 아직 유진체제의 시기였고 따라서 타도대상도 유신체제였으나 박정희 대통령시해사건(1979. 10. 26.) 이후에는 사실 통합의 명분이 서지 않은 점도 있다.

그런데 양일동 총재를 비롯한 민주통일당의 주류 측은 그 출발과정에서 보듯이 김영삼 쪽보다는 김대중 쪽에 취향이 가까웠는데 박정희 대통령시해사건으로 신민당과 민주통일당의 공동의 타도대상이었던 유신체제가 무너지면서 민주통일당은 양분될 조짐을 보이기 시작하였다. 결국 민주통일당은 김영삼과 김대중 사이에서 둘로 갈라지게 된다.[10) 양일동 총재는 재야인사가 복권된 후에 당 대 당 통합을 하겠다고 주장하였고 김영삼 총재는 복원조치 전이라도 무조건 입당시켜 통합할 것을 주장하였다.

신민당과 민주통일당의 합당운동은 박 대통령시해사건 이후 급속한 정치상황의 변화에 따라 민주통일당 측이 재야를 포함한 광범위한 범야세력 규합을 내세운 것과 이에 대한 신민당의 미온적인 태도로 인하여 합당선언

10) 이러한 사정은 민주통일당의 출범에서도 기인한다. 민주통일당은 1972년 10월 유신이 선포된 직후인 1973년 1월 27일 창당되었다. 당시 유일야당이던 신민당은 1970년 유진산 당수가 '모든 야당세력을 하나로 통합시킨다.'는 취지 아래 구 자유당과 한국독립당, 혁신계열 등을 영입하여 결성되었다. 야권세력을 규합한 형태로 출범한 신민당은 출범 직후부터 박정희 정권에 대한 강경과 온건의 2개 노선으로 갈려왔다. 김홍일로 대표되는 강경노선과 유진산으로 대표되는 온건노선은 당수직을 놓고 번번이 대립하였는데 양측의 대립으로 1972년 9월 2개의 전당대회를 별도로 치르게 되었다. 9월 26일 유진산 계열의 지지자들은 서울시민회관에서 정당대회를 열어 유진산을 만장일치로 당수로 선출하였다. 다음 날인 27일 정당대회의 무효를 주장하는 또 다른 전당대회가 김홍일의 집 마당에서 열렸는데 이날 대회에는 양일동과 김대중이 그들을 지지하는 대의원들을 이끌고 함께 참석하였다. 10월유신으로 3권을 통괄하는 강력한 대통령중심제가 수립된 뒤 정치활동이 재개되었을 때는 신민당의 실질적 당권은 유진산에게 있었다.

2) 신민당의 당세 확장

박정희 대통령시해사건에 따른 새로운 정치 환경 속에서 신민당 소장의원들을 중심으로 범야세력의 통합과 대통령후보의 사전 단일화 움직임이 일기 시작하였다. 1980년 1월 9일 정대철, 조세형, 김제만 등 소장의원들은 재야인사와 신인 영입을 통하여 범야세력을 통합할 것, 대통령후보 지명대회는 범야세력을 총규합한 후에 소집할 것, 대통령후보는 사전에 단일화로 조정할 것 등을 내용으로 하는 건의문을 김영삼 총재에게 전달하였다.

박 대통령시해사건 전에 통합을 선언하였던 신민당과 민주통일당은 그후 구체적인 합당절차에 합의를 보지 못하던 중 김영삼 신민당 총재가 1980년 1월 25일 시내 마포의 중앙당 당사에서 기자회견을 갖고 최규하 대통령에 대해서는 하루빨리 정권이양을 준비할 것을 요구하였고, 민주통일당과 재야인사들에 대해서는 신민당에 개별적으로 입당할 것을 요청하였다.

양일동 총재는 '재야인사 복권 후 당 대 당 통합'을 구상하고 있었고, 신민당 쪽에서는 '복권조치 전의 무조건 입당'을 추진하고 있었다. 양일동 총재는 지병인 심장병이 악화되어 고려대학교병원에 입원하고 있던 2월 10일 "범야권세력을 집결시키기 위해서는 재야인사들을 모두 복권시킨 뒤 통합을 추진하는 것이 순서이다. 그런데 김영삼 총재가 자파세력을 확대하기 위하여 호텔에 작전본부까지 차려놓고 당직과 후보공천을 미끼로 지구당 위원장들을 꾀여 갔다."며 김영삼 총재를 비난하였다. 이러한 비난은 4일 전인 2월 6일 정상구 민주통일당 부총재 등 지구당 위원장 급 당원 13명이 신민당에 입당한 것에 대한 불만을 토로한 것이다. 그런데 민주통일당의 박병배 부총재 등 지구당 위원장급 인사 13명이 2월 13일 신민당에 또 입당하면서 야당통합운동은 활기를 띠게 되었으나 양일동 총재의 심기는 불편할 수밖에 없었다.

60명 남짓하였던 민주통일당 지구당 위원장 중 절반가량이 신민당에 입당하였는데 이들은 1979년 8월 김영삼 총재와 양일동 총재 간에 이루어진 무조건 합당선언이 지금까지 실행되고 있지 않는 것은 '국민에 대한 공약'을 저버리는 처사이며, 양일동 총재가 합당과 관련해서는 좀 더 시간을 두자고 하여 어쩔 수 없이 신민당에 입당하게 되었다고 입장을 밝혔다.

YH사건 당시(1979. 08.) 김영삼 총재와 양일동 총재 간에 이루어진 합당선언정신에 따라 협상을 다시 시작한 양당은 2월 19일 오전 시내 코리아나 호텔에서 박영록 신민당 부총재와 김녹영 민주통일당 부총재가 회동, 합당을 논의하였다. 이 자리에서는 양당의 총재 간에 있었던 '무조건 합당' 원칙에는 변함이 없음을 재확인하고 입원 중인 양일동 총재가 퇴원하는 대로 본격적인 합당협상을 전개하기로 하였다.

3) 대통령후보 단일화 운동과 양일동 대표의 김대중 지지선언

오세응·이필선·손주항·김제만·김영배·유용근 의원 등은 1980년 2월 25일 대통령후보 단일화 추진을 위한 5개 항의 결의문을 채택하고 서명운동에 착수하였다.

윤보선, 김대중을 포함한 재야인사들에 대한 사면 및 복권조치가 2월 29일 발표되었다. 이에 양일동 민주통일당 총재는 3월 4일, "민주통일당은 범야권의 대통령 단일후보로 김대중 씨를 지지하고 이를 위하여 민주통일당을 해체하여 새로운 정당을 만들 수도 있다."고 밝혔다. 그는 또 필요하다면 전당대회를 통하여 당을 해체해서라도 재야세력과 당명을 새롭게 해 범야연합정당을 만들겠다고 말하였다.

양일동 총재의 김대중 지지선언으로 민주통일당이 김영삼 지지파와 김대중 지지파로 분열된 가운데 김영삼과 김대중은 3월 6일 낮 시내 남산에 있는 외교구락부에서 단독 오찬회동을 갖고 다음과 같이 합의하였다: 대통령후보 지명에 관한 문제는 헌법의 귀추가 명백해질 때까지 과열경쟁을 피한다. 민주세력의 단합과 민주체제의 회복을 위해서는 서로 긴밀한 협력이 필요하다. 신민당과 재야민주세력은 합심해서 민주회복과 민생안정에 주력한다.

이처럼 김영삼과 김대중은 사전조정을 통해서 대통령후보문제를 협의한다는 기본입장을 밝히기는 하였으나, 김영삼 총재는 사전조정이 안 될 경우 전당대회에서 표 대결로 결정해야 한다고 말하였다. 김영삼 총재 측의 당권파는 지난 전당대회(1979. 05. 30.)에서 개정된 당헌에 따라 부총재 1명, 정무위원 5명, 중앙상무위원 30명의 범위 내에서 재야인사를 영입해야 한다고 주장한 반면 재야인사들과 당내 김대중계는 재야의 단결을 위해서는 당헌을 개정하고, 재야인사 영입 폭을 크게 늘려야 할 것이라고 주장하였다.

4) 민주통일당의 쇠퇴

양일동 총재가 1980년 4월 1일 지병으로 인하여 사망하였는데 그의 사망과 함께 민주통일당의 당세가 극도로 쇠약해졌다. 양일동 총재는 김대중 지지를 선언한 바 있으나 그 하부조직은 상당히 신민당 쪽에 흡수되어 있었다. 그동안 당의 노선이나 재정문제에 있어서 양일동 총재 개인에게 거의 전적으로 의지하여 왔기 때문에 그의 사망은 곧 민주통일당의 쇠퇴를 의미하였다.

김녹영 부총재가 총재권한대행에 선임되었다. 그는 4월 11일 가진 기자회견에서 양일동 총재가 김대중을 지지하였던 자세를 계속 견지하겠다고 말하고 민주통일당은 모든 재야세력의 통합을 위하여 발전적인 해체도 불사할 것이며, 범민주권 대동단결을 위해서는 민주통일당의 조직을 제공할 용의가 있다고 말하였다.[11] 민주통일당은 1980년 5월 17일 이후 정치활동이 중단되고 김녹영 대행마저 이른바 김대중 사건에 연루되어 구속되자 당기능이 마비되었다.

3. 합당 재시도 이후

1) 대통령후보 단일화 논의 및 재야인사 영입문제

김대중의 신민당 입당 및 재야인사 영입 폭을 놓고 당내 당권파와 비당권

---

11) ≪동아일보≫ 1980년 4월 11일자.

파 간에 의견이 대립되는 가운데 김영삼·김대중 두 사람은 1980년 4월 4일 신라호텔에서 다시 단독 요담을 가졌다. 회담의 의제는 '1981년에 실시될 것으로 보이는 대통령선거에서의 후보단일화' 문제였고 이에 따른 당면 현안은 신민당 중앙상무위원회 개최의 건이었다. 중앙상무위원회는 전당대회에 버금가는 당의 의결기구로서 이날 요담의 실제내용은 김대중을 중심으로 하는 재야인사들의 '신민당 지분' 확보문제였다. 당권을 장악하고 있던 김영삼 총재 측은 중앙상무위원회의 구성원 중 3분의 1 정도를 재야 측에 할애하는 안을 가지고 있었고 이 안을 4월 7일 처리하기로 결정해 놓고 있었다. 그러나 김대중 측은 이 같은 중앙상무위원회의 구성 자체를 반대하고 있었다.

이날 야권의 대통령후보 단일화 문제와 범민주권 통합에 관하여 논의하였으나 구체적인 실천방안에 있어서는 이견이 있었다. 김영삼은 신민당이 수권정당의 면모를 갖춘 뒤에 재야인사를 위한 문호를 개방할 것이라고 말하고 김대중의 신민당 입당을 촉구하였다. 이에 대하여 김대중은 신민당은 재야인사의 영입뿐만 아니라 민주통일당 등 정치단체와의 통합을 위한 범야연합을 이룩하는 데 초당적인 자세를 보여 주어야 한다고 말하였다.

신라호텔회담이 끝난 다음 날인 4월 5일 신민당은 중간의결기관인 정무회의를 열고 두 계파의 격론 끝에 표결을 하였는데 결과 11 대 6으로 김영삼 총재의 안이 채택되었다.

이에 재야인사 영입을 둘러싸고 중앙상무위원회의 증원을 요구하던 김대중은 4월 7일 오전 자신의 동교동 집으로 계보인사들을 부른 자리에서 신민당에 입당하지 않겠다고 선언하였다. 송원영·예춘호 의원 등 일부 인사들이 만류하였으나 김대중의 의지는 확연하였다. 그는, 신민당이 재야인사에 대한 적극적인 영입의사가 없다는 판단을 하게 되었으며 입당교섭을 포기하는 것이 불가피하다는 결론에 이르렀다고 말하여 김영삼이 주도하는 신민당에 복귀하지 않겠다는 입장을 밝혔다.

김대중의 입당포기선언에도 불구하고 이날 오후 3시 신민당 중앙상무위원회가 예정대로 개최되었다. 중앙상무위원회 의장선출을 둘러싸고 당권파와 비당권파 간의 세력대결 양상이 있었는데 그것은 이 회의에서 당헌개정을 할 수 있고 재야인사에 대한 영입조건을 확정하기 때문이다. 당권파인 김영삼 측은 의장후보로 이상신, 김대중 측은 오세응 의원을 내세웠다. 표결결과 184대 95(무효 5표)로 이상신이 의장에 선출되었다. 이는 재야인사 영입조건에 대한 지지도를 나타내는 것이었으며, 의장선거에서 승리한 당권파는 재야인사 영입조건과 관련한 절충안을 만장일치로 채택하였다. 절충안이란 이기택·조윤형 부총재와 김재광 의원 등이 내세운 것으로서 ① 재야인사 100명 상무위원 영입(현재 정원 200명), ② 정무위원급으로 구성되는 자격심사위원회의 구성이 그 요지였다.

이러한 중앙상무위원회의 회의 결과를 예상하고 있던 김대중 측(동교동 측)은 재야인사 1백 명을 영입하는 것은 찬성하지만 당권파가 장악하고 있는 정무회의에서 심사를 하겠다는 것은 인정할 수 없다는 태도를 보였다. 이날 오전의 '신민당 입당 거부' 선언과 오후의 김영삼 총재안 지지결의는 그동안 협력관계에 있던 재야세력과 신민당을 공개적인 대립관계로 바꾸어 놓았다. 김대중과 김영삼의 대립은 범야권세력을 양분하였는데, 한편에서 이 상황을 틈탄 제3의 세력이 태동하고 있었다.

2) 신민당의 분열

김대중 전 대통령후보가 신민당 입당불가를 밝힌 후 시내 안국동에서는 윤보선·김대중 공동의장의 주재하에 '민주주의와 민족통일을 위한 국민연합'(국민연합) 상임집행위원회가 열렸다. 이 자리에는 문익환, 함세웅, 김승훈, 계훈제, 고은, 이문영, 예춘호 등 7명의 상임집행위원과 김윤식, 김종완 등 헌정동지회 인사, 그리고 서남동, 이우정 등 13명이 참석하였다. 윤보선은 1980년 4월 11일 아침 기자회견을 자청하고 김대중의 입당거부에 대하여 국민연합은 국민계몽단체이므로 김대중이 신당을 만들어서 정당 활동을 하겠다면 국민연합을 떠나야 할 것이라고 말하였다. 국민연합은 김대중의 신민당 입당거부와 이에 따른 윤보선의 김영삼 지지선회로 인하여 분열되고 야권의 통합협상도 끝나게 되었다.

　김대중의 신민당 입당포기선언으로 그동안 거론되어 오던 범야권 통합운동과 대통령후보 단일화 시도는 무산되었으며 신민당 내에는 김영삼과 김대중을 두 축으로 하는 당내 분파현상이 나타났다.

　김대중은 지방나들이에서 돌아온 1980년 5월 6일 오전 시내 동교동 집으로 신민당의 박녹영 부총재 등 비당권파 의원 24명을 불러 회합하였다. 이 회합에서 이들은 '시국에 관한 신민당 의원들의 간담회'를 구성키로 하였다. 비당권파가 간담회를 구성하기에 이르자 김영삼 총재 측은 이들에 대한 징계를 검토하기 시작하였다.

　이렇게 신민당 내 당권파와 비당권파 사이의 대립은 김대중을 지지하는 비당권파와 일부 중도파 의원들 24명이 간담회 모임을 결성함에 따라 격화되었다. 윤보선 전 대통령은 자신 및 함석헌과 함께 국민연합의 공동의장으로 있는 김대중의 정치적 활동에 대하여 우려를 표시하였고, 김대중 또한 윤보선의 태도에 대하여 국민연합은 초당적인 기구이지 비정당적인 기구는 아니라는 입장을 보였다.[12] 이 무렵 대학생들의 시국성토 및 시위가 계속되고 있는 가운데 김대중은 5월 12일 가진 기자회견에서 신민당 입당거부의사를 다시 한 번 분명히 밝혔다. 김영삼 총재는 8월 13일 상황에 대한 책임을 지고 모든 공직에서 사퇴하였으며, 이민우 부총재를 총재직무대행으로 지명하였다.

　이 사례는 정당정치가 크게 위축되어 있던 유신체제 중엽과 말엽에 있었던 야당 간의 정당통합 시도였다. 여기에서 문제는 김영삼, 김대중, 양일동 3자는 유신체제에 맞서기 위하여 야권세력이 단합해야 한다고 야당통합을 주장하였지만 이들 3인이 갈라선 것은 유진체제가 수립된 이후라는 데 이들이 내세운 통합 시도 명분에 한계를 볼 수 있다.

---

12) ≪경향신문≫, 1980년 5월 7일자.

1. 선거 전의 상황

1) 5·17 비상계엄 선포

서울에서 연이어 발생하던 학생시위가 잠시 주춤해진 1980년 5월 16일 아침 김영삼 총재는 시내 동교동 김대중의 집을 방문하였다. 두 사람은 1시간 동안 시국에 관하여 논의한 후 다음과 같은 요지의 공동발표를 하였다.

김영삼·김대중의 공동 발표문

① 비상계엄을 즉시 해제할 것 ② 정부가 중심이 된 개헌 구상을 철회하고 국회의 개헌안을 받아들일 것 ③ 민주정부 수립을 연내에 마무리하는 정치일정을 발표할 것

대학생들의 가두시위가 다시 격렬해지고 정국이 불안정해지자 5월 10일부터 중동지역을 순방 중이던 최규하 대통령은 귀국일정을 하루 앞당겨 5월 16일 귀국하였다. 최 대통령은 5월 17일 밤 24시를 기하여 계엄지역을 전국으로 확대하는 비상계엄을 선포하여 정치활동의 중지, 대학 휴교령 등의 조치를 취하였다. 계엄사령부는 이와 동시에 권력형 부정축재혐의자(김종필, 이후락 등)와 사회불안 조성 및 학생, 노동조합 소요의 배후조종혐의자(김대중, 문익환 등) 26명을 연행하여 조사함으로써 이른바 신군부의 징계 개편 및 정치권 진입을 위한 기반조성 작업을 시작하였다. 비상계엄의 확대에 따라 국회에도 계엄군이 진주하여 국회의원의 국회의사당 출입을 저지함으로써 국회집회가 불가능해졌다.

김대중, 김종필이 구속되고 김영삼은 가택연금을 당하였다. 신군부는 김대중 등 7명을 이른바 김대중 내란음모사건으로 군사재판에 회부하였다. 이러한 비상계엄 확대조치 등에 반대하는 전남대학교와 조선대학교 학생들이 시위를 벌이자 이를 진압하기 위하여 계엄군이 광주에 투입되었다. 계엄군

의 강경진압에 항의하여 5월 18일 광주시민들이 시위에 합세함으로써 광주
사태(5·18민주화 운동)가 시작되었으며 이러한 일련의 사태에 대한 책임을
지고 신현확 내각이 5월 20일 총사퇴하였다.

2) 국가보위비상대책위원회

정부는 계엄령이 전국으로 확대된 가운데 계엄당국과 정부 간의 협조를
위하여 국가보위비상대책위원회설치령(1980. 05. 27. 국무회의 의결)에 따라
5월 31일 대통령자문보좌기관으로 국가보위비상대책위원회를 설치하였다.
이 위원회는 행정·사법·입법업무를 조정, 통제하는 기능을 부여받았으며
상임위원장에 전두환 중앙정보부장서리가 임명되었다.

국가보위비상대책위원회는 6월 4일 착수하여 7월 31일까지 2개월간 추진
한 사회정화작업으로 입법부 11명, 사법부 61명, 행정부 5,418명 등 고위공
직자 5,490명과 국영기업체, 금융기관 및 정부산하단체 등 127개 기관 임직
원 3,111명 등 모두 8,601명을 그 직에서 물러나게 하였다.[13] 동 위원회는
과거의 정변주도세력이 그러했듯이 제반 사회개혁을 시도하였으며 부정축
재자 규제와 부정·비위공무원 숙정 및 사회정화운동을 강행하였다.

2. 선거 결과

신군부가 입법·사법·행정 3부를 장악하게 되자 과도정부를 이끌어 오
던 최규하 대통령은 1980년 8월 16일 하야하였다. 최 대통령이 하야함에
따라 8월 27일 통일주체국민회의에서 제11대 대통령선거가 실시되었다. 전
두환 국가보위비상대책위원회 상임위원장이 단독으로 입후보한 이 선거에
는 대의원 2,525명이 참가하였는데 투표결과 찬성 2,524표, 무효 1표로써
전두환 후보가 대통령에 선출되었다.

---

13) 국가보위비상대책위원회, 『국보위 백서』(1980), 34쪽.

<표 7-2> 제11대 대통령선거 결과

대의원 정수	사퇴·사망	재적 대의원	투표수	후보자 득표 전두환	무효	비고
2,583	43	2,540	2,525	2,524	1	

출처: 중앙선거관리위원회, 『역대 대통령선거상황』(1980), 203쪽.

3. 선거 이후

1) 헌법 개정 및 국민투표

계엄 하에서 정부는 개헌작업에 박차를 가하였다. 부칙을 제외한 전문과 본문 131조의 개정헌법 요강안이 1980년 9월 5일 작성 완료되었다. 이 요강안은 각계각층의 안을 반영한 국회안을 기초로 하여 작성된 것이었으나 대통령간선제와 임기를 7년으로 한 것이 달랐다. 개헌시안은 9월 9일의 헌법개정심의위원회 전체회의에 회부되어 헌법개정안으로 확정되었으며 이 개정안은 9월 26일 국무회의에서 정부안으로 의결되었다. 전두환 대통령은 9월 29일 오전 임시국무회의의 의결을 거쳐 제5공화국 헌정의 기틀이 될 헌법개정안을 공고하였다.

대통령임기 7년의 단임제와 대통령 간선제를 규정한 제5공화국헌법안은 1980년 10월 10일 국무회의의 의결을 거쳐 10월 22일 국민투표에 부쳐졌다. 투표결과 95.5%의 투표율을 보인 가운데 찬성 91.6%로 제5공화국헌법이 확정되었다.[14] 이와 동시에 기존의 정당들은 해산되었다.[15] 새 헌법은 또 새로운 국회가 구성될 때까지 대통령으로 하여금 국가보위입법회의를 구성할 수 있도록 하였다.

---

14) 제8차 헌법 개정의 주요 내용: 대통령의 비상조치권, 국회 해산권에 관하여 발동요건 강화, 대통령 간선제, 단임제(7년), 헌법개정절차의 2원화, 통일주체국민회의 폐지

15) 신민당은 1967년 2월 11일 창당 이후 13년 8개월 동안 제1야당의 자리를 지켜 오다 10월 27일 제5공화국헌법 부칙에 의하여 자동 해산되었다. 민주통일당 또한 1973년 1월 30일 창당 후 7년 9개월 만에 자동 해산되었다.

2) 국가보위입법회의

신군부는 1980년 10월 그들이 구상하였던 국정개혁정책과 조치들을 국가
보위비상대책위원회를 통하여 산출해 내기 시작하였으나 이 기구를 통한
개혁조치들은 법적인 효력을 얻는 데 한계가 있었다. 제10대 국회가 그 기
능은 정지되었으나 아직 존재하고 있는 상황에서 국가보위비상대책위원회
의 기능과 역할은 제한될 수밖에 없었다. 따라서 국회를 해산하더라도 국민
을 설득할 수 있는 명분과 함께 국가보위비상대책위원회의 기능을 대신할
기구를 신설할 필요성을 느껴 국가보위입법회의 설치가 구상되었다. 신군부
는 국가보위입법회의를 내세워 국회의 기능과 권한을 대신케 하고 잠정적
통치기구의 한 부분으로 이용하였다.

국가보위입법회의는 10월 27일 제5공화국헌법이 발효되고 국회가 해산됨
에 따라 개정 헌법 부칙 제6조 제1항의 규정에 의거, 국회의 권한을 대행
하기 위하여 발족되었다. 이날 오후 1시 45분 서울 삼청동 사무실에서 남
덕우 국무총리의 주재로 회의가 시작되었다. 오택근 의원(법무부장관)의 제
안 설명이 있은 다음 전문 8장 51조 부칙 4조로 된 국가보위입법회의법안
을 심의하였는데 참석한 의원 22명 전원의 만장일치로 의결하였으며 다음
날인 28일 국무회의 의결을 거쳐 국가보위입법회의법이 공포되었다. 전두환
대통령은 개정 헌법 부칙의 규정과 국가보위입법회의법 제3조의 규정에 따
라 이 날짜로 각계 인사 81명을 국가보위입법회의 의원으로 임명하였다(의
장 이호).16)

국회가 해산되면서 10월 28일 구성된 국가보위입법회의는 11월 3일 소급
입법인 '정치풍토쇄신을 위한 특별조치법안'을 의결하여 정치풍토쇄신위원
회 발족의 근거를 마련하였다.17)

---

16) 국회사무처, 『국가보위입법회의사료』(1995), 15–16쪽.

17) 이 법안은 1980년 10월 29일 이광로 의원 외 7인이 제안하였으며 소관위원회에서 수정 가결되고 본
   회의에서도 수정 가결되어 1980년 11월 5일 공포되었다. 국회사무처, 『대한민국법률안연혁집(제9권)』
   (1992), 9093–9094쪽.

정치풍토쇄신을 위한 특별조치법안

I. 심사경과

국가보위입법회의 제2차 법제사법위원회(1980. 10. 31.) 비공개 회의 상정
                제3차 법제사법위원회(1980. 11. 02.) 비공개 회의 의결
국가보위입법회의 제3차 본회의(1980. 11. 03.) 상정 의결

II. 제안이유

헌법 부칙 제6조 제4항의 규정에 따라 정치적 또는 사회적 부패나 혼란에 현저한 책임이
있는 자의 정치활동을 규제하기 위한 합리적이고 공정한 심판기구와 절차를 규정함으로써
정치풍토를 쇄신하고 도의정치를 구현하여 민주정치의 발전에 기여하려는 것임.

III. 주요 골자

1. 금지하는 정치활동의 범위를 정함(제2조).
2. 정지풍토쇄신업무를 관장하기 위하여 정치쇄신위원회를 두되 대통령이 임명하는 9인
   이내의 위원으로 구성하도록 함(제3조).
3. 위원회는 제10대 국회의원, 정당간부 또는 보안처분대상자 중 정치적 또는 사회적 부
   패나 혼란에 현저한 책임이 있는 자, 1968년 8월 16일부터 1980년 10월 26일까지
   의 기간 중 정치적 또는 사회적 부패나 혼란에 현지한 책임이 있는 자를 이 법 시행일
   로 부터 7일 이내에 심사 공고하고 10일 이내에 추가로 공고할 수 있도록 함.
4. 공고된 자로서 정치활동을 하고 있는 자는 적격심판을 청구할 수 있도록 함(제4조).
5. 위원회는 이 법 시행일로부터 30일 이내에 적격 여부를 판정하도록 하고 위 기간은
   불변기간으로 하며 적격판정은 재적위원 과반수의 찬성으로 하도록 함(제6조).
6. 위원회의 판정은 대통령의 확인으로 확정하며 대통령은 판정이 부적당하다고 인정할
   때에는 재심판을 명할 수 있도록 함.
7. 공고된 자는 공고일로부터 1989년 12월 31일까지 정치활동을 할 수 없도록 히되 적
   격판정이 확정된 자는 확정일로부터 정치활동의 금지가 해제되도록 함(제8조).
8. 대통령은 개전의 정이 현저한 자에 대하여 정치활동의 금지를 해제할 수 있도록 함(제9조).
9. 위원회의 판정, 대통령의 확인 등에 대해서는 불복신청을 할 수 없도록 함(제10조).
10. 이 법의 규정에 위반하여 정치활동을 한 자 등에 대한 벌칙을 둠(제11조).

IV. 수정사항

1. 위원회

가. 수정이유
대통령은 위원회의 판정이 부적당하다고 인정할 때 재심판 명령 및 심판기간을 명시하고

정치활동 금지기간을 단축하고자 함.

나. 수정주요골자
(1) 대통령의 재심판 명령 및 그 심판기간을 이 법 시행일로부터 30일 이내에 마치도록 함(제7조 3항).
(2) 정치활동 금지기간을 1989년 12월 31일까지로 한 것을 1988년 6월 30일까지로 함.
(3) 단순위증 등도 처벌할 수 있도록 함(제12조).

정치풍토쇄신위원회는 11월 12일 국회의원 210명, 정당간부 254명, 권력형 부정축재자 347명 등 정치활동 피규제자 811명의 명단을 발표하였다. 과거 국가재건최고회의가 정치활동정화법을 제정하여 정치인의 정치활동을 규제한 것과 같은 맥락이다(이 책 제5장 제1절 참조).

3) 정당법 개정

국가보위입법회의는 1980년 12월 하순까지 대통령선거법, 국회의원선거법, 정당법, 정치자금법 등 정치관계 법률을 제정하여 제5공화국 출범의 기반구축작업을 수행하였다.[18] 이 중 1980년 11월 19일 국가보위입법회의에서 의결된 '정당법중개정법률안'의 주요 내용은, 정당의 창당이나 그 존속요건인 창당발기인 수와 법정 지구당원 수 등을 감축 혹은 완화하여 정당의 창당과 존속을 용이하게 하였는데 이는 새로운 정권의 창출을 쉽게 하기 위한 의도였다. 정권창출에 걸림돌이 되는 정치인들은 퇴출시키되 새 정치인들은 분할하여 그 세력을 약화시킨다는 전략이었다. 정당법의 주요 내용은 다음과 같이 정리된다.[19]

정당법중개정법률안 주요 내용
O 정당은 서울특별시, 부산시, 도에 당 지부를 둘 수 있도록 한다. O 정당의 창당준비에 필요한 발기인 수를 30인에서 20인으로 완화한다. O 정당의 창당발기인이나 당원이 될

---

18) '정치풍토쇄신을 위한 특별조치법안'은 1988년 12월 14일 민주발전을 위한 법률개폐특별위원장에 의하여 제안된 '정치풍토쇄신을 위한 특별조치법폐지법률안'이 1988년 12월 15일 본회의에서 가결됨으로써 폐기되었다.

19) 국회사무처, 『국가보위입법회의사료』(1995), 20–22쪽.

수 있는 지격의 규제범위를 완화하여 대학교수 등 많은 지식인이 정당에 참여할 수 있도록 문호를 개방한다. ○ 정당의 법정 지구당 수를 국회의원지역선거구 총수의 3분의 1 이상이던 것을 4분의 1로 감소시킨다. ○ 정당의 지구당 법정 당원 수를 50인 이상에서 30인 이상으로 인하 조정하여 정당의 창당과 존속을 용이하게 한다. ○ 정당의 지구당이 특정지역에 편중됨으로써 야기되는 폐단을 방지하기 위하여 정당의 지구당은 서울특별시, 부산시, 도(道) 중 5곳 이상 분산되어야 하고 한 정당이 서울특별시, 부산시 또는 1개 도에 둘 수 있는 지구당 수는 그 당의 지구당 총수의 4분의 1을 초과할 수 없게 한다. ○ 정당의 재산 및 수입지출 등 재정에 관한 사항은 따로 법률로 정한다. ○ 정당이 법정요건을 구비하지 못한 경우 외에도 국회의원총선거에 후보자를 추천하지 아니하거나 고의로 참여하지 아니한 때 또는 국회의원총선거에서 의석을 얻지 못하고 유효투표 총수의 100분의 2 이상을 득표하지 못한 때에는 정당의 등록을 취소하도록 한다. ○ 정당이 해산하거나 그 등록이 취소된 경우의 잔여재산 처분규정을 신설한다. ○ 당위의 자격이 없는 자는 정당의 간부, 고문 기타 직위에 취임하는 등 정당에 관여하는 행위를 할 수 없도록 한다. ○ 해산되거나 등록 취소된 정당의 명칭을 다른 정당의 명칭으로 다시 사용하지 못하도록 한다. ○ 기타 위법한 정당활동 등에 관한 벌칙에 규정된 벌금액을 현실에 맞도록 조정한다. ○ 기타 일부 조항의 자구와 표현을 수정한다.

이처럼 정당의 창당요건, 그 존속요건인 창당발기인 수, 법정 지구당 수 및 법정 지구당원 수 등을 감축, 완화시켜 창당과 존속을 쉽게 만든 이 정당법 개정안은 그 후 정당의 난립과 이합집산에 적지 않은 영향을 미치게 되었다.

제4절 안민당·민주독립당의 합당(안민당)

1. 합당 배경

정당의 설립요건을 완화한 정당법 개정안이 국가보위입법회의에서 가결된 직후부터 곳곳에서 정당 결성이 이어지면서 정당창당준비위원회 간의 통합이 시도되었다. 이 무렵 창당의사를 밝히고 나선 19개 정당 중 일부 군소정당들이 통폐합하거나 그러한 움직임을 보이고 있었다. 안민당과 민주독립당의 합당은 그러한 움직임의 하나이며, 양당은 서로 이념과 목표를 같이하기 때문에 합당한다고 밝혔다.

2. 합당 경과

1) 안민당 창당발기인대회

안민당(가칭)은 1980년 12월 1일 시내 고려원 강당에서 발기인 35명 정원이 참석한 가운데 창당발기인대회를 개최하였다.

2) 안민당(가칭)과 민주독립당(가칭)의 합당 논의

1980년 12월 초순부터 합당논의를 계속하여 온 안민당(위원장 김현국)과 민주독립당은 12월 9일 오전 민주독립당 김재호 위원장의 집에서 안민당 부위원장 용태영과 민주독립당 이영세 부위원장 등 양측 대표가 회동, 합당 합의문에 서명하였다. 양당대표들은 이번 합당이 '독립정신의 계승과 4·19 민주정신의 발현 등을 내세우고 있는 양당의 이념에 차이가 없을 뿐만 아니라 정당의 난립현상을 앞장서서 불식, 국민의 여망에 부응하기 위하여 추진된 것'이라고 밝혔다. 이들은 또 다음 날인 10일 오전 10시 시내 태평로 신문회관에서 합동기자회견을 갖고 합당을 선언할 것이라고 밝혔다. 이영세 부위원장은 새로운 당명과 당 기구의 확정 등은 합당 후 논의하게 될 것이라고 말하고 앞으로 이념과 목표를 같이하는 모든 신생 정치세력에 대하여 문호를 개방하겠다고 말하였다. 양당은 합의한 대로 12월 10일 시내 프레스살롱에서 공동기자회견을 갖고 양당의 통합을 선언하였다.

공동성명 요지

이념과 목표를 같이하는 양당은 남북 5천만 동포의 절규에 호응하여 합당키로 하였다.

합당원칙

○ 양측은 흡수가 아닌 합일의 원칙에서 합동한다. ○ 당명은 피차가 기성당명을 고집하지 않는다. ○ 합당과 관련한 인선은 양측 대표에게 일임한다.

합당선언을 한 양당은 보수중도세력을 표방한 신정당(대표 김갑수)과도 합당을 타진하기도 하였다. 안민당과 민주독립당은 집단지도체제를 구성하고 창당까지의 잠정당명을 안민당으로 한다는 데 합의하였으며 12월 13일에는 안민당의 이름으로 중앙선거관리위원회에 중앙당창당준비위원회의 결성을 신고하였다. 그러나 민주독립당 쪽에 합당반대세력이 있어 통합 마무리 작업에는 애로가 있었다.

3) 안민당 창당

그 후 23개 지구당을 창당한 안민당(가칭)은 1981년 1월 28일 오후 4시 시내 세종호텔 해금강홀에서 대의원 97명 중 96명이 참석한 가운데 창당대회를 가졌다. 대회는 재정상의 이유를 들어 사퇴서를 제출한 김현국 위원장이 각 언론기관에 보낸 성명에서 "이 나라의 영도자는 전두환 대통령뿐이므로 사퇴하였다."고 밝힌 것을 들어 김현국 위원장을 해당행위자로 간주하고 제명하였다. 그리고 용태영 부위원장을 위원장대행으로 지명한 후 그를 초대 총재 겸 제12대 대통령선거후보로 지명, 선출하였다. 그러나 용태영 총재는 제12대 대통령선거에는 불참키로 하였다. 안민당은 창당선언문에서 '보국안민, 광세창생, 덕치민주주의, 인본사회주의의 부활을 위한 동방민주주의, 홍익민주주의, 통일민주주의의 구현'을 제창하였다.

안민당의 23개 지구당 창당과정에는 국가안전기획부, 경찰, 보안사령부 등 공안기관의 '방해공작'이 있었는데 특히 중앙당 창당대회에는 기관원 수십 명이 나와 대회를 지켜보았다. 1월 30일 대통령후보등록을 하려는 안민당 당원들과, 지프차 15대를 중앙선거관리위원회 광장에 집결시킨 기관원들이 동 위원회 정당국장실을 선점한 당원들을 포위함으로써 긴박한 대치상태를 맞기도 하였다.[20]

안민당은 시내 광화문 신문로에 있는 용태영 법률사무소를 중앙당 당사로 사용하였는데 이날 국가안전기획부의 중견 간부 2인이 용태영 총재를 위로한다면서 '동행'하여 줄 것을 요구하다가 총재 경호원들에 의하여 연금당하는 사태가 발생하였다. 용태영 총재는 '당과 지구당 위원장들의 안전을

---

20) 용태영, 『황야의 노방초』(서울: 진선미출판사, 1996), 435쪽.

위하여’ 그들을 연금에서 풀어 주고 다음 날인 31일 오전 10시 서울도큐호텔 1103호실에서 당 총재의 입회하에 당 사무총장 권중목으로 하여금 용 총재의 대통령후보 사퇴서를 대필토록 하였다.[21]

3. 합당선언 이후

1) 대한민주당(가칭) 흡수 및 당명 변경

안민당은 1981년 2월 5일 대한민주당(가칭) 창당준비위원회를 흡수하였으며, 9월 4일에는 민주농민당과의 합당문제를 제기하였으나 성사되지는 않았다. 안민당은 그해 12월 29일 제8차 당무회의를 열어 당명을 자유민족당으로 변경할 것을 의결하였으며 동시에 정강·정책을 개정하였다.

안민당은 제11대 국회의원선거(1981. 03. 25.)에 지역구 12명, 전국구 3명 등 모두 15명의 후보를 세웠는데 선거 결과 신순범 후보(전남 여수시·광양군·여천군)가 유일하게 당선되었다. 그 후 안민당은 6월 7일 당기위원회에서 지구당 위원장들에게 총재에 대한 불신풍조 분위기를 조성하고, 당에 대한 파괴행위를 모의하였다는 혐의로 김철 부총재와 김순원 지구당 위원장을 제명하였다.[22]

안민당은 당명을 변경한 후 1982년 8월 10일 ‘자유민족당보’라는 기관지를 창간하였으며 11월 2일에는 탈당성명을 발표한 신순범 의원에 대하여 소속당에 해당행위를 하였다 하여 당기위원회에서 그를 제명 처분하였다. 안민당은 1985년 2월 15일 실시된 제12대 국회의원선거에서 의석 미확보 및 득표수 미달로 해산되었다.

---

21) 용태영, 앞의 책.

22) 중앙선거관리위원회, 『대한민국정당사(제3집)』(1992), 1172-1173쪽.

제5절 민주사회당 · 사회당의 합당 시도

1. 합당 시도 배경

민주사회주의라고 하는 공통된 이념을 내세우면서도 두 갈래로 갈라선 민주사회당과 사회당의 통합이 다시 시도되었다. 혁신계열의 단일화 문제는 단일화 협상이 결렬되고 둘로 갈라진 1980년 11월부터 시작하여 줄곧 논란 속에 있었다. 이 두 혁신정당의 통합문제는 그동안 이합집산을 거듭하면서도 해방 후 지금까지 그 명맥을 이어 온 민주사회주의라는 이념이 이제 정착할 수도 있는 정치적 환경이 조성되었다는 정세판단이 작용, 세인의 관심을 끌었다. 혁신계열은 제5공화국으로의 정치체제 개편과 함께 다당제(多黨制)가 논의되면서 부각되기 시작하였으나 김철 중심의 통일사회당 계열 인사 중 다수가 '정치풍토쇄신을 위한 특별조치법'에 묶여 있고, 고정훈, 이동화, 송남헌, 구익균, 한왕균, 최재방 등 혁신계열 원로들이 재등장하면서 혁신계열 단일화 문제가 구체적으로 거론되기 시작하였다.[23]

2. 합당 시도 경과

1) 민주사회당과 민주노동당의 합당선언

1980년 11월 29일 시내 코리아나호텔에서 발기인대회 준비회의를 열고

---

23) 통일사회당 시절 고정훈은 선전국장. 김철은 국제국장이었다. 군사정변 후 이들은 검거대상이 되었고, 고정훈은 검거되어 5년의 옥고를 치렀다. 일본에 머물던 김철은 4년간 일본에서 체류하다가 1965년 귀국, 통일사회당을 재건하고 1969년 사회주의자 인터내셔널(SI)의 정회원이 되었다. 박대통령 시해사건 이후 정계개편이 있자 군사정변(1961. 05. 16.) 이전 통일사회당 계열의 인사들이 정계 복귀를 선언하고, 군사정변 후 통일사회당을 지켜 온 김철과 10여 년 만의 접목을 시도하였는데 조정과 논의를 거듭하던 혁신계 통합은 1980년 11월 28일 시내 광화문의 한 음식점에서의 회합을 끝으로 양쪽으로 갈라서게 되었다. 다음 날인 29일 고정훈을 중심으로 하는 통일사회당계는 발기준비대회를 열고 민주사회당의 창당을 선언하였다. 고정훈은 이날 대회에 참석하지 않은 김철이 모든 것을 위임하였다고 전제, 발기인의 한 사람으로 발표하였는데 이것이 고정훈과 김철 두 사람의 불신을 더욱 깊게 만드는 계기가 되었다. ≪동아일보≫, 1981년 2월 16일자.

창당을 선언한 민주사회당(가칭)은 12월 5일 오전 같은 호텔에서 고정훈,
이동화, 송남헌, 황구성, 신도성, 한왕균, 김국주, 홍숙자 등의 인사들이 모
여 발기인대회를 개최하고 창당준비위원장에 고정훈을 지명하였다.[24)]

고정훈 위원장과 민주노동당의 권두영 창당준비대표는 12월 22일 오전
시내 신문회관에서 공동기자회견을 갖고, "민주노동당은 한국노동조합운동
의 기조와 정치이념을 앞으로 민주사회당 정강정책의 기본으로 삼을 것을 전
제로 민주사회당과 합당하기로로 합의하였다."고 선언하였다.[25)] 이 자리에는
사회당의 기획위원장 김학락 등 6명이 참석, 사회당을 이탈하여 민주사회당
에 합류할 것을 선언하였다. 합당선언에 이어 사회당의 일부 인사들도 이날
민주사회당에 합류선언을 함으로써 혁신정당의 단일화 작업은 진전을 보였다.

발기인대회를 마친 민주사회당은 1981년 1월 20일 시내 세종문화회관 별
관에서 중앙당 창당대회를 개최하고 당수에 고정훈 창당준비위원장, 부당수
에 김국주·한왕균을 선출하였다. 민주사회당의 성격은 동당 창당준비위원
회에서 발행한 『승공＝민주사회주의』라는 책자의 이름에서 이미 밝혀지고
있었다.[26)] 이렇게 창당을 마친 혁신정당 민주사회당은 새로운 정치환경에
적응하기 위하여 다른 혁신 정당과의 통합을 조심스럽게 추구하게 되었다.

2) 사회당 창당 및 민주노동당 흡수

24개의 지구당을 창당한 사회당(위원장 김철)이 1981년 1월 24일 오전
12시 사내 한국일보사 대강당에서 대의원 325명 중 320명이 참석한 가운데
중앙당 창당대회를 개최하였다. 혁신세력의 일부가 집권당에 참여하기도 하
고 민주사회당이 권력의 사주에 의하여 창당되었다 하여 비판적이던 비참

---

24) 민주사회당 창당대회장에는 '승공통일' 표어가 붙어 있었고, 임시의장인 송남헌의 개회사, 창당준비위원
　　장 고정훈의 인사에 이어 승공강좌와 발기인 선서를 하는 등 이념면에서 체제에 배치되지 않는다는 정
　　당임이 유난히 강조되었다.

25) 이 무렵 민주사회당은 사회당(대표 김철)과의 통합을 성취해야 한다는 명분 때문에 조직보다는 이념정당
　　에 대한 국민적 이미지 쇄신과 당원의 이론교육에 치중하고 있었다.

26) 이와 관련하여 민주사회당은 창당 초기부터 권력의 사주로 탄생되었고 또 사회주의 정당으로서의 성격
　　이 퇴색하였다는 비판을 받기도 하였다. 신도성, 「한국의 보수주의와 혁신주의」, ≪민족지성≫(1987년
　　6월), 269쪽; 정기영, 「한국정당정치의 특성과 여당의 역할」, ≪사상문예운동≫(1990년 가을), 74쪽.

여세력은 전 노총위원장 정동호가 이끌던 민주노동당을 흡수하여 김철을 중심으로 사회당을 창당한 것이다(1981. 02. 05. 정당등록).[27]

고정훈 민주사회당 당수는 2월 17일 제주지구당 창당대회에 참석한 자리에서 사회당과의 합당을 위하여 김철 위원장의 어떠한 제안도 긍정적으로 받아들이겠다고 말하였다.[28] 그는 합당협상을 위하여 송남헌 고문과 한왕균 부당수에게 통합절차 협의에 관한 전권을 위임하였으며 민주사회당은 이날 전권대표에 구익균 고문을 추가하였다. 김철 사회당위원장은 2월 18일 오전 시내 서린호텔 3층에서 기자회견을 갖고 다음과 같은 혁신정당통합방안을 고정훈 민주사회당 당수에게 제시하였다.

김철 사회당위원당의 혁신정당 통합방안

① 혁신정당의 통합을 위하여 민주사회주의의 이념에 충실할 것. ② 비민주사회주의자를 배제할 것. ③ 통합정당의 대표자는 사회당과 민주사회당에 가담되지 않은 제3의 인사를 추대할 것.

그 후 고정훈 당수는 혁신정당의 통합이 가장 시급한 문제라는 데에 인식을 같이하고 양당이 협상대표를 구성하여 협상에 임할 것과 양당 간의 합의가 이루어질 경우 자산은 정계은퇴를 포함한 어떠한 합의에도 응할 것을 시사함으로써 양당은 협상준비작업을 시작하였다. 민주사회당은 통합협상대표로 한왕균 부당수, 송남헌, 구익균 고문을 선임하였고 사회당은 협상대표로 신창균 고문, 장수봉 전당대회의장, 김용호 정책위원회 의장을 선임하였다.

3) 민주사회당과 사회당의 합당합의

김철 사회당위원장의 제의에 대하여 민주사회당의 고정훈 당수는, 사회당의 전권대표와 모든 것을 진지하고 성실하게 협의하게 될 것을 희망하고, 양당대표가 회동하여 합의를 본다면 자신의 정계은퇴까지를 포함하는 어떠

---

27) 황성모, 「한국에서의 사회민주주의」, ≪공산권연구≫(1981년 9월), 36쪽; 배순길, 『한국사회주의정당사』(서울: 한마음 1995), 192쪽.

28) 고정훈 민주사회당 당수는 1981년 2월 27일 부산에서도 사회당과 합당에 관한 기자회견을 한 바 있다.

한 합의에도 따르겠다고 말하였다.

6인의 양당 통합협상대표는 1981년 2월 19일 오전 11시 시내 종로구 수송동소재 모 음식점에서 첫 회합을 가진데 이어 오후에는 코리아나호텔에서 고정훈 당수와 김철 위원장이 참석한 가운데 제2차 협상대표 모임을 갖고 양당의 통합원칙을 재확인하고 구체적인 사항에 대해서는 필요할 경우 6인의 협상대표가 수시로 회합하여 논의한다는 데에 합의하였다.[29]

고정훈 당수와 김철 위원장은 제11대 국회의원선거를 20여 일 앞둔 3월 3일 서울하얏트호텔에서 단독회담을 갖고 한쪽의 당명이 통합정당의 당명이 되고 다른 한쪽의 당수는 통합정당의 당수를 맡는 등 통합을 위한 6개 항에 합의하였다.

민주사회당과 사회당의 통합을 위한 6개 합의사항
① 통합정당의 당명은 민주사회당으로 한다. ② 통합정당의 당수는 사회당의 김철 위원장을 선출한다. ③ 고정훈 당수는 통합정당의 고문으로 추대한다. ④ 통합정당의 고문은 양당에서 각각 5명으로 한다. ⑤ 최고집행기관은 35명으로 구성하되 양측에서 각각 15명씩, 나머지 5명은 재야 혁신세력의 영입을 위해 공석으로 둔다. ⑥ 통합정당의 사무총장은 민주사회당의 조선원 사무총장으로 하고 차장은 사회당 측에서 맡기로 한다.

3. 합당 시도 이후

합당교섭을 마무리 짓지 못한 상태에서 양당은 제11대 국회의원선거 (1985. 03. 25.)를 맞이하였다. 양당 간의 통합협상은, 민주사회당이 서울과 경남에서 각각 1석씩 2석을 얻어 원내에 진출한 것에 비하여 사회당은 단 1명의 당선자도 내지 못하고 또 득표율도 0.8%에 그쳐 정당등록이 취소됨

---

29) 이날 첫 회합에서 혁신정당 통합을 위한 구체적인 협상에 들어갔는데 이에 앞서 민주사회당 측 대표인 한왕균 부당수는 "사회당에서 제시한 3대 원칙을 민주사회당에서 전폭적으로 수락한 것으로 간주하고 회합에 임한다."고 전제한 것을 잘못된 전제라고 지적하였다. 사회당은 19일 아침 "사회당이 제시한 3대 원칙을 민주사회당에서 전폭적으로 수락한 것으로 간주하고 그 전제하에서 이미 선정, 발표된 양당 대표가 회동할 것을 제의한다."고 박혔다. 이에 앞서 민주사회당은 사회당에 보낸 통고문에서 "민주사회당은 사회당의 3대 원칙이 사회당의 당론이고 사회당의 공식 견해임을 인지하고 협상대표들이 회동하여 구체적인 토의를 진행시켜 줄 것"을 촉구한 바 있다.

으로써 무산되었다. 사회당은 선거 전에 진행된 민주사회당과의 합당 추진
작업이 부진하였고 게다가 사회당의 당원 일부가 민주사회당으로 옮긴 가
운데 선거가 실시되었기에 사회당의 의석 획득은 더 어려웠다.

사회당(위원장 김철)은 사회주의자 인터내셔널(SI)과의 관계를 강조하고
한국에서의 사회주의 정당의 정통임을 역설하기도 하였으나 이번 선거에서
저조한 성적을 거두어 국회의석 미확보 및 득표수 미달로 정당법에 의하여
당의 해산(1981. 03. 28.)을 맞게 되었다.

제6절 **제12대 대통령선거(1981. 02. 25.)**

1. 선거 전의 상황

대통령선거법이 1981년 1월 23일 개정되었다. 대통령선거인후보자 등록
시 요구되는 선거권자의 추천인 수를 완화함으로써 대통령선거인 후보자의
등록을 용이하게 하려는 의도에서 개정된 것이다. 개정된 내용의 주요 골자
는, 대통령선거인 후보자 등록 시 요구되는 선거권자의 추천인 수 '200인
이상 300인 이하'를 '100인 이상 150인 이하'로, 인구 5,000명 미만 선거구
에서의 '100인 이상 150인 이하'를 '20인 이상 70인 이하'로의 하향조정이
었다.[30] 이는 국가보위입법회의에서의 의결에 따라 대통령선거인단의 확보
를 보다 용이하게 한 것이다. 대통령선거인단 선거는 2월 11일 실시되었으
며 선거인 5,277명이 선출되었다.

---

30) 국회사무처, 『국가보위입법회의사료』(1995), 121쪽.

2. 선거 결과

　선거인단에 의한 제12대 대통령선거가 1981년 2월 25일 실시되었다. 이 선거는 국가보위입법회의의 의결에 따라 선거인단의 간접선거로 이루어졌으며 전국의 77개 투표소에서 실시되었다. 대통령후보로는 민주정의당 전두환, 민주한국당 유치송, 한국국민당 김종철, 민권당 김의택 등 4명이 등록하였다. 대통령선거인 5,277명 중 5,271명이 참가한 투표결과 4,755표 (90.2%)를 얻은 민주정의당의 전두환 후보가 당선되었다.

〈표 7-3〉 제12대 대통령선거 결과

선거인 수	투표수	후보자별 득표수				계	무효투표	기권	투표율 (%)
		민주정의당	민주한국당	한국국민당	민권당				
		전두환	유치송	김종철	김의택				
5,277	5,271	4,755	404	85	26	5,270	1	6	99.9

출처: 중앙선거관리위원회, 『제12대 대통령선거총람』(1985), 35쪽.

3. 선거 이후

　1980년 10월 27일 공포된 제5공화국헌법에 따라 대통령선거인단의 간접선거에 의하여 선출된 전두환 당선자가 1981년 3월 3일 제12대 대통령에 취임함으로써 제5공화국이 출범하였다. 제5공화국헌법은 대통령의 7년 단임제와 선거인단에 의한 대통령선거, 국회의원 임기 4년, 그리고 비례대표제를 주요 내용으로 하고 있다.

1. 선거 전의 상황

1) 선거법 개정

국회의원선거법이 1981년 1월 29일 개정되었다. 주요 개정내용을 보면 ① 선거구는 지역구와 전국구로 구분하고, 1지역구의 의원 정수는 2인으로 하며 전국구 의원 정수는 지역구 의원 정수의 2분의 1로 한다. ② 지역구 선거의 경우 정당의 당원인 자는 정당의 추천을, 당원이 아닌 자는 선거권자 500인 이상 700인 이하의 추천장을 받아 후보자등록을 신청한다. 전국구선거의 경우에는 정당이 후보자명부를 첨부하여 신청한다. ③ 후보자등록 시 무소속 후보자는 1,500만 원, 정당추천후보자는 700만 원의 기탁금을 낸다. ④ 전국구 의석은 지역구 의석에서 5석 이상의 의석을 얻은 정당에 배분하되, 지역구선거에서 의석수가 제1위인 정당에 전국구 의원 정수의 3분의 2를 배분하고, 제2당 이하의 정당에 그 의석비율에 따라 배분한다.

2) 국가안전기획부의 대야전략(對野戰略)

계엄사령부는 비상계엄 해제를 2주일 앞둔 1981년 1월 10일 대통령선거를 위한 정치활동과 정당창당을 위한 옥내외(屋內外) 집회를 허용하였다. 또 제11대 국회의원선거에 앞서 청와대는 보안사령부를 통하여 민주정의당 창당 작업을 추진하는 한편 국가안전기획부에 대하여 해산된 야당진영을 어떻게 재편해야 좋을지를 연구 검토할 것을 지시하였다. 이에 따라 국가안전기획부는 '대야전략'이란 명칭의 야당재편방안을 마련, 청와대에 보고하였다.[31]

---

31) 「실록 청와대」, ≪한국일보≫, 1991년 4월 30일자.

대야전략(요지)

① 앞으로의 정계 개편에 대비하여 야권의 파벌 결속을 위한 회동 등을 예의 주시한다.
② 범야결속 방지공작이 긴요하다. ③ 4개 정도의 야당을 육성한다. ④ 참신한 인사가
리더십을 장악하도록 지원한다.

　대야전략은 새 정치질서를 수립하고 그 질서를 주도해 나갈 신군부의 정치 밑그림이었다. 당초 이 대야전략에는 신민당계보에 속하는 인물들을 분리하여 각기 다른 야당을 결성하게 한다는 세부계획이 수립되어 있었다. 세부계획의 골격은 채문식 의원(제8, 9, 10대 의원), 황낙주 의원(제8, 9, 10대 의원)을 내세워 김영삼계열을 장악하고 유치송, 고재청은 이철승계열을 관리하도록 하며, 한건수 의원(제6, 8, 9, 10대 의원)이 김대중계열을 장악하여 각각 정당을 설립하고, 고정훈(전 민주사회당 총재)으로 하여금 온건한 사회주의 정당을 창당하는 것으로 되어 있었다. 이 계획은 그 후 수정을 거듭하여 신민당 출신 해금(解禁)의원들이 민주한국당을, 민주공화당계열·유신정우회 해금(解禁)의원들이 한국국민당을, 그리고 고정훈이 민주사회당을 창당하는 방향으로 확정되었다.

　이렇게 확정된 대야전략(對野戰略)에 따라 새로운 정치상황에 맞는 정당 창당작업 일정이 수립되자 민주한국당을 창당할 제10대 국회의원들에 대한 선별 및 정치활동금지 해제 작업이 시작되었다. 청와대가 정치풍토쇄신위원회를 구성하여 정치규제대상자를 공고하였다가 나중에 해금시킨 인사는 유치송, 김은하, 신상우, 김현규, 오홍석, 김승목, 김준섭, 임종기, 김원기, 허경만, 이진연, 한병채, 김종기, 조중연, 유용근, 박권흠, 조규창 등 17명이다.

　전두환 정권은 정당법 개정을 통하여 정당의 설립을 완화하였으며 혁신정당의 설립과 활동에 대해서도 차별화를 시도하지 않고 혁신세력을 체제 내에 수용하고자 하였다. 이에 대해서는 정권 차원에서 정통성문제에 대한 비판적 시각을 완화시켜 체제의 위기관리능력을 높이고 이를 대내외적으로 활용하고자 하였던 것으로 보는 시각이 설득력이 있다.[32]

---

32) 안병영·이갑윤, 「한국의 정치과정」, 김운태 외, 『한국정치론』(서울: 박영사, 1994), 656쪽. 제11대 국회의원선거 당시 민주정의당이 민주사회당의 고정훈 총재를 위하여 그 선거구를 정책지구로 선정하여 고정훈의 당선을 도모한 것을 예로 들고 있다.

3) 만들어진 제1야당 – 민주한국당

1980년 11월 23일 신상우 전 의원은 국가안전기획부 직원으로부터 만나자는 전화를 받고 시내에서 그를 만났다. 신상우는 그로부터 정치활동을 할 수 있게 되었다는 '통보'를 받았다. 뿐만 아니라 유치송은 '책임자'가 되고 자신은 '조직 책임자'가 되라는 지시조의 이야기를 들었다고 한다.[33] 제1야당이 될 민주한국당의 당수와 주역이 선정되는 순간이었다. 민주한국당이 창당발기준비위원회를 구성하기 이틀 전인 11월 25일 현홍주 국가안전기획부 차장은 신상우 전 의원을 만나 창당절차를 협의하였다.[34]

'정치풍토쇄신을 위한 특별조치법'에 따른 정치활동규제대상자 835명 가운데 268명이 11월 25일 정치활동적격자로 판정됨에 따라 규제대상에서 제외된 유치송, 김은하 등 신민당 출신 제10대 국회의원 14명은 11월 27일 오전 시내 뉴서울호텔에서 창당발기준비회를 구성, 보수 정통야당을 표방하는 민주한국당(가칭)을 창당키로 결의하였다. 이날 창당준비위원회에는 유치송, 김은하, 김준섭, 신상우, 오홍석, 김승목, 이진연, 임종기, 김원기, 김현규, 조규창, 허경만, 유용근, 조중연 등 14명이 참여하였으며 김은하를 위원장, 김원기를 임시 대변인으로 각각 선출하였다. 민주한국당(가칭)은 12월 1일 오전 시내 뉴서울호텔에서 창당발기인대회를 갖고 창당선언문을 발표하였다.

민주한국당은 1981년 1월 17일 시내 세종문화회관 별관에서 창당대회 및 제12대 대통령후보 지명대회를 열고 유치송 창당준비위원회 위원장을 만장일치로 초대 총재 및 대통령후보에 추대하였다. 농당은 이날 발표된 창당선언문에서 평화적 정권교체를 실현하고 자유민주주의를 실현하며 그 기반 위에서 조국통일을 달성함으로써 세계평화에 기여하는 데 모든 능력을 발휘겠다고 밝혔으며, 기본정책으로는 정치발전, 단계적인 지방자치제의 실시,

---

33) 신상우, 『고독한 증언』(서울: 창민사, 1986), 21–23쪽.

34) 창당과정뿐만 아니라 제11대 국회의원선거 이후에도 민주한국당에 대한 청와대와 국가안전기획부의 영향력은 대단하였다. 당무회의나 원내 대책회의에서 논의된 내용이나 각 의원의 발언내용이 즉각 국가안전기획부에 보고되고 분석되었으며 마음에 들지 않을 경우 질책이 뒤따르기도 하였다. 민주한국당의 당직은 처음부터 총재 유치송, 사무총장 신상우, 원내총무 고재청으로 짜여 있었다고 한다. 유치송 후보와 신상우 후보는 제11대 국회의원 선거에서 무투표 당선되었다.

물가안정, 점진적 소득평준화 등을 제시하였다.[35]

창당대회 후 제11대 국회의원선거에 출마한 지역구 후보를 확정한 민주한국당은 전국구 후보심사에 착수하였다. 공천심사위원회가 후보자 명단을 놓고 심사하는 형식을 취하였지만 청와대의 지시를 받은 국가안전기획부는 지역구 공천심사 때와 마찬가지로 공천심사에 관여하였다. 국가안전기획부와 무관한 경우라도 전국구 공천순위와 헌금액은 당 지도부에 의하여 사전에 조정되었다.

민주한국당의 창당을 지휘, 감독한 국가안전기획부 등 여러 실세 기관으로부터 민주한국당에 심어진 인사는 20여 명 정도로 알려졌는데 민주한국당 내부에서는 이들을 '오더조(Order組)'라고 불렀다. 이들 중에서도 제5공화국 핵심인사들과 가까운 인사들은 당의 실세로서 당내에서 상당한 영향력을 발휘하기도 하였다. 김문석, 허만기, 양재권, 최운지 등 이른바 오더 4인조 외에도 20여 명의 정치신인들이 청와대와 국가안전기획부 등의 위세를 배경으로 민주한국당에 입당하였다.[36]

4) 민권당

민주한국당의 창당시기와 같은 시기에 김의택 전 의원(신민당 전국구, 제8대 의원)을 중심으로 하는 신당 창당 작업이 한편에서 진행되고 있었다. 정치활동 규제대상에서 제외된 이들 재야세력의 중진들은 대부분 과거 신민당의 중진들이었는데 김의택은 이들의 측면지원을 받아 김산, 김응조, 서범석, 조기항, 김판술, 유옥우, 이정래, 권중돈, 최인영 등의 인사들과 함께 창당 준비작업을 시작하였다.

'정치풍토쇄신을 위한 특별조치법'에 의하여 정치활동이 규제된 대상자들

---

35) 민주한국당 지도부: 총재 유치송, 부총재 김은하 창당준비위원회 부위원장, 사무총장 신상우, 정책심의회 의장 최운지.

36) 오더4인조는 창당 작업 초기 국가안전기획부로부터 민주한국당에 넘겨진 타이핑된 서류에 기재된 인물들인 데 비하여, 다른 이들은 조직책 선정 및 공천과정에서 개인적인 청탁이나 입력형식으로 내려온 것이 대부분이었다고 한다. 지역구로 출마한 허만기와 최운지는 낙선하였고, 전국구 3번과 5번으로 등재된 김문석과 양재권은 당선되었다. ≪한국일보≫, 1991년, 4월 9일자, 4월 22일자.

의 적격판정이 내려진 1980년 11월 25일을 이틀 앞두고 과거 신민당 최고위원을 지낸 유치송이 정치규제대상에서 해제된다는 신문보도에 접한 김의택은 유치송에게 전화를 걸어 축하의 뜻과 함께 면담을 청하였다. 11월 24일 시내 성북동 김의택의 집에서 만난 두 사람은 힘을 합쳐 정통야당을 재건하기로 하고 불원간 발기준비위원회를 발족시키기로 합의하였다. 이 자리에서 유치송은 자신을 중심으로 야당이 재건될 경우 김의택을 상임고문으로 추대하고 응분의 대우를 해 주겠다고 약속하였다.

정치활동 규제대상자들의 적격심판이 진행되어 11월 25일자로 268명이 적격자로 판정되어 구제되고, 11월 27일을 기하여 야당의 발기준비위원회가 발족한다는 신문보도가 있었는데 이는 유치송과 김의택의 양자회합에서 합의한 정통야당의 발기일정과는 커다란 차이가 있는 것이었다.[37]

이때부터 김의택 등 재야세력이 중심이 된 신당운동은 누구의 간섭도 받지 않고 야당이 재건되어야 한다는 취지 아래 유치송이 주도하는 민주한국당과는 별도로 민권당 결성에 박차를 가하게 되었다. 이 과정에서 유옥우, 김판술은 민주한국당에 가담하였으나 나머지 인사들이 중심이 되어 발기준비위원들을 보강, 신당 창당 작업을 서둘렀다.

민권당은 12월 3일 시내 종로에 있는 기독교청년회관에서 발기인대회를 열고 민권당 창당준비위원회를 구성하였으며, 1981년 1월 23일 오후 3시 시내 천도교강당에서 전국 대의원 464명이 참석한 가운데 창당대회를 개최하였다. 대회는 김의택 창당대회준비위원장의 사회로 진행되어 창당선언문과 결의문, 당헌 및 정강·정책을 가결하였으며 창당대회 의장에 김산, 부의장에 조종한·현한조를 선임하여 대회를 진행하였다. 이날 대회에서는 총재 겸 대통령후보에 김의택을 만장일치로 선출하였으며 부총재에는 김응조·곽태진, 고문에는 권중돈, 조선출을 각각 선임하였다.

---

37) 민권당, 『민권당 소사』(서울, 1983), 177–183쪽.

5) 한국국민당

 1980년 11월 25일 정치쇄신조치가 완료됨에 따라 정치활동 규제대상에서 제외된 민주공화당계열과 유신정우회에 소속되었던 제10대 국회의원 등 구여권 인사 18명은 12월 3일 서울외교구락부에서 한국국민당(가칭)의 창당을 결의하고 김종철 전 민주공화당 당무위원을 준비위원장으로 선출하였다. 이날 참여한 준비위원은 김종철, 고재필, 김영광, 김용호, 김유복, 김종하, 신관순, 양찬우, 윤여훈, 윤인식, 이만섭, 이종근, 이준섭, 이호종, 전부일, 정희섭(이상 제10대 국회의원 16명)과 김영병, 김한선 등이다.

 한국국민당(가칭)은 12월 6일 시내 신라호텔 영빈관에서 민주공화당계열 제10대 국회의원 11명, 유신정우회계열 제10대 국회의원 17명, 전직 의원 12명, 기타 42명 등 82명의 발기인이 참석한 가운데 발기인총회를 열었다. 또 12월 17일에는 서울반도유스호스텔에서 225명의 준비위원이 참석한 가운데 창당준비대회를 열고 김종철 창당발기준비위원장을 창당준비위원회 위원장으로 선출하였다. 동당은 1981년 1월 23일 오전 세종문화회관 별관에서 대의원 1,189명 중 1,123명이 참석한 가운데 창당대회 및 대통령후보 지명대회를 열고 김종철 창당준비위원장을 총재 및 대통령후보로 추대하였다.

 민주공화당계열과 유신정우회 출신 인사 등 구 여권세력을 중심으로 창당된 한국국민당은 창당선언문, 강령, 기본정책 등을 통하여 자기 개혁을 이룩하고 새로운 가치창조와 국민세력의 규합으로 자유와 민주, 안정과 번영 그리고 통일을 지향하는 전체 국민의 여망에 부응하겠다고 밝히고 1960년대와 1970년대의 민주공화당이 지표로 삼았던 조국근대화와 민족중흥의 지속적인 추진과 시시비비를 가리는 정책정당을 표방하였다.[38]

---

38) 한국국민당 지도부: 총재 김종철, 부총재 양찬우·김용호·윤인식, 전당대회 의장 정희섭, 중앙위원회 의장 이종근, 정책위원회 의장 이만섭.

6) 민주정의당

① 민주공화당의 재산 양도

권정달 민주정의당 사무총장은 1980년 12월 18일 "지난 10일 민주공화당 청산위원회의 결정으로 민주공화당의 재산을 양도받았다."고 말하고, 그 근거는 "유사목적을 가진 정치단체에 재산을 양도할 수 있다는 정당법과 민법의 규정에 따른 것"이라고 밝혔다. 재산은 약 100억 원 정도로 추산되었는데 이 양도재산은 신여당인 민주정의당의 창당에 커다란 밑거름이 되었다.

② 창당:

신군부가 주축이 된 민주정의당(가칭)은 1981년 1월 15일 시내 잠실체육관에서 창당대회를 개최하고 초대 총재에 전두환 대통령을 선출함과 동시에 그를 제12대 대통령후보로 추대하였다. 대의원 3,165명 중 3,162명이 참석한 가운데 개최된 이날 창당대회는 전당대회 의장에 이재형, 부의장에 송지영·이건호를 선출하고 강령과 기본정책, 당헌을 채택하였으며 창당선언문과 결의문을 통하여 민주복지국가를 건설할 개혁주도 범국민정당으로서의 출범을 선언하였다.

민주정의당은 강령 서문에서 민족, 민주, 정의, 복지, 평화통일노선을 따르는 국민정당으로서 온 국민의 개혁의지를 모아 민족의 자주통일을 주도하겠다고 밝혔다. 또 이를 위한 10개 항의 세부강령을 제시하면서 기본정책으로는 평화통일, 국가안전보장, 미국·일본·서유럽 등 우방국과의 우호관계 유지, 재외동포의 보호, 깨끗한 정치풍토의 조성, 신뢰받는 행정, 정의로운 사회, 물가안정 등을 공약하였다.

7) 기타 정당

정당법 개정 후 19개나 되는 군소정당들이 선거를 앞두고 이합 집산하는 양상을 보였다. 군소정당들이 잇달아 창당을 준비하거나 창당선언을 하고 있는 가운데 합당도 이루어지고 있었다. 그중 한국기민당(이민국), 민주새한당(정광천), 민주국민당(강동근), 대운당(김만수), 원일민립당(윤복영), 고려농민당(방만수), 인류복지당(노병현) 등 정당의 일부는 구 관료가 중심이 된 신정당과 합당논의가 물밑에서 오고 갔으나 워낙 조직, 인원, 예산, 정강정책 등이 미비된 상태에 있었기 때문에 대부분 합당교섭이 구체적으로 진전되기 전에 또는 정당등록이 되기 전에 소멸되었다. 이들 정당들의 합당 움직임은 표면상으로는 이념 혹은 정책의 유사성을 표방하였지만 현실적으로는 대부분 정당법상의 창당요건인 지구당 창당이나 법정 지구당 수를 확보하는 문제와 관련이 있었다.

2. 선거 결과

제11대 국회의원선거가 1981년 3월 25일 시행되었다. 1개 선거구에서 2명의 의원을 선출하는 중선거구제를 채택한 이번 선거에서 모두 184명의 지역구 의원과 92명의 전국구 의원 등 모두 276인의 국회의원이 선출되었다. 이번 선거에는 12개 정당의 후보와 무소속 등 모두 631인이 출마하여 경쟁하였는데 민주정의당은 모두 151석(지역구 90석, 전국구 61석)을 획득, 원내 안정세력을 구축하였다. 민주한국당은 81석(지역구 57석, 전국구 24석)을 획득하였고, 한국국민당은 25석(지역구 18석, 전국구 7석)을 얻었다. 민주사회당, 민권당, 신정당은 각각 2석, 민주농민당과 안민당은 각각 1석, 무소속은 11석을 차지하였다.

정당설립요건이 완화된 이번 선거에서 예상대로 다수의 정당이 설립되었고 야권 표를 분점한 것으로 나타났다. 전국구 의석의 배분방식은 지역구 의석을 가장 많이 획득한 정당에게 전국구 의석의 3분의 2를 배분하고 나머지 의석은 정당의 득표비율에 따라 배분하도록 하였기 때문에 제1당이 된 민주정의당은 전국구 의석배분에 있어서 커다란 제도상의 혜택을 받아 유권자의 지지가 의석수로 전환되는 과정에서 유권자들의 실제 지지에 비하여 당세(의석수)가 크게 부풀려졌다.

〈표 7-4〉 제11대 국회의원선거 결과

구분	의원 정수	정당별 의석수						
		민주정의당	민주한국당	한국국민당	민주사회당	민권당	신정당	기타
지역구	184	90	57	18	2	2	2	13
전국구	92	61	24	7	–	–	–	–
합계	276	151	81	25	2	2	2	13

출처: 중앙선거관리위원회, 『제11대 국회의원선거상황』(1981). 153쪽.

3. 선거의 특징

① 전국구 의석의 3분의 2를 지역구선거의 제1당(의석수 기준)에 배분하는 제도상의 이점으로 여당인 민주정의당의 의석비율은 지역구 의석비율 47%에서 전체 의석비율 54%로 확장되었다. 집권세력에 힘을 실어 주기 위하여 채택된 제도가 소기의 성과를 거둔 셈이다. ② 정당설립요건의 완화로 12개 정당에서 529명의 후보자를 내고 또 106명의 무소속 후보자들이 출마한 가운데 실시된 이번 선거에서 여당인 민주정의당은 선거제도 면에 있어서 또 현실적인 행정집행기구로서 여러 모로 유리한 입장에서 선거를 치렀다. ③ 신군부 세력은 국회 구성의 구색을 맞추기 위하여 혁신정당의 설립을 권유하고 혁신정당 대표가 출마하는 지역에서는 혁신정당 대표의 당선에 우호적인 환경을 조성하기도 하였다.

4. 선거 이후

정당법 개정(1980. 11. 25.)으로 이번 선거에 참여한 12개의 정당 중 의석을 확보하지 못하였거나 유효투표 총수의 2% 이상을 득표하지 못한 정당(사회당, 한국기민당, 통일민족당, 원일민립당)은 정당법 제38조의 규정에 의하여 3월 28일 등록이 취소되었다.[39]

---

39) 정당법상 법정 지구당 수, 지구당 분산, 지구당 법정 당원 수의 요건을 구비하지 못한 때에도 등록이 취소

　　신군부가 행정부와 국회를 장악하게 되면서 선거 이후의 정국은 정치의 소강상태에 접어들었다. 박정희 대통령시해사건이나 광주사태 등 규명되어야 할 과거사나 민감한 사안에 대해서는 누구도 선뜻 나서지 못하고 있었다.

제8절 　민주사회당·신정당의 합당(신정사회당)

1. 합당 배경

　　혁신세력의 집결체임을 자처하는 민주사회당(당수 고정훈)은 정부의 '완곡한 지원'을 받으면서 나름대로의 위치를 구축하고 있었고 여기에 이동화, 송남헌 등 혁신계열 인사들이 모여들었다. 한때(1981년) 민주사회당은 통일사회당계열 인사들로 구성된 사회당(위원장 김철)과의 합당작업을 추진한 바 있다.[40] 고정훈 당수는 사회당과의 합당을 위하여 정명환(전 통일사회당 전당대회 의장), 신창균(전 한국독립당 중앙상임위원회 의장, 통일사회당 정책위원장), 장세환(전 통일당훈련원) 등을 비롯, 전 통일사회당 정치위원 한명수, 심연식, 송석린, 인권수호위원장 현의암, 통제위원 원태석 등의 인사들을 규합하여 통합작업에 임하였으나 순조롭지 않았다. 결국 혁신세력의 대동 단합은 이루어지지 않았다.

　　사회당과의 통합이 무산된 민주사회당은 그 이후에도 신정당, 안민당, 민주농민당 등과 통합을 추진한 결과 1982년 들어 고정훈 당수와 신정당의 김갑수 총재가 양당의 합당원칙에 의견접근을 보이면서 통합협상이 진전되었다.

　　민주사회당은 1982년 2월 6일 정치위원회를 개편하여 백찬기, 권두영, 홍숙자, 곽현산, 황구성, 장철, 김상원, 이강백, 성백수, 이재연, 강경식 등 11

된다. 또 국회의원선거에 후보자를 추천하지 않거나 고의로 불참한 때에도 등록이 취소된다. 그러나 후보자 미추천 혹은 고의 불참 때 정당등록을 취소하는 규정은 1989년 3월 25일 정당법 개정 때 삭제되었다.

40) 한국 민주사회주의 세력의 한 축을 이루는 김철 위원장은 한때 국가보위입법회의 의원을 역임하기도 하였다.

명을 정치위원으로 임명하였다. 또 3월 18일 여의도 국회의원회관에서 열린 정치위원회에서는 신정당과의 합당이유를 "원내 의석을 늘려 정당보조금 배분상의 이익을 얻는 것 외에도 사회주의자 인터내셔널(SI)가입 등 국제적 신념에 보다 나은 입장에서 재도전할 수 있기 때문"으로 설명하였다.[41] 다른 정당들이 내세운 명분에 비하면 민주사회당이 내세운 합당이유는 비교적 현실적인 것이었다. 또 양당은 그 이념과 성격이 대동소이하다는데 양당관계자들이 공감하였기 때문에 합당에 임할 수 있었다.

2. 합당 경과

1) 신정당 창당

1980년 5월 18일 이후 금지되었던 정치활동 중 정당창설을 목적으로 하는 옥내 집회와 정당기구 운영을 위한 옥내 집회가 그해 11월 21일 발표된 계엄포고 제15호에 의하여 다음 날인 22일부터 허용되었다.

이에 대법원장 직무대리를 지낸 김갑수 변호사와 대한적십자사 총재를 지낸 김용우를 중심으로 신정당(가칭)의 창당이 추진되었다. 12월 3일 김갑수 변호사의 집에서 창당발기준비위원 22명이 모임을 가진 신정당은 12월 5일 오전 시내 코리아나호텔에서 창당발기준비위원회를 열고 준비위원장에 김갑수, 상임고문에 김용우, 임시대변인에 백상창을 선출하였다. 이날 준비위원회에는 김형수, 박용설, 이태희, 양극필, 엄정주, 김중한, 정진화 등 21명이 참여하였다.

신정당은 12월 18일 오전 시내 신문회관 강당에서 90명의 발기인이 참가한 가운데 창당발기인대회를 개최하고 발기선언문, 결의문, 창당준비위원회 규약을 채택하였다(창당준비위원장 김갑수). 그 후 신정당은 1981년 1월 27일 오전 옛 서울고등학교 강당에서 창당대회를 개최하고 당 총재에 김갑수

---

41) 정권의 비호를 받았던 혁신정당 민주사회당은 자기 변신이 필요하여 신정당과의 통합을 추진한 것이라는 견해도 있다. 호광석, 『한국정당체계분석』(서울: 들녘, 1996), 372쪽.

를 선출하였다.

2) 신정당·민주사회당·민주농민당·안민당의 합당논의

신정당의 김갑수 총재는 1981년 6월 29일 민주사회당의 고정훈 당수에게 합당을 제의하면서 다음과 같은 3가지 합당조건을 제시하였다. ① 당의 기본이념을 '사회정의 구현'으로 할 것 ② 당명은 '사회정의당'으로 할 것 ③ 당 지도체제는 총재 아래 1인의 대표최고위원을 포함하는 8인의 최고위원제로 할 것. 이에 고정훈 당수는 6월 30일 낮 신정당, 민주사회당, 민주농민당, 안민당 등 4개 정당의 대표들을 초청하여 회합을 갖고 4당 합당문제를 논의하였다.[42]

3) 신정당과 민권당의 합당교섭

민권당은 1982년 2월 18일을 기하여 당 운영 활성화를 위한 대폭적인 당직개편을 단행하고 당 중앙상무위원회를 구성하였다. 그런데 중앙상무위원회를 구성하고 첫 회의를 소집한 날인 3월 23일 지금까지 민권당과도 합당교섭을 벌여 오던 신정당이 민주사회당과의 합당을 선언함으로써 신정당과 민권당의 합당교섭은 종료되었다.

4) 민주사회당과 신정당의 합당선언

고정훈 민주사회당 당수로부터 합당에 관한 구체적인 문제에 관하여 위임을 받은 백찬기 부당수(민주사회당 측 교섭대표)는 1982년 1월 8일 신정당의 이원형 사무총장(신정당 측 교섭대표)과 만나 합당의 조건과 신당의 명칭 및 새로운 당헌의 제정 등을 논의하였다.

---

42) 신정당과 민주농민당은 1981년 4월 10일 오후 합당하기로 합의하였으며 신정당의 김갑수 총재와 민주농민당의 신중목 총재 등 대표자 5인은 이날 오후 두 차례의 모임을 갖고 합당에 따르는 구체적인 절차를 계속 협의하기로 하였다. 신정당의 고재구 대변인은, "신정당이 민주농민당을 흡수 통합한다는 원칙에 양당이 합의하였다."고 말하였다.

민주사회당은 3월 23일 오후 중앙당사 회의실에서 대의원 239명 중 181명이 참석한 가운데 중앙상임위원회와 임시전당대회(대의원대회)를 소집하고 신정당과의 합당을 만장일치로 결의하고 당수에게 신정당과의 합당에 관한 수임기관구성을 위임하였다. 이에 따라 고정훈 당수는 수임기관의 수임위원으로 백찬기, 강경식, 황구성, 이용만, 김상원, 이기순, 곽현산 등 7명을 선임하였다. 이들 수권대표들은 신정당 임시전당대회에서 선출될 수권대표들과 통합정당의 당명, 당직안배, 지구당 배분문제 등을 협의키로 하였다.

임시전당대회 도중 합당에 반대하는 대의원들의 돌출발언이 있었으나 대체적으로 당이 마련한 각본에 의하여 진행되었다. 고정훈 당수는 치사를 통하여 민주사회당이라는 당명을 일시적으로 양보해야 할 입장에 놓여 있으나 합당 협의과정에서 민주사회주의의 이념과 정강·정책을 잊은 적은 없다고 말하였다. 정강·정책을 고수하려 하였다는 고정훈 당수의 발언대로 양당의 대표가 잠정 합의한 강령은 민주사회당의 강령을 원안으로 하고 당명만을 민주사회당에서 신정사회당으로 변경한 셈이 되었다.

민주사회당의 수권위원 7명과 신정당의 수권위원 7명은 3월 24일 오후 시내 세실레스토랑에서 수임기관합동회의를 갖고 양당이 신정사회당으로 신설 합당할 것을 결의함으로써 민주사회당은 신정사회당으로 출범하였다(1982. 03. 29. 신설합당등록).

제11대 국회의원선거에서 2석을 얻은 민주사회당은 역시 2석을 얻은 신정당과 10개월간에 걸친 통합교섭 끝에 이날 합당하여 당명을 신정사회당으로 변경하고 총재에 고정훈을 선출하였다. 이날 합동회의는 양당이 수권위원 신임장을 교환한 후 합동회의 의장으로 선출된 민주사회당의 백찬기 부당수의 사회로 진행되었으며, 신정당의 김동주 중앙상임위원회 부의장의 신설합당 제의를 수권위원 전원이 만장일치로 동의함에 따라 확정되었다. 합동회의는 이어 이완형 신정당 사무총장이 제안한 강령 및 당헌안을 만장일치로 가결하여 신당의 강령과 당헌을 채택하였으며 13개 항의 합당선언서를 발표하였다.

통합신당 신정사회당의 총재에는 고정훈 민주사회당 당수, 당 의장에는 김갑수 신정당 총재, 부총재에는 백찬기 의원과 김동주가 각각 선임되었고, 사

무총장에는 신정당 사무총장인 이원형 의원이 지명되었다.[43] 합동회의에서
통합신당의 총재로 선출된 고정훈 당수는 이날 기자회견을 갖고 "민주사회당
과 신정당이 합당하였다 하여 구 민주사회당의 민주사회주의 이념은 결코 퇴
색되지 않을 것이며 오히려 색깔이 더 뚜렷한 사회주의 정당으로 된 것"이라
고 말하였다. 그러나 이러한 언명에도 불구하고 보수당과 사회주의 정당이
통합한 신정사회당은 그 후 혁신정당으로서 불분명한 성격을 띠게 되었다.

3. 합당 이후

1) 합당반대파의 이탈

양당이 1982년 3월 24일 합당을 발표하기 직전 신정당 부총재인 이대엽
의원과 4명의 지구당 위원장이 합당에 반대하여 탈당하였다. 이대엽 의원은
그동안 신정당이 주도하는 합당을 주장하여 왔으나 이번 합당은 양당의 창
당이념을 변질시키고 실질적으로 혁신정당인 민주사회당의 당세만 확장시
켰다고 탈당이유를 밝혔다.

2) 통합신당의 지도체제 변경 및 신정당계열의 당권 장악

민주사회당과 신정당은 양당의 이념적 성향과 구성원이 달랐음에도 불구
하고 통합에 이르게 되어 세인의 관심을 모았다. 양당은 대등한 합당이라고
발표하였으나 실은 정강·정책은 사회주의 성향을 갖는 민주사회당의 것이
거의 그대로 승계되었고, 고정훈 당수가 통합신당의 총재가 된 반면 보수
성향을 갖는 신정당의 김갑수 총재는 당 의장이 되어 사실상 일선에서 물
러난 격이 되었다.

통합신당 신정사회당은 합당 1주년이 되는 1983년 4월 2일 오전 시내 종

---

43) 신정사회당의 지구당 위원장은 양당이 같은 수로 분배하되 지구당이 중복되는 경우에는 지난 제11대
　국회의원선거 당시 고득표자로 선정키로 합의하였고, 당무위원 등 기타 당직은 양당 출신을 같은 수로
　안배하기로 합의하였다.

로구 신문로 소재 현대건설(주) 강당(옛 서울고등학교 강당)에서 대의원 480
여 명과 당원 등 700여 명이 참석한 가운데 임시전당대회를 열고 총재와
당 의장으로 2원화된 당 지도체제를 총재중심으로 1원화하는 것을 주요 골
자로 하는 당헌 개정안을 채택하였다.

이로써 1982년 3월 민주사회당과 신정당의 합당전당대회에서 총재는 민
주사회당에서, 당의장과 사무총장은 신정당에서 각각 선출하고 임기도
1985년 6월까지로 못 박았던 당헌을 개정하여 고정훈 총재의 단일지도체제
를 확립하게 되었다. 이런 단일성 지도체제가 확립된 후 신정사회당의 김갑
수 당 의장(전 신정당 총재)은 "불만은 없지만 차차 당을 그만둘 생각이며,
신정당 사람이 당에 많이 남아 있는데 나 혼자만 그만둘 수 없어서 몸담고
있을 뿐이다."라고 말하여 통합신당의 운영이 반드시 양측을 만족시켜 주지
는 않았음을 시사하였다.[44]

이날 임시전당대회에는 신정당계열을 대표하는 김갑수 당 의장이 불참하
였을 뿐만 아니라 당헌 개정안이 의제로 상정되자 신정당계 일부 인사들이
불만을 표시하고 나서 대회장은 한때 아수라장이 되었다. 합당 당시 1 대 1
의 원칙에 따라 당 지도체제를 총재(고정훈, 민주사회당계열)와 당 의장(김
갑수, 신정당계열)으로 양분, 그동안 2원체제로 당을 운영하여 왔으나, 당헌
개정으로 당 의장제가 폐지됨으로써 합당 1년여 만에 사회주의 성향의 민
주사회당계열이 당권을 장악하게 되었다.

3) 당헌 개정

고정훈 총재가 이끄는 신정사회당은 1985년 2월의 제12대 국회의원선거
에서 유효투표수의 약 1.5%인 100,891표를 획득하였으며, 전남 제10선거구
(해남군·진도군)의 김봉호 후보가 유일하게 당선되었다. 고정훈 대표는 부
진한 선거 결과에 책임을 지고 대표직을 사퇴하였으며 권대복이 대표직을
이어받았다. 신정사회당은 3월 21일 시내 종로구 흥사단강당에서 대의원

---

44) ≪중앙일보≫, 1983년 4월 4일자.

171명 중 122명이 참석한 가운데 정기 전당대회를 열고 최고위원제의 집단 지도체제로 당헌을 개정하였다.

제9절 제12대 국회의원선거(1985. 02. 12.)

1. 선거 전의 상황

1) 해금 및 민주화추진협의회 발족

정치풍토쇄신위원회에 의한 정치활동 피규제자 555명 중 제1차로 전직 의원 68명을 포함한 250명이 1983년 2월 25일 해금되었고, 정치활동 피규제자 301명 중 202명에 대한 제2차 해금이 1984년 2월 25일 발표되었다. 이에 민주한국당은 4월 6일 구 야권의 전직 의원 20명을 일괄 영입하였다.

다른 한편에서는 정치규제를 받고 있던 김영삼과 미국에 체류 중이던 김대중을 중심으로 민주화추진협의회(민추협)가 5월 18일 정식으로 발족되었다.[45] 재야 정치단체인 이 협의회의 공동의장에 김영삼, 공동의장 대행에 김상현, 공동의장 고문에 김대중이 선임되었다.

전두환 대통령은 9월 14일 4당 대표와 회담을 열어 국회의원선거, 정치활동 피규제자 해금문제 등을 논의하였으며, 정부는 11월 30일 정치활동 피규제자 99명 중 제3차로 84명을 해제하였다. 민주화추진협의회는 김영삼 전 총재 등 15명을 제외한 전원에 대한 해금조치가 발표된 이날 정치활동이 가능해지고 제12대 국회의원선거 일정이 확정되자 이철승, 신도환을 중심으로 하는 구 비주류 연합전선 측과 연합하여 신당 창당 작업에 들어갔다.

---

45) 민주화추진협의회는 등록이나 허가, 신고도 되지 않았던 단체로서 민주화 운동의 구심체였으며 활동을 마친 1987년 12월 31일 자진 해산하였다.

2) 신한민주당 창당준비

신민당계열 전직 의원과 민주화추진협의회(民推協) 계열 전직 의원 및 주요 간부들이 주축이 되어 신한민주당 창당 작업에 나섰다. 처음에는 신민당계열 중진과 민주화추진협의회 소속인사들로 두 갈래로 추진되었으나 1984년 12월 12일 이들 두 세력이 단일 신당창당에 합의, 창당발기준비위원회를 구성하였다. 이민우 의원을 중심으로 한 12인 창당발기준비위원회는 민추협 측의 이민우, 김녹영, 조연하, 최형우, 김동영, 박종률 그리고 비민추협 연합세력 측의 신도환, 이기택, 송원영, 김수한, 노승환 박용만 등으로 구성되었다.

정치규제 해금인사 중 이철승, 이민우, 김재광, 신도환, 이충환, 이기택, 박한상, 김수한, 김녹영, 정해영 등은 여러 차례의 협의를 거쳐 신당을 창당하기로 하였는데 이들은 민추협 인사들과 함께 선명야당의 기치를 내걸고 신당 창당작업에 들어갔다. 김영삼 계열(상도동 계열)의 이민우, 최형우, 김동영 그리고 김대중 계열(동교동 계열)의 김상현, 김녹영, 조연하 등은 12월 15일 서울외교구락부에서 실무대표회의를 열고 창당발기인 선정기준 등 구체적인 실무협의를 시작하였다.

이런 움직임이 있는 가운데 이 과정에서 민주한국당 소속 김현규, 허경만, 박관용, 김찬우, 홍사덕, 최수한, 손정혁, 서석재, 김형래 등 현직 의원과 김한수, 유재연 등 전직 의원이 탈당하여 신당운동에 참여하였다. 김현규 의원 등 여러 명의 의원은 12월 19일 시내 엠파이어호텔 커피숍에 노여 성냉을 발표하고 탈당 및 신당 신한민주당에의 참여를 선언하였다.[46] 이들은 민주화를 조속히 쟁취하기 위하여 신한민주당에 합류한다고 입장을 밝혔다. 탈당사태의 후유증을 수습하기 위하여 민주한국당은 이날 오전 유치송 총재 주재하에 긴급확대간부회의를 개최하였으나 회의는 별다른 성과 없이 끝났다.

---

46) 탈당성명서 요지: 지난 4년 동안 소속 의원들의 노력으로 조금씩 축적되어 왔던 민주한국당의 자생력과 집권의지가 제12대 국회의원선거를 앞둔 전열정비과정에서 너무나 훼손되고 있다. 민주화를 회구하는 국민들의 여망을 구체적으로 집결시킬 필요성을 느껴 민주화추진협의회에 가입하고 신한민주당에 참여하기로 하였다.

신당 추진인사들은 12월 20일 오전 10시 시내 동숭동 흥사단 강당에서 발기인 121명 중 115명이 참석한 가운데 신한민주당 발기인대회를 열고 창당준비위원장에 전 국회부의장 이민우, 부위원장에 김녹영, 조연하, 이기택, 김수한, 노승환, 박용만을 선출하였다. 발기인들은 창당취지문에서 "국민 모두가 혼연히 참여하여 국민의 손으로 육성하는 자생, 자율적 민주정당을 창당하기로 뜻을 모았다."고 밝히고 자유민주주의적 참된 사회를 건설하는 것만이 위기를 극복하고 국민의 창의력과 활력을 소생시키는 길이라고 주장하였다. 이 날 대회는 정치활동규제법의 폐지, 모든 인사에 대한 전면 해금의 즉각 단행, 조기 국회의원선거 실시계획의 철회, 폭력의 배격 등 5개 항의 결의문을 채택하였다.

2. 선거 결과

제12대 국회의원선거가 1985년 2월 12일 시행되었다. 선거 결과 여당 민주정의당은 지역구 87석과 전국구 61석 등 모두 148석을 획득, 원내 과반수 의석을 확보하였다.[47]

신한민주당은 지역구에서 50석, 전국구에서 17석 등 모두 67석을 확보하였고, 민주한국당은 지역구 26석, 전국구 9석 등 35석, 한국국민당은 지역구 15석 전국구 5석 등 20석을 획득하였다. 제1야당이 된 신한민주당은 곧 민주한국당과 한국국민당 소속 당선자들을 영입하여 모두 103석을 확보함으로써 강력한 야당으로 부상하였다.

한편 민주한국당은 이번 선거에서 신한민주당 바람에 밀려 현역의원 44명을 포함한 66명이 낙선, 제3당으로 전락하였으며 유치송 총재는 선거 결과에 책임을 지고 2월 27일 총재직을 사퇴하였다.

---

47) 민주정의당은 유효득표의 35.2%를 얻어 야당인 신한민주당의 29.3%와 민주한국당의 19.7%를 합친 49%에 14%가 뒤졌다.

〈표 7-5〉 제12대 국회의원선거 결과

구분	의원 정수	정당별 의석수						
		민주정의당	신한민주당	민주한국당	한국국민당	신정사회당	신민주당	무소속
지역구	184	87	50	26	15	1	1	4
전국구	92	61	17	9	5	–	–	–
합계	276	148	67	35	20	1	1	4

출처: 중앙선거관리위원회, 『제12대 국회의원선거상황』(1985), 100쪽.

3. 선거의 특징

① 야당 특히 선거 직전 창당된 신한민주당은 선거과정에서 과거 어느 때보다도 강력하게 기존의 정치체제에 대한 비판과 함께 변화를 요구하였다. ② 무소속출마후보자 수가 29명으로서 제11대 국회의원선거 당시의 106명에 비하여 크게 감소하였다. ③ 선거 직전 창당된 신한민주당이 지역구에서 50석을 획득, 제1야당이면서 관제야당으로 인식되던 민주한국당을 제치고 제1야당으로 부상하였다. ④ 신군부가 정치활동을 금지시켰던 대다수 옛 정치인들에 대한 정치활동이 허용된 가운데 실시되어 야당바람이 강하게 분 선거였다. ⑤ 제9대 국회의원선거에서 처음으로 채택, 시행된 중선거구제(1지역구 2인 선출)가 마지막으로 시행된 선거였다. ⑥ 신한민주당과 민주한국당은 선거공약의 하나로서 야권통합을 내걸었다. ⑦ 이번 선거에서 대통령직선제 개헌을 공약으로 내세운 신한민주당, 민주한국당, 한국국민당이 선전하여 득표율에서는 58.1%를 얻어 여당인 민주정의당을 능가하였다.

4. 선거 이후

의석을 획득하지 못하였거나 전체 유효투표수의 2% 미만을 획득하지 못한 정당들은 정당법 제38조에 따라 정당등록이 취소되었다. 정당등록이 취소된 근로농민당, 민권당, 자유민족당 등 3당의 간부들은 3당을 통합하여 신당을 창당키로 하고 1985년 2월 24일 오전 시내 종로구 인사동 민권당 당사에서 통일민주당(가칭) 창당발기인대회를 개최하였다. 이날 통합대회에서 51명의 발기인들은 전 민권당 대표 김응조를 창당준비위원장으로 선출하였고, 당 상임고문에는 용태영(전 자유민족당 대표)을 추대하였다.

한편 신한민주당의 이민우 총재는 1985년 2월 27일 기자회견을 갖고 양심수와 구속학생 석방, 정치규제법 폐기 등 5개 항을 정부에 촉구하는 등 강경노선을 펴기 시작하였다. 선거 직후 대화와 타협을 강조하던 집권세력은 신한민주당의 공세와 민주화 운동세력이 반정부투쟁의 강도를 더하게 되자 강경대응으로 방향을 선회하였다. 이에 신한민주당은 직선제 개헌투쟁에 나서게 되어 개헌을 둘러싼 대치정국이 시작되었다.

신한민주당은 1986년 2월 12일 대통령직선제 개헌 서명운동에 본격 돌입하였다. 개헌 공방은 여야 간 협상과 대화보다는 격돌과 대치 속에서 진행되었다.

제10절 신한민주당 · 민주한국당의 합당 시도

1. 합당 시도 배경

제12대 국회의원선거(1985. 02. 12.) 결과 김대중 · 김영삼이 실질적으로 지도하는 신한민주당이 제1야당으로 부상하였다. 신한민주당은 대여(對與) 자세 및 국회운영에 있어서 기존의 유화적 자세를 거부하고 대통령직선제 헌법개정을 요구하기 시작하였고, 여당인 민주정의당은 호헌(護憲)을 주장함으로써 정국의 긴장이 고조되고 있었다.

한편 신한민주당(67석)에 제1야당의 자리를 내주고 그것도 신한민주당의 절반에 가까운 의석인 35석밖에 획득하지 못한 민주한국당은 충격 속에서도 이번 선거에서 국민의 지지를 받은 신한민주당과의 합당 추진 등 활로 모색을 위한 대책마련에 부심하게 되었다. 이렇게 헌법개정과 활로모색이라 고 하는 양당의 현실적인 입장이 부합되어 신한민주당과 민주한국당의 합 당이 시도되었다.

2. 합당 시도 경과

1) 신한민주당 창당

신한민주당 창당대회는 1985년 1월 18일 시내 앰버서더호텔에서 대의원 532명이 참석한 가운데 개최되었다. 이날 대회는 이민우 창당준비위원장을 총 재, 김녹영·이기택·조연하·노승환을 부총재로 각각 선출하였다(정당등록 1981. 01. 21.). 신한민주당은 김영삼과 김대중을 중심으로 하는 야당인사들이 조직한 민주화추진협의회(민추협)를 모태로 창당되었으며 당내 계파는 크게 민추협 계열과 비민추협 계열로 구성되었다.[48] 신한민주당은 창당선언문에서 "민주화의 열망과 민주적 역량을 총집결, 민족의 주체세력으로 모든 반민주적 세력과 요소들을 과감히 제거하는 데 앞장서겠다."는 결의를 하였다.[49]

신한민주당이 선거(1985. 02. 12.)에서 만족할 만한 성과를 거두자 당내 김영삼계열은 그 여세를 몰아 전당대회를 제12대 국회가 개원되는 4월 초 이전에 조기 개최하여 당 체제를 정비하려 나섰고, 딩내 세력이 상대적으로 약한 김대중계열은 세 규합을 위하여 조기 전당대회 소집을 반대하였다.

2) 민주한국당의 합당 추진 움직임

제12대 국회의원선거 보름 후인 1985년 2월 27일 유치송 민주한국당 총

---

48) 민추협 계열은 정치규제에 묶여 있던 기간 민추협을 구성하였던 김영삼·김대중 계열이고, 비민추협(非 民推協) 계열은 민주화추진협의회에 참여하지 않았던 이철승·김재광·이기택 계열이다.

49) 신한민주당의 정강정책: 대통령중심제와 대통령직선제, 임기 4년 1회에 한해 중임을 허용하는 통치기구, 일체의 독재와 독선배제, 지방자치제 조기 실시, 언론기본법 폐지, 군의 정치적 엄정독립.

재는 선거후유증을 수습하기 위하여 총재직을 사퇴한다고 밝혔다. 그는 총재대행체제를 고려하지 않았으며, 그가 임명하는 전당대회준비위원회에 전당대회까지의 모든 권한을 위임하고자 그 다음 날 준비위원 명단(위원장 김준섭 전당대회의장, 위원 오홍석, 박해충, 임종기, 황낙주, 김승목, 유한열)을 발표하였다.

민주한국당의 신상우 의원은 3월 초 신한민주당을 사실상 이끌고 있는 김영삼을 만나 양당의 통합을 3-4개월 이내에 성사시키자고 건의하였고 당내 조윤형 의원에게는 자신의 방안을 수락하라고 요청하였다. 이에 대하여 조윤형 의원은 당의 체제를 정비한 후 통합하는 것이 합리적이라고 주장하였다.

한편 유치송 총재 측과 유한열, 황낙주를 중심으로 하는 구 당권파들은 하나의 세력을 형성하더니 유한열 의원을 내세워 총력전을 전개하였는데 그들의 주장도 '선 체제정비, 후 통합'이었다. 고재청 의원은 이중재·신상우 의원을 만나 하나의 대안을 제시하였는데 그 대안이란 전당대회에서는 총재만 선출하고 통합수권위원 선정권을 총재에게 위임하도록 하자는 절충안이었다. 더 구체적으로는 총재에 조윤형을 추대하되 수권위원은 사전에 인원수와 명단을 합의하자는 내용이었다. 이중재 의원은 이 대안에 대하여 총재를 선출하게 되면 모든 기구가 구성되어야 하고 그렇게 되면 통합은 점점 어려워진다고 반대하였는데 이는 김영삼 전 총재의 논리와 맥을 같이 하는 것이었다.

그동안 '정치풍토쇄신을 위한 특별조치법'(1980. 11. 05. 공포)에 의하여 정치활동이 규제되었던 567명 중 마지막 남은 김대중, 김영삼, 김종필 등 14명에 대하여 1985년 3월 6일 전면적인 해금조치가 단행되었다(3·6해금). 해금을 계기로 이 세 사람의 거취가 정치권의 관심을 끄는 가운데 야권통합에 관한 논의가 대두되기 시작하였다.

민주한국당의 3선 이상 원내외 중진인사들은 3월 7일 저녁 시내 음식점 동보성에서 회동, 3·6 해금 이후의 당의 진로를 협의하였는데 3월 29일의 전당대회에서 당의 체제를 정비한 후 야권통합을 추진한다는 기존의 방침을 재확인하였다.[50] 이날 신상우 의원은, 전당대회는 당 차원의 대회가 아닌 통합을 위한 전당대회로 나아가야 하며, 통합이 성취될 때까지는 집단지도체제로 운영하는 방안을 모색하자고 주장하였다.[51] 이 자리에서는 뚜렷한 결론은 없었으며 그 후 김준섭 전당대회준비위원장이 제2차 모임을 주선하였으나 역시 결론을 도출하지 못하였다. 이 무렵 당은 유치송 총재·유한열 의원을 중심으로 하는 '민주한국당 고수파'와, 이중재·신상우 의원을 중심으로 하는 '신한민주당과의 통합파'로 분열되고 있었다.

3) 김영삼·김대중의 야당통합원칙 합의 및 민주한국당의 당론 분열

민주화추진협의회 김대중 고문과 김영삼 공동의장은 1985년 3월 15일 오전 김상현 공동의장 권한대행의 시내 창천동 집에서 첫 공식회동을 갖고 다음과 같은 몇 가지 사항에 합의하였다.

김대중·김영삼의 합의사항

① 김대중은 김영삼의 요청에 따라 민주화추진협의회 공동의장 취임을 수락한다. ② 특별시, 직할시 및 도 단위까지 지부를 두는 등 민주화추진협의회의 조직을 확대한다. ③ 야권통합은 원칙적으로 신한민주당을 중심으로 이루어져야 하며 이를 위하여 이번 민주한국당 전당대회는 당권 차원이 아닌 통합을 위한 수권대표만을 선출하는 대회가 되기를 바란다.

이 합의사항에서 보듯이 김영삼과 김대중은 신한민주당을 중심으로 야권통합을 추진키로 했으며, 김대중은 민주화추진협의회 공동의장으로 취임하기로 하였다. 관심을 끄는 부분은 민주한국당 당외 인사인 이들 두 사람이 민주한국당의 전당대회에 영향을 미칠 만한 합의사항 즉 전당대회에서는 당권 차원이 아닌 통합을 위한 수권대표만을 선출하기를 바란다는 내용의 합의사항을 공개하였다는 점이다.

이러한 합의내용이 전해지자 민주한국당의 당론은 찬성과 반대 양론으로 갈라졌다. 야당이 조속히 합당해야 한다는 명분에는 찬성하면서도 전당대회에서 당 체제를 정비하지 않은 채 수권대표만을 선출하는 것은 35석의 의

---

50) ≪동아일보≫, 1985년 3월 8일자.
51) 신상우, 『고독한 증언』(서울: 창민사, 1986), 335-337쪽.

석을 가진 정당의 기능이 통합작업 외에는 모두 정지되는 결과를 초래하는 만큼 먼저 체제를 정비하고 수권통합기구를 구성하자는 주장과, 김대중·김영삼의 의견을 수용하여 통합수권대표만 선출하자는 주장이 제기되었다.

한편 유치송 전 총재 중심의 범주류세력으로 분류되는 박해충, 조종익, 황병우, 목요상, 정재원, 신재휴, 손태곤, 유용근, 이홍배, 박찬 등 12명은 3월 15일 저녁 시내 한 음식점에서 김대중·김영삼의 합의사항에 대한 대책을 논의하였는데, 이번 대회는 총재를 선출하고 당 기구를 갖추는 정상적인 대회로 치른다는 데 의견을 모았다.

그러나 한때 경선 의사를 표명하였던 이중재, 고재청, 신상우 등은 3월 16일 김대중·김영삼의 방안은 민주한국당의 입장에서는 섭섭한 안이기는 하나 일단 체제를 정비하고 나면 통합이 지연될 것이므로 민주한국당은 아픔을 참는 수밖에 없다면서 김대중·김영삼의 방안에 찬성의 뜻을 밝혔다.

그간 '선 체제정비, 후 통합' 방안을 마련해 놓고 있던 민주한국당 전당대회준비위원회의 김준섭 위원장은 이날 유치송 전 총재, 신상우 부총재, 오홍석 중앙상임위원회 의장, 유한열 사무총장, 이중재 당무위원 등과 이 문제를 협의하였다. 전당대회준비위원회는 이틀 후인 18일 '선 체제정비, 후 통합' 원칙을 결정하고 통합 전에 정식 전당대회를 가진 후 통합문제를 거론하기로 하였다. 이날 김대중은 민주화추진협의회 공동의장에 취임하였다. 민주한국당의 당론이 양분된 가운데 당 체제정비파의 정재원 의원과 통합수권파의 이중재 의원은 3월 20일 회동하여 절충을 시도하였으나 타협점을 찾지 못하였다. 동당에서는 3월 25일 오전 총재단 및 당 6역 연석회의를 열고 다시 야당통합문제를 논의하였다.

4) 민주한국당 전당대회 - 선 체제정비, 후 통합결의

민주한국당에서는 유치송 전 총재가 총재 경선에 불출마하겠다고 선언한 가운데 1985년 3월 28일 중앙상무위원회를 열어 당 지도체제 개편을 위한 각 정파의 당헌 개정안 3개를 모두 전당대회에 상정하기로 결의하였다. 이에 따라 이미 경선출마를 선언한 조윤형 의원, 한영수 의원은 이날 시내 아서원과 한일관에서 각각 자파 단합대회를 열고 득표활동을 시작하였다.

민주한국당의 제3차 정기 전당대회가 3월 29일 시내 잠실 교통회관에서 대의원 609명 중 557명이 참석한 가운데 개최되었다. 이날 대회에서는 총재 선출에 앞서 ① 통합추진수권위원회만 구성하는 과도적 체제구성안(이중재·신상우 측) ② 현 단일지도체제를 유지하면서 부총재만 2명을 증원하는 안(조윤형·한영수 측) ③ 경선으로 총재와 부총재 4명을 선출하여 5인합의체로 지도부를 구성하고 별도의 통합추진수권위원회를 구성하는 안(범주류 측)이 각각 상정되었다. 표결결과 이중재·신상우 측 안 143표, 조윤형·한영수 측 안 238표, 범주류 측 안 201표로 재적 과반수(305표)를 모두 넘지 못함으로써 현행 단일지도체제 당헌의 존속이 확정되어 야당통합에 앞서 당 체제를 정비하는 것으로 결정되었다.

이날 오후 4시부터는 총재 경선투표가 실시되었다. 제1차 투표결과 재석 대의원 577명 중 조윤형 후보는 230표, 범주류의 유한열 후보는 183표, 한영수 후보는 127표를 각각 얻었으나 모두 재석 대의원 과반수(289표)에 미달하였다. 그러나 유한열 후보와 한영수 후보가 "당의 단합을 위하여 조윤형 의원을 중심으로 뭉치자"며 제2차 투표를 포기함에 따라 조윤형 의원이 새 총재로 확정되었다.

조윤형 총재는 취임인사를 통하여 "민주한국당이 직면한 가장 시급한 일은 야당통합이기 때문에 야당통합기구를 만들어 민주한국당이 지난 선거 때 받은 국민의 지지를 바탕으로 예우를 받으면서 신한민주당과 통합, 1988년의 평화적 정권교체를 추진하겠다."면서 시급히 당을 탈당하려는 동지들은 '당 차원의 정정당당한 합당'이 있을 때까지 기다려 달라고 말하였다. 이날 전당대회에서는 김준섭 전당대회준비위원장을 전당대회 의장에 선출하였으며 김준섭 의장은 김덕규 의원과 고영구 두 사람을 전당대회 부의장으로 지명하였다.

전당대회에서는 "대통령직선제 개헌과 반민주적 악법의 개폐를 통하여 평화적 정권교체를 달성하는 것이 국민의 여망이고 시대적 소명임을 명심, 이의 실현을 위하여 어떤 희생을 무릅쓰고서라도 범민주세력이 결집될 수

있도록 야권통합에 앞장선다." 등의 내용을 담은 결의문을 채택하였다. 전
당대회는 또 '야권통합추진수권위원회 구성 결의안'을 채택하는 등 야권통
합에 앞장설 것을 결의하고, 그 인선을 조윤형 총재에게 일임하였다.

그러나 민주한국당 전당대회가 끝나자마자 당 분해 작업이 가속화되었다.
대회가 끝난 지 3일 만에 '선 체제정비'를 주장하던 사람들까지 앞 다투어
신한민주당에 입당하기 시작한 것이다.[52] 조윤형 총재는 4월 2일 이중재 의
원과 만나 즉각적인 당의 해체를 조건으로 수권위원장직 수락을 교섭하여 승
낙을 받고 이중재의 제의에 따라 수권위원 명단을 작성하였다. 이중재 의원
은 이날 밤 이러한 합의내용을 들고 김대중과 김영삼을 방문하였으며 곧 민
주한국당이 해체되고 신한민주당과의 합당이 이루어질 것이므로 집단탈당을
유도하지 말아 줄 것을 요청, 김대중으로부터 협조하겠다는 언질을 받았다.

5) 민주한국당의 통합수권위원회 구성 및 무조건 통합선언

신한민주당은 전당대회에서 김대중·김영삼을 상임고문으로 추대하였다.
이민우 총재는 1985년 3월 26일 김대중·김영삼 두 사람을 초청하여 3인
회담을 갖고 조속한 야당통합 실현, 신한민주당과 민주화추진협의회와의 관
계, 국회 개원과 관련한 분위기 조성 등에 관하여 의견을 교환하였다.

신한민주당은 4월 2일에는 예정에 없던 총재단 회의를 열고 민주한국당
조윤형 총재의 '국회 개원 전(前) 통합' 제의에 대한 당의 대책을 논의하였
으나 우선 민주한국당 당선자들의 집단입당을 받아들인 후에 대책을 강구
하기로 하였다.

조윤형 총재는 4월 3일 오전 중앙당 당사에서 회견을 갖고 민주한국당을
신한민주당에 무조건 합당시키겠다고 선언하고 통합추진수권위원장과 위원
을 임명하였다. 민주한국당의 야권통합추진수권위원회(조윤형 총재, 김은하,
이중재, 신상우, 박일, 이용희, 정대철, 조세형)은 이날 낮 12시 30분 시내
코리아나호텔에서 모임을 갖고 "민주한국당은 당을 해체하고 신한민주당과

---

52) 신상우, 앞의 책, 335-337쪽.

합당한다.”고 결의하였다. 그러나 정당법 제39조에서는, 당의 해산은 대의기관의 결의로써만 가능하다고 규정하고 있기 때문에 야당통합추진수권위원회의 당 해체 결의는 선언적인 의미만을 갖고 있었다. 이러한 전격적인 당 해체 및 통합선언은 수권위원회파를 비롯하여, 범주류 및 기타 제12대 국회의원 당선자들이 4월 1일부터 탈당하기 시작하자 조윤형 총재가 이를 막기 위하여 서둘러 취한 조치였다.

조윤형 총재의 당 대 당 통합의사 천명에도 불구하고 민주한국당 소속 국회의원 당선자 29명이 4월 3일과 4일에 집단탈당하여 신한민주당에 입당한 데 이어 3명이 추가로 탈당(이태구 의원-신한민주당, 김일윤·황대봉 의원-한국국민당에 각각 입당)하자 민주한국당은 당선자 중 유치송, 신동수, 손태곤 3명만이 남게 되었다. 탈당자들은 성명에서 “민주화를 실현하고 자유롭고 공정하게 경쟁할 수 있는 토대 위에서 참다운 민주주의를 실현할 것”을 다짐하였다. 4월 4일 오전 신한민주당 중앙당 당사에서는 민주한국당과 한국국민당 소속 당선자 및 민주한국당 원외 지구당 위원장으로서 신한민주당에 입당한 인사들에 대한 환영식이 있었다. 그러나 황명수 위원장 등 신한민주당 원외 지구당 위원장들은 민주한국당과 한국국민당 탈당자들의 무조건 입당을 반대하는 결의문을 채택하였다. 이들은 결의문에서 신한민주당의 야당통합결의를 전폭적으로 지지하나 제1, 제2차 해금 때 민주한국당에 입당한 자 등의 영입이나 입당을 결사 반대한다고 밝혔다.

6) 민주한국당의 통합선언 이후 – 조윤형 총재 제명

한편 민주한국당의 일부 원외 지구당 위원장들은 1985년 4월 4일 전날 있었던 조윤형 총재의 무조건 통합발표는 3월 29일의 전당대회 결의를 무시한 위법적 처사이기 때문에 무효라고 주장하고 임시전당대회 소집을 요구하였다.

이렇게 총재의 일방적인 합당선언에 불만을 가진 민주한국당 지구당 위원장들이 총재 징계를 위한 임시전당대회를 소집하려 하자 조윤형 총재 측은 이를 극력 저지하고자 하였다. 원외 지구당 위원장들은 조윤형 총재가 명예로운 당 대 당 통합을 약속해 놓고 무조건 합당을 선언하였는데 이는 해당행위이며 따라서 총재를 징계해야 한다는 논리였다. 당내 일각에서는 대회소집파가 조윤형 총재를 제명시킨 뒤 신한민주당에 대하여 응분의 예우를 주장하는 등 합당조건을 제시함으로써 통합을 결렬시키고 당을 고수하려 한다는 주장이 있었다. 이들 고수파는 합당을 하더라도 신한민주당 내에서 지위보장이 어렵다는 판단 아래 민주한국당을 고수하기를 원한다는 내용이다.

또 민주한국당의 김재영 사무차장을 비롯한 사무처 국장, 부장, 차장 등 간부 23명은 4월 5일 오전 중앙당사에서 조윤형 총재의 사퇴 및 전당대회 소집요구 등 구당(救黨)을 위한 3개 항을 결의하였다. 이들은 조윤형 총재가 '선 체제정비, 후 통합' 원칙을 무시하고 일방적인 백기투항을 선언한 처사는 전당대회의 결의를 무시한 것이므로 당연히 사퇴해야 한다고 주장하였다.

7) 민주한국당의 통합선언에 대한 신한민주당의 반응

민주한국당의 조윤형 총재가 1985년 4월 3일 신한민주당과의 무조건 당 대 당 합당을 선언하였지만 신한민주당의 이민우 총재와 이택돈 사무총장은 '당 대 당 통합'이 아닌 '개별입당' 원칙을 재확인하였다. 그리고 이날 오후 민주한국당수권위원회 측의 실무책임대표인 정대철 전 의원에게 당 대 당 합당을 하려면 정당법상 임시전당대회를 열어 수권위원회를 구성하여야 하는 등 번거로운 절차를 밟아야 하므로 개별입당으로 받을 수밖에 없다는 입장을 전달하였다.

이민우 총재는 4월 5일 낮 시내 올림피아호텔에서 유치송 전 민주한국당 총재를 만나 신한민주당과 민주한국당 간의 실질적인 통합문제 등에 관하여 의견을 교환하였으나 합당의 방법과 절차 등에 있어서 이견이 노정되었다.

민주한국당은 조윤형 총재의 합당선언 이후 심한 내분에 시달리게 되었다. 김준섭 전당대회의장은 4월 17일 아침 시내 한 호텔에서 조윤형 총재와 만난 자리에서 총재대행을 지명한 후 사퇴하여 전당대회를 개최하지 않도록 제안하였으나 조윤형 총재는 이를 거부하였다. 당사로 돌아온 김준섭 의장으로부터 회동내용을 전해 들은 박찬, 이필선, 고병현, 김문석 등 원외 지구당 위원장들은 조윤형 총재의 '해당행위'를 다시 한 번 확인하고 곧 전당대회소집요구서를 제출하기로 하였다.[53]

민주한국당은 지구당 위원장 등 대의원 212명의 소집요구로 4월 30일 여의도 중앙당 당사 강당에서 대의원 363명 중 209명이 참석한 가운데 임시전당대회를 개최하였다. 대회에서는 조윤형 총재가 '선 체제정비, 후 통합'이라는 전당대회(1985. 03. 29.) 결의사항을 무시하고 무조건 합당을 선언함으로써 당을 와해지경에 이르게 하였다며 표결 없이 '조윤형 총재 제명 동의안'을 가결하였다. 조윤형 총재 제명으로 민주한국당은 8월로 예정된 전당대회까지 김준섭 전당대회의장이 총재권한을 대행하게 되었다. 이렇게 신한민주당과의 당 대 당 통합을 실현시키지 못한 조윤형 총재가 제명 처분당하는 사태가 발생하였는데 당 총재가 자당(自黨)에서 제명된 일은 한국정당사상 처음 있는 일이다. 이날 전당대회에서는 당 대 당 합당을 강력히 희망하는 내용을 담은 결의문과 국민에게 보내는 메시지를 채택하였다.

민주한국당 임시전당대회 결의문

오늘 우리 민주한국당은 이 나라의 유일한 나갈 길이 국민의 자유보장과 민주회복, 그리고 진정한 야당통합에 있음을 통감하고 구국의 결의로 더욱 강력하고 선명하게 투쟁해 나갈 것을 굳게 재다짐하면서 다음과 같이 결의한다.
① 우리는 지난 2월 12일 총선거가 엄청난 관권과 금권의 개입이 난무한 사상 유례없는 부정타락 선거였음을 지적하고 정부·여당에 그 책임을 강력히 추궁하는 한편 합리적인 선거제도의 개선을 위해 투쟁한다. ② 우리 당은 대통령직선제 개헌의 관철과 모든 반민주적 악법을 과감히 개폐함으로써 현 정권을 종식시키고 평화적 정권교체를 달성함이 국민적 여망이라고 보고 이를 위해 어떠한 희생도 불사할 것을 다짐한다. ③ 우리는 당 대 당의 명분 있는 합당만이 범민주세력의 집결을 위한 초석이 될 수 있음을 확신하고 이를 저해하는 모든 반민주적 요소를 과감히 척결하는 동시에 하루속히 합당이 이루어질 수 있도록 구국의 결의로 임할 것을 재다짐한다.
1985년 4월 30일 민주한국당 당원 일동

---

53) ≪한국일보≫, 1985년 4월 18일자.

결의문의 주된 내용은 결국 당 대 당 합당 희망으로 요약된다. 그러나 이날 전당대회에는 대의원 209명만이 참석함으로써 임시전당대회 성립 여부 및 제명결의 유효 여부를 둘러싼 시비의 여지를 남겼다. 조윤형 총재 측은 611명의 대의원 중 탈당자를 제외하면 재적 대의원은 540명이 되어야 한다면서 대회소집파 측이 위원장이 탈당한 지구당을 사고당부로 규정하여 재적 대의원 수를 363명으로 간주하고 대회성립을 선언한 것은 잘못이라고 주장하였기 때문이다.[54]

민주한국당은 5월 6일 통합수권위원을 선임한 이래, 5월 15일에는 당 통합수권위원회 집행부 연석회의, 7월 16일에는 통합수권위원회의를 개최하였다. 동 당은 9월 12일 다시 임시전당대회를 열어 총재 선출을 포함한 여러 안건들을 박수 속에 일사천리로 처리, 1시간 10분 만에 회의를 마쳤는데 이날 유치송 전 총재가 총재에 재추대되었다.

한편 신한민주당에는 4월 이후 국회의원 입당자가 줄이어 한국국민당에서 3명, 신민주당과 신정사회당에서 각 1명, 무소속에서 1명이 입당함으로써 4월 18일에 이르러서는 102석의 의석을 확보, 단독으로 임시국회소집을 요구할 수 있는 거대 야당으로 변신하여 정국은 양대 정당구도로 전환되었다.[55]

3. 합당 시도 이후

1) 합당에 따른 채권·채무관계 및 전국구 의원 문제

두 당이 법적인 합당을 하게 되면 존속되는 정당 쪽에 모든 권리 및 의무가 승계되므로 민주한국당의 채권·채무는 신한민주당의 몫이 된다. 그

---

54) 전당대회추진파에서는 기존 611명의 대의원 가운데 위원장이 탈당한 45개 지구당 즉 사고당부의 대의원 225명과 탈당상무위원 등을 제외하면 현재 대의원 수는 363명이며 이 중 과반수인 209명이 참석하였기 때문에 전당대회는 적법하다고 주장하였다. 이에 대하여 조윤형 총재 측에서는 4월 22일 대회가 소집된 이후 당헌상 사고당부로 지정할 권한을 가진 총재가 그러한 결정을 내린 바가 없으므로 아직까지 대의원 수는 탈당자를 제외하더라도 540명이며 이 중 과반수는 270명 이상이라고 주장하였다.

55) 국회의 임시회(임시국회)는 대통령 또는 국회 재적의원 4분의 1 이상의 요구에 의하여 집회된다(헌법 제47조).

러나 신한민주당이 전당대회를 열어 합당결의를 하지 않는다면 민주한국당
의 재산은 민주한국당에 잔류하는 세력의 재산이 된다. 또 민주한국당이 해
체되었을 때 동당의 후보로 당선된 전국구 의원의 자격문제와 관련해서는,
소속 정당이 없어지더라도 이미 당선자로서 확정된 의원신분에는 변함이
없기 때문에 민주한국당 전국구 당선자들이 신한민주당에 입당하면 신한민
주당 소속 전국구 의원이 된다.

하지만 신한민주당과 민주한국당의 당 대 당 합당은 실패로 끝났다. 실패
원인 중 중요한 것은 신한민주당이 제12대 국회의원선거(1985. 02. 12.) 결
과 형성된 위상을 배경으로 하여 민주한국당을 합당이 아닌 단순한 개별입
당으로 흡수하려고 하였던 것에서 찾을 수 있다. 결국 신한민주당 내 두 계
파의 이해타산, 민주한국당의 당내 사정이 통합 저해요인이 되었으나 이에
못지않게 현실적인 문제 즉 당직 감소문제와 지구당 위원장직 감소문제가
저해요인으로 작용하였다. 그리고 동일한 지역구에 당적을 두었던 양당 지
구당 위원장들 중 누가 통합신당의 지구당 위원장이 되느냐 하는 문제도
있었다. 여기에는 물론 김영삼과 김대중의 당내 주도권 확보를 위한 역학관
계가 강하게 작용하였다. 뿐만 아니라 민주한국당 지도부의 우유부단한 지
도력도 당의 와해 및 집단탈당에 원인을 제공하였다.

신한민주당은 1985년 8월 1일부터 2일까지 시내 세종문화회관 별관에서
대의원 818명이 참석한 가운데 임시전당대회를 개최하였다. 대회에서는 총
재에 이민우 총새를 재신출하고, 부총재에 최형우·이중재·양순직 의원(이
상 민추협 계열), 노승환·김수한 의원(이상 비민추협 계열), 이기택 의원
등 6명을 선출하였으며, 김대중과 김영삼을 당 상임고문에 추대하였다. 또
8월 10일에는 사무총장에 이용희 의원을 임명하고 김동영 원내총무와 이택
희 정책심의회 의장은 유임시켜 체제정비를 완료하였다.

2) 신한민주당의 대통령직선제 개헌운동

여야는 1985년 11월 25일 노신영 국무총리와 3당 대표회동을 갖고 '대통령

직선제 개헌 쟁취 및 영구집권음모분쇄 범국민대회'(서울대회)를 논의하였는데 신한민주당은 정부·여당(민주정의당)의 대회중지 요구를 거부하였다. 민주정의당은 '국민에게 드리는 간곡한 당부', 신한민주당은 '국민에게 보내는 메시지' 등 자기 당의 입장에 대한 국민적 동의를 호소하는 성명을 발표하였다. 이때부터 경찰은 비상경계령을 내려 검문검색을 강화하는 한편 신한민주당 지구당사에 대한 압수수색영장을 발부받아 일부 지구당사에 대한 압수수색을 실시한 데 이어 중앙당 당사에 대해서도 영장을 발부받았으나 집행은 보류하였다.

지방에서 개헌추진대회를 개최해 오던 신한민주당은 11월 29일 서울에서 '서울대회'를 개최하였다. 당일인 29일 경찰이 대회장소인 옛 서울고등학교 주변과 신한민주당 중앙당 당사 주변을 차단, 출입을 통제함으로써 대회는 무산되었으나 시내 곳곳에서는 시위가 발생하였다. 경찰은 '서울대회'와 관련하여 2,255명을 연행, 27명에 대하여 구속영장을 신청하고 23명은 즉심, 117명은 학교선도위원회 통보, 그리고 나머지 2,088명은 훈방 조치하였다.[56]

신한민주당은 소속 의원과 당직자 전원이 항의농성에 들어가는 한편 서울대회 무산과 관련한 국무총리의 국회본회의 출석 및 사과, 다음번의 서울대회 개최허용 보장 등을 국회 정상화의 전제조건으로 제시하였으나 민주정의당이 거부함으로써 신한민주당의 서울대회 무산후유증은 국회로 비화되었다.

신한민주당의원들이 12월 2일 국회본회의장 단상을 점거하자 민주정의당의원들은 동당 의원실에서 자당 소속 의원들만이 참석한 가운데 예산결산특별위원회와 본회의를 잇달아 열고 새해 예산안과 '조세감면규제법 중 개정법률안' 등 8개의 의안을 처리하였다. 이에 신한민주당은 민주정의당의 예산안 단독처리에 항의, 소속 의원 90명 전원이 의원직 사퇴서를 총재에게 제출하고 그 처리를 위임하였다. 또 12월 13일과 14일에 전국 9개 시·도에서 '대통령직선제 개헌쟁취 및 영구집권음모분쇄대회'를 동시에 개최하기로 결정하는 등 전면적인 장외투쟁을 선언하였다. 정국이 경색된 가운데 여야는 총무회담, 대표회담 등을 통하여 국회정상화 방안을 모색하였으나

---

56) 《중앙일보》, 1985년 11월 30일자.

신한민주당이 12월 12일 국회불참을 선언하자 민주정의당과 한국국민당은 남은 의안(법률안 10건, 동의안 9건, 임명승인 1건)을 처리하고 12월 18일 제128회 국회(정기회)를 폐회하였다.

제11절 신정사회당·사회민주당의 합당(사회민주당)

1. 합당 배경

1985년 1월 당시 국내에는 혁신정당으로는 신정사회당을 비롯하여 사회주의 이념을 바탕으로 창당 중에 있던 한국사회당(신도성 주도)과 통합사회당(김철 주도) 등이 활동 중에 있었다.

통합사회당은 한국사회당과의 통합을 시도하였으나 성사되지 않았으며, 그 후 사회민주당으로 당명을 변경하고 신정사회당과의 통합에 나섰다. 이 무렵 제12대 국회의원선거(1985. 02. 12.)에서 여당세력이 다소 위축되고 야당세력이 상대적으로 약진하면서 혁신세력이 힘을 얻고 있었다.

선거 후 민주화 세력의 약진은 이념정당들의 활동 공간 또한 확장시킬 수 있는 기초 환경을 조성하였기에 이들 혁신계열정당들의 통합운동은 자연스럽게 전개되었다. 선거 결과 혁신정당 3당 중 신정사회당만이 1석을 획득하였을 정도로 이들의 세력은 미약하였고 인지도 또한 극히 낮았다. 따라서 혁신진영의 분립이 결코 바람직하지 않다는 결론에 도달한 이들은 혁신운동의 지속과 혁신계열의 단일화를 위하여 합당에 나선 것이다.

2. 합당 경과

1) 통합사회당과 한국사회당의 합당 시도

통합사회당(가칭)은 1984년 12월 26일, 한국사회당(가칭)과 평민당발기추진위원회가 결합한 '혁신대동추진회'와 다음과 같은 3개 항의 통합원칙에 합의하였다.[57]

> 통합사회당·혁신대동추진회의 통합원칙 3개 항
> ① 자생, 자주적 사회주의 정당을 창당한다. ② 창당 후 모든 민주화 추진세력과 협력하여 강력히 민주주의를 추진한다. ③ 근로자 조직 및 청년단체와 재야 혁신인사들을 조속히 당 운동대열에 동참케 한다.

이들은 12월 27일 양측대표 5인씩으로 구성된 전체회의에서 창당발기인 대표를 동수로 한다는 합의에 이르렀으나 다음 날인 28일 혁신대동추진회 측에서 이 합의사항을 전면 거부하고 나섬으로써 양측의 통합문제는 일단 중단되었다.

12월 31일 대전 시내 대흥식당에서 통일사회당계열 간부 24명이 회합을 갖고 통일사회당의 전통을 계승하는 참다운 민주적 사회주의 정당을 결성하기로 합의, 통합사회당(가칭)의 발기를 선언하였으며 김철, 안필수, 송석린, 박인목, 유영봉, 이시준, 심연식 등 7인을 결성준비위원으로 선정하였다. 그 후 양측은 계속 막후 접촉을 벌였으나 혁신대동추진회의 한 축인 한국사회당(가칭)이 1985년 1월 3일 지구당 조직책 19명을 발표함으로써 통합협상은 사실상 결렬되었다. 이에 따라 통합사회당은 단독으로 창당하기로 하고 1월 10일 오전 서울 종로구 묘동 종우빌딩에서 발기인 50명 중 28명이 참석한 가운데 통합사회당(가칭) 창당발기인대회를 개최하였다. 이날 대회에서는 발기취지문을 채택하고 김철을 창당준비위원장으로 선출하였다.

---

57) 중앙선거관리위원회, 『대한민국정당사(제3집)』(1992), 1036쪽.

2) 신정사회당 결성

신정사회당은 1985년 3월 21일 시내 동숭동 흥사단 강당에서 정기 전당대회를 열고 당헌을 개정, 단일지도체제를 최고위원제의 집단지도체제로 변경하였다. 전당대회에서는 범혁신정당 통합에 앞설 것을 다짐하였으며 대표최고위원에 이원형 사무총장, 당 상임고문에는 고정훈 전 총재를 추대하였다. 그런데 당 소속으로는 유일한 당선자인 김봉호가 3월 22일 신한민주당에 입당함에 따라 신정사회당은 원외 정당이 되었다.

3) 사회민주당의 신정사회당 흡수 합당

① 통합사회당의 당명변경 – 사회민주당

통합사회당(가칭)은 모두 24개의 지구당을 창당한 후 1985년 3월 1일 시내 흥사단 본부 대강당에서 대의원 248명 중 225명이 참석한 가운데 당명을 사회민주당으로 변경하여 창당대회를 개최하였다.[58] 이날 당 대표인 위원장에는 김철, 부위원장에는 박인목, 상임고문에는 안필수가 각각 선출되었다.

통합사회당(가칭)이 사회민주당으로 당명을 변경하여 창당대회만을 개최하고 정당등록을 마치지 않은 상태에서 4월 11일 오전 서울시내 서린호텔에서 김철 위원장과 안필수 상임고문이 신정사회당의 권두영 최고위원, 안균섭 당무위원 및 한국사회당(가칭)의 신도성 위원장, 이원명 부위원장 등과 회동하였다. 회동에서 민주사회주의 정당들이 통합을 논의한 끝에 사회민주당(가칭)으로 통합할 것에 합의하고 서명, 날인하였다.

그러나 한국사회당(가칭)과 신정사회당이 사회민주당(가칭)으로 무조건 통합한다는 김철 사회민주당 위원장의 기자회견내용에 대하여 신정사회당의 이원형 대표최고위원은 이는 공식 당론이 아니며 사실과 다르다고 말하였다. 그는 "공식 당론이 결정되지도 않은 상태에서 3명의 우리 당 최고위원

---

58) 제11대 국회의원선거에서 부진한 성적을 거둔 후 해산되었던 사회당은 김철을 중심으로 1982년부터 당 재건운동을 벌였으나 중단되었다가 제12대 국회의원선거에 참가하지 않는 것을 전제로 사회민주당을 창당하였다.

중 1명인 권두영 씨가 독단적인 행동을 한 것뿐"이며, 또 "저들이 20명의 지구당 위원장의 서명을 받았다고 주장하는데 이는 지난달 전당대회 이전에 받은 것으로 왜곡 사용된 것"이라고 설명하였다. 이에 대하여 권두영 최고위원은, "지난번 전당대회에서 어떠한 희생을 치르더라도 혁신계열 정당의 통합을 추진한다고 결의했는데도 소아병적으로 현상을 유지하려는 사람들이 있어 공식 당론은 아니지만 정치적 결단을 내린 것"이라고 해명하였다.

이에 신정사회당은 다음 날인 4월 12일 당기위원회를 소집하고, "정당등록을 필하지 아니한 사회민주당(가칭)의 김철, 한국사회당(가칭)의 신도성과 모임을 갖고 사회민주당(가칭)을 중심으로 민주사회주의 정당이 통합한다는 원칙에 합의하였다고 성명서를 발표하였음은 우리 당의 공식의사가 아닐 뿐 아니라 지난 제3차 정기 전당대회에서 혁신사회주의 세력의 단일화를 염원하는 국민적 여망에 부응하기 위하여 우리나라의 유일한 민주사회주의 정당인 신정사회당을 중심으로 통합한다는 결의를 하였으며, 민주사회주의 세력의 영입 케이스로 2명의 최고위원 선출을 유보하였음을 인지하고 있음에도 불구하고 이와 같은 당의 공식적인 당론을 무시하고 일방적으로 소위 3당 합당선언을 자행하였음은 개인의 매명을 위한 해당행위로 단정하지 않을 수 없다."며 유감을 표시하고 여기에 참여한 이들의 제명 처분을 만장일치로 정치위원회에 요청하였다. 이에 따라 정치위원 19명 중 15명이 참석한 가운데 4월 16일 오전 중앙당회의실에서 열린 제20차 정치위원회는 안균섭 당무위원을 제명 처분하고, 권두영 최고위원에 대해서는 불신임안을 발의하였다.

신정사회당은 이와는 별도로 '혁신사회주의통합추진위원회'를 구성하기로 결정하고 통합추진위원으로 이강백 사무총장, 정정휴 중앙상무위의장, 이용만 대변인, 강병원·기로을 정치위원을 선임하고 위원장에 이강백 사무총장을 선출하였다. 이어 4월 18일 개최된 중앙상무위원회는 '권두영 최고위원 불신임안'을 재적 25명 중 찬성 20, 기권 5로 가결하였다.

한편 4월 11일 합당을 선언한 3개 혁신정당 대표 6인위원회는 4월 15일 재야 혁신세력의 참여를 위하여 재야인사 3명을 영입, '사회주의대동추진위원회'를 구성하였다. 이들은 사회주의대동추진위원회 조직조정실무위원회를

구성하고 4인의 실무위원은 사회민주당(가칭)과 신정사회당에서 각 2명씩 선발하였다.[59]

② 사회민주당과 신정사회당의 합당교섭

권두영 최고위원과 안균섭 당무위원을 해당행위자로 징계처분을 내려 내부진통을 수습한 신정사회당은 당내에 '혁신사회주의통합추진위원회'를 설치하고 '사회주의대동추진위원회'를 구성한 사회민주당(가칭)과 1985년 4월 22일 '사회주의대동추진위원회 조직조정실무위원회'를 구성하여 본격적인 통합 활동을 시작하였다.

이들 실무위원들을 중심으로 통합작업을 추진한 양당은 1986년 4월 15일 통합대표로 임명된 사회민주당의 김길언 중앙위의장, 차능회 재정위원장, 유영봉 간사장과 신정사회당의 김정길 정치위원, 정정휴 중앙상무위의장 등 5명이 회동하여 사회민주당이 신정사회당을 흡수 합당한다는 데에 최종 합의하였다. 신정사회당은 4월 24일 혁신사회주의 통합추진위원회의를 개최하고 다음 날인 25일에는 사회민주당 김철 위원장 앞으로 합당 추진을 위한 서신을 발송하였다.

이에 따라 사회민주당은 1986년 5월 26일 서울시내 중구 수표동 풍원장 식당에서 대의원 120명 중 107명이 참석한 가운데 임시 전당대회를 개최하여 신정사회당을 흡수 합당키로 결의하였다. 수권위원 7인은 3인의 전형위원을 선출, 이들에게 위임하여 선정하기로 하였는데 전형위원으로 선출된 이만희 전당대회 부의장, 유영봉 간사장, 차능회 재정위원장 등 3인은 유영봉 등 7인의 수권위원을 선임, 발표하였다. 임시전당대회는 신정사회당과의 합당에 따른 결의문과 국민에게 드리는 메시지 등을 채택한 후 대회를 마쳤다. 이처럼 사회민주당(가칭)의 정당등록(1985. 07. 15.) 후 그동안 추진되어 온 통합작업에 가속도가 붙어 양당은 임시전당대회를 열어 각 7인의 합당수권위원을 선임하기로 합의 서명하였다.[60]

---

59) 위원장 유영봉(사회민주당 간사장), 위원 차능회(사회민주당), 정주영(신정사회당), 이의달(신정사회당).

60) 1986년 3월 31일 신정사회당의 박학래, 정정휴, 김정길 등의 초청으로 사회민주당의 김철, 안필수, 유영봉 등 6인이 농원에서 회동하였다. 또 5월 6일 오후 2시에도 신정사회당 통합대표들과 사회민주당의

신정사회당도 5월 26일 오전 중앙당 회의실에서 대의원 120명 중 110명이 참석한 가운데 임시전당대회를 개최하고 사회민주당으로의 흡수 합당을 결의한 후 합당에 따른 수권위원 선출권한을 권대복 대표최고위원에게 일임하였다. 권 대표최고위원은 박학래 등 7인을 통합수권위원으로 선임하였다.

신정사회당 · 사회민주당의 통합수권위원

사회민주당: 유영봉, 김길언, 차능회, 이만희, 박기수, 홍천희, 김세곤
신정사회당: 박학래, 황구성, 정정휴, 김정길, 하병욱, 기로을, 이강백

양당은 5월 27일 오전 시내 서린호텔 소시알룸에서 오전 9시 30분부터 4시간 30분 동안 양당 합당을 위한 수임기관합동회의를 개최하고 수권위원 14명 중 신정사회당의 박학래 의원이 불참한 가운데 신정사회당을 사회민주당에 흡수 합당시키기로 결의하였다.[61]

합당에 관한 공동선언문(1986. 05. 27.)

오늘 우리는 날로 높아가는 국민적 여망에 따라 이 나라의 갈라졌던 민주적 사회주의 세력이 마침내 발전적 통합을 이루어 사회민주당과 신정사회당이 하나가 되었음을 민족현대사 앞에 엄숙히 선언한다.

민족주의에 바탕한 민주적 사회주의 세력의 강력한 등장은 이제 우리 국민이 외세에 영합한 매판적 지배세력의 횡포를 물리치고, 노동자 · 농민 · 영세상공업자 · 하급사무원 · 교원 등 가난하고 힘없는 민중도 당당하게 이 나라의 주인노릇을 할 수 있게 사회의 민주적 변혁을 수행하면서 남북으로 찢긴 우리 민족을 국가연합의 단계를 거쳐 각각 외세와의 근사 동맹관계에서 벗어나 외국군사시설과 외국군을 철수시키고 관계 각국이 조약으로 보장하는 비동맹중립의 단일민족국가로 완전 통일하게 하는 민족사적 당면과업의 추진을 위하여 절실히 요청되고 있는 것이다.

그러나 민족상잔의 동란까지 겪은 우리사회는 오랫동안 줄곧 세계에 유례가 없이 편협한 한국적 매카시즘에 지배되어 왔으므로, 그동안 민주적 사회주의운동에 상당한 선구적 노력에도 불구하고 큰 성장을 이룩하지 못하였다. 다만 공업화에 따른 커다란 사회변동의 결과 가중되는 사회문제의 압력이 민주적 사회주의운동에 대한 부당한 탄압에 반대 또는 항거하는 여론을 최근에 급속히 확산시키고 있다.

여기에 우리는 민주적 사회주의 세력의 획기적인 확대결집의 필요한 과정으로서 두 당의

통합대표들이 농원에서 회동, 통합을 논의한 바 있다. 중앙선거관리위원회, 『대한민국정당사(제3집)』 (1992), 1485–1486쪽.

61) 정당법상 흡수합당을 위해서는 흡수하는 쪽의 정당과 흡수당하는 쪽의 정당이 대의기구나 그 대의기구의 위임기관 간에 합동회의를 열어 결의하도록 되어 있다.

통합을 이루게 되었으며 앞으로 이것이 반드시 큰 흡인력을 발휘하여 광범한 노동운동, 농
민운동, 도시빈민운동, 청년운동, 근로인텔리운동 및 진보적 문화운동 등의 지지를 모으고
또 지향을 같이하는 유망한 남녀 정치청년들을 적극적으로 당 조직 대열 속에 묶어 나가
게 될 것을 확신한다. 이렇게 획기적으로 확대 결집된 민주적 사회주의 세력은 목하 진행
중인 민주 개헌의 쟁취과정에서도 기어이 중요한 역할을 다하여야 하겠다.
이제 거창한 새 역사를 창조하려고 다함께 사회민주당의 이름 아래 강인하게 뭉쳐 진군을
시작한 이 나라의 민주적 사회주의 운동의 줄기찬 행로에 온 민중의 뜨거운 성원을 바라
마지 않는다.

사회민주당은 김철 위원장을 대표자로 하여 5월 28일 중앙선거관리위원
회에 흡수합당 신고를 마쳤으며, 5월 29일 오전 9시 당사에서 위원장의 합
당에 따른 기자회견 및 성명발표가 있었다.

3. 합당 및 그 이후

사회민주당은 제12대 국회의원선거 이후 권대복 대표가 이끄는 신정사회
당과 수개월 동안 합당교섭을 하여 오던 중 통합에 합의하였으며, 합의 후
4개월여가 지난 1986년 11월 11일 시내 파고다극장에서 합당을 위한 임시
전당대회를 개최하고 통합신당 사회민주당을 창당하였다. 이날 대회에서 3
인의 후보자가 위원장직을 놓고 경선을 벌였는데 제1차 투표에서 김철(전
사회민주당위원장) 131표, 권대복(전 신정사회당위원장) 79표, 권두영(전 사
회민주당 정치위원) 69표를 얻었으나 모두 과반수 득표에 실패하였다. 제2
차 투표에서는 권대복 후보가 사퇴한 가운데 투표가 진행되어 김철 175표,
권두영 179표로 권두영 후보가 위원장에 선출되었다. 그 후 사회민주당은
민주노동운동세력을 중심으로 농민운동, 도시빈민운동과 연대를 갖고 조직
을 확대하는 등 당세 확장에 주력하였다.[62]

---

62) 국가안전기획부는 1992년 9월 7일과 10월 6일 각각 전 민중당 공동대표였던 김낙중 관련 간첩단 사
    건과 남한조선노동당 사건의 중간수사결과를 발표하였다. 국가안전기획부는 김낙중 사건과 관련하여 김
    낙중 외에 권두영 민중당고문(1993. 1. 14. 옥중 자살), 평화통일연구회사무총장 노중선, 청해실업대표
    심금섭 등 4명을 간첩 및 간첩방조혐의로 구속하였다.

제12절 **신한민주당·민중민주당의 합당(신한민주당)**

1. 합당 전의 상황

1) 민중민주당 창당

1985년 10월 5일 신한민주당의 유한열, 이태구, 임종기, 황병우, 최운지, 신경설, 유갑종, 서종열, 정재원, 신병렬, 이건일, 한태석 등 12명의 의원이 신보수회(회장 유한열)를 결성하였다. 이들 12명은 신보수회 결성 후 2개월여가 지난 12월 31일 전원 탈당하였다. 이들 탈당파는 주로 민주한국당에 있다가 신한민주당에 입당하였던 인사들로 탈당하게 된 배경에는 신한민주당 내 인사문제에 있어서의 소외와 불만, 그리고 공천이 보장되지 않는 지구당 사정이 있었다.

신한민주당을 탈당한 유한열 의원 등 신보수회 소속 의원들은 1986년 5월 20일 민중민주당(가칭) 창당준비위원회를 구성하였으며 5월 23일에는 시내 무교동의 광일빌딩에서 창당발기인대회를 개최하였다. 그리고 8월 16일에는 잠실교통회관에서 민중민주당을 창당하였다(총재 유한열).

2) 직선제 개헌 투쟁

신한민주당은 1986년 2월 12일 '직선제 개헌 1천만 명 서명운동'을 시작한 이래 그해 5월 말까지 서울, 부산, 대구, 광주 등 전국 9대 도시에서 개헌추진 지부 결성을 위한 군중집회를 개최하였다. 5월 3일의 인천 및 경기도지부 결성대회는 4천여 명의 재야인사, 학생, 노동자들의 격렬한 시위에 대하여 경찰이 진압 작전을 전개함으로써 집회는 무산되었다(5·3사태).

신한민주당은 5월 30일 소속 의원 전원의 이름으로 '헌법개정특별위원회 구성결의안'을 국회에 제출하였으며 국회는 6월 21일 동 위원회 구성에 합의하였다. 이처럼 제12대 국회의원선거(1985. 02. 12.) 이후 신한민주당을 비롯한 재야 정치세력의 집요한 개헌투쟁이 전국적으로 확산되자 전두환 대통령과 민주정의당은 헌법을 개정할 의사가 있음을 밝혔으며, 국회에서는 여야 간 만장일치로 헌법개정특별위원회구성안이 가결 처리되어 1986년 7월 30일 헌법개정특별위원회가 설치되었다.

신한민주당은 8월 4일 대통령직선제 개헌안을 확정하였다. 이에 반하여 여당 민주정의당은 8월 18일 대통령을 상징적 국가원수로 하고 수상과 내각이 실질적인 통치를 행하는 내각책임제 헌법개정안 요강을 발표하고 이를 8월 25일 국회헌법개정특별위원회에 제출하였다. 이처럼 민주정의당은 내각제 개헌안을 고수하였으나 신한민주당과 한국국민당은 대통령직선제를 고수함으로써 의견 절충은 쉽지 않았다.

이민우 신한민주당 총재는 10월 21일 시국수습을 위하여 전두환 대통령에게 여야 영수회담을 갖자고 제의하고, 이 회담이 이루어지지 않거나 이루어지더라도 난국타개의 실마리가 풀리지 않을 경우 직선제 개헌추진 서울대회 등 장외투쟁을 전개하겠다고 선언하였다. 신한민주당은 정부·여당의 호응이 없자 11월 29일 '개헌추진 서울대회'를 강행하였으나 수만 명의 경찰이 동원되어 대회를 원천 봉쇄하였다.

3) 이민우 구상

1986년 가을 정기국회(제131회 국회)에서 개헌문제가 논의 되고 있던 중 10월 14일 유성환 의원(신민당)은 국회본회의 대정부질문 도중 "이 나라의 국시(國是)는 반공보다는 민족통일이어야 한다."는 내용의 발언을 하여 파문을 일으켰다. 유성환 의원의 국회발언에 대한 용공좌경시비(容共左傾是非)가 문제가 되어 이를 계기로 여야 대립이 더욱 첨예해졌다. 여야가 격돌함으로써 정국은 혼란에 빠졌고 유성환 의원은 국가보안법위반혐의로 구속되었다.[63] 유성

---

63) '국회의원(유성환) 체포동의의 건'은 1986년 10월 15일 제출되어 10월 17일 새벽 2시 가결되었다. 민주정의당은 16일 밤 경호권이 발동된 가운데 국회의사당 참의원 회의실에서 유성환 의원 체포 동의안을 단독 처리하였다. 10월 22일 속개된 국회본회의 도중 신한민주당 의원들이 이 동의안의 변칙처리에 대한 이재형 의장의 책임문제를 들어 의석에서 의장을 야유하며 사회진행을 거부하였다.

환 의원의 구속은 현역의원이 회기 중 처음으로 체포된 사례로 기록되었다.

신한민주당 의원 87명은 그해 12월 2일 여당이 1987년도 예산안을 변칙 처리하자 이에 항의하여 의원직 사퇴서를 제출하였다. 정부형태를 둘러싼 여야 간 의견대립과 여당의 예산안 변칙처리에 야당이 항의하는 가운데 이민우 총재는 12월 24일 정부·여당에 대하여 7개 항의 민주화 조치를 요구하는 이른바 '이민우 구상'을 발표하였다. 이민우 총재는 자신의 요구가 받아들여진다면 내각제 개헌협상을 검토할 용의가 있다고 밝혔다.

이민우 총재의 민주화 조치 7개 항

① 지방자치제 실시 ② 언론 및 집회결사의 자유 등 기본권 보장 ③ 공무원의 정치적 중립 ④ 국민에게 뿌리내린 2개 이상의 정당제도 정착 ⑤ 공정한 국회의원선거법 ⑥ 용공분자를 제외한 구속자 석방 ⑦ 사면·복권 등 민주화를 위한 조치

이에 대하여 노태우 민주정의당 대표위원은 12월 26일의 송년기자회견에서 신한민주당이 내각책임제 개헌 협상조건으로 이민우 총재가 제시한 7개 항을 공식 제의한다면 이를 긍정적으로 검토할 용의가 있다는 뜻을 밝혔고, 이만섭 한국국민당 총재도 12월 27일의 기자회견에서 '이민우 구상'에 대하여 합의개헌을 위한 전환점이 되었다고 평가하였다. 그러나 신한민주당 내에서는 이 구상에 대하여 '대통령직선제 당론 불변'과 '조건부 내각책임제 개헌협상 가능'으로 그 해석이 양분되어 당론 조정을 위한 진통이 거듭되었다.

4) 김영삼·김대중의 '이민우 구상' 수용거부

이민우 총재와 김영삼 상임고문은 1987년 1월 15일 시내 외교구락부에서 회동, '이민우 구상'에 관하여 의견을 교환하였는데 이 자리에서 이민우 총재는 자신의 구상이 신한민주당이 내각제를 받아들일 수 있는 전제조건으로 제시된 듯한 오해를 불러일으킨 데 대하여 국민과 당에 죄송하다고 발언하였다. 이날 두 사람은 대통령직선제 고수, 재야세력과의 직선제 개헌투쟁 연대에 합의함으로써 '이민우 구상'은 사실상 철회되었다.

664

김영삼 상임고문이 2월 7일 신한민주당에 입당하여 제도권 내에서도 개헌운동이 본격화되기 시작하였으며, 신한민주당과 민주화추진협의회는 2월 12일 1천만 개헌서명운동을 시작하였다. 이민우 구상의 백지화로 개헌정국이 교착상태에 빠진 가운데 신한민주당의 김영삼 상임고문과 김대중 공동의장이 2월 13일 공동기자회견을 갖고 권력구조에 대한 선택적 국민투표를 제의하였으나 2월 19일 이철승 의원이 이를 반대하고 내각책임제를 지지하는 발언을 하였다.[64] 이어 2월 21일 재차 회동한 김영삼 고문과 김대중 의장이 5월 전당대회 개최 및 김영삼 총재 추대를 결정, 이민우 구상에 대한 거부태도를 분명히 하자 이민우 총재는 자신의 '선 민주화론'을 고수하며 '김영삼 총재 추대'에 불분명한 태도를 보이는 등 신한민주당은 개헌노선과 지도체제 문제 등으로 내분이 심화되었다. 신한민주당 간부회의는 2월 23일, 내각책임제 지지의사를 표명한 이철승 의원을 제명 처분하였다.

5) 신한민주당 분열 – 통일민주당 발기

신한민주당은 1987년 3월부터 각 지구당 개편 및 결성식을 통하여 대중집회운동을 본격화하였다. 그러나 3월 2일부터 시작된 신한민주당 지구당개편대회에 개헌노선 및 전당대회 문제 등에 대한 의견조정을 이유로 김영삼 고문이 불참을 선언, 지구당대회가 중단되었다.

그러던 중 김영삼 계열과 김대중 계열의 의원 70여 명이 3월 12일 이민우 구상 배격 및 김영삼, 김대중의 지도노선을 지지하는 서명에 참여, 이민우 총재 측에 결별을 선언하고 신당 통일민주당 창당 작업에 나섰다.[65] 이날 김영삼과 김대중의 명의로 된 4개 항의 신당 창당성명서는 전두환 정권의 공작정치에 의하여 당내 불순세력이 수백 명의 폭력배를 동원하여 5월의 전당대회를 불가능하게 만들었다면서 대통령직선제, 개헌추진, 비폭력적

---

64) 민주정의당, 신한민주당, 한국국민당 등 3당은 2월 18일 국회헌법특별위원회 가동정상화 등 4개 항에 합의하였다.

65) 서명문안의 주요 내용: ① 직선제 당론 관철 ② 두 김 씨의 지도노선 지지 ③ 직선제 골격을 흐리게 하는 언동 배격.

이고 평화적인 민주화 추진을 위하여 신당창당이 불가피하다고 밝혔다.

신한민주당의 내분은 3월 17일 이민우 총재와 김영삼 고문의 회동에서 민주화 7개 항(이민우 구상)은 내각제 수용을 전제로 한 것이 아님을 확인하는 등 4개 항에 합의함으로써 수습국면에 접어들었다.[66]

그런데 4월 들어 신한민주당 주류 측에서 당내문제 조정을 위하여 상도동계열 3인(최형우·김동영·박용만, 김영삼 고문 측), 동교동계열 3인(이중재·이용희·김영배, 김대중 의장 측)으로 6인소위원회를 구성, 가동에 들어가자 비주류 측이 강력하게 반발하면서 신한민주당의 내분은 새로운 국면에 들어섰다.

내각제 지지발언을 한 이철승 의원과, 김영삼·김대중의 퇴진을 주장하여 파문을 일으킨 이택희 의원에 대한 징계문제는 결국 유혈사태로 번져 당 분열의 결정적 계기가 되었다. 즉 두 의원 징계를 위한 당기위원회가 개최될 예정이던 4월 4일 이택희 의원의 지구당 당원들이 중앙당 당사를 점거, 농성을 벌이며 당직자들과 충돌, 유혈사태가 발생하였다.[67]

신민당은 4일에 이어 6일 오전 이택희 의원 징계를 위한 당기위원회를 개최하려고 하였으나 이택희 의원 측 당원들이 당사를 점거하고 실력으로 저항함에 따라 이날도 당기위원회 개최에 실패하였다. 이택희 의원은 4월 6일 오전 충주지구당의 이중남 위원장 등 간부 9명의 이름으로 김영삼 고문을 상대로 당무방해배제가처분신청을 서울지법 남부지원에 제출하였다.

수습기미를 보이던 신한민주당에 이택희 의원 계열 당원 200여 명이 당

---

66) ① 내각제 합의의사 없음 확인 – 일부 오해 유감 ② 직선제는 불변의 당론 ③ 7개 항 민주화 요구는 당 주장 내용과 동일 ④ 가까운 시일 내에 3자회동을 갖고 모든 문제 논의

67) 그간의 경과는 다음과 같다. 신한민주당 충주-제천-중원-제원-단양 지구당의 이정회 당기위원장은 1987년 3월 27일 "형집행정지를 받고 당원 자격이 없는 자가 특정정당에 관여하는 행위가 정당법에 저촉되는지의 여부에 대한 유권해석을 내려 달라."고 중앙선거관리위원회에 요구하였다. 신한민주당은 이와 관련 김대중 민주화추진협의회 공동의장을 명시적으로 지칭하지는 않았으나 김대중 의장을 지칭한 것으로 간주, 이택희 의원의 지구당 발언과 함께 당기위원회에서 다루기로 하였다. 동당의 주류 측이 이철승·이택희 의원 징계에 필요한 절차를 진행하고 있을 때 비주류 측은 이를 저지하기 위하여 김영배 당기위원장을 맞제소하고 나섰다. 동당은 4월 4일 오전 10시 중앙당 당사에서 당기위원회 전체회의를 열어 이택희 의원에 대한 징계절차에 들어갈 예정이었으나 이택희 의원의 지구당 당원 등 300여 명이 이날 아침부터 당사를 점거, 당기위원회 개최를 실력 봉쇄하였다. 이들은 징계방침 백지화, 6인위원회 해체 등을 요구하다가 이를 제지하던 중앙당 당직자들과 난투극을 벌였으며 6인위원회 구성 등으로 당 기능을 마비시킨 김영삼 고문의 행위를 해명할 것과 김 고문이 당기위원회에 출석하지 않는 한 이택희 의원은 출석할 수 없다고 맞섰다.

666

사를 점거하여 유혈충돌을 빚는 사태가 발생(1987. 04. 04.)한 것에 자극을
받은 주류 측의 김대중·김영삼은 4월 8일 오전 민주화추진협의회사무실에
서 기자회견을 갖고 신당창당을 선언함으로써 신한민주당의 내분사태는 분
당으로 막을 내리게 되었다.

분당 및 신당창당선언은 얼핏 이철승·이택희 의원의 징계저항 때문인
것으로 비쳐졌으나 더 큰 이유는 야권의 주도권 다툼에 있었다. 김영삼·
김대중 측은 '징계'를 둘러싸고 이민우 총재의 지지를 얻는 데 실패함에 따
라 3월 28일 6인위원회를 열고 전당대회대책을 논의한 바 있으나 이철승
의원 징계문제로 양측의 의견이 대립, 김대중 계열은 '선 징계, 후 개편'을,
김영삼 계열은 징계와 개편대회 병행 추진을 각각 주장하였다.

신당 창당으로 신한민주당은 소속 의원 90명 중 78명이 탈당, 원내교섭
단체 구성요건에도 미달하는 군소정당으로 전락하였다. 당원들의 대거 탈당
으로 당에는 이민우, 이철승, 김재광 등 10여 명의 의원(김대중·김영삼 반
대파)만 남게 되었다. 4월 9일 통일민주당(가칭) 창당준비위원회가 결성되었
는데 동 창당준비위원회는 4월 11일 오전 민주화추진협의회사무실에서 김
영삼 준비위원장의 주재로 18인소위원회를 열어 창당발기인대회를 4월 13
일 오전 9시 시내 명동 기독교여자청년회(YWCA) 강당에서 열기로 하고
당의 약칭은 민주당으로 정하였다.

6) 4·13 호헌조치

야당이 주도하는 직선제 개헌 국민서명운동이 전개되자 전두환 대통령은
1987년 2월 24일 3당 대표회담을 갖고 1989년에 국민의 의사에 따라 개헌
할 수 있다고 언급하였다.

그런데 내각제 수용을 거부하는 김대중·김영삼 세력이 신한민주당에서
이탈, 통일민주당 창당작업(1987. 04. 09.)에 나서자 전두환 대통령은 4월
13일 특별담화를 발표하여 개헌논의를 유보하고 현행 헌법 하에서 정부를
이양하겠다고 밝혔다(4·13 호헌조치). 대통령은 담화에서, 여야가 합의하면

자신의 임기 내 개헌에 반대하지 않는다고 언명한 바 있었으나 그로부터 1년이 지나도록 합의가 되지 않으니 개헌논의를 중단하고 서울올림픽경기대회를 끝낸 후에 다시 논의하는 것이 바람직하다고 밝혔다. 대통령의 개헌논의 유보조치가 발표되자 통일민주당(가칭)을 비롯한 야당과 재야, 사회단체, 종교단체, 예술단체가 크게 반발하고 나섰다.

그런데 대통령의 특별담화가 발표되던 시각, 창당발기인대회를 개최한 통일민주당(가칭)은 지구당 창당대회 과정에서 20여 개 지구당이 각목 등 흉기를 든 괴청년들에 의하여 습격을 받아 방화되는 등 폭력사태가 발생하였다.

김영삼 통일민주당 창당준비위원장은 4월 17일 현행 헌법 하에서 치러지는 대통령선거에 불참하겠다고 언명하였다. 그로부터 일주일 후인 4월 24일 통일민주당 서울시 관악지구당 창당방해사건(일명 용팔이 사건)이 발생하였다.

2. 합당 배경

신한민주당의 직선제 개헌 주장이 시민과 사회단체 등의 호응과 지지를 받으면서 민중민주당 내에서는 야권세력 결집을 위하여 신한민주당에 합류하자는 논의가 공론화되고 있었다.[68] 특히 당 정무회의에서는 1987년 1월 하순부터 2월 하순까지 집중적으로 야권통합을 논의하였다.

그 후 김영삼·김대중 양대 세력이 신당을 창당하면서 신한민주당을 떠남에 따라 민중민주당이 신한민주당에 합류할 수 있는 환경이 조성되었고, 신한민주당 또한 극도로 약화된 당세를 조금이라도 확장하기 위하여 합당에 나서게 되었다.

---

68) 민중민주당 제35차 정무회의(1987. 01. 26.), 제36차 정무회의(1987. 02. 02.)와 제40차 정무회의(1987. 02. 23.)에서는 야권통합에 관한 토론이 있었다. 또한 제41차 정무회의(1987. 02. 24.)에서는 김대중·김영삼의 회동에 대한 의견개진이 있었으며 제42차 정무회의(1987. 02. 29.)에서는 야권통합과 관련한 경과설명을 하는 등 일련의 당내 의견 조율이 계속되었다. 중앙선거관리위원회, 『대한민국정당사(제3집)』(1992), 1502-1503쪽.

3. 합당 경과

1) 민중민주당 내 합당 논의

민중민주당은 1987년 3월 3일 임시전당대회를 개최하고 '야권단일화를 위한 위임기구 구성에 관한 건'을 상정하였으며, 3월 11일의 제45차 정무회의에서는 야권통합에 관하여 의견을 개진하는 등 신한민주당과의 통합에 커다란 관심을 표명하였다. 동당은 4월 25일 소속 의원간담회를 열고 신한민주당과의 통합문제를 논의하고 어떤 형태로든 합당이 이루어져야 한다는 합당원칙에 뜻을 모았다. 또 합당에 앞서 임시국회가 열리는 5월 4일 이전까지 신한민주당과 원내 단일교섭단체 구성을 추진하기로 하였다.[69] 과거의 경험에서 볼 때 다른 정당 혹은 교섭단체와 함께 교섭단체를 구성하는 것은 정당통합의 가능성을 높이는 하나의 방법으로 이용되어 왔다.

유한열 민중민주당 총재는 자신은 개인적으로 사소한 통합조건에 연연하고 싶지 않다고 말하였다. 한편 이민우 총재 등 신한민주당 지도부는 합당의 경우 명칭은 신한민주당으로 해야 하며 다른 당의 의원들이 개별 입당하는 형식을 취해야 한다는 입장을 밝혔다.

2) 통일민주당 창당

'이민우 구상' 발표 후 신한민주당의 당본이 분열된 가운데 수습의 실마리를 찾지 못하던 중 1987년 4월 8일 신한민주당 소속 의원 90명 중 70여 명이 탈당하였는데, 곧 이들 탈당 의원들을 중심으로 통일민주당이 창당되었다. 통일민주당은 4월 29일 67명으로 원내교섭단체 등록을 마침으로써 제12대 국회는 '4당 구도'로 변하였다. 통일민주당은 4월의 지구당 창당폭력사태에도 불구하고 5월 1일 시내 동숭동 흥사단 강당에서 중앙당 창당대회를 개최하여, 김영삼 창당준비위원장을 총재로 선출하고 이중재, 박용만,

---

69) ≪중앙일보≫, 1987년 4월 26일자.

양순직, 최형우, 노승환, 김동영, 이용희를 부총재로 지명하였다(1987. 05. 06. 정당등록). 대회는 김대중 민주화추진협의회 공동의장의 상임고문 추대를 김영삼 총재에게 위임하였으며 김영삼 총재는 아직 사면복권이 안 된 상태에 있는 김대중을 상임고문으로 추대하고 군사독재 종식, 대통령중심제 직선제 개헌, 문민정치 전통 확립을 강령으로 제시하였다.[70]

3) 민중민주당의 신한민주당에의 흡수통합

신한민주당, 민중민주당, 민주한국당의 3야당은 그간 상호통합원칙에 의견을 같이하고 활발한 막후절충을 벌이고 있었다. 그러나 내각책임제와 대통령직선제 등 개헌 내용에 있어서의 입장 차이를 조정해야 하는 등 구체적인 합당조건과 절차 등을 놓고 이해관계가 엇갈려 난항을 거듭하다가 먼저 신한민주당과 민중민주당이 합당을 선언하게 되었다.

양당은 그동안 합당을 둘러싸고 막후절충을 벌였는데 통합신당은 제3의 당명을 사용하고 합당방식은 당 대 당 통합으로 하자는 민중민주당의 주장에 대하여 신한민주당이 반대함으로써 시간을 지체하고 있었다. 그러다가 민중민주당이 당을 해체하고 신한민주당에 복당하기로 결정함으로써 문제해결의 실마리를 찾았다.

민중민주당은 1985년 말 김대중·김영삼의 지도노선에 반발하여 탈당, 내각제 지지를 내세웠으며 탈당 1년 4개월여 만에 이들 두 사람이 떠난 신한민주당으로 되돌아왔다. 유한열 총재는 그동안 신한민주당으로의 개별입당도 불사하겠다는 일부 소속 의원들을 만류하면서 통합의 모양새를 갖추기 위하여 노력하여 왔으나 결국 1987년 4월 29일 오후 시내 퍼시픽호텔에서 이민우 신한민주당 총재와 가진 1시간 30분간의 담판에서 자신의 주장을 철회, 신한민주당으로의 흡수통합에 임하게 되었다. 신한민주당은 이날

---

70) 통일민주당 지도부: 총재 김영삼, 부총재 이중재, 박용만, 양순직, 최형우, 노승환, 김동명, 이용희, 전당대회 의장 유제연, 부의장 노병구, 김득수, 정무위원 의장 김영삼, 부의장 박용만. 위원 최형우, 김동영, 김현규, 박찬종, 목요상, 서석재, 박일, 김수한, 황낙주, 정상구, 권오태, 이영준, 김명윤, 홍영기, 황명수(이상 김영삼 계열), 부의장 이중재, 위원 양순직, 노승환, 이용희, 유제연, 김영배, 이재근, 김현수, 허경구, 고재청, 이진연, 박종률, 허경만, 조순형, 신순범, 조윤형, 최영근(이상 김대중 계열).

민중민주당이 자당에 완전 흡수통합기로 결의함에 따라 26명의 소속 의원
을 갖는 정당이 되었다.

4. 합당 이후

양당의 통합은 공식적으로는 1987년 5월 2일 성사되었다. 민중민주당은
1987년 5월 2일 당사에서 임시전당대회를 개최하고 신한민주당으로의 흡수
합당을 위하여 당 해체를 결의하였다. 이로써 신한민주당은 원내 의석 28
석의 제3당이 되었으며(1987. 05. 13. 현재), 민중민주당은 지난 1986년 8월
16일 창당한 지 8개월여 만에 소멸되었다. 신한민주당은 민주한국당과의
통합도 적극 추진한다는 방침을 세우고 있었다.

제13절 **제13대 대통령선거(1987. 12. 16.)**

1. 선거 전의 상황

1) 6 · 10대회

서울대학생 박종철 군이 학생시위와 관련하여 치안본부 대공수사단에 연
행되어 조사를 받던 중 1987년 1월 14일 물고문에 의하여 사망하는 사건이
발생하였다. 고(故) 박종철 군 추모대회가 2월 7일 경찰 3만 4천 명의 원천
봉쇄에도 불구하고 6만여 시민과 학생들에 의하여 치러졌다.

집권세력의 강경대응은 5월 22일 '박종철 군 고문치사은폐조작사건'의
폭로를 계기로 새로운 국면을 맞이하였다. 민주화 운동세력은 박종철 군 추
도준비위원회를 모체로 하여 5월 27일 오전 시내 향린교회에서 민주헌법쟁
취국민운동본부(약칭 국민운동본부)를 결성하면서 호헌 철폐 및 민주헌법

쟁취를 위한 공세에 나섰는데 여기에는 통일민주당과 종교계, 민통련, 노동계 인사들이 주축이 되었다.

이 국민운동본부에는 22명이 발기인으로 참여하였으며 고문으로는 김수환 추기경, 문익환 민통련 의장, 함석헌 목사, 김영삼 통일민주당 총재, 김대중 민주화추진협의회 공동의장 등 5명이 참여하였다. 동 국민운동본부는 4·13호헌조치의 무효를 선언하고 대통령직선제 개헌 관철, 악법 개정, 광주사태와 박종철 군 사건 등의 진상규명, 자유언론 쟁취를 위한 범국민운동의 전개를 선언하였다.

6월 들어서는 헌법 개정과 민주화 요구가 단순시위를 넘어서는 수준으로 전개되고 있었으며 국민운동본부는 '박종철 군 고문살인 은폐규탄 및 호헌철폐 국민대회'를 개최하기로 하는 등 본격적인 활동에 들어갔다. 국민운동본부가 주최한 '박종철 군 고문살인 은폐규탄 및 호헌철폐 국민대회'가 민주정의당의 대통령후보 지명을 위한 전당대회가 열리는 6월 10일 전국 20여 개 도시에서 경찰의 저지 속에 강행되었다(6·10대회).

이날 서울잠실체육관에서는 대의원 8천여 명을 포함한 1만 2천여 명이 참석한 가운데 민주정의당 전당대회가 개최되었다. 노태우 후보는 단일후보였지만 8천여 명의 대의원들은 투표를 통하여 그를 대통령후보로 지명하였다. 전당대회장 밖에서는 격한 항의시위가 벌어지고 있었다. 서울뿐만 아니라 부산, 대구, 광주, 전주 등 전국 18개 도시에서 통일민주당과 민주헌법쟁취국민운동본부 주최로 박종철 군 고문치사조작은폐사건규탄과 호헌철폐를 주장하는 항의와 시위가 계속되었다.[71]

2) 노태우 민주정의당 대표위원의 특별선언(6·29선언)

6·10대회 이후 대학생들이 주도하고 시민들이 가세한 대규모 과격시위가 이어져 정국이 혼미해지자 6월 19일 노태우 대표위원은 통일민주당의

---

71) 경찰은 이날 시위에서 시민과 경찰관 768명이 부상하였으며, 시위자 3,831명을 연행하였다고 밝혔으며, 검찰은 6월 12일 통일민주당의 양순직 부총재 등 관련자 136명을 구속하였다.

김영삼 총재, 신한민주당의 이민우 총재, 한국국민당의 이만섭 총재에게 연쇄회담을 갖자고 제의하였으나 김영삼 총재는 이를 거부하고 난국타개를 위한 실세대화로 전두환 대통령과의 회담을 제의하였다.

전두환 대통령은 6월 19일 군 병력 투입을 결정하고 부대 이동을 한미연합사령부(韓美聯合司令部)에 통고하였으나, 이날 오후 릴리 주한 미국대사와의 회동 후 부대이동을 유보하였다. 미국정부는 6월 20일부터 한국대책특별반을 편성하고 6월 23일 개스턴 시거 동아시아태평양담당차관보를 한국에 파견하는 등 대책마련과 적극적인 조정 작업에 나섰다.[72]

시거가 다녀간 후인 6월 24일 전두환 대통령은 통일민주당, 신한민주당, 한국국민당 등 3당 총재와 연쇄 영수회담을 갖고 시국수습방안을 논의하였다. 전두환 대통령과 김영삼 총재는 이날 회담에서 개헌논의 재개, 6·10대회 관련 구속자 석방, 김대중 연금해제 등에 관하여 의견접근을 본 듯하였으나 영수회담이 끝난 후 통일민주당은 대통령이 4·13조치의 철회를 확언하지 않았다고 주장하는 등 회담의 결렬을 선언하고 재야와의 연대 속에 대여투쟁을 계속하겠다고 선언하였다.

그러나 신한민주당과 한국국민당은 4·13조치는 철회되었다고 밝혀 혼선을 빚기도 하였다. 통일민주당의 청와대 영수회담 결렬선언에 따라 민주헌법쟁취 국민운동본부와 통일민주당은 6월 26일 전국 37개 시·군에서 '민주헌법쟁취 국민평화대행진'을 시도하였으나 경찰의 저지로 실행하지 못하고 곳곳에서 가두시위를 벌였다. 이날 평화대행진 시위 도중 김영삼 총재는 전투경찰에 의하여 경찰기동대 소속 버스에 태워져 자택으로 보내졌다.

계속되는 시위와 이에 대한 경찰의 진압으로 사회혼란이 가속화되는 가운데 노태우 대표위원은 6월 29일 대통령직선제 개헌, 김대중 사면복권 등 시국수습 8개 항을 담은 '국민대화합과 위대한 국가로의 전진을 위한 특별선언'을 발표함으로써 정국전환에 일대 계기를 마련하였다.

---

72) 미국 하원 외교위원회 '아시아·태평양 소위원회'에서는 6월 18일 여야 간 대화를 촉구하는 대한결의안(對韓決議案)을 채택하였으며, 상원에서도 6월 27일 대한민주화결의안(對韓民主化決議案)을 채택, 한국정부에 압박을 가하였다.

국민대화합과 위대한 국가로의 전진을 위한 특별선언(6·29선언)
① 조속한 대통령직선제로의 개헌 ② 대통령선거법의 건전한 개정 ③ 김대중 씨의 사면
복권 및 시국 관련 사범의 대폭 석방 ④ 새 헌법의 국민기본권 강화 ⑤ 언론의 자율성
보장 ⑥ 지방자치 및 교육자치 실현 ⑦ 정당의 건전한 활동보장 ⑧ 사회정화 조치 강구

민주정의당은 이날 오후 중앙집행위원회를 열어 노태우 대표위원의 특별선언을 당론으로 확정하였으며, 재야와 야당은 이를 환영하는 논평을 발표하였다. 노태우 대표위원은 다음 날인 30일 선언의 내용을 당 총재인 전두환 대통령에게 건의하였다.[73] 이 특별선언(6·29선언)은 정당 활동을 보장함으로써 국회의 권한과 위상을 높이고 국민의 기본권을 신장시키는 전환점이 되었다는 점에서 의미를 부여할 수 있다.

3) 헌법 개정을 위한 8인 정치회담

전두환 대통령은 1987년 7월 1일 '시국수습에 관한 특별담화'를 발표하여 노태우 대표위원의 특별선언 8개 항을 모두 수용하였으며, 여야가 조속한 시일 내에 대통령직선제 합의개헌을 이루면 임기 중에 새 헌법에 따라 제13대 대통령선거를 실시하고 1988년 2월 15일 후임 대통령에게 평화적으로 정부를 이양하겠다는 정치일정을 제시하였다. 이에 따라 여야는 바로 직선제 개헌작업에 착수하였다. 노태우 대표위원은 7월 2일 통일민주당을 방문하여 김영삼 총재와 회동하고 구속자 석방 등 현안 정치문제에 합의하였다.

검찰은 7월 6일 6·10대회 이후 시위 등으로 구속되어 수사를 받던 201명 중 양순직 통일민주당 부총재, 김명윤 민주화추진협의회 부의장 등 177명을 기소유예로 석방하였다. 정부는 7월 8일 형이 확정되어 복역 중인 시국사범 357명을 가석방 또는 형집행정지로 석방한 데 이어 10일에는 김대중 등 '김대중내란음모사건' 관련자 18명 전원과 광주사태 관련자 17명을 포함한 시국사범 2,335명에 대한 사면복권을 단행하였다.

김대중 민주화추진협의회 공동의장과 거국내각 구성 등에 합의한 김영삼

---

73) 특별선언은 전두환 대통령이 주도하였던 것으로 밝혀졌다. 이종률, 『아직도 정치를 모르세요?』(서울: 고려원, 1995), 170-178쪽.

총재는 7월 13일 기자회견을 통하여 9월 20일까지 국민투표 실시, 연내 대통령선거 및 국회의원선거 실시와 공정한 선거를 위한 중립적 선거관리 내각을 구성할 것을 주장하였다.

7월 24일 민주정의당의 정순덕 사무총장, 이대순 원내총무와 통일민주당의 김영배 사무총장, 김현규 원내총무 등이 참석한 4자 회담에서 양당은 개헌협상 전담기구로 '8인 정치회담'을 구성하기로 하는 등 5개 항에 합의, 개헌 협상을 위한 준비를 완료하였다.

첫 8인 정치회담은 7월 30일 열릴 예정이었으나 회담에서 배제된 신한민주당과 한국국민당 의원들이 회의장을 점거하면서 유회되었다. 여야 사무총장과 원내총무들은 30일과 31일 연쇄접촉을 갖고 민주정의당, 신한민주당, 한국국민당 등 3당이 각 2명씩의 협상대표를 선임하여 민주정의당·신한민주당 및 민주정의당·한국국민당 간의 '4인 정치회담'을 병행하기로 합의함으로써 8인 정치회담을 둘러싼 이견이 해소되었다.

특별선언(6·29선언)에서 천명된 직선제 개헌 등 정치개혁과제를 다룰 8인 정치회담이 7월 31일 민주정의당과 통일민주당에서 각각 4인씩의 대표가 참석한 가운데 개최되었다. 그 후 헌법 개정을 위한 정치회담이 9월 16일에 종료되자 국회헌법개정특별위원회는 9월 17일 '개헌안 기초 10인 소위원회'를 소집, 문안정리를 마무리하고 개헌안을 확정지었다. 이 개헌안은 9월 18일 국회에서 여야 의원 264명의 공동명의로 발의, 처리된 후 정부에 이송되었다. 정부는 9월 21일 개헌안을 공고하였고 국회는 10월 12일 기명투표로 이를 가결하였다.

8인 정치회담을 통하여 전문과 본문 130개 조항에 합의함으로써 여야 합의에 의한 헌법개정작업이 완료되었다. 10월 19일에 개최된 민주정의당·통일민주당 8인 정치회담에서는 이 밖에도 대통령선거법, 국민투표법. 선거관리위원회법을 일괄 타결하였다.

4) 국민투표

1987년 10월 12일 국회에서 가결된 대통령직선제 헌법개정안이 10월 27일 국민투표로 확정되었다. 이번 국민투표는 2,561만 9,648인의 선거인 중 2,002만 8,672인이 투표에 참가하여 78.2%의 투표율을 보였으며, 찬성률 93.1%로서 헌법개정안이 승인되었다.[74]

<표 7-6> 국민투표 결과

선거인 수	투표자	투표율(%)	찬성률(%)	비고
25,619,648	20,028,672	78.2	93.1	

출처: 중앙선거관리위원회, 『국민투표총람』(1988), 21-22쪽.

5) 통일민주당의 분열

김대중 민주화추진협의회 공동의장의 계보모임인 민권회는 1987년 7월 17일, 김대중 의장의 대통령선거 불출마선언(1986. 11. 05.)은 4 · 13 호헌조치로 구속력을 상실, 백지화 · 무효화되었다고 밝혔는데, 김대중 의장도 이를 부인하지 않음으로써 대통령선거 출마를 기정사실화시켰다.

김대중 의장이 8월 8일 통일민주당에 입당하여 총재 상임고문으로 취임하면서 김영삼 총재와 김대중 고문은 후보 단일화를 약속하였다. 그러나 후보 단일화 약속 이면에서 두 사람은 별도로 대통령선거에 임하는 작업을 병행하였다. 특별선언(6 · 29선언)과 김대중 고문의 통일민주당 입당은 당내에서 대통령후보선출을 둘러싸고 김영삼 총재와의 사이에 다시금 경쟁관계를 유발하였는데 김영삼 총재는 후보의 조기 공천을 주장한 반면 뒤늦게 사면복권이 이루어져 당내 기반이 약한 김대중 고문은 여권의 집중적인 공격을 피하기 위해서는 선거 직전에 후보를 공천해야 한다고 주장하였다. 김영삼 총재는 또 기존의 대의원으로 전당대회를 열자고 주장하였고, 김대중

---

74) 제9차 헌법 개정의 주요 내용: · 국민의 기본권 신장 · 국정감사권 부활(국회권한 및 기능 강화) · 대통령직선제 · 대통령의 비상조치권, 국회해산권 폐지.

676

고문은 재야 민주인사들을 영입한 후 범야단일후보를 선출하자고 주장함으로써 양측의 입장차이가 갈수록 커졌으며 당내 경선, 미창당 지구당의 조직정비 등의 문제에서도 이견을 좁히지 못하였다.

김대중과 김영삼 두 사람은 9월 3일 야권후보 단일화에 합의하였다. 그후 김대중 고문은 9월 8일 광주(光州)방문을 시작으로 대전, 인천 등 지방에서의 군중집회를 통한 여론형성에 나섰고 김영삼 총재도 이에 맞서 '군정종식 부산국민대회' 등을 통하여 세를 과시하였다. 이들 두 사람의 후보경쟁이 가열되면서 9월 19일 통일민주당 내 홍사덕, 조순형, 이철 의원 등 소장파 의원들이 야권후보 단일화 촉구성명을 발표하였고, 재야 쪽에서는 김상현, 손주환 등 당 외 인사들이 9월 24일 후보 단일화 촉구 100만인 서명운동에 돌입하였으며, 국민운동본부는 10월 5일까지 단일화를 이루도록 촉구하였다. 두 사람은 9월 29일에 회동하여 후보 단일화를 재차 시도하였으나 합의에 실패하였다. 이날 회동에서 김영삼 총재는 김대중 고문이 총재직을 맡는 역할 분담론을 제의하였고, 김대중 고문은 지방 방문 시 국민들의 지지가 있었음을 들어 김영삼 총재의 양보를 요구하였다.

대통령후보 단일화에 대한 당내의 압력이 가중되는 가운데 김영삼 총재가 10월 10일 대통령선거 출마를 선언하였고 바로 그 다음 날 김대중 고문도 사실상의 대통령후보 출마를 선언함으로써 통일민주당은 분당위기를 맞았다. 김대중 고문은 10월 13일 김대중·김영삼 동시 무소속 출마를 제의하였으나 김영삼 총재는 국민을 우롱하는 치사라며 이를 무시하였다.

통일민주당은 10월 22일 의원총회를 열어 후보 단일화를 시도하였으나 실패하였다. 이날 두 사람은 다시 회동하였는데 김영삼 총재의 경선을 통한 단일화 제의를 김대중 고문은 거부하였다. 통일민주당은 11월 9일 임시전당대회에서 김영삼 총재를 제13대 대통령후보로 추대하였다.

6) 평화민주당 창당

김대중 통일민주당 고문은 1987년 10월 28일 대통령출마 및 신당창당을 공식 선언함으로써 대통령후보 단일화 노력은 실패로 끝나고, 통일민주당은 창당 6개월 만에 다시 분열되었다. 언제나 단일야당이 존재해야 할 필요는 없겠으나 대통령선거 그것도 민주화를 열망하는 국민적 기대와 노력에 의하여 성취된 직선제 대통령선거를 앞두고 야당이 양분되었다.

통일민주당 소속 의원 중 일부는 김대중 고문의 신당 창당선언 직후 탈당, 신당에 참여하였다. 김대중 고문은 10월 29일 통일민주당 내 동교동계열(김대중계열) 의원 24명과 무소속 1명, 각계 인사 등 51명으로 창당준비위원회를 구성하고 당명을 평화민주당으로 정한 다음 10월 30일 창당발기인대회를 개최하였다. 평화민주당(가칭)은 11월 12일 창당대회를 열어 김대중 창당준비위원장을 총재 겸 대통령후보로 추대하였다.

선거를 앞둔 12월 초순에도 야권후보 단일화를 위하여 김영삼 후보와 김대중 후보 간에 논의가 다시 진행되었으나 합의에 이르지는 못하였다.

7) 신민주공화당 창당

이만섭 한국국민당 총재와 김종필 전 민주공화당 총재는 1987년 9월 22일 가진 회담에서 한국국민당과 김종필 전 총재가 추진하는 신당과의 합당 문제를 논의하였으나 당 대 당 합당으로 이어지지는 않았다.

김종필 전 총재가 9월 28일 기자회견을 갖고 정계복귀를 공식으로 선언하자 한국국민당의 최재구, 김효영, 신철균, 김용채, 강경식, 조용직 의원이 10월 2일 탈당, 김종필이 창당을 준비 중인 신민주공화당(가칭)에 참여하였다. 김종필은 10월 5일 신민주공화당(가칭) 창당발기인대회에서 위원장으로 선출된 후 지구당 창당대회를 겸한 군중집회를 개최하였다.[75] 신민주공화당은 10월 30일 창당대회를 열고 김종필 창당준비위원장을 총재 및 대통령후보로 추대하였다.

---

75) 3년 전인 1984년 12월 18일 과거 여권에 몸담았던 인사 1백여 명이 민족중흥동지회를 결성하고 민주공화당의 부활을 도모하였으나 창당으로 이어지지는 않았다.

8) 야권후보 단일화 촉구

야권이 분열되어 3인의 주요 야당 지도자들이 대통령후보로 나선 가운데 1987년 10월 31일 학계, 법조계, 종교계, 언론계 등의 인사 및 문인, 사회운동가 등 123명이 야당 대통령후보 단일화 촉구성명을 발표하였다.[76]

대통령후보 단일화 촉구 서명에 가담하였던 민주당의 박찬종, 조순형, 홍사덕, 이철 의원과 평화민주당(가칭)의 허경구 의원 등 5명이 11월 6일 각각 소속 정당을 탈당하였다. 이날 한국국민당의 김광수, 양정규, 이봉모, 함종한, 최용안, 신민선, 김일윤, 황대봉 의원 등 9명의 의원들도 탈당하였는데, 이 중 8명이 여당 민주정의당에 입당함으로써 한국국민당 잔류의원은 4명이 되었다.

대통령선거일이 12월 16일로 공고되고 후보자등록이 시작되자 민주정의당 노태우, 통일민주당 김영삼, 평화민주당 김대중, 신민주공화당 김종필, 사회민주당 홍숙자, 일체민주당 김선적, 한주의통일한국당 신정일 후보와 무소속의 백기완 후보 등 8명의 후보가 등록하였다. 12월 11일에는 통일민주당, 평화민주당, 무소속의 백기완 후보 측, 재야의 단일화쟁취국민협의회 대표 등이 단일화 문제를 논의하기도 하였으나 후보 단일화를 이루지는 못하였다.

후보들의 사퇴가 이어졌는데, 사회민주당의 홍숙자 후보가 12월 5일 김영삼 후보 지지를 선언하면서 사퇴하였다. 일체민주당의 김선적 후보는 12월 12일 노태우 후보 지지를 선언하면서 사퇴하였고, 백기완 후보는 12월 14일 야권의 후보 단일화를 촉구하면서 사퇴하였다. 민주화 단체, 학생 및 근로자들이 야권 후보의 단일화를 요구하는 시위를 연이어 벌였으나 단일화는 이루어지지 않았다.

---

76) 특별선언 발표 이후 대통령직선제가 채택되었을 때 대권 도전에 나선 김영삼, 김대중은 이 무렵 1980년 3월 6일 시내 남산의 외교구락부에서 가졌던 후보 단일화를 위한 공동합의문 내용과 같은 공동합의문을 같은 장소에서 발표하였다. 정병진, 『실록 청와대 궁정동 총소리』(서울: 한국일보사, 1992), 371-372쪽.

2. 선거 결과

　제13대 대통령선거가 1987년 12월 16일 실시되었다. 89.2%의 투표율을 기록한 이 선거에서 여당인 민주정의당의 노태우 후보가 828만 2,738표를 획득, 2위와 3위 후보자들과의 격차를 200만 표 전후로 넓히면서 당선되었다.

〈표 7-7〉 제13대 대통령선거 결과

선거인 수	투표수	후보자별 득표수				
		민주정의당	통일민주당	평화민주당	신민주공화당	한주의 통일한국당
		노태우	김영삼	김대중	김종필	신정일
25,873,624	23,066,419	8,282,738	6,337,581	6,113,375	1,823,067	46,650

출처: 중앙선거관리위원회, 『제13대 대통령선거총람』(1988), 94-95쪽.

3. 선거의 특징

　① 선거유세 도중 과격시위 및 폭력사태가 곳곳에서 발생하였다. 노태우 후보의 광주(光州)유세 도중 폭력사태로 인하여 연설이 중단되었고(11월 29일), 김대중 후보의 마산유세(12월 6일)와 김영삼 후보의 여수유세(12월 7일) 도중 과격시위가 발생하여 선거질서가 붕괴되었다. ② 선거유세에서는 정치적 전환기에 발생한 사건들이 쟁점으로 부각되었다. 김영삼 후보는 군정종식을 통한 민주화와 정치안정을, 김대중 후보는 광주사태의 해결 및 지역감정 해소를 통한 정치안정을 달성해야 한다고 주장하였다. 노태우 후보는 제5공화국의 치적인 경제안정을 내세운 후, 다른 후보자들의 집권은 정치적 혼란과 분열을 초래할 것이라고 응수하였다. ③ 노태우 후보의 승리 요인은 야권후보 단일화 실패 및 여당후보자로서 국가적 자원의 동원이 가능하였다는 점에 있다. 이른바 여당프리미엄과 이를 최대한 활용하여 구축한 공사(公私)조직을 운용한 점이다. 또 여당인 민주정의당이 제시한 '안정논리'가 이를 결과적으로 뒷받침한 상황과 맞아 떨어진 점을 들 수 있다.[77]

④ 주요 정당들은 수시로 여론조사를 실시하여 민심동향을 분석, 대처하는 등 과거 어느 선거보다도 과학적인 선거운동을 하였다. ⑤ 과거 어느 때의 대통령선거보다도 지역정서가 강하게 작용한 선거였다.[78]

4. 선거 이후

야권은 대통령선거 직후부터 부정선거규탄 단식농성, 선거무효 선언 등 대여 강경투쟁을 벌이기도 하였으나, 통일민주당은 1987년 12월 22일 김영삼 총재의 기자회견을 통하여 제13대 국회의원선거 참여를 밝혔으며, 평화민주당도 12월 23일 국회의원선거 참여를 결정함으로써 정국은 부정선거규탄에서 국회의원선거를 위한 준비 및 대화국면으로 접어들었다.

---

77) 예를 들면 대통령선거를 앞두고 승객 및 승무원 115명을 태운 바그다드발 서울행 대한항공여객기가 11월 29일 버마(현 미얀마) 영해 상공에서 폭발하여 탐승객 전원이 사망하는 사건이 발생하였다는 점과 이 사건을 일으킨 범인들이 이례적으로 신속하게 한국으로 이송되어 선거 전날 도착. 국민들의 잠재적인 안보의식을 일깨웠다는 점을 들 수 있다.

78) 지역정서(지역감정)에 관한 연구는 김종철 · 최장집 외, 『지역감정연구』(서울: 학민사, 1991); 김만흠, 「제6공화국과 지역감정의 심화」, 김종철 · 최장집 외, 앞의 책 참조.

제6공화국의 정당통합운동

1. 헌법 개정 – 민주화에의 도정(道程)

제5공화국헌법은 그 제정과정에 다소 비민주적인 요소가 개입되어 있었고, 헌법내용에 있어서도 대표성이 결여된 대통령선거인단에 의한 대통령간선제 등을 채택하고 있었다. 게다가 이른바 신군부 세력은 구정치인들의 정치활동을 규제하는 법·제도적 장치를 마련해 놓고 있었기 때문에 구정치인들과 시민들의 불만, 저항이 점점 커지고 있었다.

시민사회의 불만과 저항은 구정치인들의 해금(제3차 해금)이 이루어진 1984년 12월 이후 더욱 거세져 1985년 2월의 제12대 국회의원선거를 앞두고는 다양한 방법으로 분출되기 시작하였다. 선거 직전 구정치인세력을 중심으로 창당된 신한민주당은 선거에서 이른바 '관제야당(官製野黨)'인 민주한국당을 누르고 제1야당으로 부상하였으며 그 후 다른 야당 및 무소속 의원들을 영입, 당세를 확장하였다.

정부·여당에 대하에 강경노선을 채택한 신한민주당은 가두시위, 개헌서명운동, 원내 활동 등을 통하여 끈질기게 헌법 개정을 요구하였다. 1986년 7월 30일 여야 합의로 국회헌법개정특별위원회가 발족되었으나 여당은 내각책임제를, 야당은 대통령직선제 개헌안을 각각 주장하였기 때문에 합의에 이르지는 못하였다. 그러던 중 이민우 신한민주당 총재의 '이민우 구상'(조건부 내각제 수용안)이 발표되면서 야권이 일시 혼란에 빠지기도 하였다. 김대중·김영삼 등의 반대로 이 구상이 결실을 보지는 못하였다.

그러다가 1987년 초 박종철 군 고문치사사건이 발생하고 그 사건을 축소은폐하려던 정부 측의 기도가 드러나면서 정권의 도덕성과 인권침해문제가 심각한 정치 사회적 문제로 부각되었고 야당의 입지는 더욱 강화되었다. 그러나 신한민주당은 개헌노선 논란, 지도체제 등의 문제가 발생하면서 분열, 김영삼과 김대중이 지지세력을 이끌고 탈당, 신당 통일민주당을 창당하였다. 이미 '타협적'으로 변한 신한민주당과는 달리 '선명성'을 내세운 통일민주당은 장외투쟁도 불사하면서 시민, 학생, 그리고 재야 단체의 협력 하에 정부·여당을 압박하고 있었다.

국가적 위기상황에 직면하게 된 정부·여당 측은 1987년 6월 29일 노태우 민주정의당대표위원의 특별선언을 통하여 야권에서 요구하는 직선제 개헌과 민주화 조치 요구 등을 전면적으로 수용, 정치사에 있어서 일대 전기를 마련하였다. 여야 합의로 새 헌법(1987. 10. 29. 공포, 전문과 본문 130조 부칙 6조)이 마련되었으나, 야권의 후보자들이 단일화를 이루지 못한 가운데 실시된 대통령선거에서 민주정의당의 노태우 후보가 당선되었다. 새 헌법이 1988년 2월 25일 발효되고, 노태우 당선자가 제13대 대통령에 취임하면서 제6공화국이 출범하였다.

2. 정당통합운동의 특징과 변모

과거에는 정당통합이란 정권으로부터 억압받고, 자원결핍으로 인하여 어려움을 겪는 야당 간의 통합으로 인식되고 있었고 실제로 야권에서만 정당통합이 이루어졌다. 여당으로서는 단독으로 국정운영이 가능하였기 때문에 야당과의 통합은 생각하기 어려웠다. 그러나 민주화가 진전되고 제6공화국이 출범한 이후에도 여전히 야당 간의 통합이 계속되는 한편에서 여당이 권력유지를 위하여 야당과의 합당을 모색하기 시작하는 등 과거와는 다른 양태를 보이기 시작하였다.

1990년의 3당 합당(민주정의당, 통인민주당, 신민주공화당의 합당)은 한 정당이 선거에서 압도적으로 승리하지 않고서도 합당을 통하여 계속해서 집권할 수 있거나 집권세력에 합류할 수 있음을 보여 주었고 앞으로도 그러한 종류의 정당통합이 발생할 수 있는 선례를 남겼다. 선거에 의하지 아니한 정계개편이 주는 함의를 깨닫게 한 이 '사건'은 그간의 합당사례에서 문제시하지 않았던 합당 과정상의 비민주성과 불투명성을 더 이상 불문에 부칠 수 없다는 인식을 심어 주는 계기가 되었다. 국고보조금과 당비, 그리고 후원금을 받아 운영되는 정당의 경력변화는 정당지도자들의 의사에 의해서만 이루어져서는 안 된다는 인식을 갖게 만든 것이다. 무질서하긴 하였지만 대체로 이념정향에 따라 움직였던 미군정기의 정당통합과는 다른 종류의 혼란스러운 정당통합 특히 의사합당이 제6공화국 들어 크게 증가하였다는 점과 여당과 야당 간의 통합이 성사된 점이 주목할 만하다. 민주화가 진행된 이 시기의 정당통합운동에는 과거와는 달리 지역정서가 크게 작용하기 시작하였다는 점도 간과할 수 없다.

제6공화국 기간 중에는 현직 대통령이 진보정당의 대표와 면담을 가졌는데 이는 정당사적 의미를 부여할 수 있는 사건이었다. 노태우 대통령은 1991년 11월 18일 민중당의 이우재 상임대표, 이재오 사무총장, 장기표 정책위원 등을 청와대로 초청하여 면담하였다. 이 면담은 진보정당이 소외된 세력이라는 그동안의 인식을 떨쳐버리고 이들이 현실적인 정치세력이라는 것을 국민 앞에 보이는 기회가 되었다. 이들의 대통령 면담에 대한 평가는 엇갈릴 수 있겠으나 말할 수 있는 것은 진보세력이 자신들의 활동공간을 넓히고 동시에 국민들의 진보정당에 대한 인식의 공간 또한 넓힐 수 있는 사건이었다는 것이다.

정당통합이 빈번해진 제6공화국 기간 중(2000년 4월 현재)에 모두 20건의 합당이 시도되어 신설합당 6건, 흡수합당 1건을 기록하였으며 나머지 13건은 의사합당이거나 실패한 경우이다. 이 13건은 의사합당으로서 통합협상을 벌였거나, 통합선언을 발표하기는 하였지만 실질적으로는 개별입당인 경우와 아직 정당등록이 되지 않은 상태에서의 합당이어서 정당법상의 합당요건을 충족시키지는 못하는 사례들이다. 이렇게 철저히 준비되지 않은 채 시도되는 통합운동은 정당질서와 정당체제에 부정적 영향을 미치고 있는 것으로 판단된다. 의사합당과 합당 시도가 크게 증가하고 있는 제6공화국에 있어서는 합당에 대한 근본적인 정책과 인식의 전환이 요청되는 상황을 맞이하고 있다.

〈표 8-1〉 제6공화국 정당통합운동 결과표

연번	통합(운동)시기	참여정당	통합 여부	통합신당명	합당유형
1	1988. 3.	통일민주당, 평화민주당	실패	−	−
2	1988. 9.	한겨레민주당, 민중의 당	성사	진보련	의사
3	1990. 2.	민주정의당, 통일민주당, 신민주공화당	성사	민주자유당	신설
4	1990. 7.	편화민주당, 민주당	실패	−	−
5	1991. 2.	민주당, 민주연합	성사	민주당	의사
6	1991. 3.	평화민주당, 신민주연합당	성사	신민주연합당	의사
7	1991. 9.	신민주연합당, 민주당	성사	민주당	신설
8	1992. 2.	민중당, 한국노동당	성사	민중당	의사
9	1992. 2.	통일국민당, 신신민당, 새한당	성사	통일국민당	의사
10	1992. 12.	통일국민당, 새한국당	성사	통일국민당	의사
11	1994. 4.	민주당, 통일국민당, 새한국당	실패	−	−
12	1994. 7.	통일국민당, 신정치개혁당	성사	신민당	신설
13	1994. 8.	민주당, 신민당, 새한국당	실패	−	−
14	1995. 2.	민주당, 새한국당, 통일시대국민회의	성사	민주당	흡수
15	1995. 4.	민주당, 신민당	실패	−	−
16	1995. 5.	자유민주연합, 신민당	성사	자유민주연합	신설
17	1995. 12.	개혁신당, 민주당	성사	통합민주당	신설
18	1997. 11.	신한국당, 민주당	성사	한나라당	신설
19	1998. 8.	새정치국민회의, 국민신당	성사	새정치국민회의	−
20	1998. 11.	새정치국민회의, 자유민주연합	실패	−	−

제2절 통일민주당·평화민주당의 합당 시도

1. 합당 시도 배경

1) 야권의 통합촉진운동

제13대 대통령선거(1987. 12. 16.)를 앞두고 야권후보단일화운동을 전개하다가 실패한 것은 오히려 후보단일화운동을 시도하지 않은 것보다 못한 부정적인 결과로 나타났다. 과거에도 그러했던 것처럼 야권에서는 제13대 국회의원선거(1988. 04. 26.)를 앞두고 다시 야권통합이 논의되기 시작하였으며, 재야인사들의 통합움직임도 활발해지고 있었다. 당시 야권통합을 추진하고 있던 세력은 ① 박찬종 의원 등 단일화 추진 서명파 의원 집단과 신당을 추진하고 있던 제정구 등 새 정치추진모임의 연합세력 ② 문동환, 이문영, 이돈명 등 김대중 후보추대위원회에 참여하였던 인사 ③ 계훈제, 박형규 등 마지막까지 후보 단일화를 추진하였던 인사들로 구성된 야권통합협상회의 등 크게 3갈래이다. 이들 중 5인의 서명파 의원과 제정구 등의 새 정치추진모임은 1988년 1월 26일 민주연합추진회의를 구성하였다.

평화민주당의 의원 5명(양순직, 유제연, 김현수, 김성식, 장기욱)이 1월 26일 탈당하였다. 이들은 전날 저녁 시내 동교동 김대중 총재의 집을 방문하여 김 총재의 야권통합을 위한 결단을 촉구하고 자신들의 입장을 설명하려 하였으나 김 총재가 면담을 거절하자 26일 오전 이들을 대표하여 양순직 전 부총재와 장기욱 의원이 고별인사차 당사를 방문하였다.

평화민주당을 탈당한 양순직 등 5인과 박찬종 의원 등 야권통합추진회의 5인 의원은 1월 28일 오전 시내 여의도 관광호텔에서 회동, 야권통합방안을 논의하였다. 이 자리에서 김명윤, 이중재 등은 통일민주당과 평화민주당 내의 야권통합기구와의 연석회의 및 공동모임 개최를 제의하였으며, 의원들은 모든 야권통합추진모임 등과 연대하여 야권통합방안을 모색한다는 원칙에 합의하였다.

이렇게 통일민주당과 평화민주당이 대통령선거 전의 후보 단일화 협상 실패에 이어 국회의원선거를 앞두고 통합협상을 벌이게 된 배경은 바로 대통령선거에서의 패배를 거울삼아 다가온 국회의원선거에서 압승하겠다는 의지가 작용한 데에 있다. 그러나 엄밀한 의미에서는 대통령선거 결과 나타난 지역정서 때문에 통일민주당과 평화민주당의 통합은 용이하지 않을 것이라는 인식을 갖고 있으면서도 양당은 국민여론을 의식하여 통합협상에 임하였다고도 볼 수 있다.

2. 합당 시도 경과

1) 재야인사들의 동향

1988년에 들어서서 합법적 정치공간의 확장추세 속에서 재야권에서는 ① 반합법 전선체 운동 ② 재야 입당파 ③ 독자 창당운동 등 세 가지 정치실험을 전개하였다. 이 중 재야 입당파의 정당 활동은 평화민주통일연구회 - 범민주 통합신당 추진회의 - 민주연합 - 민주개혁정치모임으로 이어지고 있었다.[1]

한편 야권통합의 명분 아래 통합신당을 추진하여 온 박찬종·조순형 의원 등은 평화민주당이 재야인사 영입으로 새 체제를 구축하고, 일부 의원들이 통일민주당에 입당함에 따라 통합을 포기하고 별도의 신당 창당 작업을 진행하였다. 박찬종·조순형·허경구·이철·장기욱 의원 등 야권통합추진위원회 소속 의원들은 2월 5일 국회에서 기자회견을 갖고 재야 정치세력과 함께 신당을 창당하겠다고 발표하고 다음 날인 6일 '범민주통합 신당추진위원회'를 발족시켰다.

2) 통일민주당의 동향 - 김영삼 총재의 사퇴

김영삼 통일민주당 총재는 1988년 2월 8일 오전 기자회견을 통하여 "총선이 얼마 남지 않은 이 시점에서 가장 시급하고 절박한 과제는 모든 민주세력이 대동단결하여 야당을 단일화하는 것"이며, "야권의 신속한 단일화를 위하여 총재직을 사퇴하고 평당원으로 백의종군하겠다."고 발표하였다. 통일민주당은 이날 오후 확대회의를 열어 총재의 사퇴 선언에 따른 대책을 논의하고 총재에게 당의 이름으로 사퇴번의를 요구하였으나 김영삼 총재가 이를 거부함에 따라 당헌에 의거, 김명윤 부총재를 총재직무대행으로 결정하였다. 회의는 또 야권단일화를 위하여 모든 당력을 기울이기로 하고, 4인 대표로 구성되는 특별기구를 만들기로 하였다. 이를 계기로 통일민주당과

---

1) 조희연, 「재야운동과 정당정치의 상호연관성」, 안희수 편, 『한국정당정치론』(서울: 나남, 1995), 459~460쪽.

평화민주당 간에는 제13대 국회의원선거를 앞두고 야권통합을 위한 전기가
마련되었다.

통일민주당은 2월 9일 국회에서 의원총회를 열어 1시간 20분에 걸쳐 야
권통합방안에 대한 토론을 벌인 후 야권통합을 통한 정통야당의 재건을 다
짐하는 결의문을 채택하였다. 또 정무회의에서는 야권통합을 위하여 종전의
야권단일화추진위원회를 확대 개편하기로 하고 김영삼 총재의 사퇴서를 수
리하였다. 이날 야권통합을 위하여 '선 통합, 후 당론 결정'의 원칙을 세운
동당은 기존의 야권통합대표기구를 해체하고 야권단일화추진위원회를 재구
성하여 평화민주당과 범야권통합을 적극 추진하기로 하였다. 김영삼 총재의
사퇴로 야권통합움직임이 활발하게 전개되면서 재야의 신당창당 움직임은
주춤해졌다.

3) 평화민주당의 동향 - 집단지도체제 채택

평화민주당은 1988년 2월 1일 재야인사 영입을 1차 매듭짓고 당 체제를
7인의 최고위원(대표최고위원 김대중)을 정점으로 하는 집단지도체제로 전환
하고 최고위원 3명은 재야 측 몫으로 남겨 두었다. 평화민주당의 체제개편
으로 야권은 통일민주당, 평화민주당, 통합신당파, '민중의 당' 추진집단으로
4분되었다. 평화민주당과 재야 측 대표들은 2월 2일 오후 회합을 갖고 재야
측의 입당요구조건 원안대로 최고위원과 당무위원을 같은 수로 양분하는 집
단지도체제로 당을 재편키로 최종 합의하였다. 이러한 재야인사 영입 및 당
직 배분합의에 대하여 통일민주당은 '이념과 노선 성격의 변화'라고 규정하
였고, 평화민주당은 자당(自黨)은 혁신정당이 아니라고 반박하였다.

제13대 대통령선거(1987. 12. 16.)에서 김대중 후보에 대한 비판적 지지
론을 펼쳤던 재야의 문동환, 서경원, 박영숙, 양성우, 박석무, 김영진, 이천
용, 이상수, 정상용, 이해찬 등 91명이 2월 3일자로 평화민주당에 입당하였
다. 이들은 입당 후 평화민주통일연구회(平民研)를 결성하였다.

평화민주당의 재야인사 영입과, 평화민주당 탈당 3의원의 통일민주당 입당

등의 상황전개를 보고 야권통합이 사실상 어렵다고 판단한 박찬종 등 무소속 의원 6명은 2월 5일 오전 국회 귀빈식당에서 신당 창당계획을 발표하였다.

평화민주당은 2월 9일 오전 김대중 총재가 주재하는 당무위원 및 지도위원 연석회의에서 야권통합문제를 논의한 끝에 ① 통일민주당이 먼저 중선거구제를 포기하고 소선거구제로 전환하여야 하며, ② 통합은 통일민주당-평화민주당-재야의 3자 통합을 원칙으로 한다는 입장을 정리하였다. 회의에서는 또 재야출신인 문동환을 소집책으로 하고 박영숙, 이상수, 이중재, 최영근, 조세형 당무위원 등 5명으로 야권통합추진위원회를 구성하였다. 이날 박찬종 의원 등 통합추진파 의원 6명과 제정구, 예춘호 등이 연합한 범민주 통합신당 추진위원회는 김영삼 총재의 총재직 사퇴 선언에 따라 야권통합을 위한 자체 간담회를 열고, 김대중 평화민주당 총재에게도 김영삼 총재의 결단에 상응하는 용단을 촉구하는 한편 야권통합을 위한 3자 통합협의기구의 설치와 통일민주당-평화민주당-서명파 무소속 의원의 합동의원총회 개최를 제의하였다.

4) 통일민주당과 평화민주당의 합당교섭

통일민주당은 김명윤 부총재를 총재직무대행으로 결정하였으며 1988년 2월 10일에는 확대간부회의를 열고 야권단일화추진위원회를 구성, 위원장에 김재광 상임고문, 위원에 최형우, 김동영, 박종률, 황명수, 김수한, 김정길 등 당의 중진 6명을 임명하였다. 야권통합추진위원회는 이날 첫 회의에서 야권통합대책을 논의하였는데 일차적으로 평화민주당과의 통합에 주력하기로 하였으며 이를 위하여 여당과의 선거법 협상은 일단 유보하기로 하였다. 동 위원회의 통합원칙은 다음과 같다.

통일민주당 야권통합추진위원회의 통합원칙
① 통일민주당 중심의 야권통합을 고집하지 않는다. ② 평화민주당을 통합의 주 대상으로 하되 무소속 6인모임과 재야 신당추진파는 물론 신한민주당, 민주한국당, 한국국민당과도 교섭한다. ③ 야권통합을 위해서라면 소선거구제의 수용도 배제하지 않는다.

한편 평화민주당도 문동환(소집책), 이중재, 최영근, 조세형, 이상수, 박영숙(후에 임채정을 박영숙과 교체) 등 당무위원 6명으로 야권통합추진위원회를 구성하고 2월 10일 오전 첫 회의를 가졌다. 평화민주당의 통합대표들은 야권통합은 소선거구제가 관철되어야 하며 재야를 포함한 3자 대통합의 기본 원칙 하에서 이루어져야 한다는 점을 강조하였다. 그런데 평화민주당의 협상대표를 보면 현역 중진보다는 재야대표 일색이라고 할 만큼 정치초년생들이 많았고, 평소 통합을 주장하였던 이는 이중재 의원 정도였다.

통일민주당과 평화민주당은 2월 11일 정오 시내 남산 외교구락부에서 양당 야권통합기구대표 합동회의를 갖고 통합을 위한 공식 논의를 시작하였다. 다섯 시간이 넘게 계속된 첫날 회의에서는 제13대 국회의원선거에서 야권의 압도적 승리를 기하기 위하여 양당이 야권통합을 위한 최선의 노력을 기울일 것과, 민주정의당의 일방적인 선거법 강행처리를 저지하기 위하여 공동 투쟁하며, 통일민주당은 소선거구제를 긍정적으로 수용토록 한다는 데에 합의하였다. 첫날 회의가 이렇게 길어진 것은 통합에 임하는 양당의 입장이 달랐기 때문인데, 통일민주당은 무조건 통합에 합의하여 주면 소선거구제 수용 및 재야인사 영입문제를 논의할 수 있다는 입장인 반면, 평화민주당은 민주정의당이 처리하려는 1－3인제 선거법의 공동저지에 역점을 두고 있었다.

양당 간 통합논의가 본격화된 가운데 통일민주당에서 평화민주당이 분당하여 나가기 전의 통일민주당 부총재단 7명 전원이 이날 시내 남산 외교구락부에서 회동, 야권대통합을 이룬다는 원칙에 합의하였다. 이들 박용만·김동영·최형우·이중재·양순직·이용희·노승환 의원 등 7명의 부총재들은 "어떤 일이 있어도 단시일 내에 야권대통합을 이룩하겠다."고 말하고 합동의원총회를 열어 무조건 통합을 결의할 것과 그것도 안 되면 분당 전의 상태로 되돌아가야 한다는 데 의견의 일치를 보았다.

양당은 2월 12일 오후 같은 장소에서 제2차 야권통합기구대표 합동회의를 개최하여 통합문제를 협의하였으나 평화민주당의 소극적인 태도로 인하여 진전을 보지 못하였다. 이날 회의에서 문동환 대표는 통일민주당의 전

부총재들이 모여서 합동의원총회를 하겠다고 발표한 것에 대하여 해명을 들어야겠다며 말문을 열었다. 결국 이날 회의는 고성이 오간 끝에 아무런 합의에 이르지 못하고 종료되었다.[2] 통일민주당과 평화민주당은 2월 13일 제3차 통합추진위원회 합동회의를 열고 2시간 15분 만에 야권통합원칙 4개항에 합의하였다.

통일민주당과 평화민주당의 합의사항

① 양자는 야권대통합의 원칙에 합의한다. ② 통일민주당은 소선거구제를 수용한다. ③ 합동의원총회를 2월 15일 중에 개최, 원내 대책을 논의한다. ④ 통합의 세부적 내용을 결정하기 위하여 당명·당헌·당규작성소위원회, 정강정책작성소위원회, 조직소위원회, 재야소위원회 등 필요한 기구를 구성하되 그 구성과 인원에 대해서는 양당 위원장에게 위임한다.

그러나 2월 15일 개최하기로 한 합동의원총회는 평화민주당이 소선거구제결의를 해야만 합동의원총회에 참석한다는 입장을 고수하였고, 통일민주당은 통합방안논의를 위하여 무조건 합동의원총회를 개최하자는 입장을 보임으로써 결국 개최가 무산되었다. 평화민주당은 15일에 이어 16일에도 '소선거구제 결의'를 전제조건으로 하는 합동의원총회 참석입장을 고수, 통합방안논의를 위하여 무조건 의원총회를 개최할 것을 주장하는 통일민주당측과 입장을 달리함으로써 당초 양당의 통합추진위원회 합동회의가 결정한 합동의원총회는 열리지 않았다. 합의되었던 합동의원총회가 불발로 그친 이유는 소선거구제 보장 요구에 있었지만 더 큰 이유는 당 최고 지도자의 거취문제에 있다고 할 수 있다.

---

2) 이날 통일민주당은 야권통합을 위한 통일민주당과 평화민주당 통합기구대표 회동이 실질적으로 결실을 맺을 수 있도록 하기 위하여 평화민주당에 대하여 회담대표의 전권부여를 촉구키로 하였다. 통일민주당의 야권단일화추진위원회는 12일 오전 당사에서 모임을 갖고 이같이 결정하고 이날 오후의 야권통합기구대표회담에서 평화민주당의 대표들에게 '통합원칙 합의'와 '소선거구 수용'을 묶은 합의문서에 서명할 것을 요구하였다. ≪경향신문≫, 1988년 2월 13일자.

3. 합당논의 이후

1) 야권통합교섭 결렬

김영삼 총재가 통일민주당 총재직을 사직함으로써 다시 시작된 야권통합 협상은 1주일 만에 소멸될 위기에 처하였다. 이 무렵 언론에서는 야권통합이 바로 구국의 길이라는 식의 논평을 하고 있었다.[3] 양당은 1988년 2월 16일 당직자회의를 통하여 상대당이 야권통합의사는 없이 명분치레 논의만 한다고 서로 비난하고 통합논의를 중단한 후 각각 총선체제에 돌입하였다.

평화민주당과의 당 대 당 통합협상이 불가능해졌다는 결론을 내린 통일민주당은 평화민주당 일부 의원, 무소속 의원, 군소정당, 신당 추진세력 등 재야인사들과 접촉하여 부분적인 야권통합을 추진하기로 하였다.

한편에서 그동안 야권통합협상 추이를 지켜보며 재야신당 창당 작업을 일시 중단하였던 예춘호, 제정구 등의 인사들은 ‘범민주 통합신당’ 결성이 사실상 어려워진 것으로 판단하고 신당 창당 작업에 나섰다.

2) 국회의원선거법 협상

야권통합논의로 중단되었던 국회의원선거법 협상이 1988년 2월 17일 재개되었다. 민주정의당과 통일민주당의 협상대표들은 이날 국회에서 회담을 갖고 1구에서 1 - 3인을 선출하는 중선거구제를 채택한다는 원칙에 사실상 합의하였다.

---

3) 언론의 논조는 다음과 같았다. 누가 통합에 반대하나―있다면 국민이 응징할 터(≪조선일보≫, 1988년 2월 13일자); 야당은 뭘 하고 있는가―통합의 결론을 빨리내라(≪중앙일보≫, 1988년 2월 15일자); 야권의 통합을 촉구함(≪동아일보≫, 1988년 2월 16일자); 야권은 무조건 통합하라(≪한국일보≫, 1988년 2월 25일자); 야권은 진정한 통합을 하라(≪경향신문≫, 1988년 2월 29일자). 한편 이 무렵 발표된 통일민주당과 평화민주당의 통합에 관한 설문조사결과는 다음과 같다. 신문시설에서 야당통합을 당위인 것으로 논평하고 있는 분위기 탓인지 응답자의 80% 정도가 야당통합에 대해 긍정적인 반응을 보였다.
설문) 야당통합을 어떻게 생각하십니까?
야당은 통합되어야 한다(79.6%); 야당통합은 필요하지 않다(9.1%); 말할 수 없다(11.1%); 잘 모르겠다 (0.3%). 출처: ≪조선일보≫, 1988년 2월 13일자(조선일보와 한국갤럽이 공동으로 10일과 11일 전국에서 무작위 추출한 20세 이상 남녀 500명을 대상으로 실시한 전화여론조사 결과).

3) 야권통합교섭 재개

민주정의당과 통일민주당이 중선거구제 채택으로 의견을 모으고, 또 재야의 신당 창당 작업이 시작되자 통일민주당의 박관용·김정길 의원, 평화민주당의 정대철 전 대변인, 무소속의 박찬종·허경구·이철·장기욱 의원, '새정치모임'의 이신범 등은 1988년 2월 22일 오전 기자회견을 갖고 통일민주당과 평화민주당의 조건 없는 통합을 촉구하였다. 이러한 상황에서 김영삼 전 총재와 김대중 총재는 국회의원선거 전에 야권통합을 성사시키기 위하여 1987년 10월의 회동 이후 4개월 만인 2월 23일 시내 가든호텔에서 전격적으로 회동, 다음과 같은 3개 항에 합의하였다.

김영삼·김대중의 합의사항

① 통일민주당은 국회의원 소선거구제로 당론을 환원한다. ② 재야의 신당창당 중지 및 통합동참을 권고한다. ③ 양당의 통합추진기구를 조속히 재가동시킨다.

야권통합을 촉구하였던 무소속의 박찬종·허경구·장기욱·이철 의원은 2월 24일 성명을 통하여 김영삼·김대중의 야권통합 합의에 대하여 환영의 뜻을 밝히고 야권통합에 참여하겠다고 밝혔다. 그러나 한겨레민주당(가칭)은 이날 김영삼·김대중의 회동에서 재야신당 창당 작업을 중지하고 야권통합에 동참하도록 권고한 것에 대하여 이제까지 김영삼과 김대중이 국민에게 한 약속이 제대로 지켜지지 않아 국민을 실망시킨 사실을 기억하고 있기 때문에 신당 창당작업을 바로 중지할 수는 없다는 뜻을 밝혔다.

김영삼과 김대중의 합의에 따라 양당은 2월 26일 오전 시내 외교구락부에서 지난 2월 13일 이후 중단된 통합기구합동회의를 다시 열고 3월 5일까지 야권통합을 위한 통합대회를 개최할 수 있도록 전당대회 등 필요한 모든 절차를 밟기로 합의하였다.[4] 합의된 사항에서 알 수 있는 것처럼 양당 통합의 핵심은 소선거구제 채택문제였다.

---

4) 이날 구성된 5개 소위원회는 다음과 같다. 당명·당헌·당규소위원회 — 김동영, 김정길, 허경만, 신기하; 정강정책작성소위원회 — 김수한, 김현규, 이중재, 조세형; 조직소위원회 — 박종률, 최형우, 김영배, 이상수; 재야소위원회 — 박종률, 황명수, 문동환, 임채정; 선거법소위원회 — 김정길, 신기하.

통일민주당·평화민주당 통합추진합동회의 합의사항
① 오는 3월 5일까지 통합한다. ② 양당 통합추진위원회는 선거법을 소선거구제로 개정
하기 위한 소위원회를 구성하여 오는 2월 29일까지 개정안을 만들어 국회에 제출한다.
③ 당헌·당규작성소위원회 등 5개의 소위원회를 구성한다.

양당은 2월 27일 각각 확대간부회의와 확대간부간담회를 열어 통합을 위한 절차로서 자체 임시전당대회 개최방식을 택한다는 방침을 세웠다. 양당의 야권통합추진위원회는 2월 29일 오후 재야소위원회 등 각 소위원회를 개최, 야권통합 실무 작업에 들어가는 한편 3월 3일 각기 임시전당대회를 열어 합당을 결의하기로 하였다. 이날 재야소위원회에는 한겨레민주당(가칭)의 대표로 제정구와 장을병이 참여하여 통일민주당, 평화민주당, 한겨레민주당의 3자 통합원칙에 합의하였으며, 통일민주당, 평화민주당 양당의 합당에 따른 당 해체와 함께 한겨레민주당 창당준비위원회도 해체하기로 하였다.

김영삼 전 총재와 김대중 총재는 2월 29일 저녁 시내 강남의 음식점 어원에서 만나, 신당의 지도체제문제를 중심으로 하는 양당 통합의 구체적 방안을 협의하였다. 그러나 김영삼 전 총재가 제3의 인물을 총재로 하는 협의제 운영의 단일 지도체제를 주장한 반면 김대중 총재는 다가온 국회의원선거에서의 효과적인 대응을 위해서 지도체제문제는 좀 더 검토하자고 주장, 두 사람의 의견이 일치되지 않았으며, 따라서 양당 통합대회를 3월 8일 이후로 연기한다는 데 합의하였다. 이렇게 지도체제문제, 소선거구제문제 등에 대하여 의원 상호간, 양당 간에 갈등이 표면화되고 있었다.

통일민주당과 평화민주당 간의 통합작업은 지도체제문제 특히 김대중 총재의 퇴진 여부에 대한 문제로 다시 기로에 서게 되었는데 평화민주당은 3월 1일 오전 김대중·김영삼을 정점으로 하는 공동대표제를 채택기로 당론을 확정하였다. 한편 통일민주당은 3월 2일 국회에서 의원총회를 열어 야권통합 및 소선거구제 선거법안처리문제를 논의하고 김대중 총재의 퇴진을 요구하였다. 양당은 3월 3일 오전 각각 당의 최고의결기구인 임시전당대회를 열어 통합을 결의하고 각각 150명씩의 수임기구를 구성하였다. 통일민주당, 평화민주당, 한겨레민주당(가칭)은 3월 4일에는 야권통합기구합동회의

를 열고 소선거구제 국회의원선거법 단일안 제출문제와 김대중 총재의 2선 후퇴문제를 집중 논의하였다.

김대중 총재는 3월 10일 가진 기자회견에서 야권통합문제와 관련, 김대중·김영삼 공동대표제와 연합공천 가운데 양자택일하라고 통일민주당에 제의하였으나 통일민주당의 김명윤 총재직무대행은 다음 날인 11일 김대중 총재의 퇴진 없는 야권통합은 아무런 의미가 없다며 제의를 거부하였다. 양당의 통합협상은 평화민주당이 두 사람의 공동대표제를 주장하고, 통일민주당은 김영삼·김대중이 아닌 제3의 인물을 통합신당의 대표로 하는 단일지도체제와 김대중 총재의 2선 후퇴를 주장함으로써 지도체제문제에서 상충하였다.

무산되어 가던 야권통합노력은 3월 17일 평화민주당의 김대중 총재가 야권통합을 위하여 총재직을 사퇴함으로써 다시 돌파구를 마련하였다.

통일민주당과 평화민주당, 한겨레민주당(가칭), 무소속의 3당 통합추진위원들은 3월 18일 오후 시내 세실레스토랑에서 야권통합을 위한 협상(전체회의)을 재개, 6인소위원회의 구성을 결의한 후 김수한·최형우(민주당), 김영배·허경만(평화민주당), 장을병·제정구(한겨레민주당)를 6인소위원회 위원으로 임명하였다. 6인의 위원들은 이날 오후 10시부터 19일 새벽 4시경까지 시내 서교호텔에서 철야로 협상에 임하였다.

그러나 3월 19일 통합협상 6인소위원회가 열리고 있는 회의장을 200여 명의 학생, 청년들이 점거하고 '통일민주당은 각성하라' 등의 구호를 외치며 폭력을 행사하는 사건이 발생하였다. 통일민주당은 평화민주당이 이들을 동원하였다고 주장하고 평화민주당의 사과를 요구하였으나 평화민주당은 일부 불순세력이 야기한 방해 행동이었다며 사과하기를 거절하자 통일민주당은 3월 21일 다시 통합협상을 중단하기로 결정함으로써 야권통합은 무산되었다.

통일민주당과 평화민주당, 한겨레민주당(가칭)과 서명파 3자 간의 통합협상 과정을 보면 묘하게도 후보 단일화를 주장하였던 서명파 의원들은 협상당사자에서 배제되었고, 양당의 통합협상대표 속에는 사실상 통합을 거부한

사람들이 더 많았기 때문에 통합협상이 결렬될 수밖에 없었다는 평가가 나오기도 하였다.[5]

평화민주당과 통일민주당은 3월 5일까지 합당하기로 합의하였고 양당은 실제로 전당대회를 별도로 열었으며 정당통합을 확인하는 절차를 밟았다. 그러나 양당의 통합합의는 시위대의 물리적 힘과 협상대표단 속에 있는 소극적 협상대표들로 인하여 중단되었다. 무엇보다도 통일민주당과 평화민주당의 통합에 커다란 걸림돌이었던 소선거구제 문제가 해결되었음에도 불구하고 양당의 통합이 이루어지지 않은 것은 또 하나의 문제 즉 당권문제가 해결되지 않았음을 뜻한다.

제3절 제13대 국회의원선거(1988. 04. 26.)

1. 선거 전의 상황

1) 선거 시기

국민의 민주화 열망속에 시위가 계속되자 정부·여당이 이를 특별선언(6·29선언)으로 수용하면서 정국은 안정을 회복할 수 있었다. 또 대통령직선제를 주요 내용으로 하는 헌법개정안이 1987년 10월 12일 여야 합의로 의결되고 10월 28일 국민투표에 의하여 확정됨으로써 제13대 국회의원선거는 개정된 헌법에 의하여 실시하게 되었다.

그런데 선거 시기는 본래 개헌 협상 때부터 쟁점이 되었던 사안이다. 당시 여당 민주정의당은 새 정부 출범 전인 1998년 2월까지 선거를 실시할 것을 주장하였고, 야당들은 대통령취임 후 선거를 실시할 것을 요구하였는데 이 문제는 대통령선거에서 승리하는 쪽의 뜻에 따르기로 하고 넘어갔다.

---

5) 이철, 「통합의 수순은 정확해야 한다」, ≪인물계≫(1990년 9월호), 31–33쪽.

민주정의당이 승리하면 2월까지 선거를 치르고 야당이 승리하면 4월에 선거를 실시하기로 한 것이다.

대통령선거(1987. 12. 16.)에서 민주정의당의 노태우 후보가 당선되면서 분위기는 달라지기 시작하였다. 공천권 문제를 둘러싸고 전두환 대통령 측과 노태우 대통령당선자 측의 이해관계가 첨예하게 대립되기 때문이다. 전두환 대통령은 임기를 마치기 전에 자신이 공천권을 행사하기를 바랐고 노태우 당선자는 차기 대통령으로서 자신이 공천권을 행사하는 것이 국정운영에 있어서 유리하다고 판단하였다. 노태우 당선자는 당의 선거법협상대표들에게 선거법안을 여야 합의로 가결, 처리하도록 지침을 주었는데 이는 선거를 자신의 취임 후에 실시하겠다는 선거 지연 전략이자 의지의 표현이었다.6) 결국 대통령당선자의 의중에 따라 국회의원선거법개정안은 전두환 대통령의 재임 기간 중에 국회에서 처리되지 못하였다.

2) 국회의원선거법 개정안 처리

선거구 조정문제로 여야 간에 진통이 계속되자 민주정의당은 1구 1인의 소선거구제로 당론을 변경한 후, 선거구 획정과 부정선거방지대책에 문제가 있다는 야당 측의 반대를 무릅쓰고 1988년 3월 8일 제140회 국회(임시회)에서 국회의원선거법개정안 처리를 강행하였다.

민주정의당은 이날 새벽 소선거구제를 주요 골자로 하는 동 법률안을 국회본회의에서 가결하였다. 민주정의당은 3월 7일 밤부터 야당 의원들과의 몸싸움 속에 선거법안의 국회본회의 상정을 몇 차례나 시도하다가 8일 새벽 2시 11분 장성만 국회부의장의 사회로 상정 1분 만에 전격적으로 처리하였다. 장성만 부의장은 경위들의 호위 속에 의장석 뒤편 샛문으로 본회의장에 들어와 본회의 속개를 선언하였으며 곧바로 선거법안을 상정, 처리하였다. 그 주변에서는 단상으로 몰려온 야당 의원들과 경위 그리고 여당 의원들 간에 심한 몸싸움이 벌어졌다.

---

6) 김현섭·이용호, 『청와대 귀족회의』(서울: 경향신문사, 1994), 158-159쪽.

국회의원선거법의 주요 개정내용은 92개 지역선거구를 224개로 늘리고 1구에서 2인씩 선출하던 것을 1구에서 1인씩 선출하도록 하며, 전국구 의원 수를 지역구 의원 정수의 2분의 1에서 3분의 1로 감축하는 것이다.[7] 특히 전국구 의석 배분의 경우, 제1당에 전국구 의석의 3분의 2를 배정하던 것을 제1당이 획득한 의석이 지역구의 100분의 50 미만일 때 전국구 의석의 2분의 1을 배정토록 하였다.

2. 선거 결과

제13대 국회의원선거가 1988년 4월 26일 시행되었다. 선거제도는 16년 만에 중선거구제에서 소선거구제로 바뀌어 실시되었다. 총 299의석 중 민주정의당은 125석(지역구 87, 전국구 38)을 획득하였으며, 평화민주당은 70석(지역구 54, 전국구 16)을 차지하여 제1야당이 되었다. 통일민주당은 59석(지역구 46, 전국구 13), 신민주공화당은 35석(지역구 27, 전국구 8)을 얻었으며 한겨레민주당 1석, 그리고 무소속이 9석을 차지하였다. 의석 분포로 볼 때 여당인 민주정의당이 과반수 의석을 확보하지 못한 이른바 여소야대의 상황이 되었다.

민주정의당이 저조한 성적을 거둔 요인은 여러 가지가 있겠으나 그중 두 가지는 첫째, 각 지역 유권자들이 이미 제13대 대통령선거(1987. 12. 16.)를 전후하여 지역정서로 뭉쳐 있었다는 점을 들 수 있고 둘째, 소선거구제로 바뀐 선거구제도가 지역정서와 결부되어 선거 결과에 반영되었다는 점을 들 수 있다. 이 외에도 전두환 대통령이 임기 끝나기 전에 제13대 국회의원선거에 임할 민주정의당의 후보공천과정에 영향력을 행사하려고 하였다는 점과 전직 대통령으로 구성되는 원로회의의 기구와 기능을 확대하려고 하였다는 점도 거론되고 있다.[8]

---

7) 선거법 개정의 주요 쟁점은 선거구 조정문제였는데 그동안 민주정의당은 1구 1~4인의 중선거구제, 통일민주당과 신민주공화당은 1구 2~4인의 중선거구제, 평화민주당은 1구 1인의 소선거구제를 각각 개정안으로 확정, 주장하여 왔다.

8) Sungju Han, "South Korea: Politics in Transition." *Democracy in Developing Countries–Asia*, Diamond Larry, Jarry, J. Linz, and Seymour M. Lipset eds.(Boulder, Lynne Rienner Publishers,

〈표 8-2〉 제13대 국회의원선거 결과

구분	의원 정수	정당별 의석수					
		민주정의당	평화민주당	통일민주당	신민주공화국	한겨레민주당	무소속
지역구	224	87	54	46	27	1	9
전국구	75	38	16	13	8	–	–
합계	299	125	70	59	35	1	9

출처: 중앙선거관리위원회, 『제13대 국회의원선거총람』(1988), 94쪽.

3. 선거의 특징

① 집권당인 민주정의당은 299의석 중 125석을 획득, 의석 과반수에 미치지 못함으로써 선거 결과만으로는 헌정사상 최초로 여소야대 정국을 맞이하였다. ② 각 정당 지도자들의 연고지를 중심으로 한 지역구도, 즉 지역정서에 의한 투표행태가 명확히 드러났다. 평화민주당은 호남 지역에서 절대 우세하였고, 통일민주당은 부산·경남에서, 신민주공화당은 충남에서, 여당인 민주정의당은 대구·경북에서 절대 우위를 보여 지역정서가 선거 결과에 극명하게 반영되었다. ③ 이번 선거에서는 무소속 출마자가 111명으로 제12대 국회의원선거 때의 29명에 비하여 크게 증가하였다. 이는 민주화 추세를 타고 많은 정치입문희망자들이 몰린 것과 정당의 후보공천 낙천자들이 공천결과에 불만을 품고 선거에 출마한 것에서 원인을 찾을 수 있다. ④ 이번 선거 후 제기된 선거소송 26건 중 투표지를 재검표한 7개 선거구(경기 부천 남구, 서울 영등포구 을, 경남 진양, 대구 북구, 경북 청송·영덕, 경산·청도, 점촌·문경)의 경우 총 투표수 563,587표 중 변동이 생긴 것은 184표뿐이었다. 이는 처음 개표 결과와의 오차가 0.003%밖에 되지 않는 것으로 투표 및 개표과정에 부정이 거의 개입되지 않았다는 주장[9]을 가능케 하였다.

1989), 30쪽; Jin Pak, "Political Change in South Korea," *Asian Survey* vol. 30(December 1990), 1155쪽.

9) 최재욱, 『국회의원선거법 개정의 몇 가지 맹점』(서울: 피플뱅크사, 1993), 70쪽.

4. 선거 이후

1) 김영삼·김대중 체제 재구축

1988년 5월 7일 개최된 평화민주당 임시전당대회에서는 김대중 전 총재를 총재에 재추대하였고, 5월 12일의 통일민주당 전당대회에서는 단일지도체제를 채택한 후 김영삼 전 총재를 총재에 재추대함으로써 양김체제가 재구축되었다.

2) 여소야대 정국

노태우 대통령이 1988년 7월 1일 정기승 대법원장 임명동의안을 국회에 제출하였으나 다음 날의 표결에서 야당들이 연대하여 이 동의안을 부결시켰다. 이는 제헌국회부터 제14대 국회 중반까지 대법원장 임명동의가 부결된 유일한 사례로 기록되었다. 또 야당 3당이 공동 발의한 국정감사법안 등의 법률안 및 결의안이 여당인 민주정의당이 반대하는 가운데 7월 9일 야당안대로 국회에서 가결되었다.

이처럼 국회 내에 절대 다수당의 부재는 각 정당 특히 여당으로 하여금 불편함을 느끼게 하였다. 그것은 아마도 한국의 정당들이 다당제 정치구도를 갖고 있는 유럽의 여러 나라들에서 볼 수 있는 정당연합과 같은 정치적 경험을 결여하고 있기 때문에 더욱 그러하였을 것이다. 정치발전을 가로막는 지역정서의 발현으로 4당 구도가 정립되었으나, 과반수 의석을 확보한 야당들은 연합하여 정부·여당을 견제하고 국정을 주도할 수 있는 환경을 조성해 가고 있었다.

여당인 민주정의당은 사안마다 야당들과 힘겨운 교섭을 벌여야 하는 '불편'이 계속되자 이러한 불편과 당면한 불확실성을 제거하기 위한 방안을 모색하기 시작하였다.

 한겨레민주당 · '민중의 당'의 합당(진보정당건설을 위한 정치연합)

1. 합당 배경

제13대 국회의원선거(1988. 04. 26.)를 전후하여 진보세력은 다시 분열되기 시작하였다. 진보·혁신계열은 선거에서 부진한 성적을 거둔 후 여러 혁신세력이 뭉치는 단일 진보정당 결성을 기도하게 되었다. 선거 당시 이념이나 구성인물들의 속성이 비슷하였음에도 불구하고 분열되어 패배한 후 통합의 필요성을 절실히 느끼게 된 것이다. '진보정당건설을 위한 정치연합'의 결성은 재야의 반성의 결과였다.

2. 합당 경과

1) 한겨레민주당

일부 혁신계열 인사들이 1987년 8월 29일 경기도 용문산의 천주교 청소년 캠프장에서 신당추진세력 회합을 가졌다. 이들은 사회 각 부문과 지역사회 각 계각층을 망라한 신정치세력을 결집, 새로운 정치운동으로서의 민주적 대중정당의 결성을 제기하고 그해 12월 '새로운 정치운동을 위한 준비모임'(대표 제정구)을 결성하였다. 이 모임은 12월 31일 '한겨레연구소', '새정치동지회'와 합류, 확대 개편되었고 1988년 2월 6일 서울시내 신문로 한글회관에서 신당추진 지역협의회를 참여시켜 '범민주통합 신당추진위원회'로 다시 발족되었다.

이 무렵 진보세력은 ① 기존 야당 입당파 ② 온건한 혁신정당인 한겨레민주당 결성파 및 급진적인 '민중의 당' 결성파 ③ 제도권에 진입하지 않고 재야 정치세력의 구축을 표방한 세력으로 나뉘어 있었다. 기존의 야당에 합류하지 않았거나 혁신정당을 결성하지 않았던 세력은 제6공화국 출범 이후 재야 운동세력을 집결시켜 전국민족민주운동연합(전민련)을 결성하고 독자적인 정치세력화 구축에 나섰다.[10] 그러나 그 후 베를린장벽 붕괴 등 국제정세의 변화와 임수경 밀입북사건, 서경원 의원 및 문익환 목사 방북사건으로 인하여 혁신정당운동은 벽에 부딪치게 되었다.

한겨레민주당(가칭)은 1988년 2월 17일 오후 시내 종로구 삼송빌딩 강당에서 창당발기인대회 및 창당준비위원회의 결성식을 갖고 준비위원장에 예춘호를 선출하였다. 이 당의 주요 창당발기인은 제정구, 홍사덕, 한영수, 고영구, 홍성표, 장을병, 이수인 등 37명이다.

그 후 한겨레민주당(가칭)의 예춘호 상임대표위원 등 대표위원 4명은 3월 1일 성명을 발표하고, 통일민주당과 평화민주당의 통합추진대표들과의 협의(1988. 02. 29.)를 통하여 양당은, ① 한겨레민주당의 균형 있는 독자적 참여 폭을 보장하고, ② 양김(兩金)의 정치일선 퇴진 및 민주인사 영입을 보장하며, ③ 계파 도당정치 종식 등 민주정당운영과 체질을 개선할 것 등을 통합의 원칙으로 합의하였다고 밝혔다. 이들은 또 통일민주당과 평화민주당 양당이 이러한 합의사항을 지키지 않고 재야세력의 통합동참을 구색맞추기식으로 변질시킨다면 투쟁하겠다고 말하였다.

한겨레민주당은 3월 29일의 창당대회에서 예춘호 등 6명을 공동대표위원으로 선출하였다. 동당은 앞부분에 기술된 것처럼 창당과정에서 통일민주당과 평화민주당의 야권통합협상에 참여하기도 하였으나 통합이 성사되지 못하자 제13대 국회의원선거에 지역구 63명, 전국구 5명 등 모두 68명의 후보자를 출마시켰고, 선거 결과 전라남도 신안군선거구에 출마한 박형오 후보가 유일하게 당선되었다.

2) '민중의 당'

백기완 후보 측의 하부조직세력으로서 1988년 1월 29일 오전 시내 종로구 여전도회관에서 '민중의 당' 창당주비위원회 결성식(주비위원장 정태윤)을 가진 가칭 '민중의 당'이 2월 6일 오후 시내 동숭동 대학로에서 옥외 집

---

10) 손학규, 『한국정치와 진보세력』, 김상준 외, 『한국의 정치』(서울: 법문사, 1993), 269–275쪽.

회로 창당발기인대회를 가졌다. '민중의 당'은 그로부터 1개월 후인 3월 6일 창당대회를 개최하고 대표위원에 정태윤을 선출하였다.

'민중의 당'은 제13대 국회의원선거에서 정태윤 대표위원 등 16명의 후보자가 입후보하였으나 의석확보에 실패하였으며 유효투표 총수의 0.33%인 65,650표를 획득하였다. 당시 정당법(제38조 제1항)에는 국회의원총선거에서 유효투표 총수의 2% 이상을 얻지 못하는 정당은 그 등록이 취소되도록 하는 조항이 있었는데 이를 충족시키지 못한 '민중의 당' 등의 정당등록이 4월 29일 취소되었다. 등록이 취소된 '민중의 당'은 1988년 6월 3일 민중정당재건추진위원회(위원장 정태윤)를 발족시키고 민중정당 재건을 선언하였다.

3) 한겨레민주당과 '민중의 당'의 통합 – 진보정당 결성을 위한 정치연합

제13대 국회의원선거(1988. 04. 26.) 이후 한겨레민주당과, 법적으로는 정당등록이 취소된 '민중의 당' 측은 양당의 통합과 범민주 세력의 단일진보정당을 결성하기 위하여 수차례 논의를 계속하여 왔다.

1988년 7월 말부터는 모든 정치·사회적 문제에 대하여 양측이 공동의 입장을 밝혀 왔으며 또 공동으로 '진보정당 결성을 위한 공청회'를 두 차례 개최하기도 하였다.

'진보정당 결성을 위한 정치연합'(진보정치연합)은 9월 10일 결성선언문을 통하여 "앞으로 진보정치연합을 밑거름으로 하여 자주·민주·통일을 염원하는 모든 단체, 모든 민주인사들을 결집시켜 민중의 이해를 대변할 진보적 대중 정당을 창당"하겠다고 밝혔다.[11]

한겨레민주당과 '민중의 당'(민중정당재건추진위원회)은 9월 14일 통합기자 회견을 갖고 양당의 발전적 해체와 더불어 이들 두 당사자가 '진보정당 결성을 위한 정치연합'을 구성하여 광범위한 세력 결집을 위하여 노력하고 일정한 역량이 결집되면 진보정당추진위원회를 결성하여 명실상부한 범민

---

11) 김부겸, 「진보정당의 통합과 도전」, ≪월간경향≫ 284(1988년 10월호), 293–294쪽; ≪의정뉴스≫(1989. 4.), 58–61쪽. 1988년 11월 15일 현재 제정구, 최병욱, 정태윤은 진보정치연합의 공동대표위원이다.

주 진영 단일진보정당을 건설하겠다고 선언하였다.[12]

한겨레민주당 · '민중의 당'의 통화선언문(요지)

○ 그동안 분열과 대립으로 인해 저질렀던 모든 잘못을 뼈아프게 반성하면서 앞으로 '진보정치연합'을 밑거름으로 해 자주 민주통일을 염원으로 하는 모든 단체, 모든 민주인사들을 결집시켜 진정으로 민중의 이해를 대변할 진보적 정당을 창당할 것이다.
○ 40년간에 걸친 보수정치의 틀을 깨고 민중이 역사의 주인으로 나서는 데 헌신적으로 기여할 새로운 진보정당의 결성은 시대적 요청이다. 새롭게 건설될 진보정당은 노동자, 농어민, 중소상공인, 양심적 지식인들을 기반으로 하고 각계각층의 애국적 인사들이 참여, 외세와 독점의 횡포에 대항해 싸워 나갈 것이다. ○ 민중의 고통과 연원을 철저히 대변하여 사회의 모든 영역에서 민중이 당당히 주역으로 나서는 데 헌신적으로 기여하는 새로운 진보정당을 결성하고자 한다. ○ 자주민주통일을 염원하는 모든 정의롭고 양심적인 사람들을 진보정당의 대의 아래 총 단결시켜 역사창조의 길로 나아갈 것이다.

이때 여소야대 정국의 흐름과 야당우세의 정치권 그늘에 가려 언론매체들은 이들의 통합소식을 거의 다루지 않았다.

3. 합당 이후

1) '진보정당 결성을 위한 정치연합'과 합법정당파의 통합 — 민중당

1989년 1월 21일 연세대학교 강당에서 전국민족민주운동연합(전민련)이 결성되었다. 가맹단체는 12개 지역 연합체와 8개 부문 연합이며, 개별단체로는 2백여 개, 구성원 수는 3만여 명으로 해방 후 최대의 사회운동연합체이다.[13]

서울 영등포 을구 재선거에서 실패한 후 진보운동의 새로운 방식을 모색하던 이우재, 장기표 등은 전국민족민주운동연합 내에서 계속 합법정당을 주장하였고 그 필요성을 제기하는 안건을 제출하였다. 그러나 1989년 9월 26일 전국민족민주운동연합(전민련) 제2차 중앙위원회에서 합법정당에 관한 안건이 부결된 후 이들은 동 연합을 탈퇴하고 10월 4일 '새 정당 창당을 위

---

12) ≪한겨레신문≫, 1988년 9월 14일자.
13) 이 단체는 그간의 명칭이었던 '전민협'에서 전국민족민주운동연합(전민련)으로 바꾼 것이다.

한 임시연락사무소'를 개설하였다. 이들은 11월 10일 오전 '민중의 당'과 한겨레민주당이 통합하여 결성한 '진보정당 건설을 위한 정치연합'(진보정치연합)과 다시 통합하여 '진보적 대중정당 건설을 위한 준비모임'을 결성하였다.

그 후 이들 합법정당건설론자들이 모여 결성한 '민중의 정당 건설을 위한 민주연합추진위원회'(民聯推)는 제도권 야당과의 관계정립순서를 둘러싸고 선(先) 통합론과 선(先) 창당론으로 분열되었다. 이 민주연합추진위원회 내의 두 세력 간의 충돌로 1990년 5월 30일 선(先) 통합파인 고영구 공동대표, 홍성우 상임지도자문위원, 이부영 집행위원장 등 간부 14명이 간부직 사퇴에 이어 탈퇴하였다.

진보진영의 관심 속에 결성된 민주연합추진위원회(민연추)는 새로운 진보정당의 형태를 둘러싸고 또 하나의 분열된 모습을 보였다. 고영구, 이부영, 박계동, 제정구 등 14명은, 민주연합추진위원회는 야권통합을 중심사업으로 해야 한다고 주장하면서 독자적인 진보정당 건설을 위한 창당준비위원회로의 전환에 반대하는 입장을 표명하고 탈퇴서를 제출한 것이다. 결과적으로 야권통합을 주장한 이부영 집행위원장 등 14명의 사퇴서는 수리되고 독자적 정치세력화를 주장하였던 이우재, 장기표 등이 중심이 되어 독자적 진보정당 창당을 결의하였다.

이러한 창당결의에 따라 합법적 정치세력화를 지지하는 재야 민주세력을 중심으로 1990년 6월 21일 오전 11시 시내 명동 기독교여자청년회(YWCA)에서 민중당(가칭) 창당발기인대회가 개최되었다. 그리고 11월 10일에는 시내 삼성동 무역회관에서 대의원과 당원 등 3,000여 명이 참석한 가운데 민중당 창당대회가 개최됨으로써 진보세력의 합법적 대중정당이 새로운 모습을 보이게 되었다. 이날 이우재 창당준비위원장이 상임대표로 선출되었으며 공동대표에 김상기 경북대학교 교수, 김낙중 전 고려대학교 교수, 상임고문에는 백기완 통일문제 연구소장이 선출되었다.

민중당의 결성은 다수의 재야세력을 포용하지 못한 채 정치세력화를 주장하는 소수정파 중심으로 이루어졌으나 재야 진보세력이 본격적으로 제도권에 들어오기 시작하였다는 데에 그 의미를 찾을 수 있다.

 민주정의당 · 통일민주당 · 신민주공화당의 합당(민주자유당)

1. 합당 배경

1990년 1월 22일 민주정의당 총재인 노태우 대통령, 통일민주당의 김영삼 총재, 신민주공화당의 김종필 총재 3인은 청와대에서 공동기자회견을 갖고 3당의 합당을 선언하였다. 3당의 합당 배경에 대해서는 여러 가지 가설이 있을 수 있으나 분명한 것은 이들 3당이 모두 정당성의 결여 혹은 국민적 신뢰 하락이라고 하는 상황에 있었다는 것이다. 즉 이들 정당은 상황적 난관이라고 하는 공통점을 껴안고 있었던 것이다.[14]

3당의 합당은 여소야대의 국회에서 정국운영이 어려웠던 여당 민주정의당의 입장과, 1987년의 대통령선거 및 1988년의 국회의원선거에서 연이어 패배한 통일민주당 총재의 좁아진 정치적 입지와 동당의 서울 영등포 을구 및 동해시 재·보궐선거에서의 패배 및 선거비리 관련 혐의로 인한 시민들의 곱지 않은 시선,[15] 군소정당의 길을 가야 했던 신민주공화당의 활로 모색 등 여러 가지 상황이 동기부여를 해 주었다.

제13대 대통령선거(1987. 12. 16.)와 제13대 국회의원선거(1988. 04. 16.) 후의 일련의 상황을 보면 각 정당 특히 통일민주당은 서울 영등포 을구 및 동해시 재선거에서 의석을 획득하지 못하여 곤경에 처해 있었다. 특히 동해

---

14) 김용호는 3당 통합이 이루어진 배경을 구조적 요인과 상황적 요인으로 나누어 분석하였다. 그는 구조적 요인으로는 3당이 모두 보수정당으로 정치이념과 노선에 있어 별다른 차이가 없으며, 3당이 모두 확고한 대중정당의 지위를 확보하지 못하였으며, 3당 모두 당의 정치자금을 비롯한 자원관리를 최고 지도자들이 거의 독점하고 있는 점을 들었고, 상황적 요인으로는 당시의 정치구도와 각 당 최고 지도자들의 정치적 이해관계가 맞아떨어졌다는 점을 들고 있다. 김용호, 「민주화와 정당 정치」, 안청시·진덕규(편), 『전환기의 한국민주주의』(서울: 법문사, 1994), 123-127쪽.

15) 제6공화국의 첫 재선거가 강원도 동해시에서 실시되었다. 재선거 실시 사유는 총선 시 이 지역구 후보자들의 부정선거행위가 적발된 것에 있다. 김영삼 통일민주당 총재는 1989년 4월 14일 실시된 재선거에 당의 총력을 기울였으나 김 총재의 측근인 서석재 사무총장이 신민주공화당후보 매수사건으로 구속되는 사태가 발생하였다. 통일민주당후보는 동해시 재선거에서 45,234표의 투표수 중 12,049표를 얻었으나 25,688표를 얻은 민주정의당후보에게 의석을 내주고 차점에 머물렀다. 서석재 총장은 선거과정에서 신민주공화당의 이홍섭 후보에게 후보사퇴 대가로 5천만 원을 건네 준 혐의로 구속되었다.

시 재선거 과정에서 통일민주당의 서석재 사무총장이 신민주공화당 소속 후보를 매수하여 후보를 사퇴시킨 혐의로 1989년 4월 21일 구속되었는데 이 사건으로 매수자금의 출처를 둘러싼 검찰의 수사를 받게 되면서 통일민주당의 김영삼 총재는 위기의식을 느끼게 된 것으로 보인다.

3당의 합당은 이러한 요인 이외에도 다른 요인을 추가하여 접근해 볼 수 있다. 주요 정당에 대한 낮은 정당충성도 수준과 그 수준의 하락이 그것이다. 당시 동일 정당에 대한 계속지지 여부에 있어서 통일민주당은 다른 정당에 비하여 비교적 낮은 수준의 정당충성도를 보이고 있었다. 민주정의당의 경우도 통일민주당과 비교해 볼 때 비슷한 정도의 낮은 수준을 보여 주었다.[16]

이러한 상황들이 얽히면서 이들 3당의 정국운영 및 국정참여에 있어서의 운신의 폭을 좁게 만든 것이 사실이다. 따라서 3당의 합당은 공식적으로 표명된 명분이야 어떠하였던 간에 이러한 전도 불투명한 불확실성과 위기의식 속에서 합체를 통한 존속과 국정 주도권 장악을 위하여 구상된 것으로 볼 수 있다.

2. 합당 경과

1) 정계개편 논의

민주정의당이 집권당이기는 하지만 여소야대 정국에서 대통령임기 중의 원활한 정국운영과 정권교대 후에 당면하게 될지도 모르는 상황에 대한 불안감을 떨쳐 버리기는 어려웠기 때문에 고도의 전략을 수립하지 않을 수 없었다.[17]

---

16) 주요 정당들에 대한 유권자들의 연속적 지지는 지역요인을 제외하면 상당히 낮은 수준으로 나타났으며 특히 민주정의당의 경우는 1985년과 1988년에 정당충성도가 계속 하락하고 있었다. 구체적인 지지율 변동은 Soren R. Thomsen and Hyun-woo Kim, "Electoral Dynamics in South Korea Since 1981", *Korean Studies*, vol. 17(1993), 39-66쪽 참조.

17) 제13대 국회의원선거(1988. 4. 26.)에서 민주정의당이 과반수 의석 확보에 실패하자 김용갑 총무처 장관은 일찍이 노태우 대통령에게 민주정의당은 김종필의 신민주공화당, 김영삼의 통일민주당과 통합해야 한다고 건의하였다고 한다. ≪중앙일보≫, 1995년 1월 27일자.

민주정의당 측에서는 원내 안정 세력을 확보하려면 온건 보수 세력과의 연합이 필수적이었다. 당시 대통령의 구상은 제1야당이던 평화민주당과 정책제휴를 하거나, 신민주공화당과 합당하여 원내 과반수를 확보하거나, 통일민주당과 정당연합을 하는 것이었다.

민주정의당의 김윤환 의원은 1988년 12월 노태우 대통령의 지침에 따라 통일민주당의 김영삼 총재에게 민주정의당과 통일민주당의 정당연합을 제의하였다. 이 제의에 대하여 김영삼 총재는 일단 '5공청산(5共淸算)'이 급선무라는 반응을 보였다. 노태우 대통령과 김대중 평화민주당 총재 사이에는 박철언 대통령정책보좌관(의원 겸직)이 밀사역(密使役)을 맡았는데, 박 보좌관은 김대중 총재의 핵심참모와도 양당의 정책연합 문제를 깊게 협의한 것으로 알려졌다. 그러나 이때 평화민주당 측은 '시간을 두고 보자'는 반응을 보였다.[19]

한편 민주정의당과 신민주공화당과의 합당교섭은 비교적 용이하였다. 노태우 대통령은 김종필 총재에게는 서동권 국가안전기획부장을 보내 물밑대화를 하도록 하였다. 한때 민주정의당과 신민주공화당 양당만의 합당이 구상되자 박철언 보좌관은 보수대연합의 기본구상을 충족시키려면 통일민주당과의 연합이 필요하다고 역설하였다고 한다.[20]

노태우 대통령은 1988년 12월 14일 범여권은 물론이고, 뜻을 같이하는 건전한 사람끼리 체체수호전선을 형성해야 한다고 말하고 야당이라도 체제를 수호하는 편과는 협력할 필요가 있다고 밝혀 정당 간 제휴 내지는 정계개편 가능성을 시사하였다.

야권의 협조관계가 서울올림픽(1988. 09. 17. – 10. 02.) 이후부터 변화를 보이고 있는 가운데 김영삼 총재는 12월 27일 뿌리가 다른 민주정의당과의

---

19) 실제로 민주정의당 내의 여러 의원들은 평화민주당과의 제휴를 호의적으로 생각하였으며 노 대통령도 김대중 총재에게 합류할 것을 제의하였으나 김대중 총재가 거절하였다고 한다. 김희민, 「한국 3당 합당의 원인과 결과」, 김재한 편, 『정당구도론』(서울: 나남, 1994), 53쪽; 한동윤, 「3당 통합, 노태우·김영삼·김종필의 밀약」, 《신동아》(1990년 3월호), 152–169쪽. 당시 노 대통령의 정책보좌관이었던 박철언 의원은 지역감정 해소를 위해서는 호남권과도 제휴하여 평화민주당이 포함된 4당이 통합된 거대 여당을 만든 후 통일시대에 대비하여야 한다는 생각을 가지고 있었다고 한다.

20) 정순태, 「합당은 YS구상이었다」, 《월간조선》(1992년 9월호), 170–172쪽.

연합은 어불성설이라고 말하였으나, 다음 날인 28일 김종필 신민주공화당 총재는 기자회견을 갖고 중간평가를 할 대상도 없고 내용도 없다고 말하여 여당과의 협조가능성을 시사하였다. 이후 노태우 대통령은 1989년 초부터 야당 총재들과 연쇄적인 청와대회담을 갖고 야권의 견해를 타진하기 시작하였다.

노태우 대통령은 1989년 3월 20일 특별담화를 통하여 "이 시기에 중간평가를 위한 국민투표를 실시하는 것은 나라와 국민에게 도움이 되지 않는다고 판단하고 있으며, 이 시점에서는 중간평가를 실시하지 않겠다."고 말하여 중간평가를 하지 않겠다는 의사를 표명하였다. 그는 이어 '5공 청산'과 광주사태 해결을 서두르겠다고 말하였다. 김대중 평화민주당 총재와 김종필 신민주공화당 총재는 이날 오전 각기 홍성철 청와대비서실장에게 전화를 걸어 노태우 대통령의 중간평가 연기결정을 환영한다는 뜻을 밝혔다.

2) 합당 짝 찾기

중간평가문제를 더 이상 쟁점화하지 않기로 한 상황에서 여당과 야당 간의 통합(또는 연합)문제가 급부상하고 있었다. 김영삼 통일민주당 총재는 1989년 4월부터 합당을 구상하였고 그해 5월에 청와대로 의중을 전달하였다고 한다. 노태우 대통령은 다음 달인 6월 김영삼 총재에게 4당 체제의 비생산성을 지적하면서 민주정의당과 통일민주당의 정당연합을 제안하였다.[21] 민주정의당으로서는 하나 또는 그 이상의 야당과 연합 또는 통합하는 것이 좋은 대안으로 여겨졌기 때문에 야당과의 협력에 적극적인 태도를 취한 것이다. 민주정의당 측의 정당연합 제의에 대하여 김영삼 총재는, "우리 정치풍토에서는 정당연합은 맞지 않으며, 더욱이 통일민주당과 민주정의당은 자라난 뿌리가 다르기 때문에 한다면 합당을 해야 한다."고 말하였다.

---

21) 3당 통합의 막후 비화에 관한 황병태의 진술에 의하면 김영삼 대표가 이미 1989년 4월부터 합당을 구상하였다고 하며 그해 5월에 청와대로 이러한 의중이 전달되었다는 것이다. ≪시사저널≫, 1992년 1월 30일자, 18쪽. 한편 3당의 합당에 있어서 숨은 주역 중 여권의 밀사는 박철언 당시 청와대 정책보좌관이었다. 그에 의하면 노태우 대통령과 김종필 신민주공화당 총재는 1989년 3월 7일 청와대에서 단독 대좌하고 합당에 합의하였다. 대통령으로부터 회담결과를 들은 박철언 보좌관은 서둘지 말고 평화민주당을 포함하는 4당 통합구상, 즉 대통합을 모색해야 한다고 주장하였다고 한다.

정계개편 논의는 김종필 신민주공화당 총재가 예정된 미국방문을 앞두고 이른바 색깔론과 내각책임제 개헌의 필요성을 주장하면서 다시 제기되었다. 미국 방문을 마친 김종필 총재는 7월 10일 노태우 대통령과의 청와대 단독 회동을 통하여 정계개편문제를 공식 제기하였으며 두 사람은 보수노선연합에 합의하고 이를 바탕으로 정계개편을 추진한다는 원칙에 의견접근을 보게 되었다. 그 후 정가에서는 양당의 통합설이 나돌기 시작하였다. 그러나 이러한 움직임은 이종찬 민주정의당 사무총장을 비롯한 창당주도세력의 반발 등 내부요인으로 일단 불발로 끝났다.[22]

정계개편 논의는 서울시 영등포 을구 재선거(1989. 08. 18.)에서 통일민주당과 신민주공화당이 패배하고, 평화민주당은 보라매공원 집회 이후 가까스로 공안정국의 굴레를 벗어 던진 시기에 다시 거론되었다. 이때 평화민주당과 통일민주당 일각에서는 야당통합론이 제기되기도 하였으나 당 지도부가 선뜻 나서지 않아 소멸되었다.

3) 통일민주당과 신민주공화당

통일민주당은 1989년 4월 14일의 동해시 국회의원재선거에 이어 그해 8월 18일의 서울 영등포 을구 재선거에서도 패배하였는데 이러한 계속된 패배는 통일민주당 지도부로 하여금 미래에 대한 불확실성을 갖게 하였다. 영등포 을구 재선거에서 민주정의당의 나웅배 후보가 당선되었고 평화민주당후보는 2위, 통일민주당과 신민주공화당의 후보는 각각 3위와 4위를 기록하였다.[23]

이러한 상황에서 통일민주당과 신민주공화당은 민주정의당과 신당 만들기에 합의하게 된다. 노태우 대통령과 김종필 신민주공화당 총재 간에 모종

---

22) 3당 통합과정에서 민주정의당은 가장 먼저 신민주공화당과 합당교섭을 시작하였다는 주장이 있다. 노태우 대통령과 김종필 총재는 1989년 3월 7일 합당에 합의하고 홍성철 청와대비서실장과 김용환 정책위의장을 합당실무대표로 각각 지정하였으며, 두 사람은 3월 9일 시내 타월호텔에서 첫 회담을 가졌다고 한다. 이용호, 『청와대 극비문서』(서울: 경향신문사, 1995), 36−40쪽.

23) 통일민주당후보는 117,897표의 투표수 중 21,945표를 얻었으나 45,187표를 얻은 민주정의당후보에게 의석을 내주고 3위에 머물렀다. 통일민주당은 1990년에 있었던 3번의 보궐선거(대구시 서구 갑, 진천·음성, 영광·함평)에서는 후보자를 내지 못하였다.

의 교감이 이루어지고 있음을 감지한 김영삼 총재는 9월 김종필 총재에게 골프회동을 제의하였다. 정계개편 논의는 1989년 10월 2일 김영삼·김종필 두 총재의 골프회동이 시작되면서 구체화되었다. 두 총재는 이날 오전 안양 컨트리클럽에서 회동, '5공 청산' 연내 매듭에 합의하였다.

이 골프회동에는 김영삼, 김종필, 황병태, 김용환이 참가하였다. 골프회동 이후 김영삼 총재와 김종필 총재는 '우정과 소신'을 내세우면서 통일민주당 과 신민주공화당 양당의 통합문제를 거론하기 시작하였다. 두 사람의 회동 은 박정희 대통령 서거 10주기를 맞아 김영삼 총재가 박 대통령의 묘소를 참배한 후 이른바 '우정과 소신'을 바탕으로 한 통일민주당과 신민주공화당 의 합당설로 발전하였다.

이 과정에서의 특징은 1989년 6월부터 수면으로 떠오른 정계 개편 논의 는 상당부분 김종필의 문제제기와 중재로 진행되었으며 막후에서 이를 뒷 받침한 실무팀은 유신 말기 경제기획원 차관보와 재무부장관을 각각 지낸 관료 출신 황병태(통일민주당)·김용환(신민주공화당) 의원과 민주정의당의 신주류를 이끄는 박철언 정무 제1장관이었다.[24]

노태우 대통령은 한미 정상회담을 위하여 10월 15일 미국으로 출국하였 는데 출국 며칠 전 측근 몇 명을 불러 정계개편과 관련한 중대한 지시를 하였다. 정계 개편을 위하여 사전에 야당 총재들의 뜻을 파악하기 위해서였 는데 김영삼 총재와 김종필 총재가 긍정적인 반응을 보임으로써 3당 간의 통합논의가 본격적으로 시작되었다. 실무적인 문제는 청와대와 민주정의당 에서 박철언·박준병 의원, 통일민주당의 황병태·김덕룡 의원 4인이 맡았 는데 이들은 시내 신라호텔에 진을 치다시피 하면서 통합과 관련된 세부사

---

24) 김영삼 총재의 밀사로 합당을 추진하였던 황병태 의원에 의하면 김영삼 총재는 합당선언 10개월 전인 1989년 4월에 이미 민주정의당과 통일민주당의 합당을 구상하고 있었으며 그해 12월 말에는 합당원칙 을 마련하였다고 한다. 1989년 4월 황병태 의원은 김 총재에게 정치판이 바뀌어야 하는 세 가지 이유 를 설명하였다: ① 4당체제하의 여소야대라는 구도로는 헌정중단 없는 민주화를 지속시킬 수 없다. ② 문민정치를 정착시켜야 한다. ③ '바람정치'가 기승을 부리는 민주 대 반민주라는 정치행태 자체가 바 뀌어야 한다. 황병태는 해결책으로 민주정의당과 통일민주당의 정책연합이나 연정, 통합 등 세 가지를 제시하였다. 이에 대하여 김 총재는 "연합이나 연정은 안 된다. 하려면 통합이다. 구 민주당 신파, 구파 시절에 연정을 하여 보았으나 1주일도 못 가서 깨졌다. 우리의 정치문화풍토에서는 연정이 불가능하다." 고 말하였다. ≪중앙일보≫, 1989년 8월 25일자; ≪시사저널≫(1992. 01. 30.), 18쪽.

항을 논의하였다. 실무진 간의 대화는 10월 말경에서 11월 초에 시작되었으며 12월 들어서는 민주정의당과 통일민주당 양당 간에는 실무선에서 합당의 골격에 관하여 어느 정도 합의가 이루어졌다.[25]

그런데 앞의 경과에서도 본 것처럼 민주정의당-통일민주당-신민주공화당의 실무자들이 한자리에 모여 통합을 논의한 적은 없고, 민주정의당-통일민주당, 민주정의당-신민주공화당의 양자 간 협상에 의한 3당 통합운동이었다는 데 이번 3당 합당교섭의 특징이 있다.

4) 제5공화국 비리 청산작업

제5공화국 기간 동안 저질러진 각종 비리와 의혹을 청산하기 위하여 1988년 6월 21일 국회에서 '5공정치권력형비리조사특별위원회 구성 결의안'이 발의되어 6월 27일 가결되었다.[26] 노태우 대통령은 직접선거에 의하여 선출된 대통령이기는 하지만 과거의 유산을 청산해야만 정치적 생존이 가능할 것이라는 차별화 강박관념을 가지고 있었고, 야당들은 과반수 의석을 배경으로 정부·여당에 압박을 가하고 있었다.

이처럼 1988년 12월 이전부터 제5공화국 시절의 각종 의혹을 해명하고 과거의 유산을 청산하기 위한 활발한 움직임이 있었는데 야권 3당은 1989년 10월 6일 총무회담에서 제5공화국비리청산방안에 최종적으로 합의하였다.[27]

그 후 노태우 대통령은 12월 15일 세 야당지도자들(김영삼, 김대중, 김종필)을 청와대로 초청하여 약 7시간에 걸쳐 영수회담을 열고 전두환 전 대통령이 국회에 출석하여 서면질의에 대하여 한 차례 답변하고 의원들이 보충 질의하는 것을 텔레비전으로 중계하는 것과, 정호용·이희승의 공직사퇴 촉구를 포

---

25) 당시 정부·여당이 검토한 정계개편 시나리오는 다음의 네 가지였다고 한다. ① 민주정의당—평화민주당—신민주공화당 3당의 연합 ② 민주정의당—신민주공화당의 통합 ③ 민주정의당—평화민주당의 연정 ④ 민주정의당—통일민주당—신민주공화당의 통합. 이 가운데 '민주정의당—평화민주당의 연정'과 '민주정의당—통일민주당—신민주공화당의 통합'이 최종 검토에 올라 탐색 끝에 마지막으로 채택된 것이 민주정의당—통일민주당—신민주공화당의 통합안이었다. 권영기, 「3당 합당 비사」, ≪월간조선≫(1992년 9월호), 205~220쪽.

26) 동 특별위원회에서는 1990년 7월 「제5공화국에 있어서의 정치권력형비리조사보고서」를 발간하였다.

27) 김대중 총재는 1989년 10월 11일 국회본회의 연설에서 제5공화국의 6인 핵심인사 처리 및 전두환, 최규하 등 전직 대통령의 국회증언으로 5공청산 종결방침을 표명하였다.

함하는 11개 항목에 대하여 합의하였다. 정당지도자들 간의 이러한 합의 후 국회에는 제5공화국 관련 청문회 개최를 위한 여러 특별위원회가 구성되었다.

전두환 전 대통령은 12월 31일 국회의사당 제2회의장에서 열린 제5공화국 관련 비리 및 광주특별위원회 연석청문회에서 광주문제와 관련된 51개 문항에 대하여 답변 도중 군(軍)의 발포를 '자위권 발동'이라고 발언하였다가 야당 의원들의 강한 반발을 초래, 증언을 다 마치지 못한 채 퇴장함으로써 청문회가 산회되었다. 이날 전두환 전 대통령은 광주 및 제5공화국 관련 비리를 상당부분 부인하였다.

5) 3당 합당 선언

노태우 대통령은 1990년 1월 1일 '제5공화국 비리 청산(第5共和國 非理淸算)' 작업이 종결되었음을 선언하였다. 전두환 전 대통령의 국회증언이 끝나고 '5공 청산' 작업 종료가 선언되자 기다렸다는 듯 정당통합을 위한 교섭이 급진전되었다. 김영삼 총재는 1월 4일 지방자치제 실시 전에 통일민주당과 신민주공화당이 중심이 된 정계 개편을 주장하였으며, 1월 5일에는 김종필 신민주공화당 총재와 골프회동을 갖고 범보수 세력을 규합하는 신당 결성문제를 구체적으로 논의하였다.

김영삼 총재는 1월 12일 노태우 대통령의 제안(1989. 06.)에 대하여 민주정의당이 당을 해체한다면 통일민주당도 당을 해체할 수 있다고 화답하고 다음 날인 13일 온건 중도노선의 신당창당을 공시화하였다.[28]

민주정의당 총재 노태우 대통령, 통일민주당 김영삼 총재, 신민주공화당 김종필 총재는 1월 22일 오전 10시 청와대에서 공동기자회견을 갖고 3당 합당을 통한 신당 창당 및 각 당에서 5인씩의 대표를 내어 모두 15명으로 통합추진실무준비위원회를 구성키로 하였다는 내용의 합의문을 발표하였다. 이들은 통합신당은 온건 중도의 민족민주세력의 통합을 통한 새로운 국민

---

28) 김영삼 통일민주당 총재는 1989년 12월 25일 정계개편의 필요성을 역설하였고 이를 받은 김종필 신민주공화당 총재는 다음 날인 26일 색깔중심의 통합신당 결성의 필요성을 강조하였다.

정당이 될 것이며, 통합신당은 내각제 개헌을 전제로 하며, 지도체제는 '5인 집단지도체제'를 도입한다고 밝혔다.

3당의 합당합의문(요지)

민주정의당, 통일민주당, 신민주공화당은 민주발전과 국민대화합, 민족통합이라는 시대적 과제 앞에 오로지 역사와 국민 앞에 봉사한다는 일념으로 아무 조건 없이 정당법 규정에 따라 새로운 정당으로 통합한다. 전당대회 시까지는 3당 총재가 공동대표가 되며 새 정당의 명칭은 가칭 민주자유당으로 한다.

15인 통합추진위원회 위원 명단

민주정의당: 박준병 사무총장, 정동성 총무, 이승윤 정책위의장, 박철언 정무제1장관, 김동권 사무차장

통일민주당: 김동영 사무총장, 박관용 의원, 김동규 정책위의장, 황병태 총재특보, 김덕룡 의원

신민주공화당: 최각규 사무총장, 김용채 총무, 김용환 정책위의장, 신오철 인권위원장, 이태석 부총무

3. 합당을 위한 3당의 해체과정

1) 통일민주당

3당의 15인 통합추진위원회(위원장 박준병)는 1990년 1월 24일 회의를 열고 민주자유당통합추진위원회를 구성, 본격적인 합당 실무 작업을 시작하였다.[29] 합당 실무 작업이 순조롭게 진행되자 통일민주당은 1월 30일 중앙당사에서 전체 대의원 1,164명 중 881명이 참석한 가운데 임시전당대회를 열어 민주정의당, 신민주공화당과의 합당을 결의하였다. 그리고 합당절차를

---

29) 이 무렵 공표된 3당 합당 관련 여론조사결과는 다음과 같다.
　　설문조사 1) 3당 합당에 대해 어떻게 생각하십니까?
　　잘된 일이다(53.4%), 잘못된 일이다(34.4%), 무응답(12.2%). 사례 수 522. 출처: ≪조선일보≫, 1990년 1월 23일자.
　　설문조사 2) 3당 합당에 대해 어떻게 생각하십니까?
　　적극 지지한다(25.1%), 지지한다(35.7%), 반대한다(22.9%), 적극 반대한다(15.3%), 무응답(1.0%). 사례 수 982. 출처: ≪중앙일보≫, 1990년 1월 23일자.
　　설문조사 3) 3당 합당에 대해 어떻게 생각하십니까?
　　잘한 일이다.(50.9%), 잘못한 일이다(34.7%), 잘 모르겠다(14.4%).
　　조사일시 1990년 1월 22일(전화인터뷰), 사례 수 1,600. ≪동아일보≫, 1990년 7월 16일자.

논의하기 위한 수임기구 결정 등 모든 권한을 김영삼 총재에게 일임하였다.

당 해체 및 3당 합당 수임기구 결정을 위하여 열린 이 대회는 총재를 따르는 주류파의 치밀한 비주류 견제로 인하여 파행적인 행사가 되었다. 이날 오전 김동주 사무차장의 사회로 대회가 시작되자 정상구 전당대회의장은 개회사에서 3당의 합당을 명예혁명에 비유한 뒤 당원의 단합을 호소하였다. 이어 인사말에 나선 김영삼 총재는 "집권당의 간판을 내리고 3당이 합당하게 된 것은 구국 차원의 위대한 결정이요, 혁명"이라고 말하고 "정치·경제·사회의 모든 불안의 원인이 되고 있는 정치 불안을 해소하고, 21세기를 맞이하면서 남북총선에 대비하기 위해서도 현재의 4당 체제로는 안 되겠다는 점을 절실히 느끼고 3당 통합의 결단을 내리게 되었다."고 말하였다.[30]

통일민주당 해체 및 합당결의는 일부 당원들이 반발하는 가운데 찬반토론 없이 박수로 처리되었다. 이로써 통일민주당은 1987년 5월 1일 창당된 후 2년 8개월 만에 간판을 내리게 되었다.

한편 당내 합당반대파인 김상현 부총재, 노무현 의원 등은 합당결의의 파행성을 지적하면서 이의를 제기하였으나 정상구 전당대회의장은 이를 묵살하고 '당 해체 및 3당 합당 결의의 건'이 가결되었음을 선포하였다. 이의를 제기하던 10여 명의 대의원들은 대회 종료 무렵 청년당원들에 의하여 회의장 밖으로 끌려 나간 후 1층 현관입구에서 시위를 벌였으나 경찰의 제지로 곧 해산되었다. 회의장 밖에는 전당대회 경비를 위한 전투경찰 5개 중대 7백여 명이 배치되어 있었고, 당 관계자들은 통합결의에 반대하는 당원들의 출입을 통제하고 있었다.

이날 통일민주당의 이기택 부총재 겸 원내총무와 김현규 부총재(원외)는 통합신당에 합류하지 않는다고 선언하였으며 김상현 부총재, 노무현 의원 등은 전당대회 후 기자회견을 갖고 "찬반토론 없이 박수로 합당을 결의한 것은 무효"라고 주장하였다. 이에 앞서 김상현 부총재, 김정길 의원, 노무현 의원 등 통합반대파는 임시전당대회 전날인 29일 시내 서교호텔에서 '통일민주당사수

---

30) ≪조선일보≫, 1990년 1월 31일자.

대의원 단합대회'를 개최하였는데 이 자리에는 3백여 명의 당원이 참석하였다.

2) 민주정의당

통일민주당에 이어서 여당 민주정의당이 1990년 2월 1일 오후 2시 시내 삼성동 한국종합전시장에서 8천여 명의 대의원이 참석한 가운데 임시전당대회를 열어 통일민주당 및 신민주공화당과의 합당을 의결하고 합당수임기구로 중앙집행위원회를 지정하였다. 이날 대회에서 대의원들은 남재희 중앙위의장의 제안 설명에 따라 '합당에 관한 건'을 만장일치의 박수로 가결하였다. 당 총재인 노태우 대통령은 "통합 결정은 21세기의 위대한 나라를 건설하기 위한 구국적 결단이며 국민과 시대의 요청에 부응할 용기 있는 선택이라고 확신한다."고 말하였다. 임시전당대회는 합당을 위한 당의 해체 권한을 중앙집행위원회에 일임함으로써 사실상 당의 해체를 선언하였다. 이로써 민주정의당은 1981년 1월 25일 창당된 이래 9년 만에 3당의 합당을 위하여 간판을 내리게 되었다.

3) 신민주공화당

신민주공화당도 1990년 2월 5일 시내 세종문화회관 별관에서 임시전당대회를 열고 합당을 위한 당의 해체를 결의하고 수임기관으로 당무회의를 지정하였다. 약 1시간 동안 진행된 대회에서 합당에 반대하는 일부 지구당 위원장들의 단상점거시도가 있었다. 신민주공화당의 경우에도 합당결의 도중 일부 지구당위원장들이 발언권을 요구하다가 청년당원들에 의하여 밖으로 끌려 나가기도 하였다. 김종필 총재는 치사에서 3당의 합당은 "역사적 소명이요, 국가적 대역사"라며 합당의 필요성을 역설하였다. 이어 윤재기 의원이 '합당 및 수임기관 지정의 건'을 상정하자 재청, 삼청으로 동의가 있어 대의원들이 기립박수로 이 안건을 가결하였다. 이로써 신민주공화당은 창당 2년 3개월 만에 해체되었으며 당무회의는 민주정의당의 중앙집행위원회, 통일민주당의 정무회의와 함께 3당 합당 수임기구합동회의를 구성하게 되었다.

4. 3당 합당 - 민주자유당

‘민주자유당 통합추진실무위원회’(가칭)는 1990년 1월 30일 오후 여의도 중소기업회관에서 6인 간사회의와 21인 실무대책반회의를 각각 열고 신당의 당헌, 당규, 당 기구 구성 등 합당을 위한 세부절차를 논의하였다.

세부 절차에 합의한 민주정의당, 통일민주당, 신민주공화당 3당은 2월 9일 오전 10시 여의도 중소기업회관에서 전당대회수임기관 합동회의를 열고 합당을 의결함으로써 통합신당 민주자유당이 창당되었다. 이로써 민주자유당은 전체 의석 299석 중 개헌 선인 198석을 웃도는 216석(민주정의당 127, 통일민주당 54, 신민주공화당 35)을 차지하는 거대 여당으로 탄생하였다.[31] 이날 회의에는 수임위원 115명 중 민주정의당 35명, 통일민주당 46명, 신민주공화당 30명 등 111명의 수임위원이 출석하였다.

합동회의는 “의장단은 3당의 해체전당대회 때 전당대회의장을 맡았던 3인으로 한다.”는 15인 통합추진위원회의 합의에 따라 의장에 윤길중 의원, 부의장에 정상구 의원과 김효영 전 의원을 각각 선출하였다. 경과보고에 나선 박준병 의원은 1월 22일에 있었던 3당 총재의 합당선언 이후 15인통합추진위원회의 구성과 통합추진과정을 보고하였으며 이어 김동규 의원이 합당결의안을 제안하였다. 그리고 김용환 의원이 ‘민주 번영 통일’로 요약되는 5개 강령 및 25개 기본정책의 채택을 제의하였으며, 이승윤 의원이 7장 73조 부칙9조로 구성된 당헌 의결을 발의하였다. 최고위원으로 지명된 노태우 민주정의당 총재, 김영삼 통일민주당 총재, 김종필 신민주공화당 총재에 대한 최고위원 선출은 김용휴 의원이 제안, 기립박수로 의결되었다.

노태우 총재는 인사말을 통하여 “4당 체제는 그동안 우리 국민에게 엄청난 대가와 희생을 치르게 하였고, 국민의 통합이 아니라 갈등과 반목만을 증폭시켜 왔다.”고 지적하고 통합신당인 민주자유당은 민주주의를 꽃피우고, 복지사회 건설의 견인차가 될 것이며, 균형발전 정책을 추구하여 국운

---

31) 1990년 2월 16일 현재 교섭단체별 구성원 수: 민주자유당 216명, 평화민주당 70명, 어느 단체에도 속하지 않는 의원 11명.

을 개척하고 민족통합과 도약을 이룩할 것이라고 말하였다. 이날의 합동회의는 3인 집단지도체제를 규정한 당헌과 정강·정책을 채택하고, 노태우, 김영삼, 김종필 3인을 민주자유당의 공동대표인 최고위원으로 선출하였다. 민주자유당의 창당선언문은 다음과 같다.[32]

민주자유당 창당선언문

우리는 오늘 민주·번영·통일의 새로운 민족사를 위한 중추적 일꾼이 될 것을 다짐하면서 민족민주세력을 총집결하여 '민주자유당'의 깃발을 올린다. 2000년대의 여명 앞에 한 민족이 새 세기의 주인공이 되기 위해서는 새로운 사고, 새로운 태세가 필요하다는 자각 아래 이제 우리는 신념에 찬 발걸음을 내딛는다.

우리는 오랫동안 우리 정치사를 얼룩 지웠던 갈등과 반목의 기억을 역사의 대하 속에 흘려보내고 민주발전과 국민화합, 국리민복과 민족통일의 과업을 실현시키는 것이 우리의 시급한 책무임을 확인한다.

세계 질서가 재편성되고 있는 가운데 많은 나라들이 자기개혁의 소용돌이 속에 놓여 있다. 이러한 현실은 우리의 정치가 창조적인 개혁으로 새로워질 것을 요구하고 있으므로 청신한 국민정당의 등장이야말로 이러한 요구에 부응하는 길임을 굳게 믿는다.

이러한 확신에서 우리는 나라와 겨레의 부름에 기꺼이 순응하여 온 나라의 민주세력을 하나로 결속시킨 '민주자유당'을 창당할 것을 엄숙히 선언한다.

위대한 새 출발을 하는 우리 당원들은 국민을 안심시키고 희망을 주며 나라를 밝은 미래로 이끌 포부에 온 가슴이 벅차 옴을 금할 수 없다.

우리 당은 자유민주주의와 자유 시장경제를 나라의 기틀로 삼고, 조국의 민주적 통일을 주도하여 자주·자존의 바탕 위에서 세계 속에 우뚝 설 선진복지국가를 이룩하려 한다.

우리는 대화와 타협을 통해 참다운 민주발전을 이룩하는 정치, 지속적인 성장으로 국민 복지를 뒷받침하는 경제, 법과 질서가 존중되고 정의와 양심이 살아 숨 쉬는 사회, 그리고 자주적이고 창조적인 민족문화, 이 모든 것을 구현하는 데 온갖 힘과 정열을 다 쏟고자 한다.

우리는 지역 간·계층 간·세대 간의 갈등을 해소하고 국민대화합을 실현하여 모든 국민이 행복한 생활을 할 수 있도록 노력할 것이다. 우리는 이제 '더 넓은 세계로, 더 밝은 미래로' 출발하는 선상에 스스로 서 있음을 자랑스럽게 여긴다.

국민적 역량을 한데 모으고 나라를 다시 세운다는 각오로 조국의 정치사에 신기원을 여는 오늘, 우리의 눈은 빛나고 발길은 당당하다. 시대의 도도한 흐름이 우리와 함께하고, 국민의 우렁찬 박수가 우리를 성원해 주고 있다.

90년대의 서장을 열면서 영구히 민족과 함께할 믿음직한 국민정당을 우리 손으로 출범시키게 된 것을 다시없는 영광으로 가슴에 새긴다.

우리의 이러한 보람이 곧 나라의 영광, 겨레의 영광이 될 것임을 확신하면서, 우리는 이를 위해 새 시대의 주역이라는 자긍심으로 국민의 봉사자로서 정성을 기울일 것을 역사 앞에 선언한다.

---

32) 민주자유당 홍보국, 『민주자유당 5년 자료집』(서울, 1995), 8쪽.

3당의 중진의원들로 구성된 통합추진위원회는 그동안 새로운 당헌과 당규 작성작업을 하였으며 2월 15일 중앙선거관리위원회에 합당등록을 마치고 3월 1일 여의도 대원빌딩 중앙당 당사에서 현판식을 가졌다.[33] 민주자유당은 2월 16일 사무총장에 박준병, 원내총무에 김동영, 정책위의장에 김용환 의원을 각각 임명하였다. 또 5월 9일 오전에는 서울잠실올림픽공원 펜싱경기장에서 첫 전당대회를 열고 총재에 노태우 대통령, 최고위원에는 김영삼, 김종필, 박태준을 구두호명과 지명의 방법으로 확정, 선출하였다.[34]

5. 합당 이후

1) 합당에 대한 반응

정당들이 이처럼 쉽게 합당을 성사시킬 수 있었던 것은 3당 합당에 참여한 정당들이 모두 당 총재 1인에게 당 운영에 관한 독점적 지위를 부여하고 있었기 때문이다. 그러나 이는 곧 정당의 분열 또한 쉽게 이루어질 수 있음을 뜻하는 것이기도 하다.

민주자유당의 창당과정은 3당 최고위 지도자의 핵심 측근들이 비밀리에 회동, 협상하에 합당을 추진하였기 때문에 일부 당원들이 합당에 반대하여 탈당하는 부작용이 있었다. 대학생과 재야인사들에 의한 3당 합당규탄시위가 2월 25일부터 전국의 주요 도시에서 발생하였다.[35]

한편 평화민주당은 1990년 1월 23일 의원총회 및 당 지도부 합동회의 연

---

33) 3당 통합을 보는 언론의 시각은 세 갈래로 나뉘었다. 첫째는 제5공화국의 유산이 청산되었으니 새로운 정치질서를 확립할 수 있다는 긍정적인 시각이고, 둘째는 두고 보겠다는 유보적 시각이었으며, 셋째는 이 통합이 야합에 불과하다는 비판적 시각이다.

34) 노태우 대통령은 이보다 앞선 1990년 1월 5일 포항제철 회장인 박태준 의원을 민주정의당 대표위원에 임명하였다.

35) 이 무렵 3당 합당에 대한 설문조사결과가 공표되었다. 3당 합당이 잘한 일이라고 응답한 사람은 31.3%였으나 잘못된 것이라고 응답한 사람은 41.0%에 달했다.
설문) 3당 합당에 대해 어떻게 생각하십니까?
잘한 일이다(31.3%), 잘못한 일이다(41.0%), 잘 모르겠다(27.7%).
사례 수 1,600, ≪동아일보≫, 1990년 7월 16일자/조사일시 1990년 2월 25일.

석회의에서 노태우 대통령의 위약과 두 야당 총재의 정치적 변신을 비난하였다. 평화민주당은 그 후 야권통합운동에 적극적으로 나서는 한편 장외투쟁에 나섬으로써 국회는 장기간 정상기능을 하지 못하였다.

2) 합당의 정당사적 의의와 영향

3당 합당의 정당사적 의의는 한국정당사상 최초로 여당과 야당 간에 합당이 성사되었다는 점에 있으며, 정당통합운동사적 측면에서 보면 과거 민주공화당이 창당과정에서 자유민주당과의 합당을 시도한 것에 이은 두 번째의 여당과 야당 간의 정당통합운동이었다.

3당 합당으로 국내적으로는 민주화 속도와 그 방향이 국회 의석의 4분의 3 정도를 차지하게 된 새 여당에게 주도권이 넘어가게 되었고, 남북관계는 야당으로부터의 영향력이 감소된 상황에서 정부·여당의 주도로 이루어질 것으로 예측되었다.[36] 강력한 국정운영주체가 탄생되어 다수의 지지 속에 정책수행이 가능해졌다는 긍정적인 측면과 그렇게 될 것이라는 기대 속에 신당이 창당된 것이다.

3당 합당의 부정적인 측면도 있다. 무엇보다도 정강·정책이 달랐던 야당과 여당이 통합됨으로써 유권자의 정당선택권이 무시되었다는 점이다. 이러한 정치행태는 정치에 대한 시민의 불신을 증대시켜 결국 어느 정당을 선택해도 유권자의 의사가 국정에 반영되지 않거나 왜곡될 수 있을 것이라는 정치적 허무주의를 심화시킬 수 있다. 여당이었던 민주정의당은 물론 야당들도 자신들이 제13대 국회의원선거(1988. 04. 26.)에서 제시하였던 공약, 3야당의 공조시절 3당 총재 간에 합의되었던 사항 등이 대부분 자동 폐기처분되는 상황을 초래하였다. 그리고 정치세력구도를 결과적으로 '호남 대 비호남'으로 몰고 갔다는 부정적 측면도 지적될 수 있다.

제13대 국회 초에는 국정감사권 발동, 국회청문회 개최, 5공비리 및 광주문제 관련 특별위원회 운영, 활성화된 법안 심사 및 논의 등 의회정치가 어

---

36) Jin Park, "Political Change in South Korea", *Asian Survey* vol. 30(December 1990), 1154쪽.

느 정도 복원되는 듯하였으나 민주자유당 창당 이후의 국회는 동당의 전횡에 의하여 파행적으로 운영되었다.[37)

민주자유당은 거대 여당이 되었음에도 국회운영이 여의치 않았다. 제150회 국회(임시회, 1990. 06. 18. - 07. 17.)에서는 대부분의 법안이 심사나 논의도 되지 않은 상태에서 민주자유당이 방송관계법 등 26개 의안을 변칙 처리하였다(1990. 07. 14.). 이에 반발한 야당 의원 75명이 7월 23일 의원직 사퇴서를 제출하는 등 의정활동에 막대한 지장을 초래하였다.[38)

3당 합당은 결과적으로 여당과 야당의 존재의미를 희석시켰으며 정당의 민주화를 답보상태에 머물게 하고 국회운영의 파행을 가져온 사건이었다.

3당 합당은 재야세력의 진로에도 적지 않은 영향을 미쳐 3당 합당 발표 이후 그동안 장외에 머물러 있던 재야 정치세력이 제도권 안으로 들어오기 시작하였다. '민중의 정당건설을 위한 민주연합추진위원회'(민연추)가 1990년 6월 21일 재야인사와 진보적 인사들을 중심으로 민중당(가칭) 창당발기인대회를 열고 독자적인 제3의 야당세력 구축에 돌입한 것을 그 예로 들 수 있다.

3) 내각제 합의문서 유출파동

민주정의당은 3당 합당을 추진하면서 내각제 개헌을 전제하고 있었다. 이는 민주정의당의 독자적 정권 재창출이 어려울 것이라는 점과, 합당을 성사시킨다 하더라도 민주정의당계열이 지속적으로 주도권을 행사하기는 어려울 것이라는 판단을 하였기 때문이다. 따라서 통합신당 민주자유당 내의 권력투쟁은 내각제 채택 여부를 둘러싸고 전개될 수밖에 없었다.

그런데 1990년 2월 3당의 합당교섭 진행과정에서 당시 노태우 대통령, 김영삼 총재, 김종필 총재가 합당 후 내각제 개헌을 추진하기로 합의하고

---

37) 정기영, 「한국정당정치의 특성과 여당의 역할」, ≪사상문예운동≫ 제5호(1990년 가을), 68쪽.

38) 이 무렵 3당 합당에 관한 설문조사결과가 공표되었는데 3당 합당이 잘못된 일이라고 응답한 사람은 잘한 일이라고 응답한 사람의 약 3배 가까이 되는 66.6%였다.
    설문) 3당 합당에 의하여 어떻게 생각하십니까?
    잘한 일이다(229.%), 잘못한 일이다(66.6%), 잘 모르겠다(10.4%).
    사례 수 1,600, ≪동아일보≫, 1990년 7월 16일자/조사일시 1990년 7월 15일.

서명한 각서가 그해 10월 25일 유출, 공개되었다. 내각제 합의각서가 언론에 공개되자 김영삼 민주자유당대표최고위원이 크게 반발하였으며, 10월 31일 합의각서 유출파문과 관련하여 내각제 개헌반대의사를 표명하고 마산으로 내려갔다.[39] 곧 노태우 대통령이 당 내분을 수습하기 위하여 김영삼 대표의 '내각제 완전포기', '대표권한 강화' 등의 요구조건을 수용함으로써 김영삼 대표가 당무에 복귀하였다.

4) 민주자유당의 당명 변경 및 분열

민주자유당은 1995년 12월 6일 당명을 신한국당으로 변경하였다. 약 9개월 전인 3월 30일 민주자유당에서 분리된 김종필 전 대표가 자유민주연합(약칭 자민련)을 창당한 데 이어 민주자유당이 당명을 변경함으로 해서 1990년 2월에 출범한 민주자유당은 5년 10개월 만에 막을 내리게 되었다. 실제로는 1994년 연말부터 민주자유당은 이미 분열 상태에 있었고 1995년 1월에는 김종필 대표는 이미 당무에서 배제되고 있었다. 민주자유당이 분열되면서 세인의 관심을 끌었던 정당통합실험은 실패로 막을 내렸다.

---

39) 이 무렵 공표된 3당 합당에 관한 설문조사결과는 다음 같다.
   설문) 3당 합당에 대해 어떻게 생각하십니까?
   잘된 일이다(26.1%), 잘못된 일이다(56.1%), 모르겠다(15.2%).
   사례 수 1,500, ≪시사저널≫, 1990년 10월 25일자, 16쪽.

1. 합당 시도 배경

1990년 2월 9일 정계의 지각변동이라고 할 수 있는 민주정의당(여당), 통일 민주당(야당), 신민주공화당(야당) 3당이 민주자유당의 이름으로 통합되면서 거대 여당이 되었다. 이에 3야당 간의 공조를 통하여 정국을 주도해 오던 평화민주당은 정국주도권을 상실하게 되었고, 한편에서 3당 합당에 합류하지 않은 통일민주당 일부 세력으로 형성된 민주당은 나름대로 활로를 모색하여야 했다. 결국 평화민주당과 민주당은 야당 별립의 의미가 없다고 판단하고 거대 여당에 대항하기 위하여 야당통합을 시도하였다.

2. 합당 시도 경과

1) 민주당 창당

이기택 전 통일민주당 부총재는 1990년 2월 3일 민주정의당·통일민주당·신민주공화당의 3당 합당에 합류하지 않은 통일민주당잔류파와 함께 신당 창당에 착수하였다. 신당추진 모임은 2월 7일 여의도 여성백인회관에서 잔류 원외 지구당 위원장, 국회의원 및 중앙상무위원과 당 간부들이 참석한 가운데 '민주세력 통합을 위한 신야당 추진결의대회'를 가졌다. 이기택 전 부총재, 박찬종 의원(무소속), 노무현 의원(민주당) 등이 주축이 된 이들 잔류인사들의 신야당 추진모임은 당초에는 원내교섭단체 구성까지도 희망하였으나 일부 인사들이 합류하지 않게 되자 문호를 개방한 것이다. 이기택을 중심으로 하는 3당 합당 잔류파는 신야당 창당 작업에 착수한 지 23일 만인 2월 26일 민주당(가칭) 창당발기인대회를 개최하였다.[40]

통일민주당의 대다수 의원들은 3당 합당 당시 통합신당인 민주자유당에 합류하였으나, 이기택 부총재(원내총무)·김현규 의원(원외총무) 등 일부 의원들은 민주자유당에 합류하지 않다가 1987년의 대통령선거 당시 야당후보 단일화를 주장하였던 서명파(무소속의 박찬종·이철 의원, 홍사덕·조순형·장기욱 전 의원 등)와 함께 1990년 6월 15일 새 야당 민주당 창당대회를 열고 출범하였다. 이날 이기택 창당준비위원장이 총재에 선출되었다.[41]

2) 평화민주당

평화민주당은 1990년 2월 1일 확대간부회의를 열어 당내 통합대책기구인 '범야통합대책위원회'를 '중도민주세력통합추진위원회'로 개명하였는데 그 이유에 대해서 당 대변인은 "통일민주당이 민주자유당으로 간 이상 야당통합보다는 야세 통합(野勢統合)이 옳으며 중도민주라는 용어를 도입한 것은 혁신을 배제하겠다는 의미"라고 설명하였다.[42] 이는 3당 통합 당사자들이 '보수세력집단'임을 표방하고 나선데다가 일부에서 진보정당 결성이 준비되고 있기 때문에 평화민주당도 보수정당임을 강조하기 위한 것이라는 설명이었다.

김대중 총재는 4월 21일 3당 합당을 취소하든가 중간평가를 받든가 택일할 것을 요구하였으며, 그 한편에서 당의 지역당 색깔을 희석시키기 위하여 당 3역을 경질하고 서울 지역 출신 의원들을 중용하는 한편 통일민주당잔류파 의원들과 재야 신진인사들을 영입하고자 하였다. 그러나 통일민주당 잔류파 의원들과 진보 정당 준비모임, 그리고 평화민주당 내의 몇몇 소장파 의원들은 '범민주 신당' 창당을 주장하며 김대중 총재의 2선 후퇴를 선결조건으로 제시하였다.

---

40) 이 당은 부산 및 영남 출신 의원과 당원들을 주축으로 결성되었다.

41) 이기택 총재는 1987년 4월 통일민주당이 신한민주당에서 분당하여 나올 때 김영삼 총재를 따라가지 않고 무소속으로 남았고, 1990년의 3당 합당 시에는 통합협상에는 참여하였으나 사흘 만에 야당에 잔류, 새롭게 민주당을 창당하게 되었다. 이기택 총재는 이날 기자회견에서 야권통합은 시대적 과제이자 새롭게 출발하는 민주당의 창당정신이라고 말하였다.

42) ≪조선일보≫, 1990년 2월 2일자.

3. 합당협상

주요 정당 간의 합당운동 속에서 평화민주당이 떨어져 남게 되었고, 평화민주당과 새로 결성된 민주당(가칭)의 통합협상이 1990년 5월 초부터 시작되었다. 5월 8일의 제1차 회담에서는 당 대 당 통합에 관하여 논의하였고 5월 14일의 제2차 회담에서는 통합 후의 지분을 논의하였다. 그러나 2차에 걸친 논의에서 협상의 한계를 느낀 평화민주당과 민주당(가칭)의 야권통합파 의원들은 '선 당 대표 경선, 후 조직책 선정'을 주된 내용으로 하는 절충안을 제시하였다.[43]

평화민주당, 민주당 양당의 통합협상이 교착상태에 빠지게 됨에 따라 일부 의원들이 '선 합당, 후 당 대표 경선'의 새 통합안을 마련, 지지서명을 받기 시작하였다. 또 김관석, 이돈명, 박형규, 김찬국 등 재야 원로들은 5월 19일 민주연합추진위원회(민연추)의 이우재·고영구 공동대표를 비롯하여 이부영 집행위원장, 장기표 조직위원장 등 지도부와 회담을 갖고 범민주단일야당 구성을 통하여 민주자유당 '독재정권'을 종식하고 민주정부 수립을 위한 수권태세를 갖추기로 합의하였다.

1) 범민족통합수권정당추진회의(통추회의)

김대중 평화민주당 총재와 이기택 민주당 총재는 1990년 7월 18일 시내 마포 가든호텔에서 단독회담을 갖고 조기 종선 및 내각제 개헌반대 등에 공동으로 투쟁한다는데 합의하였다. 두 총재는 또 양당 소속 의원들이 작성하여 총재에게 그 처리를 위임한 의원직 사퇴서를 7월 23일 국회의장에게 제출하기로 하였다. 이틀 후인 20일 김대중 총재, 이기택 총재, 재야의 김관석 야권통합추진회의 상임대표는 3자 회담을 갖고 각 5인씩으로 구성되

---

43) 6월 초 3당 합당에 관한 설문조사가 공표되었는데 결과는 다음과 같다. 통합이 바람직하다는 의견보다 바람직하지 않다는 의견이 많았다.
　설문) 3당 합당에 대해 어떻게 생각하십니까?
　바람직하다(26.2%), 바람직하지 않다(45.7%), 모르겠다(28.2%).
　사례 수 1,200, ≪동아일보≫, 1990년 6월 3일자.

어 통합의 실무를 전담할 '통합추진 15인 협의기구'를 구성하기로 합의하였다. 야권통합의 최대 난점은 각 정당의 지분과 지구당조직책 선정문제, 지도체제 등이었는데 '통합추진 15인 협의기구'는 이러한 난제들은 뒤로 돌리고, 원칙적인 문제부터 풀어 나간다는 방침을 정하였다. 이는 7월 18일에 발표된 김대중 총재와 이기택 총재에 의한 의원직 사퇴결의 합의에 의한 것이었다.

민주당은 5인 대표 선정에 앞서 박찬종 부총재를 위원장으로 하는 11인의 '범민주 세력 통합추진특별위원회'를 구성한 후 이 중에서 5인 협상대표를 선임하였다. 조직책 선정에 특히 이해관계가 걸려 있는 사람들은 평화민주당의 지구 당위원장들인데 그것은 통합이 될 경우 민주당에 비하여 지구당 위원장 수가 2배 이상이나 되는 동당은 많은 수의 조직책들을 탈락시켜야 하기 때문이다.

통합추진 15인 협의기구 각 당 협상대표

평화민주당: 김원기·김영배·정대철 의원, 이용희 당무지도위 의장, 임채정 중앙정치훈련원장
민주당: 김정길·이철·김광일·노무현 의원, 장기욱 전 의원
재야단체: 장을병 성균관대교수(통추회의 대변인), 이부영 전 민연추 집행위원, 오충일 전 전민련 공동의장(불광동 복음교회목사), 최성묵 부산중부교회목사·박종화 한신대교수

이렇게 '민중의 정당 건설을 위한 민주연합추진위위원회'와 기독교계 인사들이 야권통합의 산파역을 자임하며 야권통합추진회의(상임대표 김관석 목사)를 발족시키면서 야권통합은 7월 중순부터 3자 통합을 목표로 추진되었다. 그러나 통합추진15인협의기구 회의에서 평화민주당 측이 '선 통합, 후 조직정비'를 주장한 테 반하여 민주당 측은 사전에 지도체제 및 지구당 조직책의 지분비율 등 당권을 정한 후 통합하자고 주장, 양측의 입장이 계속 대립되었다.

평화민주당의 일부 인사들은 평화민주당과 민주당이 어떻게 해서 대등한 조건이 될 수 있느냐 하는 '수의 논리'를 펴기도 하였고, 민주당의 일부 인사들은 재야의 대표임을 자인하고 있는 범민족통합수권정당추진회의가 인

적 구성에서 친평화민주당 색채가 짙다고 하였으며, 부산 지역의 반평화민
주당 분위기를 언급한 것 등의 문제제기가 있었다.[44] 기독교통합추진서명파
와 '민중의 정당 건설을 위한 민주연합추진위원회'(민연추)에서 탈퇴한 민주
연합이 손을 잡고 결성한 재야의 범민족통합수권정당추진회의(통추회의)도
5인 대표 선정을 둘러싸고 적지 않은 불협화음을 낸 것으로 알려졌다.[45]

2) 보라매집회

범야권통합을 촉구하기 위한 평화민주당-민주당-재야 3자 대표의 회동과
1990년 7월 21일의 시내 보라매공원 집회가 이어졌다. 이기택 총재는 평화
민주당, 민주당, 국민연합, 범민족통합수권정당추진회의의 4자가 참가한 이
날 대회에서 '선 무조건 통합, 후 조직 정비'를 제의하였다. 또 7월 23일에
는 당내 이견 조정과 국민공감대 형성이 야권통합선언에 선행되어야 한다
고 말하고, 당내에서 평화민주당과의 통합반대론이 우세할 경우에는 당론이
확정될 때까지 야권통합이 늦추어질 수밖에 없다고 언명하였다.

이기택 총재의 통합방안(1990. 07. 23.)
① 3당의 통합추진 결의 천명 ② 당내의 이견조정과 홍보에 의한 국민공감대 형성 및
15인 통합추진기구에서의 지분문제 등 사전절충 ③ 9월 정기국회를 전후하여 통합

이기택 총재의 통합방안은 '선 이견조정, 후 통합'으로서 이는 보라매집
회 때의 발언과는 배지되는 것이었다. 민주당의 주류 득히 영남 지역 당원
들은 통합방식이나 절차, 시기 등을 총재단회의와 정무회의에서 당론으로
확정짓지도 않은 채 이기택 총재가 통합방안(무조건 통합)을 남발하고 있다
고 비난하였다.

한편 평화민주당의 김대중 총재 등 소속 의원 70명 전원과 민주당의 이
기택 총재 등 소속 의원 5명이 이날(7월 23일) 오전 국회의원직 사퇴서를

---

44) 당시 원내 의석 분포는 평화민주당 70석, 민주당 8석이었다.
45) 손중양, 『통합수권정당을 만드는 인물들』, ≪인물계≫(1990년 9월호), 26-27쪽.

국회의장에게 제출하였다. 사퇴서를 일단 접수한 박준규 국회의장은 다음 날인 24일 의원직사퇴서를 적절한 시기에 반려하겠다고 말하였다.

민주당은 7월 25일 총재단회의에서 야권통합문제를 논의하였으나 김대중 총재의 거취문제를 둘러싸고 이견이 노출되었다. 민주당은 다음 날인 26일 시내 우이동 그린파크호텔에서 지구당 위원장 전체회의를 열고 야권통합과 관련한 당론 조정작업을 벌였는데 통합을 적극 주장한 이기택 총재 측과 '선 김대중 총재 2선 후퇴'를 요구하는 상당수의 위원장들 사이에 이견이 좁혀지지 않았다.

3) 평화민주당 전당대회

평화민주당 전당대회는 1991년 7월 27일 대의원 등 3천여 명이 참석한 가운데 시내 삼성동 한국종합무역전시장에서 오전 9시부터 9시간 동안 계속되었다. 대회는 야권통합을 거듭 다짐하는 등 통합결의대회의 모습으로 시종하였다. 이날 점심식사 후 실시된 김대중 총재에 대한 신임투표는 조윤형 부총재가 의사발언을 통하여 기립박수로 김대중 총재를 추대할 것을 유도하였으나, 김 총재가 "당이 정한 대로 신임투표를 받겠다."며 투표실시를 요구하였다. 투표결과 찬성 1,399표(92%), 반대 112표로 김대중 총재가 재선되었다.

김대중 총재는 부총재 지명권과 야권통합수임기구가 될 당무회의 임명권도 위임받았다. 김 총재는 의원직 사퇴를 결정하였을 때부터 야권통합으로 정국을 몰고 가 여권과의 정면대결을 기도하였으며 이날 전당대회를 통하여 야권통합을 전담할 수임기구를 당무회의로 결정하였다. 김 총재는 또 민주당 등 야권 일각에서 제기되고 있는 자신에 대한 2선 후퇴 요구에 대하여 거부의사를 밝혔다. 이날 대회장에는 이기택 민주당 총재가 당내 사정으로 불참하고 대신 조순형 부총재와 이철 의원이 참석하였다.

한편 민주당 원외지구당 위원장들은 '수권을 위한 야권통합추진 민주당지구 당위원장 모임'을 결성하고 9인의 명의로 성명을 발표하여 김대중 총재가 일선에서 물러나는 길만이 수권을 위한 야권통합의 출발임을 강조하였다.

4. 합당 시도 이후

야권통합논의는 김대중 평화민주당 총재가 1990년 10월 8일 단식투쟁에 들어가면서 수그러들었고, 민주당의 이기택 총재는 11월 야권통합협상의 실패에 대한 책임을 지고 총재직을 사임하였다. 양당의 통합협상은 더 이상 계속되지 않았다. 양당 모두 합당이 곧 생존이라는 등식에는 공감하면서도 당 지도권 문제에 발목을 잡힌 것이다.

제7절 민주당 · 민주연합의 합당(민주당)

1. 합당 배경

민주당과 민주연합의 합당은 민주정의당, 통일민주당, 신민주공화당 3당의 합당에 참여하지 않은 통일민주당잔류파가 민주당을 결성한 후 평화민주당과의 통합을 시도하는 과정에서 이루어졌다. 진보세력의 내부 결속이 안 되던 중 먼저 기존의 정당과 통합을 이루려는 일부 통합파 진보세력이 민주당에 합류함으로써 성사된 이번 통합은 평화민주당과의 합작을 성사시켜야 하는 민주당에는 세 불리기라고 하는 시각적 효과를 연출시켜 주고, 일부 진보계열 인사들에게는 정당에 가입함으로써 정치활동의 공간을 넓히는 계기가 되었다.

2. 합당 경과

1) 민중당 창당

1980년대 후반부터 재야 운동권에서는 장외투쟁과 더불어 제도정치권 내부에서 민중의 이익을 대변할 수 있는 혁신정당을 창당하자는 논의가 일기 시작하였다.

당초 하나였던 재야 민주세력은 1987년의 대통령선거를 계기로 분열되었다. 그러다가 1989년 전국민족민주운동연합(전민련)의 결성으로 다시 뭉쳤으나 3당 합당(1990. 02. 09.) 이후 야당 재편과정에서 기존야당에 합류하는 파, 독자적인 정당을 결성하는 파, 그리고 전국민족민주운동연합에 남는 파로 갈라지게 되었다.

1989년 11월 20일 이우재, 장기표 등은 '민중의 당'과 한겨레민주당을 이끄는 인사들을 중심으로 '진보적 대중정당건설을 위한 준비모임'을 결성하였다. 이들은 1990년 4월 '민중의 정당 건설을 위한 민주연합추진위원회'(민연추)에 참가하였으나 '선 야권통합'을 주장하는 이부영 등과는 의견이 대립되었다.

'민중의 정당 건설을 위한 민주연합추진위원회'는 '선 창당'이냐 '선 야권통합'이냐를 놓고 의견대립을 보인 끝에 분열되었다. 이우재를 비롯한 창당파들은 동 민주연합추진위원회를 그대로 유지, 재야인사와 진보적 지식인을 중심으로 정당을 결성한다는 방침에 따라 1990년 6월 21일 민중당(가칭) 창당발기인대회를 개최하였다.

그러나 이부영 등 '선 야권통합'을 주장하는 민주연합파는 동 민주연합추진위원회에서 이탈한 후 평화민주당, 민주당과의 통합운동에 나서기 위하여 범민족통합수권정당추진회의(통추회의)를 결성하였다.

'민중의 이익수호'를 기치로 내걸고 창당발기인대회를 마친 진보정당 민중당(가칭)이 11월 10일 오후 시내 삼성동 무역회관에서 3천여 명의 당원과 관계자들이 참석한 가운데 창당대회를 열고 이우재 창당준비위원장을 상임대표위원으로 선출하였다. 이날 민중당은 강령에서 민중주체, 사회개혁, 민중복지, 민족통일, 인간해방 등 5대 기본목표를 설정하였다.

민중당의 등장은 한국정당사에 있어서 본격적으로 진보노선을 표방하는 합법적 진보세력의 등장이라고 하는 의의를 갖게 되었다. 민중당 출범이 갖는 또 다른 의미는 그동안 장외에 머물러 있던 재야정치세력이 제도권 안으로 들어오기 시작하였다는 것이다. 그러나 민중당은 그 결성에 있어서는 다수의 재야 민주세력을 포용하지 못한 채 출범하게 되었다.

2) 한국사회주의노동당 창당준비위원회 결성 및 민중당과의 통합논의

민중당의 창당과 비슷한 시기에 비합법적 공간에서도 새로운 노동자계급 정당 결성에 관한 움직임이 시작되고 있었다. 서울, 인천, 안양 등 노동자 밀집 지역에서 노동운동을 하던 민중민주계열의 인민노련과 노동계급 그리고 삼민동맹 등이 통합하여 1991년 7월 한국사회주의노동당 창당준비위원회를 결성한 것이다. 당시의 상황을 보면 소련을 비롯한 동유럽 사회주의권이 붕괴되고 있었고 국내적으로는 제14대 국회의원선거가 눈앞에 다가와 있었다. 이러한 정세에 비추어 한국사회주의노동당(가칭) 내부에서도 당 건설의 경로와 민중당과의 통합문제 등에 대한 구체적인 논의가 시작되었다.

한겨레민주당과 '민중의 당' 잔류 세력이 통합하여 '진보정당 결성을 위한 정치연합'(진보정치연합)으로 명칭을 바꾸어 진보정당의 결성을 모색하는 한편에서 이와는 별개로 전국민족민주운동연합(전민련) 내의 일부 세력이 합법정당건설을 표방하자 반대의견이 제시되는 등 혁신세력진영 내에는 통합과 분열이 동시에 진행되고 있었다.

전국민족민주운동연합(전민련) 내에서 최초로 정치세력화를 추구한 것은 장기표를 중심으로 한 '진보적 대중정당건설을 위한 준비모임'(1989. 11. 20.)이었으며 이들은 진보정치연합과 연합하여 '민중의 당 건설을 위한 민주연합추진위원회'(민연추)를 발족시켰다.

3) 진보세력의 분열 – 민주연합

진보정당추진 집단은 1990년 11월 민중당을 창당하였고, 이부영을 중심으로 하는 집단은 재야세력과 기존 야당과의 통합을 추진하는 '범민주 통합수권정당촉구를 위한 추진회의'(통추회의)를 구성하였다가 후에 이기택 총재가 이끄는 민주당과 통합하게 되었다. '민중의 당 건설을 위한 민주연합추진위원회'(민연추)를 탈퇴한 이부영, 제정구, 유인태 등의 '선(先) 통합파'는 야권통합을 주장하며 통추회의를 추진하였지만 실패로 끝남에 따라 1990년 12월 21일 공식 해체되었다. 이후 이부영과 유인태는 '민주연합'을 거쳐 이기택의 옛 민주당과 통합하고, 제정구는 김대중이 이끄는 신민주연합당과 이기택이 이끄는 민주당이 통합한 통합민주당에 입당하게 된다. 통추회의 참여자들은 통일적인 야권통합이라는 자신들의 주장과는 거리가 먼 제도권 야당으로 흡수되었다.

4) 민주당과 민주연합의 통합전당대회

민중당이 창당된 후 1990년 12월에는 '범민주통합수권정당촉구를 위한 추진회의(통추회의)'가 내부분열을 일으켜 해산되었는데 이때 분리된 이부영, 고영구 등 민주연합파가 민주당과의 통합운동을 전개하였다. 그 결과 이기택의 총재직 사임 후 민주당과 재야의 민주연합(대표 이부영)이 민주당의 기치 아래 세력을 합치게 되었다.

민주연합은 1991년 1월 5일 평화민주당, 민주당, 민중당 등 야권 3당에 대하여 야권통합을 위한 협상회의 개최를 제의하였다.[46) 이 제의에 대한 호응이 없자 민주연합의 이부영, 고영구 등 68명은 2월 2일 기자회견을 갖고 민주당과 통합하겠다고 선언하였다. 이들은 이날 회견에서, 민주당과의 결합은 야권통합을 위한 1차적 부분적 통합이며 민주연합은 앞으로 민주당이 개혁정당-정책정당-수권정당이 되도록 노력을 경주할 것이라고 밝혔다.

이런 경과를 거쳐 민주당과 재야의 민주연합은 2월 3일 통합을 이루었다. 이날 오전 시내 삼성동 한국종합전시장에서 열린 민주당과 민주연합의 통합전당대회에서 민주당은 이기택 전 총재를 경선 없이 총재로 재추대하고 부총재 3인을 선출하였다. 이날 전당대회는 "민주당과 민주연합의 결합으로 제2창당의 힘찬 거보를 내디디며 나아가 민주세력의 대단결을 이루어 내고 통합수권정당을 건설한다."는 내용의 결의문을 채택하였다.[47)

---

46) 1월 하순 3당 합당에 대한 설문조사결과가 공표되었다. 3당 합당이 잘된 일이라는 응답이 가장 많은 45.3%였고 잘못되었다는 부정적인 응답은 30.6%, 무응답은 24.1%로 나타났다. ≪한국일보≫, 1991년 1월 2일자(한국일보. 서강대팀 전국여론조사-전화설문조사, 대상 1,192명). 참고로 긍정적인 평가이유에 대해서는 65.1%가 '지나친 정치투쟁을 줄여 안정을 이룰 수 있기 때문'이라고 답하였고, 부정적인 평가를 내린 이유에 대해서는 57.0%가 '자기들 마음대로 합당했기 때문'이라고 답하였다.

47) 민주당에 입당하는 민주연합 측 인사는 2월 3일의 전당대회에서 부총재로 임명될 이부영(전 전민련 상

3. 합당 이후

재야의 한 분파인 민주연합을 흡수한 민주당은 평화민주당과의 통합에 다시 나서게 되었다.

제8절 평화민주당 · 신민주연합당의 합당(신민주연합당)

1. 합당 배경

평화민주당은 이기택 총재가 이끄는 민주당과 합당을 시도하였으나 여의치 않았다. 그러던 중 민주당과 민주연합이 1991년 2월 3일 통합하자 평화민주당도 대응을 서둘렀으며 그 결과 평화민주당과 신민주연합당의 합당으로 매듭지어졌다.

김대중 총재는 1990년 말부터 평화민주당의 해체를 공공연하게 밝혀 왔으며 재야 신당창당 작업에 상당한 자금을 지원해 온 것으로 알려졌다.[48] 평화민주당으로서는 재야 신당과의 통합을 통하여 지역당 이미지를 탈피하기 위한 모양 갖추기, 민주당의 입지 약화, 당내의 불만세력에 대한 견제 등을 겨냥할 필요가 있었다. 김대중 총재는 재야의 여러 파벌을 규합하고 여기에 구정치인까지 포함시켜 '신민주연합당'이라는 조직결성을 후원하였다. 그 결과 '범민주 통합수권정당 촉구를 위한 추진회의'(통추회의) 구성원 중 김대중을 지지하는 김관석, 이우정 등의 인사들이 신민주연합당을 결성하게 되었다. 재야, 학계, 종교인, 구정치인 등 156명은 2월 11일 오전 시내 프레스센터에서 범민주 수권정당 발기를 위한 준비모임(대표 이우정)을

임의장), 고영구(제11대 국회의원, 변호사)를 비롯하여, 여익구(전 민불련의장), 최병욱(전 가톨릭농민회장), 유인태(전 진보정치연합 사무처장), 이호웅(전 전민련 집행위원), 이강철(전 한겨레당 공동대표), 박계동(전 전민련 대변인) 등이다. ≪중앙일보≫, 1991년 2월 2일 및 3일자.

48) ≪조선일보≫, 1991년 2월 11일자.

갖고 야당들과 통합을 추진하여 범민주 수권정당을 결성하기 위한 창당발기인대회를 개최할 것이라고 밝혔다.

이렇게 친평화민주당 인사들이 주축을 이루고 있는 신민주연합당(가칭)은 곧 평화민주당과의 통합협상에 나서 통합을 이루게 되었다.

2. 합당 경과

1) 평화민주당과 신민주연합당(가칭) 통합전당대회

평화민주당과 신민주연합당은 1991년 3월 23일 양당의 통합을 선언하였다. 김대중 평화민주당 총재와 이우정 신민주연합당 창당준비위원장 등 양당 지도부는 3월 30일 저녁 시내 힐튼호텔에서 만찬회동(제1차 통합협상)을 갖고 정강·정책, 당기, 상징 색, 로고 등 신당의 골격에 대하여 논의하였다.

통합의 대원칙을 확정한 양측은 4월 1일 3개 실무협상위원회를 가동시켰는데 이날 오전과 오후에 열린 실행위원회는 4월 9일에 있을 통합대회에서 신민주연합당 측에 1,500여 명의 대의원 자리를 할애하기로 결정하였다. 한편 평화민주당의 이러한 부분적인 통합운동에 불만을 가진 일부 당내 서명파 의원들은 이날 저녁 시내 모 호텔에서 조윤형 국회부의장 주재로 만찬회동을 가지려다 당 지도부의 자제요청을 받고 이를 취소하기도 하였다.

김대중 총재와 이우정 창당준비위원장은 4월 4일 오전 시내 프레스센터에서 공동기자회견을 갖고 양당의 통합을 공식 선언하였다. 이들은 발표한 성명서에서 "평화민주당과 재야 민주세력의 주류를 대표하는 신민주연합당이 통합을 이루고자 한다."며 통합신당은 민주적 민간정부로의 정권교체를 위하여 혼신의 노력을 경주하겠다고 밝혔다. 이들은 신민주연합당은 중도개혁주의 정당으로서 중산층의 권익신장과 소외계층의 권익보호, 국민화합, 민주적 내정개혁 등을 추진하겠다고 밝히고 신당의 9대 기본정책을 밝혔다.[49)]

---

49) ① 참여민주주의 ② 도덕정치의 구현 ③ 정의로운 시장경제 ④ 인권의 완전보장 ⑤ 생명존중과 교육입국 ⑥ 차별 없는 국민화합 ⑦ 건전한 복지사회 ⑧ 공화국연방제 통일 ⑨ 전방위 자주외교

양당은 또 시내 마포구 도화동의 사무실에서 통합협상회의를 열어 신당의 지도체제를 '총재-수석최고위원-최고위원'의 단일성 집단지도체제로 확정하였으며, 최고위원의 수를 수석최고위원을 포함하여 9명으로 하되 평화민주당 5, 신민주연합 4의 비율로 하고 총재와 최고위원들이 최고위원회를 구성하여 당무를 협의하여 운영토록 하였다.[50]

평화민주당과 신민주연합당(가칭)은 4월 9일 통합전당대회를 개최하였다. 이날 오전 시내 삼성동 한국종합전시장에서 대의원 3천여 명이 참석한 가운데 개최된 대회에서 김대중 총재와 이우정 수석최고위원 등 10명의 최고위원단을 선출하고 신민주연합당(약칭 신민당)을 출범시켰다. 이날 대회는 평화민주당이 전당대회에서 당헌과 당규를 개정하여 당명을 '신민주연합당'으로 변경하는 절차를 거친 후에 이우정이 이끄는 가칭 신민주연합당 측 인사들이 입당하여 신당 신민주연합당에 통합하는 이색적인 절차를 밟았다.

총재선거에서는 김대중 후보가 무기명 비밀투표를 통하여 신민주연합당의 총재로 선출되었다. 김 총재는 이날 이우정을 수석최고위원, 최영근·박영숙·노승환·이용희·박녹영·박일·김말룡·최성묵을 최고위원으로 지명, 대회의 인준을 받았다. 대회는 통합선언문에서 "범민주 수권통합야당 건설과 민간 민주정부 수립이라는 민족사적 부름에 답하여 신민주연합당으로 통합한다."고 밝혔다. 또한 군사문화 청산, 공안통치 종식, 지역·계층·세대·남녀·도농 간 차별 철폐, 공화국 연방제에 의한 단계적 통일 실현 등을 정치과제로 설정하였다.

2) 신민주연합당 내의 정치발전연구회

통합전당대회 이후 신민주연합당 내에 난기류가 발생하였는데 그것은 당내 통합서명파가 중심이 되어 야권통합과 당내 민주개혁을 명분으로 내건 정치발전연구회의 발족(1991. 07. 03.)이었다. 노승환을 회장으로 하는 정치발전연구회는 조윤형, 정대철 등이 주축이 되었고 박실, 김덕규, 이형배, 김

---

50) ≪경향신문≫, 1991년 4월 4일자.

종완, 김득수 등 9명의 현역의원이 가담하였으며 약 40여 명의 원외 지구당 위원장들이 입회하였다. 이들은 이해찬과 이철용까지 세력권 내에 넣고 민주당 측과 공감대를 넓히면서 김대중 총재를 압박하여 야당통합을 강요하고, 김대중 총재가 통합에 동의하지 않을 것을 전제로 탈당위협을 가하기도 하였다. 그러나 시간이 지나면서 정치발전연구회 내부에서 의견이 대립되기 시작하였고 탈당의 적기를 놓치게 되었다.

3) 민주당 내의 민주연합세력

한편 민주당에 입당해 있던 민주연합파는 좌불안석이 되었다. 이들은 원래 진보정치연합이 이부영을 정점으로 하여 민주연합으로 바뀐 것인데 자신들의 정치적 진로가 막연해지자 민주당에 입당, 상당한 지분을 확보하고 있었다. 그러나 광역의회선거(1991. 06. 20.)에서 민주당이 저조한 성적을 거두자 활로개척에 나섰는데 그것이 곧 김대중 총재가 이끄는 신민주연합당과의 합당 모색이었다.

이들은 이기택 총재에게 공공연하게 탈당위협까지 하면서 야당통합을 권유하였다. 평화민주당 내의 정치발전연구회와 민주당 내 민주연합세력의 탈당위협 등으로 궁지에 몰린 김대중·이기택 두 총재는 양측 주류 실세들의 밀실회합을 통하여 정지작업을 마친 후 시내 성북구의 한 성당에서 밀실 담판에 들어갔다. 민주당의 원외 지구당 위원장들은 처음에는 이들의 합의를 밀실야합으로 규정지으며 반발하기도 하였으나 나중에는 대부분 합당을 수용하였다.

3. 합당 이후

재야 정치세력이 일부는 민주당으로, 일부는 신민주연합당(전 평화민주당)으로 흡수되면서 재야세력은 사실상 소멸되었다. 재야의 정치세력화 움직임은 제13대 국회의원선거(1988. 04. 26.) 이전 문동환 목사 등의 평화민주연구회 소속 인사들이 평화민주당에 집단적으로 입당한 적이 있으며, 1990년

11월 진보정당인 민중당이 결성되었고, 1991년 2월 3일 민주당과 민주연합이 통합전당대회를 치르면서 본격화되어 왔다. 특히 1990년 7월부터 평화민주당과 통일민주당 간 야권통합의 중재역을 맡아 온 '범민주 통합수권정당 촉구를 위한 추진회의'(통추회의) 소속 재야인사들이 평화민주당과 통일민주당에 입당, 성향에 따라 양분되고 있었다.

제9절 **신민주연합당 · 민주당의 합당(민주당)**

1. 합당 배경

신민주연합당(전 평화민주당)과 민주당의 통합은 민주자유당이라고 하는 거대한 집권당 앞에서는 당의 이념이나 지지기반, 정강 · 정책을 초월하는 '운명적'인 것이었다. 다만 여느 정당통합에서와 마찬가지로 당권과 당직 배분 등 자원분배를 둘러싸고 노정된 의견을 조정하는 데 시간이 소요되었을 뿐이다.

신민주연합당으로서는 국민으로부터 광범위한 지지를 받는 민주적 정당을 만들거나, 다른 야당과 통합하는 것 두 가지 중 하나를 선택해야 하는 입장에 있었다. 어느 것도 쉬운 일은 아니지만 김대중 총재가 이끄는 신민주연합당은 다른 야당과의 통합을 선택하였다. 민주당의 이기택 총재 또한 당의 존속을 위해서는 신민주연합당과 당을 통합하는 것 이외에 다른 대안을 찾지 못하였다. 결국 기존의 야권구도로는 야권공멸의 위기에 처할 수도 있다는 위기감이 크게 작용하여 통합에 임하게 되었으며, 이렇게 해서 신민주연합당과 민주당이 1991년 9월에 통합야당 민주당을 결성하게 된 것이다.

양당의 통합을 더욱 촉진시킨 것은 1991년 6월 20일 시행된 시 · 도의원선거(광역의회선거) 결과라고 할 수 있다.[51] 전국에서 866명의 시 · 도의원

---

51) 1990년 6월 초순에 야권통합에 관한 설문조사결과(사례 수 1,500)가 발표되었다. 60%에 가까운 응답자들이 야권통합이 필요하다고 응답하였다.
　　설문) 야권통합에 대하여 어떻게 생각하십니까?

을 뽑는 이 선거에서 여당 민주자유당은 전체의 65.1%인 564명의 후보를 당선시켜 압승하였고, 평화민주당과 신민주연합당의 통합신당인 신민주연합 당은 19.1%인 165명, 민주당과 민주연합의 통합신당인 민주당은 2.4%인 21명, 민중당은 1명, 그리고 무소속은 115명을 각각 당선시켰다.

야당세의 부진으로 나타난 이러한 선거 결과는 야권에 더욱 위기의식을 심어 주었으며 거대 여당에 대항하기 위한 야권통합운동을 촉진시키는 계 기가 되었다.

2. 합당 경과

1) 합당교섭의 핵심 – 당 지도체제 문제

민주당은 1991년 7월 31일 '범민주세력 통합추진특별위원회'를 열어 통 합야당의 지도체제는 최고위원 집단체제로 하고, 김대중 신민주연합당 총재 와 이기택 민주당 총재를 공동대표로 하는 내용의 야권통합방안을 마련하 여 8월 1일 발표하였다. 신민주연합당은 이날 오전 야권통합추진위원회(위 원장 이우정 수석최고위원)회의를 열고 공동대표제 통합안에 대한 검토에 들어갔으나 주류와 비주류 간의 의견대립으로 결론을 내리지는 못하였다.

민주당의 공동대표제 통합안 발표로 야권통합논의가 재론되었으나 신민 주연합당(약칭 신민당)과 민주당 양당 내에는 각각 주류·비주류 간의 상호 불신이 증폭되고 있었다.

민주당은 흡수통합의 모습을 보이지 않기 위하여 김대중과 이기택이 6 대 4의 지분을 분명히 행사할 수 있는 공동대표제여야 한다고 주장한 반면, 신민주연합당 측은 당의 효율적인 운영을 위해서는 상임대표가 필요하다고 주장하였다. 신민주연합당의 주류 측은 8월 14일 당내 정치발전연구회와 민주당이 야권 통합방안으로 제시한 공동대표제에 대하여 '법률상식에도

<hr>

야권통합이 필요하다(58.0%), 야권통합이 필요하지 않다(18.0%), 모르겠다(24.0%).
≪동아일보≫, 1990년 6월 3일자.

맞지 않는 발상'이라며 부정적인 견해를 피력하였다.

신민주연합당과 민주당 간의 통합논의가 지지부진하자 정계 일각에서는 야권 신당설이 나돌기 시작하였다. 주로 신민주연합당·민주당 양당 내의 일부 비주류인사들과 과거 양김(兩金) 세력으로부터 소외되었던 구 야당정치인들 사이에서는 양당의 통합이 실패할 경우 신당을 만들 수도 있다는 분위기를 조성하고 있었다. 신당추진세력은 민주당과 신민주연합당의 정치발전연구회를 주축으로 참신한 외부인사들을 영입하여 새 정당을 만들자는 소통합파와, 기성 정치권 이외의 인물들로 전혀 새로운 정당을 만들자는 대통합파로 나뉘어 있었다.[52]

김대중 총재는 8월 17일 오전 여의도 당사에서 기자회견을 갖고 민주당과의 야권통합방안으로 3개 안, 즉 단일성 집단지도체제, 순수집단지도체제, 상임공동대표제를 제시하고 민주당이 이 중 하나를 선택할 것을 촉구하였다. 그는 단일성 집단지도체제를 택하되, 다음 국회의원선거 때까지 총재와 대표최고위원과의 합의제로 운영하는 방안을 받아들일 용의가 있으며, 또 순수집단지도체제도 반대하지 않는다고 말하고, 상임공동대표가 당을 법적으로 대표하는 것이 보장된다면 그것도 긍정적으로 검토할 용의가 있다고 말하였다.

그러나 민주당 측은 김대중 총재의 제의에 대하여 "김 총재가 성의를 보인 것으로 생각할 수 없다."면서 부정적인 반응을 보였다. 김정길 의원은, 김대중 총재의 제안은 외견상 민주당의 공동대표제안을 수용하는 듯하면서도 실질적인 권한은 김 총재가 장악하겠다는 오해를 불러일으킬 소지가 크다고 말하였고, 노무현 의원은 공동대표제는 지난 1988년 통일민주당과 평화민주당의 통합협상 당시 바로 김대중 총재가 제안하였던 안이라면서 이것을 두고 어느 나라 정당에도 유례가 없는 안이라고 새삼 주장하는 것은 모순이라고 말하였다.

일주일 정도가 지난 8월 26일 신민주연합당의 정치발전연구회와 민주당 소속 의원 19명 전원이 국회에서 김대중 총재의 양보를 통한 야권통합을

---

52) 소통합에는 민주당의 박찬종, 김현규 부총재 등 비주류, 신민당의 조윤형 국회부의장 등 일부 정치발전연구회 인사, 이해찬, 이철용, 김길곤 의원 등 신민당탈당파, 이중재, 양순직 전 평화민주당 부총재 등이 동의하였고, 대통합에는 김옥선 전 신민당 의원을 주축으로 한 일부 구정치인들과 김동길 전 연세대교수 등이 동의하였던 것으로 알려졌다.

촉구하였다. 이들은 공동대표제 수용을 촉구하였으나 신민주연합당은 이를 즉각 거부하였기 때문에 양당 간의 통합협상이 순탄치는 않았다. 민주당 측에서 신민주연합당과의 통합을 위하여 내세운 조건 중에 가장 논란이 되었던 부분은 김대중 총재가 정치일선에서 물러나야 한다는 대목이다.[53] 평화민주당이 신민주연합당으로 당명을 변경하기 이전부터 제시되었던 이 조건은 김대중 총재와 신민주연합당으로서는 받아들이기 어려운 조건이었다.

2) 공동대표제 채택

김대중 신민주연합당 총재의 기자회견(1991. 08. 17.)으로 협상이 교착상태에 빠진 후, 사실상의 야권통합기류는 신민주연합당 정치발전연구회와 민주당의 소통합 쪽으로 진행되었다. 그러나 1991년 9월 4일 이기택 총재 초청형식의 모임이 정치발전연구회의 '내부사정'으로 불발로 끝나면서 정가에서는 소통합도, 대통합도 어려운 것으로 관측되었다.[54]

상황을 되돌린 것은 신당의 지도체제와 관련한 이른바 공동대표제(법적으로 김대중 총재 단독대표, 정치적으로 김대중·이기택 공동대표)라는 절충안이었다. 김대중 총재가 제안한 상임공동대표제와 민주당의 당론인 공동대표제라는 평행선은 상임공동대표제에서 상임을 삭제하되 순수공동대표제에는 없는 법적 단독등록을 보장한 새로운 안의 출현으로 극적인 접점을 찾게 되었다.[55]

공동대표제를 전제로 한 김대중 총재의 법적 대표성 인정이라는 절충안을 먼저 제의한 것은 민주당 이부영 부총재였는데 김대중 총재는 이부영 부총재를 직접 면담하고 그 절충안의 내용에 관하여 설명을 들었다. 양당

---

53) 민주당은 8월 하순 야권통합이 이루어지려면 평민당의 김대중 총재가 당 지도부에서 배제되어야 한다는 민주당안을 확정지었다.

54) 소통합이란 야권 전체의 통합을 이루는 대통합에 상대되는 개념으로서 야권 일부의 통합을 먼저 이룬 후 야권 전체의 통합으로 나아가겠다는 전제가 붙는 부분통합을 말한다.

55) 이 접점을 찾아낸 야권통합의 두 막후 인물은 이부영 민주당 부총재와 신민주연합당 한광옥 의원이었으며, 이번 야권통합 논의과정에서 통합창구 역을 맡았던 것은 신민주연합당의 한광옥 의원과 민주당의 김정길 원내총무였다. ≪시사저널≫(1991. 09. 19.). 9-10쪽.

총재는 9월 3일 밤 박계동 비서실장의 김대중 총재 방문, 4일 밤 한광옥 의원의 이기택 총재 방문 등으로 공감대를 형성하였다. 그러나 '야권통합 임박' 보도가 나오면서 한광옥 의원과 이부영 부총재의 막후교섭은 강한 반발에 직면하게 되었다. 막후 교섭과정에서 소외된 민주당 비주류가 9월 8일 시내 한일관에서 모임을 갖고 '3당 야합을 연상시키는 하는 밀실야합'이라고 반발하고 나섰기 때문이다. 이 자리에서 김광일 의원은 밀실야합에 반대하여 탄생한 민주당에서 야권통합을 밀실에서 몇몇 인사들이 담합하는 것은 도저히 납득할 수 없는 비민주적 행위라고 공격하였다.

이기택 민주당 총재가 그간의 협상과정에서 합의된 '김대중 총재 법적 총재안'을 수용함으로써 통합협상이 매듭지어졌으며 양측은 9월 9일 연쇄 접촉을 통하여 다음과 같은 합의사항을 발표하였다.

신민주연합당 · 민주당의 합당 합의사항

김대중 · 이기택 총재를 공동대표로 하되 선거관리위원회에는 연장자인 김대중 총재를 법적 대표로 등록한다. 합의체로 운영할 최고위원회는 5 대 5 같은 수로 구성한다. 조직강화특별위원회도 같은 수로 구성한다. ④ 조직비율은 현역의원을 포함하여 신민주연합당 6. 민주당 4의 비율로 한다.

3) 통합신당 민주당 창당선언

김대중 총재와 이기택 총재는 1991년 9월 10일 여의도 국회의원회관 대회의실에서 합동기자회견을 갖고 양당의 당 대 당 통합을 통하여 통합수권 야당인 민주당(가칭)을 창당한다고 선언하였다.

신민주연합당 · 민주당 합당선언(요지)

오늘 우리는 민주화와 개혁을 지향하는 시대적 소명과 국민의 여망에 따라 신민 · 민주 양당의 범민주 통합수권야당 결성을 선언한다. 국제적 정세변화와 국내사정의 급격한 흐름은 민주 · 민족적인 정당의 출현을 요구하고 있다.

우리 신민 · 민주 양당은 앞으로 있을 제14대 총선과 대통령선거에서 민주자유당의 재집권을 저지함으로써 기필코 민간민주정부로의 정권교체를 이뤄 낼 것이다.

이제 새롭게 창당하는(가칭) 민주당은 조국의 통일과 진정한 민주주의를 실현할 것이다.

망국적인 지역대결구도를 무너뜨리고 모든 국민의 지지를 받는 국민정당으로, 새로운 개혁

정치를 실현하는 건전야당으로 나아갈 것이다.

우리는 과격주의를 반대하며 언제나 정책과 대안을 가지고 활동하는 정책정당, 당내 민주주의를 실현하는 민주정당을 구현키 위해 최선의 노력을 기울일 것이다.

또한 금융실명제와 토지 공개념, 그리고 세제 개혁 등을 실현시켜 부의 소수집중을 저지하고 경제민주화를 반드시 이룩할 것이다.

그동안의 분열을 딛고 통합수권야당 결성에 합의한 우리는 상호존중의 정신에서 가능한 빠른 시간 내에 통합작업을 마무리할 것이다. 이와 함께 참신하고 양심적인 모든 인사 및 민주세력의 동참을 요망한다. 우리는 민주당의 새 깃발 아래 이 나라 정치를 소생시키기 위해 모든 노력을 기울일 것이며 거듭 모든 민주인사와 지식인, 전문인, 소외계층, 지역인이 다 함께 합심하여 민주발전의 대장정에 동참하기를 바란다.

이제 야권의 분열도 지역적인 차별도 없다. 오늘의 통합은 국민적 승리이며 아울러 국민의 뜨거운 격려와 성원을 기대한다.

통합선언에 앞서 신민주연합당의 김원기·한광옥·신기하 의원, 민주당의 이철 의원·김정길 의원·장기욱 전 의원 등 6인 실무대표는 통합신당의 당명, 지도체제, 중앙당의 당직 배분 등 기본적인 문제에 합의를 보았다.

신민주연합당·민주당 통합실무대표의 합의사항

① 통합당의 당명은 민주당으로 한다. ② 김대중과 이기택을 공동대표로 하고, 양자 간의 합의제로 당무를 처리하되 공동대표 중 연장자인 김대중이 당을 대표하여 중앙선거관리위원회에 등록한다. ③ 신당의 지도체제는 최고위원 10명의 집단지도체제로 하되 양당의 현 총재는 공동대표가 되며 양측 5명씩 동수로 구성한다. ④ 중앙당의 당직 배분은 신민 6, 민주 4의 비율로 하고 재야는 각기 지분 내에서 영입한다. ⑤ 양당 동수의 조직강화특별위원회를 구성하며, 조직책은 인물본위로 선정한다.

수임기구합동회의에서 선임된 통합신당의 지도부

공동대표최고위원 김대중 총재·이기택 총재

최고위원 이우정, 박영록, 박영숙, 허경만(이상 신민주연합당), 조순형, 김현규, 이부영, 목요상(이상 민주당)

사무총장 김원기, 원내총무 김정길, 정책위 의장 유준상, 대변인 노무현

김대중·이기택의 합당선언을 계기로 양당의 통합작업은 급속히 진행되어 양당은 9월 16일 오전 국회의원회관 대회의실에서 양당통합수임기구 합동회의를 열어 양당의 합당을 의결하였다. 이날 정당등록(중앙선거관리위원회)

및 교섭단체등록(국회)을 마쳤으며 당헌, 정강 및 기본정책을 확정하고 지도부 진용을 갖추었다.[56]

3. 합당 이후

1) 통합신당 내의 역학관계

신민주연합당과 민주당은 그들의 절박한 사정과 여론의 압력 등으로 인하여 야권통합에 임하였고 장기간 동안 우여곡절을 겪으면서 통합을 성취하였다. 재야세력의 야권통합 독려도 야권통합에 큰 몫을 하였는데 재야인사들은 때로는 격려로 때로는 협박성 권유로 야당지도부의 통합협상에 개입하여 왔다.

야권통합으로 인하여 김대중 총재는 취약 지역인 영남 지역에 지역기반을 넓히게 되었고 이기택 총재는 협상거래에서 실리를 얻어냈다. 이로써 통합신당 내에는 신민주연합당 주류, 정치발전연구회, 탈당파, 평화민주연구회, 신민주연합, 민주당 주류, 민주당 비주류, 민주연합 등 5-7개의 이질적인 정파가 공존하게 되었다.

통합민주당은 최고위원회 구성을 위하여 8명의 최고위원을 선출하였는데 지역당이라는 인식을 씻어 버리기 위하여 출신 지역을 고려하여 골고루 선출하는 배려를 하였다. 이번 통합방식은 2개 이상의 정당이 합의에 의하여 새로운 당명으로 합당하는 신설합당의 형식을 취하였다.[57] 이로써 1991년 9월 16일 현재 원내 의석분포는 민주자유당 214, 민주당 75, 무소속 9가 되었다.

---

56) 9월 11일 신민주연합당(67명)과 민주당(7명)이 합당하여 민주회라는 명칭의 교섭단체등록을 하였고, 민주회는 9월 16일 교섭단체명을 민주당으로 변경하였다.

57) 이 무렵 발표된 야권통합에 대한 설문조사 결과는 다음과 같다.
  설문) 신민주연합당, 민주당, 재야세력의 야권통합에 대하여 어떻게 생각하십니까?
  절대 찬성한다(22.7%), 찬성하는 편이다(44.6%), 반반이다(16.5%), 반대한다(10.7%), 절대 반대한다(2.7%), 관심 없다(2.9%). 사례 수 1,500, ≪시사저널≫(1991. 09. 19.), 10쪽. 신민주연합당 정치발전연구회 한국리서치 사회조사연구소 공동조사(조사 기간: 1991. 08. 15. − 08. 27.).

2) 통합반대세력의 이탈

한편 민주당의 박찬종·김광일 의원 및 영남 지역의 일부 원외 지구당 위원장들은 이번 통합이 민주당의 창당이념인 체질개선과 세대교체를 포기하고 김대중 총재의 1인 지배체제에 흡수되는 것이라고 비난하며 불참하였다. 비주류와 영남 지역 위원장들의 비난은 표면적으로는 막후에서 전개된 비민주적인 절차와 방식에 맞춰졌다. 그러나 반발하게 된 실제 이유는 '공동대표제'라는 지도체제의 모양새에 있었다. 반(反)김대중 정서가 강한 영남 지역 위원장들로서는 김대중 총재가 전권을 쥔 정당 소속으로는 출마할 수 없다는 것이 지배적인 분위기였다.

양당의 통합에 신민주연합당 측에서는 이탈자 없이 모두 동참하였으나 민주당 측에서는 박찬종·김광일 의원을 비롯한 30여 명의 지구당 위원장들이 통합신당에의 참여를 거부하였다.

3) 정치개혁 주창세력의 등장

신민주연합당과 민주당이 통합하여 새로운 민주당으로 발족하자 이에 참여를 거부하는 세력의 움직임이 나타나기 시작하였다. 가장 먼저 공식모임을 가진 것은 '정치개혁을 위한 국민모임'이었다. 여기에는 순전히 원외 지구당 위원장들만 모였는데 '3김 퇴진 국민운동본부'를 중심으로 약 100여 명이 모였다. 1991년 10월 15일 시내 종로의 한일관에 집결한 이들은 김동길, 박찬종, 김광일 세 사람을 초청하였으나 그중 박찬종 의원만이 참석하여 축사를 하였다. 이들은 결의를 통하여 위의 세 사람이 뭉쳐 신당을 결성해야 한다고 선언하고 이런 의사를 전달할 인사로 전대열, 김병환, 고경수, 구재춘을 선출하였다. 대표 4인은 박찬종, 김동길, 김광일의 순서로 면담하고 김동길 교수를 정점으로 하고 박찬종, 김광일 두 의원을 양 날개로 하는 신당을 결성하여 줄 것을 요청하였으며, 호의적인 답변을 얻어냈다.

그러나 이들의 결합이 쉽게 이루어질 기미를 보이지 않으면서 11월 19일 박찬종 의원이 주도하는 '정치개혁협의회'가 여의도 63빌딩에서 발족되었다. 정치개혁협의회는 12월 5일부터는 정치개혁을 위한 세미나 개최 등 활동무대를 넓히고 있었다.

한편 김동길 전 연세대학교 교수는 교단에서 물러난 후 정치에 입문, '태평양시대위원회'라고 하는 조직을 만들었다. 11월 20일 시내 삼성동 한국무역종합 전시관에서 그의 강연회가 개최되자 강연회장은 참석자들로 붐볐다. 당시 양순직과 김광일은 박찬종, 김동길, 유제연 등과 함께 정치적·도덕적 재무장을 표어로 내걸고 새로운 정치결사를 추진하던 중 박찬종과 김동길이 각각 '정치개혁협의회'와 '태평양시대위원회'라는 단체를 결성한 것이다.

제10절 민중당·한국노동당의 합당(민중당)

1. 합당 배경

민중당과 한국노동당은 제14대 국회의원선거(1992. 03. 24.)를 한 달여 앞둔 1992년 2월 7일 통합하였다. 양당의 통합은 민주화 열기 속에 이념정당, 노동자와 서민을 위한 정당이라는 기치를 높이 들고 성사되었으나 절대적인 당 조직의 부족, 열악한 재정, 당의 정책홍보 부족, 그리고 유권자들의 거부심리와 만연되어 있던 지역정서의 벽에 부딪쳐 의석 획득에 실패하게 된다.

이러한 결과는 다시 생각해 보면 양당의 합당 배경이기도 하다. 양당은 문제점이나 어려움을 인식하였기에 서로의 노선과 인적 구성이 다소 상이함에도 불구하고 통합에 임하게 된 것이다.

1990년대 들어 동유럽 사회주의권의 몰락으로 인한 재야 운동권의 침체, 보수안정심리로 인한 유권자의 정서 등으로 인하여 광역의회선거(1991. 06. 20.)에서 단 1석을 얻는 데 그친 민중당은 제14대 국회의원선거에서 중앙정치권에의 교두보를 마련하고자 하였다. 민중당은 진보정당의 색채를 견지하면서도 대안을 가진 정책정당으로서의 이미지 살리기를 시도하였으며 한국노동당(가칭)과의 통합협상이 국회의원선거 전에 실현된다면 진보정당의 활동공간과 지지기반을 넓히는 계기가 마련될 것이라고 보았다.

2. 합당 경과

1) '한국노동자정당 건설추진위원회'의 결성과 민중당과의 통합협상

제14대 국회의원선거를 앞두고 진보진영은 크게 '민주대연합론'과 '독자후보론'으로 나뉘고 있었다. 민주대연합론은 민주정부 수립을 목표로 통합야당 민주당과의 연합을 강조하는 이들의 입장이고, 독자후보론은 민중의 권력을 세우기 위하여 민중의 독자적인 정치세력화를 강조하는 입장에 있는 이들의 논리이다. 재야 운동권에서는 운동세력의 독자적인 창당을 둘러싸고 다른 시각이 존재하고 있었는데 민주주의민족통일전국연합 등 재야운동권의 다수는 기존 야당과 연대하여 후보를 단일화하자는 '민주대연합'의 입장을 취하고 있다.

그동안 지하에서 활동하던 주대환 등 노동운동가들은 1991년 7월 비합법 조직이었던 인천지역 민주노동자연합(민노련)과 민주주의민족통일노동자연맹(삼민), 노동계급 등 3개 정파를 통합하여 한국사회주의노동당(가칭) 창당준비위원회를 결성하고자 하였으나 무산된 바 있다. 한국사회주의노동당(가칭) 내부의 당의 건설경로와 관련한 논의과정에서 비합법 전위정당형태의 사회주의노동당 건설이 비판적으로 검토되고 그 대신 합법적 노동자정당건설이라는 새로운 과제가 제기된 것이다.

이에 따라 민중당과 한국노동자정당건설추진위원회(한국노동당)의 통합이 시도되었다. 한국노동자정당건설추진위원회(한국노동당)는 진보적 대중정당을 표방하고 일찌감치 출범한 민중당과는 재야 혁신진영의 세력화라는 점에서는 인식이 일치하고 있었으나, 민중당이 '민중주체'의 원칙을 지키지 못한 것에 대하여 비판적 입장을 취하며 노동자가 중심이 되는 보다 본격적인 진보정당을 표방하였다. 참여세력은 재야 명망가와 지식인 출신이 비교적 많은 민중당과는 달리 전국 각 지역 노동조합 간부, 노동운동단체 실무자 등 재야운동권 출신이 대부분이었으며 제14대 국회의원선거에서 노동자후보의 당선을 모색함은 물론 정치권 내 진입이라고 하는 목표를 이루기 위하여 결성되었다.

그 결과 1991년 12월 15일 경기·인천 지역에서 활동해 온 노동운동가 주대환, 유민용 서울노동단체연합의장 등 노동운동가들은 전국 20여 개 지역 노동자 대표 241명과 함께 한국노동자정당건설추진위원회 결성대회를 개최하였다. 이날 위원장으로 선출된 주대환 위원장은 다음 날인 16일 오전 서대문구 충정로 기독교장로회 선교교육원에서 기자회견을 갖고 1992년 2월경 한국노동당(가칭)을 창당하겠다고 밝혔다.[58]

1992년 1월 들어 민중당과 한국노동자정당건설추진위원회가 통합을 위한 협상을 본격 추진하였다. 양측의 '3인 통합실무협상 대표'들은 1월 5일과 6일 잇따라 접촉을 갖고 1월 중에 당 대 당 통합을 한다는 데 원칙적으로 합의하였다. 그러나 통합신당의 당명에 관해서는 민중당 측이 제14대 국회의원선거(1992. 03. 24.)까지는 '민중당' 당명을 사용할 것을 주장한 반면 한국노동자정당건설추진위원회 측은 '한국노동당'으로 할 것을 주장하였다. 양측은 두 차례 접촉에서 통합 후 3개월 이내에 전당대회를 개최, 완전 경선으로 새 지도부를 구성하되 그 이전까지는 공동대표제로 임시지도부를 구성한다는 데에 의견접근을 보았다.

'일하는 사람의 희망, 노동자 서민의 정당'의 구호를 내건 한국노동당(가칭)은 보수 양당구도를 타파하는 노동자중심의 진보정당을 표방, 당의 정강·정책으로 '일정 규모 이상 토지의 국유화, 노동3권 완전보장' 등을 내걸었다. 한국노동당(가칭)의 정강·정책은 민중당의 그것과 별 차이가 없으나 인적 구성 면에서는 강한 사회주의적 색채가 남아 있으며 또 전노협 등 노조세력들을 확실한 지지기반으로 삼을 수도 있다는 점에서 민중당과는 구별되었다. 이 당을 구성하고 있는 것은 재야 노동운동가와 전직·현직 노조간부들이며 당을 주도하는 것 역시 인텔리 출신 노동운동가들이다.

---

58) ≪한겨레신문≫, 1991년 12월 17일자.

2) 민중당과 한국노동당(가칭)의 합당선언

민중당은 1992년 1월 6일, 1월 중으로 한국노동자정당건설추진위원회와의 통합을 추진하기로 하였다.[59] 그런데 경찰청 보안국은 한국노동당(가칭)의 창당발기인대회 전날인 1월 18일 전(前) 한국사회주의노동당 창당준비위원회 중앙집행위원장 주대환, 조직부장 전성, 프랙션부장 이용성 등 핵심간부 3명에 대하여 국가보안법 위반(반국가단체 구성) 혐의로 구속영장을 신청하고 윤영상 등 다른 간부 8명을 같은 혐의로 수배하였다. 경찰은 이들이 인민노련, 삼민동맹, 안산노련 등 비합법 지하조직의 핵심인물로서 경찰과 국가안전기획부의 수사로 조직이 흐트러지자 1991년 7월 3개 단체를 합쳐 한국사회주의노동당 창당준비위원회를 결성하였다고 밝혔다. 경찰은 또 이들이 서울, 부산, 대구, 광주 등 전국 11개 지역에 지역위원회를 두고 조직원이 300명이 넘는 전국 규모의 조직을 갖추고 합법을 표방한 정당인 '한국노동당' 결성을 추진하여 왔다고 밝혔다.

이에 대하여 한국노동자정당건설추진위원회 측은, "이미 1991년 10월 노동자 정당 결성을 결의하면서 해체한 한국사회주의노동당 창당준비위원회를 반국가 단체로 규정하여 한국노동당의 창당발기인대회를 하루 앞두고 추진위원회 위원장 등을 구속한 것은 노동자정당의 건설을 막으려는 탄압행위"라고 주장하였다.

경찰관계자는 구속된 주대환 등의 혐의는 과거 비밀조직인 한국사회주의노동당 창당준비위원회를 결성한 데에 한정된 것이라며 합법정당인 한국노동당 창당에 대한 탄압이라는 주장을 강력히 부인하였다. 그러나 한국노동자정당건설추진위원회 측은 경찰이 오래전부터 한국사회주의노동당 창당준비위원회 관련부분에 대하여 내사를 벌여 오다가 창당발기인대회 직전에 핵심 간부들을 전격 구속하였다는 점에서 합법적인 진보정당에 대한 계산된 탄압이라고 주장하였다.

---

59) 한국노동자정당건설추진위원회 측은 1월 6일의 접촉에서 1991년 말 민중당을 탈당한 민중회의집단도 통합신당에 참여시킬 것을 제안하였다.

도부 구성문제였다. 협상결과 당의 명칭은 민중당으로 하고 국회의원선거 후에 임시전당대회를 열어 한국노동당으로 당명을 개칭한다는 것과, 공동대표에 한국노동당대표의 추대를 유보하고 상임집행위원회에 한국노동당 창당준비위원회 인사를 부분적으로 수용한다는 데 합의하였다. 형식적으로는 당 대 당 통합방식이었으나 실제로는 한국노동당(가칭)이 민중당에 흡수된 것이다. 앞에서도 언급하였지만 제14대 국회의원선거에 대한 준비를 하고 있던 민중당과 한국노동당은 양 세력의 통합이 진보세력 확장의 계기가 될 것으로 보았기 때문에 다소 노선의 차이가 있기는 하였어도 서로의 필요에 의하여 민중당으로 합당하게 되었다.

3. 합당 이후

1) 민중당의 분열

통합신당 민중당은 구 민중당의 지도체제를 유지하였으며 제14대 국회의원선거가 끝날 때까지 노선문제를 본격적으로는 거론하지 않았다. 선거 결과 민중당은 단 한 사람의 후보도 당선시키지 못하였고 정당법상 정당존속에 필요한 최소한의 득표율인 2%도 얻지 못함으로써 정당법에 따라 정당등록이 취소되었다. 이렇게 되자 민중당은 국회의원선거 후 재창당을 주장하는 한국노동당계열과, 재야와의 새로운 제휴를 모색하려는 민중당계열의 의견대립으로 합당 2개월 만에 분열상태에 빠졌다.

양당의 통합은 장기적인 전망에 의한 것이 아니라 단기적인 전망 특히 국회의원선거에서의 의석 획득에 있었던 것으로 보이기 때문에 선거 결과에 따라서는 합당 후 당의 분열가능성이 컸다고 할 수 있다.

2) 혁신정당의 결속시도 및 지지획득 실패 요인

해방 이후부터 정부 수립 시기를 전후하여 이념성향을 가진 정당들이 설

립되고 활동하였지만 견고한 통합체를 결성하지 못한 채 이합집산을 거듭
하였기 때문에 이념이나 정책의 홍보는 부진하였고 당세 확장은 미미하였
다. 해방 직후에는 좌·우익의 양 진영이 있어 사상적 논쟁을 벌이는 한편
국민에 대해서 이념적으로 호소하기도 하였으나 남북한의 체제가 정립되고
부터는 동서냉전이라고 하는 세계적 조류에 휩싸여 남한에서는 자유민주주
의가 정착되었고 장기간 반공이 국시(國是)로 되어 왔다.

　반공이 국시로 된 상황에서 이념정당이 출현하기란 쉽지 않은 일이다. 동
서냉전이 걷히고 국내에서 민주화가 크게 진전된 1990년대 들어서 민중당
과 같은 이념정당을 표방하는 정당이 등장하였으나 지역주의 정서와 이념
정당에 대한 거부감 등 현실적 요인들에 의하여 혁신정당들은 그늘에 가려
지곤 하였다. 앞에서도 언급하였듯이 이들 요인과 더불어 이념정당들의 시
민에 대한 홍보가 부족하였고, 인적·물적 자원이 결핍하였으며, 현실적인
정책프로그램의 개발이 미진한 이유도 있어 유권자의 지지획득과 세력 확
장에 실패한 것으로 보인다.

제11절　통일국민당·신신민당·새한당의 합당(통일국민당)

1. 합당 배경

　정주영 현대그룹명예회장은 1991년 말부터 평화민주당 부총재를 지낸 양
순직과, 민주당에서 탈당하여 무소속으로 있던 김광일 의원 등과 접촉하고
있었다. 정주영은 이들을 몇 차례 만나 구국의 일념으로 정계에 입문하게
되었으니 도와 달라고 설득, 영입에 성공하였다. 그는 이 무렵 '태평양시대
준비위원회'를 이끄는 김동길 전 연세대학교 교수와도 접촉하고 있었다.

　정주영은 1992년 1월 3일 명예회장직을 사퇴하고 다음 날인 4일 신당창
당을 선언하였다.[62] 신당 통일국민당(가칭) 창당 작업에는 현대그룹관계자

와 양순직, 박한상 등 기존 정당에서 이탈한 인사들이 주로 참여하였으며, 조직책 신청자 중에는 기존 정당에서는 공천이 어려울 것으로 보였던 인사들이 다수 포함되어 있었다. 통일국민당이 갖는 이러한 한계와 김동길 새한당 창당준비위원장의 입장이 맞아떨어져 양측 간에 합당협상이 시작되었다.

정주영 명예회장은 1월 8일 오후 시내 청운동 집에서 기자회견을 갖고 자신이 그동안 300억 원을 정치자금으로 헌납하였다고 밝힘과 동시에 신당을 창당하여 정계에 진출하겠다고 선언하였다.[63] 이틀 후인 1월 10일 그는 시내 종로구 평동 서진빌딩에서 발기인 152명이 참석한 가운데 통일국민당(가칭) 창당발기인대회를 개최하였다. 창당발기문에서는 "한국사회가 총체적 위기에 직면하여 있으며, 현 정치인들은 국정과 민생문제는 뒷전에 두고 당리당략과 대권다툼에 여념이 없고, 정의사회 구현이 어려운 상태에 있으며 경제전망도 어둡기 때문에 창당하게 되었다."고 창당동기를 밝혔다.

창당과정에서 통일국민당이 다른 군소정당들과 합당하게 된 배경은 바로 통일국민당의 창당동기에서 찾아볼 수 있다. 즉 정치인들은 당리당략에 여념이 없고, 경제전망은 어둡기 때문에 제대로 된 정치를 하기 위하여 당을 창당하게 되었으며, 창당목적을 달성하기 위하여 한편에서 다른 정당과의 합당에 나서게 되었다는 것이다. 매년 거액의 정치헌금을 내야 했던 기업인의 한 사람으로서, 정주영 명예회장은 정치권과 정치풍토에 불만을 가지고 있었을 것이다. 물론 그의 정계진출은 실물경제부문에서 지도적 위치를 점하고 있던 재벌총수로서의 정치적 야망이 크게 작용하였음은 굳이 부인할 필요가 없을 것이다.

---

62) 신당창당준비위원회는 위원장 정주영, 사무총장 이용준 전 노동부차관, 기획위원장 윤하정 전 외무부차관, 정책위원장 정몽준 의원, 조직위원장 김광일 의원, 선전홍보위원장 박노경 전 경향신문 논설위원, 대변인 이인원 전 한국방송공사(KBS) 간부 등으로 구성되었다.

63) 정주영 회장은 이에 앞선 1991년 11월 18일 세금납부거부 기자회견을 하였고, 정부는 현대그룹의 세금추징결정 불복에 대하여 강제 징수, 엄격한 여신관리 등 조치를 취하겠다고 발표, 정치권과 기업의 관계가 결코 쉽지 않은 관계임을 보여 주었다.

2. 합당 경과

1) 태평양시대준비위원회와 정치개혁협의회의 통합 시도

김동길은 '깃발론'을 내걸고 태평양시대준비위원회를 결성한 뒤 이를 발전시켜 정치개혁협의회를 결성한 박찬종과 더불어 새한당 창당준비위원회를 출범시키고 있었다.

1992년 1월 15일 여의도 63빌딩에서는 '태평양시대준비위원회' 김동길 위원장과 정치개혁협의회 박찬종 대표의 합동기자회견이 열릴 예정이었다. 통합신당 창당대회선언 행사였다. 그런데 행사를 시작하기도 전에 이날 회견의 명칭을 둘러싸고 양측 간의 몸싸움으로 회견장은 난장판이 되었다. 김동길 대표 측이 회견장 정면에 '김동길 박사 새한당 창당선언 기자회견'이라는 현수막을 걸려고 하자 박찬종 대표 측이 "왜 김동길 박사의 기자회견이냐"며 현수막을 떼어 냈는데 김동길 대표 측의 인사들이 현수막을 다시 붙이는 과정에서 욕설이 오가고 서로 단상을 점거하려는 소동이 일어났다. 양측이 옥신각신하다가 각기 퇴장하였다. 새한당의 창당과정에서 김동길을 당의 얼굴로 내세운다는 데에는 양측이 이미 합의한 바 있었으나 현수막 문구의 내용을 가지고 다툼을 벌인 것이다.

2) 새한당(가칭) 발기인대회

정주영 창당준비위원장은 1992년 1월 21일 "통일국민당이나 김동길 교수가 준비 중인 새한당 모두 정치개혁이라는 한 길을 가고 있으므로 통합을 낙관한다."고 말하였다. 한편 통일국민당의 양순직 창당준비위원회 부위원장과 새한당 측의 양준용 태평양시대위원회 기획실장은 이보다 앞선 1월 19일 오후 접촉을 갖고 통합문제 등에 관하여 의견을 교환하였다.

김동길이 주도하는 태평양시대위원회는 1월 24일 오전 9시 30분 여의도 63빌딩 국제회의장에서 197명의 발기인을 비롯한 250여 명의 각계 인사가 참석한 가운데 새한당 창당발기인대회를 개최하고 김동길 창당준비위원장을 위원장으로 선출하였다.

3) 정치개혁협의회 창당준비위원회 결성대회

새한당(가칭)과 통일국민당(가칭)과의 통합설이 나돌자 박찬종 의원은 이에 대한 해명을 요구하기 위하여 1992년 1월 22일 오전 9시 여의도 63빌딩에서 김동길 위원장과 만났으나 대화 도중 김동길 위원장이 자리를 박차고 일어나 밖으로 나갔고 이날 오후 박찬종 의원은 김동길 위원장에 대한 공개서한을 공표하였다.

정치개혁협의회(가칭)의 박찬종 의원은 다음 날인 23일 태평양시대위원회의 김동길 교수 측과 사실상 결별을 선언하고 독자적으로 신당 결성을 추진한다고 발표하였다. 박찬종 의원은 이날 가진 기자회견에서 김동길 교수가 1월 25일까지 통일국민당(가칭)과의 통합을 하지 않겠다는 분명한 의사표시를 하지 않을 경우 1월 27일경 중앙선거관리위원회에 신당창당준비위원회를 등록하여 독자적인 신당창당을 추진하겠다고 말하였다.

김동길 측의 반응이 없는 가운데 박찬종 의원이 주도하는 정치개혁협의회(가칭)는 1월 27일 여의도 63빌딩 국제회의장에서 창당준비위원회 결성대회를 개최하였다. 박찬종 의원은 새한당이 통일국민당과 통합하려는 움직임을 비판하고 새한당(가칭)을 나와 독자적으로 창당을 선언한 것이다.

4) 새한당과 신신민당의 합당 – 새한당

김동길 교수는 1991년 대학 강단을 떠나 태평양시대준비위원회를 결성하고 이어 1992년 1월 박찬종 의원(당시 무소속)과 함께 새한당 창당을 선언하였다. 그들은 양김 구도의 청산, 인물중심의 정당 탈피, 그리고 계파 간의 지분이 없는 정당을 강조하였다.

그러나 두 사람의 관계가 소원해진 후 김동길은 혼자 새한당을 이끌다가 한 달도 안 되어 전격적으로 정주영의 통일국민당에 합류하였다. 이 과정에서 그는 통일국민당과의 합당을 하루 앞둔 2월 6일 새한당 지구당조직책

59명을 제1차로 확정 발표하였고, 민주한국당계열 인사들이 중심이 되어 결성한 신신민당과의 합당도 선언하였다. 이것은 다른 정당과의 합당에 앞서 가능한 한 많은 지분을 얻어내기 위한 몸집 불리기 시도라고 볼 수 있다.

이보다 앞서 민주한국당 출신 의원들이 중심이 된 신신민당(가칭)은 1992년 1월 29일 오전 서울관광호텔에서 창당발기인대회를 열고 창당준비위원장에 이태구 전 민주한국당 부총재, 부위원장에 임종기 전 민주한국당 원내총무를 선출하였다. 신신민당은 발기인 취지문을 통하여 정통야당의 복원을 선언하고 제14대 국회의원선거 전에 통일국민당(가칭), 새한당(가칭), 정치개혁협의회 등 3개 정파와의 통합 추진을 공식 제기하고 범야통합추진위원회를 구성하겠다고 밝혔다. 이날 대회에는 이태구, 임종기 외에 전직 의원인 유갑종, 서종렬, 김문석, 양재권, 신병렬 등 발기인 33명이 참석하였다.

이처럼 뒤늦게 창당대열에 뛰어든 신신민당은 애초부터 통일국민당, 새한당, 정치개혁협의회 등과의 통합을 기치로 내걸어 '창당'보다는 세를 모아 다른 신당에 합류하는 쪽에 주력, 먼저 2월 6일 오후 시내 여의도 관광호텔에서 새한당과의 통합을 선언하였다. 양당은 당 명칭을 새한당으로 하였으며 새한당은 그 후 통일국민당(가칭)과의 합당교섭에 나섰다.

5) 신정치개혁당

새한당 창당을 선언하였던 김동길과 박찬종 사이에 통일국민당과의 통합 문제에 대하여 의견 차이가 발생하자 박찬종은 여기에서 이탈, 신정치개혁당을 창당하였으며 새한당의 김동길은 신신민당과 통합하였다.

정치개혁협의회(창당준비위원장 박찬종)는 새한당과 신신민당의 통합 다음 날인 1992년 2월 7일 54명의 지구당조직책 명단을 제1차로 발표하는 한편 당명을 신정치개혁당(약칭 신정당)으로 변경하였다.

박찬종 의원은 '무공해 민생정치'를 주장하며 2월 25일 오후 여의도 63빌딩 국제회의장에서 신정치개혁당 중앙당 창당대회를 개최하였다. 대회에서는 박찬종 창당준비위원장을 대표최고위원으로 선출하고 최고위원에는 이날 민주당을 탈당하고 입당한 김봉욱·김득수 의원과 정용택 전 한양대 교수, 김기한 변호사 등 4명을 선임하였다.

6) 통일국민당과 새한당의 합당

통일국민당(가칭)의 정주영 창당준비위원장과 새한당(가칭)의 김동길 창당준비위원장이 1992년 2월 6일 저녁 회동하여 그동안 쟁점이 되어 온 통합형식 문제 등을 논의한 결과 새한당이 조건 없이 통일국민당과의 통합을 선언하고 개별적으로 입당하기로 결론을 내렸다. 다음 날인 2월 7일 오후 두 사람은 시내 종로구 평동에 있는 통일국민당 중앙당 당사에서 공동기자회견을 갖고 양당의 통합을 선언하였다.[64] 통합절차는 새한당 인사들이 개별적으로 통일국민당에 입당하는 흡수통합방식을 택하고, 당명은 통일국민당 당명을 그대로 사용하기로 하였다. 김동길 위원장이 발표한 선언의 내용은 다음과 같다.

합당에 즈음하여

① 새한당 창당준비위원회 상임위원회로부터 통일국민당과의 합당에 관한 일체의 권한을 위임받은 창당준비위원장 김동길은 국민의 여망에 따라 통일국민당과 새한당의 합당을 엄숙히 선언합니다. ② 새롭게 출범하는 당의 명칭은 창당수속, 절차의 번거로움을 피하기 위해 통일국민당으로 할 것을 제의합니다. ③ 합당에 따르는 지엽적인 문제는 정주영 위원장과 본인 사이에서 합의, 처리키로 합니다. ④ 오로지 나라를 구하려는 애국충정으로 창당작업에 전심, 전력해 온 새한당의 동지들은 계보와 지분을 논하지 않을 것이며, 창당준비위원장 김동길은 평당원으로 당과 국민에게 봉사하기를 희망합니다.

1992년 2월 7인 새한당 창당준비위원장 김동길

새한당(가칭) 창당을 추진하던 단계에서 당 내부의 결속과 조직이 다져지기도 전에 김동길 위원장이 '국민의 여망'에 따라 통일국민당과의 합당에 응한 것은 석연치 않으나 향후 진로와 관련하여 모종의 언질을 받았을 가능성이 높다. 이는 위의 선언에서 당 대 당 합당임을 밝혔지만 자신은 평당원으로서 백의종군하겠다는 의사를 밝힌 것에서 추론하여 볼 수 있다. 이

---

64) 두 사람은 합당 전날 의형제의 인연을 맺었고 서로 형과 아우가 되기를 약속하는 각서를 주고받았다. 허영섭, 『정주영 무릎꿇다』(서울: 아침, 1993), 86쪽.

선언문에서는 통합신당의 지도체제, 당 운영, 지구당 배분 등의 문제를 지엽적인 문제로 간주한 것이 특징적이다.

당시 사회적으로 지명도가 높은 김동길을 영입한 통일국민당(가칭)은 2월 8일 시내 삼성동 한국종합전시장에서 창당대회를 개최함으로써 극적인 통합효과를 연출할 수 있었다. 이날 대회에서 정주영은 대표최고위원으로, 김광일 의원과 김동길 전 위원장은 최고위원으로 지명되었다. 전당대회 의장에는 봉두완 전 의원, 고문에는 양순직·박한상 두 사람이 추대되었다. 당의 강령으로는 자유민주주의, 민족통일, 세계평화에의 기여, 경제정의 실현과 복지사회 구현을 내걸었다.

통일국민당 창당선언문

우리는 오늘 국가의 총체적 위기를 극복하기 위하여 민족적 역량을 집결하는 선봉이 되고자 이 한자리에 모여 통일국민당의 창당을 선언한다.

오늘의 세계는 21세기의 문턱에서 역사적 전환기에 처해 있다. 동서 간에 드리워 있던 장벽의 철거와 냉전의 종식은 전 인류적, 전 민족적 유대의 새로운 가능성을 보여 주고 있다. 인권옹호와 동시에 사회복지를 중시하는 자유민주주의의 새로운 시대가 열리고 있다. 우리 통일국민당은 이와 같은 역사적 진운을 진취적으로 수용하면서 국민의 주인이 되고 국민의 뜻을 받드는 열린 정치를 추구하여 나갈 것을 다짐한다.

우리는 기득권 정지를 불신하며 파탄을 향해 줄달음치는 국민경제의 위기와 국민 도의의 실종을 심각히 우려한다. 작금의 총체적 위기에 즈음해서 가장 절실한 문제는 난국수습을 위한 창의력과 결연한 의지가 기성 정치권에 없다는 사실이다.

우리는 권위주의적 통치방식을 일소하며 동시에 정당의 사당화, 지역당화를 배제하면서 구국의 사명감으로 '깨끗한 정치', '정직한 정치'를 실천하기 위하여 통일국민당을 창당한다.

우리는 국민의 폭넓은 지지를 바탕으로 책임정치의 기틀을 다지고 경제를 회생시키며 사회복지의 증진과 경제정의를 실현할 것이다. 우리는 7천만 민족의 재결합과 남북경제교류의 활성화를 통해 한민족 경제생활권을 형성한다.

우리 당은 경제발전의 당이며 도의중시의 당이고 구국의 대장정에서 서민층과 중간계층을 대변하는 중도개혁의 국민정당이다. 나아가서 우리 시대의 지상과제인 '민족적 대가정'의 재결합을 위한 통일의 당이다.

미래는 오늘의 능동적 관리능력에 의하여 결정된다. 우리 당은 국민의 지지와 소명에 따라 책임정치의 주체가 되어 국정의 민주적, 합리적 운영을 전개할 것이다. 우리 통일국민당은 출범의 오늘부터 부단한 자기 성찰로 일로매진할 것을 만천하에 선언한다.

1992년 2월 8일 통일국민당 창당대회 전국대의원 일동

이 사례는 명목상으로는 당 대 당 통합이었으나 실제로는 새한당 인사들

의 개별적인 통일국민당 입당이었으며 의사합당으로 유형을 분류할 수 있다. 통일국민당 내부에서 새한당과의 통합을 위한 공식기구의 설치나 당내 합당 관련 공식논의가 없었기 때문이고 무엇보다도 양당이 모두 아직 정당 등록이 안 된 상태에 있었기 때문이다.

3. 합당 이후

새한당의 김동길 위원장이 통일국민당에의 합류를 선언한 직후 새한당 측은 긴급대책회의를 열고 이 통합선언이 그의 개인 자격으로 행한 것이기 때문에 무효라고 선언하였다.

통일국민당은 모양이야 어떻든 여러 갈래로 추진되던 야권 신당을 일부분 흡수, 정리하여 세력을 확장하고자 했고 동시에 재벌당의 이미지를 희석함은 물론 서민층과 여성표 흡수를 겨냥하였다. 정주영 통일국민당대표와 김동길 최고위원은 1992년 2월 10일 오후 여야 대표들을 창당인사차 예방하였다. 여의도 민주자유당사로 김영삼 대표를 예방하였으며 이어 국회로 김대중·이기택 민주당 공동대표를 예방하는 것으로 본격적인 활동을 시작하였다.

제12절 제14대 국회의원선거(1992. 03. 24.)

1. 선거 전의 상황

1) 국회의원선거법 개정

국회의원선거법이 1991년 12월 31일 개정되었다. 돈 들지 않는 깨끗한 선거풍토 조성을 위한 이번 법 개정에서는 선거사범의 형량 상향조정, 기부행위의 제한 규정의 강화, 유급선거운동원제도의 폐지 등 현행 제도상의 미비점들을 개선, 보완하고자 하였다. 주요 개정 내용은 ① 의원 정수를 현행의 지역구 및 전국구 의원 정수를 합한 299인으로 정수화함으로써 전국구 의원 정수를 지역구 의원 정수의 증감에 비례하지 않도록 한다. ② 기탁금의 국고귀속사유를 후보자의 득표수가 종전에는 당해 선거구의 유효투표 총수의 3분의 1을 유효투표 총수로 나눈 수의 2분의 1을 초과하지 못한 때로 완화한다. ③ 한국방송공사(KBS)는 선거관리위원회가 통보한 내용에 따라 후보자의 경력방송을 할 수 있도록 한다. ④ 정당연설회를 1회 할 수 있도록 한다. ⑤ 기부행위제한규정을 완화한다. ⑥ 종전에는 제1당이 지역구 의석의 과반수를 차지하지 못한 경우에는 전국구 의석의 2분의 1을 제1당에 우선 배분하던 것을, 전국구의 비례대표제 제고를 위하여 지역구 의석 비율에 따라 단순 분배하도록 한다. 지역구에서 5석 미만을 차지한 정당에 대해서도 당해 정당의 득표수가 유효투표 총수의 100분의 3 이상인 때에는 1석의 전국구 의석을 우선 배분하도록 하여 소수당의 국회진출 기회를 보장한다. ⑦ 선거사범의 공소시효를 종전에는 선거일 후 3월(범인 도피 시에는 1년)로 하던 것을 선거일 후 1년(범인 도피 시 3년)으로 연장한다. ⑧ 선거사범에 대한 판결의 선고는 제1심에서는 공소가 제기된 날로부터 6월 이내에, 제2심 및 제3심에서는 전심 판결의 선고가 있는 날로부터 각각 3월 이내에 하도록 한다.

한편 이보다 앞선 1989년 3월 25일 개정된 정당법은 ① 법정 지구당 수, 지구당 분산, 지구당 법정 당원 수의 요건을 구비하지 못하게 된 때, ② 국회의원총선거에서 의석을 얻지 못하고 유효투표 총수의 2% 이상을 득표하지 못한 때 정당등록이 취소된다고 규정하였다.

2) 민주자유당의 내분

제14대 국회의원선거를 3 - 4개월 앞둔 시점에서 여당 민주자유당 내에서는 통일민주당 계열과 신민주공화당 계열 인사들이 민주정의당 계열에 대하여 1990년 2월의 3당 합당 당시의 지분비율에 따라 공천권을 나눠야 한다고 주장하는 등 계파 간 갈등이 노정되고 있었다.

2. 선거 결과

제14대 국회의원선거는 1992년 3월 24일 실시되었다. 선거 결과 민주자유당은 <표 8-3>에서 보는 것처럼 총 299의석 중 149석(지역구 116석, 전국구 33석)을 차지하였으나 과반수 의석 획득에는 미치지 못하였고,[65] 제13대 국회의원선거(1988. 04. 26.) 때 이들 3당이 획득한 219석(민주정의당 125석, 통일민주당 59석, 신민주공화당 35석)보다 70석이나 적었다. 이러한 결과에서 제13대 국회의원선거에서 통일민주당과 신민주공화당을 지지하였던 유권자들의 상당수는 이번에는 통합신당인 민주자유당에 투표하기보다는 기권하거나 다른 정당 혹은 무소속 후보를 지지한 것을 알 수 있다. 3당(민주정의당, 통일민주당, 신민주공화당)의 통합신당인 민주자유당이 다수 유권자들의 지지를 흡수하는 데 성공적이지 못하였음을 보여 주고 있다.

신민주연합당과 민주당의 통합신당인 민주당은 지역구 78석, 전국구 22석을 얻어 제13대 국회 때의 78석보다 19석이 증가한 97석을 차지하였고, 통일국민당은 지역구 24석, 전국구 7석 등 31석, 신정치개혁당은 1석, 무소속은 21석을 차지하였다.

〈표 8-3〉 제14대 국회의원선거 결과

구분	의원 정수	정당별 의석수				
		민주자유당	민주당	통일국민당	신정치개혁당	무소속
지역구	237	116	75	24	1	21
전국구	62	33	22	7	–	–
합계	299	149	97	31	1	21

출처: 중앙선거관리위원회, 『제14대 국회의원선거총람』(1992), 112쪽.

---

65) 민주자유당 소속 당선자 149명의 계파별 현황에 관해서는 ≪한국일보≫, 1992년 3월 26일자 참조.

민주당은 제1야당의 자리를 지켰으나 강원, 경북, 경남 지역에서 단 1석도 획득하지 못함으로써 지역적 한계를 벗어나지 못하여 영남 지역에 교두보를 확보하고자 한 당초의 합당의도를 충족시키지 못한 결과가 되었다.

선거 후 약 4개월이 지난 7월 20일에 실시된 서울 노원구 선거구에 대한 대법원의 재검표 결과 민주자유당의 김용채 후보가 당선 무효 처리되고 민주당의 임채정 후보가 당선자로 확정되어 정당별 의석수가 변경되었다.

3. 선거의 특징

① 선거를 앞두고 민주자유당과 민주당 등 통합신당들이 출현하였다. ② 통합신당 출현 이후 현대그룹의 조직과 자금력을 배경으로 민주자유당과 민주당의 틈새를 노린 통일국민당이 창당되어 선거에 참여, 31석을 획득한 것이 이번 선거의 두드러진 특징 중의 하나이다. ③ 3당(민주정의당, 통일민주당, 신민주공화당)이 통합한 여당 민주자유당은 과반수 의석 150석에서 1석 모자라는 149석을 획득, 3당 통합의 기대효과를 거두지 못하였고, 선거 결과 만으로는 여소야대의 국회를 맞게 되었다. ④ 투표율은 역대 국회의원선거사상 가장 낮은 71.9%를 기록하였다. ⑤ 낮은 투표율이 여당에 유리하다는 일반론이 뒤집히고 여당에 대한 지지도가 낮았다. 또한 도저촌고현상(都低村高現象)이 나타났다.[66] ⑥ 선거결과를 보면 정국판도가 1990년 2월의 3당 통합 이전인 제13대 국회 초기의 여소야대 정국으로 되돌아간 상황이 되었다. ⑦ 민주자유당은 영남 지역에서 제1야당인 민주당은 호남 지역에서 압도함으로써 이른바 지역정서(지역감정)의 골이 더욱 깊어진 선거였다.

---

66) 도저촌고 현상이란 도시 지역 유권자들의 투표율은 낮고 시골 지역 유권자들의 투표율은 높은 투표현상을 말한다.

4. 선거 이후

1) 민주자유당의 야당 및 무소속 당선자 영입

선거 직후부터 민주자유당은 무소속과 야당 소속 당선자 영입에 나서 일단 과반수 의석을 확보하였으며, 한편에서 지방자치단체장 선거 연기조치를 취하자 이 과정에서 야당의 심한 반발을 사게 되었다.

제14대 국회의 경우 의원 임기개시일은 1992년 5월 30일이었으나 지방자치 단체장선거 연기문제, 여당에 의한 야당 의원 영입문제 등으로 여야가 대립함으로써 국회 원 구성(院構成)은 4개월이 지난 10월 2일에야 이루어져 의정활동에 적지 않은 지장을 초래하였다.[67]

2) 통일국민당에 대한 정부·여당의 견제

현대그룹이라는 거대한 조직과 자금력을 배경으로 의석 31석을 획득하여 돌풍을 일으킨 통일국민당은 원내교섭단체를 구성할 수 있게 되었다. 창당한 지 2개월도 안 된 통일국민당이 좋은 성과를 거두면서 정부·여당으로부터 심한 견제를 받기 시작하였다. 1980년대 초반에 모았던 직접적이고 물리적인 견제가 아니라 세무사찰이나 정치자금추적과 같은 견제방법이 동원되기 시작하였다.

3) 민주개혁 정치모임

민주당 내에 재야 출신 통합모임이 태동하였다. 평화민주연구회(이사장 박영숙 최고위원)와 민주당계열의 민주연합(의장 이부영 최고위원), 그리고 신민주연합당계열의 신민주연합 등 개혁지향적인 3개 집단의 대표 9명이 1992년 7월 30일 오후 모임발족을 위한 발기준비위원회를 구성하였다. 이

---

67) 국회 원 구성 지연문제의 쟁점과 해결방법의 변화에 관해서는 김현우, 「국회 원 구성 지연문제 소고」, ≪국회보≫ 제402호(2004. 04.), 116–121쪽 참조.

모임의 결성움직임은 7월 초 평화민주연구회, 민주연합 사이의 통합논의를
계기로 부상한 것이지만 대부분의 동참자들은 재야시절부터 알고 지내는
사이였다. 이 모임은 명시적으로는 개혁정치를 내걸고 있으나 대통령선거
직후 당권 경쟁 등에 대비한 세 결집이라는 측면도 있다.

평화민주연구회와 민주연합은 8월 19일 각각 총회를 열어 해체를 결의하
였다. 다음 날인 20일 오후 2시 시내 기독교여자청년회(YWCA) 강당에서
민주당 내 재야 출신들이 모여 '민주개혁 정치모임' 창립대회를 열고 '깨끗
한 정치'와 당내 개혁주도세력을 표방하여 출범하였다.[68]

민주개혁 정치모임은 신민주연합당계열의 방계집단이라 할 수 있는 평화
민주 연구회와 민주당계열 비주류인 민주연합이 제휴한 것인데 신민주연합
당계열과 민주당계열의 일부 주류 인사들도 가담하였다.

4) 새정치국민연합

민주자유당의 이종찬 의원과 민주당의 한영수 의원이 1992년 8월 17일 각각
기자회견을 하고 탈당을 선언하였다. 탈당선언 후 신당 창당을 모색해 온 이종
찬 의원은 8월 27일 자신이 주도하고 있는 '새정치모임'을 중심으로 새정치국
민연합을 결성한 뒤 창당철차를 밟겠다고 언명하였다. 지난 5월 민주자유당 대
통령후보 경선을 거부한 후 이종찬 의원 진영은 새정치국민연합을 결성한 후
신당을 창당한다는 구상을 하였으나 이종찬 의원이 당내 잔류를 결정함에 따
라 그 구상이 한때 백지화되었다가 그가 탈당한 후 다시 부활된 것이다.

이종찬 의원이 주도하는 새정치국민연합이 9월 3일 시내 동숭동 우당기
념관에서 결성대회를 갖고 출범하였다. 발기인과 시민 등 1천여 명이 참석
한 가운데 개최된 대회에서는 규약채택에 이어 이종찬 의원을 대표위원으
로 선출하였다. 이날 대회에는 통일국민당의 김동길 최고위원, 신정치개혁
당의 박찬종 대표, 민주당을 탈당한 한영수 의원 등이 참석하여 축사를 하

---

68) 이 모임에는 박석무, 정상용, 이길재, 김영진, 장영달, 임채정(평민연), 이부영, 원혜영, 유인태, 박계동(민
    련), 김병오, 장기욱, 조홍규, 이협, 이해찬, 이규택, 제정구, 김원웅 등 18명의 의원이 참여하였으며 원외
    에서는 박영숙 최고위원을 비롯하여 이상수, 노무현 전 의원 등 지구당 위원장 급 70여 명이 참석하였다.

였다. 그러나 교섭대상이었던 정호용 의원과의 제휴가 사실상 실패하고 이날 발기인에도 이종찬 의원 외에는 현역의원이 전혀 참여하지 않았다.

그 후 이종찬, 한영수, 정호용, 임춘원, 강창희, 이재환, 성무용 등 7명의 국회의원은 9월 15일 양김 정치의 청산과 도덕·개혁정치의 구현을 위하여 신당 창당을 추진하기로 합의하였다. 이들 7명과 박찬종 신정치개혁당 대표는 이날 오전 11시부터 오후 2시까지 시내 한 음식점에서 회동, 현재의 정치경제상황을 '국난 상황'이라고 진단하고 이 위기를 극복하기 위한 정치적 지도력을 김영삼·김대중 이외의 제3자로부터 찾아야 한다는 데 의견을 같이하고 제4의 신당 창당을 추진한다는 원칙에 합의하였다.

박찬종 의원을 제외한 이들 7인은 특히 신당의 대통령후보 추대문제와 관련하여 정호용 의원, 이종찬 의원, 한영수 의원 3인은 후보로 나서지 않으며, 도덕적으로 깨끗하고 행정능력이 있으며 국민들로부터 존경을 받을 수 있는 제3자를 영입하되, 가급적 영남이나 호남 출신이 아닌 인사를 추대한다는 원칙에도 사실상 합의하였다.

제13절 통일국민당·새한국당의 합당(통일국민당)

1. 합당 배경

정주영 대표가 이끄는 통일국민당과 채문식·이종찬이 창당을 준비 중인 새한국당(가칭)은 반양김(反兩金) 세력 결집을 기치로 내걸고 정당통합을 위한 교섭을 시작하였다. 한국 최대재벌 중의 하나인 현대그룹의 총수가 정치에 참여하면서 군소정당 혹은 창당과정에 있는 정당들을 규합, 세 불리기를 시도한 것이다. 한편 채문식과 이종찬으로서도 여당과의 관계가 불편한 가운데 조직과 재력을 바탕으로 하는 통일국민당에의 합류는 달리기 시작한 마차에 올라앉는 격이 되는 것이라는 판단을 하였기에 오히려 적극적으로 통합의사를 표명하게 되었다.

2. 합당 경과

1) 새한국당 창당

새정치국민연합의 이종찬 대표위원은 1992년 9월 22일 모든 양심적이고 민족 정통성 있는 정치세력을 결집시켜 신당을 만들겠다고 선언하고 본격적으로 각계 인사 접촉에 나섰다.

한편 통일국민당의 정주영 대표는 10월 13일 이종찬이 이끄는 신당과의 제휴 가능성에 대하여 신당 흡수통합이나 신당 세력의 개별적인 통일국민당 입당을 주장, 당의 기본입장을 밝혔으며 신당 추진세력들이 제시하고 있는 내각제에 대해서도 부정적인 견해를 표명하였다.

통일국민당과 신당 추진세력 간에는 이미 물밑에서 통합가능성이 타진되고 있었는데 새정치국민연합의 이종찬 의원 측에서 통일국민당 측에 합류의사를 간접 전달한 것으로 전해졌다.[69] 당시 이종찬 의원 측에서는 정주영 대표가 대통령후보를 사퇴하였다가 다시 추대형식으로 후보를 맡는 방안을 조건으로 제시하였으나 통일국민당 측에서 이를 거부하였다. 정주영 대표의 이러한 입장은 신당과의 연대 혹은 통합에 임할 당의 입장을 명확히 한 것이다.

신당추진세력은 박태준 전 민주자유당 최고위원의 신당합류를 전제하고 창당 작업을 진행하였으나 박태준은 신당에 합류하지 않았다. 10월 15일까지 신당 참여의사를 밝힌 의원은 이종찬, 이자헌, 김용환, 박철언, 장경우, 유수호 등 민주자유당 탈당 의원 6명, 한영수, 임춘원, 송천영 등 민주당 탈당 의원 3명, 정호용, 강창희, 성무용 등 무소속 의원 3명을 합쳐 모두 12명이었다.

이들은 통일국민당과의 합당협상과는 별도로 창당 작업을 진행시키고 있

---

69) ≪조선일보≫, 1992년 10월 14일자.

었다. 창당이 이루어지지 않은 상태에서는 당 대 당 합당이 절차적으로 어렵고, 성사되더라도 당내 자원분배에 있어 새한국당이 불리하기 때문이다.

이종찬 의원, 채문식 전 국회의장, 이자헌 의원 등 신당추진세력은 10월 19일 낮 여의도 전경련회관에서 원내외 인사 34명이 참석한 가운데 모임을 갖고 신당추진협의회를 발족시켰다. 신당추진협의회는 다음 날인 20일 오전 같은 장소에서 실무회담을 갖고 신당의 당명을 새한국당(가칭)으로 결정하였다.

양김 구도 타파와 정치개혁을 표방하고 나선 새한국당(가칭)은 10월 23일 오전 11시부터 시내 삼성동 한국종합무역전시관 3층 대서양 홀에서 발기인대회를 개최하고 창당을 선언하였다. 이영일 전 의원의 사회로 시작된 이날 대회는 장경우 의원의 경과보고, 이자헌 의원의 발기취지문 낭독에 이어 이동진 전 의원을 임시의장으로 선출한 뒤 채문식 전 국회의장을 창당준비위원장으로 선출하였다. 신당은 발기취지문에서 "우리는 더 이상 갈등과 욕심의 정치로 우리의 국력을 소진할 수 없다."며 지역 간 계층 간 세대 간 갈등을 해소, 민족의 역량을 하나로 모으겠다고 밝혔다. 이날 대회는 당초 발기인 수를 150명 정도로 하려 하였으나 희망자가 몰려 496명으로 확정하였다.

2) 통일국민당과 새한국당의 합당교섭

대통령선거를 앞두고 통일국민당은 아직 창당단계에 있는 새한국당(가칭)에 통합제의를 하였다. 그동안 신당 참여세력의 면면과 그 규모 등을 지켜보던 통일국민당은 박태준 의원이 신당에 불참하고 민주자유당의 내분이 수습되면서 신당 새한국당의 규모와 영향력이 크지 않은 것으로 판단되자 현재의 3당구도에 변동이 없음에 안도하고 새한국당 흡수에 나선 것이다.

정주영 대표는 몇 차례의 물밑 접촉 끝에 새한국당의 채문식 창당준비위원장에게 당 대 당 통합을 정식으로 제의하였다. 정주영은 새한국당을 끌어들이기 위하여 내각제 개헌과 정당발전기금 조성 등을 조건으로 제시하였다. 내각제를 하기 위하여 합당을 시도한 것이 아니라 합당을 위하여 내각제를 수용한 격이 되었다.

통일국민당은 11월 8일 오전 시내 하얏트호텔에서 중앙상무위원회 전체 회의를 열어 신당과의 통합 또는 외부인사의 영입에 대비하여 최고위원과 당무위원을 현재의 7인과 60인 이내에서 각각 15인과 70인 이내로 크게 늘릴 수 있도록 당헌을 개정하였다. 동 상무위원회는 의장에 김숙현 전 의원을, 부의장에 조중연·박경석 전 의원을 선출하였다. 통일국민당은 이날 새한국당과의 통합추진에 대비한 정지작업을 완료함에 따라 김동길 최고위원, 차수명·변정일·김해석 의원 등으로 통합추진위원회를 구성하여 새한국당과의 본격적인 통합교섭에 임할 준비를 하였다.

통일국민당의 정주영 대표와 새한국당(가칭)의 채문식 창당준비위원장은 11월 8일 시내 한 호텔에서 회동하고 빠른 시일 내에 양당통합협상을 시작하기로 합의하였다. 양당의 통합협상대표는 다음과 같다.

통일국민당과 새한국당의 통합협상대표
통일국민당: 김효영 의원, 김정남 의원, 윤영탁 의원, 변정일 의원
새한국당: 이자헌 의원, 장경우 의원, 유수호 의원, 이동진 전 의원

재벌당이라든지, 금권선거를 자행하여 선거분위기를 흐리게 한다든지 하는 여론의 비판과 정부·여당의 견제를 받던 통일국민당은 대통령선거를 한 달여 남겨 둔 시점인 11월 9일 오후 시내 프레스센터에서 새한국당(가칭)과의 통합 협상을 위한 첫 접촉을 공개리에 가졌다. 양당은 이날 통합추진위원회 합동회의에서 조속한 시일 내에 당 대 당 통합을 추진한다는 원칙에 합의하였다.

양당은 11월 10일 오후 프레스센터에서 제2차 통합협상을 갖고 내각제 공약화 방안과 통합 후 당직 배분문제 등을 집중적으로 논의하였는데 양김시대 청산과 지역감정 해소를 위해서는 내각제와 함께 선거구제를 중·대(中·大) 선거구제로 전환하는 것이 필요하다는 데 인식을 같이하고 추진시기 등 구체적 방안은 계속 논의하기로 하였다. 또 전날 당 대 당 통합원칙에 합의한 정신에 따라 통합 후 신당에서 영입된 인사들에게 적절한 당직을 배분한다는 원칙에도 의견을 같이하였다.[70]

양측 통합협상대표단은 11월 13일 열린 제4차 회동에서 당 대 당 통합을 확정지었으며 통합신당의 대통령후보에는 정주영 대표를 추대하였다. 그리고 지도체제는 집단지도체제를 도입하여 공동대표제로 전환, 정주영 후보와 채문식 위원장을 선출하여 최고위원은 양당 동수로 안배하기로 합의하였다. 또 통합신당의 명칭문제에 관하여 통일국민당 측이 새한국당 측의 통합정신구현을 위한 개칭 요구를 수용, 당명을 새로 정한다는 원칙에도 합의하였다. 양당은 11월 14일 프레스센터에서 내각제 공약화 및 공동대표제, 당 운영기금 등 핵심 의제에 최종 합의함으로써 통합협상을 타결 지었다.

상황이 이렇게 된 것은 강영훈·김우중 두 사람의 대통령 불출마선언으로 새한국당이 내세웠던 '국민후보 추대론'이 차질을 빚게 된 것에 기인한다.[71] 대안이 없던 새한국당에서 이종찬 후보 쪽으로 의견이 모아지고 있을 무렵 채문식 등 새한국당의 다수파가 이날 통일국민당과의 통합일정에 합의함으로써 새한국당은 심한 내분을 겪게 되었다.

새한국당은 11월 15일 운영위원회를 열어 14일에 있었던 양당 간 합의사항을 보고하고 이를 추인하는 절차를 밟을 예정이었으나 이날 오전으로 예정된 회의는 이종찬·장경우 의원 등의 불참으로 무산되었고, 이어 오후 4시의 회의도 채문식 창당준비위원장과 한영수·박철언 의원 등이 불참하여 역시 무산되었다. 양측은 곧 다시 모여 16일 새벽까지 회의를 거듭하였으나 결론 도출에는 실패하였다.

정주영 대표와 채문식 창당준비위원장은 통합협상을 시작한 지 15일이 되는 11월 16일 오전 통일국민당 당사에서 공동기자회견을 갖고 양당의 통합을 선언하였다.[72]

---

70) ≪한국일보≫, 1992년 11월 11일자.

71) 가칭 새한국당 창당준비위원회 부위원장인 이자헌·박철언 의원은 10월 28일 낮 당을 대표하여 김우중 대우그룹회장을 접촉, 새한국당의 대통령후보수락을 공식 요청하였다. 그러나 다음 날인 29일 김우중 회장이 대통령선거 불출마를 선언함으로써 새한당은 중앙당 창당일정과 향후 진로를 변경하지 않을 수 없었다.

72) 양당의 통합합의서 내용: 집단지도체제를 채택한다. 양측에서 1인씩 공동대표를 두고 최고위원을 동수로 구성한다. 집권 전반기에 내각제를 추진한다. 통합당을 공당으로 존속 발전시키기 위하여 정주영 대표가 2천억 원의 정치발전기금을 출연한다.

통합신당의 당명은 통일국민당으로 하고 당 대표는 정주영·채문식이 공동으로 맡기로 합의하였으나 통일국민당과 새한국당(채문식 창당준비위원장 측) 간의 통합은 합당 과정에서 논의되었던 바와는 달리 당 대 당 통합이 아닌 부분 통합의 성격을 띠었다. 통합으로 인하여 정주영 대표는 중부권과 영남권 등 취약 지역에서 득표력을 다소 보강하게 되었다.

3. 합당선언 이후

1) 새한국당 창당

통합선언이 있은 직후 통일국민당과의 통합에 참여하지 않은 새한국당의 이종찬·장경우 의원과 이영일·오유방 전 의원 등 일부 의원 및 지구당 위원장들은 1992년 11월 16일 시내 인사동의 새한국당 당사에서 지구당 위원장 및 창당발기인 임시총회를 개최하였다. 임시총회에서는 채문식 등 일부 당내 인사들이 통일민주당과 합당을 선언한 것은 새한국당 내부의 공식적인 의견조정을 거치지 않고 일방적으로 이루어졌기 때문에 무효라고 선언하였다. 그리고 이날 채 위원장을 제명하고 독자적인 창당절차를 밟기로 하였다.

이종찬 의원 등은 통일국민당과의 통합을 추진함에 있어서 일단 간단하게라도 창당절차를 거친 뒤 정치적으로는 물론 법적인 측면에서도 당 대 당 통합을 하자는 주장을 내세우고 있었으나 통일국민당이 이를 거부함으로써 결과적으로 이런 사태가 초래된 것이다.

새한국당은 11월 17일 오후 시내 잠실 실내체육관에서 대의원 593명 등 8,000명의 당원이 참석한 가운데 중앙당 창당대회 및 전당대회를 열고 출범하였다. 이날 전당대회에서는 제14대 대통령후보 겸 대표최고위원으로 이종찬 의원을 선출하였다.

2) 통일국민당의 상황

김동길, 양순직, 조연하와 함께 통일국민당의 최고위원직을 맡고 있던 김광일은 새한국당과의 절반의 통합이 성사된 다음 날인 11월 17인 정주영 대표의 '당내 전횡'을 비판하며 당을 떠났다. 탈당한 시기를 볼 때 그가 말한 '당내 전횡'이란 당내에서 공식 논의를 한 번도 거치지 않고 합당을 이룬 것으로 볼 수 있다. 그 자리를 메우듯이 김복동 의원이 11월 21일 통일국민당에 입당하였다.

한편 현대중공업 서울사무소 재정부에 근무하던 여직원(정윤옥)이 12월 5일 시내 모 교회에서 "현대중공업이 350억 원의 비자금을 조성한 후 그중 220억 원을 통일국민당에 전달하였다."고 폭로하였다. 현대중공업의 통일국민당 선거자금자원을 수사하던 경찰청은 12월 6일 오전 신한은행 종로지점 대여금고에 대한 압수수색에서 비자금 지출내역이 적힌 메모용지를 찾아내고 비자금 조성액과 지출경위를 집중조사 함으로써 통일국민당을 압박하였다.

4. 통일국민당과 새한국당의 재합당 논의

새한국당의 창당발기인대회 개최 후 약 3주일이 경과한 1992년 12월 10일부터 통일국민당과 새한국당은 양측 실무자 간에 통합논의를 시작하였다. 11일 밤에는 정주영·이종찬 후보 간에 극비회동이 있었으며 이 자리에서

두 사람은 다음과 같은 사항에 관하여 합의를 보았다.[73]

기본합의서

통일국민당과 새한국당은 온 국민의 열망이 새로운 정치질서의 형성과 민족의 지상과제인 남북통일과 민족대화합, 그리고 경제 재도약을 성공시켜 국민경제를 반석 위에 올릴 수 있는 정권의 탄생에 있다는 것을 함께 인식하고 이를 위해서는 양당이 통합을 하여 이번 대통령선거에서 반드시 승리할 것을 다짐하며 다음과 같이 합의한다.

○ 통합신당의 당명은 통일국민당으로 한다. ○ 통합신당의 지도체제는 공동대표제로 하고 통일국민당의 정주영 대표와 새한국당의 이종찬 대표를 법적 공동대표로 한다. ○ 최고위원 및 주요 당직자와 당무위원의 구성은 '당 대 당' 통합정신에 의하되 그 인선은 공동대표의 합의에 따른다. ○ 통합신당은 제14대 대통령임기 전반부에 내각책임제 개헌, 선거공영제, 국회의원선거의 중·대선거구제 도입을 정치개혁을 위한 기본정책으로 채택한다. ○ 통합 전 양당의 재산과 부채는 통합 신당에 포괄적으로 귀속한다. ○ 사무처 및 지구당 위원장의 법적 지위는 전당대회가 있을 3월 전까지는 동등하게 인정하되 이번 대선 기간 중의 활동과 평소 당무활동을 평가하여 별도 실무합의 방침에 따른다.

1992년 12월 11일 통일국민당 대표최고위원 정주영·새한국당 대표 이종찬

여기서 보는 것처럼 통일국민당과 새한국당의 두 대표는 이날 통합 당명은 통일국민당으로 하고 정주영 대표와 이종찬 대표가 함께 법적 공동대표를 맡으며 제14대 대통령 임기 전에 내각제 개헌 및 중·대선거구제로의 전환 등 통합 원칙에 합의함으로써 통합문제가 최종적으로 타결되었다.

이종찬 새한국당 후보는 12월 12일 대통령후보직을 사퇴하고 통일국민당에 합류하기로 결정하였으며 정주영 통일국민당후보 지지를 선언하였다. 새한국당은 이날 오후 긴급 당무회의를 열어 이종찬 후보의 사퇴 및 통일국민당에의 합류를 추인하였다. 통일국민당도 이날 오후 당무회의에서 당 대 당 통합을 승인하였다. 그러나 새한국당의 오유방 정책위원장 등 일부 원외위원장들이 이종찬의 후보사퇴 및 통일국민당과의 통합에 반발하고 나섰다.

양당은 12월 13일 실무접촉을 갖고 각 당 대표 5명씩으로 '합당을 위한 10인 추진위원회'를 구성하였다.[74] 정주영 대표와 이종찬 대표는 12월 14

---

73) 《문화일보》, 1992년 12월 12일자. 이를 요약하면 다음과 같다. ① 내각제 개헌을 추진한다. ② 이종찬 대표에게 공동대표직을 보장한다. ③ 새한국당의 부채를 청산해 준다.

74) 10인 추진위원 명단: 김정남, 윤영탁, 변정일, 정장현 의원, 목요상 전 의원(통일국민당), 장경우 의원,

일 통일국민당 당사에서 양당의 합당을 선언하였으며, 정주영 대표는 이종찬 대표가 대통령후보를 사퇴하고 통일국민당에 입당하자 즉석에서 '공동대표'라는 임명장을 써 주었다.[75]

제14절 제14대 대통령선거(1992. 12. 18.)

1. 선거 전의 상황

제14대 대통령선거는 3당 합당과 야권통합이 이루어진 상태, 즉 정치권의 재편이 이루어진 가운데 실시되었다.

1) 민주자유당

제14대 국회의원선거(1992. 03. 24.) 이후 정국주도권을 둘러싼 공방에서 패한 민주정의당계열 인사들의 입장에서 보면 남은 길은 민주자유당 내 대통령후보 선출과정에서 통일민주당계열인 김영삼 대표를 패배시키는 것이었으나 이 일은 쉽지 않았다. 이 과정에서 김영삼 대표가 내건 '김영삼 대세론'은 김대중 후보에 맞설 수 있는 사람은 김영삼밖에 없다는 대외적 인식의 확산 등과 맞아떨어지면서 김영삼 후보가 민주자유당 내 경선에서 대통령후보로 선출되는 데 있어 유리한 고지를 점하였다.

민주자유당 내 반(反)김영삼 대표진영의 '7인 중진협의회'는 1992년 4월 17일 시내 롯데호텔 아테네 가든에서 오후 3시부터 협상을 시작하여 자정을 넘긴 18일 0시 40분경까지 회의를 한 끝에 이종찬 의원을 김영삼 대표

이동진, 김현욱, 이영일, 신호양(새한국당).

75) 이종찬 의원은 통일국민당의 공동대표를 약속받았으면서도 아직 법적으로는 완전한 통합이 이루어지지 않았다는 이유로 통일국민당 당사에 집무실을 얻지 못한 채 인사동에 있는 새한국당 당사로 출근하였다. 허영섭, 『정주영 무릎꿇다』(서울: 아침, 1993), 225쪽.

와 맞설 단일후보로 대통령선거 후보경선에 추대하기로 결정하였다. 중진협
의회 대변인 최재욱 의원은 이날 "박태준 최고위원은 결정에 앞서 후보단
일화를 위하여 경선출마를 사퇴하였다."고 밝히고, 남은 출마희망자 중 이
종찬 의원과 이한동 의원을 놓고 중진협의회에서 심사숙고한 끝에 전원합
의로 이종찬 의원을 단일후보로 결정하였다고 말하였다.

신민주공화당 계열은 4월 17일 오후 여의도 63빌딩에서 김종필 최고위원
등 원내외 인사들이 참석한 공식모임에서 경선출마자들의 대의원 추천 작
업에 일단 응하지 않고 당분간 당내외 사정을 관망하기로 의견을 모았다.

한편 김영삼 대표 측은 7인 중진협의회의 이종찬 후보 옹립에 대한 대책
을 협의하고 4월 18일부터 2파전 양상에 대비하여 세 확산 작업에 들어갔
으며 4월 28일에는 '범계파 김영삼후보 추대위원회'를 발족시켜 압도적인
세 우위를 공개적으로 과시하였다. 이날 국회의원회관 대회의실에서 50여
분 동안 진행된 김영삼 대통령후보추대위원회 결성대회에는 지구당 위원장
237명의 3분의 2가 넘는 168명이 참석하였다.

2) 민주자유당 대통령후보 경선

민주자유당이 당내 민주화를 시도하여 여당 사상 처음으로 대통령후보 경
선제를 도입하였다. 그러나 경선을 앞두고 후보를 사전에 조정하여 경선구
도를 짜 맞추는 상황에 이르자 당내 민주화라는 표현이 무색해졌다. 이종찬
의원은 전당대회 이틀 전인 1992년 5월 17일 당내 대통령후보 경선이 불공
정하여 자신에게 불리하다고 주장하며 경선에 불참한다고 선언하였다.

민주자유당은 예정대로 5월 19일 오후 서울올림픽체조경기장에서 재적
대의원 6,882명 중 6,713명이 참석한 가운데 전당대회를 개최하였다. 이날
대통령후보 선출에 앞서 새 총재에 노태우 현임 총재, 최고위원에 김영삼·
김종필·박태준 최고위원이 만장일치로 재추대되었다. 이어 대통령후보 선
출을 위한 경선을 실시하였으나 이종찬 후보가 경선에 불참함에 따라 완전
경선은 무산되었다. 김영삼 후보가 단독으로 출마한 경선에서 그는 총 투표

수 6,660표 중 66.3%인 4,418표를 얻어 선출되었고, 경선을 거부한 이종찬 후보는 총 투표수의 33.2%인 2,214표를 얻었다.

<표 8-4> 민주자유당 대통령후보 경선결과

재적 인원수	총 투표수	후보자별 득표수		무효	불참 · 기권
		김영삼	이종찬		
6,882	6,660	4,418(66.3%)	2,214(33.2%)	28	222

3) 민주자유당의 분열 및 신당 창당 움직임

민주자유당은 경선을 거부한 이종찬 의원을 조기에 출당시킨다는 방침을 정하였고, 전당대회 직전에 후보를 사퇴한 이종찬 의원 측은 1992년 5월 22일 '새정치모임' 발기인대회를 가졌다. 노태우 대통령은 다음 날인 23일 이종찬 의원의 전당대회 경선거부로 인한 후유증을 조기 수습하고 제14대 국회 개원에 대비하기 위하여 당4역을 전원 교체하였다.[76] 경선 거부 이래 탈당 및 신당 창당을 모색하여 온 이종찬 의원이 6월 26일 탈당의사를 철회하고 민주자유당에 잔류하기로 하였다. 이는 김영삼 대표가 이날 오후 이종찬 의원의 광화문사무실을 전격 방문하여 단독 요담한 후 결정된 것이다.

8월 28일 오후 서울올림픽공원 내 역도경기장에서 열린 민주자유당 상무위원회 전체회의에서 김영삼 대표가 총재로 선출되었고, 3일 전인 25일 민주자유당 총재직을 사퇴한 노태우 대통령은 명예총재로 추대되었다. 신임 김영삼 총재가 3당 통합 후 집권당의 대통령후보로 선출된 데 이어 이날 명실상부한 당권을 장악하게 되었다.

대통령후보 경선 과정에서 '용퇴'하고 총재 선출과정에서 '배제'된 박태준 최고위원은 10월 9일 최고위원직 사퇴를 발표하였다. 이에 김영삼 총재는 일요일인 10월 11일 긴급중진대책회의를 소집한 데 이어 12일 당무위원 및 고문단 연석회의를 주재하고 당의 단합을 호소하였다.

박태준 최고위원이 탈당하자 채문식 · 윤길중 고문을 비롯하여 김현욱 ·

---

76) 신임 사무총장 김영구 의원, 원내총무 김용태 정책위원장, 정책위의장 황인성 당선자, 정무 제1장관 김용채.

이진우 전 의원 등 원외 지구당 위원장 11명은 10월 13일 오전 여의도에 있는 전경련 회관에서 기자회견을 갖고 민주자유당 탈당을 선언하였다. 이들은 "3당 통합 이후 민주자유당 지도부는 끊임없는 내부 분열과 권력투쟁 속에서 비민주적 도전과 아집으로 당을 운영함으로써 국민의 신뢰를 상실하고 정당정치 실종의 우를 몰고 왔으며 당으로부터는 책임, 성취, 약속 그 어느 것도 기대할 수 없다."며 탈당의 이유를 밝혔다.

이자헌·유수호·김용환·박철언·장경우 의원 등 5명도 10월 14일 민주자유당을 탈당하고 이종찬 의원의 새정치국민연합에 합류하였다. 채문식 전 국회의장 등 전직 의원 10여 명과 이자헌·유수호·김용환·박철언·장경우 의원 등 탈당파 현역의원들은 10월 15일 연쇄회동을 가진 자리에서 신당참여를 결의하고 창당시기, 방법 등 구체적인 문제를 논의하였다.

민주자유당을 탈당한 이들 전직 및 현직 의원과 구 야권인사 무소속 의원 등 신당 추진인사 50여 명은 10월 19일 낮 여의도 전경련회관에서 전체 모임을 갖고 신당 창당을 공식 선언하였다. 이날 신당추진인사들은 10월 말까지 법정 지구당(48개) 창당대회를 마치고 11월 초까지 중앙당 창당대회를 개최하기로 합의하였다. 이날 모임에선 채문식 전 국회의장을 창당주비위원장으로 추대하고 원내외 인사 10여 명으로 창당주비위원회를 구성하였다. 이와 함께 새정치국민연합, 민주자유당 탈당 전직 및 현직 의원, 민주당 탈당 전직 및 현직 의원, 무소속 의원 등 신당 추진집단 각 진영의 협의대표로 창당실무준비위원회를 구성하기로 하였다.

4) 민주당 대통령후보 경선

1992년 5월 25일 서울올림픽공원 펜싱경기장에서 개최된 민주당 전당대회에서는 김대중·이기택 두 후보가 공동대표에 재선출되었다. 25일부터 26일까지 이틀간 열리는 민주당 전당대회를 앞두고 8명을 선출하는 최고위원 경선에 모두 14명의 후보가 경합에 나섰다(신민주연합당 계열: 조세형, 김원기, 김상현, 정대철, 김영배, 박영숙, 이우정, 박녹영, 박일 등 9명, 민주

당 계열: 이무영, 김현규, 조순형, 장기욱, 김정길 등 5명). 25일 오전에 열린 최고위원 경선에서는 4인 연기명의 투표방식을 택하였는데, 김상현, 김영배, 조세형, 박영숙, 정대철, 김원기(이상 신민주연합당 계열 - 실질적으로 평화민주당 계열), 김정길, 이부영(이상 민주당 계열)이 선출되었다.

26일 속개된 대통령후보 지명을 위한 전당대회에서 김대중 후보와 이기택 후보가 경합한 결과 김대중 후보가 대의원 2,348명(재적 2,426) 중 1,413표를 얻어 925표를 얻은 이기택 후보를 물리치고 후보로 지명되었다.

<표 8-5> 민주당 대통령후보 경선결과

재적 인원수	총 투표수	후보자별 득표수		무효	불참 · 기권
		김대중	이기택		
2,426	2,348	1,413(60.2%)	925(39.4%)	10	－

5) 통일국민당 대통령후보 선출

통일국민당은 1992년 5월 15일 오전 시내 삼성동 한국종합전시장에서 대의원 및 주한외교사절 등 3,300여 명이 참석한 가운데 임시전당대회를 열어 정주영 대표를 대통령후보로 선출하였다. 단일후보로 출마한 정주영 대표는 기립표결로 실시된 이날 투표에서 참석 대의원 1,738명 중 찬성 1,727, 반대 7, 기권 4의 압도적인 지지를 받았다.

통일국민당은 대통령선거일을 나흘 앞둔 12월 14일 중앙당 당사에서 정주영 대표가 새한국당 이종찬 대표와 함께 합당선언식[77]을 가짐으로써 홍보효과를 기대하였고 또 다음 날인 15일에는 부산기관장모임(부산복집 회식사건)을 폭로하여 여당후보에 대한 공세를 전개하였다.[78]

---

77) 이날 합당선언 합동기자회견장에는 새한국당에 먼저 입당한 채문식 공동대표를 비롯하여 이자헌, 김용환, 박철언, 유수호 의원 등이 불참하였다.

78) 김동길 통일국민당 선거대책위원장은 12월 15일 김영환 부산시장 등 부산시의 핵심기관장들이 12월 11일 부산시 대연동의 한 음식점(복집)에서 김기춘 전 법무부장관의 주재로 모임을 갖고 김영삼 민주자유당후보의 당선을 위한 대책을 논의하였다고 주장하고 그 증거물을 제시하였다.

6) 신정치개혁당의 대통령후보 선출

신정치개혁당은 1992년 6월 9일 오후 여의도 63빌딩 국제회의장에서 전당대회를 열고 박찬종 대표최고위원을 제14대 대통령후보로 선출하였다. 박찬종 대표는 이날 참석대의원 825명의 만장일치로 후보에 추대된 후 국민내각 구성, 청와대 완전개방, 국민과의 토론 주례화(週例化), 친인척 공직 및 이권 배제, 책임정치 구현 등을 공약으로 제시하였다.

2. 선거 결과

제14대 대통령선거가 1992년 12월 18일 실시되었다. 81.9%의 투표율을 기록한 선거에서 여당 민주자유당의 김영삼 후보가 유효표의 42%인 997만 7,332표를 얻어 당선되었다. 김영삼 후보는 호남 지역을 제외한 각 지역에서 골고루 지지를 받았으나 호남 지역에서는 불과 4.0%의 지지를 받는 데 그쳐 지역정서의 벽을 실감하였다. 민주당의 김대중 후보는 804만 1,284표, 통일국민당의 정주영 후보는 388만 67표를 각각 획득하였다. 김대중 후보는 그동안 야당이 강세를 보여 왔던 서울 지역에서 민주자유당의 김영삼 후보를 1.4%밖에 앞서지 못하는 등 수도권과 중부권에서 예상했던 것보다는 높지 않은 득표를 하였다.

〈표 8-6〉 제14대 대통령선거 결과

선거인 수	투표수	후보자별 득표수							계
		민주자유당	민주당	통일국민당	신정치개혁당	대한정의당	무소속	무소속	
		김영삼	김대중	정주영	박찬종	이병호	김옥선	백기완	
29,422,658	24,095,170	9,977,332	8,041,284	3,880,067	1,516,047	35,739	86,292	238,648	23,775,409

출처: 중앙선거관리위원회, 『제14대 대통령선거총람』(1992), 122-123쪽.

3. 선거의 특징

① 노태우 대통령은 1992년 9월 18일 민주자유당 당적 포기 및 중립내각 구성을 선언, 사상 처음으로 중립내각을 구성하여 선거에 임하였다. ② 그동안 선거 때마다 여당은 안정을, 야당은 변화를 구호로 내세웠다. 그러나 민주화가 크게 진척을 보인 상황에서 실시된 이번 선거에서는 여당과 야당이 모두 변화와 개혁을 구호로 내걸었다. ③ 1960년대 이후 여권후보의 축을 이루던 군 출신 후보가 사라지고 민간인 후보끼리의 대결이 이루어졌다. ④ 과거의 대통령선거는 선거 때마다 선거제도가 변경되었으나 이번 선거는 제13대 대통령선거 당시의 제도가 그대로 적용되었다. ⑤ 통일국민당이 부산지역기관장급 인사들이 모여 김영삼 후보지지 전략을 논의한 이른바 '부산복집 회식사건'을 폭로한 후 김영삼 후보에 대한 지지율 하락 분위기가 감지되면서 위기감을 느낀 부산 지역 유권자들이 김영삼 후보를 더욱 강하게 지지한 것으로 나타났다. ⑥ 영남 지역에서는 김대중 후보가, 호남 지역에서는 김영삼 후보가 각각 의미 있는 득표를 하지 못하여 결과적으로 지역정서가 선거 결과에 미친 영향은 큰 것으로 나타났다.

4. 선거 이후

1) 김대중 후보 정계은퇴

김대중 후보는 선거 다음 날인 1992년 12월 19일 정계은퇴를 선언하였다.[79]

2) 통일국민당의 쇠퇴 및 새한국당과의 통합 무산

통일국민당은 선거가 끝난 지 닷새 만인 1992년 12월 23일 정주영 대표가

---

79) 김대중 후보의 정계은퇴 이후 인맥, 개혁의지 혹은 정책연구가 계기가 되어 내외문제연구회, 통일산하회 등 다수의 사조직이 결성되었다.

머물고 있는 경주현대호텔에서 의원총회를 열고 앞으로의 당의 진로에 대하여 논의하였다. 이 자리에는 법적으로 합당절차가 완전히 매듭지어지지 않은 새한국당의 이종찬 대표와 장경우 의원도 참석하였다. 의원총회에서는 당의 진로와 관련하여 여러 가지 의견이 제시되었으나 박철언 의원은 야권통합으로 방향을 잡아야 하며 정당 간의 공조와 정책연합을 추진하자고 말하였다.

이종찬 대표는 1993년 1월 4일 통일국민당의 시무식이 끝난 후 정주영 대표를 만나 양당 합당의 마무리 절차에 대하여 논의하면서 통합선언 시 문서로 합의하였던 당 대 당 통합, 공동대표 보장 및 주요 당직의 동등 배분 등의 약속을 이행하여 줄 것을 요구하였으나 정주영 대표는 이날 수락하지 않았다.

정주영 대표는 1월 5일 오전 중앙당사에서 가진 기자회견에서 선거 기간 중 행한 새한국당과의 통합선언과 '한국은행 발권설'은 자신의 실수였다고 발언하였다.[80] 그는 이날 "당시 통합선언은 정치적 선언에 불과한 것으로 법적인 효력이 없고, 이종찬 의원도 이미 백의종군 의사를 밝힌 만큼 새한국당과 당 대 당 통합절차를 밟을 필요가 없다."면서 이종찬 의원이 개별 입당한다면 이를 수용하겠다고 말하였다.[81] 이는 당내의 공식 통합논의와 절차를 거치지 않고 단독으로 결정하여 합당을 추진한 것에 대한 '실수'는 인정되지만 이제 와서 통합절차는 밟지 않겠다는 뜻이다. 이에 대하여 이종찬 의원 측은 이날 "정주영 대표가 당시의 약속을 어기고 이종찬 의원의 개별입당만을 고집한다면 굳이 통합절차를 밟지 않겠다."고 밝혔다.

통일민주당이 당 대 당 통합을 거부하고 이종찬 의원 측 또한 새한국당이 독자진로를 모색하고 있다고 밝힘으로써 대통령선거를 앞두고 선언 (1992. 12. 14.)되었던 양당통합은 대통령선거가 끝난 후 무산되었다. 정주영 대표는 정당발전 기금조성 약속도 취소하였으며 정치와 통일국민당에서 손을 떼기에 이르렀고, 통일국민당 공동대표였던 이종찬 의원은 입당한 지 한 달 만에 통일국민당에서 나와 다시 새한국당의 대표로 되돌아갔다.

---

80) 정주영은 선거를 앞두고 한국은행이 화폐를 대량으로 찍어 여당의 정치자금으로 사용할 수 있도록 지원하였다는 내용의 발언을 한 바 있는데, 그는 이날 제보자의 주장을 제대로 확인하지 않고 터뜨린 실수였다며 유감의 뜻을 표명하였다.

81) ≪동아일보≫, 1993년 1월 5일자.

새한국당과의 통합거부로 도덕성 시비에 휘말리게 된 통일국민당은 1993년 1월 6일 김동길 최고위원이 당 운영에 불만을 표시하고 최고위원직을 사퇴하겠다고 말함으로써 당내 분열과 혼선이 가중되었다.

서울지검은 2월 6일 정주영 통일국민당대표를 특정경제범죄가중처벌법 위반 및 대통령선거법 위반으로 불구속 기소하였다. 정주영 대표는 2월 9일의 의원총회에서 대표최고위원직 사퇴서를 제출하고 정계은퇴를 선언하였으며 이틀 후인 11일 탈당하였다. 이후 통일국민당 소속 의원들의 탈당이 속출, 통일국민당 교섭단체가 붕괴되었다. 통일국민당은 2월 15일 최고위원회의를 열고 김동길 최고위원을 당 대표인 대표최고위원으로 선출하였다. 그러나 양순직 최고위원은 이날 김동길 체제에 반발, 최고위원직을 사임하였다.

대통령선거에서 패한 정주영이 당을 떠나자 현대그룹은 광화문 부근에 있는 통일국민당 당사를 봉쇄하였다. 당사에는 통일국민당 간판이 내려지고 다시 '현대해상화재보험'이라는 간판이 나붙었으며, 며칠 후에는 통일국민당 당직자들의 이 건물 출입이 금지되었다. 김동길 대표와 박철언·박구일·손승덕 의원, 그리고 박영록 최고위원 등은 통일국민당 당사를 맴돌았으며 당사 건물 옆 주차장 공터에 천막을 치고 임시로 당무를 보기도 하였다.[82] 현대그룹 소유의 건물에서 쫓겨나 '천막 당사'의 초라한 통일국민당 대표최고위원이 된 김동길은 여의도에 당사를 마련하고 무소속 의원 영입에 나섰다. 나중에 문제가 된 '각서파동'은 3월 당시 무소속이던 양순직 의원을 통일국민당으로 다시 영입하려는 물밑대화 과정에서 뿌려진 화근이었다.

3) 문민정부 출범

김영삼 당선자가 1993년 2월 25일 제14대 대통령에 취임함으로써 32년 만에 문민정부가 수립되었다. 김영삼 정부의 출범은 권력의 중심이 군부·군 출신으로부터 민간정치인으로 이동하였다는 점에서 정치사적 의미를 갖는다. 문민정부의 출범으로 정당정치는 제도화를 이루어 발전할 수 있는 발

---

82) 김재명, 「김동길과 박찬종」, ≪월간중앙≫(1994년 12월호), 169-171쪽.

판을 마련하게 되었다.

민주당 · 통일국민당 새한국당의 합당 시도

1. 합당 시도 배경

정당통합에 관한 논의는 해를 넘겨 정권이 바뀌고 민주화가 진전되어도 계속되었다. 김영삼 정부가 들어서면서 국정개혁의 고삐를 쥐자 야권은 새 정부가 주도하는 개혁의 긍정적인 측면을 인정하면서도 국정운영 독주를 견제할 강력한 야당이 필요하다는 데에 공감하게 되었다. 다시 말하면 개혁 정국의 뒤편으로 물러서게 된 야당들은 자신들의 입지가 좁아질 것이라는 위기의식을 공유하게 된 것이다. 이에 민주당, 통일국민당, 새한국당은 정당 통합을 시도하게 되었으나 과거에 비하면 통합의 명분은 한층 약한 것이었다.

2. 합당 시도 경과

1) 민주당

민주당은 1993년 1월 11일 김대중 전 대통령후보의 정계은퇴 후 지도체제 를 단일대표 지도체제로 변경하고 당을 운영하였다. 동당의 제2차 전당대회가 3월 11일 개최되었는데 대회에서는 이기택을 새 대표최고위원(총재)으로 선출 하였다. 대표최고위원 경선 제1차 투표에서는 과반수를 획득한 후보가 없었으 나, 제2차 투표에서는 이기택 후보가 김상현 후보를 물리치고 선출되었다.

〈표 8-7〉 민주당 대표최고위원(총재) 경선 결과

구분	후보자별 득표수			비고
	이기택(%)	김상현(%)	정대철(%)	
제1차 투표	2,743(48.3)	1,928(34.0)	944(16.6)	
제2차 투표	2,896(53.0)	2,549(46.1)	17(0.9)	

　　최고위원 경선에서는 모두 11명이 입후보하였는데 김원기, 유준상, 조세형, 권노갑, 노무현, 한광옥, 신순범, 이부영 등 8명의 의원이 선출되었다. 당선자 8명 중 민주당계열은 2명에 불과하기 때문에 이기택 대표는 신민주연합당계열 6인의 최고위원과 매사에 협의하고 그들의 동의를 구하지 않을 수 없게 되었다.

2) 3당 대표의 회동 및 통합논의

　　1993년 7월 16일 이기택 민주당 대표의 초청형식으로 통일국민당 김동길 대표와 새한국당 이종찬 대표 등 3인이 회동하였다. 이들은 야권공조체제를 구축하기로 합의하였는데 이날 발표한 합의문에서 "개혁의 긍정적인 측면에도 불구하고 새 정부 출범 후 개혁과 사정 뒤에 숨겨진 편파성과 정치적 의도를 의심하지 않을 수 없다."면서 3당은 더 이상 기대할 것 없는 여당과 행정부에 대한 견제와 비판을 통하여 진정한 개혁을 선도하여 나아가겠다고 밝혔다.[83]

　　이들 3당은 합의에 따라 8월 12일의 춘천 및 대구보궐선거에서 민주당 공천자로 후보를 단일화하였으나 선거 결과 춘천은 물론 대구에서조차 동당의 후보가 4위로 밀려나는 저조한 성적을 거두었다.[84]

　　3당 대표들은 이 야권공조체제가 야권통합을 위한 전 단계라는 점을 공공연하게 밝혔으나 민주당과 통일국민당 내에 통합에 반대하는 의견이 있어 별다른 진전을 보지는 못하였다. 그러던 중 이들 3당 대표들은 9월 28일 다시 회동하여 야권통합과 관련한 대화를 시작하였다.

---

83) 3당 대표의 4개 합의사항: ① 의정활동 공동대처 ② 보복성 사정과 편파수사 시정을 위한 공동대응 ③ 보궐선거 공동대처 ④ 향후 정국전개에 야권공조.

84) 대구 동구 을 선거구에서는 무소속 서훈 후보가 민주자유당의 노동일 후보를 누르고 당선되었으며, 춘천 선거구에서는 민주자유당의 류종수 후보가 민주당의 유남선 후보를 누르고 당선되었다.

이기택 대표, 김동길 대표, 이종찬 대표는 1994년 1월 8일 여의도의 한 음식점에서 3당 대표 회동을 갖고 물가문제 등의 정치·경제현안을 논의하기 위한 임시국회 소집을 요구하였다. 또 수권능력을 갖춘 강력한 야당의 결성을 위하여 야권통합의 필요성에 인식을 같이한다는 내용의 공동성명을 발표하였다.

민주당은 3월 10일 최고위원회에서 조직강화특별위원회를 구성하고 조직 재정비작업에 착수하는 한편 통일국민당, 새한국당과의 통합과 재야인사의 영입 작업을 추진하기로 하였다. 이기택 대표는 야권 일부에서 신당 결성 움직임이 있음을 감지하고 신당이 결성되는 것을 막기 위하여 통일국민당, 새한국당과의 야권 3당 통합에 더욱 적극적인 자세를 보이기 시작, 3월 15일 취임 1주년을 겸한 기자간담회에서 범야권 대통합을 선언하였다.

이기택 대표, 김동길 대표, 이종찬 대표는 4월 16일 저녁 김동길 대표의 시내 대신동 집에서 회동하고 1995년 지방선거를 앞두고 3당이 통합하기로 합의하였다. 그동안 이들 3당은 야권공조에는 합의하여 왔으나 이날 통합원칙에까지 합의를 본 것이다. 이들은 또 5월 초에 각 당의 통합준비실무기구를 발족시키기로 하고 이 기구를 3당통합추진위원회(가칭)로 발전시키기로 하였다. 이기택 대표는 지방자치단체선거를 앞두고 있기 때문에 야권통합이 절실하다고 강조하였는데 그 이유는 통일국민당을 중심으로 하는 제3당 결성작업이 구체화되면 세 번째 원내교섭단체가 구성되어 양당 구도(민주자유당, 민주당)가 무너지기 때문이다.

그러나 3야당의 대표들이 야권공조와 야권통합에 합의를 하기는 하였으나 당내 여론 수렴이 제대로 안 된 상태에서의 합의였기에 3당 합당 추진에는 제동이 걸리고 있었다.

3. 합당 시도 이후

김동길 통일국민당대표는 무조건 통합을 주장하였으나 당내에서는 반민주자유당·비민주당 정서가 흐르고 있어 합당에 대하여 회의적인 시각도 있었다. 민주당 내에서도 통합에 대하여 반론이 제기되었는데 이부영 최고위원 등 재야 출신 의원들은 3대표의 통합합의(1994. 04. 16.) 이후 통일국민당과의 통합에 적극적으로 반대의사를 표시하였다.[85] 결국 이들 3당의 통합은 무산되고 각 당은 서로 다른 상대를 찾아 나서게 되었다.

제16절 통일국민당·신정치개혁당의 합당(신민당)

1. 합당 배경

민주당은 신정치개혁당을 제외한 통일국민당, 새한국당과의 야권 3당 통합을 발판 삼아 이른바 대통합으로 가려고 하였으나, 제3당에의 복귀를 바라는 통일국민당이 통합과정에서 이탈하면서 뜻하지 않게 신정치개혁당과 합당하게 되었다. 통일국민당과 신정치개혁당의 합당 배경은 단기적으로는 임박한 국회의원 보궐선거(1994. 07.)와 1995년에 실시될 예정인 4개 지방선거에서 유리한 득표 환경을 조성하고자 한 데에 있다.

2. 합당 경과

1) 합당선언

1992년 초 서로에게 상처를 입히고 갈라선 후 국회의원선거(1992. 03. 24.)와 대통령선거(1992. 12. 18.)를 거치면서 정국의 주변에 머물며 명맥을 유지해 오던 통일국민당의 김동길 대표와 신정치개혁당의 박찬종 대표가 1994년 5월 30일 오전 여의도 국회의원회관에서 공동기자회견을 갖고 양당

---

85) ≪조선일보≫, 1994년 4월 19일자.

의 당 대 당 통합을 선언하였다. 신정치개혁당을 이끌던 박찬종은 통일국민당과 당 대 당으로 합당하여 신당의 공동대표가 되었다.

김동길 통일국민당 대표는 이날 기존 야권이 구태의연한 사고와 타성으로 소임을 다하지 못하고 있기 때문에 진취적 보수와 합리적 진보가 힘을 모아 국민적 개혁을 완성하기 위하여 신정치개혁당과의 통합을 선언한다고 말하였다. 그가 발표한 통합선언문 요지는 다음과 같다.

통일국민당 · 신정치개혁당 통합선언문

세계적 변화와 경쟁 앞에 전 국민의 단결과 혁신이 요구됨에도 정부 · 여당은 무원칙, 무책임, 무능으로 국가를 위태롭게 하고 있고 기존 야권도 낡은 사고와 타성으로 시대적 소임을 다하지 못하고 있다. …… 진취적 보수와 합리적 진보가 힘을 모아 국민적 개혁을 완성하기 위하여 양당통합을 선언한다.

민주당의 이기택 대표, 새한국당의 이종찬 대표와 함께 야권대통합을 위하여 동분서주하던 김동길 통일국민당 대표가 갑자기 방향을 바꾸어 신정치개혁당의 박찬종 대표와 제휴, 합당을 이루었다. 이기택 민주당 대표가 김동길 통일국민당 대표, 이종찬 새한국당 대표와 수차례에 걸친 야권3당대표회담을 통하여 통합원칙 합의라는 대원칙은 이끌어 냈으나 제대로 실천에 옮기지 못하는 사이에 통일국민당과 신정치개혁당이 통합을 선언한 것이다.

양당의 통합선언으로 제3당 창당파는 통일국민당 12명, 신정치개혁당 1명에 무소속 의원 16명 중 서훈, 양순직, 임춘원, 박규식, 김진영, 정주일 등 6명을 합쳐 모두 19명의 의원을 확보하게 되었다. 따라서 세 규합과 원내교섭단체 구성을 위해서는 새한국당과의 통합이 절실하게 되었다.[86]

---

86) 원내교섭단체는 의원 20인 이상으로 구성, 등록할 수 있다.

3. 합당 이후

1) 통합신당 신민당

1994년 5월 30일 통합을 선언한 통일국민당과 신정치개혁당은 7월 6일 통합 수임기구 합동회의에서 통합을 최종 의결하고 당명을 신민당으로 하여 중앙선거관리위원회에 등록(1994. 07. 08.)함으로써 합당절차를 마쳤다.

2) 각서 파동

통일국민당과 신정치개혁당은 눈앞에 다가온 보궐선거를 겨냥, 통합을 서두른 까닭에 당 지도체제문제, 지분문제에 대한 세세한 논의를 뒤로 미루었다. 다만 통합전당대회를 9월에 열어 지도부를 새로 구성한다는 데 합의하였을 뿐이다.

통합신당인 신민당은 주류(김동길)와 비주류(양순직)로 나뉘어 당권다툼을 벌이게 되었는데 거기에는 사정이 있었다. 특히 양순직 최고위원은 당권도전을 공공연히 선언, 자신의 세력을 늘려가며 사사건건 김동길 공동대표와 갈등을 빚어 왔다. 이 과정에서 그는 당 안팎에 김동길 공동대표가 자신에게 써 준 각서가 있다는 사실을 은근히 흘렸고, 이에 입장이 난처해진 김동길 대표는 사퇴서를 제출하고 잠적하였다가 다시 나타나기도 하였다.

신민당은 김동길·박찬종 공동대표체제를 유지하기로 하고 1994년 9월 중에 통합전당대회를 열어 당 지도부를 새로 구성키로 하였으나 당권을 둘러싸고 김동길 대표와 양순직 최고위원 간에 갈등이 고조되어 내분이 심화되었다.

당초 김동길 대표는 통합 전에 양순직 의원을 영입하기 위하여 그에게 당권을 주고 자신은 대권후보를 맡겠다는 내용의 각서를 그에게 써 주었다. 양순직 의원은 임춘원·박규식·김진영 의원 등 무소속 의원 3명과 함께 6월 7일 통일국민당에 입당하였다. 그러나 김동길 대표가 약속을 지키지 않고 세력을 확장하여 민주당과의 야권통합을 위하여 신정치개혁당과 합당, 박찬종 대표를 끌어들이자 양순직 최고위원은 김동길 대표에게 앞서 자신에게 약속한 당권을 내놓으라며 김동길 대표를 압박하였다.

김동길 대표는 최고위원 및 당무위원 등에서의 수적 우위를 바탕으로 양순직 최고위원의 전당대회 개최 주장을 묵살하였다. 박찬종 대표는 처음에는 김동길 대표 쪽에 동조하는 듯하였으나 그 후 김동길 대표와 양순직 최고위원 간의 갈등이 심화되자 양순직 최고위원과 손잡고 비주류만의 전당대회를 강행, 1994년 10월 10일 단일대표로 추대되었다.[87]

중앙선거관리위원회는 이날의 전당대회를 불법으로 판정하였다. 김동길 대표는 자신은 양순직 의원에게 각서를 써 준 일이 없다고 말하였다가 양순직 최고위원에 의하여 명예훼손죄로 고발되었는데, 조사결과 검찰은 각서가 진본임을 확인하고 김동길 대표를 불구속 기소하였다. 그럼에도 두 대표는 화해하지 않다가 박찬종 대표의 이의제기로 중앙선거관리위원회가 국고보조금 지급중단을 결정하자 김동길 대표는 박찬종 대표에게 동반사퇴를 제의하기에 이르렀고 박찬종 대표가 이를 수용함으로써 12월 16일 두 대표는 대표직에서 물러났다.

그러나 주류 측이 박찬종 대표의 사표만을 수리한 후 권한대행에 김복동 의원을 선출하자 중앙선거관리위원회는 비주류 측의 이의를 받아들여 이를 인정하지 않았다. 결국 중도파들은 한영수·박한상 두 사람을 대표 권한대행으로 선출하였고 1995년 1월 11일 중앙선거관리위원회가 이를 인정함으로써 6개월 정도 계속되었던 당권 분규는 일단락 지어졌다.

---

87) 박찬종 신정치개혁당 대표는 합당 당시 그 이전인 3월 8일자로 통일국민당의 김동길 대표와 양순직 최고위원 사이에 대권(大權) 당권(黨權) 상호보장에 대한 합의각서가 교환되어 있는 사실을 알지 못하였다고 밝혔다.

 민주당 · 신민당 · 새한국당의 합당 시도

1. 합당 시도 배경

1) 와이키키 해변의 합의

통일국민당과 신정치개혁당이 신민당의 이름으로 통합을 선언(1994. 05. 30.)한 뒤 민주당의 이기택 대표는 야권통합을 위한 물밑 접촉을 계속하였다. 이기택 대표는 1994년 8월 시내 동교동의 김대중 아시아·태평양평화재단 이사장 집을 찾아가 야권통합에 관한 의견을 나누었는데 그 후부터 그는 야권통합에 더욱 적극적인 태도를 보였다.

이기택 대표는 5월 말 이후 신민당의 김동길·박찬종 공동대표와 이종찬 새한국당 대표를 여러 차례 만나 야권통합을 모색하여 왔다. 특히 보궐선거 (1993. 08. 12.)를 통하여 야권통합의 필요성을 절감한 신민당의 김동길· 박찬종 대표, 새한국당의 이종찬 대표 등 3인은 1994년 8월 미국 하와이에서 회동하고 이기택 대표의 야권통합방안에 원칙적으로 동의하였다. 이들은 광복절 행사참석차 하와이를 방문하였다가 8월 14일 저녁 와이키키 해변에서 야권통합에 원칙적인 합의를 보았다. 그 후 이들은 동행한 박규식 의원 (신민당)을 통하여 이기택 대표의 측근인 손세일 의원(민주당)에게 통합합의 사실을 전하였다. 이에 이기택 대표는 김정길 전 의원을 박찬종 공동대표에게 보내 진의를 확인하는 한편 권노갑 최고위원 등 당내 실세들에게 야권통합 사실을 알리고 그들의 의견을 들었다.[88]

---

88) 이기택 대표는 민주당 내에 '소수이면서 색깔이 여러 가지'인 신민당과 통합하기 위하여 비싼 대가를 치른다는 당내의 반대의사를 의식하고 야권3당대표들이 통합원칙을 함께 확인하는 대로 먼저 통합선언부터 하겠다는 복안을 가지고 있었다.

2. 합당 시도 경과

1) 야권통합운동 공론화

민주당과 신민당이 1994년 8월 31일 본격적인 당내 의견조정에 들어감으로써 물밑에서 추진되던 야권통합움직임이 공론화되기 시작하였다. 민주당은 이날 당무회의에서 야권통합문제를 본격 논의하였는데 회의에서는 통합의 주도권을 놓고 주류와 비주류 간의 힘겨루기가 펼쳐졌다. 이기택 대표는 그간의 추진 과정을 설명하면서 통합의 당위성을 부각시켰고 내외문제연구소(동교동 계열)의 권노갑·한광옥·유준상 최고위원 등이 통합을 지지하였으나 박실·임채정·신기하 의원 등 비주류 측은 통합의 명분에는 공감하면서도 절차상의 문제점을 지적하는 식으로 주류 중심의 통합운동을 견제하였다. 통합 후의 역학관계를 고려한다면 통합과정과 그 과정에서의 역할이 중요할 수밖에 없는 것이다.

한편 신민당은 이날 예정에 없던 최고위원 간담회를 개최하였는데 일부 지구당 위원장들이 당사에 몰려와 지도부에 대하여 상황설명을 요구하는 등 실랑이를 벌였다. 신민당은 또 양순직·한영수 최고위원 등 비주류 측 최고위원들의 요구에 따라 9월 1일 최고위원회를 열어 김동길 공동대표의 사퇴서 수리 여부를 결정키로 하였다. 이런 가운데 박찬종 공동대표는 이날 기자간담회를 자청하고, 통합 논의의 공론화와 전당대회 일정 준수방침을 밝히며 내분수습에 나섰다.

2) 신민당 전당대회

야권통합에 적극적인 자세를 보인 신민당의 김동길·박찬종 공동대표가 1994년 9월 9일 통일국민당과 신정치개혁당의 통합에 따른 당무위원 50명을 새로 임명함으로써 일시 중단상태에 있던 야권통합운동이 다시 전개되었다. 두 대표는 당무위원 중 최고위원과 당 3역 등 당연직 20명을 제외한 30명을 대부분 주류 측 인사들로 구성하였다. 또 당연직 가운데 비주류인 양순직 최고위원 쪽에 섰던 김영일 대변인을 퇴진시키고 주류인 조일현 의원을 대변인에 임명하였다. 이렇게 두 대표는 대표의 임원임면권을 활용하여 당 지도부와 정책결정기구에 대한 자신들의 장악력을 강화함으로써 당내에서 주류, 비주류 간 갈등을 빚고 있는 통합문제 및 당 체제 정비문제를 자신들의 의도대로 추진하였다. 통합에 소극적인 신민당의 비주류파는 당무위원 임명내용에 대하여 불만을 표시하고 당헌 개정안 단독발의까지도 고려하겠다는 뜻을 밝히기도 하였다.

이러한 상황이 전개되면서 통합을 선언(1994. 05. 30.)하였던 신민당은 통합전당대회에서 당권을 둘러싸고 주류인 김동길 공동대표와 비주류인 양순직 최고 위원 간에 불신과 갈등이 확장되어 분당상태에 이르게 되었다. 박찬종 공동대표가 양측의 갈등을 틈타 양순직 최고위원과 제휴하여 10월 10일 비주류만의 전당대회를 여의도 63빌딩에서 강행하였는데 이날의 전당대회는 폭력으로 얼룩진 반쪽 전당대회가 되었다. 박찬종 대표는 그 후, 전당대회에서 신민당의 대의원들이 자신을 단독대표로 추대한 것을 수락한 것은 그렇게 하면 당 내분이 수습될 것이라고 믿었기 때문이라고 말하였다.[89]

양순직 최고위원이 이끄는 비주류세력의 지원을 받아 치러진 전당대회(1994. 10. 10.)에서 단독대표로 추대된 박찬종은 그 후 주류인 김동길 측의 반발로 신민당 당사를 접수하지 못하고 있었다. 김동길 측은 11월 7일 당무회의를 열어 지난 전당대회를 주도한 당직자, 전직 및 현직 지구당 위원장 37명을 해당행위자로 간주, 제명 처분하는 대대적인 숙당작업을 단행하였다.

3) 신민당 전당대회 무효판정

중앙선거관리위원회는 신민당 전당대회와 관련, 박찬종 대표 측이 제출한 당 대표등록변경신청 수리 여부를 1994년 10월 24일의 전체회의에 상정하였으나 신중한 검토가 필요하다는 선거관리위원들의 의견에 따라 결정을 유보하였다. 동 위원회는 전당대회 유효·무효 여부를 놓고 박찬종 대표

---

89) ≪중앙일보≫, 1994년 11월 28일자.

측과 김동길 대표 측 간의 주장이 맞서 있고, 김동길 대표가 박찬종 대표
측을 상대로 대표등록정지가처분신청까지 제출한 점을 감안, 관련 자료를
선거관리위원들이 각자 검토하기로 하였다.

동 위원회는 열흘 후인 11월 3일 박찬종 대표 측에서 제출한 당 대표등
록변경신청을 각하, 전당대회 무효 결정을 내렸다. 이로 인하여 김동길 대
표는 양순직 의원이 제기한 명예훼손고소사건에 휘말리게 되었다. 김동길
대표가 1994년 3월 8일자로 서명하였다는 각서(대통령후보는 김동길, 당 대
표는 양순직으로 한다는 내용)의 존재 자체를 부인하고 양순직 최고위원을
거짓말쟁이로 몰아붙인 이른바 각서파동 때문이다. 전당대회 무효 결정이
난 지 이틀 뒤인 5일 검찰은 국립과학수사연구소의 친필감정결과를 토대로
각서가 진본이라는 판정을 내렸다.

통일국민당과 신정치개혁당의 합당 이후 계속 당권다툼을 벌여 온 두 사
람에 대하여 당내 일각에서는 동반사퇴론이 제기되어 오던 중 김동길·박
찬종 공동대표가 12월 16일 사퇴서를 당에 접수시켰다. 이로써 수개월간
끌어 오던 신민당의 내분은 수급국면에 접어들었다.

4) 민주당의 동향

민주당 내에서는 비주류를 중심으로 일부 신민당 의원들에 대한 반감이
표명되었고 통합 후의 공동대표체제를 수용할 수 없다는 의견이 제시되었다.

한편 이기택 총재는 1994년 12월 서울에서 12·12사태주모자처벌촉구집
회를 개최하였다. 그는 검찰의 12·12불기소처분에 반발하여 의원직 사퇴
를 선언하면서까지 관련자 처벌을 주장하였으나 당 내부로부터의 견제와
정부 측의 무반응으로 인하여 무산되었다.

3. 합당 시도 이후

통합신당 신민당에서는 김동길·박찬종 공동대표가 동반 사퇴한 데 이어 김용환·유수호·조순환 의원이 1994년 12월 22일 탈당하였다. 이들은 공동대표 권한대행을 선출하기 위한 최고회의조차도 계파 간의 알력으로 무산되었다고 밝히고, 당이 분열되었다는 이유로 탈당하였다. 이로써 신민당의 의석은 15석에서 12석으로 감소하였다.

민주당의 이기택 대표는 1995년 1월 25일 가진 기자회견에서 야권통합의 시한을 2월 24일로 예정되어 있는 전당대회 이전까지로 정하였다. 그런데 당 대 당 통합대상인 신민당이 내부문제로 혼미를 거듭하고 있는 것이 협상의 장애가 되었다. 내분의 당사자 격인 김동길·박찬종 두 공동대표가 대표직을 사퇴하기는 하였지만 대표권한대행 자리를 놓고 이번에는 한영수·김복동·박한상 의원 등 3인이 다투던 중 당내 비주류 측은 1월 25일 한영수·박한상 두 최고위원을 권한대행으로 선출, 중앙선거관리위원회에 대표변경등록을 신청하였다. 이로써 6개월여에 걸친 당내 분규는 수습되었으나 당세 약화는 계속되었다. 이 두 사람의 대표권한대행 등록에 앞서 박찬종은 서울시장 출마를 위하여 신민당을 탈당하였다.

한편 주류 측은 이날(1995. 01. 25.) 대표직무정지가처분소송을 제기하겠다고 으름장을 놓으며 박한상 대신 김복동을 고집하였다. 신민당 내 사정이 이렇게 되자 민주당은 누구를 상대로 통합협상을 벌여야 할지 모르는 상황이 되었다.

민주당으로서는 또 다른 통합대상인 재야 측과의 협상도 만만치가 않았다. 통일시대국민회의(의장 김근태)는 1월 하순까지 지구당 위원장 급 30여 명을 선정해 놓고 있었으며 민주당에 대해서는 서울·경기 지역의 상당한 지분을 요구하였고, 일부 인사들은 당명 변경도 요구하고 있었다. 이렇게 민주당, 신민당, 새한국당의 통합은 신민당의 내분이 주된 원인이 되어 시도에 그치고 말았다.

 민주당 · 새한국당 · 통일시대국민회의의 합당(민주당)

1. 합당 배경

민주당, 신민당, 새한국당의 통합 시도가 신민당의 내분으로 인하여 소멸되자 민주당은 내분에 휩싸인 신민당을 제쳐 놓고 새한국당, 통일시대국민회의와의 합당을 시도하였다. 이들 3자의 주된 합당 배경은 여당에 효과적으로 대항하기 위한 범야권세력 결집에 있다고 할 수 있다. 이 무렵 여당 민주자유당 내부에서는 당 주도권을 둘러싸고 분열조짐이 보이고 있었다.

2. 합당 경과

민주당은 1995년 2월 6일 야권통합추진위원회 회의를 개최하였다. 그런데 민주당의 합당노력은 이종찬 대표가 이끄는 새한국당과의 협상에서만 진전이 있었다. 통일시대국민회의와는 지분문제 때문에 난관에 부딪쳤고, 신민당과는 본격적인 협상을 시작도 하지 못하고 있었다. 그러다가 민주당, 새한국당 및 통일시대국민회의는 2월 10일 야권통합추진위원회 전체회의를 열어 '선 통합선언, 후 협상'의 절차를 밟기로 하였다. 이기택, 이종찬, 김근태 등 각 정파의 대표는 통합원칙을 선언한 뒤 2월 24일의 민주당 전당대회 전까지 지분협상을 마치겠다고 말하였다.

민주당, 새한국당, 통일시대국민회의는 2월 13일 오후 여의도의 한 호텔에서 통합을 위한 제1차 실무회의를 열어 통합될 당의 이름을 민주당으로 결정하였다.

3정파 간 합의사항

① 통합당의 당명은 민주당으로 하며 민주당의 정강정책을 기본으로 한다. ② 향후 구체적인 통합논의는 호양정신에 입각하여 합리적으로 조정한다. ③ 민주화를 위하여 투쟁하

다 공민권이 제한된 인사들의 사면복권을 위하여 노력한다.

3정파 간 통합원칙

① 민주화와 개혁을 진전시킨다. ② 평화통일의 기반을 구축한다. ③ 수평적 정권교체를 이룩한다. ④ 지방선거승리를 위한 야권통합을 이룩한다.

신당의 명칭이 민주당으로 되고, 정강·정책 또한 민주당의 것을 기본으로 한다는 합의사항에서도 알 수 있는 것처럼 새한국당과 통일시대국민회의가 민주당에 흡수된 것이다. 합의 후 3개 정파는 지분문제 등 구체적인 협상을 계속하였다.

민주당은 이번 협상과정에서 새한국당과의 지분문제 때문에 막판에 진통을 겪었다. 새한국당 측이 통일시대국민회의가 얻어 낸 10%의 통합지분을 명시적으로 보장하라고 요구하고 나섰기 때문이다. 또 이영일·김붕욱 전 의원 등 일부 입당인사들에 대한 조직책 할당문제도 걸림돌로 작용하였다. 결국 이기택 대표와 이종찬 대표가 2월 21일 회동하여 지방자치선거 후 조직 정비 때 10%의 지분을 적극 반영한다는 선에서 합의를 보았다. 이와 함께 이종찬 대표의 거취문제가 거론되었으나 이종찬 대표가 양보하여 상임고문을 맡기로 하였다. 민주당은 이날 최고위원회의를 열어 새한국당 및 재야의 통일시대국민회의와 그동안 실무협상에서 합의된 통합원칙을 추인함으로써 야권통합작업은 일단 마무리되었다.

새한국당은 현역의원 2명 중 장경우 의원이 먼저 민주당에 입당한 후 이종찬 대표민이 남아 민주당 및 신민당 등과 야권통합을 추진하다가 신민당 내분으로 여의치 않게 되자 그는 2월 24일 민주당 임시전당대회에서 재야 세력인 김근태의 통일시대국민회의와 함께 '야권 3자 통합'을 선언하고 민주당에 입당하였다. 이들 3정파는 이날 민주당 임시전당대회에서 통합을 공식 선언하였다.[90] 신당 민주당에는 이종찬 대표와 조순환 의원 등 2명의 현역의원이 가세함에 따라 소속 의원 수가 1백 명으로 늘어 재적의원 3분

---

90) 민주당 내의 내분이 격화되던 중 김상현 고문이 당권 경쟁을 포기하는 선언을 함으로써 계파 간 갈등이 일단 봉합된 상태에서 24일의 임시전당대회를 맞게 되었다. 한편 1995년 3월 하순의 원내 의석수는 민주자유당 177석, 민주당 98석, 신민당 12석, 새한국당 1석, 무소속 1석이었다.

의 1 이상인 개헌 저지선을 확보하였다.

3. 합당 이후

이기택 민주당 총재는 일단 새한국당(이종찬), 통일시대국민회의(김근태)와 야권 3자 통합을 성사시켰으며 민주당은 또 다른 통합대상인 신민당을 바라보면서 출범하였다.[91]

제19절 민주당·신민당의 합당 시도

1. 합당 시도 배경

새한국당과 재야의 통일시대국민회의를 흡수 통합한 민주당은 이번에는 '지역분할구도'와 '반민주자유당'을 명분으로 내세우고 신민당과의 합당을 시도하였다. 민주당과 신민당의 지도자들은 양당이 통합되면 야권이 통합되는 셈이므로 통합신당이 가질 여당 독주 억제력에 기대를 걸었다. 민주당으로서는 지방선거와 국회의원선거를 앞두고 영남 지역 내에 교두보를 확보하지 못하면 지역당이라는 불명예를 떨칠 수 없기 때문에 합당에 나선 것이다.

2. 합당 시도 경과

1) 신민당 정기 전당대회 및 합당교섭

신민당은 1995년 3월 27일 오전 10시부터 오후 7시 10분까지 시내 롯데

---

91) 이는 정치적으로는 3자 통합이나 정당법상으로는 민주당과 새한국당의 양당통합이다.

월드 3층 국제회의장에서 정기 전당대회를 개최하였다. 대의원 1,147명 중 830명이 참석한 이날 대회에서 김복동 의원을 대표최고위원으로 선출하였으며 민주당과의 통합을 위한 야권통합추진위원회를 구성하였다.[92]

신민당·민주당 양당은 4월 8일 오전 10시 제1차 야권통합추진위원 합동회의를 열고 협상을 조속히 마무리한다는 데 합의하였다. 통합방식은 당 대 당 통합으로 하되 당명은 민주당으로 하고 지도체제는 공동대표제로 한다는 데 양측의 의견이 접근하였다. 합당협상이 진전된 것은 6월의 지방선거를 앞두고 합당 문제가 가부간 정리되어야 한다는 인식이 확산되었기 때문이다.

신민당의 입장에서도 민주자유당에서 분리된 김종필이 이끄는 자유민주연합이 이미 출범한 상황에서 지방선거에서 승산이 있을지 미지수였다. 상황이 급하게 돌아가고 있음에도 양당의 통합에는 난관이 가로놓여 있었다. 신민당 측이 120명의 지구당 위원장들을 지구당조직책 또는 지방선거에서의 기초단체장으로 소화하여 줄 것을 민주당 측에 요구한 것이다. 이에 대하여 민주당 측은 먼저 통합선언을 한 후에 이런 문제를 논의하자는 입장을 보였다.

그런데 통합신당의 법적 대표는 누가 맡을 것인가를 놓고 신경전이 벌어졌다. 신민당 측은 공동대표제를 전제로 한 통합인 만큼 당연히 법적 대표도 이기택·김복동 두 사람이어야 한다고 주장하였고, 민주당 측은 명칭은 두 사람 모두 공동대표지만 법적 대표는 이기택 총재 한 사람이이야 한다고 주장하였다. 과거 김대중·이기택 공동대표시절에도 김대중 대표만을 법적 대표로 중앙선거관리위원회에 등록하였던 예를 든 것이다.[93]

김복동 신민당 대표는 전당대회에서 당권을 획득한 지 얼마 지나지 않았기 때문에 단독 대표자리를 내놓기가 어려웠고, 또 자신의 지역구인 대구에서의 '비민주당 정서'를 의식할 수밖에 없었다. 이런 입장에 있는 김복동 대표를 설득하기 위하여 민주당 측은 이기택·김복동 공동대표제, 신민당 측 인사의 대구시장 총력 지원안을 제시하였다.

---

92) 신민당은 1995년 1월 23일 한영수·박한상 공동대표 권한대행체제를 결의한 바 있다.
93) 이에 관해서는 이 책의 제8장 제9절 참조.

민주당은 통합선언부터 하자고 요구하였으나 이에 대하여 신민당 내부의 반발이 적지 않았다. 한영수·양순직 의원 등 비주류는 '선 지분협상, 후 통합'을 주장하였다. 김동길·조일현·현경자·문창모·박구일·강부자 의원도 4월 7일 내각제 추진, 신민당 당명고수 등의 관철을 요구하며 민주당이 요구한 '선 통합'에 대하여 반대의사를 표명하였다.

이기택 총재와 김복동 대표는 4월 11일 오후 회동하고 통합의 3대 원칙(통합형식, 지도체제, 당명)에 합의하였다. 김복동 신민당 대표, 강창성 민주당 의원, 그리고 양당의 통합실무대표들은 4월 15일 연쇄 막후 접촉을 갖고 다음과 같은 3개 항의 통합조건에 합의하였다.

민주당·신민당의 통합합의문

① 통합 형태는 당 대 당 통합으로 한다(통합 지분은 민주당 7, 신민당 3). ② 지도체제는 이기택·김복동 공동대표로 하여 선거관리위원회에 등록한다(동등한 법적·실질적 권한행사). ③ 통합당의 당명은 민주당으로 한다.

이 합의문을 보면 당명은 민주당으로 하되 통합지분을 민주당 7, 신민당 3으로 하는 사실상의 흡수통합임을 알 수 있다. 양측은 또 현재의 통합추진위원들로 통합신당의 조직강화특별위원회를 구성한다는 데에도 의견접근을 보았다. 그런데 4월 16일의 회의에서 다루게 될 지구당 위원장과 기초단체장후보 배분문제에 대한 양측의 입장은 좁혀지지 않았다. 신민당은 서울 11곳, 호남 7곳 등 전국 46개 지구당 위원장과 서울 8곳, 호남 10여 곳을 비롯한 기초단체장 공천을 문서로 보장할 것을 요구하였다. 이에 대하여 민주당 측은 신민당이 지목한 서울과 호남의 지구당은 위원장이 현역의원인 곳이 대부분이고 기초단체장후보도 이미 상당수가 내정되어 있다는 이유를 들어 난색을 표명하였다.

민주당과 신민당 양당은 4월 17일 여의도 맨하탄호텔에서 통합협상 실무대표회의를 갖고 서울과 호남에서의 지분배분문제를 놓고 다시 절충을 벌였으나 결론을 내리지 못하였다. 협상에서 난제 중의 하나는 호남 지역에서의 지구당 배분문제였는데, 신민당의 김복동 대표 측은 당 대 당 통합원칙에 따라 이 지역에서도 민주당 7, 신민당 3의 비율에 따라 민주당이 12개의 지구당을 신민당에 할애하여야 한다고 주장하였다. 이에 대하여 민주당은 먼저 통합을 선언한 뒤 양당 15명씩 30명으로 구성되는 합당수임기구에서 구체적으로 논의하자며 확답을 회피하였다. 3차례에 걸친 통합실무대표회담을 거쳐 민주당은 4월 18일 광주와 전남, 전북에서 각각 1석씩 모두 3석을 양보할 수 있다는 최종안을 제시하였지만 김복동 대표는 최소한 7개 지구당과 광역단체장 1석은 보장해 주어야 한다고 주장, 양측의 이견이 좁혀지지 않았다.

그런데 이러한 표면적인 이유보다도 더 큰 문제는 계파마다 통합에 따르는 이해득실이 다른 신민당과 어느 누구도 확실한 지분을 보장할 수 없는 통합신당 민주당의 속사정에 있었다.

김복동 대표를 중심으로 하는 신민당의 대구·경북인사(이른바 TK)들은 자신들 지역에서의 비민주당 정서를 감안할 때 민주당 간판으로는 이곳에서 정치생명을 이어가기가 어렵다는 판단을 하였기 때문에 그러한 위험부담을 안고 임하는 통합인 만큼 민주당이 진정으로 통합을 원한다면 그들의 '앞마당'인 호남 지역의 선거구를 어느 정도 신민당에 양보해야 한다는 것이다.

이와는 달리 신민당의 임춘원 최고위원 등 협상대표로 나선 인사들은 대부분 비대구·경북(非TK) 지역에 기반을 두고 있어 김복동 대표와 같은 부담이 적기 때문에 차기 국회의원선거를 위해서는 통합이 절실하였다. 결국 이런저런 손익 계산 때문에 임춘원 최고위원이 나선 실무회담에서는 대체로 순조롭게 합의가 이루어지면서도 김복동 대표의 손에만 들어가면 부결되거나 새로운 조건이 추가되는 일이 협상과정에서 반복되었다.

2) 합당선언

야권통합협상은 그동안 소극적인 태도를 보이던 김복동 신민당대표가 1995년 4월 20일 신민당 통합추진위원회의에서 민주당과의 통합을 먼저 선언한 뒤 지분 등 구체적인 문제는 추후에 협상하기로 결정함에 따라 급진전되었다. 민주당의 '선 통합선언, 후 조정' 제의를 신민당이 전격 수용한 후 이기택 총재와 김복동 대표는 4월 21일 오전 국회 귀빈식당에서 양당의 당 대 당 통합을 선언하였다. 이들은 통합을 선언하면서 지역분할 정치구도의 극복과 '반민주자유당'을 명분으로 내세우기는 하였으나 통합을 완료하기까지에는 지도체제문제, 지분 문제 등 해결해야 할 난제들이 쌓여 있었다. 민주당은 비호남의 중량급 인사를 영입하여 6월로 예정된 지방선거에서 교두보를 만들지 못하면 이어지는 국회의원선거(1996. 04. 11.)에서도 '호남당'이라는 낙인이 찍히게 되는데 이를 막기 위하여 노태우 전 대통령의 처남이며 대구 출신인 김복동과 제휴하게 된 것이다.

지분문제와 관련하여 양측은 일단 모든 당직과 위원장직에서 7 대 3의 비율을 적용하기로 합의는 되어 있으나 문제는 민주당이 서울과 호남에서 어느 정도까지 양보하느냐 하는 데에 있다. 신민당 측은 기초단체장 공천권의 경우 서울 8개 구(영등포, 금천, 중랑, 은평, 도봉, 서초, 성동, 강동), 호남 11개 구(전주, 군산, 고창, 완주, 임실, 목포, 여천. 화순, 여수, 승주, 구례)를 요구하였고, 위원장직은 서울의 노원 갑, 영등포 을, 강남 갑, 서대문 을 등 8곳, 호남에서는 광주-광산, 김제, 부안, 무주-진안-장수, 담양-장성 등 5곳을 요구하였다. 이에 대하여 민주당은 지구당 위원장직은 기초단체장 출마와 묶어 해결하고 안 되는 경우에는 공동위원장직으로 둔다는 복안을 가지고 있었다.

신민당의 15인 통합추진위원 긴급회의가 4월 23일 오전 11시 김복동 대표 주재로 열렸는데 이 자리에서 위원들은 민주당이 통합 후의 대표를 이기택 총재와 김복동 대표의 법적인 공동대표로 하지 않겠다는 것은 당 대 당 통합원칙에 어긋난다며 민주당을 성토하였다. 양당은 4월 24일 오전 여의도 63빌딩에서 통합수임기구 구성을 위한 합동회의를 열어 구체적인 절차를 논의할 예정이었다. 이러한 신민당의 반발은, 4월 22일 개최된 민주당 당무회의의 내용, 즉 "공동대표는 정치적 의미의 공동대표로 해석한다."고 결론을 내렸다는 사실이 전해지면서 시작되었다. 신민당의 비판적 반응이 이날 오후 6시경 민주당 측에 전해지자 민주당도 바로 통합추진회의를 개최하였다. 3시간이나 계속된 회의에서 민주당 의원들은 이런 문제점이 드러난 상태에서 더 이상의 협상은 어렵다고 의견을 모았다.

3. 합당선언 이후

1) 합당실패 원인

민주당과 신민당의 통합은 '선 통합선언' 형식이었다. 그러나 양당이 통합을 선언한 지 불과 3일 만에 이 통합은 무산되었다. 민주당이 4월 23일 통합추진위원회회의를 열어 통합협상 중단과 독자적인 지방자치제 선거준비를 선언한 데 이어 24일에는 신민당도 같은 내용의 결정을 내린 것이다.

양당은 통합선언을 발표하는 데 급급하여 핵심적인 통합조건을 합의해 두지 않았으며, 또 통합의 명분에 밀려 통합협상은 벌였지만 적극성을 띠지 않은 점도 통합이 이루어지지 않은 원인의 하나라고 볼 수 있다. 특히 중앙선거관리위원회에 누구를 대표로 등록할 것인지에 관하여 합의를 이끌어 내지 못한 것이 결정적인 실패요인이다. 신민당 측이 김복동 대표도 통합당의 공동대표로 선거관리위원회에 등록해야 한다고 요구한 데 대하여, 민주당 측은 정치적 의미의 공동대표 이상을 보장할 수 없다며 이를 거부한 것이다. 민주당 측은 이기택 총재 한 사람만 법적 대표로 등록한다는 데 신민당도 동의했었다고 주장하였고, 신민당은 민주당이 이기택·김복동을 법적 대표로 하기로 약속하였기 때문에 통합선언에 응한 것이라고 주장하는 등 통합협상의 내용이 깔끔하지 못하였음을 보여 주었다.

2) 박찬종 의원의 탈당

한편 1994년 6월 원내 의석 1석(박찬종 의원 자신)인 신정치개혁당을 이끌고 통일국민당과 통합하여 신민당을 창당하였던 박찬종 의원은 신민당을 탈당하겠다고 밝혔다. 박찬종 의원의 탈당은 4월 21일에 있었던 민주당 이기택 총재와 신민당 김복동 대표의 통합선언과, 자신이 무소속으로 서울시장선거에 출마하겠다고 선언한 그에게는 예정된 일이었다.[94]

---

94) 박찬종 의원은 1987년 대통령선거 직전 김영삼, 김대중의 후보단일화를 요구하다가 실패하자 '반양김(反兩金)' 노선을 걷기 시작하였다. 이후 그는 야권 정치세력의 이합집산 흐름 속에 있었다. 1991년 3

1. 합당 배경

김영삼 대통령이 이끄는 문민정부(1993. 02. 25. 출범)는 정통성, 대표성, 도덕성을 바탕으로 '한국병 치유', '신한국 건설', '역사 바로 세우기'를 목표로 세우고 각종 개혁을 단행하였다. 그 과정에서 당내에 있는 '구정치세력(舊政治勢力)'이 개혁에 걸림돌이 된다는 주장과, 당내에서 통일민주당계열이 주도권을 장악하기 위해서는 김종필 대표를 출당(黜黨)시켜야 한다는 주장이 나오는 등 냉기류가 생성되고 있었다.

그러던 중 김영삼 대통령은 1995년 1월 13일 김종필 민주자유당최고위원을 당직으로부터 배제하겠다는 발언을 하였다. 5년 전인 1990년 2월 신민주공화당 총재로서 3당 합당에 참여하였던 김종필 대표최고위원은 이렇게 통합신당 민주자유당의 개혁명분과 세 겨루기에 밀려 당을 나오게 되었으며 곧 자유민주연합을 창당하게 되었다.

한편 민주당과 신민당의 통합협상에서 법적 대표 등록을 둘러싼 이견 때문에 통합이 무산된 신민당은 통합협상 결렬 전에 창당된 자유민주연합과의 합당을 추진하게 되었다. 신민당이 서둘러 자유민주연합과의 합당을 추진한 배경에는 지방선거(1995. 06.)가 끝나면 당이 공중 분해될지도 모른다는 위기의식이 강하게 작용하였다. 실제로 신민당은 취약한 지지기반과 인물난 때문에 광역단체장후보를 전혀 공천하지 못하고 있는 실정이었으며, 자유민주연합으로서도 충청권 정당이라는 인식을 조금이라도 불식시키기 위하여 연합세력이 필요하던 때였다.

당 합당 당시 통합신당에 합류하지 않은 박찬종 의원은 이기택, 홍사덕, 이철, 김광일 의원 등과 함께 민주당(속칭 꼬마 민주당)을 창당하였으나 1991년 9월 민주당이 김대중이 이끄는 평화민주당(신민주연합당)과 통합하자 당을 떠났다. 그는 1992년 제14대 국회의원선거 직전에 신정치개혁당을 창당하였으며, 그해 대통령선거에서 151만여 표를 획득하였다. 그리고 1994년 통일국민당과 통합하여 김동길 의원과 함께 신민당의 공동대표가 되었으나 그 후 '각목 전당대회'를 경험하게 되었다.

2. 합당 경과

1) 자유민주연합 창당

1995년 1월 19일 당직을 사퇴한 김종필 민주자유당 대표는 통합신당 민주자유당의 결성(1990. 02. 09.) 만 5년째인 1995년 2월 9일 국회의원회관에서 기자회견을 갖고 민주자유당 탈당 및 신당창당을 선언한 데 이어 2월 21일 오후 시내 앰배서더호텔에서 창당발기인대회를 열고 신당 자유민주연합의 창당을 선언하였다. 내각책임제 실현을 당 이념 및 정강·정책으로 내세운 자유민주연합에는 박준규 전 국회의장, 이종근, 김용환, 이긍규, 구자춘, 조부영, 유수호, 정태영, 김진영 등 현역의원 9명이 참여하였다.

자유민주연합(약칭 자민련) 중앙당 창당대회는 3월 30일 오후 2시부터 3시까지 시내 장충체육관에서 대의원 3,296명 중 3,282명이 참석한 가운데 개최되었는데 대회에서는 총재에 김종필을 선출하였다. 자유민주연합은 4월 17일 충남 부여청소년회관에서 부여지구당 창당대회를 갖고 김종필 총재를 지구당 위원장으로 선출하였다.[95]

2) 합당교섭

자유민주연합의 김종필 총재와 신민당의 김복동 대표는 1995년 4월 말에 회동, 양당통합의 기본원칙에 합의하였다. 양당 대표의 회동에 이어 구자춘 자유민주연합 부총재와 박구일 신민당 사무총장 등 양측 통합추진대표들은 5월 3일 회합을 갖고 양당 통합추진위원회를 5월 8일에 구성하기로 하였다. 양당 대표들은 또 당 대 당 형식으로 양당을 통합, 50 대 50으로 지분을 배분하되 통합신당의 당명은 자유민주연합으로 한다는 데 합의하였다.

신민당은 5월 11일 통합추진위원회를 열고 지분문제를 논의하였으나 이 자리에서 임춘원 최고위원 등 통합반대파는 "공동대표제와 당무위원 50 대

---

95) 김종필 총재는 이날 1990년 2월의 3당 합당 당시 김영삼 대통령과 함께 서명하였던 내각책임제 개헌 합의 문서를 가지고 있다고 밝혔다.

50 구성원칙이 관철되어야 한다."고 주장하였다.[96]

　신민당은 당내 일부의 합당반대 주장에도 불구하고 통합선언을 강행키로
하고 5월 15일 밤 긴급최고위원회의를 열어 16일 오전의 통합추진위원회의
에서 자유민주연합과의 통합선언을 매듭짓기로 하였다. 신민당은 예정대로
5월 16일 통합추진위원회를 소집, 통합에 반대하여 회의에 불참한 통합반
대파 추진위원 2명의 자격을 박탈하고 새로 추진위원을 임명한 후 자유민
주연합과의 통합을 추인하였다.

　김종필 총재와 김복동 대표를 비롯한 양당 관계자들이 5월 17일 합당수
임기구 합동회의를 열고 합당을 결의한 후 국회의원회관 소회의실에서 공
동기자회견을 갖고 양당의 통합을 선언하였다. 이날 양당 대표가 합당합의
서에 서명함으로써 통합을 이루게 되었다.

자유민주연합 · 신민당의 통합 합의사항

① 통합당의 당명은 자유민주연합(약칭 자민련)으로 한다. ② 신민당의 김복동 대표가 통
합 신당의 수석부총재를 맡는다. ③ 신민당의 한영수 · 정상구 · 이필선 최고위원을 10명의
부총재에 포함시키고 당무위원은 자유민주연합과 신민당이 각각 21명, 14명씩 선임한다.

　이로써 자유민주연합과 신민당은 '자유민주연합'으로 신설 합당되었으며
당 총재에는 김종필이 선출되었다. 양당은 각각 5명씩으로 10인 합당추진
위원회를 구성, 당헌, 정강 · 정책 작성, 중앙당의 집행 및 의결기구 구성
등 통합실무문제를 처리하고 1996년 3월 말까지 통합전당대회를 개최하기
로 하였다. 자유민주연합은 1995년 5월 25일 국회에 자유민주연합의 이름
으로 원내교섭단체등록을 하였는데 이때 의원 수는 모두 20명이었다. 그러

---

96) 신민당은 1992년 2월 정주영 현대그룹명예회장이 정치참여를 선언하면서 결성한 통일국민당에 뿌리를
　　두고 있다. 통일국민당은 정주영 대표가 그해 12월의 대통령선거에서 패배하면서 와해되기 시작하였으
　　며, 1994년 7월에는 박찬종 의원의 신정치개혁당과 통합하여 신민당으로 당명을 변경하였다. 이어 양
　　순직, 임춘원, 박규식 의원 등이 입당, 재도약을 다짐하기도 하였다. 그러나 당내 주류와 비주류의 당권
　　다툼이 이어졌다. 1994년 10월에는 박찬종 의원이 비주류와 연합하여 단독대표 확보를 위한 전당대회
　　를 강행, 각목이 난무하는 폭력사태를 빚었다. 그 후 '김동길 대통령후보, 양순직 당 대표' 합의각서문제
　　로 김동길과 양순직이 서로 맞고소하는 사건이 있었다. 신민당은 1995년 2월 김동길, 박찬종 공동대표
　　의 동시사퇴와 고소고발 취하로 내분을 수습하였으며, 3월 전당대회에서 김복동 대표를 선출하고 야권
　　통합을 추진하여 왔다. 4월에는 민주당과 통합선언까지 하였으나 통합은 무산된 경험이 있다.

나 강우혁 의원이 인천시장출마를 위하여 의원직을 사퇴함으로써 19명으로 감소하였다. 이에 자유민주연합은 통합에 참여하지 않은 신민당의 현경자 의원과 무소속의 강창희·정동호·조승환 의원 등과 영입교섭을 벌여 몇몇 의원을 영입한 후 5월 31일 양당이 공식으로 통합을 이룸으로써 교섭단체를 유지하였다.

김복동 신민당 대표가 제1야당인 민주당의 공동대표직을 거부하고 제3당의 부총재직을 맡기로 하면서 자유민주연합과 통합한 것은 대구·경북 지역에 세력을 확대하려는 김종필 자유민주연합 총재와, 대구 지역을 확실한 지지거점으로 확보하려는 김복동 대표의 이해관계가 작용한 것이다.

3. 합당 이후

1) 신민당 내 통합반대파의 신민당 재창당

신민당과 자유민주연합의 합당에 있어서 문제는 신민당 내의 통합반대파 당원들의 움직임이었다. 임춘원 의원과 박영록 전 의원이 서울지법과 중앙선거관리위원회에 합당등록금지가처분신청과 이의신청을 각각 제출한 것이다.

이들 통합반대파는 "신민당의 자유민주연합과의 통합은 굴욕적인 흡수통합이며 김복동 대표가 통합추진위원을 자의적으로 임명한 것은 불법"이라는 내용의 성명을 발표, 통합에 이의를 제기하고 신민당 재건작업에 나섰다.

이처럼 신민당이 자유민주연합에 통합되는 과정에서 통합에 참여하지 않은 임춘원 의원·박영록 전 의원 등 통합반대파는 1995년 6월 15일 신민당 재창당 등록을 마치고 6월 23일 여의도 사학연금회관에서 신민당 창당대회를 개최하였다(총재 임춘원 의원).[97]

---

97) 임춘원 의원이 이끄는 신민당은 6월 27일 '무정파 국민연합'을 결성하였으며, 1996년 2월 5일에는 '무정파 전국연합'으로 명칭을 변경하였다.

 민주당·개혁신당의 합당(통합민주당)

1. 합당 배경

1995년 들어 김대중 아시아·태평양평화재단 이사장이 정계 복귀 움직임을 보이자 김영삼 대통령은 세대교체론을 제기하였다. 세대교체론은 김영삼, 김대중, 김종필 등 세 사람의 동시 정계 은퇴론으로 번졌는데 세 사람이 동시에 은퇴하는 것이 아니라 현직 대통령인 김영삼은 임기 동안은 계속할 수 있도록 한다는 내용이었다. 김대중과 김종필 측에서는 인위적 세대교체는 불가하다는 세력교체론으로 대응하였다. 이렇게 세 정치인의 거취에 대한 논란이 일고 있는 가운데 정치개혁을 주창하는 개혁신당 창당 움직임이 보이기 시작하였다.

이들 개혁주창세력은 신당을 창당함에 있어 기존의 정당과 합당을 구상하고 있었고 실제로 창당 후 곧바로 민주당과 합당을 시도하였다는 점에서 합당의 명분으로 내세운 개혁과 보스중심 사당(私黨)정치 극복이라는 구호는 설득력이 약했다고 볼 수 있다.

따라서 민주당과 개혁신당의 합당은, 여당 민주자유당이 있고, 자유민주연합이 결성(1995. 03.)되었으며, 김대중 아시아·태평양재단 이사장이 정계복귀를 선언(1995. 07. 18.)한 이후에 발생한 상황이라는 점에 유념하여 그 배경을 살펴볼 필요가 있다. 즉 여당 민주자유당이 분열되어 자유민주연합이 결성되었고, 제1야당인 민주당은 지도부의 영도력이 약하여 당론 분열 속에 있었으며, 소속 의원 중 상당부분은 김대중 이사장의 영향을 받는 인사들이었다. 따라서 개혁주창세력으로서는 제4의 정당을 결성하여 민주당(혹은 그 일부)과 합당하면, 머지않아 제1야당으로 부상하게 될 새정치국민회의와의 합당교섭에서 유리한 입장에 서게 될 것이며, 합당이 성사된다면 그 후의 정국에서 일익을 담당할 수 있다는 복안을 가지고 있었을 것이다.

2. 합당 경과

1) 개혁신당 출범

정치개혁시민연합, 젊은 연대 등 반3김(反3金) 신당추진세력은 1995년 10월 9일 개혁적 국민정당창당주비회를 발족시키고 창당 작업을 본격화하였다. 홍성우 변호사, 장을병 전 성균관대학교 총장, 서경석 목사 등은 이날 오전 여의도 맨하탄호텔에서 합동기자회견을 갖고 개혁신당 창당을 선언하였다(공동위원장 장을병·홍성우). 지역분할구도와 보스중심의 사당(私黨)정치 극복을 위한 개혁신당을 주장하는 이들은 "과감한 개혁으로 정치의 퇴행을 막기 위하여 새로운 정치세력의 출현이 필요하며 개혁신당은 국민통합정당, 민주정당, 정책정당을 실현할 것"이라고 말하였다. 주비위원회는 25명으로 구성된 주비위원명단을 발표하였으며 사무총장 겸 임시대변인으로 서경석 목사(전 경실련 사무총장)를 내정하였다.

이날 기자회견에서 민주당과의 통합 여부를 묻는 질문에 대하여 홍성우, 서경석, 장기표 등은 "민주당의 혼란은 3김의 보스중심정치에서 나온 것이며 이를 극복하는 과도단계에 있다. 또한 내부에 국민의 기대를 모으는 참신한 정치인들이 있으므로 평가절하해서는 안 된다."는 요지의 발언을 하여 통합의사가 있음을 간접적으로 표명하였다.

세대교체론과 세력교체론이 교차하는 가운데 재야세력은 정치개혁시민연합을 발족한 뒤 시민단체세력 일부와 합세하고 민주당 내의 구당파(救黨派) 일원인 이부영 등의 지원을 받아 신당을 출범시키게 되었다.

민주당과 개혁신당 창당준비위원회는 11월 7일의 제1차 통합협상 실무대표 회담에 이어 10일 제2차 회담에서 당명, 대표체제, 지도체제, 조직책 선정기준 등 구체적으로 통합문제를 논의하였다.

개혁신당 창당대회는 11월 27일 오후 2시부터 여의도 63빌딩 2층 국제회의장에서 대의원 총 438명 중 397명이 참석한 가운데 개최되었다. 개혁신당은 기존의 정치권과 차별화를 시도한 개혁적 정당이라기보다는 기존 정당과의 통합을 염두에 두고 창당된 정당으로 볼 수 있다는 점에서 참신성과 개혁의지에 한계를 안고 출발하였다.

2) 민주당과 개혁신당의 합당교섭

신당 창당을 반대하였던 이기택 총재를 비롯한 김원기·이부영·제정구 의원 등이 소속해 있는 민주당과, 새롭게 출범한 개혁신당과의 통합작업은 1995년 10월 9일 개혁적국민정당창당주비회 발족 당시 민주당과의 통합의사를 밝힌 이래 대표선임 등 지도체제 문제를 둘러싸고 양측이 갈등을 보여 왔다.

민주당의 이기택·김원기 고문은 12월 3일 저녁 여의도 63빌딩에서 회동, 양당 간의 통합은 반드시 성사되어야 한다는 데에 인식을 같이하고 통합의 커다란 걸림돌이었던 지도체제에 합의하였으며 '2 플러스 1'(2인의 공동대표, 1인의 상임고문) 방안도 논의하였다.

12월 4일 오전 민주당 최고회의에서는 기존의 대표들을 그대로 추인하는 4인 공동대표안을 제시하였다. 그러나 이기택·김원기 고문 측은 물밑접촉을 통하여 4인 공동대표안을 뒤집기 위한 작업에 들어갔는데 이날 밤 열린 양당 합동회의에서 그 윤곽이 드러났다. 논란이 이어지는 동안 이기택 고문은 김원기 고문을 통합신당의 민주당 몫 대표로 추천하였고, 김원기 고문은 이기택 고문을 상임고문으로 추대하였다. 합동회의에서는 개혁신당 몫의 공동대표에 장을병 대표가 결정되었다.

양당은 이렇게 통합신당의 공동대표로 민주당의 김원기 상임고문과 개혁신당의 장을병 공동대표를, 상임고문에는 이기택 고문을 각각 추대하였으며 '3인 합의제'로 당을 운영하기로 하였다.

3) 민주당과 개혁신당의 통합선언(통합민주당)

민주당과 개혁신당은 1995년 12월 4일 양당의 통합을 선언하였다. 양당은 이날 오후 6시 국회의사당 145호실에서 위원 38명 중 37명이 참석한 가운데 제1차 합동수임기구회의를 개최하였으며, 12월 12일 오후 2시에는

같은 장소에서 위원 38명 중 27명이 참석한 가운데 제2차 합동회의를 개최
하고 다음과 같은 내용에 합의하였다.[98]

민주당·개혁신당의 제1차 통합수임기구 합동회의 합의내용(1995. 12. 04.)
① 민주당과 개혁신당의 통합을 선언하고 대표체제는 2인 공동대표, 1인 상임고문 및 6
인의 부대표 체제로 한다. ② 부대표 6인의 인선 권한과 다음 통합수임기구 합동회의 시
까지 당헌, 정강정책문제를 해결할 소위원회를 구성하는 권한을 두 공동대표와 상임고문에
게 위임한다.

민주당·개혁산당의 제2차 통합수임기구 합동회의 합의내용(1995. 12. 12.)
① 소위원회에서 마련한 당헌안을 일부 수정해서 통과시킨다. ② 주요 당직은 최고위원회
를 구성해서 최고위원들과 협의해서 임명한다.

12월 4일의 민주당과 개혁신당의 통합발표 및 지도체제 합의는 민주당의 이
기택·김원기 두 사람의 막판 조정으로 성사되었다. 지난 8월의 민주당 분당사
태 때도 그러하였다. 당시에는 새정치국민회의 창당과 관련하여 내분이 적지
않았는데 두 사람이 상임고문으로 당권경쟁에서 동반 후퇴하고, 홍영기·박일
이라고 하는 원로체제를 내세워 당을 수습한 적이 있다. 이번에는 반대로 원로
들을 물리치고 두 실세가 전면에 나서 양당 간 통합을 성사시켰다.

3. 합당 및 제15대 국회의원선거 이후

1) 제15대 국회의원선거 – 당 지도부의 낙선과 내분

통합민주당은 제15대 국회의원선거(1996. 04. 11.)에서 당선자가 15명에
불과하여 원내교섭단체를 구성하지 못하였다. 설상가상으로 당선자 중 5명
이 여당인 신한국당(민주자유당의 새로운 당명)으로 당적을 변경하면서 선
거후유증을 앓게 되었다. 게다가 선거 이후 주류와 비주류 간에 당권을 둘
러싼 대립과 알력이 계속되었다.

---

98) 중앙선거관리위원회, 『95 한국의 정당활동개황』(1996), 82쪽. 통합민주당은 1995년 12월 21일 이기
택, 김원기, 장을병 3인 공동대표로 정당등록을 필하였다.

이러한 당 내분은 이번 선거에서 당을 이끌던 이기택 상임고문과 김원기 공동대표, 이철 의원, 노무현 의원, 원혜영 의원 등의 낙선에서도 그 원인을 찾을 수 있다. 동당 최고위원회의는 선거 후 당 체제를 조속히 정비하기 위하여 '전당대회 6월 4일 개최'를 결정하였는데 당권을 둘러싼 당내 갈등이 본격화되었다.

통합민주당 임시전당대회는 1996년 6월 4일 여의도 63빌딩 국제회의장에서 개최되었다. 전당대회에서는 '1인 상임고문, 2인 공동대표, 6인 최고위원체제'를 '1인 대표최고위원, 6인 최고위원'의 단일성 집단지도체제로 전환하였다. 대회에서 이기택 고문은 투표에 참여한 대의원 2,066명 중 1,142표를 얻어 913표를 얻은 홍성우 최고위원을 물리치고 총재(대표최고위원)로 선출되었다. 이로써 이기택 상임고문은 1995년 8월 총재직에서 물러난 뒤 10개월 만에 다시 당권을 장악하게 되었다.

총재 경선에서 패한 홍성우 최고위원은 경선 결과에 승복한다고 밝혔지만 홍성우 최고위원 진영에 가담하였던 개혁집단은 이기택 총재에게 협조할 수 없다며 당무에 참여하지 않는 등 내분이 심화되었다. 이때부터 김원기 전 공동대표 등을 비롯한 개혁집단은 분당채비를 차리고 있었다.

2) 당명 변경

통합민주당은 1996년 6월 13일 당명을 민주당으로 변경하였다.

3) 비주류 측의 국민통합추진회의(통추) 창립

1996년 11월 들어 민주당 내의 분쟁이 가시화되었다. 주류 측과 비주류 측은 상호 간 타협방안을 모색하였으나 파경을 면치 못하였다. 국회의원선거 이후 7개월 가까이 끌어 온 민주당 주류와 비주류의 갈등은 해소되지 못한 채 김원기·장을병 전 공동대표가 이끄는 비주류는 독자적인 행보를 계속하여 결국 국민통합추진회의(통추)를 결성하게 되었다.

이기택 총재를 정점으로 하는 주류 측은 11월 7일 당무회의에서 김원기 전

공동대표의 국민통합추진회의 활동을 해당행위로 규정하고 이 활동에 참여하는 인사들을 당기위원회에 회부키로 하였다. 비주류 측 국민통합추진회의 참여인사들은 예정대로 11월 9일 발기인과 관계자들이 참가한 가운데 시내 한 호텔에서 창립대회를 개최하였는데 이날 김원기 전 대표는 "국민통합추진회의의 목적은 3김시대의 청산과 지역주의 타파에 있다."고 창립목적을 밝혔다.

민주당은 11월 11일 시내 마포에 있는 당사에서 총재단 회의를 열고 비주류 측이 9일 국민통합추진회의(통추)를 결성한 것을 해당행위로 규정, 관련 인사들의 자진 탈당을 요구하였다. 주류 측은 국민통합추진회의에 참여하고 있는 김원기 전 공동대표와, 제정구·장을병·이수인·김홍신·이미경 의원 및 지구당 위원장 등 40여 명을 반당행위자로 규정하였다.

제22절 제15대 국회의원선거(1996. 04. 11.)

1. 선거 전의 상황

1) '공직선거 및 선거부정방지법' 제정

깨끗한 정치풍토의 구현을 목표로 한 법적 장치가 1994년 3월 4일 여야 합의로 마련되었다. 공직선거 및 선거부정방지법안, 정치자금에 관한 법률 중개정법률안, 지방자치법중개정법률안 등 3개 정치관계법안과 농어촌특별세법안 등 모두 13개의 법률안이 이날 국회본회의에서 가결됨으로써 정치제도 면에 있어서 진일보를 기록하였다.

국회는 1996년 1월 27일 제15대 국회 의석수를 299석(지역구 253석, 전국구 46석)으로 하는 '공직선거 및 선거부정방지법중개정법률안'을 가결하였다. 이 법률에 따라 전체 의석수는 제14대 국회와 변동이 없으나 지역구는 237석에서 253석으로, 전국구는 62석에서 46석으로 조정되었다.

2) 6·27지방자치단체장선거와 김대중 전 대통령후보의 정계 복귀

김대중 전 대통령후보가 주도하는 아시아·태평양평화재단(약칭 아태재단)이 1994년 1월 27일 출범하였다. 김대중 전 후보는 정계를 은퇴한 후에도 민주당 내에 있는 자신의 지지 세력을 통하여 이기택 총재와 민주당에 대하여 일정한 영향력을 행사하고 있었다. 김대중 전 후보의 영향력은 그의 정치이념의 계승발전을 취지로 하는 내외문제연구소를 통하여 구체화되었는데 이 연구소는 민주당 의원의 절반 이상을 회원으로 하고 있었다.

김대중과 이기택의 계파연합인 민주당의 내분은 지방자치단체장선거(1995. 06. 27.)를 앞두고 표면화되었는데 특히 경기도지사 후보선출을 둘러싸고 갈등을 보였다. 수도권의 지지기반 확보는 김대중 이사장에게 있어 중요하였지만 그의 양보로 경기도지사 후보공천 내분이 봉합된 채 선거가 치러졌다.

6월 27일의 선거 결과 민주자유당이 5지역, 민주당이 4지역, 자유민주연합이 4지역, 그리고 무소속이 2지역의 광역단체장을 차지하였다. 경기도지사에는 이인제 민주한국당후보가 당선되었는데, 이 지방선거는 민주당의 후보공천 특히 경기도지사 후보공천을 둘러싸고 김대중 이사장의 의중탐색과 후보양보과정에서 사실상 정치에 관여하고 있는 김대중 이사장의 정계복귀를 공론화시켜 그를 정치권으로 진입시키는 계기가 되었다.

제14대 대통령선거 직후 정계은퇴 의사를 표명하였던 김대중 이사장은 여당인 민주자유당의 분열로 김종필 대표가 분리해 나오면서 1995년 3월 자유민주연합을 창당하자 비슷한 시기에 정계복귀 가능성을 시사하였고, 지방선거(1995. 06. 27.)가 끝난 후인 7월 18일 여의도 63빌딩 국제회의장에서 가진 기자회견에서 신당창당을 공식 선언하고 정계에 복귀하였다.

지방선거로 일시 봉합되었던 민주당의 내분은 김대중 이사장이 정계은퇴를 번복하고 정치에 복귀하자 분당으로 이어졌다. 김대중 이사장은 민주당 내의 지지세력을 규합, 8월 11일 지역구 의원 54명 등이 참석한 가운데 새정치국민회의(가칭) 발기인대회를 개최하였다.[99]

---

99) 새정치국민회의는 1995년 8월 30일 결성되었으나 교섭단체등록은 1996년 8월 12일에 하였다. 새정

814

새정치국민회의의 창당대회는 9월 5일 개최되었다. 이날 총재에 김대중 창당준비위원장이 선출되었으며, 부총재 8명과 지도위원 17명이 선출되었다. 이 과정에서 민주당 임시전당대회(1995. 02. 24.)에서 재야인사인 김근태의 통일시대국민회의와 함께 야권 3자 통합을 선언하고 민주당에 흡수통합되었던 이종찬이 새정치국민회의에 가담하였다. 이로써 1991년 9월 야권통합(신민주연합당과 민주당의 통합)에 의하여 결성된 민주당이 분당되어 야권통합 이전의 상태로 되돌아갔다. 이때 의석수 분포는 민주자유당 168석, 새정치국민회의 65석, 민주당 30석, 자유민주연합 23석이 되었다.

3) 민주자유당 전당대회 및 당명 변경 – 신한국당

민주자유당은 1996년 4월의 제15대 국회의원선거를 앞두고 선거 전략의 일환으로 중량급 인사들을 영입하기 시작하였다. 그동안 무소속을 고집하며 '3김 청산'을 외쳐 온 박찬종 전 의원은 1996년 1월 17일 민주자유당에 영입되어 수도권선거대책위원장을 맡았으며, 김영삼 정부 출범 후 대통령과의 불화 끝에 국무총리직을 사임한 이회창 전 국무총리도 1월 22일 민주자유당에 입당하여 선거대책위원회 의장을 맡았다.

민주자유당은 2월 6일 오후 서울 잠실체육관에서 제15대 국회의원선거 공천자 전진대회를 겸한 제1차 전당대회를 개최하였다. 이날 대회에서는 대통령중심제 고수, 여성의 정치 및 행정참여 확대, 저소득층의 최저임금수준 보장 등의 성상·성책이 채백뇌었나.

민주자유당은 1994년 12월 말부터 당명 변경을 고려하여 왔으나 1995년 1월 27일 김종필 대표가 당직을 사퇴하자 당명을 변경하지 않겠다고 밝힌 바 있었는데 그 후 당론을 변경, 1996년 2월 7일부로 당명 민주자유당을 신한국당으로 변경하였다. 1990년 2월 3당 합당 당시부터 사용하던 당명을 변경한 것은 3당 합당 체제의 종식을 의미하는 동시에 기존의 당 이미지를

치국민회의에 합류하고자 한 민주당 내 전국구 의원들이 바로 참여하지 못한 것은 전국구 의원이 당적을 변경하게 되면 의원직을 상실하게 되는 정당법 규정 때문이다.

바꾸고 신당을 만드는 것과 같기 때문에 커다란 정치적인 의미를 함축하고 있다. 이렇게 1995년에 이르러 통합신당 민주자유당의 한쪽 축이 무너지고 1996년에는 당명까지 변경함으로써 여야 간 정당통합실험인 3당 합당(민주정의당·통일민주당·신민주공화당의 합당)은 실패로 막을 내리게 되었다.

2. 선거 결과

제15대 국회의원선거가 1996년 4월 11일 실시되었다. 선거 결과 신한국당은 139석(지역구 121, 전국구 18)을 획득, 전체 의석 299석의 46.5%를 차지하면서 제1당이 되었다. 신한국당은 전통적으로 야권의 강세 지역인 서울에서 조세형·이종찬·한광옥·정대천 의원 등 야당의 중진들을 낙선시키며 여당으로서는 처음으로 가장 많은 의석(47석 중 27석)을 얻었다.

새정치국민회의와 자유민주연합은 각각 79석과 50석을 획득하였으나 양당의 의석수 합계는 과반수에 못 미치는 129석이 되었다. 특히 전국구 14번에 등록된 새정치국민회의의 김대중 총재도 낙선하여 원외에 머물게 되었다. 한편 통합민주당은 모두 15석을 획득하였다.

〈표 8-8〉 제15대 국회의원선거 결과

구분	의원 정수	정당별 의석수				
		신한국당	새정치국민회의	자유민주연합	통합민주당	무소속
지역구	253	121	66	41	9	16
전국구	46	18	12	9	6	–
합계	299	139	79	50	15	16

출처: 중앙선거관리위원회, 『제15대 국회의원선거총람』(1996), 142쪽.

3. 선거의 특징

① 역대 국회의원선거 중 가장 낮은 투표율(63. 9%)을 기록하였다. ②

여당인 신한국당은 과반수인 150석에서 11석이 부족한 139석을 획득, 제14대 국회의원선거에 이어 다시 여소야대의 정국을 맞이하게 되었다. ③ 지역 정서가 여전히 선거 결과에 강하게 영향을 미쳤다. 충청 지역에서는 자유민주연합이, 호남 지역에서는 새정치국민회의가, 영남 지역에서는 신한국당이 각각 커다란 승리를 거두었다. ④ '공직선거 및 선거부정방지법' 제정 이후 처음으로 치러진 이번 선거에서 선거부정 사례가 크게 감소하였기는 하나 근절되지는 않았다. ⑤ 의원 정수 및 선거구제는 제14대 국회와 같으나, 전국구 의석은 각 정당의 득표비율에 따라 배분되었다는 점에서 비례대표제의 취지가 제대로 적용된 선거였다. ⑥ 신한국당의 당선자 139명 중에는 초선의원이 56명(40%)이나 되어 신진세력이 대거 정치권에 등장하였다.

4. 선거 이후

1) 여소야대 정국과 여당의 야당 의원 영입

선거에서 여당 신한국당은 과반수 의석 획득에 실패하였다. 이에 신한국당은 '안정적인 국정운영을 도모하기 위하여'라는 명분하에 의석 과반수 확보를 목표로 무소속 및 야당 소속 당선자 영입작업에 나섰다. 이 과정에서 통합민주당 및 무소속당선자의 신한국당 입당이 이어지자 야당은 "일부 당선자의 경우 사법처리 등을 빌미로 한 공갈과 협박에 의하여 어쩔 수 없이 신한국당에 입당한 사례가 있다."며 여당을 비난하였다.[100]

2) 지역연합론

선거가 끝난 지 1주일 뒤인 1996년 4월 18일 시내 서교호텔에서 김대중 새정치국민회의 총재는 동아시아포럼 인사들을 만났다. 이강래 선임연구원

---

100) 이때 신한국당에는 무소속의 황성균(사천), 서훈(대구 동 을), 김영준(제천−단양), 박종우(김포), 원유철(평택 갑), 김일윤(경주 갑), 임진출(경주 을), 백승홍(대구 서구 갑), 박시균 의원(영주)과 민주당의 이규택(여주), 최욱철(강릉 을), 황규선(이천) 의원 등이 입당하였다.

으로부터 자유민주연합의 김종필 총재와 연대할 것을 보고받은 지 이틀 후의 일이었다.

이날 김대중 총재는 동 포럼의 나종일, 황태연, 이목회 교수를 만났는데 이때 황태연 교수 등은 제15대 국회의원선거 전에 건의하였다가 수용되지 않았던 '지역 연합론'을 다시 꺼냈다. 요지는 지역연합은 제한적인 의미의 정당연합이며, 지역연합 없이는 다가올 대통령선거에서 낙선을 피할 수 없다는 것이었다. 김종필 총재가 이끄는 자유민주연합과 합당하는 것이 아닌 일종의 연립정부 구상이었다. 김대중 총재는 동아시아포럼 인사들의 건의를 전적으로 수용하였다.

새정치국민회의는 디제이피단일화(DJP단일화)에 대한 기본적인 초안을 마련하기 시작하였다. 동당의 김인곤 의원은 자신이 이사장으로 있는 광주대학교 본관건물인 호심관 준공식에 김대중(DJ)과 김종필(JP)을 합석시키기 위하여 먼저 김종필 총재를 만나 참석을 요청하였고, 5월 20일에는 김대중 총재를 만나 김종필 총재의 광주대학교 건물 준공식 참석을 알리고 같이 참석하여 줄 것을 권하였다. 이렇게 해서 6월 20일 광주대학교 건물 준공식에 두 김 총재와 양당 지도부가 테이프자르기 행사에 참석한 것은 디제이피연대의 가능성을 보여 준 상징적인 사건이 되었다.[101]

제23절 새정치국민회의 · 자유민주연합의 선거연합

1. 선거 연합 형성 배경

새정치국민회의와 자유민주연합 양당은 제15대 국회의원선거(1996. 04. 11.) 직후부터 시작된 여당 신한국당에 의한 야권당선자 영입작업에 크게

---

101) 한겨레신문사, 『김대중 집권비사』(서울, 1998); 김인곤, 『위대한 선택−DJP, 애국충정의 단일화 비사』
　　　(광주: 전일실업, 1999), 133−134쪽.

반발, 양당의 원내총무와 사무총장 접촉에 이어 1996년 5월 4일 김대중 총재와 김종필 총재가 국회귀빈식당에서 전격 회동하고 대여 공동투쟁을 다짐하였다.

양당 총재 합의사항

① 부정선거 시인 및 책임자 처벌 ② 야당 의원 빼가기와 국회의석 과반수 확보공작 중단 ③ 검찰·경찰의 중립과 언론보도의 공정성 유지 ④ 선거완전공영제 실시 ⑤ 안보의 정치적 악용 금지

두 총재는 양당이 합의한 요구가 여당에 의하여 받아들여지지 않을 경우 제15대 국회 원 구성(院構成)을 거부하겠다는 결의를 천명하였다. 이러한 상황전개로 인하여 정국이 경색되어 국회 원 구성이 지연되는 사태가 발생하였다.

새정치국민회의는 5월 26일 시내 보라매공원에서 자유민주연합과 함께 대규모 합동집회를 열고 양당 공조를 통한 '총선 민의수호 투쟁'을 결의하고, 등원거부 투쟁을 시작하였다. 새정치국민회의는 6월 4일에는 자유민주연합과 첫 합동의원총회를 열었으며 1개월에 걸친 공동투쟁 끝에 신한국당과 제도개선특별위원회 및 부정선거조사특별위원회 구성에 합의하였다.

이렇게 시작된 새정치국민회의와 자유민주연합의 공조는 1997년 12월의 제15대 대통령선거를 염두에 두고 계속되었다. 세대교체론이 제기되는 가운데 정계은퇴를 번복하고 복귀한 김대중 총재와, 김영삼 정권에서 밀려난 김종필 총재에게 있어서 제15대 대통령선거는 중요한 정치일정이기 때문에 두 총재 간의 공조는 서로의 선호·비선호를 초월한 비선택적 대안이었다.

자유민주연합의 박철언 부총재는 1997년 3월 30일 늦어도 9월 10일까지 야권의 대통령후보단일화가 성사되지 않으면 국민대연합(가칭)을 추진하겠다고 밝혔다. 이는 그동안 계속되어 온 새정치국민회의와 자유민주연합 간의 후보단일화협상 압박용임과 동시에 야권세력 제휴의 대상과 가능성을 확대시킨 구상이었다.

2. 선거연합 형성경과

1) 새정치국민회의 대통령후보 선출

새정치국민회의의 김대중 총재가 1997년 5월 19일 서울올림픽체조경기장에서 열린 제2차 전국 대의원대회에서 전체 투표수 4,157표 중 3,223표를 얻어 907표를 얻은 정대철 부총재를 물리치고 대통령후보로 선출되었다. 김대중 총재는 총재후보선거에서는 김상현 지도위원회 의장을 물리치고 당 총재에도 재선되었다.

김대중 총재는 김영배·조세형·이종찬·박정수·신낙균·정대철·유재건·박상규·김근태 부총재를 재지명하고, 한광옥 사무총장과 안동선 지도위원회 부의장을 새로 부총재로 지명한 후 대의원들의 인준을 받았다.

김대중 총재는 자유민주연합의 전당대회를 4일 앞둔 6월 20일 자유민주연합의 김종필 총재에게 제15대 국회 임기 내에 자유민주연합의 당론인 내각제 개헌을 수용하겠다는 의사를 밝힘으로써 대통령후보 단일화에 대한 강한 의지를 표명하였다.

<표 8-9> 새정치국민회의 대통령 및 당 총재후보 경선 결과

구분	후보	득표수	득표율(%)	무효표	총 투표수
대통령후보	김대중	3,223	77.5	27	4,157
	정대철	907	21.8		
당 총재 후보	김대중	3,057	73.5	28	4,157
	김상현	1,072	25.8		

2) 자유민주연합 대통령후보 선출

김종필 자유민주연합 총재는 1997년 6월 24일 시내 올림픽공원 체조경기장에서 대의원 3,100여 명과 당원 등 1만여 명이 참석한 가운데 개최된 전당대회에서 대통령후보로 선출되었다. 경선에 나섰던 김종필 총재는 유효표 3,129표 중 82.3%인 2,575표를 얻었으며, 한영수 부총재는 17.7%인 554표를 얻었다. 김종필 총재는 이보다 앞서 총재후보로 단독 출마하여 만장일치로 총재에 재추대되었으며, 후보수락연설을 통하여 "정치개혁의 으뜸은 내각제의 실현"이라고 말하였다. 자유민주연합은 김종필 총재의 후보선출 이후 내각제 개헌 수용의사를 밝힌 새정치국민회의와의 야권후보단일화협상을 본격적으로 벌이게 되었다.

〈표 8-10〉 자유민주연합 대통령후보 경선 결과

후보	득표수	득표율(%)	무효표	총 투표수
김종필	2,575	82.3	61	3,190
한영수	554	17.7		

3) 새정치국민회의와 자유민주연합의 후보단일화 협상 - 양당 통합론 대두

새정치국민회의와 자유민주연합 양당은 1997년 7월 3일 대통령후보단일화 협상단의 비공식 협의에서 "후보단일화는 합동여론조사나 외부여론조사 위탁 등 양당 합의의 민심측정 결과를 따르고, 이와 별도로 통합후보를 공고히 하기 위하여 양당 합당을 검토한다."는 데 잠정적인 합의를 보았다. 이와 관련하여 자유민주연합 단일화협상단의 한 위원은 "가장 확실하게 권력분점을 하는 길은 합당이며 합당해야 대통령선거를 전후한 영입작업도 혼선을 빚지 않을 것"이라고 말하여 양당의 통합을 희망하였다. 양당 간의 합당논의를 정리하면 다음과 같다.

양당 후보단일화협상단의 3원칙 합의내용
① 제15대 국회 기간 내에 내각제 개헌을 한다. ② 여론조사결과에 따라 후보를 결정한다. ③ 후보가 결정되면 합당을 검토한다.

그런데 양당이 합의한 내용 중 "여론조사 결과에 따라 후보를 결정한다."라는 문구는 과거의 여하한 통합합의문에서도 보지 못한 다분히 추상적인 표현이었다.

이날 김대중 총재는 야권후보단일화협상에 대하여, 자유민주연합과 합당하려는 것이 아니라 정책연합을 통하여 현실적인 힘을 가진 정당과 손잡아 공동의 집권목표를 이루려는 것이라고 말하고, 새정치국민회의는 대통령제를 선호하지만 지상목표인 정권교체를 위해서는 차선책인 내각제를 수용할 수도 있다고 언명하였다. 정책연합이 거론되었으나 양당은 각각 대통령제와 내각제를 주요한 정책의제로 설정해 온 터라 사실상 양당 간 정책연합은 거의 없었다고 볼 수 있다. 이후 양당 간의 대통령후보 단일화협상은 더욱 적극적으로 전개되기 시작하였다.

이미 후보단일화를 위한 기구를 각각 만들어 상견례까지 마친 양당은 여당인 신한국당의 대통령후보가 결정된 다음 날인 7월 22일 양당의 단일화추진기구에 소속된 위원 중에서 다시 6명씩을 뽑아 '새정치국민회의와 자유민주연합의 대통령후보단일화를 위한 협상소위원회'를 출범시켰다.[102]

그런데 디제이피단일화협상이 위헌시비까지 불러일으켰다. 그것은 현행헌법이 보장한 대통령의 국무총리 및 각료임면권을 본질적으로 침해하는 사안이 양당의 이면합의 속에 들어 있기 때문이다. "공동정부의 국무총리를 김종필 자유민주연합 총재가 맡는다."는 대목이 선거법상 '매수 및 이해유도죄'에 해당한다는 시비가 나오기도 하였다. 그 후 양측은 합의문의 내용에서, 국무총리는 "자유민주연합 측이 맡는다."로 수정하였다.

이 과정에서 또 다른 문제가 발생하였다. 합의문 초안에는 "공동정부의 국무총리는 본인의 의사에 반하여 대통령이 해임할 수 없다."는 조항이 들어 있었기 때문이다. 이 조항도 양당의 의견절충을 거친 후 사전 삭제되었기 때문에 공식 발표 시에는 아무런 문제가 발생하지 않았다.

김종필 총재가 11월 13일 총재직에서 공식 사퇴한 후 자유민주연합은 11월 21일 임시중앙위원회를 열어 박태준 의원을 총재에 선출하였다. 이로써 김대중(DJ)·김종필(JP)·박태준(TJ)의 영문 약자를 딴 디제이티연대(DJT연대)가 가동되었다. 디제이티연대는 디제이피연대(김대중·김종필 연대)의 파괴력을 강화하고, 호남·충청·영남연대의 상징성을 높이기 위한 선거 전략이었다.

---

102) 소위원회 위원에는 한광옥 위원장, 박상규, 김봉호, 박상천, 김인곤, 박광태 위원(새정치국민회의 측), 김용환 위원장, 이태섭, 정상천, 김정남, 이정무, 이양희 위원(자유민주연합 측)이 선임되었다.

 신한국당·민주당의 합당(한나라당)

1. 합당 배경

여야는 그동안 국회에서 국정현안이 되어 온 경제협력개발기구(OECD)가
입비준동의안과 제도개선협상안을 합의 처리하였으나 노동관계법개정안과
국가안전기획부법중개정법률안 처리에 있어서는 의견의 일치를 보지 못하
였다. 이에 여당 신한국당은 1996년 12월 26일 새벽 6시 단독으로 국회본
회의를 소집하고 '노동조합 및 노농관계조정법안'과 '국가안전기획부법중개
정법률안' 등 11개 의안을 변칙 처리하였다. 오세응 부의장의 사회로 7분
만에 산회된 이날 본회의는 소속 의원 157명 중 김수한 의장과 대통령특사
로 외유 중인 김윤환 의원을 제외한 155명이 참석하였다.

'노동조합 및 노동관계조정법안' 등의 의안을 기습 처리하면서 국민적 신
망을 상실하기 시작한 신한국당은 한보사태[103]를 맞아서는 최대의 위기에
봉착하게 되었다. 게다가 김대중·김종필 연합(DJP연합)이 순조롭게 진행되
자 이회창 신한국당후보와 조순 민주당후보는 상호연대를 통하여 김대중·
김종필 연합에 대응할 필요성을 느껴 합당교섭에 임하게 되었다.

2. 합당 경과

1) 신한국당 이회창 체제 출범

신한국당은 1997년 9월 30일 오후 대구시내 실내체육관에서 제3차 전당

---

103) 1997년 1월 23일 한보철강이 부도를 내면서 국내 금융기관의 부실 운영이 드러났고, 이로 인하여 금
융시장이 불안해졌으며 중소협력업체들이 연속 부도를 내는 등 경제상황이 악화되었다. 관치금융과 감
독기능의 부재 금융계의 실상이 드러나면서 대외신인도에 문제가 제기되어 외국자본이 철수하는 등 환
란발생의 단초를 제공하였다. 부도발생의 경위는 「IMF환란원인규명과 경제위기 진상조사를 위한 국정
조사 결과보고서」(1999. 03.) 참조.

대회를 개최하였다. 이 대회에서는 이회창 대표를 새 총재로 선출하였으며, 이회창 총재는 대표최고위원에 이한동 고문을 지명하였고 당 총재였던 김영삼 대통령을 명예총재에 추대하였다.

2) 민주당 조순 체제 출범

1997년 7월 24일 실시된 충남 예산 선거구 국회의원 재선거에서는 신한국당의 오장섭 후보가 자유민주연합의 조종석 후보를 물리치고 당선되었고, 경북 포항북구 보궐선거에서는 무소속의 박태준 후보가 민주당의 이기택 후보를 물리치고 당선되었다. 민주당은 8월 28일 오전 여의도 63빌딩 국제회의장에서 전국의 대의원과 당원 2천여 명이 참석한 가운데 전당대회를 개최하였다. 이날 대회에서 민주당은 조순 서울시장을 당 총재로 추대하였다. 민주당은 9월 11일에는 시내 장충체육관에서 대의원 등 8천여 명이 참석한 가운데 별도의 임시전당대회를 열고 조순 총재를 대통령후보로 추대하였다.

3) 신한국당과 민주당의 합당교섭 및 합당선언

신한국당 대통령후보 경선에서 패한 이인제 후보는 1997년 11월 2일 그를 따르는 의원들과 함께 탈당하였다. 이에 민주당의 조순 후보는 다음 날인 3일 건전 세력 연대 때에는 마음을 비울 용의가 있다고 말한 데 이어 5일에는 이회창 후보 또는 이인제 후보와의 연대가능성을 시사하였다.

합당교감을 느낀 신한국당과 민주당 관계자들은 단순한 연대가 아니라 양당의 '대통령선거 전 통합추진'이라는 데까지 인식을 같이 하고 양당의 단일후보 옹립에 원칙적인 합의를 하였다.

양당 총재들은 그동안 신한국당의 강재섭 의원과 조순 총재의 장남 조기송을 협상창구로 하였으나 합당선언 발표 며칠 전부터는 두 총재가 직접 협상에 나섰다. 이회창 총재의 뜻이 담긴 합의문이 11월 6일 저녁 조순 총재의 집으로 전달되었는데 조순 총재가 '대통령선거후보와 당 총재 분리'라는 문구를 탐탁지 않게 여기자 이회창 총재가 7일 오후 3시 조순 총재에게 전화를 걸어 '자신을 비우고 상호 양보의 원칙 위에서'라는 문구로 '후보-총재 분리안'을 바꾸고, 당명 및 당헌 당규도 바꾸겠다는 입장을 밝혔다.

이회창 총재는 이날 오후 긴급 고위대책회의를 소집하여 합당사실을 알린 뒤 6시 20분경 자택에서 기다리고 있던 조순 총재에게 전화를 걸어 진행상황을 알렸다. 조순 총재는 곧바로 여의도 63빌딩으로 가서 이회창 총재를 만났으며 이들의 회동 후 양측 관계자들이 합당합의문을 배부하고 낭독하였다.

이회창 총재는 합당을 발표하기 전인 이날 오후 5시 이한동 대표와 김윤환·김덕룡 선거대책위원장, 김태호 사무총장을 긴급 소집하여 합당을 통보하고 논의한 것으로 알려졌으며, 조순 총재도 합당을 발표하기 전에 북아현동의 이기택 전 총재의 집을 방문하여 합당선언에 관하여 미리 논의하였다.[104]

신한국당과 민주당은 11월 7일 '3김 정치 청산'과 건전세력 규합, 경제회생을 위하여 대통령선거 전에 당 대 당 통합을 하고, 신한국당 이회창 총재를 통합신당의 대통령후보, 민주당 조순 후보를 당 총재로 추대하기로 합의하였다. 그런데 이날의 합당선언은 양당 수뇌부의 측근들도 모르게 극비리에 이루어졌다.

합당합의문

우리는 낡고 부패한 3김정치시대를 청산하고 정치혁신을 주도하여 깨끗한 정치, 튼튼한 경제를 이루어 나갈 건전정치세력 형성을 위해 서로의 뜻과 힘을 모으기로 하고, 다음과 같이 합의한다.
① 신한국당과 민주당의 연대는 당 대 당 통합의 원칙으로 추진한다. ② 3김정치를 연장시키고 나라를 혼란에 빠뜨릴 무원칙한 권력 나눠 먹기식 김대중·김종필 연합에 단호히 맞서고 총체적 위기에 빠진 경제를 살리기 위한 구국적 차원에서 우리는 자신을 비우는 상호 양보의 원칙 위에서 이번 대통령선거에 임한다. ③ 우리는 두 당의 단순한 통합을 넘어서는 새로운 정권의 창출을 위해 새로운 당명과 당헌 당규로 통합한다. ④ 우리는 3김정치 청산과 정치혁신, 그리고 21세기를 향한 국민대통합이란 취지에 동조하는 모든 정치세력 및 시민대표 등으로 '3김정치 청산 범국민추진위원회'를 구성한다.
1997. 11. 7. 신한국당 총재 이회창·민주당 총재 조순

신한국당은 11월 9일 김태호 사무총장 주재로 열린 선거기획위원회에서 11월 25일 자체 전당대회 및 민주당과의 통합전당대회를 잇따라 열어 신한

---

104) 《조선일보》, 1997년 11월 8일자.

국당과 민주당과의 합당절차를 마무리 짓기로 하였다.[105] 이틀 후인 11일 민주당과의 합당을 추인하기 위하여 열린 신한국당의 마지막 당무회의에서 합당안이 원안대로 가결, 통과되었으며 이날 회의는 55분 만에 합당을 주도한 주류 측의 의도대로 진행되었다.

4) 민주당의 합당선언 추인

한편 신한국당과의 합당추인문제를 놓고 민주당 내에서는 당의 지분을 보장해 주지 않으면 합당선언을 추인해서는 안 된다는 주장이 제기되었다. 이기택 전 총재는 1997년 11월 11일 저녁 시내 한 음식점으로 자파 당무위원 31명(전체 53명)을 소집하였는데 이들은 약 5시간에 걸쳐 합당을 둘러싼 지분문제를 놓고 격론을 벌였다.

민주당은 다음 날인 12일 당무회의에서 합당선언의 절차 및 지분보장문제를 둘러싸고 논란을 벌인 끝에 표결에 들어가 참석자 42명 중 찬성 35, 반대 6, 기권 1로써 합당안을 가결시켰다. 이로써 통합신당은 대통령후보 이회창, 총재 조순의 구도를 갖게 되었다.

이날 당무회의에서 권기술 의원은 조순 총재가 대통령후보를 사퇴한 후 다시 당의 진로를 논의하자고 하였고, 홍문표 사무총장 등은 지도부의 결정방식에 문제가 있으니 원점에서 다시 논의하자고 주장하기도 하였다. 민주당의 분위기를 볼 때 지분보장이 합의문을 통하여 명문화되면 처리될 듯하였으나 신한국당 측에서는 민주당의 당무회의가 열리는 동안에도 합의문 명시는 곤란하다는 입장을 보였다. 그러나 이날 오후 조순 총재, 전주에 내려가 있던 김태호 신한국당 사무총장과 이규정 민주당 사무총장 간에 긴급 연락망이 가동되면서 30%의 지분을 민주당 측에 할애한다는 내용의 합의문 작성에 신한국당 측이 동의하면서 추인 쪽으로 가닥이 잡혔다. 양당은

---

105) 현행 정당법에 따르면, 합당에 임하는 정당들은 각각 전당대회에서 합당을 수임기관에 위임한 뒤 양당의 수임기관 합동회의에서 결의하면 지구당까지 자동 통합되는 법적 효력이 발생하도록 되어 있다. 신한국당과 민주당은 각각 전당대회를 열어 합당을 당무회의 등 수임기관에 위임한 뒤 양당의 합동회의를 열어 합당을 성사시키기로 하였다. 양당이 통합전당대회를 열 수도 있다.

이미 통합신당의 조직책 및 당직 등에 있어서 배분비율을 신한국당 70%, 민주당 30%로 하기로 원칙적인 합의를 한 바 있다.

5) 신한국당과 민주당의 통합 및 후보단일화

신한국당 이회창 총재와 민주당 조순 총재는 1997년 11월 13일 양당의 통합과 후보단일화를 공식 선언하였다. 두 총재는 이날 오전 국회의원회관 소회의실에서 공동기자회견을 갖고 대통령선거후보 등록일 이전 양당 통합, 대통령후보는 이회창, 통합신당의 총재는 조순, 국민들의 동참 호소 등 3개 항의 합의문에 공동 서명하였다. 두 총재는 공동발표문에서 "우리는 깨끗한 정치와 튼튼한 경제라는 시대적 요청에 부응하기 위하여 조건 없이 후보단 일화를 이룸으로써 지역감정을 볼모로 한 3김 정치를 종식시키고 국민대통 합과 새로운 역사를 창조할 것"이라고 밝혔다. 한편 민주당의 이부영 부총 재, 권기술 원내총무 등 합당에 반대하여 온 지구당 위원장들은 이날 오전 마포당사에서 통합신당 불참을 선언하였다.

합당을 선언한 양당의 당력(黨歷)을 보면, 신한국당의 경우 그 모태는 지 난 1990년 2월 3당 합당으로 탄생한 민주자유당이며, 당 총재였던 김영삼 대통령은 1996년 2월 당명을 신한국당으로 변경한 바 있다. 김영삼 대통령 은 대통령후보 경선 후유증에 시달리다가 1997년 11월 7일 신한국당을 탈 당하였고, 이회창 총재는 민주당과의 합당을 계기로 신한국당 간판을 내리 고 당명도 새롭게 바꾸게 되었다.

신한국당과 합당하게 된 민주당은 3당(민주정의당, 통일민주당, 신민주공 화당)의 합당 당시(1990. 02. 09.) 민주정의당과의 합당을 거부하였던 이기 택 등 통일민주당잔류파에 의하여 출범한 민주당이 그 모태이다. 민주당은 1991년 9월 영남권에 교두보를 마련하려는 김대중 총재의 신민주연합당(평 화민주당)과 결합하여 민주당이라는 야권 통합신당을 결성하였다. 그 후 민 주당은 김대중 후보가 1992년 12월 대통령선거에서 낙선하고 정계를 은퇴 한 뒤 이기택 총재체제로 유지되었으나 1995년 6월의 지방선거 직후 정계에 복귀한 김대중 아시아·태평양재단 이사장이 새정치국민회의를 창당함으로써 분당사태를 겪은 후 신한국당과의 합당으로 간판을 내리게 되었다.

신한국당과 민주당의 합당으로 생겨날 신당의 명칭을 두고 신한국당 측은 '한국민주당'을 제시하였고, 민주당 측은 '신연합 21세기'를 제시하였는데 양측이 협상 끝에 통합신당의 당명을 '한나라당'으로 결정하였다.

통합신당 준비 작업은 양당의 사무총장을 비롯하여 각각 3명으로 구성된 6인 협상대표들이 총무소위원회, 정강정책소위원회, 당헌당규소위원회의 3개 소위원회로 나뉘어 쟁점을 정리하였다. 양당 합당에 따른 지분문제는 11월 20일 일단락되었으며 신한국당의 김태호 사무총장과 민주당의 이규정 사무총장은 이날 국회에서 합당조인식을 갖고 합의문에 서명하였다. 양당은 그동안 총재의 임기, 민주당 이기택 전 총재의 위상 등 지도체제문제, 중앙당 당직 및 지구당 배분문제 등을 둘러싼 협상에서 진통을 겪어 왔다.

6) 통합신당 한나라당 출범

통합전당대회를 하루 앞두고 협상이 종결되었는데 전당대회에서 총재로 선출될 조순 총재는 1998년 3월 10일로 예정된 한나라당 제1차 정기 전당대회에서 공식 추인된 뒤 2000년 3월 9일까지의 임기를 보장받게 되어 2000년 4월에 실시될 제16대 국회의원선거 공천권을 행사할 수 있게 되었다. 양당은 당헌에 경과규정을 두어 현재의 양당 기구와 당직자를 1998년의 전당대회까지 존속시키는 이원화된 대통령선거운동을 전개하기로 하였다. 한나라당의 최고의사결정 기구인 당무회의는 당분간 대표추천으로 총재가 후보와 협의하여 임명하는 15인 이내의 당무운영위원회로 대체되었다.

신한국당과 민주당의 통합신당인 한나라당이 1997년 11월 21일 출범하였다. 양당은 이날 오후 대전 시내 충무체육관에서 대의원 및 당원 1만 4천여 명이 참석한 가운데 열린 합동회의에서 합당을 의결한 뒤 신한국당의 이회창 총재를 한나라당의 대통령후보 및 명예총재로, 민주당의 조순 총재를 초대 총재로 선출하였다.

이날 대회는 제1부 신한국당 전당대회, 제2부 합당대회의 순서로 진행되었다. 신임 조순 총재는 이번에 3김 정치의 폐해를 끊지 않으면 이 땅에 후 3김(後 3金)시대가 올 것이라며 이회창 후보에 대한 지지를 강조하였으며, 신한국당의 이한동 대표를 한나라당의 새 대표로 지명하였다. 이날 합당대회의 진행은 양당의 주요 인사들이 번갈아 가면서 진행하였는데 강창성 민주당 총재권한대행의 제안으로 이회창 총재를 대통령후보 및 명예총재로 추대하였다. 한나라당은 9개 항의 강령과 62개 항의 기본정책에서 국민대통합정치의 실현, 국가경영체제의 혁신, 대통령중심제 등을 명시하였다.

3. 합당 이후

통합신당 한나라당의 세력구성은 복잡하게 이루어져 있다. 통합 이전 신한국당 내에는 민주정의당계열과 통일민주당계열의 주도권 다툼이 심하였다. 당명을 신한국당으로 바꾸기 전인 1995년 2월에는 3계파 중의 하나인 신민주공화당 계열(김종필 계열)이 당에서 밀려 나가 자유민주연합을 결성한 바 있다.

신한국당과의 통합을 이루기 전의 민주당도 복잡한 내부사정을 가지고 있었으나 통합 이후 당내에서 심각한 문제가 표출되지는 않은 채 제15대 대통령선거를 맞이하였다.[106]

---

106) 대통령선거 후 한동안 잠잠하였던 당내 계파문제는 제16대 국회의원선거(2000. 04. 13.)를 앞둔 1999년 연말부터 당 운영 및 민주당계 공천 지분 30%를 둘러싸고 신경전을 벌였다. 민주당계 인사들은 신한국당과 민주당의 합당조건인 30%의 지분보장을 요구하였으나 이 문제는 미완으로 남았다.

1. 선거 전의 상황

1) 새정치국민회의 비주류 측의 범야권 대통령후보 국민경선 제안

당내 비주류 측 인사인 김상현, 정대철, 김근태를 중심으로 하는 범야권 대통령단일후보 국민경선추진위원회는 1997년 3월 11일 '범야권 대통령후보 국민경선 제안서'를 발표하였다. 이들은 제안서에서 현재의 시국을 '총체적 위기상황'으로 규정짓고 정치개혁과 정권교체의 실현을 위해서는 야당의 쇄신이 이루어져야 한다고 주장하였다. 이 제안서는 12월에 있을 대통령선거에서 수평적 정권교체를 이루어야 하는데, 야권의 분립을 극복하고 야권 후보의 단일화를 국민적 선택에 의하여 이룰 수 있는 방법이 국민경선제라고 강조하였다. 그러나 이 제안은 당 지도부에 의하여 수용되지 않았다.

국민경선제 제안서(요지)
① 후보선출방법에 있어서 민주적인 방법을 채택함으로써 여당의 후보선출방식과 차별성을 보여 줄 수 있다. ② 야권통합의 계기가 될 수 있다. ③ 국민의 관심과 참여가 극대화될 것이다. ④ 정당개혁과 정치발전의 계기가 될 것이다.

〈표 8-11〉 신한국당 대통령후보 경선 결과

구분	후보	득표	득표율(%)	대의원 수	총 투표수	무효표
제1차 투표	이회창	4,955	41.1	12,431	12,159	55
	이인제	1,774	14.7			
	이한동	1,766	14.7			
	김덕룡	1,673	13.9			
	이수성	1,645	13.7			
	최병렬	236	2.0			
	이회창	6,922	60.0			
제2차 투표	이인제	4,622	40.0	12,431	11,544	–

2) 신한국당의 대통령후보 선출

신한국당 총재인 김영삼 대통령은 1997년 7월 1일 오후 청와대에서 있은 주례보고에서 당 대표직 사퇴의사를 표명한 이회창 대표의 뜻을 받아들이고 대표 서리에 이만섭 고문을 지명하였다.

신한국당의 대통령후보를 경선하는 전당대회가 7월 21일 서울올림픽공원 체조경기장에서 개최되었다. 집권당 최초로 자유경선이 이루어진 이날 이회창, 이인제, 이한동, 김덕룡, 이수성, 최병렬 등 6인의 후보가 출마하였다. 총 대의원 12,431명 중 12,159명의 대의원이 참여한 제1차 투표에서 이회창 후보가 1위, 이인제 후보가 2위를 하였으나 과반수 득표자가 없어 제2차 투표를 하였다.

투표결과 이회창 후보가 6,922표(60.0%)를 얻어 4,622표(40.0%)를 얻은 이인제 후보를 물리치고 집권당의 대통령후보로 선출되었다.

3) 김대중 총재 비자금 문제 및 단일후보체제 출범

강삼재 신한국당 사무총장은 1997년 10월 7일 오후 긴급기자회견을 갖고 새정치국민회의의 김대중 총재가 그동안 입금액 기준으로 670억 원에 이르는 거액의 비자금을 관리하여 왔다고 주장하였다. 이에 새정치국민회의는 사실무근이며 조작이라고 반박하고 나섰으나, 신한국당의 이사철 대변인은 10월 9일 김대중 총재의 '20억 원 플러스 알파설'과 관련하여 6억 3천만 원 상당을 더 받았다는 사실을 뒷받침하는 은행계좌번호와 수표번호를 공개하였다.[107] 신한국당은 10월 10일에도 지난 1992년 대통령선거 당시 김대중 총재의 비자금 조성의혹과 관련하여 김대중 총재가 10개의 기업으로부터 정치자금을 받았다는 새로운 주장을 하고 검찰의 수사를 촉구하였다.[108] 새정

---

107) ≪한국일보≫, 1997년 10월 10일자.

108) 당시 김태정 검찰총장은 수사를 미루었다. 훨씬 뒤인 1999년, 그는 1997년 10월 당시 김대중비자금 사건을 수사하지 않은 것은 호남 지역에서 민란(民亂)이 발생할 가능성이 있었기 때문이라고 말하였다. ≪월간조선≫(1999년 10월호), 136–157쪽. 신한국당은 김대중 총재가 타인의 명의를 도용하여 수백억 원의 자금을 관리하여 왔다고 폭로하고 1997년 10월 16일 대검찰청에 고발장을 제출한 바 있다.

치국민회의는 이날 오전 시내 여의도의 맨하탄호텔에서 핵심간부회의를 열고 신한국당의 공세를 정치공작이라고 규정하고 맞대응하기로 하였다. 김대중 총재는 비자금의혹사건을 해결하기 위해서는 자신과 김영삼 대통령과의 단독요담이 필요하다고 말하였다. 상황이 급박하게 전개되는 가운데 새정치국민회의와 자유민주연합은 11월 3일 오후 양당 간 대통령선거후보 단일화 협상합의문 서명식을 갖고 김대중 단일후보체제를 공식 출범시켰다.

4) 이인제 후보의 신한국당 탈당 및 국민신당 창당

신한국당의 대통령후보 경선 이후 김대중 후보의 비자금 조성의혹 및 이회창 후보 자녀의 병역문제가 쟁점으로 부각되는 가운데 이인제 후보는 자신에 대한 높은 여론 지지율과 이회창 후보에 대한 낮은 지지율을 이유로 탈당, 국민신당을 창당하였다. 신한국당의 원유철·박범진·김학원·이용삼 의원과 김충근·박종선 위원장도 국민신당(가칭) 창당대회를 목전에 둔 1997년 11월 2일 신한국당을 탈당하고 국민신당에 합류하였다.

국민신당(가칭)은 11월 4일 서울올림픽 펜싱경기장에서 중앙당 창당대회를 개최하고 이인제 전 경기도지사를 대통령후보로, 이만섭 전 국회의장을 총재로 선출하였다. 이인제 전 지사는 후보수락연설에서 내각제 개헌 저지와 정치권의 세대교체를 강조하였고 이만섭 전 국회의장은 김대중 새정치국민회의 총재와 김종필 자유민주연합 총재의 내각제 개헌음모를 저지하기 위하여 입당하였다고 밝혔다.[109]

5) 새정치국민회의와 민주당 국민통합추진회의의 연대 모색

1997년 8월 새정치국민회의와 민주당 국민통합추진회의(통추)의 상당수 인사들이 야권연대를 위하여 2년 만의 재결합을 모색하기 시작하였다. 김대중 총재가 국민통합추진회의 인사들의 영입에 관심을 표명한 이래 조세형

---

109) 당시 일부 언론에서는 청와대가 국민신당 창당을 지원한 것처럼 보도하였으나 이는 사실과 다른 것으로 밝혀졌다.

총재권한대행, 한광옥·김근태 부총재 등은 8월 중순부터 국민통합추진회의 김원기 대표와 개별접촉을 가져 왔다. 김상현 의원은 8월 19일 김정길 전 의원, 김민석 의원은 노무현 전 의원, 김근태 부총재는 8월 20일 원혜영 전 의원 등 10여 명의 인사들을 접촉하였다. 새정치국민회의 측 인사들은 일련의 개별회동에서 야당의 집권 가능성과 전략을 제시하고 자유민주연합과의 대통령후보단일화협상 타결시한인 9월 말 이전 적절한 시기에 세력을 형성하여 야권연대에 합류하여 줄 것을 요청하였다.

이에 대하여 국민통합추진회의 측 인사들은 지난 1995년 민주당 분당에 대한 김대중 총재의 공개적인 유감표시가 있어야 된다는 주장을 하기도 하였다. 그동안 3김 정치 타파를 외치며 기성정당과의 차별화를 도모하여 온 국민통합추진회의는 1997년 11월 10일 "이제는 개개인의 선택을 존중하기로 하였다."고 발표함으로써 기구 내의 세력이 양분되고 시류에 영합하게 되었음을 시인하였다.

국민통합추진회의 회원 중 다수는 새정치국민회의에 입당하였다.[110] 1995년 민주당을 떠나 새치국민회의를 창당한 김대중 총재에게 반발하여 민주당에 잔류하였던 이들은 자신들이 청산대상으로 삼았던 정치인 진영에 몸을 낮추고 들어갔다. 김대중 진영으로 간 인사들은 11월 10일 여의도 63빌딩에서 김대중 총재와의 만찬회동을 갖고 새정치국민회의 입당에 앞선 상견례를 가졌으며, 11월 13일에는 국회 귀빈식당에서 양측 협상대표 간의 협상합의문 서명식과 공동기자회견을 갖고 국민통합추진회의 인사들의 새정치국민회의 입당 및 양측의 연대에 합의하였다.

2. 선거 결과

1997년 12월 18일 제15대 대통령선거가 실시되었다. 한나라당의 이회창,

---

110) 새정치국민회에 입당한 이들은 김원기 대표를 비롯하여, 박석무·홍기훈·노무현·김정길·유인태·원혜영·황의성 전 의원 등이다.

새정치국민회의의 김대중, 국민신당의 이인제, 국민승리21의 권영길 등 7명
의 후보가 출마한 이번 선거에서 새정치국민회의의 김대중 후보는 1,032만
6,275표(40.3%)를 얻어 993만 5,718표(38.7%)를 얻은 한나라당의 이회창 후
보를 물리치고 대통령에 당선되었다.

<표 8-12> 제15대 대통령선거 결과

선거인 수	투표수	후보자별 득표수						
		한나라당	새정치국민회의	국민신당	국민승리21	통일한국당	바른나라정치연합	공화당
		이회창	김대중	이인제	권영길	신정일	김한식	허경영
32,290,416	26,042,633	9,935,718	10,326,275	4,925,591	306,026	61,056	48,717	39,055

출처: 중앙선거관리위원회, 『제15대 대통령선거 총람』(1998), 140-141쪽.

3. 선거의 특징

① 선거쟁점에 있어서 비자금 문제, 경제 난국, 후보자 자녀의 신상문제
(병역문제) 등 정치적인 것과 비정치적인 쟁점들이 혼합되는 다양성을 보였
다. ② 지역정서가 제14대 대통령선거 때와 마찬가지로 투표과정에 강하게
투영되었다.

전국적으로는 표의 동서현상(강원, 경상남북도, 부산 등 동쪽에서는 한나
라당 압승, 서울, 경기, 충청남북도, 전라남북도 등 서쪽에서는 새정치국민
회의 압승)이 나타났다. ③ 외환위기 등 국민생활에 영향을 주게 될 문제들
이 쟁점이 되면서 비호남 출신 수도권 유권자들의 김대중 후보 지지가 과
거와는 달리 크게 높아졌다.[111] ④ 외환위기와, 신한국당을 탈당하여 국민
신당을 이끈 이인제 후보의 등장이 김대중 후보의 당선에 중요한 변수로
작용하였다. ⑤ 선거부정사례, 관권개입사례가 현저하게 감소하여 깨끗한
선거문화 정착을 위한 중요한 전환점이 되었다. ⑥ 헌정사상 처음으로 여

---

111) 외환위기는 한보그룹 등 대기업들의 부도가 속출하는 가운데 금융기관들이 대규모 부실채권을 떠안게
되면서 국가신인도가 추락한 것이 주요한 원인 중의 하나이다. 정부는 외환위기를 벗어나기 위하여
1997년 11월 21일 국제통화기금(IMF) 구제금융을 신청, 국제통화기금 관리체제에 편입되었다.

야 간 수평적 정권교체가 이루어지고, 권력의 중심축이 영남에서 호남으로 이동하게 되었다.

4. 선거 이후

1) 한나라당 총재 경선

한나라당의 이회창 명예총재는 선거 다음 날인 1997년 12월 19일 기자회견에서 정치적 재기 의사를 밝혔다. 당내 주류 측은 이회창 명예총재의 총재직 복귀와 3월로 예정된 전당대회를 1월로 앞당겨 실시할 움직임을 보였다. 이에 대하여 조순 총재 측은 3월 전당대회가 합당합의문에 못 박혀 있는데 굳이 전당대회를 앞당길 필요가 없을 것이라고 대응하였다.

한나라당에는 이회창·조순 계열, 민주정의당 계열의 다수파인 김윤환 고문계열과 소수파인 이한동 대표 계열, 김덕룡 선거대책위원장 계열, 이기택 선거대책위원회 의장 계열 등 각 계파가 대통령선거 패배 이후 당 수습을 위하여 이회창 총재의 복귀, 복귀 불가를 둘러싸고 서로 다른 논의를 전개하고 있었다.

한나라당의 김윤환 고문 등 비당권파는 합의하였던 총재 경선을 위한 전당대회 소집규정을 당권파가 일방적으로 수정하였다며 1998년 4월 7일 이의를 제기하였다. 비당권파는 "당초 합의에는 '1998년 6월 4일 이후 1999년 4월 10일 이내에 전당대회를 소집하여 총재를 새로 선출하여야 한다.'라는 의무조항으로 되어 있었는데, 당권파 측이 이를 '총재가 소집한다.'는 임의조항으로 수정, 공고하였다."고 주장하였다. 이에 대하여 조순 총재 측은 "총재가 책임지고 소집하겠다는 정신을 살리려고 '총재가 소집한다.'고 추가하였다며 '한다'와 '하여야 한다'는 큰 차이가 없다."고 말하였다.

〈표 8-13〉 한나라당 총재 경선 결과

후보	득표	득표율(%)	대의원 수	총 투표수	무효·기권
이회창	4,083	55.7			
이한동	1,554	21.2	8,354	7,326	무효11 기권3
김덕룡	1,283	17.5			
서청원	392	5.4			

그 후 한나라당은 8월 31일 서울올림픽공원 체조경기장에서 전당대회를 열어 8,384명의 대의원들의 투표를 통하여 새 총재를 경선하였는데, 이회창 후보가 제1차 투표에서 대의원 7,326명 중 55.7%인 4,083표를 얻어 당선되었다.

2) 여당 새정치국민회의에 의한 야당 의원 영입

한나라당 전당대회가 있던 1998년 8월 31일, 노승우·김기수 의원이 한나라당을 탈당함으로써 한나라당의 국회 과반수 의석이 무너졌다. 여권의 계속되는 한나라당 의원 영입과 사정(司正)에 밀린 한나라당은 9월 17일 의원총회를 열어 이에 대한 항의표시로 소속 의원 전원이 의원직을 사퇴하기로 결의함과 동시에 서울을 시작으로 '민주수호 및 야당파괴저지 1천만인 가두 서명운동'에 돌입하였다.

3) 서상목 의원 체포동의안 처리

한나라당 소속 서상목 의원은 대통령선거 과정에서 국세청을 동원하여 선거자금을 조성한 혐의를 받고 있었다. 서상목 의원에 대해서 여당 새정치국민회의는 체포를 주장하였고, 야당 한나라당은 임시국회를 계속 소집하여 공전시킴으로써 체포를 면하고자 하였다.

한동안 잠잠하던 서상목 의원 체포문제가 1999년 봄에 다시 불거져 나왔다. '국세청을 통한 불법 대선자금 모금사건'에 연루된 서상목 의원에 대한 체포동의안은 결국 1999년 4월 7일 국회본회의에서 표결에 부쳐졌다. 국회는 이날 본회의를 열어 법무부가 1998년 9월 '불법대선자금 모금사건'과 관련하여 제출한 서상목 의원 체포동의안에 대하여 재적 의원 297명 중 292명이 참석한 가운데 표결을 실시한 결과 찬성 136, 반대 145, 기권 7, 무효 4로써 부결하였다. 체포동의안 가결정족수인 출석 의원 과반수 147표에 미치지 못한 것이다.

새정치국민회의 소속 의원 104명과 자유민주연합 소속 의원 52명 등 공동여당 의원 156명 중 최소한 20명 이상이 당론인 체포동의안에 찬성하지 않은 것으로 분석되는 표결 결과를 놓고 양당 간 반란표 책임공방이 잠시 있었다. 그러나 새정치국민회의 조세형 총재권한대행과 한화갑 원내총무가 사직하고 김영배 의원이 새 총재권한대행으로 취임하고, 손세일 의원이 경선에서 새 원내총무로 선출되면서 반란표 책임공방은 조기 수습되었다.

제26절 새정치국민회의 · 국민신당의 합당(새정치국민회의)

1. 합당 배경

새정치국민회의는 여당이 되었음에도 그 주된 지지기반은 여전히 호남지역에 있었다. 이에 새정치국민회의는 지역구도 극복과 당의 전국정당화를 위하여 국민신당과의 조기통합을 서두르게 되었다. 국민신당으로서도 의원수에 있어서나 지지기반을 볼 때 강력한 제3당으로 존속하기가 힘들 것이라는 판단이 섰기 때문에 다른 정당과의 통합에 임하게 되었다. 김대중 후보의 대통령당선으로 국민신당 소속 의원들은 여권행과 제1야당행으로 나뉘는 등 분열조짐이 보이고 있었고, 선거 직전 결성된 정당인만큼 당 조직 및 정치자원 부족 등의 현실적인 문제를 안게 된 것이 국민신당 지도부의 합당결심을 촉진한 계기가 되었다.

2. 합당 경과

1) 자유민주연합과 국민신당

자유민주연합의 명예총재인 김종필 국무총리(서리)가 1998년 3월 하순에 이어 4월 초순 국민신당의 이인제 상임고문과 회동, 당 대 당 통합을 비롯한 양당 간의 진로문제와 공조방안 등을 논의하였다.

2) 새정치국민회의와 국민신당

새정치국민회의의 핵심 당직자들은 1998년 4월 초순경부터 국민신당의 당직자 및 소속 의원들과 접촉, 1998년 6월 말까지 양당의 통합을 이루자고 제의한 뒤 국민신당에 통합의 조건을 제시하여 줄 것을 청하였다. 그러나 국민신당 내에서는 새정치국민회의와의 통합에 대하여 당론이 통일되어 있지 않았으며, 특히 이인제 고문은 정계개편에는 동의하나 조기 통합에는 부정적인 반응을 보였다. 통합의 성격에 대하여 국민신당은 당 대 당 통합을 원하였으나, 새정치국민회의는 국민신당에 대해서는 충분한 예우를 하겠지만 개별영입 성격의 흡수통합이 불가피하다는 입장을 보엿다.

3) 한나라당과 국민신당

한나라당 조순 총재와 국민신당 이만섭 총재가 1998년 4월 20일 전격 회동, 야권의 공조체제를 구축한다는 데에 합의하였다. 6월 4일로 예정된 지방선거를 앞두고 상호연대와 국정현안에 대하여 양당이 서로 협의하기로 한 것이다. 국민신당 내 일각에서는 한나라당과의 합당을 요구하는 분위기가 조성되어 원내 의원 및 최고위원들이 긴급회동을 갖고 여권과의 협상을 중단하고 한나라당과 적극적으로 연대한다는 데 의견을 모으기도 하였다. 지방선거를 앞두고 여권과의 연합공천에 나서려던 국민신당이 갑작스럽게 노선전환 움직임을 보인 것은 여권과의 협상(특히 지구당조직책 등 당직 배분문제)이 순조롭지 않았기 때문으로 보인다.

4) 새정치국민회의·국민신당의 통합선언

통합상대를 찾기 위하여 자유민주연합, 새정치국민회의, 한나라당을 오가던 국민신당은 새정치국민회의로 방향을 잡았다. 국민신당과 새정치국민회의의 통합협상은 새정치국민회의가 자당(自黨) 몫의 국회 상임위원장 자리를 국민신당에 할애하기로 하면서 급진전되었다.

새정치국민회의 총재인 김대중 대통령과 국민신당 이만섭 총재는 1998년 8월 28일 오후 4시 35분부터 40분간 청와대에서 요담을 갖고 양당의 통합에 전격 합의하였다. 양당은 8월 29일 오전 국회에서 통합을 선언하였으며 당명은 새정치국민회의로 하기로 하였다. 이와 관련하여 새정치국민회의 측은 당 대 당 통합을 위한 전당대회나 합당수임기구의 설치는 필요 없으며, 정치적으로는 당 대 당 통합형식을 취하지만 사실상 새정치국민회의가 국민신당을 흡수하는 것이라고 밝혔다. 이만섭 국민신당 총재가 낭독한 합당선언문의 내용은 다음과 같다.

새정치국민회의 · 국민신당합당선언문

새정치국민회의와 국민신당은 위기에 처한 국가를 살리고 온 국민이 다시 일어나 세계 속의 강력한 한국을 건설하기 위해 양당의 역사적인 합당을 선언한다. 오늘 합당으로 우리는 국난극복을 위한 정치안정 세력을 구축할 수 있는 결정적 계기를 마련하였다. 오늘의 합당은 우리나라 전치이 고질인 지역갈등이 벽을 넘어 동서화합이 길로 나아가는 획기적인 전환점을 의미한다. 우리는 이제 확고한 정치안정을 통해 정치경제사회 전 분야에 걸친 총체적 개혁 작업과 나라경제를 살리는 일에 가일층 매진할 것을 다짐한다. 오늘 합당으로 우리는 지역과 계층을 아우르는 국민정당을 건설하게 되었으며, 앞으로 모든 세력과 정치인에게 문호를 활짝 열어 국민대연합의 길로 나아갈 것이다.

정치안정으로 경제회생 앞당기자

우리는 공동여당의 원내 안정 의석 확보를 통해 정치안정과 국난극복을 위한 개혁 작업을 강력히 추진해 나갈 것을 선언한다.

지역갈등 극복하고 동서화합 이룩하자

양당의 합당으로 동서 간 지역갈등을 극복하여 국민대통합을 이룩할 토대가 마련되었다. 우리는 망국적 지역감정을 청산하고 화합의 정치를 실천함으로써 동서화합에서 더 나아가 남북통일의 기반을 확고히 할 것임을 선언한다.

개혁작업 완수하여 제2건국 이룩하자

개혁은 이 시대의 최우선 과제이다. 우리는 국민과 손잡고 제2건국의 새로운 역사를 열어 가는 개혁의 선봉이 된 것을 다짐한다.

하나로 힘 모아 21세기를 열어 가자

우리는 난국을 수습하고 경제를 회생시키기 위해 작은 차이를 극복하고 하나가 되기를 결의한다. 이제 우리는 위기에 처한 나라를 구하여 21세기 선진민주국가를 건설하고 민족의 통일을 열어 가는 역사적 과업을 완수할 것임을 국민 앞에 엄숙히 선언하면서 국민 여러분의 아낌없는 성원과 협력을 기대한다.

1998년 8월 29일 새정치국민회의 · 국민신당

이날 새정치국민회의 정균환 사무총장은 경과보고를 통하여, "4월 초부터 국민신당 박범진 사무총장과 막후에서 벌인 통합논의가 국민신당의 이만섭 총재와 이인제 고문의 결단으로 마침내 성사되었다."고 말하였다. 통합에는 국민신당 소속 국회의원 8명 중 서석재, 김운환, 장을병, 박범진, 원유철, 이용삼 등 6명이 참여하였다.

5) 양당의 통합 추인

통합선언에 앞서 새정치국민회의와 국민신당은 각각 당무위원 · 지도위원 연석회의와 당무위원회를 열고 일사천리로 통합을 추인하였다. 김운환 · 김학운 의원이 불참한 가운데 열린 국민신당의 당무회의에서도 통합추인은 20여 분 만에 이루어졌다. 통합선언을 전후하여 양당이 협상과정에서 작성한 7개 항의 별도 합의서의 내용이 알려졌는데 그 제2항에서 "새정치국민회의에 국민신당이 통합되는 방식으로 한다."고 밝혀 사실상의 합류임을 명시하였다. 또 제4, 5, 6항에서는 국민신당의 지분(지구당 위원장)을 20% 수준으로 하고 국민신당의 당직자들에게 상응한 예우를 하며 사무처 요원에게도 적절한 당직을 준다는 내용을 포함시켰다.

합당선언문을 발표하기는 하였지만 합당선언은 정치적 의미부여에 불과하여 법적으로는 합당이 성립되지 않았다. 양당이 정당법상 합당방식인 '신설합당'과 '흡수합당' 중 어느 쪽의 합당절차도 이행하지 않았기 때문이다.[113]

---

113) 정당법은 어떤 합당이건 각 정당이 대의기관(전당대회) 또는 그 수임기관의 합동회의를 열어 합당을 결

6) 양당 통합의 실질

양당의 통합은 국민신당의 일방적 해체에 뒤이어 국민신당 당원들의 새정치국민회의 개별입당으로 종료되었다. 1998년 8월 29일 오전의 통합선언에 이어 저녁에는 청와대에서 양당 핵심인사들의 만찬이 있었는데 이 만찬은 김대중 대통령과, 김영삼 전 대통령을 따르던 민주당계열 일부 인사들과의 '정치적 재회(再會)'였다.

국민신당은 9월 17일 오후 여의도 국회의원회관에서 이만섭 총재, 이인제 상임고문 등 당 지도부와 대의원 1천여 명이 참석한 가운데 임시전당대회를 열어 당 해체를 결의하였다. 이로써 대통령선거를 앞둔 1997년 11월 4일 당내 경선 결과에 불복하여 신한국당을 탈당한 이인제 후보를 중심으로 창당된 국민신당은 10개월여 만에 공식 해체되었다.[114] 국민신당 관계자들은 이날 개별입당 형식으로 새정치국민회의에 입당하였고, 새정치국민회의는 민주당계열이 주축이 된 국민신당을 흡수함으로써 개헌저지가능 의석을 확보하였다.

3. 합당 이후

새정치국민회의와의 통합을 위하여 해체된 국민신당의 이만섭 총재와 이인제 고문 등 국민신당의 원외 인사 20여 명(황명수·유성환 전 의원, 김충근 전 대변인 등)이 1998년 9월 21일 새정치국민회의에 정식으로 입당하였다.

국민신당을 흡수한 새정치국민회의는 통합 사후처리를 놓고 고민을 하게 되었는데 대표적인 난제는 "지구당 위원장의 20%를 국민신당 측에 할애하며 국민신당 사무처 요원 중 상당수를 수용한다."는 내부적 합의사항을 실현하는 문제였다. 새정치국민회의로서는 '알짜배기' 지역구를 내주기도 어

의하고 중앙선거관리위원회에 신고토록 하고 있다. 이 경우 합당대상 정당의 권리, 의무는 모두 신설정당 또는 흡수합당 후 존속하는 정당에 승계된다.

114) ≪문화일보≫, 1998년 9월 18일자.

렵고 그렇다고 약세 지역이나 사고지구당만 내주기도 어렵기 때문이다. 이 문제는 미완으로 남게 되었다.

제27절 새정치국민회의·자유민주연합의 합당 시도

1. 합당 시도 배경

김대중·김종필 연합(DJP연합)은 여야 간 수평적 정권교체의 감격을 안겨 주었지만 공동여당이 된 후 두 정당은 이해갈등과 마찰, 국정운영 경험 부족 등으로 서로 어려움을 겪었으며 일부 보궐선거 및 지방선거 후보자 공천 과정에서 때로는 입장조율이 원만히 이루어지지 않기도 하였다. 공동여당은 국제통화기금(IMF) 관리체제의 위기를 극복하면서 경제회복과 부분적인 정치개혁을 이루었다. 그러나 시간이 흐를수록 권력구조에 관련된 정치적 지향과 입장의 차이로 인하여 공동여당의 한계성을 노정하기 시작하였다.115)

공동여당이 된 새정치국민회의와 자유민주연합 간에는 제15대 국회 임기 내에 내각제를 실현한다는 약속이 있었는데 이 약속의 실현 여부를 둘러싸고 양당 간 신경전이 계속되었다. 양당 간의 합당론은 1997년 대통령선거 전에도 잠시 제기된 적이 있었다. 당시 선거연합 협상과정에서 새정치국민회의와 자유민주연합 내부에서는 합당한 후 한 사람은 대통령후보를, 다른 한 사람은 당을 맡으면 되지 않겠느냐는 논의가 있었다. 그러나 당의 성격과 기반이 다른 상황에서의 합당은 부정적 효과가 클 것이라는 점과 자유민주연합 내에 합당반대 목소리가 있어 일단 합당논의는 접혀졌었다.

양당의 합당론이 계속 제기되는 배경으로는 두 가지가 있는데 첫째는, 공동 여당 내의 내각제를 둘러싼 갈등 해소문제이다. 이 문제는 정계개편 논

---

115) 단적인 예로 정권교체 1주년 기념식장에서 김대중 대통령과 김종필 국무총리는 내각제 실현 여부에 관하여 크게 다른 시각차를 보여 주었다. 대통령은 내각제 개헌의 '시기 조절론'을 언급하였고, 국무총리는 '약속 이행'을 촉구하였다.

의와 맞물려 있기 때문에 원만하게 해결되지 않으면 김대중 대통령의 정치적 도덕성에 상처를 입힐 수 있다. 둘째는, 2000년 4월에 있을 제16대 국회의원선거에서의 다수 의석 획득을 통한 전국정당화에 있다.

2. 합당 시도 경과

1) 새정치국민회의의 내각제 문제해법

공동여당 간의 불협화음이 간간이 전해지는 가운데 새정치국민회의의 김영배 의원(전 국회 부의장)은 1998년 12월 28일 개인적인 생각임을 전제하고 기자들에게 "새정치국민회의와 자유민주연합이 통합하면 모든 문제가 다 풀릴 것이며, 통합하면 내각제가 되건 어떻건 김종필 총리가 차기 후보가 될 것"이라는 요지의 발언을 하였다. 내각제 실현을 둘러싼 양당 간의 신경전이 계속되는 가운데 새정치국민회의 주변에서 나도는 문제해법 중의 하나인 합당을 통한 새로운 집권당 구축방안이 거론된 셈이다.[116) 이를 받듯이 동당의 조세형 총재권한대행, 안동선·김근태 부총재, 김상현 의원 등은 1999년 1월 8일을 전후하여 비슷한 해법을 제시하였다.[117)

2) 자유민주연합의 합당에 대한 입장

자유민주연합의 한영수 부총재는 1999년 1월 8일 새정치국민회의가 독주하고 자유민주연합이 들러리정당이 되어서는 곤란하므로 합당을 하든지 양당의 위상을 재정립하든지 해야 한다고 말하였다. 그러나 새정치국민회의와 자유민주연합의 합당설에 대하여 1월 11일의 자유민주연합 총재단 회의에서는 "제15대 국회 내에 내각제 개헌을 실천한다는 국민적 약속을 희석시

---

116) 김영배 의원은 총재권한대행으로 지명된 1999년 4월 공동여당의 합당을 다시 한 번 강조하였다.

117) 내용은 두 당이 통합하고 한나라당의 일부 의원을 흡수하여, 당명을 바꾼 전국정당으로 출범하자는 것이다. 물론 김종필 국무총리가 새 정당의 총재를 맡고, 제16대 국회의원선거에서 공천권의 상당부분을 갖도록 한다는 조건이다.

킬 수 있는 어떤 움직임도 단호히 거부한다."는 입장을 발표, 새정치국민회의 쪽에서 흘러나오고 있는 합당론에 대하여 거부입장을 표명하였다. 회의에서는 당내에서 합당설을 퍼뜨린 한영수 부총재 등에 대한 성토가 있었으며 내각제가 바로 자유민주연합의 존재이유임을 분명히 하였다.

3) 부침하는 합당론

이런 와중에 김대중 대통령을 비롯한 여권 수뇌부가 새정치국민회의와 자유민주연합 양당의 합당을 추진하기로 하고 1998년 11월경부터 논의를 진행시켜 온 사실이 1999년 1월 19일 확인되었다.[118] 이러한 사실은 청와대 고위관계자들의 연이은 '내각제 개헌 연기론'이 두 여당의 합당과 권력구조 개편문제와 깊은 관련이 있음을 시사하여 주는 것이다. 이에 대하여 새정치국민회의 정동영 대변인과 자유민주연합의 이완구 대변인은 일단 '사실 무근'이라고 부인하였다.

1999년 1월 하순이 되면서 양당의 합당론은 수그러들었다. 그렇지만 김대중 대통령과 김종필 국무총리 사이에서 합의되었던 '1999년 말 내각제 개헌 완료'라는 문제가 해결되지 않았기 때문에 합당설이 다시 수면 위로 부상하기 시작하였다.

새정치국민회의의 설훈 기획조정위원장은 3월 11일 1999년 내에 여권의 합당을 이루고, 내각제 개헌은 대통령의 임기 말인 2002년 후반기에 실시, 김대중 대통령이 5년 임기를 마치고 퇴임하는 것과 동시에 내각제 정부를 출범시키자는 안을 제시하였다. 설훈 위원장은 이러한 정치일정을 위해서는 무엇보다도 새정치국민회의와 자유민주연합의 합당이 우선적으로 성사되어야 하며 합당은 빠를수록 좋다고 말하였다.

김대중 대통령은 4월 19일 한국방송공사(KBS) 대구방송총국 개국기념 회견에서 제16대 국회의원선거에서 새정치국민회의와 자유민주연합은 연합공천방식을 택할 것이라고 밝혔다. 이는 두 여당의 총선승리를 위한 원칙적인

---

118) ≪한겨레신문≫, 1999년 1월 20일자.

전략을 밝힌 것이나 일단 두 여당의 합당론을 유보시키겠다는 의미로도 해석이 가능하다. 현재 두 여당의 의석이 개헌 선을 밑돌고 있기 때문에 우선은 국회의원선거에서 개헌가능 의석을 확보하는 일이 중요하다는 인식을 저변에 깔고 있다. 이런 사정은 자유민주연합 또한 마찬가지이기 때문에 자유민주연합의 지도부는 이를 환영하는 분위기였다.[119]

그 후 김대중 대통령과 김종필 국무총리는 연내 내각제 개헌 유보에 합의하였다. 연내 내각제 개헌 유보합의를 전후한 여권 내의 상황은 크게 달라지고 있었다. 합당론은 수면 밑으로 들어가고 새로운 여당 창당론이 급부상한 것이다. 새정치국민회의는 8월 30일 시내 올림픽공원 역도경기장에서 중앙위원회를 열고 '중산층과 서민을 위한 국민정당 창당'을 공식 결의, 내각제 개헌 정국을 물리침과 동시에 전국정당화를 목표로 하는 신당 창당작업을 시작하였다.

---

119) 자유민주연합 소속 의원들에 대한 전화설문조사결과 82.5%가 합당에 반대한다고 응답한 것으로 나타났다. 자유민주연합의 주류인 충청권 의원들은 거의 전원이 합당에 부정적인 견해를 보였으나 한명수, 박철언, 부총재 등 비주류 중진의원들 4명은 합당을 찬성한 것으로 나타났다(조사일자 1999년 4월 9일). 대상자 자유민주연합 의원 54명. ≪경향신문≫, 1999년 4월 10일자.

〈부록〉 합당등록 사례(1963-2000)

신설합당

정당명	대표자 (등록 시 대표)	등록 연월일	소멸 연월일	통합신당명 (대표자)
민정당	윤보선(김병로)	1963. 6. 28.	1965. 5. 11.	민중당(윤보선, 박순천)
민주당	박순천	1963. 8. 17.	1965. 5. 11.	
민중당	윤보선, 박순천	1965. 5. 11.	1967. 2. 11.	신민당(유진오)
신한당	윤보선	1966. 5. 30.	1967. 2. 11.	
민주사회당	고정훈	1981. 1. 23.	1982. 3. 29.	신정사회당(고정훈)
신정당	김갑수	1981. 1. 31.	1982. 3. 29.	
민주정의당	노태우(전두환)	1981. 1. 17.	1990. 2. 15.	민주자유당(노태우, 김영삼, 김종필)
통일민주당	김영삼	1987. 5. 6.	1990. 2. 15.	
신민주공화당	김종필	1987. 11. 11.	1990. 2. 15.	
신민주연합당	김대중	1987. 11. 13.	1991. 9. 16.	민주당(김대중)
민주당	이기택	1990. 6. 18.	1991. 9. 16.	
통일국민당	김동길	1992. 2. 10.	1994. 7. 8.	신민당(김동길·박찬종)
신정치개혁당	박찬종	1992. 3. 4.	1994. 7. 8.	
신민당	김동길, 박찬종	1994. 7. 8.	1995. 5. 31.	자유민주연합(김종필)
자유민주연합	김종필	1995. 4. 3.	1995. 5. 31.	
신한국당	이회창(김영삼)	1996. 2. 6.	1997. 11. 21.	한나라당(이회창)
민주당	조순(이기택)	1990. 6. 18.	1997. 11. 21.	

흡수합당

정당명	대표자 (등록 시 대표)	등록 연월일	소멸 연월일	비고
자유민주당	김도연(김준연)	1963. 9. 9.	1964. 11. 27.	민정당으로 흡수합당
국민의 당	김병로	1963. 9. 13.	1964. 10. 5.	민주당으로 흡수합당
자유당	이재학(장택상)	1963. 10. 9.	1970. 1. 26.	신민당으로 흡수합당
한국독립당	이태구(김홍일)	1963. 10. 30.	1970. 2. 3.	신민당으로 흡수합당
신정사회당	권대복(고정훈)	1982. 3. 29.	1986. 5. 28.	사회민주당으로 흡수합당
새한국당	이종찬	1992. 11. 19.	1995. 3. 7.	민주당으로 흡수합당

참고문헌

국내 도서 및 논문

강영수, 『정당재편은 어데로?』, ≪신천지≫(1948년 10월호).
건국10년지간행회, 『대한민국건국10년지』(서울: 1955).
견학필, 「미군정과 한국의 정치발전에 관한 연구」(동아대학교 박사학위논문, 1984).
권대복, 『진보당』(서울: 지양사, 1985).
권영기, 「3당합당 비사」, ≪월간조선≫(1992년 9월호).
권희경, 『한국혁신정당과 사회주의 인터내셔날』(서울: 태양, 1989).
고성국, 「1960년 이후 한국정당정치의 역사적 전개과정과 특징」, 안희수 편, 『한국정당정치론』(서울: 나남, 1995).
고영민, 『해방정국의 증언』(서울: 사계절, 1987).
고정훈, 「한국의 현실과 혁신세력」, ≪신태양≫(1958년 7월호).
고하선생 전기편찬위원회, 『고하 송진우선생전』(서울: 동아일보사, 1965).
고흥문, 『못다 이룬 민주의 꿈』(1990).
공보처, 『대통령이승만박사담화집』(1953).
국가보위비상대책위원회, 『국보위 백서』(1980).
국가재건최고회의, ≪최고회의보≫ 23호(1963년 8월호).
국사편찬위원회, 『자료 대한민국사』 1권-9권(1968-1998).
국회도서관, 『임시약헌제정회의록(과도입법의원)』(1968).
국회도서관, 『헌법개정회의록』(1967).
국회도서관 입법조사국, 『국제연합 한국통일부흥위원단보고서(1961·1962·1963)』(1964).
국회사무처, 『국가보위입법회의사료』(1995).
국회사무처, 『국회경과보고서』(제헌국회-제14대 국회).
국회사무처, 『국회법 해설』(1996).

국회사무처, 『국회사』(제헌국회-제11대 국회)(1971-1996).

국회사무처, 『국회50년 연표』(2000).

국회사무처, 『국회회의록』. (각 회기별)

국회사무처, 『대한민국국회50년사』(1998).

국회사무처, 『대한민국법률안연혁집(제1권-제12권)』(1992).

국회사무처, 『서구 주요국의 정당정치』(1987).

국회사무처, 『의정통계집』(1996).

국회사무처, 『제6대 국회 2년지』(1965).

국회사무처, 『헌법·국회법 연혁집』(2000).

권영성, 『신헌법요론』(서울: 형성출판사, 1989).

길승흠, 「정당정치의 태동과 그 전개」 서울대 한국정치연구소 편, 『한국의 현대
　　　정치: 1945-1948』(서울: 서울대학교출판부, 1993).

길승흠 외, 『한국현대정치론』(서울: 법문사, 1995).

길승흠·김광웅·안병만, 『한국선거론』(서울: 다산, 1987), 34쪽.

김갑식, 「장면총리, 수녀원 피신 55시간」, ≪월간조선≫(1985년 5월호).

김경재, 「3당합당 미국커넥션」, ≪월간 다리≫(1990년 4월호).

김광웅 편, 『한국의 선거정치학』(서울: 나남, 1990).

김광웅·이갑윤 엮음, 『정당·선거·여론』(서울: 한울, 1996).

김광식, 「한국 혁신정당연구」, ≪월간조선≫(1987년 10월호).

김구, 『백범일지』(서울: 동명, 1947).

김남식, 『남로당연구』(서울: 돌베개, 1984).

김남식, 『실록 남로당』(서울: 신현실사, 1975).

김남식·이정식·한홍구, 『한국현대사 자료총서』 6-8(서울: 돌베개, 1986).

김동익, 「민중당의 카오스, 민중당 협상분열기」, ≪세대≫(1966년 9월호).

김동호, 「신당주변, 이상기류의 정치지대」, ≪월간중앙≫(1970년 6월호).

김만흠, 「제6공화국과 지역감정의 심화」, 김종철·최장집 외, 『지역감정연구』(서울:
　　　학민사, 1991).

김민하, 『한국정당정치론: 발전과정과 과제연구』(서울: 대왕사, 1976).

김민하, 「한국야당의 생성과 발전」, ≪국책연구≫(1987년 봄호).

김병수, 「민중당을 해부한다」, ≪지방행정≫(1965년 7월호).

김부겸, 「진보정당의 통합과 도전」, ≪월간경향≫ 284(1988년 10월호).

김봉우, 「박헌영노선비판」, 이수인 편, 『한국현대정치사 1』(서울: 실천문학사, 1989).

김삼웅, 『해방후 정치사 100장면』(서울: 가람기획, 1994).

김상준 외, 『한국의 정치』(서울: 법문사, 1993).

김석준, 『미군정시대의 국가와 행정』(서울: 이화여대출판부, 1996).

김성윤, 「3당합당 이후의 정치판과 야권의 진로」, ≪전통과 시론≫ 5(1990년 6월호).

김성익, 「신민당 5월 당권의 향방」, ≪신동아≫(1979년 6월호).

김성희, 『정당론』(서울: 박영사, 1970).

김세균, 「정계개편 배후조종자는 미국?」, ≪월간다리≫(1990년 3월호).

김수진, 「민주이행기 한국정당정치의 비판적 분석」, ≪의정연구≫ 제2호(1996).

김순규, 『16인의 당수들』(서울: 백양출판사, 1982).

김영, 『당인』(서울: 백미사, 1982).

김영명, 『한국 현대정치사』(서울: 을유문화사, 1992).

김영빈, 「당인-파벌」, ≪월간조선≫(1981년 3월호).

김영수, 『대한민국임시정부헌법론』(서울: 삼영사, 1980).

김용균, 『우리 헌법이 걸어 온 길』(서울: 광산, 1995).

김용호, 「한국의 야당」, 윤정석·신명순·심지연(편), 『한국정당정치론』(서울: 법
    문사, 1996).

김용호, 「민주화와 정당정치」, 안청시·진덕규 편, 『전환기의 한국민주주의』(서울:
    법문사, 1994).

김용호·김현우·박경산·유승익, 「역대 국회의원의 사회적 배경」, 백영철 외, 『한
    국의회정치론』(서울: 건국대학교출판부, 1999).

김운태, 『미군정의 한국통치』(서울: 박영사, 1992).

김운태, 『정치학원론』(서울: 박영사, 1980).

김운태, 『한국현대정치사(제2권)』(서울: 성문각, 1986).

김운태 외, 『한국정치론』(서울: 박영사, 1994).

김인곤, 『위대한 선택-DJP, 애국충정의 단일화 비사』(광주: 전일실업, 1999).

김종범·김동운, 『해방전후의 조선진상』(서울: 돌베개, 1984).

김재명, 「김동길과 박찬종」, ≪월간중앙≫(1994년 12월호).

김재명, 「진보정당, 독자창당이냐 민주연합당이냐」, ≪월간중앙≫(1990년 3월호).

김재춘, 「나의 혁명 전후」, ≪월간중앙≫(1969년 5월호).

김재한, 『정당구도론』(서울: 나남, 1994).

김재한, 『합리와 비합리의 한국정치사회』(서울: 소화, 1988).

김재홍, 『한국정당과 정치지도자론』(서울: 나남, 1992).

김종철·최장집 외, 『지역감정연구』(서울: 학민사, 1991).

김종헌, 『한국제3공화정』(서울: 송산출판사, 1986).

김종훈, 『한국정당사』(서울: 서울고시학회, 1983).

김진학·한철영, 『제헌국회사』(서울: 신조출판사, 1954).

김중권, 『헌법과 정당』(서울: 법문사, 1990).

김철, 「제5공화국의 정당들」, ≪신동아≫(1982년 10월호).

김철, 「한국혁신정당운동의 회고와 전망」, ≪민족지성≫(1987년 2월호).

김철수, 『한국헌법사』(서울: 대학출판사, 1988).

김철수, 「해방직후의 정당통합운동에 관한 고찰」, ≪해군제2사관학교논문집≫ 제2집
    (1980. 12.).

김하룡, 「1점반정당의 비극, 한국야당의 이합집산과정」, ≪정경연구≫(1967년 9
    월호).

김학준, 『고하 송진우평전』(서울: 동아일보사, 1990).

김혁동, 『미군정하의 입법의원』(서울: 범우사. 1970).

김현섭·이용호, 『청와대 귀족회의』(서울: 경향신문사. 1994).

김현우, 「각국 의회제도 분석」, ≪국회보≫ 제371호(1997. 9.).

김현우, 「국회 원 구성 지연문제 소고」, ≪국회보≫ 제402호(2000. 4.).

김현우, 「국회의원의 당적변경과 정당의 의미」, ≪의정연구≫ 제3호(1996).

김현우, 「국회의 조직과 운영」, 백영철 외, 『한국의회정치론』(서울: 건국대학교출
    판부, 1999).

김현우, 「역대 국회의원의 구성과 사회적 배경」, ≪국회보≫ 제351호(1996. 1.).

김현우·송재룡, 「한국정치와 정당통합의 문제」, ≪사회이론≫(1999년 가을).

김현태, 「한국정당법제에 관한 연구」(연세대학교 행정대학원 석사학위논문, 1997).

김형준, 「이승만, 박정희, 전두환의 콤플렉스와 정치퍼스낼리티」, ≪현대공론≫
    (1989. 3).

김호진, 『한국정치체제론』(서울: 박영사, 1993).

김희민, 「한국3당 합당의 원인과 결과」, 김재한 편, 『정당구도론』(서울: 나남, 1994).

남재희, 「신한당의 권력구조, 한국정당의 기상도」, ≪세대≫(1966년 6월호).

남재희, 「한국야당의 지적도, 극히 사견적인 한국야당론」, ≪세대≫(1969년 8월호).

내무부 치안국 편, 『미군정 법령집』(서울: 병학사, 1956)

노경채, 『한국독립당연구』(서울: 신서원, 1996).

단주유림선생기념사업회, 『단주 유림 자료집 (1)』(서울: 백산, 1991).

대한민국사편찬위원회, 『대한민국사』(서울: 탐구당, 1988).

대한민국인물사편찬위원회, 『정치수난사』(서울: 역사편찬회, 1989).

동아일보사, 『동아일보사사(1945-1960』 권2(동아일보사, 1978).

「당수잃은 한독당은 어데로?」, ≪민성≫(1949년 9월호).

라우터백(국제신문사 역), 『한국미군정사』(서울: 돌베개, 1983).

마이니치신문사 편(녹두편집부 역), 『김대중납치사건의 전모』(서울: 녹두, 1985).

문용직, 「한국의 야당과 파벌(1963-1987)」, 서강대학교 대학원 석사학위논문(1986).

문용직, 「1990년 3당 합당의 분석」, ≪한국과 국제정치≫ 17(1993).

미국무성 비밀외교문서, 김국태 역, 『해방3년과 미국 Ⅰ: 미국의 대한 정책

1945-1948』(서울: 돌베개, 1984).

『미국의 외교문서』(Foreign Relations of the United States) 한국편 Ⅰ-Ⅳ(서울: 원주문화사, 1992).

미군정기정보자료집 CIC(방첩대) 보고서(1-3)(춘천: 한림대학교 아시아문화연구소, 1995).

『미군정활동보고서』 1권(Summation of the U.S. Military Government Activities in Korea)(서울: 원주문화사, 1990).

민의원사무처, ≪참고자료≫ 제6호(1957년).

민주공화당, 『민주공화당사』(1973).

민주발전연구회, 「역대 야당의 생성과 이합집산실태 분석」(1987. 5.).

민준기, 『한국민주화와 정치발전』(서울: 조선일보사, 1988).

민권당, 『민권당 소사』(서울, 1983).

민주공화당기획조사부, 『민주공화당4년사』(서울, 1967).

민주자유당홍보국, 『민주자유당5년자료집』(서울, 1995).

민주주의민족전선선전부, 『민주주의민족전선결성대회 의사록』(1946).

민주화추진협의회, 『민추사』(1988).

박경석·남시욱, 「한국정당의 파벌, 여야 세력계보를 통해 본 정계내막」, ≪신동아≫ (1967년 2월호).

박기정, 「진통하는 신민당의 향방」, ≪신동아≫(1978년 6월호).

박기정, 「한국의 정당, 그 이합집산」, ≪신동아≫(1978년 4월호).

박동진, 「정치관계법의 변천과정과 정당정치」, 안희수 편, 『한국정당정치론』(서울: 나남, 1995).

박상병, 「한국진보정당의 형성과정과 선거참여: 민중당의 사례를 중심으로」, 안희수 편, 『한국정당정치론』(서울: 나남, 1995).

박석종, 「신민당」, ≪월간중앙≫(1970년 2월호).

박승재, 「신민당 전당대회의 의의」, ≪세대≫(1970년 3월호).

박일원, 『남로당의 조직과 전술』(서울: 세계, 1984).

박일원, 『남로당총비판』(서울: 극동정보사, 1948).

박정희, 『국가와 혁명과 나』(서울: 상문사, 1963).

박찬욱, 「선거과정과 대의정치」, 김광웅 편, 『한국의 선거정치학』(서울: 나남, 1990).

박찬표, 『한국의 국가형성과 민주주의』(서울: 고려대학교출판부, 1997).

박창화, 『성제 이시영소전』(서울: 을유문화사, 1984).

배순길, 『한국사회주의정당사』(서울: 한마음, 1995).

백남훈, 「한국민주당 창당비화」, ≪진상≫(1960년 4월호).

백상건·배성동·김영철, 「기본문제편」, 중앙선거관리위원회 편, 『정당론』(1966).

백영철, 『제1공화국과 한국민주주의』(서울: 나남, 1995).

백영철, 『제2공화국과 한국민주주의』(서울: 나남, 1996).

백영철 외, 『한국의회정치론』(서울: 건국대학교출판부, 1999).

법제처, 『군정법령집』(1962).

변형윤 외, 『분단시대와 한국사회』(서울: 까치, 1985).

부산일보사, 『임시수도천일』(1985).

서대숙, 『한국공산주의운동사연구』(서울: 화다, 1985).

서대숙(서주석 역), 『북한의 지도자 김일성』(서울: 청계연구소, 1989).

서대숙, 『현대 북한의 지도자 김일성과 김정일』(서울: 을유문화사, 2000).

서울신문사, 『주한미군30년』(서울: 행림출판사, 1979).

서울지방검찰청, 「12·12사건 수사결과 발표문」(1994. 10. 29.).

서임특, 「20년 야당의 계보와 생리」, ≪세대≫(1971년 2월호).

서금석, 『한국현대민족운동연구』(서울: 역사비평사, 1991).

서중석, 「이념정당은 타부인가」, ≪정경연구≫(1969년 12월호).

손봉숙, 「이박사와 자유당의 독주」, 이기하·심지연·한정일·손봉숙, 『한국의
　　　정당』(서울: 한국일보사. 1987).

손봉숙, 「한국자유당의 정당정치연구」, ≪한국정치학회보≫ 제19집(1985).

손세일, 『이승만과 김구』(서울: 일조각, 1970).

손학규, 「한국정치와 진보세력」, 김상준 외, 『한국의 정치』(서울: 법문사, 1993).

손희두, 「미군정의 대한정책과 의회제도에 관한 연구」(성남: 한국정신문화연구원
　　　박사학위논문, 1993).

송남헌, 『시베리아의 투사 원세훈』(서울: 천산산맥, 1990).

송남헌, 『한국현대정치사(1)』(서울: 성문각, 1980).

송남헌, 『해방3년사Ⅰ』(서울: 까치, 1985).

송원영, 『제2공화국』(서울: 샘터, 1980).

스칼라피노·이정식(한홍구 역), 『한국공산주의운동사』(1, 2, 3)(서울: 돌베개, 1986).

신도성, 「한국의 혁신운동 무엇이 문제인가」, ≪민족지성≫(1987년 2월).

신명순, 『한국정치론』(서울: 법문사, 1993).

신명순, 「허정 과도정부하의 내각책임제 개헌연구」, 석호한배호박사화갑기념논문
　　　집간행위원회, 『한국의 자본주의와 민주주의』(서울: 법문사, 1991).

신상우, 『고독한 증언』(서울: 창민사, 1986).

신상초, 「공화당」, ≪월간중앙≫(1970년 3월호).

신상초, 「신민당은 어디로 가는가」, ≪월간중앙≫(1972년 6월호).

신창현, 『해공 신익회』(해공신익회선생기념회, 1992).

심지연, 『미·소공동위원회연구』(서울: 청계연구소, 1989).

심지연, 『인민당연구』(서울: 경남대학교 극동문제연구소, 1991).

심지연, 『조선신민당연구』(서울: 동녘, 1988).

심지연, 『한국민주당연구Ⅰ』(서울: 풀빛, 1982).

심지연, 『한국현대정당론』(서울: 창작과비평사, 1984).

심지연, 『해방정국논쟁사Ⅰ』(서울: 한울, 1986).

심천계회열박사화갑기념논문집 간행위원회, 『정당과 헌법질서』(서울: 박영사, 1995).

IMF환란원인규명과 경제위기 진상조사를 위한 국정조사 특별위원회, 「IMF환란 원인규명과 경제위기 진상조사를 위한 국정조사 결과보고서」(1999. 3.).

안병영, 「한국의 정당체제와 정당내의 파벌행태」, 『김운태교수화갑기념논문집: 한국정치행정의 체계』(서울: 박영사, 1982).

안병영, 「혁신정당의 존립은 불가능한가」, ≪신동아≫(1985년 9월호).

안정애, 「좌우합작운동의 전개과정」, 『한국현대사Ⅰ: 1945-1950』(서울: 열음사, 1985).

안재홍, 『신민족주의와 신민주주의』(서울: 민우사, 1984).

안종철, 「건국준비위원회의 성격에 관한 연구」(서울대 정치학과 석사학위논문, 1985).

안철현, 「제1-2공화국 정당정치의 전개과정과 특성」, 안희수 편, 『한국정당정치론』 (서울: 나남, 1995).

안청시(편), 『현대한국정치론』(서울: 법문사, 1992).

안청시·진덕규(편), 『전환기의 한국민주주의』(서울: 법문사, 1994).

안희수, 「민주자유당: 그 생성과 소멸」, ≪인하대 사회과학연구소논문집≫ 16집 (1998).

안희수 편, 『한국정당정치론』(서울: 나남, 1995).

양동안, 「건준인공의 정체와 결성과정」, 건국50주년기념사업준비위원회 편, 『대 한민국 건국과정과 정통성』(1998).

양동안, 「남로당의 조직과 활동에 관한 연구(1)」, 한국정신문화연구원, 『광복후의 정치세력: 중도파와 좌파』(1995).

양동안, 『대한민국건국사』(서울: 건국대통령이승만박사기념사업회, 1998).

양동안, 「혼란속의 국가형성」, 양동안 외, 『현대한국정치사』(성남: 한국정신문화 연구원, 1987).

양동안·윤근식·이택휘·이정식·안병만, 『현대한국정치사』(성남: 한국정신문 화연구원, 1987).

양무목, 『한국정당정치론: 정강정책결정 과정을 중심으로』(서울: 법문사, 1983).

오제도, 『전환기의 내막』(서울: 조선일보사, 1982).

용태영, 『황야의 노방초』(서울: 진선미출판사, 1996).

유광진, 「한국혁신정당의 정강·정책비교연구」, 김광웅·이갑윤 엮음, 『정당·선거·여론』(서울: 한울, 1996).

유진산, 「경무대회담의 전모」, ≪진상≫(1960년 10월호).

유진산, 「야당막후사」, ≪월간중앙≫(1970년 3월호).

유진오, 「헌법기초당시의 회고담」, ≪국회보≫ 제20호(1958).

유진오, 『헌법기초회고록』(서울: 일조각, 1980).

유치송, 『해공 신익희일대기』(서울: 해공신익희선생기념회, 1984).

유한렬, 「구심력을 찾는 민정당」, ≪신사조≫(1963년 2월호).

유근식, 「냉전체제하의 반공정권」, 양동안 외, 『현대한국정치사』(성남: 한국정신문화연구원).

윤근식·김운태, 「현대한국정치의 전개과정」, 김운태 외, 『한국정치론』(서울: 박영사, 1989).

윤석인, 「3당 합당의 의미」, ≪창작과 비평≫ 67(1990년 3월호).

윤보선, 『구국의 가시밭길』(서울: 한국정경사, 1967).

윤영오, 「국회제도 및 운영의 개선방안」, ≪의정연구≫ 제2호(1996).

윤용희, 「자유당의 기구와 역할」, 한배호 편, 『현대한국정치론』(서울: 나남, 1990).

윤정석·신명순·심지연(편), 『한국정당정치론』(서울: 법문사, 1996).

윤천주, 『우리나라의 선거실태: 도시화와 투표행태』(서울: 서울대학교출판부, 1981).

윤천주, 『한국정치체계』 개정판(서울: 서울대학교출판부, 1987).

윤형섭, 「한국정치과정」, 한운태 외, 『한국정치론』(서울: 박영사, 1982).

윤형섭, 『한국정치론』 증보판(서울: 박영사, 1992).

윤형섭, 「한국정당의 문제점들」, ≪월간조선≫(1981년 2월호).

윤형섭, 「해방정국의 정당정치인」, ≪신동아≫(1985년 10월호).

윤형섭·신명순 외, 『한국정치과정론』(서울: 법문사, 1988).

이갑윤, 「제2공화국의 선거정치」, 백영철 편, 『제2공화국과 한국민주주의』(서울: 나남, 1996).

이경남, 『설산 장덕수』(서울: 동아일보사, 1981).

이균영, 「김철수연구-김철수와 박헌영과 3당 합당」, ≪역사비평≫(1989년 봄호).

이규진, 「거여 정치실험의 행보와 한계: 3당 합당후의 첫 임시국회가 남긴 것」, ≪월간중앙≫ 171(1990년 4월호).

이기용 편, 『7대국회 730일』(서울: 한국정경사, 1969).

이기택, 『한국야당사』(서울: 백산서당, 1987).

이기하, 「광복정국과 정당의 홍수」, 이기하·심지연·한정일·손봉숙, 『한국의 정당』(서울: 한국일보사, 1987).

이기하, 『한국정당발달사』(서울: 의회정치사, 1961).

이기형, 『몽양 여운형』(서울: 실천문학사, 1984).

이남영 편, 『한국의 선거 1』(서울: 나남, 1993).

이동준, 『역사의 증언』(서울: 내외문제연구소. 1969).

이동화, 「한국혁신정당운동의 인맥과 활동평가」, ≪민족지성≫(1987년 2월).

이범석, 『사실의 전모를 기술한다』(서울: 희망출판사, 1966).

이상두, 「제3정치세력의 역정」, ≪사상계≫(1968년 8월호).

이상두, 「해방40년, 혁신정당의 부침」, ≪신동아≫(1985년 9월호).

이수인 편, 『한국현대정치사 1』(서울: 실천문학사, 1989).

이영석, 「김영삼·김대중 파벌경쟁의 뿌리」, ≪월간경향≫(1987년 3월호).

이영석, 「막후에서 본 신민당」, ≪월간중앙≫(1971년 9월호).

이영석, 『야당40년사』(서울: 인간사, 1987).

이영석, 『야당, 한시대의 종말』(서울: 성정출판사, 1990).

이용, 「상도동계와 동교동계」, ≪월간경향≫(1986년 11월호).

이용호, 『청와대 극비문서』(서울: 경향신문사, 1995).

이인, 「나는 왜 정계에서 물러섰는가」, ≪인물계≫(1964년 8월호).

이종률, 『아직도 정치를 모르세요?』(서울: 고려원, 1995).

이정식, 「근대화의 정치」, 양동안 외, 『현대한국정치사』(성남: 한국정신문화연구원, 1987).

이정식, 「정당정치구조의 변화」, 『변동과 발전의 반정치학』(서울: 대왕사, 1991).

이정식, 「한국정당50년사」, ≪동아연감≫(1996년 판).

이정식, 「한국정당정치의 성격」, 『정경연구』(1969년 7월호).

이정식, 『한국정치상황의 제단면』(서울: 고려원, 1983).

이정식, 『한국현대정치사 3』(서울: 성문각, 1986).

이정식, 「합당정국의 상황전개」, ≪헌정≫ 94(1990년 3월호).

이정식, 『해방3년사』(서울: 성문각, 1976).

이정식, 「여운형·김규식의 좌우합작」, 『현대사를 어떻게 볼 것인가』(서울: 동아일보사, 1987).

이종석, 『조선로동당연구』(서울: 역사비평사, 1995).

이철, 「통합의 수순은 정확해아 한다」, ≪인물계≫(1990년 9월호).

이한우, 『이승만90년』(서울: 조선일보사, 1995).

이형, 『사건중심으로 본 3대국회』(서울: 한국일보사, 1958).

이호재, 「초기 한국정당 연합운동의 행태분석」, 『한국외국어대학교 개교15주년기념논문집』(1969).

이호재, 『한국외교정책의 이상과 현실』(서울: 법문사, 1986).

이호진·강인섭, 『이것이 국회다!』(서울: 삼성출판사, 1988).

이환의, 「민중당의 세력분포」, ≪세대≫(1966년 6월호).

임건언(최현 역), 『한국현대사』(서울: 삼미사, 1986).

장복성, 『조선공산당파쟁사』(서울: 대륙출판사, 1949).

장면, 『장면 회고록: 하나의 밀이 죽지 않고는』(서울: 가톨릭출판사. 1967).

전대열, 「민주당과 공화당은 합당할 것인가」, ≪월간동화≫ 12(1989. 12.).

전석용, 「사로는 왜 패배했는가」, ≪신천지≫(1947년 3-4 합병호).

전정구 편, 『국가재건최고회의 법령총집』(1·2 합병호)(서울: 세문사, 1961).

전형민, 「미군정기 정치권력구조형성에 관한 연구」(성남: 한국정신문화연구원 석
        사학위논문, 1983).

정경환, 『백범 김구연구 I 』(서울: 신지서원, 1999).

정관용, 「3당 합당의 구조적 본질과 실천적 대안」, ≪동향과 전망≫ 7(1990년 2월).

정기영, 「한국정당정치의 특성과 여당의 역할」, ≪사상문예운동≫(1990년 가을).

정병준, 「1946-1947년 좌우합작운동의 전개과정과 성격변화」(서울대 국사학과
        석사학위논문, 1992).

정병진, 『실록 청와대 궁정동 총소리』(서울: 한국일보사, 1992).

정성관, 「민주공화당의 내막」, ≪세대≫(1966년 6월호).

정영훈, 「광복후의 중도파와 통일운동」, 『광복후의 정치세력: 중도파와 좌파』(성남:
        한국 정신문화연구원, 1995).

정종문, 「신민당 유당수체제의 출범과 진로」, ≪신동아≫(1970년 3월호).

정치신문사, 『국회연감』(1956).

정태영, 『조봉암과 진보당』(서울: 한길사, 1991).

정태영, 『한국사회민주주의정당사』(서울: 세명서관, 1995).

정화암, 『이 조국 어디로 갈 것인가 -나의 회고록-』(서울: 자유문고, 1982).

제5공화국에있어서의정치권력형비리조사특별위원회, 『제5공화국에있어서의정치
        권력형비리조사보고서』(1990. 7.).

조갑제, 「정승화 증언, 10·26에서 12·12까지」, ≪월간조선≫(1987년 9월호).

조병옥, 『나의 회고록』(군산: 해동, 1986).

조선산업노동조사소 편, 『옳은 노선을 위하야』(서울: 우리문화사, 1945).

조선일보사, 『비록 한국의 대통령』(1993년 1월호 별책부록).

조선일보사, 『조선일보60년사』(서울, 1980).

조선일보사, 『한국의 대통령선거』(1971년 1월호 별책부록).

조일문, 「정당의 공직후보자 추천과 무소속출마에 관한 고찰」, ≪한국정치학회보≫
        제4집(1971).

조일문, 『새정당론』(서울: 삼화출판사, 1974).

조정현, 「3당통합의 원인: 3당통합과정과 원인에 대한 정당체제론적 접근」, ≪한

국과 국제정치≫ 21호(1995년 봄·여름).

조중빈, 「한국민주화와 선거제도」, ≪의정연구≫ 제1호(1995).

중앙선거관리위원회, 『'95 한국의 정당활동개황』(1996).

중앙선거관리위원회, 『국민투표총람』(1998).

중앙선거관리위원회, 『대한민국선거사(제1집)』(1973).

중앙선거관리위원회, 『대한민국선거사(제2집)』(1973).

중앙선거관리위원회, 『대한민국선거사(제3집)』(1980).

중앙선거관리위원회, 『대한민국정당사(제1집)』(1973).

중앙선거관리위원회, 『대한민국정당사(제2집)』(1981).

중앙선거관리위원회, 『대한민국정당사(제3집)』(1992).

중앙선거관리위원회, 『선거관리위원회사(1963-1993)』(1994).

중앙선거관리위원회, 『역대 대통령선거상황』(1980).

중앙선거관리위원회, 『정당의 기구, 기능과 정강정책』(1965).

중앙선거관리위원회, 『정당의 활동개황 및 재산상황등 보고집』(1981).

중앙일보사, 『광복30년 중요자료집』(1975).

중앙일보사, 『발굴자료로 쓴 한국현대사』(서울: 중앙일보사, 1996).

진덕규, 「이승만시대 권력구조의 이해」, 진덕규 외, 『1950년대의 인식』(서울: 한
    길사, 1981).

진덕규, 「이승만의 단정론과 한민당」, 『현대사를 어떻게 볼 것인가』(서울: 동아
    일보사, 1987).

진덕규, 「해방직후 좌우세력의 성격」, 안청시 편, 『현대한국정치론』(서울: 법문사,
    1992).

진덕규·한배호·김학준·한승주·김대환 외, 『1950년대의 인식』(서울: 한길사,
    1981).

최서영, 「공화당과 김종필플랜」, ≪사상계≫(1963년 3월호).

최영철·박순재, 「신민당, 그 구조와 행태」, ≪신동아≫(1968년 5월호).

최영희, 『격동의 해방3년』(춘천: 한림대학교 아시아문화연구소, 1996).

최우근, 「중간파정당을 논함」, ≪신천지≫(1947년 10월호).

최인훈, 「신민당 전당대회방청기」, ≪월간중앙≫(1970년 3월호).

최장집, 『한국민주주의의 이론』(서울: 한길사, 1993).

최재욱, 『국회의원선거법 개정의 몇가지 맥점』(서울: 피플뱅크사, 1993).

최한수, 『한국선거정치론』(서울: 대왕사, 1996).

최한수, 「한국여야정당의 갈등배경에 관한 일고」, ≪건대학술지≫ 38집(1994).

최한수, 「한국정당의 합당에 관한 연구」, ≪사회과학논총≫ 제3집(건국대 사회과
    학연구소, 1998).

최한수, 『현대정당론』(서울: 을유문화사, 1993).

통일사회당선전국, 『내일에의 민족노선』(서울: 삼오출판사, 1972).

통일주체국민회의사무처, 『통일주체국민회의』(1975).

한국기자협회, 『언론에 비친 한국정치, 1945-1995』(1995).

한국문헌연구회, 『대한민국선거대관』(서울: 동신문화출판사, 1972).

한국민주당선전부, 『한국민주당소사』(서울, 1948).

한국법제연구원, 『대한민국법률연혁집』(서울, 1994).

한국법제연구회, 『미군정법령총람』(서울, 1971).

한국정신문화연구원, 『광복후의 정치세력: 중도파와 좌파』(1995).

한국정치연구회, 『한국정치사』(서울: 백산서당, 1990).

한국혁명재판사편찬위원회, 『한국혁명재판사』 제1집(1962).

한배호 편, 『현대한국정치론』(서울: 나남, 1990).

한승주, 『제2공화국과 한국의 민주주의』(서울: 종로서적, 1983).

한승주, 「제1공화국의 유산」, 진덕규・한배호(외), 『1950년대의 인식』(서울: 한길사, 1981).

한정일, 「야당으로의 정비」, 이기하・심지연・한정일・손봉숙, 『한국의 정당』(서울: 한국일보사, 1987).

한태수, 『한국정당사』(서울: 신태양사, 1961).

한태수, 「한국정당의 병리적 생태」, ≪인물계≫(1964년 8월 창간호).

한태연, 「정권교체에 대한 기대」, ≪사상≫(1960년 3월호).

한홍수, 『한국정치동태론』(서울: 오름, 1996).

허영섭, 『정주영 무릎꿇다』(서울: 아침, 1993).

허정, 『내일을 위한 증언』(서울: 샘터사, 1979).

허정, 「과정 100일」, ≪월간중앙≫(1969년 7월호).

헌정연구원, 『대한민국헌정사』(1994).

현곡양일동선생문집발간위원회, 『민주통일당반유신투쟁사』(서울: 을지문화사, 1995).

호광석, 『한국정당체계분석』(서울: 들녘, 1996).

홍득표, 『한국정치분석론』(인천: 인하대학교출판부, 1993).

홍사중, 『한국인, 가치관은 있는가』(서울: 사계절, 1998).

홍선희, 『조소앙사상』(서울: 태극출판사, 1975).

홍원길, 『청곡 회고록』(대전: 제일문화사, 1978).

황남용, 『국회』(서울: 계명사, 1980).

황소웅, 「제5공화국의 신당들」, ≪월간조선≫(1981년 2월호).

황의봉, 「민중당」, ≪신동아≫(1991년 4월호).

Landfried, Christine, *Parteifinanzen und Politische Macht*(중앙선거관리위원회 역), 『정

당재정과 정치권력』(1998).

Leibholz, Gerhard, *Verfassungsstaat-Verfassungsrecht*(1973), 권영성 역, 『헌법국가와 헌법』(서울: 박영사, 1975).

Loewenstein, Karl, *Verfassungslehre*(1957), 김기범 역, 『현대헌법론』(서울: 교문사, 1973).

국내 신문, 잡지, 연감

≪경향신문≫, ≪대동신문≫, ≪독립신보≫, ≪동아일보≫, ≪매일신보≫, ≪문화일보≫, ≪민국일보≫, ≪서울신문≫, ≪세계일보≫, ≪연합신문≫, ≪자유신문≫, ≪조선인민보≫, ≪조선일보≫, ≪조선중앙일보≫, ≪중앙신문≫, ≪중외신보≫, ≪중앙일보≫, ≪평화신문≫, ≪한겨레신문≫, ≪한국일보≫, ≪한성일보≫, ≪뉴스플러스≫, ≪뉴스피플≫, ≪민족지성≫, ≪시사저널≫, ≪신동아≫, ≪월간조선≫, ≪월간중앙≫, ≪의정뉴스≫, ≪정경문화≫, ≪정경춘추≫, ≪동아연감≫, ≪연합연감≫, ≪조선연감≫, ≪한국연감≫

영문

Ball, Alan B., *British Political Parties*(London: Macmillan, 1981).

Berger, Carl, *The Korea Knot: A Military-Political History*(Philadelphia: University of Pennsylvania Press, 1957).

Black, Gorden, "A Theory of Political Ambition: Career Choices and the Role of Structural Incentives." *American Political Science Review* vol. 66(1972).

Blondel, Jean, *An Introduction to Comparative Government*(New York: Praeger Publisher, 1969).

British Foreign & Commonwealth Office, *Organization of Political Parties in Britain*(London, 1990).

Cumings, Bruce, *The Origins of the Korean War*(Princeton, N. J.: Princeton University Press, 1981).

Daalder, Hans, "A Crisis of Party?" *Scandinavian Political Studies* vol. 15, no.4(1992).

Deutsch, Karl W. et el., *Political Community and the North Atlantic Area*(Princeton: Princeton University Press, 1957).

Dodd, Lawrence C., *Coalitions in Parliamentary Government*(Princeton: Princeton

University Press, 1976).

Downs, Anthony, *An Economic Theory of Democracy*(New York: Harper & Brothers, 1957).

Duverger, Maurice, *Political Parties: Their Organization and Activity in Modern State*(Barbara and R. North trans.)(London: Methun and Co., 1978).

Friedrich, Carl J., *Constitutional Government and Democracy: Theory and Practice in Europe and America*(Boston: Ginn & Company, 1950).

Han, Sungju, "South Korea: Politics in Transition", in *Democracy in Developing Countries-Asia*, Diamond Larry, Juan J. Linz, and Seymour M. Lipset eds., (Boulder: Lynne Rienner Publishers, 1989).

Henderson, Gregory, *Korea: The Politics of the Vortex*(Cambridge, MA: Harvard University Press, 1968).

Hennessy, Bernard, "On the Study of Party Organization", William J. Crotty, ed., *Approach to the Study of Party Organization*(Boston: Allyn & Bacon, 1968).

Huntington, Samuel P., *Political Order in Changing Societies*(New Haven: Yale University Press, 1968).

Ionescu Ghita and Isabel de Madariaga, *Opposition*(London: Pitman Publishing Ltd., 1968).

Ippolito, Dennis S. and Thomas G. Walker, *Political Parties, Interest Groups and Public Policy*(Englewood Cliffs: Prentice-Hall, 1980).

Key, V. O., *Politics, Parties, and Pressure Groups*(New York: Crowell, 1964).

Kim, Hyun-Woo, "Elections, Electoral Behavior and Political Parties in Korea 1981-1992: A Logit Approach to Ecological Analysis and Inference" Phd, diss.(University of Hawaii, 1992).

Kirchheimer, Otto, "The Transformation of the Western European Party System", in Joseph Lapalombara and Myron Weiner, eds., *Political Parties and Political Development*(New Jersey: Princeton University Press, 1966).

LaPalombara, Joseph and Myron Wreiner(eds.), *Political Parties and Political Development*(Princeton, NJ: Princeton University Press, 1966).

Lauterbach, Richard E., *Danger from the East*(New York: Harper & Brothers Publishers, 1946).

Lawson, Kay and Peter H. Merkl(eds.), *When Parties Fail*(Princeton: Princeton University Press, 1988).

Lindsay, Alxander D., *The Essentials of Democracy*(London: Oxford University Press, 1929).

Lorwin, Val R., "Belgium: Religion, Class, and Language in National Politics", in

R. A. Dahl ed., *Political Oppositions in Western Democracies*(New Haven: Yale University Press, 1966).

MacIver, Robert M., *The Modern State*(London: Oxford University Press, 1964).

Mair, Peter, The *Changing Irish Party System: Organization, Ideology, and Electoral Competition*(London: Frances Pinter, 1987).

Meade, E. Grant, *American Military Government in Korea*(New York: King's Crown Press, 1952).

Niemi, Richard G. and Herbert F. Weisberg(eds.), *Controversies in Voting and Behavior*(Washington, D.C.: CQ Press, 1984).

Pak, Jin, "Political Change in South Korea", *Asian Survey* vol. 30(December 1990).

Panebianco, Angelo. 1988. *Political Parties: Organization and Power*(Cambridge: Cambridge University Press, 1988).

Rose, Richard and Ian McAllister, *The Loyalties of Voters*(London: Sage, 1990).

Rose, Richard and Thomas T. Mackie, "Do Parties Persist of Fail? The Big Trade-off Facing Organizations", in *When Parties Fail,* Kay Lawson and Peter H. Merkl, eds., (Princeton, NJ: Princeton University Press, 1988).

Rourke, Francis E., *Bureaucracy, Politics, and Public Policy*(Little, Brown and Company, 1969).

Sartori, Giovanni, *Parties and Party Systems: a framework for analysis*(Cambridge: Cambridge University Press, 1976).

Scalapino, Robert A, and Chong-Sik Lee, *Communism in Korea: The Movement*(Berkeley and Los Angeles, CA: University of California Press, 1972).

Schattschneider, E. E., *Party Government*(New York: Rinehart & Co., 1942).

Schneider, William, "Styles of Electoral Competition", in Richard Rose, ed., *Electoral Participation: a Comparative Analysis*(Beverly Hills, CA: Sage, 1980).

Schuman, Frederick L., *International Politics*(New York: McGraw-Hill, 1969).

Seldon, Anthony, *UK Political Parties Since 1945*(New York: Philip Allan, 1990).

Slack, Walter H., *The Grim Science: The Struggle for Power*(Port Washington, NY: Knnikat Press, 1981).

Suh, Dae-Sook, *Korean Communism, 1945-1980*(Honolulu: The University Press of Hawaii, 1981).

Suh, Dae-Sook, *Kim Il Sung The North Korean Leader*(New York: Columbia University Press, 1988).

Thomsen, Soren R. and Hyun-Woo Kim, "Electoral Dynamics in South Korea Since 1981" *Korean Studies* vol. 17(1993).

일문

高峻石,『朴憲永と朝鮮革命』(東京: 社會評論社, 1991).
自由民主黨編,『自由民主黨史』(東京, 1987).
松山治郎,『近代日本政治史』(東京: 白桃書房. 1976).
三田芳夫,『朝鮮終戰の記錄』(東京: 岩南堂書店, 1964).
萩原療編,『北朝鮮の極密文書』(1945年 8月〜1951年 6月)(大阪: 夏の書房, 1996).

윤길중　263, 334, 343, 345, 347, 348,
　　357, 358, 374, 377~380, 382, 383,
　　401, 402, 533, 548, 723, 782
윤보선　64, 107, 109, 326, 366, 369,
　　385~389, 416, 424, 426, 428, 429,
　　431, 433, 437, 439, 441, 444, 445,
　　446, 490~492, 494, 496, 540, 572,
　　573, 575, 577, 578, 588, 606,
　　609, 610, 850
윤제술　325, 386, 477, 479, 487, 489,
　　493, 501, 504, 506, 507, 530,
　　547, 567, 568, 571, 572, 576
윤치영　107, 109, 267, 287, 536
윤치호　40
의사합당　64, 65, 71, 77, 87, 88, 410,
　　600, 690, 765
의회민주주의제도　86
이갑성　115, 123, 124, 126, 131, 141,
　　143, 144, 293, 299, 308, 311,
　　400, 456, 458
이기붕　316, 317, 318, 320, 322, 323,
　　339, 340, 350, 354, 366, 372
이기택　97, 479, 582, 584, 609, 643,
　　644, 647, 657, 721, 729~731, 733,
　　734, 738, 739, 742, 744~747, 749,
　　750, 766, 783, 789, 790, 792, 795,
　　796, 798~801, 803, 806, 807, 808,
　　814~816, 818, 830, 831, 832, 850
이동화　334, 342, 357, 358, 374, 378,
　　379, 402, 535, 553, 555, 621, 636
이만섭　632, 668, 677, 682, 835, 836,
　　842, 843, 844, 845
이민우　386, 391, 480, 567, 574, 585,
　　610, 643, 644, 646, 647, 652,
　　654, 657, 667, 668, 669, 670,
　　671, 673, 677, 688
이민우 구상　667, 668, 669, 670, 673,
　　688
이범석　289, 290, 292, 294, 296, 299,
　　302, 308, 310, 311, 313, 314,
　　316, 330, 337, 338, 344, 346,
　　431, 433, 436, 438, 440, 441,
　　443, 444, 446, 465, 509, 510,

513, 514, 516, 536
이상철　386, 390, 427, 433, 435, 436,
　　443, 466, 467, 474, 494, 509
이승만　35, 43, 94, 110, 123, 125,
　　126, 127, 128, 130, 131, 132,
　　133, 134, 135, 136, 139, 141,
　　142, 144, 152, 154, 156, 158,
　　234, 237, 240, 242, 243, 245,
　　255, 256, 260, 288, 289, 290,
　　292, 293, 294, 389, 462
이시영　110, 152, 162, 265, 275, 288,
　　308, 309
이여성　134, 135, 150, 151, 191, 192,
　　196, 199, 229, 230, 232
이영준　276, 287, 386, 387, 502, 674
이용희　652, 657, 670, 674, 696, 732,
　　741
이우재　690, 710, 711, 731, 736, 757
이우정　609, 740, 741, 745
이인제　818, 828, 834, 835, 836, 838,
　　842, 844, 845
이재형　290, 386, 387, 474, 489, 493,
　　504, 507, 532, 533, 534, 633, 667
이주하　150, 151, 161, 195, 201, 204,
　　212, 279, 281
이철　683, 693, 699, 702, 730, 732,
　　734, 748, 808, 816
이철승　323, 325, 328, 362, 369, 386,
　　390, 391, 399, 533, 534, 540,
　　544, 548, 550, 551, 567, 570,
　　574, 580, 581, 582, 583, 584,
　　590, 628, 642, 647, 669, 670, 671
이한동　780, 828, 829, 833, 834, 835,
　　839
이회창　819, 827, 828, 829, 830, 831,
　　832, 833, 834, 835, 836, 837,
　　838, 839, 840, 850
이효상　477, 483, 494, 501, 528, 536
인민동지회　97, 137
일민구락부　282, 283, 284, 285, 286,
　　287
일오구락부　261

386, 398
조봉암 44, 122, 304, 308, 309, 325,
  326, 327, 328, 329, 330, 333,
  334, 335, 336, 337, 339, 340,
  341, 342, 343, 344, 345, 346,
  347, 348, 349, 353
조선건국준비위원회 98, 99, 100, 101,
  102, 103, 105, 106, 108, 109,
  112, 113, 115, 137, 152, 188, 270
조선건국협찬회 123, 127, 143, 144
조선공산당 97, 99, 100, 101, 114, 126,
  128, 129, 130, 131, 132, 133,
  134, 135, 136, 137, 138, 142,
  145, 148, 150, 153, 159, 160,
  161, 176, 180, 182, 188, 189,
  191, 192, 193, 195, 197, 198,
  200, 201, 202, 203, 204, 205,
  207, 208, 209, 211, 212, 214,
  215, 217, 218, 220, 223, 229,
  234, 238, 239, 246, 281
조선공화당 261
조선국민당 97, 102, 103, 104, 106,
  144
조선노동당 83, 179, 210, 278, 279,
  280
조선민족당 97, 105, 106, 107, 108,
  109, 112
조선민족청년단 260, 261, 289, 290
조선민주당 143, 144, 153, 258, 261,
  264, 296, 308, 326, 459
조선신민당 83, 97, 175, 176, 177, 179,
  180, 182, 189, 191
조선인민공화국 101, 102, 105, 108,
  109, 113, 115, 116, 124, 126,
  128, 129, 132, 134, 135, 137,
  139, 140, 148, 149, 188
조선인민당 97, 135, 150, 151, 191,
  192, 193, 194, 195, 196, 198,
  199, 200, 210, 212, 216, 218,
  220, 223, 229, 230
조선혁명당 97, 127, 143, 144, 145,
  153, 169, 184, 186
조성환 255

조세형 605, 652, 695, 696, 699, 783,
  789, 820, 824, 836, 841, 847
조소앙 133, 135, 139, 141, 144, 149,
  151, 152, 153, 155, 156, 158,
  162, 163, 164, 166, 167, 168,
  171, 172, 174, 252, 258
조순 827, 828, 829, 830, 831, 832,
  833, 839, 842, 850
조순형 674, 681, 683, 693, 730, 734,
  749, 783
조윤형 585, 609, 648, 651, 652, 653,
  654, 656, 674, 734, 741, 742, 745
좌우합작 112, 149, 152, 161, 188, 190,
  192, 193, 194, 200~211, 215, 216,
  218, 220, 234, 235, 241, 246
좌우합작위원회 174, 188, 210, 215~217,
  225, 226, 228, 233, 234, 246, 247
주대환 753, 755
지청천 266, 268, 269, 270, 272, 274,
  275, 276, 277, 278
진보당 44, 122, 258, 324, 329, 333,
  334, 335, 336, 337, 340, 342,
  343, 344, 345, 346, 347, 349,
  351, 353, 357, 365, 374, 377,
  378, 380, 382, 383, 401
진보련 691
진보정당 결성을 위한 정치연합 709, 710,
  737

(ㅊ)

최규하 592, 598, 605, 611, 612, 718
최순주 322, 323, 329

(ㅌ)

태평양시대위원회 751, 760, 761
통일국민당 691, 755, 759~763, 768,
  773, 775~779, 783~796, 798, 807,
  808, 810
통일당 30, 352, 366, 374, 400
통일민주당 57, 58, 73, 560, 646, 669,
  671~674, 676~683, 685, 689, 691,
  692~702, 704~706, 708, 712~723,
  729, 730, 735, 743, 746, 767~769,

김현우 ──

▌약 력

　일본 야마구치대학 경제학부 졸업
　미국 오클라호마 주립대 대학원 졸업(정치학 석사)
　미국 하와이대 대학원 졸업(정치학 박사)
　국회사무처 사료관
　캄보디아 총선거 UN감시단 한국대표
　글로벌교육문화연구원 교수 / 지역연구실장(현)

▌저 서

　저서로는『한국정당통합운동사』,『한국국회론』,『일본현대정치사』,
　『일본국회론』,『미국연방의회론』,『은행나무–문화, 역사 그리고 사람의 만남』이 있다.

한국정당통합운동사

초판인쇄 ｜ 2009년 10월 5일
초판발행 ｜ 2009년 10월 5일

지은이 ｜ 김현우
펴낸이 ｜ 채종준
펴낸곳 ｜ 한국학술정보㈜
주　소 ｜ 경기도 파주시 교하읍 문발리 파주출판문화정보산업단지 513-5
전　화 ｜ 031) 908-3181(대표)
팩　스 ｜ 031) 908-3189
홈페이지 ｜ http://www.kstudy.com
E-mail ｜ 출판사업부　publish@kstudy.com
등　록 ｜ 제일산-115호(2000. 6. 19)

ISBN　978-89-268-0413-1 93340 (Paper Book)
　　　　978-89-268-0414-8 98340 (e-Book)

내일을여는지식 ■ 은 시대와 시대의 지식을 이어 갑니다.